云亭法律
实务书系

公司法25个案由裁判综述及办案指南 第二版

主 编　　　　　　　副主编

唐青林　李　舒　　　李　斌　张德荣

撰稿人：

唐青林　李　舒　张德荣　李　斌　李晓宇

赵　越　韩　月　夏　天　王　玉　白函鹭

梁玉茹　李巧霞　琚　敬　王　超　钟万梅

武昭宪　王　盼　李　征　周　恩　陆　洋

中国法制出版社
CHINA LEGAL PUBLISHING HOUSE

"云亭法律实务书系" 总序

　　"云亭法律实务书系"，是北京云亭律师事务所组织撰写的法律实务类书籍。丛书作者均为战斗在第一线的专业律师，具有深厚理论功底和丰富实践经验。丛书的选题和写作体例，均以实际发生的案例分析为主，力图从实践需求出发，为实践中经常遇到的疑难复杂法律问题，寻求最直接的解决方案。

　　没有金刚钻，不揽瓷器活。云亭律师事务所成立以后，创始合伙人唐青林、李舒一致决定以专业耕耘作为立所之本，鼓励所有云亭律师践行"一万小时"的专业发展理论，在各自的专业领域深度耕耘，实现"一米宽、十米深"的专业耕耘模式。

　　能把法律问题写好是优秀律师的看家本领。对于任何专业知识，我们认为有五个渐进的层次：听不懂、听得懂、说得出、写得出、写得好。我们希望云亭律师都能把专业的问题和观点用文字表达出来，训练成为"写得好"的最高级别。

　　打赢官司靠的不是口才而是思辨能力和文字能力。打赢官司的律师，并不仅仅是口才好，更加重要的是笔头功夫好。根据我从事法律工作25年的经验，律师的写作能力和办案能力之间绝对存在正向促进关系。有理不在声高，只要你思维缜密、开庭之前起草了逻辑严密、法律精准的代理词，哪怕是口吃的律师也一样能赢得诉讼，所以说笔杆子是律师极其重要的武器，写作乃律师安身立命之本。一份优秀的代理词和辩护词，其背后其实是文字功夫和逻辑思维能力的体现。而写作是迅速提高在某个领域的专业水平的最有效途径。我们云亭律师事务所的每一位新律师，都必须经过写作训练这个关，迅速提高文字能力。

　　法律专业写作最难的是什么？是必须克服懒惰。和写作相比，看电视显然更加轻松愉快，写作经常面对的是冷板凳。中国法制出版社资深编辑赵宏老师和我们座谈的时候曾说："写作是一件非常辛苦的事，必须每天勉强自己一点点！"这句话我们至少在不同的场合给云亭律师事务所的同事说了10遍。律师确实都很忙，离开学校之后，永远不会有一整段时间用于写作，但是写作的时间都是抽出来的，时间就像海绵里的水，挤挤总是有的。云亭鼓励他们耐住寂寞、长期坐冷板凳、坚持研究法律问题、把自己的研究所得写出来，这样不仅锻炼思辨能力，还锻炼写作能力。

　　"云亭法律实务书系"到底是怎么写出来的？云亭规定全所律师办理任何案件，

都必须针对每一个争议焦点进行法律检索和案例检索，据此起草代理词、辩护词等法律文件，确保和提高办案质量。办案完成后，这些法律和案例检索成果，是封存在电脑中还是让它们充分发挥余热？云亭律师事务所倡议所有同事们在办案结束后花费时间，把办案中针对争议焦点的法律和案例检索成果以及形成的法律判断，每个争议焦点整理成一篇文章，在云亭的微信公众号（"法客帝国""公司法权威解读""民商事裁判规则""保全与执行"）发表出来，供所内和全国各地的律师同行参考。这些文章都是真实的案例中遇到的真实的争议焦点，例如《侵犯其他股东优先购买权的股权转让合同是否有效》《股东签署"分家协议"有效吗》《股东是否有权查阅原始凭证》，这些内容都非常实用，所以文章发表出来后非常受法律实务界欢迎。

为什么云亭律师大多是相关领域的专家？云亭倡导每一位律师"忙时作业、闲时作文"，长期积累。强烈建议每一位云亭律师，凡是不开庭和不见客户的日子，坚持到律所坐班，坚持阅读案例和写作，练就火眼金睛并准备好敏捷的头脑。坚持写作，坚持"磨刀"。

我们相信，在任何一个专业领域，如果这个律师坚持写 100 篇文章，那么他至少已办理过数十个该领域案件、至少检索和阅读该领域 1000 个判决书。这样坚持下来，该领域便很少再有话题能难倒他，他其实已经足够成为该领域的专家。

律师如何提高写作能力？根据我们多年来的写作经验，主要有如下三点：（一）写作不能犯三个错误：不犯专业错误、不犯文字错误、不犯表述错误。（二）写作应该主题明确、观点明确：每个争议焦点写一篇文章，而不是多个争议焦点混合在一起；裁判规则总结精准、观点明确、不模糊。（三）文章应尽量直白易懂。哪怕读者对象是非法科专业人士，也能够看明白，切忌为了显示专业水平而拽专业术语，让人云里雾里看不懂。

功夫不负有心人。经过多年的努力，在中国法制出版社各位领导和编辑的关心帮助下，"云亭法律实务书系"已经出版和发行了 40 多种书，"云亭法律实务书系"已经成为云亭专业化发展的一张名片，受到了来自全国各地高校法律教授、法官、法务、律师等法律界人士的广泛好评。在未来的岁月里，我们将继续努力，争取不辜负每一位关心和帮助我们的领导、法律界同行和每一位"云亭法律实务书系"的读者。

北京云亭律师事务所

唐青林　创始合伙人

李　舒　创始合伙人

2024 年 1 月 1 日

第二版前言

本书自 2018 年出版至今已近六年。这六年间"同案同判"的司法政策发挥出了越来越重要的作用，律师办案几乎离不开案例检索。而如何搜集、归纳出最高人民法院和各省高院典型案例中体现出的裁判规则，成为每一位律师的必修课。

除了律师，类案总结对投资人同样重要，因为一旦涉诉，投资人也必定想要多方面检索类案，看看实践中人民法院对所涉纠纷一般是怎么判决的，以此判断自己所涉纠纷可能的判决结果——毕竟司法案例要比法条更加具体、信息更加丰富，使得非法学专业的投资人也可以从中发现不同案件之间的共通性，进而为自己投资决策或者争议发生时维护权益提供思路。

本书出版的初心正是希望全面梳理公司法各个案由下的权威裁判规则及典型案例，为实务人士学习公司法以及办案提供养分。本书更加关注司法实践问题，即关注常见的公司法领域的纠纷审理中，人民法院究竟会考量哪些因素进而作出何种判决。通过大量地学习这些典型案例，相信读者能够获取许多实用的实务经验，帮助自己更好地、更有效率地解决纠纷，制定最有利于维护自身权益的诉讼策略。

2020 年 12 月 29 日，最高人民法院印发《关于修改〈民事案件案由规定〉的决定》（法〔2020〕346 号），在第二级案由"二十一、与公司有关的纠纷"项下：变更"257. 股东损害公司债权人利益责任纠纷"为"277. 损害公司债权人利益责任纠纷"；变更"264. 申请公司清算"为新增加的第二级案由"四十二、公司清算案件"项下的第三级案由"420. 申请公司清算"。在新变更的第三级案由"277. 损害公司债权人利益责任纠纷"项下：增加"（1）股东损害公司债权人利益责任纠纷""（2）实际控制人损害公司债权人利益责任纠纷"。由是，"二十、与企业有关的纠纷"与"二十一、与公司有关的纠纷"项下从 25 个案由变更为 24 个案由，但鉴于"申请公司清算"这一案由与公司经营管理密切相关，本书保留该章节，仍旧采用"25 个案由"的体例。

除此之外，本书首次出版之后，因公司法有关法律法规变动较大，本书也亟须相应进行更新，为读者提供最新、最准确的信息。例如，最高人民法院于 2019 年出台了《全国法院民商事审判工作会议纪要》，其中第二部分即"关于公司纠纷案件的审理"针对实务中的许多重大、疑难、复杂纠纷问题作出了答复，对公司纠纷的处理产生了深远的影响；2024 年 7 月 1 日开始实施的《公司法》大大变革了2018 年《公司法》中的众多规则，无论是公司资本制度、公司治理结构、中小股东及债权人权利保障方面均有新的规定，必然会对未来司法实践产生重大影响。

因此，作者根据上述重大变化，全面修订了本书。由于本书作者都是"战斗"在公司法实践第一线的律师，修订的时间仓促，加之水平有限，本书的谬误之处，敬请各界专家、学者、读者予以斧正。

本书作者

2024 年 6 月 30 日

大数据时代"案例矿工"助力司法民工精准办案

大数据时代已经悄然降临，人们面临各种重要决策，越来越多地依赖数据分析作出，而并非仅仅依靠经验或直觉"拍脑袋"决定。大数据影响的领域不仅仅是科技、商业及经济，还包括法律。

为了倡导司法公开，最高人民法院于2013年7月1日开通了中国裁判文书网，并率先垂范公布了第一批50个生效裁判文书。此后，最高人民法院制定实施了《关于人民法院在互联网公布裁判文书的规定》，力推各级人民法院生效裁判文书上网，打造阳光下的法庭。时至今日，中国裁判文书网已成为全球最大的裁判文书网，累计公布裁判文书1.4亿余篇，访问量超过1000亿次，访客来自全球210多个国家和地区。

当你遇到一个案件的时候，一定很想知道"在司法实践中，这个问题法官是怎么判的"？中国裁判文书网为中国法律人打开了一扇窥探法官审判思路和裁判口径的窗，使人们对法律的理解不再止步于纸面上的法条，而是延伸到生动活泼的案例里；使我们对案件胜负的预判，不再是仅仅根据法律和司法解释，而是可以把更多类似的判决收集在一起加以论证和预判。

但是，中国裁判文书网公布的与公司纠纷有关的案例竟然多达745662个！当我们打开这扇窗，海量的裁判文书扑面而来之时，我们如何能准确、高效地找到与手头处理的问题相似的案例，是一个亟须解决的问题。

有没有什么方法或者工具能让我们在最短的时间里把中国公司法审判实践中的问题和案例作一个综述呢？也即，以实务问题和裁判规则为导向，给中国裁判文书网中的公司法案例，做一个指南或者目录，以便我们在遇到公司法问题的时候，能迅速精确地找到答案和相似案例。

我们相信可以做到，因为"历史总是重演而且会不断重复"，这七十多万个案例中必定有大量相同或相似的案例，每个实践问题只需找出几个典型而不必全部收录，通过遴选出大部分经典的案例，也可在相当程度上理解实践中的公司法。

裁判案例对我们来说就是一座富矿，我们决心要发扬"矿工"精神，持续聚焦，不断挖掘，把公司法方方面面、犄角旮旯的裁判规则都找出来，汇编成册。这个工作利人利己：确保未来在涉及公司法领域诉讼的时候，大部分的争议问题都能够在本书中找到答案。

幸好，我们有十几位公司法"发烧友"，既包括有十几年审判和律师工作经验的老司机，也有年富力强、理论功底深厚的博士律师。我们先将涉及公司法的案例按照公司法的 25 个案由分成 25 个文件夹，分配给每一位作者。然后遵循中级人民法院以上案例全部检索、基层法院案例重点检索的原则，展开工作。经过为期一年多的艰苦卓绝的奋斗，这本精选 1934 个案例，800 多页，近 100 万字的《公司法 25 个案由裁判综述及办案指南》终于付梓。

在本书出版之际，我们总结本书如下几个特点：

第一，我们不生产"裁判规则"，我们只做"法官智慧"的搬运工。

这本书不是传统意义上的学术著作，而是对公司法裁判规则进行整理和归纳的工具书。可以说，每一个判决书的产生都凝结了人民法官大量的心血和智慧，每一条裁判规则都体现出人民法官的专业素养，我们有必要将这些"法官智慧"汇集并记录下来，供大家学习和欣赏。重要的是，对于没有机会接触大量公司法诉讼的"司法民工"来讲，其看到的将不是理论上的公司法，而是实践中的公司法。

第二，法律的生命不仅在于经验，也在于逻辑。

本书不是对中国裁判文书网中司法案例的简单堆砌，而是更注重对公司法裁判规则的逻辑编排。我们始终以指导公司诉讼为出发点，对每种类型的公司诉讼所遇到的焦点问题和要件事实有逻辑、有顺序地编排，然后将相似的裁判文书为该条裁判规则做注脚，以便大家在处理公司诉讼的时候不遗漏任何一个需要证明的要件事实和关键判例。

第三，我们不在乎本书能否对公司法学术理论有些许的贡献，而更关心该书能否对"司法民工"精准指导。

例如，对隐名股东能否主张排除名义股东的债权人对代持股权提出的强制执行申请，不同律师基于委托人的利益不同，会选择完全不同的论证方向，有的说应注重保护投资人的投资利益，故隐名股东的权利优先于名义股东的债权人，有的说要基于商事外观主义保护相对人的利益，故隐名股东不能够排除债权人提出的强制执行申请。相应地，每一个判决都看似言之凿凿不可辩驳。而对于律师来讲，其可以根据自己的办案需要，参考本书中不同裁判规则下的生效案例，制定适合自己的诉讼策略。

面对层出不穷的公司争端，丰富多彩的司法实践，千奇百怪的诉讼争议，浩如烟海的裁判案例，本书的作者们均竭尽所能，力求能够高质量地完成本书，然而困于资质平庸，加之案件缠身、时间紧迫，书中必定还有弊病和错误，还请宽容的读者不吝赐教。书中的错误或遗漏之处，欢迎读者予以批评指正。也欢迎各界朋友与我们作者团队联系商讨公司法诉讼纠纷预防及争议解决等问题，我们的邮箱是18601900636@ 163. com。

我们将不忘初心，砥砺前行，直面大数据时代的挑战！在这个轰轰烈烈的大数据时代，我们这一群司法案例的“矿工”，将继续在这个司法案例的富矿中挖掘司法裁判规则和裁判观点的发展趋势，为“司法民工”精准办案提供思想武器。

本书作者

2024 年 6 月 30 日

目 录

Contents

第一章　股东资格确认纠纷

第二章　股东名册记载纠纷

第三章　请求变更公司登记纠纷

第六章　股东知情权纠纷

第七章　请求公司收购股份纠纷

第八章 股权转让纠纷

第九章　公司决议纠纷

第十章　公司设立纠纷

第十一章　公司证照返还纠纷

第十二章　发起人责任纠纷

第十三章　公司盈余分配纠纷

第十四章　损害股东利益责任纠纷

第十五章　损害公司利益责任纠纷

第十六章　损害公司债权人利益责任纠纷

第十七章　公司关联交易损害责任纠纷

第十八章　公司合并纠纷

第十九章　公司分立纠纷

第二十章　公司减资纠纷

第二十一章　公司增资纠纷

第二十二章　公司解散纠纷

第二十三章　申请公司清算纠纷

第二十四章　清算责任纠纷

第二十五章　上市公司收购纠纷

第一章　股东资格确认纠纷

一、关于股东资格确认的法律规定

　　股东资格确认纠纷是指股东与股东之间或者股东与公司之间就股东资格是否存在，或者具体的股权持有数额、比例等发生争议而引起的纠纷。

　　股东资格确认纠纷大致包括以下三种类型：（1）股东与公司之间的股东资格确认纠纷。实践中，可能股东与他人之间不存在股权归属争议，但公司不承认股东享有股东资格。比如，隐名出资中公司拒绝隐名股东行使股权，或者股权转让后公司拒绝受让人行使股权，此时即产生纠纷。（2）股东与股东之间因出资产生的股东资格确认纠纷。这里通常指隐名出资的情况，即隐名股东与名义股东之间签订出资协议，隐名股东以他人名义出资，由他人作为名义股东，但实际出资资金来源于该隐名股东，名义股东不享有实际权利，一切权利归隐名股东所有。（3）股东与股东之间因股权转让产生的股东资格确认纠纷。依据法律规定，当有限责任公司股东转让股权或股份公司股东转让记名股票时，应做相应的变更登记。实际生活中，股权转让双方可能因为过失或者其他原因，在股权转让过程中没有履行法定的变更登记手续，或者没有交付股票或出资证明书。如果未变更登记，就可能发生股东资格确认纠纷。此外，股份有限公司的股东可以凭借其所持有的无记名股票向公司主张股权；如果无记名股东转让股权时未向受让人交付无记名股票，则受让人无法证明其股权之存在，从而可能发生股东资格确认纠纷。

　　股东资格的确认是处理公司股权纠纷的逻辑起点，也是解决公司内部法律关系、处理公司与外部的法律关系的基础。

（一）股东资格确认的法律规定

　　关于股东资格确认的规定主要体现在公司法中，《最高人民法院关于适用〈中华人民共和国公司法〉若干问题的规定（三）》（以下简称《公司法司法解释三》）

对于股权确认等纠纷也作出了具体的规定。涉及股东登记事项在《市场主体登记管理条例》中也有体现。

1.《公司法》（2018 年修正，已被修订）

第 31 条规定："有限责任公司成立后，应当向股东签发出资证明书。

出资证明书应当载明下列事项：

（一）公司名称；

（二）公司成立日期；

（三）公司注册资本；

（四）股东的姓名或者名称、缴纳的出资额和出资日期；

（五）出资证明书的编号和核发日期。

出资证明书由公司盖章。"

第 32 条规定："有限责任公司应当置备股东名册，记载下列事项：

（一）股东的姓名或者名称及住所；

（二）股东的出资额；

（三）出资证明书编号。

记载于股东名册的股东，可以依股东名册主张行使股东权利。

公司应当将股东的姓名或者名称向公司登记机关登记；登记事项发生变更的，应当办理变更登记。未经登记或者变更登记的，不得对抗第三人。"

第 73 条规定："依照本法第七十一条、第七十二条转让股权后，公司应当注销原股东的出资证明书，向新股东签发出资证明书，并相应修改公司章程和股东名册中有关股东及其出资额的记载。对公司章程的该项修改不需再由股东会表决。"

第 75 条规定："自然人股东死亡后，其合法继承人可以继承股东资格；但是，公司章程另有规定的除外。"

第 129 条规定："公司发行的股票，可以为记名股票，也可以为无记名股票。

公司向发起人、法人发行的股票，应当为记名股票，并应当记载该发起人、法人的名称或者姓名，不得另立户名或者以代表人姓名记名。"

第 130 条规定："公司发行记名股票的，应当置备股东名册，记载下列事项：

（一）股东的姓名或者名称及住所；

（二）各股东所持股份数；

（三）各股东所持股票的编号；

（四）各股东取得股份的日期。

发行无记名股票的，公司应当记载其股票数量、编号及发行日期。"

第139条规定："记名股票，由股东以背书方式或者法律、行政法规规定的其他方式转让；转让后由公司将受让人的姓名或者名称及住所记载于股东名册。

股东大会召开前二十日内或者公司决定分配股利的基准日前五日内，不得进行前款规定的股东名册的变更登记。但是，法律对上市公司股东名册变更登记另有规定的，从其规定。"

第140条规定："无记名股票的转让，由股东将该股票交付给受让人后即发生转让的效力。"

2.《公司法》(2023年修订)

第55条规定："有限责任公司成立后，应当向股东签发出资证明书，记载下列事项：

(一) 公司名称；

(二) 公司成立日期；

(三) 公司注册资本；

(四) 股东的姓名或者名称、认缴和实缴的出资额、出资方式和出资日期；

(五) 出资证明书的编号和核发日期。

出资证明书由法定代表人签名，并由公司盖章。"

第56条规定："有限责任公司应当置备股东名册，记载下列事项：

(一) 股东的姓名或者名称及住所；

(二) 股东认缴和实缴的出资额、出资方式和出资日期；

(三) 出资证明书编号；

(四) 取得和丧失股东资格的日期。

记载于股东名册的股东，可以依股东名册主张行使股东权利。"

第87条规定："依照本法转让股权后，公司应当及时注销原股东的出资证明书，向新股东签发出资证明书，并相应修改公司章程和股东名册中有关股东及其出资额的记载。对公司章程的该项修改不需再由股东会表决。"

第90条规定："自然人股东死亡后，其合法继承人可以继承股东资格；但是，公司章程另有规定的除外。"

第102条规定："股份有限公司应当制作股东名册并置备于公司。股东名册应当记载下列事项：

(一) 股东的姓名或者名称及住所；

（二）各股东所认购的股份种类及股份数；

（三）发行纸面形式的股票的，股票的编号；

（四）各股东取得股份的日期。"

第 147 条规定："公司的股份采取股票的形式。股票是公司签发的证明股东所持股份的凭证。

公司发行的股票，应当为记名股票。"

第 159 条规定："股票的转让，由股东以背书方式或者法律、行政法规规定的其他方式进行；转让后由公司将受让人的姓名或者名称及住所记载于股东名册。

股东会会议召开前二十日内或者公司决定分配股利的基准日前五日内，不得变更股东名册。法律、行政法规或者国务院证券监督管理机构对上市公司股东名册变更另有规定的，从其规定。"

3. 《公司法司法解释三》（2020 年修正）

第 22 条规定："当事人之间对股权归属发生争议，一方请求人民法院确认其享有股权的，应当证明以下事实之一：

（一）已经依法向公司出资或者认缴出资，且不违反法律法规强制性规定；

（二）已经受让或者以其他形式继受公司股权，且不违反法律法规强制性规定。"

第 23 条规定："当事人依法履行出资义务或者依法继受取得股权后，公司未根据公司法第三十一条、第三十二条的规定签发出资证明书、记载于股东名册并办理公司登记机关登记，当事人请求公司履行上述义务的，人民法院应予支持。"

第 24 条规定："有限责任公司的实际出资人与名义出资人订立合同，约定由实际出资人出资并享有投资权益，以名义出资人为名义股东，实际出资人与名义股东对该合同效力发生争议的，如无法律规定的无效情形，人民法院应当认定该合同有效。

前款规定的实际出资人与名义股东因投资权益的归属发生争议，实际出资人以其实际履行了出资义务为由向名义股东主张权利的，人民法院应予支持。名义股东以公司股东名册记载、公司登记机关登记为由否认实际出资人权利的，人民法院不予支持。

实际出资人未经公司其他股东半数以上同意，请求公司变更股东、签发出资证明书、记载于股东名册、记载于公司章程并办理公司登记机关登记的，人民法院不予支持。"

4.《市场主体登记管理条例》（2022 年施行）

第 24 条规定："市场主体变更登记事项，应当自作出变更决议、决定或者法定变更事项发生之日起 30 日内向登记机关申请变更登记。

市场主体变更登记事项属于依法须经批准的，申请人应当在批准文件有效期内向登记机关申请变更登记。"

5. 其他法律相关规定

《民事诉讼法》（2023 年修正）第 27 条规定："因公司设立、确认股东资格、分配利润、解散等纠纷提起的诉讼，由公司住所地人民法院管辖。"

《最高人民法院关于审理外商投资企业纠纷案件若干问题的规定（一）》（法释〔2010〕9 号　2020 年修正）第 16 条规定："外商投资企业名义股东不履行与实际投资者之间的合同，致使实际投资者不能实现合同目的，实际投资者请求解除合同并由外商投资企业名义股东承担违约责任的，人民法院应予支持。"

《中华全国总工会、对外贸易经济合作部、国家工商行政管理总局关于外经贸试点企业内部职工持股会登记暂行办法》（总工发〔2001〕22 号）第 1 条规定："职工持股会是企业内部持股职工的组织，负责管理企业内部职工股份，代表持股职工行使股东权力，履行股东义务，维护持股职工利益。职工持股会的资金不能进行本公司以外的其他投资活动。"

（二）股东资格确认的标准

关于股东资格确认的标准，实践中主要有三种观点：一是以是否实际出资作为股东资格确认的标准；二是以股东名册的记载作为确认股东资格的依据；三是以公司登记机关的登记内容作为股权确认的根据。总体来说，股东资格确认可以从实质要件和形式要件两个方面进行考量。以是否实际出资考察的是股东资格的实质要件，股东名册记载和工商登记主要是从形式方面来考察股东的资格。实践中，最终依据哪一种标准确认股东资格主要因争议当事人的不同而有所区别：对于公司与股东之间发生的股权纠纷，一般应以股东名册作为认定股东资格的依据；对于当事人均为股东的，则应侧重审查投资的事实；在第三人对公司股东的认定上，则应主要审查工商登记，因为工商登记对于善意第三人具有宣示股东资格的功能，第三人基于对工商登记的依赖作出商业判断。①

1. 股权取得的实质要件

公司的资本是公司成立和存续的基础，出资是股东应当履行的一项法定义务，是取得股权的实质条件。股权取得的实质要件，即向公司认购出资或者股份而取得股权。股权是股东以丧失投资财产的所有权为代价而取得的，有些股东并未直接向公司投入财产，但也可能成为公司的股东，这就涉及股权的取得方式问题。

（1）出资证明书

出资证明书，是有限责任公司向股东签发的股东资格证明。根据《公司法》第55条的规定，有限责任公司成立后，应当向股东签发出资证明书。出资证明书应当载明下列事项：公司名称；公司成立日期；公司注册资本；股东的姓名或者名称、缴纳的出资额和出资日期；出资证明书的编号和核发日期。出资证明书的作用是表明股东履行了出资义务，是股东凭以行使股东权利的凭证。股东根据其出资比例行使表决权、请求分配股利、承担有限责任等。如果股东出资瑕疵，公司可以拒绝向其签发出资证明书。第87条规定，有限责任公司的股东转让股权后，公司应当及时注销原股东的出资证明书，向新股东签发出资证明书。因此，向股东签发出资证明书是公司的义务，如果公司拒绝向股东交付出资证明书，股东可以公司为被告提起给付之诉。

出资证明书只能对抗公司和股权的转让人，不能对抗善意第三人。出资证明书的效力及于公司与股东之间或股权转让双方之间，因此，凡是可以其他方式证明实际出资人的出资事实的，就不应仅以出资证明书否定实际出资人的股东资格，在诉讼中需要与其他证据相互印证。出资证明书具有证明股东资格的效力。证明股东已向公司出资，本身并无设权效力。只要股东持有出资证明书就应当认定其已合法出资，但不能仅以出资证明书认定出资人具有股东资格。持有出资证明书不是认定股东资格的必要条件，没有出资证明书的也可能被认定为股东。因此，出资证明书在认定股东资格时无决定性的效力。

出资证明书仅在出资证明书上对股东情况的记载与股东名册上的记载一致时才具有证明效力，如果二者记载不一致时，则以股东名册的记载为准。

---

① 《陕西省高级人民法院民二庭关于公司纠纷、企业改制、不良资产处置及刑民交叉等民商事疑难问题的处理意见》（2007 年 12 月 6 日实施）第 1 条。

（2）行使股东权利

股东权利的享有、股东义务的履行，是取得股东资格的结果，而不是取得股东资格的条件，在股东资格和股权确认时，只能起到辅助性的作用。理论上以享有股东权利为由主张股东资格的，不应予以支持。但是，为了维护公司的稳定性，如果当事人已经实际享有股东权利，应当认定其具有股东资格；如果否定其股东资格，将导致其在公司中的行为无效，使许多已经确定的公司法律关系发生改变，影响交易安全和社会稳定。因此，对实际享有股东权利的当事人，原则上应认定其股东资格，但应责令其补办相关手续。在依法变更登记之前，则仅认定其可以取得股东资格，可以享受股东权利，但不能对抗第三人。

2. 股权取得的形式要件

（1）公司章程的记载

公司章程对股权确认的重要意义得到普遍认可。因为公司章程由全体股东共同制定，并记载了有关公司的主要事项，包括公司名称和住所、公司的注册资本、股东的出资方式、出资额等，股东要在公司章程中签字并盖章。在公司设立时，公司将章程提交公司登记机关核准，转让股权时要变更公司章程并到公司登记机关申请变更登记。据此，公司章程不仅表明了出资者向公司出资，有作为公司股东的真实意思表示，而且也在一定程度上起到了公示的作用。所以，公司章程所记载的有关股东身份的内容可以作为确认股东身份的依据。

（2）股东名册的记载

一般而言，股东名册作为有限责任公司必须置备的重要法律文件，至少发生如下三个方面的法律效力。

① 权利推定效力。权利推定的含义为在股东名册上记载为股东的，推定为公司股东。也就是说，股东仅凭该种记载就可以主张自己为股东，并据此主张行使股东权利，无须向公司出示出资证明书或者举证自己的实质性权利。但是，股东名册只是一种证权文件，不具有创设权利的效果。因此，只要异议者能够成功地证明股东名册上记载的股东不能享有实体权利，其股东资格就会被否认。

② 对抗效力。权利人以合法的原因或方法受让股权，如果未进行名义更换，仍然不是股东，不可以对公司行使股权。① 这就是股东名册的对抗效力，它是权利

---

① 李哲松：《韩国公司法》，吴日焕译，中国政法大学出版社2000年版，第243页。

推定效力的自然延伸。股东名册推定效力的必然后果是，凡是未在股东名册上记载的人，均不能视为公司股东。因此，当股东将其权利转让给第三人时，如果没有及时进行股东名册的变更记载，即使受让人在实质上已经具备了股东的条件，也仍以股东名册上记载的股东为准。

③ 免责效力。股东名册推定效力的另一必然后果是，公司只将股东名册上记载的股东视为股东。一旦公司将股东名册上记载的股东认定为股东，那么该人即享有股东所享有的一系列实体权利，即便股东名册上的股东不是真正的股东，也可免除公司的责任。公司也没有义务查证股权的实际持有人，仅向股东名册上记载的股东履行各种义务即可。

总的来说，股东名册作为公司的内部文件，其效力主要及于公司和股东之间。基于股东名册的"权利推定效力"，股东名册上记载的股东可以被认定为公司的股东，否认股东名册上记载的股东之权益的人要承担举证责任。通常情况下，公司只需对在册的股东履行义务。但是在一些特殊情形下，如司法解释中规定的公司未置备股东名册，或者股东名册未予记载或记载错误时，股东名册对股东资格及股权的确认效力大大削弱，需要结合其他证据来确定股东资格。

（3）工商登记的记载

公司登记机关对公司股东的登记材料，可以作为证明股东资格并对抗第三人的表面证据。第三人有理由相信登记材料的真实性，如果登记存在瑕疵，按商事外观主义原则，第三人仍可认为登记是真实的，并要求登记的股东按照登记的内容对外承担责任。因此，公司登记机关对公司股东的登记或者变更登记，在股东资格认定时具有相对的优先性，但不具有决定性的效力。

（三）确认股东资格的证据

1. 源泉证据

源泉证据，即证明取得股权的基础法律关系的法律文件。源泉证据可以分为股东原始取得股权的出资证明书以及继受取得股权的证据。

2. 效力证据

一般而言，股东名册作为有限责任公司必须置备的重要法律文件，至少发生如下三个方面的法律效力。

（1）权利推定效力。权利推定是指在股东名册上记载为股东的，推定为公司股东。也就是说，股东仅凭该种记载就可以主张自己为股东，并以此依据主张行使股东权利，无须向公司出示出资证明书或者举证自己的实质性权利。在英美法系国家，任何取得公司股份的人只有在其姓名记入股东名册时，才能成为股东。公司只与登记在册的股东打交道，哪怕该股东的股份已经转让给他人，在受让人未登记于股东名册之前，公司可以认为名义所有人是股份的唯一所有人。大陆法系亦是如此，在德国，与公司的关系上，只有在股票登记簿上登记的人，才能成为公司股东。但是，股东名册只是一种证权文件，不具有创设权利的效果。因此，只要异议者能够成功地证明股东名册上记载的股东不能享有实体权利，他的股东资格就会被否认。

（2）对抗效力。权利人以合法的原因及方法受让股权，如果未进行名义更换，仍然不是股东，不可以对公司行使股权。这就是股东名册的对抗效力，它是权利推定效力的自然延伸。股东名册推定效力的必然后果是，凡是未在股东名册上记载的人，均不能视为公司股东。因此，当股东将其权利转让给第三人时，如果没有及时进行股东名册的变更记载，股东名册上记载的仍视为股东，即使受让人在实质上已经具备了股东的条件。

（3）免责效力。股东名册推定效力的另一必然后果是，公司只将股东名册上记载的股东视为股东。一旦公司将股东名册上记载的股东认定为股东，那么该人即享有股东所享有的一系列实体权利，即便股东名册上的股东不是真正的股东，也可免除公司的责任。公司也没有义务查证股权的实际持有人，仅向股东名册上记载的名义上的股东履行各种义务即可。

总的来说，股东名册作为公司的内部文件，其效力主要及于公司和股东之间。基于股东名册的"权利推定效力"，股东名册上记载的股东可以被认定为公司的股东，否认股东名册上记载的股东之权益的人要承担举证责任。通常情况下，公司只需对在册的股东履行义务。但是在一些特殊情形下，如本司法解释中规定的公司未置备股东名册，或者股东名册未予记载或记载错误时，股东名册对股东资格及股权的确认效力大大削弱，需要结合其他证据来确定股东资格。

3. 对抗证据

对抗证据主要是指公司登记机关登记在案的章程等登记文件，《公司法》第34条规定："公司登记事项发生变更的，应当依法办理变更登记。公司登记事项未经登记或者未经变更登记，不得对抗善意相对人。"

二、公司股东资格确认纠纷的相关案例及实践状况

（一）股东资格的认定标准

1. 工商登记、股东名册作为确认股东资格的形式要件

（1）工商登记具有对外公示及对抗第三人的效力

❶江苏省高级人民法院审理的高某荣与江苏淮某置业有限公司股东资格确认纠纷案【（2016）苏民终348号】认为："工商登记具有对外公示效力，依据置业公司工商登记所载，本案讼争的置业公司8%的股权属于投资公司所有。置业公司设立时，投资公司作为出资人出资400万元，占股20%；置业公司成立后，投资公司按照约定派员担任监事、参加股东会议并参与决议，行使股东职责；置业公司注册资本由2000万元增加至5000万元后，投资公司400万元出资的股权份额由20%变更为8%。投资公司系置业公司对外公示的股东。高某荣与投资公司共同出资成立置业公司，投资公司出资400万元由高某荣代为借垫，抵算土地出让金，投资公司享受股份400万元，收益分成30万元，'借垫'应理解为由投资公司向高某荣借款的形式由高某荣代为垫付，即由高某荣为投资公司代为出资400万元，投资公司与高某荣间形成400万元债权债务关系，该债权债务关系通过高某荣向投资公司支付的土地出让金予以抵销，由于置业公司在后续开发中已全额交付了土地出让金，故而投资公司并未按照事先约定以置业公司所减交的土地出让金作为出资，为此投资公司应当偿还高某荣为其垫付的400万元垫资款，其与高某荣形成400万元债权债务关系，但并不影响上述400万元系投资公司出资的认定。高某荣主张其为实际出资人，而投资公司为名义出资人，其与投资公司系代持股关系，与事实不符。"

❷江苏省高级人民法院审理的钱某康与江苏新某通投资集团有限公司股东资格确认纠纷案【（2016）苏民申248号】认为："根据《中华人民共和国公司法》第32条第3款①的规定，公司应当将股东的姓名或者名称向公司登记机关登记；登记事项发生变更的，应当办理变更登记。未经登记或者变更登记的，不得对抗第三人。因此，仅在公司登记机关进行登记的股东，方有对外效力，方可承担公司法规定的全部股东义务。本案中，新某通投资公司的公司章程和工商登记均没有钱某康持股情况的记载，钱某康为新某通投资公司出资取得新某通投资公司发放的《股权

---

① 《公司法》（2023年修订）第34条。

证》，是基于与新某通投资公司及新某通投资公司其他出资人的内部约定，不能对抗第三人，因此，钱某康虽持有《股权证》但并不能成为公司法上的有公示公信效力的股东。"

（2）股权证书具有对内效力

❸江苏省高级人民法院审理的李某、丁某与江苏宏某船舶设备有限公司股东资格确认纠纷案【（2016）苏民申 3892 号】认为："工商登记对公司外部关系具有公示的效力，但如果工商登记的记载内容与出资证明书、股东名册等股东内部的证明不一致时，公司应根据我国公司法的规定办理增资或减资登记手续等变更登记。本案系股东与公司之间内部股东权纠纷，宏某公司的注册资本 500 万元，而宏某公司股东的实际出资为 7705820 元，宏某公司出具给丁某的股权证书也载明丁某的实际出资额及出资比例。当股权证书与工商登记的记载不一致时，股权份额应按宏某公司出具给股东的股权证书载明的出资额及出资比例确定。一、二审判决依据股权证书认定丁某的出资比例并无不当。"

2. 出资作为确认股东资格的实质要件

对于股东已实际出资但未办理工商登记是否具有股东资格，裁判观点不一。

一种观点认为，股东没有登记，但实际缴纳出资，仍可认定为股东。

❶最高人民法院审理的郑州亿某电熔耐火材料有限公司与杨某武及青海隆某煤业有限公司、宋某桂、张某臣、海西万某实业有限公司、赵某恒、赵某昌、魏某刚，第三人大通瑞某养殖有限公司股东资格确认纠纷案【（2013）民申字第 1406号】认为："自 2007 年 6 月 30 日至 2008 年 7 月 10 日间，隆某公司先后向杨某武出具 7 份'收到投资款'的收据，总金额为 457 万元，收据内容均为收到杨某武个人投资款，这也与隆某公司财务收据和财务报告记载的内容相互印证，应当认定杨某武对隆某公司实际出资 457 万元。虽然隆某公司的企业工商登记中没有杨某武股东身份的记载，但隆某公司向杨某武出具了内容为'收到投资款'的收据，2007 年12 月、2008 年 3 月隆某公司的两份财务报告及 2008 年 1 月《各股东的投资情况明细》的内容，均证明杨某武为隆某公司的实际出资人。二审判决根据杨某武的实际出资数额，依据《最高人民法院关于适用〈中华人民共和国公司法〉若干问题的规定（三）》第 25 条的规定确认杨某武的股东资格及股权份额，并无不妥。"

另一种观点认为，股东名册及工商登记中未记载股东信息的，即使已出资，并不当然具有股东资格。

❷最高人民法院审理的郑某德与和静县备某矿业有限责任公司、中建东某控股

有限公司股东资格确认纠纷案【(2015)民申字第 1671 号】认为："一、二审援引的《中华人民共和国公司法》第 23 条、第 25 条、第 32 条是判断公司股东资格的基本法律依据。郑某德主张其是备某公司的实际出资人，即使该项主张成立，公司的实际出资人也并不当然具备股东资格，法院有必要查明备某公司股东名册和章程记载及公司登记机关登记的股东情况，一、二审法院适用《中华人民共和国公司法》第 23 条、第 25 条、第 32 条判断备某公司股东并无不当。"

3. 股东资格须依据形式要件和实质要件综合作出判断

(1)当事人对股东资格发生争议时，人民法院应当结合公司章程、股东名册、工商登记、出资情况、出资证明书、是否实际行使股东权利等因素，充分考虑当事人实施民事行为的真实意思表示，综合对股东资格作出认定。

❶最高人民法院审理的尹某庆、王某等与日照君某房地产(集团)有限公司股东资格确认纠纷案【(2016)最高法民申 238 号】认为："关于徐某芹、王某是否享有君某公司股权的问题，根据原审查明的事实，徐某芹、王某和王某艺共同签署公司章程并认购出资，依法在公司登记机关登记为公司股东，并实际行使了股东权利并承担了义务，徐某芹、王某依据公司股东会决议，各自向君某公司转入 650 万元，对该事实君某公司予以认可。因此原审认定徐某芹、王某履行了出资义务，有权要求君某公司就其各自支付的 650 万元出资款签发出资证明并将该出资额及对应股权记载于公司股东名册、判令君某公司根据股权及股东变更情况修改公司章程并在公司登记机关办理变更登记手续的诉讼请求合法，并无不当。尹某庆没有证据推翻该认定，其相应主张本院不予支持。"

❷最高人民法院审理的云南华某工贸有限公司、怒江兴某中小水电开发有限公司等与云南贡山华某电力开发有限公司股东资格确认纠纷案【(2016)最高法民申 2613 号】认为："当事人主张股东资格和股东权利，必须满足两个要件，即实质要件和形式要件。实质要件是以出资为取得股东资格的必要条件，形式要件是对股东出资的记载和证明，是实质要件的外在表现。股权取得实质要件是向公司认购出资或者股份而取得股权，包括原始取得和继受取得。股权取得形式要件多见于股东完成出资后在公司章程上的记载、股东名册上的记载和工商机关的登记。本案中，根据华某公司第一届三次股东会决议、同日变更的公司章程，以及 2004 年 4 月 9 日华某公司出具给江某公司的《一期资本金到位凭单》《收据》，证明华某公司、兴某公司、秦某公司均认可江某公司系华某公司股东，取得华某公司 18% 的股权，并收到江某公司支付的 18% 股权的对价，第一届三次股东会决议得到了实际履行。而

且江某公司根据第一届三次股东会决议持有华某公司 18% 的股权，是华某公司的股东，业经最高人民法院（2009）民二终字第 88 号民事判决书、2010 年 9 月 16 日昆明市中级人民法院（2010）昆民五终字第 43 号民事判决和云南省高级人民法院 2012 年 11 月 6 日作出的（2012）云高民二终字第 192 号民事判决确认。故一、二审判决确认江某公司系华某公司股东，取得公司 18% 的股权并无不当。"

❸最高人民法院审理的聂某华与河南仰某生化工程有限公司、何某涛等股东资格确认纠纷案【（2015）民申字第 1154 号】认为："嵊某峰公司注册设立过程中，在工商局的登记备案材料显示：2006 年 12 月 1 日的《章程》中明确记载，仰某公司为嵊某峰公司股东，并占公司出资比例的 70%；同年 12 月 2 日嵊某峰公司的《公司首次股东会决议》中也记载仰某公司出资 700 万元，占出资比例 70%；2006 年 12 月 19 日的《银行询征函》中，也显示仰某公司出资 700 万元，其出资比例及数额与《章程》及《公司首次股东会决议》内容一致。在二审法院庭审时，聂某华认可其知道在工商局登记备案的《章程》《公司首次股东会决议》《银行询征函》等材料中仰某公司成为嵊某峰公司股东的事实。上述证据材料及聂某华庭审中自认的事实，足以证明在嵊某峰公司设立过程中，聂某华对仰某公司已成为嵊某峰公司登记股东的事实是知道并认可的。聂某华申请再审称何某涛在经办嵊某峰公司注册成立过程中，私自在工商登记材料中添加仰某公司为股东，其并不知道仰某公司被登记成为嵊某峰公司股东，与其在二审庭审中自认事实相悖。"

（2）股东没有实际出资并不导致股东资格的丧失。

❹最高人民法院审理的王某与辽宁华某贸易有限公司、辽宁金某食府餐饮有限公司股东资格确认纠纷案【（2015）民申字第 373 号】认为："王某与华某公司就金某食府中 55% 的股权归属发生争执，本案系股东资格确认纠纷。王某主张该部分股权系其实际出资，应归属其个人所有，华某公司从未实际出资，亦未实际参与任何经营，不应作为金某食府股东。首先，在王某与华某公司的法律关系上，王某并未举出合法有效证据证明其与华某公司在 1999 年金某食府设立时建立了实际出资与隐名出资关系。其次，在股东实际出资问题上，一方面，依据我国公司法一贯采取的有限责任公司股东出资要求看，股东是否实际出资，并不影响其股东资格的确认，只是可能产生未实际出资的股东应当向公司补足出资款项以及向已经实际出资的股东承担未实际出资或者出资不足的违约责任的法律后果而已。另一方面，本案查明的事实表明，金某食府成立时公司银行账户中只有 45 万元，王某的个人农行账户中尽管有 25 万元，但是，该 25 万元并没有打入金某食府账户中，王某主张该 25 万元系其个人向金某食府的出资，缺乏法律依据。二审判决依据出资事实确认上述 45 万元系王

某与陈志东的个人出资，具有事实与法律依据，并无不当。另外，王某主张其持有 10 万元实物发票否定金某食府《实物投资明细表》载明的实物投资者为华某公司的结论，证据不足，二审判决未予采信，并无不妥。至于王某主张的二审判决适用法律及诉讼程序均有错误等理由，缺乏事实证明，且不足以启动再审程序。"

4. 通过转让取得股权的股东资格确认

❶最高人民法院审理的山东建某投资管理有限公司、华能山东里某煤电有限公司与曲阜圣某热电有限公司其他合同纠纷案【（2014）民二终字第 60 号】认为："2004 年 12 月 24 日建某公司与中某集团签订股权转让协议，建某公司将持有的圣某热电公司 37.93% 股权转让给中某集团。依据协议约定，中某集团向建某公司支付了 1650 万元股权转让款，但此后因建某公司未协助办理股东变更登记，中某集团也未支付剩余款项。双方遂就此产生了争议。2006 年 12 月 4 日，中某集团以建某公司为被告，诉至曲阜法院，请求确认股权转让行为有效。同年 12 月 12 日，曲阜市工商局通过执行曲阜法院第 68 号裁定，将建某公司持有的圣某热电公司 37.93% 股权变更至中某公司名下。同年 12 月 14 日，中某集团与里能集团签订股权转让协议，将其持有的圣某热电公司 37.93% 的股权转让给里能集团。里能集团依约支付了全部价款，并办理了该股权变更登记。同年 12 月 15 日，山东省人民政府批准里能集团与华能集团组建华能煤电公司，里能集团以其持有的三家全资子公司的全部股权出资，其中包括圣某热电公司 37.93% 的股权。据此，通过里能集团的该出资行为，华能煤电公司持有了上述涉案股权。本院认为，上述事实证明，里能集团和华能煤电公司均先后合法取得了涉案股权，华能煤电公司请求确认其为圣某热电公司的股东，并请求为其办理相应的股东变更手续，证据充分，应予支持。一审判决认定事实清楚，符合涉案股权变动的实际情况，适用法律并无不当，应予维持。建某公司上诉称圣某热电公司现有工商登记信息显示涉案股权仍在建某公司名下，请求确认建某公司享有涉案股权。本院认为，现有工商登记没有真实、全面地反映圣某热电公司相关股权的实际变动情况，其记载的信息亦不是确认该部分股权归属的唯一证据，建某公司仅凭该工商登记资料主张该项权利依据不足，其理由不能成立。"

❷最高人民法院审理的烟台市建某设计研究股份有限公司与烟某集团有限公司股东资格确认纠纷案【（2012）民申字第 1580 号】认为："涉案股权转让是股权转让方与受让方的真实意思表示，且不违反法律法规的强制性规定，应为有效。二审法院认定涉案股权转让是烟台建某设计公司对已经退出的员工股权的妥善处理并无

不当，烟台建某设计公司关于争议股份应为回购公司股份的再审申请理由不能成立。烟某集团通过股权转让合同购买烟台建某设计公司的股份，并已支付款项，参与了公司管理，对此，烟台建某设计院并未及时提出异议，故烟台建某设计院未参加诉讼并不会影响本案的审理。"

5. 职工持股的股权确认标准

❶最高人民法院审理的李某宝与中承华某建设集团有限公司股东资格确认纠纷案【（2017）最高法民申296号】认为："华某公司经原国有企业承德某建改制而来，职工只有经过出资购股，才能成为华某公司的股东。华某公司注册成立时，承德某建职工购股办法也规定，实际投资入股的成为股东，对没有入股的职工应缴纳社会保险，进行安置。李某宝等158人没有实际出资，所以不是华某公司股东。因工商登记申请中华某工会持股的2880万元是认缴额度，并不是实际出资，也非受让而来，不存在承德某建工会将2880万元资产转让给华某工会的问题，故李某宝等158人请求将承德某建工会的2880万元的股权为职工量化，并签发股权证明缺乏事实及法律依据。李某宝等158人也未提供证据证明2880万元是实际出资，承德某建改制时的评估报告已经证明当时企业净资产为111.63万元，且此资产已用于安置职工。李某宝等158人的再审申请理由不成立。即国有企业改制过程中职工未履行实际出资，要求确认股东资格，本院不予认可。"

关于企业改制过程中职工股权的认定。

❷最高人民法院审理的董某凤与河南天某电器有限公司股东资格确认纠纷案【（2015）民申字第710号】认为："本案中天某集团为集体所有制企业，天某公司系其改制而来。关于董某凤申请再审所称'河南天某电器集团有限公司章程'中规定'在职持股，退职退股'是否有效的问题，本院认为，'河南天某电器集团有限公司章程'中约定的'在职持股，退职转股、退股'，是基于天某公司进行企业改制的特殊背景而形成的意思自治约定，该规定已经经过股东代表会议一致通过且实施，是全体股东意思自治的结果，也是全体股东真实意思表示。董某凤选择缴纳股金的行为亦表明其接受'河南天某电器集团有限公司章程'的约定。此外，二审判决已经查明，具备天某集团在职职工身份，是获得改制后公司股权的前提条件，同时，天某集团的改制架构和募集资金的方式，也决定了其在公司章程中作出'在职持股，退职退股'的约定。故二审判决基于天某集团改制的特殊背景，认定'在职持股，退职退股'的约定不违反法律规定，并无不当，也未侵犯董某凤的财产权。董某凤的该项再审理由也不能成立。"

关于职工投资入股后又退股的股权确认。

❸江苏省高级人民法院审理的朱某波与一某梅集团（淮安）有限责任公司股东资格确认纠纷案【（2015）苏商终字第 00538 号】认为："员工将其持有的公司股权交由公司回购并不违反法律、行政法规的禁止性规定，一某梅公司的章程对此亦未予以限制。原审法院调取的一某梅公司现金明细账簿、记账凭证内容反映 2001 年 10 月底已经向朱某波退还 15000 元股金，虽然其中的 3 张附件缺失，但记账凭证复核人袁某红在原审法院向其调查时的陈述内容亦印证公司已经依照内部审批程序向朱某波实际退还股金。而且，同一现金明细账簿记载的当日与朱某波同时退股的吴某泽等人均已实际退还股金，并有附件中的出资证明和收据作为印证。上述账册系形成于本案纠纷发生的 10 余年之前，其时朱某波、一某梅公司之间就退股事宜并未发生争议，而现金明细账簿、记账凭证内容已经形成证据锁链，故现金明细账簿、记账凭证内容具有可信性，据此应当认定一某梅公司于 2001 年 10 月底向包括朱某波在内的多名职工退还了股金。朱某波提交的出资证明书仅证实其曾经为一某梅公司的股东，在其无相反证据证实现金明细账簿、记账凭证内容虚假的情形下，其仅依据出资证明书主张股东身份的上诉理由，不能成立。"

❹江苏省高级人民法院审理的曹某常与江苏安某电化有限公司、中国化工农某总公司等股东资格确认纠纷案【（2016）苏民申 3740 号】认为："案涉《资产重组协议》约定安某职工持股会和自然人股东以每股 3 元的价格将所有股权转让给农某总公司。《资产重组协议》签订后，再审申请人曹某常作为自然人股东的 10 万股股权，其已实际收到 5 万股股权转让款现金 15 万元，剩余 5 万股转至职工持股会，且曹某常参加了 2007 年 8 月 11 日安某职工持股会召开的会议，并在会议代表栏中签名，该次会议一致通过了《江苏安某电化有限公司职工持股会章程（2007 年)》，曹某常已转为安某职工持股会会员，应当明知该章程第 1 条关于安某职工持股会是依照国家和地方政府有关规定设立的从事公司职工股的管理，代表持有公司职工股的职工行使股东权利的约定，一、二审判决认定曹某常要求确认其系安某公司股东无事实和法律依据，并无不当。因曹某常作为安某职工持股会会员而非安某公司股东，其要求安某公司支付 2011 年度股权分红 6000 元的申请再审理由无事实与法律依据，本院不予支持。"

职工持股会解散，持股职工可登记为公司股东。

❺江苏省高级人民法院审理的马某英与徐州众某科技有限公司股东资格确认纠纷案【（2014）苏审二商申字第 0084 号】认为："马某英在改制时已经内部退养，与众某公司签订了为期 3 年的劳动合同，说明马某英知晓三产部改制、众某公司设

立及职工身份置换的事实，不存在众某公司剥夺马某英投资入股权利的情形……马某英认为其身份置换金已实际用于众某公司，视为其对众某公司实际出资，并在退休多年后起诉要求确认其众某公司股东资格，享有职工身份置换金转化的等价股权。但是，众某公司工商登记材料未显示马某英为出资人，马某英则不具备众某公司股东身份。马某英未与众某公司订立出资协议，则不能成为众某公司隐名股东。因此一、二审法院未支持马某英诉讼请求，认定事实正确。众某公司承诺给付马某英的身份置换金，马某英未领取，其性质为众某公司对马某英所负债务，不能转化为马某英对众某公司享有的股权。"

（二）股权代持关系中股东资格的认定

委托持股关系应当基于委托关系形成，委托关系为双方法律行为，需双方当事人有建立委托关系的共同意思表示，签订委托合同或者代持股协议，对未签订合同但双方当事人有事实行为的，也可以依法认定存在委托代持股关系，并以此法律关系确定双方当事人的民事权利和义务。尽管《公司法司法解释三》保护这种委托持股关系，但如果不能举证证明存在隐名出资关系，也不能证明隐名股东的资格。股权代持关系成立之后，当事人也可以主张解除该种法律关系。

1. 实际出资人在其他股东对代持股关系明知时可请求显名化

❶最高人民法院审理的殷某与张某兰股东资格确认纠纷案【（2017）最高法民申37号】认为："外国人委托中国人持股，虽然登记股东为中国人，但外国人履行了实际出资义务、行使了股东权利且得到公司其他股东的认可，应该确认其股东资格。本案中，关于张某兰是否具有淮某公司股东资格问题。《协议书》和《补充合同书》均可证明，淮某公司及其股东均同意张某兰向淮某公司缴纳出资成为股东且淮某公司的其他股东对张某兰以殷某的名义进行投资均是明知的。张某兰多次以淮某公司股东的身份参加股东会议，实际行使股东权利。根据《外商投资产业指导目录（2015年修订）》内容，房地产开发并未列入上述目录限制类或禁止类产业，故不涉及国家规定实施准入特别管理（负面清单）的外商投资企业的设立和变更，不再需要审批。因此，原审判决依据当事人之间的约定以及出资事实确认张某兰为淮某公司的股东，适用法律并无不当。"

股东参与公司经营管理不能证明其实际出资。

❷最高人民法院审理的张某、阜新黑某地油脂有限公司与赵某、刘某朋与池某

顺股东资格确认纠纷案【（2016）最高法民申 653 号】认为："再审申请人虽然参与了黑某地公司的经营事项，但并不必然证明其向黑某地公司出资的事实，名义股东亦可实施上述行为，也不能以此对抗实际出资人对公司股权及其资格的各项主张。由于黑某地公司的实际投资人系张某，张某作为黑某地公司的唯一出资人，享有黑某地公司 100% 的股权，池某顺系名义股东。二审法院援引《最高人民法院关于适用〈中华人民共和国公司法〉若干问题的规定（三）》第 24 条第 2 款规定，适用法律正确。对再审申请人池某顺提出的二审法院适用法律错误的主张，本院亦不予支持。"

隐名股东在其他股东均认可实际出资人的股东身份时可请求办理变更登记。

❸江苏省高级人民法院审理的施某初与江苏国某置业有限公司、王某云等股东资格确认纠纷案【（2015）苏商终字第 00419 号】认为："施某初与王某云之间存在股权代持法律关系。根据国某公司盖章、王某云、汤某慧、周某签字的《出资证明》所载明内容，'应施某初本人要求，在本公司注册时其全部 35% 股份一并计入王某云名下'，因此，施某初与王某云之间基于国某公司股权的代持法律关系合法有据，应予认定……从在案的《出资证明》及双方往来函件的内容来看，由于国某公司其他股东均认可施某初的股东身份，故无须再履行公司法司法解释所规定的需其他股东决议同意的显名程序，原审法院径行判决国某公司为施某初办理股东变更登记手续符合法律规定。"

2. 实际投资人未经其他股东半数以上同意无权要求显名化

隐名股东请求公司变更股东、签发出资证明书、记载于股东名册等显名化的主张必须经过其他股东半数以上同意。

❶最高人民法院审理的甘肃三某农业生产资料有限公司、朱某忠、兰州市三某农业生产资料有限公司、甘肃融某工贸有限责任公司股东资格确认纠纷案【（2016）最高法民申 2998 号】认为："本案中，实际出资人兰州三某公司请求甘肃三某公司变更股东已经公司其他股东过半数同意。据此，原判决根据兰州三某公司实际出资的事实，认定兰州三某公司系甘肃三某公司股东并持有 85% 股权有事实与法律依据。甘肃三某公司、朱某忠以原判决在未经甘肃三某公司股东过半数同意的情况下，即认定兰州三某公司是甘肃三某公司股东违反法律规定的再审申请理由不能成立。"

❷最高人民法院审理的吴某福与邵某益、安徽法某娜置业开发有限公司股东资格确认纠纷案【（2015）民申字第 2709 号】认为："2007 年 6 月 1 日吴某福等 5 人

订立的《合作协议书》系 5 人就法某娜欧洲城项目 A 区北段的项目开发合作协议，该协议并未载明此 5 人同意或确认将吴某福登记为显名股东。二审判决以《最高人民法院关于适用〈中华人民共和国公司法〉若干问题的规定（三）》第 24 条第 3 款有关'实际出资人未经公司其他股东半数以上同意，请求公司变更股东、签发出资证明书、记载于股东名册、记载于公司章程并办理公司登记机关登记的，人民法院不予支持'的规定为据，对吴某福要求显名登记的诉请不予支持，并无不当。"

❸最高人民法院审理的王某与安徽阜阳华某和某房地产开发有限公司股东资格确认纠纷案【（2014）民二终字第 185 号】认为："据法律规定，实际出资人请求登记为股东的，应获得公司其他股东半数以上同意。王某以和某公司为被告提起诉讼，请求确认其为和某公司股东及其持股比例。其诉讼请求能否获得支持，取决于王某与和某公司的出资关系及和某公司股东是否同意。王某、张某、倪某东 3 人签订的《合伙协议》及《股东合作协议书》系 3 人真实意思的表示……王某、张某、倪某东 3 人《合伙协议》及《股东合作协议书》不违反法律和行政法规的规定，合法有效。王某、张某、倪某东依据 3 人之间的《合伙协议》及《股东合作协议书》，通过源远公司向和某公司投资，其形成的财产属于合伙财产，其归属应按《合伙协议》及《股东合作协议书》约定确认。王某与和某公司之间并不存在直接的出资关系，但一审中，华某公司、某城公司、和某公司表示，只要张某、王某等实际投资人达成一致意见，其可以按源远公司的要求将剩余 43% 股权变更至源远公司指定的人员名下；利某达公司对此亦不持异议。一审判决确认王某为和某公司股东，确认王某享有和某公司 14.33% 的股权，不违反《公司法司法解释三》第 24 条第 3 款的规定，和某公司全体股东及和某公司均认可该判决，说明和某公司全体股东均同意王某持有和某公司相应的股权。一审判决应予维持。"

3. 隐名股东对代持股关系承担证明责任

❶最高人民法院审理的江苏圣某化学科技有限公司与刘某、王某股东资格确认纠纷案【（2015）民二终字第 96 号】认为："王某为江苏圣某公司登记股东，以股东身份完成出资、增资、分红及股权转让行为等。王某取得的股东身份登记，具有公示效力。刘某在诉讼中主张其与王某之间存在代持股关系，证据不充分。本案中刘某未提交其与王某之间关于建立委托关系或者代持股关系的协议，其提交的其他证据也不能证明其与王某之间对委托关系或者代持股关系形成了共同意思表示或者其间实际形成了事实上的代持股份关系。因刘某在本案中未能提供直接证据证明其主张，提交的间接证据未能形成完整的证据链，不具有排他性，举证不具有优势，

其在本案中的诉讼主张，本院不予支持。王某与刘某之间的资金往来实际存在，其资金关系可以另行解决。"

❷最高人民法院审理的王某与青海珠某虫草药业有限公司股东资格确认纠纷案【（2014）民二终字第21号】认为："珠某公司2012年4月增资至5000万元的过程中，并无证据证明王某与某辉及海某公司之间达成了合法有效的代持股合意，王某委托某健和美某公司转款系用于此次增资的意图亦不明确，因此即便增资资金来源于王某，亦不能就此认定王某对记载于某辉及海某公司名下珠某公司股权享有股东权益，故王某要求确认某辉及海某公司在珠某公司的相应股权由其享有的诉讼请求，因证据不足，本院不予支持。在此基础上，王某要求珠某公司为其签发出资证明书、将其记载于股东名册并办理工商登记，缺乏事实和法律依据，本院亦不予支持。"

❸北京市高级人民法院审理的杨某青股东资格确认纠纷案【（2016）京民申2854号】认为："杨某青与董某利之间是否存在隐名出资关系就成为认定涉案股权归属的唯一要件。本案中，杨某青未提供证据证明其与董某利签订有隐名出资协议，亦未提供证据证明双方就股权归属、投资风险承担等事项作出过口头约定，仅凭案外人何某梅的证言不足以证明设立金某明公司系杨某青一人的意思表示。金某明公司成立后的后续经营资金虽主要系杨某青筹措，但董某利提交的证据亦能够证明其为金某明公司筹措过部分经营资金。杨某青虽主张董某利仅为金某明公司聘请的职业经理人，但未能提供公司给董某利发放工资、缴纳社会保险费用等证明双方存在劳动关系的证据。同时根据北京市高级人民法院相关生效判决认定的事实，在双方签订的《股权转让协议书》中，杨某青同意以价值35873000元的房产作为置换董某利持有的金某明公司25%股份的对价，上述事实表明，董某利在金某明公司成立后，既通过取得股权转让对价的形式行使过股东权利，也通过向公司筹措经营资金的形式履行过股东义务，故二审法院认定杨某青提供的证据不足以证明董某利仅为名义股东，不享有任何股东权利并无不当。"

❹江苏省高级人民法院审理的黄某元与苏州华某企业发展有限公司、陆某军等股东资格确认纠纷案【（2015）苏审二商申字第00674号】认为："黄某元与陆某军、李某祥均对2013年1月29日签订的两份'隐名股东投资协议书'的真实性无异议，故该协议系当事人真实意思表示，且不存在《合同法》第52条规定的情形，该两份协议合法有效。陆某军、李某祥主张用于增资的420万元、360万元系其与黄某元担任法定代表人的同里油某公司间的债权债务，但同里油某公司对此予以否定，并出具'情况说明'确认该款项系受黄某元委托转账，这与黄某元提供的银行

转账凭证相一致，与'隐名股东投资协议书'的约定亦相互印证。故原判决认定2013年1月29日的'隐名股东投资协议书'合法有效，并据此认定黄某元系实际股东，并无不当。"

❺江苏省高级人民法院审理的江苏长某信息科技有限公司与李某柏、唐某成等股东资格确认纠纷案【（2015）苏审三民申字第00248号】认为："李某柏未能证明其与唐某成、黄某荣之间存在委托持股合同。李某柏主张其系公司隐名股东，曾与公司登记在册的股东唐某成、黄某荣达成协议，约定由该二人代其持股，但唐某成、黄某荣对李某柏的主张均不认可，却称为李某柏持股。李某柏对其主张并未提供任何证据予以证明，故本院不予支持。李某柏未能证明其向长某公司实际出资，二审判决不认可其为长某公司实际出资人并无不当。"

❻江苏省高级人民法院审理的孙某、江苏克某集团股份有限公司与江苏汇鸿克某进出口有限公司股东资格确认纠纷案【（2015）苏审三商申字第00332号】认为："根据《最高人民法院关于适用〈中华人民共和国公司法〉若干问题的规定（三）》第22条的规定，当事人之间对股权归属发生争议，一方请求人民法院确认其享有股权的，应当证明以下事实之一：（1）已经依法向公司出资或者认缴出资，且不违反法律法规强制性规定；（2）已经受让或者以其他形式继受公司股权，且不违反法律法规强制性规定。本案中，克某集团公司提供的有关向汇鸿克某公司出资的银行支票、银行业务申请书、保存在克某集团公司的孙某的存折记载明细等证据，能够证明以孙某名义向汇鸿克某公司出资的150万元款项实际由克某集团公司支付。同时，孙某在本案二审中已自认其持有的汇鸿克某公司15%的股权的实际出资款均来源于克某集团公司，其本人未另行筹集资金投入汇鸿克某公司，且未提供证据证明其在汇鸿克某公司已实际享有股东权利、承担股东义务。因此，二审判决认定克某集团公司已完成就确认股东资格的主张的举证责任、孙某名下登记的汇鸿克某公司股权实际为克某集团公司所有，并无不当。"

（三）股东资格确认纠纷的其他问题

1. 涉外股权确认问题

❶最高人民法院审理的刘某平、黎某等与藤县米某房地产开发有限公司股东资格确认纠纷案【（2016）最高法民申1398号】认为："黎某、刘某平、徐某志等签署的米某公司股东会决议对于米某公司、米某公司的登记股东以及签字人均具有约束力，各方应依法履行决议确定的事项。原判决判令米某公司履行工商变更登记义

务，将黎某指定的范某颜登记为米某公司 50% 股份的股东，与股东会决议事项的内容一致。由于范某颜系中国国籍，该工商变更登记并不改变米某公司的企业性质，因此不构成外国投资者并购境内企业应予报批的情形。在诉讼地位方面，黎某、范某颜在本案中诉请米某公司承担办理工商变更登记的义务，故米某公司为本案适格被告。综上，刘某平主张原判决错误适用法律的申请再审理由不能成立，本院不予支持。"

2. 被冒名登记者不应确认为公司股东

❶江苏省高级人民法院审理的钱某平与江阴市华某科技有限公司股东资格确认纠纷案【(2016) 苏民终 837 号】认为："冒名登记是指实际出资人自己行使股权，但虚构法律主体或者盗用他人名义并将该主体或他人作为股东在公司登记机关登记的行为。被冒名者因不知情，且从未作出过持有股权的意思表示、实际不出资、不参与公司管理，而不应被视为法律上的股东。判断冒名还是借名，最主要的法律特征是被冒名者对其名称被冒用是否知情。从查明的事实分析，本院认定该登记为华某公司冒名操作具有高度的可能性，钱某平不应被认定为华某公司股东。理由在于：第一，华某公司工商登记材料中有关华某公司股东会决议、章程等材料中有'钱某平'签名字迹（共 28 处）的，均非钱某平本人所签。第二，以股东'钱某平'名义的两次增资行为分别为发生于 2005 年 9 月 8 日的 900 万元、2006 年 5 月 25 日的 1400 万元，该两笔巨额出资款分别来自江阴市南某斌斌日杂用品店以及江阴市宝某金属材料有限公司，而该日杂店、宝某公司与钱某平并无关联关系。第三，从钱某平经济状况看，其只是飞某公司一名普通员工，工资收入不高，家庭较为困难，不足以承担如此大的投资……依照《关于适用〈中华人民共和国公司法〉若干问题的规定（三）》第 28 条，法院认定钱某平不具有江阴市华某科技有限公司股东资格。"

3. 股东资格确认纠纷案件由公司住所地法院管辖

❶北京市第三中级人民法院审理的北京锦江日某文化传播有限公司与北京凤某祥瑞房地产开发有限公司等股东资格确认纠纷案【(2017) 京 03 民辖终 1071 号】认为："《中华人民共和国民事诉讼法》第 26 条规定：'因公司设立、确认股东资格、分配利润、解散等纠纷提起的诉讼，由公司住所地人民法院管辖。'本案当事人之间争议的是关于原审原告锦江日某公司在凤某祥瑞公司的股东资格确认恢复问题。凤某祥瑞公司的住所地位于北京市怀柔区杨宋镇凤翔东大街×号，属于北京市

怀柔区人民法院辖区。故北京市怀柔区人民法院对本案有管辖权。凤某祥瑞公司的上诉理由不成立，其上诉请求应予驳回。"

❷江苏省高级人民法院审理的李某贵与沙某阳、无锡电缆厂有限公司股东资格确认纠纷案【（2015）苏商辖终字第00212号】认为："《中华人民共和国民事诉讼法》第26条规定，因公司设立、确认股东资格、分配利润、解散等纠纷提起的诉讼，由公司住所地人民法院管辖。故确认股东资格案应由公司住所地人民法院专属管辖。虽然案涉《股权代持协议》对于管辖法院约定为'各自住所地人民法院'，但李某贵向原审法院提起确认股东资格之诉，与前述专属管辖法律规定相悖。对此，原审中沙某阳提出管辖权异议认为本案应移送至电缆厂住所地人民法院即无锡高新技术产业开发区人民法院审理，李某贵也予以认可。故原审法院裁定将本案移送至无锡高新技术产业开发区人民法院审理并无不当。"

❸江苏省高级人民法院审理的季某林与江苏富某置业有限公司股东资格确认纠纷案【（2015）苏商辖终字第00124号】认为："《中华人民共和国民事诉讼法》第26条规定，因公司设立、确认股东资格、分配利润、解散等纠纷提起的诉讼，由公司住所地人民法院管辖。《最高人民法院关于适用〈中华人民共和国民事诉讼法〉的解释》第22条规定，因股东名册记载、请求变更公司登记、股东知情权、公司决议、公司合并、公司分立、公司减资、公司增资等纠纷提起的诉讼，依照民事诉讼法第26条规定确定管辖。本案中，季某林请求法院：确认其是富某公司股东；确认其持有富某公司的出资金额为1800万元，股权比例为28%；富某公司为其办理股权工商变更登记；富某公司承担本案诉讼费用。据此，本案应由富某公司住所地法院管辖。另外，季某林请求法院确认的其对富某公司的出资金额为1800万元，符合季某林起诉时的原审法院管辖第一审民商事案件标准。故原审法院对本案依法具有管辖权。"

三、股东资格确认诉讼问题综述及建议

（一）股东资格确认的标准

根据《公司法》的有关规定，实质要件与形式要件都是认定股东资格的标准或条件。本文检索的最高院、北京市高院、江苏省高院审结的案例也显示股东资格的确认没有单一标准，而要根据实质要件和形式要件综合予以判断。从《公司法司法解释三》对于名义股东身份的肯定可以看出，在公司内部的法律关系中，法律和司法实践均倾向于尊重公司的意思自治，而在涉及公司与外部第三人的法律关系中，从商事外观主义的原则出发，工商登记、股东名册等形式要件在确认股东资格中则要予以重点考量。

由此，认定股东资格应当根据内外法律关系和案件的具体情况，依据以下原则处理：

1. 公司成立并存续。股东资格的取得以公司成立和存续为前提条件。公司没有成立，或者设立失败，投资者不可能取得股东资格。股东对公司的出资是取得股东资格的要件。

2. 出资和资格可以分离。2013 年《公司法》修正，公司的注册资本由部分认缴制改为完全认缴制，大大降低了公司设立的门槛，由保护交易安全进一步倾向于保护交易效率。此外，公司法并不要求股东实际出资与股东资格互为条件。也就是说，法律允许股东实际出资与股东资格可以分离。根据上述规定，如果实行分期缴纳，股东虽未实际出资，公司可以成立，没有实际出资仍可取得股东资格。2023 年新的《公司法》修订，将认缴制改为限期 5 年实缴，全体股东认缴的出资额由股东按照公司章程的规定自公司成立之日起五年内缴足，以解决完全认缴制施行以来出现的大量盲目认缴、天价认缴、认缴期限过长等问题。

3. 外观形式要件。商法的外观主义，是指根据外观形式的要件，就能确认某种事实的存在或者某种资格的取得。例如，物权法上的物权公示原则，即"记载于不动产登记簿的人是该不动产的权利人，动产的占有人是该动产的权利人"；合同法上的表见代理制度都是以外观形式来确定法律效力。其主要目的在于维护交易秩序和交易安全。在股东资格问题上，公司章程记载、股东名册记载、工商部门登记、出资证明书或者股票等形式要件，具有向社会公示的作用，具有使社会公众相信其有效的公信力，因此符合股东资格及股权的外观形式，即便股东违反出资义务，也应确认股东资格。

上述商事外观主义规则是当事人之间对股权归属发生争议、请求法院确认股权时，应当向法院证明的事实的规定。当事人取得股权有两种方式，一是原始取得，即在公司设立或增资中通过向公司出资或者认缴出资取得股权及股东资格；二是继受取得，即从他人处受让股权。所以当事人间就股权归属发生争议，一方主张其享有股权时，可以证明其具有上述情形之一。

《公司法》规定了有限责任公司和发行记名股票的股份有限公司应当置备股东名册，并规定了记载的法定事项，记载于股东名册的股东，可以依股东名册主张行使股东权利。因此，股东名册上记载的股东出于维护交易安全的需要可以推定为具有股东资格。但这并不具有决定性的效力，股东名册上没有记载的股东未必没有股东资格，因为可能存在公司漏记或记载错误的情形。形式要件存在的意义主要在于涉及交易第三人时对善意方的保护。

《公司法司法解释三》第二十二条规定，当事人之间对股权归属发生争议，一方请求人民法院确认其享有股权的，应当证明以下事实之一：（一）已经依法向公司出资或者认缴出资，且不违反法律法规强制性规定；（二）已经受让或者以其他形式继受公司股权，且不违反法律法规强制性规定。投资人（包括公司设立时的发起人与公司成立后增资扩股时的向公司认购股份者）主张对公司享有股权或股东资格，需要以其出资或认缴出资为"对价"。因此在股东资格归属存在争议的情形下，需要证明自己已经依法向公司出资或认缴出资。"依法"是指依据公司法的规定，股东负有出资义务，应当按期足额缴纳公司章程中规定的各自所认缴的出资额。而投资人取得股权的对价行为，并不限于实际出资，还包括认缴出资，即在认股协议或公司章程中承诺出资的行为，只要承诺履行出资义务就可取得股东资格。并且相应地，《公司法》也确立了分期缴纳的资本制度，这就可能出现股东第一次缴纳股款符合法律规定，公司登记成立后，股东违反认股协议未缴纳或未按期缴纳股款的情况。对于投资人不按约定认购股份或者缴纳股款的行为，《公司法》另规定了发起人的补足出资责任、承担违约责任和损害赔偿责任，但并不认为其因此当然丧失股权。

而在继受取得情形中，需要证明已经受让或者以其他形式继受公司股权。"受让"是指通过股权转让协议取得股权，即当事人以转让股权为目的而达成的关于转让人交付股权并收取价金，受让人支付价金并取得股权的意思表示。"其他形式"是指通过股权赠与协议、股权继承、公司合并、法院判决书等形式继受公司股权。

"不违反法律法规的强制性规定"，《公司法司法解释三》第二十二条主要是指法律、行政法规对一些特殊主体的投资权利进行一定的限制，包括投资者的行为能力、住所、身份等的限制。

综上所述，当股权归属发生争议时，当事人应当提供取得股权的实质性证据，即通过出资或受让的方式取得股权，且股权取得不违反法律法规的强制性规定。

（二）避免股东资格争议的建议

实践中，案例的丰富远远超出法律的规定。在纷繁复杂的案例面前，法律的规定往往显得过于单一或抽象。这就可能带来即使同一法律规则，因为事实的不同会导致截然相反的判决结果。对于公司的实际投资者、实际经营者以及外部利益相关者，我们建议先熟悉公司法及相关的法律原理。而针对实践中较多的因实际投资人与名义股东不一致而导致纠纷的情形，我们建议：

1. 投资人尽量不要选择由他人代持股份的方式投资公司。

2. 如果存在必须隐名投资的情况，实际出资人要及时与显名股东签订代持协议或投资合作协议，明确权利义务关系。

3. 时刻关注其委托显名股东代持的股权，是否存在被显名股东处分的行为，在被处分前及时主张权利，争取取得其他股东过半数同意，将自己显名。

4. 股权发生变更时，要及时作出工商登记。工商登记具有对抗第三人的效力，如果不及时变更，可能发生善意第三人受让股权进而导致实际权利人无法取得股权的情形。

5. 针对企业改制过程中出现的公司与职工之间的股权纠纷，作为职工一方，建议与公司之间就股权作出明确的约定，并通过股东名册予以体现。

6. 在家族企业经营过程中，由于不熟悉法律规则或者利益分配不均导致纠纷，从而导致亲情破裂的情形不胜枚举，最终法意人情不能两全。因此，建议聘请职业经理人参与家族企业的经营，并在企业成立之初，对投资人的权利作出明确的约定，防止日后发生不必要的纠纷。

第二章　股东名册记载纠纷

一、股东名册记载纠纷的法律规定

（一）股东名册记载纠纷的一般规定

1.《公司法》（2018 年修正，已被修订）

第 32 条规定："有限责任公司应当置备股东名册，记载下列事项：

（一）股东的姓名或者名称及住所；

（二）股东的出资额；

（三）出资证明书编号。

记载于股东名册的股东，可以依股东名册主张行使股东权利。

公司应当将股东的姓名或者名称向公司登记机关登记；登记事项发生变更的，应当办理变更登记。未经登记或者变更登记的，不得对抗第三人。"

第 96 条规定："股份有限公司应当将公司章程、股东名册、公司债券存根、股东大会会议记录、董事会会议记录、监事会会议记录、财务会计报告置备于本公司。"

第 97 条规定："股东有权查阅公司章程、股东名册、公司债券存根、股东大会会议记录、董事会会议决议、监事会会议决议、财务会计报告，对公司的经营提出建议或者质询。"

第 130 条规定："公司发行记名股票的，应当置备股东名册，记载下列事项：

（一）股东的姓名或者名称及住所；

（二）各股东所持股份数；

（三）各股东所持股票的编号；

（四）各股东取得股份的日期。

发行无记名股票的，公司应当记载其股票数量、编号及发行日期。"

2.《公司法》(2023 年修订)

第 34 条规定:"公司登记事项发生变更的,应当依法办理变更登记。公司登记事项未经登记或者未经变更登记,不得对抗善意相对人。"

第 56 条规定:"有限责任公司应当置备股东名册,记载下列事项:

(一)股东的姓名或者名称及住所;

(二)股东认缴和实缴的出资额、出资方式和出资日期;

(三)出资证明书编号;

(四)取得和丧失股东资格的日期。

记载于股东名册的股东,可以依股东名册主张行使股东权利。"

第 102 条规定:"股份有限公司应当制作股东名册并置备于公司。股东名册应当记载下列事项:

(一)股东的姓名或者名称及住所;

(二)各股东所认购的股份种类及股份数;

(三)发行纸面形式的股票的,股票的编号;

(四)各股东取得股份的日期。"

第 109 条规定:"股份有限公司应当将公司章程、股东名册、股东会会议记录、董事会会议记录、监事会会议记录、财务会计报告、债券持有人名册置备于本公司。"

第 110 条第 1 款规定:"股东有权查阅、复制公司章程、股东名册、股东会会议记录、董事会会议决议、监事会会议决议、财务会计报告,对公司的经营提出建议或者质询。"

3. 其他法律相关规定

《江苏省高级人民法院关于审理适用公司法案件若干问题的意见(试行)》(已失效)第 7 条规定:"公司不及时变更股东名册和到工商行政管理部门进行变更登记的,股权转让方和受让方均可以公司为被告提起办理转让手续请求之诉。转让合同中约定转让方有协助义务而转让方不予协助的,受让方可以将转让方和公司作为共同被告。"

（二）股东名册记载纠纷中有关管辖的规定

《民事诉讼法》第 27 条规定："因公司设立、确认股东资格、分配利润、解散等纠纷提起的诉讼，由公司住所地人民法院管辖。"

《最高人民法院关于适用〈中华人民共和国民事诉讼法〉的解释》（以下简称《民事诉讼法司法解释》）第 22 条规定："因股东名册记载、请求变更公司登记、股东知情权、公司决议、公司合并、公司分立、公司减资、公司增资等纠纷提起的诉讼，依照民事诉讼法第二十七条规定确定管辖。"

（三）股权变更中股东名册记载的规定

1.《公司法》（2018 年修正，已被修订）

第 73 条规定："依照本法第七十一条、第七十二条转让股权后，公司应当注销原股东的出资证明书，向新股东签发出资证明书，并相应修改公司章程和股东名册中有关股东及其出资额的记载。对公司章程的该项修改不需再由股东会表决。"

第 139 条规定："记名股票，由股东以背书方式或者法律、行政法规规定的其他方式转让；转让后由公司将受让人的姓名或者名称及住所记载于股东名册。

股东大会召开前二十日内或者公司决定分配股利的基准日前五日内，不得进行前款规定的股东名册的变更登记。但是，法律对上市公司股东名册变更登记另有规定的，从其规定。"

2.《公司法》（2023 年修订）

第 87 条规定："依照本法转让股权后，公司应当及时注销原股东的出资证明书，向新股东签发出资证明书，并相应修改公司章程和股东名册中有关股东及其出资额的记载。对公司章程的该项修改不需再由股东会表决。"

第 159 条规定："股票的转让，由股东以背书方式或者法律、行政法规规定的其他方式进行；转让后由公司将受让人的姓名或者名称及住所记载于股东名册。

股东会会议召开前二十日内或者公司决定分配股利的基准日前五日内，不得变更股东名册。法律、行政法规或者国务院证券监督管理机构对上市公司股东名册变更另有规定的，从其规定。"

3.《公司法司法解释三》

第 23 条规定："当事人依法履行出资义务或者依法继受取得股权后，公司未根据公司法第三十一条、第三十二条的规定签发出资证明书、记载于股东名册并办理公司登记机关登记，当事人请求公司履行上述义务的，人民法院应予支持。"

4.《上海市高级人民法院关于审理涉及公司诉讼案件若干问题的处理意见（二）》

二、处理股权确认纠纷的相关问题

1. 有限责任公司出资人履行出资义务或者股权转让的受让人支付受让资金后，公司未向其签发出资证明书、未将其记载于公司股东名册或者未将其作为公司股东向公司登记机关申请登记的，出资人或者受让人提起诉讼，请求判令公司履行签发、记载或申请登记义务的，人民法院应予支持。

......

（四）股东名册与股东资格的认定

1.《北京市高级人民法院关于审理公司纠纷案件若干问题的指导意见（试行)》

11. ……股东资格是投资人取得和行使股东权利并承担股东义务的基础。依据《公司法》的相关规定，有限责任公司股东资格的确认，涉及实际出资数额、股权转让合同、公司章程、股东名册、出资证明书、工商登记等。确认股东资格应当综合考虑多种因素，在具体案件中对事实证据的审查认定，应当根据当事人具体实施民事行为的真实意思表示，选择确认股东资格的标准。

2.《江苏省高级人民法院关于审理适用公司法案件若干问题的意见（试行)》(已失效)

28. 股东（包括挂名股东、隐名股东和实际股东）与公司之间就股东资格发生争议，应根据公司章程、股东名册的记载作出认定，章程、名册未记载但已依约定实际出资并实际以股东身份行使股东权利的，应认定其具有股东资格，并责令当事人依法办理有关登记手续。

30. 股权转让人、受让人以及公司之间因股东资格发生争议的，应根据股东名册的变更登记认定股东资格。公司未办理股东名册变更登记前，受让人实际已参与公司经营管理，行使股东权利的，应认定受让人具有股东资格，并责令公司将受让人记载于股东名册。

股权转让合同约定办理完毕工商和（或）股东名册变更登记手续股权方发生转移的，未办理完毕工商和（或）股东名册变更登记手续之前，仍应认定转让人为公司股东。

3.《江西省高级人民法院关于审理公司纠纷案件若干问题的指导意见》

23. 当事人对股东资格发生争议时，人民法院应结合公司章程、股东名册、工商登记、出资情况、出资证明书、是否实际行使股东权利、履行股东义务等因素，充分考虑当事人实施民事行为的真实意思表示，综合对股东资格作为认定。

24. 公司内部或股东之间要求确认股东资格的，对股东名册记载之股东，人民法院应当认定其具有股东资格。但有其他证据证明股东名册记载不当的除外。

25. 公司未置备股东名册，或股东名册未予记载，但在公司章程上签名并为公司章程记载为股东的，人民法院应认定其具有股东资格。

……

4.《山东省高级人民法院关于审理公司纠纷案件若干问题的意见（试行）》

26. 当事人对股东资格发生争议时，人民法院应结合公司章程、股东名册、工商登记、出资情况、出资证明书、是否实际行使股东权利等因素，充分考虑当事人实施民事行为的真实意思表示，综合对股东资格作出认定。

27. 股东名册记载之股东，人民法院应认定其具有股东资格。但有其他证据证明股东名册记载错误的除外。

28. 公司未置备股东名册，或股东名册未予记载，但在公司章程上签名并为公司章程记载为股东的，人民法院应认定其具有股东资格。

……

5.《陕西省高级人民法院民二庭关于公司纠纷、企业改制、不良资产处置及刑民交叉等民商事疑难问题的处理意见》

一、股权确认和股权转让问题

关于股权确认的标准，在审判实践中争议很大，主要有以下三种观点：一是以是否实际出资作为股权确认的标准；二是以股东名册的记载作为确认股东资格的依据；三是以公司登记机关的登记内容作为股权确认的根据。对此问题，我们倾向于认为股东出资证明、股东名册、工商登记均是确认股东资格的重要依据，最终依据哪一标准确认股东资格主要取决于争议当事人的不同而有所区别：对于公司与股东之间发生的股权纠纷，一般应以股东名册作为认定股东资格的依据；对当事人均为股东的，则应侧重审查投资的事实；在第三人对公司股东的认定上，则应主要审查工商登记，因为工商登记对善意第三人具有宣示股东资格的功能，第三人基于对工商登记的依赖作出商业判断。对于实际股东的问题，我们认为虽然名义股东与实质股东之间的约定不能对抗公司，但如果公司或公司的绝大多数股东均明知名义股东与实质股东之间的关系而未表示异议，则实际股东可以直接向公司主张权利。……

（五）其他规定

1.《公司法司法解释三》

第 24 条第 3 款　实际出资人未经公司其他股东半数以上同意，请求公司变更股东、签发出资证明书、记载于股东名册、记载于公司章程并办理公司登记机关登记的，人民法院不予支持。

2.《上海市高级人民法院关于审理股东请求对公司股份行使优先购买权引发纠纷案件的研讨意见》

……

出让股东未履行告知义务，并与第三人达成股权转让合同，自第三人作为股东登记于公司股东名册或者完成股权变更工商登记之日起一年后，其他股东请求行使优先购买权的，人民法院不予支持。

……

3.《上海市高级人民法院关于审理涉及公司诉讼案件若干问题的处理意见（二）》

三、处理股东权益纠纷的相关问题

1. 有限责任公司股东请求查阅公司章程、股东名册、管理人员名册、财务会计报告、股东会议和董事会会议记录的，人民法院可以判决公司限期提供。

……

二、股东名册记载纠纷的相关判例

通过检索股东名册记载纠纷的案件，笔者发现，该类案件大多涉及股权转让协议、显隐名股东关系、股东资格认定和公司内部优先购买权等内容，其与股东资格确认纠纷、股权转让纠纷、公司增资纠纷及合同纠纷等案件相似。故本章中一些案件将会在之后的案由中加以体现。

（一）股东名册记载纠纷的主体及受案范围问题

1. 股东名册记载纠纷的主体

❶上海市第一中级人民法院审理的某公司与蒲某股东名册记载纠纷案二审民事判决书【（2012）沪一中民四（商）终字第 801 号】认为："依据公司法的规定，股权依法转让后，应由公司将股权受让人及受让股权记载于股东名册，并由公司将股权转让向公司登记机关办理股权变更登记。上述规定确立了股权变更登记之诉的两方主体：未能取得变更登记致权益处于不完满状态的股权受让人为权利人，股权转让所针对的目标公司则系股权变更登记的义务主体。故某公司当然负有履行股权变更登记的法定义务。某公司至今未能将股权受让人蒲某及其受让的股权记载于股东名册，蒲某据此主张要求某公司履行相应的变更登记义务，有相应的事实及法律依据，予以支持。"

2. 股权转让方也可以与受让方一并提起诉讼

❷安徽省宣城市中级人民法院审理的宁国市大某市场发展有限责任公司、张某诒、黄某江与徐某、舒某辉、杨某霞股东名册记载纠纷案二审民事判决书【（2017）皖 18 民终 492 号】认为："本案中，徐某将持有的宁国大某公司 4% 的股权无偿转让给舒某辉、杨某霞，张某诒、黄某江作为公司另两名股东，依据公司法规定精神，有权主张以公平合理的价格优先购买。但经徐某依法通知，张某诒、黄某江不愿以公平合理的方式确定并支付优先购买的对价，依法应视为同意徐某向舒某辉、杨某霞无偿转让股权。依据《中华人民共和国公司法》第 73 条规定，在徐某向舒某辉、杨某霞转让股权后，宁国大某公司应当依法办理相关手续。为有效履行股权转让协议，徐某作为转让方与受让方舒某辉、杨某霞一并提起本案诉讼，并

无不当。宁国大某公司、张某诒、黄某江认为，舒某辉、杨某霞与公司、张某诒、黄某江曾经发生矛盾，徐某无偿转让股权给舒某辉、杨某霞，有损公司及其他股东利益。对此，张某诒作为宁国大某公司控股股东，可以通过依法行使优先购买权避免不利情势的发生。在张某诒、黄某江不愿依法行使优先购买权的情况下，舒某辉、杨某霞与公司、张某诒、黄某江曾经发生矛盾的事实，不能作为否定徐某与舒某辉、杨某霞之间股权转让协议效力的适当理由。"

3. 投资人在有限责任公司股东达上限后不能请求办理股东名册记载

❸无锡市中级人民法院审理的马某芳与远某控股集团有限公司股东名册记载纠纷案二审民事判决书【（2015）锡商终字第 00544 号】认为："有限责任公司应当置备股东名册，记载股东的姓名或者名称及住所、股东的出资额、出资证明书编号，并将股东的姓名或者名称向公司登记机关登记，此为有限责任公司的法定义务。但公司在履行上述法定义务时需严格遵守法律规定，包括《中华人民共和国公司法》第 24 条①规定的有限责任公司股东不得超过 50 个的人数限制。本案中，马某芳向远某公司缴纳股本金 5 万元，并自 2002 年 1 月 1 日起为远某公司股东的事实，经生效判决确认后，未及时办理公司股东名册记载和工商登记。后 2013 年 12 月 20 日远某公司股东会决议，将股东人数增至 50 人，该增加的股东中未包括马某芳，现因远某公司记载于股东名册的股东人数已达到法律规定的上限，马某芳要求将其记载入股东名册并办理股东工商登记，需远某公司变更公司性质为股份有限公司增加股东人数或进行股权回购等其他方式实现，但该实现途径非本案理涉范畴，故马某芳有关进行股东名册记载并办理股东工商登记等上诉诉请不予支持。对此，原审驳回马某芳的诉讼请求并无不当。"

4. 股东不能主张已注销的公司股东名册应记载其股东身份

❹四川省高级人民法院审理的邹某贵与宜宾市龙某科技有限公司股东名册记载纠纷案申请再审民事裁定书【（2015）川民申字第 901 号】认为："本案系股东名册记载纠纷，现宜宾龙某科技有限公司已经清算注销，邹某贵关于在该公司股东名册上记载股东身份的主张已经不能实现，可依法另案主张相关权利。"

---

① 《公司法》（2023 年修订）第 42 条。

5. 与公司约定不承担经营风险也不参与利润分配的股东不能主张将其登记在股东名册

❺青海省高级人民法院审理的杨某元与果洛州祥某汽车运输有限责任公司股东名册记载纠纷案再审审查与审判监督民事裁定书【（2016）青民申 385 号】认为："2006 年 6 月 1 日杨某元与原果洛州汽车有限责任公司（祥某公司前身）签订《果洛州汽车运输有限责任公司客运线路经营承运合同》1 份，约定杨某元投入的车辆所有权及经营收益归杨某元个人所有……祥某公司 2009 年 3 月 21 日的公司章程中记载，以车辆入股的股东，只限于入股车辆的经营，独立承担经营风险，不参与公司其他经营活动和经营成果的分配，车辆经营年限到期退出营运市场，股份也同时退出。公司除收取必要的费用外，也不参与车辆经营成果的分配。股东分为职工内部股东和以车辆入股的股东。持公司内部股的股东有权参加股东大会，以车辆入股的股东不能参加公司股东大会，也没有选举权和被选举权。杨某元虽未在公司章程上签名，但从公司章程制定到本案诉讼 7 年时间内，杨某元从未参加过股东大会，也未参与分红等，杨某元对其实际并不享有股东权利的情况明知并认可。据此可以认定，虽然在工商登记的验资报告等材料中记载有杨某元的出资，但双方实际属于挂靠关系。杨某元关于原二审判决认定事实不清，适用法律错误的再审理由不成立。"

6. 国企乡镇等企业改制中股东名册记载问题不属于人民法院的受理民事案件的范围

❻株洲市中级人民法院审理的彭某德与现某农庄股东名册记载纠纷案二审民事裁定书【（2016）湘 02 民终 1870 号】认为："上诉人彭某德诉讼主张涉及政府主管部门对企业行政性调整、划转过程中发生的纠纷，系国有企业改制的遗留问题未作处理，不属于人民法院的受理民事案件的范围。原审法院裁定不予受理并无不当。"

❼汉中市中级人民法院审理的王某华、周某安与镇巴县食某开发有限责任公司股东名册记载纠纷案二审民事裁定书【（2015）汉中民二终字第 00002 号】认为："被上诉人改制之前属全民所有制企业，改制是以县委、县政府下发改制指导文件为前提，在政府部门对被上诉人报送的改制方案进行审批的基础上进行，2 上诉人对以上事实亦予以认可。此种改制行为属于政府主管部门对企业国有资产进行的政策性调整。根据《最高人民法院关于审理与企业改制相关的民事纠纷案件若干问题的规定》第 3 条规定，政府主管部门在对企业国有资产进行行政性调整、划转过程

中发生的纠纷，当事人向人民法院提起民事诉讼的，人民法院不予受理。本案符合最高人民法院前述规定，王某华、周某安的起诉属于法院不予受理的案件范围，故2人要求将姓名载入股东名册的上诉理由不能成立，对其上诉请求本院不予支持，原审法院裁定驳回起诉正确。"

（二）股东名册记载纠纷的管辖问题

股东名册记载纠纷由公司所在地人民法院管辖。

❶深圳市中级人民法院审理的深圳邦某新能源股份有限公司与立某基金管理有限公司股东名册记载纠纷案二审民事裁定书【（2015）深中法立民终字第 1705 号】认为："本案为股东名册记载纠纷，根据《中华人民共和国民事诉讼法》第 26 条的规定：'因公司设立、确认股东资格、分配利润、解散等纠纷提起的诉讼，由公司住所地人民法院管辖。'本案中，目标公司深圳邦某新能源股份有限公司的住所地属于原审法院辖区，故原审法院对本案具有管辖权。"

❷重庆市第五中级人民法院审理的王某元与亢某德、胡某等股东名册记载纠纷案二审民事裁定书【（2015）渝五中法民管异终字第 01803 号】认为："本案系股东名册记载纠纷。根据《中华人民共和国民事诉讼法》第 26 条规定，因公司设立、确认股东资格、分配利润、解散等纠纷提起的诉讼，由公司住所地人民法院管辖。《最高人民法院关于适用〈中华人民共和国民事诉讼法〉的解释》第 22 条规定，因股东名册记载、请求变更公司登记等纠纷提起的诉讼，依照民事诉讼法第 26 条规定确定管辖。故被上诉人谢某向原审被告重庆英某教育咨询有限公司住所地的重庆市南岸区人民法院起诉，该院对本案依法具有管辖权。原审裁定正确，应予维持。"

（三）实际出资人的显名问题

1. 实际出资人显名应当经过股东过半数同意

❶江西省高级人民法院审理的杨某华、瑞金市长某房地产开发有限公司股东名册记载纠纷案二审民事判决书【（2016）赣民终 378 号】认为："本案系隐名股东杨某华要求成为显名股东而产生的纠纷……综合以上事实，长某房地产公司目前 6 名股东谢某柱、兰某、阮某初、张某增、黄某国、缪某明中，有 5 人即谢某柱、阮某初、张某增、黄某国、缪某明同意杨某华成为公司股东。依照《最高人民法院关

于适用〈中华人民共和国公司法〉若干问题的规定（三）》第24条第3款的规定：
'实际出资人未经公司其他股东半数以上同意，请求公司变更股东、签发出资证明
书、记载于股东名册、记载于公司章程并办理公司登记机关登记的，人民法院不予
支持。'隐名出资人显名应当经过股东过半数同意，杨某华请求登记为显名股东符
合法律规定，应予支持。"

2. 股权代持协议中的显名股东对实际出资人的显名不具有表决权

❷四川省高级人民法院审理的程某祥与被申请人成都市某宣市场经营管理有限
公司及一审第三人、二审被上诉人杨某惠股东名册记载纠纷案再审民事裁定书
【（2014）川民申字第842号】认为："荣某公司登记的股东为王某、龙某、江某
洪、杨某惠4人。杨某惠与程某祥之间系代持股的关系，程某祥为实际出资人，程
某祥与杨某惠之间的权利义务应依照其约定确定，其约定仅在程某祥和杨某惠之间
产生约束力，对荣某公司不具有法律效力。根据《最高人民法院关于适用〈中华人
民共和国公司法〉若干问题的规定（三）》第25条第3款'实际出资人未经公司
其他股东半数以上同意，请求公司变更股东、签发出资证明书、记载于股东名册、
记载于公司章程并办理公司登记机关登记的，人民法院不予支持'的规定，实际出
资人欲成为显名股东，须经其他股东半数以上同意，这是为保证有限责任公司的人
合性而设定的必要条件。在荣某公司3名其他股东王某、龙某、江某洪中，仅江某
洪同意程某祥被记载于股东名册。实际出资人程某祥未经公司3名其他股东半数以
上同意，其有关荣某公司变更股东、签发出资证明书、记载于股东名册、记载于公
司章程并办理公司登记机关登记的请求，应不予支持。故，程某祥申请再审的理由
不能成立。"

本案二审，成都市中级人民法院审理的成都市某宣市场经营管理有限公司与程
某祥、杨某惠股东名册记载纠纷案二审民事判决书【（2013）成民终字第5254号】
认为："隐名出资人要被确认为股东，涉及其他股东对'新的陌生股东'的接受，
需要经过公司其他股东认可，以保证有限责任公司的人合性不被其破坏。《最高人
民法院关于适用〈中华人民共和国公司法〉若干问题的规定（三）》第25条第3
款：'实际出资人未经公司其他股东半数以上同意，请求公司变更股东、签发出资
证明书、记载于股东名册、记载于公司章程并办理公司登记机关登记的，人民法院
不予支持'，该条规定的'其他股东'，并不包括持有争议股权的显名股东。本案
中，尽管杨某惠除持有争议股权外，还持有无争议的股权，但在程某祥是否显名的
问题上，杨某惠仍然没有表决权。在荣某公司有表决权的三名股东中，仅江某洪同

意程某祥被记载于股东名册，未满足法律规定的人数条件，故对上诉人荣某公司的上诉请求，本院予以支持。"

3. 《公司法》第 84 条应以显名股东的同意数为准

❸马鞍山市中级人民法院审理的陈某与陈某华、当涂县石某石油液化气有限责任公司股东名册记载纠纷案二审民事判决书【（2016）皖 05 民终 1208 号】认为："本案争议焦点为陈某诉请石某液化气公司签发陈某享有 13.89% 的公司股权出资证明书，并履行将陈某记载于股东名册且向公司登记机关办理登记是否有法律事实和法律依据。石某液化气公司章程及工商登记材料表明石某液化气公司股东为陈某华和夏某华。现有证据不能证明俞某珍具有显名股东的身份。陈某华、某智、陈某签订的《股权分配协议》不违反法律规定，合法有效。根据石某液化气公司章程规定，股东向股东以外的人转让股权，应当经其他股东过半数同意。该规定符合法律规定，且公司股东夏某华对陈某华享有的股权分割没有异议。陈某有权申请石某液化气公司签发陈某享有 13.89% 的公司股权出资证明书，并履行将陈某记载于股东名册且向公司登记机关办理登记。"

4. 不能以股东多数同意或以董事会名义强制将没有隐名意愿的股东变为隐名股东

❹长春市朝阳区人民法院审理的长春市友某商店有限公司与池某、张某芳股东名册记载纠纷案民事判决书【（2017）吉 0104 民初 4108 号】认为："长春市友某百货股份合作公司原有股东 166 名，公司由股份合作公司改为有限公司时，应按公司法规定召开股东大会，但上诉人未能出示股东大会决议，公司形式的变化存在瑕疵。其间，虽多数股东将股份委托 11 名股东代表代持，并由公司董事会决议将其余未签署委托书的股东按代持处理的决定，但在 2 被上诉人没有同意的情况下，不能以股东多数同意或以董事会名义强制将没有隐名意愿的股东变为隐名股东，事后，董事会也未将结果告诉 2 被上诉人，故董事会作出代持决定对被上诉人无效，长春友某商店有限公司应恢复 2 被上诉人的股东资格。"

（四）股东名册记载纠纷的其他法律问题

1. 抽逃出资行为并不否定出资人已取得的股东资格

❶牡丹江市中级人民法院审理的绥芬河市源某小额贷款有限责任公司与绥芬河

市源某经贸（集团）有限责任公司、绥芬河市丰某商务服务有限公司股东名册记载纠纷案申请再审民事裁定书【（2017）黑10民申52号】认为："关于抽逃出资行为问题，本院认为，不能根据抽逃出资行为，否定出资人已取得的股东资格。对于被申请人是否抽逃出资，属于另一法律关系。"

2. 股东资格确认并不是继承股权的必经程序

❷韶关市中级人民法院审理的韶关市武某房地产开发有限公司与钟某娟股东名册记载纠纷案民事判决书【（2014）韶中法民二终字第9号】认为："本案系股东名册记载纠纷。根据双方当事人的上诉和答辩意见，本案的争议焦点是武某房地产公司、武某建筑工程公司应否在公司章程及股东名册中记载钟某娟的股东信息并向钟某娟签发出资证明书。《中华人民共和国公司法》第76条①规定：'自然人股东死亡后，其合法继承人可以继承股东资格；但是，公司章程另有规定的除外。'武某房地产公司、武某建筑工程公司的公司章程没有对股权继承进行限制，钟某娟作为吴某康的合法继承人，有权继承吴某康在武某房地产公司、武某建筑工程公司的股东资格，故钟某娟有权要求武某房地产公司、武某建筑工程公司确认其股东身份。吴某康的股权份额已全部转入江某裘名下，钟某娟应得的股权份额可从江某裘名下的股权份额中转出。"

本案一审，广东省韶关市武江区人民法院审理的韶关市武某房地产开发有限公司、韶关市武某建筑工程有限公司与钟某娟、江某裘股东名册记载纠纷案民事判决书【（2013）韶武法民二初字第147号】认为："此案系股东名册记载纠纷，根据双方当事人的诉讼请求和答辩，案件争议的焦点是：一、武某房地产公司、武某建筑工程公司是否应当在公司章程中记载钟某娟的股东信息，向钟某娟签发出资证明书及将钟某娟的股东信息记载于股东名册。关于武某房地产公司、武某建筑工程公司是否应当在公司章程中记载钟某娟的股东信息，向钟某娟签发股东出资证明书及将钟某娟的股东信息记载于股东名册。第一，武某房地产公司、武某建筑工程公司的公司章程没有对股权继承进行限制，钟某娟作为吴某康的合法继承人，有权继承吴某康在武某房地产公司、武某建筑工程公司处的股东资格。由于各继承人对吴某康的遗产进行了分割，钟某娟在武某房地产公司、武某建筑工程公司处的股权份额清晰，无须进行股东资格诉讼即可确定钟某娟的股权份额，因此，武某房地产公司、武某建筑工程公司认为需先进行股东资格诉讼的理由不充分，不予采纳。"

---

① 《公司法》（2023年修订）第90条。

3. 股权确认之诉终结后又提起股东名册记载之诉不属于重复起诉

❸开封市中级人民法院审理的尚某因与开封轴某有限公司股东名册记载纠纷案二审民事判决书【(2013) 汴民终字第 228 号】认为："尚某作为开封轴某有限公司的股东，其有权要求开封轴某有限公司履行将其姓名及其出资额向公司登记机关登记的义务。(2011) 顺民初字第 130 号和（2011）汴民终字第 931 号民事判决书是尚某请求股权确认之诉，本案属于尚某要求开封轴某有限公司履行登记义务之诉，故本案不属于重复起诉。"

三、股东名册记载纠纷法律问题综述

（一）股东名册记载纠纷案件的当事人

股东名册记载纠纷案件应以对股东名册记载存异议的当事人为原告，以目标公司作为被告。在股权转让的情形下，股权转让方也可以与受让方一起提起诉讼，请求公司履行股东名册的变更义务。

一般情况下，签发出资证明书、记载股东名册并办理公司登记机关登记的义务人为公司，而不是通过股权转让方式取得股权时的转让方，股权转让方一般不能作为股东名册记载纠纷的被告。

（二）股东名册记载纠纷案件的管辖

股东名册记载纠纷一般属于公司内部的纠纷，根据《民事诉讼法》第 27 条、《民事诉讼法司法解释》第 22 条的规定，因股东名册记载纠纷而提起的诉讼应该以公司住所地法院为管辖法院。

（三）股东名册记载纠纷类型

1. 因转让方股东怠于履行变更登记义务产生的纠纷。一般来讲，股东名册变更登记必须由转让方股东向公司提出申请，由公司进行变更登记；如果转让方股东因为懈怠或者过失而未向公司申请变更登记，此时即可能产生股东名册记载纠纷。

2. 因公司不履行记载义务产生的纠纷。股东名册由公司备有和保管，并由公司负责办理登记事宜。因此，当公司因为懈怠或者过失而未变更股东名册时，就可能产生股东名册记载纠纷。

（四）隐名股东的显名问题

一般来说，实际出资人未经公司其他股东半数以上同意，就请求公司变更股东、签发出资证明书、记载于股东名册、记载于公司章程并办理公司登记机关登记，是不能得到支持的。

股东名册具有"权利推定力"，即股东名册虽然不能实体确定股东资格，但是可以确定谁可以无须举证地主张股东资格。因此，在通常情况下，股东名册上记载的股东可以被认定为公司的股东，否认股东名册上记载的股东的权益的人要承担举证责任。另外，将股东记入股东名册是公司的义务、股东的权利，如果因为公司拒绝作股东登记或登记有错误，则属于履行义务不当，不能产生否定股东资格的效力。同时，对那些没有置备股东名册的公司，显然也不能仅以缺乏股东名册的记载来否定股东的资格。总而言之，以股东名册的记载来确认股东资格的模式，尽管有广泛的代表性，但同其他模式一样，都不具有绝对的法律意义。

第三章　请求变更公司登记纠纷

一、请求变更公司登记诉讼的法律规定

（一）关于应申请变更登记事项范围的规定

1. 法定代表人及董监高变更登记

《公司法》（2018 年修正，已被修订）第 13 条规定："公司法定代表人依照公司章程的规定，由董事长、执行董事或者经理担任，并依法登记。公司法定代表人变更，应当办理变更登记。"

《公司法》（2023 年修订）第 10 条规定："公司的法定代表人按照公司章程的规定，由代表公司执行公司事务的董事或者经理担任。

担任法定代表人的董事或者经理辞任的，视为同时辞去法定代表人。

法定代表人辞任的，公司应当在法定代表人辞任之日起三十日内确定新的法定代表人。"

《市场主体登记管理条例》第 8 条规定："市场主体的一般登记事项包括：

（一）名称；

（二）主体类型；

（三）经营范围；

（四）住所或者主要经营场所；

（五）注册资本或者出资额；

（六）法定代表人、执行事务合伙人或者负责人姓名。

除前款规定外，还应当根据市场主体类型登记下列事项：

（一）有限责任公司股东、股份有限公司发起人、非公司企业法人出资人的姓名或者名称；

（二）个人独资企业的投资人姓名及居所；

（三）合伙企业的合伙人名称或者姓名、住所、承担责任方式；

（四）个体工商户的经营者姓名、住所、经营场所；

（五）法律、行政法规规定的其他事项。"

第9条规定："市场主体的下列事项应当向登记机关办理备案：

（一）章程或者合伙协议；

（二）经营期限或者合伙期限；

（三）有限责任公司股东或者股份有限公司发起人认缴的出资数额，合伙企业合伙人认缴或者实际缴付的出资数额、缴付期限和出资方式；

（四）公司董事、监事、高级管理人员；

（五）农民专业合作社（联合社）成员；

（六）参加经营的个体工商户家庭成员姓名；

（七）市场主体登记联络员、外商投资企业法律文件送达接受人；

（八）公司、合伙企业等市场主体受益所有人相关信息；

（九）法律、行政法规规定的其他事项。"

第24条第1款规定："市场主体变更登记事项，应当自作出变更决议、决定或者法定变更事项发生之日起30日内向登记机关申请变更登记。"

第25条规定："公司、非公司企业法人的法定代表人在任职期间发生本条例第十二条所列情形之一的，应当向登记机关申请变更登记。"

第29条规定："市场主体变更本条例第九条规定的备案事项的，应当自作出变更决议、决定或者法定变更事项发生之日起30日内向登记机关办理备案。农民专业合作社（联合社）成员发生变更的，应当自本会计年度终了之日起90日内向登记机关办理备案。"

2. 股东变更登记

《公司法》（2018年修正，已被修订）第32条第3款规定："公司应当将股东的姓名或者名称向公司登记机关登记；登记事项发生变更的，应当办理变更登记。未经登记或者变更登记的，不得对抗第三人。"

《公司法》（2023年修订）第34条规定："公司登记事项发生变更的，应当依法办理变更登记。

公司登记事项未经登记或者未经变更登记，不得对抗善意相对人。"

《市场主体登记管理条例》第8条规定："市场主体的一般登记事项包括：

（一）名称；

（二）主体类型；

（三）经营范围；

（四）住所或者主要经营场所；

（五）注册资本或者出资额；

（六）法定代表人、执行事务合伙人或者负责人姓名。

除前款规定外，还应当根据市场主体类型登记下列事项：

（一）有限责任公司股东、股份有限公司发起人、非公司企业法人出资人的姓名或者名称；

（二）个人独资企业的投资人姓名及居所；

（三）合伙企业的合伙人名称或者姓名、住所、承担责任方式；

（四）个体工商户的经营者姓名、住所、经营场所；

（五）法律、行政法规规定的其他事项。

第 24 条第 1 款规定："市场主体变更登记事项，应当自作出变更决议、决定或者法定变更事项发生之日起 30 日内向登记机关申请变更登记。"

3. 其他事项的变更登记

《市场主体登记管理条例》第 24 条规定："市场主体变更登记事项，应当自作出变更决议、决定或者法定变更事项发生之日起 30 日内向登记机关申请变更登记。

市场主体变更登记事项属于依法须经批准的，申请人应当在批准文件有效期内向登记机关申请变更登记。"

第 25 条规定："公司、非公司企业法人的法定代表人在任职期间发生本条例第十二条所列情形之一的，应当向登记机关申请变更登记。"

第 26 条规定："市场主体变更经营范围，属于依法须经批准的项目的，应当自批准之日起 30 日内申请变更登记。许可证或者批准文件被吊销、撤销或者有效期届满的，应当自许可证或者批准文件被吊销、撤销或者有效期届满之日起 30 日内向登记机关申请变更登记或者办理注销登记。"

第 27 条规定："市场主体变更住所或者主要经营场所跨登记机关辖区的，应当在迁入新的住所或者主要经营场所前，向迁入地登记机关申请变更登记。迁出地登记机关无正当理由不得拒绝移交市场主体档案等相关材料。"

第 28 条规定："市场主体变更登记涉及营业执照记载事项的，登记机关应当及时为市场主体换发营业执照。"

第 29 条规定："市场主体变更本条例第九条规定的备案事项的，应当自作出变更决议、决定或者法定变更事项发生之日起 30 日内向登记机关办理备案。农民专业合作社（联合社）成员发生变更的，应当自本会计年度终了之日起 90 日内向登记机关办理备案。"

（二）关于请求变更公司登记主体的规定

1. 股东请求变更登记

《公司法司法解释三》第 23 条规定："当事人依法履行出资义务或者依法继受取得股权后，公司未根据公司法第三十一条、第三十二条的规定签发出资证明书、记载于股东名册并办理公司登记机关登记，当事人请求公司履行上述义务的，人民法院应予支持。"

第 27 条规定："股权转让后尚未向公司登记机关办理变更登记，原股东将仍登记于其名下的股权转让、质押或者以其他方式处分，受让股东以其对于股权享有实际权利为由，请求认定处分股权行为无效的，人民法院可以参照物权法第一百零六条的规定处理。

原股东处分股权造成受让股东损失，受让股东请求原股东承担赔偿责任、对于未及时办理变更登记有过错的董事、高级管理人员或者实际控制人承担相应责任的，人民法院应予支持；受让股东对于未及时办理变更登记也有过错的，可以适当减轻上述董事、高级管理人员或者实际控制人的责任。"

《北京市高级人民法院关于审理公司纠纷案件若干问题的指导意见（试行）》第 4 条第 1 款规定："因有限责任公司股权转让合同纠纷提起的诉讼，应当以股权转让合同的签订人，即股权的转让人与受让人作为原告或被告，如涉及办理有关股权变更登记纠纷，可以将公司列为第三人。"

第 4 条第 2 款规定："股权转让合同生效后，因办理有关股权变更登记而产生的纠纷，应当以依据股权转让协议取得股东资格的股权受让人为原告，有义务办理公司登记变更的公司为被告，如涉及股权转让事宜，可以将股权转让人列为第三人。"

通过出资或继承取得股权后，可请求公司办理股权变更登记。股权转让后未办理变更登记，原股东处分股权的，适用《民法典》中有关善意取得的规定。

2. 实际出资人请求变更登记

《公司法司法解释三》第 24 条第 2 款规定："前款规定的实际出资人与名义股

东因投资权益的归属发生争议，实际出资人以其实际履行了出资义务为由向名义股东主张权利的，人民法院应予支持。名义股东以公司股东名册记载、公司登记机关登记为由否认实际出资人权利的，人民法院不予支持。"

第 24 条第 3 款规定："实际出资人未经公司其他股东半数以上同意，请求公司变更股东、签发出资证明书、记载于股东名册、记载于公司章程并办理公司登记机关登记的，人民法院不予支持。"

实际出资人请求公司将其变更登记为股东的前提是经公司其他股东半数以上同意。

3. 冒名股东变更登记

《公司法司法解释三》第 28 条规定："冒用他人名义出资并将该他人作为股东在公司登记机关登记的，冒名登记行为人应当承担相应责任；公司、其他股东或者公司债权人以未履行出资义务为由，请求被冒名登记为股东的承担补足出资责任或者对公司债务不能清偿部分的赔偿责任的，人民法院不予支持。"

冒用他人名义出资并将他人登记为股东的，被冒名人不承担补足出资责任或者对公司债务不能清偿部分的赔偿责任。

（三）关于变更公司登记程序的规定

《市场主体登记管理条例》第 8 条规定："市场主体的一般登记事项包括：

（一）名称；

（二）主体类型；

（三）经营范围；

（四）住所或者主要经营场所；

（五）注册资本或者出资额；

（六）法定代表人、执行事务合伙人或者负责人姓名。

除前款规定外，还应当根据市场主体类型登记下列事项：

（一）有限责任公司股东、股份有限公司发起人、非公司企业法人出资人的姓名或者名称；

（二）个人独资企业的投资人姓名及居所；

（三）合伙企业的合伙人名称或者姓名、住所、承担责任方式；

（四）个体工商户的经营者姓名、住所、经营场所；

（五）法律、行政法规规定的其他事项。"

第 16 条规定："申请办理市场主体登记，应当提交下列材料：

（一）申请书；

（二）申请人资格文件、自然人身份证明；

（三）住所或者主要经营场所相关文件；

（四）公司、非公司企业法人、农民专业合作社（联合社）章程或者合伙企业合伙协议；

（五）法律、行政法规和国务院市场监督管理部门规定提交的其他材料。

国务院市场监督管理部门应当根据市场主体类型分别制定登记材料清单和文书格式样本，通过政府网站、登记机关服务窗口等向社会公开。

登记机关能够通过政务信息共享平台获取的市场主体登记相关信息，不得要求申请人重复提供。"

我国法律就公司应登记事项、申请变更登记应提交的材料以及申请变更登记的程序作出了规定。

（四）关于请求变更公司登记诉讼管辖的规定

《民事诉讼法》第 27 条规定："因公司设立、确认股东资格、分配利润、解散等纠纷提起的诉讼，由公司住所地人民法院管辖。"

《民事诉讼法司法解释》第 22 条规定："因股东名册记载、请求变更公司登记、股东知情权、公司决议、公司合并、公司分立、公司减资、公司增资等纠纷提起的诉讼，依照民事诉讼法第二十七条规定确定管辖。"

根据法律规定，请求公司变更登记诉讼由公司住所地法院管辖。

（五）关于股权变更登记的效力规定

《江苏省高级人民法院关于审理适用公司法案件若干问题的意见（试行）》（已失效）第 26 条规定："公司或其股东（包括挂名股东、隐名股东和实际股东）与公司以外的第三人就股东资格发生争议的，应根据工商登记文件的记载确定有关当事人的股东资格，但被冒名登记的除外。"

第 30 条第 2 款规定："股权转让合同约定办理完毕工商和（或）股东名册变更登记手续股权方发生转移的，未办理完毕工商和（或）股东名册变更登记手续之前，仍应认定转让人为公司股东。"

第 61 条规定："办理公司变更登记和工商变更登记是股权转让的法定程序，不是股权转让合同的生效要件。人民法院不应以当事人未办理有关变更登记手续而认定股权转让合同无效。但当事人不能以股权转让合同为由对抗工商部门就同一标的已完成的股东变更登记。"

根据该规定，股权变更登记对外产生效力，未办理变更登记不影响股权转让协议的效力。

二、请求变更公司登记诉讼的相关案例

（一）需办理变更登记的情形

1. 公司法定代表人变更应办理变更登记

❶宁夏回族自治区高级人民法院审理的再审申请人宁夏招某国际旅游有限公司、朱某民与被申请人刘某秀、姬某、王某、路某新、张某琴请求变更公司登记纠纷案【（2015）宁民申字第 269 号】认为："股东会决议体现公司的意志，公司及其执行机构应遵照执行。招某国旅公司 2013 年临时股东会决议作出后，该公司及其原执行董事朱某民均负有向公司登记机关申请办理变更登记的义务和职责。由于其拒不履行该义务和职责，刘某秀等 5 人诉讼至法院，请求判令其履行股东会决议。原审法院采信刘某秀等 5 人的事实主张，支持其诉讼请求，判令招某国旅公司、朱某民履行该公司 2013 年临时股东会决议，协助办理变更招某国旅公司法定代表人事宜，符合刘某秀等 5 人的诉讼请求，并未超越其诉讼请求范围。"

❷北京市第三中级人民法院审理的依某斯油墨涂料（北京）有限公司与北京时某新星印刷器材有限公司、依某斯油墨涂料香港有限公司请求变更公司登记纠纷案【（2017）京 03 民终 7795 号】认为："公司的工商登记信息直接关系到股东权利的行使，与股东利益密切相关，亦是不特定第三人进行交易活动据以信赖的基础。同时，商事外观主义要求公司登记事项应与实际情况相符。因此，及时就变更的公司信息办理登记是公司的法定义务。本案中，依某斯香港公司系依某斯北京公司工商登记载明的持有 50% 股份的股东，其英文名称于 2010 年 12 月 14 日由 'ENVIR-ONMENTALINKSANDCOATINGSHONGKONGLIMITED' 变更为 'INKDISSOLUTION-COMPANYLIMIT××'，法定代表人变更为罗某，应当依法办理变更登记。"

❸北京市第一中级人民法院审理的袁某超等请求变更公司登记纠纷案【（2016）京01民终6079号】认为："根据已查明的事实，优某公司于2013年2月26日形成临时股东会决议，决定免去袁某超的法定代表人职务，改由王某辉担任公司法定代表人，本院（2014）一中民（商）终字第8896号民事判决亦认定，王某辉有权以优某公司法定代表人的身份以优某公司的名义提起该案诉讼，即生效裁判文书已认定王某辉为优某公司的法定代表人，根据前述规定，优某公司应就法定代表人变更一事依法办理工商变更登记。"

2. 公司董监高变更应办理变更登记

❶北京市高级人民法院审理的北京榮某龙航空服务有限公司申请请求变更公司登记纠纷案【（2016）京民申2853号】认为："人民法院生效判决已确认被申请人享有申请人51%的股权，本案中在执行董事吴某明和监事李某均不召集和主持股东会会议的情况下，被申请人可以自行召集和主持股东会会议并作出股东会决议，该决议更换了申请人的执行董事、法定代表人、经理、监事，现被申请人要求申请人依该决议办理工商变更登记合法有据，因此北京榮某龙航空服务有限公司的再审申请无事实和法律依据，本院不予支持。"

❷杭州市中级人民法院审理的曾某萍、杭州万某华安全技术咨询服务有限公司与俞某洪请求变更公司登记纠纷案【（2017）浙01民终7370号】认为："根据万某华公司的公司章程，俞某洪作为万某华公司占60%出资比例的股东，有权召集和主持临时股东会议。2016年10月12日，万某华公司召开临时股东会并作出决议，选举俞某洪为公司第二届执行董事。因执行董事的选举并非法定的或公司章程中约定的必须经代表2/3以上表决权的股东通过的事项，故无论曾某萍否决或弃权，代表60%表决权的俞某洪同意通过该决议时，就应认定该决议已经股东会通过。且根据现有的证据材料，不能证明俞某洪符合《中华人民共和国公司法》第146条①规定的自然人不得担任公司董事的情形。因此，本院认定万某华公司2016年10月12日临时股东会作出的决议合法有效。万某华公司应当依法申请变更登记，曾某萍亦应予配合。"

❸北京市第三中级人民法院审理的北京远某国际拍卖有限公司与祖某萱请求变更公司登记纠纷案【（2017）京03民终13283号】认为："根据《股权转让协议》约定，祖某萱不享有经营管理权、人事任免权，但同时祖某萱可以提名董事和监

---

① 《公司法》（2023年修订）第178条。

事。祖某萱在《临时股东会决议》中作出的关于选举执行董事及监事的决议系其基于股东身份享有的选择管理者的基本权利，与其放弃经营管理权及人事任免权并不冲突，亦不违反《股权转让协议》约定。结合远某国际公司经一审法院释明提起公司决议撤销纠纷后又撤回该诉讼的事实，在现有证据及事实情况未能推翻上述决议效力的情况下，一审判决确认该《临时股东会决议》合法有效，并据此判令远某国际公司办理相关工商变更登记，具备事实及法律依据，应予维持。"

❹北京市第三中级人民法院审理的依某斯油墨涂料（北京）有限公司与北京时某新星印刷器材有限公司、依某斯油墨涂料香港有限公司请求变更公司登记纠纷案【（2017）京 03 民终 7795 号】认为："根据依某斯北京公司章程第 15 条规定：'董事会由 5 名董事组成，其中时某新星公司委派 2 名，依某斯香港公司委派 3 名，合营各方在委派和更换董事人选时，应书面通知董事会。'委派董事是依某斯香港公司作为股东的权利，依某斯北京公司应当在收到通知后及时办理工商变更登记。在依某斯北京公司章程对变更董事的程序上无其他特殊限制性规定的情况下，依某斯北京公司拒绝办理变更登记无事实和法律依据，对其该项上诉请求本院不予支持。"

3. 股东持股情况发生变更后应办理变更登记

❶北京市高级人民法院审理的北京北某电信通智能科技有限公司请求变更公司登记纠纷案【（2016）京民申 4335 号】认为："根据我国《公司法》相关规定，公司应当将股东的姓名或者名称向公司登记机关登记；登记事项发生变更的，应当办理变更登记。艾某生公司与北某信息公司签订的股权转让合同，并不存在违反国家法律、行政法规禁止性规定的内容，亦未违反股东协议书及公司章程的内容，应属合法有效。因此，原审法院据此判定北某智能公司在其股东持股情况发生变更后应依法办理相应的工商变更登记，并无不当。"

❷广东省高级人民法院审理的黄某与湛江市沪某冶金辅料有限公司、张某超请求变更公司登记纠纷案【（2015）粤高法民二提字第 8 号】认为："沪某公司增资后的股东出资额及持股比例为：黄某的出资额为 21720000 元，持股比例为98.86%；张某超的出资额为 250000 元，持股比例为 1.14%。由于增资后的股东出资额及持股比例已发生变化，根据《公司登记管理条例》第 31 条第 1 款、第 31 条第 2 款、第 32 条的规定，沪某公司应按黄某和张某超的上述持股比例办理变更工商登记。"

4. 其他需办理变更登记的情形

（1）公司登记事项变更应办理变更登记

❶北京市高级人民法院审理的刘某女等请求变更公司登记纠纷案【（2017）京民申967号】认为："公司登记事项发生变更的，应当办理变更登记。颐某仁祥公司应当依照股东会决议的内容办理公司登记事项变更或备案事项变更。《中华人民共和国公司法》第22条第2款①规定，股东会或者股东大会、董事会的会议召集程序、表决方式违反法律、行政法规或者公司章程，或者决议内容违反公司章程的，股东可以自决议作出之日起60日内，请求人民法院撤销。颐某仁祥公司及刘某女虽主张案涉股东会决议系虚构，但并未提出有效证据证明，刘某女针对案涉股东会决议提起的公司决议效力确认纠纷一案已经生效判决驳回其诉讼请求，刘某女亦未在股东会决议作出之日起60日内提起公司决议撤销之诉，故原审法院依据股东会决议判决颐某仁祥公司及刘某女办理工商登记事项变更及备案事项变更，并无不当。"

（2）公司章程修改应办理变更登记

❷泰州市中级人民法院审理的洪某军与上海博某电子科技有限公司、陈某等请求变更公司登记纠纷案【（2017）苏12民终2624号】认为："修改公司章程是公司法赋予有限责任公司股东会的职权，章程是否修改以及股东会修改章程行为的效力与股东利益密切相关。根据《中华人民共和国公司登记管理条例》的规定，设立有限责任公司必须向公司登记机关提交公司章程；公司变更登记事项涉及修改公司章程的，应当提交由公司法定代表人签署的修改后的公司章程或者公司章程修正案；公司章程修改未涉及登记事项的，公司应当将修改后的公司章程或者公司章程修正案送原公司登记机关备案。由此，公司系将修改后的章程报送变更登记或者备案的义务主体。"

（二）请求变更登记的原告

1. 公司股东有权请求公司办理变更登记

❶北京市第三中级人民法院审理的北京东某金咸国际贸易有限公司与潘某请求

---

① 《公司法》（2023年修订）第26条第2款。

变更公司登记纠纷案【（2017）京 03 民终 6416 号】认为："《公司法》第 32 条第 3 款①规定：'公司应当将股东的姓名或者名称向公司登记机关登记；登记事项发生变更的，应当办理变更登记。未经登记或者变更登记的，不得对抗第三人。'根据上述规定，工商登记并无创设股东资格之效力，即股东工商登记并非设权性登记程序。故基于以上查明事实及本院认定内容，潘某不属相关规定中涉及的实际出资人须经公司其他股东半数以上同意方能办理公司登记机关登记的情形。潘某要求将其登记为东某金咸公司的股东，符合上述《公司法》有关股东登记的规定。同时，东某金咸公司虽上诉主张公司实际股东人数超过 50 人，无法为潘某办理工商登记，但东某金咸公司现有工商登记的股东不足 50 人，未违反法律对有限责任公司股东人数的限制，故其以股东人数超过法律规定等理由不为潘某办理工商登记的上诉意见，亦缺乏事实及法律依据，本院不予采纳。"

受让股东可根据生效的股权转让协议请求公司变更登记。

❷四川省高级人民法院审理的张某平、彭某华请求变更公司登记纠纷案【（2016）川民申 3724 号】认为："（1）关于张某平与彭某华签订的股权转让协议的效力问题。张某平与彭某华签订的股权转让协议载明签订时间为 2009 年 7 月 8 日，收条、委托书也均载明时间为 2009 年 7 月 8 日，张某平在其上亲笔签名，并未否认其真实性。虽然张某平主张股权转让协议是 2009 年 8 月 28 日签订的，但其未提出确实充分的证据予以证明，原审法院认定张某平与彭某华签订的股权转让协议签订时间为 2009 年 7 月 8 日并无不当。射洪县福某药业有限责任公司第二届第七次股东大会公司章程第 18 条第 1 款'关于股权转让的条件'规定为：'股东之间可以相互转让其全部出资或者部分出资；内部股东不购买则可由外部公民、法人或其他组织购买其转让股东的股权，转让股权时必须经代表 2/3 以上表决权的股东代表通过。'张某平与彭某华签订的股权转让协议，符合该章程规定，且不违反法律、行政法规的强制性规定，合法有效。（2）关于一、二审法院认定'股权转让协议'有效，是否明显违反法律规定的问题。张某平虽然向彭某华发出书面通知，要求解除股权转让协议，但不符合《中华人民共和国合同法》第 93 条、第 94 条所规定的可以解除协议的情形，不适用《中华人民共和国合同法》第 96 条通知解除合同的规定，股权转让协议并未解除。张某平在 2012 年 9 月 27 日的书面说明中对其将股权转让给彭某华的事实予以认可，并确认其在射洪县福某药业有限责任公司的股东权利与义务均由彭某华享有和承担。故原审法院裁定彭某华依法取得股权后，要求射洪县福某药

---

① 已被修改。

业有限责任公司协助办理工商变更登记，将登记于张某平名下的公司 0.7% 的股权变更到彭某华名下是符合法律规定的。"

❸北京市第二中级人民法院审理的北京金某禾商业运营管理有限公司与任某兵、何某请求变更公司登记纠纷案【（2017）京 02 民终 7005 号】认为："任某兵向何某转让其持有的金某禾公司 15% 的股权，因何某并非金某禾公司的股东，故任某兵应就其股权转让事项书面通知其他股东征求同意。2016 年 2 月 15 日，金某禾公司召开临时股东会，公司的其他 3 位股东胡某礼、丁某刚、王某华均不同意任某兵转让股权，在此情况下，该 3 位股东应当购买任某兵转让的股权，不购买的，视为同意转让。截至目前，金某禾公司未提供证据证明该 3 位股东曾要求以同等价格购买任某兵转让的股权，故应视为其同意转让。综上，任某兵将其股权转让给何某并不违反法律规定，在何某已将股权转让款支付给任某兵的情况下，一审法院判决支持何某变更工商登记的诉讼请求并无不当。"

❹青岛市中级人民法院审理的青岛集某运输集团有限公司与青岛龙某酒店管理有限公司、韩某勃等请求变更公司登记纠纷案【（2016）鲁 02 民终 8322 号】认为："在本案中，臧某作为龙某公司的股东，向股东以外的被上诉人集某公司转让股权，已经依据公司法及公司章程的规定，履行了相关的通知义务，通过合法有效的方式将股权转让意向、股权转让的价格通知了龙某公司的另一股东韩某勃，但韩某勃并未在限定的期间内提出异议，视为同意臧某对外转让股权，在此情况下，臧某与被上诉人集某公司签订股权转让协议已经履行了相关的法定、章定程序，且是双方当事人真实意思的表示，内容不违反法律法规的强制性规定，被上诉人集某公司通过受让方式继受取得龙某公司的股权，臧某对此也并无异议，现被上诉人据此在本案中请求龙某公司履行办理公司登记机关登记的义务，符合法律法规的规定，于法有据，本院依法予以支持。"

受让股东在股权转让协议被撤销或解除后无权请求变更公司登记。

❺四川省高级人民法院审理的曾某兴、四川省绵阳华某工贸集团有限公司请求变更公司登记纠纷案【（2015）川民终字第 1198 号】认为："根据 2006 年 5 月 23 日曾某兴与案外人黄某嘉订立的《合作投资协议》及 2007 年 4 月 12 日曾某兴向黄某嘉出具的《承诺书》可知，以曾某兴名义收购的华某工贸公司的职工个人股权系与黄某嘉共同出资收购，曾某兴与黄某嘉之间形成了合作投资关系。首先，以曾某兴名义收购的 219 名股东中的 121 名股东，依据华某工贸公司作出的'四川省华某工贸集团有限公司关于整体出让股权的决议'和'四川省绵阳华某工贸集团有限公司第二届六次股东代表大会决议'及《股权整体出让协议书》订立的《股权转

让协议》，已被人民法院生效判决判令撤销并已发生法律效力，故该 121 名股东的股权已不属于曾某兴所有。其次，219 名股东中的其余 98 名股东与曾某兴签订的《股权转让协议》虽然没有被人民法院撤销，但在华某工贸公司作出的'四川省华某工贸集团有限公司关于整体出让股权的决议'和'四川省绵阳华某工贸集团有限公司第二届六次股东代表大会决议'被人民法院判决撤销后，华某工贸公司代表 174 名股东与黄某嘉达成了《返还财产合同》，将黄某嘉出资的 3850200 元股权转让款退还给了黄某嘉，黄某嘉亦将持有的《产权持有证》交回华某工贸公司退还给了各股东。因此可以认定 219 名股东中的其余 98 名股东以实际行为解除了以曾某兴名义与其签订的《股权转让协议》，且双方已实际履行，结果上亦未损害曾某兴的实际利益。鉴于本案这一客观情况，对华某工贸公司 98 名股东与实际出资人黄某嘉协商解除《股权转让协议》的行为予以确认。故华某工贸公司该 98 名股东的股权亦不属于曾某兴所有。最后，关于曾某兴主张收购张某卫等 18 名股东股权的问题。曾某兴在诉讼中称其收购的该 18 名股东的股权系 18 名股东自愿退回华某工贸公司的股权，之后再由华某工贸公司转让给他。因华某工贸公司的股权并不归属于华某工贸公司，故华某工贸公司无权出让 18 名股东的股权，因此该转让行为应认定无效，曾某兴亦无权取得该 18 名股东的股权。因此，曾某兴请求确认其享有华某工贸公司的股权，华某工贸公司应当为其办理相应的股东变更登记手续的诉讼请求，本院不予支持。"

❻徐州市中级人民法院审理的徐某与徐州储某有限责任公司请求变更公司登记纠纷案【（2016）苏 03 民终 4880 号】认为："关于储某公司是否应予协助徐某变更涉案股权工商登记的问题。2011 年 8 月 29 日，基于徐某主张的股权转让关系，储某公司向工商部门申请股东变更登记，工商部门受理后核准变更了登记，将徐某登记为储某公司股东。同年 9 月 22 日，徐州工商行政管理局作出徐工商案字〔2011〕34 号行政处罚决定书，撤销了之前的股东变更登记。公司向工商部门申请变更股东登记，应当依据有效的股东会决议及股权转让协议等材料。现徐某主张受让股权所依据的储某公司 2011 年 8 月 25 日的股东会决议，已被人民法院生效判决所撤销，因此，徐某要求储某公司协助办理工商变更登记已失去权利基础，一审法院据此驳回其诉讼请求并无不当。"

❼北京市第一中级人民法院审理的杨某峰与北京银某科技有限公司股东资格确认纠纷案【（2016）京 01 民终 2665 号】认为："银某公司与崔某提交的《银某公司股份购买合同》上，崔某与杨某峰均写明'此协议作废'并签署名字，银某公司在此处加盖公章，即三方已经明确同意将《银某公司股份购买合同》作废处理，

三方就解除《银某公司股份购买合同》的意思表示明确。杨某峰所持合同版本中虽未有作废字样，但不影响三方已然就《银某公司股份购买合同》解除作出的一致意思表示。杨某峰主张《银某公司股份购买合同》系附条件作废，且其可在《银某公司股份购买合同》、《欠条》和《股份赠送》中选择主张，但就此未能提供证据予以证明，本院不予采信。综上，本院认定，《银某公司股份购买合同》已然解除，后续事项3方应按《欠条》和《股份赠送》的约定履行，杨某峰以《银某公司股份购买合同》为据提起的确认其为银某公司股东，同时要求银某公司与崔某配合办理股权变更登记手续的诉讼请求，缺乏事实依据，本院不予支持。"

未就股权转让达成合意的，无权请求公司办理股权变更登记。

❽上海市第一中级人民法院审理的上海中某建筑科技有限公司诉上海五某建设工程有限公司请求变更公司登记纠纷案【（2016）沪01民终596号】认为："上诉人现请求判令两被上诉人办理股权变更工商登记，其诉请性质为一行为之诉，该种行为之诉是否成立应以相关行为是否已具备履行条件为基础。股权变更登记能否得以实行，应以各方当事人达成相应股权变更合意为首要前提。现系争股权转让合同虽经各方主体加盖印鉴，但其中A公司印鉴为一签名章，该种印鉴并非我国工商管理体系中的标准印鉴，在商业实践中一般不得单独作为公司意志表示，需有相关公司代表签名方可产生法律效力，但系争股权转让合同中上述印鉴并无签名，故其效力存在瑕疵，仅据此尚不能认定A公司具备同意系争股权转让的意思表示。而如上诉人所述属实，该印鉴确系由A公司法定代表人于签约之日当场加盖，则该法定代表人在加盖印鉴时即可同时完成签名，其仅加盖印鉴而不予签的行为显与常理不符，故上诉人的相关主张缺乏事实依据，本院不予采信。"

无证据证明委托他人收购公司股权的，无权请求公司变更登记。

❾北京市第一中级人民法院审理的赵某国与北京城建赫某建筑新技术有限责任公司股东名册记载纠纷案【（2018）京01民终2764号】认为："首先，据已查明的事实可知，赵某国通过窦某伟账户向余某全进行了汇款，但汇款行为本身不能证明汇款性质及目的。其次，赵某国提交了余某全于2016年9月与之签订的股权转让协议1份。余某全主张该协议的签订系自己受到对方的胁迫，并非其真实意思表示，况且，自己已于2014年与胡某荣签订《委托收购股权协议书》《股权集中承诺书》，并已按照上述协议履行。由此，对一审法院关于'考虑到该协议的形成时间及双方对协议形成情况的解释，以及此前余某全已经与胡某荣签订了委托收购股权协议，该份证据存有疑点，在仅有该份证据的情况下不足以证明余某全此前曾经与赵某国达成过股权转让合意或赵某国曾委托余某全收购他人股份'的认定，本院不

持异议。最后，即使余某全与赵某国于 2016 年 9 月达成了股权转让协议，但根据余某全与胡某荣的委托关系，在该时间点高某娴等 7 人的股权已转让给了胡某荣，余某全再将该股权转让给赵某国属于无权处分，赵某国依该协议主张股权归自己所有，缺乏法律依据。"

第三人善意取得股权的，股权受让人无权请求回转登记。

❿江苏省高级人民法院审理的夏某与淮安市东某化工有限公司请求变更公司登记纠纷案【（2017）苏民申 3819 号】认为："首先，虽然 2009 年 11 月 10 日夏某与白某之间的股权转让协议被生效判决认定为无效，但韩某受让涉案 49.25% 的股权是在法院判决之前，根据当时东某公司章程、工商登记资料、验资报告等，韩某有理由相信白某有权向其转让股权，故韩某受让东某公司的股权主观是善意的。其次，虽然白某与韩某转让股权时未委托评估机构对所转让的股权进行评估，但双方是根据东某公司工商登记载明的注册资本数额等价转让，东某公司 2010 年和 2011 年度在工商部门登记的公司年检报告显示，东某公司在股权转让前申报的建设项目在股权转让时安全生产许可、环评等手续尚未获批，该项目在 2011 年 12 月才开始试生产，此与韩某、倪建祥所述股权转让时东某公司存在生产手续不齐备等使转让价格由 500 万元降至 400 万元相印证，同时，根据东某公司在工商部门登记的 2010 年度公司年检报告书中的利润表及资产负债表载明，全年亏损额为 584732.98 元，年末资产总额 11894945.85 元，负债总额为 8479678.83 元，所有者权益仅为 3415267.02 元，尚不足注册资本数额，证明东某公司并非夏某所主张的经营状况良好，至于夏某主张固定资产价值并非资产负债表上载明的 12 万余元，并未提交证据证实，且资产负债表对于固定资产的核算应结合其他资产数据综合认定，同时股权转让价格的确定与公司经营损益状况密切相关，而非单纯依据固定资产价值，故夏某以资产负债表载明的固定资产价值与事实不符为由主张韩某的股权转让价格过低，本院不予采信。涉案股权转让价格是韩某在了解公司经营状况和财务状况的情况下，与转让方自愿平等协商的结果，根据上述事实的分析，夏某主张转让价格系不合理低价，依据不足。最后，诉争股权已经转让给韩某并办理了工商变更登记，故韩某已善意取得了诉争股权。夏某要求按照 49.25% 的股权回转登记的主张不能成立，一、二审判决驳回其诉讼请求并无不当。"

善意第三人有权请求转让股东协助办理股权变更登记。

⓫上海市第二中级人民法院审理的三六零软件（北京）有限公司与上海老某计网络科技有限公司、蒋某文等请求变更公司登记纠纷案【（2014）沪二中民四（商）终字第 330 号】认为："胡某在转让股权之前于 2013 年 8 月 12 日分别向股东

三六零公司及李某发出关于行使优先购买权的通知，虽然该通知未询问三六零公司是否行使一票否决权，但三六零公司在知道胡某拟转让股权以及转让对象的情况下，未予回复，亦未对此提出异议，怠于行使自己的权利。而从本案的证据看，蒋某文在交易中尽到了合理谨慎的注意义务，其与胡某系在行使优先购买权通知发出一个半月后签订系争股权转让协议，以 10 万元的价格受让胡某出资 6 万元持有的老某计公司 37.2% 股权，价款尚属合理，蒋某文已履行了付款义务。因老某计公司章程中关于一票否决权的内容并不明晰，在工商行政管理部门登记备案的信息中对此也未有反映，胡某并无证据证明其在上述过程中已向蒋某文告知过三六零公司对于股权转让事项拥有否决权，也无证据证明蒋某文与胡某存在恶意串通的情形，从维护商事交易安全考虑，应遵循商事外观主义原则，对善意第三人的信赖利益应予保护，老某计公司股东之间的内部约定不能对抗善意第三人。因此，对于系争股权转让协议的效力应予认可，蒋某文要求继续履行协议办理工商变更登记的诉请应予以支持。"

股东有权根据股东会决议请求公司办理法定代表人变更登记。

❶❷深圳市中级人民法院审理的深圳市港某现自动化设备有限公司与肇庆市美某师漆具有限公司买卖合同纠纷案【（2013）深中法商终字第 1716 号】认为："本院作出的（2013）深中法商终字第 1686 号民事判决确认永某信标网公司 2010 年 1 月 28 日的股东会决议合法有效，该民事判决已经发生法律效力。冠某公司据此要求永某信标网公司及刘晓川按照 2010 年 1 月 28 日股东会决议的内容，变更永某信标网公司董事长、法定代表人为赖某霖，应予支持。"

股东有权请求原法定代表人配合办理变更登记。

❶❸福州市中级人民法院审理的福建省财某投资集团股份有限公司与吴某生请求变更公司登记纠纷案【（2017）闽 01 民初 230 号】认为："原告财某投资公司系华某公司持股比例为 60% 的股东，被告吴某生拒不配合办理法定代表人变更手续亦已损害到其作为华某公司股东所享有的权益，故其与本案具有直接利害关系，有权提起本案诉讼。"

❶❹滨州市中级人民法院审理的山东山某树脂有限公司、王某根请求变更公司登记纠纷案【（2016）鲁 16 民终 2166 号】认为："山东山某树脂有限公司 2015 年 12 月 30 日召开临时股东会会议，会议的召集和主持，以及会议形成的股东会决议，符合法律和章程的规定，合法、有效。原告刘某军、王某良根据此股东会决议要求被告山东山某树脂有限公司、王某根履行配合其向公司登记机关办理法定代表人的变更登记事宜，符合法律规定，本院依法予以支持。被告山东山某树脂有限公司、

王某根应予配合。"

⓯上海市第二中级人民法院审理的李某与上海拓某软件有限公司、蒋某文等请求变更公司登记纠纷案【(2017) 沪 02 民终 976 号】认为:"蒋某文、冯某依据系争股东会决议要求拓某公司办理法定代表人变更登记并由李某予以配合,符合公司法的相关规定,依法应予支持。至于李某提出股东会决议仅是更换公司执行董事而非法定代表人一节,因拓某公司章程规定公司法定代表人由执行董事担任,故更换执行董事即是更换法定代表人。李某的该上诉理由不能成立。"

2. 实际出资人有权请求办理股权变更登记

实际出资人在代持股协议解除后有权请求公司办理变更登记。

❶北京市第一中级人民法院审理的中国城市某设控股集团有限公司与中某银信担保有限公司请求变更公司登记纠纷案【(2016) 京 01 民初 99 号】认为:"《股权转让协议》签订的实质系城某公司与唐某雁解除股权代持关系,城某公司将其代唐某雁持有的中某银信公司 50% 股权变更至唐某雁名下,该部分内容系二者真实意思表示且合法有效。二者股权代持关系的解除亦得到了中某陆域公司、高某达公司和中某银信公司的认可。《中华人民共和国公司法》第 32 条第 3 款①规定:'公司应当将股东的姓名或者名称向公司登记机关登记;登记事项发生变更的,应当办理变更登记。未经登记或者变更登记的,不得对抗第三人。'故在城某公司和唐某雁解除股权代持关系且中某银信公司其他股东予以认可的情况下,中某银信公司应当向公司登记机关办理股东变更登记。综上,城某公司的诉讼请求有事实及法律依据,本院予以支持。"

❷武汉市中级人民法院审理的王某庭、王某蓉等与赵某涛、胡某新股东资格确认纠纷、请求变更公司登记纠纷案【(2016) 鄂 01 民终 722 号】认为:"茂某公司成立后,未依法将王某庭、王某蓉股东身份记载于名册,工商档案虽登记胡某新、赵某涛为股东,但除了胡某新、赵某涛应得的补偿资产外,公司其余资产为 13 名职工补偿划拨的资产,客观上形成了代持股关系。该状况的形成既与改制方案不符,也违背了职工意愿。根据《最高人民法院关于适用〈中华人民共和国公司法〉若干问题的规定(三)》第 24 条第 2 款'实际出资人与名义股东因投资权益的归属发生争议,实际出资人以其实际履行了出资义务为由向名义股东主张权利的,人民法院应予支持'的规定,王某庭、王某蓉要求解除代持关系并办理工商登记的主

---

① 已被修改。

张依法应予支持。工商登记、参与分红及管理是股东身份的外在表现，但不是股东身份唯一的判断依据，原审根据王某庭、王某蓉实际出资的事实以及改制文件的规定认定其具备股东资格并无不当，故赵某涛称王某庭、王某蓉未在工商部门登记以及未参与分红及管理不是茂某公司股东的上诉理由本院不予采纳。"

实际出资人有权请求名义股东协助办理股权变更登记。

❸菏泽市中级人民法院审理的豪某尔有限公司与菏泽中石油昆某天然气利用有限公司等请求变更公司登记纠纷案【（2015）菏商终字第 277 号】认为："昆某公司事实上的出资股东为豪某尔公司，实际到位出资为 1960 万元。目前工商登记信息与此事实状态存在巨大差异，且此状态已持续近 5 年之久。结合本案审理过程中石油昆仑公司在承认其未出资的情况下仍坚称其对昆某公司享有股权的诉讼态度来看，中石油昆仑公司显然对于解决此问题是消极甚至抵触的。结合《中华人民共和国公司法》第 37 条第 1 款第 7 项①、第 43 条②及《最高人民法院关于适用〈中华人民共和国公司法〉若干问题的规定（三）》第 17 条第 1 款的规定以及目前工商登记机关办理变更登记的相关要求综合来看，鉴于中石油昆仑公司 51% 的控股股东地位，昆某公司的减资及对工商登记股东中石油昆仑公司进行除名的变更登记必须取得有中石油昆仑公司签字盖章的股东会决议方能得到工商行政主管部门认可。工商登记机关既无权利亦无义务对中石油昆仑公司并未实际出资、不应行使股东权利的法律事实进行判断和甄别并进而得出只需豪某尔公司签章的股东会决议即可完成的变更登记的结论。因此，作为权利受侵害方，豪某尔公司解决此僵局的唯一选择即为寻求司法救济，请求人民法院判令中石油昆仑公司配合办理变更手续以期最终得以解决。故豪某尔公司此项诉请既不违背法律规定，亦符合公司法资本充实原则、股东权利义务相一致原则，同时更体现企业工商公示登记制度对抗效力和公信效力的客观要求，对其诉讼请求依法应予支持。"

3. 有权请求变更登记的其他主体

（1）被冒名人无权请求公司将其登记为股东

❶北京市第二中级人民法院审理的杨某华等与北京东某上宇科技发展有限公司请求变更公司登记纠纷案【（2015）二中民（商）终字第 12365 号】认为："根据《公司法司法解释三》第 28 条规定，冒用他人名义进行登记的行为人应当就其冒用行为向公司、其他股东、公司债权人等承担法律责任，而被冒名人不承担相关法律

---

① 《公司法》（2023 年修订）第 59 条第 1 款第 5 项。
② 《公司法》（2023 年修订）第 66 条。

责任，也就是说法律并不赋予被冒名人任何公司股东的义务，反之，被冒名人亦不应享有任何公司股东的权利。据此不应将杨某华视为法律上的东某上宇公司股东。由于杨某华并非法律上的东某上宇公司股东，故其要求变更东某上宇公司的工商登记为杨某华在东某上宇公司占有 2% 出资额的上诉请求，缺乏事实和法律依据，本院不予支持。"

(2) 被代表股东有权请求公司进行工商登记

❷河北省高级人民法院审理的保定某医生物药品有限公司、刘某先请求变更公司登记纠纷案【(2017) 冀民申 5228 号】认为："保定某药公司系依法成立的有限公司。根据保定某药公司提交的职工持股代表及代表的职工、股权明细表（调整后）可以看出，被申请人系保定某药公司股东，其股东身份由他人代表，双方只是代表与被代表的关系，不是名义股东与实际出资人的关系，不属于《最高人民法院关于适用〈中华人民共和国公司法〉若干问题的规定（三）》第 24 条第 3 款调整的范围。保定市新市区人民法院 (2014) 新民初字第 411 号民事判决书确认被申请人为保定某药公司股东，具有法律效力。保定某药公司理应按照该生效判决履行义务，原审对被申请人要求将其股东身份进行工商登记予以支持并无不当。"

(3) 被免职的法定代表人有权请求公司办理法定代表人变更登记

❸最高人民法院在韦某兵、新疆宝某房地产开发有限公司等请求变更公司登记纠纷案【(2022) 最高法民再 94 号】认为："本案中，韦某兵被免职后，其个人不具有办理法定代表人变更登记的主体资格，宝某房地产公司亦不依法向公司注册地工商局提交变更申请以及相关文件，导致韦某兵在被免职后仍然对外登记公示为公司法定代表人，在宝某房地产公司相关诉讼中被限制高消费等，已经给韦某兵的生活造成实际影响，侵害了其合法权益。除提起本案诉讼外，韦某兵已无其他救济途径，故韦某兵请求宝某房地产公司办理工商变更登记，依法有据，应予支持。至于本案判决作出后，宝某房地产公司是否再选任新的法定代表人，属于公司自治范畴，本案不予处理。"

（三）请求请更登记的被告

1. 公司是承担公司变更登记的义务主体

❶北京市第一中级人民法院审理的韩某海等与杨某请求变更公司登记纠纷案【(2018) 京 01 民终 2008 号】认为："首先，各方签署的《付款方式》中明确约定

王某、杨某向韩某海、王某慧支付 200 万元后，北某公司应当将转让手续办理完毕。现各方均认可杨某已经向韩某海支付股权转让款 700 万元，故北某公司办理工商登记变更的条件已经成就。其次，韩某海提交的刑事附带民事判决书所涉的被告人并非杨某，也未见任何杨某实施非法拘禁行为的认定，该证据无法作为韩某海在配合办理股权转让手续时具有先履行抗辩权的依据，故韩某海提交的证据 3 与本案争议焦点并无关联，本院不予确认，进而，本院对韩某海主张的此点上诉理由不予支持。最后，本案原审被告北某公司作为变更公司工商登记的义务人，其对办理变更登记事宜予以同意，一审法院最终判决北某公司办理公司变更登记于法有据，本院予以维持。"

❷上海市第二中级人民法院审理的上海林同炎某国豪土建工程咨询有限公司与同某工程集团有限公司股东名册记载纠纷案【（2018）沪 02 民终 82 号】认为："同某工程公司通过受让股权成为林某公司股东，其取得股东资格合法有据，现无生效判决排除同某工程公司的股东资格，其应当享有被记载于林某公司股东名册、取得出资证明书，以及被变更登记为林某公司股东的权利。林某公司上诉主张拒不履行上述义务于法无据，本院不予支持。关于林某公司上诉所提其应当为办理股权变更登记主体，而非协助同某工程公司办理变更登记的问题，本院认为，一审法院在判决书中已明确阐明林某公司应当将股东名称向公司登记机关办理登记，一审法院的判决主文虽表述为协助同某工程公司办理，但该判项内容同样为林某公司应当履行的给付行为，与同某工程公司诉请的内容并无相悖之处，故本院对林某公司该项上诉理由不予采纳。"

❸北京市第三中级人民法院审理的北京远某国际拍卖有限公司与祖某萱请求变更公司登记纠纷案【（2017）京 03 民终 13283 号】认为："关于远某国际公司主张一审判决遗漏其他股东及公司监事作为当事人的上诉理由，因办理公司变更登记的义务主体为公司，其该项主张缺乏事实及法律依据，本院不予支持。"

❹广元市中级人民法院审理的青川县兴某混凝土有限公司、李某才、沈某与唐某及陈某翠请求变更公司登记纠纷案【（2017）川 08 民终 1079 号】认为："本案中唐某与沈某、陈某翠就股权转让达成了书面协议，青川县兴某混凝土有限公司召开股东大会对该股权转让协议予以了确认，相关事项有公司决策机构的文件记载，该股权转让的主体合格、内容合法，符合《中华人民共和国公司法》关于股东股权转让的明确规定，股权转让成立有效，应对双方产生约束力。上诉人青川县兴某混凝土有限公司、李某才、沈某上诉称案涉股权转让不真实，未提供相关证据予以证实，应当承担举证不力的责任。青川县兴某混凝土有限公司在唐某依法受让了沈

某、陈某翠的股权后，未办理股权变更登记，损害了唐某的合法权益，应当履行法律规定向登记机关申请公司变更登记的义务，李某才、陈某翠、沈某应当协助青川县兴某混凝土有限公司向登记机关申请公司变更登记事项。"

❺苏州市中级人民法院审理的袁某龙与周某、江苏三某智能科技有限公司请求变更公司登记纠纷案【（2017）苏05民终7977号】认为："2017年6月20日三某公司召开临时股东会并作出决议，将三某公司的股东变更为股东袁某龙（出资额450万元，占注册资本总额的45%）、黄某（出资额300万元，占注册资本总额的30%），实际是由袁某龙、黄某分别认缴了原应由周某返还三某公司的10%和15%的出资。该股东会决议经合法程序作出，且内容不违反法律规定，依法具有法律效力。但是，袁某龙、黄某分别认缴的10%和15%的出资并非受让于原股东周某，因此袁某龙要求办理相应的工商变更登记，应向三某公司主张，无权再要求周某履行协助义务。"

❻北京市第一中级人民法院审理的陈某华、李某龙等与赵某军请求变更公司登记纠纷案【（2017）京01民终7624号】认为："本案中，赵某军主张其受让了李某龙、陈某华持有的三某曼公司的部分股权，其持有三某曼公司的股权比例发生变动，故要求三某曼公司办理工商变更登记。三某曼公司对此不予认可，其上诉称赵某军取得股权的行为未经三某曼公司其他股东同意，该转让行为对三某曼公司不成立。对此本院认为，公司法及三某曼公司章程中均未规定股东之间相互转让股权须经公司其他股东同意，赵某军分别与李某龙、陈某华签订的股权转让协议合法有效且已实际履行，三某曼公司作为股权转让协议中的目标公司，其以赵某军取得股权未经其他股东同意从而否定股东之间股权转让协议的效力，无事实及法律依据。根据《最高人民法院关于适用〈中华人民共和国公司法〉若干问题的规定（三）》第23条的规定，即'当事人依法履行出资义务或者依法继受取得股权后，公司未根据公司法第三十一条、第三十二条的规定签发出资证明书、记载于股东名册并办理公司登记机关登记，当事人请求公司履行上述义务的，人民法院应予支持'，三某曼公司应当为赵某军办理工商变更登记。"

❼北京市第三中级人民法院审理的北京华某盈丰物业管理有限公司与郭某朴请求变更公司登记纠纷案【（2016）京03民终14278号】认为："《中华人民共和国公司法》第71条第1款规定'有限责任公司的股东之间可以相互转让其全部或者部分股权'。郭某朴、郑某均为华某盈丰公司股东，郭某朴可以将其持有的华某盈丰公司股份转让给郑某。《中华人民共和国公司法》第32条第3款①规定：'公司

---

① 已被修改。

应当将股东的姓名或者名称向公司登记机关登记；登记事项发生变更的，应当办理变更登记。未经登记或者变更登记的，不得对抗第三人。'郭某朴要求华某盈丰公司办理股权变更登记的诉讼请求，合法有据，一审法院予以支持并无不当。华某盈丰公司的上诉理由均缺乏事实和法律依据，本院难以采信。"

❽北京市第一中级人民法院审理的天津尔某科技有限公司与力某投资有限公司请求变更公司登记纠纷案【（2016）京01民终7085号】认为："法院生效判决已经确认李某、于某、李某伟、张某颖持有的尔某公司出资属于力某公司所有，力某公司要求尔某公司完成将原股东名下所持有的股权变更过户至力某公司名下的工商变更登记，于法有据，应予支持。尔某公司的上诉意见缺乏事实和法律依据，本院不予支持。"

❾福州市中级人民法院审理的王某碧霞与谢某瑞、福建省长乐市宏某针织有限公司请求变更公司登记纠纷案【（2016）闽01民终5197号】认为："本案中，谢某瑞已明确将其名下股权中的40%变更为王某碧霞持有，故宏某公司负有向公司登记机关申请变更上述股东姓名及出资额等内容登记之义务。一审法院关于宏某公司并非股权变更登记主体的认定错误，本院予以纠正。"

公司应在股东去世后为其法定继承人办理股权变更登记。

❿北京市第二中级人民法院审理的北京西湖某旅游开发有限责任公司与晋某银等请求变更公司登记纠纷案【（2014）二中民（商）终字第10554号】认为："《中华人民共和国公司法》第75条①规定，自然人股东死亡后，其合法继承人可以继承股东资格；但是，公司章程另有规定的除外。鉴于晋某伶系西湖港公司持有60%股权的股东，因晋某伶已死亡，由于晋某银、董某兰、隗某环、晋某飞、晋某系晋某伶的法定第一顺序继承人，且2001年西湖某公司章程中并未对继承人取得股东资格设置条件，晋某飞持有的继承人决议已被生效民事判决书确认为无效，晋某银、董某兰、隗某环、晋某飞、晋某因晋某伶死亡而应继承的西湖某公司股权份额已经生效民事判决书予以确定，为此西湖某公司应当确认晋某银、董某兰、隗某环、晋某飞、晋某股东身份并进行工商变更登记，同时在股东名册和公司章程上记载晋某银、董某兰、隗某环、晋某飞、晋某享有的股权份额。"

⓫北京市第三中级人民法院审理的王某芬等请求变更公司登记纠纷案【（2013）三中民终字第1694号】认为："《中华人民共和国公司法》第76条②规定：'自然人股东死亡后，其合法继承人可以继承股东资格；但是，公司章程另有

---

① 《公司法》（2023年修订）第90条。
② 同上。

规定的除外。'王某作为华威家园公司股东,死亡后可以由其合法继承人继承股东资格。王某在 2011 年 6 月 27 日的'董事会决议'中表示在其死亡后,由王某芬继承其股权,该行为属于立遗嘱处分个人财产,合法有效,且华某家园公司其他股东对由王某芬继承股权均不持异议,故王某芬据此要求华某家园公司办理股权变更登记,本院予以支持。"

股东不是申请变更登记的义务主体。

❶❷东莞市中级人民法院审理的杨某、东莞市飞某环保工程有限公司与邵某民、何某江、李某请求变更公司登记纠纷案【(2014)东中法民二终字第 45 号】认为:"飞某公司应否履行股权变更登记手续。根据已经生效的(2011)东一法民二初字第 1298 号民事判决书认定,邵某民和杨某签订的 2010 年 7 月 22 日的《股权转让协议书》和 2010 年 7 月 26 日《股权转让合同》均系真实有效的合同。邵某民业已向杨某支付相应的股权转让款。现杨某诉求飞某公司、邵某民、何某江、李某履行办理股权工商变更手续。当有限责任公司股东转让股权时,公司应当向公司登记机关申请变更登记,否则,不能对抗第三人,进而影响相应股东的利益。本案中,飞某公司股权发生变更,飞某公司应及时向公司登记机关申请变更登记。据此,向公司登记机关申请变更登记的义务主体为飞某公司,并非飞某公司的股东,也并非本案涉股权受让人或出让人。因此,原审法院对杨某诉求飞某公司履行股权工商变更手续予以支持,对杨某诉求邵某民、何某江、李某履行办理股权工商变更手续不予支持,并无不当。"

❶❸北京市第一中级人民法院审理的徐某志、栗某庆与郭某请求变更公司登记纠纷案【(2017)京 01 民终 9045 号】认为:"《中华人民共和国公司法》第 32 条第 3 款①规定:'公司应当将股东的姓名或者名称向公司登记机关登记;登记事项发生变更的,应当办理变更登记。未经登记或者变更登记的,不得对抗第三人。'根据上述法律规定,变更公司登记事项的主体应当是公司。栗某庆作为《股权转让协议》的一方主体,在合同约定的条件成就的情况下,对于股权变更登记事项确实负有协助配合的义务,但本人不是法律规定的变更公司登记事项的主体。"

2. 转让股东有义务协助办理股东变更登记

❶上海市第一中级人民法院审理的舒某春诉上海闵某房地产有限公司请求变更公司登记纠纷案【(2018)沪 01 民终 468 号】认为:"舒某春上诉主张,其与陈某云签订股权转让合同并非为向陈某云出让股权,而是为其向陈某云借款提供抵押,

---

① 已被修改。

但舒某春对其该主张并未提供相应证据予以证明。舒某春该主张不仅明显有违常理，亦与其在双方借款金额之外另行收受了陈某云股权转让款的行为自相矛盾，故对其该主张，本院不予采信。舒某春与陈某云签订股权转让合同，约定将其名下闵某公司股权转让给陈某云。陈某云已按合同约定支付了全部股权转让款。舒某春即应按约配合将所持股权变更登记至陈某云名下。对于舒某春提出的双方还有其他纠纷，应由双方循相应法律关系另行解决。舒某春以此为由主张不配合办理股权变更登记，应不予支持。"

❷上海市第一中级人民法院审理的陈某冰诉上海闵某房地产有限公司请求变更公司登记纠纷案【（2018）沪01民终469号】认为："闵某公司已形成股东会决议，确认10名一审被告所持股权由闵某公司收购，并据此修改了章程的股东记载事项。闵某公司及其股东之间公司收购股份纠纷已由法院作出生效判决，确定闵某公司应当向股东支付收购款。故各方当事人均应按照股东会决议和生效判决确定的内容行使权利并履行义务。闵某公司应当按照生效判决确定的方式和金额支付股权收购款。10名一审被告应当配合闵某公司办理股权变更登记。10名一审被告如认为闵某公司未完全履行生效判决确定的债务，应向法院申请对闵某公司强制执行。其以此为由主张不应配合闵某公司办理股权变更登记，于法无据，应不予支持。"

❸荆门市中级人民法院审理的钟祥市恒某石灰石矿业有限公司、张某均股权转让纠纷、股东资格确认纠纷、请求变更公司登记案【（2017）鄂08民终1004号】认为："张某均作为恒某公司的股东，依法将其持有的恒某公司100%股权有偿转让给周某庆，系双方真实意思表示，该内容未违反法律规定，且无须国土资源主管部门审查批准，据《中华人民共和国合同法》第44条的规定，公司转让协议书自各方当事人签订之日成立生效。一审法院据此确认周某庆为恒某公司股东，并享有恒某公司100%股权，并无不当，恒源公司、张某均有义务协助周某庆完成股权变更登记。"

❹广州市中级人民法院审理的王某芳诉赵某请求变更公司登记纠纷案【（2017）粤01民终10917号】认为："根据一审法院向广州市黄埔区市场和质量监督管理局调查办理股权、法定代表人变更登记相关事项，办理涉案变更登记事项资料涉及赵某、吴某蒙的主要义务为提供身份证复印件和股东会决议，无须赵某、吴某蒙本人到场办理。二审中，王某芳亦确认其在2016年9月14日收到《一某功公司股东决议》后，办理工商变更登记在所需材料上不存在障碍，故王某芳应当在材料齐备后合理期限内办理变更登记。双方签订《股权转让协议》后，已于2016年6月20日完成公司财务账册等各项经营资料交接，王某芳在交接单据上签名确认，未显示尚有未尽交接事项。王某芳现主张在已经移交的资料之外尚有应当移交但未

移交的资料，但现并无证据证实上述资料的移交对办理工商变更登记构成障碍，或双方对未尽交接事宜曾协商一致，故王某芳该项抗辩事由理据不足，本院不予支持。如王某芳认为因赵某、吴某蒙经营一某功公司期间的涉税事项没有处理完毕，对其造成损失，应另寻途径解决，据此，王某芳迟延办理工商变更登记的抗辩理由均不成立，其未在材料齐备后合理期限内办理变更登记，构成违约，应当依据合同约定承担因此产生的律师费。"

❺福州市中级人民法院审理的王某碧霞与谢某瑞、福建省长乐市宏某针织有限公司请求变更公司登记纠纷案【（2016）闽 01 民终 5197 号】认为："案涉《补充协议》第 2 条关于'甲方（谢某瑞）必须于 2014 年 8 月 30 日前办理（福建长乐市宏某针织有限公司）股东变更手续，变更后的股东持股比例：甲方（谢某瑞）持股 60%，王某碧霞持股 40%'的约定，已经生效裁判确认有效，谢某瑞作为一人独资公司的股东有权处分其享有的股权，王某碧霞据此享有宏某公司 40%的股权；由于双方并未约定股权处分的对价及变更登记的附加条件，故上诉人关于被上诉人应付相应对价方可变更登记的上诉理由，与协议约定相悖，本院不予采纳。因此，上诉人谢某瑞应当协助被上诉人王某碧霞办理上述股权变更登记手续。"

❻北京市第一中级人民法院审理的北京劳某保障职业学院等请求变更公司登记纠纷案【（2016）京 01 民终 2433 号】认为："《公司法》第 32 条第 3 款①规定：'公司应当将股东的姓名或者名称向公司登记机关登记；登记事项发生变更的，应当办理变更登记。未经登记或者变更登记的，不得对抗第三人。'根据上述《公司法》的规定，股东持股情况发生变更时，全某公司应当向登记机关进行变更登记。劳某学院与程某在《股权转让合同书》中明确约定了合同签订后 5 个工作日内双方共同准备有关股权变更的法律性文件，并办理工商变更登记手续。并且，程某在二审审理中亦认可其负有配合办理股权变更登记的义务。据此，一审法院判决全某公司将程某持有的其公司的 45%的股权变更至劳某学院名下，并判决程某对此具有协助义务，具有事实及法律依据，并无不当。"

❼广州市中级人民法院审理的刘某京与张某军、江某天、广州市君某酒店有限公司请求变更公司登记纠纷案【（2016）粤 01 民终 3219 号】认为："由上述协议中'本协议签订第 2 天内，刘某京给付张某军 30 万元；工商登记变更出证后，刘某京付给张某军 120 万元，如不能如期出证，刘某京也保证在 2015 年 1 月 10 日前将 120 万元付给张某军'等条款的文义来判断，涉案股东、股权变更登记手续的办理

---

① 已被修改。

最迟在 2015 年 1 月 10 日之前即应启动，现并无证据显示张某军在此期间履行了协助办理上述相关手续的合同义务，其行为已构成违约，刘某京主张其立即予以办理合法合理，本院予以支持。"

受让股东履行完付款义务后，转让股东应履行协助变更登记义务。

❽江苏省高级人民法院审理的刘某升与高某新、江苏富某置业有限公司请求变更公司登记纠纷案【（2016）苏民申 5697 号】认为："高某新申请再审称刘某升尚未支付完毕股权转让价款及利息、违约金，故其无须履行变更手续。但根据原审查明的事实，刘某升已向高某新支付协议约定的 2400 万元股权转让款，关于延迟支付的利息及违约金，刘某升曾于 2013 年 6 月向高某新发送《关于确认利息及违约金办理工商变更手续的函》，刘某升在该函件中计算未付利息及违约金合计 454164 元，高某新对此并未提出异议。后刘某升在本案一审过程中向高某新支付了 454164 元。故高某新再审主张刘某升尚未履行完毕付款义务，没有依据，原审法院判令其履行协助变更登记义务，并无不当。"

❾北京市第一中级人民法院审理的林某雷与北京明某中铁科技发展有限公司等请求变更公司登记纠纷案【（2014）一中民终字第 3427 号】认为："一审法院认定，2010 年 10 月 21 日《股权转让协议》已生效，科技公司已依约向林某雷支付股权转让价款，并据此判令林某雷应履行向有关工商行政管理部门申请办理股东变更登记手续的义务，并无不当。"

通过履行其他股东的出资义务获得股权的，其他股东应配合办理变更登记手续。

❿眉山市中级人民法院审理的四川省金某泓能源投资有限公司、中某国能清洁能源有限公司请求变更公司登记纠纷案【（2016）川 14 民终 1074 号】认为："根据中某眉山公司章程的规定和 2015 年 8 月 5 日临时股东会会议纪要的约定，金某泓公司未如期履行出资义务，视为放弃相应股权，由中某国能公司增持，中某眉山公司应将相应股权变更登记到中某国能公司名下，金某泓公司予以配合。上述章程规定、会议纪要约定符合《最高人民法院关于适用〈中华人民共和国公司法〉若干问题的规定（三）》第 17 条'有限责任公司的股东未履行出资义务或者抽逃全部出资，经公司催告缴纳或者返还，其在合理期间内仍未缴纳或者返还出资，公司以股东会决议解除该股东的股东资格，该股东请求确认该解除行为无效的，人民法院不予支持。在前款规定的情形下，人民法院在判决时应当释明，公司应当及时办理法定减资程序或者由其他股东或者第三人缴纳相应的出资。在办理法定减资程序或者其他股东或者第三人缴纳相应的出资之前，公司债权人依照本规定第十三条或者第十四条请求相关当事人承担相应责任的，人民法院应予支持'的立法精神，合法有效，金某泓公司不应再享有

中某眉山公司的股权。"

转让股东的法定继承人有义务协助办理股权变更登记。

❶北京市第二中级人民法院审理的北京东某上宇科技发展有限公司与陈某波请求变更公司登记纠纷案【(2016) 京 02 民终 7467 号】认为："张某民与陈某波签订的 4 月 8 日协议中约定，张某民将其在东某公司名下 5% 股份赠与陈某波，系作为聘金和对张某民帮助的酬谢，该股份转让行为不仅有酬谢性质，还以相应的聘金作为对价，该约定不符合赠与合同的无偿性，故 4 月 8 日协议性质应为股权转让协议。4 月 8 日协议系双方当事人的真实意思表示，未违反国家法律、法规的强制性规定，应属有效。虽张某民 2012 年 1 月 30 日与顾某、陈某波、张某民签订的《合作协议书》约定：张某民将自己股份的 8% 赠与张某顺，6% 赠与顾某，6% 赠与陈某波，但该约定早于 2012 年 4 月 8 日的《协议书》。鉴于《最高人民法院关于适用〈中华人民共和国公司法〉若干问题的规定（三）》第 23 条规定：当事人依法履行出资义务或者依法继受取得股权后，公司未根据公司法第 31 条、第 32 条的规定签发出资证明书、记载于股东名册并办理公司登记机关登记，当事人请求公司履行上述义务的，人民法院应予支持。根据东某公司工商登记信息，张某民在 2012 年 4 月 8 日时持有东某公司 80% 的股份，其对所持股份的上述处分行为，于法有据。虽张某民已于 2013 年 11 月 2 日死亡，但上述处分行为仍具有法律约束力，东某公司及张某民的法定继承人均有义务配合陈某波办理上述股权的变更登记。现陈某波起诉要求东某公司协助将张某民名下 5% 东某公司股权变更至陈某波名下，有事实和法律依据，应予支持。"

3. 原法定代表人有义务协助办理变更登记

❶深圳市中级人民法院审理的孙某鸣与深圳市麦某利投资有限公司公司证照返还纠纷案【(2016) 粤 03 民终 12398 号】认为："本案为公司证照返还及请求变更公司登记纠纷。代表麦某利公司 1/10 以上表决权的股东于某生于 2015 年 7 月 3 日召集和主持的股东会会议形成的股东会决议，并无证据和相关事实显示其存在违法或违反公司章程的情形，孙某鸣作为麦某利公司的另一股东也未起诉请求人民法院确认其无效或撤销该股东会决议，本院据此视为该股东会决议合法有效。根据该股东会决议，于某生已成为麦某利公司的法定代表人和执行董事，故于某生依法有权代表麦某利公司提起本案诉讼和行使法定代表人和执行董事权利，其代表麦某利公司请求孙某鸣返还相关证照印章等物，并请求孙某鸣协助办理相关工商变更登记手续，符合股东会决议，原审法院予以支持是正确的。"

❷盐城市中级人民法院审理的福建星某海洋渔业发展有限公司与江苏金某东特钢

铸业有限公司请求变更公司登记纠纷案【（2015）盐商终字第00631号】认为："案涉股东会会议决定已经成立并生效，对公司内部而言，林某生即不再是该公司的执行董事兼法定代表人，公司应履行办理相应工商变更登记的义务，林某生作为前任执行董事兼法定代表人即应履行配合办理之义务。"

❸宁德市中级人民法院审理的阮某柳与宁德龙某房地产开发有限公司证照返还、请求变更公司登记纠纷案【（2015）宁民终字第1246号】认为："尤某坤于2014年11月20日召集主持的临时股东会会议已形成决议，选举尤某坤为公司执行董事（任法定代表人），公司决议一经作出即生效，在未被生效法律文书撤销之前，该决议自始有效。上诉人阮某柳主张其提出撤销该决议的案件还在申请再审阶段，因此法定代表人并未变更的上诉理由，不能成立。公司变更法定代表人的，应当自变更决议或决定作出之日起30日内申请变更登记。龙某公司应及时就法定代表人变更的事宜至工商部门办理变更登记。同时，公司董事、高级管理人员对公司负有忠实、勤勉义务，该义务贯穿于任职期间的始终。阮某柳虽然已不再担任龙某公司的执行董事、法定代表人，但作为龙某公司工商登记的原执行董事、法定代表人，其仍负有积极协助龙某公司办理法定代表人工商变更登记的义务。阮某柳认为其在公司治理结构中已不享有任何权利也就不承担任何义务的上诉理由，亦缺乏依据，不予支持。"

❹上海市第二中级人民法院审理的唐某姿与上海叠某园艺工程有限公司请求变更公司登记纠纷案【（2015）沪二中民四（商）终字第1082号】认为："依据《中华人民共和国公司法》的规定，徐某、余某敏作为继承人可以继承原叠某公司股东徐某山的股东资格，对此，民事调解书已确认徐某、余某敏分别继承徐某山名下叠某公司60%股份、30%股份。后叠某公司于2014年2月21日召开股东会并形成决议，选举徐某担任叠某公司执行董事兼法定代表人，免去唐某姿执行董事兼法定代表人的职务，选举余某敏继任公司监事，免去徐某山监事的职务，该决议的效力已经法院生效判决所确认。现叠某公司据此在本案中诉请要求唐某姿配合叠某公司办理相应的工商变更登记手续。唐某姿则认为叠某公司的营业期限已届满，其不同意延长公司经营期限并要求退出公司。对此，本院认为，叠某公司的股东之间对是否延长公司营业期限存在不同意见，股东徐某、余某敏同意延长营业期限，并以2015年6月14日的股东会决议通过章程修正案将公司的营业期限延长至2025年7月23日。因此，在目前尚无其他证据可以否定该股东会决议效力的情况下，持有叠某公司90%股权的徐某、余某敏共同签署的上述股东会决议，系双方真实意思的表示，并未违反法律法规的强制性规定。因此，唐某姿以营业期限届满为由不予配合办理相应的变更手续，缺乏事实和法律依据，依法不能成立。原审法院判决并无不当，本院予以维持。"

4. 其他负有协助办理变更登记义务的主体

(1) 被冒名股东有义务协助办理股东变更登记

❶上海市高级人民法院审理的潘某伟与上海好某精日用化工有限公司请求变更公司登记纠纷案【(2017) 沪民申 1631 号】认为："本案纠纷系因潘某伟身份信息被冒用而引发，潘某伟对此虽不存在过错，但潘某伟作为公司登记机关记载的股东，对外仍具有公示效力。原审法院为尽快妥善解决好某精公司工商登记中股东名实不符问题，减少可能产生的矛盾和纠纷，判令潘某伟协助好某精公司办理股东变更登记手续，并无不当。潘某伟关于其没有义务协助办理相关手续以及本案纠纷不属于法院审理范围的意见，没有法律依据，本院不予采信。"

(2) 退股股东有义务协助公司办理股权变更登记

❷上海市第一中级人民法院审理的刘某森诉上海鑫某金属制品有限公司请求变更公司登记纠纷案【(2016) 沪 01 民终 1367 号】认为："刘某森、刘某昌和卢金平3 方签订的《退股协议》合法有效，刘某森、刘某昌应从鑫某公司退出，不再具有鑫某公司股东资格。因股东姓名或名称属于公司登记机关登记事项，鑫某公司主张刘某森、刘某昌协助办理变更登记手续于法有据。综上，原审法院所作判决并无不当，本院予以维持。"

(3) 股东的法定继承人有义务协助公司办理股权变更登记

❸台州市中级人民法院审理的黄某与黄某萍、台州市黄岩商某模钢有限公司等请求变更公司登记纠纷案【(2015) 浙台商终字第 413 号】认为："上诉人是黄某顺的法定继承人，对于黄某顺生前的商某公司 25% 股权享有继承权。上诉人在其与被上诉人等人的另案法定继承纠纷及本案诉讼期间，并未明确放弃上述继承权，故上诉人是商某公司股权的相关权利人。黄某顺生前的商某公司 25% 股权，除被上诉人的商某公司 2.5% 股权已经判决确定外，其他份额股权尚需上诉人等法定继承人确定。在明确商某公司 25% 股权全部继承人后，商某公司需召开股东会，形成股东会决议后，商某公司才可申请办理商某公司股权变更登记。故上诉人对上述相关事项负有协助义务。"

（四）请求变更登记的前提

1. 具备公司股东身份是请求股权变更登记的前提

❶浙江省高级人民法院审理的慈溪市华某房产开发有限公司、冯某其与周某敏

请求变更公司登记纠纷案【（2017）浙民再 232 号】认为："公司登记事项发生变更的，应当办理变更登记。周某敏诉请华某公司变更股权登记的前提是周某敏已受让取得华某公司的股权，具有华某公司股东资格。冯某其与周某敏签订的股权转让协议书系双方真实意思表示，内容不违反法律法规的强制性规定，该协议合法有效。但仅凭该协议书尚不能直接产生股权变动的法律后果，而是有赖于当事人履行各自的合同义务，完成股权转让，周某敏依约负有支付股权转让款的义务。但在（2016）浙 0282 民初 2704 号案件中，周某敏提供的证据既不能证明其支付了股权转让款，股权转让协议已实际履行，也不能证明其行使了股东权利或承担了股东义务，无法确定其已取得华某公司的股东地位，故一审法院以周某敏的诉请证据不足为由，判决驳回其诉讼请求，该判决系对诉争纠纷作出的实体处理结果。"

❷黑龙江省高级人民法院审理的吴某春与和某、哈尔滨红某锅炉有限公司请求变更公司登记纠纷案【（2016）黑民申 1266 号】认为："吴某春据以与和某、红某锅炉公司签订的《股权转让协议》诉至法院，请求办理股权工商变更登记。再审查明，吴某春与和某、红某锅炉公司签订《股权转让协议》后，双方没有履行法定的股权变更登记手续。依据《中华人民共和国公司法》及《公司登记管理条例》相关规定，吴某春应当向法院提起确认股东资格之诉。鉴于此，一、二审法院驳回关于办理股权工商变更登记的诉讼请求并无不当。"

❸上海市第一中级人民法院审理的上海港某仓储服务有限公司诉张某华请求变更公司登记纠纷案【（2016）沪 01 民终 3922 号】认为："其一，孙某富作为股权出让人，其在签订《公司股权转让合作合同》时，仅持有港某公司 46% 的股权，尚不具备将港某公司 90% 的股权进行转让的条件；其二，港某公司在二审中对于《公司股权转让合作合同》中约定的'孙某富将港某公司的股权比例作以下分割'的含义进行了变更解释，认为'是将孙某富在港某公司 50% 的股份进行分割'；其三，孙某富在原审判决作出之后，将其持有的港某公司的股权进行了转让，并办理了工商变更登记。而据截至 2016 年 3 月 5 日的港某公司章程修正案的记载，孙某富目前仅持有港某公司 10% 的股权。可见，孙某富在股权出让之始尚不具备转让港某公司 90% 股份的出让条件，港某公司及孙某峰对孙某富出让的股权份额亦持有异议，且孙某富在本案审理过程中将其名下的港某公司股权进行了转让。在此情形下，本院难以认定张某华、胡某龙、仓某勇、刘某俭 4 人具有港某公司的股东身份并按照《公司股权转让合作合同》的约定，按比例持有港某公司的股权。张某华等 4 人主张变更公司登记的诉讼请求，缺乏事实和法律依据，本院不予支持。"

　　丧失股东身份后无权请求变更公司登记。

❹江苏省高级人民法院审理的亚某钢铁（投资）有限公司与扬某亚钢金属有限公司请求变更公司登记纠纷案【（2015）苏商外终字第 00048 号】认为："扬某亚钢公司已经终止破产重整程序，该公司股东已变更为广东恒某公司，亚某钢铁公司二审中已经不是扬某亚钢公司的股东。因此，由于破产重整程序终止，扬某亚钢公司提供的破产管理人意见不再具有实际意义，本院对此不再理涉。同时，虽然亚某钢铁公司 2013 年 8 月作出的决议合法有效，但亚某钢铁公司现已丧失扬某亚钢公司股东身份，其主张股东权利没有法律依据，故亚某钢铁公司在本案中无权再要求扬某亚钢公司办理变更登记。由于扬某亚钢公司丧失股东身份的事实系发生于二审期间，一审判决依据原有证据认定的事实进行判决并无不当。本院在本案出现新证据的情况下，对原审判决内容进行调整。"

2. 股权处于可变更状态是请求股权变更登记的前提

❶镇江市中级人民法院审理的陈某春与黄某、江苏丰某房地产开发有限公司请求变更公司登记纠纷案【（2017）苏 11 民终 2765 号】认为："自然人起诉要求其他主体协助其办理股权工商变更登记，首先该股权应处于可变更状态。但是，本案中，陈某春诉请变更登记的股权已被人民法院查封。另，2016 年 11 月，陈某春曾基于股权转让事由对浙江省温岭市人民法院（2014）台温执民字第 2037 号之一执行裁定及（2015）台温执民字第 143 号之一执行裁定提出执行异议，该异议已被浙江省温岭市人民法院裁定予以驳回。故，陈某春关于变更股权的诉讼请求，本院难以支持。"

3. 经半数以上股东同意是实际出资人变更登记为显名股东的前提

❶江苏省高级人民法院审理的许某茂与苏州炭某厂有限公司请求变更公司登记纠纷案【（2016）苏民申 264 号】认为："（1）许某茂在本案中的诉讼请求是请求判令炭某厂公司履行将许某茂的炭某厂公司股东的姓名及其出资额 4 万元向江苏省苏州工商行政管理局办理变更公司登记的法定义务。据此，许某茂作为案涉《设立有限责任公司出资协议书》所明确的炭某厂公司'隐名股东'所提出的诉讼请求是要求办理公司变更登记成为显名股东。而根据《最高人民法院关于适用〈中华人民共和国公司法〉若干问题的规定（三）》第 24 条第 3 款之规定，许某茂这一诉讼请求在未经炭某厂公司其他股东半数以上同意时，人民法院不予支持。（2）一、二审判决基于许某茂的诉讼请求审理本案，与许某茂在再审申请书所提及的其他民事判决书、民事调解书并无矛盾之处。（3）本案二审判决已就一审判决的笔误进行更正。（4）许某茂所称许某茂以炭某厂公司股东身份签名的 2003 年 11 月 15 日炭

某厂公司章程亦明确载明股东28人，其后签名与《设立有限责任公司出资协议书》对应一致，印证许某茂的'隐名股东'身份，许某茂在该章程上签名亦表明其确认自己的'隐名股东'身份。"

❷海南省高级人民法院审理的海南冠某贸易有限公司与海口农村某业银行股份有限公司请求变更公司登记纠纷案【(2015) 琼民二初字第1号】认为："实际出资人冠某公司与名义出资人邱某铭的法定继承人对《协议》的效力，以及将登记在邱某铭名下的海口农某行1.966%的股权变更登记到实际出资人冠某公司名下，并无异议。冠某公司和海口农某行协商请求变更登记，海口农某行未予以配合。根据《最高人民法院关于适用〈中华人民共和国公司法〉若干问题的规定（三）》第24条第3款'实际出资人未经公司其他股东半数以上同意，请求公司变更股东、签发出资证明书、记载于股东名册、记载于公司章程并办理公司登记机关登记的，人民法院不予支持'的规定，现海口农某行50.587%的股东已经同意将登记在邱某铭名下的海口农某行1.966%的股权变更登记到实际出资人冠某公司名下，并愿意协助海口农某行、冠某公司办理相关股权变更登记手续。因此，冠某公司请求将邱某铭名下的海口农某行1.966%的股权变更登记到其名下，事实依据和法律依据充分，海口农某行应当配合冠某公司办理工商变更登记，并为冠某公司签发出资证明书、记载于股东名册、记载于公司章程。"

❸武汉市中级人民法院审理的赵某涛、姚某华股东资格确认纠纷、请求变更公司登记纠纷案【(2017) 鄂01民终1225号】认为："虽然在茂某公司登记信息中的股东仅有胡某新、赵某涛，但胡某新、赵某涛均明知除了该2人外，还有其他实际出资人存在，其中包括姚某华。胡某新收购了姚某华在茂某公司的股本金后并不否认姚某华作为茂某公司实际出资人享有的隐名投资地位，并同意其显名，该意思表示不会引起两者之外其他法律关系的变化，不会对他人的权利造成损害，是胡某新行使处分权的体现。在胡某新、姚某华均对姚某华的相关出资权益予以认可的情况下，赵某涛主张姚某华在茂某公司所持有的股权因全部转让而权利消灭，本院不予支持。姚某华提起本案诉讼有事实依据及法律依据。"

实际出资人非股东名册记载的股东，不享有表决权。

❹上海市高级人民法院审理的周某清与上海文某工程咨询有限公司、王某兴请求变更公司登记纠纷案【(2017) 沪民申1984号】认为："本案为请求变更公司登记纠纷，但能否变更公司登记的前提是作出变更登记的股东会决议的效力。本院认为，周某清在该再审案中，在欲确认刘某华持有的文某公司20%股权归其所有，还是因该案发生工商登记变更而影响文某公司的工程造价咨询企业的甲级资质，二者

仅能选其一的情况下，周某清作出了明确选择，即变更诉请为确认其为刘某华代持文某公司 20% 股权的实际出资人。上述调解协议确定周某清对刘某华代持的文某公司 20% 股权仅享有出资权益，周某清并未获得该 20% 股权所对应的相应股东资格，其不享有该 20% 股权所对应的表决权。故本案系争股东会决议未发生法律效力，周某清的诉讼请求于法无据。"

（五）请求变更公司登记的管辖问题

因请求变更公司登记纠纷而提起的诉讼应以公司所在地法院为管辖法院。

❶贵州省高级人民法院审理的易某慧、程某桥请求变更公司登记纠纷案【(2017) 黔民辖终 140 号】认为："本案为请求变更公司登记纠纷。根据《最高人民法院关于适用〈中华人民共和国民事诉讼法〉的解释》第 22 条：'因股东名册记载、请求变更公司登记、股东知情权、公司决议、公司合并、公司分立、公司减资、公司增资等纠纷提起的诉讼，依照民事诉讼法第二十六条规定确定管辖。'《中华人民共和国民事诉讼法》第 26 条'因公司设立、确认股东资格、分配利润、解散等纠纷提起的诉讼，由公司住所地人民法院管辖'的规定，本案应由被申请变更的公司住所地法院管辖。因六盘水磐某置业有限公司住所地位于贵州省六盘水市辖区内，六盘水中院对本案行使管辖权并无不当。"

❷江苏省高级人民法院审理的程某平与董某昌、南京宁某云石有限公司等请求变更公司登记纠纷案【(2016) 苏民辖终 183 号】认为："《中华人民共和国民事诉讼法》第 26 条规定，因公司设立、确认股东资格、分配利润、解散等纠纷提起的诉讼，由公司住所地人民法院管辖。本案系请求变更公司登记纠纷，应由公司住所地法院管辖。本案原告程某平为台湾居民，被告董某昌、赵某为香港特别行政区居民，具有涉港涉台因素，应比照涉外商事案件处理，宁某公司住所地在南京市栖霞区，而栖霞区人民法院不具有涉外商事案件管辖权。由于宁某公司住所地在南京市中级人民法院辖区内，故南京市中级人民法院依法对该案享有管辖权，其裁定驳回董某昌的管辖权异议并无不当。"

❸北京市第一中级人民法院审理的韩某海等与杨某请求变更公司登记纠纷案【(2018) 京 01 民终 2008 号】认为："根据《中华人民共和国民事诉讼法》第 26 条的规定：'因公司设立、确认股东资格、分配利润、解散等纠纷提起的诉讼，由公司住所地人民法院管辖。'《最高人民法院关于适用〈中华人民共和国民事诉讼法〉的解释》第 22 条规定：'因股东名册记载、请求变更公司登记、股东知情权、

公司决议、公司合并、公司分立、公司减资、公司增资等纠纷提起的诉讼，依照民事诉讼法第二十六条规定确定管辖。'本案系请求变更公司登记纠纷，依据上述法律、司法解释的规定应当由公司住所地人民法院管辖，北某公司的住所地在北京市海淀区，故北京市海淀区人民法院对本案有管辖权，该管辖权的确定不因当事人协议管辖而变更。"

❹北京市第二中级人民法院审理的韩某霞等与李某等请求变更公司登记纠纷案【（2018）京02民辖终84号】认为："《中华人民共和国民事诉讼法》第26条规定：'因公司设立、确认股东资格、分配利润、解散等纠纷提起的诉讼，由公司住所地人民法院管辖。'《最高人民法院关于适用〈中华人民共和国民事诉讼法〉的解释》第22条规定：'因股东名册记载、请求变更公司登记、股东知情权、公司决议、公司合并、公司分立、公司减资、公司增资等纠纷提起的诉讼，依照民事诉讼法第二十六条规定确定管辖。'故本案应由公司住所地人民法院管辖。西某老年公寓关于其住所地位于北京市西城区的主张，未能提供相关证据予以证明，本院不予支持。西某老年公寓工商登记的住所地位于北京市丰台区，故北京市丰台区人民法院对本案有管辖权。一审法院径行适用《中华人民共和国民事诉讼法》第21条的规定确定管辖，在适用法律方面存在瑕疵，应予纠正。"

（六）关于变更登记的其他问题

1. 不得以未支付股款为由拒绝办理股权变更登记

❶辽宁省高级人民法院审理的北京清某信息材料有限公司与北京瑞某世纪投资有限公司、本溪清某矿业股份有限公司、本溪清某尾矿综合利用有限公司请求变更公司登记纠纷案【（2014）辽审一民申字第1236号】认为："协议中虽然约定瑞某投资公司应在协议签订之日起3个月内，足额认购股份并支付股权转让款和投资各方在本协议签署后立即向工商行政管理部门申报，按规定办理变更手续，但并未约定瑞某投资公司足额认购股份和办理股权登记变更的先后顺序，因此双方应当同时履行。瑞某投资公司于协议签订后的次日即向清某矿业公司汇入1160万元，清某矿业公司应在2013年1月18日之后依法向公司登记机关办理变更登记。由于清某矿业公司一直未向公司登记机关办理变更登记，在此情形下，原审判决参照《公司法》的相关规定，认定瑞某投资公司是为了避免自身的财产权益造成更大的损失，拒绝向清某矿业公司支付剩余股份认购款，属行使同时履行抗辩权的行为，并无不当。"

2. 公司决议无效或被撤销后应申请撤销变更登记

❶北京市第三中级人民法院审理的阿某斯油藏技术（北京）有限公司与毕某滨等请求变更公司登记纠纷案【（2016）京 03 民终 12793 号】认为："公司根据股东会或者股东大会、董事会决议已办理变更登记的，人民法院宣告该决议无效或者撤销该决议后，公司应当向公司登记机关申请撤销变更登记。本案中，法院判决已经确定 2010 年 9 月 19 日阿某斯公司股东会决议中第 3、8、9 项决议内容无效，阿某斯公司应当向公司登记机关申请撤销依据上述决议内容进行的变更登记。"

❷石家庄市中级人民法院审理的毛某欢与张某坤、石家庄人某心动文化传播有限公司请求变更公司登记纠纷案【（2015）石民四终字第 01443 号】认为："由于原审 2014 年 10 月 14 日作出的（2014）新民初字第 747 号民事判决书已判令：石家庄人某心动文化传播有限公司于 2012 年 9 月 6 日作出的股东会决议无效，现该案已发生法律效力。依据公司法规定的股东会或者股东大会、董事会决议已办理变更登记的，人民法院宣告该决议无效或者撤销该决议后，公司应当向公司登记机关申请撤销变更登记。但是，本案中，自上述判决生效后，二上诉人未依法向公司登记机关申请撤销变更登记，恢复原状。基于该事实，毛某欢提起本案诉讼，未违反'一事不再理'的基本原则，且依法属于人民法院受理范围。同时，张某坤持有公司印章及营业执照等相关手续，应予以协助。"

3. 请求公司变更登记不适用有关诉讼时效的规定

❶北京市第三中级人民法院审理的孙某与任某陆、中某信（北京）投资管理有限公司请求变更公司登记纠纷案【（2017）京 03 民终 4907 号】认为："根据《最高人民法院关于审理民事案件适用诉讼时效制度若干问题的规定》第 1 条的规定，当事人可以对债权请求权提出诉讼时效抗辩，但对下列债权请求权提出诉讼时效抗辩的，人民法院不予支持：（1）支付存款本金及利息请求权；（2）兑付国债、金融债券以及向不特定对象发行的企业债券本息请求权；（3）基于投资关系产生的缴付出资请求权；（4）其他依法不适用诉讼时效规定的债权请求权。由此可见，由于债权请求权以财产利益为内容，不具支配性，若权利人长期怠于行使权利，会使法律关系处于不确定状态，不利于维护社会交易秩序稳定，故债权请求权适用诉讼时效的规定。本案中，孙某依据 2008 年的股东会决议所主张的将中某信公司法定代表人由任某陆变更为孙某之诉讼请求并非以财产利益为内容的债权请求权，故不应适用诉讼时效的规定。孙某关于诉讼时效部分的上诉理由成立，本院予以采纳。"

三、请求变更公司登记诉讼的综述及建议

（一）请求变更公司登记诉讼综述

根据我国法律规定，公司登记事项及公司法定代表人、董监高、股东发生变更时，均需申请工商变更登记。从本书整理的案例来看，实践中，公司的法定代表人变更及有限责任公司股东的变更引发的纠纷最为常见，纠纷的争议焦点通常集中于提起诉讼的原告及被告是否适格。

1. 法定代表人变更应办理变更登记

法定代表人的登记，对外具有公示效力，及时办理变更登记亦有利于保护善意第三人的利益。实践中，公司法定代表人的变更需形成有效的股东会决议。但法定代表人的变更不属于对公司经营有重大影响的事项，法院在裁判时认为，只要股东会决议经代表 1/2 以上表决权的股东通过，公司应依股东会决议办理法定代表人变更登记。未办理变更登记，对外不得对抗善意相对人。

2. 股权变更应办理变更登记

虽然有限公司股东名册是表彰股东资格和权利的凭证，但股东名册只有对内效力，不具有对外的公示效力。因此，我国法律规定了股权变更的工商登记程序。实践中，公司股权变更时，因变更工商登记引发的纠纷时有发生。股权变更的依据通常是有效的股权转让协议，法院在裁判时认为，只要股权转让协议系当事人双方的真实意思表示，且符合法律的强制性规定，公司应为股权受让人办理股权变更登记。对于依继承取得股权的，只要公司章程未对股权继承作特别规定，公司应为股东的法定继承人办理股权变更登记。

3. 股东是请求公司变更登记的适格原告

股东对公司享有利益，无论是公司股东还是法定代表人的变更，股东都有权请求公司办理变更登记。

对于股东变更登记而言，《公司法司法解释三》第 23 条规定："当事人依法履行出资义务或者依法继受取得股权后，公司未根据公司法第三十一条、第三十二条

的规定签发出资证明书、记载于股东名册并办理公司登记机关登记，当事人请求公司履行上述义务的，人民法院应予支持。"故法院在裁判时认为，股权受让人受让股权后，有权请求公司办理股权变更登记。但值得注意的是，受让人请求公司办理变更登记的前提是其已取得股东资格且股权处于可变更的状态。

此外，实际出资人也可请求公司将其变更登记为公司股东，但法院在裁判时认为，根据法律规定，此种变更登记需经公司其他股东过半数同意方可。而在冒名登记的情形下，被冒名人不具有实际出资，亦不承担股东责任，故无权请求公司将其登记为股东，而应协助公司办理变更登记事项，改善公司股东名实不符的现状。

对于公司法定代表人变更而言，法院在裁判时认为，法定代表人变更通常依据有效的股东会决议，股东对于公司不履行股东决议的，有权提起诉讼，法定代表人拒不配合变更登记的，股东有权请求其予以配合。

4. 公司而非股东是承担变更登记的义务主体

实践中，在完成股权转让协议后，公司未向工商登记机关申请股权变更登记，此时，受让股东以转让股东为被告提起诉讼，请求其履行工商变更登记义务。法院在裁判时，认为变更公司登记事项的主体应当是公司而非转让股东，故被告主体错误，应驳回起诉。

值得注意的是，转让股东虽不是办理变更登记事项的义务主体，但有协助办理变更登记的义务。对于转让股东拒不协助办理变更登记导致变更登记无法完成的，受让股东可以其为被告提起诉讼。

同理，在法定代表人变更登记过程中，原法定代表人亦有协助办理变更登记的义务。

（二）关于公司股权变更登记的建议

1. 正确认识股权变更工商登记的效力

股权变更之所以需要进行变更登记，其目的是防止第三人因信赖工商登记记载的信息而遭受损失。在股权转让过程中应充分认清工商变更登记的效力，需把握以下三点：

一是未进行工商变更登记并不导致股权转让合同无效。转受让双方务必改掉只有工商变更登记才能使股权转让合同生效的观念，认识到在双方没有约定附条件附期限时，合同一般情况下在双方签章合同成立时生效，但对于国有股权等则需要经主管部门批准后生效。

二是工商变更登记并非股权变动的生效要件。转受让双方应当认识到工商变更登记仅是一种宣示性登记，并不产生设权登记效果。受让方在股权转让合同生效后且被公司登记到股东名册时即取得股权，如果未能进行工商变更登记，股东有权请求公司办理工商变更，并有权要求转让方提供协助义务。

三是未进行工商变更登记不得对抗善意第三人。虽然工商变更登记仅是一种宣示性登记，但其也是一种对抗性登记，对于未办理股权变更登记的，第三人有权信赖登记事项的真实性，善意第三人可以基于工商登记对原股东的记载要求其承担责任。

2. 及时办理股权变更手续以避免对企业高管产生风险

依《公司法司法解释三》第 27 条第 2 款之规定，公司董事等企业高级管理人员在股权发生变更后，及时为股权受让方办理股权变更登记手续是其职责所在。当董事、高级管理人员违反法律法规等对其职责的要求，股权受让方因未变更登记受损的，董事、高级管理人员应当在其过错范围内承担相应的损害赔偿责任。实际控制人虽然未在公司内担任具体事务，但由于其实际控制着公司，如果实际控制人滥用控制权，通过其控制行为不正当地阻止公司为股权受让方办理变更登记而致其利益受损时，实际控制人应当在其过错范围内对股权受让方承担相应的损害赔偿责任。故公司董事、高级管理人员等在公司股权发生变更后应及时办理股权变更登记，以免承担损害赔偿责任。

诚然，股权转让后，股权受让方也应当及时请求公司协助其办理公司登记机关的变更登记，如果由于受让方自己过错未及时办理此项登记致使其自身利益受损的，根据民法过失相抵之原则，受让方应当根据其过失程度承担相应的损害后果，从而减轻原股东、董事、高级管理人员以及实际控制人的责任。

第四章 股东出资纠纷

一、关于股东出资的法律规定

股东出资义务是指股东应当足额缴纳对公司资本的认缴出资额的义务，是股东最基本的法律义务。2013年《公司法》修正后我国由注册资本制转为认缴资本制，2023年新的《公司法》修订后，对有限责任公司认缴登记制进一步完善，明确全体股东认缴的出资额由股东按照公司章程的规定自公司成立之日起五年内缴足。由此，我国《公司法》确立的履行出资的原则是：足额缴纳原则，即股东应当足额向公司交付其认缴的出资额或股份的原则。

（一）关于出资形式的规定

我国法律规定的股东出资形式分为货币出资和非货币出资两种，非货币出资的形式包括土地、房屋、股权、知识产权等。以非货币形式出资的，应当评估作价，且需办理权属变更手续。

1.《公司法》（2018年修正，已被修订）

第27条规定："股东可以用货币出资，也可以用实物、知识产权、土地使用权等可以用货币估价并可以依法转让的非货币财产作价出资；但是，法律、行政法规规定不得作为出资的财产除外。

对作为出资的非货币财产应当评估作价，核实财产，不得高估或者低估作价。法律、行政法规对评估作价有规定的，从其规定。"

第28条规定："股东应当按期足额缴纳公司章程中规定的各自所认缴的出资额。股东以货币出资的，应当将货币出资足额存入有限责任公司在银行开设的账户；以非货币财产出资的，应当依法办理其财产权的转移手续。

股东不按照前款规定缴纳出资的，除应当向公司足额缴纳外，还应当向已按期足额缴纳出资的股东承担违约责任。"

2.《公司法》(2023 年修订)

第 48 条规定："股东可以用货币出资，也可以用实物、知识产权、土地使用权、股权、债权等可以用货币估价并可以依法转让的非货币财产作价出资；但是，法律、行政法规规定不得作为出资的财产除外。

对作为出资的非货币财产应当评估作价，核实财产，不得高估或者低估作价。法律、行政法规对评估作价有规定的，从其规定。"

第 49 条规定："股东应当按期足额缴纳公司章程规定的各自所认缴的出资额。

股东以货币出资的，应当将货币出资足额存入有限责任公司在银行开设的账户；以非货币财产出资的，应当依法办理其财产权的转移手续。

股东未按期足额缴纳出资的，除应当向公司足额缴纳外，还应当对给公司造成的损失承担赔偿责任。"

3.《公司法司法解释三》

第 8 条规定："出资人以划拨土地使用权出资，或者以设定权利负担的土地使用权出资，公司、其他股东或者公司债权人主张认定出资人未履行出资义务的，人民法院应当责令当事人在指定的合理期间内办理土地变更手续或者解除权利负担；逾期未办理或者未解除的，人民法院应当认定出资人未依法全面履行出资义务。"

第 9 条规定："出资人以非货币财产出资，未依法评估作价，公司、其他股东或者公司债权人请求认定出资人未履行出资义务的，人民法院应当委托具有合法资格的评估机构对该财产评估作价。评估确定的价额显著低于公司章程所定价额的，人民法院应当认定出资人未依法全面履行出资义务。"

第 10 条规定："出资人以房屋、土地使用权或者需要办理权属登记的知识产权等财产出资，已经交付公司使用但未办理权属变更手续，公司、其他股东或者公司债权人主张认定出资人未履行出资义务的，人民法院应当责令当事人在指定的合理期间内办理权属变更手续；在前述期间内办理了权属变更手续的，人民法院应当认定其已经履行了出资义务；出资人主张自其实际交付财产给公司使用时享有相应股东权利的，人民法院应予支持。

出资人以前款规定的财产出资，已经办理权属变更手续但未交付给公司使用，公司或者其他股东主张其向公司交付、并在实际交付之前不享有相应股东权利的，人民法院应予支持。"

第 11 条规定："出资人以其他公司股权出资，符合下列条件的，人民法院应当认定出资人已履行出资义务：

（一）出资的股权由出资人合法持有并依法可以转让；

（二）出资的股权无权利瑕疵或者权利负担；

（三）出资人已履行关于股权转让的法定手续；

（四）出资的股权已依法进行了价值评估。

股权出资不符合前款第（一）、（二）、（三）项的规定，公司、其他股东或者公司债权人请求认定出资人未履行出资义务的，人民法院应当责令该出资人在指定的合理期间内采取补正措施，以符合上述条件；逾期未补正的，人民法院应当认定其未依法全面履行出资义务。

股权出资不符合本条第一款第（四）项的规定，公司、其他股东或者公司债权人请求认定出资人未履行出资义务的，人民法院应当按照本规定第九条的规定处理。"

4. 《山东省高级人民法院关于审理公司纠纷案件若干问题的意见（试行）》

第 7 条规定："股东不得以劳务、信用、自然人姓名、商誉、特许经营权或者设定担保的财产作价出资。"

第 8 条规定："集体土地使用权不得作为出资。但符合《中华人民共和国土地管理法》第六十条规定情形的除外。"

第 9 条规定："股东以其享有的划拨土地使用权出资，在一审法庭辩论终结前依法补办土地使用权出让手续并缴纳土地出让金的，人民法院可以认定股东履行了出资义务。"

第 10 条规定："股东以房屋、土地使用权、船舶、车辆、知识产权等财产作价出资，未依有关法律规定办理权属转让手续的，应认定股东未履行出资义务。但在一审法庭辩论终结前补办有关权属转让手续的除外。

上述财产补办了权属转让手续，且在此之前财产已经交付公司实际使用的，人民法院可以认定实际交付的时间为履行出资义务的时间。

股东以上述财产作价出资，拒不办理权属转让手续的，公司可以请求人民法院判令股东限期办理权属转让手续或承担同等价值的给付。"

（二）关于瑕疵出资的规定

1. 瑕疵出资的认定

《公司法》（2018 年修正，已被修订）第 35 条规定："公司成立后，股东不得抽逃出资。"

《公司法》（2023 年修订）第 53 条第 1 款规定："公司成立后，股东不得抽逃出资。"

《公司法司法解释三》第 12 条规定："公司成立后，公司、股东或者公司债权人以相关股东的行为符合下列情形之一且损害公司权益为由，请求认定该股东抽逃出资的，人民法院应予支持：

（一）制作虚假财务会计报表虚增利润进行分配；

（二）通过虚构债权债务关系将其出资转出；

（三）利用关联交易将出资转出；

（四）其他未经法定程序将出资抽回的行为。"

第 13 条第 1 款规定："股东未履行或者未全面履行出资义务，公司或者其他股东请求其向公司依法全面履行出资义务的，人民法院应予支持。"

第 20 条规定："当事人之间对是否已履行出资义务发生争议，原告提供对股东履行出资义务产生合理怀疑证据的，被告股东应当就其已履行出资义务承担举证责任。"

《山东省高级人民法院关于审理公司纠纷案件若干问题的意见（试行）》第 11 条规定："本意见所称瑕疵出资包括虚假出资和抽逃出资。股东未按期足额缴纳出资、在公司成立前非法将其缴纳的出资款全部或部分抽回，或者作为出资的非货币财产的实际价额显著低于公司章程所定价额的，构成虚假出资；股东在公司成立后非法将其缴纳的出资全部或部分抽回，构成抽逃出资，但根据出资款的来源、抽逃的时间等足以证明股东有虚假出资意图的视为虚假出资。

公司违反《公司法》第一百六十七条第一款、第二款规定分配利润，或者制作虚假财务会计报表虚增利润进行分配的，违法分配的利润视为抽逃出资。"

第 12 条第 1 款、第 2 款规定："公司或公司债权人主张股东瑕疵出资，并举出对瑕疵出资行为产生合理怀疑的初步证据或有关线索的，应由该股东对不存在瑕疵出资承担举证责任。

股东出资或补充出资后，未经依法设立的验资机构验资并出具证明的，由该股东对出资或补充出资是否到位承担举证责任。"

2. 瑕疵出资的法律责任

（1）责任主体

《公司法》（2018 年修正，已被修订）第 30 条规定："有限责任公司成立后，发现作为设立公司出资的非货币财产的实际价额显著低于公司章程所定价额的，应当由交付该出资的股东补足其差额；公司设立时的其他股东承担连带责任。"

《公司法》（2023 年修订）第 50 条规定："有限责任公司设立时，股东未按照公司章程规定实际缴纳出资，或者实际出资的非货币财产的实际价额显著低于所认缴的出资额的，设立时的其他股东与该股东在出资不足的范围内承担连带责任。"

《公司法司法解释三》第 13 条第 3 款规定："股东在公司设立时未履行或者未全面履行出资义务，依照本条第一款或者第二款提起诉讼的原告，请求公司的发起人与被告股东承担连带责任的，人民法院应予支持；公司的发起人承担责任后，可以向被告股东追偿。"

第 13 条第 4 款规定："股东在公司增资时未履行或者未全面履行出资义务，依照本条第一款或者第二款提起诉讼的原告，请求未尽公司法第一百四十七条第一款规定的义务而使出资未缴足的董事、高级管理人员承担相应责任的，人民法院应予支持；董事、高级管理人员承担责任后，可以向被告股东追偿。"

第 14 条规定："股东抽逃出资，公司或者其他股东请求其向公司返还出资本息、协助抽逃出资的其他股东、董事、高级管理人员或者实际控制人对此承担连带责任的，人民法院应予支持。

公司债权人请求抽逃出资的股东在抽逃出资本息范围内对公司债务不能清偿的部分承担补充赔偿责任、协助抽逃出资的其他股东、董事、高级管理人员或者实际控制人对此承担连带责任的，人民法院应予支持；抽逃出资的股东已经承担上述责任，其他债权人提出相同请求的，人民法院不予支持。"

第 18 条规定："有限责任公司的股东未履行或者未全面履行出资义务即转让股权，受让人对此知道或者应当知道，公司请求该股东履行出资义务、受让人对此承担连带责任的，人民法院应予支持；公司债权人依照本规定第十三条第二款向该股东提起诉讼，同时请求前述受让人对此承担连带责任的，人民法院应予支持。

受让人根据前款规定承担责任后，向该未履行或者未全面履行出资义务的股东追偿的，人民法院应予支持。但是，当事人另有约定的除外。"

《山东省高级人民法院关于审理公司纠纷案件若干问题的意见（试行）》第14条规定："公司设立时，发起人虚假出资的，其他发起人承担连带补缴责任。该责任不因其他发起人转让股权而免除。

股东抽逃出资的，帮助抽逃出资的股东、董事、经理、其他高级管理人员承担连带责任。

公司新增资本时，股东虚假出资的，负有责任的董事、经理、其他高级管理人员承担连带责任。

以上三款规定的责任人承担责任后，可向瑕疵出资的发起人或股东追偿，也可以要求其他连带责任人清偿其应当分担的份额。"

第22条规定："股东虚假出资导致公司的实收资本低于《公司法》规定的最低注册资本限额的，股东应对公司债务承担无限清偿责任。公司设立时的其他发起人承担连带责任。"

我国法律规定瑕疵出资的形式有虚假出资、抽逃出资、未完全履行出资等。在不同情形中，发起人、高管、受让人等与瑕疵出资股东承担连带责任。

（2）法律后果

《公司法司法解释三》第13条第2款规定："公司债权人请求未履行或者未全面履行出资义务的股东在未出资本息范围内对公司债务不能清偿的部分承担补充赔偿责任的，人民法院应予支持；未履行或者未全面履行出资义务的股东已经承担上述责任，其他债权人提出相同请求的，人民法院不予支持。"

第15条规定："出资人以符合法定条件的非货币财产出资后，因市场变化或者其他客观因素导致出资财产贬值，公司、其他股东或者公司债权人请求该出资人承担补足出资责任的，人民法院不予支持。但是，当事人另有约定的除外。"

第16条规定："股东未履行或者未全面履行出资义务或者抽逃出资，公司根据公司章程或者股东会决议对其利润分配请求权、新股优先认购权、剩余财产分配请求权等股东权利作出相应的合理限制，该股东请求认定该限制无效的，人民法院不予支持。"

第17条规定："有限责任公司的股东未履行出资义务或者抽逃全部出资，经公司催告缴纳或者返还，其在合理期间内仍未缴纳或者返还出资，公司以股东会决议解除该股东的股东资格，该股东请求确认该解除行为无效的，人民法院不予支持。

在前款规定的情形下，人民法院在判决时应当释明，公司应当及时办理法定减资程序或者由其他股东或者第三人缴纳相应的出资。在办理法定减资程序或者其他股东或者第三人缴纳相应的出资之前，公司债权人依照本规定第十三条或者第十四条请求相关当事人承担相应责任的,人民法院应予支持。"

第 19 条规定:"公司股东未履行或者未全面履行出资义务或者抽逃出资,公司或者其他股东请求其向公司全面履行出资义务或者返还出资,被告股东以诉讼时效为由进行抗辩的,人民法院不予支持。

公司债权人的债权未过诉讼时效期间,其依照本规定第十三条第二款、第十四条第二款的规定请求未履行或者未全面履行出资义务或者抽逃出资的股东承担赔偿责任,被告股东以出资义务或者返还出资义务超过诉讼时效期间为由进行抗辩的,人民法院不予支持。"

《最高人民法院关于适用〈中华人民共和国公司法〉若干问题的规定(二)》(以下简称《公司法司法解释二》)第 22 条规定:"公司解散时,股东尚未缴纳的出资均应作为清算财产。股东尚未缴纳的出资,包括到期应缴未缴的出资,以及依照公司法第二十六条和第八十条的规定分期缴纳尚未届满缴纳期限的出资。

公司财产不足以清偿债务时,债权人主张未缴出资股东,以及公司设立时的其他股东或者发起人在未缴出资范围内对公司债务承担连带清偿责任的,人民法院应依法予以支持。"

《山东省高级人民法院关于审理公司纠纷案件若干问题的意见(试行)》第 23 条规定:"公司追究股东瑕疵出资民事责任的,不受《民法通则》第一百三十五条诉讼时效的限制。

公司债权人要求股东在瑕疵出资范围内对公司债务承担补充赔偿责任的,诉讼时效自债权人知道或应当知道股东瑕疵出资之日起算。公司债权人在债务履行期届满前知道或应当知道股东瑕疵出资的,诉讼时效自债务履行期届满之次日起算。"

我国法律规定的瑕疵出资的法律后果除补足出资外,还包括:①对债权人的补充赔偿责任;②利润分配请求权、新股优先认购权、剩余财产分配请求权等股东权利受到相应限制。

(三)关于股东出资的其他规定

《公司法》(2018 年修正,已被修订)第 26 条规定:"有限责任公司的注册资本为在公司登记机关登记的全体股东认缴的出资额。

法律、行政法规以及国务院决定对有限责任公司注册资本实缴、注册资本最低限额另有规定的,从其规定。"

第 29 条规定:"股东认足公司章程规定的出资后,由全体股东指定的代表或者共同委托的代理人向公司登记机关报送公司登记申请书、公司章程等文件，申请设立登记。"

第31条规定："有限责任公司成立后，应当向股东签发出资证明书。

出资证明书应当载明下列事项：

（一）公司名称；

（二）公司成立日期；

（三）公司注册资本；

（四）股东的姓名或者名称、缴纳的出资额和出资日期；

（五）出资证明书的编号和核发日期。

出资证明书由公司盖章。"

第34条规定："股东按照实缴的出资比例分取红利；公司新增资本时，股东有权优先按照实缴的出资比例认缴出资。但是，全体股东约定不按照出资比例分取红利或者不按照出资比例优先认缴出资的除外。"

《公司法》（2023年修订）第30条规定："申请设立公司，应当提交设立登记申请书、公司章程等文件，提交的相关材料应当真实、合法和有效。

申请材料不齐全或者不符合法定形式的，公司登记机关应当一次性告知需要补正的材料。"

第47条规定："有限责任公司的注册资本为在公司登记机关登记的全体股东认缴的出资额。全体股东认缴的出资额由股东按照公司章程的规定自公司成立之日起五年内缴足。

法律、行政法规以及国务院决定对有限责任公司注册资本实缴、注册资本最低限额、股东出资期限另有规定的，从其规定。"

第55条规定："有限责任公司成立后，应当向股东签发出资证明书，记载下列事项：

（一）公司名称；

（二）公司成立日期；

（三）公司注册资本；

（四）股东的姓名或者名称、认缴和实缴的出资额、出资方式和出资日期；

（五）出资证明书的编号和核发日期。

出资证明书由法定代表人签名，并由公司盖章。"

第210条第4款规定："公司弥补亏损和提取公积金后所余税后利润，有限责任公司按照股东实缴的出资比例分配利润，全体股东约定不按照出资比例分配利润的除外；股份有限公司按照股东所持有的股份比例分配利润，公司章程另有规定的除外。"

二、股东出资纠纷的相关案例及实践状况

（一）股东出资诉讼程序问题

1. 股东对已履行出资义务承担证明责任

❶最高人民法院审理的亿某制衣厂有限公司与惠州市乐某实业发展总公司南澳公司股东出资纠纷案【（2016）最高法民再 357 号】认为："《最高人民法院关于适用〈中华人民共和国公司法〉若干问题的规定（三）》第 20 条规定：'当事人之间对是否已履行出资义务发生争议，原告提供对股东履行出资义务产生合理怀疑证据的，被告股东应当就其已履行出资义务承担举证责任。'本案中，亿某公司认为乐某南澳公司未履行出资义务，并举出了亿某公司实际支付土地使用权对价的证据，在此情况下，乐某南澳公司应就其已履行出资义务承担举证责任，否则即应当承担不利的法律后果……应当认定乐某南澳公司履行了部分出资义务。由于乐某南澳公司的出资义务是提供 9.3 亩土地使用权，而其仅提供了 5.65 亩土地使用权，因此，乐某南澳公司并未完全履行出资义务……本应由乐某南澳公司向南澳县宣传部支付的对价，实际系由亿某公司代为履行，由此形成亿某公司对乐某南澳公司相应的债权。对此，乐某南澳公司应予偿还，亿某公司可另寻途径解决。"

❷最高人民法院审理的贺某晨与阿拉善盟华某矿产有限责任公司、任某明等股东出资纠纷案申诉、申请民事裁定书【（2015）民申字第 1818 号】认为："《公司法司法解释三》第 22 条规定：'当事人之间对股权归属发生争议，一方请求人民法院确认其享有股权的，应当证明以下事实之一：（一）已经依法向公司出资或者认缴出资，且不违反法律法规强制性规定；（二）已经受让或者以其他形式继受公司股权，且不违反法律法规强制性规定。'该解释第 23 条规定：'当事人依法履行出资义务或者依法继受取得股权后，公司未根据公司法第三十一条、第三十二条的规定签发出资证明书、记载于股东名册并办理公司登记机关登记，当事人请求公司履行上述义务的，人民法院应予支持。'贺某晨在一、二审诉讼中所提交的证据能够证明其向华某公司出资的事实存在，且实际按照 50% 的比例分享公司利润，但华某公司未按照公司法规定确认其股东身份，现其基于华某公司实际投资人及实际股东的身份，请求华某公司确认其股权，有充分的事实依据和法律依据，一、二审法院

判决贺某晨享有华某公司相应股权并由华某公司将该股权变更至贺某晨名下并无不当。"

❸上海市高级人民法院审理的郑某虹与上海杰某实业有限公司、郑某玲股东出资纠纷案【（2017）沪民申 1584 号】认为："本案争议焦点在于郑某虹是否已经履行了股东出资义务。根据现有证据，杰某公司成立时上海青浦审计师事务所出具的验资报告所依据的材料是，由上海新某工程开发公司（后于 1996 年 11 月 4 日改制为新城公司）向杰某公司出具的 100 万元现金收据以及杰某公司与上海新某工程开发公司签订的价款为 1000320 元的厂房订购协议书。新城公司在本案中明确表示，其系为了配合杰某公司股东完成杰某公司的设立登记才向上海青浦审计师事务所出具上述收据及厂房订购协议，收据及厂房订购协议所载内容均不属实。现各方当事人对郑某虹是否实际履行出资义务存在争议，对此，本院认为，依照《最高人民法院关于适用〈中华人民共和国公司法〉若干问题的规定（三）》第 20 条'当事人之间对是否已履行出资义务发生争议，原告提供对股东履行出资义务产生合理怀疑证据的，被告股东应当就其已履行出资义务承担举证责任'的规定，郑某虹对其是否已经履行股东出资义务负举证责任。现郑某虹未提交证据证明其已履行出资义务，故其理应承担相应的责任。"

验资报告、会计凭证等可作为履行出资义务的证明。

❹最高人民法院审理的厦门市卓某商贸有限公司、陕西省电力建设某资开发有限公司股东出资纠纷案【（2016）最高法民申 3174 号】认为："关于电某公司与产某公司对兴能公司是否足额出资问题，二审法院以 1994 年 1 月 15 日陕西重阳审计事务所出具的《验资结果报告单》、陕西省经济体制改革委员会《关于同意组建陕西省兴某公司的批复》、陕西省计划委员会《关于合资建设白某电厂二期工程的会议纪要》等证据认定白某煤电、电某公司、产某公司已经对兴某公司进行了足额出资，并无不当，本院予以维持。虽然《验资结果报告单》没有注册会计师的签名，但该验资行为系政府部门委托下进行的，该验资报告内容应能够反映兴某公司资产的真实情况。厦门卓某依据 2001 年颁布的《财政部关于注册会计师在审计报告上签名盖章有关问题的通知》规定主张该验资报告无效，本院不予支持。"

❺浙江省高级人民法院审理的上海法某国际贸易有限公司与单某股东出资纠纷案【（2016）浙民申 1963 号】认为："根据在案的证据，单某认为已经缴纳剩余 39.2 万元出资款的主张不能成立，理由如下：（1）在本案之前，单某曾以股东知情权纠纷在上海市嘉定区人民法院起诉法某公司，在该案的庭审中，其明确表示对法某公司仅实际履行过 4 万元的出资义务，其余出资均系委托代理公司处理，其只

需在 43.2 万元范围内对公司债务承担责任，无须实际出资。尽管单某在本案一、二审诉讼中均否认了以前的陈述，但法某公司在本案诉讼中一直认为单某实际出资仅 4 万元，且单某在前案中的陈述能与法某公司在本案一审中提供的中国银行网上银行电子回单、现金存款凭证等证据反映的情况相互印证。(2) 对于本案 39.2 万元的出资情况，单某的陈述在一、二审中前后不一，一审中其主张将 39.2 万元现金交付王某军，由王某军存入公司账户，在二审中又提出系其本人到银行存入该 39.2 万元，明显自相矛盾。因此，在法某公司委托上海伟某投资咨询有限公司代办验资手续的情况下，单某提供的法某公司资产负债表、验资报告等证据尚不足以证明其履行了后续 39.2 万元的出资义务。一、二审法院据此作出的判决并无不当。"

❻上海市高级人民法院审理的天台银某投资咨询有限公司与上海华某资产经营有限公司、嘉定区华某镇联某村民委员会等股东出资纠纷案【(2016) 沪民申 291 号】认为："本案系股东出资纠纷，华某资产公司等 5 名股东认为其对华某经济发展公司的实物出资已经履行完毕，并提供了嘉定审计师事务所对实物过户和转账后的验资报告予以佐证。天台银某公司虽认为华某资产公司等 5 名股东出资不实，但并未提供充分证据足以对 5 名股东的出资义务产生合理怀疑，故本院对其该项主张不予支持。"

2. 股东出资纠纷由被告住所地或公司所在地法院管辖

❶最高人民法院审理的福建亚某新材料科技股份有限公司与伟某（香港）有限公司股东出资纠纷案【(2016) 最高法民辖终 296 号】认为："系伟某公司以亚某公司违反双方签订的《出资协议》及《中外合资佳木斯澳某新材料科技有限公司合同》约定，在共同出资设立澳某公司后虚构债务、抽逃出资为由提起的诉讼，为股东出资纠纷。确定此类纠纷案件的管辖法院，应以《中华人民共和国民事诉讼法》第 23 条关于合同纠纷案件管辖的一般规定为基础，综合考虑公司所在地等因素确定。本案中，伟某公司与亚某公司签订的《出资协议》《中外合资佳木斯澳某新材料科技有限公司合同》的履行地，以及双方共同出资设立的澳某公司住所地均位于黑龙江省佳木斯市，黑龙江省高级人民法院对本案拥有管辖权。"

❷最高人民法院审理的旌德县新某莹石有限公司与贾某富、陈某玲等管辖权纠纷案【(2014) 民二终字第 229 号】认为："本案系股东出资纠纷，从一审起诉的情况，新某公司主张贾某富和陈某玲承担抽逃出资款和出资不实的责任，张某芳承担协助抽逃出资款的责任，南某会计师事务所承担验资不实的责任。因上述诉讼请求存在着类似和关联的情形，为便于查明事实、减轻诉累，人民法院可以合并受理

新某公司提出的多个诉讼请求，贾某富、陈某玲关于本案应该分开受理的上诉理由不成立。根据《最高人民法院关于调整高级人民法院和中级人民法院管辖第一审民商事案件标准的通知》规定，安徽省高级人民法院可以管辖诉讼标的额在 5000 万元以上且当事人一方住所地不在本辖区的第一审民商事案件。本案中，贾某富、陈某玲户籍地在浙江省义乌市，贾某富、陈某玲没有提供有效证据证明经常居住地在安徽省宣城市，安徽省高级人民法院受理本案并无不当。"

仲裁条款能否排除法院的管辖要看是否属于合同的相对方。

❸最高人民法院审理的青某汽车集团有限公司、浙江青某乘用车集团有限公司股东出资纠纷案【(2017) 最高法民辖终 103 号】认为："本案为股东出资纠纷中的抽逃出资纠纷，案涉《投资合同书》及《补充合同书》《补充合同书 (四)》《补充合同书 (五)》虽然约定了仲裁条款，但被上诉人宁夏石嘴山市矿某 (集团) 有限责任公司并不是这一系列合同的一方当事人，根据合同相对性原理，该约定对被上诉人不发生法律效力。在石嘴山国某科技股份有限公司的章程中亦未有仲裁条款。基于以上两点理由，上诉人关于本案不应由人民法院管辖，应移交仲裁的主张，无合同及法律依据，本院不予支持。原裁定认定事实清楚，适用法律正确，依法应予维持。"

❹最高人民法院审理的山东海某实业有限公司与张某勇、韩某恩等股东出资纠纷案二审民事裁定书【(2015) 民四终字第 58 号】认为："本案二审主要争议是一审法院是否应当审理本案。首先，海某公司提起本案诉讼的意思表示是否真实。任命韩某恩为海某公司法定代表人，免去张某勇法定代表人职务的股东会决议被确认无效后，即使无法确定谁是真正的法定代表人，也不当然导致海某公司提起本案诉讼的意思表示不真实。韩某恩、张某勇均在一审期间，向一审法院出具声明，认可海某公司提起本案诉讼及相关诉讼行为。持有公司 90% 股权的控股股东也明确认可了本案诉讼行为。因此，可以认定海某公司提起本案诉讼是得到法定代表人认可或者授权的，也是得到控股股东同意的，是公司的真实意思。一审法院以韩某恩、张某勇所作出的意思表示均不代表海某公司，海某公司提起本案诉讼的真实性无法确认为由驳回起诉，属于法律适用错误。其次，公司依法有权要求股东履行出资义务。在本案中，海某公司以诉讼的方式要求股东履行出资义务，是法律赋予的诉权。即使能够通过清算程序解决股东出资问题，也不能剥夺公司的诉权。因此，一审法院以能够通过清算解决为由驳回起诉，也是错误的。最高院据此撤销山东省高级人民法院 (2013) 鲁民四初字第 2 号民事裁定，并指令山东省高级人民法院审理本案。"

❺广东省高级人民法院审理的中国大某集团财务有限公司、深圳市华新某投资有限公司股东出资纠纷案二审民事裁定书【（2016）粤民辖终 189 号】认为："根据大某公司上诉理由，本案涉及地域管辖异议的问题，即原审法院根据《中华人民共和国企业破产法》第 21 条的规定实施管辖，是否符合法律规定。根据查明事实，原审法院已于 2015 年 9 月 2 日裁定被上诉人受理华新某公司破产清算一案，根据《中华人民共和国企业破产法》第 21 条关于'人民法院受理破产申请后，有关债务人的民事诉讼，只能向受理破产申请的人民法院提起'的规定，有关华新某公司的民事诉讼，只能向受理破产申请的原审法院提起，因此，原审法院对本案享有管辖权。关于大某公司上诉提出原审裁定适用法律错误的问题。《中华人民共和国企业破产法》第 21 条中的债务人指的是被宣告破产清算的债务人，在本案中即为华新某公司，因此，原审裁定适用《中华人民共和国企业破产法》第 21 条关于人民法院受理破产申请后，有关破产企业的民事诉讼管辖的特别规定，确定其对本案享有管辖权，适用法律正确。"

（二）非货币出资

1. 以土地出资需满足一定的前提条件

划拨土地出资须先办理变更手续。

❶最高人民法院审理的海南三亚国家级珊瑚某自然保护区管理处与周某梅等股东出资纠纷案【（2016）最高法民再 87 号】认为："案涉出资土地系国有划拨用地，依据《中华人民共和国土地管理法》等相关法律法规，划拨土地使用权只能用于划拨用途，不能直接用于出资。出资人欲以划拨土地使用权作为出资，应由国家收回直接作价出资或者将划拨土地使用权变更为出让土地使用权。《最高人民法院关于适用〈中华人民共和国公司法〉若干问题的规定（三）》第 8 条的规定'人民法院应当责令当事人在指定的合理期间内办理土地变更手续'，即人民法院应当在诉讼过程中给当事人指定合理的期间，由其办理相关的土地变更手续，并视变更手续完成的结果再行作出判决，当事人未能在本院指定的期间内完成土地变更登记行为，即其无法自行补正划拨土地使用权出资的瑕疵。故珊瑚某管理处虽将案涉土地交付给中某公司使用，但未将案涉土地过户登记至中某公司名下，因而其以案涉土地使用权出资的承诺并未履行到位。周某梅、中某公司请求确认珊瑚某管理处未履行作为中某公司股东的出资义务，有事实和法律依据，本院予以支持。"

以出让土地入股须支付全部出让金并取得土地使用权。

❷广东省高级人民法院作出的深圳市金某球高科技有限公司与深圳市得某士食品联营有限公司股东出资纠纷案再审复查与审判监督民事裁定书【（2016）粤民申4461号】认为："原审判决依据《中华人民共和国城市房地产管理法》第39条规定：'以出让方式取得土地使用权的，转让房地产时，应当符合下列条件：（一）按照出让合同约定已经支付全部土地使用权出让金，并取得土地使用权证书；（二）按照出让合同约定进行投资开发，属于房屋建设工程的，完成开发投资总额的百分之二十五以上，属于成片开发土地的，形成工业用地或者其他建设用地条件。转让房地产时房屋已经建成的，还应当持有房屋所有权证书。'因此，房地产权利人以土地使用权作价入股的，应当已支付全部土地使用权出让金，并取得土地使用权证书。本案中，得某士公司用于出资入股的土地使用权，因得某士公司尚未支付完全部的土地出让金，且未取得相应的房地产证，原审判决认定涉案地块不具备入股条件并无不当。"

以集体所有土地使用权出资需经政府批准。

❸北京市高级人民法院审理的北京冶某工贸发展有限公司诉北京市八大某均胜投资管理公司股东出资纠纷案【（2016）京民申2849号】认为："以集体所有土地使用权出资的，需经政府批准。该案认为，《中华人民共和国土地管理法》第60条规定：'农村集体经济组织使用乡（镇）土地利用总体规划确定的建设用地兴办企业或者与其他单位、个人以土地使用权入股、联营等形式共同举办企业的，应当持有关批准文件，向县级以上地方人民政府土地行政主管部门提出申请，按照省、自治区、直辖市规定的批准权限，由县级以上地方人民政府批准……'依据该规定八大某公司以集体所有土地使用权出资的，应依照前述规定经相关部门批准。本案中，在八大某公司以土地使用权出资并未依法取得相关部门批准的情况下，冶某公司直接要求八大某公司以实物进行出资，并要求将场地、房屋转移至冶某公司占有、使用，不符合《中华人民共和国土地管理法》的上述规定。"

2. 其他非货币财产出资

（1）以商标出资

❶最高人民法院审理的四川金某集团成某水泥有限公司与四川金某（集团）股份有限公司股东出资纠纷案【（2016）最高法民申2236号】认为："金某公司及其前身峨某水泥厂并未就涉案商标转让事宜与成某水泥公司及其前身青某江水泥厂达成过任何协议。尽管成某水泥公司主张其一直在使用涉案商标，但并未提供商标

转让协议等证据证明金某公司有将涉案商标转让给成某水泥公司的意愿，双方也未就涉案商标的转让办理过相关手续，而涉案商标已经于 2008 年 11 月 21 日被核准转让到了金某公司名下，因此即使金某公司长期未对成某水泥公司使用涉案商标的行为提出异议，也不意味成某水泥公司对涉案商标享有权利，涉案商标的权属亦不应当变更至其名下。故成某水泥厂的该项再审申请理由不能成立。"

(2) 以采矿经营权出资

❷最高人民法院审理的闫某光与赵某民其他股东权纠纷案申请再审民事裁定书【（2014）民申字第 481 号】认为："根据远某矿业与承德市双滦区大庙红某铁矿（以下简称红某铁矿）（闫某光）2011 年 10 月签订合作经营协议书第 1 条之约定，赵某民系以胜某铁矿的采矿经营权和远某矿业投资入股。故闫某光以远某矿业没有采矿许可证、不符合约定的拥有采矿经营权为由，请求撤销或确认合作协议无效，与约定不符，且双方在 2013 年 4 月签订股权出让协议时又对合作协议涉及的万某矿业公司股权各自拥有的份额进行确认。双方之间的目标公司万某矿业公司已经成立，各自的股权份额已经确定，合作经营协议已经部分履行，二审判决认定赵某民不存在欺诈，并无不当。"

❸最高人民法院审理的陕西华某矿业有限公司与郝某华股东出资纠纷案申请再审民事裁定书【（2014）民申字第 1448 号】认为："人民法院对非货币财产进行评估作价的前提是出资人以该非货币财产进行出资，根据《最高人民法院关于适用〈中华人民共和国公司法〉若干问题的规定（三）》第 9 条'出资人以非货币财产出资，未依法评估作价，公司、其他股东或者公司债权人请求认定出资人未履行出资义务的，人民法院应当委托具有合法资格的评估机构对该财产评估作价'的规定，郝某华主张一、二审法院应当对华钠公司名下的探矿权进行评估作价。但人民法院对非货币财产进行评估作价的前提是出资人以该非货币财产进行出资，如前所述，郝某华在华钠公司设立时并非以非货币财产进行出资，故一、二审法院未对探矿权委托评估作价并无不当。"

(3) 以技术出资

❹江苏省高级人民法院审理的徐州江某科技有限公司、徐州信某科技有限公司与徐州中国某业大学资产经营有限公司股东出资纠纷案二审民事判决书【（2016）苏民终 1103 号】认为："本案所涉争议标的物为非专利技术，法律对非专利技术应当以何种形式进行交付并无强制性规定，各方当事人对于案涉 12 项非专利技术应在何种情况下、以何种形式才能认定为已经完全交付亦未作出约定……某大资产公

司与中矿智某公司在'非专利技术出资作价移交清单'签订前，案涉相关非专利技术已经在中矿智某公司的相关工程中予以使用，故一审法院认定某大资产公司已经完成了相应的技术出资义务，并无不当，江某公司、信某公司要求矿大资产公司补足出资1425万元的相关主张不能成立。"

❺上海市高级人民法院审理的上海新某水性聚氨酯有限公司与段某芦、邹某仙股东出资纠纷案【（2016）沪民申1609号】认为："本案系出资纠纷，争议焦点为段某芦、邹某仙对合资企业新某公司的出资是否到位？系争专利权是否应归属新某公司所有？股东出资系在股东之间达成共同成立、经营公司的合意，以出资协议及公司章程予以固定，并需要履行相应的验资、工商登记等法定程序。根据系争《合资合同》及附件、《章程》、《专有技术投入交接书》及《评估报告》的约定，段某芦、邹某仙以水性聚氨酯胶黏剂产品系列专有技术作价人民币175万元，占新某公司注册资本35%。后上海市外资委作出的批复中对此予以确认，故根据上述协议约定及履行情况，应当认定段某芦、邹某仙已履行出资义务。"

(4) 以房产出资

❻江苏省高级人民法院审理的南京朗某集团银嘉实业有限公司与南京朗某集团有限公司股东出资纠纷案二审民事判决书【（2015）苏商终字第00606号】认为："本案中，银某公司设立之初，朗某集团与王某明所签署的《发起人（集资）协议》及公司章程均明确朗某集团系实物出资，验资报告载明的实物为位于白下区石门坎联合村1××#的建（构）筑物，评估价值为600.41万元。本院庭审中，朗某集团再次确认以上述实物的所有权出资，但由于该构筑物一直未办理且也无法办理权属转移手续，故朗某集团的出资不符合法律规定。原审法院根据《中华人民共和国公司法》的相关规定，及《最高人民法院关于适用〈中华人民共和国公司法〉若干问题的规定（三）》第13条第1款规定，支持银某公司要求朗某集团以货币方式补齐出资并按照银行同期贷款利率标准承担利息损失，有事实和法律依据。至于双方所争议的朗某集团是否已实际将上述房地产交付银某公司使用、使用费用承担等问题系银某公司与朗某集团另一法律关系，双方可另行协商解决。"

3. 非货币出资应办理财产过户手续

❶江苏省高级人民法院审理的徐州江某科技有限公司、徐州信某科技有限公司与徐州中国矿业大学科某园有限责任公司股东出资纠纷案二审民事判决书【（2016）苏民终1136号】认为："《中华人民共和国公司法》第83条第1款规定：以发起设立方式设立股份有限公司的，发起人应当书面认足公司章程规定其认购的

股份，并按照公司章程规定缴纳出资。以非货币财产出资的，应当依法办理其财产权的转移手续。本案中，科某园公司以房产土地使用权和房屋所有权作价 750 万元作为其对中矿智某公司的出资，经过了评估验资，且案涉房产已经过户登记至中矿智某公司名下，故科某园公司已完成出资义务。"

4. 股东出资须验资

❶江苏省高级人民法院审理的宿迁新某源实业有限公司与江苏九某车业有限公司、九某新能源汽车有限公司等股东出资纠纷案二审民事判决书【（2015）苏商终字第 00319 号】认为："根据《公司法》（2005 修订）第 26 条、第 29 条、第 179 条、第 181 条的规定，股东缴纳出资及增资后，必须经依法设立的验资机构验资并出具证明，且应当依法向公司登记机关办理变更登记。在此之前即使有股东为履行增资协议向公司交付了财产，在增资程序因部分股东不履行增资协议而终止、公司增资目的不能实现的情况下，已经交付财产的股东有权取回相关财产。诉争房地产迄今为止尚未经过验资程序，更未进行工商变更登记，不应认定新某源公司增资义务已经完成，故新某源公司有权取回。至于九某公司上诉称诉争房地产过户之后九某公司进行了添附、新某源公司对添附并无异议，均不影响对增资义务履行情况的认定。"

（三）抽逃出资纠纷

1. 注册验资后转出资产构成抽逃出资

❶最高人民法院审理的王某年、温州标某建设有限公司股东出资纠纷案再审审查与审判监督民事裁定书【（2017）最高法民申 2729 号】认为："标某公司提交的证据材料证明标某公司验资的 800 万元来源于胡某的存单等，后该款在同一时间内作为标某公司股东的出资，在完成验资后，上述款项先转入王某标账户，再通过危某账户转为胡某的存款。上述证据材料相互印证已形成证据链，能够证明标某公司注册资本被抽逃的事实。王某年虽主张其未抽逃出资款、对王某标转款情况不知情、案涉 10 万元不是出资款等，但均未提交充分有效证据加以证明。因此，原审判决认定王某年抽逃出资款 110 万元，并不缺乏证据证明。法院最后驳回了王某年的再审申请。"

❷最高人民法院审理的连云港庆某都置业有限公司与曹某书股东出资纠纷案申

请再审民事裁定书【(2014) 民申字第 1146 号】认为："《中华人民共和国公司法》规定，公司成立后，股东不得抽逃出资。本案中，曹某书的出资来源于向他人借款，在注册验资后即将该出资款转出归还他人，该行为构成抽逃出资，应向公司承担补足出资的责任。曹某书与董某军之间股份的转让、价格的确定等是曹某书与董某军之间的法律关系，对庆某都公司并无约束力，二者有关股份转让价格的约定，并不能推导出庆某都公司免除了曹某书的补足出资责任。若曹某书认为股份转让时未考虑全部补足出资后庆某都公司的资产，价格显失公平，或曹某书认为董某军已经承诺替其向公司补足出资，其可以依据与董某军签订的股份转让合同或董某军的承诺，向董某军另行主张。对曹某书的该项再审申请理由，本院不予支持。"

❸江苏省高级人民法院审理的福建星某海洋渔业发展有限公司与林某生股东出资纠纷案二审民事判决书【(2016) 苏民终 91 号】认为："关于林某生是否存在抽逃出资问题。从星某公司提供的第三人金某东公司的财务资料显示，林某生作为金某东公司新股东于 2011 年 9 月 6 日向公司缴纳新增注册资本 1900 万元，通过验资后，在完成工商登记的当日即 2011 年 9 月 7 日，就将该 1900 万元转出，林某生的该行为已构成抽逃出资。"

2. 其他构成抽逃出资的情形

(1) 未经法定程序抽回出资构成抽逃出资

❶最高人民法院审理的张某军与天津宏某房地产开发有限公司股东出资纠纷案申请再审民事裁定书【(2015) 民申字第 162 号】认为："一、股东未经法定程序将出资抽回，损害公司权益的，属于抽逃出资。2013 年修正前后的公司法均规定：'公司成立后，股东不得抽逃出资。'法释〔2014〕2 号和法释〔2011〕3 号司法解释关于抽逃出资的认定中，均有'其他未经法定程序将出资抽回的行为'属抽逃出资的规定。张某军主张宏某公司转出的款项是正常的股东借款，但是未提交证据证明。故原判决依据公司法认定张某军以公司资金归还张某军个人借款和利息的行为属于抽逃出资，与法释〔2014〕2 号司法解释的相关规定一致，不属于适用法律确有错误。"

(2) 以公司资产偿还注册资金等同于抽逃注册资金

❷最高人民法院审理的四川奶某乐乳业有限公司、四川菊某食品有限公司与濮某驳、濮某等股东出资纠纷案【(2016) 最高法民申 2652 号】认为："以公司资产偿还注册资金等同于抽逃注册资金，一、二审判决认定濮某驳、濮某在实际控制、经营奶某乐公司期间以公司资产偿还罗某特的注册资金借款，等同于罗某特抽逃注

册资金并判令濮某驳、濮某承担连带责任，有事实与法律依据。再审申请人有关还款未给奶某乐公司造成损失以及濮某不应承担连带责任的主张，依法均不成立。"

（3）抽逃出资以公司利益受到实质性损害为要件

❸浙江省高级人民法院审理的张某生、宁波中某精机缝纫机有限公司股东出资纠纷案【（2017）浙民再 58 号】认为："在实缴资本制下，股东抽逃出资的构成要件为：①主体为股东。②主观方面为故意。③股东抽逃出资所侵犯的客体是公司的合法权益和我国的公司资本制度。④客观方面，抽逃不同于一般的交易，一般的交易是有公正、合理的对价，但'抽逃'是指股东出资资金或者相应的资产从公司转移给股东时，股东并未向公司支付公正、合理的对价，即未向公司交付等值的资产或权益。这也是认定抽逃出资行为的关键所在。张某生向宁波中某公司借款的行为结合乐某伟业公司向宁波中某公司供货，并未使公司利益受到实质性损害，不符合股东抽逃出资的公司权益受损的客观要件。原审认定张某生构成抽逃出资，宁波中某公司与乐某伟业公司之间的买卖合同关系可另行理直，系法律适用不当。"

3. 其他股东、董事、高管人员等协助股东抽逃出资应承担连带责任

❶最高人民法院审理的光某宝龙兰州新区建设有限公司、宝某资源控股（集团）有限公司等与袁某岷、龙某港集团有限公司一般股东权纠纷案【（2014）民二终字第 00092 号】认为："根据《公司法司法解释三》第 14 条第 1 款规定，公司的其他股东、董事、高管人员等，只要实施了协助股东抽逃出资的行为，即应承担连带责任，而与协助行为对抽逃出资所起作用的大小、是否为抽逃出资的必要条件等无关。龙某港公司抽逃出资的方式，是通过虚构光某宝龙公司与疏某公司之间的工程款债务，将款项从光某宝龙公司转入疏某公司，再从疏某公司转入瑞福星公司，用以偿还了龙某港公司欠瑞福星公司的借款。在光某宝龙公司为龙某港公司抽逃出资而出具的《资金使用申请单》上，袁某岷签字同意。虽然该行为发生在款项已经转出之后，但仍代表袁某岷对龙某港公司抽逃出资行为的认可。从本案的一系列事实分析判断，有充足的理由使人相信，袁某岷对通过其担任法定代表人的 3 个关联公司之间故意虚构债务以抽逃出资的行为主观上存在过错，客观上也实施了协帮的行为，应当承担连带返还责任。"

❷浙江省高级人民法院审理的温州标某建设有限公司与王某年、姜某明等股东出资纠纷案【（2016）浙民终 756 号】认为："《最高人民法院关于适用〈中华人民共和国公司法〉若干问题的规定（三）》第 14 条第 1 款规定，股东抽逃出资，公司或者其他股东请求其向公司返还出资本息、协助抽逃出资的其他股东、董事、高级

管理人员或者实际控制人对此承担连带责任的，人民法院应予支持。从本案目前的现有证据看，800 万元出资款验资后均是流入王某标的个人账户，再通过王某标操作转入案外人危某账户，案外人危某以取现或转账的方式收取该 800 万元，目前并无证据证明股东姜某明、李某棋、陈某衡有协助抽逃出资的情形。故王某标协助王某年抽逃出资 110 万元，应当对该 110 万元出资款承担连带责任。"

4. 转让股东的补足义务不因股权转让而解除

❶最高人民法院审理的王某钊、王某保等民事申请再审审查民事裁定书【（2023）最高法民申 383 号】认为："股东的出资构成有限责任公司成立时的全部法人财产，也是公司对外承担债务清偿责任的保证。股东抽逃出资实际上是股东转移公司资产却未支付公平、合理对价的行为，必然对公司偿债能力造成损害。根据《最高人民法院关于适用〈中华人民共和国公司法〉若干问题的规定（三）》第十四条、第十八条等规定精神，股东转让股权后，仍应承担未履行或者未全面履行出资义务的责任，王某钊、王某保并未提交证据证明其在转让股权前已经返还了抽逃的出资，对其有关注册资本已由受让人补足的主张亦未提供相应证据证明，商丘航某联合会计师事务所于 2011 年 12 月 31 日出具的豫商航验字［2011］第 12-46 号《验资报告》无法证明此前 300 万元注册资本充实、未被抽逃，故王某钊、王某保仍应对其未依法履行出资义务的行为承担责任。王某钊、王某保作为金某置业公司股东，抽逃出资后转让股权，符合《最高人民法院关于民事执行中变更、追加当事人若干问题的规定》第十八条、第十九条规定的应追加为被执行人的情形，二审判决追加王某钊、王某保等抽逃出资的股东为被执行人，在抽逃出资的范围内承担责任，于法有据。王某钊、王某保关于转让股权后的债务与其无关以及无论是否抽逃出资均不损害金某置业公司利益的申请理由，与法律规定的精神不符，不能成立。"

新股东对原股东抽逃出资行为不承担连带责任。

❷最高人民法院审理的再审申请人东平中联美某水泥有限公司与被申请人聊城美某中原水泥有限公司股东出资纠纷案申请再审民事裁定书【（2013）民申字第 1795 号】认为："本案的争议焦点是聊城美某公司是否应当按照《公司法司法解释三》第 19 条的规定，对其前任股东的抽逃出资行为向东平美某公司承担连带责任。《公司法司法解释三》第 19 条的字面意思只规定了原股东虚假出资转让股权后，受让股东明知或应知的，对公司承担连带责任。对于原股东抽逃的责任是否也由受让股东承担没有明确。从《公司法司法解释三》规定的前后体例看，涉及虚假出资和抽逃出资的相关规定，并未全部作为同一条文规定，也没有基于互相包含的关系而

只列举一种情形规定，因此，严格按照文义理解更符合该规定的精神。抽逃出资和虚假出资从后果看，都是导致公司不拥有该部分注册资本，但从内涵上讲是有区别的。虚假出资是公司成立之前的股东单方行为，因公司尚未成立，故公司不能够表达否定意志，责任在于股东，新股东受让后原则上要对公司承担原股东的义务，此时可谓公司没有过错。抽逃出资行为是发生在公司设立之后，任何股东抽逃出资都必须经公司履行相关手续，从形式上看公司作出的是'同意'的意思表示，此时推定公司具有过错，股权转让后，公司不能够在同意原股东抽逃行为的前提下，又向新股东主张责任，否则，有悖诚实信用。因此，二审法院对《公司法司法解释三》第 19 条的解释不包括股东抽逃出资的情形，聊城美某公司不应承担连带责任的结论正确。"

5. 公司对股东抽逃出资承担举证责任

❶广东省高级人民法院审理的深圳市天某置业有限公司、某兆基业实业发展 (深圳) 有限公司股东出资纠纷破产案民事判决书【(2016) 粤民破 68 号】认为："对于天某公司主张某兆公司抽逃股东出资 50 万元的问题，天某公司向一审法院提交了 2003 年 11 月 30 日《记账凭证》、2003 年 11 月 21 日的《领用支票审批单》及 2003 年 11 月 20 日出票的编号为 00422××2 的深圳市商业银行支票存根等予以证明。经天某公司申请，一审法院向平安银行股份有限公司深圳常兴支行查询天某公司 009210016××10 账户自 2003 年 11 月 18 日至 2003 年 11 月 20 日期间转出的流水账目情况，显示该账户于 2003 年 11 月 20 日支出两笔 50 万元给案外人深圳市志诚达投资有限公司，支票编号分别为 00422××0 和 00422××1，但并未发现天某公司提交的编号为 00422××2 的支票有转账兑付的记录。鉴于天某公司提供的上述证据不能证明某兆公司实际收到该笔 50 万元款项，天某公司亦未能提供证据证明支付给深圳市志诚达投资有限公司的两笔 50 万元与某兆公司存在关联，一审判决认定天某公司的主张缺乏证据支持，判决驳回其诉讼请求，事实依据充分，适用法律正确，本院予以维持。"

(四) 虚假出资纠纷

1. 股东对已履行出资义务承担举证责任

❶最高人民法院审理的五某证券有限公司与成都前某电子股份有限公司股东出

资纠纷案申请再审民事裁定书【（2014）民申字第 1761 号】认为："结合中国证监会因五某证券上述违法行为已吊销其证券业务许可及责令其关闭的事实，以及河南证监局作出的调查报告和中某宇公司出具的审计报告的认定，前某公司提供的其向五某证券验资账户内转入 8700 万元的银行转款凭证以及验资确认报告，不足以推翻上述证券管理部门及审计部门作出的前某公司未如实出资的事实认定。原审判决依据河南证监局和中某宇公司所作的调查报告和审计报告，认定前某公司未履行出资义务有证据证明，并无不当。前某公司主张其在本案中系代鑫某公司持有股份，基于鑫某公司和前某公司均未真实出资的事实，原审判决未予支持前某公司关于其不存在过错不应承担本案责任的主张，并无不当。"

2. 公司对股东虚假出资承担证明责任

❷最高人民法院审理的天某证券有限责任公司破产管理人与中某城投集团股份有限公司股东出资纠纷案申诉、申请民事裁定书【（2016）最高法民申 1551 号】认为："天某公司主张中某城投公司是使用'过桥资金'虚假出资证据不足。天某公司主张中某城投公司的注册资金来源于与西某证券公司的重组的过桥资金，但重组西某证券公司的当事人是天某公司及西某证券公司与其股东，中某城投公司并非重组当事人，重组当事人就重组事宜达成的相关协议及函件，其约束力应限于重组当事人，与中某城投公司无关。天某公司没有证据证明案涉 1.9 亿元资金转出前，中某城投公司已经参与了对西某证券公司的重组。天某公司与西某证券公司的重组问题不属于本案审理范围。天某公司主张山东省高级人民法院（2012）鲁商终字第 66 号案认定的'天某证券在 2003 年 6 月 30 日将涉案的 6000 万元汇入国某利公司是转出注册资金的行为'，该判决认为转款行为系天某公司的行为，而非中某城投公司的行为，亦未认定该 6000 万元就是中某城投公司汇入的 1 亿元注册资金的一部分。故天某公司主张应依据上述生效判决认定中某城投公司抽逃出资证据不足，本院不予支持。"

3. 资产未实际投入公司构成虚假出资

❸最高人民法院审理的袁某松、山东潍坊龙某实业有限公司股东出资纠纷案申请再审民事裁定书【（2016）最高法民申 603 号】认为："袁某松上诉主张龙某公司全体股东在 2002 年公司增资中出资均未到位，均为虚假增资，工商变更登记也因虚假增资而无效。对此，龙某公司答辩称：2002 年增资时，为了满足工商登记机关的要求，其采用了实物出资的形式，将不属于各股东的资产进行了评估，并完成

了工商变更登记。而从原一审法院查明的事实看，龙某公司委托评估的资产中包括属于袁某松个人所有的部分资产，该部分资产并未实际投入龙某公司。其他评估资产是否属于龙某公司所有，是否已实际投入龙某公司事实不清，而该部分事实影响对袁某松上诉主张的龙某公司及其股东是否存在虚假增资行为的认定，进而影响袁某松在本案中是否应当承担补齐出资责任。二审法院以龙某公司增资的工商变更登记是否因虚假增资而无效与本案不是同一法律关系为由对此不予审理确有不当。"

4. 以公司资金出资构成虚假出资

❹江苏省高级人民法院审理的南京田某实业有限公司与南京金某实业有限公司股东出资纠纷上诉案【（2012）苏商终字第 0146 号】认为："田某公司作为金某公司的股东，应当以其自有资金或法律法规许可的其他形式向金某公司实际出资，并以此获得相应的股份份额。而田某公司系以金某公司的资金向金某公司进行出资，使得其在金某公司所占的股份份额获得了调增，但实际上其并未为此支付对价，金某公司的资本金亦未实际增加，故原审判决认定田某公司构成虚假出资并无不当。"

5. 发起人与瑕疵出资股东对公司债务承担连带补足责任

❺重庆市高级人民法院审理的重庆建工第某建设有限公司与重庆建某集团股份有限公司、张某贤等股东出资纠纷案【（2014）渝高法民终字第 00202 号】认为："根据《最高人民法院关于适用〈中华人民共和国公司法〉若干问题的规定（三）》第 13 条第 2 款的规定，公司债权人请求未履行或者未全面履行出资义务的股东在未出资本息范围内对公司债务不能清偿的部分承担补充赔偿责任的，人民法院应予支持。南某公司系庆某公司的股东，重庆市工商行政管理局于 2005 年查处其在庆某公司设立时有虚假出资行为，虚假出资为价值 6298855.83 元的 8 辆混凝土搅拌车，此后该 8 辆混凝土搅拌车被判决返还上海中某贸易发展有限公司，也无证据显示南某公司另行补足了出资，据此，足以认定南某公司虚假出资的金额为6298855.83 元。鉴于庆某公司现已停止经营，无财产可供清偿债务，且张某贤在本案中诉请南某公司承担的债务金额未超过南某公司虚假出资 6298855.83 元的范围，故原审法院对张某贤要求南某公司在虚假出资 6298855.83 元的范围内对庆某公司根据（2010）渝北法民初字第 6641 号民事判决书所述其应履行付款债务不能清偿部分承担补充赔偿责任的请求予以支持正确，本院予以维持。另根据《最高人民法院关于适用〈中华人民共和国公司法〉若干问题的规定（三）》第 13 条第 3 款的规定，股东在公司设立时未履行或者未全面履行出资义务，依照本条第 1 款或者第

2 款提起诉讼的原告，请求公司的发起人与被告股东承担连带责任的，人民法院应予支持。某建公司及建某公司系庆某公司设立时的股东，亦为公司发起人，南某公司在公司设立时未履行或者未全面履行出资义务，发起人某建公司、建某公司应对出资不实股东南某公司承担的公司债务承担连带责任。"

（五）瑕疵出资的法律后果

1. 瑕疵出资股东对公司债务承担连带清偿责任

❶广东省高级人民法院审理的深圳市雪某花实业有限公司、深圳市雪某花食品有限公司股东出资纠纷案【（2017）粤民终 1964 号】认为："关于郭某婴、食品公司作为股东是否需要相互对虚假增资承担连带责任。《最高人民法院关于适用〈中华人民共和国公司法〉若干问题的规定（三）》第 13 条第 3 款规定：'股东在公司设立时未履行或者未全面履行出资义务，依照本条第一款或者第二款提起诉讼的原告，请求公司的发起人与被告股东承担连带责任的，人民法院应予支持；公司的发起人承担责任后，可以向被告股东追偿。'该条第 4 款规定：'股东在公司增资时未履行或者未全面履行出资义务，依照本条第一款或者第二款提起诉讼的原告，请求未尽公司法第一百四十七条第一款规定的义务而使出资未缴足的董事、高级管理人员承担相应责任的，人民法院应予支持；董事、高级管理人员承担责任后，可以向被告股东追偿。'从前述两款规定的内容和逻辑看，第 3 款针对的是公司设立时出资不实责任承担问题，第 4 款针对的是公司增资时出资不实责任承担问题，分别规定了不同责任主体和责任方式。由于郭某婴、食品公司对雪某花公司设立时的出资义务已及时履行，雪某花公司主张郭某婴、食品公司作为股东对彼此在公司增资时未履行的出资义务承担连带责任，没有法律依据，本院不予支持。"

公司设立时的股东因瑕疵出资导致公司未设立的，应对公司债务承担连带责任。

❷上海市第二中级人民法院审理的安庆绿某可拓建材有限公司与杨某磊股东出资纠纷案【（2017）沪02民终923号】认为："股东未出资或出资严重不足导致公司的法律人格未能依法产生，公司的设立股东应对公司债务承担无限连带清偿责任。本案中，根据上述已经查明的事实可以确认，张某昌作为绿某公司的唯一股东，其实际并未出资，故张某昌应当对绿某公司的债务承担连带清偿责任。虽然法人人格否认是在个案中追究股东的无限责任，并非是全面否认股东的有限责任。但

基于杨某磊已经在本案中提出过相应的主张，因此，现杨某磊诉请要求张某昌直接承担本案款项的返还责任于法有据，人民法院可予支持。"

发起人与公司设立时未出资股东对公司债务承担连带清偿责任。

❸最高人民法院审理的东莞勤某光电股份有限公司、中国信某资产管理股份有限公司安徽省分公司借款合同纠纷再审审查与审判监督民事裁定书【（2016）最高法民申 2153 号】认为："关于原审判决判令东莞勤某公司对安徽润某公司在 1285 万元未出资范围内的补充赔偿责任承担连带清偿责任是否适用法律错误的问题。本院《关于适用〈中华人民共和国公司法〉若干问题的规定（三）》第十三条第三款规定：'股东在公司设立时未履行或者未全面履行出资义务，依照本条第一款或者第二款提起诉讼的原告，请求公司的发起人与被告股东承担连带责任的，人民法院应予支持。'因安徽润 m 欧公司未全面履行对安徽勤某公司的出资义务，根据上述法律规定，原审判决判令东莞勤某公司对安徽润某公司的补充赔偿责任承担连带责任，适用法律并无不当。东莞勤某公司关于该款规定的适用范围是发起人在'公司设立时'未履行或者未完全履行出资义务的行为、其对安徽勤某公司设立后安徽润某公司未到位的出资不应承担连带责任的申请再审理由，不能成立。"

2. 受让人承担出资补足责任

（1）受让人在受让股权时明知存在出资不足或抽逃出资等情形的，应承担补足出资责任

❶最高人民法院审理的新乡新某机器设备有限公司与肖某玺、肖某荣股东出资纠纷案【（2016）最高法民申 2232 号】认为："首先，新某公司的原股东为肖波某、肖某玺、肖某荣。根据上述 3 人签订的《股权转让协议》的约定，肖波某受让肖某玺、肖某荣 2 人在新某公司的全部股权，但其仅按照肖某玺、肖某荣 2 人的实际出资数额支付转让款，并未按照全部股权数额支付相应的价款，可以认定肖波某对肖某玺、肖某荣 2 人出资不足，其应当承担补足出资义务系明知。其次，新某公司的股权变更后，虽然登记股东变更为肖波某和胡某荣，但根据《股权转让协议》签订的过程以及胡某荣并未支付转让价款的事实等，原审法院认定《股权转让协议》的当事人为新某公司全部股东，应当视为新某公司知道并同意由肖波某承担补足注册资本的义务，并无不当。该协议的签订代表新某公司的意思表示，视为新某公司已经同意由肖波某承担补足注册资本的义务，不再由肖某玺、肖某荣履行补足出资的义务。原审判决对新某公司的诉讼请求不予支持，并无明显不当。"

❷广东省高级人民法院作出的深圳市明某投资管理有限公司与陈某树、游某兰

股东出资纠纷案再审复查与审判监督民事裁定书【(2016) 粤民申 4526 号】认为："陈某树、游某兰于 2010 年 1 月 29 日将明某公司注册资金 1602.5 万元转移他处，构成抽逃公司注册资金。林某金在《股权转让协议》中承诺受让明某公司股权后向明某公司出资 2300 万元作为明某公司对中某医院的投资资金；后又出具《确认书》对上述承诺予以确认。明某公司认为林某金出具《确认书》，应对陈某树、游某兰的抽逃行为承担连带责任，该主张本院予以认可。但二审查明，林某金已于 2012 年至 2013 年间对中某医院投入 3000 多万元，而中某医院是明某公司的唯一投资项目。鉴于林某金已实际补足对明某公司的出资，故二审法院判决驳回明某公司关于要求陈某树、游某兰返还抽逃出资款的诉讼请求，并无不当。"

❸ 广州市中级人民法院审理的楚某龙与曾某林股权转让纠纷案【(2016) 粤 01 民终 17263 号】认为："根据案件查明的事实，曾某、楚某龙、彭某、曾某林在向九某公司出资并验资后，已经将出资抽走。原审法院认定该行为构成抽逃出资，从而认定楚某龙对九某公司的出资存在瑕疵并无不当。但是，本案处理的并不是股东瑕疵出资问题，而是股权转让纠纷。股东出资存在瑕疵与股东转让股权属于两个不同的法律关系，不应混为一谈。即使楚某龙的出资存在瑕疵，法律并无禁止瑕疵出资股东转让其股权，因此，楚某龙仍有权转让。此外，作为受让人的曾某林，其自身亦属瑕疵出资股东，且对于楚某龙出资瑕疵是知晓的。在此前提之下，曾某林仍愿意签订《股权转让协议》，以 100 万元作为对价受让楚某龙的股权。换言之，该合同的签订，并不存在欺诈等情形，也没有违反法律的强制性规定，对合同当事人仍有约束力。目前，涉案股权已经办理变更登记手续至曾某林名下，则曾某林应当履行支付 100 万元对价的义务。"

❹ 滨州市中级人民法院审理的苑某成与李某凯、滨州市麒某汽贸有限公司等民间借贷纠纷案【(2014) 滨中民四终字第 191 号】认为："出资人的出资是公司成立后对外承担责任的基础，法律禁止出资人出资不实或者在公司成立后抽回出资。股东在受让股权时应询问与之相对应的股权是否出资到位，这是基本的注意义务，否则应对其未尽基本注意义务承担相应的法律后果。本案中，亿某公司的发起股东吴某涛、张某并未实际出资，验资后随即将资金抽回。李某雯、李某凯在受让股权时均未尽到基本的注意义务，且 2 人均未支付相应的对价，受让股权后也均未向公司补足出资，应推定其在受让股权时系知道或者应当知道受让的是瑕疵股权。李某凯作为股权受让人应按上述规定对股权转让人李某雯在未出资 200 万元本息范围内对麒某公司债务不能清偿部分所负补充赔偿责任承担连带责任，李某凯以不是公司的发起股东、对涉案借款不知情为由，拒绝承担责任的上诉理由不能成立。原判对

此引用《最高人民法院关于适用〈中华人民共和国公司法〉若干问题的规定（三）》第 14 条第 2 款不当，应予纠正。"

（2）股东在受让股权时不知存在出资瑕疵的，受让股东不承担责任

❺上海市第一中级人民法院审理的 A 公司与 B 公司股权转让纠纷一案【（2012）沪一中民四（商）终字第 1540 号】认为："A 公司提起本案诉讼的依据在于 1994 年 3 月的《股权转让协议书》中约定的'根据有关法律法规，公司的债权、债务和权利、义务随股东单位股权转让而相应转让'。A 公司认为奉某工贸公司等股权转让前未出资的义务形成对 J 公司的债务，该债务随股东的变化而相应转让，故 B 公司和 C 公司应当承担 A 公司已履行的义务。B 公司和 C 公司均认为该条约定并不包含股东的出资义务，B 公司和 C 公司对原股东未尽出资义务并不清楚。对此，本院认为：在股权转让时，股权出让人如存在出资不实的瑕疵情形时，应当告知股权受让人，现 A 公司无证据证明奉某工贸公司等在出让股权时将未出资情况告知 B 公司和经营三部，故本院对 B 公司和 C 公司称其对出资情况不清楚的主张予以采信。虽然《股权转让协议书》约定公司的债权债务和权利义务随股东单位股权转让而相应转让，但因股东的出资债务应当在新老股东间明确约定，故本院认为该条约定应不包含股东的出资义务。综上，上诉人 A 公司的上诉请求缺乏事实和法律依据，原审判决并无不当，本院依法予以维持。"

（3）股权转让不免除瑕疵出资的出让股东对公司债权人承担补充赔偿的责任

❻山东省高级人民法院审理的中国四某控股有限公司与宫某丽、山东威某农村某业银行股份有限公司等企业承包经营合同纠纷案【（2015）鲁商终字第 36 号】认为："上诉人宫某丽作为振某公司的原股东，在其将股权转让给丛某奎后，对公司资本仍负有充实的责任；对振某公司的债权人，其应在出资不实范围内承担补充赔偿责任。宫某丽与丛某奎间关于丛某奎以现金方式出资置换宫某丽以房产出资的约定，属股权转让人与受让人之间的约定，对公司债权人不具有法律效力，不能因此免除宫某丽应承担的法定出资义务。上诉人宫某丽主张其将股权转让给丛某奎后，丛某奎以现金方式的出资置换了宫某丽以房产出资 214 万元，丛某奎具有补足出资的义务，其不应承担责任的上诉理由，没有法律依据，本院不予支持。"

3. 限制瑕疵出资股东权利

（1）限制股东权利须经股东会作出决议或由公司章程作出规定

❶最高人民法院审理的某中制衣厂有限公司与惠州市乐某实业发展总公司南澳

公司股东出资纠纷案【（2016）最高法民再 357 号】认为："由于我国外商投资企业法的立法早于公司法立法，《中华人民共和国中外合资经营企业法》及其实施条例关于合资企业的治理结构中没有股东会的规定，股东会的相应职责实际是由董事会行使。根据亿某公司章程第 25 条的规定，出席董事会会议的法定人数不得少于全体董事的 2/3，不够 2/3 人数时，其通过的决议无效。亿某公司共有 5 名董事，而亿某公司于 2012 年 3 月 30 日召开的关于限制乐某南澳公司股东权利的董事会仅有 3 名董事参加，显然不满足合资企业章程规定的条件，故当次董事会决议无效。已经生效的广东省高级人民法院（2013）粤高法民四终字第 49 号民事判决亦认为，2012 年 3 月 30 日亿某公司董事会决议因未达到亿某公司章程规定的通过比例而无效。因此，某中公司、亿某公司根据亿某公司董事会决议，请求限制乐某南澳公司相应的股东权利，不能得到支持。一、二审判决认定乐某南澳公司不享有亿某公司的利润分配请求权、新股优先认购权、剩余财产分配请求权等股东权利，缺乏事实和法律依据，应予纠正。"

❷兰州市中级人民法院审理的刘某春与王某海股东出资纠纷案【（2014）兰民二终字第 328 号】认为："关于被告是否享有股东权利问题，根据《公司法》第 34 条、《最高人民法院关于适用〈中华人民共和国公司法〉若干问题的规定（三）》第 16 条的规定精神，虽然股东出资并不影响股东资格的取得，但其享有股东权利的前提是承担股东义务，违反出资义务也就不享有股东的相应权利，这是民法中权利与义务统一、利益与风险一致原则的具体体现，股东在没有履行出资义务的前提下行使股东全部权利，明显有违公平的原则，故对瑕疵出资股东的权利进行合理限制是必要和合理的，因此，股权分红的权利和优先认购出资的权利，均实际依照其实缴的出资比例确定，故出资不实的股东的利润分配请求权、优先认购出资权以及剩余财产分配请求权等股东权利在其未足额补交出资时，上述权利均应受到合理限制。故本案被告的上述权利在其补交出资前均应受到限制。但根据公司意思自治原则，对股东权利的限制应由甘肃八某草业有限公司根据公司章程或股东会决议对其上述权利作出相应限制，在本案中人民法院无权就股东权利作出限制决定，综上，对原告请求确认被告不享有股东权利的诉讼请求，不予支持。"

❸上海市第一中级人民法院审理的江苏南通某建集团长某建设工程有限公司诉上海沙某浜铮友实业有限公司等股东出资纠纷案【（2015）沪一中民四（商）终字第 929 号】认为："我国《公司法》第 34 条①规定，股东按照实缴的出资比例分取

———————————
① 已被修改。

红利。我国《公司法司法解释三》第 16 条规定，股东未履行或者未全面履行出资义务或者抽逃出资，公司根据公司章程或者股东会决议对其利润分配请求权、新股优先认购权、剩余财产分配请求权等股东权利作出相应的合理限制，该股东请求认定该限制无效的，人民法院不予支持。根据以上规定，股东存在上述情形的，应由公司对其上述股东权利作出合理限制。本案中，如大某公司或长某公司认为沙某浜公司未履行或者未全面履行出资义务，应由浦某公司根据公司章程或通过股东会决议决定是否限制沙某浜公司的分红权。长某公司请求法院判决沙某浜公司不享有浦某公司股东分红权，没有法律依据，应不予支持。"

4. 解除瑕疵出资股东资格

(1) 解除股东资格须经股东会决议或公司章程规定

❶广东省高级人民法院审理的倪某与广东国某新能源投资有限公司资源行政管理能源行政管理再审复查与审判监督民事裁定书【(2013) 粤高法民二申字第 662 号】认为："股东除名作为对股东最严厉的一种处罚，是对失信股东的放弃。因倪某没有足额缴纳首期出资款，且经国某公司催缴仍未履行其出资义务。二审法院据此认定国某公司通过公司股东会决议的形式，对倪某进行除名，该决议程序合法，内容未违反法律、法规的强制性规定，亦符合上述规定。二审法院同时释明，国某公司对倪某进行股东除名后，亦应依上述规定及时办理法定减资程序或者由其他股东或者第三人缴纳相应的出资。二审法院的上述认定和释明，适用法律正确，处理恰当。"

(2) 股东无权请求解除瑕疵出资股东资格

❷上海市第一中级人民法院审理的江苏南通某建集团长某建设工程有限公司诉上海沙某浜铮友实业有限公司等股东出资纠纷案【(2015) 沪一中民四 (商) 终字第 929 号】认为："我国《公司法司法解释三》第 17 条规定，有限责任公司的股东未履行出资义务或者抽逃全部出资，经公司催告缴纳或者返还，其在合理期间内仍未缴纳或者返还出资，公司以股东会决议解除该股东的股东资格，该股东请求确认该解除行为无效的，人民法院不予支持。根据以上规定，股东存在上述情形的，是否解除股东资格，应由公司以股东会决议作出决定。本案中，如大某公司或长某公司认为沙某浜公司未履行出资义务，应在经浦某公司催告缴纳无果后，由浦某公司以股东会决议决定是否解除沙某浜公司的股东资格。长某公司起诉请求法院判决解除沙某浜公司的股东资格，同样没有法律依据，亦不应支持。"

（3）解除股东资格应以股东未履行出资义务或者抽逃全部出资为前提

❸临沧市中级人民法院审理的云南润某生物科技有限责任公司、陈某跃股东出资纠纷案【（2017）云09民终295号】认为："根据《最高人民法院关于适用〈中华人民共和国公司法〉若干问题的规定（三）》第17条'有限责任公司的股东未履行出资义务或者抽逃全部出资，经公司催告缴纳或者返还，其在合理期限内仍未缴纳或者返还出资，公司以股东会决议解除该股东的股东资格，该股东请求确认该解除行为无效的，人民法院不予支持'的规定，即有限责任公司以股东会决议解除股东资格的，应当以股东未履行出资义务或者抽逃全部出资为前提，本案中，如前所述，被上诉人陈某跃的出资并未违反上诉人云南润某公司章程规定，故上诉人云南润某公司关于解除被上诉人陈某跃股东资格的诉讼请求无事实和法律依据，一审判决不予支持并无不当。"

（4）解除股东资格不是抽逃出资行为的唯一救济途径，公司亦可请求抽逃出资股东返还出资本息

❹株洲市中级人民法院审理的过某奇与株洲市和某贸易有限公司、曾某仔股权纠纷案【（2014）株中法民二终字第47号】认为："上诉人过某奇还提出，针对其抽逃出资的行为，公司应按股东除名处理，由公司办理法定减资程序或者由其他股东或者第三人缴纳相应的出资。经审查，根据《最高人民法院关于适用〈中华人民共和国公司法〉若干问题的规定（三）》第17条的规定，公司可以对未履行出资义务或者抽逃全部出资的股东以股东会决议的形式解除其股东资格。但这是公司拥有的一项自主权利，公司对是否行使该项权利具有选择权，解除股东资格并不是公司对抽逃出资行为的唯一救济途径。在本案中，被上诉人株洲市和某贸易有限公司要求上诉人过某奇返还出资本息于法有据，应得到支持。"

（六）股东出资诉讼的其他问题

1. 股东的出资义务并不因公司解散而免除

❶最高人民法院审理的海南金某建设股份有限公司与中国农某银行股份有限公司深圳市分行、北京永某土地整理有限公司股东出资纠纷案【（2014）民申字第1693号】认为："债权人会议有关不在破产程序中追索公司瑕疵出资股东责任的决定，亦无免除债务人债务的意思，不妨碍愿意追索的债权人在破产程序终结后根据普通民事诉讼程序向虚假出资、抽逃出资的股东主张债权。某行深圳分行在破产程

序终结后提起本案股东出资之诉，并不违反法律规定，亦未损害北大中某公司其他债权人的利益，原审法院予以受理并无不当，海南金某公司有关某行深圳分行无权提起本案诉讼的申请再审理由不能成立。"

❷最高人民法院审理的（株）圊某园控股与上海福某豆制食品有限公司、上海市张某宝绿色食品发展有限公司股东出资纠纷案审判监督民事裁定书【（2014）民提字第 170 号】认为："对于股东未按期缴纳出资的问题，我国公司法规定了股东有义务向公司足额缴纳，公司解散的，欠缴出资作为公司清算财产，并不免除股东的出资义务。《最高人民法院关于适用〈中华人民共和国公司法〉若干问题的规定（三）》第 13 条第 1 款规定：'股东未履行或者未全面履行出资义务，公司或者其他股东请求其向公司依法全面履行出资义务的，人民法院应予支持。'因此，（株）圊某园控股主张合资合同已被香港仲裁裁决解除，其履行最后一期出资义务已无实质意义的申请再审理由不能成立。"

❸最高人民法院审理的沧州华某国富良种繁育有限公司与新疆天某毛纺织（集团）有限责任公司股东出资纠纷案二审民事判决书【（2015）民二终字第 248 号】认为："公司被吊销营业执照，股东仍应履行补足出资义务。本案中，天某公司未依章程规定全面履行出资义务，依法应当向天某华某公司承担相应的民事责任。天某华某公司在华某公司提起本案诉讼前，虽然已被吊销营业执照，但该事实并不影响股东继续向公司履行出资义务，也与股东在公司清算程序、破产清算中继续履行出资义务不相矛盾。本院认为，天某公司应向天某华某公司缴纳 1200 万元的实物和现金出资，均应变更为现金出资，该变更有利于天某华某公司清算程序的进行，且不会因此加重天某公司的出资负担。"

2. 瑕疵出资不影响股权转让

❶白城市中级人民法院审理的韩某志与刘某海、吉林博某房地产开发有限公司及张某辰股权转让纠纷案【（2016）吉 08 民初 20 号】认为："我国《公司法》及相关司法解释规定了瑕疵出资股东应对公司承担差额补充责任，对其他出资无瑕疵股东承担违约责任以及在瑕疵出资范围内对公司债权人承担补偿赔偿责任，这些规定主要以瑕疵出资股东仍具备股东资格为前提。《公司法》没有明文禁止瑕疵股权的转让，应当视为瑕疵的股权可以转让。由于股东出资瑕疵不影响股权的设立和享有，瑕疵出资股权仍具有可转让性，若未经过合法的除权程序，瑕疵出资股东具有股东资格，有权向外转让其持有的股权。本案中，虽然韩某志、张某辰在注册成立吉林博得公司时存在虚假出资行为，但其股东资格已经工商管理部门注册登记，在

未经合法的程序除权的情况下，其股东资格不因瑕疵出资而丧失，亦有权转让其享有的股权，不影响股权转让合同的效力。"

瑕疵出资不影响股东资格的认定。

❷吉林市中级人民法院审理的丁某山与段某波、吉林市荣某房地产开发有限责任公司、杨某翔股权转让合同纠纷案【（2015）吉中民三终字第 274 号】认为："尽管段某波存在虚假出资、抽逃出资的瑕疵出资行为，但是，根据《最高人民法院关于适用〈中华人民共和国公司法〉若干问题的规定（三）》第 16 条'股东未履行或者未全面履行出资义务或者抽逃出资，公司根据公司章程或者股东会决议对其利润分配请求权、新股优先认购权、剩余财产分配请求权等股东权利作出相应的合理限制，该股东请求认定该限制无效的，人民法院不予支持'之规定，荣某公司可根据公司章程或者股东会决议对段某波的股东权利作出合理限制，但是不能因其瑕疵出资行为而否认段某波的股东资格。因此，荣某公司若非经过《最高人民法院关于适用〈中华人民共和国公司法〉若干问题的规定（三）》第 17 条规定的合法的除权程序，应认定段某波具有荣某公司的股东资格并享有股东权利，因而亦有权处分其享有的股权，包括以有偿的方式向其他民商事主体出让股权。"

3. 公司出资关系与其他法律关系的区分

股东出资纠纷发生时，当事人争议的焦点往往围绕股东对公司实际投入了资金，但并没有达成出资的合意，投入资金的股东与公司之间究竟属于出资关系，抑或是债权债务关系。

❶最高人民法院审理的林某与覃某松以及田东县桂某酒精有限责任公司股东出资纠纷案【（2013）民申字第 1102 号】认为："覃某松通过股权转让取得 400 万元的转让款，并将该 400 万元的股权转让款直接清偿了桂某公司欠华某公司的债务，所以，覃某松对桂某公司享有 400 万元的债权。而从本案查明的事实来看，覃某松注册广西田某酒精酿制有限公司（后更名为桂某公司）时，并未实际出资。覃某松把桂某公司 70% 的股权转让给林某之前，享有该公司全部股权。根据《中华人民共和国公司法》第 28 条第 2 款①'股东不按照前款规定缴纳出资的，除应当向公司足额缴纳外，还应当向已按期足额缴纳出资的股东承担违约责任'的规定，覃某松应向公司补足出资。鉴于覃某松在二审审理中明确表示，自愿用其对公司的 400 万元债权中的 205 万元补足对桂某公司的出资，该抵销行为并不违反法律规定，并得

---

① 已被修改。

到了法院的确认，桂某公司享有的主张股东补足出资的权利已得到实现，林某主张由覃某松另向公司缴纳 205 万元补足出资的诉讼请求，不应予以支持。因此，法院驳回了林某的再审申请。"

❷最高人民法院审理的张某明与荆州市荆某律师事务所、荆州市电某工业公司、荆州市海某联谊会、第三人姚某金股东出资纠纷二审案【(1999) 经终字第 356 号】认为："海某实业公司 1991 年 12 月 4 日向张某明出具的函件承认该章程确认张某明在该公司具有 10 万元出资额的事实。据此，可以认定张某明在海某集团公司发展变更的各阶段共投资 10 万元。如果张某明在海某集团公司此后的发展变更中未放弃其作为出资人的身份，其对海某集团公司应享有出资人的权益。但是，1991 年 12 月 4 日海某实业公司根据电某公司 1990 年 6 号文件的规定具函张某明称：张某明不再参与股份分红，按年息 30% 计息，1992 年 4 月底前分期支付利息 9 万元。张某明对海某实业公司的上述函件不仅未提出异议，而且还自 1992 年 8 月至 1995 年 9 月间每月从涉诉企业领取 4000 元。张某明的行为应视为对海某实业公司关于将张某明出资权益变更为债权的意思表示的认可。因此，海某集团公司应按照其承诺向张某明支付利息。鉴于张某明与海某集团公司长期处于纷争状态，海某集团公司拒不向张某明支付利息，应终止双方的债权债务关系，并由海某集团公司向张某明偿还 10 万元的本金。"

❸上海市高级人民法院审理的张某令、张某元等与上海明某医疗科技有限公司股东出资纠纷案【(2017) 沪民申 827 号】认为："根据本案已查明的事实，明某公司在张某令等人缴纳增资款的次日即将系争 103 万元款项转入文某公司，张某令等人虽主张对此不知情，但对于向明某公司增资事宜，其在一审中陈述，明某公司法定代表人刘某提出可以向文某公司借款 103 万元用于增资验资，验资后归还文某公司借款，再扣除张某令等人在明某公司的其他应付款。况且，张某令等人事后均确认将上述转账与明某公司对张某令等人的应付款进行抵扣。故本院对张某令等人关于明某公司向文某公司转款系刘某及其妻子闫素清的个人行为的主张不予支持。张某令等人认为向文某公司转账导致明某公司对张某令等人的应付款总额减少了 103 万元，其已支付了合理对价，不构成抽逃出资，本院认为，张某令等人该项主张的实质是以其对公司的债权作为其向公司的出资款，但股东出资为要式法律行为，张某令等人通过会计做账方式自行将其对公司的债权抵作出资，缺乏法律依据，本院不予支持。二审法院认定张某令等人的行为构成抽逃出资，并判令其承担补足出资的责任，认定事实和适用法律并无不当。"

❹上海市高级人民法院审理的杭州金某钱江包装容器有限公司与上海市普陀区桃某镇人民政府、金斌奎等股东出资纠纷案【(2017) 沪民申 9 号】认为："关于

全某奎、潘某华的责任承担问题。金某奎、潘某华系继受取得桃某公司股权，对桃某公司不负出资义务。金某奎、潘某华足额支付股权转让款与否，系该二人与桃某镇政府之间的股权转让关系，而非对桃某公司的出资关系。整体转让协议中所指的'海某公司中方股东的一切权益和责任'应指股东责任，而依据《中华人民共和国公司法》相关规定，股东对公司承担有限责任。金某公司不能举证证明金某奎、潘某华存在滥用公司法人独立地位和股东有限责任，逃避债务，严重损害公司债权人利益的行为，故金某公司要求金某奎、潘某华对桃某公司债务承担连带责任，无事实和法律依据，本院不予支持。"

4. 涉外股东出资纠纷

涉外股东出资纠纷案一般会涉及管辖的确定以及对外国法的查明。实践中，由于中国公民在某些领域的行业限制，常常需要与外方合作实现一定的商业利益，在此过程中签订的协议是否合法，需要结合具体的法律法规予以综合确认。

❶最高人民法院审理的大某指环保科技集团（福建）有限公司与中华环某科技集团有限公司股东出资纠纷案【（2014）民四终字第 20 号】认为："法院认为，本案为涉外股东出资纠纷。根据《中华人民共和国涉外民事关系法律适用法》第 14 条第 1 款'法人及其分支机构的民事权利能力、民事行为能力、组织机构、股东权利义务等事项，适用登记地法律'的规定，环某科技公司的司法管理人和清盘人的民事权利能力及民事行为能力等事项，应当适用环某科技公司的登记地即新加坡法律；大某指公司提起本案诉讼的意思表示是否真实以及股东出资义务等事项，应当适用中国法律。《中华人民共和国公司法》第 13 条①规定，公司法定代表人变更应当办理变更登记。本院认为，法律规定对法定代表人变更事项进行登记，其意义在于向社会公示公司意志代表权的基本状态。工商登记的法定代表人对外具有公示效力，如果涉及公司以外的第三人因公司代表权而产生的外部争议，应以工商登记为准。而对于公司与股东之间因法定代表人任免产生的内部争议，则应以有效的股东会任免决议为准，并在公司内部产生法定代表人变更的法律效果。因此，环某科技公司作为大某指公司的唯一股东，其作出的任命大某指公司法定代表人的决议对大某指公司具有拘束力。本案起诉时，环某科技公司已经对大某指公司的法定代表人进行了更换，其新任命的大某指公司法定代表人明确表示反对大某指公司提起本案诉讼。因此，本案起诉不能代表大某指公司的真实意思，应予驳回。环某科技

---

① 已被修改。

公司关于本案诉讼的提起并非大某指公司真实意思的上诉理由成立。"

❷上海市高级人民法院审理的丁某平与宋某黎股东出资纠纷案【（2009）沪高民四（商）终字第 11 号】认为："关于宋某黎是否是优某公司股东的问题。鉴于《U××OOONLINEINC. 公司章程》约定适用美利坚合众国华盛顿州的相关法律，原审法院基于对华盛顿州相关法律的查明，对关于宋某黎是否是优某公司股东适用经修订的华盛顿州法典，即'RCW'（The Revised Code of Washington State）并无不当。依据该法典，公司应将符合 RCW23B.06.250 规定的股权证书或符合 RCW23B.06.260 规定的正式股份权属通知递送给出资人，以作为出资人成为公司股东的权属证明。但本案中，丁某平或优某公司未提交有效证据证明优某公司曾将符合 RCW23B.06.250 规定的股权证书或符合 RCW23B.06.260 规定的正式股份权属通知递送给宋某黎，从而证明宋某黎已成为优某公司股东。原审法院据此确认，根据华盛顿州法典的规定，宋某黎至本案诉讼为止并非优某公司的股东并无不当。"

三、股东出资纠纷诉讼问题综述及建议

（一）股东应足额缴纳出资是核心要求

2013 年《公司法》修正后，我国由公司注册资本制转向认缴资本制，不要求股东在公司设立之初就缴付资本，大大降低了公司设立的门槛，但在落地实施的过程中出现了诸多乱象，比如，有的投资者为了制造噱头，在设立公司时随意设置数十亿元的出资额，再将出资期限设置为超过 50 年。

本次 2023 年新《公司法》修订后，要求全体股东认缴的出资额由股东按照公司章程的规定自公司成立之日起五年内缴足。同时，对新《公司法》实施前已登记设立的公司，出资期限超过五年的，除法律、行政法规或国务院另有规定外，应当逐步调整至五年以内。

（二）瑕疵出资的法律后果及责任承担

对于瑕疵出资的股东，需要承担的法律责任主要包括以下四个方面：

一是货币出资的足额缴纳责任。

二是非货币出资的差额补足责任。即公司成立后，发现作为设立公司时用于出资的非货币财产的实际价额显著低于公司章程所定价额的，应当由交付该出资的股东或发起人向公司补足差额。

三是违约赔偿责任。即有限公司未缴纳出资的股东应当向已按期足额缴纳出资的股东承担违约责任，股份公司未缴纳出资的发起人应当按照发起人协议承担违约责任。

四是出资连带责任。即有限公司设立时的其他股东、股份公司的发起人对未缴纳的货币出资或价值不足的非货币出资应承担连带缴纳或补足的责任。

除此之外，瑕疵出资的股东可能还面临被限制股东权利，甚至被解除股东资格的不利法律后果。在涉及公司与外部主体的法律关系时，未缴纳出资的股东应对公司的债务承担连带责任；股权受让人明知瑕疵出资仍受让股权的，须承担出资补实责任。

（三）避免股东出资纠纷的建议

股东出资纠纷常常涉及应缴纳出资的股东、公司高管、公司债权人、股权受让人等利益相关方，瑕疵出资或出资不实导致的纠纷对于各方的利益都会产生影响。以抽逃出资为例，该类型的行为往往十分隐蔽，难以发现。倘若公司董事、经理或其他公司雇员对于股东的抽逃出资行为疏于监督，怠于履行监护公司财产安全之责，违反了对公司应尽的忠诚义务和勤勉义务，公司的债权人可以基于债权人的代位权理论，将该等董事、经理等公司代理人列为共同被告，请求其在股东抽逃出资股东的本息范围内承担连带责任。为了避免出现类似的争议，我们建议：

1. 股东要及时履行出资义务；

2. 在企业成立之初用非货币出资的，应该清晰地约定其转让的时间和程序，如果出资人以划拨土地使用权出资，应及时办理土地变更手续；

3. 如果某一股东希望就该非货币出资的价格作出约定，应形成具体的书面文件，以避免日后发生争端；

4. 为避免日后发生不必要的纠纷，股东履行完出资义务，要及时保存证据；

5. 限制股东权利一定要在公司章程中作出规定，或者经过股东会作出决议，如果股东会决议程序无效，则无法对股东的权利作出限制；

6. 解除股东资格一定要经过股东会决议，如果缺少这一程序，直接向法院主张解除某股东资格，一般很难实现；

7. 公司高管应加强对股东出资的审核和监管义务，确保股东的出资真实有效；

8. 公司其他股东应及时了解公司股东的关联公司与公司之间的经济往来，防范可能发生的抽逃出资行为。

第五章　新增资本认购纠纷

一、新增资本认购纠纷的法律规定

（一）关于增资程序的规定

《公司法》（2018 年修正，已被修订）第 37 条规定："股东会行使下列职权：

（一）决定公司的经营方针和投资计划；

（二）选举和更换非由职工代表担任的董事、监事，决定有关董事、监事的报酬事项；

（三）审议批准董事会的报告；

（四）审议批准监事会或者监事的报告；

（五）审议批准公司的年度财务预算方案、决算方案；

（六）审议批准公司的利润分配方案和弥补亏损方案；

（七）对公司增加或者减少注册资本作出决议；

（八）对发行公司债券作出决议；

（九）对公司合并、分立、解散、清算或者变更公司形式作出决议；

（十）修改公司章程；

（十一）公司章程规定的其他职权。

对前款所列事项股东以书面形式一致表示同意的，可以不召开股东会会议，直接作出决定，并由全体股东在决定文件上签名、盖章。"

第 43 条规定："股东会的议事方式和表决程序，除本法有规定的外，由公司章程规定。

股东会会议作出修改公司章程、增加或者减少注册资本的决议，以及公司合并、分立、解散或者变更公司形式的决议，必须经代表三分之二以上表决权的股东通过。"

《公司法》（2023 年修订）第 59 条规定："股东会行使下列职权：

（一）选举和更换董事、监事，决定有关董事、监事的报酬事项；

（二）审议批准董事会的报告；

（三）审议批准监事会的报告；

（四）审议批准公司的利润分配方案和弥补亏损方案；

（五）对公司增加或者减少注册资本作出决议；

（六）对发行公司债券作出决议；

（七）对公司合并、分立、解散、清算或者变更公司形式作出决议；

（八）修改公司章程；

（九）公司章程规定的其他职权。

股东会可以授权董事会对发行公司债券作出决议。

对本条第一款所列事项股东以书面形式一致表示同意的，可以不召开股东会会议，直接作出决定，并由全体股东在决定文件上签名或者盖章。"

第 66 条规定："股东会的议事方式和表决程序，除本法有规定的外，由公司章程规定。

股东会作出决议，应当经代表过半数表决权的股东通过。

股东会作出修改公司章程、增加或者减少注册资本的决议，以及公司合并、分立、解散或者变更公司形式的决议，应当经代表三分之二以上表决权的股东通过。"

根据法律规定，公司增资必须由股东会作出决议，否则增资行为无效。

（二）关于优先认缴权的规定

《公司法》（2018 年修正，已被修订）第 34 条规定："股东按照实缴的出资比例分取红利；公司新增资本时，股东有权优先按照实缴的出资比例认缴出资。但是，全体股东约定不按照出资比例分取红利或者不按照出资比例优先认缴出资的除外。"

《公司法》（2023 年修订）第 227 条规定："有限责任公司增加注册资本时，股东在同等条件下有权优先按照实缴的出资比例认缴出资。但是，全体股东约定不按照出资比例优先认缴出资的除外。

股份有限公司为增加注册资本发行新股时，股东不享有优先认购权，公司章程另有规定或者股东会决议决定股东享有优先认购权的除外。"

根据法律规定，有限责任公司新增资本时，股东有权按照出资比例优先认缴出资，但对于其他股东放弃的增资份额有无优先认购权并未规定。同时，全体股东也可以约定不按出资比例行使优先认缴权。对于股份公司，法律规定股东不享有优先认购权，但是股东可以通过公司章程规定或者股东会决议决定股东享有优先认购权。

（三）关于股份公司增资的规定

《公司法》（2018 年修正，已被修订）第 134 条规定："公司经国务院证券监督管理机构核准公开发行新股时，必须公告新股招股说明书和财务会计报告，并制作认股书。

本法第八十七条、第八十八条的规定适用于公司公开发行新股。"

第 135 条规定："公司发行新股，可以根据公司经营情况和财务状况，确定其作价方案。"

第 136 条规定："公司发行新股募足股款后，必须向公司登记机关办理变更登记，并公告。"

《公司法》（2023 年修订）第 151 条规定："公司发行新股，股东会应当对下列事项作出决议：

（一）新股种类及数额；

（二）新股发行价格；

（三）新股发行的起止日期；

（四）向原有股东发行新股的种类及数额；

（五）发行无面额股的，新股发行所得股款计入注册资本的金额。

公司发行新股，可以根据公司经营情况和财务状况，确定其作价方案。"

第 153 条规定："公司章程或者股东会授权董事会决定发行新股的，董事会决议应当经全体董事三分之二以上通过。"

第 154 条规定："公司向社会公开募集股份，应当经国务院证券监督管理机构注册，公告招股说明书。

招股说明书应当附有公司章程，并载明下列事项：

（一）发行的股份总数；

（二）面额股的票面金额和发行价格或者无面额股的发行价格；

（三）募集资金的用途；

（四）认股人的权利和义务；

（五）股份种类及其权利和义务；

（六）本次募股的起止日期及逾期未募足时认股人可以撤回所认股份的说明。

公司设立时发行股份的，还应当载明发起人认购的股份数。"

第 156 条第 3 款规定："公司发行股份募足股款后，应予公告。"

根据法律规定，股份公司向社会公开募集股份的，应当经过国务院证券监督管理机构注册，并公告招股说明书，公司章程或股东会可以授权董事会决定发行新股，董事会对于发行新股事项应经过 2/3 以上董事通过。

（四）关于认购协议解除的规定

《合同法》（已失效）第 93 条规定："当事人协商一致，可以解除合同。

当事人可以约定一方解除合同的条件。解除合同的条件成就时，解除权人可以解除合同。"

第 94 条规定："有下列情形之一的，当事人可以解除合同：

（一）因不可抗力致使不能实现合同目的；

（二）在履行期限届满之前，当事人一方明确表示或者以自己的行为表明不履行主要债务；

（三）当事人一方迟延履行主要债务，经催告后在合理期限内仍未履行；

（四）当事人一方迟延履行债务或者有其他违约行为致使不能实现合同目的；

（五）法律规定的其他情形。"

《民法典》第 562 条规定："当事人协商一致，可以解除合同。

当事人可以约定一方解除合同的事由。解除合同的事由发生时，解除权人可以解除合同。"

第 563 条规定："有下列情形之一的，当事人可以解除合同：

（一）因不可抗力致使不能实现合同目的；

（二）在履行期限届满前，当事人一方明确表示或者以自己的行为表明不履行主要债务；

（三）当事人一方迟延履行主要债务，经催告后在合理期限内仍未履行；

（四）当事人一方迟延履行债务或者有其他违约行为致使不能实现合同目的；

（五）法律规定的其他情形。

以持续履行的债务为内容的不定期合同，当事人可以随时解除合同，但是应当在合理期限之前通知对方。"

（五）有关新增资本认购的其他规定

《公司法》（2018 年修正，已被修订）第 178 条规定："有限责任公司增加注册资本时，股东认缴新增资本的出资，依照本法设立有限责任公司缴纳出资的有关规定执行。

股份有限公司为增加注册资本发行新股时，股东认购新股，依照本法设立股份有限公司缴纳股款的有关规定执行。"

《公司法》（2023 年修订）第 228 条规定："有限责任公司增加注册资本时，股东认缴新增资本的出资，依照本法设立有限责任公司缴纳出资的有关规定执行。

股份有限公司为增加注册资本发行新股时，股东认购新股，依照本法设立股份有限公司缴纳股款的有关规定执行。"

二、新增资本认购纠纷的相关案例

（一）认购协议的效力

1. 对赌协议有效

❶泰安市中级人民法院审理的管某秀、山东姜某鸭农业产业集团有限公司新增资本认购纠纷、买卖合同纠纷案【（2017）鲁09民终1752号】认为："协议约定公司上市作为对赌目标。公司上市仅是公司资本形态的一个变化，由封闭公司变为开放型公司，存在一定的或然性。公司上市后可以在证券市场募集资本，是公司做大做强的一个路径，法律不禁止股东对公司上市的预期，该预期不损害国家利益和社会公共利益，也不违反公序良俗，故将公司上市作为对赌目标的约定，是有效的。"

业绩对赌条款中约定由除公司外的人进行业绩补偿的条款有效。

❷苏州市中级人民法院审理的苏州天衡钟某九鼎投资中心与刘某平、陆某珍新增资本认购纠纷、买卖合同纠纷案【（2014）苏中商初字第00409号】认为："原告钟某九鼎与被告刘某平、陆某珍、案外人博某公司共同签订《增资扩股协议》及《补充协议》系各方真实意思表示，且内容不违反法律及行政法规的强制性、禁止性规定，应属合法有效，合同各方当事人均应按约履行。故本院综合案涉合同中各方的权利义务，从公平的角度出发，认定业绩补偿义务人刘某平、陆某珍应当在相

应年度的审计报告出具之后的 3 个月内完成业绩补偿，逾期未支付应当赔偿钟某九鼎资金被占用期间的利息损失，本院酌定以业绩补偿款为基数，按照中国人民银行公布的同期同档贷款基准利率进行计算。"

对赌协议中约定由股东回购股本有效。

❸最高人民法院审理的通某资本管理有限公司、成都新某向科技发展有限公司与公司有关的纠纷案【（2017）最高法民再 258 号】认为："《增资扩股协议》中约定新某向公司在约定触发条件成就时按照约定价格回购通某公司持有的久某公司股权，该约定实质上是投资人与目标公司原股东达成的特定条件成就时的股权转让合意，该合意系当事人真实意思表示，亦不存在违反公司法规定的情形，二审判决认定新某向公司与通某公司达成的'股权回购'条款有效，且触发回购条件成就，遂依协议约定判决新某向公司承担支付股权回购款本金及利息，适用法律正确，本院予以维持。新某向公司辩称《增资扩股协议》约定的股权回购条款无效、回购条件不成就，没有事实和法律依据，应不予支持。"

❹泰安市中级人民法院审理的管某秀、山东姜某鸭农业产业集团有限公司新增资本认购纠纷、买卖合同纠纷案【（2017）鲁 09 民终 1752 号】认为："关于第 3 个焦点，被上诉人杨某作为被上诉人山东姜某鸭农业产业集团有限公司的法定代表人在协议书中签章，说明其对协议书'如上市不成功，甲方公司最大股东杨某保证在 30 日内以认购价格的年化 120% 的价格进行回购'内容是认可的，该承诺应当对其有约束力。现被上诉人山东姜某鸭农业产业集团有限公司在内部股权封闭期为 12 个月内未能实现上市之目标，被上诉人杨某应当按照协议约定的价格进行回购。原审法院判决被上诉人杨某不承担责任不当，应当予以纠正。"

❺杭州市中级人民法院审理的浙江实地东某股权投资合伙企业与罗某娜、杭州开某企业管理有限公司等新增资本认购纠纷、买卖合同纠纷案【（2015）浙杭商终字第 1276 号】认为："各方在《增资补充协议》中第 2 条'增资方特别权利'中明确约定了在发生约定情况时，东某企业有权在该事项发生之日起 12 个月内要求开某科技公司控股股东（陈某强、罗某娜）及持股管理层（黄某、张某、马某江、徐某）按照回购价格（东某企业对开某科技公司实际投资额加上年息 12%）购买东某企业所持全部公司股票。该条款的约定，是为了保证东某企业作为投资方在开某科技公司及其股东未能按约履行时，开某科技公司的原股东对投资方的保证。该约定内容并不违反法律规定，对协议各方均具有约束力。现开某科技公司及其原股东未能完成该协议项下的承诺义务，应认为该'赎回权'条件已经成就，而非必须以东某企业实际取得股权为前提。"

❻广州市中级人民法院审理的广东金某达汽车股份有限公司、罗某晶新增资本认购纠纷、买卖合同纠纷案【（2017）粤 01 民终 6939 号】认为："案涉《增资扩股协议》关于回购股份的约定，并未违反法律、法规的强制性规定，且案涉《增资扩股协议》已经实际履行，故金某达公司、罗某晶、李某上诉主张该回购约定无效或仅属于意向性约定的意见，据理不足，本院不予采纳。本院认为，高某浩公司于 2016 年 8 月 24 日以金某达公司不可能于 2016 年 12 月 31 日前成功挂牌上市为由向一审法院提起本案诉讼，并依据《增资扩股协议》有关回购股权的约定，诉请罗某晶履行案涉协议约定的回购义务，并无不当。"

股东请求公司回购股份应当完成减资程序。

❼最高人民法院审理的北京银某通投资中心、新疆西某土工新材料股份有限公司股权转让纠纷再审审查与审判监督民事裁定书【（2020）最高法民申 2957 号】认为："关于股东请求公司回购股份是否应完成减资程序的问题。本案主要涉及股权性融资对赌协议。对赌协议又称估值调整协议，是指投资方与融资方在达成股权性融资协议时，约定由融资方根据企业将来的经营情况调整投资者的投资条件或给予投资者补偿的协议，估值调整手段主要包含股权回购、金钱补偿等。对赌协议主要分为投资方与目标公司的股东或者实际控制人的对赌、投资方与目标公司的对赌、投资人与目标公司的股东和目标公司同时对赌等形式。其中与目标公司对赌，指的是投资方与目标公司签订的协议约定，目标公司从投资方融资，投资方成为目标公司的股东，当目标公司在约定期限内实现双方预设的目标时，由投资方给予目标公司奖励；相反，由目标公司按照事先约定的方式回购投资方的股权或者向投资方承担金钱补偿义务。本案即符合投资方与目标公司对赌的情形，银某通投资中心为投资方，新疆西某公司为目标公司。在处理对赌协议纠纷案件时，不仅应适用《中华人民共和国合同法》的相关规定，还应适用《中华人民共和国公司法》的相关规定，依法平衡投资方、公司股东、公司债权人、公司之间的利益。新疆西某公司与银摸通投资中心签订《增资扩股协议》，通过增资的方式向银某通投资中心融资 900 万元，并与奎屯西某公司三方共同签订具有股权回购、担保内容的《补充协议》，均系各方当事人的真实意思表示，不违反法律、行政法规的强制性规定，不存在《中华人民共和国合同法》第五十二条所规定的合同无效的情形，应属合法有效，原判决对此认定准确。根据《中华人民共和国公司法》第三十五条、第一百四十二条的规定，投资方银某通投资中心与目标公司新疆西某公司对赌失败，请求新疆西某公司回购股份，不得违反股东抽逃出资的强制性规定。新疆西某公司为股份有限公司，其回购股份属减少公司注册资本的情形，须经股东大会决议，并依据

《中华人民共和国公司法》第一百七十七条的规定完成减资程序。现新疆西某公司未完成前述程序，故原判决驳回银某通投资中心的诉讼请求并无不当，银某通投资中心的该再审申请理由不成立，本院不予支持。"

2. 未完成增资审批手续是否影响协议效力，裁判观点不一

一种观点认为，未完成增资审批手续出资协议不生效。

❶太原市中级人民法院审理的山西青创融资担保股份有限公司与郑高德新增资本认购纠纷案【（2017）晋01民终2515号】认为："上诉人山西青创融资担保股份有限公司提供的第一次会议决议仅有'同意公司增资扩股1亿元'，不符合《中华人民共和国公司法》第133条的规定，即公司发行新股，股东大会应当对下列事项作出决议：（1）新股种类及数额；（2）新股发行价格；（3）新股发行的起止日期等必要内容。上诉人山西青创融资担保股份有限公司作为融资性担保股份有限公司也未按照《融资性担保公司管理暂行办法》第12条规定取得批准。上诉人山西青创融资担保股份有限公司与被上诉人郑高德签订的《出资协议》约定'本协议一式三份，经双方签字盖章后成立，经甲方（上诉人山西青创融资担保股份有限公司）监管部门核准被上诉人郑高德入股资格及出资额度之日起生效'，上诉人山西青创融资担保股份有限公司与被上诉人郑高德签订《出资协议》及收取被上诉人郑高德的款项后至今未完成增资扩股的审批手续。上诉人山西青创融资担保股份有限公司与被上诉人郑高德签订的《出资协议》约定了固定的分红条款违反了其公司章程第145条及《中华人民共和国公司法》第166条在公司无利润不得分红、公司利润在弥补亏损及提取公积金之前不得分配利润的规定。上诉人山西青创融资担保股份有限公司与被上诉人郑高德签订的《出资协议》不符合法律规定的生效条件。"

另一种观点认为，未完成增资审批手续不影响出资协议的效力。

❷江苏省高级人民法院审理的铁某精密铸造有限公司与苏州飞某威精密器械有限公司、新某实业有限公司等新增资本认购纠纷、买卖合同纠纷案【（2015）苏商外终字第00045号】认为："飞某威公司关于涉案《投资协议书》未生效的主张不能成立。飞某威公司增资申请系以新某公司名义提出，故应当履行审批手续的是飞某威公司的增资申请，而非《投资协议书》。该协议书是铁某公司、新某公司、飞某威公司3方的内部协议，经3方签字即发生法律效力，无须履行审批手续。"

3. 其他影响出资协议效力的情形

（1）未出具出资证明书、变更股东名册及工商登记不影响出资协议的效力

❶阳江市中级人民法院审理的阳江市索某餐饮策划管理有限公司、卢某锐新增资本认购纠纷、买卖合同纠纷案【（2017）粤17民终1049号】认为："索某公司作为甲方与谭某荣作为乙方，就认购股权事宜签订本案《股份认购协议书》，上述协议的当事人是索某公司和谭某荣，协议约定谭某荣认购索某公司筹备经营的索某酒吧项目，项目总投资金额为1700万元，谭某荣通过向索某公司出资170万元认购索某公司10%股份，享有获得索某公司总盈利利润（税后）10%的分成，谭某荣担任索某公司的监事。从上述协议的内容来看，索某公司通过增资扩股方式吸纳投资资金，协议主体适格，内容没有违反法律强制性规定，因此该《股份认购协议书》合法有效。虽然索某公司没有向谭某荣出具出资证明书，没有履行变更股东名册、变更工商登记等义务，但不影响案涉《股份认购协议书》的效力，该协议对双方具有约束力。一审判决对此认定正确，本院予以维持。"

（2）未就投资达成合意的认购协议不生效

❷镇江市中级人民法院审理的戴某云与镇江新某源高压气瓶制造有限公司新增资本认购纠纷、买卖合同纠纷案【（2017）苏11民终100号】认为："上诉人与被上诉人既未签订书面协议，亦未就投资金额、投资方式、持股比例等主要事项达成合意，故双方之间的投资协议并不成立，上诉人因此取得的财产应予返还。此外，因上诉人系外商独资企业，根据《中华人民共和国中外合资经营企业法》第1条规定，中外合资经营企业的中国合营者只能是中国的公司、企业或者其他经济组织，而不包括中国公民，故在现有的制度框架下，被上诉人无法登记为合资企业的股东，双方之间的合作不具备法律上的可能性。"

（3）原股东未在认购协议上签字的对其不产生约束力

❸温州市中级人民法院审理的吴某忠与浙江庄某船业有限公司、温州庄某投资控股有限公司等股权转让纠纷案【（2014）浙温商终字第1679号】认为："涉案认股协议书约定被上诉人庄某船业公司原100%股权的股东承诺，在协议签署日后48个月内如不上市，同意按吴某忠投入金额的200%回购，该约定涉及上诉人吴某忠与被上诉人庄某投资公司、乔某公司等在内的原股东之间的股权转让关系。但是被上诉人庄某投资公司、乔某公司等在内的原股东并没有在涉案认股协议书上签字确认，事后亦未对该协议内容予以追认，故该认股协议书对被上诉人庄某投资公司、

乔某公司不具有约束力。"

（二）认购协议的履行

1. 公司违约时应按协议约定退回股款

❶江苏省高级人民法院审理的铁某精密铸造有限公司与苏州飞某威精密器械有限公司、新某实业有限公司等新增资本认购纠纷、买卖合同纠纷案【（2015）苏商外终字第00045号】认为："铁某公司依约将涉案款项汇入新某公司之后，新某公司随后将该款转汇给了飞某威公司。飞某威公司有义务履行增资申请的报批，并在增资获得批准之后完成验资及公司注册资本的变更登记，但飞某威公司并未履行该义务。在上述手续完成之后，铁某公司才能通过受让新某公司股权的方式，成为飞某威公司的股东。显然，飞某威公司实际收取铁某公司认购的增资款后，未履行上述义务是造成铁某公司认购飞某威公司增资目的不能实现的直接原因。《投资协议书》明确约定，新某公司或飞某威公司违约时，铁某公司有权要求新某公司或飞某威公司退回投资款。一审法院据此判令飞某威公司返还投资款有充分的事实和法律依据。"

❷广元市中级人民法院审理的广元经济开发区融某小额贷款有限公司、广元市兴某建设有限公司与王某明、郭某和新增资本认购纠纷案二审民事判决书【（2016）川08民终333号】认为："被上诉人转款100万元意欲成为上诉人融某小贷公司股东的目的十分明确。上诉人融某小贷公司在收到被上诉人的出资款后，应当及时召开股东会正式确认被上诉人的股东身份并办理相关手续，但上诉人融某小贷公司自2014年5月28日收到被上诉人的出资款后至本院公开开庭审理前1日的近两年时间，有证可查的3次股东会，均未提及被上诉人的股东身份，故其不愿吸纳被上诉人成为新的股东已成为事实。现上诉人融某小贷公司在本院开庭审理时提交了1份当日召开股东会决定被上诉人作为公司新股东的决议，该份决议不能反映上诉人融某小贷公司的真实意思，故对上诉人融某小贷公司的上述行为不予确认，上诉人关于被上诉人与上诉人兴某建设公司形成代持股关系的辩解与事实不符，本院不予确认，上诉人融某小贷公司应当承担退还被上诉人出资款的民事责任。"

出资人未取得股东身份的，可以请求退还股款。

❸上海市第二中级人民法院审理的上海贝某成套机械设备有限公司与王某燕、戴某英等新增资本认购纠纷案【（2017）沪02民终10616号】认为："贝某公司认

为王某燕已经取得公司股东身份，然而从工商登记情况来看，王某燕从未成为公司股东，贝某公司也没有足够证据证明王某燕客观上确实取得股东资格，履行了股东权利义务，也没有书面的股权投资协议文本证明双方的出资具体约定，现王某燕向贝某公司支付投资款 10 万元后，认为无法达到其出资目的，主张返还该款，并无不妥，一审法院对其诉请予以支持，合法有据。"

2. 出资人未按约定缴纳出资的应承担违约责任

❶北京市高级人民法院在审理的中铁某局建设有限公司等与中某重科股份有限公司等股东出资纠纷案【（2021）京民终 143 号】认为："公司法第二十八条第二款只做了宣示性的规定，股东不按照前款规定缴纳出资的，除应当向公司足额缴纳外，还应当向已按期足额缴纳出资的股东承担违约责任。案涉公司章程约定'各位股东应在收到公司发出的缴付出资通知书之日起 5 个工作日内完成出资缴付，逾期应按同期银行贷款利率向其他守约股东承担违约责任'，上述条款表明各股东约定了因逾期出资而产生的损害赔偿额的计算方法，属于各股东对于迟延履行出资而约定的违约金。通常情况下，各股东均遵守公司章程约定按时足额缴纳出资，公司收到真实确定的资本金，公司股东在没有特别约定的情况下依其出资比例享有资产收益、参与重大决策和选择管理者等权利；由于中某恒某公司、北京帝某公司和中某重科公司未按时足额出资，致使按时足额缴纳出资的股东中铁某局公司无法按照其出资比例享受公司资本充实确定状态下的收益，此部分未能享有的收益即其损失。中铁某局公司认缴金额 3400 万元，占比 11.33%，各逾期出资股东给中铁某局公司造成的损失范围计算公式为：中铁某局公司的出资份额 11.33%×各股东出资额×按银行同期 1 年期贷款利率计算的日息利率×逾期天数。"

3. 认购协议履行的其他问题

（1）仅履行出资义务不能认定为公司股东

❶最高人民法院审理的中某银行股份有限公司济南分行、海某集团有限公司执行异议之诉再审案【（2016）最高法民再 360 号】认为："在代持情况下，即名义股东与实际股东分离时，通过合同法规制解决。即使海某集团为涉案股份的实际出资人，也并不当然地取得营口沿某银行的股东地位。代持情形下，隐名股东的财产利益是通过合同由名义股东向实际股东转移，需经过合同请求而取得，若隐名股东请求成为公司股东，则需经过半数股东同意，其并非当然取得股东地位。综合上述分析可知，海某集团即使对涉案股份真实出资，其对因此形成的财产权益，本质还

是一种对中某财富享有的债权。如中某财富违反其与海某集团之间签订的委托协议，海某集团得依据双方签订的相关协议向中某财富主张违约责任，并不当然享有对涉案股份的所有权、享受股东地位。"

（2）增资前提条件不具备时公司无权请求出资

❷北京市第一中级人民法院审理的东某家园有限公司与 A×××HOUSEHOLD LIMITED 等股东出资纠纷案【（2013）一中民初字第 3568 号】认为："按照《关于家某建材公司及家某实业公司重组安排备忘录（二）的补充协议》，龙某宏易公司与龙柏太合企业及双方指定方向家某建材公司增资的前提，是鸿某昌公司与龙某宏易公司或龙某宏易公司的关联方签订转让家某实业公司 51%股权的正式《股权转让协议》，家某实业公司受让 A×××公司在家某建材公司中的 32%的股权，由家某实业公司向家某建材公司增资。家某有限公司未提交相关证据证明正式的《股权转让协议》已经签订，A×××公司持有的股权亦未转让给家某实业公司，故增资的前提并不具备。《中华人民共和国中外合资经营企业法实施条例》第 20 条规定：'合营一方向第三者转让其全部或者部分股权的，须经合营他方同意，并报审批机构批准，向登记管理机构办理变更登记手续。合营一方转让其全部或者部分股权时，合营他方有优先购买权。合营一方向第三者转让股权的条件，不得比向合营他方转让的条件优惠。违反上述规定的，其转让无效。'A×××公司向家某实业公司转让其持有的家某建材公司 32%的股权，需经外商投资企业审批机关批准，家某有限公司未提交已经审批机关批准的相关证据，家某建材公司的章程上登记的股东仍为 ARCH 公司，故其请求判令龙某宏易公司与龙柏太合企业向家某建材公司增资的诉讼请求，本院不予支持。"

（3）有限责任公司股东不得以公司财产认缴新增资本

❸南宁市中级人民法院审理的曹某与南宁彩某印务科技有限公司、胡某南、廖某梅、陈某峰新增资本认购纠纷案【（2013）南市民二终字第 253 号】认为："2006 年 1 月 18 日，曹某向彩某公司交付多功能彩印压花餐巾纸机 2 台套，履行《股东协议书》的投资义务，该机器交付后即成为彩某公司的财产，同年 1 月 23 日，胡某南、廖某梅、陈某峰将彩某公司财产作为其新增资本的出资，违反了《中华人民共和国公司法》（2005 修订）第 179 条①关于有限责任公司增加注册资本应由股东认缴新增资本的出资的有关规定，以及第 27 条、第 28 条、第 29 条关于有

---

① 《公司法》（2023 年修订）第 228 条。

限责任公司股东缴纳出资的有关规定，应认定胡某南、廖某梅、陈某峰、曹某未认缴新增资本的出资。因此曹某上诉主张该设备作价 110 万元应认定为其出资额，于法无据，本院不予支持。"

（三）认购协议的解除与撤销

1. 出资人在公司不履行义务时有权解除协议

出资人在公司未履行变更登记义务时有权解除合同。

❶珠海市中级人民法院审理的珠海诚某保险代理有限公司、杨某群新增资本认购纠纷、买卖合同纠纷案【（2016）粤 04 民终 2821 号】认为："虽然双方之间达成新增资本认购的合意，杨某群也实际支付了认购款，但是，如一审法院所述，杨某群从未行使过股东权利。诚某保险公司既未向杨某群签发出资证明书，也未在公司内部的股东名册上对杨某群的股东身份进行明确，更未进行工商变更登记。诚某保险公司甚至无法确定杨某群的持股比例，无法证明杨某群所支付的股权认购款已经进入公司的注册资本。上述事实足以说明，诚某保险公司在收取股权认购款后完全没有履行相关义务，杨某群的股东资格未获确认，其认购诚某保险公司股权的目的显然已经落空。杨某群有权依据《中华人民共和国合同法》第 93 条第 2 款的规定解除合同。"

❷北京市第三中级人民法院审理的北京实某书苑文化交流中心有限公司与北京中某盛成投资管理有限公司新增资本认购纠纷案【（2017）京 03 民终 13606 号】认为："实某书苑公司在收款后至今未办理股权变更登记事宜，其在庭审中亦不同意中某盛成公司成为其股东，致使中某盛成公司的合同目的落空，故中某盛成公司可以解除合同并要求实某书苑公司返还投资款 100 万元。一审法院对中某盛成公司的请求予以支持并无不当，故本院予以维持。"

❸江门市中级人民法院审理的江门市晨某纸业有限公司、梁某东新增资本认购纠纷、买卖合同纠纷案【（2017）粤 07 民终 3223 号】认为："晨某公司以区某宗的个人账户收取增资款项后，并无证据证明已履行了后续的将增资存入晨某公司在银行开设的账户、验资以及办理工商登记变更等程序，故该增资程序并未完成。根据《董事会决议》中有关增资扩股至 2015 年 12 月 31 日的决定，即晨某公司最迟应在 2015 年 12 月 31 日开始为梁某东办理相应的工商登记变更手续。但从梁某东缴纳出资资金后晨某公司的工商登记变更情况来看，其注册资本于 2015 年 11 月 27 日由

200 万元变更为 5000 万元，并于 2016 年 1 月变更其股东和持股比例，但仍没有办理变更梁某东为公司股东的登记手续，已构成违约。晨某公司承认其意为以梁某东等人的出资充实该 5000 万元注册资本，但梁某东向晨某公司发出了《退款申请书》后，晨某公司还于 2015 年 6 月变更其股东并登报发出《减资声明》，其行为进一步印证其没有为梁某东办理增资手续的意思。因晨某公司存在上述根本性违约行为，致无法实现合同目的，故一审依照《中华人民共和国合同法》第 94 条的规定，认定梁某东与晨某公司之间的增资入股关系自《退款申请书》到达晨某公司之日起解除，处理正确，本院予以维持。"

❹淮北市中级人民法院审理的淮北汇某农业技术开发有限公司诉刘某合同纠纷案【（2017）皖 06 民终 820 号】认为："判定汇某公司应否返还刘某的出资款，关键在于判定刘某是否已取得汇某公司的股东资格。股东资格是出资人取得和行使股东权利并承担股东义务的基础。但汇某公司在其获得淮麦 32 小麦品种技术使用权后，未依法履行确认刘某股东资格的相关扩股手续，也未向工商部门申请变更登记增加刘某为公司股东，且汇某公司在一、二审中亦未提交有关增资的股东会决议、修改后的公司章程等证据材料。一审法院以刘某未取得汇某公司的股东资格，以及汇某公司亦未能举证证明刘某以隐名股东的身份行使权利，判决汇某公司返还刘某支付的技术使用费 303 万元，有事实和法律依据。"

❺廊坊市中级人民法院审理的成某昇与宁某军新增资本认购纠纷、买卖合同纠纷案【（2016）冀 10 民终 569 号】认为："上诉人已按约定完成出资，被上诉人未按约定履行公司变更手续，已构成违约，上诉人主张解除该《合作协议书》，返还上诉人出资款 237876 元，并赔偿违约金 20000 元，符合双方约定，理据充分，本院予以支持。"

❻珠海市中级人民法院审理的珠海诚某保险代理有限公司、肖某芬新增资本认购纠纷、买卖合同纠纷案【（2016）粤 04 民终 2819 号】认为："虽然双方之间达成新增资本认购的合意，肖某芬也实际支付了认购款，但是，如一审法院所述，肖某芬从未行使过股东权利。诚某保险公司既未向肖某芬签发出资证明书，也未在公司内部的股东名册上对肖某芬的股东身份进行明确，更未进行工商变更登记。诚某保险公司甚至无法确定肖某芬的持股比例，无法证明肖某芬所支付的股权认购款已经进入公司的注册资本。上述事实足以说明，诚某保险公司在收取股权认购款后完全没有履行相关义务，肖某芬的股东资格未获确认，其认购诚某保险公司股权的目的显然已经落空。在肖某芬主张权利后，诚某保险公司既未承诺履行合同义务，也未返还股权认购款。在此情形下，肖某芬当然有权提起诉讼请求诚某保险公司返还股权认购款。

解除权属于形成权，合同法等相关法律法规并未对解除权的行使期限作出限制，肖某芬在一审庭审中明确要求解除合同并请求返还股权认购款不违反法律的规定。"

公司未能履行义务导致合同目的无法实现的，出资人有权解除合同。

❼湖北省高级人民法院审理的随州市新某代汽车销售服务有限公司、刘某群等与新增资本认购纠纷、买卖合同纠纷案【（2016）鄂民再 74 号】认为："刘某群与新某代公司 2010 年 8 月 31 日签订《投资协议》后，于 2010 年 8 月 31 日至 2010 年 9 月 8 日分 3 次向新某代公司交纳 100 万元，刘某群履行了合同约定的主要义务，但新某代公司直至 2014 年刘某群诉至法院时，一直未完成公司增资扩股程序，致使合同目的无法实现，新某代公司的不履行行为构成根本违约，刘某群作为守约方有权诉请人民法院解除合同，并要求新某代公司返还投资款及利息。"

❽成都市中级人民法院审理的四川禾某装饰工程有限公司、牟某峰新增资本认购纠纷、买卖合同纠纷案【（2017）川 01 民终 5927 号】认为："《认购书》明确约定了双方的合同义务，牟某峰的义务是以现金方式出资 152000 元认购禾某公司 200000 股份，禾某公司的义务是在合同签订 1 年后成功上市。依据《认购书》第 3 条'若 1 年后公司没有成功到上海股权交易中心 E 板挂牌，乙方可要求企业以每股 1 元退还其认购资全'，上述内容系禾某公司应履行的合同义务。依据现有事实，牟某峰已按约定履行其合同义务，但禾某公司未能在 1 年后成功上市，禾某公司没有履行合同主要义务，致使合同目的不能实现。该情形符合《中华人民共和国合同法》第 94 条第 4 项'有下列情形之一的，当事人可以解除合同：……（四）当事人一方迟延履行债务或者有其他违约行为致使不能实现合同目的'的规定，据此，牟某峰有权要求解除与禾某公司签订的《认购书》，本院对牟某峰该项请求予以支持。"

❾深圳市中级人民法院审理的袁某洪、杜某萱、张某与德某园林绿化设计（深圳）有限公司新增资本认购纠纷案【（2015）深中法商终字第 2092 号】认为："依据公司法的相关规定，对公司增加或者减少注册资本的应该经过股东会决议，或者全体股东在书面决定文件上签名确认，杜某萱确认冬某印象公司未召开股东大会形成增资扩股以及吸纳德某公司投资入股的股东会决议，也无全体股东确认相关事项的书面决议文件，故德某公司投资入股冬某印象公司的合同目的不能实现。经德某公司的催告，冬某印象公司在合理期限内仍未履行合同，德某公司有权解除涉案合同，冬某印象公司应向德某公司返还投资款 66 万元以及支付相应利息。"

2. 出资人和公司协商一致可解除出资协议

❶海南省第二中级人民法院审理的大连易某达新能源发展股份有限公司与海南亚

某装饰工程有限公司、洋浦嘉某实业有限公司、刘里新增资本认购纠纷案【（2015）海南二中民二终字第 29 号】认为："本案中，诉争双方签订的增资协议的各项条款中并未明确约定双方合意解除或一方享有合同解除的条件，在易某达公司向亚希公司、亚希装饰公司、嘉某公司及刘某发出的《违约事项汇总通知函》中载明仅对双方在本次增资过程中先后出现的重大违约事实进行汇总，亦无明确作出解除增资协议的意思表示，易某达公司请求确认其已经解除增资协议的主张没有事实基础和法律依据，一审判决驳回此项诉讼请求的处理结果正确，本院予以维持。"

3. 出资人在公司不履行告知义务构成欺诈时有权撤销协议

❶西安市中级人民法院审理的王某超与西安蓝某生物工程有限责任公司新增资本认购纠纷、买卖合同纠纷案【（2016）陕 01 民终 8252 号】认为："蓝某公司在增资协议中承诺其不存在根据普遍公认的中国境内会计准则制作的财务报表所应当反映而未反映的任何债务或者责任。蓝某公司称其于 2015 年 6 月 15 日以向王某超的财务负责人王某荣的邮箱发送其财务状况资料的电子邮件的方式，告知了王某超涉及股东权益方面的蓝某公司财务状况，但王某超称其不认识王某荣，且该电子邮件无法打开，故蓝某公司提交的证据不能证明其在签订增资协议时已经告知了王某超其财务状况。王某超以蓝某公司故意隐瞒了其财务状况，构成欺诈，要求撤销增资协议，理由正当，依法应予支持。"

❷盐城市中级人民法院审理的唐某蔚与盐城市江某环境工程有限公司、上海仟某信资产管理有限公司新增资本认购纠纷、买卖合同纠纷案【（2017）苏 09 民终 2649 号】认为："本案中，江某环境公司为实现增资扩股的目的，在上海股权托管交易中心对外发布虚假的招股说明书，隐瞒对外担保和财务状况严重恶化等重要信息，导致唐某蔚在违背真实意思的情况下与江某环境公司签订《增资扩股协议书》，严重损害了唐某蔚的合法权利，其行为已构成欺诈。江某环境公司提出的没有欺诈被上诉人的故意，更不存在欺诈被上诉人的行为的上诉理由，与事实不符，本院不予采信。原审判决事实基本清楚，判决结果并无不当，应予维持。"

（四）协议解除后的责任承担

1. 认购协议被解除后应返还出资款及利息

❶黄山市中级人民法院审理的苏某武与黄山市黄山区银某小额贷款股份有限公

司小额借款合同纠纷案【(2016) 皖 10 民终 60 号】认为："关于该 50 万元是否应支付利息。苏某武在 2012 年 10 月 21 日提交的辞职报告中要求在办理辞职手续时返还股金，是否计息由公司决定，并未明确承诺放弃利息，但银某公司在合理期间一直未予返还，继续占用该笔资金，给苏某武造成一定经济损失，原审法院按照中国人民银行同期存款利率计息，并无不当。"

❷太原市中级人民法院审理的金某园煤焦化集团有限公司新增资本认购纠纷案【(2015) 并商终字第 127 号】认为："上诉人与被上诉人签订《投资入股协议》，是双方真实意思表示，未违反法律、行政法规的有关规定，合法有效。被上诉人按照《投资入股协议》约定履行出资义务，上诉人未依约办理注册资本变更登记手续，致使被上诉人未能成为上诉人的股东，故上诉人主张双方之间为股东与公司法律关系的请求本院不予支持。按照《投资入股协议》约定，上诉人应当返还被上诉人投资入股资金 200 万元。上诉人在合同约定的期间实际使用被上诉人的投资入股资金，上诉人应当比照约定累积优先股的股息赔偿被上诉人相应的损失，但应扣除上诉人已支付的 112 万元。"

2. 未足额出资股东与公司承担连带还款责任

❶深圳市中级人民法院审理的袁某洪、杜某萱、张某与德某园林绿化设计（深圳）有限公司新增资本认购纠纷案【(2015) 深中法商终字第 2092 号】认为："关于杜某萱、袁某洪、张某对上述投资款的返还应承担的责任。依据《最高人民法院关于适用〈中华人民共和国公司法〉若干问题的规定（三）》第 13 条第 2 款，公司债权人请求未履行或者未全面履行出资义务的股东在未出资本息范围内对公司债务不能清偿的部分承担补充赔偿责任的，人民法院应予支持。本案中，冬某印象公司于 2014 年 2 月 19 日成立，成立时股东为袁某洪（出资比例 10%）、杜某萱（出资比例 90%），公司注册资本 100 万元，但实收资本为 0 元，故袁某洪、杜某萱并未实际出资，袁某洪应对德某公司 66 万元的投资款中的 10%、杜某萱应对其中的 90% 承担补充清偿责任。依据《最高人民法院关于适用〈中华人民共和国公司法〉若干问题的规定（三）》第 19 条的规定，有限责任公司的股东未履行或者未全面履行出资义务即转让股权，受让人对此知道或者应当知道，公司债权人依照本规定第 13 条第 2 款向该股东提起诉讼，同时请求前述受让人对此承担连带责任的，人民法院应予支持，因张某受让了袁某洪 10% 的股份，其亦应就袁某洪返还的投资款的数额承担连带责任。原审对杜某萱、袁某洪、张某承担的返还投资款的责任的处理正确，本院予以确认。"

足额出资股东对出资款的退还不承担连带责任。

❷河池市中级人民法院审理的龙某因与宜州市运某商厦有限公司、陈某霖、黎某伶、黎某宣新增资本认购纠纷案【（2014）河市民二终字第 49 号】认为："《中华人民共和国公司法》第 3 条第 2 款①规定，有限责任公司的股东以其认缴的出资额为限对公司承担责任。陈某霖、黎某伶、黎某宣已足额缴纳对运某公司的出资，龙某诉请陈某霖、黎某伶、黎某宣对运某公司退还其出资款及赔偿该款利息损失承担连带责任，没有法律依据，本院不予支持。一审认定龙某业已是运某公司股东，其要求退还入股资金 17.5 万元实质是要求运某公司回购其股权错误，本院予以纠正。"

3. 关于协议解除后责任承担的其他问题

（1）实际控制人与公司承担连带还款责任

❶深圳市中级人民法院审理的袁某洪、杜某萱、张某与德某园林绿化设计（深圳）有限公司新增资本认购纠纷案【（2015）深中法商终字第 2092 号】认为："经德某公司的催告，某上莲公司在合理期限内仍未履行合同，德某公司有权解除涉案合同，某上莲公司应向德某公司返还已支付的投资款 100 万元以及相应利息。杜某萱作为某上莲公司的实际控制人以及涉案投资款的实际收取人，应当对上述款项的返还承担连带责任。"

（2）一人公司与股东承担连带还款责任

❷湖北省高级人民法院审理的随州市新某代汽车销售服务有限公司、黄某付等新增资本认购纠纷、买卖合同纠纷案【（2016）鄂民再 74 号】认为："刘某群于 2012 年 7 月 30 日和 8 月 14 日向新某代公司交付的 100 万元，系新某代公司的借款，刘某群作为债权人有权利要求返还并支付利息。新某代公司于 2009 年 5 月 6 日经工商行政管理部门核准，变更为自然人独资公司，黄某付是唯一股东，其后没有股东变更和资金变更的登记。《中华人民共和国公司法》第 63 条②规定，一人有限责任公司的股东不能证明公司财产独立于股东自己的财产的，应当对公司债务承担连带责任。黄某付作为自然人独资公司的股东，未能提交证据证明新某代公司的财产独立于自己的财产，因此，黄某付应对新某代公司的债务承担连带责任。"

---

① 《公司法》（2023 年修订）第 4 条第 1 款。
② 已被修改。

（3）担保人对对赌股东承担连带赔偿责任

❸嘉兴市中级人民法院审理的浙江海某得新材料股份有限公司与广西地某矿业集团股份有限公司、广西鑫某交通能源投资有限公司等新增资本认购纠纷、买卖合同纠纷案【（2014）浙嘉商初字第00011号】认为："海某得公司要求田某中某公司承担连带担保责任，田某中某公司辩称其为公司股东及实际控制人提供的担保未经股东会决议通过，担保条款无效。对此，本院认为，《中华人民共和国公司法》第16条第2款① '公司为公司股东或者实际控制人提供担保的，必须经股东会或者股东大会决议'的规定，并非效力性强制性规定，公司的内部决议程序不得约束第三人，故田某中某公司的这一抗辩不能成立，其应按约对鑫某公司、孙某忠、施某芳的上述债务承担连带担保保证责任。田某中某公司承担保证责任后，有权向鑫某公司、孙某忠、施某芳追偿。"

（五）新增资本认购纠纷案由的认定

1. 与股权纠纷相区别

❶广元市中级人民法院审理的广元经济开发区融某小额贷款有限公司、广元市兴某建设有限公司与王某明、郭某和新增资本认购纠纷案【（2016）川08民终333号】认为："股东出资是指公司股东在公司设立或增加资本时，按照法律、公司章程的规定以及认股协议的约定，向公司交付财产或履行其他给付义务以取得股权的行为。而本案原告在出资时，并不是被告公司的股东，其出资是作为被告公司新增资本时的新出资人出资，其与公司之间的纠纷，是新出资人与公司之间发生的新增资本认购纠纷，案由应为新增资本认购纠纷。原告以股东出资纠纷向本院提起诉讼，其主张案由与其主张的民事法律关系性质不符，根据最高人民法院《关于印发修改后的〈民事案件案由规定〉的通知》第3条第5项 '当事人起诉的法律关系与实际诉争的法律关系不一致的，人民法院结案时应当根据法庭查明的当事人之间实际存在的法律关系的性质，相应变更案件的案由'的规定，本院确认本案案由为新增资本认购纠纷。"

❷西安市中级人民法院审理的王某超与西安蓝某生物工程有限责任公司新增资本认购纠纷、买卖合同纠纷案【（2016）陕01民终8252号】认为："新增资本认购

---

① 《公司法》（2023年修订）第15条第2款。

纠纷是指有限责任公司新增资本认购、股份有限公司发行新股认购产生的纠纷，规范的是公司新增注册资本时除股东出资纠纷之外的相关纠纷。蓝某公司与王某超于2015年8月8日签订的《关于西安蓝某生物工程有限责任公司之增资协议书》中约定王某超出资900万元增资于蓝某公司。本案中，王某超请求判令撤销增资协议，蓝某公司退还投资款及利息，因此本案系新增资本认购纠纷。"

❸珠海市中级人民法院审理的珠海诚某保险代理有限公司、杨某群新增资本认购纠纷、买卖合同纠纷案【(2016)粤04民终2821号】认为："本案系杨某群向已成立的诚某保险公司认购股份引发的纠纷，属于新增资本认购纠纷，不属于股权转让纠纷。一审法院就本案案由认定有误，本院予以纠正。"

❹深圳市中级人民法院审理的杜某萱与德某园林绿化设计（深圳）有限公司新增资本认购纠纷案【(2015)深中法商终字第2091号】认为："上诉人杜某萱主张，涉案合同为股权转让协议，本院认为，该协议的甲方明确注明为某上莲公司，并非某上莲公司的股东，协议也未约定某上莲公司的股东将其自身的股份转让给德某公司，故该协议不具备股权转让协议的性质。上述协议约定，某上莲公司估值600万元为公司的整体投资，德某公司以120万元现金方式投入某上莲公司持有20%的股份，由此可见，某上莲公司是想通过增资扩股的方式将公司注册资本由原来的100万元变更为600万元，而德某公司希望通过出资120万元，持有某上莲公司20%的股份，原审对涉案合同定性为新增资本认购协议正确，本院予以确认。"

❺温州市中级人民法院审理的吴某忠与浙江庄某船业有限公司、温州庄某投资控股有限公司等股权转让纠纷案【(2014)浙温商终字第1679号】认为："请求公司收购股份纠纷是在异议股东行使股份收购请求权时产生的纠纷，其股权的受让方是公司本身；股权转让纠纷是股东之间、股东与非股东之间进行股权转让而发生的纠纷。本案上诉人吴某忠作为被上诉人庄某船业公司的股东，其在原审期间提出的诉讼请求中，针对被上诉人庄某船业公司仅要求其对股权回购过程予以配合，主要还是要求被上诉人庄某投资公司、乔某公司向其支付股权增资回购款2070万元，可见本案是股东之间涉及股权转让问题而发生的纠纷，故本案案由应确定为股权转让纠纷。原审法院将本案案由确定为请求公司收购股份纠纷不当，应予纠正。"

增资义务人是否按期缴纳增资的纠纷为股东出资纠纷。

❻北京市第一中级人民法院审理的东某家某有限公司与A×××HOUSEHOLD LIMITED等股东出资纠纷案【(2013)一中民初字第3568号】认为："家某有限公司以新增资本认购纠纷提起本案诉讼，依据《民事案件案由规定》，新增资本认购纠纷是指有限责任公司新增资本认购、股份有限公司发行新股认购产生的纠纷，是

对增资行为本身有异议产生的纠纷。新增资本认购纠纷与股东出资纠纷不同，股东出资纠纷适用于股东违反出资义务的各种情形，而新增资本认购纠纷规范的是公司新增注册资本时，除股东出资纠纷之外的相关纠纷。本院认为，本案是公司增资后增资义务人是否按期缴纳增资的纠纷，故本案应定为股东出资纠纷。"

2. 与借款纠纷相区别

❶赣州市中级人民法院审理的陈某雷、沈某蔚民间借贷纠纷案【（2017）赣07民终1467号】认为："《协议书》《债务清偿协议》均为各方当事人真实意思表示，合法有效，各方应受协议约束。《协议书》未对沈某蔚向陈某雷、朱某瑞所任职的世某钨业公司汇入资金后，股权分配、经营管理、利润分配以及亏损分担等问题作出约定，不符合投资法律关系的构成要件。故沈某蔚与陈某雷、朱某瑞实际系以投资为名，行借贷之实，双方应为民间借贷法律关系。《债务清偿协议》亦明确了陈某雷、朱某瑞及世某钨业公司同意该笔资金作为结欠沈某蔚的债务处理。因此，陈某雷提出本案为新增资本认购纠纷的上诉理由不成立，本院不予采纳。"

公司未通过股东会决议增资的，认购协议应认定为借款协议。

❷广州市中级人民法院审理的关某聪与刘某权、吴某芬股权转让合同纠纷案【（2016）粤01民终18862号】认为："《中华人民共和国公司法》第43条①规定：'股东会的议事方式和表决程序，除本法有规定的外，由公司章程规定。股东会会议作出修改公司章程、增加或者减少注册资本的决议，以及公司合并、分立、解散或者变更公司形式的决议，必须经代表三分之二以上表决权的股东通过。'本案中各方均无证据证实鸡某挞公司已实际召开了新增资本的股东会，亦无证据证实关某聪参与了该次股东会并已形成有效的股东会决议，即无证据证实鸡某挞公司已履行了公司法规定的新增资本的法定程序，故刘某权主张《融资协议》系鸡某挞公司增资扩股协议，缺乏事实和法律依据，本院不予采信。综合上述分析，涉案《融资协议》实为民间借贷协议，一审法院认定关某聪与鸡某挞公司之间的法律关系为股权转让关系不当，本院依法予以纠正。"

❸红河哈尼族彝族自治州中级人民法院审理的吴某军诉云南省弥勒市东某包装制品总厂等民间借贷纠纷案【（2014）红中民二初字第59号】认为："本案中除了收据上写明收到原告的款项是投资款外，原告未举证证明双方对具体的投资项目及投资入股所占比例、利润分配、亏损分担等内容有约定，也没有其他证据相印证双

---

① 《公司法》（2023年修订）第66条。

方系投资关系，工商登记和公司章程均未记载原告吴某军系包装制品厂的股东。并且从收据中明确载明退股时计实际投资款 340 万元来退股的内容分析，收据的内容没有约定投资的具体内容，收据中所记载的内容不符合投资、入股的法律特征，因此，被告收取的款项为投资款的证据不足，不应认定为投资款。而从收据中的内容可看出，原告在支付款项时，就要收回投资款，其最终目的是退还投资款，符合借贷关系中到期返还借款及利息的法律特征，即双方构成了事实上的借贷关系，因此，本案应认定为借款而不是股权投资款。"

仅通过投资取得财产性利益并无成为股东的合意的，应认定为民间借贷纠纷。

❹杭州市中级人民法院审理的施某华与杭州合某电子科技有限公司民间借贷纠纷案【（2015）浙杭商终字第 3047 号】认为："就争议的 30 万元款项，合某公司出具的收款收据上记载为'投资款'。'投资关系'是一种比较宽泛的表述，不同类型当事人之间基于投资关系，根据不同的权利义务约定可能产生不同的法律关系。施某华作为非股东的个人，向已经设立的合某公司投资，双方据此设立的法律关系应结合当事人具体的权利义务进行明确。结合双方相关陈述，双方就施某华通过投资成为股东并无合意，施某华也未实际成为公司股东或通过他人代持股份，故本案施某华向合某公司投资并未建立新增资本认购关系，而是欲通过投资获得相应的财产性收益，这种通过向公司进行货币投资，在不取得股东资格或权利的情况下享有财产性收益的权利义务安排，本质上仍属民间借贷关系。故本院确认双方之间就争议款项建立的是民间借贷关系。原审法院对法律关系定性错误，本院予以纠正。"

（六）优先认缴权

1. 股份有限公司原股东无优先认缴权

❶昆明市中级人民法院审理的李某芝与云南某织（集团）股份有限公司新增资本认购纠纷案【（2015）昆民五终字第 31 号】认为："被上诉人是原云南某织厂通过国企改制，以发起方式设立的股份有限公司，云某职工持股会是发起人之一，作为被上诉人股东进行了工商登记，上诉人作为云某职工持股会会员，其权利的行使必须按照持股会的章程进行。公司进行增资扩股系公司内部治理的经营决策行为，由公司的决策机构作出决议并遵照执行。《中华人民共和国公司法》第 34 条①规定的股东增资优先认购权，是公司法基于保护有限责任公司人合性的经营特征，

---

① 已被修改。

对有限责任公司增资扩股行为发生时所作的强制性规范，目的在于保护有限责任公司在人合基础上搭建起来的经营运行稳定性，该规定仅适用于有限责任公司。对于股份有限公司，基于其资合性的组织形式与管理运行模式，公司法并未对其增资扩股行为设定优先认购权的强制性规范，股份有限公司的增资扩股行为系其内部经营决策合意的结果，在不违反相关强制性法律法规的前提下，公司具体的增资方式、增资对象、增资数额、增资价款等均由其股东会决议并遵照执行。被上诉人云某集团公司 2008 年增资扩股系公司法人治理框架内的经营决策自治行为，其新股发行的种类、数额、价格、起止日期、范围等均应当由公司的股东会决议并执行，本案中，云某集团公司于 2008 年 1 月 8 日作出《云南某织（集团）股份有限公司 2007 年第二次临时股东大会决议》，其中决议第 2 项对公司本次增资的种类、对象、数额、时间等均作出了明确规定，第 2 项第 5 条规定了本公司辞职自谋职业的原持股会会员不得参加本次增资扩股认购，云某职工持股会亦是在公司股东会决议的基础上对增资扩股进行了公告，故云某集团公司 2008 年的增资扩股行为应当按照该股东会决议履行。本案中，至今未有证据显示该决议被撤销或无效，反而是云某集团公司按照股东会决议完成了增资扩股行为。上诉人李某芝于 1999 年 7 月 30 日与被上诉人公司解除了劳动合同关系，根据云某集团公司作出的上述股东会决议，其身份属于第 2 项第 5 条规定的辞职自谋职业人员，故本院认为上诉人李某芝不在云某集团公司 2008 年的增资扩股范围之内，无权要求行使增资扩股认购权。"

2. 有限公司股东有权主张优先认缴权

（1）有限公司隐名股东无权主张优先认缴权

❶广东省高级人民法院审理的黄某刚与广州市番禺莲某山造纸有限公司新增资本认购纠纷、买卖合同纠纷案【（2016）粤民申 4688 号】认为："《验资报告》列明莲某山公司的投资者为何某辉等 7 个自然人及莲某山公司工会，在莲某山公司工会名称后附表详细列明了 535 名认购出资的员工姓名及出资额，其中黄某刚出资 2400 元。莲某山公司向黄某刚签发了《股权证》。莲某山公司章程和工商部门登记显示，莲某山公司的股东为莲某山工会及何某辉等。此外，莲某山公司的股东会议由工会代表参加。因此，本案双方对黄某刚是实际出资人没有争议，但黄某刚不是莲某山公司对外公示的股东，亦未作为股东参加莲某山公司的股东会议。根据《中华人民共和国公司法》第 32 条第 3 款①'公司应当将股东的姓名或者名称向公司

---

① 《公司法》（2023 年修订）第 34 条。

登记机关登记；登记事项发生变更的，应当办理变更登记。未经登记或者变更登记的，不得对抗第三人'的规定，由于黄某刚不是工商部门登记公示的股东，故黄某刚以其是莲某山公司的股东为由起诉要求确认其对新增资本的优先认购权缺乏法律依据。"

（2）股东对其他股东放弃的增资份额无优先认购权

❷最高人民法院审理的贵州捷某投资有限公司与贵阳黔某生物制品有限责任公司、重庆大某生物技术有限公司、贵州益某制药有限公司、深圳市亿某盛达科技有限公司股权确认纠纷案【(2009) 民二终字第 3 号】认为："我国《公司法》第 35 条①规定'公司新增资本时，股东有权优先按照实缴的出资比例认缴出资'，直接规定股东认缴权范围和方式，并没有直接规定股东对其他股东放弃的认缴出资比例增资份额有无优先认购权，也并非完全等同于该条但书或者除外条款即全体股东可以约定不按照出资比例优先认缴出资的除外所列情形，此款所列情形是完全针对股东对新增资本的认缴权而言的，这与股东在行使认缴权之外对其他股东放弃认缴的增资份额有无优先认购权并非完全一致。对此，有限责任公司的股东会完全可以有权决定将此类事情及可能引起争议的决断方式交由公司章程规定，从而依据公司章程规定方式作出决议，当然也可以包括股东对其他股东放弃的认缴出资有无优先认购权的问题，该决议不存在违反法律强行规范问题，决议是有效力的，股东必须遵循。只有股东会对此问题没有形成决议或者有歧义理解时，才有依据公司法规范适用的问题。即使在此情况下，由于公司增资扩股行为与股东对外转让股份行为确属不同性质的行为，意志决定主体不同，因此二者对有限责任公司人合性要求不同。在已经充分保护股东认缴权的基础上，捷某公司在黔某公司此次增资中利益并没有受到损害。当股东个体更大利益与公司整体利益或者有限责任公司人合性与公司发展相冲突时，应当由全体股东按照公司章程规定方式进行决议，从而有个最终结论以便各股东遵循。至于黔某公司准备引进战略投资者具体细节是否已经真实披露于捷某公司，并不能改变事物性质和处理争议方法。"

3. 新增资本优先认缴权应在合理期间行使

❶最高人民法院审理的绵阳高新区科某实业有限公司、福建省固某投资有限公司、陈某高与绵阳市红某实业有限公司、蒋某股东会决议效力及公司增资纠纷案【(2010) 民提字第 48 号】认为："虽然科某公司 2003 年 12 月 16 日股东会决议因

---

① 已被修改。

侵犯了红某公司和蒋某按照各自的出资比例优先认缴新增资本的权利而部分无效，但红某公司和蒋某是否能够行使上述新增资本的优先认缴权还需要考虑其是否恰当地主张了权利。股东优先认缴公司新增资本的权利属形成权，虽然现行法律没有明确规定该项权利的行使期限，但为维护交易安全和稳定经济秩序，该权利应当在一定合理期间内行使，并且由于这一权利的行使属于典型的商事行为，对于合理期间的认定应当比通常的民事行为更加严格。本案红某公司和蒋某在科某公司 2003 年 12 月 16 日召开股东会时已经知道其优先认缴权受到侵害，且作出了要求行使优先认缴权的意思表示，但并未及时采取诉讼等方式积极主张权利。在此后科某公司召开股东会、决议通过陈某高将部分股权赠与固生公司提案时，红某公司和蒋某参加了会议，且未表示反对。红某公司和蒋某在股权变动近两年后又提起诉讼，争议的股权价值已经发生了较大变化，此时允许其行使优先认缴出资的权利将导致已趋稳定的法律关系遭到破坏，并极易产生显失公平的后果，故四川省绵阳市中级人民法院（2006）绵民初字第 2 号民事判决认定红某公司和蒋某主张优先认缴权的合理期间已过并无不妥。故本院对红某公司和蒋某行使对科某公司新增资本优先认缴权的请求不予支持。"

（七）新增资本认购纠纷的其他问题

1. 公司增资需经股东会作出决议

❶绵阳市中级人民法院审理的赵某东与江油市长某志达汽车运输有限公司新增资本认购纠纷案【（2016）川 07 民终 2653 号】认为："上诉人赵某东与被上诉人长某志达汽车运输有限公司签订《联合组建公司入股合同协议书》后，请求按照公司发起人协商的一车一股，每股 55000 元的出资额认定股权。本院经审查，2002 年 5 月，长某志达汽车运输有限公司的 11 位发起人为组建公司，协商为便于注册公司，将价值不一的车辆实行一车一股，每股确定为 55000 元的出资额。该特别约定的股权确定方式并未确认在以后新增股权中适用。同时，按照公司章程第 33 条之规定，由股东会对公司增加或减少注册资本作出决议。上诉人并未提交证据证实股东会对其增加资本作出了决议，更无资本增加方式的决议。因此，上诉人诉请按照公司组建时的股东出资原则'一车一股，同股同权，且每股出资额为 55000 元'的方式确定股权的要求，依法不能成立。"

增资行为未经股东会决议，即使出资人已缴纳股款，亦不能认定为增资。

❷哈尔滨市中级人民法院审理的蒙某、孙某林、孟某英、李某清与巴某县客运有限责任公司新增资本认购纠纷案【（2016）黑01民终832号】认为："孙某林等4人向巴彦客运公司缴纳了出资款，巴彦客运公司向其出具了出资收据并颁发了股权证书，孙某林等4人据此主张其持股有效。《中华人民共和国公司法》第43条第2款①规定：股东会会议作出修改公司章程、增加或者减少注册资本的决议，以及公司合并、分立、解散或者变更公司形式的决议，必须经代表2/3以上表决权的股东通过。依据此规定，公司增资须经股东会决议，且必须经代表2/3以上表决权的股东通过，巴彦客运公司的《章程》也在第4章组织机构中第13条第8款中作出此类规定。本案中，孙某林等4人主张增资的依据是2013年12月10日的股东会决议，但根据证据显示此次股东会并未形成书面决议也没有表决程序，即孙某林等4人并无证据证明2013年12月10日的股东会形成了有效的股东会决议。孙某林等4人虽持有股权证，但并无证明增持股权有效的依据，故原审法院以其增持行为违反法律强制性规定，确认无效并无不当。上诉人的上诉理由不成立，本院不予支持。但孙某林等4人在此过程中并无过错，其因增资股权无效而受到的损失，可另行主张。"

❸成都市中级人民法院审理的唐某伍、成都天某出租汽车有限公司合同纠纷案【（2017）川01民终12602号】认为："唐某伍与天某公司之间未签订书面合同，2012年9月17日，唐某伍向天某公司交款后，天某公司即向唐某伍发放《股权证》，结合双方陈述、《股权证》载明内容与实际履行情况，唐某伍出资200000元，目的是取得天某公司1%股权比例的分红。该协议既未约定唐某伍资金的注入将导致天某公司注册资本的增加，也未约定天某公司的股份构成比例因唐某伍资金的注入将发生变化，且无天某公司股东会同意公司增资扩股的决议，故不具有增资扩股协议的性质。"

2. 就出资达成合意时的款项可认定为出资

❶黄山市中级人民法院审理的苏某武与黄山市黄山区银某小额贷款股份有限公司小额借款合同纠纷案【（2016）皖10民终60号】认为："关于苏某武是否缴纳新增资本认购资本金50万元。银某公司于2010年1月29日召开的第一届董事会第五次会议纪要要求完善和加强财务管理，向股东借款、新吸纳的股金及所产生的收入不计入大账，2010年4月苏某武转入时任银某公司会计方莉账户50万元，银某

---

① 《公司法》（2023年修订）第66条第3款。

公司向苏某武出具股金认购确认书及收据，结合苏某武的辞职报告明确提及该 50 万元，综合上述事实，可以认定苏某武已向银某公司缴纳新增资本认购资本金 50 万元。"

❷泰安市中级人民法院审理的管某秀、山东姜某鸭农业产业集团有限公司新增资本认购纠纷、买卖合同纠纷案【（2017）鲁 09 民终 1752 号】认为："协议的名称为内部股份认购协议，该协议明确约定了上诉人管某秀出资的数额，并约定此内部股权封闭期为 12 个月，期间不得擅自退出。无论是协议的名称还是协议的内容均明确表明了上诉人管某秀出资的意思表示，并且被上诉人山东姜某鸭农业产业集团有限公司出具的收款收据也载明了股权认购金，上诉人管某秀主张并无出资的意思表示，与事实不符，本院不予采信。"

未达成投资合意时的出资应转换为债权。

❸湖北省高级人民法院审理的随州市新某代汽车销售服务有限公司、黄某付等新增资本认购纠纷、买卖合同纠纷案【（2016）鄂民再 74 号】认为："2012 年 7 月 30 日和 8 月 14 日，刘某群分两次给付新某代公司 100 万元。虽然新某代公司单方在收据上注明为'投资'和'股权投资'，但并没有充分证据证明刘某群与新某代公司就新的增资事宜达成合意。故此，该笔 100 万元应视为刘某群向新某代公司的借款。新某代公司和黄某付关于该笔 100 万元是刘某群对新某代公司的投资款而非借款的再审申请理由，没有事实和法律依据，本院不予支持。"

❹镇江市中级人民法院审理的戴某云与镇江新某源高压气瓶制造有限公司新增资本认购纠纷、买卖合同纠纷案【（2017）苏 11 民终 100 号】认为："当事人意思表示一致合同成立，依法成立的合同，自成立时生效。可见，合同成立必须以当事人就合同的主要条款协商一致为前提。本案中，上诉人与被上诉人既未签订书面协议，亦未就投资金额、投资方式、持股比例等主要事项达成合意，故双方之间的投资协议并不成立，上诉人因此取得的财产应予返还。"

3. 股份认购权证属于要约

❶深圳市中级人民法院审理的深圳市某游（集团）股份有限公司与皇某利股权转让纠纷案【（2014）深中法商终字第 2521 号】认为："《深圳市游（集团）股份有限公司定向增发（股份认购权）方案》规定：'持有这种股份认购权的人员可以在规定的时期内以约定的价格购买本集团股份。本认购权必须经过授予和行权两个阶段，才能转变为个人的集团股份。'该方案表明，深某集团一旦向符合资格条件的人员授予股份认购权证，即受股份认购权证的约束，在股份认购权证持有人按

照约定的时期、价格行权时，深某集团应予以接受。深某集团向皇某利授予股份认购权证属于要约，皇某利予以接受则构成承诺。原审判决认为深某集团与皇某利之间成立关于新增资本认购的合同关系是恰当的。《深圳市某游（集团）股份有限公司定向增发（股份认购权）方案》规定的'股份认购权持有人辞职或被解聘、开除时，其已授予但未行权部分立即失效'，属于新增资本认购合同关系的解除条件，即在股份认购权持有人辞职或被解聘、开除等条件成就时，深某集团可以解除与股份认购权持有人之间的尚未履行的新增资本认购合同关系，这并不表明股份认购权证属于要约邀请。"

三、新增资本认购纠纷综述及建议

（一）新增资本认购纠纷综述

从本书整理的案例来看，实践中，对于公司新增资本的认购可能发生在新出资人与公司之间，也可能发生在原股东与公司之间，纠纷主要表现为两种形式，一种是因认购协议产生的纠纷，另一种是因优先认缴权产生的纠纷。

1. 对赌协议有效

实践中，为保证出资人预期利益的获得，时常出现出资人与公司在认购协议中约定以公司上市作为对赌目标，对于该协议是否有效，法院在裁判时认为，公司上市仅是公司资本形态的一个变化，由封闭公司变为开放型公司，存在一定的或然性。公司上市后可以在证券市场募集资本，是公司做大做强的一个路径，法律不禁止股东对公司上市的预期，该预期不损害国家利益和社会公共利益，也不违反公序良俗，故将公司上市作为对赌目标的约定是有效的。

对于对赌协议中约定的股权回购条款是否有效，最高人民法院于 2019 年 11 月 8 日发布的《九民纪要》对对赌条款是否有效作出了明确，人民法院在审理"对赌协议"纠纷案件时，不仅应当适用合同法的相关规定，还应当适用公司法的相关规定；既要坚持鼓励投资方对实体企业特别是科技创新企业投资原则，从而在一定程度上缓解企业融资难问题，又要贯彻资本维持原则和保护债权人合法权益原则，依法平衡投资方、公司债权人、公司之间的利益。

实践中，对于投资方与目标公司股东、实际控制人签订的对赌协议，如无法定无效情形，一般应认为有效并无争议。对于实践中存在争议的投资方与目标公司订立的"对赌协议"的效力问题，《九民纪要》对此明确在不存在法定无效事由的情况下，"对赌协议"有效，只是在实际履行中，需考虑是否符合公司法关于"股东不得抽逃出资"及股份回购的强制性规定，否则需按照法定程序或者存在可供分配的利润后，方可履行对赌协议。

2. 增资协议的履行与解除受《民法典》合同编调整

认购协议属于合同之一种，其履行与解除问题，除受《公司法》调整外，还适用《民法典》的相关规范。实践中，在认购协议的履行中，出资人缴足出资款后，公司未能按照约定办理变更登记将其吸纳为公司股东，法院在裁判时认为，此种情形下，公司应退还股款。此外，对于满足《民法典》中关于解除和撤销合同的规定的，可解除或撤销认购协议。认购协议解除或撤销后，公司应返还出资及利息，同时，未足额出资的股东对此应承担连带责任。

3. 有限责任公司股东有权主张优先认缴权

实践中，优先认缴权纠纷的争议主要集中于有无优先认缴权以及权利的行使期限问题。我国《公司法》（2018 年修正，已被修订）第 34 条规定了公司增资时，有限公司股东可按出资比例行使优先认缴权。但对于股份公司股东是否享有优先认缴权法律并未规定，法院在裁判时认为，上述规定的股东增资优先认购权，是公司法基于保护有限责任公司人合性的经营特征，对有限责任公司增资扩股行为发生时所作的强制性规范，目的在于保护有限责任公司在人合基础上搭建起来的经营运行稳定性，该规定仅适用于有限责任公司。对于股份有限公司，基于其资合性的组织形式与管理运行模式，公司法并未对其增资扩股行为设定优先认购权的强制性规范，股份有限公司的增资扩股行为系其内部经营决策合意的结果，在不违反相关强制性法律法规的前提下，公司具体的增资方式、增资对象、增资数额、增资价款等均由其股东会决议并遵照执行。本次 2023 年修订的《公司法》明确股份有限公司股东不享有优先认购权，但公司章程规定和股东会决议决定股东享有优先认购权的除外。

此外，我国法律对于股东对其他股东放弃的认缴出资比例有无优先认缴的权利亦未作出规定。对此，法院在裁判时认为，《公司法》中的所列情形完全针对股东对新增资本的认缴权而言，这与股东在行使认缴权之外对其他股东放弃认缴的增资份额有无优先认购权并非完全一致。对此，有限责任公司的股东会有权决定将此类事情及可能引起争议的决断方式交由公司章程规定，从而依据公司章程规定的方式作出决议。

对于优先认缴权的行使是否应受合理期限的限制，法院在裁判时认为，若股东迟迟不行使优先认缴权，随着时间推移，争议的股权价值已经发生了较大变化，此时再允许其行使优先认缴出资的权利将导致已趋稳定的法律关系遭到破坏，并极易产生显失公平的后果。因此，优先认缴权的行使应在合理期限内。但关于合理期限的标准为何，法院在裁判时并未说明。

4. 新增资本认购纠纷与股权转让及股东出资纠纷应区别对待

实践中，由于新增资本认购纠纷与股权转让纠纷、股东出资纠纷存在诸多相似之处，导致在案由认定时频繁发生争议。法院在裁判时认为，股权转让纠纷是股东之间、股东与非股东之间进行股权转让而发生的纠纷，股东出资纠纷规范的是股东违反出资义务的各种情形，而新增资本认购纠纷规范的则是公司新增注册资本时，除股东出资纠纷之外的相关纠纷。彼此之间不应相互混淆。

此外，对于公司增资未经股东会决议的，出资人认缴的出资应转换为债权。出资人与公司约定仅通过投资取得财产性利益，并无成为股东的合意的，应认定为民间借贷纠纷。

（二）关于新增资本认购过程的建议

1. 出资人在签订协议时应尽可能使协议内容明确

作为新增认购资本的出资方，在签订入股协议或者增资协议时一定要对协议的内容进行具体明确的约定，且尽可能增强可操作性。尤其是在协议中约定附有条件的条款的时候，对于条件的成就与否的情形要进行明确的约定，否则在出现风险后法院很难根据笼统、模糊的条款进行认定，将不利于出资方保护自身合法权益。

2. 公司可通过章程条款的设计来规范优先认购权的行使

第一，股东对其他股东放弃的认缴出资比例有优先认缴权是一种股东可以自行约定的权利，属于公司自治的范畴。我们建议对于希望保持股权结构封闭的有限责任公司，股东可以在公司成立伊始就将股东对其他股东放弃的认缴出资比例有优先认缴权写到公司章程中。当公司需要进行增资扩股之时，股东可以根据新引进的投资者的具体情况，决定是否行使这一权利，以防止控制权旁落。

第二，当然，也要防止该类优先认购权的条款被个别股东滥用，恶意阻碍新的投资者进入，公司要充分衡量好公司的人合性和长远发展之间的关系，谨慎引入该类条款。因为增资扩股、引入新的投资者，往往是为了公司的发展，当公司发展与公司人合性发生冲突时，则应当突出保护公司的发展机会，此时通过公司章程赋予股东对其他股东放弃的认缴出资份额的结果可能会削弱其他股东特别是控股股东对公司的控制力，导致其他股东因担心控制力减弱而不再谋求增资扩股，从而阻碍公司的发展壮大。

第三，为避免可能出现的争议，建议在公司章程中对优先认缴权之权利范围作出明确限制，即仅能在原持股比例的范围内享有优先认缴权。

第六章 股东知情权纠纷

一、我国股东知情权规定及立法进程

（一）《公司法》对股东知情权的规定

股东知情权作为基于股东资格而产生的股东权利，提供了股东了解和监督公司经营、管理情况的合法途径。在《公司法》从无到有并逐渐修订的过程中，法律对此项权利作出逐步完善、明确的规定。

1993 年《公司法》颁布以前，我国法律中没有关于股东知情权的规定。1993年制定的《公司法》第 32 条规定："股东有权查阅股东会会议记录和公司财务会计报告。"此后 1999 年《公司法》、2004 年《公司法》一直维持原规定未变。

2005 年《公司法》的修订对股东知情权进行了较大的调整，其中第 34 条（2013 年修正后的第 33 条）规定："股东有权查阅、复制公司章程、股东会会议记录、董事会会议决议、监事会会议决议和财务会计报告。股东可以要求查阅公司会计账簿。

股东要求查阅公司会计账簿的，应当向公司提出书面请求，说明目的。公司有合理根据认为股东查阅会计账簿有不正当目的，可能损害公司合法利益的，可以拒绝提供查阅，并应当自股东提出书面请求之日起十五日内书面答复股东并说明理由。公司拒绝提供查阅的，股东可以请求人民法院要求公司提供查阅。"

2023 年《公司法》的修订对股东知情权进一步调整，增加了知情权范围，其中第 57 条规定："股东有权查阅、复制公司章程、股东名册、股东会会议记录、董事会会议决议、监事会会议决议和财务会计报告。

股东可以要求查阅公司会计账簿、会计凭证。股东要求查阅公司会计账簿、会计凭证的，应当向公司提出书面请求，说明目的。公司有合理根据认为股东查阅会计账簿、会计凭证有不正当目的，可能损害公司合法利益的，可以拒绝提供查阅，并应当自股东提出书面请求之日起十五日内书面答复股东并说明理由。公司拒绝提供查阅的，股东可以向人民法院提起诉讼。

股东查阅前款规定的材料，可以委托会计师事务所、律师事务所等中介机构进行。"

股东及其委托的会计师事务所、律师事务所等中介机构查阅、复制有关材料，应当遵守有关保护国家秘密、商业秘密、个人隐私、个人信息等法律、行政法规的规定。

股东要求查阅、复制公司全资子公司相关材料的，适用前四款的规定。

具体分析如下：

1. 扩大了股东知情权的范围。将股东的查阅权范围从股东会会议记录、公司财务会计报告两项内容扩大到公司章程、股东名册、股东会会议记录、董事会会议决议、监事会会议决议和财务会计报告五项内容，并且股东可以查阅会计账簿、会计凭证。

2. 适当增加了复制权。规定股东可以复制"公司章程、股东名册、股东会会议记录、董事会会议决议、监事会会议决议和财务会计报告"，复制权的增加为股东知情权提供了更加实质和充分的保障，使得股东能够利用更加充足的时间和更全面、丰富的资料对公司的经营、管理情况进行了解和监督。

3. 对股东知情权的行使作出了适当的限制。公司有合理根据认为股东查阅会计账簿有不正当目的，可能损害公司合法利益的，可以拒绝提供查阅。

4. 增加了股东的诉权。按照 2005 年之前的《公司法》规定如果不同意股东行使知情权，股东不享有诉权。而根据 2005 年《公司法》，公司拒绝提供查阅的，股东可以请求人民法院要求公司提供查阅。

5. 增加了股东行使方式。根据 2023 年《公司法》，股东可以委托会计师事务所、律师事务所等中介机构进行查阅，同时，查阅、复制有关资料的，应当遵守保护国家秘密、商业秘密、个人隐私、个人信息等法律、行政法规规定。

6. 增加对全资子公司的查阅、复制权。根据 2023 年《公司法》规定，股东还有权要求查阅、复制公司全资子公司的相关材料。

（二）《最高人民法院关于适用〈中华人民共和国公司法〉若干问题的规定（四）》对股东知情权的规定

《最高人民法院关于适用〈中华人民共和国公司法〉若干问题的规定（四）》（以下简称《公司法司法解释四》）在《公司法》规定的基础上，对股东知情权进一步作了细化规定。

第 7 条第 1 款规定了股东可以向法院主张行使股东知情权，同时第 2 款规定："公司有证据证明前款规定的原告在起诉时不具有公司股东资格的，人民法院应当驳回起诉，但原告有初步证据证明在持股期间其合法权益受到损害，请求依法查阅或者复制其持股期间的公司特定文件材料的除外。"

第 8 条对 2018 年《公司法》第 33 条第 2 款①所规定的"不正当目的"的情形进行了列举，具体包括："（一）股东自营或者为他人经营与公司主营业务有实质性竞争关系业务的，但公司章程另有规定或者全体股东另有约定的除外；

（二）股东为了向他人通报有关信息查阅公司会计账簿，可能损害公司合法利益的；

（三）股东在向公司提出查阅请求之日前的三年内，曾通过查阅公司会计账簿，向他人通报有关信息损害公司合法利益的；

（四）股东有不正当目的的其他情形。"

第 9 条规定了股东知情权为股东的固有权："公司章程、股东之间的协议等实质性剥夺股东依据公司法第三十三条、第九十七条规定查阅或者复制公司文件材料的权利，公司以此为由拒绝股东查阅或者复制的，人民法院不予支持"。

第 10 条规定："人民法院审理股东请求查阅或者复制公司特定文件材料的案件，对原告诉讼请求予以支持的，应当在判决中明确查阅或者复制公司特定文件材料的时间、地点和特定文件材料的名录。

股东依据人民法院生效判决查阅公司文件材料的，在该股东在场的情况下，可以由会计师、律师等依法或者依据执业行为规范负有保密义务的中介机构执业人员辅助进行。"

第 11 条规定了股东泄露商业秘密的赔偿责任："股东行使知情权后泄露公司商业秘密导致公司合法利益受到损害，公司请求该股东赔偿相关损失的，人民法院应当予以支持。

根据本规定第十条辅助股东查阅公司文件材料的会计师、律师等泄露公司商业秘密导致公司合法利益受到损害，公司请求其赔偿相关损失的，人民法院应当予以支持。"

第 12 条规定了无法查询的赔偿责任，其中承担赔偿责任的主体为"公司董事、高级管理人员"。

---

① 《公司法》（2023 年修订）第 57 条第 2 款。

从以上对《公司法》及《公司法司法解释四》关于股东知情权有关条款的梳理中，我们可以发现：从 2005 年《公司法》到《公司法司法解释四》再到 2023 年《公司法》，逐步完善和丰富了股东知情权的内容和实现方式，并且努力平衡公司和股东的利益，希望在实现股东知情权的过程中，保护公司的商业秘密，防止权利滥用行为的发生。

二、股东知情权主要法律问题及相关案例

（一）股东身份是行使股东知情权的前提

1. 关于股东身份是行使股东知情权的前提的立法现状

《公司法》（2018 年修正，已被修订）第 33 条规定："股东有权查阅、复制公司章程、股东会会议记录、董事会会议决议、监事会会议决议和财务会计报告。

股东可以要求查阅公司会计账簿。股东要求查阅公司会计账簿的，应当向公司提出书面请求，说明目的。公司有合理根据认为股东查阅会计账簿有不正当目的，可能损害公司合法利益的，可以拒绝提供查阅，并应当自股东提出书面请求之日起十五日内书面答复股东并说明理由。公司拒绝提供查阅的，股东可以请求人民法院要求公司提供查阅。"

第 97 条规定："股东有权查阅公司章程、股东名册、公司债券存根、股东大会会议记录、董事会会议决议、监事会会议决议、财务会计报告，对公司的经营提出建议或者质询。"

《公司法》（2023 年修订）第 57 条规定："股东有权查阅、复制公司章程、股东名册、股东会会议记录、董事会会议决议、监事会会议决议和财务会计报告。

股东可以要求查阅公司会计账簿、会计凭证。股东要求查阅公司会计账簿、会计凭证的，应当向公司提出书面请求，说明目的。公司有合理根据认为股东查阅会计账簿、会计凭证有不正当目的，可能损害公司合法利益的，可以拒绝提供查阅，并应当自股东提出书面请求之日起十五日内书面答复股东并说明理由。公司拒绝提供查阅的，股东可以向人民法院提起诉讼。

股东查阅前款规定的材料，可以委托会计师事务所、律师事务所等中介机构进行。

股东及其委托的会计师事务所、律师事务所等中介机构查阅、复制有关材料，

应当遵守有关保护国家秘密、商业秘密、个人隐私、个人信息等法律、行政法规的规定。

股东要求查阅、复制公司全资子公司相关材料的，适用前四款的规定。"

第 110 条规定："股东有权查阅、复制公司章程、股东名册、股东会会议记录、董事会会议决议、监事会会议决议、财务会计报告，对公司的经营提出建议或者质询。

连续一百八十日以上单独或者合计持有公司百分之三以上股份的股东要求查阅公司的会计账簿、会计凭证的，适用本法第五十七条第二款、第三款、第四款的规定。公司章程对持股比例有较低规定的，从其规定。

股东要求查阅、复制公司全资子公司相关材料的，适用前两款的规定。

上市公司股东查阅、复制相关材料的，应当遵守《中华人民共和国证券法》等法律、行政法规的规定。"

根据上述规定，能够行使股东知情权的主体必须是公司股东。因此，股东身份的认定，是股东知情权之诉的前提性问题。

2. 关于股东身份是行使股东知情权的前提的司法实践现状

如何认定作为股东知情权的前提股东身份？基于 11 个判例的观察，均认为具备股东身份是股东行使知情权的前提。其中关于一般情况下如何认定股东身份有 14 个判例；关于外商投资企业如何认定股东身份有 3 个判例；关于隐名股东可否行使股东知情权有 3 个判例。

关于隐名股东可否行使股东知情权，有 2 个判例认为隐名股东不能直接自行行使股东知情权，有 1 个判例认为隐名股东可以直接自行行使股东知情权。

3. 《公司法司法解释四》对股东身份是行使股东知情权的前提确定的裁判规则

《公司法司法解释四》第 7 条规定："股东依据公司法第三十三条、第九十七条或者公司章程的规定，起诉请求查阅或者复制公司特定文件材料的，人民法院应当依法予以受理。

公司有证据证明前款规定的原告在起诉时不具有公司股东资格的，人民法院应当驳回起诉，但原告有初步证据证明在持股期间其合法权益受到损害，请求依法查阅或者复制其持股期间的公司特定文件材料的除外。"

上述规定已明确股东起诉时不具有股东身份的，应当驳回起诉，除非股东有初步证据证明在持股期间其合法权益受到损害，即认为股东身份是行使股东知情权的前提。但对隐名股东、外商投资企业的股东等是否可以直接行使股东知情权仍未作出规定，有待未来的司法解释予以明确。

4. 关于股东身份是行使股东知情权的前提的判例

具备股东身份是股东行使知情权的前提，对此多数判决基本上没有疑义。

（1）一般情况下如何认定股东身份并作为股东知情权的前提

通常情况下，可根据出资证明书、股东名册、股权转让协议、股东会决议、公司章程修正案、工商登记、继承事实等证据认定股东身份。对于股权转让，有判决认为，即便是受让人未支付股权转让款也不影响股东身份和股东知情权的行使。

❶山东省高级人民法院审理的陈某宁与临沂市新某无损检测有限公司股东知情权纠纷案再审民事判决书【（2016）鲁民再 71 号】认为："股东资格是股东行使权利、承担义务的基础。根据公司法的规定，认定股东资格的标准有 2 个，即在实质上履行出资义务，在形式上记录在股东名册并经过登记。"因此，实质上履行出资、记录在股东名册就可以认定拥有股东资格。

❷广西壮族自治区高级人民法院审理的陈某英与南宁铁某达房地产有限责任公司股东知情权纠纷案再审复查与审判监督民事裁定书【（2016）桂民申 335 号】认为："股东知情权诉讼是一项权利诉讼，与原告的股东身份不可分离，行使股东知情权的主体是公司股东。莫某勇作为铁某公司股东，有权提起股东知情权诉讼，但由于莫某勇在二审期间死亡，陈某英不是铁某公司股东，无权提起股东知情权诉讼，二审法院裁定终结本案诉讼并无不当。根据《公司法》第 75 条①'自然人股东死亡后，其合法继承人可以继承股东资格；但是，公司章程另有规定的除外'的规定，陈某英作为莫某勇的法定继承人，待其成为铁某公司股东后，如认为铁某公司侵犯其股东知情权，可依照《公司法》第 33 条②的规定另行提起股东知情权诉讼。"因此，合法继承人继承股东资格，需在其正式成为公司股东后才能提起股东知情权诉讼。

❸湖北省高级人民法院审理的何某平与湖北联某公路基础建设有限责任公司股东知情权纠纷案再审复查与审判监督民事裁定书【（2016）鄂民申 812 号】认为："何某平提交的 8 张现金缴款单其中的 7 张，在款项来源一项注明为还款，且该证

---

① 《公司法》（2023 年修订）第 90 条。
② 《公司法》（2023 年修订）第 57 条。

据的内容与联某建设公司提交的申请借款条、现金支票存根、报销凭条等证据相印证，应认定何某平的这 7 张现金缴款单系归还联某建设公司的借款。对于何某平提交的 2009 年 7 月 9 日金额为 39374.05 元款项来源注明为股本的现金缴款单，联某建设公司提交了由何某平 2009 年 6 月 30 日书写并签名金额为 39374.05 元的申请借款条。本院认为，在何某平与联某建设公司存在借贷关系且现金缴款单与申请借款条金额一致的情况下，不能仅凭何某平在银行现金缴款单上单方填写的信息来认定该笔款项系向联某建设公司缴付的股本金。并且，何某平向联某建设公司缴付该笔资金时联某建设公司早已创设成立，何某平作为非原始股东不能通过向已设立的公司认缴出资而成为新的股东。"因此，如果当事人与公司存在借贷关系，则仅凭转账凭证上注明款项用途为股本，不能认定其股东身份，故不能行使股东知情权。

❹贵州省高级人民法院审理的柳某与黔南交某有限责任公司股东知情权纠纷一案的民事裁定书【（2016）黔民终 117 号】认为："有权行使股东知情权的权利主体应为公司股东。本案中，柳某起诉时提交的'合并、重组黔南交某有限责任公司合同书、黔南交某有限责任公司第一次股东会议纪要、网页查询信息、黔南交某有限责任公司关于柳某同志任职的通知、黔南交某有限责任公司变更法定代表人的请示、黔南黔诚会计师事务所验资报告、黔南交某有限责任公司章程'等，只能证明柳某担任过黔南交某有限责任公司的董事长和董事，但并不能证明其系黔南交某有限责任公司的股东。根据《中华人民共和国民事诉讼法》第 119 条'起诉必须符合下列条件：（一）原告是与本案有直接利害关系的公民、法人和其他组织'的规定，原审法院认为柳某与本案没有直接利害关系，不符合起诉条件，符合法律规定，并无不当。"因此，有权行使股东知情权的主体为公司股东，没有证据证明股东身份的人，即便是担任过公司的董事长和董事也不能提起股东知情权诉讼。

❺河南省高级人民法院审理的东某国际有限公司、中某有限公司等与郑州澳某玛物流开发公司股东知情权纠纷二审民事裁定书【（2016）豫民辖终 12 号】认为："东某公司、中某公司系澳某玛公司工商登记簿中登记的股东，澳某玛公司对此事实亦无异议，澳某玛公司并未提供证据证明南某集团的借款已经得到偿还，因此东某公司、中某公司仍系澳某玛公司的股东，应享有股东权利。东某公司、中某公司提起股东知情权诉讼，有相应的法律依据。"因此，工商登记簿中登记的股东拥有股东身份，依法享有股东知情权。

（2）外商投资企业股东身份认定的特殊规则与股东知情权

关于外商投资企业的股东身份，应根据有关审查批准机关作出的批准证书记载的股东作为股东身份认定的依据。未在批准证书上记载的，不得认定为外商投资企业的股东，也无法行使股东知情权。

❻黑龙江省高级人民法院审理的王某玲与哈尔滨克某斯傢倣有限公司股东知情权纠纷上诉案民事判决书【（2010）黑高商外终字第 1 号】认为："在民事诉讼中，外商投资企业股东及其股权份额应当根据有关审查批准机关批准证书记载的股东名称及股权份额确定。"若不在批准证书记载的股东名册中，主张行使股东知情权时，应先对批准证书记载事项向批准机关申请变更，批准机关拒不变更的，可通过行政复议、行政诉讼的方式解决股东身份，然后再通过民事诉讼行使股东知情权。

❼江苏省高级人民法院审理的江阴瑞某化工有限公司与联某资源实业有限公司（UNISOU××× ENTERPRISES LIMITED）知情权纠纷上诉案民事判决书【（2009）苏民三终字第 0104 号】认为："联某公司有权对瑞某公司行使股东知情权，但其有权查阅瑞某公司股东会会议记录、董事会会议决议、财务会计报告、会计账簿等的时间范围仅限于瑞某公司外商投资企业批准证书所确认的联某公司担任瑞某公司股东期间。"该判决书认为外商投资企业的股东身份确认和存续期间，以外商投资企业批准证书记载为准。

❽河北省高级人民法院审理的唐山泰某洁具五金有限公司与意大利伊某乐公司（××R S.P. A）股东知情权纠纷上诉案民事判决书【（2009）冀民三终字 87 号】认为："根据河北省人民政府于 2004 年给泰某洁具公司颁发的《中华人民共和国外商投资企业批准证书》，伊某乐公司是股东之一，又据 3 方股东于 2002 年 3 月 29 日签署的《关于修改唐山泰某洁具五金有限公司合资合同及章程的补充协议》第 1 章、第 2 章等条款，均可证明伊某乐公司是泰某洁具公司的股东。"该判决书认为，外商投资企业中股东资格以行政部门颁发的《外商投资企业批准证书》中记载为准，股东据此行使股东权利，包括股东知情权。

（3）隐名股东可否行使股东知情权

根据我们掌握的判例素材，绝大部分法院判决认为隐名股东不能直接行使股东知情权，只能通过名义股东行使股东知情权。而也有个别法院判决认为，隐名股东可以直接行使股东知情权。我们认为多数法院采纳的裁判观点较为可取，理由是根据《公司法司法解释三》第 24 条第 2 款规定，隐名股东只能向名义股东主张权利，也即隐名股东只能通过名义股东向公司主张权利，股东知情权亦不例外。

隐名股东不能直接行使股东知情权的判例：

❾山东省高级人民法院审理的王某初与山东荣某建筑集团有限公司股东知情权纠纷案申诉、申请民事裁定书【（2016）鲁民申 1135 号】认为："对于有限责任公司股东资格的确认，应当根据出资情况及公司章程、股东名册及工商登记等情况，

并结合当事人在公司实际运行过程中是否实际行使股东权等情况综合审查认定。王某初虽向荣某建筑公司实际出资，但荣某建筑公司章程及工商登记中均未确定王某初的股东身份，王某初的出资由荣某建筑公司工会代持，自1999年公司改制以来，王某初等由工会代持股份的职工相应的股东权利均通过荣某建筑公司工会行使。故二审法院裁定撤销荣成市人民法院（2014）荣商初字第678号民事判决，驳回王某初的起诉，认定事实清楚，适用法律并无不当。对于王某初的股东知情权，其应通过荣某建筑公司工会行使。"

❿江苏省高级人民法院审理的窦某祥、谢某美与盘某水泥集团有限公司股东资格确认纠纷、股东知情权纠纷案再审复查与审判监督民事裁定书【（2016）苏民申4471号】认为："本案中，窦某祥于1986年到常州市第某水泥厂工作，谢某美于1988年到常州市第某水泥厂工作，1999年企业改制时，窦某祥、谢某美虽实际参与出资，但其出资均归属于29名自然人股东中部分人的名下，未将其记载于公司股东名册，公司登记机关也一直未进行过登记。窦某祥、谢某美提起本案诉讼，要求公司签发出资证明书，但该主张并未获得公司其他股东半数以上同意，不能成立。鉴于股东知情权诉讼权利行使的主体必须是公司股东，但窦某祥、谢某美股东资格尚未确认，故一、二审法院判决驳回窦某祥、谢某美要求盘固公司向其签发出资证明书或股权证，盘固公司向其出示并复制公司章程、股东会议记录、董事会会议决议、监事会会议决议和财务会计报告的诉讼请求，并无不当。"

隐名股东能够直接行使股东知情权的判例：

⓫江苏省高级人民法院审理的冯某宝诉南京顶某大酒店有限公司股东知情权纠纷案民事判决书【（2008）宁民五初字第70号】认为："冯某宝作为顶某大酒店的隐名股东，虽未登记在册，但公司及其他股东均对其股东身份予以认可。依照相关法律规定，其应享有股东知情权。虽然顶某大酒店在诉讼期间已将公司部分财务资料提供给冯某宝查阅，但未能提供冯某宝要求查阅的全部财务资料，使得原告的股东知情权没有充分实现。顶某大酒店主张部分财务资料因客观原因遗失，缺乏相应证据支撑，本院不予采信。原告主张其股东知情权受到侵害，有事实和法律依据，本院予以支持。判决顶某大酒店于本判决生效之日起10日内将2003~2006年经营期间完整的财务报告及会计凭证、2007~2008年所有的原始凭证提供给冯某宝查阅。"该判决认为其他股东认可隐名股东的股东身份时，隐名股东享有股东知情权。

（二）诉讼中丧失股东资格是否影响股东知情权诉讼

1. 关于诉讼中丧失股东资格是否影响股东知情权诉讼的立法现状

我国的法律和司法解释对诉讼中丧失股东资格是否影响股东知情权并无具体规定。值得注意的是，《公司法司法解释四（征求意见稿）》第 10 条第 2 款规定："公司提供证据证明原告起诉时或者在诉讼中已经不具有股东身份的，应当驳回起诉。"但最终《公司法司法解释四》删除了"在诉讼中已经不具有股东身份"的表述。

2. 关于诉讼中丧失股东资格是否影响股东知情权诉讼的司法实践现状

诉讼中丧失股东资格是否影响股东知情权诉讼？基于 2 个判例的观察，均认为诉讼期间被解除股东资格不影响股东知情权的行使，裁判规则较为一致。

3. 关于诉讼期间被解除股东资格是否影响股东知情权的判例

❶江苏省扬州市中级人民法院审理的扬州玉某汽车销售有限公司与尹某华股东知情权纠纷上诉案民事判决书【（2013）扬商终字第 0017 号】认为："全体股东会议解除尹某华股东资格的决议，系在二审诉讼期间作出，双方对该行为是否具有法定的效力存在很大争议，且属于另一法律关系，在未经相应的法定程序确认前，不宜作为否定一审判决的依据。"因此，股东资格的解除需要经法定程序确认，未经法定程序确认，不能解除股东资格，故不影响股东继续进行股东知情权之诉。

❷浙江省嘉兴市中级人民法院审理的嘉兴市吉某公司与王某某股东知情权纠纷上诉案民事判决书【（2012）浙嘉商终字第 317 号】认为："股东知情权诉讼在先，王某某是否具有股东资格亦是案件审查重点之一，如果因为吉某公司在诉讼中作出解除王某某股东资格的决议就中止案件审理，待当事人起诉解决股东资格后恢复审查，只会形成诉累。故诉讼过程中形成的解除股东资格的决议对本案审理不产生影响，本院对吉某公司提出的驳回王某某诉讼请求的意见不予采纳。"

因此，公司在股东进行股东知情权诉讼的过程中形成的解除股东资格的决议对于股东知情权诉讼的审理不产生影响。

（三）前股东是否有股东知情权

1. 关于前股东是否有股东知情权的立法现状

目前我国的法律和司法解释对于诉讼期间被解除股东资格是否影响股东知情权并无具体规定。《公司法司法解释四》第 7 条第 2 款规定："公司有证据证明前款规定的原告在起诉时不具有公司股东资格的，人民法院应当驳回起诉，但原告有初步证据证明在持股期间其合法权益受到损害，请求依法查阅或者复制其持股期间的公司特定文件材料的除外。"据此，股东在股东知情权之诉起诉时，通过转让股权等确定丧失股东身份的，原则上无权提起股东知情权诉讼，除非股东"有初步证据证明在持股期间其合法权益受到损害，请求依法查阅或者复制其持股期间的公司特定文件材料"。举轻以明重，在诉讼前已转让股权或者因其他原因确定丧失股东资格的主体，原则上当然不能够主张行使股东知情权。

2. 关于前股东是否有股东知情权的司法实践现状

前股东是否有股东知情权？既往 4 个判例均认为丧失了股东身份就不再享有股东知情权，裁判规则较为统一。

3. 关于前股东是否有股东知情权的判例

相关判例可总结的裁判规则有二：（1）只有现任股东有股东知情权，可以要求查阅或复制相关文件，失去股东资格的前股东无权要求查阅或复制其作为公司股东期间的各种文件。（2）关于是否有股东身份的判断，对内以内部约定为准，对外以工商登记为准。

❶江苏省高级人民法院审理的朱某华与南通创某纺织有限公司股东知情权纠纷案再审复查与审判监督民事裁定书【（2016）苏民申 4438 号】认为："虽然创某公司的工商登记资料目前仍将朱某华登记为股东，但对于公司内部而言，工商登记并非是判断股东身份的唯一标准，结合前述分析，朱某华已实际退出创某公司经营及分配，故一、二审判决认定朱某华不再享有创某公司股东知情权并无不当。"该判决认为丧失了股东身份就不再享有股东知情权。股东身份的判断，对内以内部约定为准，对外以工商登记为准。

❷江苏省高级人民法院审理的李某庆、孙某华与盘某水泥集团有限公司股东资

格确认纠纷、股东知情权纠纷案再审复查与审判监督民事裁定书【(2016) 苏民申3455 号】认为："李某庆作为公司登记的股东，因其股份已转让，不再是盘固公司的股东。判决驳回李某庆、孙某华要求盘固公司向其签发出资证明书或股权证，盘固公司向其出示并复制公司章程、股东会会议记录、董事会会议决议、监事会会议决议和财务会计报告的诉讼请求，并无不当。"

❸江苏省高级人民法院审理的张某忠与江阴市塑料制品某厂、糜某伟股东知情权纠纷案再审复查与审判监督民事裁定书【(2015) 苏审三商申字第 00326 号】认为："股东知情权属于社员权，基于股东资格而取得，随着股东资格的丧失而丧失。因此，二审法院认定股东知情权应以股东身份为前提，丧失股东身份后，原股东就不能主张其任股东期间的知情权，并无不当。"

❹新疆维吾尔自治区高级人民法院审理的吴某、刘某强、克某利·尼亚孜、梁某文、董某与新疆新某股份合作公司及张某翔、常某股东知情权纠纷案申请再审民事裁定书【(2015) 新民申字第 992 号】认为："股东资格系法律主体取得股东地位、享有股东权利、承担股东义务的能力或条件。工商登记不是确认股东资格的唯一依据。认定股东资格的依据，应从公司章程、股东名册、工商注册登记情况、出资证明书以及实际出资情况等方面综合考量。吴某、刘某强、克某利·尼亚孜、梁某文、董某在收取退还股金、未参与公司管理、决策 7 年后以股东身份主张查阅新某公司会计账簿缺乏事实及法律依据。"该判决认为，股东在收取退股金、未参与公司管理后即丧失股东身份，不再享有股东知情权。

（四）股东知情权请求对象是公司

1. 关于股东知情权请求对象的立法现状

《公司法》(2023 年修订) 第 57 条对此并未明确规定，但从该条第 2 款的规定用语来看，股东请求查阅财务会计账簿的，应当"向公司"提出书面请求，由此可推知，股东行使知情权的对象应当为公司。《公司法司法解释四》第 7 条第 1 款规定："股东依据公司法第三十三条、第九十七条①或者公司章程的规定，起诉请求查阅或者复制公司特定文件材料的，人民法院应当依法予以受理。"仍未明确规定股东行使知情权的对象。

值得注意的是，《最高人民法院关于适用〈中华人民共和国公司法〉若干问题

---

① 《公司法》(2023 年修订) 第 57 条、第 110 条。

的规定（四）（征求意见稿）》第 13 条第 1 款规定："股东依据公司法第三十三条或者第九十七条起诉公司请求查阅、复制公司文件材料的，应当依法受理。"明确了股东知情权的请求对象为公司，但最终《公司法司法解释四》删除了"公司"二字。

2. 关于股东知情权请求对象的司法实践现状

股东知情权请求对象是公司还是控股股东？既往判例认为股东知情权的请求对象只能是公司。

❶最高人民法院审理的宁某国际有限公司与重庆中某房地产开发有限公司股东知情权纠纷申诉、申请民事裁定书【（2016）最高法民申 3785 号】认为："根据《中华人民共和国公司法》第三十四条①的规定，股东知情权的义务人系公司而非其他主体，知情权的主要内容除了可以查阅、复制公司章程、股东会会议记录、董事会会议决议、监事会会议决议外，还包括查阅会计账簿、了解公司财务情况的权利；为防止股东损害公司利益，对于查阅会计账簿的，还设置了提前书面通知并说明合理理由的前提条件。据此，股东知情权纠纷所指向的诉讼标的系公司应当履行而未履行的配合行为，该行为的履行主体和履行内容具有特殊性和不可替代性。本案中，负有配合股东行使知情权的协助义务人中某公司的经营期届满、实际歇业多年且已经被行政主管部门吊销营业执照，符合《中华人民共和国公司法》第一百八十条规定的法定解散条件。因此，二审法院认定中某公司意思自治的正常治理结构已经解体、宁某公司查阅会计账簿的通知无法送达，故本案继续审理的条件客观上已不具备，并据此驳回宁某公司的起诉并无不当。"

❷浙江省高级人民法院审理的钟某诉宁波耀某暖通有限公司等侵犯公司知情权纠纷案民事判决书【（2003）甬民二初字第 74 号】认为："一般情形下，公司知情权的请求对象即义务主体应为公司，从现有证据看，被告陈某民作为被告耀某公司的法定代表人和股东之一，在本案原告提起的侵犯公司知情权纠纷案中，与原告钟某并无直接的法律关系，陈某民并不具备本案被告的主体资格，原告将其列为被告不当。"股东对公司拥有股东知情权，股东行使股东知情权的对象只能是公司，而不是公司的法定代表人或其他股东。

---

① 《公司法》（2023 年修订）第 57 条。

（五）非公司制的企业是否存在股东知情权

1. 关于非公司制的企业是否存在股东知情权的立法现状

目前我国的法律和司法解释对非公司制企业是否存在股东知情权并无具体规定。

2. 关于非公司制的企业是否存在股东知情权的司法实践现状

关于非公司制的企业的出资人是否可参照《公司法》关于股东知情权的规定，向非公司制企业主张行使知情权，既往判例对于该问题的裁判规则不统一。目前我们检索的相关案例中，有 3 个判例认为不能参照适用，有 1 个判例则认为可以参照适用。我们认为，非公司制企业的出资人只要对企业享有直接或者间接的管理权利，并从企业的盈利中获益，则没有理由否定其主张行使知情权。只是是否应类推适用《公司法》关于股东知情权的规定，应作个案判断。

3. 关于非公司制的企业是否存在股东知情权的判例

对于非公司制企业的出资人，有些法院认为不能参照《公司法》关于股东知情权的规定肯定其知情权，有些法院则认为可以参照适用。

（1）认为不能参照适用《公司法》肯定出资人知情权的判例

❶四川省高级人民法院审理的王某新与四川向某房产向某大厦宾馆股东知情权纠纷案申请再审民事裁定书【（2016）川民申 722 号】认为："本案中被申请人向某大厦宾馆为股份合作制企业，不能简单适用《公司法》的相关规定，故二审法院结合股份合作制企业的相关规定进行认定并无不当之处。"因此，股份合作制企业的股东知情权应结合股份合作制企业的相关规定进行适用，不能简单适用《公司法》的相关规定，判决驳回王某新"股东知情权被侵犯，根据向某大厦宾馆章程，申请人有权行使股东知情权"的再审请求。

❷陕西省高级人民法院审理的朱某明与西安市沧某商贸中心股东知情权纠纷案申请再审民事裁定书【（2015）陕民二申字第 00222 号】认为："西安市沧某商贸中心是股份合作制企业，对于股份合作企业股东和企业发生内部矛盾，应依据合作协议和合作章程进行处理，而不适用《公司法》进行处理。《公司法》中规定的股东享有的知情权，仅适用于在中国境内设立的有限责任公司和股份有限公司。因

此，无论申请人朱某明是否是西安市沧某商贸中心股东，其并不能享有《公司法》意义上的股东知情权。"

（2）认为应参照适用《公司法》肯定出资人知情权的判例

❸南宁市中级人民法院审理的南宁市邕某副食品批发站与曹某海等股东知情权纠纷上诉案民事判决书【（2011）南市民二终字第268号】认为："股份合作制企业股东可参照公司法行使知情权，本案是股份合作制企业与其股东之间知情权的纠纷，在目前没有专门的法律规范此类型企业内部纠纷的情况下，应当参照《公司法》来处理本案。首先，根据《公司法》第34条①的规定，'股东有权查阅、复制公司章程、股东会会议记录、董事会会议决议、监事会会议决议和财务会计报告。股东可以要求查阅公司会计账簿。股东要求查阅公司会计账簿的，应当向公司提出书面请求，说明目的。公司有合理根据认为股东查阅会计账簿有不正当目的，可能损害公司合法利益的，可以拒绝提供查阅，并应当自股东提出书面请求之日起十五日内书面答复股东并说明理由。公司拒绝提供查阅的，股东可以请求人民法院要求公司提供查阅'。其次，邕某批发站全体股东经过协商达成一致的《章程》第20条第3项也规定股东可以'查阅本站章程、股东大会会议记录，了解本站经营状况和财务状况，并提出建议和质询'。股东对企业的经营状况和财务状况享有知情权，是其基本权利。无论是邕某批发站《章程》，还是《公司法》都对此作出规定。在邕某批发站没有证据证明曹某海、韦某豪、梁某礼、何某源、邓某平查阅会计账簿有可能存在损害公司合法利益的不正当目的的情况下，曹某海、韦某豪、梁某礼、何某源、邓某平作为邕某批发站股东，请求查阅邕某批发站1998年1月1日至2009年12月31日的财务原始凭证、会计账簿和财务会计报告，合法有据，应予支持。邕某批发站在本案诉讼后于2010年6月28日作出《董事会决议》，对《章程》第20条第3项的'查阅'范围进行解释，阻碍了股东行使知情权，侵犯股东的基本权利，《董事会决议》对曹某海等股东无拘束力，不能作为阻止曹某海等股东查阅财务资料的根据。"

（3）认为股份合作制企业不能要求与公司股东一样的股东知情权，而应按照企业章程规定来行使知情权的判例

❹四川省成都市中级人民法院审理的龚某天与四川省成某长途汽车运输（集团）公司股东知情权纠纷上诉案民事判决书【（2010）成民终字第217号】认为：

---

① 《公司法》（2023年修订）第57条。

"由于股份合作制是我国特定历史条件下的一种过渡性企业形式，在设立机制、治理结构、分配方式、股东身份及人数限制等方面与有限责任公司、股份有限公司存在较大的差异，股东享有的股东权利属性及范围也有所不同。股东知情权作为股东通过查阅公司经营、管理、决策的相关资料，了解公司的经营状况和监督高管人员活动的一项法定权利，其行使方式和权利范围均由法律规范明确规定，而迄今为止我国立法机关尚未制定规范股份合作制企业的组织和行为的法律、法规，《公司法》也未将股份合作制企业纳入调整范畴，在现有法律法规没有明确规定股份合作制企业股东享有知情权范围的情况下，长途运输公司章程第 13 条第 2 款明确规定了股东知情权的范围仅限于股东大会会议记录以及财务会计报告，该章程作为全体发起人就企业的设立与经营管理达成的协议，对全体发起人、股东、董事会、监事会以及高级管理人员具有法律效力，龚某天本人也应受该章程的约束，因此原审判决判令长途运输公司向龚某天提供从 2005 年起至 2009 年已产生的股东大会会议记录以及财务会计报告以供查阅，符合长途运输公司章程的相关约定，且不违反法律法规的禁止性规定。"

（六）诉讼行使股东知情权的前置程序

1. 关于诉讼行使股东知情权的前置程序的立法现状

《公司法》（2018 年修正，已被修订）第 33 条第 2 款规定："股东可以要求查阅公司会计账簿。股东要求查阅公司会计账簿的，应当向公司提出书面请求，说明目的。公司有合理根据认为股东查阅会计账簿有不正当目的，可能损害公司合法利益的，可以拒绝提供查阅，并应当自股东提出书面请求之日起十五日内书面答复股东并说明理由。公司拒绝提供查阅的，股东可以请求人民法院要求公司提供查阅。"

《公司法》（2023 年修订）第 57 条第 2 款规定："股东可以要求查阅公司会计账簿、会计凭证。股东要求查阅公司会计账簿、会计凭证的，应当向公司提出书面请求，说明目的。公司有合理根据认为股东查阅会计账簿、会计凭证有不正当目的，可能损害公司合法利益的，可以拒绝提供查阅，并应当自股东提出书面请求之日起十五日内书面答复股东并说明理由。公司拒绝提供查阅的，股东可以向人民法院提起诉讼。"

根据上述规定，股东通过诉讼行使知情权有一定的前置程序：（1）需股东向公司提出书面请求并说明目的；（2）需公司拒绝提供查阅。未履行前置程序的，股东不能径直提起股东知情权之诉。

2. 关于诉讼行使股东知情权的前置程序的司法实践现状

诉讼行使股东知情权的前置程序是什么？既往判例认为股东查阅公司的会计账簿时，应当向公司提出查阅文件的书面申请（包括电子邮件）并说明目的，在公司拒绝查阅后才能向法院起诉行使知情权。当然，公司不予回复也属于拒绝查阅的行为，且多数的判决均涉及公司未作答复的情形。

3. 关于诉讼行使股东知情权的前置程序的判例

❶湖南省高级人民法院审理的长沙蓄某工贸有限责任公司与黄某股东知情权纠纷案再审民事判决书【（2016）湘民再2号】认为："本案中，作为蓄某工贸公司的合法股东的黄某多次向公司提出要求查阅或复制公司章程、股东会会议记录、董事会会议决议、监事会会议决议和财务会计报告、会计账簿及原始凭证以了解公司实际财务状况的请求，并于2008年8月16日向公司发出《律师函》要求行使股东知情权，但公司未予正式答复。因此，黄某的起诉要求行使股东知情权符合公司法规定的行使条件和程序。"公司不正式回复股东要求行使知情权的函件，股东就可以提起股东知情权诉讼。

❷重庆市高级人民法院审理的重庆蓝某焊接设备有限公司与广州蓝某汽车设备有限公司股东知情权纠纷申请再审民事裁定书【（2016）渝民申1722号】认为："对于公司会计账簿，股东行使该项知情权需向公司提出书面申请并说明目的，提起该项知情权诉讼原则上应当以公司明确拒绝或15日内未答复为前提。重庆蓝某公司已经超过15日未予答复，故广州蓝某公司提起本案诉讼符合前述法律规定的前置程序。"因此，不予答复视为拒绝股东行使知情权，股东可以提起诉讼请求行使股东知情权。

❸江苏省高级人民法院审理的鲁某有限公司（ROON××LIMITED）与常州雍某置业有限公司股东知情权纠纷案二审民事判决书【（2015）苏商外终字第00035号】认为："ROON××LIMITED主张其以邮政特快专递形式向雍某公司发送了主张知情权的书面函件，但雍某公司未予答复，故其符合《公司法》第33条①股东行使知情权的规定。"公司不予回复股东函件，股东通过诉讼请求行使股东知情权的条件已经成就。

---

① 《公司法》（2023年修订）第57条。

❹贵州省高级人民法院审理的夏某与贵州安顺今某房地产开发有限公司股东知情权纠纷案民事判决书【（2015）黔高民商终字第 123 号】认为："夏某在 2015 年 5 月 25 日委托律师向今某公司发出查阅的书面请求，要求查阅公司会计账簿和财务会计报告，以便了解公司的经营状况，今某公司一审中承认夏某的确要求行使股东权利，但未作出书面答复，夏某有权依法请求人民法院要求公司提供查阅，故今某公司二审期间所提夏某'没有提交正式的书面申请'的抗辩理由不能成立，本院不予采信。"因此，公司未对股东查阅会计账簿和财务会计报告书面请求作出书面答复，股东就可以提起股东知情权诉讼。

❺浙江省高级人民法院审理的毛某龙、洪某之等与浙江水某总厂有限公司股东知情权纠纷案再审复查与审判监督民事裁定书【（2015）浙民申字第 1719 号】认为："6 名被申请人于 2014 年 1 月 13 日向水某总厂提出了要求查阅复制公司章程、股东会会议记录、董事会会议决议、监事会会议决议和财务会计报告的书面请求，水某总厂未书面答复，且在庭审中明确表明拒绝 6 被申请人查阅、复制相关材料。基于水某总厂对 6 被申请人的股东身份不持异议，应认定 6 被申请人提起知情权诉讼符合法律规定的前置条件。"因此，公司不书面答复股东书面查询请求即满足股东知情权诉讼的前置条件。

❻上海市第二中级人民法院审理的张某兴、陆某斌与上海申某园艺有限公司股东知情权纠纷案二审民事判决书【（2018）沪 02 民终 1249 号】认为："张某兴、陆某斌作为公司股东且曾在公司实际经营地址工作，其明知申某公司的实际经营地址，却选择向申某公司的注册地址寄送相关审查申请，该行为存在不妥之处，其应承受相应的不利后果。一审法院认为，张某兴、陆某斌未履行向申某公司提出书面查阅申请的前置程序，本院予以赞同。此外，张某兴、陆某斌关于法院向申某公司送达应诉通知可视为其向申某公司送达查阅申请的主张，因无相应法律依据，本院不予支持。"

❼上海市第一中级人民法院审理的上海云某货运有限公司诉李某股东知情权纠纷案二审民事判决书【（2017）沪 01 民终 10001 号】认为："我国公司法对股东行使知情权的范围作了明确规定，且仅对知情权范围中要求查阅公司会计账簿的部分，规定应向公司提出书面请求并说明目的。而对其他知情权的范围部分未有同样规定行使的条件。故上诉请求中对李某一审诉请涉及非查阅公司会计账簿的知情部分予以驳回，无法律依据而不予准许。"

❽杭州市中级人民法院审理的杭州双某电子科技有限公司、谭某松股东知情权纠纷案二审民事判决书【（2017）浙 01 民终 464 号】认为："谭某松一审提交的

（2016）粤广广州第 230597 号公证书等证据，足以证明谭某松于 2016 年 3 月 28 日、5 月 30 日、7 月 3 日多次以电子邮件方式向杭州双某公司法定代表人提出查阅公司财务报表及相关经营信息的要求，并明确查阅目的系了解公司经营现状。谭某松作为杭州双某公司的股东，其提出的关于查阅公司会计账簿的要求，具有事实依据，符合法律规定。关于杭州双某公司提出谭某松并未履行法定程序提出书面查阅申请的上诉主张，依据不足，本院不予支持。"

❾北京市第二中级人民法院审理的雷某投资有限公司与北京雷某投资管理顾问有限公司股东知情权纠纷案二审民事判决书【（2018）京 02 民终 1869 号】认为："股东有权查阅公司会计账簿，但应当向公司提出书面请求，说明目的。在公司拒绝提供查阅的情况下，股东可以请求人民法院要求公司提供查阅。根据本案查明的事实，雷某投资公司在工商登记的住所地已无工作人员办公，且没有其他的固定办公地址，据此雷某顾问公司通过向雷某投资公司的法定代表人李某国送达《查阅公司会计账簿申请书》的方式，提出查阅请求，并无不当。"该判决认为，在公司登记地已无人员办公且没有其他固定办公地址的情况下，股东可以通过向法定代表人送达查询申请来履行前置程序。

（七）公司能否以股东恶意诉讼为由阻却股东知情权

1. 关于公司主张股东恶意诉讼阻却股东知情权的立法现状

目前法律和司法解释未明文规定如何处理公司主张股东恶意诉讼。

2. 关于公司主张股东恶意诉讼阻却股东知情权的司法实践现状

如何处理公司主张股东恶意诉讼阻却股东知情权？既往判例很少对该问题作出裁判，有 1 个判例认为公司主张股东提起知情权诉讼系恶意诉讼的，应承担举证责任。

❶西安市中级人民法院审理的陕西三某混凝土工程有限公司与蒋某刚股东知情权纠纷上诉案民事判决书【（2011）西民四终字第 00357 号】认为："三某公司上诉认为蒋某刚作为监事提起股东知情权诉讼属恶意诉讼，无事实及法律依据，本院不予采纳。"因此，公司认为股东提起的诉讼为恶意诉讼的时候，必须承担举证责任，证明恶意的存在，否则不能得到支持。

（八）证明股东有不正当目的并拒绝查阅会计账簿的举证责任主体

1. 关于证明股东有不正当目的并拒绝查阅的举证责任主体的立法现状

《公司法》（2018 年修正，已被修订）第 33 条第 2 款规定："股东可以要求查阅公司会计账簿。股东要求查阅公司会计账簿的，应当向公司提出书面请求，说明目的。公司有合理根据认为股东查阅会计账簿有不正当目的，可能损害公司合法利益的，可以拒绝提供查阅，并应当自股东提出书面请求之日起十五日内书面答复股东并说明理由。公司拒绝提供查阅的，股东可以请求人民法院要求公司提供查阅。"

《公司法》（2023 年修订）第 57 条第 2 款规定："股东可以要求查阅公司会计账簿、会计凭证。股东要求查阅公司会计账簿、会计凭证的，应当向公司提出书面请求，说明目的。公司有合理根据认为股东查阅会计账簿、会计凭证有不正当目的，可能损害公司合法利益的，可以拒绝提供查阅，并应当自股东提出书面请求之日起十五日内书面答复股东并说明理由。公司拒绝提供查阅的，股东可以向人民法院提起诉讼。"

上述条文虽未直接对股东有不正当目的的举证责任主体作出规定，只是规定了公司拒绝提供查阅应当有合理依据。但可以据此推出，股东要求查阅会计账簿是否存在"不正当目的"，应由公司承担举证责任。

2. 关于证明股东有不正当目的并拒绝查阅的举证责任主体的司法实践现状

如何认定股东有不正当目的并拒绝查阅的举证责任主体？本书整理的既往 10 个判例均认为股东行使股东知情权具有不正当目的的举证责任在公司方，裁判规则较为一致。

3. 《公司法司法解释四》对证明股东有不正当目的并拒绝查阅的举证责任主体确定的裁判规则

《公司法司法解释四》第 8 条规定："有限责任公司有证据证明股东存在下列情形之一的，人民法院应当认定股东有公司法第三十三条第二款规定的'不正当目的'：

（一）股东自营或者为他人经营与公司主营业务有实质性竞争关系业务的，但公司章程另有规定或者全体股东另有约定的除外；

（二）股东为了向他人通报有关信息查阅公司会计账簿，可能损害公司合法利益的；

（三）股东在向公司提出查阅请求之日前的三年内，曾通过查阅公司会计账簿，向他人通报有关信息损害公司合法利益的；

（四）股东有不正当目的的其他情形。"

据此，《公司法司法解释四》已明确规定公司应承担股东请求查阅公司会计账簿时具有不正当目的的举证责任。

4. 关于证明股东有不正当目的并拒绝查阅的举证责任主体的判例

❶江苏省高级人民法院审理的赵某善与南京悦某五金制品有限公司股东知情权纠纷案再审复查与审判监督民事裁定书【（2016）苏民申 4763 号】认为："悦某公司虽称赵某善行使会计账簿查阅权具有不正当目的，但并未提供相应的证据予以证明，其拒绝查阅没有事实和法律依据。认为股东查阅会计账簿具有不正当目的的举证责任在公司方。"

❷内蒙古自治区高级人民法院审理的赤峰安某路桥有限责任公司与程某明股东知情权纠纷案再审民事裁定书【（2016）内民申 318 号】认为："程某明作为安某公司的股东，应当享有法律赋予的权利。程某明已经依法向安某公司递交了两份查阅会计账簿的书面申请，说明了查询目的及理由，安某公司未能举证证明程某明查阅会计账簿存在不正当目的以及可能损害公司合法利益的情形。因此，一、二审判决并无不当，故安某公司申请再审事由不能成立，本院不予支持。"公司未能举证证明股东查阅会计账簿存在不正当目的以及可能损害公司合法利益的情形，不得拒绝股东查阅会计账簿。

❸山东省高级人民法院审理的烟台市三某饲料有限公司与烟台农标普某纳饲料有限公司股东知情权纠纷案再审民事判决书【（2015）鲁民提字第 437 号】认为："在股东寻求法律救济，向法院提起诉讼，要求查阅会计账簿及原始凭证时，公司应对其拒绝查阅的理由负举证责任。公司认为股东查阅会计账簿有不正当目的的，可能损害公司合法利益的，应举证予以证实。"

❹浙江省高级人民法院审理的毛某龙、洪某之等与浙江水某总厂有限公司股东知情权纠纷案再审复查与审判监督民事裁定书【（2015）浙民申字第 1719 号】认为："本案中，6 被申请人向水某总厂提出书面请求说明其行使知情权的目的是了解公司实际经营现状，显属其作为有限责任公司股东应享有的知情权。水某总厂以 6 被申请人具有不正当目的为由拒绝其查阅、复制，应就 6 被申请人是否具有不正

当目的并可能损害其合法利益承担举证责任。"

❺广东省高级人民法院审理的东莞市日某贸易有限公司与刘某娇股东知情权纠纷案再审复查与审判监督民事裁定书【(2015)粤高法民二申字第 669 号】认为："刘某娇作为日某公司股东,对日某公司的经营情况不知情,为了解日某公司的经营状况申请查阅日某公司的公司章程、股东会会议记录及财务会计报告,并无不当。日某公司称刘某娇主张股东知情权不具备法律规定的正当目的,理据不足,本院对该主张不予采纳。"公司不能证明股东主张知情权不具备正当目的就不能阻碍股东行使知情权。

❻北京市第二中级人民法院审理的金某通(北京)消防工程有限公司与邹某利股东知情权纠纷案二审民事判决书【(2018)京 02 民终 1938 号】认为:"金某通公司上诉主张邹某利提起本案股东知情权纠纷诉讼,要求金某通公司提供股东会会议记录、财务会计报告供邹某利查阅、复制,要求金某通公司提供会计账簿和会计凭证(包括记账凭证和原始凭证)供邹某利查阅,存在据此抢夺金某通公司客户资源的不正当目的。根据《最高人民法院关于适用〈中华人民共和国公司法〉若干问题的规定(四)》第 8 条规定以及《民事诉讼法司法解释》第 90 条规定,金某通公司应就其提出的邹某利行使股东知情权存在不正当目的的事实提供证据加以证明。但根据本案现有证据,尚不能证明宏某博宇公司与金某通公司的主营业务有实质性竞争关系,也不足以证明邹某利行使股东知情权的实质是为了协助宏安博宇公司抢夺金某通公司的客户资源,因此金某通公司应承担举证不能的不利法律后果。本院对金某通公司的此项上诉主张不予支持。"

❼北京市第三中级人民法院审理的乐某影业(北京)有限公司与北京思某股权投资管理中心(有限合伙)股东知情权纠纷案二审民事判决书【(2018)京 03 民终 1465 号】认为:"乐某影业公司虽主张思某股权中心要求查阅财务账簿具有不正当目的,会对乐某影业公司的资产重组制造障碍,可能损害其他股东的合法利益,但未提供充分证据予以证明,故本院对乐某影业公司的该项上诉理由不予采信。"

❽北京市第二中级人民法院审理的北京陶某房地产开发有限责任公司与李某华股东知情权纠纷案二审民事判决书【(2017)京 02 民终 9877 号】认为:"李某华作为股东,依法享有查阅公司会计账簿的权利,李某华已向陶某房地产公司提交了《查账申请》,陶某房地产公司如以李某华存在不正当目的为由而对李某华的《查账申请》予以拒绝,应对李某华存在不正当目的承担举证责任。"

❾北京市第二中级人民法院审理的北京金某然医药有限责任公司与北京金座投

资管理有限公司股东知情权纠纷案二审民事判决书【(2017) 京 02 民终 9872 号】认为："在金某公司已向金某然公司提出查阅公司会计账簿请求并说明其目的,且具有事实和法律依据的情况下,金某然公司应该对其所主张的金某公司具有不正当的查阅目的承担进一步举证证明的责任。"

❿江苏省苏州市中级人民法院审理的庄某与苏州元某置业有限公司股东知情权纠纷案二审民事判决书【(2017) 苏 05 民终 10562 号】认为："关于元某公司以庄某存在不正当目的为由,拒绝庄某查阅会计账簿的上诉理由,对此,本院认为应当由元某公司举证证明庄某具有不正当目的,可能损害公司合法利益,但元某公司提供的相应证据不足以证明其上述观点。"

(九) 如何认定股东行使知情权有不正当目的并拒绝提供查阅会计账簿

1. 关于如何认定股东行使知情权有不正当目的的立法现状

《公司法》(2018 年修正,已被修订) 第 33 条第 2 款规定："股东可以要求查阅公司会计账簿。股东要求查阅公司会计账簿的,应当向公司提出书面请求,说明目的。公司有合理根据认为股东查阅会计账簿有不正当目的,可能损害公司合法利益的,可以拒绝提供查阅,并应当自股东提出书面请求之日起十五日内书面答复股东并说明理由。公司拒绝提供查阅的,股东可以请求人民法院要求公司提供查阅。"

《公司法》(2023 年修订) 第 57 条第 2 款规定："股东可以要求查阅公司会计账簿、会计凭证。股东要求查阅公司会计账簿、会计凭证的,应当向公司提出书面请求,说明目的。公司有合理根据认为股东查阅会计账簿、会计凭证有不正当目的,可能损害公司合法利益的,可以拒绝提供查阅,并应当自股东提出书面请求之日起十五日内书面答复股东并说明理由。公司拒绝提供查阅的,股东可以向人民法院提起诉讼。"

上述条文对如何认定股东具有不正当目的的具体情形未作规定。

《公司法司法解释四》第 8 条规定："有限责任公司有证据证明股东存在下列情形之一的,人民法院应当认定股东有公司法第三十三条第二款规定的'不正当目的':

(一) 股东自营或者为他人经营与公司主营业务有实质性竞争关系业务的,但公司章程另有规定或者全体股东另有约定的除外;

（二）股东为了向他人通报有关信息查阅公司会计账簿，可能损害公司合法利益的；

（三）股东在向公司提出查阅请求之日前的三年内，曾通过查阅公司会计账簿，向他人通报有关信息损害公司合法利益的；

（四）股东有不正当目的的其他情形。"

据此，《公司法司法解释四》已明确规定可以认定股东有不正当目的的三种情形，为司法实务提供了明确的操作指引，同时，该条以"股东有不正当目的的其他情形"作为兜底条款，为司法实践根据个案情况判断股东行使知情权是否存在不正当目的预留了空间。

2. 关于如何认定股东行使知情权有不正当目的的司法实践现状

哪些情形可以认定股东具有不正当目的？笔者基于多年的经验发现，就财务会计报告、股东会会议记录、董事会会议决议，公司应当无条件地配合股东进行查阅、复制。对于会计账簿，除非存在合理根据，认为股东有不正当目的，否则，公司亦不得拒绝。实践中，公司多以同业竞争为由主张股东具有不正当目的，但是大多数判例均未成功证明股东具有不正当目的。可见公司较难证明股东行使知情权具有不正当目的。

3. 关于如何认定股东行使知情权有不正当目的的判例

（1）公司以不正当目的拒绝股东查阅的文件仅限会计账簿

❶上海市第二中级人民法院审理的上海天某饲料科技有限公司与郭某股东知情权纠纷案二审民事判决书【（2017）沪02民终2310号】认为："股东知情权是我国《公司法》赋予股东通过查阅公司会计账簿以及查阅、复制公司财务会计报告、股东会会议记录、董事会会议决议等与公司经营管理相关的资料，以了解、掌握公司经营状况的权利。其中，对于财务会计报告、股东会会议记录、董事会会议决议，公司应当无条件地配合股东进行查阅、复制。而对于会计账簿、会计凭证等，除非存在合理根据，认为股东有不正当目的，否则，公司亦不得拒绝，而应当按规定进行披露。"

（2）成功证明股东有不正当目的的判例

股东可能存在同业竞争行为被判决拒绝股东知情权请求。

❷河南省高级人民法院审理的濮某国际经济技术合作有限公司与张某会股东知情权纠纷案再审民事判决书【（2015）豫法民提字第345号】认为：《公司法》第

33条第2款①对股东要求查阅公司会计账簿的，仅是规定'可以要求查阅'，是否同意查阅，还要区分股东要求查阅的行为是否有正当目的，是否损害公司合法利益。如果公司有合理根据认为股东查阅会计账簿有不正当目的，可能损害公司合法利益的，公司可以拒绝股东提出的查阅要求。本案中濮某国际公司主张张某会存在同业经营行为，以会计账簿显示公司客户信息等商业秘密，如果允许张某会查阅，可能损害公司合法利益为由，拒绝张某会查阅会计账簿，并且已经对张某会的相关行为提起了诉讼，人民法院的生效判决也认定张某会损害了濮某国际公司的公司利益，根据《公司法》第33条第2款②的规定，濮某国际公司拒绝张某会查阅会计账簿的行为应视为存在合理根据，濮某国际公司拒绝张某会查阅会计账簿的理由成立。"因此，如果公司有合理根据认为股东存在"同业经营"行为，查阅会计账簿会显示公司客户信息等商业秘密，可以拒绝股东查阅会计账簿。

❸宁夏回族自治区高级人民法院审理的张某贵与马某、宁夏瑞某工程技术有限公司股东知情权纠纷案再审审查与审判监督民事裁定书【（2018）宁民申54号】认为："一、二审法院根据丰某诚公司经营范围包含了瑞某公司经营范围，两公司均经营石油化工技术研究、开发咨询及技术转让、编制项目建议书、编制可行性研制报告、招投标咨询、安全技术咨询、环境技术咨询、消防技术咨询业务的事实，按照《最高人民法院关于适用〈中华人民共和国公司法〉若干问题的规定（四）》第8条的规定认定该两公司主营业务存在实质性竞争关系，张某贵、马某要求查阅瑞某公司会计账簿可能对瑞某公司合法利益造成损害并无不当。虽然张某贵、马某在二审中提供证据证明其二人在一审判决后将丰某诚公司股权转让并已办理了变更登记，但由于变更时间不长，没有证据证明其二人不再参与丰某诚公司经营，不能排除查阅行为对瑞某公司利益造成损害的可能性，故张某贵、马某要求查阅、复制瑞某公司会计账簿的诉请不能成立。一、二审判决驳回该诉请有事实和法律依据。张某贵、马某关于一、二审判决认定事实缺乏证据证明并适用法律错误的申请再审理由不能成立，本院不予支持。"

❹河北省高级人民法院审理的阿某拉斯设备有限公司、河北阿某拉斯设备制造有限公司股东知情权纠纷案二审民事判决书【（2018）冀民终4号】认为："对于美国阿某拉斯公司的法定代表人鲁某夫在美国设立阿某拉斯公司（A×lasLLC），鲁某夫的侄子马某·库菲尔（Matthew Kuffel）作为股东成立A×lasIIILLC，以及A×

---

① 《公司法》（2023年修订）第57条第2款。
② 同上。

lasLLC 之前在北美销售河北阿某拉斯公司的产品，后销售国内其他厂家同类产品等事实，各方均无异议。因此，鉴于美国阿某拉斯公司、A×lasLLC 及 A×lasIIILLC 3 家公司的上述关联关系，无论 A×lasLLC（含 A×lasIIILLC）在国内销售厂家的变更是由于美国阿某拉斯公司还是河北阿某拉斯公司的原因，其结果均是 A×lasLLC 不再销售河北阿某拉斯公司的产品而转而销售与该公司具有竞争关系的生产厂家的同类产品。虽然美国阿某拉斯公司上诉称 A×lasLLC 从事销售与河北阿某拉斯公司的生产行为属于上下游关系，不属于相同经营范围，但是正是这种生产与销售的关系，可能影响河北阿某拉斯公司产品在北美的销售情况，进而影响该公司利益。因此，即使美国阿某拉斯公司对一审查明'美国阿某拉斯公司经营和销售的产品与河北阿某拉斯公司相同'以及'天津海关出具证明查明美国阿某拉斯公司曾多次从河北阿某拉斯公司的竞争对手石家庄欧某贸易有限公司等处直接购买与河北阿某拉斯公司生产销售的产品相同的货物'等事实不予认可，均不影响美国阿某拉斯公司查阅会计账簿具有不正当目的的判定。"

❺北京市第三中级人民法院审理的张某俊与北京智某明睿人力资源顾问有限公司股东知情权纠纷案二审民事判决书【（2018）京 03 民终 380 号】认为："根据审理查明的事实，张某俊同时担任智某公司及创某酵母公司的股东，智某公司和创某酵母公司从事的业务均是为企业提供人力资源服务和金融投资服务，其中人力资源服务专注的均是猎头业务，所针对的客户大部分为互联网企业，二者的主营业务、业务区域以及所针对的客户群基本一致，主营业务存在实质上的竞争关系。张某俊通过查阅智某公司的会计账簿，可以获知智某公司的客户资料和合同底价等商业信息，有可能使得智某公司在业务竞争中处于不利地位。因此，智某公司认为张某俊查阅会计账簿和原始凭证存在不正当目的的主张成立，张某俊无权查阅会计账簿和原始凭证。"

❻上海市第一中级人民法院审理的王某诉上海仁某机械科技有限公司股东知情权纠纷案二审民事判决书【（2017）沪 01 民终 9268 号】认为："公司有合理根据认为股东查阅会计账簿有不正当目的，可能损害公司合法利益的，可以拒绝提供查阅。本案中，王某在担任仁某机械公司山东分公司期间，即设立了与仁某机械公司及其山东分公司同类经营范围的一人有限责任公司，且带走了山东分公司 5 名员工。之后的业务往来及竞标情况显示，王某所设公司与仁某机械公司实际上存在同业竞争情形。上述事实表明，王某的行为已实际损害了仁某机械公司的利益。仁某机械公司认为王某查阅其会计账本有不正当目的，有合理根据，应予采纳。"

(3) 未成功证明股东有不正当目的的判例

❼浙江省高级人民法院审理的浙江顶某生物科技有限公司与杨某康股东知情权纠纷上诉案民事判决书【(2012) 浙商外终字第 49 号】认为: "顶某公司认为其与杨某康之间存在同业竞争, 但并未提供证据证明杨某康及其所控制的关联企业存在与顶某公司从事相同、相似业务的情形。从顶某公司提交的 2010 年 9 月 20 日的合作协议书来看, 顶某公司业已同意群某公司在拿到 N×× 公司或杨某康的订单后向顶某公司以外的公司购买部分水解蛋白, 故不能据此认定杨某康存在同业竞争行为或其行使股东知情权的行为具有不正当目的, 可能损害公司合法利益。顶某公司的该上诉理由也不能成立。" 因此, 损害公司合法权益中, 需要有证据证明 "同业竞争" 等危害行为的确实存在, 且对该项内容双方没有一致约定。

❽北京市第二中级人民法院审理的灰某时尚文化发展 (北京) 有限公司与吴某股东知情权纠纷案二审民事判决书【(2018) 京 02 民终 1864 号】认为: "虽吴某任股东的创某公司的经营范围与灰某公司的经营范围上有部分重叠之处, 但鉴于现创某公司已处于吊销状态, 且灰某公司无有效证据证明创某公司与灰某公司的经营范围存在实质性竞争关系。同时灰某公司虽提出吴某、李某夫妇存在巨额债务和曾对灰某公司进行敲诈及曾对灰某公司进行欺诈并企图侵占灰某公司财产, 因其提交的证据均尚不足以构成 '拒绝提供查询' 的法定理由, 故一审法院判决灰某公司在北京市东城区青龙胡同×号某华大厦 B102 号将该公司 2008 年 5 月 8 日起至 2016 年 12 月 31 日止的会计账簿、会计凭证和财务会计报告提供给吴某查阅并无不当。"

❾北京市第二中级人民法院审理的北京金某然医药有限责任公司与北京金某投资管理有限公司股东知情权纠纷案二审民事判决书【(2017) 京 02 民终 9872 号】认为: "在金某公司已向金某然公司提出查阅公司会计账簿请求并说明其目的, 且具有事实和法律依据的情况下, 金某然公司应该对其所主张的金某公司具有不正当的查阅目的承担进一步举证证明的责任。现金某然公司长期未召开股东会会议, 亦无证据显示其按照法律的规定和公司章程的约定保障了金某公司的知情权, 而仅以其和金某公司持股的另外 3 家公司在营业执照上所载的经营范围存在一定重合为依据, 否认金某公司查阅目的的正当性, 该证明程度并未达到《公司法》第 33 条第 2 款①所规定的 '合理根据' 程度, 故本院对其上诉意见不予支持。"

❿北京市第二中级人民法院审理的北京赞某服装服饰有限公司与彭某股东知情权纠纷案二审民事判决书【(2017) 京 02 民终 10972 号】认为: "赞某公司上诉提

①　《公司法》(2023 年修订) 第 57 条第 1 款。

出，彭某要求查阅会计账簿具有不正当目的，可能损害赞某公司合法利益，主要表现为：（1）彭某存在竞业禁止行为；（2）彭某与公司其他股东存在股权讼争未予解决。对此，本院认为，彭某虽作为主讲人参加过伊某隆（E××lon）服装设计机构举办的婚纱礼服讲座，但该行为与赞某公司的主营业务并不构成实质性竞争关系。此外，洪某雅与彭某之间的案外纠纷系因双方履行《委托投资协议书》而引发，彭某查阅赞某公司账簿并不会产生影响赞某公司利益的后果。综上，赞某公司提供的证据不足以证明彭某存在《最高人民法院关于适用〈中华人民共和国公司法〉若干问题的规定（四）》第 8 条中规定的有不正当目的，可能损害赞某公司合法利益的情形，其上诉主张均不能成立，本院均不予支持。"

❶北京市第三中级人民法院审理的北京杰某传承文化传媒有限公司与西藏山南东方博某广告有限公司股东知情权纠纷案二审民事判决书【（2017）京 03 民终 12623 号】认为："由于股东的知情权涉及股东和公司之间的利益冲突，在保护股东利益的同时也应适当照顾公司的利益，使双方利益衡平，故知情权的行使应当符合一定的条件并受有一定的限制。本案中，博某公司要求行使股东知情权的目的是了解杰某公司的经营管理及财务状况，显属其作为有限责任公司股东应享有的知情权。杰某公司上诉主张博某公司行使知情权的目的在于恶意拖延另案的仲裁程序，但本案与杰某公司所述案件并不存在必然的联系，不存在杰某公司所述恶意拖延问题，且即使杰某公司行使股东知情权后，将获悉的杰某公司相关资料作为另案仲裁案件的证据使用，属于博某公司行使其正当权利，不属于不正当目的，亦不存在损害杰某公司合法利益的情形。杰某公司另主张博某公司与杰某公司工商登记的经营范围有交叉，故博某公司行使知情权具有不正当目的，但博某公司原为杰某公司的母公司，在博某公司与吴某云进行股权转让时，各方对博某公司的经营范围均是明知的，且为避免业务冲突双方已将相关业务进行了划分，不能仅以经营范围有交叉即认定博某公司行使股东知情权具有不正当目的。综上，本院对杰某公司关于博某公司行使知情权具有不正当目的的主张不予采信。"

❷上海市第二中级人民法院审理的上海嘉某置业有限公司与上海乾某投资管理有限公司股东知情权纠纷案二审民事判决书【（2017）沪 02 民终 9808 号】认为："法律并未禁止同业公司互相持股，也未禁止同业股东行使其股东知情权，除非有证据显示被上诉人的查阅请求确有不正当目的，否则上诉人不能排除被上诉人的股东知情权。而上诉人所举之证明仅能证明上诉人和被上诉人可能存在同业经营的情况，但不能证明两者的直接竞争对手关系和侵害利益的可能。因此，一审法院对被上诉人关于行使股东知情权的请求予以支持，并无不当，上诉人的上诉理由不能

成立。"

❸上海市第二中级人民法院审理的孔某盂（上海）企业管理有限公司与陆某股东知情权纠纷案二审民事判决书【（2017）沪02民终2968号】认为："孔某盂公司认为陆某查阅会计账簿有不正当目的的证据是博某公司出具的《情况确认》。不过，即便博某公司在《情况确认》中述称的'贵司员工陆某于近日频繁联系我司，声称因遭贵司领导责备，心中十分不满。随后，其又多次要求与我司日后另行单线业务联络。并明确表示，愿推荐其他合作方予我司，希望我司不再与贵司进行业务合作。除此之外，其又多次询问和侧面了解我司与贵司的业务开展情况'属实，陆某要求博某公司不再与孔某盂公司合作的事实，也与陆某申请查阅公司会计账簿没有关联，更未能表明陆某申请查阅会计账簿的目的有何不正当之处，故孔某盂公司不能依据《情况确认》认为陆某查阅会计账簿有不正当目的。"

❹上海市第二中级人民法院审理的上海天某饲料科技有限公司与郭某股东知情权纠纷案二审民事判决书【（2017）沪02民终2310号】认为："天某公司拒绝郭某查阅会计账簿、会计凭证的主要理由为，认为前述材料中记载有公司的进货数据以及客户单位名称，而郭某另设立佛某公司，经营范围与天某公司相同，且与公司纠纷不断，故认为郭某存在不正当目的，可能损害公司利益。但一审法院已查明，天某公司应早已明知郭某设立佛某公司的事实；天某公司与佛某公司经营的产品亦仅为同属于饲料添加剂范畴，具体并不重合；天某公司亦未能举证郭某如何利用职务便利谋求了本属于天某公司的商业机会等，故天某公司现有证据并不能表明其与佛某公司之间存在业务上的实质性竞争关系。至于郭某与天某公司之间存在纠纷一节，双方均已通过诉讼各自主张权利，并不能以此即推定股东行使知情权的目的不正当。另对于天某公司所述进货数据可推算出原料配比一节，首先缺乏特定指向性，其次亦未提供其配比具备专利等商业机密的证明，难以采信。至于客户单位，应属于每家企业财务资料中均有可能涉及的信息。且天某公司于二审庭审中亦陈述，郭某系天某公司销售经理，其对公司的客户应当知情。由此可知，郭某并无通过行使知情权来获取客户信息，进而从事竞业禁止行为的必要。故天某公司前述理由均不足以作为质疑郭某有不正当目的的合理根据。"

❺北京市第一中级人民法院审理的王某与北京贵某和时科技有限公司股东知情权纠纷上诉案民事判决书【（2013）一中民终字第9866号】认为："股东有权查阅、复制公司章程、股东会会议记录、董事会会议决议、监事会会议决议和财务会计报告。根据上述法律规定，我国公司法对于股东查阅、复制公司财务会计报告并无限制，王某是贵某和时公司的股东，即有权查阅、复制公司财务会计报告。贵某

和时公司上诉认为王某成立的北京捷迅贵某软件有限公司，与贵某和时公司存在同业竞争关系，故王某无权查阅、复制公司财务会计报告的上诉意见，并无法律依据，本院不予支持。"

❶❻北京市第一中级人民法院审理的北京华某天丰文化传播有限公司与郭某某股东知情权纠纷上诉案民事判决书【(2013)一中民终字第 10494 号】认为："华某天丰公司拒绝提供查阅，应当举证证明郭某某查阅会计账簿有不正当目的，可能损害公司合法利益，华某天丰公司从两方面予以证明，一是郭某某涉嫌职务侵占，允许其查阅会计账簿不利于公安机关的调查；二是郭某某设立了与华某天丰公司相同的经营网站，从事不正当竞争。其上诉理由亦是围绕这两点展开。对此，本院认为，华某天丰公司的上诉理由能否支持，应当从郭某某查阅会计账簿与损害华某天丰公司合法利益的关联性上判断。华某天丰公司举报郭某某涉嫌职务侵占的案件，公安机关尚未立案受理，而且是否构成职务侵占罪，与郭某某查阅会计账簿可能会损害公司的合法权益无关联性。华某天丰公司称郭某某设立了与其相同的网站，但郭某某否认该网站为其本人所开设，现网站已无法登录，也无法证明该网站会对华某天丰公司造成损害。"

❶❼上海市第二中级人民法院审理的上海汇某实业有限公司与章某某股东知情权纠纷上诉案民事判决书【(2013)沪二中民四(商)终字第 406 号】认为："股东章某某向汇某公司提出书面请求说明其行使知情权的目的是了解公司的实际经营现状，该请求应为公司股东所应享有的知情权。(公司)认为章某某的行为违反了竞业禁止的原则，损害了汇某公司的利益，汇某公司未能提供相关证据证明章某某查阅公司账簿可能损害公司的合法利益，故汇某公司拒绝章某某对公司会计账簿行使查阅权，并无事实及法律依据。"因此，股东查阅目的是了解公司实际经营现状，而公司认为股东有违反竞业禁止原则时，必须举证证明股东的同业竞争行为与查阅会计账簿有直接联系，否则不能得出查阅会计账簿可能损害公司合法利益的结论。

❶❽上海市第二中级人民法院审理的拓某实业(上海)有限公司诉邱某某等股东知情权纠纷案民事判决书【(2013)沪二中民四(商)终字第 401 号】认为："……即便两公司在经工商管理部门核准的经营范围内存在同业竞争的情形，但基于上述两公司在相同时间段内各自开业和停业的事实，显然也不涉及构成同业竞争的情形，故拓某公司认为邱某某要求查阅会计账簿有不正当目的的辩称理由，缺乏合理的事实依据，本院不予支持。"

❶❾广东省东莞市中级人民法院审理的东莞市汇某门业有限公司与袁某强股东知情权纠纷上诉案民事判决书【(2012)东中法民二终字第 738 号】认为："袁某强

作为汇某公司的股东，而且是持股过半的股东，公司的利益与其息息相关，对公司经营情况进行了解是其基本权利，其股东知情权应该切实予以保障，故不论袁某强是否违反竞业禁止规定，也不能据此直接认定袁某强查阅会计账簿即具有不正当目的。因此，汇某公司以袁某强可能违反竞业禁止规定而否定袁某强的股东知情权理由不能成立，本院不予支持。"公司以股东违反竞业禁止义务为由主张股东行使知情权存在不正当目的，将无法得到法院的支持，是否违反竞业禁止义务与查阅会计账簿存在不正当目的之间不具有直接的证明关系。

❷新疆维吾尔自治区乌鲁木齐市中级人民法院审理的新疆恒某佳业石油科技有限公司与贾某海股东知情权纠纷上诉案民事判决书【(2012) 乌中民二终字第 455 号】认为："贾某海独资设立的星某公司成立时间明显早于恒某公司，两公司的经营范围仅个别相似。故恒某公司主张贾某海查阅公司会计账簿有可能对其公司产生不利影响的上诉理由依法不能成立。"该判决表达的裁判观点为公司认为股东存在同业竞争等竞业行为时，需要证明竞争公司后于本公司成立，且从事的经营范围要存在较大的相似性，否则就不能认定股东存在竞业行为。

❷浙江省高级人民法院审理的罗某特（宁波）交通设备技术有限公司与JE×××TIK Robot GmbH 股东知情权纠纷上诉案民事判决书【(2012) 浙商外终字第 4 号】认为："仲裁案中的申请人德某有限公司以及被申请人 JE×××TIK Robot GmbH 均系罗某特公司的股东，两股东之间产生纠纷，作为合资公司的罗某特公司应当向仲裁庭如实陈述、如实提供相关证据材料。JE×××TIK Robot GmbH 即使将财务账簿用于仲裁案，因仲裁申请人德某有限公司也是罗某特公司的股东，故无法得出 JE×××TIK Robot GmbH 有不法目的的结论。"因此，即使股东知情权的目的为另案诉讼或仲裁所需，不构成不正当目的的依据，公司亦应配合。

❷江苏省高级人民法院审理的吴江东某大王保险箱有限公司与蔡某郎股东知情权纠纷上诉案民事判决书【(2011) 苏商外终字第 0064 号】认为："即使其主张的蔡某郎有利用其股东身份实施损害公司利益的关联交易行为成立，亦与本案无关，不能证明蔡某郎要求查阅公司会计账簿和会计凭证的不正当性，故吴江东某公司的上述理由，本院不予采信。"故仅因股东利用其身份从事了对公司不利的关联交易，不能作为股东查阅要求的不正当的证据。

❷江苏省高级人民法院审理的江苏稳某光电有限公司与郭某国股东知情权纠纷案再审复查与审判监督民事裁定书【(2015) 苏审三商申字第 00359 号】认为："本案中，郭某国以了解稳某公司的经营和财务状况、行使股东分红权为由，要求查阅稳某公司会计账簿，系依法行使其股东权利的行为。稳某公司虽以郭某国曾涉

嫌职务犯罪，可能损害公司利益为由予以拒绝，但郭某国因涉嫌职务犯罪而被司法机关予以追诉系针对 2002 年的有关事项，且人民法院并未对郭某国涉嫌职务侵占一事作出有罪判决，稳某公司亦未提供其他证据证明郭某国当前要求查阅公司会计账簿具有不正当目的。因此，二审判决未予支持稳某公司拒绝郭某国查阅公司会计账簿的请求，并无不当。"因此，股东涉嫌与公司有关的职务侵占行为，不能径直认定股东行使知情权具有不正当目的。

（十）不能作为阻碍股东行使知情权的理由

1. 关于不能作为阻碍股东行使知情权理由的立法现状

目前我国的法律和司法解释对哪些理由不能作为阻碍股东行使知情权的理由，并无具体规定。《公司法司法解释四》对此予以了明确，其第 9 条规定："公司章程、股东之间的协议等实质性剥夺股东依据公司法第三十三条、第九十七条规定查阅或者复制公司文件材料的权利，公司以此为由拒绝股东查阅或者复制的，人民法院不予支持。"

据此，公司章程限制、股东间协议都不能作为限制或剥夺股东行使知情权的理由或依据。但这些规定并不能包含现实中所有案件的具体情形。如股东出资瑕疵、对于股东委派人员的任职行为、公司主张资料遗失、诉讼时效经过、公司已提供部分材料供查阅等是否属于阻碍股东知情权实现的理由，仍未作出规定。

值得注意的是，《公司法司法解释四（征求意见稿）》规定了"股东出资存在瑕疵"不能作为阻碍股东行使知情权的理由，但最终未纳入《公司法司法解释四》。

2. 关于不能作为阻碍股东行使知情权理由的司法实践现状

哪些理由不能作为阻碍股东行使知情权的理由？基于 34 个案例的观察，不能作为阻碍股东行使知情权的理由有 8 种：有 8 个判例认为出资不足或抽逃出资不能作为阻碍股东行使知情权的理由；有 7 个判例认为股东委派人员任职行为不能作为阻碍股东行使知情权的理由；有 7 个判例认为公司主张资料遗失不能作为阻碍股东行使知情权的理由；有 3 个判例认为股东知情权诉讼不受诉讼时效限制；有 1 个判例认为司法鉴定不能替代股东知情权；有 4 个判例认为公司已提供部分材料供查阅不能作为阻碍股东行使知情权的理由；有 3 个判例认为不得以行使知情权的股东不是实际出资人为阻碍股东行使知情权的理由；有 1 个判例认为已退资不能作为阻碍股东行使知情权的理由。

3. 关于不能作为阻碍股东行使知情权的理由的判例

（1）出资不足或抽逃出资不能作为阻碍股东行使知情权的理由

❶江苏省高级人民法院审理的江阴瑞某化工有限公司与联某资源实业有限公司知情权纠纷上诉案民事判决书【（2009）苏民三终字第 0104 号】认为："在瑞某公司对联某公司的出资未进行清理前不能影响联某公司行使其担任股东期间的知情权。"该判决书认为，出资不足并不能构成阻碍股东知情权行使的理由，股东知情权基于股东身份而产生，出资瑕疵与此无关。

❷北京市第一中级人民法院审理的北京西某达商贸有限公司与李某河股东知情权纠纷案二审民事判决书【（2017）京 01 民终 9358 号】认为："在股东知情权诉讼中，法院对当事人股东资格的审查应以形式审查为一般标准，只有在对方提出的相反证据足以导致当事人股东身份动摇的状态下，法院才应进一步实体审查当事人股东身份的真伪。本案中，西某达公司以李某河没有设立公司的意思表示、没有实际出资为由否认李某河的股东身份，但没有提出确切证据，并不足以导致否认李某河在本案股东知情权诉讼中的股东身份。同时，股东知情权纠纷与股东资格确认纠纷、股东出资纠纷均非同一法律关系，就股东资格是否存在，或股东对公司是否存在出资瑕疵的情形，均可通过其他的纠纷解决方式予以救济，但该类争议并不必然影响法院在现有证据的情况下对股东知情权进行审理，即在股东未丧失公司股东身份之前仍可按照公司法或章程的规定行使相应的股东权，除非章程或股东与公司之间另有约定。故西某达公司关于一审判决认定事实错误的上诉理由，证据不足，本院不予支持。"

❸北京市第三中级人民法院审理的北京东某房地产开发有限公司与傲某盟房地产投资有限公司股东知情权纠纷案二审民事判决书【（2017）京 03 民终 9654 号】认为："傲某盟公司系工商登记的东某公司的股东，依法应享有查阅、复制公司相关材料的权利，即使傲某盟公司存在未出资、出资不足的情形，东某公司可以追究其未出资、出资不足的相关责任，但其以此为由拒绝傲某盟公司查阅复制相关材料，缺乏法律依据，本院难以采信。"

❹江苏省徐州市中级人民法院审理的巩某路、刘某与新沂市恒某家具有限公司股东知情权纠纷案二审民事判决书【（2017）苏 03 民终 7742 号】认为："恒某公司上诉称巩某路、刘某两股东未完全履行出资义务，不能享有股东权利。但股东的知

情权基于其股东身份，其二人是否存在未完全出资情形并不影响其现有的股东身份，在其未丧失股东身份之前其知情权应受法律保护。故恒某公司该主张不能成立。"

❺浙江省杭州市中级人民法院审理的杭州众某浙华机电设备设计事务所有限公司、周某股东知情权纠纷案二审民事判决书【（2016）浙 01 民终 7207 号】认为："周某作为众某机电设备设计公司依法登记的股东之一，享有股东知情权等股东固有的法定权利，众某机电设备设计公司关于周某出资瑕疵的事实主张不足以对抗股东该项共益权的行使。"

❻江苏省泰州市中级人民法院审理的泰兴市饮某服务有限责任公司诉沈某明等股东知情权纠纷案民事判决书【（2013）泰中商终字第 0310 号】认为："抽逃出资的股东应当对公司承担归还出资的责任，其他已全面履行出资义务的股东承担违约责任，但不因此否认其股东资格。"该判决书认为，股东资格不因抽逃出资而受影响，抽逃出资的股东仍然可以行使股东权利。

❼江苏省扬州市中级人民法院审理的扬州玉某汽车销售有限公司与尹某华股东知情权纠纷上诉案民事判决书【（2013）扬商终字第 0017 号】认为："尹某华是否履行了足额出资义务的问题，从双方的陈述看，实质是认为尹某华出资的 100 万元系玉某公司为其代付，而这应属在尹某华和玉某公司之间产生的另一债权债务关系，并非股东知情权问题，双方可以另行处理。"该判决书认为，股东出资问题与股东资格无关，未足额出资的股东仍然享有股东知情权。

❽新疆维吾尔自治区乌鲁木齐市中级人民法院审理的新疆恒某佳业石油科技有限公司与贾某海股东知情权纠纷上诉案民事判决书【（2012）乌中民二终字第 455 号】认为："恒某公司主张贾某海出资后以各种方式抽逃出资。对此恒某公司提供记账凭证，证明恒某公司分别以预付款、借款为由向星某公司汇入 125 万元。恒某公司汇入星某公司的 125 万元不能证明系贾某海抽逃出资的行为。恒某公司没有提供相应的证据证明贾某海抽逃出资。"该判决书认为，股东抽逃出资不妨碍股东知情权的行使。

（2）股东委派人员任职的行为是否影响股东知情权

多数法院认为，股东委派人员在公司任职，并不影响股东直接向公司主张行使股东知情权。股东本人在公司任职，亦不影响股东的知情权。但如果股东本人通过参与公司经营管理（包括清算），已经了解公司有关信息的，有判决认为，此时股东知情权已经实现，故已无再行使股东知情权的必要。

❾广东省高级人民法院审理的深圳市金某蓝湾房地产开发有限公司与姚某荣股

东知情权纠纷再审案民事裁定书【（2013）粤高法民二申字第 998 号】认为："金某蓝湾公司以公司会计是姚某荣委派及公司营业地是租用姚某荣房产为由，主张股东会会议记录等资料已在姚某荣手中，其不必再提供给姚某荣查阅，缺乏事实依据，本院不予支持。"

❿江苏省高级人民法院审理的南京蓝某地房地产开发有限公司与业生有限公司股东知情权纠纷上诉案民事判决书【（2010）苏商外终字第 0054 号】认为："业某公司向蓝某地公司委派董事的行为是其依据章程规定所享有的权利，滕某山作为业某公司委派至蓝某地公司的董事，其履行的是作为蓝某地公司董事之义务，董事对公司财务状况是否知情并不妨碍公司股东行使查阅账目的权利。"

⓫北京市第一中级人民法院审理的北京天某宇通电子技术有限公司与陈某股东知情权纠纷案二审民事判决书【（2018）京 01 民终 1366 号】认为："陈某作为天信公司的股东，有权了解公司的经营情况，查阅、复制相关公司材料系其法定权利，且相关法律并未禁止股东在担任公司其他职务的情况下行使查阅、复制权利，在天信公司并未提供确实充分的证据证明陈某具有不当目的的情况下，应保障陈某行使查阅、复制公司相关资料的权利。综上，天信公司的上述主张缺乏事实和法律依据，本院依法不予采信。"

⓬北京市第一中级人民法院审理的北京加某地毯有限公司与刘某某股东知情权纠纷上诉案民事判决书【（2013）一中民终字第 11553 号】认为："本案系刘某某依据股东身份要求查阅加某公司相关财务资料，与刘某某所担任加某公司的职务以及杨某东是否为加某公司负责人无关。"

⓭北京市第一中级人民法院审理的北京睿某医院建设顾问有限责任公司与郭某股东知情权纠纷上诉案民事判决书【（2013）一中民终字第 9558 号】认为："郭某是否为睿某公司的会计，并不影响其依据股东身份行使股东知情权查阅睿某公司的财务会计报告，故睿某公司该上诉主张本院不予支持。"

⓮上海市第一中级人民法院审理的甲公司与钱某某股东知情权纠纷上诉案民事判决书【（2013）沪一中民四（商）终字第 1474 号】认为："不能因股东参与了公司的经营管理可能知晓公司的经营和财务状况，而免除公司保障股东知情权行使的义务。"

⓯辽宁省沈阳市中级人民法院审理的田某某与沈阳某某公司股东知情权纠纷上诉案民事判决书【（2011）沈中民三终字第 736 号】认为："作为清算小组成员，上诉人完全有能力和责任参与清算过程中最为重要的公司审计过程，而审计过程中必然涉及提供和查阅所有的相关会计账目，因此上诉人已作为清算组成员参与了公

司全部审计过程，在此期间其股东知情权已得到充分行使，才使得公司解散按程序进行至注销工商登记的办理，上诉人的诉请主张没有事实依据。"该判决认为，股东若作为清算组成员已经参与了公司的审计工作，就已经了解了公司的经营状况，股东知情权的权利目的已经得到实现。

(3) 公司不得以资料遗失、不全、资料被执法部门取走拒绝股东行使知情权

❻江苏省高级人民法院审理的冯某宝诉南京顶某大酒店有限公司股东知情权纠纷案民事判决书【(2008) 宁民五初字第 70 号】认为："顶某大酒店主张部分财务资料因客观原因遗失，缺乏相应证据支撑，本院不予采信。"该判决认为，主张材料遗失应提供证据材料证明，承担证明责任。

❼北京市第一中级人民法院审理的北京天某宇通电子技术有限公司与陈某股东知情权纠纷案二审民事判决书【(2018) 京 01 民终 1366 号】认为："有限责任公司的财务会计报告、股东会会议记录、董事会会议决议、财务会计报告、会计账簿、各类凭证等资料是公司经营管理的重要组成部分，公司应当并保证其真实、完整。天信公司作为依法存续的有限责任公司，应当置备完整的公司资料，其上述材料是否完整，并非对抗股东行使查阅、复制权的法定事由。"

❽上海市第二中级人民法院审理的上海康某建筑发展有限公司与陆某股东知情权纠纷案二审民事判决书【(2017) 沪 02 民终 8602 号】认为："我国公司法明确规定，股东有权查阅、复制公司的章程、股东会会议纪要和财务会计报告等文件及资料。股东向公司提出上述要求时，公司应当予以配合。对于公司而言，妥善地留存、保管上述材料，亦是公司依法应尽的义务。康某公司现以资料遗失为由，拒绝陆某行使部分知情权，有违其法定义务，亦缺乏相应的法律依据，本院不予支持。"

❾上海市第二中级人民法院审理的上海明某联运服务有限公司与方某兰股东知情权纠纷案二审民事判决书【(2017) 沪 02 民终 2979 号】认为："明某公司并未提供证据证明其公司财务资料被执法部门取走。上述事实并非消极事实，明某公司负有举证责任。即便明某公司述称属实，明某公司也有义务依法向有关部门申请取回有关财务资料，以满足股东依法行使的股东知情权。故对明某公司此项上诉理由，本院不予支持。"

❿上海市第一中级人民法院审理的上海恒某机电科技有限公司诉张某凝股东知情权纠纷案二审民事判决书【(2017) 沪 01 民终 3874 号】认为："张某凝与恒某公司之间是否存在未了结的债权债务，恒某公司财务账簿等资料是否被案外人扣留的事实，均不能影响本案的处理结果。恒某公司是相关财务账簿的保管义务人，不能以相关财物并非实际由其占有为由免除其法定义务。即便相关财务账簿客观上确实

在他人实际占有之下，恒某公司作为该些物品的所有权人，与物品的实际占有人之间亦具备予以协调和主张权利的条件。"

㉑北京市第一中级人民法院审理的北京康某医疗设备有限公司与萧某某股东知情权纠纷上诉案民事判决书【（2013）一中民终字第9204号】认为："康某公司上诉称公司的账目丢失，无法履行一审判决，但未举证证明公司会计账簿已经全部丢失，且上诉意见与一审的答辩意见不一致，本院不予支持。"

㉒河南省郑州市中级人民法院审理的河南新某致房地产有限公司与郑州市益某成商贸有限公司、河南鸿某科贸有限公司股东知情权纠纷案民事判决书【（2013）郑民三终字第291号】认为："益某成公司、鸿某公司要求查看的会计账簿和会计凭证被梁某炜取走，梁某炜既是河南飞航投资有限公司的法定代表人，也是新某致公司的法定代表人，因此新某致公司认为其公司客观上根本无法提供上述财务资料的上诉理由，不能成立，本院不予采信。"该判决认为，以公司法定代表人控制了会计账簿、会计凭证等财务资料为由，无法提供查阅，是不能成立的，法定代表人的控制仍然属于公司对材料的控制。

(4) 股东行使知情权不受诉讼时效限制

㉓江苏省高级人民法院审理的江苏天某会计师事务所有限公司与藏某股东知情权纠纷再审案民事判决书【（2007）苏民再终字第0017号】认为："因藏某能否查阅天某会计公司有关财务会计资料与其是否具有公司股东身份有关，故本案处理与诉讼时效并无关联。"该判决认为，以股东身份为权利基础的股东知情权与诉讼时效无关。

㉔广东省东莞市中级人民法院审理的东莞市汇某门业有限公司与袁某强股东知情权纠纷上诉案民事判决书【（2012）东中法民二终字第738号】认为："汇某公司提出查阅的资料存在2年诉讼时效的区分并没有法律依据，本院不予支持。"该判决认为，股东知情权之诉在股东身份保持的情况下随时可以提出，没有诉讼时效的限制。

㉕北京市第一中级人民法院审理的益某有限公司诉北京中海海某花园房地产开发有限公司公司知情权纠纷案民事判决书【（2006）一中民初字第12369号】认为："只要股东具有合法的股东身份，其可以随时提出行使股东知情权的请求。"股东知情权是基于股东身份而享有的权利，与诉讼时效无关，股东作为公司股东期间可以随时提出知情权要求。

(5) 司法鉴定不能替代股东行使知情权

㉖青海省高级人民法院审理的大柴旦西某化工有限责任公司等诉青海昆某矿业

有限责任公司股东知情权、盈余分配权案民事判决书【（2005）青民二终字第 19 号】认为："司法鉴定是双方产生纠纷后采取的一种专家认证，但并不能因此剥夺股东按照《公司法》规定的形式行使知情权。"因此，司法鉴定或股东已经知晓公司财务状况等理由都不能阻碍股东知情权的实现，股东知情权不受股东是否知晓公司状况的影响。除能证明股东有不正当目的，可能危害公司合法利益外，必须无条件依法满足股东行使知情权的要求。

（6）股东已知晓部分资料的，不影响股东继续行使知情权

㉗北京市第二中级人民法院审理的北京三某美洁物业管理有限公司与亚某清洁服务公司股东知情权纠纷案二审民事判决书【（2017）京 02 民终 6756 号】认为："根据《公司法》第 33 条第 1 款①的规定，有限责任公司的股东有权查阅并复制公司的股东会会议记录、董事会会议决议和财务会计报告。该规定并未因股东已经知悉公司全部资料，公司已向股东提供了财务会计报告而对股东的知情权作出例外的限制性规定，也没有根据股东取得股权的时间而对股东的知情权作出例外的限制性规定，因此，三某美洁公司关于亚某清洁公司已经知悉其全部资料，亚某清洁公司于 2009 年才成为其股东，其已向亚某清洁公司提供了财务会计报告，因此亚某清洁公司的诉讼请求不应得到支持的上诉理由，与法律规定不符，本院不予采信。"

㉘上海市第一中级人民法院审理的上海盈某农业发展有限公司诉朴某珠股东知情权纠纷案二审民事判决书【（2017）沪 01 民终 7924 号】认为："被上诉人朴某珠作为上诉人盈某公司的股东，有行使知情权的权利，盈某公司有保障股东知情权实现的义务。现对于盈某公司自成立起到 2014 年 3 月期间的财务会计报告等资料，盈某公司上诉称，朴某珠在成为股东前已查阅、复制公司所有经营资料，但对此并未提供任何证据予以证明，况且，即便盈某公司所言属实，由于所隔时间较长，朴某珠此前曾经查阅、复制经营资料的行为，也并不必然导致其之后对同一事项知情权的丧失。故对盈某公司该项主张，本院不予采信。"

㉙上海市第一中级人民法院审理的内蒙古山某能源集团有限责任公司与中某光合（上海）新能源有限公司股东知情权纠纷案二审民事判决书【（2017）沪 01 民终 13198 号】认为："知情权是股东的固有权利，是一种与股东资格相联系的基础性权利，该权利贯穿于股东资格存续期间始终，并不因某段时间内股东行使过而归于消灭，故中某公司所称山某公司已经行使过 2014 年 12 月 31 日之前的股东知情权，该时间段内山某公司的请求权已经消灭的主张不能成立。"

---

① 《公司法》（2023 年修订）第 57 条第 1 款。

❸❶北京市第一中级人民法院审理的北京睿某医院建设顾问有限责任公司与郭某股东知情权纠纷上诉案民事判决书【(2013) 一中民终字第 9558 号】认为："关于郭某认可收到睿某公司 2012 年 11 月份的财务报告及相关银行对账单一节，本院认为，上述事实不影响郭某依据股东身份要求查阅睿某公司全部财务会计报告的请求。"该判决认为，股东在收到部分财务报告后，可以再次要求公司提供其他或全部的财务会计报告等股东行使知情权可能需要的材料，股东知情权行使不因部分材料的提供或获取而受限制。

(7) 不得以行使知情权的股东不是实际出资人为由拒绝其行使知情权

❸❶北京市第一中级人民法院审理的北京天某宇通电子技术有限公司与陈某股东知情权纠纷案二审民事判决书【(2018) 京 01 民终 1366 号】认为："根据已经查明的事实，陈某系天信公司工商登记的股东，天信公司虽主张陈某未实际出资并代他人持有股份，但对此并未提供确实充分的证据予以证明，应承担举证不能的不利后果，同时，在陈某已经登记为天信公司股东的情况下，其是否实际出资，以及是否代他人持有相应股份，并非否定其查阅、复制天信公司相应公司材料的法定事由，天信公司该上诉主张缺乏事实和法律依据，本院依法不予采信。"

❸❷北京市第二中级人民法院审理的北京航某盛世广告有限公司与张某亚股东知情权纠纷案二审民事判决书【(2018) 京 02 民终 991 号】认为："张某亚作为航某盛世公司的公司章程及工商登记所显示的股东，其有权主张相应股东权益，在对张某亚股东身份未作否认的情况下，亦不能以张某亚为名义股东为由阻却张某亚基于其现有股东身份所享有的股东知情权。"

❸❸上海市第二中级人民法院审理的上海宝某投资有限公司与潘某斌股东知情权纠纷案二审民事判决书【(2017) 沪 02 民终 7117 号】认为："股东对公司依法享有知情权。潘某斌为宝某公司登记在公司登记机关的股东，宝某公司以潘某斌为名义股东为由否认其享有股东知情权无法律依据，本院对宝某公司的上诉理由不予支持。"

(8) 不能以已经退资为由拒绝股东行使知情权

❸❹北京市第一中级人民法院审理的北京齐某企业管理有限责任公司与叶某锋股东知情权纠纷案二审民事判决书【(2018) 京 01 民终 1627 号】认为："齐某公司主张其已将叶某锋的出资款尽数退回，叶某锋已不具备股东资格，但齐某公司在本案中并未提交有效证据证明齐某公司或他人与叶某锋之间达成某种足以导致叶某锋股东资格丧失的合意；叶某锋之妻谢某燕账户收取 17.5 万元，虽数额与叶某锋设立齐

某公司的出资额一致，但因缺乏双方明确合意表示的证据，叶某锋对齐某公司的主张亦不认可，故该事实尚不能证明叶某锋已经收回了出资款进而导致其股东资格丧失。齐某公司否认叶某锋的股东身份，但没有提出确切证据，并不足以否认叶某锋在本案股东知情权诉讼中的股东身份。同时，股东知情权纠纷与股东资格确认纠纷、股东出资纠纷均非同一法律关系，就股东资格是否存在，或股东对公司是否存在收回出资的情形，均可通过其他的纠纷解决方式予以救济，但该类争议并不必然影响法院在现有证据的情况下对股东知情权进行审理，即在股东未丧失公司股东身份之前仍可按照公司法或章程的规定行使相应的股东权，除非章程或股东与公司之间另有约定。"

（十一）行使股东知情权可否委托代理人

1. 关于行使股东知情权可否委托代理人的立法现状

本次 2023 年《公司法》修订，第 57 条第 3 款规定："股东查阅前款规定的材料，可以委托会计师事务所、律师事务所等中介机构进行。"《公司法司法解释四》第 10 条第 2 款规定："股东依据人民法院生效判决查阅公司文件材料的，在该股东在场的情况下，可以由会计师、律师等依法或者依据执业行为规范负有保密义务的中介机构执业人员辅助进行。"据此，股东行使知情权，有权委托会计师事务所、律师事务所进行。

2. 关于行使股东知情权可否委托代理人的司法实践现状

股东行使知情权可否委托代理人？基于 10 个判例的观察，我们发现《公司法司法解释四》颁布实施之前，关于该问题的裁判规则并不统一。有 7 个判例认为行使股东知情权可委托专业人员、董事及其他人员；有 1 个判例认为行使股东知情权不可委托专业人员、董事及其他人员；有 2 个判例认为行使股东知情权可否委托专业人员、董事等，由公司自行决定。

3. 关于行使股东知情权可否委托代理人的判例

本次 2023 年修订的《公司法》明确股东有权委托会计师事务所、律师事务所等中介机构查阅、复制有关材料，但是同时要求股东及其委托的中介机构应当遵守有关保护国家秘密、商业秘密、个人隐私、个人信息等相关规定。此前行使股东知情权是否可以委托专业人员，各地法院判决并不一致。

（1）股东知情权可委托专业人员或董事及其他人员行使的判例

❶江苏省高级人民法院审理的郁某兰与南京郁某生物科技有限公司股东知情权纠纷案二审民事判决书【（2016）苏民终 620 号】认为："公司法并未禁止股东委托他人代为行使知情权，郁某兰为了知悉郁某公司的经营状况行使知情权，当然可以自行决定聘请注册会计师协助其进行查询，且其委托注册会计师协助查阅并未损害郁某公司的利益。"因此，股东有权委托注册会计师协助行使知情权。

❷广东省高级人民法院审理的真某夫餐饮管理有限公司与蔡某标股东知情权纠纷案申诉、申请民事裁定书【（2015）粤高法民二申字第 202 号】认为："股东知情权是《公司法》规定的一项重要的民事权利，法律不禁止有限公司的股东委托他人行使该项权利，故二审法院支持蔡某标委托他人行使该项权利符合《中华人民共和国民法通则》第 63 条第 1 款'公民、法人可以通过代理人实施民事法律行为'的规定。"

❸广东省高级人民法院审理的广东茂某高速公路有限公司与东南亚茂某有限公司知情权纠纷执行案执行裁定书【（2010）粤高法执复字第 97 号】认为："茂某公司有权自费聘请有审计资格的会计事务所在茂某高速合作经营合同、章程和法律规定的范围内，对其作为合作经营企业的股东期间的账簿进行审计。"该判决书认为，股东有权在查阅会计账簿中，以自费聘请有审计资格的会计事务所进行审计的方式，实现知情权。

❹上海市第二中级人民法院审理的上海东某建筑设计研究院有限公司与祝某股东知情权纠纷案二审民事判决书【（2018）沪 02 民终 272 号】认为："祝某作为上海东某建筑设计研究院有限公司的股东依法享有股东知情权。本案诉讼前，祝某出具委托书，委托案外人林某某、汪某代表祝某行使股东权利，并向上海东某建筑设计研究院有限公司发出《申请》。基于以上事实，祝某起诉要求行使股东知情权，即要求查阅、复制上海东某建筑设计研究院有限公司的财务会计报告、股东会会议记录、董事会会议决议、监事会会议决议，并查阅上海东某建筑设计研究院有限公司的会计账簿于法不悖，应予支持。"

❺浙江省杭州市中级人民法院审理的杭州众某浙华机电设备设计事务所有限公司、周某股东知情权纠纷案二审民事判决书【（2016）浙 01 民终 7207 号】认为："我国法律并未明确股东包括知情权在内的参与公司事务权利仅限由股东本人亲自行使，而民事主体可以通过代理人实施民事法律行为系法所明定，鉴于财务会计工作的专业性，原审判决限定由具有专业技能的会计师在接受周某委托情形下予以辅助查阅并无不当。"

❻江苏省泰州市中级人民法院审理的泰兴市饮食某务有限责任公司诉沈某明等股东知情权纠纷案民事判决书【（2013）泰中商终字第 0310 号】认为："鉴于饮某公司成立多年，会计账簿又具有较强的专业性，被上诉人要求委托注册会计师协助其行使账簿的查阅权，不违反法律的规定，应予以支持。"该判决书认为，法无禁止即允许，股东在行使知情权的过程中，为了更有效地了解公司情况，可以委托专业人员协助查阅或复制。

❼江苏省常州市中级人民法院审理的葛某政与常州市天某城市建设开发有限公司股东知情权纠纷上诉案民事判决书【（2012）常商终字第 229 号】认为："至于葛某政要求委托注册会计师与其共同查阅的上诉理由应当成立，具体理由如下：（1）由于公司经营管理及财务的数据资料本身是一个庞杂的、晦涩难懂、较具专业化的东西，故股东要全面了解和掌握公司的生产经营和财务状况，需要对这些数据进行整理、分析，这需要一定的财会等专业知识作为支撑，故仅凭中小股东有限的知识是很难鉴别其真实、可靠、完整与合法性的，这就是股东借助外部会计师等专业人员对公司账簿资料进行审查权利的现实基础。（2）我国《公司法》也没有明确规定知情权必须由股东本人行使，或者禁止股东委托他人代为行使。法无禁止即自由，如股东在诉请中包含委托他人或者与他人共同行使之内容的，即可予以考虑。（3）由于注册会计师会受到保守业务秘密的职业道德和纪律的约束，故较其他人查阅而言，公司商业秘密遭受侵害的并造成严重后果的可能性要小得多，否则容易失控。"

（2）股东知情权不可委托专业人员或董事及其他人员行使的判例

❽广西壮族自治区高级人民法院审理的夏某峰与广西桂平帝某管道燃气投资有限公司股东知情权纠纷案再审复查与审判监督民事裁定书【（2016）桂民申 1516号】认为："知情权是公司法赋予股东的一种基础性权利，应依法得到保护，但股东行使知情权应当受到一定的限制，因为公司的商业秘密同样需要保护。《公司法》第 33 条①规定'股东有权查阅、复制公司章程、股东会会议记录、董事会会议决议、监事会会议决议和财务会计报告。股东可以要求查阅公司会计账簿'。但并未规定股东可以委托他人进行查阅。在没有征得帝某公司同意的情况下，夏某峰要求委托具有专业资质的会计机构进行查阅公司账簿没有依据。夏某峰主张依据《中华人民共和国民法通则》关于代理的规定，其可以委托他人查阅公司账簿，但是，根据《中华人民共和国民法通则》第 63 条第 3 款'依照法律规定或者按照双方当事人约定，应当由本人实施的民事法律行为，不得代理'的规定，并非所有民事法律

---

① 《公司法》（2023 年修订）第 57 条。

行为都允许代理。故夏某峰以此为由主张可以委托他人查阅公司账簿依据不足。"

(3) 股东知情权可否委托专业人员或董事行使由公司自行决定的判例

❾江西省高级人民法院审理的洪某环与峡江县华某投资有限公司经贸行政管理再审复查与审判监督民事裁定书【(2016) 赣民申 208 号】认为: "根据股东权专属性理论，股东权是股东基于股东资格而享有的权利，股东身份是股东权存在的基础，也是作为股东权之一知情权的基础。我国《公司法》对股东能否委托代理人行使股东知情权的问题未作明确规定。洪某环要求查阅的文件尤其是财务账簿反映了华某投资公司实际经营、财务状况，与公司的商业秘密存在关联。基于公司意思自治原则，是否允许股东委托他人行使股东知情权，由华某投资公司自行决定。"

❿辽宁省沈阳市中级人民法院审理的孙某植与沈阳汉某城房地产开发有限公司股东知情权纠纷上诉案民事判决书【(2011) 沈中民四终字第 3 号】认为: "孙某植上诉称应允许其委托的律师和专业会计人员代其行使股东知情权的请求，因我国公司法并无相应规定，从保护公司商业秘密角度亦应由公司作出是否准许的决定，而不宜以司法强制力加以保护。" 该判决认为，股东是否可以委托其他专业人员进行知情权的行使，由于公司法无相关具体规定，应当由公司来决定，不应当以司法权加以干预。

(十二) 股东知情权可以查阅或复制的文件范围

1. 关于股东知情权可以查阅或复制的文件范围的立法现状

《公司法》(2018 年修正，已被修订) 第 33 条规定: "股东有权查阅、复制公司章程、股东会会议记录、董事会会议决议、监事会会议决议和财务会计报告。

股东可以要求查阅公司会计账簿。股东要求查阅公司会计账簿的，应当向公司提出书面请求，说明目的。公司有合理根据认为股东查阅会计账簿有不正当目的，可能损害公司合法利益的，可以拒绝提供查阅，并应当自股东提出书面请求之日起十五日内书面答复股东并说明理由。公司拒绝提供查阅的，股东可以请求人民法院要求公司提供查阅。"

第 97 条规定: "股东有权查阅公司章程、股东名册、公司债券存根、股东大会会议记录、董事会会议决议、监事会会议决议、财务会计报告，对公司的经营提出建议或者质询。"

《公司法》(2023 年修订) 第 57 条第 1 款、第 2 款规定: "股东有权查阅、复制公司章程、股东名册、股东会会议记录、董事会会议决议、监事会会议决议和财务会计报告。

股东可以要求查阅公司会计账簿、会计凭证。股东要求查阅公司会计账簿、会计凭证的，应当向公司提出书面请求，说明目的。公司有合理根据认为股东查阅会计账簿、会计凭证有不正当目的，可能损害公司合法利益的，可以拒绝提供查阅，并应当自股东提出书面请求之日起十五日内书面答复股东并说明理由。公司拒绝提供查阅的，股东可以向人民法院提起诉讼。"

第 110 条第 1 款规定："股东有权查阅、复制公司章程、股东名册、股东会会议记录、董事会会议决议、监事会会议决议、财务会计报告，对公司的经营提出建议或者质询。"

根据上述规定，有限责任公司股东有权查阅、复制公司章程、股东名册、股东会会议记录、董事会会议决议、监事会会议决议和财务会计报告，有权查阅公司会计账簿、会计凭证。股份有限公司股东有权查阅、复制公司章程、股东名册、股东大会会议记录、董事会会议决议、监事会会议决议、财务会计报告，连续 180 日以上单独或者合计持有公司 3% 以上股份的股东有权要求查阅公司的会计账簿、会计凭证。对于有限责任公司，本次 2023 年修订的《公司法》查阅、复制范围增加股东名册一项，在查阅范围中明确股东有权查阅会计凭证。对于股份有限公司，本次 2023 年修订的《公司法》新增规定了股东复制权，对于查阅范围同样明确连续 180 日以上持有公司 3% 以上股东有权查阅会计凭证，且公司章程对于股东持股比例可以规定比 3% 更低的比例，但不得通过章程规定要求查阅财务账簿、会计凭证的股东持股比例高于 3%。

2. 关于股东知情权可以查阅或复制的文件范围的司法实践现状

股东知情权可以查阅或复制哪些文件？既往判例主要是对会计账簿与财务会计报告包含的内容作出认定，认为会计账簿应当包括总账、明细账、日记账和其他辅助性账簿；财务会计报告应当包括会计报表、会计报表附注、财务情况说明书；会计报表应当包括资产负债、利润表、现金流量表及相关附表。对于以上文件，股东在行使知情权时均可要求查询。

3. 关于股东知情权可以查阅或复制的文件范围的判例

❶湖南省高级人民法院审理的长沙蓄某工贸有限责任公司与黄某股东知情权纠纷案再审民事判决书【（2016）湘民再 2 号】认为："公司的具体经营活动也只有

通过查阅原始凭证才能知晓，不查阅原始凭证，中小股东可能无法准确了解公司真正的经营状况。据此，黄某查阅权行使的范围应当包括会计账簿（含总账、明细账、日记账和其他辅助性账簿）和会计凭证（含记账凭证、相关原始凭证及作为原始凭证附件入账备查的有关资料）。"因此，判决书认为会计账簿包含总账、明细账、日记账和其他辅助性账簿。

❷河南省高级人民法院审理的濮某国际经济技术合作有限公司与张某会股东知情权纠纷案再审民事判决书【（2015）豫法民提字第 345 号】认为："张某会提出的本案诉讼请求实质上包含两部分，一是要求查阅涉案年度内的会计报告，二是要求查阅涉案年度内的会计账簿，包括总账、明细账、日记账和其他辅助性账簿。根据《公司法》第 33 条①的规定，对公司股东查阅、复制公司会计报告和会计账簿作了不同的规定。该条第 1 款明确规定，股东有权查阅、复制公司会计报告，没有规定其他限制条件，所以，原审判决濮某国际公司应当提供涉案年度内的会计报告给张某会查阅适当，本院再审予以确认。"

❸浙江省高级人民法院审理的浙江顶某生物科技有限公司与杨某康股东知情权纠纷上诉案民事判决书【（2012）浙商外终字第 49 号】认为："《企业财务会计报告条例》第 6 条规定，'财务会计报告分为年度、半年度、季度和月度财务会计报告'。《企业财务会计报告条例》第 7 条规定，'年度、半年度财务会计报告应当包括：（一）会计报表；（二）会计报表附注；（三）财务情况说明书。会计报表应当包括资产负债表、利润表、现金流量表及相关附表'。因此，裁判中以《企业财务会计报告条例》第 6 条、第 7 条规定为依据，认为财务会计报告包括：'财务会计报告分为年度、半年度、季度和月度财务会计报告''年度、半年度财务会计报告应当包括：（一）会计报表；（二）会计报表附注；（三）财务情况说明书。会计报表应当包括资产负债表、利润表、现金流量表及相关附表。'"此为股东可以查阅的财务会计报告所包含的内容。

❹浙江省高级人民法院审理的浙江顶某生物科技有限公司与杨某康股东知情权纠纷上诉案民事判决书【（2012）浙商外终字第 49 号】认为："根据《中华人民共和国会计法》第 15 条第 1 款的规定，会计账簿包括总账、明细账、日记账和其他辅助性账簿。因此，裁判中以《中华人民共和国会计法》第 15 条第 1 款规定为依据，认为会计账簿包括：总账、明细账、日记账和其他辅助性账簿。"故股东对于这 4 项内容是可以进行查阅的，不只是总账。

---

① 《公司法》（2023 年修订）第 57 条。

❺北京市第三中级人民法院审理的北京米某未来教育科技有限公司与陈某股东知情权纠纷案二审民事判决书【（2018）京03民终2139号】认为："股东知情权是股东享有的对公司经营管理等重要情况或信息真实了解和掌握的权利，是股东依法行使资产收益、参与重大决策和选择管理者等权利的基础性权利。《公司法》第33条第1款①规定：'股东有权查阅、复制公司章程、股东会会议记录、董事会会议决议、监事会会议决议和财务会计报告。'本案中，陈某作为米某未来公司工商登记载明的股东，有权依照《公司法》规定及公司章程约定的范围和方式行使股东知情权。因此，陈某查阅、复制米某未来公司的股东会会议记录、董事会会议决议及财务会计报告的申请，具备法律依据。"

❻上海市第一中级人民法院审理的黄某与甲公司股东知情权纠纷上诉案民事判决书【（2013）沪一中民四（商）终字第1007号】认为："总账、明细账、现金日记账、银行日记账及其他辅助性账簿在内的财务账簿，属于《中华人民共和国会计法》规定的会计账簿的范畴，亦属于公司法规定的股东行使知情权的范围。"

（十三）股东可否查阅原始凭证、记账凭证

1. 关于股东可否查阅原始凭证、记账凭证的立法现状

此前，《公司法司法解释四（征求意见稿）》第16条规定："有限责任公司的股东起诉请求查阅公司会计账簿及与会计账簿记载内容有关的记账凭证或者原始凭证等材料的，应当依法受理。公司提供证据证明股东查阅记账凭证或者原始凭证等有不正当目的，可能损害公司合法利益的，应当驳回诉讼请求。"据此，《公司法司法解释四（征求意见稿）》明确有限责任公司股东有权查阅原始凭证、记账凭证，但该规定最终未纳入2020年修正的《公司法司法解释四》。本次2023年《公司法》修订，明确有限责任公司股东有权查阅公司的会计账簿、会计凭证，股份有限公司连续180日以上单独或者合计持有公司3%以上股份的股东有权要求查阅公司的会计账簿、会计凭证。

2. 关于股东可否查阅原始凭证、记账凭证的司法实践现状

股东可否查阅原始凭证、记账凭证？基于26个判例的观察，既往判例对该问题的裁判标准不一。有20个判例支持股东知情权可查阅原始凭证；有5个判例不支持

---

① 《公司法》（2023年修订）第57条第1款。

股东知情权查阅原始凭证；有 1 个判例认为应根据个案判断是否可以查阅会计凭证。

3. 关于股东可否查阅原始凭证、记账凭证的判例

（1）支持股东可查阅原始凭证的判例

❶湖南省高级人民法院审理的吴某贵与益阳嘉某房地产开发有限公司股东知情权纠纷案二审民事判决书【（2017）湘民终 542 号】认为："会计凭证系记账的重要依据，对会计账簿内容的真实性和完整性有异议时，会计凭证是必不可少的判断依据。公司的具体经营活动通过查阅会计凭证更客观和真实，不查阅原始凭证，股东可能无法准确了解公司真正的经营状况。因此，吴某贵查阅会计资料的范围应当包括会计账簿（含总账、明细账、日记账和其他辅助性账簿）和会计凭证（含记账凭证、相关原始凭证及作为原始凭证附件入账备查的有关资料）。"

❷湖南省高级人民法院审理的长沙蓄某工贸有限责任公司与黄某股东知情权纠纷案再审民事判决书【（2016）湘民再 2 号】认为："黄某要求查阅公司会计账簿及原始凭证的诉讼请求符合法律规定，但黄某请求复制会计账簿及原始凭证的诉讼请求，因涉及公司商业机密和重要经营信息，法律规定明确限定查阅范围，因此黄某该诉请既无法律上的规定，又超出了公司章程的约定，应不予支持。"

❸山东省高级人民法院审理的烟台市三某饲料有限公司与烟台农标普某纳饲料有限公司股东知情权纠纷案再审民事判决书【（2015）鲁民提字第 437 号】认为："虽然《公司法》没有明确规定股东可以查阅原始凭证和记账凭证，然而基于股东与公司之间的利益平衡以及法律的相关规定，知情权不宜严格限定会计账簿的范围。股东要想真正地了解公司经营状况，必须享有查阅原始凭证的权利。否则，股东即使通过法院确认了其查阅公司会计账簿的权利，也很难仅凭会计账簿判断公司经营活动是否正当，股东的知情权也很难得到实质性的保护。"

❹山西省高级人民法院审理的明某投资有限公司与山西福某纺织机械有限公司股东知情权纠纷案二审民事判决书【（2011）晋民终字第 197 号】认为："原审法院依据《公司法》的规定，支持了明某投资有限公司查阅、复制、摘抄山西福某纺织机械有限公司 1992 年至 2008 年的董事会会议决议、监事会会议决议、财务会计报告的请求；查阅山西福某纺织机械有限公司 1992 年至 2008 年的会计账簿、原始会计凭证的请求；明某投资有限公司要求摘抄、复制山西福某纺织机械有限公司会计账簿原始会计凭证的请求，不符合法律规定，原审法院未支持并无不当。"

❺浙江省高级人民法院审理的浙江顶某生物科技有限公司与杨某康股东知情权纠纷上诉案民事判决书【（2012）浙商外终字第 49 号】认为："查阅原始会计凭证

是股东行使知情权的主要途径，在符合我国《公司法》第 34 条①规定的其他条件的情况下，应当允许股东在查阅会计账簿的同时查阅制作会计账簿所依据的记账凭证和原始凭证。虽然《公司法》对此无明确规定，但查阅原始会计凭证是股东行使知情权的主要途径，在符合我国《公司法》第 34 条②规定的其他条件的情况下，应当允许股东在查阅会计账簿的同时查阅制作会计账簿所依据的记账凭证和原始凭证。"

❻江苏省高级人民法院审理的吴江东某大王保险箱有限公司与蔡某郎股东知情权纠纷上诉案民事判决书【（2011）苏商外终字第 0064 号】认为："公司法并未禁止股东查阅会计账簿的依据即会计凭证。作为用来记录经济业务的发生和完成情况的最原始依据，会计凭证与会计账簿能够相互印证和制约，公司提供会计账簿与会计凭证供股东查阅，能够确保股东获取信息的真实性，因此一审法院判决吴江东某公司提供会计账簿与会计凭证供蔡某郎查阅并无不当。"

❼江苏省高级人民法院审理的南通美某昌通宝船务有限公司与陈某清等股东知情权纠纷上诉案民事判决书【（2012）苏商外终字第 0041 号】认为："虽然未作规定，但鉴于会计凭证是制作会计账簿的依据，为了保证股东了解的公司财务情况是真实的，应该允许股东查阅相应的会计凭证。"

❽上海市高级人民法院审理的莱某特电子科技（上海）有限公司与澳某信有限公司股东知情权纠纷上诉案民事判决书【（2010）沪高民二（商）终字第 86 号】认为："财务上的原始凭证是记账依据，是财务账簿的重要组成部分，查阅财务账簿应当同时提供原始凭证，否则财务账簿的真实性就无法验证。"

❾河北省高级人民法院审理的唐山泰某洁具五金有限公司与意大利伊某乐公司股东知情权纠纷上诉案民事判决书【（2009）冀民三终字 87 号】认为："请求查阅、复制泰某洁具公司 2003 年至今的董事会会议记录、会议决议和财务会计报告；查阅泰某洁具公司 2003 年度至今的会计账簿及原始凭证，应予准许。"

❿北京市第一中级人民法院审理的北京天某宇通电子技术有限公司与陈某股东知情权纠纷案二审民事判决书【（2018）京 01 民终 1366 号】认为："有限责任公司的会计凭证和原始凭证是形成公司会计账簿的重要资料，且会计账簿的真实性和完整性需通过原始凭证反映，股东通过查阅会计凭证和原始凭证可以充分保障自身合法权益，亦并不当然产生影响公司利益的结果。"

---

① 《公司法》（2023 年修订）第 57 条。
② 同上。

⓫北京市第二中级人民法院审理的北京安某博瑞铁路器材有限公司与李某博股东知情权纠纷案二审民事判决书【（2018）京 02 民终 532 号】认为："根据《中华人民共和国会计法》第 15 条第 1 款规定，'会计帐簿登记，必须以经过审核的会计凭证为依据，并符合有关法律、行政法规和国家统一的会计制度的规定。会计帐簿包括总帐、明细帐、日记帐和其他辅助型帐簿'。根据《会计法》第 20 条之规定，财务会计报告由会计报表、会计报表附注和财务情况说明书组成。《会计法》第 14 条第 1 款规定：'会计凭证包括原始凭证和记帐凭证。'公司法规定股东可以要求查阅公司会计账簿。故金牧公司主张会计凭证不应该被查阅的理由不成立，本院不予支持。"

⓬北京市第三中级人民法院审理的乐某影业（北京）有限公司与北京思某股权投资管理中心（有限合伙）股东知情权纠纷案二审民事判决书【（2018）京 03 民终 1465 号】认为："账簿查阅权是股东知情权的重要内容，股东对公司经营状况的知悉，最重要的内容之一就是通过查阅公司账簿了解公司财务状况。《公司法》并未限制股东查阅会计凭证、原始凭证，《会计法》第 15 条第 1 款规定：'会计账簿登记，必须以经过审核的会计凭证为依据，并符合有关法律、行政法规和国家统一的会计制度的规定……'会计账簿系根据原始凭证制作，会计凭证是会计账簿的基础，股东只有通过查阅原始凭证与会计账簿相比对，才能客观真实了解公司状况。根据会计准则，契约等有关资料也是编制记账凭证的依据，应当作为原始凭证的附件入账备查。因此，会计账簿查阅权的行使范围包括会计账簿（含总账、明细账、日记账和其他辅助性账簿）和会计凭证（含记账凭证、相关原始凭证及作为原始凭证附件入账备查的有关资料）。"

⓭北京市第二中级人民法院审理的北京陶某房地产开发有限责任公司与李某华股东知情权纠纷案二审民事判决书【（2017）京 02 民终 9877 号】认为："陶某房地产公司所主张的事实不足以认定李某华的查账行为存在不正当目的。因此，一审法院判决陶某房地产公司提供会计账簿、记账凭证、原始凭证供李某华查阅，处理并无不当。综上所述，陶某房地产公司的上诉请求不能成立，应予驳回；一审法院认定事实清楚，适用法律正确，应予维持。"

⓮北京市第三中级人民法院审理的北京约某投资有限公司与裘某荣股东知情权纠纷案二审民事判决书【（2017）京 03 民终 13037 号】认为："股东对公司经营状况、财产状况的知悉，首要前提是查阅公司真实、完整的财务资料了解公司财务状况。会计凭证是编制会计账簿的依据，应当作为会计账簿的附件入账备查，不查阅原始凭证股东无法准确了解公司的真实经营状况、财务状况，故会计原始凭证属于股东行使知情权的查阅范围。"

⑮上海市第一中级人民法院审理的内蒙古山某能源集团有限责任公司、中某光合（上海）新能源有限公司股东知情权纠纷案二审民事判决书【（2017）沪 01 民终 13198 号】认为："我国公司法虽然没有明确规定股东可以查阅原始会计凭证，然而会计账簿的真实性和完整性必须通过原始会计凭证才能反映，且中某公司的章程对此亦有明确规定，同时从山某公司要求查阅中某公司会计账簿、原始凭证的诉求及其诉讼中的表述看，山某公司的诉讼请求中实际包含了对原始记账凭证的进行查阅的内容，故中某公司关于原始记账凭证不属于股东知情权范畴及一审判决超出审理范围的主张缺乏相应依据，本院不予采信。"

⑯上海市第二中级人民法院审理的上海御某投资发展有限公司与张某忠股东知情权纠纷案二审民事判决书【（2017）沪 02 民终 5056 号】认为："关于会计凭证，如一审法院所述，根据会计行业相关法律规定，会计账簿登记必须以经过审核的会计凭证为依据，会计凭证包括原始凭证及记账凭证，根据会计准则，相关材料也是编制记账凭证的依据，应当作为原始凭证的附件入账查，故一审法院支持被上诉人要求查阅会计账簿对应的会计凭证，并无不当。"

⑰上海市第二中级人民法院审理的上海明某联运服务有限公司与方某兰股东知情权纠纷案二审民事判决书【（2017）沪 02 民终 2979 号】认为："虽然《会计法》中会计凭证不属于会计账簿的范畴，《公司法》在第 170 条①的规定中也区分了会计凭证和会计账簿，但结合明某公司现在经营状况不好且其不诚信地向股东隐瞒实际经营地址的情况，本院认为，一审法院以若不能对会计原始凭证进行有效查阅，便无法知晓会计账簿的准确性和真实性，也无法保证股东知情权的真正有效实现为由，认定会计凭证亦属于股东可查阅的财务账簿的范畴，系对公司利益和股东利益合理平衡考虑的结果，本院对一审法院的裁判理念予以认同。故方某兰有权要求查阅会计原始凭证。"

⑱上海市第二中级人民法院审理的孔某孟（上海）企业管理有限公司与陆某股东知情权纠纷案二审民事判决书【（2017）沪 02 民终 2968 号】认为："虽然依照《会计法》的规定，会计凭证不属于会计账簿的范畴。但一审法院从《公司法》保护股东知情权的角度出发，以会计凭证既是会计账簿形成的基础，亦是验证会计账簿对公司财务状况的记录是否完整准确的依据为由，认定会计凭证亦属于股东可查阅的范畴，本院对一审法院的裁判理念予以认同。故陆某有权查阅原始会计凭证。"

⑲济南市中级人民法院审理的济南民某数控公司、王某等股东知情权纠纷案二

---

① 《公司法》（2023 年修订）第 216 条。

审民事判决书【（2017）鲁01民终8501号】认为："原始凭证是登记会计账簿的原始依据，是会计记账的基础，最能真实反映公司的资金活动和经营状况，不查阅原始凭证，股东可能无法准确了解公司真正的经营状况，故除会计账簿外，王某作为股东有权要求查阅与会计账簿相关的原始凭证。原审判决支持王某要求查阅济南民某数控公司会计账簿及相关原始凭证的诉讼请求并无不当。"

❷⓪北京市第一中级人民法院审理的王某与北京贵某和时科技有限公司股东知情权纠纷上诉案民事判决书【（2013）一中民终字第9866号】认为："会计凭证是会计账簿的基础和依据，从立法目的看，公司法保障股东知情权是为了保障股东对公司决策、分红等权利，如果不能查阅会计凭证则无法正确了解公司的财务状况，无法保障股东的经营决策、获得股息红利等权利，因此，不应当将会计凭证排除在股东可以查阅的范围之外。"

（2）不支持股东知情权查阅原始凭证的判例

❷①广东省高级人民法院审理的何某辉、广州市惠某贸易有限公司股东知情权纠纷案再审审查与审判监督民事裁定书【（2016）粤民申6596号】认为："何某辉、惠某公司主张其行使股东知情权的范围应包括账务会计报告和会计账簿所涉原始会计凭证。经查，《中华人民共和国公司法》第33条①规定，股东有权查阅、复制公司章程、股东会会议记录、董事会会议决议、监事会会议决议和财务会计报告，股东可以要求查阅公司会计账簿。该条规定仅确认了股东有权查阅、复制财务会计报告，以及有权查阅会计账簿，并未明确股东有权查阅会计凭证，而根据《中华人民共和国会计法》的相关规定，财务会计报告、会计账簿与会计凭证均分属于不同性质的会计资料。二审法院据此对何某辉、惠某公司要求查阅财务会计报告和会计账簿所涉原始会计凭证的上诉请求不予以支持，并无不当。"

❷②北京市第二中级人民法院审理的北京安某博瑞铁路器材有限公司与李某博股东知情权纠纷案二审民事判决书【（2018）京02民终532号】认为："根据《中华人民共和国会计法》第14条第1款、第5款，第15条第1款的规定，会计凭证包括原始凭证和记账凭证。记账凭证应当根据经过审核的原始凭证及有关资料编制。会计账簿登记，必须以经过审核的会计凭证为依据，按照不同的会计科目登记造册而形成。因此，会计账簿与会计凭证之间既密切联系，又相对独立，二者显然不是同一概念。《公司法》第33条②规定的有限责任公司股东的查阅范围并不包括会计

---

① 《公司法》（2023年修订）第57条。
② 同上。

凭证，因此李某博关于查阅安某博瑞公司的会计凭证的请求，与《公司法》第 33 条①的规定不符。而且，本案现有证据也未证明安某博瑞公司的章程赋予了股东查阅公司会计凭证的权利，因此，一审法院判决李某博查阅安某博瑞公司会计凭证，没有法律依据和章程依据，本院予以纠正。"

㉓上海市第二中级人民法院审理的上海开某企业管理咨询有限公司与胡某某股东知情权纠纷上诉案民事判决书【（2013）沪二中民四（商）终字第 596 号】，对于该上诉案维持原判，认为："因原始凭证与财务会计报告、会计账簿虽然关系密切，但三者并非包容关系，在会计法上具有相对的独立性，而我国《公司法》也并未明确规定股东可以查阅会计原始凭证，且胡某某系因怀疑可能有原始会计凭证与会计账簿不一致而提出的查阅请求，该理由并非查阅原始凭证必需、合理的事由，故对于胡某某的该项请求不予支持。"因此，法院认为会计原始凭证不属于股东可以要求查阅的知情权内容。

㉔江苏省常州市中级人民法院审理的葛某政与常州市天某城市建设开发有限公司股东知情权纠纷上诉案民事判决书【（2012）常商终字第 229 号】认为："一是会计账簿和凭证能否复制、摘抄和审核的问题，二是股东能否委托他人或者与他人共同查阅的问题。前者在《公司法》中已有明确规定，即对于财务会计账簿股东只能查阅，当然公司章程另行约定的除外。现葛某政在章程无约定的前提下，要求拓宽知情权行使的边界，于法无据，不应予以支持。"

㉕北京市第一中级人民法院审理的鹿某公司诉北京中某金车银港汽车科技服务有限公司股东知情权纠纷案民事判决书【（2008）一中民初字第 6222 号】认为："原始会计凭证原件的诉讼请求，缺乏法律依据，本院不予支持。"

(3) 根据个案判断是否可以查阅会计凭证

㉖浙江省高级人民法院审理的吴某敏与金某控股集团有限公司股东知情权纠纷案再审复查与审判监督民事裁定书【（2015）浙民申字第 2091 号】认为："会计账簿和会计凭证系两个概念，会计账簿本身并不包括会计凭证。虽然会计账簿是以会计凭证为基础进行登记的，但在法律、行政法规未明确规定股东可以查阅会计凭证的情况下，法院可以根据个案实际情况，在股东知情权和公司利益之间进行平衡，从而决定股东是否可以查阅会计凭证。本案中，一审判决吴某敏可以查阅会计凭证，虽然吴某敏和金某集团均未对查阅会计凭证问题提出上诉，但二审法院根据本案实际情况，对吴某敏查阅的时间跨度和查阅的范围进行综合考量，判决增加查

---

① 同上。

阅的时间跨度，缩小查阅的范围即不准许查阅会计凭证，并无明显不当。本院还注意到，吴某敏提交了最高人民法院及本院作出的相关判例，但这些相关案件的具体情形与本案并不完全相同，故难以参照适用。"

（十四）股东知情权是否包括复制或记录会计账簿

1. 关于股东知情权是否包括复制或记录会计账簿的立法现状

《公司法》（2018 年修正，已被修订）第 33 条第 2 款规定："股东可以要求查阅公司会计账簿。股东要求查阅公司会计账簿的，应当向公司提出书面请求，说明目的。公司有合理根据认为股东查阅会计账簿有不正当目的，可能损害公司合法利益的，可以拒绝提供查阅，并应当自股东提出书面请求之日起十五日内书面答复股东并说明理由。公司拒绝提供查阅的，股东可以请求人民法院要求公司提供查阅。"

第 97 条规定："股东有权查阅公司章程、股东名册、公司债券存根、股东大会会议记录、董事会会议决议、监事会会议决议、财务会计报告，对公司的经营提出建议或者质询。"

《公司法》（2023 年修订）第 57 条第 1 款、第 2 款规定："股东有权查阅、复制公司章程、股东名册、股东会会议记录、董事会会议决议、监事会会议决议和财务会计报告。

股东可以要求查阅公司会计账簿、会计凭证。股东要求查阅公司会计账簿、会计凭证的，应当向公司提出书面请求，说明目的。公司有合理根据认为股东查阅会计账簿、会计凭证有不正当目的，可能损害公司合法利益的，可以拒绝提供查阅，并应当自股东提出书面请求之日起十五日内书面答复股东并说明理由。公司拒绝提供查阅的，股东可以向人民法院提起诉讼……"

第 110 条第 1 款、第 2 款规定："股东有权查阅、复制公司章程、股东名册、股东会会议记录、董事会会议决议、监事会会议决议、财务会计报告，对公司的经营提出建议或者质询。

连续一百八十日以上单独或者合计持有公司百分之三以上股份的股东要求查阅公司的会计账簿、会计凭证的，适用本法第五十七条第二款、第三款、第四款的规定。公司章程对持股比例有较低规定的，从其规定……"

上述规定仅规定了有限责任公司股东可以要求查阅公司会计账簿，并未明确规定股东可否复制或记录公司会计账簿。本次修订的 2023 年《公司法》也未对此作出规定。

2. 关于股东知情权可否复制或记录会计账簿的司法实践现状

股东知情权可否复制或记录会计账簿？基于 10 个判例的观察，既往判例对该问题的裁判规则不统一。有 9 个判例认为股东不能复制或记录会计账簿，有 1 个判例认为股东可以复制会计账簿。

3. 关于股东行使知情权可否复制或记录会计账簿的判例

(1) 认为股东行使知情权不可复制或记录会计账簿的判例

❶湖南省高级人民法院审理的长沙蓄某工贸有限责任公司与黄某股东知情权纠纷案再审民事判决书【(2016) 湘民再 2 号】认为："公司的具体经营活动也只有通过查阅原始凭证才能知晓，不查阅原始凭证，中小股东可能无法准确了解公司真正的经营状况。据此，黄某查阅权行使的范围应当包括会计账簿（含总账、明细账、日记账和其他辅助性账簿）和会计凭证（含记账凭证、相关原始凭证及作为原始凭证附件入账备查的有关资料）。故黄某要求查阅公司会计账簿及原始凭证的诉讼请求符合法律规定，但黄某请求复制会计账簿及原始凭证的诉讼请求，因涉及公司商业机密和重要经营信息，法律规定明确限定查阅范围，因此黄某该诉请既无法律上的规定，又超出了公司章程的约定，应不予支持。"

❷北京市高级人民法院审理的范某、北京一某阁墨业有限公司股东知情权纠纷案申诉、申请民事裁定书【(2015) 高民（商）申字第 03595 号】认为："根据《公司法》第 33 条①关于'股东可以要求查阅公司会计账簿'的规定，范某作为一某阁公司的股东，可以要求查阅公司会计账簿，但其要求对公司会计账簿进行记录的请求，超出了法律的规定。"该判决认为，股东可以要求查阅公司会计账簿，但不能对会计账簿进行记录。

❸贵州省高级人民法院审理的夏某与贵州安顺今某房地产开发有限公司股东知情权纠纷一案的民事判决书【(2015) 黔高民商终字第 123 号】认为："根据《公司法》第 33 条②之规定，股东对于公司的财务会计报告可以查阅、复制，但对于公司的会计账簿仅限于查阅，故夏某请求复制公司会计账簿的诉讼请求没有法律依据，不予支持。"

❹上海市第一中级人民法院审理的帅某文诉上海爱某生物科技有限公司股东知

---

① 《公司法》(2023 年修订) 第 57 条。
② 同上。

情权纠纷案二审民事判决书【（2017）沪01民终2549号】认为："针对帅某文、某建、某康、周某的上诉请求和理由，首先关于系争知情权的行使方式和范围，一审判决虽支持帅某文、某建、某康、周某请求查阅系争会计账簿，但未支持其可以复制会计账簿。对此，我国《公司法》第33条第2款①只明文规定股东有查阅的权利，而关于是否有复制权的问题，对照该条第1款②规定的文字表述，显然并未赋予股东有复制的权利。故一审判决未予支持帅某文、某建、某康、周某的该部分诉讼请求并无不当，本院予以确认。"

❺济南市中级人民法院审理的济南民某数控公司、王某等股东知情权纠纷案二审民事判决书【（2017）鲁01民终8501号】认为："会计账簿及原始凭证涉及公司商业秘密和重要经营信息，不便公开。公司法在保护股东知情权的同时，也兼顾了对其他股东和公司利益的保护，要求股东知情权必须合理行使，明确了有限责任公司股东复制的范围，即有限责任公司股东有权复制的是公司章程、股东会会议记录、董事会会议决议、监事会会议决议和财务会计报告……法律对股东获悉公司原始财务记录的问题上采取谨慎态度，公司法仅赋予有限责任公司股东对公司会计账簿进行查阅的权利，并未赋予复制的权利，王某亦未有证据证明公司章程或公司股东对复制公司会计账簿另有约定，故王某无权要求复制公司会计账簿及原始凭证。"

❻北京市第一中级人民法院审理的王某与北京贵某和时科技有限公司股东知情权纠纷上诉案民事判决书【（2013）一中民终字第9866号】认为："股东可以要求查阅公司会计账簿，现王某认为其有权摘抄和复制公司会计账簿，无法律依据，本院不予支持。"

❼上海市第一中级人民法院审理的黄某与甲公司股东知情权纠纷上诉案民事判决书【（2013）沪一中民四（商）终字第1007号】认为："公司股东会决议以及董事会会议记录的查阅、复制，会计账簿的复制，原始会计凭证的查阅和复制并不属于股东知情权的范围。"因此，严格依据《公司法》，可以进行查阅、复制的文件只限于公司章程、股东会会议记录、董事会会议决议、监事会会议决议和财务会计报告。会计账簿只能查阅，不可复制。

❽广东省江门市中级人民法院审理的某某环保生态科技国际有限公司与新会某某资源环境科技发展有限公司股东知情权纠纷上诉案民事判决书【（2011）江中法民四终字第9号】认为："仅规定股东可以要求查阅公司财务会计账簿，但并未规

① 《公司法》（2023年修订）第57条第2款。
② 《公司法》（2023年修订）第57条第1款。

定可以复制，因此某某国际公司要求复制新会某某公司会计账簿及其他公司资料的诉讼请求无法律上的规定，本院不予支持。"

❾福建省厦门市中级人民法院审理的厦门穗某工贸有限公司与王某股东知情权纠纷上诉案民事判决书【（2011）厦民终字第 2347 号】认为："该条款（《公司法》第 33 条第 2 款①）并未规定股东可以复制公司会计账簿的权利。因此，穗某工贸公司认为王某不能复制公司会计账簿，符合法律规定，应予采信，其为此而提出上诉，应予支持。"因此，股东只能要求查阅会计账簿，不能进行复制行为。

（2）认为股东行使知情权可复制或记录会计账簿的判例

❿河南省高级人民法院审理的沁阳沁某铝业有限公司与甘肃冶金兰某进出口有限公司知情权纠纷上诉案民事判决书【（2011）豫法民一终字第 26 号】认为："根据《公司法》第 34 条②规定，公司股东对公司有知情权和参与管理权，有权查阅复制公司财务会计账簿等资料。"

（十五）股东可否查阅或复制经营合同、预算审核、项目资料等文件

1. 关于股东可否查阅或复制经营合同、预算审核、项目资料等文件的立法现状

目前法律和司法解释未明文规定股东是否可以查阅或复制经营合同、预算审核、项目资料等文件。本次 2023 年新修订《公司法》也未对此作出规定。

2. 关于股东可否查阅或复制经营合同、预算审核、项目资料等文件的司法实践现状

股东可否查阅或复制经营合同、预算审核、项目资料等文件？既往多数判例均未支持股东查阅或复制经营合同、预算审核、项目资料等文件，只有 1 个判例认为在公司章程明确规定的前提下，股东可以据此要求查阅预算审核等文件。

3. 关于股东可否查阅或复制经营合同、预算审核、项目资料等文件的判例

关于股东在行使知情权时可否查阅或复制经营合同、预算审核、项目资料等文

---

① 《公司法》（2023 年修订）第 57 条第 2 款。
② 《公司法》（2023 年修订）第 57 条。

件，多数法院认为，不应肯定股东具有查阅复制上述资料的权利，但亦有相反的裁判观点。我们认为，为维护公司经营自主权和商业秘密，一般应允许股东查阅上述文件，但如果公司章程对此有例外规定，亦无禁止之理。下文中的一个相反裁判观点的案例中法院因公司章程对此作出了规定，进而肯定了股东可请求查阅或复制上述资料的权利。

（1）肯定股东可否查阅或复制经营合同、预算审核、项目资料等文件的判例

如果公司章程有具体规定，股东可根据章程要求查阅销售及其他收入的分析、预算审核、相应月份的收入和资本预算的核对结果以及当月的资金来源和应用的报表。

❶江苏省高级人民法院审理的鲁某有限公司（ROON××LIMITED）与常州雍某置业有限公司股东知情权纠纷案二审民事判决书【（2015）苏商外终字第00035号】认为："公司章程是公司宪章，在不违反法律禁止性规定的情况下，股东原则上有权依据公司章程的规定来主张知情权。因此，对于雍某公司章程中第12.2条第（b）项和第（c）项规定，其内容是要求在指定时间内向各方股东提供详细的损益表、资产负债表、现金流量表、销售及其他收入的分析、预算审核、相应月份的收入和资本预算的核对结果以及当月的资金来源和应用的报表（董事会需要时）。该规定的内容具体、明确，不违反法律法规禁止性规定，股东间的意思自治与公司法的价值取向并不相悖，除了当月的资金来源和应用的报表系供董事会所需以外，一审法院对ROON××LIMITED的主张均予支持，并无不当，本院予以支持。"因此，如果公司章程规定了股东可以查阅的文件，在不违反法律禁止性规定的情况下，股东原则上有权依据公司章程主张知情权。

（2）否定股东可否查阅或复制经营合同、预算审核、项目资料等文件的判例

股东要求查阅公司契约、通信、传票、通知等，被依法驳回。

❷四川省高级人民法院审理的成都市成华区宏某高新技术研究所与四川达某物联射频科技有限公司股东知情权纠纷案申请再审民事裁定书【（2014）川民申字第1943号】认为："要求查阅或复制达某公司成立至今的所有资料（含公司所有会记账簿、原始凭证、契约、通信、传票、通知等）……对于宏某研究所所提要求查阅或复制除上述法律规定作为公司股东可以查阅或复制的股东会会议记录、董事会会议决议以及会计账簿之外的公司其他资料的请求，已超出法律规定的股东行使知情权的范围，其请求于法无据，本院不予支持。"

股东要求查阅公司全部资料及所有的房地产项目的相关材料被依法驳回。

❸北京市第一中级人民法院审理的益某有限公司诉北京中某海洋花园房地产开发有限公司公司知情权纠纷案民事判决书【（2006）一中民初字第 12369 号】认为："关于益某公司要求中某海洋公司提供自其成立以来的全部资料及所有的房地产项目的相关材料，本院认为，股东作为公司的投资者，享有股利分配权的同时，亦享有了解公司财产使用状况及重大经营决策的权利，在合资经营合同中亦对于益某公司的此项权利作出了约定，但是现代公司制度中公司的所有权与经营权是相分离的，公司的经营权由董事会及公司的管理层掌握，股东并不参与公司的实际经营，股东因其自身的性质存在权利滥用的可能，因此，公司法规定了股东知情权的同时，亦规定了股东了解公司经营状况和财务状况的途径，即股东可通过查阅公司章程、股东会会议记录、董事会会议决议、监事会会议决议和财务会计报告及会计账簿，来实现其对于公司现状的了解，并非公司所有的文件、资料，故对于益某公司该项诉讼请求，于法无据，本院不予支持。"

❹浙江省杭州市中级人民法院审理的吕某与浙江某粮食科学研究所有限责任公司股东知情权纠纷上诉案民事判决书【（2013）浙杭商终字第 530 号】认为："某粮科所公司首届董事长姜某某应公司要求移交给公司的相关材料等证据，均显示某粮科所公司关于合作建房事项仅形成过董事会会议纪要，并不存在董事会会议决议。吕某未能提供该董事会会议决议存在的直接证据，而是根据会议记录等几份材料中有'公司董事会讨论决定的结果''经公司董事会讨论决定''建设问题还是按原董事会定的决议办'的表述以及某粮科所公司的答辩，推定某粮科所公司就合作建房事项形成过董事会会议决议，事实依据不足。"该判决中，股东要求查阅董事会决议，但是公司以未制作董事会决议抗辩并被法院采信。《公司法司法解释四》颁布实施之后，如果公司未依法制作和保存董事会决议，股东起诉请求公司董事、高级管理人员承担民事赔偿责任的，法院将会支持。

股东要求查阅的相关合同的诉讼请求被驳回。

❺北京市第三中级人民法院审理的北京丰某温室科技有限公司与杨某股东知情权纠纷案二审民事判决书【（2017）京 03 民终 12720 号】认为："因《中华人民共和国公司法》第 33 条①并未明确规定股东可以查阅公司的合同，故该争议焦点可进一步限缩为合同是否属于公司会计账簿的一部分从而可以纳入股东知情权的范围。对此本院认为，首先，《中华人民共和国会计法》第 15 条规定，会计账簿包括总账、明细账、日记账和其他辅助性账簿。该法条中并没有合同的相关表述，据此

① 《公司法》（2023 年修订）第 57 条。

本院难以认定合同属于会计账簿的一部分。其次,《北京市高级人民法院关于审理公司纠纷案件若干问题的指导意见》第 19 条规定,有限责任公司股东有权查阅的公司会计账簿包括记账凭证和原始凭证。杨某主张合同属于会计原始凭证故其有权查阅,丰某公司不予认可。在法律规定未明确会计原始凭证包括合同的情况下,杨某就其该项主张应当承担证明责任,现杨某即未能举证证明强制性的财务会计操作规范要求将合同作为会计原始凭证入账,亦未能举证证明丰某公司的会计原始凭证中确实包括合同,本院亦难以认定合同属于会计原始凭证的一部分。最后,《最高人民法院关于适用〈中华人民共和国公司法〉若干问题的规定(四)》第 7 条规定,股东依据公司法第 33 条、第 97 条①或者公司章程的规定,起诉请求查阅或者复制公司特定文件材料的,人民法院应当依法予以受理。据此可以认为,股东通过诉讼要求行使知情权的内容应当是明确的、可以特定化的,杨某起诉要求查阅丰某公司的相关合同,但其对于'相关合同'的指向既不明确,亦未能特定化,不符合法律规定的形式要件。因此,一审判决确认杨某可以查阅丰某公司的'相关合同'确有不妥,本院予以纠正。"

❻上海市第一中级人民法院审理的帅某文诉上海爱某生物科技有限公司股东知情权纠纷案二审民事判决书【(2017)沪 01 民终 2549 号】认为:"对于帅某文、某建、某康、周某一审诉请中被一审判决驳回的其他请求权范围,即所涉的爱某公司经营中所签的所有合同和库存货品部分,对此,本院认为,股东知情权的合法行使与公司经营管理秩序的正常维护是密切相关的,在公司运营中对两者利益均应平衡保护。因此,法律为防止股东滥用权利,保护公司合法正当的经营权利和利益,对股东知情权的范围予以了限制,采取明确的列举情形且未规定允许除外的情形。故帅某文、某建、某康、周某的该些请求的知情权范围明显不在法定情形之列,在帅某文、某建、某康、周某未提供证据充分证明公司提供的账簿、财务报告等法定知情权范围的资料存在不真实、不完整的情况下,对其部分请求不应予以扩张支持。"

❼柳州市中级人民法院审理的覃某等与柳州市利某纸业有限责任公司股东知情权纠纷上诉案民事判决书【(2012)柳市民二终字第 295 号】认为:"股东主张的知情权的客体应当是公司经营过程中发生的对股东利益有重大影响的信息,而这些信息一般均体现在《公司法》第 34 条②所列举的股东会会议记录等相关文件当中,若股东对公司经营的所有信息事无巨细均要求查阅,将不利于公司的正常经营和运

---

① 《公司法》(2023 年修订)第 57 条、第 110 条。
② 《公司法》(2023 年修订)第 57 条。

转，也不利于公司商业秘密的保护。（股东）要求查阅的相关合同，实际上其通过查阅股东会会议记录、财务会计报告以及会计账簿（包括原始记账凭证）等可以了解。（股东）通过查阅上述文件，发现利某公司其他股东存在侵害公司或其合法权利的情形，可另行向该股东主张权利。"本案中，股东要求查阅的相关合同的诉讼请求被驳回。

（十六）股东知情权可查阅的文件的期限范围

1. 关于股东知情权可查阅的文件的期限范围的立法现状

目前法律和司法解释无明文规定股东知情权可查阅的文件的期限范围。

2. 关于股东知情权可查阅的文件的期限范围的司法实践现状

股东知情权可查阅的文件的期限范围是什么？笔者检索到的 6 个判例均认为不应限制股东知情权查阅文件的期限范围，股东可查阅公司自成立至注销的所有可依法查阅的文件。

关于股东查阅文件期限的截止时间，既有判例认为，不能以股东向公司发出书面通知的请求为准，而应当以起诉状中明确的日期为准。

3. 关于股东知情权可查阅文件的期限范围的判例

❶江苏省高级人民法院审理的鲁某有限公司（ROON××LIMITED）与常州雍某置业有限公司股东知情权纠纷案二审民事判决书【（2015）苏商外终字第 00035 号】认为："公司法并未对股东知情权的范围设置时间限制。股东行使知情权的范围应仍以满足股东查阅的合理目的为限。为保障 ROON××LIMITED 实现正当的查阅目的，即能够获知雍某公司真实财务状况，ROON××LIMITED 行使知情权的时间范围当然不受涉案函件中指定日期的限制，而是应当覆盖雍某公司存续的整个期间。"因此，股东可以查阅的文件的时间范围以满足股东合理目的为限，法律并未对股东知情权设置期限限制。

❷广东省高级人民法院审理的东莞市日某贸易有限公司与刘某娇股东知情权纠纷案再审复查与审判监督民事裁定书【（2015）粤高法民二申字第 669 号】认为："刘某娇作为日某公司股东，有权查阅、复制日某公司自成立以来至注销之前的公司章程、股东会会议记录、董事会会议决议、监事会会议决议和财务会计报告。一

审判决日某公司提供自 1997 年 3 月 11 日以来的公司章程、股东会会议记录、财务会计报告、会务会计账簿给刘某娇查阅，判项明确，并无歧义。"股东可以申请查阅、复制公司自成立以来至注销之前的公司章程、股东会会议记录、董事会会议决议、监事会会议决议和财务会计报告。

❸四川省高级人民法院审理的成都市成华区宏某高新技术研究所与四川达某物联射频科技有限公司股东知情权纠纷案申请再审民事裁定书【（2014）川民申字第 1943 号】认为："宏某研究所作为达某公司股东有权查阅达某公司从成立至今的会计账簿。"据此，股东有权查阅公司自成立至今的会计账簿。

❹北京市第三中级人民法院审理的乐某影业（北京）有限公司与北京思某股权投资管理中心（有限合伙）股东知情权纠纷案二审民事判决书【（2018）京 03 民终 1465 号】认为："法律设立股东知情权的立法本意是为了让股东充分掌握公司信息、管理活动及风险状况，从而监督公司管理层，保护股东的合法权益，只有股东对公司全部的运营状况充分掌握，对公司的历史全面了解，才能有效行使股东的其他权利并履行股东义务，故思某股权中心有权了解乐某影业公司在此之前的经营管理情况，乐某影业公司关于思某股权中心自被登记为股东之后方有权行使股东知情权的抗辩意见，本院不予采纳。"

❺上海市第二中级人民法院审理的上海东某建筑设计研究院有限公司与祝某股东知情权纠纷案二审民事判决书【（2018）沪 02 民终 272 号】认为："关于祝某是否有权查阅、复制其成为上海东某建筑设计研究院有限公司股东之前的相关材料。本院认为，股东知情权是股东的权利之一，是公司股东知道和了解公司经营状况重要信息的权利，当然包括了解公司历史上的所有信息，如若后加入公司的新股东不能查阅加入之前的公司相关信息，势必导致股东利益保护的不完备，也不符合正常的投资与经营逻辑。故上海东某建筑设计研究院有限公司该上诉理由，缺乏事实和法律依据，本院不予采信。"

❻上海市第一中级人民法院审理的上海恒某机电科技有限公司诉张某凝股东知情权纠纷案二审民事判决书【（2017）沪 01 民终 3874 号】认为："关于张某凝有权查阅、复制资料的期间，本院认为，张某凝向恒某公司发出书面通知是在 2016 年 4 月 29 日，此后张某凝于 2016 年 7 月提起了本案诉讼，其在诉讼请求中明确查阅、复制资料的截止期限为 2016 年 6 月 30 日，一审法院向恒某公司送达了起诉状副本，应视为张某凝履行了书面通知程序。上诉人恒某公司有关所查阅、复制资料的截止日期应以之前的书面通知之日为准的主张，没有事实依据，本院不予采纳。"

（十七）股东知情权诉讼判决提供资料的时间、地点

1. 关于股东知情权诉讼判决提供资料的时间、地点的立法现状

目前我国的法律和司法解释对股东知情权诉讼判决提供资料的时间、地点并未作出具体规定。《公司法司法解释四》第 10 条第 1 款规定："人民法院审理股东请求查阅或者复制公司特定文件材料的案件，对原告诉讼请求予以支持的，应当在判决中明确查阅或者复制公司特定文件材料的时间、地点和特定文件材料的名录。"据此，关于股东知情权的判决主文部分，应当包括公司向股东提供相关材料的时间、地点和文件名录。

2. 关于股东知情权诉讼判决提供资料的时间、地点的司法实践现状

股东知情权诉讼判决是否应确定提供资料的时间、地点？既往判例很少对该问题作出裁判。1 个判例认为公司应在判决生效之日起 10 日内提供资料，1 个判例认为在公司的营业时间内股东可随时查阅。

3. 关于股东知情权诉讼判决提供资料的时间、地点的判例

❶广东省高级人民法院审理的深圳市金某蓝湾房地产开发有限公司与姚某荣股东知情权纠纷再审案民事裁定书【(2013) 粤高法民二申字第 998 号】认为："一、二审判令金某蓝湾公司在判决生效之日起 10 日内提供上述资料供姚某荣查阅，并未超出姚某荣一审提出的诉讼请求范围，应予维持。"

❷江苏省高级人民法院审理的南京南某光华液化气有限公司诉詹某威知情权纠纷案民事判决书【(2003) 苏民三终字第 029 号】认为："股东的知情权系一完整的、持续性权利。股东行使该权利，可在公司的营业时间内出于正当目的和理由随时查阅公司的财务会计报告、有关账簿等。"可见，判决认为只要有正当的目的和理由，股东查阅文件的时间不受时间的限制，即股东可随时要求行使股东知情权。

（十八）董事、高管对无法查询公司文件资料的赔偿责任

1. 关于董事、高管对无法查询公司文件资料的赔偿责任的立法现状

目前我国的法律和司法解释并无明文规定公司未依法制作和保存《公司法》

第 57 条或者第 110 条规定的公司章程、股东名册、股东会会议记录、董事会会议决议、监事会会议决议和财务会计报告等公司文件材料时如何处理，更无对董事、高管是否应当承担损害赔偿责任的相关规定。

2. 关于董事、高管对无法查询公司文件资料的赔偿责任的司法实践现状

董事、高管对无法查询公司文件资料是否应承担赔偿责任？既往判例很少对该问题作出裁判。仅有 1 个判决认为，公司董事、高管不得以为制作和保存相关资料为由拒绝股东行使知情权。

3.《公司法司法解释四》对董事、高管对无法查询公司文件资料的赔偿责任确定的裁判规则

《公司法司法解释四》第 12 条规定："公司董事、高级管理人员等未依法履行职责，导致公司未依法制作或者保存公司法第三十三条、第九十七条①规定的公司文件材料，给股东造成损失，股东依法请求负有相应责任的公司董事、高级管理人员承担民事赔偿责任的，人民法院应当予以支持。"

根据上述规定，如果公司未依法制作和保存《公司法》第 57 条或者第 110 条规定的公司文件材料，股东可以起诉请求公司董事、高级管理人员承担民事赔偿责任。以后公司不能再以未制作或不存在相关资料为由拒绝股东行使知情权，否则公司的董事、高管就要承担个人责任。笔者认为，这一规定会极大促进董事和高管合法履职的积极性。

4. 关于董事、高管对无法查询公司文件资料的赔偿责任的判例

以下案例公司以"不存在总账和其他辅助性账簿"为由拒绝股东行使知情权，一审法院竟然支持了公司的主张。所幸二审法院予以纠正，认为以这个理由拒绝股东行使知情权不妥。

❶上海市第一中级人民法院审理的黄某与甲公司股东知情权纠纷一案二审民事判决书【（2013）沪一中民四（商）终字第 1007 号】认为："《中华人民共和国会计法》第 15 条规定，会计账簿包括总账、明细账、日记账和其他辅助性账簿。该项规定应属于强制性规定，各个企业须恪守。《公司法》第 34 条第 2 款②规定，股东可以要求查阅公司会计账簿。上诉人黄某要求查阅甲公司的总账、明细账、现金

---

① 《公司法》（2023 年修订）第 57 条、第 110 条。
② 《公司法》（2023 年修订）第 57 条第 2 款。

日记账、银行日记账及其他辅助性账簿在内的财务账簿，属于《中华人民共和国会计法》规定的会计账簿的范畴，亦属于公司法规定的股东行使知情权的范围，应予准许。黄某作为公司的小股东，并不负责公司的财务管理，故在举证证明甲公司设立总账以及其他辅助性账簿上具有难度。但甲公司作为依法设立的企业，应当严格依据《中华人民共和国会计法》的上述规定设置公司的会计账簿。原审法院仅以甲公司辩称不存在总账和其他辅助性账簿为由不支持黄某要求查阅甲公司的总账及其他辅助性账册的诉求有所不当，本院依法予以纠正。"

（十九）民事调解书中可以借鉴的股东知情权实现方式

笔者检索到的 2 个调解书显示，在调解书中可以约定股东行使知情权查阅资料的时间、范围、地点。

❶辽宁省高级人民法院审理的大连澳某木业有限公司与林某航运有限公司股东知情权纠纷上诉案民事调解书【（2009）辽民三终字第 199 号】认为："一、林某公司应委托专业会计师事务所的财务人员进行查阅、复制；二、林某公司应于调解书送达之日起 10 个工作日内向澳某公司提供查阅、复制人员的合法委托手续和执业证书；三、澳某公司在收到林某公司查阅、复制人员的合法委托手续和执业证书后 15 个工作日内将 2004 年至 2008 年 9 月 25 日的年度财务会计报告提供给林某公司查阅、复制，将 2004 年至 2008 年会计账簿（包括记账凭证和原始凭证）提供给林某公司查阅。林某公司查阅、复制工作在澳某公司住所地进行。林某公司查阅、复制工作应在 10 个工作日内的工作时间内完成。"本案通过调解书约定了查阅内容的范围和期间。

❷上海市高级人民法院作出的上海安某登汽车空调压缩机有限公司与甘某利控股有限公司股东知情权纠纷上诉案民事调解书【（2007）沪高民四（商）终字第 15 号】认为："一、甘某利公司查阅安某登公司 2005 年 1 月 21 日至 2006 年 10 月 25 日期间会计报告、会计账簿及 2005 年度华某会计师审计报告。其中会计报告包括月度及年度报表（资产负债表、利润表及相关附表），会计账簿包括总账、明细账、日记账（现金、银行）等。二、查阅时间为 2007 年 5 月 29 日及 5 月 30 日上午。三、甘某利公司派 3 人到安某登公司财务室查阅。四、双方当事人无其他争议。"本案通过调解书约定了查阅内容的范围和期间。但约定的查阅时间较短，没有约定查阅人员的具体资格和委托证明。

（二十）股东知情权案件涉外法律适用

1. 关于股东知情权案件涉外法律适用的立法现状

《民法通则》（已失效）第 146 条规定："侵权行为的损害赔偿，适用侵权行为地法律。当事人双方国籍相同或者在同一国家有住所的，也可以适用当事人本国法律或者住所地法律。

中华人民共和国法律不认为在中华人民共和国领域外发生的行为是侵权行为的，不作为侵权行为处理。"

《涉外民事关系法律适用法》第 44 条规定："侵权责任，适用侵权行为地法律，但当事人有共同经常居所地的，适用共同经常居所地法律。侵权行为发生后，当事人协议选择适用法律的，按照其协议。"

2. 关于股东知情权案件涉外法律适用的判例

❶江苏省高级人民法院审理的吴江东某大王保险箱有限公司与蔡某郎股东知情权纠纷上诉案民事判决书【（2011）苏商外终字第 0064 号】认为："本案为股东知情权纠纷，即蔡某郎认为吴江东某公司侵犯其股东知情权而要求查阅公司的相关会计资料，由于蔡某郎为德国人，故一审法院依照《中华人民共和国民法通则》第 146 条关于'侵权行为的损害赔偿，适用侵权行为地法律'的规定，确定侵权行为地法律即我国法律作为解决涉案纠纷的准据法，符合法律规定，应予确认。"因此，由于此案股东为外国籍，根据《民法通则》第 146 条，以侵权行为地法为准据法。

三、股东知情权问题综述及建议

（一）行使股东知情权的前提

股东知情权作为股东的权利，其存在的前提是股东身份的存在，无股东身份即无股东知情权。因此大量的股东知情权纠纷在诉讼中都需要首先解决原告是否具有合格的股东身份问题。

首先，案例中大量涉及的是普通公司股东、外商投资企业股东的股东资格问题。普通公司股东资格确定通常需要审查出资证明书、股东名册、工商登记、股权转让协议、合法继承或其他承继股权证明等有效文件。若纠纷中涉及股权转让等股东变更事项，应该注意股权转让协议是否已经实际履行，公司其他股东是否同意转让，股东名册和工商登记等证明股东身份的根据是否已经变更等。外商投资企业的股东身份认定及存续期间，以外商投资企业批准证书记载为准。外商投资企业股东包括在中外合资经营企业、中外合作经营企业、外资企业中的外籍和中国籍股东。

其次，关于国有企业职工及非法人企业出资人是否具有与法人企业股东同等的权利问题。国有企业职工有参与出资和分配公司盈余等权利义务内容的，符合《公司法》股东要求，具有公司股东资格。而非法人企业出资人与企业的关系不属于《公司法》调整的范围。因此，在实践中参照适用《公司法》关于股东知情权规定判例及不参照适用的判例都存在。我们认为，应着眼于对出资人与企业的权利义务关系，如不符合公司与股东间权利义务关系特征的，就可否定此类企业的出资人提出的参照适用《公司法》，享有股东知情权的主张。

最后，关于股东资格在股东知情权纠纷诉讼中丧失的问题。公司在股东进行股东知情权诉讼的过程中作出的关于解除其股东资格的决议，对股东知情权诉讼的审理不应产生影响。对于已经丧失股东资格的前股东主张行使股东知情权，查阅其作为公司股东期间的公司文件的，实践中大部分法院都不予支持。但是，笔者认为，若前股东在丧失股东资格的短期内（如一年或两年内，该期间为除斥期间）有证据证明公司在其为股东期间故意隐瞒重要经营管理事实，导致股东合法利益受损的，应肯定前股东享有有限的股东知情权，但此时前股东主张查阅和复制公司资料的时间范围只限于其拥有股东资格的期间。

（二）股东知情权行使的程序

首先，股东知情权请求的对象必须是公司，股东知情权纠纷诉讼被告必须是公司，而非公司的法定代表人、董事、其他股东等。当股东知情权与股东利润分配请求权等其他股东权利一并提起时，法院可一并受理。

其次，股东知情权的行使应依《公司法》和公司章程的规定进行，股东在行使知情权时，应当穷尽诉讼之外的《公司法》及公司章程规定的其他路径和程序后才可提起诉讼，即股东不能径直以公司阻碍其行使知情权为由提起诉讼。

最后，在具体行使《公司法》第 57 条第 1 款所规定的权利时，股东不需要提出申请、说明查阅目的和理由，公司不得以此为由拒绝查阅要求。但股东在行使《公司法》第 57 条第 2 款所规定的权利的，要求查阅公司会计账簿等时，必须先向公司提出书面请求，在公司拒绝查阅请求后，才可以向法院提起诉讼。因此，向公司提出书面请求是请求查阅公司财务会计账簿等的必经前置程序。

（三）股东知情权的权利内容

首先，股东行使股东知情权不受时间限制，股东可以在公司的经营期间内随时向公司提出。

其次，股东可以查阅和复制的文件包括：公司章程、股东名册、股东会会议记录、董事会会议决议、监事会会议决议和财务会计报告。《企业财务会计报告条例》第 6 条规定："财务会计报告分为年度、半年度、季度和月度财务会计报告。"第 7 条规定："年度、半年度财务会计报告应当包括：（一）会计报表；（二）会计报表附注；（三）财务情况说明书。会计报表应当包括资产负债表、利润表、现金流量表及相关附表。"

股东可以查阅但不可以复制的文件为会计账簿。《中华人民共和国会计法》第 15 条第 1 款规定，会计账簿包括总账、明细账、日记账和其他辅助性账簿。需要特别指出的是，大量的案例都涉及了对会计凭证或原始凭证的查阅问题，大部分法院认为会计凭证作为会计账簿真实性的证明依据应该允许查阅，但也有极少数法院认为应该严格遵照《公司法》规定的查阅内容，不允许查阅原始凭证。

再次，股东知情权的查阅或复制内容不包括公司的日常经营文件，如交易合同。现代公司制度的核心是公司的所有权与经营权相分离，公司的经营权由董事会及公司的管理层掌握，股东一般不直接参与公司的实际经营，且股东因其自身的性质存在权利滥用的可能。因此，对于股东行使知情权的可查阅的文件范围应给予必要的限制，以最大限度地维护公司的自主经营权，故《公司法》对于股东能够查阅的文件范围作出了具体的规定，对这一规定不得随意作扩大解释。

最后，由于会计账簿等查阅内容具有很强的专业性，在实践中，股东委托或聘请会计师、律师代理或协助查阅的要求一般会得到法院的支持，但也有部分法院认为此查阅方式可双方协商，一般司法不予干预。若公司章程中规定，股东可以委托股东或其他人员行使股东知情权，法院则支持股东的委托行为。但是股东无权申请以司法审计的方式行使股东知情权。

（四）公司拒绝股东知情权行使的事由

首先，公司拒绝股东知情权，必须有证据证明股东知情权的行使会危及公司商业秘密的保护，继而损害公司合法权益。因此，根据法律规定，只有当股东请求查阅公司会计账簿时，公司才有拒绝股东行使知情权的可能。只有当公司能够举证证明股东查阅公司会计账簿有不正当目的，可能损害公司合法利益时，股东知情权的行使才可以被阻却。

其次，不能作为拒绝股东行使知情权的事由除了直接无理由拒绝、不予回复或声称不存在相关资料外，还包括：股东及其相关人员在公司的任职行为、股东出资不足或抽逃出资、超过诉讼时效、双方为纠纷已进行司法鉴定和公司已向股东提供部分资料等。

最后，公司在证明股东的不正当目的时，经常会涉及股东的几类行为，主要包括：股东违反与公司的合作协议、股东存在同业竞争行为、股东利用其身份进行关联交易、股东在其他公司的任职行为、股东涉嫌与公司利益有关的犯罪行为等。需要注意的是，公司提供的证据无法证明股东存在不正当目的，公司应承担败诉后果。因此，公司在证明股东的不正当目的时必须有充分、直接的证据证明相关主张，否则很难得到法院的支持。

（五）股东知情权的其他问题

第一，关于涉外法律适用，多数法院认为，股东知情权之诉为侵权之诉，故根据《涉外民事关系法律适用法》第 44 条的规定，应以侵权行为地法为准据法。

第二，公司主张股东存在恶意诉讼的，需承担相关举证责任。

第三，公司章程中规定的股东知情权范围若小于《公司法》规定的，公司章程中相关规定无效，即公司章程不可限制法定的股东知情权。

第七章　请求公司收购股份纠纷

一、请求公司收购股份纠纷的相关法律规定

（一）有限责任公司中异议股东股权回购请求权的法律规定

1. 有限责任公司异议股东回购请求权的前提条件

关于有限责任公司异议股东回购请求权的前提条件问题，《公司法》已有明确规定。

《公司法》（2018 年修正，已被修订）第 74 条第 1 款规定："有下列情形之一的，对股东会该项决议投反对票的股东可以请求公司按照合理的价格收购其股权：

（一）公司连续五年不向股东分配利润，而公司该五年连续盈利，并且符合本法规定的分配利润条件的；

（二）公司合并、分立、转让主要财产的；

（三）公司章程规定的营业期限届满或者章程规定的其他解散事由出现，股东会会议通过决议修改章程使公司存续的。"

《公司法》（2023 年修订）第 89 条第 1 款规定："有下列情形之一的，对股东会该项决议投反对票的股东可以请求公司按照合理的价格收购其股权：

（一）公司连续五年不向股东分配利润，而公司该五年连续盈利，并且符合本法规定的分配利润条件；

（二）公司合并、分立、转让主要财产；

（三）公司章程规定的营业期限届满或者章程规定的其他解散事由出现，股东会通过决议修改章程使公司存续。"

《上海市高级人民法院关于审理涉及公司诉讼案件若干问题的处理意见（二）》"三、处理股东权益纠纷时相关问题"第 3 条第 1 款、第 2 款规定："有限责任公司股东会就公司合并、分立或者修改公司章程等事项形成决议，并且在决议后股东所持股份难以转让的，在股东会决议表决时投反对票的股东有权请求公司收购其

股份。

公司连续多年盈利，且符合公司法规定的股东盈余分配条件，而公司不予分配利润的，符合公司法规定的持股份额的股东有权请求公司召开股东会作出决议；在股东会决议表决时投反对票的股东有权请求公司收购其股份。"

2. 有限责任公司中异议股东股权回购请求权的期限问题

《公司法》（2018 年修正，已被修订）第 74 条第 2 款规定："自股东会会议决议通过之日起六十日内，股东与公司不能达成股权收购协议的，股东可以自股东会会议决议通过之日起九十日内向人民法院提起诉讼。"

《公司法》（2023 年修订）第 89 条第 2 款规定："自股东会决议作出之日起六十日内，股东与公司不能达成股权收购协议的，股东可以自股东会决议作出之日起九十日内向人民法院提起诉讼。"

《最高人民法院关于适用〈中华人民共和国公司法〉若干问题的规定（一）》（以下简称《公司法司法解释一》）第 3 条规定："原告以公司法第二十二条第二款、第七十四条第二款规定事由，向人民法院提起诉讼时，超过公司法规定期限的，人民法院不予受理。"

《上海市高级人民法院〈关于审理公司纠纷案件若干问题的解答〉》"三、股东依据新修订的公司法第七十五条规定，请求公司收购其股权的起诉期限应如何把握的问题"规定："根据新修订的公司法第七十五条第二款规定，对符合该条第一款所列情形的，股东应自公司股东会决议通过之日起 60 日内，可就股权收购事宜与公司进行协商；协商不成的，股东可以自股东会决议通过之日起 90 日内向法院提起诉讼。因此，股东依据该条规定提起的诉讼，其起诉期限应自股东会决议通过之日起算，至 90 日届满。股东逾期提起诉讼的，法院不予受理。"

《上海市高级人民法院关于审理涉及公司诉讼案件若干问题的处理意见（二）》"三、处理股东权益纠纷时相关问题"第 3 条第 3 款规定："在上述纠纷中，异议股东应自股东会决议之日起 60 日内，与公司就收购股份进行协商；逾期协商不成的，异议股东才可向人民法院提起诉讼。"

《山东省高级人民法院关于审理公司纠纷案件若干问题的意见（试行）》第 82 条规定："股东超过《公司法》第七十五条第二款规定期限提起诉讼的，人民法院不予受理。"

3. 有权提起股权收购请求权的主体问题

《江西省高级人民法院〈关于审理公司纠纷案件若干问题的指导意见〉》第 66

条规定："具有《公司法》第七十五条第一款第（一）项之情形，如果公司连续五年未召开股东会对分配利润进行决议的，持有公司不足十分之一表决权的股东可以请求公司按照合理的价格收购其股权。"

《山东省高级人民法院关于审理公司纠纷案件若干问题的意见（试行）》第81条规定："具有《公司法》第七十五条第一款（一）项之情形，如果公司连续五年未召开股东会对分配利润进行决议的，持有公司不足十分之一表决权的股东可以请求公司按照合理的价格收购其股权。"

4. 有限责任公司异议股东股权收购请求权合理价格的确定

《山东省高级人民法院关于审理公司纠纷案件若干问题的意见（试行）》第83条规定："股东依照《公司法》第七十五条之规定要求公司收购股权，但就股权收购价格不能协商一致的，股东主张以评估方式确定股权收购价格的，人民法院应予支持。"

（二）股份有限公司中异议股东股权回购请求权的法律规定

《公司法》（2018年修正，已被修订）第142条规定："公司不得收购本公司股份。但是，有下列情形之一的除外：

……

（四）股东因对股东大会作出的公司合并、分立决议持异议，要求公司收购其股份；

……属于第（二）项、第（四）项情形的，应当在六个月内转让或者注销；……"

《公司法》（2023年修订）第162条规定："公司不得收购本公司股份。但是，有下列情形之一的除外：

……

（四）股东因对股东会作出的公司合并、分立决议持异议，要求公司收购其股份；

……属于第二项、第四项情形的，应当在六个月内转让或者注销；……"

（三）请求公司收购股份纠纷中的其他法律规定

《公司法司法解释二》第 5 条规定："人民法院审理解散公司诉讼案件，应当注重调解。当事人协商同意由公司或者股东收购股份，或者以减资等方式使公司存续，且不违反法律、行政法规强制性规定的，人民法院应予支持。当事人不能协商一致使公司存续的，人民法院应当及时判决。

经人民法院调解公司收购原告股份的，公司应当自调解书生效之日起六个月内将股份转让或者注销。股份转让或者注销之前，原告不得以公司收购其股份为由对抗公司债权人。"

《陕西省高级人民法院民二庭关于公司纠纷、企业改制、不良资产处置及刑民交叉等民商事疑难问题的处理意见》"四、公司解散与清算"规定："……第三，将调解设置为必经程序。公司解散往往涉及公司与股东、股东之间、公司与交易第三人、公司与职工等诸多利益平衡问题，为了化解当事人间的纠纷，尽可能地以避免解散公司带来的不利影响，人民法院在公司诉讼中应把调解设为必经程序，本着非解散措施优先的原则，积极寻找强制解散公司的有效替代方案。尽量发挥股东退出机制的作用，让'股东离散'而非'公司解散'，给一方股东一定的宽限期以合理价格转让股份给对方；或者允许异议股东要求对方回购股份，以达到拯救公司的目的……"

上海市高级人民法院《关于审理与股份合作制企业相关的公司纠纷案件若干问题的解答》"八、关于持股职工在章程约定的退股事由出现后，拒不办理相关退股手续应如何处理的问题"规定："依据企业章程的约定，持股职工因退休、调离、辞职或被除名等情形离开企业，不再符合持股条件，应将其所持有的股权转让给企业或企业指定的受让人，并办理相关出资证明或股权证缴销手续。企业应当依据股东变更的事实，对企业章程和股东名册进行变更登记。持股职工拒绝办理股权转让手续或交回出资证明、股权证的，企业可按照章程约定或股东大会决议，取消该持股职工的股东资格，并可请求对其持有的股权予以收购。企业章程对股权收购价格有约定的，从约定；未约定的，可按照本解答第六条规定予以处理。"

二、请求公司收购股份纠纷的相关判例

（一）请求公司收购股份纠纷的起诉条件及受案问题

请求公司收购股份纠纷的诉讼主体一般是对《公司法》第89条第1款中规定的各项情形投了反对票的股东。

1. 提起请求公司收购股份之诉的主体应是公司的股东

对于不具备股东资格的当事人提起请求公司收购股份之诉的，一部分法院依据《民事诉讼法》第119条第1项①之规定，认为该当事人不具备起诉主体的资格，裁定不予受理或驳回起诉；也有一部分法院判决驳回其全部诉讼请求。

❶ 黄山市中级人民法院审理的张某平、黄山聚某投资有限公司请求公司收购股份纠纷案二审民事判决书【（2017）皖10民终652号】认为："本案杭州聚某投资有限公司在被合并前向张某平出具了出资证明书，但没有在公司章程中记载，也未向公司登记机关登记，杭州聚某投资有限公司在被黄山聚信公司合并后，张某平也未记载在公司章程中，且没有在公司登记机关登记。根据《公司法》第32条第2款②规定，'记载于股东名册的股东，可以依股东名册主张行使股东权利'，张某平是公司实际出资人，无证据证明其在股东名册中，也无其他证据证明张某平享有股东权利，不符合请求公司收购股份的条件，张某平对于自己的主张应承担举证不能的法律后果。"

❷ 衡水市中级人民法院审理的刘某杰、景县锦某耐火材料有限公司请求公司收购股份纠纷案二审民事裁定书【（2017）冀11民终1077号】认为："本案为请求公司收购股份纠纷，依照《公司法》规定，请求主体必须具备股东资格。本案中，刘某杰是2017年4月10日向法院提起的诉讼，依据工商档案记载的此时信息内容，该公司股东仅为张某立、陈某玉2人，张某立持股比例为88.2353%，陈某玉持股比例为11.7647%，2人持股比例为100%，股东中没有刘某杰，也不存在其股份，故刘某杰不具有请求公司收购其股份的主体资格。"

❸ 泸州市中级人民法院审理的开某与叙永县银某电力有限责任公司请求公司收购股份纠纷案再审民事裁定书【（2017）川05民申21号】认为："根据《公司法》

---

① 《民事诉讼法》（2023年修正）第122条第1项。
② 《公司法》（2023年修订）第56条第2款。

的规定，作为公司的股东在一定条件下可以请求公司按照合理的价格收购其股权，其请求的前提必须是公司的股东。本案中，申请人在一审时出具的投劳折资凭证，拟证明其系被申请人公司股东，经查，该投劳折资凭证出具单位是叙永县冷水河大某工程指挥部，并非叙永县冷水河双某电站，且申请人也未在被申请人股东名册中，故对申请人的主张，因无证据证明，本院依法不予支持。"

❹深圳市中级人民法院审理的李某龙与深圳市宝某军实业有限公司请求公司收购股份纠纷案民事裁定书【（2016）粤 03 民初 907 号】认为："本案为请求公司收购股份纠纷。鉴于已经发生法律效力的民事判决已经确认李某龙名下宝某军公司20% 的股权属伍某所有，李某龙已不具有宝某军公司的股东资格，故其在本案中作为原告起诉宝某军公司，诉讼主体不适格，本院予以驳回。"

2. 实际出资人不能行使股权回购请求权

❺江苏省常熟市人民法院审理的徐某石与常熟开某制造有限公司请求公司收购股份纠纷案民事判决书【（2015）熟商初字第 00646 号】认为："徐某石与开某公司之间并无直接的投资和被投资关系，徐某石的出资行为是通过与注册股东陈某订立出资协议并将出资份额明确挂靠于陈某名下而进行的，徐某石并不是开某公司的注册股东。《出资协议》中并约定了徐某石不直接享有公司的经营决策权，徐某石的出资不符合我国公司法中有限责任公司股东出资的特征。徐某石并不具备公司股东的法律地位，也不享有公司法意义上的股东权利。"

❻山东省威海市中级人民法院审理的周某涛、辛某荣等与山东鸿某水产有限公司请求公司收购股份纠纷案民事判决书【（2014）威商初字第 11 号】认为："请求公司收购股份是公司股东的一项重要权利，原告周某涛等 11 人虽然向公司出资，但其股权由公司工会委员会代持，其股东权利应当通过公司工会委员会行使。"

❼江苏省泰州市中级人民法院审理的林某章与泰州市泰某交通投资有限公司、泰州市长某汽车运输有限公司工会委员会请求公司收购股份纠纷案二审民事裁定书【（2014）泰中商终字第 00309 号】认为："我国公司法规定具有公司股东身份的股东可以依照公司法的规定行使股东权利、履行股东义务。依照长某公司工会持股会章程，所有参与出资的职工只能以持股会的名义集体持有长某公司股份并享有股权，其任何职工个人均不能取得长某公司的股东资格。我国公司法规定，公司股东有权在符合《公司法》第 75 条①的情形下，向公司主张以合理的价格收购其股份。

---

① 《公司法》（2023 年修订）第 89 条。

本案中，林某章非长某公司股东，也无享有股权之说，故其不能向长某公司以及本案被上诉人等主张以合理价格收购其股份。"

3. 股东会未形成决议，异议股东不得行使股权回购请求权

❽湖北省汉江中级人民法院审理的王某玲与湖北省天某泵业有限公司请求公司收购股份纠纷案民事裁定书【（2015）鄂汉江中民二初字第00015号】认为："根据《公司法》第74条第1款第2项①的规定，股东对股东会关于公司转让主要财产的决议投反对票的股东可以请求公司按照合理的价格收购其股权。根据查明的事实，2015年1月21日，天某泵业公司召开股东会，向全体股东分发了关于天某泵业公司的所有资产按约7800万元的价格整体转让给天门市城某建设投资有限公司事宜进行表决的《表决书》，仅部分股东交了《表决书》，包括王某玲在内的大部分股东没有交《表决书》，股东会没有统计《表决书》，也没有形成股东会决议。故天某泵业公司股东会未形成关于转让公司主要财产的股东会决议，王某玲根据《公司法》第74条②的规定请求公司收购股权没有事实依据。"

4. 公有制企业改制中职工的"股权"问题不属于民事受案范围

❾四川省高级人民法院审理的赵某、绵阳燃某集团公司请求公司收购股份纠纷案再审审查与审判监督民事裁定书【（2017）川民申4258号】认为："企业改制一般由行政机关基于行政权力予以主导，人民法院无法通过民事诉讼程序进行规制，故与企业改制相关的部分案件人民法院不予受理。根据《最高人民法院关于审理与企业改制相关的民事纠纷案件若干问题的规定》第3条'政府主管部门在对企业国有资产进行行政性调整、划转过程中发生的纠纷，当事人向人民法院提起民事诉讼的，人民法院不予受理'之规定，原审法院认为再审申请人所诉案涉燃气产权是被申请人依据当时国企改制精神制定并报相关部门审批后通过量化方式转化为职工所有，再审申请人诉请被申请人收购该部分产权，不属于人民法院受理民事案件的范围，并裁定驳回起诉并无不当。"

❿青岛市中级人民法院审理的青岛国某科技股份有限公司请求公司收购股份纠纷案二审民事裁定书【（2017）鲁02民终8378号】认为："被上诉人青岛益某药用胶囊有限公司于2001年经青岛市经济委员会以青经企〔2000〕643号文件批准改

---

① 《公司法》（2023年修订）第89条第1款第2项。
② 《公司法》（2023年修订）第89条。

制筹建为股份合作制企业，根据该公司章程，由该公司职工购买公司整体国有产权。上诉人系被上诉人青岛益某药用胶囊有限公司的职工。根据上诉人在一审的诉讼请求，上诉人与被上诉人之间的纠纷系改制筹建后的股份合作制企业因内部管理而产生，不属于人民法院民事诉讼受理和人民法院主管范围。"

（二）请求公司收购股份纠纷诉讼的管辖问题

根据《民事诉讼法》第 27 条及《民事诉讼法司法解释》第 22 条的规定，此类诉讼一般由公司所在地的人民法院进行管辖。

实践中，还有一部分法院在论述此类案件管辖权问题时，认为异议股东股权收购请求权是公司股东的权利之一，该项权利一般基于合法的公司发起协议、增资入股协议、股权转让协议等产生。因此，可以直接采用合同纠纷的管辖原则，由被告住所地及合同履行地的人民法院管辖。

不过，即便按照合同管辖的原则来确定管辖法院，最终确定的管辖地一般也是公司住所地，只是论述路径不同。

1. 请求公司收购股份纠纷由公司所在地的人民法院进行管辖

❶江苏省无锡市中级人民法院审理的吴某慧、马某胜与康某乐（无锡）医药有限公司请求公司收购股份纠纷案民事裁定书【（2017）苏 02 民辖终 931 号】认为："《民事诉讼法》第 26 条①规定，因公司设立、确认股东资格、分配利润、解散等纠纷提起的诉讼，由公司住所地人民法院管辖。本案的诉讼请求为要求康某乐公司回购股东吴某慧、马某胜的股份，康某乐公司住所地为无锡市南湖大道梁东路××号金某科技园×号，属原审法院辖区。故原审法院对本案具有管辖权，所作裁定正确，应予维持。康某乐公司并非《合资经营合同》的当事人，合同中仲裁约定事项，对其没有约束力，康某乐公司也无权以《合资经营合同》来约束吴某慧、马某胜。"

❷山东省日照市中级人民法院审理的日照市一某食品有限公司与陈某义请求公司收购股份纠纷案民事裁定书【（2015）日商辖终字第 52 号】认为："本案系请求公司收购股份纠纷，属于与公司有关的纠纷，应由公司住所地人民法院管辖。法人的住所地是指法人的主要办事机构所在地，主要办事机构所在地不能确定的，法人

---

① 《民事诉讼法》（2023 年修正）第 27 条。

注册地或者登记地为住所地。日照市一某食品有限公司主张其主要办事机构在诸城市，但未提供证据证明，应当以其注册地作为住所地，其注册地为日照市东港区后村镇西山字河村，属于原审法院辖区，原审法院作为公司住所地人民法院受理本案并无不当。上诉人日照市一某食品有限公司上诉理由不成立，本院不予支持。"

2. 请求公司收购股份纠纷按合同纠纷来确定管辖

❸上海市第一中级人民法院审理的上海静某实业有限公司、上海静某投资有限公司、陈某诉上海荟某贸易商行、赵某文请求公司收购股份纠纷案二审民事裁定书【（2016）沪01民辖终1756号】认为："因合同纠纷提起的诉讼，由被告住所地或合同履行地人民法院管辖。根据原审证据材料反映，上诉人上海静某实业有限公司的注册地在上海市闵行区××路××号××幢××层××室，具有向社会公示的效力，被上诉人据此向原审法院起诉，原审法院依法取得本案管辖权并无不当。上诉人的上诉请求及理由，缺乏必要的事实和法律依据，本院不予支持。"

（三）提起请求公司收购股份之诉的前提条件问题

1. 请求公司收购股份前提条件的一般规定

在《公司法》第89条中，对请求公司收购股份前提条件进行了规定：①公司连续五年不向股东分配利润，而公司该五年连续盈利，并且符合本法规定的分配利润条件的；②公司合并、分立、转让主要财产的；③公司章程规定的营业期限届满或者章程规定的其他解散事由出现，股东会通过决议修改章程使公司存续的。

❶最高人民法院审理的中国信某资产管理股份有限公司与太某集团有限责任公司请求公司收购股份纠纷案二审民事判决书【（2016）最高法民终34号】认为："信某公司在太某集团3个股东中有2个股东于2011年8月28日形成了《关于太某集团有限责任公司延长经营期限股东会决议》的情况下，于2011年9月13日向太某集团发出《关于对太某集团有限责任公司临时股东会议题表决的函》，表示不同意延长太某集团经营期限，并在法定期限内向原审法院提起诉讼，请求太某集团以合理的价格收购其在太某集团的股份，符合《公司法》第74条第1款第3项①规定的'公司章程规定的营业期限届满或者章程规定的其他解散事由出现，股东会会

---

① 《公司法》（2023年修订）第89条第1款第3项。

议通过决议修改章程使公司存续的'法定收购股权条件，信某公司对太某集团关于延长经营期限的股东会决议书面提出反对意见，当然有权依法请求太某集团按照合理的价格收购其股权，且符合相应程序规定。"

❷上海市第二中级人民法院审理的上海协某卷簧制造有限公司、陈某娟请求公司收购股份纠纷案二审民事判决书【(2017) 沪 02 民终 6962 号】认为："公司在其营业期限届满后，通过股东会决议修改公司章程延长经营期限以使公司继续存续的，对此决议投反对票的股东可在法律规定的期间内要求公司以合理价格收购其股权。由此可知，符合前述规定的股东向公司提出回购权系法定权利。"

2. 股东不能在公司不符合分配利润条件时请求公司回购股份

公司符合《公司法》规定的分配利润的条件，是指公司在弥补亏损和提取公积金后所余税后利润依照《公司法》第 210 条的规定分配。

❸最高人民法院审理的周某涛、辛某荣请求公司收购股份纠纷案再审审查与审判监督民事裁定书【(2017) 最高法民申 2154 号】认为："周某涛等 11 人以鸿某公司自 2009 年起至 2014 年连续 5 年盈利却不分配利润为由主张公司回购股份，根据2013 年《公司法》第 74 条规定，应当符合如下条件：(1) 公司连续 5 年不向股东分配利润；(2) 该 5 年公司连续盈利；(3) 符合《公司法》规定的分配利润条件，即公司在弥补亏损和提取公积金后所余税后利润依照《公司法》第 34 条①的规定分配。本案中，税务机关出具的鸿某公司的纳税证明、完税证明和鸿某公司的纳税申报材料体现鸿某公司在 2012 年、2013 年度没有产生企业所得税。原审判决关于鸿某公司不存在连续 5 年盈利的事实认定证据较为充分，现亦无充分证据证明认定事实的主要证据系伪造，周某涛等 11 人以鸿某公司连续 5 年盈利却不分配利润为由诉请鸿某公司回购股权的条件不成立，原审判决结果并无不当。"

❹最高人民法院审理的孙某道与山东信某建筑规划设计有限公司请求公司收购股份纠纷案再审民事裁定书【(2014) 民申字第 2155 号】认为："信某公司提交了两张孙某道签字确认的领款单据，上面载明两笔款项的性质是'分红'，孙某道明确表示对两份领款单据的真实性无异议。孙某道虽辩称该两笔款项的性质为公司发放的奖金而非股东分红款，但并未提交证据证明。原审判决认定信某公司已经向孙某道分配了利润，有两张领款单据在案证明。原审判决据此认定孙某道要求信某公司回购其股权的法定条件不具备，并无不当。"

---

① 已被修改。

3. 公司拒不提供账目和凭证的，可以税务报表作为公司盈利的依据

❺营口市中级人民法院审理的营口洪桥磁某机械有限公司与赵某龙、宋某斌请求公司收购股份纠纷案二审民事判决书【（2014）营民三终字第00624号】认为："关于上诉人主张原判决认定被上诉人具备要求收购股份的法定条件与事实不符，'连续五年盈利而没有向股东分配利润'是以税务报表得出的结论，明显错误和违法一节，因原审法院要求上诉人提供财务账目和会计凭证，并向其发出限期提供的通知后，上诉人仍拒绝提供，故原审法院以上诉人公司税务报表为依据证明相关事实，并无失当。"

4. 公司转让的资产是否属于主要财产的判断

转让资产是否构成公司主要财产，应从该资产是不是公司经营的常规核心资产、该资产占公司资产的比例、转让财产是否实质影响了公司的设立目的及公司存续，是否影响了公司的正常经营，公司转让的财产是否为主要财产及是否导致公司发生了根本性变化等因素进行考量。

❻中山市中级人民法院审理的中山市捷某厨具有限公司、彭某涛请求公司收购股份纠纷案二审民事判决书【（2016）粤20民终4064号】认为："所谓股份收购请求权，是指公司股东大会基于资本多数决就有关公司的重大行动作出决议后，持异议的少数股东有权要求公司以公平价格购买其持有股份的权利。根据《公司法》第74条第1款第2项①规定，我国公司法并未对有限责任公司'转让主要财产'的范围作出明确的法律界定，本院认为，公司转让的财产是否为主要财产，取决于公司转让的财产是否影响了公司的正常经营和盈利，导致公司发生了根本性变化。捷某公司的经营范围为：生产、加工、销售厨具、卫生洁具，而该会议决议的内容显示，捷某公司转让的是折弯机、剪板机、冲床、氩弧焊机、空压机、拉丝机等主要生产经营设备，而不是其经营范围中的产品，该转让行为也未涉及公司生产设备更新换代的内容；且，捷某公司在二审中确认，涉案设备于2015年5月出售给张某梅后，捷某公司已经停止正常经营。显然，捷某公司转让的财产影响了公司的正常经营和盈利，导致公司发生了根本性变化，已构成《公司法》第74条②规定中的公司'转让主要财产'的情形。"

---

① 《公司法》（2023年修订）第89条第1款第2项。
② 《公司法》（2023年修订）第89条。

❼陕西省西安市中级人民法院审理的深圳金某诺高新技术股份有限公司与西安三某达海天天线有限公司请求公司收购股份纠纷案民事判决书【（2014）西中民四初字第 00350 号】认为："《公司法》第 75 条①将转让主要财产列为异议股东提起股权回购之诉的事由，其目的在于防止不慎重地转让公司财产以致威胁公司的存在基础，对公司运营前景产生重大不利影响，并从根本上动摇股东对公司的投资预期。转让财产是否是公司常规经营核心资产，该财产占公司资产的比例，转让财产的行为是否实质影响了公司设立目的及公司存续，是否影响了公司的正常经营等是考量转让财产是否属于公司主要财产的因素。根据本案查明事实，被告系从事信息传输、软件和信息技术服务业的公司，仪器仪表及相应的系统工程的检测仅为被告多个经营范围中的一个，而涉案实验室系天线测试实验室，原告未提交充分证据证明该实验室系被告常规经营核心资产；2013 年年底该公司的资产总计为82797362.79 元，被告转让的实验室的价值为 1817.12 万元，仅占其资产总额的21.9%；被告未提交证据证明转让实验室的行为使公司结构发生重大变化，影响了被告的正常运营。综上，原告主张实验室系被告主要财产依据不足，本院难以认可。"

5. 子公司重大资产处置行为可以被穿透认定为母公司重大资产处分

❽湖北省高级人民法院审理的徐某汉与宜昌三某矿业有限公司请求公司收购股份纠纷案二审民事判决书【（2014）鄂民二终字第 00037 号】认为："《公司法》第74 条②规定，公司转让主要资产，对股东会该项决议投反对票的股东可以请求公司按照合理的价格收购其股权。本案中，徐某汉投出反对票的决议为三某矿业公司作出的'湖北恒达石某集团（系三某矿业公司子公司，以下简称石某集团）有关资产处置方案''石某集团慈溪分公司整体转让方案''金某石墨矿（系三某矿业公司子公司）50%股权转让方案'。上述决议涉及多处石墨矿及子公司的资产转让，从三某矿业公司的经营范围包含石墨矿销售的内容看，该部分资产转让涉及三某矿业公司的重要资产。徐某汉投出反对票后，向三某矿业公司提出公司收购其股权的请求。之后，双方就股权回购一事进行了协商，并在就收购价格未达成一致意见的情况下，共同委托东某公司对三某矿业公司资产进行审计，从而确定收购价格。因此从双方的诉前行为看，双方对于三某矿业公司收购徐某汉的股权一事已达成共

---

① 《公司法》（2023 年修订）第 89 条。
② 同上。

识。在一审诉讼期间，三某矿业公司亦作出无论评估价格高低均愿意收购徐某汉的股权的陈述。故徐某汉提出的三某矿业公司收购股权的诉讼请求既符合法律规定，又符合双方的约定，一审法院根据评估的价格认定三某矿业公司以合理收购徐某汉所持有的股权并无不当，三某矿业公司提出一审法院强行判令其收购股权违反法律规定及公司意思自治的上诉理由不能成立，本院不予支持。"

6. 母公司向全资子公司转让财产一般不认定为《公司法》第 89 条所规定的转让

❾江苏省常州市中级人民法院审理的仇某福、许某芳与常州市钟楼区危某陌房屋改造开发有限公司请求公司收购股份纠纷案民事判决书【（2011）常商初字第 59 号】认为："原告仇某福、许某芳目前尚不具备行使股份回购请求权的条件。原告主张的公司分立或转让主要财产的情形并未出现且实际不可能发生。根据常州市国土资源局的要求，成立的项目公司必须为危某陌开发公司的全资子公司，同时安阳里二期项目的土地使用权必须以转让方式转入新的项目公司，由于该转让行为发生在母公司与全资子公司之间，故不应属于对外转让公司主要财产。因客观上危某陌开发公司无法转让其主要财产，且其资产情况比较复杂，而原告也未能履行其股东的主要义务补足其全部出资，故其目前尚不具备行使股份回购请求权的条件，对其诉讼请求，本院予以驳回。"

7. 股东大会决议有关经营期限的内容与公司章程不一致的，以章程为准

❿常州市中级人民法院审理的杨某明与常州市天宁区城某建设开发有限公司请求公司收购股份纠纷案申请再审民事裁定书【（2014）常商申字第 00019 号】认为："根据 2004 年设立时的公司章程及 2008 年 4 月 8 日修正后的公司章程，均明确公司的营业期限自《企业法人营业执照》签发之日起至 2024 年 3 月 30 日止。公司章程是公司设立人依法订立的规定公司组织及活动原则的文件，是公司活动的行为准则，是公司组织和经营中最根本的事项的规定，也是确定股东权利义务的依据。公司章程对内约束股东、董事、监事、高级管理人员的权利义务，对外产生公示效力，保障交易对象对公司基本信息的知情和了解，促使交易机会的增加和交易安全。本案中，虽然股东会议纪要和股东大会决议有关经营期限的内容与公司章程不一致，但只要章程的相关规定并不违反我国法律法规的强制性规定，仍应确认公司章程相关规定的法律效力。"

8. 所涉股东会决议事实上无法履行时，异议股东不得请求股权回购

异议股东股权回购请求权存在的前提在于公司股东会作出决议，导致公司发生结构性、根本性的变化，危及公司存在的基础及股东合理期待。但如果公司收到异议股东的回购请求，主动取消该股东会决议，或者该决议事实上无法履行，则通常认为原告股东不能行使股东回购请求权。

❶江苏省常州市中级人民法院审理的仇某福、许某芳诉常州钟楼区危某陋房屋改造开发有限公司请求公司收购股份纠纷案民事判决书【（2011）常商初字第 59 号】认为："原告主张的公司分立或转让主要财产的情形并未出现且实际不可能发生。虽然 2011 年 6 月 30 日股东会决议存在转让公司主要财产安阳里项目的意向，但实际上无法从危某陋开发公司处转走该财产。（1）从 2011 年 6 月 30 日股东会决议的内容看，虽然危某陋开发公司拟将其所有的主要财产安阳里地块单独脱离出来另行成立项目公司，并由国某公司、沈沛成为该项目公司的控股股东，但因常州市国土资源局答复明确该项目公司应当是危某陋开发公司的全资子公司，故客观上无法完成由国某公司、沈某控股项目公司，故案涉股东会决议确定的安阳里项目从公司分离出去的决议无法实现；（2）根据常州市国土资源局的要求，成立的项目公司必须为危某陋开发公司的全资子公司，同时安阳里二期项目的土地使用权必须以转让方式转入新的项目公司，由于该转让行为发生在母公司与全资子公司之间，故不应属于对外转让公司主要财产。"

（四）行使异议股东股权回购请求权的程序问题

1. 提起请求公司收购股份之诉一般需要对所涉股东会决议投反对票

❶营口市中级人民法院审理的赵某利与营口洪桥磁选机械有限公司收购股份纠纷案二审民事判决书【（2017）辽 08 民终 1010 号】认为："《公司法》第 74 条①规定，有下列情形之一的，对股东会该项决议投反对票的股东可以请求公司按照合理的价格收购其股权。本案中，上诉人没有证据证明曾经在股东会对公司不向股东分配利润一事投反对票，而且在其代理（2011）营西民二初字第 103 号案件中，代理被上诉人出庭应诉，未对公司不分配利润提出任何异议，故不符合《公司法》第

---

① 《公司法》（2023 年修订）第 89 条。

74 条①请求公司回购股权的条件。"

2. 对股东会决议投反对票并非请求公司收购股份的必经程序

非因自身过错而未能参加股东会的股东，虽未对《公司法》第 89 条规定的股东会决议投反对票，但是对公司转让主要财产明确提出过反对意见的，其可以请求公司以合理价格收购其所持有的股权。

❷最高人民法院审理的袁某晖与长江置某（湖南）发展有限公司请求公司收购股份纠纷案申请再审民事裁定书【（2014）民申字第 2154 号】认为："长江置某公司对案涉二期资产进行了销售，该资产从定价到转让，均未取得股东袁某晖的同意，也未通知其参加股东会。根据《公司法》第 74 条②之规定，对股东会决议转让公司主要财产投反对票的股东有权请求公司以合理价格回购其股权。从形式上看，袁某晖未参加股东会，未通过投反对票的方式表达对股东会决议的异议。但是，《公司法》第 74 条③的立法精神在于保护异议股东的合法权益，之所以对投反对票作出规定，意在要求异议股东将反对意见向其他股东明示。本案中袁某晖未被通知参加股东会，无从了解股东会决议，并针对股东会决议投反对票，况且，袁某晖在 2010 年 8 月 19 日申请召开临时股东会，明确表示反对二期资产转让，要求立即停止转让上述资产，长江置某公司驳回了袁某晖的申请，并继续对二期资产进行转让，已经侵犯了袁某晖的股东权益。因此，二审法院依照《公司法》第 74 条④之规定，认定袁某晖有权请求长江置某公司以公平价格收购其股权，并无不当。"

3. 公司未召开股东会即作出不分配利润的决议，有权自行召集和主持股东会会议的股东不能直接提起请求回购之诉

❸常州市中级人民法院审理的李某骏与常州市创某生活用品有限公司请求公司收购股份纠纷案二审民事裁定书【（2017）苏 04 民终 910 号】认为："异议股东股份购买请求权行使的前提条件是《公司法》第 74 条⑤规定的法定事由业经股东会决议通过。虽然，现实中不可避免存在公司未依据公司法及公司章程的规定召开股东会，进而作出相关决定，变相剥夺股东对重大事项的表决权，损害其合法权益的

---

① 《公司法》（2023 年修订）第 89 条。
② 同上。
③ 同上。
④ 同上。
⑤ 同上。

行为，但《公司法》第 39 条①亦赋予代表 1/10 以上表决权的股东提议召开临时会议的权利，且公司应当予以召开。本案中，李某骏持有创某公司 30% 的股权，如其所述，在其事后获悉公司未定期召开股东会会议，却间接转让公司主要财产、连续 5 年盈利而未向其分配利润等事由后，自身不积极提出异议，且亦不主动寻求召开临时股东会会议，用尽法律赋予其的救济权利，而径行向公司提出股权回购之诉的，属于法律上的'懒惰之人'，应视为其请求权行使的前提条件不具备。"

此案一审认为："本案中创某公司并未召开股东会就是否分配利润作出决议，李某骏作为持股 30% 的股东，在董事会、执行董事以及监事不能履行或者不履行召集股东会会议职责时，其有权自行召集和主持，但其亦未行使该权利。综上，李某骏以上述两项理由要求创某公司收购其股份不符合法律规定。"

4. 股东提起异议股东股权回购之诉需要先与公司协商收购事宜

❹黄山市徽州区人民法院审理的张某平、黄山聚某投资有限公司请求公司收购股份纠纷案民事判决书【（2017）皖 1004 民初 357 号】认为："提起股份收购请求权诉讼必须同时具备实体和程序两方面的要件：实体上必须具备股东资格且对股东会相关决议投反对票的股东，才能提起该项诉讼；程序上公司股东应在法定期限内先行与公司协商以合理价格收购其股权，协商不成后再提起诉讼。张某平无证据证实在黄山聚信公司依法合并成立过程中，张某平作为黄山聚某投资公司股东对股东会相关决议投反对票，且与我国《公司法》第 74 条②规定的公司股东应先行与公司协商由公司以合理价格收购股东所享有股权的规定不符，违背公司法设定的股份收购请求权行使的程序要件。张某平提交的证据不足以证明其事实主张，依法应由负有举证证明责任的当事人即张某平承担不利后果。"

（五）请求公司收购股份纠纷中的期间问题

1. 异议股东股权回购请求权受除斥期间的限制

❶沈阳市中级人民法院审理的时某锋、沈阳紫某启明软件技术有限公司请求公司收购股份纠纷案二审民事判决书【（2017）辽 01 民终 68 号】认为："关于公司

---

① 《公司法》（2023 年修订）第 62 条。
② 《公司法》（2023 年修订）第 89 条。

收购股权的问题。《公司法》第 74 条①对于公司收购股权的情形以及提起该诉讼的时间均有明确规定，该项法律规定赋予股东在特定情形下主张公司回购股权的权利，而对于该项权利的行使规定了明确的期限旨在敦促股东在符合股权收购条件的情况下，及时行使权利，维护公司人合及资合的双重稳定性。就本案而言，上诉人时某锋在明确知晓公司关于经营期限延长的股东会决议内容后，虽并不同意该项决议内容，但并未在上述规定期限内及时提起诉讼主张权利，其主张因超过法定期限而不具备提起诉讼的条件，不应予以支持。"

❷淮安市清河区人民法院审理的季某诉江苏华某驰宇建筑装饰工程有限公司请求公司收购股份纠纷案民事裁定书【（2015）河商初字第 0050 号】认为："根据我国《公司法》第 74 条②规定，本案中，华某公司于 2014 年 10 月 17 日作出股东会会议决议，决定延长公司营业期限。季某在该次股东会决议中投票反对，因此，季某在股东会会议决议作出之日起 60 日内未与华某公司就股权收购达成协议时，应于股东会会议决议作出之日起 90 日内向人民法院提起诉讼。季某于 2015 年 1 月 16 日诉至本院，请求华某公司以合理价格收购其股份。据此，本院认为，季某于 2015 年 1 月 16 日诉至本院，已经超过了自股东会会议决议作出之日起算的 90 日期限，不符合人民法院受理民事案件的条件，应当驳回起诉。庭审中，被告华某公司同意回购原告季某的股份，双方当事人可以自行协商解决。"

2. 召集会议及形成决议的时间不能限制各股东对决议的异议期限

❸最高人民法院审理的中国信某资产管理股份有限公司与太某集团有限责任公司请求公司收购股份纠纷案二审民事判决书【（2016）最高法民终 34 号】认为："2011 年 8 月 18 日，太某集团向信某公司等股东发出《关于以信函方式召开太某集团临时股东会会议的通知》，决定采取信函方式于 2011 年 8 月 28 日召开临时股东会会议并形成股东会决议，上述内容为太某集团召集临时股东会会议及形成决议的时间，并非限制各股东对决议的异议期限。信某公司在太某集团 3 个股东中有 2 个股东于 2011 年 8 月 28 日形成了《关于太某集团有限责任公司延长经营期限股东会决议》的情况下，于 2011 年 9 月 13 日向太某集团发出《关于对太某集团有限责任公司临时股东会议题表决的函》，表示不同意延长太某集团经营期限，并在法定期限内向原审法院提起诉讼，请求太某集团以合理的价格收购其在太某集团的股

---

① 《公司法》（2023 年修订）第 89 条。
② 同上。

份，符合《公司法》第 74 条第 1 款第 3 项①规定。"

（六）异议股东请求股权回购的情形不限于《公司法》第八十九条

1. 有限责任公司可以与股东约定《公司法》第 89 条之外的其他回购情形

最高人民法院认为，有限责任公司可以与股东约定《公司法》第 89 条规定之外的其他回购情形，《公司法》第 89 条并未禁止有限责任公司与股东达成股权回购的约定，职工辞职、退休、死亡后其股权由公司回购的约定合法有效。

❶最高人民法院审理的杨某泉等与山东鸿某水产有限公司请求公司收购股份纠纷案申诉、申请民事裁定书【（2015）民申字第 2819 号】认为："有限责任公司可以与股东约定《公司法》第 74 条②规定之外的其他回购情形。《公司法》第 74 条③并未禁止有限责任公司与股东达成股权回购的约定。本案的'公司改制征求意见书'由申请人签字，属于真实的意思表示，内容上未违背公司法及相关法律的强行性规范，应属有效。故鸿某公司依据公司与申请人约定的'公司改制征求意见书'进行回购，并无不当。"

股东协议可约定公司重大违约时触发股份回购。

❷上海市松江区人民法院审理的南京源某投资中心与张某国、王某军、上海视某信息科技有限公司请求公司收购股份纠纷案民事判决书【（2016）沪 0117 民初 17902 号】认为："系争《投资协议书》合法有效，并无证据表明视某公司、张某国、王某军存在违约情形足以触发协议中所约定的股权回购条款。"

投资协议中可规定，若公司或其实际控制人存在某些重大违约行为，投资者可要求公司回购股份。本案一审、二审的裁判观点均肯定了该项条款的效力。

公司可以在章程中规定触发股份回购请求的情形。

❸最高人民法院审理的袁某晖与长江置某（湖南）发展有限公司请求公司收购股份纠纷案申请再审民事裁定书【（2014）民申字第 2154 号】认为："长江置某公司《公司章程》中规定，股东权利受到公司侵犯，股东可书面请求公司限期停止侵权活动，并补偿因被侵权导致的经济损失。如公司经法院或公司登记机关证实：

---

① 《公司法》（2023 年修订）第 89 条第 1 款第 3 项。
② 《公司法》（2023 年修订）第 89 条。
③ 同上。

公司未在所要求的期限内终止侵权活动，被侵权的股东可根据自己的意愿退股，其所拥有的股份由其他股东协议摊派或按持股比例由其他股东认购。本案中，长江置某公司在没有通知袁某晖参与股东会的情况下，于2010年5月31日作出股东会决议，取消了袁某晖的一切经费开支，长江置某公司和其股东会没有保障袁某晖作为股东应享有的决策权和知情权，侵犯了袁某晖的股东权益，符合长江置某公司《公司章程》所约定的'股东权利受到公司侵犯'的情形。因此，袁某晖有权根据《公司章程》的规定，请求公司以回购股权的方式让其退出公司。"

❹常州市中级人民法院审理的胡某芳与常州市天某百货有限公司请求公司收购股份纠纷案二审民事判决书【(2016) 苏04民终362号】认为："天某公司的章程中明确约定，'股东入股后到达法定退休年龄或个人原因离开公司，由公司回购股份，股价按当年公司净资产额确定'。胡某芳于2012年5月办理退休，已经符合天某公司章程中所约定的要求公司回购股权的条件，且不违反法律规定。因此，胡某芳有权要求天某公司回购其股权。"

❺济南市中级人民法院审理的济南鲁某集团有限公司与张某让请求公司收购股份纠纷案二审民事判决书【(2016) 鲁01民终2387号】认为："公司章程作为一种行为规范，是由公司依法自行制定，是公司股东共同一致的意思表示，对公司、股东及相关人员具有约束力。本案中，鲁某公司为保障公司资合与人合的统一性，在注册资本不减少的原则下，公司章程对股东在符合相应条件时将股权退出事宜作出明确约定，股东因退休不在现岗时，将股权退出，由公司收回或由其他股东受让，并以认缴出资额退还。上述内容系公司股东真实意思表示，系公司对自我权利的自由处分，未违反法律和行政法规禁止性规定，合法有效。"

2. 约定的回购条件不能侵犯公司其他股东和公司债权人的利益

❻江苏省泰州市中级人民法院审理的南京博某投资咨询有限公司与江苏阳某硅材料科技有限公司请求公司收购股份纠纷案一审民事判决书【(2014) 泰中商初字第00209号】认为："《投资协议书》约定阳某公司必须达到净利润目标或者必须在2014年12月31日前完成首次上市，否则，阳某公司有义务回购博某公司投资并按照投资本金加18%的年回报率回购其股权，该约定实质上是保证无风险绝对收益的保底条款，违反了《公司法》第20条①的规定，侵犯了公司其他股东和公司债权人的利益，不符合公司法规定的股东以其投入的股份对公司债务承担责任的公

---

① 《公司法》(2023年修订) 第21条。

司法基本原则，依照《公司法》第 35 条①，《合同法》第 52 条第 3 项、第 4 项②的规定，博某公司与阳某公司所签订《投资协议书》中赎回条款以及《股权回购协议》应当认定为无效。博某公司依据该协议请求阳某公司依据《股权回购协议》支付回购全额本息的诉讼请求，没有法律依据，其请求本院不予支持。"

（七） 股权回购款合理价格的标准问题

基于对既有判例的总结，笔者发现，股权回购的合理价格可以参照审计报告、资产价值、事前协议中约定的回购价格、全体股东决议认可的价格及公司回购的其他股东股份的价格来确定。

1. 合理价格可以通过按公司净资产计算出的股权价值判断

❶浙江省高级人民法院审理的孙某军、海某生集团有限公司请求公司收购股份纠纷案再审民事判决书【（2017）浙民再 88 号】认为："首先，孙某军主张的通过第三方财务审计和资产评估来确定股权收购价，并非判断'合理的价格'的唯一途径。诚如二审法院所言，若根据案件具体情况已足以认定市场公允价格，则无须通过委托第三方进行评估来确定股权收购价格。认定合理价格的关键，仍在于法院在审查全案事实之基础上，就市场公允价格作恰当的司法判断。其次，按一般理解，公司收购异议股东股份的合理价格，应当是指按公司净资产计算出的股权价值。在公司财务会计制度规范的情况下，企业资产负债表中的所有者权益能够反映出公司真实的净资产，故即使如孙某军主张的当时 2007 年版公司章程对股权收购价未作约定，以年末所有者权益为据计算股权收购价也并无不妥。一、二审法院采信该财务报告作为定价依据并无不当。最后，目前海某生公司已有 21 名自然人股东和 191 名持股会会员接受该价格转让了股权，也在一定程度上印证了出资额 2.5 倍的价格反映出海某生公司在市场交易中的真实股价。"

如果企业认为资产负债表不能反映公司财务状况，应当负担举证责任。

❷上海市第二中级人民法院审理的上海协某卷簧制造有限公司、陈某娟请求公司收购股份纠纷案二审民事判决书【（2017）沪 02 民终 6962 号】认为："至于回购的全额，陈某娟系以协某公司营业期限届满当年，同时也是陈某娟明确提出回购请

---

① 《公司法》（2023 年修订）第 53 条。

② 已废止。

求当年的公司资产负债表数据作为计算依据，具有参考价值。协某公司认为资产负债表不能反映公司的真实财务状况，则其应当提供反证，即向法院提出委托审计、评估的申请，并配合预缴相关费用，以使法院具备参考判断的明确依据。现协某公司在一、二审中均明确拒绝预缴审计、评估费用，致使本案无法启动审计、评估程序进一步核实事实，由此造成的不利后果应由协某公司自行承担。"

2. 法院可以参照其他股东的收购标准认定案涉股权回购价格

❸运城市中级人民法院审理的刘某仁与运城市八某化工有限公司请求收购股份纠纷案二审民事判决书【(2014) 运中民终字第 312 号】认为："……现原判考虑上诉人与八某公司的特殊情况，参照其他股东股权收购的标准判决八某公司收购上诉人的股份，已充分保护了上诉人的相应合法权益，同时亦兼顾了公平原则，该判决适当。"

3. 公司不能以资产发生重大变化为由减少事先约定股权回购款

各方约定股权退出价格为债权方转股债权原值，该约定为当事人意思表示真实，不违反法律、行政法规的强制性规定，对当事人具有法律约束力。尽管《公司法》第89 条规定有关股东可以请求公司以合理的价格收购其股权，但在股东之间对股权回购价格已有明确约定的情况下，不能够脱离原协议约定而另行确定股权回购价格。

❹最高人民法院审理的中国信某资产管理股份有限公司与太某集团有限责任公司请求公司收购股份纠纷案二审民事判决书【(2016) 最高法民终 34 号】认为："在股东之间对股权回购有明确约定的情况下，《公司法》第 74 条①有关股东请求公司以合理的价格收购其股权的规定，并非能够完全脱离原出资协议约定而另行确定。3 方签订的《债权转股权协议》和《债权转股权补充协议》，不仅对上述 3 方股东共同设立太某集团的出资形式和比例作了约定，亦对各股东股权的退出及收购方式作了特别约定。信某公司与石某井矿务局、华某公司 3 方股东就股权退出问题及分取红利、股权退出价款支付计划调整等签订《债权转股权补充协议》作了进一步约定，其中第 2 条针对股权退出补充约定：债权方的股权通过新公司回购方式退出时，股权退出价格为债权方转股债权原值，不采取溢价方式计算，即当事人实际取消原协议中关于股权退出按照一定股权溢价率支付回购价款的约定。对此约定，并不违反国务院办公厅 2003 年 2 月 23 日国办发〔2003〕8 号《关于进一步做好国有企业债权转股权工作的意见》(五) 的规定，原审判决认定本案《债权转股权协

---

① 《公司法》(2023 年修订) 第 89 条。

议》及《债权转股权补充协议》为当事人意思表示真实，内容形式不违反法律、行政法规的强制性规定，协议合法有效，并无不当。对于股权退出方式及价格，是3方股东根据自愿原则自由商定的，对当事人具有法律约束力。至于成立的新公司后来资产发生了变化，并非必然导致股权价值的变化，股权价值还取决于公司其他因素。不能以股权回购时企业财产的实际状况已经发生减少，约定的股权收购价值就必须相应减少，当事人对此亦没有明确约定。况且信某公司债权转为股权作为对太某集团的出资，为太某集团减负，支持其经营，所起作用是显然的，要求相应减少股权回购款，对信某公司亦有不公。"

（八）请求公司收购股份纠纷的其他问题

1. 回购股份并不以公司清算为必要条件

❶淮南市中级人民法院审理的安徽华某管业有限公司、高某强请求公司收购股份纠纷案二审民事判决书【（2017）皖04民终741号】认为："《关于高某强要求转让公司股份的回复函》明确是华某公司回购高某强股份，股权回购与股权转让是两种不同性质的行为，且无论是公司回购股份还是股东转让股权，并不以公司清算为必要条件。"

2. 股东不能依无效的对赌协议请求公司回购股权

❷江苏省高级人民法院审理的南京博某投资咨询有限公司与江苏阳某硅材料科技有限公司请求公司收购股份纠纷案二审民事判决书【（2015）苏商终字第00310号】认为："根据《公司法》第20条第1款①规定，案涉《投资协议书》约定博某公司投资阳某公司普通股、实行同股同权，意味着博某公司只有在阳某公司经过清算、清偿了全部公司债务后，方能就剩余财产按照出资比例获得分配；但《投资协议书》同时又约定阳某公司净利润未达到一定程度时，博某公司有权要求回购股份，回购价格为融资价格100%加上18%年回报率等，该约定如果实际履行，将使博某公司在脱离阳某公司实际经营业绩的情况下获得固定收益，侵犯了阳某公司的独立法人财产权及其债权人的利益，应当依法认定无效。故博某公司依据《投资协议书》《股权回购协议》等所主张的回购款本金及利息均不能成立。"

---

① 《公司法》（2023 年修订）第 21 条第 1 款。

3. 公司给股东出具的回购函的效力一般不受内部程序瑕疵影响

❸淮南市中级人民法院审理的安徽华某管业有限公司、高某强请求公司收购股份纠纷案二审民事判决书【（2017）皖04民终741号】认为："对于华某公司在作出复函时是否经股东大会讨论决定，回购股份如何处理均是公司内部行为，不影响复函对外的法律效力。华某公司认为其不应支付高某强股金的理由不能成立。"

三、请求公司收购股份纠纷法律问题综述

（一）异议股东股份回购请求权的概念

异议股东股份回购请求权，又称反对股东收买请求权、股份回赎请求权、异议权、退出权、股份评估权、评定补偿权、估价权，是指当公司股东大会基于多数表决，就有关公司合并、分立、重大资产出售、换股计划、公司章程修改等公司重大事项作出决议时，持异议的少数股东拥有要求公司对其所持股份的价值进行评估，并由公司以公平价格予以购买的权利。①

关于异议股东回购请求权，应当注意以下几点：第一，享有该权利的主体是异议股东，也即反对公司某项特定股东会决议的股东；其他股东则不享有该项权利。第二，该权利行使的时间是在股东会决议之后，当股东的意思没有被采纳，同时自己的股权又面临着难以转让的困境时，该股东便享有该请求权。第三，异议股东股权回购请求权受除斥期间的限制，期间届满后，股东不再享有该项权利。

（二）股东可与公司约定发生《公司法》第八十九条之外的情形时，触发股权回购

关于股东是否可以与公司约定《公司法》第89条之外的情形进行股权回购，笔者通过检索相关判例，发现各地裁判观点不一。不过，最高人民法院在2015年审理的请求公司收购股份纠纷案中，认为有限责任公司可以与股东约定《公司法》第89条规定之外的其他回购情形，《公司法》第89条并未禁止有限责任公司与股东达成股权回购的约定。在此之后，各地裁判观点趋于统一。

---

① 参见高永深：《论异议股东股份回购请求权》，载《河北法学》2008年第4期。

（三） 公司转让资产中主要财产的认定

《公司法》第 89 条规定，公司合并、分立、转让主要财产的，可以请求公司按照合理的价格收购其股权。但是，法律并没有对"主要财产"作进一步的定义。

通过检索相关判例，笔者发现，法院在认定公司转让的财产是否为主要财产时，主要考虑公司转让该财产是否影响了公司的正常经营和盈利，导致公司发生了根本性变化。

而判断财产的转让是否对公司造成根本性影响，首先，需要结合公司的经营范围，公司转让的财产与公司主要经营范围越相符，被认定为主要财产的可能性越大。其次，虽然财产对于公司营业收入和利润的影响比例不足以独立支持主要财产的认定，但是这一比例仍然具有重要的参考价值。不过这里的转让一般不包括母公司向全资子公司的转让。最后，转让需为现实的、既成的转让，人民法院在认定转让是否发生时会查明财产权属，如不动产的登记。

股东在明确何谓转让主要财产的基础上，对股东会转移主要财产的决议投反对票，可以在决议通过之日起 60 日内请求公司按照合理价格收购其股权，与公司不能达成收购协议的，可以自决议通过 90 日内向法院提起诉讼。

（四） 异议股东股权回购请求权受除斥期间的限制

《公司法》第 89 条虽然赋予了股东在特定情形下可以请求公司回购股权，但同时也对该项权利的行使规定了明确的期限，该期间是一种除斥期间，不适用诉讼时效中断、中止的规定。这旨在敦促股东在符合股权收购条件的情况下，及时行使权利，维护公司人合及资合的双重稳定性。

因此，股东在行使异议股东股权回购请求权时，应当注意到《公司法》第 89 条对该项权利规定的期间，向人民法院提起请求公司收购股份之诉时，超过公司法规定期限的，人民法院不予受理。

（五） 异议股东股权回购请求权中回购价格的认定

关于确定股份回购价格的方式，《公司法》第 89 条第 2 款规定了协议确定和法院确定两种方式，协议确定的方式是法院确定方式的前提条件，即只有在达不成协议的情况下才能请求法院进行司法估价。因此，股份回购价格的确定，首先由异议股东与公司协商，协商不成的，股东可以请求法院确定价格。

　　笔者认为，股权回购的合理价格可以参照审计报告、资产价值、事前协议中约定的回购价格、全体股东决议认可的价格及公司回购的其他股东股份的价格来确定。

第八章　股权转让纠纷

一、股权转让纠纷的法律规定

（一）股东同意权的法律规定

《公司法》（2018 年修正，已被修订）第 71 条第 2 款规定："股东向股东以外的人转让股权，应当经其他股东过半数同意。股东应就其股权转让事项书面通知其他股东征求同意，其他股东自接到书面通知之日起满三十日未答复的，视为同意转让。其他股东半数以上不同意转让的，不同意的股东应当购买该转让的股权；不购买的，视为同意转让。"

《公司法》（2023 年修订）第 84 条第 2 款规定："股东向股东以外的人转让股权的，应当将股权转让的数量、价格、支付方式和期限等事项书面通知其他股东，其他股东在同等条件下有优先购买权。股东自接到书面通知之日起三十日内未答复的，视为放弃优先购买权。两个以上股东行使优先购买权的，协商确定各自的购买比例；协商不成的，按照转让时各自的出资比例行使优先购买权。"

本次 2023 年《公司法》修订删除有限责任公司股东对外转让股权时其他股东的同意权规则，股东接到书面通知后，可以直接表示是否行使优先购买权，如到期未答复的，视为放弃优先购买权。

（二）股东优先购买权的一般性规定

《公司法》（2018 年修正，已被修订）第 71 条第 1 款规定："有限责任公司的股东之间可以相互转让其全部或者部分股权。"

第 71 条第 3 款规定："经股东同意转让的股权，在同等条件下，其他股东有优先购买权。两个以上股东主张行使优先购买权的，协商确定各自的购买比例；协商不成的，按照转让时各自的出资比例行使优先购买权。"

第 71 条第 4 款规定："公司章程对股权转让另有规定的，从其规定。"

《公司法》（2023 年修订）第 84 条规定："有限责任公司的股东之间可以相互转让其全部或者部分股权。

股东向股东以外的人转让股权的，应当将股权转让的数量、价格、支付方式和期限等事项书面通知其他股东，其他股东在同等条件下有优先购买权。股东自接到书面通知之日起三十日内未答复的，视为放弃优先购买权。两个以上股东行使优先购买权的，协商确定各自的购买比例；协商不成的，按照转让时各自的出资比例行使优先购买权。

公司章程对股权转让另有规定的，从其规定。"

《公司法司法解释四》第 18 条规定："人民法院在判断是否符合公司法第七十一条第三款及本规定所称的'同等条件'时，应当考虑转让股权的数量、价格、支付方式及期限等因素。"

（三）执行程序中优先购买权的行使

《公司法》（2018 年修正，已被修订）第 72 条[①]确认了执行程序中原股东的优先购买权及行使期间："人民法院依照法律规定的强制执行程序转让股东的股权时，应当通知公司及全体股东，其他股东在同等条件下有优先购买权。其他股东自人民法院通知之日起满二十日不行使优先购买权的，视为放弃优先购买权。"

（四）股份有限公司特殊股东转让股份的效力

《公司法》（2018 年修正，已被修订）第 141 条规定："发起人持有的本公司股份，自公司成立之日起一年内不得转让。公司公开发行股份前已发行的股份，自公司股票在证券交易所上市交易之日起一年内不得转让。

公司董事、监事、高级管理人员应当向公司申报所持有的本公司的股份及其变动情况，在任职期间每年转让的股份不得超过其所持有本公司股份总数的百分之二十五；所持本公司股份自公司股票上市交易之日起一年内不得转让。上述人员离职后半年内，不得转让其所持有的本公司股份。公司章程可以对公司董事、监事、高级管理人员转让其所持有的本公司股份作出其他限制性规定。"

---

① 《公司法》（2023 年修订）第 85 条。

《公司法》（2023 年修订）第 160 条规定："公司公开发行股份前已发行的股份，自公司股票在证券交易所上市交易之日起一年内不得转让。法律、行政法规或者国务院证券监督管理机构对上市公司的股东、实际控制人转让其所持有的本公司股份另有规定的，从其规定。

公司董事、监事、高级管理人员应当向公司申报所持有的本公司的股份及其变动情况，在就任时确定的任职期间每年转让的股份不得超过其所持有本公司股份总数的百分之二十五；所持本公司股份自公司股票上市交易之日起一年内不得转让。上述人员离职后半年内，不得转让其所持有的本公司股份。公司章程可以对公司董事、监事、高级管理人员转让其所持有的本公司股份作出其他限制性规定。

股份在法律、行政法规规定的限制转让期限内出质的，质权人不得在限制转让期限内行使质权。"

该规定确认了股份有限公司控股股东、实际控制人、董事、监事及高管转让股权的限制性条件，但对于违反该限制性规定的合同效力未作出规定，《公司法司法解释四》对这一问题作出回应，确认在禁售期内签订股份转让协议并不必然无效。

（五）股份公司股份收购的法律规定

《公司法》（2018 年修正，已被修订）第 142 条规定："公司不得收购本公司股份。但是，有下列情形之一的除外：

（一）减少公司注册资本；

（二）与持有本公司股份的其他公司合并；

（三）将股份奖励给本公司职工；

（四）股东因对股东大会作出的公司合并、分立决议持异议，要求公司收购其股份的；

（五）将股份用于转换上市公司发行的可转换为股票的公司债券；

（六）上市公司为维护公司价值及股东权益所必需。

公司因前款第（一）项、第（二）项规定的情形收购本公司股份的，应当经股东大会决议；公司因前款第（三）项、第（五）项、第（六）项规定的情形收购本公司股份的，可以依照公司章程的规定或者股东大会的授权，经三分之二以上董事出席的董事会会议决议。

公司依照本条第一款规定收购本公司股份后，属于第（一）项情形的，应当自收购之日起十日内注销；属于第（二）项、第（四）项情形的，应当在六个月内转让或者注销；属于第（三）项、第（五）项、第（六）项情形的，公司合计持有的本公司股份数不得超过本公司已发行股份总额的百分之十，并应当在三年内转让或者注销。

上市公司收购本公司股份的，应当依照《中华人民共和国证券法》的规定履行信息披露义务。上市公司因本条第一款第（三）项、第（五）项、第（六）项规定的情形收购本公司股份的，应当通过公开的集中交易方式进行。

公司不得接受本公司的股票作为质押权的标的。"

《公司法》（2023 年修订）第 162 条规定："公司不得收购本公司股份。但是，有下列情形之一的除外：

（一）减少公司注册资本；

（二）与持有本公司股份的其他公司合并；

（三）将股份用于员工持股计划或者股权激励；

（四）股东因对股东会作出的公司合并、分立决议持异议，要求公司收购其股份；

（五）将股份用于转换公司发行的可转换为股票的公司债券；

（六）上市公司为维护公司价值及股东权益所必需。

公司因前款第一项、第二项规定的情形收购本公司股份的，应当经股东会决议；公司因前款第三项、第五项、第六项规定的情形收购本公司股份的，可以按照公司章程或者股东会的授权，经三分之二以上董事出席的董事会会议决议。

公司依照本条第一款规定收购本公司股份后，属于第一项情形的，应当自收购之日起十日内注销；属于第二项、第四项情形的，应当在六个月内转让或者注销；属于第三项、第五项、第六项情形的，公司合计持有的本公司股份数不得超过本公司已发行股份总数的百分之十，并应当在三年内转让或者注销。

上市公司收购本公司股份的，应当依照《中华人民共和国证券法》的规定履行信息披露义务。上市公司因本条第一款第三项、第五项、第六项规定的情形收购本公司股份的，应当通过公开的集中交易方式进行。

公司不得接受本公司的股份作为质权的标的。"

二、股权转让纠纷主要法律问题及相关案例

（一）股权转让纠纷中的主体与管辖问题

1. 股权转让的合同主体一般不涉及公司本身

股权转让的合同主体为新旧股东，而非公司自身。

❶最高人民法院审理的张某杰与中国某市某设控股集团有限公司、李某忠等股权转让纠纷案申请再审民事裁定书【（2015）民申字第 1342 号】认为："本案关键在于其是否具备当事人撤销权的主体资格。《合同法》第 54 条规定：'下列合同，当事人一方有权请求人民法院或者仲裁机构变更或者撤销：（一）因重大误解订立的；（二）在订立合同时显失公平的。一方以欺诈、胁迫的手段或者乘人之危，使对方在违背真实意思的情况下订立的合同，受损害方有权请求人民法院或者仲裁机构变更或者撤销。'该规定表明，当事人撤销权是指合同成立后，因当事人意思表示不真实或不自由，从而赋予一方当事人向仲裁机构或人民法院申请撤销，使合同自始归于无效的权利。当事人撤销权的主体仅限于意思与表示不一致的合同当事人。合同法所称当事人，是指以合同一方主体身份出现，并与对方当事人进行要约和承诺活动的人。就本案而言，案涉股权转让协议的出让方为李某忠和李某华，受让方为中某建公司，张某杰不属于任何一方当事人，基于前述法律规定，张某杰不能以合同当事人身份撤销其他民事主体之间达成的合同。"

2. 股权转让纠纷适用合同纠纷的管辖原则

股权转让纠纷为合同纠纷，可以协议管辖。

❷最高人民法院审理的中某信托有限责任公司与焦某柱、焦某栋等股权转让纠纷案二审民事裁定书【（2016）最高法民辖终 81 号】认为："关于本案的合同性质对案件管辖权的影响问题。民事诉讼法就民商事案件的管辖问题规定了法定管辖和协议管辖两种制度。就法定管辖而言，合同性质是确定案件法定管辖权的主要依据。而就协议管辖而言，案件的管辖权取决于当事人之间达成的协议管辖条款是否符合合法自愿原则。当协议管辖条款存在的情况下，根据意思自治原则，协议管辖优于法定管辖。《民事诉讼法》第 34 条规定，合同或者其他财产权益纠纷的当事人可以书面协议选择与争议有实际联系的地点的人民法院管辖。因借贷纠纷和股权转

让纠纷均是合同纠纷，属于当事人可以协议管辖的范围。"

3. 涉外股权转让纠纷一审由中院管辖且适用中国法律

❸海南省高级人民法院审理的杨某与王某、贺某明二审民事判决书【（2014）琼民三终字第 2 号】认为："关于本案的管辖权与法律适用问题。王某系加拿大公民且在国内无住所，本案为涉外股权转让纠纷。根据《民事诉讼法》第 265 条规定的'因合同纠纷或者其他财产权益纠纷，对在中华人民共和国领域内没有住所的被告提起的诉讼，如果合同在中华人民共和国领域内签订或者履行，或者诉讼标的物在中华人民共和国领域内……可以由合同签订地……诉讼标的物所在地……'，本案所涉股权转让合同关系及合同所涉土地均在中华人民共和国海南省海口市，所以，中华人民共和国法院对本案有管辖权。同时依照《最高人民法院关于涉外民商事案件诉讼管辖若干问题的规定》第 1 条第 1 款第 2 项关于'涉外民商事案件由省会、自治区首府、直辖市所在地的中级人民法院管辖'的规定，原审法院对本案有管辖权；根据《涉外民事关系法律适用法》第 41 条关于'当事人可以协议选择合同适用的法律。当事人没有选择的，适用履行义务最能体现该合同特征的一方当事人经常居所地法律或者其他与该合同有最密切联系的法律'的规定，本案当事人未选择合同适用的法律，本案所涉股权转让合同关系及合同所涉土地均在中华人民共和国海南省海口市，故本案应适用中华人民共和国的法律。"

（二）股权转让中的意向书问题

1. 意向书被认定为磋商性文件

意向书被认定为磋商性文件，无法律约束力。

❶最高人民法院审理的洋浦经济开发区管理委员会与澳某资产管理有限公司建设用地使用权纠纷案二审民事判决书【（2013）民一终字第 107 号】认为："关于《投资意向书》的性质及效力。本院认为，实践中，意向书的形式具有多样性，其性质及效力不能一概而论，而是应当结合具体交易情形判断意向书内容是否具体确定、当事人是否有受约束的意思，进而认定其效力。《最高人民法院关于适用〈中华人民共和国合同法〉若干问题的解释（二）》第 1 条规定：'……人民法院能够确定当事人名称或者姓名、标的和数量的，一般应当认定合同成立。……'本案中，从《投资意向书》的内容看，首先，《投资意向书》的当事人虽然是确定和明

确的，但对于合同的标的和数量，《投资意向书》则只是在描述了澳某公司所称的从光某公司处受让土地的情况的基础上，对澳某公司拟置换土地的意向及洋浦开发区管理局表示同意协调置换进行了约定，而对于是否必须置换成功以及置换土地的具体位置和面积均未作出明确约定。因此，该《投资意向书》不具备合同的主要条款，不构成正式的土地置换合同。其次，双方在《投资意向书》中虽然对签订《投资意向书》的背景进行了描述，但并未明确约定洋浦管委会在置换土地过程中的权利和义务，当事人也未表明受其约束的意思，故该《投资意向书》并非相关土地使用权人就在将来进行土地置换或者在将来签订土地置换合同达成的合意。因此，案涉《投资意向书》的性质为磋商性、谈判性文件，不具备合同的基本要素，没有为双方设定民事权利义务，双方当事人之间并未形成民事法律关系，一审判决对《投资意向书》的性质认定错误，本院予以纠正。"

2. 意向协议书被认定为预约合同

意向协议书被认定为预约合同，效力终止于正式协议的签订。

❷最高人民法院审理的安徽蓝某控股集团有限公司与上海载某实业投资有限公司股权转让纠纷案民事判决书【（2015）民二终字第 143 号】认为："关于《股权转让意向书》的效力问题。就安徽蓝某公司受让怀宁矿业公司的股权一事，2012 年 10 月 30 日双方签订的《股权转让意向书》约定在意向书签署之日起 45 日内，双方按照意向书约定条款完成股权转让正式协议的签署，意向书未尽事宜经双方协商，在股权转让协议中约定。且双方于同日签订的《谅解备忘录》中约定，该意向书仅作为合作意向，其最终的履行，双方将另行签订正式的股权转让协议作为依据。因此，《股权转让意向书》的法律性质依法应当认定为预约合同。《股权转让意向书》作为预约，是当事人之间约定将来订立本约的合同，其法律约束力主要体现在双方当事人应当基于诚实信用的原则，协商订立本约。对预约的效力评价，应当适用《合同法》总则的相关规定。本案中，《股权转让意向书》签订后，双方当事人于 2013 年 4 月 13 日正式签订了《股权转让协议》，应当认定双方已经履行了 2013 年 10 月 30 日签订的《股权转让意向书》及《谅解备忘录》中约定的签订本约的义务。《合同法》第 91 条第 1 项规定：债务已经按照约定履行的，合同的权利义务终止。据此，应当认定本案中《股权转让意向书》的效力已经终止。"

3. 意向协议书被认定为本约合同

意向协议书被认定为本约合同，对双方完全具有约束力。

❸北京市高级人民法院审理的北京南某星投资管理公司等与北京惠某农业观光有限责任公司等股权转让纠纷案民事判决书【（2013）丰民初字第04147号】认为："南某星公司与益某利公司之间签订的合作意向书，虽然名义上为意向书，但该意向书中明确约定了双方的权利义务，以及合同履行的先后顺序、时间、金额，合同条款明确具体，该意向书已经符合合同成立的要件，可以认定为双方当事人之间签订了合作合同。该合作合同未违反有关法律法规的强制性规定，且系双方当事人真实意思表示，各方均应按约履行。按照意向书的约定，在郑某公司接手惠某园公司后，应与南某星公司签订承包经营合同，但其至今未依约履行，始终未签订承包经营合同，造成意向书的合同目的无法实现，其行为已构成违约，应承担相应的违约责任。因此，南某星公司要求与益某利公司解除意向书，南某星公司、绿某缘公司要求与郑某公司解除股权转让协议，返还股权的诉讼请求，理由正当，本院予以支持。南某星公司、绿某缘公司应将股权转让款返还给益某利公司、郑某公司，惠某公司股东相应变更为南某星公司、绿某缘公司。郑某公司接手惠某园公司后，进行了经营，但未依约向南某星公司支付任何费用，故南某星公司要求其归还财产、给付房屋使用费的请求，理由正当，本院亦予以支持。房屋使用费计算标准本院参考合作意向书的约定，酌定为每年250万元。南某星公司、绿某缘公司要求惠某园公司、益某利公司对返还股权、财产承担连带责任的请求，于法无据，本院不予支持。"

（三）股权转让合同的性质问题

1. 股权转让与资产转让

❶最高人民法院审理的海某地产控股集团有限公司与中国某地产开发合肥有限公司股权转让纠纷案二审民事判决书【（2015）民一终字第82号】认为："《产权转让合同》第一条明确约定转让标的为中某合肥公司持有的中某置业公司100%股权，且该股权已按约经工商行政主管部门变更至海某地产公司设立的安徽海某公司名下，因此，双方签订的《产权转让合同》符合股权转让合同性质。《产权转让合同》同时约定了中某置业公司的主要资产为合肥'中某·兰郡'、合肥'颐和花园'、广德'水某阳光城'、泾县'阳某水岸'、怀远'颐某花园'等5个房地产项目的交割事宜。案涉《产权转让合同》又具有资产转让的性质，即在交割中某置业公司100%股权的同时，须交付该股权所对应的上述5个房地产项目等资产。鉴于

中某合肥公司将其房地产部分资产无偿划转至中某置业公司之目的是转让该资产，亦应认定双方交易的目的，不仅转让股权，同时也是为了实现对中某置业公司全部资产的拥有，即上述 5 个房地产项目等的转让，案涉的《产权转让合同》兼具股权转让和资产转让双重特征。"

2. 股权转让与矿业权转让

❷最高人民法院审理的西藏国某矿业发展有限公司与薛某懿、薛某蛟等股权转让纠纷案二审民事判决书【（2014）民二终字第 205 号】认为："关于案涉合作协议及转让合同的性质和效力问题，案涉合作协议的性质应认定为探矿权转让还是股权转让，主要应取决于探矿权人更名与否的事实以及合作协议约定的内容是否涉及探矿权转让等因素。根据本案查明事实，案涉探矿权系登记在一审被告龙某公司名下，协议内容中，双方当事人仅约定由薛某懿、薛某蛟将其持有龙某公司的股份转让给国某公司以及与该股权转让相关的事宜，并未涉及探矿权人更名的内容；再者，作为协议转让方的薛某懿、薛某蛟，该 2 人并非案涉探矿权持有人，其无权在协议中处置龙某公司所持有的探矿权；而作为探矿权人龙某公司，其并非案涉合作协议的当事人，亦不可能在该协议中进行探矿权转让。协议中虽包括矿产合作的相关内容，但均属基于股权转让所产生的附随权利义务，探矿权人仍系龙某公司，该协议的实质仍然属于股权转让。"

❸最高人民法院审理的大某集团有限公司、宗某晋与淮北圣某矿业有限公司、淮北圣某房地产开发有限责任公司、涡阳圣某房地产开发有限公司股权转让纠纷案【（2015）民二终字第 236 号】认为："双方在协议中约定，大某公司、宗某晋将合法持有宿州宗某公司和淮北宗某公司各 44% 的股权全部转让给圣某矿业公司，圣某矿业公司支付转让款项。3 处煤炭资源的探矿权许可证和采矿权许可证始终在两个目标公司名下，不存在变更、审批的问题。《股权转让协议》签订后，圣某矿业公司也实际控制了两个目标公司，实现了合同目的。因此，双方系股权转让的法律关系，圣某矿业公司主张本案系转让探矿权，因未经审批合同未生效，对该主张，本院不予支持。"

❹浙江省高级人民法院审理的李某春、陈某良股权转让纠纷案【（2017）浙民终 70 号】认为："就协议中约定的股权转让内容而言，虽然协议约定该股权转让内容包括注册资本金与铁、钒的采（探）矿权，但正如一审所述，协议关于矿业权约定的目的系进一步明确该矿业权系登记于诸暨钱某矿业公司名下，并明确在股权转让后转让人对矿业权不再享有相关权利。因上述约定并不违反法律、行政法规的强

制性规定，且结合协议签订后案涉矿业权仍登记于诸暨钱某矿业公司名下，而诸暨钱某矿业公司已办理股东变更登记手续，其股东变更为李某春、陈某良、王某建等人的事实，一审据此认定案涉股权转让协议所转让的标的为股权而非矿业权，有相应依据，并无不当。"

3. 股权转让与建设用地土地使用权转让

❺最高人民法院审理的马某泉、马某坚与湖北瑞某置业有限公司股权转让纠纷案二审民事判决书【（2014）民二终字第264号】认为："股权转让与土地使用权转让是完全不同的法律制度。股权是股东享有的，并由公司法或公司章程所确定的多项具体权利的综合体。股权转让后，股东对公司的权利义务全部同时移转于受让人，受让人因此成为公司股东，取得股权。依据《物权法》第135条之规定，建设土地使用权，是权利人依法对国家所有的土地享有占有、使用和收益的权利，以及利用该土地建造建筑物、构筑物及其附属设施的权利。股权与建设用地使用权是完全不同的权利，股权转让与建设用地使用权转让的法律依据不同，两者不可混淆。当公司股权发生转让时，该公司的资产收益、参与重大决策和选择管理者等权利由转让方转移到受让方，而作为公司资产的建设用地使用权仍登记在该公司名下，土地使用权的公司法人财产性质未发生改变。当然，公司在转让股权时，该公司的资产状况，包括建设用地使用权的价值，是决定股权转让价格的重要因素。但不等于说，公司在股权转让时只要有土地使用权，该公司股权转让的性质就变成了土地使用权转让，进而认为其行为是名为股权转让实为土地使用权转让而无效。股权转让的目标公司乘某公司为有限责任公司，依据我国公司法的规定，依法独立享有民事权利及承担民事责任，公司股东的变更不对公司的权利能力和行为能力构成影响，不论瑞某公司购买乘某公司全部股权是为将乘某公司名下的工业用地土地使用权性质变性后进行房地产开发或是其他经营目的，均不影响股权转让合同的效力。"

❻最高人民法院审理的佳某集团有限公司与香港宏某橡胶轮胎贸易有限公司、烟台中策橡胶有限公司股权转让纠纷案二审民事判决书【（2014）民四终字第23号】认为："根据本案当事方于2010年9月30日签订的《协议书》内容，佳某集团以股权转让款3000万元人民币分两次受让取得中策公司100%股权，并以6000万元人民币和4000平方米（或者2000万元人民币）公建房为对价取得中策公司名下土地后续独立开发运作权等相关权益，上述安排的目的是佳某集团通过受让股权并继而对控股公司持有的土地实现商业开发，并非直接转让土地使用权。该《协议书》体现了当事人之间股权转让的真实意思，相关交易模式系房地产开发中的常见

模式，不违反法律的强制性规定，不存在'以合法形式掩盖非法目的'的情形。宏某公司上诉称《协议书》和 2010 年 10 月 15 日签订的《股权转让协议》及《补充协议》，是以股权转让形式掩盖土地使用权转让目的，应认定为无效合同的上诉理由缺乏事实依据，本院不予支持。"

4. 股权转让与信托计划

❼最高人民法院审理的范某禄与北某国际信托股份有限公司、云创（天津）投资有限公司等股权转让纠纷申请再审民事裁定书【（2015）民申字第 1198 号】认为："本案是基于北某信托公司发起的信托计划，在北某信托公司以信托资金对禹丰公司增资入股、信托期限届满后，对信托资金进行清退而引发的股权转让纠纷。中国银监会颁布的《信托公司管理办法》第 4 条规定：'信托公司从事信托活动，应当遵守法律法规的规定和信托文件的约定，不得损害国家利益、社会公共利益和受益人的合法权益。'中国银监会颁布《信托公司私人股权投资信托业务操作指引》第 15 条规定：'信托公司在管理私人股权投资信托计划时，可以通过股权上市、协议转让、被投资企业回购、股权分配等方式，实现投资退出……'第 20 条规定：'信托公司管理私人股权投资信托，可收取管理费和业绩报酬……'由上述规定可见，北某信托公司依据信托计划进行股权投资和清退，在清退出资时采取协议出让股权的方式，符合相关规定。根据信托计划进行股权投资和清退与企业之间借贷并不相同。北某信托公司将案涉资金投入禹丰公司完成增资入股、登记为股东后，即应承担持股期间出资人的责任。而企业之间借贷，出借人只是借款人的债权人，并非股东，不承担出借款项期间借款人股东的责任。"

5. 股权转让与借款

❽北京市高级人民法院审理的顾某平与北京唐某投资有限公司股权转让纠纷案【（2017）京民终 74 号】认为："唐某投资公司与顾某平 2016 年 4 月 26 日签订的《借款协议》名称为'借款'，但基于双方权利义务关系来源背景、《借款协议》合同条款的内容、双方对于《股权转让合同》履行状态的当庭表述，名称为《借款协议》的合同是双方对《股权转让合同》内容的变更，双方在本案诉争的法律关系是股权转让合同关系。"

6. 股权转让与合伙

❾北京市第二中级人民法院审理的陈某曼与魏某兴股权转让纠纷案【（2018）

京 02 民终 348 号】认为："股权转让关系是指股东之间、股东与非股东之间进行股权转让的法律关系，而合伙关系是指两个以上公民按照协议，各自提供资金、实物、技术等，合伙经营、共同劳动的法律关系。根据本院查明的事实，魏某兴与陈某曼均为索某美公司工商登记的股东，2017 年 8 月 4 日魏某兴、魏某铎、陈某曼签订《股权转让协议》，约定魏某兴、魏某铎将各自持有的索某美公司股权转让给陈某曼，陈某曼向魏某兴、魏某铎支付股权转让款。陈某曼未按《股权转让协议》约定付款，导致本案纠纷。因此，本案法律关系属于股权转让关系，一审判决确定本案案由为股权转让纠纷，于法有据。陈某曼上诉称本案法律为合伙纠纷，缺乏依据，本院不予采信。"

（四）股权转让合同的效力问题

1. 股权转让合同的效力审查属于人民法院的职权

❶最高人民法院审理的石某春、刘某华、刘某、刘冬某、刘文某、刘某书与新疆盈某投资集团有限公司、新疆盈科房地产开发有限公司股权转让纠纷案二审判决书【（2013）民二终字第 40 号】认为："原审原告及上诉人提出的诉讼请求是撤销案涉《股权转让协议》及相关补充协议，而股权转让作为一种民事法律行为，对于其效力的审查和确认，属法律赋予人民法院的依职权审查范畴，不受当事人诉讼请求和上诉范围的限制。因此，认定本案争议的前提是案涉《股权转让协议》及相关补充协议的合同是否有效，进而才能认定案涉《股权转让协议》及相关补充协议是否属于因重大误解、显失公平而应予撤销。"

2. 未在法定期间内变更登记，股权转让协议依然有效

❷清远市中级人民法院审理的陈某与汤某杰股权转让纠纷案二审民事判决书【（2013）清中法民三终字第 176 号】认为："关于股权转让未在法定期限内办理变更登记，是否影响股权转让协议的效力的问题。虽然《公司登记管理条例》第 35 条第 1 款规定'有限责任公司股东转让股权的，应当自转让股权之日起 30 日内申请变更登记，并应当提交新股东的主体资格证明或者自然人身份证明'，但是办理股权变更登记属于履行合同义务的范畴，其法律效力在于公示权利及对抗第三人。是否办理股权变更登记并不属于认定股权转让协议是否有效的法定情形。上诉人认为双方未在法定期限内办理股权变更登记而应认定协议无效的上诉主张，理由不成

立，本院不予支持。前述规定是基于行政管理的需要而为股权转让双方设定履行义务的期限。从相对应的法律责任看，即从《公司登记管理条例》第 73 条的规定来看，超过此期限未申请变更登记的，是能够继续办理变更登记的，即双方的合同目的仍能实现。因此，上诉人关于超期未办理变更登记以致股权转让协议失效的上诉主张，理由不成立，本院不予支持。"

3. 股权转让协议中的回购条款有效

❸最高人民法院审理的中某汽车投资有限公司与上海铭某实业集团有限公司股权转让纠纷案二审民事判决书【（2015）民二终字第 204 号】认为："本案系股权转让及回购纠纷，股东一旦注资成为公司股东，即应承担相应的投资风险，即便此类由股东予以回购的协议并不违反法律禁止性规定，但回购实质上是在双赢目标不能达成之后对投资方权益的一种补足，而非获利，故其回购条件亦应遵循公平原则，在合理的股权市场价值及资金损失范围之内，不能因此鼓励投资方促成融资方违约从而获取高额赔偿。"

❹最高人民法院审理的联某集团有限公司与安徽省高某公路控股集团有限公司股权转让纠纷案二审民事判决书【（2013）民二终字第 33 号】认为："关于《股权转让协议书》是否名为股权转让，实为企业间借贷的协议。股权协议转让、股权回购等作为企业之间资本运作形式，已成为企业之间常见的融资方式。如果并非以长期年利为目的，而是出于短期融资的需要产生的融资，其合法性应予承认。"

❺江西省高级人民法院审理的新疆东某股权投资合伙企业与曹某波、山东瀚某生物技术有限公司请求公司收购股份纠纷案一审民事判决书【（2014）赣民二初字第 15 号】认为："新疆东某与青岛海某签订的《股权转让协议》以及新疆东某与青岛海某、曹某波 3 方签订的《股权转让协议补充协议》，新疆东某、曹某波、瀚某生物 3 方签订的 2 份《股权回购协议》均是各方当事人的真实意思表示，内容没有违反法律行政法规禁止性规定，应当认定合法有效。新疆东某依据《股权转让协议》的约定，受让了青岛海某持有的瀚某生物 2.7837% 股权，支付了股权对价 8450 万元，办理了工商变更登记手续，取得了瀚某生物股权。《股权转让协议补充协议》中新疆东某与曹某波约定了就新疆东某持有的瀚某生物股份回购事宜。之后，新疆东某、曹某波、瀚某生物签订《股权回购协议》，协议明确约定曹某波以股权溢价的方式，即 9745.89 万元的对价回购新疆东某持有的瀚某生物 2.7837% 股份，且应在 2013 年 11 月 15 日前支付回购款。曹某波在约定的付款期限届满后未履行付款义务，新疆东某要求其按约履行支付 9745.89 万元回购款的义务符合双方

约定，本院予以支持。"

4. 设置股权"流质"条款的股权转让协议无效

❻最高人民法院审理的中某汽车投资有限公司与上海铭某实业集团有限公司、桂林客车工业集团有限公司股权转让纠纷案二审民事判决书【（2015）民二终字第384号】认为："本案双方的争议焦点为中某公司能否取得案涉铭某公司在桂某公司32.1510%股权的问题。中某公司提出受让股权的依据为铭某公司与朱某群签订的《融资借款协议》及其项下的《股权质押合同》及《股权转让协议》，双方约定在铭某公司未能及时清偿债务时，朱某群有权要求铭某公司将其持有的桂某公司32.1510%（对应出资额9785万元）股权以7000万元价格转让给朱某群指定的任意第三人，铭某公司不得拒绝，且该第三人亦无须向铭某公司支付股权转让款，而是直接支付给朱某群以偿还欠款。其实质为在铭某公司不能如约偿还朱某群借款时，朱某群可将铭某公司质押的股权以事先约定的固定价格转让给第三方以清偿铭某公司所负债务，即在履行期限届满前已约定由质权人朱某群以固定价款处分质物，相当于未届清偿期即已固定了对质物的处分方式和处分价格，显然与法律规定的质权实现方式不符。此种事先约定质物的归属和价款之情形实质上违反了《物权法》第211条禁止流质的强制性规定，故该约定条款应属无效。在铭某公司未按期还款的情况下，朱某群将《融资借款协议》中的第三人确定为中某公司，并填补了铭某公司事先出具的空白《股权转让协议》的部分内容。因该《股权转让协议》是基于《融资借款协议》《股权质押合同》中质权人朱某群在债务人铭某公司不能清偿到期债务时，有权单方以固定方式处置质物，将案涉股权转给其指定的第三人的约定所形成，除股权受让人及签署时间以外的其他内容的形成时间与上述两份协议的形成时间一致，并非铭某公司与中某公司在债务到期后自愿协商达成。故从实质上而言，尽管受让主体不能如期还款是明确的，但受让方式和价款均为事先约定。在上述两份协议中涉及股权处置的内容已被确认无效的情况下，该《股权转让协议》亦为无效。在此情况下，中某公司要求据此受让铭某公司持有的桂某公司32.1510%股权即失去了事实基础，本院不予支持。"

5. 应审批而未审批的股权转让协议为未生效合同

❼最高人民法院审理的吉某投资有限公司、河南鹰某集团有限公司股权转让纠纷案【（2017）最高法民终651号】认为："尽管本案中平顶山商务局就案涉股权转让作出了平商审〔2016〕8号批复，但其没有作出外商投资企业批准证书，故至

2016 年 9 月 30 日, 案涉《股权转让合同》因未经审批, 合同的法定生效要件未满足, 处于合同成立但未生效的状态。一审判决认定截至 2016 年 9 月 30 日案涉《股权转让合同》未生效是正确的。"

❽最高人民法院审理的天津津某达矿业投资咨询有限公司、天津市福某实业有限公司股权转让纠纷案【(2017) 最高法民终 734 号】认为: "津某达公司虽以福某公司系物某集团重要子企业为由主张涉诉股权转让事宜应报天津市国资委批准。但是, 物某集团 2017 年 2 月 17 日出具的《关于集团下属天津市福某实业有限公司与天津津海达矿业投资咨询有限公司组建天津三某源置业有限公司经营情况的说明》表明福某公司并非物某集团的重要子企业, 而且津某达公司也未提供证据证明福某公司系物某集团重要子企业, 所以津某达公司的上述主张缺乏事实基础。另一方面, 即使涉诉股权转让必须经天津市国资委批准, 但因并无法律法规规定未经天津市国资委批准时涉诉股权转让就无效, 所以津某达公司主张涉诉股权转让因未报国有资产监督管理机构批准而无效, 亦缺乏法律依据。故, 本院对津某达公司主张涉诉股权转让无效的请求, 不予支持。"

❾最高人民法院审理的陈某树与云某红某集团有限公司一般股权转让侵权纠纷案二审民事判决书【(2013) 民二终字第 42 号】认为: "本案所涉《股份转让协议》依法属于应当办理批准手续的合同, 需经财政部批准才能生效, 但因红某有限公司上级主管部门中某总公司不同意本次股权转让, 报批程序已经结束, 《股份转让协议》已确定无法得到有权机关批准, 故应依法认定为不生效合同。《合同法》第 44 条和《最高人民法院关于适用〈中华人民共和国合同法〉若干问题的解释(一)》第 9 条对合同生效的要求, 是合同的法定生效条件, 属于强制性规定, 不允许当事人通过约定的方式予以变更, 故尽管当事人对合同生效有相关约定, 仍应依据以上法律规定来判断合同的效力。既然《股份转让协议》不生效, 其第 26 条关于协议解除的约定也不产生效力, 红某有限公司提出的《股份转让协议》应按第 26 条第 3 项之约定解除的主张亦不能成立。因《股份转让协议》不生效, 陈某树要求红某有限公司继续履行《股份转让协议》并承担违约责任的主张缺乏合同依据, 本院不予支持。《股份转让协议》不生效后, 当事人应比照《合同法》第 58 条关于'合同无效或者被撤销后, 因该合同取得的财产, 应当予以返还'之规定, 向对方承担返还取得财产的义务。"

6. 恶意串通的股权转让协议无效

❿最高人民法院审理的徐州华某投资有限公司与灵石县泉洲兔某发展有限责任

公司、灵石县昌某源矿产品开发有限公司一般股权转让侵权纠纷案审判监督民事判决书【(2014) 民提字第 22 号】认为："兔某公司与昌某源公司签订的《股权转让协议》的效力问题。《股权转让余款支付协议》约定的兔某公司付款日期 2006 年 8 月 30 日、2007 年 8 月 30 日届至后，兔某公司在未向华某公司支付相应款项的情况下，于 2007 年 9 月 28 日与昌某源公司签订《股权转让协议》，将其持有的铁某公司 20% 股权以 800 万元转让给昌某源公司。因该笔股权转让价款明显低于同日兔某公司向保某公司转让其所持铁某公司另外 25% 股权的价款 8750 万元，也没有证据证明上述 800 万元的股权转让款被兔某公司实际收取或用于抵销相应债务。而且，股权转让当年兔某公司所有者权益从年初 9573029.88 元变为年末-9630342.71 元也可表明低价转让股权后该公司清偿能力受到影响。所以，上述股权转让行为明显损害兔某公司债权人之利益。昌某源公司及其法定代表人邢某珍在 2007 年 9 月 28 日铁某公司就上述两笔股权转让的股东会决议上盖章、签字的行为，表明昌某源公司知道其从兔某公司受让铁某公司 20% 股权之价格属明显低价。而且兔某公司在与昌某源公司签订《股权转让协议》时的法定代表人李某泉同时系在昌某源公司持股 20% 的股东。所以，在兔某公司未提供证据证明其与昌某源公司间股权转让行为正当、合理的情况下，对华某公司提出的兔某公司与昌某源公司间《股权转让协议》属恶意串通损害其利益进而应无效之主张，应予支持。"

❶北京市第三中级人民法院审理的孙某扬与张某华、邱某琼股权转让纠纷案【(2017) 京 03 民终 12436 号】认为："根据庭审查明的事实，张某华曾为嘉某科技公司的保洁员，其并未在嘉某科技公司处通过出资或其他转移财产性权利获取股东资格，而是基于股权代持协议获得显名股东的身份，且代持协议中排除了张某华参与公司经营管理和分红的权利，亦无证据证明张某华享受了股东权利。而股权转让款收据上的签名经鉴定非为张某华所签，股权转让的时机也处于邱某琼与张某离婚诉讼之前，股权的受让方孙某扬与张某又具有亲属关系。综合本案情形，可以认定张某华与孙某扬之间转让嘉某科技公司股权的行为构成恶意串通，损害了邱某琼利益，因此张某华与孙某扬于 2013 年 1 月 29 日通过签订《转让协议》订立的转让 20% 股权的股权转让合同无效。"

7. 以公司财产支付股权转让款的效力

以公司财产支付股权转让款的条款无效。

❷最高人民法院审理的陶某群、孙某与许某明、吴某等股权转让纠纷案二审民事判决书【(2016) 最高法民终 264 号】认为："此项诉请实质是公司股东在股权

转让的同时处分了公司财产，对于其效力的认定：首先，法人财产权的权利主体是公司。依据《公司法》第 3 条① '公司是企业法人，有独立的法人财产，享有法人财产权。公司以其全部财产对公司的债务承担责任。有限责任公司的股东以其认缴的出资额为限对公司承担责任；股份有限公司的股东以其认购的股份为限对公司承担责任' 的规定，公司自成立之日起，即成为有独立权利能力和行为能力的民事主体，公司对法人财产拥有占有、使用、收益、支配和处分的权利。股东则对自己的股权拥有使用、收益、支配、处分的权利。股东向公司缴纳出资获得股权的实质是，股东将其出资的所有权让渡给公司，并由出资所有权的让渡获得相应的对价，即股权。出资一旦缴纳给公司，其所有权便归属公司，从而奠定了股东不得退回、抽逃出资的法理基础。其次，股权转让合同是股权转让人将股权让渡给受让人，受让人支付价款的协议。法人财产权的权利主体是公司而非股东，因而股东作为股权转让合同的主体，只能让渡股权，而不能转移公司财产的所有权。故股权转让合同转让的标的物只能是股权而不应是法人财产。最后，依据《公司法》第 20 条② '公司股东应当遵守法律、行政法规和公司章程，依法行使股东权利，不得滥用股东权利损害公司或者其他股东的利益；不得滥用公司法人独立地位和股东有限责任损害公司债权人的利益'，第 35 条③ '公司成立后，股东不得抽逃出资' 的规定，股权转让合同中关于公司某项资产归属一方当事人的约定，系股东非法转移公司资产，会侵害公司的法人财产，影响公司的对外偿债能力，动摇公司的独立法人地位，造成债权人及其他股东的损失，属于损害公司利益和债权人利益的行为。这样的约定违反了公司法中的强制性规范，根据《合同法》第 52 条第 5 项之规定，应属无效。"

以公司财产支付股权转让款经全体股东同意且公司认可的，合法有效。

❸最高人民法院审理的曹某良与张某欣股权转让纠纷案二审民事判决书【(2015) 民二终字第 340 号】认为："万某钢铁公司设立时共有 4 名股东，其中曹某良与张某欣以《承诺书》的形式约定了以万某钢铁公司债权转让的方式抵偿该双方股东之间的股权转让款。而丁某友和张某才 2 名股东亦在万某钢铁公司董事会决议上以签字的方式表示同意该债权转让行为。上述事实表明，万某钢铁公司的全体股东已经以签订《承诺书》以及内部决议的方式认可了公司的债权转让行为。张某欣作为万某钢铁公司的法定代表人，在《承诺书》上加盖公司印章的行为已经得

---

① 已被修改。
② 《公司法》(2023 年修订) 第 21 条第 1 款。
③ 《公司法》(2023 年修订) 第 53 条。

到了全体股东的授权。故案涉债权转让行为并未损害万某钢铁公司 4 名股东的合法权益。由此产生的张某欣应当向万某钢铁公司偿还其所获得的利益，因张某欣已实际代万某钢铁公司对外清偿了债权人的债务，且无案外债权人对本案债权转让行为持有异议，故可以认定该债权转让行为亦未损害万某钢铁公司以及公司债权人的利益。综上分析，曹某良以《承诺书》违反了公司法的相关规定而应当认定为无效的抗辩理由不能成立。"

8. 以欺诈、重大误解、显失公平为由撤销股权转让协议需承担证明责任

❹最高人民法院审理的张某与内蒙古天某创新投资集团有限公司股权转让纠纷案二审民事判决书【（2015）民二终字第 304 号】认为："天某公司没有提供证据证明张某作为新某煤炭的股东确实知道上述文件的存在以及新某煤炭确有 0.6 平方公里矿区面积被划定为水源地准保护区，故意隐瞒新某煤炭的资产状况，使天某公司商定股权转让价格时产生重大误解。股权转让合同虽对新某煤炭的资产状况作了陈述和承诺，但本案当事人双方于 2011 年 12 月 26 日签订本案股权转让合同时，新某煤炭的主要业务是洗煤厂业务，当时新某煤炭的《采矿许可证》以及续办的《采矿许可证》，均写明开采方式为地下开采。双方当事人并没有在股权转让合同中明确表示天某公司需要改变或者变更新某煤炭的开采方式等内容。天某公司进入新某煤炭后自行改变开采方式，因水源地保护而导致开采量受限的问题才得以凸显。原审法院认定张某在出让其所拥有的新某煤炭 51% 股权时未隐瞒事实，也未作虚假承诺，不存在违约行为，具有事实根据和法律依据，本院予以支持。"

❺江苏省高级人民法院审理的常熟中某东南创业投资有限公司与陈某股权转让纠纷案【（2017）苏民终 995 号】认为："本案中，陈某与常熟中某公司于 2014 年 10 月 30 日签订《股权转让协议》，而此前上市公司胜某精密公司就可能收购德某科技公司原股东的股权，已经着手和陈某洽谈并购事宜，此属于公司经营格局调整的重大事项，但陈某未能告知常熟中某公司该事项，应当认定其在与常熟中某公司协商股权转让时，存在欺诈情形，常熟中某公司依法享有撤销权。"

❻北京市第二中级人民法院审理的贾某平、唐某等与兰州群某工贸有限公司股权转让纠纷案【（2017）京 02 民终 11631 号】认为："唐某、贾某平与群某工贸公司签订《股权转让协议》时，承诺中某担保公司无负债，对外未提供任何形式的担保，但是实际上中某担保公司已为盛某国投公司提供担保，并被法院判决需对盛某国投公司的系列债务承担连带清偿责任。唐某、贾某平在签订协议时故意隐瞒上述事实，使群某工贸公司误认为中某担保公司未对外提供担保，全部债务已清偿完

毕，唐某、贾某平的上述行为构成欺诈，群某工贸公司与唐某、贾某平之间签订的《股权转让协议》，属于可撤销合同。"

❶北京市第二中级人民法院审理的张某信与李某玉股权转让纠纷案【（2017）京 02 民终 10153 号】认为："本案中，双方签订的为股权转让协议，系张某信向李某玉转让京某公司的股份，且将法人变更为李某玉，双方在协议中虽提及了京某公司运营的除北某家某之外的项目，但京某公司为张某所欠李某的 500 万元提供担保一事，并不在双方的约定项目之内。而双方在签订协议时，张某信并未将此重大事项告知李某玉，属于故意隐瞒真实情况，可认定为欺诈行为。关于撤销权是否消灭，本院认为，撤销权的放弃需权利人有明确的意思表示，本案中，李某玉在他案的应诉行为不足以表明其放弃了撤销权的行使，故张某信该项上诉意见，本院亦不予支持。"

❷上海市第一中级人民法院审理的熊某明诉刘某慧股权转让纠纷案【（2017）沪 01 民终 13021 号】认为："熊某明主张其受刘某慧欺骗签订了合作协议和《转让协商决定》，但未能提供证据证明刘某慧存在欺诈情形。相反，刘某慧对涉案酒店享有承包经营权。各方相关人员就涉案合作经营签订了一系列协议，时间跨度持续数年，且熊某明实际参与了经营。故熊某明主张受刘某慧欺骗而签订合同，应不予采信。熊某明以受刘某慧欺骗订立合同为由要求确认合同无效，没有事实和法律依据，应不予支持。"

❸北京市第二中级人民法院审理的吕某阳与北京盛某新大陆文化发展有限公司、翟某华等股权转让纠纷案【（2017）京 02 民终 4805 号】认为："吕某阳上诉认为其与姜某、王某签订的股权转让协议存在可撤销的情形，以及翟某华对于上述股权转让应当承担相应的连带责任，应当提交证据证明该合同具有符合前述法律规定的可撤销情形。现吕某阳提供的证据并不能证明在其受让王某和姜某的股权时，王某和姜某未如实向其告知盛某公司的经营状况，且告知的内容系与盛某公司当年的经营状况不一致的虚假内容，因此吕某阳应当承担举证不能的法律后果。"

❹上海市第二中级人民法院审理的杨某杰与陈某股权转让纠纷案【（2017）沪 02 民终 5844 号】认为："从杨某杰在本案一审中要求解除协议的理由来看，既包括其主张依据合同约定陈某超过付款期限的约定解除权，也包括其主张在另案返还出资判决作出后继续履行合同显失公平的法定撤销权的意思。当然，合同法规定的显失公平事由是指订立合同时显失公平，而本案系争《股权转让协议》在订立时已经隐含了显失公平的因素，因为协议约定归属杨某杰的应收款利益中包含了杨某杰应返还的出资款，该出资款依法应归属于安某公司，杨某杰不能依据该约定而免除

返还出资的义务。故本案符合合同法规定的显失公平情形。因本案撤销《股权转让协议》与解除该协议的法律后果相同，杨某杰在本案一审中已经就履行合同显失公平作了较充分的阐述，且系在撤销合同的法定期限内提出，故本院不拘泥于'解除'与'撤销'的文字差别，并为避免讼累，本院认定杨某杰有权解除 2014 年 7 月 14 日的《股权转让协议》，该《股权转让协议》依法予以解除。"

9. 伪造签名的股权转让合同无效

㉑北京市第二中级人民法院审理的肖某凯与某伟、某杰等股权转让纠纷案【（2017）京 02 民终 9874 号】认为："当事人采用合同书形式订立合同的，自双方当事人签字或者盖章时合同成立。合同成立的前提为双方当事人的真实意思表示，本案中经一审法院委托司法鉴定机构鉴定证实，《转让协议》上'福某峰'的签字并非其本人所签。肖某凯上诉称该《转让协议》系福某峰的真实意思表示，但其一审申请出庭作证的证人仅能证明肖某凯经营吉星公司及曾给过福某峰钱款，肖某凯并未提交充足证据证明股权转让系福某峰的真实意思表示。故一审法院判决处理并无不当。"

㉒北京市第二中级人民法院审理的田某因与杨某民股权转让纠纷案【（2011）二中民终字第 21805 号】认为："意思表示真实系民事法律行为应具备的条件，在本案中因在工商行政管理部门备案的时间为 2008 年 3 月 21 日，转让方为杨某民，受让方为田某的股权转让协议上的杨某民签字经鉴定为该签名并非杨某民本人所签，故前述股权转让协议应为无效。"

代签字的授权需要具体明确。

㉓海南省高级人民法院审理的杨某与王某、贺某明股权转让纠纷上诉案二审民事判决书【（2014）琼民三终字第 2 号】认为："关于 2008 年 12 月 17 日杨某代王、贺 2 人签名的股东会议决议是否有效的问题。《公司法》第 42 条①明确规定'股东会应当对所议事项的决定作成会议记录，出席会议的股东应当在会议记录上签名'，而本案中王、贺 2 人并未在决议上签名，而是杨某代为签名。这就取决于是否得到王、贺 2 人的明确授权。关于贺某明的授权，145、146 号公证书所公证的委托书载明的'委托王某全权办理股权转让事宜，包括签订股权转让合同'，'全权委托杨某先生办理股权转让、变更登记等一切相关事宜，签署的一切文件，我均予承认'等，授权只是笼统授权，但并未明确载明授权杨某代贺某明在股东会会议决议上签

---

① 《公司法》（2023 年修订）第 64 条。

名且事后也得不到贺某明的追认。杨某代贺某明在股东会议决议上签名无效。关于王某的授权，即使王某委托杨某处理东某公司相关事务及股权转让事宜，但授权内容并无明确表示'王某授权杨某代表王某在股东会议决议上签名'的内容且事后得不到王某追认。股东会议决议将股东由王、贺 2 人变更为杨某、杨燕珍，涉及王、贺 2 人重大权益，在无 2 人明确授权的情况下，杨某 1 人代理 2 名股东签名作出决议将股权转让给杨某自己的两情节均属于法律禁止的滥用代理权的行为，损害了王、贺 2 人的权益。综上，根据《合同法》第 48 条之规定，2008 年 12 月 17 日《股东会议决议》不是合法有效的决议。"

10. 涉及虚假出资的股权转让合同不必然无效

❷❹最高人民法院审理的石某华与新疆信某能源投资有限公司、奇台县富某矿业开发有限责任公司股权转让纠纷案二审民事判决书【（2014）民二终字第 121 号】认为："本案系石某华因与信某公司就富某公司股权转让过程中对《补充协议》的履行问题出现纠纷而提起的股权转让纠纷之诉，信某公司主张的石某华虚假出资问题属于股东出资纠纷，与本案并非同一法律关系，不属于本案的审理范围。即便信某公司主张的石某华虚假出资的事实属实，也不必然导致双方签订的《股权转让协议书》无效。股东股权的取得具有相对独立性，只要被载入公司章程、股东名册或者经过工商注册登记的股东，非经合法的除权程序，即具有股东资格并享有股东权利，因而亦有权处分股权。根据原审法院查明的事实，《股权转让协议书》系双方当事人的真实意思表示，其内容未损害国家利益及他人利益，亦未违反法律、行政法规的强制性规定，原审法院认定为有效合同，并无不当，本院予以维持。"

11. 无权处分人签订的股权转让合同不必然无效

❷❺最高人民法院审理的王某昌、付某鑫等与富某公司股权转让纠纷案申请再审民事判决书【（2016）最高法民再 75 号】认为："无权处分的合同并不当然无效，此类合同只要系双方真实意思表示，其买卖合同的债权行为即为有效，但卖方向买方转移标的物所有权的物权行为处于效力待定状态，在经权利人追认或事后取得处分权时，物权行为生效。本案中富某公司虽未取得协议涉及的国有资产所有权，但王某昌、付某鑫在签订合同时即已经知晓富某公司仅以协议（预期）的方式受让粮食储备库的股权和资产，且在转让方式的约定中也明确了王某昌、付某鑫需通过直接参加拍卖合法取得，故，该协议的签订是双方真实意思表示，并不存在《合同法》第 52 条规定的合同无效的情形，根据《合同法》第 44 条依法成立的合同，自

成立时生效的规定，本案涉案《产权转让协议书》在签订时已经生效。"

❷❻浙江省高级人民法院审理的龚某平与龚某根、龚某股权转让纠纷案【（2017）浙民终 232 号】认为："龚某平已经将其名下天一公司的股权转让给龚某，事后又意将该股权转让给龚某根，属于'一股二卖'行为。对于'一股二卖'中的两份股权转让合同的效力以及两位股权受让人谁能请求转让人履行合同并取得股权问题，须根据公司法、合同法和物权法的相关规定予以综合评判。由于具有股权转让内容的本案《还款协议书》系龚某平与龚某根的真实意思表示，内容不违反法律行政法规的强制性规定，其不能仅因'一股二卖'而确认无效。"

12. 股权回购期间转让股权不影响转让合同效力

❷❼最高人民法院审理的天津鑫某鑫风能源科技有限公司与甘肃汇某新能源技术发展有限责任公司、甘肃酒泉汇某风电开发有限责任公司股权转让纠纷案【（2017）最高法民终 205 号】认为："天津鑫某公司依据《股权转让及购回协议》享有的股权购回权属于相对权，必须经过甘肃汇某公司履行合同义务后才能得到实现。天津鑫某公司在未请求甘肃汇某公司履行合同义务，其股权购回权尚未得以实现的情况下，主张甘肃汇某公司与酒泉汇某公司之间的股权划转行为损害其股权购回权，应认定为无效，缺乏依据。甘肃汇某公司划转股权的行为是否发生在天津鑫某公司享有股权购回权期间，并不影响法院对甘肃汇某公司与酒泉汇某公司之间划转股权行为效力的认定。"

13. 违反公司章程的行为不当然导致协议无效

❷❽江苏省高级人民法院审理的上海保某投资有限公司与雨某控股集团有限公司股权纠纷案【（2017）苏民终 66 号】认为："虽然雨某公司在未征求其他股东意见的情况下，与保某公司签订委托代持股协议，保某公司现根据该股权代持协议要求将该股权转移至自己名下，雨某公司与保某公司的行为有违利安保险公司章程的规定，但该违反章程的行为可能影响的是协议能否履行，并不影响该协议的效力。"

（五）股权转让合同的解除问题

1. 合同解除的本质条件为"合同目的不能实现"

迟延支付股权转让款致使转让方不能实现合同目的，满足解除条件。

❶最高人民法院审理的钮某西商贸（上海）有限公司、西藏荣某科技有限公司股权转让纠纷案【（2016）最高法民终 276 号】认为："由于荣某公司未依约向目标公司开放销售网络，同时钮某西公司也未向荣某公司移交顶某公司的财务账册、行政公章等，影响了荣某公司经营管理权的正常行使，导致顶某公司的生产经营一直处于停滞状态，双方约定的提升目标公司水产品的知名度，重塑和建立目标公司矿泉水销售渠道，实现目标公司整体资产大幅度增值，3 年内累计销售收入不低于 3 亿元、向双方分红款不低于 7000 万元等合作目标已经完全落空，合同目的无法实现。在此情况下，钮某西公司主张解除合同，符合《合同法》第 94 条第 4 项规定，《合作协议》应予解除。"

❷浙江省高级人民法院审理的远某集团股份有限公司、浙江华某投资发展有限公司等与包头市荣某实业有限公司股权转让纠纷案【（2017）浙民初 8 号】认为："被告荣某公司通过合同主体变更，概括继受九某公司的权利义务而成为新的股权受让人后，荣某公司在长达 4 年多的时间内，仍未向股权转让人 4 原告支付剩余 3.7 亿元股权转让款。荣某公司亦未能按本院要求提交证实其具有履行能力的银行存款证明，本院认定荣某公司无继续履行合同能力而根本违约。4 原告的合同目的不能实现，其提出解除合同的诉讼请求，具有事实和法律依据，本院予以支持。"

❸浙江省高级人民法院审理的义乌中国某商品城房地产开发有限公司与江西康某投资控股（集团）有限公司股权转让纠纷案【（2016）浙民初 3 号】认为："保证该 5 宗国有土地使用权的权利完整性以及未有披露债务之外的其他债务是康庄投资公司的重要的合同义务。某商品城公司为了实现合同目的，已超额支付了前 3 期股权转让款共计 304350640 元，鉴于康某投资公司未能将其持有的欧某公司股权全部质押给某商品城公司以及双方未完成正式财务交接，导致第 4-6 期股权转让款未完全支付。而双方未完成正式财务交接的原因在于康某投资公司未按合同约定为欧某公司清偿全部债务，并对欧某公司对外担保债务情况予以了隐瞒，现欧某公司处于巨额负债状态下，不符合合同约定的可以办理财务交接的条件。且欧某公司的 5 宗土地中，S 地块已设立抵押权，面临被法院强制执行的风险；P、N 地块国有土地使用权已被法院强制执行，Q 地块国有土地使用权亦面临被拍卖的风险。因此，康某投资公司隐瞒欧某公司大量担保债务等违约行为已导致某商品城公司不能实现与康某投资公司共同合作开发欧某公司房地产项目的合同目的，某商品城公司要求解除股权转让合同及补充协议符合法律规定。"

❹北京市第二中级人民法院审理的北京天某绿色成长创业投资有限公司等与北京培某信息技术有限公司股权转让纠纷案【（2018）京 02 民终 35 号】认为："培

某信息公司已经按照协议约定向天某投资公司支付了股权转让款，但天某投资公司所持有的涉案股权至今未变更至培某信息公司名下，致使培某信息公司订立合同的目的无法实现，一审法院对培某信息公司要求解除合同的诉讼请求予以支持并判令天某投资公司承担相应的违约责任并无不当。"

❺上海市第二中级人民法院审理的上海坤某经贸发展有限公司、熊某生与张某仔股权转让纠纷案【（2017）沪02民终11895号】认为："张某仔在依约履行了股权转让款的支付义务后，坤某公司不但没有使其持有的华某公司35%股权列入华某公司章程，也没有完成相应的股权工商变更登记。而且坤某公司持有的上述华某公司股权在张某仔不知情的情况下，育某公司全部转让给了案外人并已完成了股权转让的工商变更登记。在此情况下，坤某公司既没有告知张某仔相关股权已被转让的事实，也未替张某仔主张相关权利，致使张某仔无法持有双方《协议书》约定的华某公司相应股权，故张某仔与坤某公司签订《协议书》的合同目的已无法实现。为此，原审依法解除双方签订的涉案《协议书》合理合法，本院予以确认。"

未支付股权转让款致使转让方不能实现合同目的，满足解除条件。

❻河南省高级人民法院审理的周口市财政局与北京天某伟业投资担保有限公司、河南裕周铁路发展有限公司股权转让纠纷案二审民事判决书【（2015）豫法民二终字第27号】认为："《合同法》第94条第4项规定'当事人一方迟延履行债务或者有其他违约行为致使不能实现合同目的'，当事人可以解除合同。本案北京天某伟业公司明知其应履行的合同义务，但其在获得合同权利后未履行缴纳股权转让价款4750万元或以该款项购买列车的义务，该违约行为已致使周口市财政局不能实现获得股权转让价款的合同目的。在河南省监察厅向周口市人民政府发出监察建议后，周口市财政局代表周口市人民政府对河南裕某铁路公司行使国有资产监督管理职责，本案合同履行的客观情况亦发生了较大变化，在此情况下，本案合同属于《合同法》第110条规定的法律上或者事实上不能履行的情形，因此，本案《股权转让协议》已无继续履行的条件，原审判决解除双方当事人于2005年7月21日订立的《股权转让协议》并无不当。"

已支付大部分股权转让款的，视为合同目的已实现，无权再解除合同。

❼最高人民法院审理的上海绿某花园置业有限公司、霍尔果斯锐某股权投资有限公司股权转让纠纷案【（2017）最高法民终919号】认为："绿某公司已将海某城公司80%的股权变更登记至锐某公司名下，锐某公司已经实际接管海某城公司达两年多，占海某城公司20%股权的股东国某公司明确反对绿某公司再次进入海某城公司，威斯汀酒店也开业在即，海某城公司在中某银行海口海甸支行的贷款本息已

经还清，海某城公司也于 2016 年 2 月 19 日分立为海某城公司和绿创公司。与 2015 年 11 月 19 日案涉股权过户时相比，锐某公司持有的海某城公司股权的价值及股权结构均已发生较大变化，案涉股权客观上已经无法返还。综上，锐某公司虽然存在迟延支付股权转让款的违约行为，但是依据本案事实和法律规定，《股权转让协议》并不符合法定解除条件应予以解除，绿某公司该项上诉请求不成立，本院不予支持。"

❽最高人民法院审理的曹某良与张某欣股权转让纠纷案二审民事判决书【（2015）民二终字第 340 号】认为："关于违约责任的认定及《协议书》是否应予解除的问题双方约定股权转让款为 740 万元，张某欣已经支付了 540 万元，尚欠 200 万元未予支付，应当构成一般性违约。本案《协议书》约定，'如到期张某欣未付清全部款项，曹某良有权选择依本协议索要相关款项或者继续行使余款的相应股权'。根据两审查明的事实，张家口德某全特种钢铁集团有限公司的股权结构已经发生重大改变，一方面股东情况由出让时的 4 个自然人股东变更为现有的 2 个；另一方面，注册资金也由股权转让时的 1800 万元变更为现有的 5000 万元，且均经过了工商变更登记手续。根据双方的实际履行情况，应认定股权转让合同的目的已经基本实现。曹某良起诉请求解除双方签订的《协议书》，判令张某欣返还价值 10260 万元的 22.22% 万某钢铁公司股权。因张某欣欠付 200 万元股权转让款的行为并未构成根本性违约，不符合上述合同约定的解除条件，亦不属于《合同法》第 94 条规定的法定解除情形，故双方应当继续履行《协议书》，由张某欣向曹某良偿还 200 万元股权转让款及相应的利息。"

转让方不配合交付文件物品资料等从给付义务，不构成根本违约，不可解除合同，但受让方可以拒绝付款的方式行使抗辩权。

❾北京市第三中级人民法院审理的黄某香等与北京神某汽车租赁有限公司股权转让纠纷案二审民事判决书【（2014）三中民终字第 08542 号】认为："诉争合同中黄某香、饶某英的主合同义务是转移其持有的广州神某公司股权，北京神某公司的主合同义务是支付股权转让价款。诉争合同关于黄某香、饶某英向北京神某公司交付广州神某公司的文件、物品、财务资料的义务，不决定诉争合同的根本性质和内容，而在于辅助主合同义务来实现合同目的，确保北京神某公司的利益获得最大满足，其性质应当属于从合同义务。依法理，一方对主合同义务的违反可以导致合同相对方产生抗辩权；而就从合同义务而言，只有当一方对从合同义务的违反，直接影响到合同目的的实现时，合同相对方才可以产生抗辩权。本案中，北京神某公司获得广州神某公司的全部股权，并取得广州神某公司的经营管理权是北京神某公

司的当然合同目的。依据日常经验法则，诉争合同约定的黄某香、饶某英应交付'银行印鉴卡、开户申请书、发票领购簿（国税、地税）、国税和地税的发票、银行机构信用代码、劳动保障年审登记证、社会保险登记证、空白的支票、地税发票章、国税发票章、国税数字证书、网银 U 盾'的义务，以及诉争合同中未具体约定的交付公司会计档案（包括凭证、总账、明细账、日记账、报表）的义务，均属于北京神某公司取得广州神某公司经营管理权所必需的资料。综合上述分析，本院认定黄某香、饶某英负有的前述从合同义务的履行与北京神某公司在诉争合同中的合同目的实现具有直接牵连关系，黄某香、饶某英不履行前述义务，北京神某公司可以行使抗辩权，拒绝履行己方的相应义务。黄某香、饶某英关于其未全面履行交割资料的义务，仅产生适当减少股权转让价款的法律后果，北京神某公司不能据此拒绝支付后续股权转让款的上诉主张，没有法律依据，本院不予支持。综上，因北京神某公司在法定期限内就黄某香、饶某英解除合同的效力向法院起诉，其有权要求法院对黄某香、饶某英解除诉争合同的效力进行确认。黄某香、饶某英未全面履行交割资料义务，对北京神某公司合同目的的实现具有直接牵连关系，北京神某公司以此为由，拒绝履行后续支付股权转让款的行为属于依法行使抗辩权的行为，该行为不构成违约。黄某香、饶某英不能据此解除合同。"

2. 合同解除权的行使需发出解除通知

载有解除请求的起诉状送达被告时，发生合同解除的效力。

❿最高人民法院审理的潘某海、润某资本有限公司股权转让纠纷案【（2017）最高法民再 315 号】认为："《框架协议》及相关附件中的多个交易应视为一个整体合同，故附件《陈述和保证》所约定的合同解除条件构成《框架协议》项下的合同解除条件。蔡某标因涉嫌经济犯罪并被逮捕，违反了其向润某公司作出的《陈述和保证》，说明《框架协议》约定的合同解除条件成就，润某公司有权据此解除其与潘某海之间的股权转让交易，润某公司与潘某海之间的交易解除必然导致《框架协议》下其他交易一并解除。润某公司主张其于 2011 年 11 月 30 日发出解除合同通知，潘某海对当日即收到该通知以及润某公司提出的解除《框架协议》全部交易的主张均不持异议。虽然本案没有证据证明蔡某标是否有在当日收到该通知，但至少在一审诉讼时蔡某标就已知晓该通知内容。因此，《框架协议》及相关附件系因约定的解除条件成就而由润某公司行使解除权而解除，合同解除自蔡某标、潘某海收到解除通知后发生法律效力。"

⓫北京市高级人民法院审理的乔某晓与北京乾某恒安投资有限公司等股权转让

纠纷案二审民事判决书【(2014) 高民终字第 730 号】认为:"本案所涉《股权转让合同》解除时间的认定。《合同法》第 93 条第 2 款、第 96 条第 1 款规定,当事人可以约定一方解除合同的条件。解除合同的条件成就时,解除权人可以解除合同。当事人一方主张解除合同的,应当通知对方。合同自通知到达对方时解除。对方有异议的,可以请求人民法院或者仲裁机构确认解除合同的效力。解除权作为形成权,它无须征得对方的同意,仅凭单方的意思表示就可以发生预期的法律后果。解除通知也可以通过诉讼的方式行使,提起诉讼是解除权人意思表示的另一种表达方式,只不过不是解除权人直接通知对方解除合同,而是通过法院以向对方送达法律文书,特别是起诉状通知对方解除合同而已。因此,起诉状就是解除权行使的通知。载有解除请求的起诉状送达被告时,发生合同解除的效力。无论直接通知还是间接通知,都是解除权人行使解除权这一意思表示的不同表现形式,且均已到达了对方,符合解除通知的条件,均应产生合同解除的法律效果。2013 年 7 月 15 日,北京市第一中级人民法院受理了本案,乔某晓于 2013 年 8 月 1 日收到了乾某恒安公司及牛毅请求解除合同的起诉状。按照《合同法》的相关规定,合同自通知到达对方时解除,载有解除请求的起诉状送达被告时,发生合同解除的效力。本案所涉《股权转让合同》应在起诉状送达乔某晓之日解除。"

在诉讼过程中发出的解除通知,并不当然产生合同解除的法律后果,合同是否继续履行需要法院进一步认定。

⓬最高人民法院审理的四川京某建设集团有限公司与简阳三某湖旅游快速通道投资有限公司等及成都星某置业顾问有限公司等股权转让纠纷案二审民事判决书【(2013) 民二终字第 54 号】认为:"因京某公司未按合同约定于 2010 年 3 月 22 日前付清全部股权转让款,已构成违约。根据《股权转让协议》及其《补充协议》的约定,三某湖公司、刘某良享有合同解除权。但三某湖公司、刘某良无证据证明其在本案诉讼程序开始前曾经向京某公司发出过解除合同的通知,且其接受了京某公司在 2010 年 3 月 22 日至 7 月 29 日期间陆续支付的 5460 万元价款,而未就京某公司的逾期付款行为提出异议。据此,可以认定《股权转让协议》及其《补充协议》仍在履行,三某湖公司、刘某良在本案诉讼程序开始前并未行使合同解除权,《股权转让协议》及其《补充协议》并未解除,对双方当事人仍有法律约束力。三某湖公司、刘某良以其于 2011 年 2 月 22 日、7 月 26 日、7 月 28 日发出的 3 份《解除函》为据,主张其再次向京某公司发出了解除合同的通知,并主张其在京某公司违约的情况下,有权根据合同约定随时行使合同解除权,该权利并不因京某公司向法院提起诉讼而消灭。此 3 份《解除函》虽明确包含了三某湖公司、刘某良解除合

同的意思表示，但在合同当事人因对合同履行情况发生争议，起诉到人民法院后，对于该合同的效力及履行情况，应当由人民法院依法作出认定。三某湖公司、刘某良在本案一审诉讼期间发出解除合同通知的行为，并不能改变本案诉讼前已经确定的合同效力及履行状态。诉前事实表明，三某湖公司、刘某良在享有合同解除权的情况下，未行使合同解除权，并接受了京某公司逾期支付的价款而未提出异议，表明其已接受京某公司继续履行合同的事实，故《股权转让协议》及其《补充协议》并未解除，仍在履行之中。"

3. 解除通知需在合理期限（1年）内发出

❸最高人民法院审理的北京天某中广矿业有限公司、林某泽股权转让纠纷案【（2016）最高法民终805号】认为："本案中，《收购框架协议》中明确约定：'在天某公司尽职调查完成后5日内，由于收购标的手续合法性有重大问题或林某泽的原因致使天某公司不能正常接管和经营，天某公司有权解除本协议。'虽然涉案协议约定天某公司如不能正常接管和经营天某公司，其享有合同解除权，但天某公司未举证证明其在合同约定的期限内对公司的接管和经营问题提出过异议，故天某公司的约定解除权因逾期未行使而消灭。"

❹最高人民法院审理的杜某君与夏某萍股权转让纠纷案二审民事判决书【（2015）民四终字第21号】认为："根据《合同法》第95条之规定精神，合同解除的权利属于形成权，虽然现行法律没有明确规定该项权利的行使期限，但为维护交易安全和稳定经济秩序，该权利应当在一定合理期间内行使，并且由于这一权利的行使属于典型的商事行为，对于合理期间的认定应当比通常的民事行为更加严格。本案双方当事人在合同中没有约定合同解除权期限，杜某君从2009年6月23日股权转让变更登记手续办理后至2013年5月没有行使解除权，在近4年期间内未行使合同解除权，显然超过合理期限，不利于维护交易安全和稳定经济秩序。"

❺河南省高级人民法院审理的周口市财政局与北京天某伟业投资担保有限公司、河南裕某铁路发展有限公司股权转让纠纷案二审民事判决书【（2015）豫法民二终字第27号】认为："民事权利从行使方式上可以分为请求权、支配权及形成权；诉讼时效制度仅适用于请求权，不适用于支配权和形成权；合同的解除权属于形成权，解除权行使的期限，无论是法定期限还是约定期限，在性质上都属于除斥期间。因此，合同解除权不应当适用诉讼时效制度的规定，北京天某伟业公司基于'债权请求权'提出诉讼时效抗辩于法无据。关于解除权的行使期限，《合同法》第95条规定'法律规定或者当事人约定解除权行使期限，期限届满当事人不行使

的，该权利消灭。法律没有规定或者当事人没有约定解除权行使期限，经对方催告后在合理期限内不行使的，该权利消灭'。本案关于《股权转让协议》解除权的行使期限法律没有规定，当事人亦没有约定解除权行使期限。在此情况下，周口市财政局收到河南省监察厅〔2010〕豫监建字第 1 号监察建议书的时间应作为其行使解除权的起算时间。因此，周口财政局的起诉符合关于解除权行使期限的规定。综上，北京天某伟业公司有关合同目的、继续履行合同、诉讼时效的上诉理由均不成立，本院不予支持。"

❶❻嘉兴市中级人民法院审理的金某相与徐某华股权转让纠纷案二审民事判决书【（2015）浙嘉商终字第 344 号】认为："合同解除权为形成权，可凭单方意志实现，该权利的行使会引起合同关系的重大变化，如果享有解除权的当事人长期不行使解除的权利，也会使合同关系长期处于不确定状态，影响交易双方权利的享有和义务的履行，故其行使应在合理期限内，且该期间为除斥期间。期限届满，当事人不行使权利的，该权利消灭。本案中，合同约定如在 2012 年 7 月 30 日前因徐某华原因尚未办理出金某相股权登记手续，金某相有权解除合同，则自 2012 年 7 月 31 日起，金某相即享有了合同解除权。双方虽未约定合同解除权的行使期限，也未有任何一方就合同解除期限进行催告，但金某相就合同解除权的行使并不存在重大障碍或徐某华方面造成的阻碍，且金某相之后以股东身份参与双某公司经营管理的一系列行为，会给徐某华造成金某相选择继续履行合同的误解，也不利于合同解除后双方权利义务状态的恢复，故金某相应及早行使其合同解除权。结合本案实际情况，参照《最高人民法院关于审理商品房买卖合同纠纷案件适用法律若干问题的解释》第 15 条第 2 款的规定，本案中 1 年的行使期限较为合理，但金某相于 2014 年才行使合同约定的解除权，明显已超过该合理期限，原审法院无法支持。"

4. 合同解除的异议权需在合理期限内（3 个月）以诉讼的方式提出

❶❼北京市第三中级人民法院审理的黄某香等与北京神某汽车租赁有限公司股权转让纠纷案二审民事判决书【（2014）三中民终字第 08542 号】认为："当事人一方主张解除合同的，应当通知对方。合同自通知到达对方时解除。对方有异议的，应当在解除合同通知到达之日起 3 个月内向人民法院起诉，逾期未起诉的，异议方即丧失了就合同解除提出异议的权利；在 3 个月内起诉的，人民法院应当对解除合同的效力进行审查。本案中黄某香、饶某英于 2012 年 6 月 13 日向北京神某公司发出解除诉争合同的通知，该通知于 2013 年 6 月 14 日到达北京神某公司。因诉争合同未规定解除合同的异议期，北京神某公司依法应当在解除合同的通知到达之日起

3个月内向人民法院起诉，即北京神某公司最迟应当在2013年9月15日就解除合同异议向人民法院提起诉讼。本院认为，《合同法司法解释二》规定的解除权异议期限以向人民法院起诉日为标准，并不以人民法院受理日为标准。朝阳法院于2013年9月11日向北京神某公司出具诉讼费交款通知书的事实，可以认定北京神某公司向法院起诉的时间不晚于2013年9月11日，且北京神某公司提起的诉讼符合法律规定。据此，本院认定北京神某公司在《合同法司法解释二》规定的解除权异议期限内就黄某香、饶某英解除合同的效力提起过诉讼，一审法院对黄某香、饶某英解除合同的效力的审查理由正当，本院予以确认。合同解除权异议期限属于除斥期间，在北京神某公司就合同解除提出异议的情况下，该除斥期间即丧失法律效力，双方当事人关于合同解除效力的争议，转而由诉讼时效制度规制。"

❽武汉市中级人民法院审理的武汉宜某门业有限公司与郭某杰、武汉天某城市置业发展有限公司及涂瑞林股权转让纠纷一案二审民事判决书【（2014）鄂武汉中民商终字第01114号】认为："《最高人民法院关于适用〈中华人民共和国合同法〉若干问题的解释（二）》第24条规定：'当事人对合同法第九十六条、第九十九条规定的合同解除或者债务抵销虽有异议，但在约定的异议期限届满后才提出异议并向人民法院起诉的，人民法院不予支持；当事人没有约定异议期间，在解除合同或者债务抵销通知到达之日起三个月以后才向人民法院起诉的，人民法院不予支持。'涉案合同未约定合同解除的异议期限，宜某公司未在解除通知到达后3个月内向人民法院起诉请求撤销合同解除行为，即其未在法定期限内行使异议权，异议权丧失，涉案合同无争议解除。"

❾汕头市中级人民法院审理的汕头市森某厂房开发有限公司与汕头市创某投资有限公司股权转让纠纷案二审民事判决书【（2014）汕中法民三终字第6号】认为："《合同法》第96条第1款规定：'当事人一方依照本法第九十三条第二款、第九十四条的规定主张解除合同的，应当通知对方。合同自通知到达对方时解除。对方有异议的，可以请求人民法院或者仲裁机构确认解除合同的效力。'《最高人民法院关于适用〈中华人民共和国合同法〉若干问题的解释（二）》第24条规定：'当事人对合同法第九十六条、第九十九条规定的合同解除或者债务抵销虽有异议，但在约定的异议期限届满后才提出异议并向人民法院起诉的，人民法院不予支持；当事人没有约定异议期间，在解除合同或者债务抵销通知到达之日起三个月以后才向人民法院起诉的，人民法院不予支持。'根据上述规定，森某公司享有请求撤销合同解除的权利即异议权，但异议权是一种请求权，需由异议权人在约定或法定期限内依法行使方能产生法定后果。森某公司在创某公司解除合同通知书送达后，在法

定期限内没有行使异议权,原审法院据此认定相关合同已于函件拒收之日的 2013 年 3 月 11 日解除,于法有据,可予支持。"

5. 双方当事人可合意解除合同

❷北京市第二中级人民法院审理的北京红某方文化传播有限公司、常某云等与孙某股权转让纠纷案【(2017)京 02 民终 12141 号】认为:"2016 年 1 月 8 日,凯某奇公司向红某方公司及孙某发送《收购合同》失效告知函;2016 年 1 月 17 日,凯某奇公司再向红某方公司及孙某发送告知函,应视为凯某奇公司向红某方公司及孙某发回解除通知,红某方公司及孙某亦收到相关通知并进行了回复不同意解除合同的异议。孙某回复异议后,虽未在解除合同或者债务抵销通知到达之日起 3 个月内向人民法院起诉,但其 2016 年 4 月 13 日,向凯某奇公司发函,载明鉴于《收购合同》已无法履行,故同意解除《收购合同》,可以视为双方同意解除合同,一审法院认定双方合同解除,本院不持异议。"

6. 合同解除的后果

(1)合同解除后仍然适用违约金条款。

❷北京市高级人民法院审理的乔某晓与北京乾某恒安投资有限公司等股权转让纠纷案二审民事判决书【(2014)高民终字第 730 号】认为:"关于合同解除后《股权转让合同》第 5 条第 1 款逾期付款违约金的约定能否适用的问题。违约方赔偿损失的目的,并非使合同恢复至合同订立前的状态,而在于填补守约方因对方的违约行为而受到的损失。在违约解除的情形下,合同的解除终结了合同履行的状态,使各方当事人不必再受该合同的拘束。但是,只要存在因违约方的根本违约行为造成的损害,违约解除与违约责任就应并存。《合同法》第 98 条规定:'合同的权利义务终止,不影响合同中结算和清理条款的效力。'合同解除是合同权利、义务终止的情形之一,而违约金是当事人通过约定而预先设定并独立于履行行为之外的给付行为,违约金条款即属于结算和清理条款。故在合同解除场合,合同中的违约金条款仍然有效,违约金并不因为合同解除而受到影响。在因一方违约而导致合同解除之场合,应当认定守约方可以行使违约金请求权。本案被上诉人乾某恒安公司及牛某作为守约方,依法可以行使违约金请求权。同时,从本案所涉《股权转让合同》的文意上看,《股权转让合同》第 5 条第 2 款并未排除第 1 款的适用,二者之间并非择一行使的关系。因此,从各方当事人的合同约定看,违约金条款亦可以适用合同解除的情形。"

（2）合同解除后需恢复原状。

❷最高人民法院审理的钮某西商贸（上海）有限公司、西藏荣某科技有限公司股权转让纠纷案【（2016）最高法民终 276 号】认为："《合同法》第 97 条规定：'合同解除后，尚未履行的，终止履行；已经履行的，根据履行情况和合同性质，当事人可以要求恢复原状、采取其他补救措施，并有权要求赔偿损失。'荣某公司依据《合作协议》从钮某西公司取得了顶某公司 70% 的股权，《合作协议》解除后，荣某公司应向钮某西公司返还所取得的股权，办理股权变更登记手续，同时返还已取得的目标公司的相关证照、印鉴、账册及证件类文书等；钮某西公司亦应将取得的股权转让款、分红款共计 6783 万元及利息返还给荣某公司。"

❷上海市黄浦区人民法院审理的北京无某讯奇信息技术有限公司与上海峻某广告传播有限公司股权转让纠纷案一审民事判决书【（2014）黄浦民二（商）初字第 728 号】认为："依据《合同法》第 93 条第 2 款之规定，合同当事人可约定解除合同的条件，条件成就时，解除权人可解除合同。上述合同条款明确了在被告未能按期支付股权转让款的情况下将目标股权予以回转、原告返还已经收取款项的结果，即恢复合同履行前的状态，故该条款应视为双方对合同解除条件的约定。现原告认为被告的违约行为使得上述合同约定的解除条件成就，并实际发出解除通知行使解除权，故其相应诉讼主张有其事实与法律依据，本院予以支持，并确认双方《股权转让协议书》自被告收到解除通知时解除。对于合同解除的结果，依据法律规定，合同解除后，已经履行的，依据其履行情况及合同性质，可予恢复原状。同时上述合同解除条款也明确了目标股权回转甲方，价款为乙方已经支付的股权转让款，原告北京无某公司据此条款要求解除双方股权转让协议，故被告应将依约受让的目标股权回转至原告名下，同时原告亦将已经收取的 600 万元转让款返还被告。"

（3）双倍返还定金。

❷上海市第二中级人民法院审理的丽某市公共汽车有限公司与上海北某新能源有限公司、上海北某共创投资有限公司股权转让纠纷案【（2017）沪 02 民终 10128 号】认为："股权出让方在依法签订股权转让协议后未依约诚信履行合同义务，收到北某新能源公司支付的 5% 定金后，未按约办理工商变更登记，违反了股权转让合同约定的义务，致合同目的无法实现而解除，应当依法承担双倍返还定金的违约责任。"

（六）股权转让合同的违约问题

1. 股权转让合同中的违约事由

（1）出让方未进行信息披露需要承担违约责任

❶最高人民法院审理的海某地产控股集团有限公司与中国某地产开发合肥有限公司股权转让纠纷案二审民事判决书【（2015）民一终字第 82 号】认为："由于中某合肥公司存在未披露及披露不实行为，导致海某地产公司损失，因此中某合肥公司需承担相应的赔偿责任。（1）关于清源路修建费用的承担责任问题。根据中某置业公司与政府相关部门的约定，清源路建设费用由中某置业公司全额承担，但《评估报告》对此未予披露；虽然其间审计报告提及了此事，但该事项发生在评估基准日之前，故其间审计报告仅是对该事项的事后说明，不发生信息披露的作用，故一审判令中某合肥公司承担清源路修建费用 13909835 元并无不当。（2）关于广德'水某阳光城'所补缴的 2400 万元土地出让金的承担责任问题。广德'水岸阳光城'容积率调整时间系在评估基准日之前，《评估报告》对此未予披露；虽然期间审计报告提及了此事，但该事项发生在评估基准日之前，故期间审计报告仅是对该事项的事后说明，不发生信息披露的作用，故一审法院判令中某合肥公司承担该项费用并无不当。（3）关于合肥'颐某花园'所欠 3849204 元工程款的承担责任问题。海某地产公司受让股权后向他人支付了 3849204 元工程款，经查上述工程款发生在评估基准日之前，《评估报告》对此未予披露；虽然期间审计报告提及了此事，但期间审计报告仅是对该事项的事后说明，不发生信息披露的作用。因此，上述工程款应由中某合肥公司承担。（4）关于广德'水某阳光城'项目所补缴的税款、滞纳金及支付的逾期交房违约金等费用承担责任问题。欠缴税款行为及逾期交房行为均发生在评估基准日之前，《评估报告》对此未予披露，而期间审计报告又不发生信息披露的作用，故一审法院判令中某合肥公司承担上述费用符合双方的约定。"

（2）未履行报批义务需要承担违约责任

❷最高人民法院审理的广州市仙某房地产股份有限公司与广东中大中某投资策划有限公司、广州远某房产有限公司、中国投某集团国际理财有限公司股权转让纠纷案【（2009）民申字第 1068 号】认为："由于该合同未生效的原因是未经批准，而批准的前提是当事人报批，促成合同生效的报批义务在合同成立时即应产生，否则，当事人可肆意通过不办理或不协助办理报批手续而恶意阻止合同生效，显然违

背诚实信用原则。最高人民法院《关于适用〈中华人民共和国合同法〉若干问题的解释（二）》第 8 条规定，经批准才能生效的合同成立后，有义务办理申请批准手续的一方当事人未按照法律规定或者合同约定办理申请批准的，属于合同法第 42 条第 3 项规定的'其他违背诚实信用原则的行为'，人民法院可以判决相对人自己办理有关手续；对方当事人对由此产生的费用和给相对人造成的实际损失，应当承担损害赔偿责任。既然'相对人'可以自己办理有关手续，而'对方当事人'应对由此产生损失给予赔偿，那么，'相对人'自然也可以要求'对方当事人'办理申请批准手续。二审判决中某公司履行报请审查批准机关批准的义务是正确的。"

❸浙江省高级人民法院审理的恒某地产集团上海盛建置业有限公司与湖州诺某置业有限公司、杭州融某恒投资有限公司股权转让纠纷案一审民事判决书【（2017）浙民初 21 号】认为："虽然诺某公司于 2016 年 12 月 30 日向恒某公司送达《终止合同通知函》，以合同签订期限已超过 6 个月，案涉项目标的物纠纷仍未得到解决等为由，通知恒某公司终止双方签订的股权转让合同。而恒某公司在收到上述函件后直至 2017 年 5 月 2 日才回函要求继续履行合同。但基于前述理由，即在合同对诺某公司可以解除合同的情形未作出约定，且本案亦不符合《合同法》第 94 条规定的法定解除事由的情形下，诺某公司主张案涉合同已经解除，依据不足，不能成立。"

(3) 出让方未移交财物、财产等手续构成违约

❹最高人民法院审理的刘某平与张某田、王某、武某雄、张某珍、折某刚股权转让纠纷案二审民事判决书【（2014）民二终字第 47 号】认为："根据本案的实际履行情况，股权转让协议签订后，张某田将其持有的股权转让给了刘某平，并在工商行政管理部门进行了股东变更登记，刘某平依约支付了部分股权转让款 7600 万元。此后，张某田未按照协议约定继续履行移交相关财务、财产手续等义务，并退回了已收取的部分股权转让款，协议约定的全部内容不能如期履行完毕。张某田的违约行为给股权受让方刘某平造成了一定损失，应当予以适当赔偿。"

❺最高人民法院审理的吴某媚、李某生与梁某业、宋某之等股权转让纠纷二审民事判决书【（2016）最高法民终 51 号】认为："关于交付公章及相关证照资料问题。公司的公章及相关证照资料等属于公司的财产，通常情况下，转让公司股权的原股东不得处分该财产，受让公司股权的股东在股权变更之后应以公司的名义请求控制该财产的原股东交付。但是，根据案涉协议的约定，受让方的目的是取得金某公司的全部股权并进行经营管理。在股权转让之前，金某公司的全部股东和实际控制人为吴某媚、李某生，且吴某媚是法定代表人，金某公司的公章及相关证照资料

实际也由两人控制。案涉交易履行完毕的结果也是由受让方成为持有金某公司全部股权的股东。在此背景下，根据案涉股权转让合同及其补充协议的交易目的，将交付金某公司公章及相关证照资料的义务解释为转让方的义务，即具有合理性。因此，尽管双方签订的系列协议中并无转让方交付公司公章及相关证照资料的约定，但根据《合同法》第 60 条的规定，转让方依据诚实信用原则和合同目的及金某公司股权转让前后的实际情况，转让方应将公司的公章及相关证照资料交付受让方。虽然受让方在公司股权变更后已经重新办理了新的公司公章、《企业法人营业执照》（正、副本）、《税务登记证》（国税及地税正、副本）等证照，但是，这些证照及财务资料的交付仍具有避免转让方滥用权利，进而保护受让方以及金某公司权益的作用，属于《合同法》第 60 条规定的基于诚实信用原则所派生的附随义务。故，未履行交付公章及相关证照资料的义务构成违约。"

（4）出让方未办理变更登记构成违约

❻北京市第二中级人民法院审理的吴某蹊、陆某与石某股权转让纠纷案【（2017）京 02 民终 9574 号】认为："双方当事人在《股权转让合同》中约定了吴某蹊、陆某为石某办理股权变更登记的义务，以及若截至 2016 年 6 月 30 日繁某香料公司未实现在新三板挂牌及首次'定向增投'，依据石某的选择要求吴某蹊、陆某向石某支付股权转让价款 110% 的义务。根据查明的事实，吴某蹊、陆某并未向石某履行上述义务，其行为构成违约。故石某有权依据《股权转让合同》第 7 条第 1 款的约定，向吴某蹊、陆某行使约定解除权，一审判决第 1 项解除双方当事人签订的《股权转让合同》，于法有据，本院应予维持。合同解除后，吴某蹊、陆某应将尚未退还的 122 万元股权转让款返还石某。一审判决第 2 项该部分处理并无不当。"

（5）受让方迟延付款构成违约

❼最高人民法院审理的牟某明、赵某群股权转让纠纷案【（2017）最高法民终 840 号】认为："贵州万某公司已配合牟某明完成贵州财某公司 60% 股权及法定代表人的变更登记，现已具备合同约定的第 2 批、第 3 批转让款支付条件。至今，牟某明仅向贵州万某公司支付 2500 万元，牟某明未在《转让合同》约定的付款期限内完成支付相应转让款的义务，属迟延履行付款，一审判决据此认定牟某明构成违约，并无不当。"

❽最高人民法院审理的张某剑、杨某义股权转让纠纷案【（2017）最高法民终 199 号】认为："双方签订协议后，杨某义依约将股权变更登记到张某剑名下，完

成了合同义务，张某剑未履行支付转让款的合同义务，构成违约，应依约支付转让款及违约金。杨某义转让的股权中有为陈某、代某代持的情况，该事实当事人均认可，一审法院询问中，陈某、代某均知晓杨某义向张某剑转让股权，未对股权转让提出异议，二审期间，陈某、代某出具书面证人证言，证明杨某义股权转让价款为零，亦未对股权转让提出异议。从张某剑对股权的处分看，其在受让取得百矿大能公司股权后，又将股权转让他人，并办理了工商变更登记，杨某义代持股权的情况未影响张某剑的股东权利。张某剑关于杨某义取得股权时未支付对价、对公司没有投入、存在代持股现象因而其不需支付股权转让款的上诉理由不能成立，本院不予支持。"

❾江苏省高级人民法院审理的王某琦与刘某斌、扬州神某羽绒制衣有限公司股权转让纠纷案【（2017）苏民终 291 号】认为："根据香港邦某公司与刘某斌签订的《协议书》，涉案股权转让总价款为 3500 万元，刘某斌未按照《协议书》约定的时间支付剩余股权转让款 900 万元，构成违约。因王某琦在一审起诉中自愿以其向刘某斌借款 300 万元及产生的利息 35.22 万元抵销股权转让款，故本案刘某斌逾期付款金额为 564.78 万元。"

❿北京市第二中级人民法院审理的北京大某山道体育产业股份有限公司与沈某英、北京中某奥体育文化发展中心股权转让纠纷案【（2017）京 02 民终 11838 号】认为："《合同法》第 107 条规定：'当事人一方不履行合同义务或者履行合同义务不符合约定的，应当承担继续履行、采取补救措施或者赔偿损失等违约责任。'《股权转让协议书》约定大某山道公司应付股权转让款的金额和时间。大某山道公司未按期履行付款义务，给中某奥发展中心、沈某英造成了损失。一审法院据此判决大某山道公司向中某奥发展中心、沈某英赔偿损失，并按照中国人民银行同期贷款利率上浮30%的标准确定赔偿损失的金额，于法有据，本院予以维持。"

(6) 违反股权转让合同约定的履行顺序构成违约

⓫最高人民法院审理的联某集团有限公司与安徽省高某公路控股集团有限公司股权转让纠纷案二审民事判决书【（2013）民二终字第 33 号】认为："在案涉股权回购条件成熟时，各方当事人可以直接按照双方达成的《股权转让协议书》之约定履行，至于双方在股权回购磋商中提出的种种条件，在未达成一致前，均为单方意思表示。该意思表示不构成对原《股权转让协议书》的变更，亦不影响各方按照该协议履行各自的义务。《合同法》第 62 条第 5 项规定，履行方式不明确的，按照有利于实现合同目的的方式履行。本案股权回购过程中，联某集团在安徽高某陆续发出按照指定账户汇款要求的情况下，其可以选择索要具体账户或提存等方式履行合

同约定的付款义务。上诉人联某集团在本案审理中坚称其有足够的履约能力，但在安徽高某数次函告要求其按照指定账户履行《股权转让协议书》约定的付款义务时，却始终坚持先过户后付款。由于该履约方式违背《股权转让协议书》约定，变更了协议约定的履行方式，最终导致超过该协议约定的回购期限。《合同法》第67条规定：'当事人互负债务，有先后履行顺序，先履行一方未履行的，后履行一方有权拒绝其履行要求。先履行一方履行债务不符合约定的，后履行一方有权拒绝其相应的履行要求。' 安徽高某依照法律规定及《股权转让协议书》约定，在联某集团违背约定，符合拒绝接受其履约的条件下，拒绝其超出约定内容的关于先过户后付款的回购主张，事实及法律根据充分，应予支持。"

❷湖北省高级人民法院审理的武汉桥某物资贸易有限公司与陈某股权转让纠纷案二审民事判决书【（2015）鄂民二终字第00042号】认为："《股东股权转让协议书》约定：'武汉桥某公司应在2012年3月15日前支付1500万元、5月30日前支付500万元，余款在2012年12月30日前付清。' 武汉桥某公司于2012年5月30日前已分6笔支付股权转让款合计1470万元，尚未达到协议约定的2000万元。至2012年12月30日累计支付1670万元，仍未达到协议约定的2586万元支付金额。截至陈某起诉时，武汉桥某公司合计支付股权转让款1770万元，仍欠股权转让款816万元。武汉桥某公司提出其未支付下欠的款项，系行使先履行抗辩权。《合同法》第66条、第67条、第68条，分别规定了合同履行中的同时履行抗辩权、先履行抗辩权和不安抗辩权。《合同法》规定的先履行抗辩权，是指当事人互负债务，有先后履行顺序的，先履行一方未履行的，后履行一方有权拒绝其履行要求。本案系股权转让纠纷，双方在合同中约定由受让方武汉桥某公司先支付股权转让款，而非陈某先履行股权变更登记手续。因此，武汉桥某公司应按照协议约定先行履行给付对应股权转让款的义务。《股东股权转让协议书》约定，双方承诺关于本次股权转让已取得各方主管部门同意、董事会（或股东会）之批准、授权，并已获得合营他方的同意。该约定并不要求陈某向武汉桥某公司提供书面同意文件，同时双方并未约定将股东会同意文件作为武汉桥某公司付款的先决条件。因此，武汉桥某公司未按合同约定时间足额支付相应股权转让款属违约行为。武汉桥某公司抗辩是行使先履行抗辩权的理由于法无据，不予支持。"

❸北京市高级人民法院审理的乔某晓与北京乾某恒安投资有限公司等股权转让纠纷案二审民事判决书【（2014）高民终字第730号】认为："上诉人乔某晓认为其在2012年6月30日前应付2亿元，实付4200万元，那么从7月1日起应对未付款1.58亿元支付违约金。当上诉人乔某晓又在2012年7月19日付款1000万元后，

就应从逾期数额中扣减，即从 2012 年 7 月 19 日起逾期款项数额变为 1.48 亿元。对此本院认为，本案各方当事人均认可股权转让款已支付 5200 万元，并同意乔某晓以此数额确定在 129000 万元中的比例，享有本案所涉转让公司的股权，因此，可以视为各方当事人均认可 5200 万元是支付的本金。因上诉人乔某晓在 2012 年 7 月 19 日支付 1000 万元股权转让款时，并未明确其支付的是哪一期款项，故根据《最高人民法院关于适用〈中华人民共和国合同法〉若干问题的解释（二）》第 20 条'债务人的给付不足以清偿其对同一债权人所负的数笔相同种类的全部债务，应当优先抵充已到期的债务；……负担相同的，按照债务到期的先后顺序抵充'的规定，上诉人乔某晓于 2012 年 7 月 19 日支付的 1000 万元，应优先抵充 2012 年 6 月 30 日已到期的股权转让款。"

2. 股权转让合同中违约责任的抗辩事由

（1）双方可预见的因素导致合同义务无法履行

双方可预见的因素导致合同义务无法履行的，不承担违约责任。

❹最高人民法院审理的北京元某盛世资本运营中心与天津佩某航空设备有限公司股权转让纠纷案【（2017）最高法民终 11 号】认为："影响案涉《债务重组框架协议》履行的根本原因应在于实某集团无法履行合同义务，但非系实某集团自身可以控制的原因造成，而是与案涉合同双方交易涉及的金融股权代持及转让的股权被查封等事宜没有能够顺利解决有关，也与当时有关部门加大了对实某集团债务重组的监管力度有关。如前所述，因双方在签约时对可能来自案外债权人、代持股主体及有关部门等不确定因素对双方交易的影响应有预见，因此对于本案实际履行过程中出现的影响合同履行的情形，双方在签约时均应有预见，故不应因此认定实某集团构成根本违约。"

（2）转让方未尽审慎审查义务

转让方未尽审慎审查义务的，不得以信息披露存在瑕疵而主张违约。

❺最高人民法院审理的安徽实某房地产开发有限公司与合肥鑫某国有资产经营有限公司股权转让纠纷案二审民事判决书【（2013）民二终字第 83 号】认为："关于鑫某公司在转让案涉股权时是否履行了信息披露义务，实某公司是否因其信息披露瑕疵而受到了重大损失的问题。鑫某公司委托合肥市产权交易中心通过公开挂牌方式转让其持有的城某公司 70% 国有股权，并由合肥市产权交易中心发布《城某公司 70% 国有股权转让公告》对转让标的、转让标的企业的基本情况，转让标的企业主要财务指标数据、资产评估核准或备案情况，产权转让行为的内部决策及批准情

况，转让底价及转让价款支付方式，意向受让方应具备的基本条件、交易条件，竞买保证金及产权交易服务费、履约保证金，特别事项等内容进行了说明，公告同时明确表述了确定转让标的企业资产、主要财务指标等情况所依据的资产评估报告和审计报告的文号和作出机构，并指出资产评估、审计的基准日是 2010 年 4 月 30 日，初步履行了披露转让标的基本情况的义务。公告亦提示意向受让方充分关注、调查与本次产权转让标的相关的所有事宜、信息，或有风险、不确定因素及可能对转让标的企业资产及企业经营管理造成的影响。作为案涉股权的竞买者和独立商事主体，实某公司在作出交易标的额高达数亿元的商业决定前，理应认真研读公告和公告中列明的资产评估报告、审计报告及其附件，以便在对交易标的有充分了解之后作出理性的商业判断。而上述资料对资产评估、审计基准日为 2010 年 4 月 30 日，康城水某间项目有预售情况、预售房款属于预收款等情况均有明确披露。若鑫某公司如实某公司所称未完整提交并公开相应文号的资产评估报告、审计报告及其附件，实某公司亦有权在参与竞拍之前，要求其予以完整公开。同时，实某公司在竞买过程中，已向合肥市产权交易中心出具《履行合同义务的承诺函》，明确表示'已仔细阅读并研究了贵方的城某公司股权转让文件及其附件'，'完全熟悉其中的要求、条款和条件，并充分了解标的情况'。因此，原审法院认定实某公司作为房地产开发企业，在竞买过程中负有审慎审查义务，且其未能全面履行竞买者的审慎审查义务，并无不妥。事实上，实某公司在参与股权竞买过程中，可以通过研读公告和公告中列明的资产评估报告、审计报告及其附件等资料，及时了解城某公司翔实的经营状态，在这方面并不存在实质性障碍。且实某公司亦未能提供充分证据证明因鑫某公司的信息披露瑕疵使其受到了经济损失。故实某公司主张的该项上诉请求，缺乏事实和法律依据，本院不予支持。"

3. 股权转让合同中的违约金问题

（1）违约金明显过高的，可请求法院调整

❶最高人民法院审理的石某华与新疆信某能源投资有限公司、奇台县富某矿业开发有限责任公司股权转让纠纷案二审民事判决书【（2014）民二终字第 121 号】认为："《合同法》第 114 条第 2 款规定：'约定的违约金低于造成的损失的，当事人可以请求人民法院或者仲裁机构予以增加；约定的违约金过分高于造成的损失的，当事人可以请求人民法院或者仲裁机构予以适当减少。'原审法院根据信某公司的请求，对当事人约定的违约金计算标准进行了调整，由《股权转让协议书》约定的'每逾期一日，按未付款的万分之五支付转让方违约金'调整为按照中国人民

银行1年期贷款基准利率6%计算。原审法院上述调整系根据违约金的法律性质，结合本案合同的签订履行情况、双方当事人的过错程度以及预期利益损失等综合因素，作出的合理裁量，该裁量符合《最高人民法院关于适用〈中华人民共和国合同法〉若干问题的解释（二）》第29条规定的违约金调整原则，符合本案实际情况，本院予以维持。"

❶❼最高人民法院审理的刘某平与张某田、王某、武某雄、张某珍、折某刚股权转让纠纷案二审民事判决书【（2014）民二终字第47号】认为："由于双方在协议中约定的32160万元违约金过高，且刘某平没有就其实际损失及可得利益损失的数额向本院提供相关证据予以证明，故其关于张某田应当向其支付违约金32160万元的上诉请求不予支持。但鉴于本案中张某田违约的事实及其已给刘某平的权益造成损失的实际情况，本院酌定张某田应向刘某平支付约定违约金的5%即1608万元，作为对刘某平所受交易损失的赔偿。"

❶❽北京市高级人民法院审理的北京市顺义大某城乡建设开发总公司与北京皇某实业有限责任公司股权转让纠纷案【（2017）京民再32号】认为："皇某公司未能提供由于大某公司逾期付款给其造成实际损失的充分证据，故双方合同约定：逾期付款超过7日，每再逾期1日应按应付金额的1‰支付违约金明显过高。本案一审时大某公司以皇某公司存在违约行为，大某公司没有按合同约定时间付款事出有因作为抗辩，一审没有支持大某公司的免责抗辩，亦未向大某公司释明是否需要调整违约金，支持皇某公司主张的全部违约金损失，二审在大某公司明确提出了合同约定的违约金过高应予以调整的情况下，仍维持原判欠妥，本院再审予以纠正。本院根据大某公司调整违约金的请求、大某公司的过错程度、皇某公司实际损失、本案合同履行的情况等综合因素，酌情判决大某公司支付皇某公司违约金1000万元，扣除已经执行的246万元后为754万元。"

❶❾上海市第一中级人民法院审理的河南和某汽车贸易有限公司诉上海谷某汽车股份有限公司股权转让纠纷案【（2017）沪01民终9271号】认为："和某公司对违约事实并无异议，一审法院考虑到合同约定的违约金金额过高已酌情进行了调整，现和某公司主张的应按银行同期贷款利率的1倍计算违约金的上诉请求并无依据。和某公司的上诉理由并不成立，应予驳回。一审判决认定事实清楚，适用法律正确，应予维持。"

❷⓪江苏省高级人民法院审理的黄某福与昆山裕某模具工业有限公司、杜某恭股权转让纠纷案【（2016）苏民终876号】认为："根据上述法律规定，合同约定的违约金过分高于造成的损失的，当事人可以请求人民法院予以适当减少。虽然裕某

公司没有按合同约定及时缴纳税款，但其在一审中已经补缴了税款，并且在二审中提交证据证明黄某福已经将涉案厂房、土地等出租给案外人福某威公司。在黄某福未举证证明其因裕某公司未及时缴纳税款所受损失的情况下，合同约定的 200 万元违约金过分高于损失，应予以减少。因此，一审判决酌定违约金 12 万元并无不当。"

（2）违约金不能参照复利的方式计算

违约金只具有补偿性，不能参照复利的方式计算。

㉑最高人民法院审理的中某汽车投资有限公司与上海铭某实业集团有限公司股权转让纠纷案二审民事判决书【（2015）民二终字第 204 号】认为："本案双方的争议焦点仍系中某投资公司主张铭某实业公司应自 2012 年 1 月 1 日起以 7061.92 万元为基数按照年利率 15% 计算复利支付股权回购款，以及按照回购款总额 20% 支付违约金的诉请能否得以支持的问题。本院认为，本案系股权转让及回购纠纷，股东一旦注资成为公司股东，即应承担相应的投资风险，即便此类由股东予以回购的协议并不违反法律禁止性规定，但回购实质上是在双赢目标不能达成之后对投资方权益的一种补足，而非获利，故其回购条件亦应遵循公平原则，在合理的股权市场价值及资金损失范围之内，不能因此鼓励投资方促成融资方违约从而获取高额赔偿。因此，虽然双方在《补充协议四》中自主约定了回购价款及违约金的计算方式，但从其性质上而言均系因《协议书》约定事项未能实现，铭某实业公司向中某投资公司承担的违约责任，故可对此作统一调整和权衡。具体而言，股权回购价款的第 3部分明确表述为按照年利率 15%（复利，每年计息 1 次，不足 1 年的按天数年化计算），以第 1 项和第 2 项的合计数 7061.92 万元为基数，自 2012 年 1 月 1 日起至铭某实业公司向中某投资公司交付回购价款前 1 日止应计的利息。从其表述内容与计算方式均可显示出复息的性质。复息计算之规定来源于中国人民银行《人民币利率管理规定》，而该规定适用对象仅限于金融机构，故中某投资公司并不具有向铭某实业公司收取复息的权利。对于中某投资公司的要求自 2012 年 1 月 1 日起以7061.92 万元为基数按照年利率 15% 计算复利的该项上诉主张，本院不予支持。"

（七）股东优先购买权问题

1. 股东优先购买权之诉的主体与管辖问题

（1）行使股东优先权需拥有股东身份

❶最高人民法院审理的李某柱、香港新某经医疗投资管理有限公司与马某其、

姜某松的股权转让纠纷案申请再审民事裁定书【（2014）民申字第 1705 号】认为：
"关于以违法犯罪所得的资金出资是否导致出资无效的问题，由于货币是种类物，
货币占有人推定为货币所有人，因此货币出资投入公司后，公司作为善意相对人即
对该笔货币出资享有所有权，出资相应转化为公司的独立财产，故出资资金来源非
法并不影响出资行为的有效性，亦不影响出资人据此取得的初始股东资格。对于以
违法犯罪所得的资金进行出资的行为，司法机关应当追究、处罚该违法犯罪行为，
并有权以拍卖或者变卖的方式处置股权，即追缴出资人已经取得的股权，剥夺其股
东资格。本案中，根据江苏省宝应县人民检察院不起诉决定书认定的事实和处理结
果，因李某柱具有犯罪情节轻微、案发后已退还全部赃款等情节，决定对李某柱不
起诉，故司法机关最终并未对李某柱利用涉案资金取得的股权予以处置及追缴。因
此，李某柱仍然具有合法的股东资格，并基于股东身份而享有股东优先购买权。"

❷北京市第一中级人民法院审理的黄某珍与吴某英股权转让纠纷案二审民事判
决书【（2015）一中民（商）终字第 4686 号】认为："该条款赋予了股东优先购买
权，但股东优先购买权应当由股东自己行使。就本案而言，对于吴某英向黄某珍转
让其持有的中某佳智公司的股权，叶某享有优先购买权，但叶某并未主张优先购买
权，亦未主张吴某英与黄某珍的股权转让损害其利益，黄某珍关于涉案股权转让损
害了叶某的利益而应为无效的主张没有事实及法律依据，故一审法院认定叶某签字
的真伪均不影响《股权转让协议书》的效力并无不当，本院对黄某珍该项上诉意见
不予支持。"

（2）非股东的法定代表人不享有股东优先购买权

❸三亚市中级人民法院审理的三亚海某房地产开发有限公司与张某豪及方某
君、王某、徐某勇、朱某成股东资格确认纠纷一案二审民事判决书【（2014）三亚
民二终字第 233 号】认为："王某虽系海某公司法定代表人，但王某自 2009 年 12
月 18 日起已不具有海某公司股东身份，其对徐某勇向股东之外的人转让股权并不
享有股东优先购买权，张某豪受让海某公司股权并不构成对王某合法权益的损害。"

❹大连市中级人民法院审理的位某玲与王某、王某国等股权转让纠纷案二审民
事判决书【（2014）大民三终字第 641 号】认为："首先，王某兰死亡后，位某玲
依法虽然有权继承王某兰持有的 5% 的云某公司的股权，但时至今日云某公司的股
东名册、公司章程、工商登记等关于股东资格的形式化证据均未体现位某玲是云某
公司的股东。现位某玲、王某国、某莹亦均未提交证据证明位某玲已经云某公司内
部确认为公司股东，位某玲亦未行使股东权利、承担股东义务，现有证据不足以认

定其系云某公司的股东。且根据《公司法》第 32 条①的规定："公司应当将股东的姓名或者名称向公司登记机关登记；登记事项发生变更的，应当办理变更登记。未经登记或者变更登记的，不得对抗第三人。'在位某玲未登记为云某公司股东的情况下，其以系云某公司股东应享有股东优先权为由对抗上诉人王某，有违上述法律规定。"

(3) 股东行使优先购买权的诉讼由公司住所地管辖

❺北京市通州区人民法院审理的张某厚与徐某股权转让纠纷案一审民事裁定书【(2013) 通民初字第 12124 号】认为："根据《民事诉讼法》第 26 条规定，'因公司设立、确认股东资格、分配利润、解散等纠纷提起的诉讼，由公司住所地人民法院管辖'。本案中，原告张德厚与被告徐某均为北京市东某玉机械有限公司（以下简称东某玉公司）股东。原告张某厚为主张股东优先购买权而提起诉讼，其优先购买权系基于其作为东某玉公司股东而取得，争议标的亦系东某玉公司股权，故本案应以东某玉公司住所地确定管辖。东某玉公司住所地在北京市通州区，属本院辖区，故本院对此案有管辖权。"

2. 股东行使优先购买权的前提

(1) 前提一：股东对外转让股权

❻最高人民法院审理的林某灼与林某儒、福建鑫某冶金有限公司等股权转让纠纷案二审民事判决书【(2015) 民二终字第 176 号】认为："根据《公司法》第 71 条第 1 款②'有限责任公司的股东之间可以相互转让其全部或者部分股权'的规定，股东之间转让股权，无须经过股东会决议程序，不涉及其他股东的优先购买权问题。因案涉股权转让合同签订时，林某灼及林某儒均为鑫某公司的股东，系股东之间转让股权，而非对外转让股权，故林某儒、鑫某公司以案涉股权转让因侵害其他股东优先购买权而无效的主张，无法律依据，本院不予支持。"

❼郑州市中级人民法院审理的彭某虎与河某旅游集团有限公司股权转让纠纷案二审民事判决书【(2015) 郑民一终字第 1892 号】认为："被上诉人作为洛阳中某国际旅行社有限公司股东，将其股权转让给本公司股东张某平，并未向股东以外的第三人转让股权，其转让股权的行为不存在影响本公司股东优先购买权的问题，故原审法院不支持上诉人主张确认其对被上诉人 61.38% 股权的优先购买权并由被上

---

① 已被修改。
② 《公司法》（2023 年修订）第 84 条第 1 款。

诉人赔偿其 10000 元侵权损失的诉讼请求，合法有据，并无不当。"

❽海安县人民法院审理的王某萍、朱某与黄某兰、杨某杰等股权转让纠纷案一审民事判决书【（2015）安商初字第 00396 号】认为："根据案涉股权流转协议书第 2 条，首先，关于段某凤就龙某公司股权的转让，该股权的受让人为杨某杰，杨某杰、段某凤均为龙某公司股东，按照法律规定和章程规定，龙某公司股东之间可以自由转让股权，股权的转让并不需要其他股东的同意，原告王某萍、朱某并不具有所谓的优先购买权。"

（2）前提二：股东转让的是公司股权而非公司资产

❾内蒙古自治区高级人民法院审理的郝某华等 162 人与张某飞、王某刚确认合同无效纠纷案二审民事判决书【（2015）内民一终字第 00014 号】认为："郝某华等 162 人主张某算组未告知股东优先购买权而致合同无效的问题。《公司法》第 35 条①规定了股东优先购买权，是指股东在转让出资时，其他股东在同等条件下具有优先购买权。而本案转让的资产系公司财产及国有用地，并非股东出资，故上诉人郝某华等 162 人主张优先购买权无法律依据，本院不予支持。"

（3）前提三：非因继承、遗赠等非交易行为发生股权变动

❿嘉兴市中级人民法院审理的张某、岳某与陆某芳、沈某琴股权转让纠纷案二审民事判决书【（2015）浙嘉商终字第 587 号】认为："《继承法》第 2 条规定，继承从被继承人死亡时开始。第 25 条第 1 款规定，继承开始后，继承人放弃继承的，应当在遗产处理前，作出放弃继承的表示。没有表示的，视为接受继承。《公司法》第 75 条②规定，自然人股东死亡后，其合法继承人可以继承股东资格；但是，公司章程另有规定的除外。陆阿林死亡后，继承人未表示放弃继承，港达公司章程也未规定股东资格不能继承，故沈某琴、陆某芳、浃某金基于继承而取得股东资格，只是股权中的非财产性权益尚需按规定履行相关程序。对此，原审法院（2013）嘉桐乌商初字第 100 号生效民事判决明确予以了认定，该案中陆某芳还以股东身份对郑某康转让股权主张优先购买权。后虽因陆某芳投诉举报，桐乡市市场监督管理局作出了撤销变更登记的处罚决定，但撤销的原因为港某公司提供虚假材料，与股权转让关系实际是否成立并无必然冲突，对此该局向原审法院回函予以了答复，原审法院（2014）嘉桐民申字第 6 号民事裁定也明确予以了认定。故原审认定陆某芳的股东资格及本案的诉讼主体资格，具有事实和法律依据。"

---

① 《公司法》（2023 年修订）第 84 条。
② 《公司法》（2023 年修订）第 90 条。

⓫烟台市中级人民法院审理的孔某人与姜某、孔某寻等股权转让纠纷案申请再审民事裁定书【（2014）烟民申字第 242 号】认为："《公司法》第 76 条①规定：'自然人股东死亡后，其合法继承人可以继承股东资格；但是，公司章程另有规定的除外。'2008 年 2 月 5 日，金某公司股东曲某去世，孔某人作为曲某的合法继承人，按照上述规定，可以继承股东资格。在（2008）开民初字第 380 号法定继承纠纷一案中所列曲某的遗产中，未提及其持有的金某公司的股权，因此，二审法院认定现有证据并不能证明孔某人系原股东曲某的唯一股权继承人并无不当。2011 年 6 月 23 日，孔某瑞分别与姜某、孔某寻签订股权转让协议，孔某瑞将其持有的金某公司的 25 万元、12 万元股权无偿转让给姜某、孔某寻。按照公司法的规定，经股东同意转让的股权，在同等条件下，其他股东有优先购买权。而孔某瑞是将其持有的金某公司的股权无偿转让给姜某和孔某寻，无须支付对价，不存在孔某人所主张同等条件下优先购买的条件。"

（4）前提四：拟受让股权的股东未明确放弃优先购买权

⓬上海市高级人民法院审理的上海鼎某贸易有限公司与有限会社小某商会、上海运某运输有限公司股权转让纠纷案二审民事判决书【（2013）沪高民二（商）终字第 28 号】认为："小某商会向运某公司转让林某公司 20% 股权的行为并未侵犯鼎某公司优先购买权。理由如下：根据本案查明事实，鼎某公司法定代表人赵某峰在 2010 年 2 月 9 日已出具《承诺书》，承诺在鼎某公司注册为林某公司法定股东后，对小某商会转让给运某公司股权的行为'不反对、不干涉，持欢迎的态度'。二审庭审中鼎某公司认为该《承诺书》仅属意向性质，因其并未就股权转让的金额、数量作出明确的放弃主张，故不应认定有效。对此，本院认为，该《承诺书》内容首先表明鼎某公司此时已知悉运某公司与小某商会筹备系争股权转让事宜，并明确作出有条件放弃优先购买权的表示；其次，鼎某公司在《承诺书》中并未就其放弃优先购买权的其他条件、范围作出进一步限制，相反其作了开放性的承诺，且进一步表示如因反对造成的后果由其负责。故结合《承诺书》内容，当鼎某公司于 2010 年 3 月被登记为林某公司持股比例 35% 的股东后，其在《承诺书》中确立放弃优先购买权的条件已成就，据此鼎某公司已无权再行向小某商会主张系争股权的优先购买权。鼎某公司既已作出不干涉运某公司入股的概括性承诺，即应按约履行，在其登记为法定股东后，现又以系争股权转让侵犯优先购买权为由要求撤销系争《股权转让协议书》，违反诚实信用原则，亦无事实及法律依据，本院对此不予支持。"

---

① 《公司法》（2023 年修订）第 90 条。

3. 侵犯股东优先购买权合同的效力问题

（1）侵犯股东优先购买权的合同有效

关于侵害股东优先购买权的股权转让合同效力问题，实践中有多种裁判观点，大多数法院认为，侵害股东优先购买权不影响股权转让合同的效力。但是，虽然合同有效，该合同可能处于一种履行不能的状态。

❸江苏省高级人民法院审理的刘某海与季某珊股权转让纠纷案再审民事判决书【（2015）苏商再提字第00042号】认为："……该条规定赋予其他股东相关权利的目的是要维系有限责任公司的人合性，以免未经其他股东同意的新股东加入后破坏股东之间的信任与合作。而要实现这一目的，只要阻止股东以外的股权受让人成为新股东即为已足，亦即只要股权权利不予变动，而无须否定股东与股东以外的人之间的股权转让合同的效力。其次，该条规定并未规定如转让股东违反上述规定则股权转让合同无效。最后，如果因转让股东违反上述规定即股权转让未经上述程序而认定股权转让合同无效，那么在其他股东放弃优先购买权后，转让股东需与受让人重新订立股权转让合同，否则任何一方均可不受已订立的股权转让合同的约束，显然不合理。综上，股东未经上述程序向股东以外的人转让股权与股权转让协议的效力无涉。本案中，刘某海与季某珊签订的协议系双方的真实意思表示，不违反法律、行政法规的强制性规定，合法有效。"

❹广东省高级人民法院审理的深圳市国某股份有限公司与黄某林、深圳市中某环投资有限公司股权转让纠纷案二审民事判决书【（2013）粤高法民二终字第34号】认为："黄某林、张某范均认可黄某林、张某范之间存在隐名出资关系，张某范名下的中某环公司75%股权实际由黄某林出资并享有投资权益，因此，黄某林处分张某范名下的中某环公司75%股权并不损害张某范的利益，黄某林有权转让其实际享有的股权。《公司法》第72条①规定的有限责任公司的股东向股东以外的人转让股权，应当经其他股东过半数同意及经股东同意转让的股权在同等条件下其他股东有优先购买权的规定，属于法律的限制性规定，并不属于法律的强制性规定，故宝某公司以黄某林转让中某环公司75%股权未经其同意为由主张《项目合作合同》为无效合同，理据不足，且该转让行为也不影响宝某公司行使优先购买权。"

（2）原股东未提异议的股权转让合同自签订之日起生效

❺湖北省高级人民法院审理的武汉桥某物资贸易有限公司、陈某股权转让纠纷

---

① 被《公司法》（2023年修订）第84条修改。

案二审民事判决书【（2015）鄂民二终字第 00042 号】认为："对于本案陈某与武汉桥某公司签订的《股东股权转让协议书》何时生效的问题，原审法院认为，双方签订的协议书约定协议经双方签字盖章之日起生效。同时，陈某在转让股权前，将转让其股份的数量、价格等情况告知了恒鸿盛公司其他股东，恒鸿盛公司股东知晓陈某转让股权且未提出反对意见。此后，公司全部股东亦在《董事会决议》上签字，以书面形式对陈某转让其股权的行为予以确认。虽然《董事会决议》在 2013 年 8 月 27 日才由恒某盛公司全体股东签字同意，但此前恒某盛公司其他股东以其行为，作出了对于陈某与武汉桥某公司之间签订的股权转让协议没有异议和不行使优先购买权的意思表示。由于优先购买权只由恒某盛公司的股东享有，与受让人武汉桥某公司无关。因此，在没有权利人对《股东股权转让协议书》提出异议的情况下，陈某与武汉桥某公司签订的《股东股权转让协议书》自合同签订即发生法律效力。协议书对于双方当事人均具有约束力，双方均应严格按约履行。"

（3）侵犯股东优先购买权的合同成立但不生效

❶长沙市天心区人民法院审理的恩某集团有限公司与湖南省送某电工程公司、李某岗、湖南创某建设有限公司及第三人湖南新某盛房地产开发有限公司股权转让纠纷案一审民事判决书【（2015）天民初字第 05077 号】认为："侵害股东优先购买权的股权转让合同不发生效力。股东优先购买权是公司法赋予股东的法定权利。基于有限责任公司的人合性和封闭性，股东优先购买权制度在于通过保障其他股东优先获得拟转让股权而维护公司内部信赖关系，法律所否定的是非股东第三人优于公司其他股东取得公司股权的行为，而不是转让股东与非股东第三人之间转让协议。同时，股权是股东基于股东资格而享有的，从公司获取经济利益并参与公司经营管理的权利。为保障股东优先购买权而直接否定转让股东与非股东第三人之间股权转让协议效力，已超越了优先的界限，过度限制了股东转让股权的处分权。本案中，被告送某电公司向股东以外的人转让股权，其没有证据证明曾就转让事项履行了《公司法》第 71 条第 2 款①规定的法定程序，书面征求原告恩某集团意见，侵害了原告恩某集团的优先购买权。在原告恩某集团未明确放弃优先购买权的情况下，被告送某电公司与被告创某公司签订的《股权转让合同》中关于股权转让的约定不发生效力。第三人新某盛公司股东名册、工商登记的股东仍为原告恩某集团和被告送某电公司，《股权转让合同》标的即被告送某电公司持有的第三人新某盛公司的股权尚未发生变动，原告恩某集团诉至本院主张优先购买权，直接产生阻断股

---

① 《公司法》（2023 年修订）第 84 条第 2 款。

权转让的效力。"

(4) 侵犯优先购买权的合同可撤销

❶贵州省高级人民法院审理的瓮某世强公司股东资格确认纠纷案民事裁定书【（2013）黔高民申字第 540 号】认为："《公司法》第 72 条①规定，有限责任公司股东向股东以外的人转让股权，应当经其他股东过半数同意，且其他股东在同等条件下享有优先购买权。该条款只是程序上的限制，并非实体上的限制，不属于法律、行政法规的强制性规定，股东对自己的股权享有完全的处分权。如果转让人未履行上述程序，侵害的是其他内部股东的利益即优先购买权而非社会公共利益和国家利益，其他股东认为侵害其优先购买权可以行使撤销权。如果其他股东未在法定的期限内行使撤销权，也不反对股权转让，也不准备行使优先购买权，则股权转让程序的瑕疵并不影响其实体权利，不应否定转让合同的效力。"

❶南宁市中级人民法院审理的秦某与某莹、程某裕因某锋、广西元某投资发展有限公司股权转让纠纷一案二审民事判决书【（2014）南市民二终字第 379 号】认为："股东优先购买权，是指当股东对外转让其股权时，其他股东享有的以同等条件优先于第三人购买该股权的权利。股东优先购买权又是附有条件的形成权，其行使并非随时可以进行，只有在股东向第三人转让股权时，方可行使，股东对外转让股权是其他股东优先购买权行使的前提。而股东对外转让其股权时，应当履行通知其他股东的义务，没有履行通知义务，即侵害了其他股东的优先购买权，其对外转让股权的行为是具有可撤销的行为。程某裕并非元某公司的股东，某莹将持有元某公司的股权转让给程某裕没有通知秦某，其行为侵害了秦某的优先购买权，程某裕与某莹订立的《股权转让协议书》违反了法律的规定，依法应予撤销。该《股权转让协议书》被依法撤销后，登记在元某公司程某裕名下的 22% 股权即应返还某莹。"

❶徐州市中级人民法院审理的赵某红与孙某亮、李某等股权转让纠纷案二审民事判决书【（2014）徐商终字第 0327 号】认为："赵某红对李某 25% 的股权在对外转让时同等条件下享有优先购买权。我国公司法之所以规定有限责任公司股东享有优先购买权，其立法本意一方面在于保证有限责任公司原股东可以通过行使优先购买权增持股权份额，从而实现对公司的控制权，另一方面在于保障有限责任公司的人合性，以确保原股东有权根据自己的实际情况和需要决定是否接纳新股东加入公司或自行退出公司等。本案中，股东李某向股东以外的第三人孙某亮转让股权的行

---

① 被《公司法》（2023 年修订）第 84 条修改。

为，事实上侵犯了赵某红的股东优先购买权，故李某与孙某亮之间的股权转让协议依法不发生法律效力。根据《中华人民共和国合同法》第 58 条的规定，合同依法无效或被撤销后，应当恢复至合同订立前的原状，因此，李某与孙某亮之间的股权转让协议依法应当恢复至股权转让合同缔约前的原状，且若此时李某将其持有的股权向公司以外的第三人转让，在同等条件下，赵某红依法当然享有优先购买权。"

（5）侵犯股东优先购买权的合同无效

❷四川省高级人民法院审理的泸州鑫某矿业集团有限公司与葛某文等股权转让纠纷申请案【（2013）川民申字第 1771 号】认为："关于刘某安代鑫某矿业公司收购股权行为的效力问题。综观全案，内江南某有限责任公司除工商登记的 8 名股东外的其他出资人具有股东资格，其持有的公司股份为其享有的股权。鑫某矿业公司认为刘某安为其收购的是内江南某有限责任公司的隐名出资份额，并非股权，不受公司法及公司章程的限制，该主张系对公司法的曲解，不予支持。鑫某矿业公司委托刘某安以其内江南某有限责任公司股东的身份收购该公司其他股东股权的行为，其用意为规避《公司法》第 72 条第 2 款①、第 3 款① '股东向股东以外的人转让股权，应当经其他股东过半数同意。股东应就其股权转让事项书面通知其他股东征求同意，其他股东自接到书面通知之日起满三十日未答复的，视为同意转让。其他股东半数以上不同意转让的，不同意的股东应当购买该转让的股权；不购买的，视为同意转让。经股东同意转让的股权，在同等条件下，其他股东有优先购买权' 的规定。鑫某矿业公司的规避行为属损害内江南某有限责任公司其他股东的合法权益，为恶意规避。刘某安受鑫某矿业公司委托收购股权的行为为名义上的股东间股权转让行为，实为隐瞒王某玉等 62 人对外转让股权，刘某安与王某玉等 62 人间的股权转让行为违反了《公司法》第 72 条②的强制性规定，应属无效。"

❷新疆石河子市人民法院审理的王某玲与魏某武、石河子市市某工程养护管理处股权转让纠纷案一审民事判决书【（2013）石民初字第 1231 号】认为："在有限责任公司内部，股东之间转让股权基本不受限制，但向股东之外第三方转让时，则需要经其他股东过半数同意，而且，其他股东在同等条件下有优先购买权。被告市某养护处书面告知原告王某玲后王某玲明确在同等条件下，要行使优先购买权。优先权的行使应优先适用《公司法》的规则，其次才是《合同法》上的规则及民事

---

① 被《公司法》（2023 年修订）第 84 条修改。
② 同上。

法上的善意第三人制度。《公司法》第 72 条①明确规定了股权转让时其他股东的同意权和优先购买权。擅自向股东以外的人转让股权的行为，按照《公司法》的规定，首先侵犯了股东的上述法定权利，不应予以保护。违反《公司法》关于股东优先购买权的股权转让行为，一是构成其他股东的侵权，二是转让股权的行为本身不应当受到保护，故股东擅自向第三人转让股权的合同应该是无效的，对原告的诉请，本院予以支持。"

（6）侵犯股东优先购买权的合同效力待定

❷湖北省高级人民法院审理的武汉桥某物资贸易有限公司、陈某股权转让纠纷案二审民事判决书【（2015）鄂民二终字第 00042 号】认为："《公司法》第 71 条第 2 款、第 3 款②规定：'股东向股东以外的人转让股权，应当经其他股东过半数同意。股东应就其股权转让事项书面通知其他股东征求同意，其他股东自接到书面通知之日起满三十日未答复的，视为同意转让。其他股东半数以上不同意转让的，不同意的股东应当购买该转让的股权；不购买的，视为同意转让。经股东同意转让的股权，在同等条件下，其他股东有优先购买权……'《公司法》赋予了公司股东在同等条件下享有优先购买的权利。武汉桥某公司原本非恒某盛公司的股东，陈某向其转让股份时，公司股东依法享有优先购买权，且对于违反《公司法》规定进行转让的合同有权提起诉讼，予以撤销。陈某与武汉桥某公司之间签订的《股东股权转让协议书》的效力可能因此而待定。"

4. 股东优先购买权的行使

（1）优先购买权中的转让通知问题

①内容需具体、明确、全面

❷泉州市中级人民法院审理的王某访与晋江市财某纺织化工贸易有限公司股权转让纠纷案一审民事判决书【（2015）泉民初字第 708 号】认为："财某公司系有限责任公司，其股东结构为王某新与蔡某辉，财某公司的公司章程关于股权转让在第 27 条的规定与上述法律规定内容相同，因此，王某新对外转让股权应当书面通知蔡某辉征求同意。王某新于 2015 年 1 月 4 日向蔡某辉发出《股权转让通知书》，在蔡某辉回复要求明确股权转让款支付形式等问题后，王某新又进一步回复，在该回复中，王某新明确了股权转让款的支付形式、支付期限、违约责任、股权过户期

---

① 被《公司法》（2023 年修订）第 84 条修改。
② 同上。

限、税费承担等问题，可以认定王某新已经就股权转让事项向蔡某辉作了完整、明确的通知。"

❷中山市中级人民法院审理的潘某与王某连股权转让纠纷案二审民事判决书【（2015）中中法民二终字第 639 号】认为："股东行使优先购买权须以转让方实施了拟向第三人转让股权的实质性行为为前提条件，一般表现为与确定的第三人签订了内容明确的股权转让合同，在此情况下，其他股东依法有权以同等条件优先购买该股权。本案中，王某连等 16 位股东并未在其发出的通知中明确披露第三人系何人，亦未明确已经签订股权转让合同及股权转让合同的具体内容。该通知仅仅明确了股权转让的单价及付款条件。而对双方应何时签订股权转让合同，何时办理股权转让手续、代持关联公司股份的股东如何办理相关手续等均未明确。即使有签订内容明确的股权转让合同，其股权转让合同的内容亦不会仅仅就股权转让的单价及付款条件达成一致，还会有其他内容。在此情形下，潘某亦不能仅依据股权转让的单价及付款条件向本院主张行使优先购买权。"

❷济南市市中区人民法院审理的宗某森、王某伟、张某武、王某文、张某华与田某才等股权转让纠纷案一审民事判决书【（2014）市商初字第 18 号】认为："2 被告向原告张某华所寄股权转让优先购买权征询函，虽由其本人签收，但从 2 被告向 5 原告所寄股权转让优先购买权征询函内容看，函中并未载明转让的股权比例、转让价格、付款方式及拟受让人等必要事项，故不具备足以使 5 原告作出是否优先购买意思表示的要件，故不能认定 5 原告放弃优先购买权。"

②转让通知不必包括公司的负债、财务等状况

❷贵州省高级人民法院审理的瓮安世某公司股东资格确认纠纷案民事裁定书【（2013）黔高民申字第 540 号】认为："蔡某山在万某公司发函告知其如何行使优先购买权后，在 2013 年 5 月 13 日回函中向各股东提出多项异议，并要求了解万某公司财务状况，要求提供 2013 年 4 月 30 日资产负债表，以便决定是否行使优先购买权。了解公司的财务状况属于法律规定的股东知情权范畴，股东知情权行使的对象应为公司，优先购买权行使的对象为拟转让股权的股东，两项权能无内在逻辑关系，对此，蔡某山在上诉意见中也予认可。因此蔡某山在回函中提出了解公司财务状况等要求，并未按要求支付股权转让款，依法应视其放弃了优先购买权的行使。"

❷泉州市中级人民法院审理的王某访与晋江市财某纺织化工贸易有限公司股权转让纠纷案一审民事判决书【（2015）泉民初字第 708 号】认为："财某公司系有限责任公司，其股东结构为王某新与蔡某辉，财某公司的公司章程关于股权转让在第 27 条的规定与上述法律规定内容相同，因此，王某新对外转让股权应当书面通

知蔡某辉征求同意。王某新于 2015 年 1 月 4 日向蔡某辉发出《股权转让通知书》，在蔡某辉回复要求明确股权转让款支付形式等问题后，王某新又进一步回复，在该回复中，王某新明确了股权转让款的支付形式、支付期限、违约责任、股权过户期限、税费承担等问题，可以认定王某新已经就股权转让事项向蔡某辉作了完整、明确的通知。蔡某辉之后要求明确受让主体、股权转让所涉及标的公司的债权债务的承担等情况，由于蔡某辉同样作为财某公司的股东，其对财某公司的债权债务可以行使股东知情权，其提出的公司债权债务承担问题不属于王某新对外转让股权应当通知的事项。"

❷❽平顶山市中级人民法院审理的李某刚与张某平及杨某冰、平顶山市仙居园塔某有限公司股权转让纠纷案二审民事判决书【（2014）平民二终字第 163 号】认为："本案是股权转让纠纷，该转让行为与作为股东之一的李某刚有直接关系，李某刚有是否同意转让的表决权，也有优先购买权。结合本案，塔某公司股东张某平拟以 260 万元转让其持有的公司 60% 的股权，经召开股东会由多数股东讨论形成决议后，将股东会决议书面通知经会前通知但未参加股东会的李某刚，李某刚接到通知后，虽书面回复张某平其本人愿意出资 260 万元购买该股权，但同时附有条件，即要求张某平提供公司 2006 年以来的经营情况及负债报表后，再面谈股权转让事宜。李某刚作为塔某公司的股东有权知悉公司的经营状况及负债情况，但并非其接受股权转让行使优先购买权的法定条件，根据以上公司法的相关规定，李某刚若只是表示愿意购买，但未在合理期限内实际行使其优先购买权，应视为李某刚同意转让该股权。故在李某刚怠于行使其优先购买权的情况下，张某平将股权转让给第三人不违反公司法的相关规定，该转让行为应属有效。"

③转让人需承担股权转让通知送达原股东的举证责任

❷❾济南市市中区人民法院审理的宗某森、王某伟、张某武、王某文、张某华与田某才等股权转让纠纷案一审民事判决书【（2014）市商初字第 18 号】认为："本案中，两被告虽然于 2012 年 9 月 22 日分别向 5 原告邮寄了股权转让优先购买权征询函，但其向原告宗某森和王某伟所邮股权转让优先购买权征询函，均载明由商某珠代收后转交，在两被告不能提供证据证明商某珠系宗某森和王某文指定的代收人的情况下，邮件因拒收被退回，不产生已征求上述两原告同意的法律后果。其向原告王某文、张某武所寄股权转让优先购买权征询函，收件人虽系该两原告本人，但载明的邮寄地址为 2 人工作单位，两原告主张其工作单位已分别对外出租、发包，不天天在单位，且被告提交的邮件全程跟踪查询结果并未显示本人拒收，两被告亦未再按其 2 人住址邮寄，故亦不产生已征求两原告同意的法律后果。"

④股权转让通知内容发生实质性变更需要另行通知

❸❹江苏省高级人民法院审理的江苏新某国际咨询有限责任公司与江苏远某国际评估咨询有限公司、江苏省金某学会等股权转让纠纷案再审复查与审判监督民事裁定书【（2015）苏审三商申字第00398号】认为："本案中，金某学会与信某公司虽在2012年9月25日将'其持有的远某公司合计77.27%股份作为一个整体通过竞价方式对外转让，底价暂定600万元'的股权转让条件告知了新某公司，事实上却以'转让价格360万元，另行提供分公司事项处理保证金240万元用于处理分公司后续事宜'的条件向安某尔公司转让了股权，并于2012年12月20日签订了'股权转让协议'，故该转让条件与金某学会、信某公司先前告知新某公司'以底价600万元竞价转让股权'的条件发生了实质性的变更，金某学会、信某公司应当重新告知新某公司，确认新某公司在'转让价格360万元，另行提供分公司事项处理保证金240万元用于处理分公司后续事宜'的同等条件下是否行使优先购买权。现有证据不能证明金某学会与信某公司已尽告知义务，一审法院据此认定新某公司有权在合理期限内行使优先购买权，于法有据。"

⑤股东过半数同意转让股权不必通过股东会决议的形式作出

❸❶吉安市中级人民法院审理的刘某芹与余某兰、欧阳某青等股权转让纠纷案一审民事判决书【（2014）吉中民二初字第84号】认为："股东向股东以外的人转让股权，应当经其他股东过半数同意。股东应就其股权转让事项书面通知其他股东征求意见，其他股东自接到书面通知之日起满30日未答复的，视为同意转让。其他股东半数以上不同意转让的，不同意的股东应当购买该转让的股权，不购买的视为同意转让。经股东同意转让的股权，在同等条件下，其他股东享有优先购买权。华某公司经工商登记有欧阳某青、刘某敏、胡某文、罗某秀、刘某芹5名股东。对欧阳某青、胡某文分别向余某兰转让华某公司7%、3.5%的股份，作为公司股东欧阳某青、胡某文、罗某秀、刘某敏先后表示同意。该意思表示有上述股东签字为凭，证据确凿、充分。为此，本院确认欧阳某青转让华某公司7%的股份及胡某文转让华某公司3.5%的股份，已经过华某公司除出让股东外其他股东过半数同意。"

⑥隐名股东办理显名登记也需要过半数以上股东同意

❸❷上海市静安区人民法院审理的张某中诉杨某春股权确认纠纷一审案认为："本案中，争议股权虽应为原告张某中所有，但原告并不当然成为绿某公司的股东，被告杨某春在代为持股期限届满后，为原告办理相应的股权变更登记手续，形同股

东向股东以外的人转让股权。按照《公司法》第72条第2款、第3款①的规定，股东向股东以外的人转让股权，应当经其他股东过半数同意。股东应就其股权转让事项书面通知其他股东征求同意，其他股东自接到书面通知之日起满30日未答复的，视为同意转让。其他股东半数以上不同意转让的，不同意的股东应当购买该转让的股权；不购买的，视为同意转让。因此，被告为原告办理相应的股权变更登记手续，应当由绿某公司其他股东过半数表示同意。审理中，法院在绿某公司张贴通知，并向绿某公司部分股东发出通知，说明根据公司法有关规定，如绿某公司股东对原告张某中、被告杨某春之间的股权变更登记有异议，应按规定收购争议的股权，并于2009年12月31日前回复。嗣后，马某忠等8位股东（过半数）同意股权变更登记。因此，张某中、杨某春之间股权变更登记的条件已经成就，原告要求被告履行相应股权变更登记手续的诉讼请求，符合事实与法律依据，应予支持。"

（2）优先购买权中的同等条件问题

①同等条件需已确定

❸❸最高人民法院审理的丁某明与瞿某建优先认购权纠纷案再审民事判决书【（2012）民抗字第32号】认为："股东优先购买权是相比于股东以外的买受人而享有的优先权，因此，股东行使优先购买权的前提是，拟出让股东与股东以外的人已经就股权转让达成合意，该合意不仅包括对外转让的意思表示，还应包括价款数额、付款时间、付款方式等在内的完整对价。而在本案中，虽然在股东会前全体股东均被通知，将于下午与股东以外的受让人签约，但在股东会上，受让人并未到场，也没有披露他们的身份或者与他们签订的合同，因此，直至股东会结束签署决议时，对外转让的受让方仍未确定，股东行使优先购买权的前提也未成就。"

❸❹甘肃省高级人民法院审理的王某与嘉峪关嘉某房地产开发有限公司等股权转让纠纷案二审民事判决书【（2014）甘民二终字第100号】认为："本案中王某敬于2013年4月28日向朱某秦发出关于转让嘉某公司股权的通知书，告知其将以1850万元的价格向王某转让股权后，朱某秦已于5月14日书面答复不同意王某敬转让股权，故朱某秦应当购买王某敬的股权。对于王某敬欲向王某转让的股权的价格，朱某秦只能在同等条件下表示接受或者不接受，法律未赋予其可以附加其他条件的权利，如王某敬转让股权的价格过高，其应当受相关税收法律法规的调整，朱某秦完全有权拒绝购买，故朱某秦对王某敬转让的股权附加了交出嘉某公司财务账簿、评估股权价值等条件下方行使优先购买权于法无据，应视为朱某秦对王某敬向

---

① 被《公司法》（2023年修订）第84条修改。

王某转让股权的价格不予接受，故王某敬有权向王某转让股权。"

②同等条件的基本内容

1) 对外股权转让"同等条件"的一般内容

❸江苏省高级人民法院审理的江苏新某国际咨询有限责任公司与江苏远某国际评估咨询有限公司、江苏省金某学会等股权转让纠纷案再审复查与审判监督民事裁定书【（2015）苏审三商申字第 00398 号】认为："股东行使优先购买权的核心是在'同等条件'下优先取得转让的股权。'同等条件'应当综合股权的转让价格、价款履行方式及期限等因素确定。"

2) 股权转让款之外另行向公司借款可作为同等条件内容

❸阳江市中级人民法院审理的覃某华、阳春市永某电站有限公司股权转让纠纷案【（2017）粤 17 民终 703 号】认为："根据《公司法》第 71 条第 3 款①的规定，股东在同等条件下享有优先购买权。本案中，黄某炯等 11 名股东转让股权的条件是受让人借款 1000000 元给阳春永某电站偿还银行借款，每股转让价格为 260000 元。受让人范某坤、江某娟已实际提供了借款 1000000 元给阳春永某电站，并按每股 260000 元的价格支付转让款给黄某炯等 11 名股东。虽然本案现有证据未反映黄某炯等 11 名股东就股权转让事项以书面方式通知覃某华并征求覃某华的同意，但在本案一、二审庭审中征询覃某华是否同意按上述同等条件购买本案股权时，覃某华均表示仅同意以每股 260000 元的价款受让黄某炯等 11 名自然人股东转让的股权，而不同意提供借款 1000000 元给阳春永某电站。因此，在覃某华不同意提供借款 1000000 元给阳春永某电站的情况下，覃某华对黄某炯等 11 名自然人股东转让的股权不享有优先购买权。覃某华主张对黄某炯等 11 名股东转让的股权享有优先购买权，理据不足，本院不予支持。"

3) 股权整体受让可作为"同等条件"内容

❸贵州省高级人民法院审理的瓮安世某公司股东资格确认纠纷案民事裁定书【（2013）黔高民申字第 540 号】认为："对外出让股权的条件应由出让股权的股东确定，出让股权的股东认为股权整体出让能实现利益最大化，那么股权整体受让也是同等条件之一，蔡某山要求就某个股东的股权单独行使优先购买权不符合同等条件的要求，依法应视其放弃行使优先购买权。本院认为，主张行使优先购买权的股权应以出让人确定的同等条件受让股权，如有异议则应视为放弃行使优先购买权。"

---

① 被《公司法》（2023 年修订）第 84 条修改。

（3）优先购买权中的合理期间问题

①股东的优先购买权需要在合理期限内行使

《公司法司法解释四》规定的合理期间为自知道或者应当知道行使优先购买权的同等条件之日起 30 日或者自股权变更登记之日起 1 年。

❸❽北京市高级人民法院审理的北京藏某科技有限责任公司诉北京春某置地房地产开发有限公司等股权转让纠纷案申诉、申请民事裁定书【（2014）高民（商）申字第 02860 号】认为："本案中，春某公司作为京某公司的股东，在准备转让股权时，已经按其掌握的藏某公司的地址邮寄了转让股权的通知函，且通过邮件查询，藏某公司已经签收。春某公司履行了《公司法》规定的通知义务。藏某公司在收到股权转让通知后未予答复，亦未在规定的时间内行使优先购买权，应视为其放弃优先购买权。"

❸❾山东省高级人民法院审理的杜某洪与山东滨州鲁某不锈钢制品有限公司股东资格确认纠纷、股权转让纠纷案再审民事判决书【（2014）鲁民提字第 154 号】认为："李某某股权转让行为是否侵害李某虎的优先购买权。本院认为，因李某虎知晓李某某股权转让给杜某洪的情况下，迟至 1 年多后又与李某某签订股权转让合同，已超行使优先购买权的合理期限；且系低价转让行为，为非同等条件下行使优先购买权，故李某虎主张优先购买权的理由不能成立，不予支持。"

❹❿上海市第一中级人民法院审理的杜某江诉柳某华股权转让纠纷案【（2017）沪 01 民终 9107 号】认为："根据《公司法司法解释四》第 21 条的规定，有限责任公司的股东向股东以外的人转让股权，以欺诈、恶意串通等手段，损害其他股东优先购买权，其他股东主张按照同等条件购买该转让股权的，人民法院应当予以支持，但其他股东自知道或者应当知道行使优先购买权的同等条件之日起 30 日内没有主张，或者自股权变更登记之日起超过 1 年的除外。前款规定的其他股东仅提出确认股权转让合同及股权变动效力等请求，未同时主张按照同等条件购买转让股权的，人民法院不予支持。（1）对杜某江在本案中的主张予以分析，杜某江的原审诉请仅为确认系争股权转让协议效力，显然并不包括按照同等条件购买转让股权的主张，因此对于杜某江单独所提出的确认合同效力之诉依法不应获得支持；（2）在案事实表明，杜某江提出本案诉讼日期系在柳某华就系争股权转让事宜通知杜某江以及办理系争股权变更登记 1 年之后，已经远超过了前述《公司法司法解释四》所规定的日期。鉴于此，本院对杜某江的上诉主张不予支持。"

❹❶天津市第二中级人民法院审理的张某永、付某全等与胡某明股权转让纠纷案二审民事判决书【（2014）二中民二终字第 333 号】认为："胡某明向汇某达公司

送达《股权转让通知书》告知各股东其欲以 150 万元价格对外转让其持有的汇某达公司 10% 股权，该公司将上述通知内容告知各股东并由 17 名股东进行签收，后包括张某永、付某全、陈某富在内的 14 名股东向汇某达公司提出《关于'胡某明以 150 万元人民币转让其拥有的汇某达公司全部 10% 股权'意见表》，表明不同意胡某明转让或不同意对外转让股份，张某永、付某全、陈某富表示愿意购买，虽然汇某达公司与张某永、付某全、陈某富主张随后即将优先购买意见告知了胡某明，但其并未提供证据加以证明，现有证据不能证明张某永、付某全、陈某富将行使其主张的优先购买权的意见在合理期限内（最迟在案外人庄某成与被告胡某明等股权转让纠纷诉讼开始前）告知了胡某明，并与胡某明就优先购买股权的事宜进行过协商并达成合意，故原审判决综合本案情况，认定优先购买权应在一定期限内行使，超越相应合理期限而条件发生变化后，3 上诉人的优先购买权也即告丧失的认定并无不妥，本院予以维持。"

②部分法院将合理期间认定为 30 天

❷长沙市天心区人民法院审理的恩某集团有限公司与湖南省送某电工程公司、李某岗、湖南创某建设有限公司及第三人湖南新某盛房地产开发有限公司股权转让纠纷案一审民事判决书【（2015）天民初字第 05077 号】认为："为防止股东优先购买权的滥用，即确权后不行权，需要确定股东优先购买权的行权期限、行权方式。比照《公司法》第 71 条第 2 款①的规定，本院认为，可以要求原告恩某集团在确权生效后 30 日内行权，否则视为放弃优先购买权。只有在原告恩某集团放弃行权，被告送某电公司与被告创某公司签订的《股权转让合同》中关于股权转让的约定才生效。关于行权方式，按照相关法律规定办理。判决如下：（1）确认被告湖南省送某电工程公司与被告湖南创某建设有限公司（原湖南创业高峰建筑有限公司）于 2006 年 1 月 16 日签订的《股权转让合同》中关于股权转让的约定至原告恩某集团有限公司放弃优先购买权之前不发生效力。（2）确认原告恩某集团有限公司对被告湖南省送某电工程公司与被告湖南创某建设有限公司转让的第三人湖南新某盛房地产开发有限公司的股权享有优先购买权；原告恩某集团有限公司应当在本判决发生法律效力后 30 日内行使优先购买权，否则视为放弃；优先购买权的行使内容、条件，与被告湖南省送某电工程公司与被告湖南创某建设有限公司签订的《股权转让合同》相同。"

---

① 被《公司法》（2023 年修订）第 84 条修改。

③部分法院将"合理期间"确定为20天

❹❺江苏省高级人民法院审理的江苏新某国际咨询有限责任公司与江苏远某国际评估咨询有限公司、江苏省金某学会等股权转让纠纷案再审复查与审判监督民事裁定书【（2015）苏审三商申字第00398号】认为："《公司法》第72条①规定：'人民法院依照法律规定的强制执行程序转让股东的股权时，应当通知公司及全体股东，其他股东在同等条件下有优先购买权。其他股东自人民法院通知之日起满二十日不行使优先购买权的，视为放弃优先购买权。'如上所述，新某公司在2013年12月23日起诉之前就已知晓金某学会、信某公司向安某尔公司转让股权的条件，一审法院又于2014年3月3日组织双方当事人谈话，进一步征询新某公司是否愿意行使同等条件下的优先购买权，安某尔公司法定代表人亦明确表示'同意新某公司行使股东优先购买权，按'股权转让协议'约定的权利义务进行转让。我公司支付的转让款360万元应当归还我公司，其余240万元处置保证金承诺按照协议的约定交给远某公司'。而新某公司明知股权转让的条件，仍表示'需对公司的经营情况进行调查，我方愿意受让股权，至于金额和期限需进一步协商'。基于此，一审法院参照上述法律规定给予新某公司20天的考虑期，充分保障了新某公司优先购买权的行使，但新某公司并未在20日的合理期限内做出任何欲行使优先购买权的行为，一审法院据此认定新某公司放弃了优先购买权，并判决驳回其诉讼请求，于法有据。"

④原股东多年未行使优先购买权视为放弃权利

❹❹嘉兴市中级人民法院审理的广州美某士投资控股有限公司与浙江荣某科技企业有限公司请求变更公司登记纠纷案一审民事判决书【（2012）浙嘉商初字第16号】认为："首先，本案美某士公司已按公司章程的规定向荣某公司及其他股东履行了股权转让的通知义务，在程序上保障了荣某公司其他股东的优先购买权。其次，荣某公司及其他股东在2012年5月23日的回复函中明确表示要求按照2004年《合作协议书》约定，由各原始股东按原始受让价回购股份，上述主张显然违反了《公司法》第72条第3款②'经股东同意转让的股权，在同等条件下，其他股东有优先购买权'的规定，应视为其他股东放弃了优先购买权。最后，2012年7月25日，荣某公司6位股东决定按各自出资比例以5250万元的价格优先受让原告的29.85%股权，并通知了美某士公司，但该通知已超过股东优先权行使期间，对美

---

① 《公司法》（2023年修订）第85条。
② 《公司法》（2023年修订）第84条第2款。

某士公司不产生法律效力。因此，本案荣某公司其他股东已实际放弃了股东优先购买权，不存在侵犯股东优先购买权的问题。"

❹吉林市丰满区人民法院审理的段某强与段某刚、董某霞、董某莉及第三人邱某士股权转让纠纷案一审民事判决书【（2014）丰民二初字第 81 号】认为："原告段某刚早在 2006 年即向被告董某霞、董某莉转让了股权，并办理了股权变更登记手续，公司在长期的运营过程中，新老股东之间已经建立起了新的人合关系，新的股东结构已趋稳定，双方争议的股权价值与转让时相比也会发生较大的变化，而原告在 2014 年 8 月 25 日才提起本次诉讼，要求行使股东优先购买权，其行为必将导致已趋稳定的法律关系遭到破坏，交易安全得不到应有的保障，并可能会产生显失公平的法律后果，现原告段某强提起告诉，已明显超过合理期限。故原告段某强要求确认被告段某刚与被告董某霞、董某莉之间签订的《转让公司注册资本金协议书》无效的诉讼请求不应予以支持。"

(4) 股东行使优先购买权需原股东继续转让股权

原股东终止转让股权，其他股东不能行使优先购买权。

❹广西壮族自治区高级人民法院审理的秦某与陈某股权转让纠纷案再审复查与审判监督民事裁定书【（2015）桂民申字第 1192 号】认为："由于同意陈某对外转让股权的《股东会决议》被撤销，根据《合同法》第 56 条'无效的合同或者被撤销的合同自始没有法律约束力'的规定，《股东会决议》对各方当事人不产生法律效力。股东优先购买权，是指当股东对外转让股权时，其他股东享有的以同等条件优先于第三人购买该股权的权利。根据元某公司《公司章程》第 22 条第 2 款和《公司法》第 71 条第 3 款①的规定，经股东同意转让的股权，在同等条件下，其他股东有优先购买权。其他股东享有优先购买权的前提条件是'经股东同意转让的股权'和'在同等条件下'。虽然陈某与程某裕签订的《股权转让协议书》被撤销，但同意陈某对外转让股权的元某公司《股东会决议》也被撤销。本案中，陈某明确表示元某公司《股东会决议》和《股权转让协议书》被撤销后，不再出让其持有元某公司 22% 的股权。至此，陈某转让股权既没有股东会决议，也没有转让股权的同等条件。秦某在本案中一方面请求撤销元某公司《股东会决议》及陈某与程某裕签订的《股权转让协议书》，另一方面又请求行使股东优先购买权，其请求相互矛盾。因此，元某公司《股东会决议》及陈某与程某裕签订的《股权转让协议书》被撤销后，秦某要求对陈某持有元某公司 22% 的股权按 1761.76 万元的价格行使优

---

① 《公司法》（2023 年修订）第 84 条第 2 款。

先购买权的主张，没有事实和法律依据，本院不予支持。"

❹南宁市中级人民法院审理的秦某与陈某、程某裕、某锋、广西元某投资发展有限公司股权转让纠纷一案二审民事判决书【（2014）南市民二终字第379号】认为："股东对外转让股权的行为被依法撤销后，已转让的股权应当返还，股东可以选择继续转让或者终止转让，股权转让一旦终止，其他股东不能主张行使优先购买权。本案中，陈某与程某裕之间产生的股权转让行为侵害了秦某的优先购买权，被依法撤销后，陈某选择继续转让，秦某即可行使优先购买权，陈某选择终止转让，是陈某的自由意志，不受制于秦某行使优先购买权的意愿，秦某不能行使优先购买权。"

5. 股东优先购买权之诉的时效期间问题

股东优先购买权之诉，应根据具体的诉讼请求确定时效期间。股东主张股权转让协议侵害股东优先购买权，进而要求确认股权转让协议无效的，部分裁判观点认为应适用诉讼时效。

❹南京市中级人民法院审理的吴耿某与吴剑某、马某设股权转让纠纷案【（2014）宁商外初字第84号】认为："关于本案是否已经超过诉讼时效的问题。2010年7月26日吴耿某等人联名向南京市公安局请愿时，即认为吴剑某与马某设恶意串通损害其利益，因此，其当时即已知晓案涉股权转让相关事宜，其主张案涉股权转让侵害其优先购买权，进而要求确认案涉股权转让协议无效，应在法定的时效期间内及时行使权利。但本案中吴耿某直至2014年12月4日才诉至本院，请求确认案涉股权转让协议无效，已经超过法律规定的诉讼时效。故对马某设的这一抗辩，本院予以采纳。"

❹江苏省高级人民法院审理的李某柱与姜某松、殳某民等股权转让纠纷案【（2014）苏商外终字第0010号】认为："姜某上诉认为香港法院早在2010年3月就涉案股权事宜作出了判决，李某柱应在2010年3月就知道马某其转让其股权的事实，故李某柱的起诉已超过两年的诉讼时效。对此，本院认为，即便如姜某所称，李某柱在2010年香港法院作出判决时即知道马某其转让其股权，但并无证据证明李某柱知道马某其是以低价即1∶1.8的比例转让其股权的事实。从本案现有证据看，江苏省宝应县人民法院于2011年12月27日作出（2011）宝刑初字第0430号刑事判决，李某柱最早应在2011年12月27日知道马某其低价转让股权的事实，故本案的诉讼时效最早应从该日起起算，李某柱于2012年3月29日提起本案诉讼未超过2年的诉讼时效。姜某关于本案已经超过诉讼时效的上诉理由不能成

立，本院不予支持。"

股东主张股权转让协议侵害股东优先购买权，进而要求确认股权转让协议无效的，部分裁判观点认为应在合理期限内提出。

❺吉林市丰满区人民法院审理的段某强与段某刚、董某霞、董某莉及第三人邱某股权转让纠纷案【（2014）丰民二初字第 81 号】认为："虽然相关法律与梧某公司的公司章程并未明确规定其他股东行使优先购买权的期限，但并不意味着其他股东可以无限期地拖延行使该权利，为了维护交易安全及经济秩序的稳定，其他股东应当在合理期限内积极行使优先购买权。由于本案 3 位被告之间的股权转让行为早在 2006 年即已发生，而作为梧某公司股东的原告应当及时掌握包括公司的股权结构变化在内的重要信息，却怠于行使该项权利，另外，原告于 2009 年 12 月 15 日在吉林市公安局制作的询问笔录中也曾明确表示已经知晓被告董某霞、董某莉及第三人邱某入股梧某公司的事实，因此，由于原告在知晓公司股东将股权转让给了股东以外的人，明知其股东优先购买权受到侵害后，多年来一直未主张权利，应视为其放弃了该项权利。被告段某刚早在 2006 年即向被告董某霞、董某莉转让了股权，并办理了股权变更登记手续，公司在长期的运营过程中，新老股东之间已经建立起了新的人合关系，新的股东结构已趋稳定，双方争议的股权价值与转让时相比也会发生较大的变化，而原告在 2014 年 8 月 25 日才提起本次诉讼，要求行使股东优先购买权，其行为必将导致已趋稳定的法律关系遭到破坏，交易安全得不到应有的保障，并可能会产生显失公平的法律后果，现原告段某强提起告诉，已明显超过合理期限。故原告段某强要求确认被告段某刚与被告董某霞、董某莉之间签订的《转让公司注册资本金协议书》无效的诉讼请求不应予以支持。如原告认为被告段某刚转让股权的行为使其蒙受了损失，可另行主张权利。"

股东主张股权转让协议侵害股东优先购买权，进而撤销股权转让协议的，应在 1 年的除斥期间内提出。

❺固原市中级人民法院审理的方某与陈某会、方某会股权转让纠纷案【（2016）宁 04 民终 734 号】认为："上诉人方某作为宁夏龙某池酒业有限公司股东，对股东向外转让股份有优先购买权。本案中宁夏龙某池酒业有限公司股东方某会与陈某煜达成转让股份协议经公司董事会同意并加盖公司印章，宁夏龙某池酒业有限公司亦对陈某煜的职务做了安排，任命陈某煜为公司总经理职务。《合同法》第 55 条第 1 项规定，有下列情形之一的，撤销权消灭：具有撤销权的当事人自知道或者应当知道撤销事由之日起一年内没有行使撤销权。根据此规定，上诉人方某应在公司 2014 年 2 月 22 日召开股东之日起 1 年内行使撤销权，但上诉人方某在知

道或者应当知道撤销事由之日起 1 年内未行使权利，故撤销权消灭。一审法院以方某主张撤销股份转让协议的诉讼请求已超过诉讼时效的理由不当，本院予以纠正。但一审法院适用《合同法》第 55 条规定正确。"

6. 外资企业优先购买权的行使

❷西安市中级人民法院审理的陕西宝某集团有限公司与陕西银某电力开关有限公司、陕西银某发展（集团）有限公司股权转让纠纷案二审民事判决书【（2015）西中民四终字第 00179 号】认为："本案属于涉及中外合资企业的股权转让纠纷。《最高人民法院关于审理外商投资企业纠纷案件若干问题的规定（一）》第 1 条第 1 款规定：'当事人在外商投资企业设立、变更等过程中订立的合同，依法律、行政法规的规定应当经外商投资企业审批机关批准后才生效的，自批准之日起生效；未经批准的，人民法院应当认定该合同未生效。当事人请求确认该合同无效的，人民法院不予支持。'第 11 条规定：'外商投资企业一方股东将股权全部或部分转让给股东之外的第三人，应当经其他股东一致同意，其他股东以未征得其同意为由请求撤销股权转让合同的，人民法院应予支持。具有以下情形之一的除外：（一）有证据证明其他股东已经同意；（二）转让方已就股权转让事项书面通知，其他股东自接到书面通知之日满三十日未予答复；（三）其他股东不同意转让，又不购买该转让的股权。'第 12 条规定：'外商投资企业一方股东将股权全部或部分转让给股东之外的第三人，其他股东以该股权转让侵害了其优先购买权为由请求撤销股权转让合同的，人民法院应予支持。其他股东在知道或者应当知道股权转让合同签订之日起一年内未主张优先购买权的除外。前款规定的转让方、受让方以侵害其他股东优先购买权为由请求认定股权转让合同无效的，人民法院不予支持。'通过上述司法解释中的规定，可以看到对于外商投资企业的股权转让合同，如果未经外商投资企业审批机关批准，应当认定该合同未生效而非无效。如果股东认为股权转让未征得其同意或者股权转让侵害了其优先购买权，该股东应当请求撤销股权转让合同。并且当股东行使该撤销权时，还有一定的条件限制，即股东以未征得其同意或者股权转让侵害了其优先购买权为由请求撤销股权转让合同的同时，如果该股东不同意转让的，就应当购买。既不同意转让，又不购买该转让的股权，则撤销股权转让合同的请求不能成立。"

7. 国有企业优先购买权的行使

（1）股东有权在场外行使优先购买权

❸鹤壁市山城区人民法院审理的河南投某集团有限公司与鹤壁同某发电有限责

任公司、中国石某集团中原石油勘探局、第三人徐州苏某资产管理有限公司股权转让纠纷一案【（2011）山民初字第 1838 号】认为："我国现行法律及有关规章允许享有优先购买权的股东在转让出资的股东以竞价方式转让出资的情形下保留优先购买权。《拍卖法》规定，拍卖人有权要求委托人说明拍卖标的的来源和瑕疵，拍卖人应当向竞买人说明拍卖标的瑕疵。据此规定，拍卖程序中，是允许优先购买权人保留优先购买权这一拍卖股权的法律瑕疵存在的。国务院国有资产监督管理委员会 2009 年制定的《企业国有产权交易操作规则》第 13 条规定：'转让方应当在产权转让公告中充分披露对产权交易有重大影响的相关信息，包括但不限于：……（三）有限责任公司的其他股东或者中外合资企业的合营他方是否放弃优先购买权。'第 32 条规定：'产权转让信息公告期满后，产生两个及以上符合条件的意向受让方的，由产权交易机构按照公告的竞价方式组织实施公开竞价；只产生一个符合条件的意向受让方的，由产权交易机构组织交易双方按挂牌价与买方报价孰高原则直接签约。涉及转让标的企业其他股东依法在同等条件下享有优先购买权的情形，按照有关法律规定执行。'国有产权在产权交易场所公开竞价结束后，优先购买权人有权以竞买人的最高报价买受出让标的。"

(2) 未进场交易的股东并不必然丧失优先购买权

❺❹上海市第二中级人民法院审理的中某实业（集团）有限公司诉上海电某实业有限公司等股权转让纠纷案【《中华人民共和国最高人民法院公报》2016 年第 5 期】认为："虽然国有产权转让应当进产权交易所进行公开交易，但因产权交易所并不具有判断交易一方是否丧失优先购买权这类法律事项的权利，在法律无明文规定且股东未明示放弃优先购买权的情况下，享有优先购买权的股东未进场交易，并不能根据交易所自行制定的'未进场则视为放弃优先购买权'的交易规则，得出其优先购买权已经丧失的结论。被上诉人中某公司在一审第三人产交所的挂牌公告期内向产交所提出了异议，并明确提出了股东优先购买权的问题，要求产交所暂停挂牌交易。但产交所未予及时反馈，而仍然促成上诉人电某公司与水利公司达成交易，并在交易完成之后，方通知中某公司不予暂停交易，该做法明显欠妥。需要说明的是，产交所的性质为经市政府批准设立，不以营利为目的，仅为产权交易提供场所设施和市场服务，并按照规定收取服务费的事业法人。基于此，产交所并非司法机构，并不具有处置法律纠纷的职能，其无权对于中某公司是否享有优先购买权等作出法律意义上的认定。故当中某公司作为新某源公司的股东在挂牌公告期内向产交所提出异议时，产交所即应当暂停挂牌交易，待新某源公司股东之间的纠纷依法解决后方恢复交易才更为合理、妥当。故其不应擅自判断标的公司其余股东提出

的异议成立与否，其设定的交易规则也不应与法律规定相矛盾和冲突。"

（3）股东应在拍卖程序中行使优先购买权

❺❺上海市闵行区人民法院审理的上海某文化发展有限公司与钱某股权转让纠纷一案一审民事判决书【（2013）闵民二（商）初字第1026号】认为："涉案公司性质为有限责任公司，股权受让人钱某不是公司股东，故双方之间的股权转让属于公司外部转让，适用法律关于股东优先购买权的规定。而原告是含有国有股权的公司，依据法律、法规规定，其出让股权需采用评估、拍卖程序。首先，该程序排除了转让方与受让方协议定价之权利。其次，按照这一程序要求，在拍卖成交以前股权之价值尚未确定，股东也即无法行使优先购买权利。虽然公司股东会决议内容表明其他股东放弃了优先购买权，但股东之优先购买权只能在同等条件下行使，既然法律规定了国有股应当通过拍卖程序确定价格，那么股东的优先购买权也应在拍卖程序中行使，拍卖程序的要求本身就是一种同等条件。股东应当参与拍卖，当拍卖出现最高价后，拍卖人应征询股东的意见，如果其愿意购买股权拍归股东，如其不愿购买，拍归最高应价者。由此，本案股权出让方与受让方在股权转让协议中约定的股权转让价格无效。股东基于股权转让协议中的股权转让价格表示的放弃优先购买权的意思表示也是没有法律约束力的。现原告要求司法裁判被告继续履行股权转让协议没有法律依据。原告若欲出让股权，应依据《企业国有产权转让办法》以及《企业国有产权转让管理暂行办法》①的规定实施。因此，原告要求与被告继续履行涉案协议于法有悖，本院不予支持。"

8. 变相侵害股东优先购买权的类型

（1）侵害股东优先购买权之"投石问路"：先高价购进极低比例的股权（如1%股权），取得股东资格后低价购进剩余股权

❺❻江苏省高级人民法院审理的吴某崎与吴某民确认合同无效纠纷案再审民事判决书【（2015）苏商再提字第00068号】认为："吴某民与吴嵌磊之间的涉案两份股权转让协议存在《合同法》第52条第2项规定的恶意串通损害第三人利益的情形，属于无效协议。吴某民和吴嵌磊在7个月的时间内以极其悬殊的价格前后两次转让股权，严重损害吴某崎的利益。吴某民和吴嵌磊第1次转让1%的股权价格为15万元，第2次转让59%的股权实际价格62万元（以此测算第2次股权转让价格约为每1%价格1.05万元），在公司资产没有发生显著变化的情形下，价格相差达

---

① 已失效。

14 倍以上，其目的在于规避公司法关于其他股东优先购买权的规定，从而导致吴某崎无法实际享有在同等条件下的优先购买权，即首次转让抬高价格，排除法律赋予其他股东同等条件下的优先购买权，受让人取得股东资格后，第 2 次完成剩余股权转让。吴某民在一审庭审中亦明确表示'第 1 次股权转让吴嵌磊不是公司股东，吴某民必须考虑同等条件的优先权'，'（第 1 次）比后面的要价要高，目的是取得股东身份'。这表明吴某民对其与吴嵌磊串通损害吴某崎利益的意图是认可的。如果认可上述行为的合法性，公司法关于股东优先购买权的立法目的将会落空。综上，民事活动应当遵循诚实信用的原则，民事主体依法行使权利，不得恶意规避法律，侵犯第三人利益。吴某民与吴嵌磊之间的两份股权转让协议，目的在于规避公司法关于股东优先购买权制度的规定，剥夺吴某崎在同等条件下的优先购买权，当属无效。"

❺杭州市中级人民法院审理的浙江康某汽车工贸集团股份有限公司与马某雄、浙江万某汽车集团有限公司等股权转让纠纷案二审民事判决书【（2015）浙杭商终第 1247 号】认为："审查马某雄与万某公司前后两次转让股权的行为可以确认，马某雄先以畸高的价格转让了少量某国公司的股权给万某公司，在万某公司成为某国公司的股东之后，短期之内又以远远低于前次交易的价格转让了其余大量某国公司的股权给万某公司，前后两次股权转让价格、数量存在显著差异。综观本案事实，本院认为，本案前后两次股权转让存在密切关联，系一个完整的交易行为，不应因马某雄分割出售股权的方式而简单割裂。该两次交易均发生在相同主体之间，转让时间相近，且转让标的均系马某雄持有的某国公司的股权，股权转让人与受让人事先对于拟转让的股权总数量以及总价格应当知晓。马某雄在签订 2013 年 4 月 26 日第一次的股权转让协议前，虽向康某公司告知了拟对外转让股权的事宜，但隐瞒了股权转让的真实数量及价格，存在不完全披露相关信息的情形，造成了以溢价达 30 倍（与某国公司注册资本相比）的价格购买某国公司 0.09% 的股权，显然有违合理投资价值的表象。故本院认为，该股权转让人实际是以阻碍其他股东行使优先购买权条件之'同等条件'的实现，来达到其排除其他股东行使优先购买权之目的，系恶意侵害其他股东优先购买权的行为。康某公司据此要求撤销马某雄与万某公司之间的股权转让协议，应予支持。"

(2) 侵害股东优先购买权之"金蝉脱壳"：将公司优良资产装入新公司，然后再将新公司股权卖出

❺上海市高级人民法院审理的王某等因与石某强、山东凯雷圣某化工有限公司、江苏圣某化学科技有限公司股东滥用股东权利赔偿纠纷案二审民事判决书

【(2012) 沪高民二 (商) 终字第44号】认为："关于王某、刘某、程某文、唐某民、王某跃、杜子斌、冯某根、茅某晖、余某标、李某亮10股东是否存在滥用股东权利造成石某强损失的问题。在香港凯雷圣某公司收购上海圣某公司、山东圣某公司股权无果的情况下，上诉人王某、刘某、程某文、唐某民、王某跃、杜子斌、冯某根、茅某晖、余某标、李某亮为规避石某强的股东优先购买权，滥用股东权利实施了侵权行为。(1) 新设除石某强之外的与上海圣某公司、山东圣某公司股权结构相同的山东凯雷圣某公司，因山东凯雷圣某公司无法实现香港凯雷圣某公司的收购目的，再设江苏圣某公司。(2) 将上海圣某公司、山东圣某公司的资产以明显低于香港凯雷圣某公司的拟收购价格转让江苏圣某公司。(3) 将明显低价受让的上海圣某公司、山东圣某公司资产的江苏圣某公司的40%股权，以较高价格与香港凯雷圣某公司完成股权转让。在上述侵权行为过程中，王某、刘某、王某跃等10股东构成共同侵权，首先，王某、刘某、王某跃等10股东的行为，有共同的意思联络，主观上均有共同故意性。其次，为香港凯雷圣某公司收购股权的目的实现，10股东紧密配合，规避法律，共同完成相关公司之间资产的反复移转和股权的转让，其目的具有违法性。再次，10股东的上述行为直接导致石某强在上海圣某公司、山东圣某公司所占股权利益受损的结果发生。最后，正因为王某、刘某、王某跃等10股东不通知石某强参加股东会以及违反公司章程设立关联公司、低价转让资产至关联公司等行为，才使石某强的股权权益受损，二者之间有直接的因果关系。根据《公司法》的规定，公司股东滥用股东权利给公司或者其他股东造成损失的，应当依法承担赔偿责任。故王某、刘某、王某跃等10股东构成滥用股东权利对石某强合法权益的共同侵权，应当共同承担赔偿责任。"

(3) 侵害股东优先购买权之"釜底抽薪"：通过控股目标公司股东的母公司，间接收购目标公司

❺❾上海市第一中级人民法院审理的浙江复某商业发展有限公司诉上海长某投资管理咨询有限公司财产损害赔偿纠纷一案一审民事判决书【(2012) 沪一中民四(商) 初字第23号】认为："股东优先购买权具有法定性、专属性，是一种附条件的形成权和期待权。6被告对于上述法律规定应当是明知的，本案中，被告绿某公司、被告证某五道口公司共同出让其合计持有的海某门公司50%股权的意思表示是清晰完整的，并由被告证某置业公司代表被告绿某公司、被告证某五道口公司作为联合方发函询问原告是否决定购买之一节事实，亦充分证明了被告绿某公司、被告证某五道口公司明知法律赋予股东优先购买权的履行条件和法律地位。但嗣后，被告绿某公司和被告证某五道口公司并未据此继续执行相关股东优先购买的法定程

序,而是有悖于海某门公司的章程、合作协议等有关股权转让和股东优先购买的特别约定,完全规避了法律赋予原告享有股东优先购买权的设定要件,通过实施间接出让的交易模式,达到了与直接出让相同的交易目的。据此,本院认为,被告绿某公司和被告证某五道口公司实施上述交易行为具有主观恶意,应当承担主要的过错责任。上述交易模式的最终结果,虽然形式上没有直接损害原告对于海某门公司目前维系的50%权益,但是经过交易后,海某门公司另50%的权益已经归于被告长某公司、被告某昇公司所属的同一利益方,客观上确实剥夺了原告对于海某门公司另50%股权的优先购买权。目前双方对于海某门公司的董事会成员改组事宜已经发生争议,各持50%的股权结构的不利因素已经初见端倪,海某门公司未来的经营管理和内部自治的僵局情形也在所难免。显然,上述交易后果的发生,不利于海某门公司以及项目公司的实际经营和运作,也难以保障外滩×-1地块项目的正常开发。《合同法》第52条规定:'有下列情形之一的,合同无效:……(三)以合法形式掩盖非法目的。'依据上述法律规定并结合本案基本法律事实,本院认为,被告绿某公司、被告证某五道口公司系海某门公司的直接股东,被告嘉和公司、被告证某置业公司又系被告绿某公司、被告证某五道口公司的唯一出资人,被告嘉和公司、被告证某置业公司与被告某昇公司之间实际实施的关于被告嘉和公司、被告证某置业公司持有的被告绿某公司、被告证某五道口公司股权的转让行为,旨在实现一个直接的、共同的商业目的,即由被告长某公司、被告某昇公司所归属的同一利益方,通过上述股权收购的模式,完成了对被告绿某公司、被告证某五道口公司的间接控股,从而实现对海某门公司享有50%的权益,最终实现对项目公司享有50%的权益。综上所述,被告之间关于股权交易的实质,属于明显规避了《公司法》第72条①之规定,符合《合同法》第52条第3项规定之无效情形,应当依法确认为无效,相应的《框架协议》及《框架协议之补充协议》中关于被告嘉某公司、被告证某置业公司向被告长某公司转让被告绿某公司、被告证某五道口公司100%股权的约定为无效,被告嘉某公司与被告某昇公司、被告证某置业公司与被告某昇公司签署的《股权转让协议》亦为无效。"

(4)侵害股东优先购买权之"虚张声势":先以虚高价格逼退原股东,然后私下以低价签约

❻上海市第一中级人民法院审理的周某某与姚某某股权转让纠纷案二审民事判决书【(2011)沪一中民四(商)终字第883号】认为:"股东优先购买权是形成

---

① 《公司法》(2023年修订)第84条。

权，股东要求行使优先购买权时，无须转让股东再为承诺，即在享有优先购买权股东与转让股东间成立拟转化股权的股权转让合同，且该合同是以转让股东与第三人间约定的'同等条件'为内容。因此，本案中，姚某向周某某发函及登报公告仅能起到通知周某某有关姚某欲行使股东优先购买权法律后果，而不能要求周某某再一次进行受让股权的竞价，也就是说，姚某一旦行使优先购买权，其与姚某某间的股权转让合同，是以姚某某与周某某间约定的'同等条件'为内容。本院注意到，2006 年协议书中周某某、周某受让甲公司全部股权的价格为 1440 万元，而 2007 年12 月 12 日姚某某将其 95% 股权以 95 万元转让给姚某，很显然，姚某并不是以'同等条件'受让姚某某所持的股份。鉴于姚某某与姚某间的兄弟关系、姚某某的代签行为以及姚某受让股权的价格与 2006 年协议书所约定价格的悬殊程度等情况，本院认为，姚某某与姚某在签订 2007 年 12 月 12 日的股权转让协议书时有恶意串通损害周某某利益的行为，故 2007 年 12 月 12 日的股权转让协议书应认定为无效。"

❻❶广州市中级人民法院审理的招某枝诉招某泉解散及清算公司纠纷案【（2004）穗中法民三初字第 270 号】认为："依照《公司法》第 72 条第 3 款①的规定，当股东转让股权时，在同等条件下，其他股东对该股权享有优先购买权。'同等条件'是行使优先购买权的实质性要求，是指转让方对其他股东和对第三人转让条件的相同，不区别对待。在条件相同的前提下，其他股东处于优先于股东之外的第三人购买的地位。本案中，被告招某泉在 2004 年 11 月以特快专递方式向股东招某枝送达的股东会召开通知书中，载明招某泉是以 1350 万元价格把其股份转让给冯某妹。及后全某达公司于 2004 年 11 月 11 日召开股东会议作出的股东会决议中，亦是决定招某泉以 1350 万元价格转让其股份。但招某泉在上述股权转让合同中约定以 27.5 万元的价格转让其股份，冯某妹实际支付股权转让款 27.5 万元。由此可见，招某泉转让股权给冯某妹的价格远低于其告知招某枝的价格。该行为直接剥夺了招某枝在同等条件下的股东优先购买权，违反了公司法的上述强制性规定，故该股权转让合同应认定为无效，不发生股权转让的效力。"

（5）侵害股东优先购买权之"瞒天过海"：委托公司原股东代持股份，隐名收购其他股东股权

❻❷四川省高级人民法院审理的泸州鑫某矿业集团有限公司与葛某文等股权转让纠纷申请案【（2013）川民申字第 1771 号】认为："关于刘某安代鑫某矿业公司收购股权行为的效力问题。综观全案，内江南某有限责任公司除工商登记的 8 名股东

---

① 《公司法》（2023 年修订）第 84 条第 2 款。

外的其他出资人具有股东资格，其持有的公司股份为其享有的股权。鑫某矿业公司认为刘某安为其收购的是内江南某有限责任公司的隐名出资份额，并非股权，不受公司法及公司章程的限制，该主张系对公司法的曲解，不予支持。鑫某矿业公司委托刘某安以其内江南某有限责任公司股东的身份收购该公司其他股东股权的行为，其用意为规避《公司法》第 72 条第 2 款、第 3 款①规定：'股东向股东以外的人转让股权，应当经其他股东过半数同意。股东应就其股权转让事项书面通知其他股东征求同意，其他股东自接到书面通知之日起满三十日未答复的，视为同意转让。其他股东半数以上不同意转让的，不同意的股东应当购买该转让的股权；不购买的，视为同意转让。经股东同意转让的股权，在同等条件下，其他股东有优先购买权……'鑫某矿业公司的规避行为属损害内江南某有限责任公司其他股东的合法权益，为恶意规避。刘某安受鑫某矿业公司委托收购股权的行为为名义上的股东间股权转让行为，实为隐瞒王某玉等 62 人对外转让股权，刘某安与王某玉等 62 人间的股权转让行为违反了《公司法》第 72 条②的强制性规定，应属无效。"

❻❸曲靖市中级人民法院审理的桂某金与陈某真、陈某华、第三人曲靖百某集团有限责任公司股权转让纠纷案二审民事判决书【（2016）云 03 民终 362 号】认为："本案中，上诉人桂某金、被上诉人陈某真、原审被告陈某华均为第三人曲靖百某集团有限责任公司的股东，《公司章程》第 18 条规定：'未经股东大会同意，不得向股东以外的其他人转让出资。经股东同意转让的出资，在同等条件下，其他股东对该出资有优先购买权。'上诉人桂某金与原审被告陈某华签订的《股权转让协议》，从形式上看系公司股东之间相互转让股份，但实质上上诉人桂某金是代股东之外的人以股东名义收购股权，对该事实有被上诉人陈某真在一审提交的录音资料、证人证言等证据予以证实；且曲靖百某集团有限责任公司也陈述公司上下均知道上诉人系代非股东收购股权，曲靖市麒麟区商务局在《信访告知书》中也对非股东委托上诉人收购股权的事实作出表述，告知被上诉人依法维权；上诉人桂某金收购股权的资金亦来自委托其收购股权的不具有公司股东身份的案外人。故上诉人桂某金与原审被告陈某华签订的《股权转让协议》违反了法律的强制性规定及公司章程的相关规定，该《股权转让协议》无效。"

---

① 《公司法》（2023 年修订）第 84 条第 2 款。
② 《公司法》（2023 年修订）第 84 条。

（八）股权的善意取得

1. 股权善意取得的前提——无权处分

❶最高人民法院审理的王某与刘某远、上海兆某恒投资有限公司及新疆拜城音某铁热克煤业有限责任公司确认合同无效纠纷案二审民事判决书【（2013）民二终字第91号】认为："《物权法》第106条规定：'无处分权人将不动产或者动产转让给受让人的，所有权人有权追回；除法律另有规定外，符合下列情形的，受让人取得该不动产或者动产的所有权：（一）受让人受让该不动产或者动产时是善意的；（二）以合理的价格转让；（三）转让的不动产或者动产依照法律规定应当登记的已经登记，不需要登记的已经交付给受让人。受让人依照前款规定取得不动产或者动产的所有权的，原所有权人有权向无处分权人请求赔偿损失。当事人善意取得其他物权的，参照前两款规定。'本案中刘某远继承其父亲刘某的股东身份并经发生法律效力的民事判决确认其拥有音某铁热克煤业公司30%的股份，并非《物权法》第106条规定的不适用善意取得的情形。"

❷北京市第三中级人民法院审理的王某清、方某彬与王某泽、王某兰等股权转让纠纷案【（2017）京03民终13124号】认为："一方面，王某清并未以其名义处分诉争股权，不属于无权处分意义上的处分人，不符合善意取得制度的条件，另一方面，本案中，方某彬未提供充分证据证明其支付了对价。故，方某彬无权依据善意取得制度取得涉案股权。因此，上诉人方某彬、王某清的该项上诉主张缺乏事实和法律依据，本院不予支持。"

2. 受让人须为善意

在股权善意取得的情形中，真实权利人需对受让人的"非善意"承担证明责任。

❸最高人民法院审理的钱某许与钱某龙、张某涛等股权转让纠纷案申诉、申请民事裁定书【（2016）最高法民申1594号】认为："《最高人民法院关于适用〈中华人民共和国物权法〉若干问题的解释（一）》第15条规定：'受让人受让不动产或者动产时，不知道转让人无处分权，且无重大过失的，应当认定受让人为善意。真实权利人主张受让人不构成善意的，应当承担举证证明责任。'本案中，案涉股权登记在张某涛名下，钱某许没有证据证明宋某军受让案涉股权时知道张某涛无处

分权。虽然钱某龙并未举证证明其在与宋某军进行案涉股权转让交易时有张某涛的相应授权委托，但这与张某涛是否为案涉股权的真实权利人以及宋某军对此事实是否知道或应当知道并无直接必然的联系。实际上，就案涉股权从张某涛名下转移登记至宋某军名下等事实看，宋某军有合理理由相信钱某龙有权代理张某涛处分案涉股权，而且张某涛事后也对钱某龙转让股权的行为予以认可。故钱某龙代张某涛转让案涉股权给宋某军的行为并不影响宋某军受让股权的善意。因此，钱某许主张宋某军受让股权是非善意的证据不足，其相应主张不能成立。"

❹最高人民法院审理的西藏国某矿业发展有限公司与薛某懿、薛某蛟等股权转让纠纷案二审民事判决书【（2014）民二终字第 205 号】认为："关于转让合同的效力，根据《公司法司法解释三》第 28 条第 1 款及《物权法》第 106 条规定，公司股权转让后未办理变更登记，出让人再次处分该股权，受让人请求认定处分行为无效的，人民法院可以参照《物权法》第 106 条关于无权处分及善意取得的规定处理。即除非二次受让人符合善意取得的条件，否则股权原受让人有权追回被处分的股权。本案中，国某公司根据合作协议取得龙某公司股权后未办理工商变更登记，股权出让方薛某懿、薛某蛟在此情况下又与王某生、薛某琦签订了转让合同，将案涉股权再次转让给王、薛二人。按照上述法律及司法解释规定，薛某懿、薛某蛟将股权再次转让的行为属无权处分行为。由于王某生、薛某琦系在明知该股权已经转让给国某公司的情况下与薛某懿、薛某蛟完成的股权转让，且系采用欺骗手段获取龙某公司相关登记资料后办理的股权变更登记，其行为明显不具有善意。综合以上事实，王某生、薛某琦受让股权的行为不构成法律规定'善意取得'的条件，薛某懿、薛某蛟向其转让股权的行为属无权处分行为，基于该无权处分行为所签订的转让合同应为无效合同。"

❺浙江省高级人民法院审理的龚某平与龚某根、龚某股权转让纠纷案【（2017）浙民终 232 号】认为："鉴于天某公司的股权至今登记于龚某平、赵某燕名下，尚未变更登记于龚某根或其指定的人名下，且龚某根对于天某公司的股权已经转让给龚某的情况也知悉，所以龚某根的受让行为不构成善意取得，龚某根不能取得股权，其只能请求股权转让人承担违约责任。"

3. 受让人支付合理价款

要想构成股权的善意取得，需以受让人支付合理对价为前提。真实权利人主张善意取得不成立的，需对"不合理的低价"承担举证责任。

❻最高人民法院审理的钱某许与钱某龙、张某涛等股权转让纠纷案申诉、申请

民事裁定书【(2016) 最高法民申 1594 号】认为："根据已查明的案件事实，宋某军已经支付了 300 万元股权转让款，钱某许虽主张该对价因低于鑫通公司股权的现值而不合理，但对此缺乏证据证明，故可认定该股权转让的对价是合理的。另外，案涉股权已经登记至宋某军名下。因此，宋某军受让案涉股权符合善意取得的构成要件，原判决认定宋某军已经善意取得案涉股权并无不当。"

❼最高人民法院审理的张某、孙某卫等与张某民、史某安与金某公司有关纠纷案申请再审民事裁定书【(2014) 民申字第 1364 号】认为："关于申请人张某持有金某公司 10% 股权是否构成善意取得的问题，根据金某公司工商登记档案的记载，2010 年 9 月 30 日，孙某卫向张某转让该 10% 的股权，张某登记为金某公司的股东，孙某卫退出股东会。因张某和孙某卫系亲属关系，2 申请人在本案中并未提供张某支付了对价的相关证据，结合孙某卫自述借用张某身份证办理银行卡供自己使用，以及 2011 年 12 月 20 日的《协议书》中孙某卫处分权益的意思表示等相关证据，本院对申请人的此点申请理由，不予采信。"

❽最高人民法院审理的西藏国某矿业发展有限公司与薛某懿、薛某蛟等股权转让纠纷案二审民事判决书【(2014) 民二终字第 205 号】认为："王某生、薛某琦受让该股权的价款仅为 500 万元，不足注册资本 5020 万元的 1/10，与国某公司转让价款 4583 万元相比也相差巨大，该转让价款应属不合理对价。综合以上事实，王某生、薛某琦受让股权的行为不构成法律规定'善意取得'的条件，薛某懿、薛某蛟向其转让股权的行为属无权处分行为，基于该无权处分行为所签订的转让合同应为无效合同。"

❾浙江省高级人民法院审理的夏某建、吴某君等与张某福、邵某娟等确认合同无效纠纷案再审复查与审判监督民事裁定书【(2015) 浙民申字第 2820 号】认为："善意取得的适用除善意条件外，还应以有偿取得为前提。本案中，夏某建、吴某君并未向潘某辉等 4 人支付股权转让的对价，2 人和潘某辉、吴某峰、蒋某平之间就股权转让是否应支付对价亦各执一词，2 人也未就不应支付对价提供充分证据予以证明，故善意取得的前提条件不成立，不构成善意取得。夏某建、吴某君的该节再审理由不能成立。"

❿上海市第一中级人民法院审理的瞿某林诉乔某花股权转让纠纷案【(2017) 沪 01 民终 12988 号】认为："首先，系争的某集团公司 22.20% 的股权属于瞿某林、乔某花的夫妻共同财产范围，目前双方婚姻关系依然存续，共同财产尚未分割；其次，瞿某荣系瞿某林的亲子、乔某花的继子；再次，瞿某林转让系争股权予瞿某荣，事先未经乔某花同意，事后乔某花亦不予追认；最后，转让行为发生在乔某花

与瞿某林诉讼期间，转让价格亦明显低于股权价值。综合以上特定主体及情形，并依据《婚姻法》之规定，可以认定瞿某林未经乔某花同意对外转让股权属无权处分行为，同时基于受让人瞿某荣的特殊身份并结合实际的转让价格，瞿某荣亦不构成为善意第三人。据此，依据《合同法》第 51 条之规定，系争《股权转让协议》不具有法律效力，转让行为因此无效。"

4. 受让人办理了变更登记

⓫最高人民法院审理的四川京某建设集团有限公司与简阳三某湖旅游快速通道投资有限公司等及深圳市合某万家房地产投资顾问有限公司等股权确认纠纷案二审民事判决书【（2013）民二终字第 29 号】认为："因京某公司无证据证明华某公司在受让目标公司股权时系恶意，且华某公司已支付了合理对价，锦某公司、思某公司的股权业已由合某公司实际过户到华某公司名下，华某公司实际行使了对锦某公司、思某公司的股东权利，符合《物权法》第 106 条有关善意取得的条件，故应当认定华某公司已经合法取得了锦某公司、思某公司的股权。"

⓬安徽省高级人民法院审理的宿州市同某置业有限公司与汪某生、宿州市良某置业有限公司股东名册变更纠纷案【（2012）皖民二终字第 00042 号】认为："宿州良某公司能否主张适用善意取得制度。善意取得是在已办理不动产登记或动产交付之后才产生，而汪某生与宿州良某公司之间的股权变更并未办理相关登记。据此，本案中不存在适用善意取得的前提条件，宿州同某公司的此节上诉理由成立。"

（九）股权转让与公司章程

1. 公司章程强制股权转让的规定有效

❶南京市中级人民法院审理的戴某艺与南京扬某信息技术有限责任公司与公司有关的纠纷一案的民事判决书【（2016）苏 01 民终 1070 号】认为："根据扬某信息公司股东会决议通过的《扬某信息公司章程》第 26 条的规定，公司股东因故（含辞职、辞退、退休、死亡等）离开公司，其全部出资必须转让。此后，该公司股东会决议通过的《股权管理办法》也规定，公司股东因故（含辞职、辞退、退休、死亡等）离开公司，亦应转让其全部出资。虽然戴某艺主张第一次股东会决议中的签名并非其所签，但章程系经过股东会决议通过，其不仅约束对该章程投赞成票的股东，亦同时约束对该章程投弃权票或反对票的股东。反之，如公司依照法定程序

通过的章程条款只约束投赞成票的股东而不能约束投反对票的股东，既违背了股东平等原则，也动摇了资本多数决的公司法基本原则。且本案中，第二次股东会决议中所通过的股权管理办法，戴某艺亦签字确认。故上述《扬某信息公司章程》及《股权管理办法》中的规定，体现了全体股东的共同意志，是公司、股东的行为准则，对全体股东有普遍约束力。本案中，戴某艺于2013年11月30日退休，故从该日起，戴某艺不再具有扬某信息公司出资人身份，也不应再行使股东权利。"

❷威海市中级人民法院审理的威海新某方钟表有限公司与郭某波股东资格确认纠纷案二审民事判决书【（2015）威商终字第358号】认为："根据公司章程的规定，人事关系或劳资关系已经脱离公司的，股东资格自然灭失，并按章程规定办理股权转让手续。因各种原因离开公司的股东，须在1个月内将全部出资，经公司转让给其他股东或符合条件的本企业在职职工。未能及时转让的，将不再参加公司红利的分配，由公司财务部门转为个人备用金。上诉人郭某波自2011年3月调离被上诉人，且收取了被上诉人退股款35000元。根据上述章程的规定，上诉人的股东资格自然灭失，上诉人应按照公司章程的规定将股权转让。被上诉人通过董事会决议将郭某波持有的股份转让给刘某，上诉人理应协助被上诉人和原审第三人刘某办理股权变更登记手续。"

❸桂林市中级人民法院审理的何某琛与桂林力某粮油食品集团有限公司工会委员会、桂林力某粮油食品集团有限公司公司盈余分配纠纷案二审民事判决书【（2016）桂03民终608号】认为："2004年2月5日，被上诉人力某公司召开股东大会，并做出修改公司章程条款决议，将力某公司章程第2章第3条修改为'本公司股本，全部由内部职工认购，但改制后因调离、辞职、除名及职工本人不愿意与企业续签劳动合同离开本企业的职工，已不具备本企业改制后企业内部职工身份的，应转让原本人所持有的股份给企业。如当事人不按规定要求转让原股份给企业的，企业每年按银行同期壹年存款利率付给其原股本额利息，不再享受企业股利分红后待遇'和被上诉人力某工会职工持股会章程第28条亦规定'会员因调离、辞职、判刑、被企业辞退、除名、开除及本人不愿意与企业续签劳动合同离开公司，已不具备本企业改制后企业内部职工身份的，其所持出资（股份）应该转让给公司持股会，由公司持股会同意收购'。2014年3月29日至今，上诉人何某琛不再到被上诉人力某公司下属的临某公司上班，双方已不存在劳动合同关系，上诉人何某琛理应依据力某公司章程和力某工会职工持股会章程的规定，其持有股份或内部转让或转让给公司持股会。"

2. 公司章程规定强制股权转让的价格需合理

❹湖南省高级人民法院审理的邓某生与株洲市建某设计院有限公司、谢辉股权转让纠纷案再审民事判决书【（2016）湘民再 1 号】认为："建某设计院《公司章程》第 20 条规定辞职或辞退离开公司的，持股人必须自事由发生之日起 30 天内转让其全部股权，未在 30 天内转让股权，30 天期限届满停止分红，如 30 天内无受让人，由董事会接受股权，按公司上一年度末账面净资产结合股权比例确定股本受让价格，但不高于股本原始价格。董事会受让股权后，可由董事会成员分摊或转为技术股。第 22 条规定，技术股作为集体股由工会代表集体持有。技术股经董事会提出方案报股东大会批准，用以派送给一级注册人员及有重大贡献的技术骨干或聘用人才以分红权。被派送者在岗享受分红权，离岗则取消。公司《股权管理办法》第 20 条规定，股份转让在未确定受让人前，先由公司垫付转让金。第 25 条第 3 项规定，因辞职、辞退、受刑事处罚或其他事由离职而转让股权的，如内部转让不成或在离职后 30 天内没有确定受让人的，由公司回购股权，按公司上一年度末账面净资产结合股权比例确定股本受让价格，但不高于股本原始价格。综上，作为股东之间协议的《公司章程》《股权管理办法》，约定了当股东辞职离开公司后 30 天内未能自主完成内部转让股份的，由公司垫付转让金，依账面净资产和股份比例按不高于股本原值回购其股份的准则，其间包含了为实现公司宗旨、保证公司存续和发展而将高于股本原值部分的股份价值在离职时予以让渡的意思表示，但从《公司章程》约定的内容来看，其让渡的受益对象是明确具体的，董事会受让股权后，要由董事会成员分摊或转为技术股。除此之外，《公司章程》和《股权管理办法》没有规定可以溢价转让于其他股东。对离职股东的股份进行回购，目的在于维持公司'生命'，公司的'生命'高于股东利益，但公司将按不高于股本原值回购的股份溢价盈利，则势必违背股权平等原则，显然也违背股东会议设定回购规则的初衷与真实意思。建某设计院将强制回购的谢某所持有 9 万股股份溢价转让给公司其他股东，不符合《公司章程》的规定，不属于谢某应当让渡自己利益的范围，其收益应归谢某享有。"

❺成都市中级人民法院审理的边某栋与丁某忠股权转让纠纷案二审民事判决书【（2015）成民终字第 5778 号】认为："根据美某项目公司的公司章程第 16 条规定，'股权转让，其转让价格自公司设立之日起至该股东与成都美某不再具有劳动关系为止，按转让方股东原始出资额每年 10% 的单利计算'可以看出，股权转让价格仅为单利，不包含原始出资额。上诉人认为如按单利计算对其有失公平，本院认为，

公司章程是股东共同一致的意思表示，章程中对于股权转让款价格的约定亦合法有效，不论公司目前经营状况是盈利还是亏损，如无相反约定，股权转让价格均应按公司章程规定的方式计算，原审法院计算方式正确。且原审法院根据查明的事实，即边某栋并未提供以其自有资金出资的证据、《备忘录》的签署以及转账的过程等，综合认定边某栋并未以自有资金出资正确。而丁某忠将借条原件返还给边某栋的行为亦表明丁某忠认可边某栋对美某项目公司的出资由其支付，故股权转让价格按单利计算对边某栋而言具有合理性，不存在不公平。上诉人要求丁某忠支付利息的诉讼请求亦无依据。综上，边某栋的上诉主张不能成立，其上诉请求本院不予支持。"

3. 公司章程可规定股权转让须经过股东会决议通过

❻广州市中级人民法院审理的袁某良与广州卓某光电科技有限公司股权转让纠纷案二审民事判决书【（2014）穗中法民二终字第665号】认为："《公司法》第71条第4款①规定：'公司章程对股权转让另有规定的，从其规定。'上述法律规定对有限责任公司的股权转让问题作了明确规定，也就是说股权转让也要符合公司章程的规定。其中该条即宏某公司的章程对股权转让事项作出了明确规定，袁某良与张少辉之间的股权转让应遵照该公司章程执行。据宏某公司2010年12月18日作出的公司章程记载，股权转让须由股东作出书面形式的决定；而2012年12月12日的公司章程则载明股东会须对股东向股东以外的人转让股权作出决议。从现有证据看，张少辉对涉案的股权转让并未作出书面决定，而在2012年5月10日的股东会决议并不同意张少辉将其持有宏某公司的股权转让给袁某良。综上，根据宏某公司的公司章程，袁某良与张少辉的股权转让并未获得股东会（股东）决议的通过，因此袁某良并未取得宏某公司的股权。"

4. 公司章程规定股权转让须经董事会决议通过的条款无效

❼上海市第一中级人民法院审理的A公司与B等股权转让纠纷案二审民事判决书【（2012）沪一中民四（商）终字第S1806号】认为："虽然A公司的章程规定股权转让必须经董事会通过，但是由于该规定与公司法的规定相悖，所以对本案各方当事人没有约束力。关于有限责任公司的股权转让，在我国《公司法》第3章中已经有明确的规定。《公司法》第72条②规定，有限责任公司的股东之间可以相

---

① 《公司法》（2023年修订）第84条第3款。
② 《公司法》（2023年修订）第84条。

互转让其全部或者部分股权。股东向股东以外的人转让股权，应当经其他股东过半数同意。其他股东半数以上不同意转让的，不同意的股东应当购买该转让的股权；不购买的，视为同意转让。此处，并没有限制性地规定股权转让必须经董事会决议的程序。并且，股权转让需经董事会决议的程序客观上限制了公司法赋予有限责任公司股东依法转让股权的法定权利，因此该规定不但与公司法相悖，而且完全不具有合理性，亦不属于当事人可以自由约定的内容范畴。"

（十）股权转让与夫妻共同财产

1. 夫妻一方未经配偶同意签订的股权转让协议的效力问题

大多数法院的裁判观点认为，夫妻一方未经配偶同意签订的股权转让协议不影响该合同的效力。

❶最高人民法院审理的艾某、张某田与刘某平、王某、武某雄、张某珍、折某刚股权转让纠纷案二审民事判决书【（2014）民二终字第 48 号】认为："关于艾某、张某田提出的股权转让未经艾某同意，股权转让协议无效的上诉理由，本院认为，股权作为一项特殊的财产权，除其具有的财产权益内容外，还具有与股东个人的社会属性及其特质、品格密不可分的人格权、身份权等内容。如无特别约定，对于自然人股东而言，股权仍属于商法规范内的私权范畴，其各项具体权能应由股东本人独立行使，不受他人干涉。在股权流转方面，《公司法》确认的合法转让主体也是股东本人，而不是其所在的家庭。本案中，张某田因转让其持有的工贸公司的股权事宜，与刘某平签订了股权转让协议，双方从事该项民事交易活动，其民事主体适格，意思表示真实、明确，协议内容不违反我国《合同法》《公司法》的强制性规定，该股权转让协议应认定有效。"

❷辽宁省高级人民法院审理的谷某与赵某娟股权转让纠纷案二审民事判决书【（2015）辽民二终字第 00341 号】认为："夫妻间没有特别约定的情况下，该出资款项应属夫妻共同财产，但在出资行为转化为股权形态时，现行法律没有规定股权为夫妻共同财产，其也不具有'夫妻对共同所有的财产，有平等的处理权'这样的属性。本案宏某公司股东谷某元、天某集团均同意向谷某及陶某平转让其持有的股权并已经股东会决议确定。而现没有法律规定股东转让股权需经股东配偶的同意，所以，谷某元转让其持有的宏某公司股权，即使未经其配偶赵某娟同意，也没有法律依据确认其转让无效。"

❸福建省高级人民法院审理的陈某慧与郑某响、陈某凌确认合同无效纠纷案二审民事判决书【（2014）闽民终字第 299 号】认为："《婚姻法》规定夫妻对共有财产有平等处理权，但该夫妻内部法律关系仍应受制于股权转让外部法律关系。《公司法》并未赋予股东配偶在股东转让股权时的同意权与优先购买权。且根据《最高人民法院关于适用〈中华人民共和国婚姻法〉若干问题的解释（一）》第 17 条的规定，夫或妻非因日常生活需要对夫妻共同财产做重要处理决定，他人有理由相信其为夫妻双方共同意思表示的，另一方不得以不同意或不知道为由对抗善意第三人。本案股权系郑某响以个人名义受让，并将股份登记在郑某响个人名下。在此情况下，陈某凌有理由相信郑某响有权对诉争股权进行处分，上诉人陈某慧的诉请于法无据。综上所述，本院认为，陈某慧以郑某响对案涉股权没有处分权为由，诉请确认本案诉争《股份转让协议》及《补充协议书》无效，该主张不能成立。"

❹北京市第一中级人民法院审理的金某雪上诉张某等确认合同无效纠纷一案【（2016）京 01 民终 3393 号】认为："股权作为一项特殊的财产权，除其具有财产权益内容外，还具有与股东个人的社会属性及其特质、品格密不可分的人格权、身份权等内容。如无特别约定，对于自然人股东而言，股权仍属于商法规范内的私权范畴，其各项具体权能应由股东本人行使，不受他人干预。在股权流转方面，我国《公司法》亦确认股权转让的主体为股东个人，而非其家庭。故张某作为际某新兴公司股东，有权决定是否转让其所持股份。本院对于金某雪主张张某转让涉案股权系无权处分的上诉意见不予支持。因股权转让主体系股东个人而非其所在的家庭，故张某有权转让涉案股权，金某雪作为张某的配偶，无论其对于股权转让同意与否，对于《股权转让协议》的效力均不构成影响。"

❺杭州市中级人民法院审理的夏某平与江某、江某明确认合同无效纠纷案二审民事判决书【（2015）浙杭商终字第 56 号】认为："股权为综合性权利，不仅具有财产属性，还具有人身属性。就夫妻关系存续期间登记在配偶一方名下的股权，另一方虽就由该股权产生的分红、转让价款等财产性收益有共有权，但其并不享有该股权的处分权能。包括转让在内的股权的各项权能应由股东本人行使，不受他人干涉。在股权流转方面，我国公司法确认的合法转让主体也是股东本人，并非其家庭成员。故配偶一方与受让人签订的股权转让协议，并不因未经另一方的同意而无效，除非该股权转让协议存在《合同法》第 52 条所规定的应确认为无效的情形。本案中，夏某平以江某未与其协商而擅自向江某明转让股权为由，主张股权转让协议无效，该主张不能成立，本院不予支持。"

❻北京市朝阳区人民法院审理的张某诉胡某等股权转让纠纷一案【（2016）京

0105 民初 6721 号】认为："股东转让股权必须征得过半数股东的同意，并非必须征得其配偶的同意。即使在有限责任公司的出资系夫妻共同财产，但非公司股东的配偶，要成为公司的股东，还须征得其他股东的同意，只有在其他股东明确表示放弃优先购买权的情况下，股东的配偶才可以成为该公司的股东。在过半数股东不同意转让，但愿意以同等价格购买该出资的情况下，只能对转让出资所得财产进行分割。综上，股东转让股权必须征得过半数股东的同意，并非必须征得其配偶的同意。上述法律规定，体现了有限责任公司人合性的法律特征。虽然股权的本质为财产权，但股东依法享有资产收益、参与重大决策和选择管理者等权利。据此，股权既包括资产收益权，也包括参与重大决策和选择管理者的权利，所以，股权并非单纯的财产权，应为综合性的民事权利。且我国现行法律和行政法规并没有关于配偶一方转让其在公司的股权须经另一方配偶同意的规定。"

少数法院将未经配偶同意的股权转让行为视为无效。

❼北京市第二中级人民法院审理的瑞某益投资咨询（北京）有限公司等与张某莉股权转让纠纷案【（2018）京 02 民终 1937 号】认为："才某于 2011 年 11 月 16 日入资 50 万元成为神某公司在工商部门登记备案的股东，取得神某公司股权。此时，才某与张某莉系夫妻关系，在夫妻双方对婚姻关系存续期间财产权属未明确约定为各自享有的情况下，才某所取得的神某公司的股权应认定为夫妻共同财产。2015 年 3 月，才某之母郭某琴任股东及法定代表人的自然人独资企业瑞某益公司成立。同年 4 月 22 日，神某公司作出股东会决议，将才某在神某公司的 50 万元出资全部转让给瑞某益公司，并在工商部门进行了股东变更登记备案。同日，才某与瑞某益公司签订了《股权转让协议》。但截至本案一审庭审，才某及瑞某益公司均未提供股权转让款已支付完毕的证据。另外，才某曾于 2015 年 5 月起诉离婚。现张某莉以才某恶意处分夫妻共同财产，损害其权益为由，请求法院确认《股权转让协议》无效，具有事实和法律依据，一审法院判决支持张某莉的诉讼请求并无不当。"

2. 夫妻双方对于股权转让款的责任承担问题

股权收益未用于夫妻共同生活的，未支付的股权转让款项不视为夫妻共同债务，另一方不承担支付股款的连带责任。

❽江苏省高级人民法院审理的李某池与胡某春、张某股权转让纠纷案【（2017）苏民再 100 号】认为："《婚姻法》第 41 条规定：'离婚时，原为夫妻共同生活所负的债务，应当共同偿还……'本案债务虽然发生在胡某春与张某的婚姻关系存续期间，但现有证据不能证明胡某春取得股权后收益用于夫妻夫同生活。张

某与胡某春离婚时也未分割该股权，张某未参与胡某春及公司的经营活动，张某可不承担共同还款责任。"

❾上海市第一中级人民法院审理的徐某诉俞某明股权转让纠纷案【（2017）沪01民终11274号】认为："根据徐某与俞某签订的《协议书》约定，徐某不参与某馆的经营，也不负担债务。同时，徐某、俞某、俞某明均认可涉案《转让协议》是为处理徐某与俞某婚姻关系存续期间财产。故徐某在与俞某解除婚姻关系后与俞某明签订《转让协议》非双方基于经营之需，而是徐某和俞某对婚姻关系存续期间财产的处理。俞某明主张其无须支付转让对价，更具可采性。徐某要求俞某明支付转让款，依据不足，本院难以支持。"

（十一）瑕疵股权的转让问题

1. 瑕疵出资股权转让的合同有效

瑕疵出资的股权具有可转让性，股权出资瑕疵并不必然影响合同的效力。如果不构成欺诈的，或者受让人未经过法定程序撤销该合同的，应当肯定瑕疵出资股权转让的合同效力。

❶最高人民法院审理的石某华与新疆信某能源投资有限公司、奇台县富某矿业开发有限责任公司股权转让纠纷案二审民事判决书【（2014）民二终字第121号】认为："本案系石某华因与信某公司就富某公司股权转让过程中对《补充协议》的履行问题出现纠纷而提起的股权转让纠纷之诉，信某公司主张的石某华虚假出资问题属于股东出资纠纷，与本案并非同一法律关系，不属于本案的审理范围。即便信某公司主张的石某华虚假出资的事实属实，也不必然导致双方签订的《股权转让协议书》无效。股东股权的取得具有相对独立性，只要被载入公司章程、股东名册或者经过工商注册登记的股东，非经合法的除权程序，即具有股东资格并享有股东权利，因而亦有权处分股权。根据原审法院查明的事实，《股权转让协议书》系双方当事人的真实意思表示，其内容未损害国家利益及他人利益，亦未违反法律、行政法规的强制性规定，原审法院认定为有效合同，并无不当，本院予以维持。"

❷广西壮族自治区高级人民法院审理的广西南宁朝某置业有限公司与北海市强某房地产开发有限责任公司股东资格确认纠纷案再审复查与审判监督民事裁定书【（2016）桂民申99号】认为："根据《公司法司法解释三》第19条第1款'有限责任公司的股东未履行或者未全面履行出资义务即转让股权，受让人对此知道或者

应当知道，公司请求该股东履行出资义务、受让人对此承担连带责任的，人民法院应予支持'的规定，瑕疵股权转让人承担的是补足出资责任，并不影响股权转让的效力。"

2. 瑕疵股权转让合同可撤销

瑕疵股权转让构成欺诈的，合同的效力为可撤销。

❸新疆乌鲁木齐市中级人民法院审理的方某与郑某、苗某义股权转让纠纷案二审民事裁定书【(2016) 新01民终1162号】认为："关于郑某、苗某义转让股权时是否存在欺诈的问题。因郑某抽逃资金的行为致使其与苗某义在转让股权时，股权存在瑕疵。《合同法》第6条规定：'当事人行使权利、履行义务应当遵循诚实信用原则。'根据该条规定，在方某与郑某、苗某义签订股权转让协议时，郑某、苗某义应当将其持有的股权存在瑕疵的情形明确告知方某。该告知行为是否履行的举证证明责任应当由郑某、苗某义负担，在诉讼中，其2人并未提交证据证明在签订股权转让合同之前，履行了告知方某股权瑕疵的义务。因郑某、苗某义未如实告知方某股权瑕疵的真实情况，该行为属于欺诈行为，方某有权请求人民法院撤销股权转让协议。"

❹江苏省高级人民法院审理的李某英与王某股权转让纠纷上诉案【(2012) 苏商终字第0118号】认为："依据《合同法》第54条的规定，当事人如认为受到欺诈或者胁迫导致其意思表示不真实的，有权请求人民法院或者仲裁机构变更或撤销合同。如转让方与受让方在签订股权转让协议时，隐瞒出资瑕疵的事实，受让方由于不知道出资瑕疵的事实而受让股份的，受让方亦有权以欺诈为由请求变更或撤销协议。在李某英未诉请主张变更或撤销案涉股权转让协议，未确认该协议具有法定可撤销事由的情形下，应确认该协议的效力。"

3. 虚假出资的股权转让合同无效

❺濮阳市中级人民法院审理的王某常与张某生出资转让纠纷再审案【(2010) 濮中法民再终字第15号】认为："工商登记文件载明该公司注册资金308万元，以现金的方式缴存于濮阳市中原油田城市信用合作社总部分社，账号为301-04357××，而该账户并不存在，在王某常未提供证据证明该公司注册资金已到位的情况下，本院二审认定华某公司注册资金308万元系虚假出资并无不当；该公司以虚假出资的方式骗取工商登记，且在成立后至2008年转让协议签订时该公司并未增资，亦未补交注册资本金。王某常以虚假的出资与张某生进行交易，且张某生亦未支付对价，此交易行为违反有关法律规定，故王某常与张某生签订的《出资转让协议》，

属无效合同。无效合同自始不具有法律约束力；基于《出资转让协议》的无效，故张某生不具有华某公司股东的资格。"

（十二）股权转让纠纷中的隐名股东问题

1. 实际出资人在一定条件下可以依法转让股权

❶最高人民法院审理的毛某随与焦某成、焦某等股权转让纠纷案【（2016）最高法民终18号】认为："2013年12月28日毛某随与焦某成签订了《股权转让合同》，约定将毛某随持有的石某图煤炭公司12%的股份转让给焦某成。本院认为，该转让合同涉及隐名股东即实际出资人转让股权的效力问题。前已分析，毛某随在石某图煤炭公司内部享有的隐名投资人地位以及12%的股权依法应当得到确认和保护，因此，毛某随在满足一定条件下，可以依法转让该股权。毛某随拟转让之股权，系来源于石某图煤炭公司《股权认购协议书》之确认，作为时任法定代表人的焦某成应当知晓该事实。在明知毛某随为隐名股东的情形下，焦某成与毛某随之间转让该12%股权的行为依法成立。根据本案的实际，石某图煤炭公司就该转让行为不但未提出异议，而且在2014年12月6日的《补充协议书》中承诺承担连带保证责任，并出具了《担保书》，此外，亦未见石某图煤炭公司的其他时任登记股东提出任何异议。因此，焦某成与毛某随之间签订的《股权转让合同》合法有效，焦某成、毛某随、焦某、石某图煤炭公司4方基于此而签订的《补充协议书》亦合法有效，各方均应当依约履行合同。"

❷青海省高级人民法院审理的陈某超、郑某标与张某荣、陶某王股权转让合同纠纷案【（2015）青民二初字第26号】认为："陈某超、郑某标作为景某矿业公司的实际出资人，对其持有的公司股份，在其他股东均同意的情况下，享有依法转让的权利。张某荣应当依据2013年12月25日双方签订的《协议书》偿还剩余股权转让款2330万元。"

❸安徽省高级人民法院审理的王某法与刘某君股权转让纠纷案【（2015）皖民二终字第01025号】认为："王某法与刘某君签订的《股份转让协议》，实乃实际出资人与名义股东之间的股份转让，是双方当事人的真实意思表示，也不违反法律、行政法规的强制性规定，合法有效，刘某君是否登记为三某房地产公司的股东，不影响协议的履行，且王某法已经支付了股份转让款170万元，故对刘某君要求王某法支付尚欠的股份转让资金及逾期付款利息的诉讼请求予以支持，逾期付款

利息酌情自履行期限届满之日起按中国人民银行同期贷款基准利率计算。"

2. 名义股东股权转让协议的效力

（1）认为有效

❹山东省高级人民法院审理的崔某珍与王某英、陈某峰股权转让纠纷案【（2015）鲁民提字第 201 号】认为："陈某峰称其是名义股东，其转让的 30% 股份中有李某 20% 的股份，有张某荣 10% 的股份，主张其无权处分名下 30% 的股份，股权转让行为无效。本院认为，鲁某公司依法登记，工商登记中载明的股东是陈某峰，陈某峰对其名下所持有的股份具有处分权，至于陈某峰是否是名义股东，其处分股权是否取得隐名股东同意，均不影响涉案两份股权转让合同的效力，陈某峰的主张本院依法不予支持。"

❺安徽省高级人民法院审理的丁某杰与胡某瑞股权转让纠纷案【（2015）皖民二终字第 00304 号】认为："胡某瑞上诉称丁某杰为瑞某公司的名义股东，不是本案适格主体，无权主张股权转让款。从查明的事实看，丁某杰为瑞某公司经工商登记的股东，并实际签订《股权转让协议》，案涉纠纷亦因股权转让款的支付产生，故丁某杰符合《民事诉讼法》第 119 条第 1 项规定的原告条件。另外，即便丁某杰为瑞某公司的名义股东，其依据《股权转让协议》主张股权转让款也不违反法律规定，胡某瑞作为股权受让方无权依此抗辩股权转让款的支付。故胡某瑞此节的上诉理由不能成立，本院不予支持。"

❻临朐县人民法院审理的刘某昌与刘某智股权转让纠纷案【（2016）鲁 0724 民初 1128 号】认为："2015 年 12 月 20 日刘某智、肖某富、袁某签订的股权转让协议，是双方当事人真实意思的表示，不违反法律规定，且协议约定的股权已在工商部门办理了变更登记手续，符合《物权法》第 106 条规定的善意取得要件，刘某昌以刘某智无权处分为由要求确认协议无效，无法律依据，本院不予支持。"

（2）认为无效

❼山东省高级人民法院审理的张某岩、盖某雪与李某善股权转让纠纷案【（2013）鲁民提字第 221 号】认为："张某岩与李某善均为青岛哈某尼公司的名义股东，公司的实际出资人是韩国人金某允。2009 年 8 月 31 日张某岩与李某善签订的股权转让'和解协议'，处分该公司股权，应征得实际出资人金某允的同意，在事先未征得金某允的同意，事后未经金某允追认的情况下，李某善、张某岩对公司的股权并不拥有实际的处分权利，权利主体均为金某允或金某允投资设立的青岛哈某尼公司，与张某岩并无直接关系，张某岩无占用该资金的合法事由。金某允 2009

年 10 月 1 日的《陈述书》证明'金某允从未授权或委托张某岩，处理与李某善的事情或进行协议，达成的协议与金某允的意思完全无关，没有任何效力，张某岩到 2009 年 9 月初之后，不到公司上班，无法取得联系，李某善、张某岩或是同谋，或者是李某善上了张某岩的当，作出了与金某允完全无关的行为'。该《陈述书》证实金某允知晓 2 人签订和解协议之后，明确拒绝追认张某岩的无权处分行为。对朴某珠的陈述及证人证言，不能对金某允已完成的民事法律行为进行变更，金某允已明确未授权和拒绝追认的事实。应认定李某善与张某岩所签订的和解协议无效。青岛哈某尼公司的股权应恢复至原来的状态，张某岩基于该协议所得李某善一次性支付给张某岩 75 万元款项应予返还。"

❽靖江市人民法院审理的程某岩与毛某平、李某晓等股权转让纠纷案【（2015）泰靖商初字第 00502 号】认为："我国法律规定，名义股东将登记于其名下的股权转让、质押或者以其他方式处分，实际出资人以其对于股权享有实际权利为由，请求认定处分股权行为无效的，人民法院可以参照《物权法》第 106 条的规定处理。《物权法》第 106 条规定：无处分权人将不动产或者动产转让给受让人的，所有权人有权追回。本案中，李某晓作为公司代表在原告与毛某平签订的合股协议上签字，其明知毛某平名下的股权中有 2 万元出资属于原告所有，毛某平对其不享有处分权，如李某晓受让毛某平名下的全部股权，须经原告和毛某平同意。因此，李某晓在未征得原告同意的情况下，与毛某平签订协议，受让毛某平名下的全部股权，不构成善意取得，其行为侵害了原告的财产权。现原告对毛某平与李某晓签订的股权转让协议不予追认，故毛某平与李某晓签订的股权转让协议中涉及转让原告股权的部分无效。"

3. 名义股东私自处分股权时的责任承担问题

名义股东私自处分股权，实际出资人有权主张赔偿。

❾上海市第一中级人民法院审理的郑某寅诉夏某怡股权转让纠纷案【（2017）沪 01 民终 7685 号】认为："夏某苏作为系争股权的名义股东，在未经实际出资人郑某寅确认情况下，擅自将包含有系争股权在内的 A 公司股权转让给夏某怡，因此夏某苏的行为显然属于违约行为，其应承担相应的违约责任。"

❿龙岩市新罗区人民法院审理的江某云与赖某洪、李某婷股权转让纠纷案【（2014）龙新民初字第 5167 号】认为："原告江某云与被告赖某洪于 2011 年 11 月 9 日签订的《股权转让协议书》，系双方当事人真实意思表示，其内容不违反法律与行政法规，合法有效，应受法律保护。原告根据协议约定已向被告赖某洪支付了

股权转让款 79.75 万元，从而作为实际出资人依法应当享有烟台银行 14.5 万股的投资权益。被告赖某洪未经原告同意擅自将本案讼争股份转让他人，侵害了原告的合法权益。对此，《公司法司法解释三》第 26 条规定：'名义股东将登记于其名下的股权转让、质押或者以其他方式处分，实际出资人以其对于股权享有实际权利为由，请求认定处分股权行为无效的，人民法院可以参照物权法第一百零六条的规定处理。名义股东处分股权造成实际出资人损失，实际出资人请求名义股东承担赔偿责任的，人民法院应予支持。'据此，原告诉请被告赖某洪返还出资款 79.75 万元，理由正当，本院予以支持。"

4. 实际出资人无权直接就其他股东转让的股权主张优先购买权

⓫黑龙江省高级人民法院审理的齐齐哈尔中某公共交通有限公司与巢某柱等股权转让合同纠纷上诉案【(2014) 黑高商终字第 54 号】认为："根据《公司法司法解释三》第 25 条的规定，巢某柱和高某志等人属于实际出资人，并非公司法意义上的股东，其不能直接向公司主张股东权利，其只能依照公司章程规定或协议约定，通过持股股东或名义股东间接行使股东权利，继而实现其投资权益。实际出资人在没有依法被确认为公司股东前，其对公司股权并不享有优先购买权。故此，巢某柱、高某志无权就案涉公司股权主张优先购买权。况且，根据目前的公司法理论研究与实践，即便股权转让协议侵犯了股东的优先购买权，该股权转让协议也并不当然无效。故原审判决以股权转让协议剥夺了巢某柱、高某志的优先购买权为由，认定案涉股权转让无效不当，本院予以纠正。"

(十三) 股份有限公司股份转让的限制

1. 发起人在禁售期签订股份转让协议在一定条件下有效

发起人在禁售期签订股份转让协议，约定禁售期满后转让股份的合同有效。

❶江苏省高级人民法院审理的张某平与王某股权转让合同纠纷案一审民事判决书【(2005) 苏民二初字第 0009 号】认为："《股份转让协议》及《过渡期经营管理协议》，约定'过渡期'后王某将所持的标的股份转让于张某平名下。上述约定并不违反《公司法》第 147 条①关于'发起人持有的本公司股份，自公司成立之日起三年内不得转让。公司董事、监事、经理应当向公司申报所持有的本公司的股

---

① 已被修改。

份，并在任职期内不得转让’的规定，不违反《浦东公司章程》的相关规定，亦不违反社会公共利益，应认定为合法有效。首先，股份有限公司发起人的主要职责在于设立公司，发起人需要对公司设立失败的后果负责，在公司设立过程中因发起人的过错造成公司损失的，发起人也需要承担相应的责任。公司成功设立后，发起人的身份就被股东的身份所替代，其对公司的权利义务与其他非发起人股东相同。考虑到有些不当发起行为的法律后果和法律责任的滞后性，如果发起人在后果实际发生前因转让股份退出了公司，就很难追究其责任，不利于保护他人或社会公众的合法权益，因此，需要在一定时期内禁止发起人转让其持有的公司股份。《公司法》第 147 条第 1 款①的立法目的即在于防范发起人利用公司设立谋取不当利益，并通过转让股份逃避发起人可能承担的法律责任。该条第 2 款②关于‘公司董事、监事、经理应当向公司申报所持有的本公司的股份，并在任职期内不得转让’的规定，也是基于相同的立法目的。其次，《公司法》第 141 条③所禁止的发起人转让股份的行为，是指发起人在自公司成立之日起 3 年内实际转让股份。法律并不禁止发起人为公司成立 3 年后转让股份而预先签订合同。只要不实际交付股份，就不会引起股东身份和股权关系的变更，即拟转让股份的发起人仍然是公司的股东，其作为发起人的法律责任并不会因签订转让股份的协议而免除。因此，发起人与他人订立合同约定在公司成立 3 年之后转让股权的，并不违反《公司法》第 147 条④的禁止性规定，应认定为合法有效。本案中，根据双方当事人所签订的《股份转让协议》第 5 条、第 6 条关于过渡期的规定、第 7 条关于‘办理股份变更手续’的规定、第 10 条关于‘依照《公司法》的规定，合法有效地将甲方所持有的股份转让于乙方名下’和‘如遇法律和国家政策变化，修改了股份有限公司发起人股份的转让条件和限制，将依照新的法律和政策的规定相应调整合同的生效时间’的规定等协议内容，可以确定双方对公司发起人转让股份的限制有着清醒的认识，故双方虽然在公司成立后 3 年内签订股份转让协议，但明确约定股份在‘过渡期’届满即浦某公司成立 3 年之后再实际转让。同时，双方签订《股份转让协议》和《过渡期经营管理协议》后，本案被告、反诉原告王某即签署了向浦某公司董事会提出辞去该公司董事职务的申请，不再担任公司董事。综上，双方当事人的上述约定显然并不

---

① 已被修改。
② 同上。
③ 同上。
④ 同上。

违反《公司法》第 147 条①的规定，亦不违反《浦某公司章程》的相关规定，应认定为合法有效的合同。"

❷安徽省铜陵市义安区人民法院审理的朱某飞与安徽朝某照明有限公司、安徽枞阳农村某业银行股份有限公司股权转让纠纷案一审民事判决书【(2016) 皖 0706 民初 258 号】认为："朱某飞与安徽朝某公司签订的《股份转让协议》系双方真实意思表示，其内容不违反《合同法》第 52 条的规定，该转让协议合法有效。安徽朝某公司作为枞阳农某银行发起人股东，与朱某飞在 2014 年 7 月 3 日签订股权转让协议时，虽然与《公司法》第 141 条②关于发起人持有的本公司股份，自公司成立之日起 1 年内不得转让的规定存在抵触，但该规定并非效力性强制性规定，该《股份转让协议》系有效协议，且在本案诉讼过程中，公司法限制股东转让股份的情形已消灭，故朱某飞诉讼安徽朝某公司将其持有的枞阳农某银行 625 万股股份协助枞阳农某银行变更登记至朱某飞名下的请求，本院依法予以支持。安徽朝某公司、枞阳农某银行将 625 万股股份变更登记后，朱某飞即享有枞阳农某银行股东资格。"

2. 高管在禁售期内签订股份转让协议一定条件下有效

高管在禁售期内签订股份转让协议，约定限制转让期限届满后转让股份的协议有效。

❸河南省修武县人民法院审理的王某朝与崔某红确认合同效力纠纷案一审民事判决书【(2016) 豫 0821 民初 328 号】认为："原告王某朝与被告崔某红之间是股权转让合同关系，被告崔某红作为公司的高级管理人员在任职期间与原告王某朝签订的转让股份合同是双方真实意思表示，未违反法律规定，根据《合同法》第 44 条规定，依法成立的合同，自合同成立时生效；法律、行政法规规定应当办理批准、登记等手续的，依照其规定。而记名股票的股权转让协议本身的生效也不需要办理特殊形式的法律登记手续，只要合意即可。《公司法》第 141 条第 2 款③关于'公司董事、监事、高级管理人员应当向公司申报所持有的本公司的股份及其变动情况，在任职期间每年转让的股份不得超过其所持有本公司股份总数的百分之二十五；所持本公司股份自公司股票上市交易之日起一年内不得转让。上述人员离职后

---

① 已被修改。
② 同上。
③ 同上。

半年内，不得转让其所持有的本公司股份。公司章程可以对公司董事、监事、高级管理人员转让其所持有的本公司股份作出其他限制性规定'。本案被告崔某红作为公司的高级管理人员，法律并不禁止其为转让股份而预先签订合同。只要不实际交付股份，就不会引起股东身份和股权关系的变更，即拟转让股份的被告崔某红仍然是公司股东，其法律责任并不会因签订转让股份合同而免除。因此，原告王某朝与被告崔某红订立合同并且约定在转让股权条件成就时转让股权的，并不违反《公司法》第141条①的禁止性规定，故应认定转让股份合同合法有效。被告崔某红现已离职6个月以上，符合转让股份并办理股东名册变更登记过户的条件，故被告崔某红有义务协助原告王某朝办理股东名册变更登记过户手续。"

3. 上市公司高管因股权激励签订的关于股份锁定和限制转让的协议有效

❹最高人民法院审理的许某与湖北回某新材料股份有限公司有关的纠纷案申请再审民事裁定书【（2015）民申字第3426号】认为："许某与回某公司签订《协议书》，其中第2条约定：许某因（非年龄、身体原因）提前离职或辞职离开公司，则应将所持有的全部股份按提出辞职时公司每股净资产价格转让给在职执行董事。许某申请再审主张因上市公司流通股仅能依据《证券法》规定的交易方式进行转让，而不允许私定价格私下交易，且本案协议转让不属于《上市公司收购管理办法》《上市公司流通股协议转让业务办理暂行规则》规定的情形，因此上述第2条约定在回某公司上市后即为无效条款。但根据本案原审查明的事实以及相关法律之规定，许某的上述主张不能成立。首先，从《协议书》的签订背景看，许某作为回某公司股东和股票定向增发条件人，有权决定是否购买回某公司定向增发的股票、是否与回某公司签订旨在股份锁定和限制转让的《协议书》，而在《协议书》签订之后本案纠纷发生之前，许某均未主张该协议系违背其真实意思而订立。因此，原审法院认定《协议书》是双方当事人的真实意思表示，并无不当。其次，《协议书》第2条约定并不违反我国法律、行政法规的强制性规定，亦不具有《合同法》规定的合同无效之其他情形。《公司法》第141条第2款②明确规定，公司章程可以对公司董事、监事、高级管理人员转让其所持有的本公司股份作出其他限制性规定。本案虽属许某与回某公司通过签订《协议书》的方式对许某转让回某公司股票进行相应限制的情形，但可参照上述条款的规定。至于《上市公司收购管理办法》

---

① 已被修改。
② 同上。

《上市公司流通股协议转让业务办理暂行规则》，性质上分别属于部门规章和行业规定，因此本案是否符合上述规定，并不对《协议书》的效力产生影响。因此，原审法院认定《协议书》合法有效，许某应当按约履行，亦无不当。"

❺上海市虹口区人民法院审理的王某与上海家某联合股份有限公司其他与公司有关的纠纷一审民事判决书【（2015）虹民二（商）初字第1205号】认为："被告授予限制性股票的目的是促进公司建立、健全长期激励与约束机制，有效调动公司经营管理人员、核心技术（业务）人员的积极性，吸引和稳定优秀人才。激励对象仅限于公司的董事（不含独立董事）、高级管理人员、中层管理人员，核心技术（业务）人员等。鉴于被告属于《激励计划》确定的激励对象范围，并为被告董事会确定为有权参与激励计划，以16.41元/股的价格获授被告发行的350000股A股上海家某普通股股票，原、被告在平等自愿基础上签订《授予协议》，并约定《激励计划》作为该协议附件，是该协议的组成部分，《授予协议》《激励计划》对双方都具有约束力。《授予协议》《激励计划》约定激励对象职务发生变更、不符合本激励计划的激励对象范围经公司董事会批准，可以取消授予激励对象尚未解锁的限制性股票，由公司按照授予价格进行回购注销。同时又规定'激励对象职务发生变更，但仍为公司的董事（不含独立董事）、高级管理人员、中层管理人员，核心技术（业务）人员，或者被公司委派到公司的控股子公司任职，原则上已获授的限制性股票不作变更'。原告持有的第一期40%限制性股票经公司董事会批准自2013年6月7日起解锁并上市流通，剩余未解锁限制性股票315000股，其中：第2期限制性股票数为157500股应于2014年6月7日解锁，第3期限制性股票数为157500股应于2015年6月7日解锁。被告第2批股票解锁时，原告仍然担任被告公司董事，其董事职务是在2014年6月12日的股东大会上被解除。换言之，虽然在公司股票解锁时原告已经不再担任总经理职务了，但仍为公司董事的，仍属于被激励对象范围。《激励计划》规定激励对象上一年度考核结果达到合格（C）以上才具备限制性股票本年度的解锁。原告2013年度考核结果为合格（C），具备限制性股票本年度的解锁条件。原告有权要求被告对其第2期限制性股票进行解锁，被告应根据《激励计划》的有关规定对原告获授的限制性股票解锁，并按照《激励计划》中规定的解锁程序办理解锁事宜。依据目前证据，被告第3期限制性股票数可以解锁时，原告已不属于激励对象范围，要求解锁的条件不成立，故原告要求对其已获授的第3期限制性股票数予以解锁的诉讼请求，不予支持。对被告辩称公司不能违背股东大会决议行事，本案诉讼请求无法执行，本院认为，股东大会决议应合法、合理，其无权决定回购并注销原告作为激励对象已经取得的限制性股票的权利。被

告以此为由剥夺原告的合法权利，显属不当。对此，本院不予采信。限制性股票的锁定和解锁，经董事会或董事会授权的机构确认后，上市公司应当向证券交易所提出行权申请，经证券交易所确认后，由证券登记结算机构办理登记结算事宜。现涉案的限制性股票，登记在原告名下，被告所诉的原告诉请不具有可操作性与事实不符，本院亦不予采信。"

（十四）国有股权的转让问题

1. 未进场交易、未经评估的国有股权转让被认定为无效

❶最高人民法院审理的苏州工业园区广某通信技术有限公司与中国北某工业公司股权转让合同纠纷上诉案【（2009）民二终字第15号】认为："首先，根据国务院《国有资产评估管理办法》和国务院办公厅《关于加强国有企业产权交易管理的通知》的规定，国有资产转让不仅应当由国有资产监督管理部门审批，而且应当由国有资产评估资格的评估机构进行评估。而北某公司、盈某公司、西某公司与广某公司签订转让协议时明知北某公司在中某公司的股权未经过评估。从中可以看出当事人明知或应知其行为将造成国家的损失，而故意为之，说明当事人并非善意，合同无效。"

❷上海市高级人民法院审理的巴某特投资有限公司与上海自某水投资建设有限公司股权转让纠纷一案二审民事判决书【（2009）沪高民二（商）终字第22号】认为："讼争股权的性质为国有法人股，其无疑是属于企业国有资产的范畴。根据国务院国资委、财政部制定实施的《企业国有产权转让管理暂行办法》的规定，企业国有产权转让应当在依法设立的产权交易机构中公开进行，企业国有产权转让可以采取拍卖、招投标、协议转让等方式进行。根据上海市政府制定实施的《上海市产权交易市场管理办法》的规定，上海市所辖国有产权的交易应当在产权交易市场进行，根据产权交易标的的具体情况采取拍卖、招标或竞价方式确定受让人和受让价格。上述两个规范性文件虽然不是行政法规，但均系依据国务院的授权对《企业国有资产监督管理暂行条例》的实施所制定的细则办法。而且，规定企业国有产权转让应当进场交易的目的，在于通过严格规范的程序保证交易的公开、公平、公正，最大限度地防止国有资产流失，避免国家利益、社会公共利益受损。因此，《企业国有产权转让管理暂行办法》《上海市产权交易市场管理办法》的上述规定，符合上位法的精神，不违背上位法的具体规定，应当在企业国有资产转让过程中贯

彻实施。由于上海水某公司在接受自某水公司委托转让讼争股权时，未依照国家的上述规定处置，擅自委托金某拍卖公司拍卖，并在拍卖后与巴某特公司订立股权转让协议，其行为不具合法性。综上，巴某特公司要求自某水公司履行《光某银行法人股股权转让协议》，转让 16985320 股光某银行国有法人股的诉讼请求，不予支持。"

2. 未进场交易、未经评估的国有股权转让并不当然无效

❸最高人民法院审理的北京安某置业发展有限公司与北京安某达投资有限公司、国澳投资有限公司股权转让纠纷案二审民事判决书【（2015）民二终字第 399 号】认为："安某公司与安某达公司签订《交易框架安排协议》约定安某公司将涉诉世某中珠公司 49% 股权转让给安某达公司，因该 49% 股权系国有资产，所以协议各方应当依照国有资产转让的法律法规完善相关程序和手续。安某公司提供的其控股股东及上级主管企业安徽交某集团 2011 年 8 月 12 日《会议纪要》，虽然安某达公司不认可其真实性，但因安某达公司未提供证据予以推翻，故对上述《会议纪要》的真实性应予采纳。该《会议纪要》表明上级主管企业安徽交控集团对安某公司出让涉诉股权并无异议，安徽省国资委 2014 年 6 月 16 日作出的《监督检查意见书》也可在一定程度上表明涉诉 49% 股权转让未脱离国有资产监督管理机关的监管，所以，即使安某公司出让上述股权未在产权交易场所公开进行、未办理股权资产评估备案，但在没有充足证据证明国有资产监督管理机关否定股权转让的情形下，不宜直接认定安某公司出让涉诉股权的行为无效。"

❹最高人民法院审理的联某集团有限公司与安徽省高某公路控股集团有限公司股权转让纠纷案二审民事判决书【（2013）民二终字第 33 号】认为："关于案涉股权转让中资产评估对《股权转让协议书》效力的影响。1992 年国务院发布的《国有资产评估管理办法》性质为行政法规，其第 3 条关于国有资产占有单位在资产拍卖、转让等 5 种情形下，应当进行评估的规定虽为强制性规定，但根据《合同法》第 52 条及《最高人民法院关于适用〈中华人民共和国合同法〉若干问题的解释（二）》第 14 条规定，该内容并非效力性强制性规定。国家国有资产管理局于 1992 年经国务院授权制定的《国有资产评估管理办法施行细则》性质应属部门规章，原审法院关于该细则系行政法规的认定错误，应予纠正。该细则第 10 条规定：'对于应当进行资产评估的情形没有进行评估，或者没有按照《办法》及本细则的规定立项、确认，该经济行为无效。'鉴于该细则属于部门规章，不是法律、行政法规，根据《合同法》第 52 条规定，不能直接否认案涉《股权转让协议书》的效力。"

3. 原股东可在场外行使购买国有股权的优先购买权

❺鹤壁市山城区人民法院审理的河南投某集团有限公司与鹤壁同某发电有限责任公司、中国石某集团中原石油勘探局、第三人徐州苏某资产管理有限公司股权转让纠纷一案【（2011）山民初字第 1838 号】认为："《企业国有资产法》第 54 条规定：'国有资产转让应当遵循等价有偿和公开、公平、公正的原则。除按照国家规定可以直接协议转让的以外，国有资产转让应当在依法设立的产权交易场所公开进行。转让方应当如实披露有关信息，征集受让方；征集产生的受让方为两个以上的，转让应当采用公开竞价的交易方式。'规定国有资产转让在依法设立的产权交易场所公开进行，公开竞价，可以保证国有资产的保值增值。但法律并未明文规定优先购买权人也必须进场竞价。按照《企业国有产权交易操作规则》第 13 条、第 32 条的规定，国有产权在产权交易场所公开竞价结束后，优先购买权人有权以竞买人的最高报价买受出让标的。而允许优先购买权人以最高报价买受出让的国有股权，在充分尊重《公司法》赋予的股东优先购买权的同时，还会促使竞买人提高报价，因为其想获得更大的买受可能性，势必提高报价，并不必然会造成国有股权卖价偏低的后果。反之，要求优先购买权人参与竞价，在忽视其法定权利的同时，如果其不参与竞价即丧失优先权，则竞价人压力大减，势必造成其报价偏低的后果。允许优先购买权人场外行使优先权，在保护其法定权利的同时，也有利于国有资产的保值增值，此方两全。"

（十五）上市及证券公司的股份转让

1. 豁免要约不是上市公司股份协议转让合同生效的必要条件

❶最高人民法院审理的江苏南某高科技风险投资有限公司与太某洋机电（集团）有限公司股权转让纠纷案【（2009）民提字第 51 号】认为："关于股权转让协议是否生效问题。本案股权转让协议约定，'生效日'是指'本协议经双方签字盖章并报上海证券交易所，以及证监会未对本次目标股权收购而提交的收购报告书在法律、法规规定的期限内提出异议，豁免受让方的要约收购义务之日'。《证券法》第 96 条第 1 款规定：'采取协议收购方式的，收购人收购或者通过协议、其他安排与他人共同收购一个上市公司已发行的股份达到百分之三十时，继续进行收购的，应当向该上市公司所有股东发出收购上市公司全部或者部分股份的要约。但是，经

国务院证券监督管理机构免除发出要约的除外。'本院认为，要约收购豁免批准是法律赋予证券监管部门的行政审批权，但股权收购双方是否取得豁免要约，并不影响收购双方的合同成立及生效，也即豁免要约不是合同生效的必要条件，而是收购双方以什么方式对抗上市公司其他所有股东的法律条件。"

2. 需经审批但未审批的证券公司股份转让合同的效力

签订合同的当事人主体是否适格，应从权利能力与行为能力两方面来判定。持股资格不能等同于行为人签订合同的资格，审批并非合同成立的要件，未经审批不影响当事人签订股权转让协议的权利能力与行为能力。因此，证券公司股权转让股份未经审批，合同有效。

❷最高人民法院审理的吉某创业投资股份有限公司股权转让纠纷案二审民事判决书【(2009) 民二终字第 00117 号】认为："关于变更持有 5% 以上股权的股东未经批准的法律后果问题。《证券法》第 129 条规定：'证券公司设立、收购或者撤销分支机构，变更业务范围或者注册资本，变更持有百分之五以上股权的股东、实际控制人，变更公司章程中的重要条款，合并、分立、变更公司形式、停业、解散、破产，必须经国务院证券监督管理机构批准……'根据 2004 年 7 月 1 日同时施行的《行政许可法》和国务院令第 412 号《国务院对确需保留的行政审批项目设定行政许可的决定》附件第 389 项'证券公司变更股东或者股权审批'对证券公司变更股东需证监会批准，决定予以保留并设定行政许可之规定，证券公司变更相应股东或者股权应当经中国证监会审批。2002 年 3 月 1 日施行的中国证监会《证券公司管理办法》① 第 9 条规定：'证券公司的股东资格应当符合法律法规和中国证监会规定的条件。直接或间接持有证券公司 5% 及以上股份的股东，其持股资格应当经中国证监会认定。有下列情形之一的，不得成为证券公司持 5% 及以上的股东：(一) 申请前三年内因重大违法、违规经营而受到处罚的；(二) 累计亏损达到注册资本百分之五十的；(三) 资不抵债或不能清偿到期债务的；(四) 或有负债总额达到净资产百分之五十的；(五) 中国证监会规定的其他情形。'但上述《证券公司管理办法》规定国务院的审批是对证券公司的股东持股资格的认定，并非是对签订股权转让合同资格的认定。根据《合同法》第 9 条第 1 款之规定：'当事人订立合同，应当具有相应的民事权利能力和民事行为能力。'签订合同的当事人主体是否适格，应从权利能力与行为能力两方面来判定。持股资格不能等同于行为人签

---

① 已失效。

订合同的资格，上述审批并非合同成立的要件，未经审批不影响当事人签订股权转让协议的权利能力与行为能力。《证券法》及《国务院对确需保留的行政审批项目设定行政许可的决定》等均未明确规定只有经过批准股权转让合同才生效，因此上述批准行为也不属于合同生效要件。梅某公司关于其与吉某公司签订的《股份转让协议》与《股份转让协议之补充协议》因未经中国证监会批准而未生效的主张没有法律依据，本院不予支持。根据《合同法》第52条第5项之规定，违反法律、行政法规的强制性规定的合同无效。根据《最高人民法院关于适用〈中华人民共和国合同法〉若干问题的解释（二）》第14条之规定，'合同法第五十二条第（五）项规定的"强制性规定"，是指效力性强制性规定'。法律、行政法规的强制性规定进一步区分为效力性强制性规定和管理性强制性规定，只有违反效力性强制性规定的才能导致否认行为之效力。《证券法》第129条规定了证券公司变更持有5%以上股权的股东必须经国务院证券监督管理机构批准，而根据《证券法》第218条第2款之规定，'证券公司违反本法第一百二十九条的规定，擅自变更有关事项的，责令改正，并处以十万元以上三十万元以下的罚款。对直接负责的主管人员给予警告，并处以五万元以下的罚款'。《行政许可法》第81条规定：'公民、法人或者其他组织未经行政许可，擅自从事依法应当取得行政许可的活动的，行政机关应当依法采取措施予以制止，并依法给予行政处罚；构成犯罪的，依法追究刑事责任。'而《证券公司监督管理条例》第71条规定：'任何单位或者个人未经批准，持有或者实际控制证券公司5%以上股权的，国务院证券监督管理机构应当责令其限期改正；改正前，相应股权不具有表决权。'即未经中国证监会批准而持有证券公司百分之五以上股权的，其股权部分权能受到限制，具体是指股权表决权的行使。中国证监会对于违反《证券法》第129条的规定，未经批准持有或实际控制证券公司5%以上股权的，实施责令限期改正、罚款、警告等行政处罚直至追究刑事责任，但并未规定相应转让合同无效。中国证监会广东监管局在致广东高院复函中亦确认，对于证券公司股权转让未经审批的，证券监管机构的做法主要是采取限期整改、限制股东权利和责令转让等监管措施进行纠正，对于本案争议的股权转让，证券监管机构实际采取了限期整改的措施。本案中梅某公司与吉某公司签订的《股权转让协议》及《股权转让协议之补充协议》出于双方真实意思表示，维持该合同效力并不损害公共利益，不能仅以梅某公司与吉某公司协议转让广发证券8.4%的股权未经证券监管机构批准而认定双方签订的转让合同无效。综上，梅某公司与吉某公司转让广某证券8.4%的股权未经办理批准手续，违反了证券管理的相关要求，但不对合同效力产生影响，该股权转让合同有效。"

（十六）内资转外资未审批的合同效力

1. 内资转外资未审批的合同被认定为未生效

内资企业的股东将部分股权直接转让给外资，会直接导致公司由内资公司转为中外合资经营企业。未经商务部门批准，股权转让协议不生效。

❶江苏省高级人民法院审理的瞿某芳与简某显等股权转让纠纷上诉案【（2009）苏民三终字第 0222 号】认为："根据《中外合资经营企业法》《中外合资经营企业法实施条例》的规定，中外合资经营企业的设立必须经有关审查批准机关审查批准，并向工商行政管理机关办理相应的登记手续；合营企业协议、合同和章程经审批机构批准后生效；合营一方向第三者转让其全部或部分股权的，须报有关审批机关审批，向登记管理机构办理变更登记手续。由此可知，中外合资经营企业的设立及企业投资者股权变更须经审批机关审查批准，未办理审批手续的，合营企业设立的相关文件及股权转让合同应认定未生效。本案中，简某显在受让取得万某公司股权时的身份系外国自然人，其资金的注入使万某公司的企业性质由内资企业变更为中外合资经营企业，根据上述法律规定，该合营企业的设立必须报经审查批准机关审批，但万某公司并未办理相关的报批手续，故简某显与他人签订的股权转让合同未生效，其并未依法取得万某公司股东资格。而之后，其与瞿某芳签订的股权转让协议自然也未经审查批准机关的审批，亦属未生效合同。因涉案股权转让协议系未生效合同，故瞿某芳请求确认该协议有效，并基于有效协议提起的诉讼请求于法无据，应予驳回。"

❷广西壮族自治区高级人民法院审理的罗某平股权转让纠纷案民事判决书【（2013）桂民四终字第 33 号】认为：温某娟为澳门特别行政区居民，可以购买境内公司的股份，但要经审批。根据《关于外国投资者并购境内企业的规定》第 6 条的规定，应当经审批机关审批，向登记机关办理变更或设立登记。需要将原内资有限责任公司的企业变更为中外合资公司，审批事项包括商务局外国投资者并购审批、外管局转股外汇登记、外资并购及改制工商登记等。《合同法》第 44 条规定：'依法成立的合同，自成立时生效。法律、行政法规规定应当办理批准、登记等手续生效的，依照其规定。'如温某娟要合法成为红某公司的股东，则必须办理上述的审批及登记手续，否则股权转让合同虽成立但未生效。

❸中山市中级人民法院审理的刘某宁与中山市圳某金属材料科技有限公司、毕

某宏股权转让纠纷案【（2015）中中法民四终字第 47 号】认为："虽然因刘某宁是香港特别行政区居民，需经商务部门审批后刘某宁、毕某宏才能到工商部门办理相关的股东变更登记手续，所以上述股权转让协议书属于成立未生效的合同，但这并不影响协议书条款对双方的约束力，只要双方按协议书条款的约定履行好各自义务，该协议书就必然会发生法律效力。刘某宁在没有证据证明毕某宏已拒绝履行约定义务的情况下单方面要求解除该协议书，理由不成立，本院不予支持。"

❹佛山市中级人民法院审理的梁某与陈某荣、梁某芳股权转让纠纷案二审民事判决书【（2015）佛中法民二终字第 739 号】认为："《股权转让协议书》直接约定由台湾居民约定陈某荣受让天某公司股《股权转让协议书》直接约定由台湾居民约定陈某荣受让天某公司股权，相当于将内资企业转为中外合资经营企业。故涉案《股权转让协议书》属于中外合资经营各方签订的合营协议，应报国家对外经济贸易主管部门审查批准。因此，未经商务部门批准，《股权转让协议书》不生效。"

2. 内资转外资未审批的合同在一定条件下被认定为有效

如内资企业的股东虽与外资签订股权转让协议，但股权转让协议中约定该股权由其他内资代持，将不会直接导致公司由内资公司转为中外合资经营企业。未经商务部门批准，不影响股权转让协议的效力。

❺上海市第一中级人民法院审理的顾某与王某某股权转让纠纷案【（2013）沪一中民四（商）终字第 S1112 号】。该案的基本案情是：王某某、顾某、顾凯、杨某某共同签订《股东协议》，约定：先由王某某单独申请设立亿阳医药公司，公司设立完成后，王某某将其持有的 25% 股权和 15% 股权在 3 年内按约定条件分别转让给顾某和顾凯。同时约定，鉴于顾某为外籍人士，故由杨某某作为代持人，代顾某持有公司的股权。关于此份《股东协议》的效力，上海市第一中级人民法院认为：顾某虽为外籍人士，但其与杨某某之间的代持股关系不能改变亿法公司作为国内合资企业的性质，故不涉及外资审批的问题。因此对顾某与杨某某关于两人之间代持股协议未经外资审批而违反法律强制性规定的抗辩不予采纳，顾某与杨某某又不能提供证据证明其间代持股协议有其他违反法律强制性规定的情形，顾某、杨某某之间的代持股协议应属有效。据此，法院判决登记在杨某某名下的亿法公司 10% 的股权系杨某某代顾某持有，顾某作为系争 10% 股权的实际出资人与实际行使人，有权对该部分股权进行处分。

如内资企业的股东虽与外资签订股权转让协议，但外资股东隐瞒其外资身份，以内资名义签订转让协议，将不会直接导致公司由内资公司转为中外合资经营企业。未经商务部门批准，不影响股权转让协议的效力。

❻最高人民法院审理的中某（海南）置业有限公司、中某（南京）房地产开发有限公司、中某（中国）置业集团有限公司与北京安某信达能源投资有限公司、李某国、海口博某隆房地产开发有限公司股权转让纠纷案二审民事判决书【（2013）民四终字第 1 号】认为："关于安某信达公司、李某国与中某中国公司之间的《博某隆公司股权转让协议》的效力。从《博某隆公司股权转让协议》约定的内容看，是安某信达公司、李某国与中某中国公司之间签订的关于将李某国持有的博某隆公司 60% 股权转让给中某中国公司或其指定的关联公司的总协议，该协议并非导致外商投资企业设立的协议，并非我国外商投资企业法律、行政法规中所规定的应当报经审批机关批准后才能生效的合同。该协议是三方当事人之间真实的意思表示，并不违反内地法律、行政法规的规定，因此，应当认定有效。"

❼深圳市中级人民法院审理的耿某与姚某良股权转让纠纷案【（2015）深中法涉外终字第 15 号】认为："涉案股权转让属于股东之间的内部协议转让，耿某在明知姚某良具有香港和内地双重身份以及姚某良以'陈某良'名义持股的情况下，仍然同意受让涉案股权，而且涉案股权是真实存在的，协议内容也没有违反法律、行政法规的强制性规定，依法应认定为有效。耿某受让股权后仅支付了部分转让款，余款一直未付，其行为已构成违约，一审判决耿某向姚某良偿付股权转让款 150 万元及其利息正确，本院予以支持。耿某上诉提出姚某良是香港居民，其转让股权未依法办理相关的审批手续，故本案的《股权转让协议》未生效。对此本院认为，首先，瑞某公司在工商部门注册登记的企业性质为内资公司，而非外商投资企业；其次，姚某良虽然是香港居民，但其当时是以内地居民'陈某良'的身份持股的，因此，涉案股权转让属于中国内地居民之间的股权转让，无须报外商投资企业审批机关批准，耿某以此为由主张《股权转让协议》未生效，没有事实和法律依据，本院不予支持。"

三、股权转让问题综述及建议

（一）股权转让纠纷一般问题的建议

1. 关于股权转让合同签订意向书的建议

意向书的法律含义并不明确，法律性质也呈多样化，可能是磋商性文件、预约合同或者本约合同。如果只是磋商性文件，则一般无法律约束力；如果构成预约合同，若违反则应承担预约合同违约责任或者损害赔偿责任；如果构成本约合同，则应按合同法等有关规定承担违约责任。对其性质和效力，应从约定形式是否典型、内容是否确定以及是否有受约束的意思表示等方面出发，根据有关法律和司法解释的规定具体审查认定。如标的、数量不确定，缺少当事人受其约束的意思表示，一般应认定为磋商性文件。所以签订该类文件务必谨慎，根据自己的交易目的合理设置合同条款，选择不同法律效力的法律文件。

（1）对于只想表达交易意愿，促进下一步协商的客户来讲，可以明确载明该意向书对双方没有法律约束力，并且不要在文件中明确在某一确定日期签订正式协议，进而将法律性质锁定为磋商性的没有法律约束力的意向文件。

（2）对于既想确定已谈妥的交易条件，但又对某些合同条款不能确定的客户来讲，可以在意向书中明确在某一具体日期签订正式合同，并约定在已确定的交易条件的基础上签订正式协议，为能够依据新情况制定新条款，双方可约定以正式签订的本约合同为准，进而将法律性质锁定为预约合同。

（3）在各合同条款都已谈妥的情况下，双方就没有必要再以意向书作为合同名称，可直接命名为某某合同，以免发生歧义；且对合同标的、对价、支付方式等主要内容在合同中明确约定，进而将法律性质锁定为本约合同。

另外需要注意的是，意向书中约定的保密条款及争议解决等程序性条款，无论是法律性质被定为磋商性文件还是预约合同，对于各方均具有约束力。所以，起草重大交易事项的意向性文书也需谨慎，必要时聘请专业律师把关。

意向书、预约、本约对比表[①]

特征＼类型	意向书	预约合同	本约合同
阶段	要约承诺过程之前的磋商阶段	要约承诺过程之中，本约未成立，但确定要在某一时刻订立本约	要约承诺阶段完毕，本约合同已成立

---

① 由于关于意向书的法律性质及效力并无法律明文规定，笔者依据学界的观点予以汇总，供读者参考；如需了解详细内容可参见：王利明：《合同法研究》第一卷（第三版），中国人民大学出版社 2015 年版，第 39 页；王利明：《预约合同若干问题研究——我国司法解释相关规定述评》，载《法商研究》2014 年第 1 期；陈进：《意向书的法律效力探析》，载《法学论坛》2013 年第 1 期；许德风：《意向书的法律效力问题》，载《法学》2007 年第 10 期；郭魏：《意向书的法律性质和效力》，载《人民司法》2015 年第 22 期。

类型 特征	意向书	预约合同	本约合同
性质	表达交易意愿的磋商性、过程性文件	合同	合同
目的	表达交易意愿，继续诚信磋商	在确定的时间订立本约	建立具体的法律关系，履行完所有合同内容
确定性	交易内容不确定	对于交易对象、何时订立本约已确定，对其他内容尚有不确定之处	各类合同内容均已确定
约束力	无约束力	有约束力，但终于本约成立	有约束力
义务	诚信磋商的义务	在确定时间订立本约的义务	履行完毕所有合同内容的义务
责任承担	缔约过失责任	违约责任，但一般不能强制缔约	违约责任
关键区分点	1. 看是否明确约定了订立本约的时间点；2. 看是否明确表达或排除具有约束力的意思表示；3. 看记载内容是否具体明确，包括价金、支付方式、数量、标的、违约责任等。		

2. 识别股权转让合同性质的建议

股权转让与土地使用权、矿业权、项目开发经营权等资产转让是完全不同的法律制度。股权是股东享有的，并由公司法或公司章程所确定的多项具体权利的综合体。股权转让后，股东对公司的权利义务全部同时移转于受让人，受让人因此成为公司股东，取得股权。依据《物权法》规定，建设土地使用权，是权利人依法对国家所有的土地享有占有、使用和收益的权利，以及利用该土地建造建筑物、构筑物及其附属设施的权利。矿业权作为一种准物权，一般指探采人依法在已经登记的特定矿区或工作区域内勘查、开采一定的矿产资源，取得矿石标本、地质资料及其他信息或矿产品，并排除他人干涉的权利，矿业权经主管机关批准后可以转让。股权与建设用地使用权、矿业权等是完全不同的权利，股权转让与建设用地使用权、矿业权转让的法律依据不同，不可混淆。当公司股权发生转让时，该公司的资产收益、参与重大决策和选择管理者等权利由转让方转移到受让方，而作为公司资产的建设用地使用权、矿业权等仍登记在该公司名下，土地使用权、矿业权等的公司法人财产性质未发生改变。当然，公司在转让股权时，该公司的资产状况，包括建设用地使用权、矿业权、项目经营权的价值，是决定股权转让价格的重要因素。但不等于说，公司在股权转让时只要有土地使用权等资产，该公司股权转让的性质就变成了土地使用权转让等资产的转让，进而认为其行为是名为股权转让实为土地使用权等资产转让而无效。当欲取得标的资产，但受制于政府相关部门的审批限制时，我们完全可以通过收购目标公司股权的方式，取得控股权，进而取得目标资产。

3. 识别股权转让合同的效力

股权转让合同的效力属于法院依职权审查的事项。股权转让作为一种民事法律行为，对于其效力的审查和确认，属法律赋予人民法院的依职权审查范畴，不受当事人诉讼请求和上诉范围的限制。所以，股权转让纠纷诉讼解决的首要问题就是识别股权转让合同的效力，而合同的效力又体现出有效、无效、未生效、效力待定、可撤销等多种效力状态。

（1）股权回购协议有效。股权回购等作为企业之间资本运作形式，已成为企业之间常见的融资方式。如果并非以长期牟利为目的，而是出于短期融资的需要产生的融资，其合法性应予承认。

（2）未经审批的股权转让协议未生效。诸如国有股权的转让、外资企业股权的转让均需要履行审批手续，未经审批股权转让合同成立但未生效。《民法典》第502条规定："依法成立的合同，自成立时生效，但是法律另有规定或者当事人另有约定的除外。依照法律、行政法规的规定，合同应当办理批准等手续的，依照其规定。未办理批准等手续影响合同生效的，不影响合同中履行报批等义务条款以及相关条款的效力。应当办理申请批准等手续的当事人未履行义务的，对方可以请求其承担违反该义务的责任……"

《最高人民法院关于适用〈中华人民共和国民法典〉合同编通则若干问题的解释》（以下简称《合同编通则司法解释》）第12条规定："合同依法成立后，负有报批义务的当事人不履行报批义务或者履行报批义务不符合合同的约定或者法律、行政法规的规定，对方请求其继续履行报批义务的，人民法院应予支持；对方主张解除合同并请求其承担违反报批义务的赔偿责任的，人民法院应予支持。

人民法院判决当事人一方履行报批义务后，其仍不履行，对方主张解除合同并参照违反合同的违约责任请求其承担赔偿责任的，人民法院应予支持。

合同获得批准前，当事人一方起诉请求对方履行合同约定的主要义务，经释明后拒绝变更诉讼请求的，人民法院应当判决驳回其诉讼请求，但是不影响其另行提起诉讼。

负有报批义务的当事人已经办理申请批准等手续或者已经履行生效判决确定的报批义务，批准机关决定不予批准，对方请求其承担赔偿责任的，人民法院不予支持。但是，因迟延履行报批义务等可归责于当事人的原因导致合同未获批准，对方请求赔偿因此受到的损失的，人民法院应当依据民法典第一百五十七条的规定处理。"

（3）约定以公司财产支付股权转让款的条款无效。首先，法人财产权的权利主体是公司。依据《公司法》第 3 条 "公司是企业法人，有独立的法人财产，享有法人财产权。公司以其全部财产对公司的债务承担责任。有限责任公司的股东以其认缴的出资额为限对公司承担责任；股份有限公司的股东以其认购的股份为限对公司承担责任" 的规定，公司自成立之日起，即成为有独立权利能力和行为能力的民事主体，公司对法人财产拥有占有、使用、收益、支配和处分的权利。股东则对自己的股权拥有使用、收益、支配、处分的权利。股东向公司缴纳出资获得股权的实质是，股东将其出资的所有权让渡给公司，并由出资所有权的让渡获得相应的对价，即股权。出资一旦缴纳给公司，其所有权便归属公司，从而奠定了股东不得退回、抽逃出资的法理基础。其次，股权转让合同是股权转让人将股权让渡给受让人，受让人支付价款的协议。法人财产权的权利主体是公司而非股东，因而股东作为股权转让合同的主体，只能让渡股权，而不能转移公司财产的所有权。故股权转让合同转让的标的物只能是股权而不应是法人财产。最后，依据《公司法》第 21 条 "公司股东应当遵守法律、行政法规和公司章程，依法行使股东权利，不得滥用股东权利损害公司或者其他股东的利益；不得滥用公司法人独立地位和股东有限责任损害公司债权人的利益"，第 53 条 "公司成立后，股东不得抽逃出资" 的规定，股权转让合同中关于公司某项资产归属一方当事人的约定，系股东非法转移公司资产，会侵害公司的法人财产，影响公司的对外偿债能力，动摇公司的独立法人地位，造成债权人及其他股东的损失，属于损害公司利益和债权人利益的行为。这样的约定违反了公司法中的强制性规范，根据《民法典》第 153 条之规定，应属无效。但是，股权转让合同中约定以公司财产支付股权转让款经全体股东同意且公司认可的，合法有效。

（4）无权处分的股权转让合同并不当然无效。此类合同只要系双方真实意思表示，其买卖合同的债权行为即为有效，但卖方向买方转移标的物所有权的物权行为处于效力待定状态，在经权利人追认或事后取得处分权时，物权行为生效。若没有获得追认或处分权，受让人在满足善意取得要件的情况下，仍然能够取得股权。

（5）因欺诈、重大误解、显失公平签订的股权转让合同可撤销，因伪造签名、恶意串通损害第三人利益的股权转让合同无效，但此类情形需要主张者承担证明责任，所以在签订股权转让合同之前，务必做好尽职调查，避免以后再以欺诈、重大误解等理由请求撤销股权转让合同。

4. 股权转让合同解除权的行使

（1）合同解除的本质条件为"合同目的不能实现"。股权转让合同目的，对于转让方来讲是获得股权转让价款，对于受让方来讲就是获得股权，若受让方迟延支付或不支付股权转让款，均满足合同目的不能实现，合同解除的条件；若已支付大部分股权转让款的，一般视为合同目的已实现，无权再解除合同；另外合同双方也可在合同中约定合同目的，例如，当"实现项目开发经营"被约定为合同目的，但无法实现时，满足合同法定解除的条件。

（2）合同解除权的行使需发出解除通知。合同法并没有对解除通知的方式作出规定，故载有解除请求的起诉状送达被告时，发生合同解除的效力，但是在诉讼过程中发出的解除通知，并不当然产生合同解除的法律后果，合同是否继续履行需要法院进一步认定。

（3）解除通知需在合理期限（1年）内发出。合同解除权为形成权，可凭单方意志实现，该权利的行使会引起合同关系的重大变化，如果享有解除权的当事人长期不行使解除的权利，也会使合同关系长期处于不确定状态，影响交易双方权利的享有和义务的履行，故其行使应在合理期限内，且该期间为除斥期间。期限届满，当事人不行使权利的，该权利消灭。

（4）合同解除的异议权需在合理期限内（3个月）以诉讼的方式提出。当事人一方主张解除合同的，应当通知对方。合同自通知到达对方时解除。对方有异议的，应当在解除合同通知到达之日起3个月内向人民法院起诉，逾期未起诉的，异议方即丧失了就合同解除提出异议的权利；在3个月内起诉的，人民法院应当对解除合同的效力进行审查。

（5）合同解除的后果。需要注意的是，合同解除后仍然适用违约金条款，合同解除场合，合同中的违约金条款仍然有效，违约金并不因为合同解除而受到影响，在因一方违约而导致合同解除之场合，应当认定守约方可以行使违约金请求权。合同解除后需恢复原状，出让方可以要求受让方在返还股权时一并返还其持有该股份在公司所获得的红利、配送新股及因该股份而认购的新股等股东权益，受让方因前款股东权益支付对价的，可以同时请求出让方予以补偿。

5. 股权转让合同的违约

股权转让合同违约的类型多种多样，笔者仅对比较典型的违约行为予以列举，比如，出让方未进行信息披露将构成违约，另外，受让方未尽审慎审查义务，不得以信息披露存在瑕疵而主张违约；应履行报批义务而怠于履行也需承担违约责任。需要特别注意的是出让方未移交财务、财产等手续，致使受让方无法经营管理公司的亦构成违约。因为公司的公章及相关证照资料等属于公司的财产，通常情况下，转让公司股权的原股东不得处分该财产，受让公司股权的股东在股权变更之后应以公司的名义请求控制该财产的原股东交付。受让方的目的是取得公司的全部股权并进行经营管理，当因原股东控制上述证照印鉴致使受让方无法正常经营管理公司的，构成违约。

另外，因其他股东行使优先购买权，致使合同无法履行的，转让方不承担违约责任。违约金的过高或过低是股权转让纠纷常见的问题，违约金明显过高，可请求法院调整，违约金只具有补偿性，不能参照复利的方式计算。

（二）股权转让纠纷特殊问题的建议

1. 股东行使优先购买权的建议

首先，处理此类纠纷需识别侵犯股东优先购买权的股权转让合同效力。侵犯股东优先购买权的股权转让合同的效力在司法实践中有未生效、可撤销、无效、效力待定 4 种类型，大多数法院认为侵害股东优先购买权的股权转让合同为未生效合同。因为股东优先购买权是公司法赋予股东的法定权利。基于有限责任公司的人合性和封闭性，股东优先购买权制度在于通过保障其他股东优先获得拟转让股权而维护公司内部信赖关系，法律所否定的是非股东第三人优于公司其他股东取得公司股权的行为，而不是转让股东与非股东第三人之间转让协议。同时，股权是股东基于股东资格而享有的，从公司获取经济利益并参与公司经营管理的权利。为保障股东优先购买权而直接否定转让股东与非股东第三人之间股权转让协议效力，已超越了优先的界限，过度限制了股东转让股权的处分权。所以，将侵犯优先购买权合同定性为未生效合同，不产生履行的法律效果即可。

其次，股东优先购买权的行使需注意转让通知、同等条件、合理期间等几个关键问题。转让通知在内容上需具体、明确、全面，一般需包含股权转让款的支付形式、支付期限、违约责任、股权过户期限、税费承担等内容，但不包括公司的负债、财务等状况，同等条件发生实质性变更需要另行告知；转让通知在程序上需送达公司原股东，股权对外转让经过半数股东同意即可，不必通过股东会决议的形式。同等条件需已确定，因为股东优先购买权是相比于股东以外的买受人而享有的优先权，因此，股东行使优先购买权的前提是，拟出让股东与股东以外的人已经就股权转让达成合意，该合意不仅包括对外转让的意思表示，还应包括价款数额、付款时间、付款方式等在内的完整对价。另外第三人同意在股权转让款之外另行向公司提供借款及股权的整体受让也可被约定为同等条件。合理期间是指股东的优先购买权需要在合理期限内行使，因为优先购买权是一种形成权，同时优先购买权的行使条件为同等条件，并且在一定的期限内行使，超越相应的合理期限，条件发生了变化，当事人的优先购买权也即告丧失。另外，股东优先购买权还需在原股东继续转让股权的前提下行使。

2. 股权回购纠纷的建议

股权回购纠纷一般需注意以下 5 点：

（1）股东资格确认。司法审判实践中如何确定股东身份，可从以下几个方面考察：①公司章程上是否记载为股东，股东是否在公司章程或公司设立协议书上签名或盖章；②是否向公司投入在公司章程中所承诺的出资份额，即实际履行出资义务；③公司的工商登记注册文件中有无明确记载；④投入资金后是否取得公司签发的出资证明书。

（2）股东对股东会决议投反对票。公司法之所以对投反对票作出规定，意在要求异议股东将反对意见向其他股东明示。若股东未被通知参加股东会，也就无从了解股东会决议，并针对股东会决议投反对票，这时可视为其投了反对票。

（3）满足公司法及公司章程规定退股的情形。法定情形：①公司连续 5 年盈利，连续 5 年不分红且符合法律规定的分配利润条件的；②公司合并、分立、转让主要财产的；③公司章程规定营业期限届满或其他解散事由出现，股东会会议通过决议修改章程使公司存续的；另外公司章程可另行规定公司回购股权的情形。

（4）经过协商的前置程序。股东请求公司收购股权的前置程序为协商程序，即有限公司召开股东会所讨论的事项涉及法定事项 3 项内容中的 1 项，如对表决结果存有异议的，可以行使股权回购请求权，在股东会决议通过后 60 日内异议股东同公司协议回购股权，协议回购是当事人意思自治的表现。如果股东与有限公司就回购问题达不成协议的，异议股东可以在股东会会议决议通过之日起 90 日内向人民法院提起诉讼。这说明诉讼回购是在协议回购失败的前提下才可以提起，协议回购是诉讼回购的前置程序。

（5）合理价格。也即股权回购的价格需合理，可以审计报告、资产价值、事前约定的回购价格、全体股东决议认可的价格来确定股权回购的合理价格。

3. 股权的善意取得的建议

股权善意取得需要 4 个要件：（1）善意取得的前提是"无权处分"，只有在无处分权人处分他人财产时才适用善意取得制度；（2）受让人须为善意（原股东对非善意承担证明责任）；（3）受让人支付合理价款（真正权利人对不合理低价承担举证责任）；（4）受让人办理了变更登记。

为确保受让方取得股权，建议在以下四个方面做出努力：（1）确保股权转让协议合法有效。股权转让协议通常情况下需满足主体合格、意思表示真实、不违反法律、行政法规的强制性规定，特殊情况下还需满足评估报批等手续才能合法有效，签字盖章前需请专业法律人士审查。（2）聘请专业团队做尽职调查。客户应委托会计师事务所、律师事务所对目标公司的财务状况、资产状况、负债情况、所有者权益情况、银行查询情况等事项进行尽职调查并提供尽职调查报告、法律意见书等资料，以确保股权的价值，并且证明自己满足了善意标准。（3）不要贪图便宜，以明显不合理的低价买入。股权善意取得需满足，无权处分、善意、合理价格买入、交付或登记等要件，其中价格是否合理是最易衡量的一个标准，故一定要合理定价。（4）股权转让协议设计分批支付条款，倒逼对方配合完成过户手续。股权的善意取得也需满足股权已变更登记在自己名下的条件，但在实践中，经常遇到出卖人在签订股权转让协议且收到全部转让款后，仍迟迟不配合办理变更登记，待价而沽的情况，所以在股权转让协议中务必将变更登记约定为股权转让款的支付条件。

4. 夫妻一方未经配偶同意单方处分股权的建议

夫妻一方未经配偶同意签订的股权转让协议有效。因为，股权作为一项特殊的财产权，除其具有的财产权益内容外，还具有与股东个人的社会属性及其特质、品格密不可分的人格权、身份权等内容。对于夫妻关系存续期间夫妻一方所取得的股权，如依法确认具有夫妻共同财产性质，则非股东配偶所应享有的是股权所带来的价值利益，而非股权本身。股权属于商法规范内的私权范畴，其各项具体权能应由股东本人独立行使，不受他人干涉。另外，股东转让股权必须征得过半数股东的同意，并非必须征得其配偶的同意。且我国现行法律和行政法规没有关于配偶一方转让其在公司的股权须经另一方配偶同意的规定。

自然人股权转让过程中，受让方为避免在协议签订后出让方配偶跳出来主张合同无效的麻烦，可以在协议签订前向出让方索取其配偶同意股权转让的书面文件或者授权委托书。对于出让方而言，在股权转让之前有必要征得配偶的同意，毕竟股权中的财产权益属于夫妻共同财产，任何一方私自处置，都是不适当的。当事人各方签订的转让价款一定要合理，不要造成恶意串通，擅自转移夫妻共有财产的表象，否则有可能被法院认为是恶意转移夫妻共同财产，进而认定股权转让协议无效。

5. 公司章程与股权转让的建议

根据《公司法》第 84 条第 3 款的规定，公司章程可以对股权转让方式与程序作出个性化的规定，根据司法实践的经验，我们提出如下建议：（1）公司章程强制股权转让的规定有效，公司股东因故（含辞职、辞退、退休、死亡等）离开公司，其全部出资必须转让。（2）公司章程规定强制股权转让的价格需合理，否则可能会因侵犯股东的自由转让而被认定为无效。（3）为限制股权转让，保持公司的人合性，公司章程可规定股权转让需经过股东会决议通过。（4）公司章程规定股权转让须经董事会决议通过的条款无效，因为股权转让需经董事会决议的程序客观上限制了公司法赋予有限责任公司股东依法转让股权的法定权利，因此该规定不但与公司法相悖，且完全不具有合理性，亦不属于当事人可以自由约定的内容范畴。

6. 瑕疵股权转让与隐名股权转让的建议

瑕疵出资股权转让，不构成欺诈的，合同有效。股权的取得不以出资为绝对要件。股东未出资或出资不实等情形并不影响股权的设立与享有，瑕疵股权仍具有可转让性，瑕疵股权转让并不当然无效。如果股权受让人签订合同时知道或者应当知道股权存在瑕疵却仍然与出让人签订合同，其作出有偿受让瑕疵股权的意思表示并非基于错误认识，而是基于其自身的原因，则并不构成《民法典》合同编上的欺诈，如无其他无效因素影响，则该瑕疵股权转让合同应被认定为有效。但是，如转让方与受让方在签订股权转让协议时，隐瞒出资瑕疵的事实，受让方由于不知道出资瑕疵的事实而受让股份的，受让方亦有权以欺诈为由请求变更或撤销协议。

公司向股东出具的确认股东身份及份额的文件有效。即使该股东非工商登记的股东，也可据此享有以隐名股东身份持有的股权。隐名股东可以依法转让股权。如股权转让的受让人明知其系隐名股东，且公司及其他登记股东均未对股权转让提出异议，则股权转让合同合法有效。

7. 其他公司类型股份转让的建议

（1）股份有限公司发起人或高管在禁售期签订股份转让协议，约定禁售期满后转让股份的合同有效。法律并不禁止发起人或高管为公司成立 1 年后转让股份而预先签订合同。只要不实际交付股份，就不会引起股东身份和股权关系的变更，即拟转让股份的发起人仍然是公司的股东，其作为发起人的法律责任并不会因签订转让股份的协议而免除。因此，发起人与他人订立合同约定在公司成立 1 年之后转让股权的，并不违反《公司法》第 160 条的禁止性规定，应认定为合法有效。

（2）上市公司股份合同发生纠纷。依据证券法规定其收购股份行为应履行必要程序而当事人尚未履行的，股份收购合同未生效，但在诉讼终结前当事人依法履行必要程序的，可以认定股份收购协议发生法律效力。

（3）证券公司股份合同发生纠纷。因股东变更依法需要经国务院证券监督管理机构批准，当事人尚未履行批准手续的，股权转让合同未生效，在诉讼终结前股权变更获得批准的，可以认定股权转让合同发生法律效力。

（4）国有股权发生纠纷。转让的国有股权未履行批准手续或其他法定程序的，股权转让合同未生效，但在诉讼中办理了相关手续或者履行了其他法定程序的，股权转让合同发生法律效力。转让国有股权时未对股权价值进行评估的，人民法院应委托中介机构进行评估；合同约定的转让价格显著低于评估价值的，以评估价值确定股权转让的价格。

第九章　公司决议纠纷

一、公司决议纠纷的法律规定

有关公司决议效力诉讼的类型，《公司法》第 25 条、第 26 条第 1 款规定了确认决议无效之诉、公司决议撤销之诉。《公司法司法解释四》结合司法实践中出现的新问题、新情况，也规定了确认决议不成立之诉。

（一）确认公司决议无效、有效之诉的法律规定

1.《公司法》的规定

《公司法》（2018 年修正，已被修订）第 22 条第 1 款规定："公司股东会或者股东大会、董事会的决议内容违反法律、行政法规的无效。"

《公司法》（2023 年修订）第 25 条规定："公司股东会、董事会的决议内容违反法律、行政法规的无效。"

实践中，确认公司决议无效之诉是公司法领域诉讼案件的常见类型。与之相对的是，法律和司法解释并未明确规定可以请求确认公司决议有效，因此以确认公司决议有效为诉讼请求的案件也较为少见。

2. 原告诉讼主体资格

《公司法司法解释四》第 1 条规定："公司股东、董事、监事等请求确认股东会或者股东大会、董事会决议无效或者不成立的，人民法院应当依法予以受理。"

第 3 条第 2 款规定："一审法庭辩论终结前，其他有原告资格的人以相同的诉讼请求申请参加前款规定诉讼的，可以列为共同原告。"

根据上述的规定，无论是针对股东会决议，还是董事会决议，都有 3 类主体可以作为原告，提起确认公司决议效力之诉。这 3 类主体包括：公司股东、董事、监事。

特别值得注意的是，股东不仅可以请求确认股东会决议的效力，也可以请求确认董事会决议的效力；董事不仅可以请求确认董事会决议的效力，还可以请求确认股东会决议的效力。

3. 被告

《公司法司法解释四》第 3 条第 1 款规定："原告请求确认股东会或者股东大会、董事会决议不成立、无效或者撤销决议的案件，应当列公司为被告。对决议涉及的其他利害关系人，可以依法列为第三人。"

（二）公司决议撤销之诉的法律规定

1.《公司法》的规定

《公司法》（2018 年修正，已被修订）第 22 条第 2 款规定："股东会或者股东大会、董事会的会议召集程序、表决方式违反法律、行政法规或者公司章程，或者决议内容违反公司章程的，股东可以自决议作出之日起六十日内，请求人民法院撤销。"

《公司法》（2023 年修订）第 26 条规定："公司股东会、董事会的会议召集程序、表决方式违反法律、行政法规或者公司章程，或者决议内容违反公司章程的，股东自决议作出之日起六十日内，可以请求人民法院撤销。但是，股东会、董事会的会议召集程序或者表决方式仅有轻微瑕疵，对决议未产生实质影响的除外。

未被通知参加股东会会议的股东自知道或者应当知道股东会决议作出之日起六十日内，可以请求人民法院撤销；自决议作出之日起一年内没有行使撤销权的，撤销权消灭。"

2. 原告诉讼主体资格

《公司法司法解释四》第 2 条规定："依据公司法第二十二条第二款①请求撤销股东会或者股东大会、董事会决议的原告，应当在起诉时具有公司股东资格。"

第 3 条第 2 款规定："一审法庭辩论终结前，其他有原告资格的人以相同的诉讼请求申请参加前款规定诉讼的，可以列为共同原告。"

根据上述规定，无论是针对股东会决议，还是针对董事会决议，只有股东可以

---

① 《公司法》（2023 年修订）第 26 条。

作为公司决议撤销之诉的原告。这与确认公司决议效力之诉、公司决议不成立之诉中有 3 类主体可以作为原告的规定有所不同。根据《公司法司法解释四》第 2 条的规定，提起公司决议撤销之诉的股东，应当在起诉时具有公司股东身份。

3. 被告

《公司法司法解释四》第 3 条第 1 款规定："原告请求确认股东会或者股东大会、董事会决议不成立、无效或者撤销决议的案件，应当列公司为被告。对决议涉及的其他利害关系人，可以依法列为第三人。"

4. 决议撤销事由

《公司法》（2018 年修正，已被修订）第 22 条第 2 款规定："股东会或者股东大会、董事会的会议召集程序、表决方式违反法律、行政法规或者公司章程，或者决议内容违反公司章程的，股东可以自决议作出之日起六十日内，请求人民法院撤销。"

《公司法》（2023 年修订）第 26 条第 1 款规定："公司股东会、董事会的会议召集程序、表决方式违反法律、行政法规或者公司章程，或者决议内容违反公司章程的，股东自决议作出之日起六十日内，可以请求人民法院撤销。但是，股东会、董事会的会议召集程序或者表决方式仅有轻微瑕疵，对决议未产生实质影响的除外。"

（三）确认决议不成立之诉的法律规定

1. 确认决议不成立之诉的法律规定

《公司法司法解释四》第 5 条规定："股东会或者股东大会、董事会决议存在下列情形之一，当事人主张决议不成立的，人民法院应当予以支持：

（一）公司未召开会议的，但依据公司法第三十七条第二款或者公司章程规定可以不召开股东会或者股东大会而直接作出决定，并由全体股东在决定文件上签名、盖章的除外；

（二）会议未对决议事项进行表决的；

（三）出席会议的人数或者股东所持表决权不符合公司法或者公司章程规定的；

（四）会议的表决结果未达到公司法或者公司章程规定的通过比例的；

（五）导致决议不成立的其他情形。"

2. 确认决议不成立之诉的原被告

根据《公司法司法解释四》第 4 条的规定，有权提起确认决议不成立之诉的法律主体为公司股东、董事、监事。

另外，根据《公司法司法解释四》第 3 条的规定，请求确认公司决议不成立的案件，应列公司为被告。

3. 确认决议不成立之诉的法定情况

根据《公司法司法解释四》第 5 条的规定，5 种法定情形将被确认为未形成有效公司决议。

"（一）公司未召开会议的，但依据《公司法》第三十七条第二款或者公司章程规定可以不召开股东会或者股东大会而直接作出决定，并由全体股东在决定文件上签名、盖章的除外；

（二）会议未对决议事项进行表决的；

（三）出席会议的人数或者股东所持表决权不符合公司法或者公司章程规定的；

（四）会议的表决结果未达到公司法或者公司章程规定的通过比例的；

（五）导致决议不成立的其他情形。"

二、公司决议纠纷的相关案例

（一）公司决议纠纷的程序问题

1. 公司决议纠纷的诉讼主体问题

（1）隐名股东能否提起公司决议效力诉讼

根据相关案例，隐名股东有权提起公司决议诉讼。

❶云南省高级人民法院审理的游某萍与昆明西某土地房屋开发经营（集团）有限公司股权确认纠纷案【（2008）云高民二终字第 197 号】认为："游某萍系因国有企业改制而形成的隐名股东，是因政策而形成的产物，不存在恶意规避法律的动机和目的，其股东地位依法应予保护。虽然不能突破现行公司法关于有限责任公司人数限制的硬性规定认定其为显名股东，但本案系公司内部纠纷，对公司内部而

言，隐名股东享有与正常股东相同的权利义务。故游某萍作为开某集团的隐名股东，可就开某集团内部与其相关的纠纷提起诉讼，依法具备本案的主体资格。"

❷黄石市中级人民法院审理的陈某柏、余某与黄石市江某物业管理有限公司公司决议纠纷案【（2016）鄂02民终862号】认为："隐名股东能否出席股东会并对股东会决议进行表决，属于公司内部管理问题，因隐名股东的权益是通过显名股东来体现，在隐名股东和显名股东没有异议的情况下，隐名股东出席股东会并对股东会决议进行表决就不存在瑕疵。本案中的隐名股东是基于办理营业执照的需要而隐名在他人名下，且显名股东对此并无异议，故陈某柏、余某提出隐名股东出席股东会并对股东会决议进行表决，属表决方式上的瑕疵的理由，不能成立，本院不予支持。"

（2）名义股东能否提起公司决议效力诉讼

名义股东是否有权提起公司决议诉讼，各地法院有不同认识。

支持名义股东可以提起决议诉讼。

❸厦门市中级人民法院审理的叶某桢与福建泰某电力股份有限公司纠纷案【（2015）厦民终字第4546号】认为："经查证事实，叶某桢是泰某公司4.965%股权的名义出资人。虽该股权实际出资人并非叶某桢本人，但叶某桢提起本案诉讼时，其仍是泰某公司的在册股东，故叶某桢有权依据公司法规定行使其股东权利，其起诉主张撤销泰某公司相关公司决议，程序上并无不当。泰某公司上诉主张叶某桢并不具备起诉资格的理由不能成立，本院不予支持。"

不支持名义股东可以提起决议诉讼。

❹延安市中级人民法院审理的甘泉县城关镇关家沟村民委员会与甘泉县关家沟汽车联某有限责任公司公司决议效力确认纠纷案【（2016）陕06民终1197号】认为："根据法律规定，主张公司股东大会决议无效之诉的当事人应当是与股东大会决议内容有直接利害关系的公司股东。现上诉人主张被上诉人于2004年1月2日作出的股东大会决议无效。经查明，甘泉县关家沟汽车联某有限责任公司成立之初的公司资产即11辆运油车，该车辆均是由个人出资购买，个人向上诉人处缴纳一定的管理费，故上诉人并未实际出资，仅为名义股东，由此可知，股东大会决议的内容对上诉人并无直接利害关系，上诉人作为名义股东起诉请求确认股东大会决议无效的上诉理由不能成立。"

（3）未履行出资义务的股东能否提起公司决议效力诉讼

根据相关案例，未履行出资义务的股东有权提起公司决议诉讼。

❺阿拉善盟中级人民法院审理的内蒙古鑫某矿业有限责任公司与续某、王某强、曹某龙公司决议效力确认纠纷案【(2016) 内 29 民终 287 号】认为:"根据法律规定,股东出资情况及是否具有股东资格,应当以工商登记档案为准,验资报告及审级报告其作用系为工商行政机关审查及人民法院审理之用,本身并不能直接认定公司股东未如实出资,进而撤销其股东资格。检察机关非审判机关,其认定王某强未如实出资并未根据新的事实或证据,故出具的法律文书不具有认定事实的效力。经查,本案鑫某公司工商登记显示王某强系公司股东,续某、曹某龙起诉王某强要请求确认未如实出资的诉讼亦经阿拉善盟中级人民法院(2010) 阿民一终字第 51 号《民事判决书》驳回诉讼请求,故上诉人(原审被告) 鑫某矿业有限责任公司于 2012 年召开的股东会提起事由未经依法认定,作出决议的依据不符合法律规定,其内容违法,应认定无效。"

❻新疆生产建设兵团第六师中级人民法院审理的刘某峰与孙某公司决议效力确认纠纷案【(2016) 兵 06 民终 406 号】认为:"股东未履行出资义务,并不改变其已有的股东资格,这种资格取决于公司章程和股东名册的记载,更重要的则是工商行政管理部门注册登记的确认,这些文件虽不能证明该股东已履行出资义务,却是证明其股东资格的基本依据。本案中,刘某峰、孙某是目前登记于华某公司工商登记信息栏里的股东,也是华某公司设立时出资的股东。2014 年 4 月 23 日,鉴于刘某峰伪造变更工商登记所需材料,将股东变更为他人的事实存在,因而引发了 2014 年 12 月 3 日工商部门查证并认定刘某峰变更材料系虚假,遂撤销了变更登记。工商部门撤销变更登记后,刘某峰仍为华某公司的股东,故对孙某主张刘某峰没有本案诉讼主体资格的上诉理由,本院不予采纳。"

(4) 丧失股东资格的股东无权提起公司决议效力诉讼

根据相关案例,因特殊原因丧失股东资格后,无权提起公司决议诉讼。

❼南通市中级人民法院审理的成某英、周某伟等与南通先某染织有限公司公司决议纠纷案【(2016) 苏 06 民终 3631 号】认为:"先某公司系由集体企业改制而来的有限责任公司,在处理与其相关的股权纠纷时,除应适用相关法律规则外,同时也要考虑特定的经济历史背景,兼顾公平与效率原则。本案中,先某公司原股东周某去世后,其妻成某英持 5 万元股金缴纳凭证即收据,至先某公司领取了 5 万元款项,并将股金缴纳凭证原件交还先某公司。虽然成某英否认收据上的签名为其本人所签,但认可了领款事实;在本案审理过程中,上诉人亦认可周某实际出资为 5 万元,故应认定成某英已将周某的出资款全部取回。虽然此种行为不为公司法所允许,但结合先某公司系由集体企业改制而来的特定历史背景,加之此后 15 年间,

上诉人从未以周某继承人的身份在先某公司行使股东权利，以及周某之女周艳香早在 2011 年即已请求恢复股东身份，而其未以周某继承人身份主张确认股东资格之事实，可以认定周某的继承人事实上已认可了周某不再是先某公司股东的事实。因此，其以股东身份提起本案诉讼缺乏事实和法律依据，本院不予支持。"

另外，签订股权转让协议受让股权，如股权转让协议无效，受让方无权提起公司决议诉讼。

❽上海市第一中级人民法院审理的梁某佳诉上海昌某房产有限公司公司决议效力确认纠纷案【（2016）沪 01 民终 1898 号】认为："本案的争议焦点在于：梁某佳是否有权提出本案诉讼？对此，本院认为，在案事实表明，在本案诉讼过程中原审法院所作出的生效判决撤销了案外人石某向梁某佳转让昌某公司股权的行为；根据《公司法司法解释一》的规定，债权人提起撤销权诉讼，请求法院撤销债务人转让财产行为，法院应当就债权人主张的部分进行审理，依法撤销的，该行为自始无效。因此，基于前述生效判决的内容，案外人石某将系争股权转让给梁某佳的行为应被认定为自始无效，因此梁某佳并非昌某公司的股东。"

2. 公司决议纠纷的诉讼时效问题

根据相关案例，请求确认公司决议无效（有效）、不成立，不受 2 年诉讼时效期间的限制。

❾上海市第一中级人民法院审理的徐某诉上海专某商标事务所有限公司公司决议纠纷案【（2016）沪 01 民终 9630 号】认为："本案案由为公司决议纠纷，非债权请求权纠纷，根据《最高人民法院关于审理民事案件适用诉讼时效制度若干问题的规定》，本案不适用诉讼时效规定。"

❿郑州市中级人民法院审理的朱某清与郑州格某恩科技有限公司、纪某公司决议纠纷案【（2016）豫 01 民终 9355 号】认为："该股东会决议无效属自始无效，单纯的时间经过不能改变无效合同的违法性，朱某清向人民法院申请确认该决议效力，不适用两年诉讼时效期间的限制，故对格某恩科技公司、纪某所称朱某清的诉求超过诉讼时效期间的上诉理由本院亦不予支持。"

⓫钦州市中级人民法院审理的裴某冰、李某等与钦州市和某建筑材料有限公司公司决议效力确认纠纷案【（2016）桂 07 民终 386 号】认为："本案当事人提起的是确认股东会决议无效之诉，该项权利属于形成权，不适用诉讼时效的相关规定，即不受诉讼时效限制；上诉人提出的诉讼时效的抗辩不成立，本院不予支持。"

但是，也有法院对此问题有不同认识，认为确认公司决议效力诉讼（公司决议无效、有效、不成立）应受诉讼时效的限制。

❷贵州省高级人民法院审理的余某鸿诉贵州庆某达房地产开发有限公司、许某、林某、陈某兵、郭某、刘某强公司决议纠纷案【（2016）黔民终 10 号】认为："对于上述虚构的股东会议及其决议，只要其他股东在知道或者应当知道自己的股东权利被侵犯后，在法律规定的诉讼时效内提起诉讼，人民法院即应依法受理，不受 60 日期限的限制。"

3. 公司决议纠纷中的合并审理问题

（1）能否在一个案件中请求确认 2 份公司决议的效力

根据相关案例，对于同一公司的 2 份公司决议，可以在一个诉讼案件中提起公司决议效力诉讼，人民法院可以合并审理。

❸襄阳市中级人民法院审理的吴某保与姚某霞、襄阳盛某立房地产开发有限公司、李某、高某虎、张某、李某香公司决议效力确认纠纷案【（2016）鄂 06 民终 775 号】认为："上诉人还主张两份股东决议效力确认纠纷不能合并审理。本院认为，本案所涉及 2015 年 4 月 16 日、2015 年 4 月 28 日的 2 份股东会决议，应当认定为可以合并审理的同一种类诉讼标的案件。原审法院依据《民事诉讼法》的规定，予以合并审理并无不当。"

（2）能否在一个案件中同时请求确认公司决议效力及请求公司赔偿

在一个案件中，同时提起确认公司决议效力的诉讼请求和请求公司赔偿的诉讼请求，具有诉讼风险，人民法院可以不予合并审理。

❹山东省高级人民法院审理的周某生与裕某投资控股集团有限公司、吕某涛等公司决议效力确认纠纷案【（2015）黔高民商终字第 61 号】认为："本案原告的第 1 项诉讼请求，即确认被告裕某公司关于公司注册资本变更的股东会决议无效，系确认之诉的内容。第 3 项诉讼请求，即判令其他被告股东连带赔偿原告经济损失 1 亿元，系给付之诉的内容。根据《民事诉讼法》第 52 条第 1 款之规定：'当事人一方或者双方为二人以上，其诉讼标的是共同的，或者诉讼标的是同一种类、人民法院认为可以合并审理并经当事人同意的，为共同诉讼。'本案确认之诉与给付之诉二者不是必要的共同诉讼，本院不予合并审理，原告周某生可以另行提起损害赔偿之诉。本案立案案由损害股东利益责任纠纷依法变更为公司决议效力确认纠纷。"

4. 公司决议纠纷中的变更诉求问题

（1）人民法院可释明变更诉讼请求

关于原告起诉请求确认股东会或者股东大会、董事会决议不成立、无效，与人民法院根据案件事实作出的认定不一致时，该如何处理？

根据相关案例，人民法院可释明变更诉讼请求。

❶❺贵州省高级人民法院审理的贵州省凯里市利某食品有限责任公司与杨某公司决议效力确认纠纷案【（2015）黔高民商终字第18号】中，原告杨某根据一审法院的释明将诉讼请求从撤销公司决议变更为确认公司决议无效，二审法院对此认为："一审法院在庭审辩论终结后向被上诉人释明变更诉讼请求，不违反民事诉讼法和司法解释的规定，也不实际上损害当事人的利益。"

❶❻厦门市中级人民法院审理的李某强、张某琳与厦门永某贵投资有限公司、林某其纠纷案【（2015）厦民终字第1536号】认为："李某强、张某琳主张其未获得召开股东会议通知、股东会由两名股东组成存在虚假，该主张事由属《公司法》规定的股东申请撤销股东会决议情形，与本案中李某强、张某琳主张公司股东会决议无效的法律关系无关。根据《最高人民法院关于民事诉讼证据的若干规定》第35条规定，诉讼过程中当事人主张的法律关系的性质或者民事行为的效力与人民法院根据案件事实作出的认定不一致的，人民法院应当告知当事人可以变更诉讼请求。经原审法院释明后，李某强、张某琳仍坚持不变更诉讼请求，故原审法院对李某强、张某琳该主张事由不予采纳程序上并无不当。"

（2）针对无效事由能否提起撤销之诉

主流裁判观点是，针对无效事由，不可提起可撤销之诉，否则法院会驳回其诉讼请求。

❶❼北海市中级人民法院审理的沈某智、丁某志等与北海中某新某园房地产开发有限公司公司决议纠纷案【（2016）桂05民终786号】认为："股东大会的决议内容是否合法并不是股东行使撤销权的情形之一，故被上诉人以决议内容违反法律规定行使撤销权不当。"

❶❽郴州市中级人民法院审理的林某钦与郴州亿某房地产开发有限公司公司决议纠纷案【（2016）湘10民终855号】认为："林某钦的诉讼请求是撤销董事会决议，而非确认董事会决议无效，原审法院据此认为董事会决议是否违反法律规定不属于本案撤销之诉的审理范围，林某钦可另行主张，并无不当。"

(3) 针对撤销事由能否提起无效之诉

主流裁判观点是, 针对可撤销事由, 不可提起无效之诉, 否则法院会驳回其诉讼请求。

❿广西壮族自治区高级人民法院审理的莫某遥、覃某安等与广西壮族自治区玉林市玉某木材贸易中心公司决议纠纷案【(2015) 桂民提字第 22 号】认为:"涉案股东大会在召集、召开过程确实存在不规范的地方, 违反了企业章程中关于股东大会通知、议事方式和表决程序的规定。但是玉某中心企业章程并没有规定违反企业章程导致股东大会决议无效, 而且企业章程作为企业内部管理的约定, 大家一致同意即可变更。股东大会召开的提议者、公告时间、主持人人选等规则的制定, 是为了保障股东能充分行使自己的权利, 如公告即为了告知股东会开会的时间、地点, 维护股东的知情权、参与权。如果股东们认为变更不妥, 可提出异议。事实上, 玉某中心实有股东 66 人, 到会股东 50 人, 合法委托出席股东 16 人, 全部股东对该次会议的召开均是知情并同意在 30 日召开, 并在会上投票表决, 会议召开完毕形成决议, 还有 43 名股东在决议上签字确认, 全程没有人就召集程序、主持人人选、公告时间提出异议, 前述该次会议召集、召开过程中存在的不规范之处并未影响股东知情权、参与权、表决权, 故莫某遥等人事后才提出并以此否定股东大会决议的效力, 本院不予支持。"

❷嘉兴市中级人民法院审理的徐某梅与周某英公司决议效力确认纠纷案【(2016) 浙 04 民终 1622 号】认为:"徐某梅称股东会决议签名系周某英冒签, 意即其未参加股东会议并进行表决, 属于股东会的召集程序、表决方式违反法律、行政法规和公司章程, 符合《公司法》第 22 条第 2 款①规定的情形, 即'股东会或者股东大会、董事会的会议召集程序、表决方式违反法律、行政法规或者公司章程, 或者决议内容违反公司章程的, 股东可以自决议作出之日起六十日内, 请求人民法院撤销'。一审据此认定徐某梅提起无效之诉缺乏依据并驳回其诉讼请求并无不当。"

❷沈阳市中级人民法院审理的丁某泰与辽宁天某农牧业投资有限公司公司决议效力确认纠纷案【(2016) 辽 01 民终 11586 号】认为:"至于上诉人提出的'该次股东会没有通知全体股东参加, 会后没有会议记录和股东代表签字, 没有参加会议和与会人员签字簿, 没有将决议送交全体股东签字, 决议一案提起不合法, 不符合公司章程, 没有合法议案提起人, 没有事先发送股东审议'等问题, 这不是审查公

---

① 《公司法》(2023 年修订) 第 26 条第 1 款。

司决议效力确认纠纷案件的审理范围，更不是确认股东会决议内容无效的条件，故本院对上诉人提出的上诉请求不能予以支持。"

❷❷广州市中级人民法院审理的深圳普某明腾投资企业（有限合伙）与博某智能装备股份有限公司公司决议效力确认纠纷案【（2016）粤 01 民终 12838 号】认为："普某明腾合伙原审诉请是确认有关博某公司股东大会决议无效，根据《公司法》第 22 条第 1 款①规定：'公司股东会或者股东大会、董事会的决议内容违反法律、行政法规的无效。'博某公司于 2015 年 7 月 21 日作出的两项议案的内容并未违反法律、行政法规的规定，普某明腾合伙上诉主张的事由均属于股东大会召集程序的范畴，不属于认定股东大会决议无效之法定事由，故原审法院处理并无不当，本院予以确认。"

❷❸长春市中级人民法院审理的周某涛等与吉林省建业集团股份有限公司等公司决议效力确认纠纷案【（2016）吉 01 民终 1631 号】认为："建业集团、韩景德认为临时股东大会在送达程序上明显违法，根据《公司法》（2005 年修订）第 22 条第 2 款②规定'股东会或者股东大会、董事会的会议召集程序、表决方式违反法律、行政法规或者公司章程，或者决议内容违反公司章程的，股东可以自决议作出之日起六十日内，请求人民法院撤销'。临时股东大会在召集程序、表决方式有违反法律、行政法规或者公司章程的情形，在决议没有被撤销的情况下，其效力不应被否认。现 2010 年 11 月 9 日临时股东大会决议内容'决定选举周某涛、张某华、张某林、胡某朴、王某清、谷某明、王某明为建某集团第二届董事会董事'并不违反法律、行政法规的规定，且建某集团股东并未要求人民法院撤销该临时股东大会决议，故2010 年 11 月 9 日临时股东大会决议内容合法有效。"

（4）判断公司决议撤销的前提是不具有无效情形

根据相关司法案例，公司决议撤销的前提是不具有无效情形。

❷❹北京市第三中级人民法院审理的庄某楷上诉北京通某合美投资管理有限公司公司决议效力确认纠纷案【（2016）京 03 民终 12198 号】认为："《公司法》规定了股东会决议无效确认和股东会决议撤销两项制度，均是对股东会决议效力存在瑕疵的规范，但二者有不同的适用条件和规制目的，不具有相互替代性，对于同一份股东会决议，股东不能既要求确认无效又主张撤销。无效的股东会决议自始无效，而可撤销的股东会决议在被撤销之前是有效的，且如果股东没有在法定的除斥期间

---

① 《公司法》（2023 年修订）第 25 条。
② 《公司法》（2023 年修订）第 26 条第 1 款。

之内提起撤销之诉的，则该存在瑕疵的股东会决议将消除效力上的瑕疵，成为有效的决议。因此，判断股东会决议是否属于可撤销的决议必须建立在该股东会决议不具有法定的无效情形的基础上。"

5. 公司决议纠纷的诉讼费用问题

一般而言，确认公司效力纠纷的诉讼按件收取诉讼费，但涉及财产争议的公司决议，人民法院可以按照财产标的收取诉讼费。

㉕襄阳市中级人民法院审理的吴某保与姚某霞、襄阳盛某立房地产开发有限公司、李某、高某虎、张某、李某香公司决议效力确认纠纷案【（2016）鄂06民终775号】认为："本案虽为确认公司决议效力之诉，但案涉两份股东会决议具有明确的财产争议内容，原审按诉讼标的额计算案件受理费用亦无不当。"

（二）请求确认公司决议无效

1. 公司决议无效的事由

根据《公司法》第25条的规定，公司股东会或者股东大会、董事会的决议内容违反法律、行政法规的无效。司法实践中，常见的导致公司决议无效的事由包括：

（1）侵犯股东的优先认缴权

❶最高人民法院审理的夏某中与贵州省黔某交通运输联合有限公司、何某阳、潘某华公司决议效力确认纠纷案再审案件【（2016）最高法民申334号】认为："夏某中向代某贵出具的授权委托书并不包括代其参加股东会并对决议内容发表意见的内容，故股东会做出的关于增加注册资本以及修改公司章程的股东会决议内容，没有经过当时仍持有公司93.33%股权的夏某中的同意，也没有证据证明某某中就公司的该次增资已知悉并明确放弃了优先认缴权，故上述决议内容违反了《公司法》（2005年修订）第35条①关于股东有权优先按照实缴的出资比例认缴出资的规定，侵犯了夏某中认缴增资的合法权益，应认定无效。"

❷山东省高级人民法院审理的周某生与裕某投资控股集团有限公司、吕某涛等公司决议效力确认纠纷案【（2015）黔高民商终字第61号】认为："公司大股东如

---

① 已被修改。

果为了追求自己的利益，形成的股东会决议影响小股东的个人利益，为小股东增设义务或限制权利，应得到小股东的同意。因本案六次股东会决议是在股东周某生未参加会议，由他人伪造周某生签字做出的，事后周某生亦不予认可，故该六次决议并非周某生真实意思表示，侵犯了周某生的姓名权，干涉了周某生依照自己的真实意思对公司事项进行表决的权利，进而侵害了周某生的增资优先认缴权，属于违反法律规定的侵权行为，故本案六次股东会决议违反了法律强制性规定，应认定为无效。"

❸郑州市中级人民法院审理的朱某清与郑州格某恩科技有限公司、纪某公司决议纠纷案【（2016）豫01民终9355号】认为："从股东会的决议内容来看，即便增资，朱某清、纪某、高某诚应按3人的出资比例认缴出资，纪某私自增资901万元，侵犯了朱某清的增资权利，因此该决议内容违反了公司法的相关规定，一审法院确认格某恩科技公司2013年5月25日的股东会决议无效符合法律规定。"

❹深圳市中级人民法院审理的胡某梅与深圳市晨某商贸有限公司公司决议效力确认纠纷案【（2015）深中法商终字第2714号】认为："一方面晨某公司未提交证据证明全体股东存在关于不按照出资比例优先认缴出资的约定，另一方面胡某梅因未由晨某公司通知参加股东会进而无法行使优先认缴出资的权利的事实客观存在，胡某梅亦未表示过放弃该次增资的优先认缴权，直至本案二审期间胡某梅仍表示要求行使该次增资的优先认缴权。股东优先认缴公司新增资本的权利属于形成权，股东按其出资比例认缴增资是法定的、固有的权利，晨某公司2014年11月10日股东会因未履行法定的通知程序致使胡某梅未能参加股东会而剥夺了其对新增资本的优先认缴权。综上，《2014年11月10日股东会决议》的内容因违反公司法的强制性规定应认定无效。"

（2）侵犯股东的分红权

❺云南省高级人民法院审理的游某萍与昆明西山土地房屋某发经营（集团）有限公司股权确认纠纷案【（2008）云高民二终字第197号】认为："某发集团以低股价分配股份的行为，究其实质就是变相分红，但分红又不按实际出资比例，显然损害了部分中小股东的利益。根据《公司法》第35条① '股东按照实缴的出资比例分取红利；公司新增资本时，股东有权优先按照实缴的出资比例认缴出资。但是，全体股东约定不按照出资比例分取红利或者不按照出资比例优先认缴出资的除

---

① 已被修改。

外'，以及《公司法》第 22 条①'公司股东会或者股东大会、董事会的决议内容违反法律、行政法规的无效……'之规定，该股份认购方案除非全体股东一致认可，否则应为无效。而前述事实表明，有 7 名股东已经当场表示不认可，故在此情况下，开发集团强行通过《关于认购部分股本的方案》并形成股东会决议，该股东会决议应当确定为无效。"

(3) 违法解除股东资格

违法解除股东资格，股东会决议无效。

❻广西壮族自治区高级人民法院审理的徐某志与藤县米某房地产开发有限公司、刘某平公司决议效力确认纠纷案【（2015）桂民四终字第 36 号】认为："股东在公司中的合法权益受法律保护。解除股东资格只应用于严重违反出资义务的情形，即未出资和抽逃全部出资，未完全履行出资义务和抽逃部分出资的情形不应包括在内。徐某志成为米某公司的股东，并非原始取得，而是通过受让曾剑民持有的米某公司股权的形式取得股权及股东资格的。据此，米某公司主张徐某志存在未履行出资义务的情形，与事实不符。"广西壮族自治区高级人民法院据此认定案涉股东会决议无效。

❼贵州省高级人民法院审理的贵州省凯里市利某食品有限责任公司与杨某公司决议效力确认纠纷案【（2015）黔高民商终字第 18 号】认为："解除股东资格，剥夺股东权利这种严厉的措施只应用于严重违法出资义务的情形。因此，利某责任公司在杨某足额缴纳出资，履行了法定程序的情况下，通过董事会决议剥夺杨某的股东权利，在程序和实体上均违反了《公司法》的规定，该决议应为无效。"

❽上海市第一中级人民法院审理的上海凯某建设工程有限公司诉赵某伟公司决议效力确认纠纷案【（2016）沪 01 民终 10409 号】认为："凯某公司称其对赵某伟除名的理由是赵某伟抽逃全部出资，但现有证据并不足以证明其主张，更不能证明另一股东王某已履行出资义务。鉴此，一审基于查明事实，并结合凯某公司股东情况及实际经营状况等各种因素，在未有法院生效判决确认赵某伟存在未履行出资义务或者抽逃全部出资的情况下，认定凯某公司作出的股东会决议中'对股东赵某伟除名'及修改相关公司章程的决议内容无效，于法有据。"

股东会决议合法解除股东资格，股东会决议有效。

❾新疆生产建设兵团第六师中级人民法院审理的刘某峰与孙某公司决议效力确认纠纷案【（2016）兵 06 民终 406 号】认为："本案中，华某公司因孙某未履行出

---

① 《公司法》（2023 年修订）第 25 条。

资义务而召开股东会，决议解除对孙某的股东资格，是公司为消除不履行义务的股东对公司和其他股东产生不利影响而享有的一种法定权能。被解除股东资格的股东请求人民法院确认该解除行为无效的，人民法院不予支持。"

❿武威市中级人民法院审理的赵某兰与孙某、蔡某、郑某、刘某、甘肃西凉肥某有限公司公司决议效力确认纠纷案【（2016）甘06民终451号】认为："为了防止控股股东或多数股东损害公司利益和少数股东利益，股东会能有效作出对拒不出资的股东除名的决议，被除名的股东对该表决事项不应具有表决权。本案中，由于孙某、蔡某、郑某、刘某4人未按公司通知的期限参加股东会，且4人对解除自己股东身份的表决事项不具有表决权，作为已实际出资的另一股东赵某兰以100%的表决权同意并通过解除孙某、蔡某、郑某、刘某4人西凉肥某公司股东资格的决议，该决议符合法律规定和公司章程，应认定有效。"

（4）非法变更股东出资额和持股比例

⓫海南省高级人民法院审理的张某玉与海南展某科技有限公司决议效力确认纠纷案【（2014）琼民终三字第1号】认为："张某作为公司的法定代表人，在张某玉未参加公司的股东会，未同意持股比例变更的情况下，擅自作出股东出资额和持股比例变更的股东会决议和章程修正案，系无处分权人未经权利人许可，处分权利人财产的行为，该行为未得到张某玉的追认，应认定无效。故张某于2010年8月25日作出的《股东会决议》的内容违反法律规定。"据此，海南省高级人民法院判决本案股东会决议无效。

⓬广州市中级人民法院审理的广州佳某投资管理有限公司与广州国某贸易有限公司、郑某山公司决议纠纷案【（2016）粤01民终14189号】认为："根据工商登记资料显示，2013年5月7日，国某公司股东变更为佳某公司及郑某山，股东的持股情况为郑某山持股50%、佳某公司持股50%；2014年5月26日，国某公司注册资本变更为5000万元，股东的持股情况为郑某山持股98%、佳某公司持股2%。从上述国某公司、郑某山的股份变更情况来看，佳某公司作为国某公司的股东股份比例由50%降至2%。由于股东股份比例的减少及公司经营范围的变更均属于影响公司及股东的重大事项。因此，依照常理，在变更之前，公司与股东、股东与股东之间定会进行充分协商，方能达成一致意见，而不可能是仅通过一次会议就作出上述重要决策。况且，从原审时国某公司、郑某山在原审法院询问其哪位代表佳某公司出席了2014年5月26日股东会议时，国某公司、郑某山对此均没有一个明确的答复。国某公司、郑某山的行为违背常理。故基于上述原因，本院对原审法院认定国某公司于2014年5月26日作出的股东会决议和公司章程无效予以维持。"

（5）侵犯公司利益

❸北京市第一中级人民法院审理的北京恒某冠辉投资有限公司上诉杜某春等公司决议效力确认纠纷案【（2016）京 01 民终 6676 号】认为："恒某公司 2016 年 6 月 4 日股东会决议第 1 项内容约定，将恒某公司账面资金 300 万元分给徐某强等 10 名股东。因恒某公司系企业法人，有独立的法人财产，上述资产属于恒某公司资金，在未经全体股东同意的情况下，部分股东决议将公司资产分给部分股东，损害了恒某公司及其他股东的合法权益，违反《公司法》第 20 条第 1 款①关于'公司股东应当遵守法律、行政法规和公司章程，依法行使股东权利，不得滥用股东权利损害公司或者其他股东的利益；不得滥用公司法人独立地位和股东有限责任损害公司债权人的利益'的规定，当属无效。"

❹北京市第二中级人民法院审理的深圳北大双某高科技股份有限公司与杨某昌股东大会决议效力确认纠纷案【（2014）二中民（商）终字第 11391 号】认为："根据北大双极公司《临时股东大会决议》，北大双极公司将其当时绝大部分流动资金以免息借款的形式出借给现金出资股东，现金出资股东根据其出资比例确定借款数额，现金出资股东将该 2100 万元借走后，北大双极公司基本没有其他流动资金，其实行最小化经营。北大双极公司的全体股东出席了该次股东大会，所有现金出资股东同意该决议，杨某昌则'持保留意见'，由此可见，北大双极公司的现金出资股东在作出 2005 年 6 月 20 日《临时股东大会决议》时显然属于滥用股东权利，损害了北大双极公司及杨某昌的利益，该决议亦因其内容违反法律规定而无效。"

（6）侵犯公司债权人利益

❺重庆市南岸区人民法院审理的陈某鸣诉重庆长某商贸有限责任公司股东大会决议效力确认纠纷案【（2008）南法民初字第 290 号】认为："本案被告股东大会在未缴清税费、未提取法定公积金的前提下，决议对公司股东'补发价值 7500 元的电脑一台'。虽然被告公司股东和职工身份混工，但该决议的内容明确是针对'股东'作出的，并非针对职工，因此实质为股东分配利润。该决议损害了公司债权人的利益，违反了法律规定，应属无效。"

（7）不具有股东（董事）资格的主体作出的决议

主流裁判观点认为，不具有股东（董事）资格的主体作出的股东会（董事会）

---

① 《公司法》（2023 年修订）第 21 条第 1 款。

决议无效。

❶❻福建省高级人民法院审理的熊某力、范某玲与福州飞某集团有限公司公司决议效力确认纠纷案【（2014）闽民终字第708号】认为："熊某力、范某玲等当选为上海博某公司的董事因《股东会决议》无效而应被认定为不合法，其作出的2011年11月9日《董事会决议》因违法而无效。"

❶❼昆明市中级人民法院审理的武某燕与昆明市鑫某屋业开发有限公司公司决议撤销纠纷案【（2016）云01民终2666号】认为："鉴于上述《股东会决议》在召集程序和表决程序上违反了《公司法》及公司章程的相关规定，依法应予撤销，《董事会决议》亦因《股东会决议》的撤销而失去了合法性基础，故一审法院对《董事会决议》作出的实体性判决并无不当，本院依法予以维持。"

也有裁判观点认为，不具有股东（董事）资格的主体作出的股东会（董事会）决议属于召集程序及表决方式，应当撤销。

❶❽宁德市中级人民法院审理的福建中某房地产开发有限公司、杨某光与何某龙公司决议撤销纠纷案【（2016）闽09民终448号】认为："而2014年10月19日中某公司召开的董事会会议系依据同日作出的上述股东会决议中更换后的董事会成员进行召开和表决，在2014年10月19日中某公司股东会决议应被撤销的情形下，2014年10月19日中某公司董事会的召集程序及表决方式亦无合法依据，亦应撤销。"

（8）决议内容的合同基础不存在

❶❾上海市第一中级人民法院审理的上海师某资产经营有限责任公司诉上海交某后勤发展有限公司请求变更公司登记纠纷案【（2016）沪01民终10173号】认为："本案主要争议在于系争股东会决议第1~3项是否应认定为无效。首先，交某公司与莘某公司既有各股东师某公司、教某公司、姚某英、李某于2013年4月9日签订的《增资扩股合同》约定了公司增资扩股及各股东出资额及持股比例。而次日，上述相同签约主体签订的系争股东会决议中关于公司增资扩股及各股东出资、持股比例等内容与上述《增资扩股合同》完全一致。据此，本院认为，《增资扩股合同》系莘某公司既有4名股东和新加入股东交某公司之间就增资扩股先行达成的协议，系作为各股东签订关于增资扩股的股东会决议，即系争股东会决议的合同基础。现上述《增资扩股合同》已由生效仲裁裁决书以莘某公司既有4名股东未如实披露莘某公司资产状况违反诚实信用原则，且事后弥补措施亦不能否认其此前过错行为及交某公司投资决策所造成的影响等为由，予以撤销，故系争股东会决议的合同基础已不存在，即莘某公司既有股东和新加入股东就增资扩股事宜的合意已不复

存在，则系争股东会决议相关内容当然归于无效。"

(9) 选举的董事、监事、高管不具有任职资格

❷泰州市中级人民法院审理的黄章明、黄同林等与江苏慧海股权投资管理有限公司公司决议纠纷案【(2016) 苏 12 民终 1390 号】认为："《公司法》第 146 条第 1 款第 5 项①规定，个人所负数额较大的债务到期未清偿的，不得担任公司的董事、监事、高级管理人员。第 2 款②规定公司违反该规定选举、委派董事、监事或者聘任高级管理人员的，该选举、委派或者聘任无效。本案中，在 2015 年 6 月 10 日召开股东会议之前，金鑫有数额较大的保证之债到期未清偿，因债务纠纷又使其个人的巨额股权被司法冻结。在股东会议召开后六个月内，金鑫又有数额较大的保证之债到期未清偿而进入执行程序，因此，2015 年 6 月 10 日形成的股东会决议的内容即选举金鑫为执行董事，违反了《公司法》第 146 条第 1 款第 5 项③的规定，应为无效。金鑫辩称其所负的均是担保形成的债务，不属个人负债，因在保证关系中，保证人与债权人所形成的同样是债的关系，债权人可以要求任何一个保证人承担全部保证责任，保证人都负有担保全部债权实现的义务，各连带责任人在履行义务时，首先应无条件地承担全部责任，故金鑫的辩称理由，依法不予采信。"

(10) 违反禁售期的规定转让股权

❷潍坊市中级人民法院审理的宋某辉与山东华某自动化技术股份有限公司公司决议纠纷案【(2016) 鲁 07 民终 602 号】认为："华某公司 2013 年 1 月 24 日股东会决议内容为'闫昆某、许某宝分别无偿转让占公司 2.5% 的股份给于某。转让后，闫昆某、许某宝的持股比例均为 12.5%，于某所持股份比例为 5%，其所持股份在公司上市之前不作工商变更，上市后持股比例按实际摊薄比例确定并进行工商变更，上市前利润分配根据其所作贡献由公司股东会议决定'，该股东会决议中发起人闫昆某、许某宝在公司成立 1 年内转让股份的内容违反了《公司法》第 141 条④'发起人持有的本公司股份，自公司成立之日起一年内不得转让'的规定，因此，该股东会决议无效。"

(11) 未经财务核算分配公司资产

❷襄阳市中级人民法院审理的吴某保与姚某霞、襄阳盛某立房地产开发有限公

---

① 《公司法》(2023 年修订) 第 178 条第 1 款第 5 项。
② 《公司法》(2023 年修订) 第 178 条第 2 款。
③ 《公司法》(2023 年修订) 第 178 条第 1 款第 5 项。
④ 已被修改。

司、李某、高某虎、张某、李某香公司决议效力确认纠纷案【(2016) 鄂 06 民终
775 号】认为："《公司法》第 20 条第 1 款①规定'公司股东应当遵守法律、行政法
规和公司章程，依法行使股东权利，不得滥用股东权利损害公司或者其他股东的利
益'，第 22 条第 1 款②规定'公司股东会或者股东大会、董事会的决议内容违反法
律、行政法规的无效'，第 166 条第 1 款、第 2 款③规定'公司分配当年税后利润
时，应当提取利润的百分之十列入公司法定公积金。公司法定公积金累计额为公司
注册资本的百分之五十以上的，可以不再提取'，'公司的法定公积金不足以弥补以
前年度亏损的，在依照前款规定提取法定公积金之前，应当先用当年利润弥补亏
损'。股东要从公司分配财产，唯一的合法途径是按照《公司法》第 166 条④之规
定进行利润分配。本案中，被上诉人盛某立房地产公司于 2015 年 4 月 16 日、2015
年 4 月 28 日作出的两份股东会决议，在未进行年度财务核算的情况下，即将公司
的资产以股东会决议的形式分配给股东，违反了法律强制性规范，2015 年 4 月 16
日、2015 年 4 月 28 日所作出的两份股东会决议应当认定为无效。"

(12) 侵犯股东的经营管理权

❷湘潭市中级人民法院审理的湖南胜某湘钢钢管有限公司与湖南盛某高新材料
有限公司公司决议纠纷案【(2015) 潭中民三终字第 475 号】，该案的基本案情是：
湖南胜某公司共有山东胜某公司、湘潭钢某集团、盛某公司三股东，其中盛某公司
为小股东。原章程规定盛某公司有 1 名董事会成员的名额，以及 1 名副总经理的提
名权。后山东胜某公司和湘潭钢某集团在 2013 年 6 月 25 日的股东会上以 98.06%
的赞成票更改公司章程，取消了盛某公司原本 1 名董事会成员的名额，以及 1 名副
总经理的提名权，对此法院认为："资本多数决是公司运作的重要原则，但多数股
东行使表决权时，不得违反禁止权利滥用和诚实信用原则，形成侵害小股东利益的
决议。滥用资本多数决原则作出的决议无效。《公司法》第 22 条第 1 款⑤规定，公
司股东会或者股东大会、董事会的决议内容违反法律、行政法规的无效。本案中，
上诉人湖南胜某公司修改公司章程的决议，经出席会议的股东所持表决权的 2/3 以
上通过，程序上符合法律规定。但公司决议是否有效，不仅要求程序合法，还要求
内容合法。本案中，对于被上诉人而言，其通过安排的副总经理和董事各 1 人，对

---

① 《公司法》(2023 年修订) 第 21 条第 1 款。
② 《公司法》(2023 年修订) 第 25 条。
③ 《公司法》(2023 年修订) 第 210 条第 1 款、第 2 款。
④ 《公司法》(2023 年修订) 第 210 条。
⑤ 《公司法》(2023 年修订) 第 25 条。

公司的经营状况进行了解并参加公司经营管理，行使股东权利。上诉人的两名大股东通过公司决议的方式随意剥夺被上诉人提名副总经理和董事各 1 人的权利，是一种滥用股东权利损害其他股东利益的行为。涉案公司决议系滥用资本多数决作出，因此，该决议内容因违反法律、行政法规无效。原审法院并没有否认资本多数决原则，原审判决涉案公司决议无效正确。"

2. 不能认定为公司决议无效的事由

（1）决议内容属于公司自治范畴

根据相关司法案例，属于公司自治范畴的决议内容，并非司法审查的对象，法院不能据此认定公司决议无效。

㉔新疆维吾尔自治区高级人民法院审理的新疆豪某贸易有限公司、张某升与乌鲁木齐市祥某实业有限公司、乌鲁木齐市祥某房地产开发有限公司公司决议撤销纠纷案【（2014）新民再终字第 1 号】认为："法院应当尊重公司自治，本案中亦无须审查股东会决议更换法定代表人的原因是否存在，只要股东会议召集程序、表决方式未违反法律、行政法规或公司章程，决议内容未违反公司章程。那么，更换法定代表人所依据的事实是否属实、理由是否成立，均不属于司法审查范围。"

㉕沈阳市中级人民法院审理的丁某泰与辽宁天某农牧业投资有限公司公司决议效力确认纠纷案【（2016）辽 01 民终 11586 号】认为："虽然被上诉人 2014 年 10 月 13 日召开的股东会，审议通过了 3 项议题，但这都是被上诉人生产经营活动中正常的业务范围和自主决定，并不违反法律、行政法规的强制性规定，因此不能认定无效，故原审法院判决驳回上诉人的诉讼请求，并无不当。"

㉖南京市中级人民法院审理的北京兰某凤文化传播有限公司与南京文某艺术产权交易所有限公司、南京八某科技有限公司等公司决议效力确认纠纷案【（2016）苏 01 民终 7142 号】认为："案涉股东会的决议内容是公司注册资本的减少、董事长及副董事长的任免、经营范围的变更以及公司章程修正案的通过，上述内容均属于公司内部的经营管理行为，属于股东会的职权范围，并不违反法律、行政法规的规定，亦未侵犯各股东的合法权益，故兰某凤公司要求确认案涉股东会决议无效，于法无据，本院不予支持。"

㉗无锡市中级人民法院审理的王某与无锡蓝某工程设计有限公司公司决议纠纷案【（2016）苏 02 民终 1717 号】认为："从决议内容看，蓝某公司章程规定股东会有权选举和更换非职工代表担任的监事，至于更换监事的理由是否成立以及监事是否有条件在年度会议上提交工作报告，并不影响决议的效力。法院应当尊重公司自

治，公司内部法律关系原则上由公司自治机制调整，蓝某公司章程中未对股东会更换监事的职权作出限制，亦并未将监事提交年度报告作为股东会召开的前置条件。因此，王某请求撤销蓝某公司于 2015 年 3 月 25 日作出的股东会决议的主张无法律依据，本院不予采纳。"

（2）新公司决议改变原决议内容

即使决议内容被公司另行作出的决议所改变，也不导致原决议内容无效。

❷嘉兴市中级人民法院审理的美某贸易集团有限公司与林某平、黄某平等公司决议撤销纠纷案【（2016）浙 04 民终 278 号】认为："美某贸易公司主张由于林某良、朱某平、陈某洲、林某岳 4 位董事于 2016 年 1 月 22 日形成了新的董事会决议，而导致涉案董事会决议无效。对此，本院认为，公司决议作出后，除该决议因为内容或程序瑕疵被确认无效或被撤销外，该决议对公司成员均有约束力，即使嗣后通过形成新的公司决议对其内容进行变更，也不影响在前公司决议的效力。"

（3）未通知隐名股东参会

根据相关司法案例，未通知隐名股东参加股东会，不影响股东会决议的效力。

❷新疆乌鲁木齐市中级人民法院审理的王某炜与新疆新某联投资（集团）有限公司公司决议撤销纠纷案【（2016）新 01 民终 3015 号】认为："新某联公司于 2015 年 5 月 30 日召开的股东大会，通知了全体股东。新某联公司认为应到 28 人，实到 23 人。新某联公司于 2015 年 8 月 8 日召开的股东大会，章程载明及工商登记的全体股东均参加了股东大会，并行使了股东表决权。王某某上诉主张新某联公司没有通知'隐名股东'参加会议，程序违法，没有事实及法律依据。对王某某该上诉主张，本院不予支持。"

（4）股东虽对持股比例有争议，但不影响达到通过比例

❸上海市第二中级人民法院审理的朱某超与上海彬某投资发展有限公司、陈某强公司决议纠纷案【（2016）沪 02 民终 8660 号】认为："陈某强与朱某超对各自持有彬某公司的股权比例存在争议：陈某强认为其持有 99% 股权，朱某超持有 1%。朱某超认为其持有 30% 股权，陈某强持有 70% 股权。本院对此认为，无论哪一方所言为真，均表明陈某强所持有彬某公司的股权已经超过了 2/3 多数决所需的股权份额，故彬某公司股东会议所作出的要求变更公司法定代表人的股东会决议应属有效。"

（三）请求确认公司决议有效

因《公司法》未明确规定可以请求确认公司决议有效，因此司法实践中相关案件较少。

1. 确认公司决议有效的前提

确认公司决议有效的前提是当事人对公司决议的效力存在争议。

❶北京市第二中级人民法院审理的北京兴某煤炭筛选有限公司与孟某海等公司决议效力确认纠纷案【（2015）二中民（商）终字第 06748 号】，煤炭公司共有 5 名股东，这 5 名股东共同起诉，请求确认其共同作出的某份股东会决议有效。法院认为："法院在受理此类案件时应对原告对于确认公司决议有效的诉讼请求是否具有诉的利益进行审查。在 5 股东均对股东会决议不持异议的情况下，本案缺乏请求人民法院予以裁判的争议基础。"据此法院驳回了 5 名股东的起诉。

2. 50%表决权的股东作出的股东会决议的效力

对于 50%表决权的股东作出的股东会决议是否有效，司法实践中存在不同观点。

认为此类决议有效。

❷上海市第一中级人民法院审理的上海凯某建设工程有限公司诉赵某伟公司决议效力确认纠纷案【（2016）沪 01 民终 10409 号】认为："根据凯某公司公司章程规定，凯某公司所作出免去赵某伟监事职务内容并非属于须经 2/3 以上股东表决通过的内容，属于仅须经全体股东 1/2 以上表决权通过的事项。根据民法通则相关规定，民法所称的'以上''以下''以内'均包括本数。王某持有凯某公司 50%股权，其表决通过的股东会决议符合章程约定的表决通过比例，因此该决议内容应属有效。"

❸上海市闵行区人民法院审理的蒋某坤与上海港某投资管理有限公司公司决议纠纷案【（2014）闵民二（商）初字第 189 号】认为："邵某占公司 50%的股份，根据被告公司章程的约定，股东会会议由股东按照出资比例行使表决权，一般事项须经代表全体股东 1/2 以上表决权的股东通过。根据民法通则规定，民法所称的'以上'包括本数，而现并无证据表明双方对被告公司章程所指'二分之一以上'是否包含本数存在分歧、误解和争议，并且原告在庭审中将 2014 年 1 月 27 日由原

告蒋某坤1人签名的股东会决议作为原告的证据，用以确认蒋某坤依旧是被告公司的法定代表人，表明了原告也认可经持有公司50%股份的股东表决即可通过公司一般事项的决议。"

认为此类决议无效。

❹北京市朝阳区人民法院审理的北京鑫某运通信息技术有限公司与中某全国产品与服务统一代码管理中心有限公司其他股东权纠纷案【（2007）朝民初字第28543号】认为："《公司法》规定的股东会决议采取的是'资本多数决'原则，则必然要体现出多数的效果。就一个整体而言，1/2不是多数。股东会议的表决环节中，极容易出现1/2对1/2的僵局。因此，既然公司章程规定简单多数是代表1/2以上的表决权的股东表决通过，则应当理解为超过1/2以上的表决权的股东表决通过，这样才是'资本多数决'原则的体现。虽然《民法通则》第155条规定：民法所称的'以上''以下''以内''届满'，包括本数；所称的'不满''以外'，不包括本数。但是，民法是普通法，公司法相对民法而言是特别法。根据'特别法优于普通法'的精神，在公司法已有相关规定的情况下，应当适用公司法的规定。因此，仅由代表中某公司1/2表决权的鑫某运通公司通过的股东会议决议，不满足章程所规定的'代表1/2以上的表决权的股东表决通过'的条件，不符合《公司法》及中某公司章程规定的股东会议决议。"

（四）请求撤销公司决议

1. 请求撤销公司决议应在60日内提起

（1）超出60日撤销权消灭

根据相关司法案例，公司决议作出之日起60日之内向法院提出撤销公司决议请求的，该撤销权消灭。

❶山东省高级人民法院审理的中某投资有限公司与山东菏泽中某生物制品有限公司公司决议效力确认纠纷案【（2016）鲁民终1216号】认为："王某强所主张的未收到关于召开此次股东会的通知等事由系股东会召开的程序是否违反公司章程和法律的规定，均属于法律规定的可以撤销股东会决议的事由，而非导致股东会决议无效的法定事由。股东会决议作出的时间为2014年8月16日，王某强应当于该股东会决议作出之日起60日内向法院提出撤销该决议的诉讼，而王某强未对此行使撤销权，且该撤销权已消灭。据此认定股东会决议有效。"

❷北京市第二中级人民法院审理的赵某国与北京城某汇友安装工程有限公司公司决议纠纷案【（2016）京02民终5186号】认为："现赵某国主张撤销的董事会决议系城某公司于 2006 年 10 月 25 日作出的，根据前述规定赵某国于 2016 年 2 月 1 日提起本案诉讼已过法定的行使撤销权的除斥期间，一审法院判决驳回赵某国的诉讼请求并无不妥。"

❸珠海市中级人民法院审理的彭某云与珠海博某模具有限公司公司决议撤销纠纷案【（2016）粤04民终1380号】认为："股东行使撤销权的期间为自决议作出之日起 60 日内，该期间属除斥期间，即权利行使的不变期间，期间经过后，撤销权人即丧失撤销权，法院也不应受理。结合本案实际，《20140920 股东会决议》于 2014 年 9 月 20 日作出，被上诉人彭某云作为博某公司股东于 2014 年 11 月 12 日向珠海市金湾区人民法院提交《民事起诉状》等诉讼材料，对博某公司提起案涉诉讼，并未超过上述规定的 60 日的除斥期间，故本院对博某公司主张彭某云已丧失撤销权的抗辩不予采纳。"

（2）60 日的期间不包括邮寄起诉状的在途时间

根据相关司法案例，邮寄起诉状的在途时间不应计算在 60 日的除斥期间内。

❹昆明市中级人民法院审理的武某燕与昆明市鑫某屋业开发有限公司公司决议撤销纠纷案【（2016）云01民终2666号】认为："关于上诉人提出被上诉人起诉时已经超过行使撤销权的除斥期间，应当依法驳回其诉讼请求的主张。根据《民事诉讼法》第 82 条第 4 款的规定，期间不包括在途时间，诉讼文书在期满前交邮的，不算过期。被上诉人于 2015 年 12 月 17 日以法律允许的邮寄方式向一审法院递交了起诉状，未超过《公司法》规定的行使撤销权的法定期间，故上诉人提出上述主张因无法律依据，本院不予支持。"

（3）60 日的期间不适用诉讼时效关于中止、中断、延长的规定

❺滨州市中级人民法院审理的怀某与山东汇某利食品有限公司、张兴振公司决议撤销纠纷案【（2016）鲁16民终840号】认为："本案系被上诉人怀某要求撤销 2013 年 11 月 1 日的股东会决议，对于股东会议决议，《公司法》第 22 条第 2 款①规定，股东可以在自决议作出之日起 60 日内，请求法院撤销，被上诉人于 2013 年 12 月 26 日向法院提起诉讼，后被上诉人撤回起诉。2014 年 9 月 19 日，被上诉人再次提起诉讼，已超法定的 60 日内的期限，该 60 日内的法定期限系除斥期间，不适

---

① 《公司法》（2023 年修订）第 26 条。

用诉讼时效关于中止、中断、延长的规定。超过法定期限的，人民法院不予支持。从涉案决议作出之日起至被上诉人怀某提起本案诉讼之日止已超过60日，故应驳回被上诉人怀某的诉讼请求。"

2. 会议通知对公司决议效力的影响

(1) 章程可约定会议通知的送达地址

根据相关司法案例，公司章程可约定会议通知的送达地址。只要向该地址发送会议通知，即可认为公司履行了提前通知的义务。

❻新疆维吾尔自治区高级人民法院审理的新疆豪某贸易有限公司、张某升与乌鲁木齐市祥某实业有限公司、乌鲁木齐市祥某房地产开发有限公司公司决议撤销纠纷案【(2014) 新民再终字第1号】认为："房地产公司章程第15条第1款规定：'召开股东会议，应当于会议召开二日以前通知全体股东。以电话或手机短信方式向以下股东代表发出通知后即视为有效通知。必要时，可提前一周以特快专递或挂号信方式向本条第 (1) 项股东代表列明的地址邮寄送达，邮件发出之日，即视为有效通知。'因此，2010年3月18日，根据孟某平的申请，公证部门向张某升 (同时是豪某公司法定代表人) 公证送达了房地产公司2010年3月25日股东会会议通知，其召集程序符合房地产公司章程规定，亦不违反法律、行政法规。"

(2) 是否送达会议通知的举证责任

公司应保存好邮单、快递单、电话通知、短信通知等证据，以证明向参会人员发送了会议通知。必要时可以通过公证发送。

快递单已签收，可以证明会议通知已送达；未经本人签收，无法证明送达。

❼上海市第二中级人民法院审理的朱某超与上海彬某投资发展有限公司、陈某强公司决议纠纷案【(2016) 沪02民终8660号】认为："根据一审已经查明的事实，在召开彬某公司的股东会议之前，陈某强已经向朱某超进行了通知，陈某强及彬某公司为证明此节事实已经提供了会议通知、快递面单和查询记录等证据。朱某超称从未收到股东会议通知，进而认为股东会的决议程序违法的上诉理由，并无证据佐证，本院不予采信。"

❽商丘市中级人民法院审理的李某政与商丘福某置业有限公司公司决议撤销纠纷案【(2016) 豫14民终1484号】认为："福某置业公司监事徐某2015年12月14日通过邮政快递，通知李某政参加股东会，李某政接收了该邮单，但否认收到参加股东会通知，未提供证据予以证明，且本次股东会召开前，公司股东李某多次与李某政联系，李某政应当知道召开股东会情况。"

❾镇江市中级人民法院审理的张某与江苏润某置业有限公司公司决议撤销纠纷案【（2015）镇商终字第 519 号】认为："股东野某国、蔡某生提前 15 天通知张某召开股东会，程序合法，符合法律规定。虽然张某辩称其没有收到股东会会议通知，但 EMS 专递签收单证明 2014 年 9 月 25 日上诉人张某已收到会议通知。"

❿淮安市中级人民法院审理的王某富与淮安华某商品混凝土有限公司公司决议撤销纠纷案【（2015）淮中商终字第 00277 号】认为："上诉人应当于会议召开 15 日前通知全体股东，上诉人提供的顺丰特快专递虽然签着被上诉人姓名，但被上诉人否认该签名为其本人所签。《公司法》第 22 条第 2 款①规定：股东会或者股东大会、董事会的会议召集程序、表决方式违反法律、行政法规或者公司章程，或者决议内容违反公司章程的，股东可以自决议作出之日起 60 日内，请求人民法院撤销。综上所述，上诉人在一、二审中均未提供证据证明顺丰特快专递签名系被上诉人本人所签。上诉人亦无证据证明被上诉人已收到召开股东会的通知，本案股东会的召集程序违反了法律和公司章程的规定。"

公证邮寄可证明发送会议通知的时间和内容。

⓫宁德市中级人民法院审理的阮某柳与宁德龙某房地产开发有限公司、尤某坤、黄某堂、林某公司决议撤销纠纷案【（2015）宁民终字第 565 号】认为："该会议通知程序合法。尤某坤已依照阮某柳的住址以 EMS 邮寄了召开会议的通知并办理了公证。阮某柳庭审中认可该邮寄地址系其住址，虽然 EMS 邮件全程跟踪查询结果显示收件人拒收，但该会议通知已经由 EMS 工作人员送达阮某柳，邮件内件品名称也写明《召开龙某公司临时股东会会议通知》，且在此前尤某坤已当面送达了《提议召开临时股东会函》，其已知悉尤某坤将召开临时股东会会议，其未签收邮件而拒收退回，系其自行放弃对通知内容的知情权利。故上诉人认为其未收到会议通知，对会议召开时间不知晓的上诉理由，缺乏事实依据，本院不予支持。"

⓬上海市第一中级人民法院审理的刘某宇与盛某新等公司决议撤销纠纷案【（2015）沪一中民四（商）终字第 930 号】认为："宁夏鸿某公司章程第 20 条规定：'召开董事会会议应当于会议召开 10 日以前通知全体董事。'宁夏鸿某公司提供国内特快专递邮件详情单、广东省广州市萝岗公证书证明其向张某祥送达了会议通知。2014 年 7 月 21 日，宁夏鸿某公司以国内特快专递向张某祥送达文件资料，未注明送达材料名称是会议通知；2014 年 8 月 6 日，广东省广州市萝岗公证处出具的公证书载明'申请人刘某玲的委托代理人黄某某于 2014 年 7 月 23 日在本处，以

---

① 《公司法》（2023 年修订）第 26 条。

全球邮政特快专递的方式向张某祥寄送会议通知，编号为10×××××××××0，该邮件号与宁夏鸿某公司2014年7月21日邮件号为一个号码，时间不一致。宁夏鸿某公司发出的国内特快专递邮件早于广东省广州市萝岗公证处公证的全球邮政特快专递。宁夏鸿某公司提供的证据不足以证明其按照公司法及公司章程规定于召开董事会10日前向张某祥送达召开董事会会议通知，其召开董事会的程序违反公司法及公司章程的规定，应予撤销。"

电子邮件、手机短信、QQ聊天记录可证明履行了通知义务。

❸武汉市中级人民法院审理的刘某与国某天汇环境有限公司公司决议纠纷案【（2016）鄂01民终2262号】认为："从召集程序看，自提议召开临时股东会、董事会起，国某天汇公司、骆某强、窦某龙、昝某通过EMS、手机短信、电子邮件以及公告等方式按照章程确定的地址、常用电话号码送达会议通知，虽然EMS被退回，但电子邮件和手机短信均有效送达，刘某在一审诉称'其曾经接到过EMS快递人员的电话，因当时不在北京市故没有成功收件'也说明骆某强等人履行了通知义务。"

❹衡阳市中级人民法院审理的谭某月与衡阳市金某利特种合金股份有限公司公司决议撤销纠纷案【（2016）湘04民终字第595号】认为："会议通知是否送达谭某月？根据被上诉人提供的证据4，黄某阳于2015年6月15日通过QQ邮件的方式向包括谭某月在内的8位金某利公司董事、监事、高级管理人员发送了董事会临时会议通知文件，并在邮件内容栏处将董事会临时通知的内容予以了明示。又根据上诉人提供的证据16，黄某阳于同年6月16日在QQ上向谭某月就传达董事会临时通知一事予以了重申。再根据被上诉人提供的证据9，在2015年6月25日开会的当天，黄某阳通过QQ发送准时参会通知时，谭某月并未主张未收到会议通知，而是要求延迟开会。综上，上述证据相互印证，能够证实黄某阳于2015年6月15日通过QQ邮箱的方式将该次会议通知发送给了谭某月，且进入了谭某月的QQ邮箱。虽谭某月主张未收到该次会议通知，但未提供任何反驳证据，且上述证据均显示会议通知或信息已发送成功，未出现拒收或退回情形，故就常理而言，亦应认定该次会议通知已进入谭某月QQ邮箱。至于谭某月主张的上述3份证据违反《律师见证业务实施细则》，不能作为认定案件事实的依据，该3份证据名义上虽是律师见证，实质为通过律师见证方式取得的电子证据，被上诉人通过律师见证方式获得电子证据未违反法律或行政法规，原审判决采信上述3份证据并无错误。"

法人股东的股东代表认可收到会议通知，视为法人股东收到会议通知。

❺北京市第一中级人民法院审理的北京伯某营数据分析技术有限公司上诉天某

财富（北京）信息技术有限公司公司决议撤销纠纷案【（2016）京 01 民终 4364 号】认为："季某乔担任天某财富公司董事长期间，在 2013 年 3 月 7 日、2013 年 12 月 22 日、2014 年 1 月 8 日、2015 年 7 月 26 日发出多次临时股东会表决单及决议邮寄、股东会通知等，收件人中均有孙某的电子邮件，即孙某系作为股东代表接收董事长发出的各类通知；伯某营公司当庭表示 2013 年股东会会议的召集情况是通过孙某得知的；孙某曾经在 2015 年 7 月 27 日、8 月 12 日均向林某等公司股东、监事发出电子邮件，表示其可以代表伯某营公司参与或者不参与股东会会议。结合上述内容，本院认为，天某财富公司提出的向孙某发出通知邮件即为向伯某营公司的通知的主张，具有事实依据，本院予以支持。"

（3）未送达会议通知，决议可撤销

❶❻海南省高级人民法院审理的宝某投资有限公司与三亚保某房地产投资开发有限公司公司决议撤销纠纷案【（2015）琼民二终字第 19 号】认为："案件的焦点在于'保某公司是否向宝某公司作出了召开股东会或董事会的通知'。保某公司主张其已经依法向宝某公司发出了通知，并作了公告，无论宝某公司是否收到，均视为依法发出了通知；宝某公司则认为其并没有收到所谓的会议通知，保某公司也不能证明宝某公司已收到了通知，所以公司决议有瑕疵。最终，海南省高级人民法院认可了宝某公司的主张，判定由于宝某公司未签收，保某公司并没有履行完成通知义务，相关公司决议被撤销。"

❶❼中山市中级人民法院审理的张某与中山市艾某咪婴儿用品有限公司公司决议撤销纠纷案【（2016）粤 20 民终 2069 号】认为："本案系公司决议撤销纠纷，本案的争议焦点是艾某咪公司于 2015 年 8 月 15 日作出的股东会决议是否合法，应否予以撤销。《公司法》第 41 条第 1 款①规定：'召开股东会会议，应当于会议召开十五日前通知全体股东；但是，公司章程另有规定或者全体股东另有约定的除外。'本案中，艾某咪公司的章程明确约定'召开股东会会议，应当于会议召开 15 日前通知全体股东'，现艾某咪公司的股东钟某基并未于涉案股东会召开 15 日前通知另一股东张某。虽然张某曾提议在 15 日内召开临时股东会，但就召开会议的具体时间张某和钟某基并未达成一致意见，故本案情形并不符合上述《公司法》第 41 条第 1 款②规定的'全体股东另有约定'的除外情形，因此，涉案股东会的召集程序

---

① 《公司法》（2023 年修订）第 64 条第 1 款。
② 同上。

违反我国《公司法》第 41 条第 1 款①的规定和艾某咪公司章程的约定，张某有权根据《公司法》第 22 条第 2 款②的规定请求撤销涉案股东会决议。"

⓲上海市第一中级人民法院审理的上海日某智能科技有限公司诉洪某公司决议纠纷案【（2016）沪 01 民终 9734 号】认为："2015 年 4 月 20 日，梅某意委托律师向洪某寄送函件提议召开股东会，该函件于 2015 年 5 月 22 日被退回，在本案目前现有证据不能证明洪某故意拒收梅某意函件的情况下，本院难以认定洪某已经收到函件而未召集股东会。梅某意在未确定洪某是否收到其函件的情况下，就认为洪某不履行召集义务并作为监事自行召集股东会的行为不符合日某公司章程的约定。而且，梅某意向洪某寄送的会议通知，洪某亦未收到，梅某意自行 1 人召开股东会形成的决议也有违日某公司章程的约定。梅某意召集召开股东会的程序违反日某公司章程和公司法的规定，应予撤销。"

(4) 未按规定提前发送会议通知，决议可撤销

根据相关司法案例，未按规定提前发送会议通知，决议可撤销。

⓳北京市第一中级人民法院审理的北京华某源科贸有限公司上诉张某生公司决议撤销纠纷案【（2016）京 01 民终 5549 号】认为："根据华某源公司的主张，就该公司 2015 年第 3 次召开临时股东会，对张某生的通知方式为：（1）2015 年 7 月 14 日当天向张某生送达通知，张某生拒收；（2）因张某生拒收，万某公司于 2015 年 7 月 14 日下午 2 点 55 分将开会通知张贴于张某生在华某源公司的办公室大门上；（3）2015 年 7 月 14 日当天向张某生的手机发送开会通知。上述 3 种通知方式无论是否实际通知到张某生，对于 2015 年 7 月 14 日召开的股东会，万某公司当天才向张某生发出参会通知，张某生最终未能实际参会，争议股东会的召集程序已明显违反了公司法规定及公司章程的约定，应予撤销。"

⓴昆明市中级人民法院审理的武某燕与昆明市鑫某屋业开发有限公司公司决议撤销纠纷案【（2016）云 01 民终 2666 号】认为："本案现有的证据显示，上诉人不能证明其让作为鑫某屋业公司股东之一的武某燕于股东会会议前 15 日收悉参加临时股东会议的通知，未能满足章程和公司法关于召开股东会会议应于会议召开 15 日前通知全体股东的规定要求。因此，该《股东会决议》因未能严格按照我国公司法和公司章程规定的程序履行提前通知义务，召集程序违法。"

㉑宁德市中级人民法院审理的福建中某房地产开发有限公司、杨某光与何某龙

---

① 《公司法》（2023 年修订）第 64 条第 1 款。
② 《公司法》（2023 年修订）第 26 条。

公司决议撤销纠纷案【(2016) 闽 09 民终 448 号】认为："即使杨某光有权召集股东会会议，根据现有的证据也不足以证明其有在会议召开 15 日前通知全体股东。因此，2014 年 10 月 19 日中某公司股东会会议召集程序违法违章，所作出的决议应予撤销。"

(5) 未提前发送会议通知，但参会且未提异议，不得再请求撤销

根据相关司法案例，公司虽未提前发送会议通知，但股东 (董事) 参会且未提异议，则不得再请求撤销公司决议。

㉒深圳市中级人民法院审理的李某秀与深圳市康某博科技发展有限公司、蔡某公司决议纠纷案【(2016) 粤 03 民终 15045 号】认为："康某博公司的股东田某于 2015 年 11 月 18 日通知李某秀于同年 11 月 22 日召开股东会，虽然其未按《公司法》第 41 条①的规定于会议召开 15 日前通知李某秀，但李某秀的代理人敖某辉已按时参加了会议，且在参加会议期间并未对此提出异议，应视为李某秀已确认了该股东会的召集方式，故本院认定康某博公司于 2015 年 11 月 22 日召开的股东会召集程序并不违反法律规定。"

㉓西宁市中级人民法院审理的刘某红与西宁市某建设集团有限公司公司决议撤销纠纷案【(2016) 青 01 民终 650 号】认为："刘某红提交的股东会会议通知的落款时间虽为 2015 年 12 月 17 日，但 2015 年 12 月 18 日的股东会刘某红按时参加，且在召开股东会时未对通知期限提出异议，也未对股东会决议内容提出异议，而后在股东会决议上签字并前往工商局办理了变更手续。根据《公司法》第 41 条第 1 款②'召开股东会会议，应当于会议召开十五日前通知全体股东；但是，公司章程另有规定或者全体股东另有约定的除外'的规定，应视为全体股东对股东会的召集程序达成合意，排除了 15 天前通知期限的限制，且股东会决议的内容并未违反法律规定。故上诉人刘某红的上诉理由无事实与法律依据，不能成立，不予支持。"

㉔新疆乌鲁木齐市中级人民法院审理的王某炜与新疆新某联投资 (集团) 有限公司公司决议撤销纠纷案【(2016) 新 01 民终 3015 号】认为："新某联公司于 2015 年 8 月 5 日向股东王某某通知将于 2015 年 8 月 8 日召开临时股东大会。新某联公司没有按照公司章程规定的期限向股东王某某发出开会通知，但王某某收到新某联公司的开会通知后，对此并没有提出异议，并参加了股东大会，发表了会议相关议题的意见。新某联公司在通知程序上确存在一定的瑕疵，但王某某没有提出任

---

① 《公司法》(2023 年修订) 第 64 条。
② 《公司法》(2023 年修订) 第 64 条第 1 款。

何异议并参加会议，并对会议内容发表意见，应视为其对该通知瑕疵的认可和接收，王某某以此主张撤销股东会决议，事实及法律依据不充分。"

❷武汉市中级人民法院审理的张某斌、江某林等与武汉市红某化工涂料有限责任公司公司决议纠纷案【（2016）鄂 01 民终 3118 号】认为："张某斌、江某林已于2015 年 11 月 16 日、17 日参加了股东代表会，对股东大会审议内容知晓，并有充足的时间就会议审议内容进行准备。2015 年 11 月 21 日，全体股东参加了股东大会并进行了表决。张某斌、江某林投的是不同意票，已充分行使了股东权利。因此，本次股东会会议通知时限上的程序瑕疵对公司实体决议没有产生实质性影响。一审法院从公司治理的经济、效率原则出发不撤销本次股东会决议正确。"

❷衡阳市中级人民法院审理的谭某月与衡阳市金某利特种合金股份有限公司公司决议撤销纠纷案【（2016）湘 04 民终字第 595 号】认为："本案临时董事会会议通知通过电子邮件方式发送后，虽未通过电话与谭某月进行确认并做相应记录，但并不表明会议通知方式违反了《董事会议事规则》，且应予以撤销。因为《董事会议事规则》设立第 8 条第 1 款的目的是保障每个参会人员的参会权利，而根据本案事实，黄某阳在发出会议通知的第 2 天即在 QQ 上向谭某月进行了核实，虽与《董事会议事规则》规定的方式有出入，但效果是一致的，谭某月最终委托黄某阳参与了投票并由黄某阳及蒋某明转述了自己的意见，其参会权利并未受到侵害。退一步讲，即使认定以 QQ 方式核实不符合《董事会议事规则》，但该瑕疵显著轻微，并未影响决议内容及谭某月的主要权利，不足以因此而撤销该次临时董事会决议。"

（6）决议内容超出会议通知内容对决议效力的影响

对于超出会议通知内容所作出的公司决议的效力，有限公司与股份公司有所不同。

有限公司的公司决议内容超出会议通知内容，不影响公司决议效力。

❷无锡市中级人民法院审理的周某珍与江苏建某工程咨询有限公司公司决议撤销纠纷案【（2016）苏 02 民终 2856 号】认为："从表决内容看，该次董事会会议的内容为聘任黄某庆为公司总经理，属建协公司《章程》规定的董事会职权范畴。虽然《会议通知》中载明的会议内容并未明确有解聘事项，但在会议通知内容包含聘任公司高级管理人员的情况下，周某珍到会并表达了对聘任及解聘的意见，其权利并未受到实质影响。据此，法院驳回了原告撤销案涉公司决议的诉讼请求。"

❷淮安市中级人民法院审理的王某林与淮安恒某房地产开发有限公司公司决议撤销纠纷案【（2016）苏 08 民终 1446 号】认为："即使临时股东会议题与内容不相符，《公司法》亦未将该情形列为股东会决议撤销的法定情形，故上诉人该主张不

能成立。"

❷黄石市中级人民法院审理的陈某柏、余某与黄石市江某物业管理有限公司公司决议纠纷案【（2016）鄂 02 民终 862 号】认为："关于有限责任公司在股东会会议召开过程中是否可以临时增加议题的问题，《公司法》只规定提前 15 天通知全体股东，并没有规定必须通知会议审议的事项，亦没有要求不得对通知中未列明事项进行表决，且不禁止会议进行期间临时增加议题和对增加的议题进行表决。故黄石市江某物业管理有限公司在股东会议召开过程中临时增加议题不违反法律规定。"

❸武汉市中级人民法院审理的刘某与国某天汇环境有限公司公司决议撤销纠纷案【（2016）鄂 01 民终 2262 号】认为："公司法、行政法规未规定董事会召开前需提前告知会议议题，国某天汇公司的章程也无具体规定，故国某天汇公司召开董事会前未告知议题不构成撤销理由。"

❸北京市第一中级人民法院审理的魏某萍与北京京某伟业科技发展有限公司等公司决议撤销纠纷案【（2014）一中民（商）终字第 9092 号】认为："关于会议通知内容的问题。《公司法》及京某公司章程均未有有限责任公司临时股东会议案必须提前明确议题和具体议事事项，否则临时股东会决议不具有合法性的规定，魏某萍依据《公司法》第 102 条①关于股份有限公司临时股东会的规定主张有限责任公司临时股东会决议通知不合法，无事实及法律依据，本院不予采信。"

股份公司的公司决议内容超出会议通知内容，会导致公司决议可撤销的案例包括：

❷广西壮族自治区高级人民法院审理的广西洁某纸业投资股份有限公司与卢某章、杨某乔公司决议撤销纠纷案【（2013）桂民提字第 154 号】认为："洁某公司关于召开 2011 年度股东会的通知中未列明选举第四届监事会监事的事项，却对选举第四届监事会监事的事项进行了决议，违反了《公司法》第 103 条②'召开股东大会会议，应当将会议召开的时间、地点和审议的事项于会议召开二十日前通知各股东；……股东大会不得对前两款通知中未列明的事项作出决议……'的规定。据此，广西壮族自治区高级人民法院撤销了案涉股东大会决议。"

❸石家庄市中级人民法院审理的杨某广与河北中某智联节能科技股份公司、方玉占等公司决议撤销纠纷案【（2016）冀 01 民终 9347 号】认为："召开股东大会会议，应当将会议召开的时间、地点和审议的事项于会议召开 20 日前通知各股东；

---

① 《公司法》（2023 年修订）第 115 条。
② 同上。

临时股东大会应当于会议召开 15 日前通知各股东；股东大会不得对通知中未列明的事项作出决议。本案中，上诉人于 2016 年 7 月 24 日在公司网站发布公告，定于 2016 年 7 月 31 日召开临时股东大会，公告中未列明决议事项，召开临时股东大会违反了公司法及公司章程规定。上诉人主张 2016 年 7 月 31 日股东大会会议系 2016 年 5 月 15 日股东大会的延续，但 2016 年 5 月 15 日股东大会会议仅有增选董事、监事事项，并未有罢免董事职务内容；且上诉人在 2016 年 7 月 24 日公司网站发布公告中并未有 2016 年 7 月 31 日股东大会会议系 2016 年 5 月 15 日股东大会延续的内容，其主张 2016 年 7 月 31 日股东大会会议系 2016 年 5 月 15 日股东大会延续的理由证据不足。据此，法院判决撤销案涉临时股东大会决议。"

❸❹赣州市中级人民法院审理的信丰县恒某麦饭石酒业有限公司与信丰县恒某小额贷款股份有限公司小额借款合同纠纷、公司决议撤销纠纷案【（2016）赣 07 民终 1681 号】认为："根据《公司法》第 102 条第 3 款①'股东大会不得对前两款通知中未列明的事项作出决议'的规定，2015 年 12 月 15 日股东会决议中关于对印章管理的决议，超出本次会议的议题，该部分决议应予以撤销。原审法院认定'该次会议作出的关于"限期徐某平交回公司行政公章的决议"因超出会议议题，因而不具合法性'，但对该内容决议未依法撤销欠妥，本院予以纠正。"

（7）会议通知的事项是否必须明确无歧义

因会议通知不明确导致会议决议被撤销的案例：

❸❺宁波市中级人民法院审理的宁波太某洋包装带有限公司与浙江中金铝业有限公司公司决议撤销纠纷案【（2016）浙 02 民终 1295 号】认为："中某公司虽在股东会召开前 15 日以微信、电子邮件等方式通知了太某洋公司，太某洋公司也出席了股东会，但中某公司在通知中就股东会决议事项内容仅作了'商议公司经营发展重大事宜及其他事宜并作出决议'的笼统表述，该表述未明确记载股东会议目的事项，致使股东不能充分了解股东会相关信息，故股东会召集通知内容存在瑕疵，太某洋公司主张股东会决议存在可撤销情形，原审判决撤销除股东会决议无效条款外的其余决议内容并无不当。中某公司认为关于召开股东会的通知中未将会议主要议程具体说明符合情理，不构成通知内容瑕疵，不足以构成可撤销情形，理由不足，不予支持。"

特别需要指出的是，该案以"会议通知未明确记载股东会议目的事项，致使股东不能充分了解股东会相关信息"为由，撤销案涉股东会决议，这一裁判观点与前

---

① 《公司法》（2023 年修订）第 115 条第 4 款。

述的主流裁判观点"有限公司的公司决议内容超出会议通知内容，不影响公司决议效力"有所出入。因为既然在会议通知未列明公司决议事项的情况下，法院都不应判决会议决议可撤销；那么在会议通知已列明公司决议事项，仅仅是表述不清的情况下，举重以明轻，更不应认定为公司决议可撤销。

与之相对的是，司法实践中的大部分案例也认为，会议通知的表述不清不会导致公司决议被撤销。

㊱北海市中级人民法院审理的沈某智、丁某志等与北海中房新某园房地产开发有限公司公司决议纠纷案【（2016）桂 05 民终 786 号】认为："对召开临时股东大会发布会议通知应该告知的议题范围，新某园公司的公司章程并没有具体规定，新某园公司于 2014 年 10 月 15 日作出的《临时股东大会通知》中'议题为审议公司根据公司法等有关规定委托代理收购股权和贷款等相关事宜'的内容清晰明确，并无歧义，且按照《公司法》和新某园公司章程的规定在会议召开 15 日前进行通知，其通知程序既不违反法律规定，又不违反公司章程，故该会议通知程序合法，不存在被撤销的事由。"

㊲上海市第一中级人民法院审理的王某仓诉上海英某吉东某图像设备有限公司公司决议撤销纠纷案【（2015）沪一中民四（商）终字第 1160 号】认为："王某仓认为股东会通知未注明具体事项，未提供董事、监事工作情况、离职原因、拟任人员背景资料。会前会中又未说明增加经营范围的背景原因，未尽到提前通知股东的义务，程序上存在瑕疵，故系争股东会应予撤销。对此，本院认为，东某公司的股东会通知上已经分条列明会议要审议的内容，通知的事项是明确具体的，不违反法律规定。至于王某仓提出会议通知中未提供董事、监事工作情况、离职原因、拟任人员背景资料以及会前会中又未说明增加经营范围的背景原因，均非撤销股东会决议的法定事由，本院不予采信。"

㊳无锡市中级人民法院审理的周某珍与江苏建某工程咨询有限公司公司决议撤销纠纷案【（2016）苏 02 民终 2856 号】认为："从召集程序看，建某公司于 2015 年 7 月 20 日发出《会议通知》定于 2015 年 8 月 6 日召开股东会（董事会）议，符合建某公司《章程》规定的至少提前 10 日以书面形式通知的程序。虽然该通知书是以括号的形式备注了股东会或董事会会议，但不足以造成被通知人的误解，且陈某平、蒋某娟以及周某珍均既是建某公司股东又系建某公司董事，亦出席了董事会，上述通知表明的会议形式实际并不影响该 3 人的利益。据此，法院驳回了原告撤销案涉公司决议的诉讼请求。"

3. 会议时间对公司决议效力的影响

❸❾广西壮族自治区高级人民法院审理的广西洁某纸业投资股份有限公司与卢某章、杨某乔公司决议撤销纠纷案【(2013) 桂民提字第 154 号】认为："2011 年 11 月 11 日上午，洁某公司股东大会休会 30 分钟，本应于 9 时 50 分准时继续开会，但洁某公司并没有按时于 9 时 50 分继续开会，且在没有通知包括卢某章、杨某乔在内的 21 名股东的情况下，于当天上午 10 时 20 分，即超过原定的休会时间之后再次召开股东会，违反了《公司法》及洁某公司《公司章程》关于召开股东大会应提前告知各股东开会的时间、地点的规定。虽然卢某章、杨某乔等 21 名股东在股东大会休会超过 30 分钟之后，没有询问是否继续开会就离开会场，但这并不能免除洁某公司履行通知股东召开股东会的时间、地点的义务。据此，广西壮族自治区高级人民法院撤销了案涉股东大会决议。"

4. 会议地点对公司决议效力的影响

❹❿上海市第一中级人民法院审理的上海富某置业有限公司诉宋某桦公司决议撤销纠纷案【(2016) 沪 01 民终 9790 号】认为："《关于召开临时股东会的通知》中的会议地址也并非涉案股东会的实际召开地址。因此，一审法院认定富某公司 2015 年 10 月 19 日股东会的召集违反《公司法》及公司章程的规定，并无不当。"

5. 召集和主持程序对公司决议效力的影响

(1) 监事会（监事）召集股东会

❹❶陕西省高级人民法院审理的中某国际（西安）技术发展有限公司与杨某清等 11 人股东会或者股东大会、董事会决议撤销纠纷案【(2014) 陕民提字第 00020 号】认为："本案中，2011 年 10 月 13 日中某公司董事长赵某安辞职，10 月 26 日另一董事杨某清辞职，中某公司未设副董事长。在此情况下，新某代公司作为中某公司的大股东，在征询尚在任的 3 位董事意见时，各董事未就召集临时董事会及召开股东会形成一致意见。《公司法》第 41 条①规定：'有限责任公司设立董事会的，股东会会议由董事会召集，董事长主持；董事长不能履行职务或者不履行职务的，由副董事长主持；副董事长不能履行职务或者不履行职务的，由半数以上董事共同推举一名董事主持。有限责任公司不设董事会的，股东会会议由执行董事召集和主

---

① 《公司法》(2023 年修订) 第 63 条。

持。董事会或者执行董事不能履行或者不履行召集股东会会议职责的，由监事会或者不设监事会的公司的监事召集和主持；……' 根据以上规定，股东会会议本该由董事会召集，董事长主持，但赵某安已辞职，此种情形已不能实现。按照法律规定，接之应由副董事长主持，但事实上中某公司未设副董事长。再考虑法律规定，接之应由半数以上董事共同推举一名董事主持，但现实情况是余下 3 名董事未达成召集临时董事会及召开股东会的意见。此时，在中某公司董事长辞职、另空缺 1 名董事的情形下，既没有董事会召集股东会，也没有人主持股东会。根据法律规定，董事会或者执行董事不能履行或者不履行召集股东会会议职责的，由监事会或者不设监事会的公司的监事召集和主持。本案中，根据新某代公司的提议，中某公司的3 位监事依法行使监事会职权，于 12 月 6 日召开监事会，就召开股东会事宜形成了决议。根据中某公司《章程》第 14 条第 3 款 '董事会不能履行或者不履行召集股东会会议职责的，由监事会召集和主持' 以及《公司法》第 54 条① '监事会、不设监事会的公司的监事行使下列职权：……（四）提议召开临时股东会会议，在董事会不履行本法规定的召集和主持股东会会议职责时召集和主持股东会会议……' 的规定，中某公司监事会召集和主持了本案临时股东会会议。综上，根据《公司法》第 41 条②及公司《章程》的规定，本案中某公司临时股东会会议的召集程序未违反法律规定。"

❷北京市第一中级人民法院审理的北京伯某营数据分析技术有限公司上诉天某财富（北京）信息技术有限公司公司决议撤销纠纷案【（2016）京 01 民终 4364号】认为："伯某营公司主张王某作为天某财富公司的监事，其召集此次股东会会议违法。对此本院认为，根据天某财富公司的章程，当董事会不能履行或者不履行召集股东会会议职责的，由监事会或者不设监事会的公司监事召集和主持。本案中，根据现有证据显示，自 2013 年 4 月开始季某乔作为董事长对于是否召开股东会会议、何时召开等问题迟迟未有定论，通知内容也不断变化，对于召集股东会会议未采取任何实质性举动，导致天某财富公司在股东会会议的召集问题上始终未有实质性进展。同时，时任天某财富公司的副董事长林某以及其他董事均未对是否召集股东会会议做出任何实质性行动，且林某与季某乔在是否召集董事会会议、股东会会议的问题上存在不同意见。结合上述内容，一审法院认定在董事会始终未能依照公司章程召集股东会会议的前提下，由公司的监事王某召集该次股东会会议程序并

① 《公司法》（2023 年修订）第 78 条。
② 《公司法》（2023 年修订）第 63 条。

无瑕疵正确，本院予以维持。"

❸上海市第一中级人民法院审理的上海富某置业有限公司诉宋某桦公司决议撤销纠纷案【（2016）沪01民终9790号】认为："本案主要争议是涉案股东会决议的召集程序是否违反《公司法》和公司章程的规定。《公司法》第39条①规定，代表1/10以上表决权的股东，1/3以上的董事，监事会或者不设监事会的公司的监事提议召开临时会议的，应当召开临时会议。第40条②规定，有限责任公司不设董事会的，股东会会议由执行董事召集和主持。董事会或者执行董事不能履行或者不履行召集股东会会议职责的，由监事会或者不设监事会的公司的监事召集和主持；监事会或者监事不召集和主持的，代表1/10以上表决权的股东可以自行召集和主持。富某公司的章程对此也有相应规定。富某公司2015年10月19日的股东会系股东沈某自行召集，沈某并未向公司执行董事宋某提议召集。富某公司上诉称宋某实际已于2015年2月离职，不再履行其公司职责，缺乏相应证据证明。即使如富某公司所述宋某已不再履职，但沈某也未向公司监事宋某桦提议召集和主持股东会。富某公司上诉称沈某向公司监事即股东宋某桦发送《关于召开临时股东会的通知》即包含要求公司监事召集临时股东会的内容，与事实不符，亦于法无据。据此，法院撤销案涉股东会决议。"

（2）代表1/10以上表决权的股东召集股东会

代表1/10以上表决权的股东召集股东会的前提是：①董事会或者执行董事不能履行或者不履行召集股东会会议职责的；②监事会或者监事不召集和主持。否则，在未提交有效证据证明其董事及监事会不能履行或者不履行召集股东会会议职责的情况下，代表1/10以上表决权的股东径行召集股东会，违反《公司法》的规定，股东会决议会被撤销。

❹长沙市中级人民法院审理的彭某勇与长某电机厂有限责任公司公司决议撤销纠纷案【（2016）湘01民终1518号】认为："长某电机厂在未提交有效证据证明其董事会及监事会不能履行或者不履行召集股东会会议职责的情况下，径行登报由长某电机厂的法定代表人、第一大股东唐某晖召集股东会会议，因此，涉案临时股东会会议召集程序不合法。"

❺宁德市中级人民法院审理的福建中某房地产开发有限公司、杨某光与何某龙公司决议撤销纠纷案【（2016）闽09民终448号】认为："在召集方式上，根据

---

① 《公司法》（2023年修订）第62条。
② 已被修改。

《公司法》第 40 条①及《章程》第 18 条的规定，召集股东会会议应当由董事会负责召集，当董事会不能或不履职时由监事会召集，当监事会不召集时，代表 1/10 以上表决权的股东才可以自行召集。在二审庭审过程中，杨某光明确表示其是以'法人代表的名义、股东的名义召集让董事长办公室发出短信'，故 2014 年 10 月 19 日中某公司股东会会议并非由董事会负责召集的，而本案中杨某光以股东身份召集股东会会议的条件尚未成就。"

❹⑥赣州市中级人民法院审理的信丰县恒某麦饭石酒业有限公司与信丰县恒某小额贷款股份有限公司小额借款合同纠纷、公司决议撤销纠纷案【(2016)赣 07 民终 1681 号】认为："本案现有证据表明，2015 年 12 月 15 日股东会后，董事之间产生矛盾。2015 年 12 月 31 日，股东赣州市高某煤矿代表人曹某友与股东周某海向公司监事会发出'关于请求监事会召集并主持临时股东大会的函'，2016 年 1 月 4 日，监事会成员回函曹某友、周某海，表示'鉴于监事会成员李某荣提出辞呈，公司监事会目前不宜召集并主持临时股东大会，为此请你们以公司股东名义（合并持股达 10%以上股东）提请召开公司临时股东大会'，当日，股东赣州市高某煤矿、周某海向所有股东发出'关于临时股东大会的通知'。因此，应认定提议召开临时股东大会程序符合法律的相关规定，应确认有效。"

❹⑦天津市第二中级人民法院审理的孙某群与融某达保险公估（天津）有限公司公司决议撤销纠纷案【(2016)津 02 民终 3300 号】认为："《公司法》第 39 条第 2 款②规定，定期会议应当依照公司章程的规定按时召开。代表 1/10 以上表决权的股东，1/3 以上的董事，监事会或者不设监事会的公司的监事提议召开临时会议的，应当召开临时会议。柴某洁持有该公司 34%股份，其代表的表决权超过 1/10，根据法律和公司章程的规定，有权提议召开临时股东会。公司股东柴某洁于 2015 年 12 月 16 日提议召开公司临时股东会，提出审议公司章程，重新选举公司董事组成董事会、重新选举公司监事等议题，并提出会期不迟于 2016 年 1 月 15 日的要求。根据《公司法》第 41 条第 1 款③规定，召开股东会会议，应当于会议召开 15 日前通知全体股东；但是，公司章程另有规定或者全体股东另有约定的除外。上诉人于 2015 年 12 月 18 日确认收到柴某洁提议后，答复将于近期召集股东会，并于会议召开前 15 日通知全体股东。上诉人作为公司原董事长，收到柴某洁提议后，

---

① 《公司法》（2023 年修订）第 63 条。
② 已被修改。
③ 同上。

应在合理期间代表董事会召集临时股东会，但是未在合理时间内召集临时股东会，实际是拒绝履行召集临时股东会的职责。根据《公司法》第40条①规定，有限责任公司设立董事会的，股东会会议由董事会召集，董事长主持；董事长不能履行职务或者不履行职务的，由副董事长主持；副董事长不能履行职务或者不履行职务的，由半数以上董事共同推举一名董事主持。有限责任公司不设董事会的，股东会会议由执行董事召集和主持。董事会或者执行董事不能履行或者不履行召集股东会会议职责的，由监事会或者不设监事会的公司的监事召集和主持；监事会或者监事不召集和主持的，代表1/10以上表决权的股东可以自行召集和主持。根据该规定，股东会的召集和主持程序依次为董事会（执行董事）、监事会（监事）、代表1/10以上表决权的股东。本案中，上诉人未履行召集临时股东会职责，柴某洁作为代表1/10以上表决权的股东，虽然越过公司监事自行召集和主持了临时股东会，但其提议召集和主持此次临时股东会得到公司原监事史某图及除上诉人以外公司全部股东的同意，应视为公司原监事史某图对此次临时股东会召集和主持权利的放弃。且上诉人在收到股东会通知后到会，虽然又退出股东会，会议召集程序未对上诉人股东权利产生实质影响。故应认定股东柴某洁召集和主持此次股东会，不违反法律和公司章程规定，本案应驳回上诉，维持原判。"

（3）被推荐的董事主持股东会

❹广西壮族自治区高级人民法院审理的广西洁某纸业投资股份有限公司与卢某章、杨某乔公司决议撤销纠纷案【（2013）桂民提字第154号】认为："关于股东大会主持人身份问题。根据《公司法》第102条第1款②'股东大会会议由董事会召集，董事长主持；董事长不能履行职务或者不履行职务的，由副董事长主持；副董事长不能履行职务或者不履行职务的，由半数以上董事共同推荐一名董事主持'的规定，并未禁止公司董事长或公司大股东委托代理人主持会议。另根据洁某公司《公司章程》第40条'董事长和副董事长均不能出席会议，董事长也未指定人选时，由董事会指定一名董事主持会议'的规定，本案股东大会召开时，董事长、副董事长均未出席，同时在洁某公司2011年10月10日第三届董事会第5次会议决议中明确同意推荐李某元作为2011年11月11日股东大会主持人，李某元作为股东大会的主持人是得到了董事会全体董事一致同意的，二审判决认定其无权主持股东会错误，本院依法予以纠正。"

---

① 已被修改。
② 同上。

（4）1/3 的董事提议召开董事会

❹广州市中级人民法院审理的谭某吉与广州市冠某物业管理有限公司、黄某生、张某宁、廖某亮公司决议撤销纠纷案【（2016）粤 01 民终 1567 号】认为："关于涉案董事会召集程序是否违法的问题。《公司法》第 47 条①及 2007 年 3 月 18 日公司章程规定，董事长因特殊原因不能履行职务或者不履行职务的，可以由 1/3 的董事提议召开，并应于会议召开 10 日前通知全体董事。根据各方的主张以及本院曾受理的与冠某公司有关纠纷来看，冠某公司各股东之间存在矛盾，股东谭某吉作为冠某公司董事长也确实存在长时间未召集董事会的情形。据此，董事黄某生、张某宁、廖某亮提议由张某宁召集并通知召开董事会符合前述公司法及冠某公司章程的规定。此外，原审法院根据张某宁发送短信情况及谭某吉对收取该短信的电话号码权属的确认，认定张某宁已经将召开董事会的时间提前告知谭某吉正确，本院予以确认。综上，谭某吉主张涉案董事会召集程序违反公司法及公司章程规定于法无据，本院不予支持。"

（5）非股东、董事人员参会

根据相关司法案例，非股东、董事人员参会不会影响公司决议的效力。

❺上海市第一中级人民法院审理的王某仓诉上海英某吉东某图像设备有限公司公司决议撤销纠纷案【（2015）沪一中民四（商）终字第 1160 号】认为："王某仓还提出股东会议上有非股东人员参加，违反法定程序，系争股东会决议应予撤销。本院认为，王某仓提出的该项事由不属于公司法规定的股东会决议应予撤销的法定事由，故本院不予支持。"

6. 表决方式对公司决议效力的影响

公司决议应保证表决方式合法且符合《公司章程》规定，否则公司决议会被撤销。

❺湖州市中级人民法院审理的邱某林、王某辉与湖州中某粮油有限公司公司决议纠纷案【（2016）浙 05 民终 1077 号】认为："另经审查中某公司股东会召集程序和表决方式，中某公司以分站形式进行投票，邱某林、王某辉认可其亦进行了投票，虽中某公司隐名股东也参与了投票和表决，但代表 2/3 以上表决权的显名股东亦投票表决通过了决议，符合公司法及中某公司章程的规定，故该决议亦不存在可

---

① 《公司法》（2023 年修订）第 63 条。

撤销的情形。"

❷石家庄市中级人民法院审理的于某港与河某航空集团天鹅国际旅行社有限公司公司决议撤销纠纷案【(2016) 冀01民终3776号】认为："本案中河某航空集团天鹅国际旅行社有限公司2016年1月8日召开的董事会会议中由田某华董事本人表决是否同意其自己负责公司的生产经营管理工作实为不妥，该董事在本次会议议题的表决上应当回避。据此，法院撤销了案涉董事会决议。"

❸武威市中级人民法院审理的甘肃皇某酒业股份有限公司与北京皇某商贸有限责任公司公司决议撤销纠纷案【(2016) 甘06民终444号】认为："上诉人《公司章程》第64条规定：'股东出具的委托他人出席股东大会的授权委托书应当载明下列内容：(一) 代理人的姓名；(二) 是否具有表决权；(三) 分别对列入股东大会议程的每一审议事项投赞成、反对或弃权票的指示；(四) 委托书签发日期和有效期限；(五) 委托人签名 (或盖章)。委托人为法人股东的，应加盖法人单位印章。'第65条规定：'委托书应当注明如果股东不作具体指示，股东代理人是否可以按自己的意思表决。'该次临时股东大会对部分出席的股东代理人的表决权利未进行严格审查，将参会股东中未写明表决意见和授权不明应统计为弃权票的上海厚某投资有限公司 (持有皇某酒业股票3477万股，占被告股份的19.6%)、文某 (持股数量1678200股) 表决票均统计为有效投票。而《公司章程》第92条规定：'出席股东大会的股东，应当对提交表决的提案发表以下意见之一：同意、反对或弃权。未填、错填、字迹无法辨认的表决票、未投的表决票均视为投票人放弃表决权利，其所持股份数的表决结果应计为"弃权"。'该次临时股东大会的表决票中，股东文某 (持股数量1678200股) 的表决票对会议第9项审议事项《公司向兰州银行武威分行申请人民币6000万元综合授信贷款的议案》一项未填表决意见，根据上述《公司章程》规定，对该项议案内容股东文某所持股份数的表决结果应计为'弃权'，上诉人将其计入'赞成'股数，显然违反《公司章程》关于股东大会的表决和决议的规定，导致表决结果统计错误。同时，未依据上述法律规定和《公司章程》的规定，对应该参加现场股东大会的董事、监事、董事会秘书参会情况进行审查，应当出席会议的董事会秘书未出席会议，未进行会议记录；对会议主持人亦未进行审查，股东会议主持人未进行记录，仅有副董事长吴某签名，董事长卢某为何未参加股东大会，没有记录，主持人不明，决议及决议公告中的会议主持人相互矛盾；亦未对有关联关系的股东是否能够担任计票人、监票人进行审查，计票人监事李某是否选举产生无记录；对表决结果的合法性未进行严格审查。综上，上诉人召开的2015年第一次临时股东大会召开程序存在瑕疵，表决资格审查不严致表决

程序违法，表决方式违反《公司章程》规定，表决结果统计错误不具有合法性，故被上诉人作为其公司股东，自决议作出之日起 60 日内，诉请撤销该次临时股东大会决议于法有据，应予支持。"

❺珠海市中级人民法院审理的彭某云与珠海博某模具有限公司公司决议撤销纠纷案【（2016）粤 04 民终 1380 号】认为："关于股东会决议的表决程序。《公司法》第 42 条、第 43 条第 1 款①规定'股东会会议由股东按照出资比例行使表决权；但是，公司章程另有规定的除外'；'股东会的议事方式和表决程序，除本法有规定的外，由公司章程规定'。再根据《珠海博某模具有限公司章程》第 17 条之规定：'股东会会议应对所议事项作出决议，决议应由全体股东表决通过。'本院认为，公司章程中并未对出席股东会会议的股东所持表决权比例及表决事项通过比例作出明确规定，因此对'决议应由全体股东表决通过'可作不同的理解与解释。在公司章程规定不明的情况下，原审法院认为彭某云未出席股东会且未对股东会决议作出表决，不符合公司章程的规定，故而导致案涉股东会决议的表决方式存在程序瑕疵，并无不妥。因此，依据《公司法》第 22 条第 2 款②的规定，原审法院判令撤销博某公司于 2014 年 9 月 20 日作出的《20140920 股东会决议》，并无不当，本院予以维持。"

7. 《上市公司股东大会规则》可否作为撤销公司决议的依据

❺武威市中级人民法院审理的甘肃皇某酒业股份有限公司与北京皇某商贸有限责任公司公司决议撤销纠纷案【（2016）甘 06 民终 444 号】认为："一审认定事实清楚，证据确实充分，审理程序合法，判决结果正确，但所引用的《上市公司股东大会规则》为中国证券监督管理委员会制定发布，不属于法律、行政法规的范畴，不应作为撤销当事人临时股东大会决议的依据，一审法院引用该《规则》有关规定属适用法律错误，应予纠正。"

8. 决议内容导致决议被撤销

（1）决议内容违反章程规定对公司决议效力的影响

❺深圳市中级人民法院审理的李某秀与深圳市康某博科技发展有限公司、蔡某公司决议纠纷案【（2016）粤 03 民终 15045 号】认为："股东在公司新增资本时有优先认缴权是《公司法》和公司章程赋予股东的权利之一，故公司股东会在决定公

---

① 《公司法》（2023 年修订）第 65 条、第 66 条第 1 款。

② 《公司法》（2023 年修订）第 26 条。

司新增资本时，应征询股东的意见，由股东决定是否放弃优先认缴权。本案中，康某博公司于2015年11月22日召开的股东会决定将公司的注册资本变更为430万元，增资130万元，其应征询李某秀的意见，由李某秀决定是否放弃优先认缴权。但康某博公司及蔡某在本案中提交的证据均不能证明李某秀在股东会召开期间以及之后表示过放弃优先认缴权，而李某秀的代理人敖某辉未在股东会决议上签字，表明李某秀是因股东会决议损害了其股东权利才拒绝在股东会决议签字，本院据此可认定康某博公司于2015年11月22日作出的《关于变更注册资本的决定》以及《章程修正案》因剥夺了李某秀对新增资本的优先认缴权违反了康某博公司章程第8条第5项规定，故李某秀有权根据《公司法》第22条第1款①的规定，请求行使撤销权。李某秀在本案中的诉讼请求于法有据，本院予以支持。"

❺❼成都市中级人民法院审理的深圳市星某方舟科技有限公司与成都宏某电子股份有限公司、孙某俊、吴某爱等公司决议撤销纠纷案【（2016）川01民终4810号】认为："无论法律还是公司章程均规定持有10%以上表决权的股东提议召集临时股东大会，则应当召开。星某公司持有宏某公司22.5%的股权份额，其提出的要求召开临时股东大会符合法律及公司章程的规定，故宏某公司应当召开临时股东大会对其提案进行审议。宏某公司董事会作出不召集股东大会的董事会决议的内容违反了公司章程的规定，依据《公司法》第22条第2款②'股东会或者股东大会、董事会的会议召集程序、表决方式违反法律、行政法规或者公司章程，或者决议内容违反公司章程的，股东可以自决议作出之日起六十日内，请求人民法院撤销'之规定，其董事会决议应当撤销。"

(2) 公司章程对于同一事项有不同规定时如何处理

❺❽海南省高级人民法院审理的宝某投资有限公司与三亚保某房地产投资开发有限公司公司决议撤销纠纷案【（2015）琼民二终字第19号】认为："保某公司2012年6月13日《有限公司章程》的第3条规定，增加或减少注册资本，须由全体股东表决通过。同时，该公司章程的第8条又规定，增加或减少注册资本，由代表2/3以上表决权的股东表决通过。由此可见，该公司章程第3条与第8条的规定存在冲突。从内容来看，该公司章程的第3条为有关公司注册资本的特别约定，第8条为公司股东会议事规则的一般约定。在同一个公司章程中，特别约定应优先于一般约定，故保某公司股东会对增加或减少注册资本的决议，须由全体股东表决通过。"

---

① 《公司法》（2023年修订）第25条。
② 《公司法》（2023年修订）第26条。

（3）决议内容违反股东间的协议对公司决议效力的影响

❺❾无锡市中级人民法院审理的靖江市国某商贸有限公司与无锡灵某元一投资发展有限公司、新余金某锡投资管理中心合伙协议纠纷、公司决议纠纷案【（2016）苏02民终2963号】认为："国某公司与投资管理中心为灵某元一公司的两大股东，在2015年7月协议书中就保障国某公司享有的25%股权的利益而对灵某元一公司日常活动中相关事宜所做制度安排，协议中明确约定执行董事、总经理更换必须经国某公司认可，该内容系全体股东在公司章程之外对更换执行董事所应遵循的特别程序达成的一致意见，未违反法律法规和公司章程，属于双方当事人真实意思表示，合法有效。在灵某元一公司股权结构未发生变化的情况下，股东会进行更换执行董事的议题应当遵循前述程序。现因涉案股东会决议系在国某公司中途退场，未认可的情况下形成，关于更换执行董事的内容违反了全体股东约定的表决程序，应当予以撤销。"

（五）请求确认公司决议不存在

1. 公司未召开股东会（董事会）对公司决议效力的影响

（1）《公司法司法解释四》出台前主流裁判观点：按无效处理

❶贵州省高级人民法院审理的余某鸿与贵州庆某达房地产开发有限公司、许某、林某、陈某兵、郭某、刘某强公司决议纠纷案【（2016）黔民终10号】认为："本案作为公司决议纠纷，当事人双方争议的焦点是要判断股东会决议的效力。本院认为，股东会决议是否有效，必须以存在真实的股东会决议为前提。本案中，一审法院责令庆某达公司提交2014年6月10日股东会会议记录及按照《庆某达公司章程》约定通知股东召开股东会的证据时，庆某达公司表示没有证据提交。一审法院据此认定2014年6月10日庆某达公司并未实际召开股东会，更未通知余某鸿参加股东会。因庆某达公司没有证据支持其主张，故本院对一审认定的2014年6月10日庆某达公司并未实际召开股东会的事实予以确认，在股东会并未实际召开的情况下，所形成的股东会决议属于虚假决议，虚假决议当然不能产生法律效力。"

❷海南省高级人民法院审理的宝某投资有限公司与三亚保某房地产投资开发有限公司公司决议撤销纠纷案【（2015）琼民二终字第19号】认为："原审法院认定的基本事实清楚，但判决确认2014年5月20日股东会临时会议决议不成立，判非所诉。而且，法律只赋予了股东请求确认股东会或董事会决议无效或请求撤销股东

会或董事会决议的权利，原审法院判决 2014 年 5 月 20 日股东会临时会议决议不成立，缺乏法律依据，本院予以纠正。"

❸西安市中级人民法院审理的彭某与王某君、陕西银某工程监理有限责任公司决议效力确认纠纷案【（2016）陕 01 民终 868 号】认为："股东会作为公司的权力机构，通过股东行使表决权作出股东会决议体现股东会的意思表示。股东会决议是公司股东对公司治理的合意，依法应有股东的签名、盖章。银某公司于 2015 年 2 月 26 日在未依法召集，且未依法进行表决的情况下，以股东会会议名义作出了《2015 年临时股东会会议纪要》，该会议纪要应当认定为无效。"

❹大连市中级人民法院审理的李某、大连东某韵温泉度假酒店有限公司与岳某公司决议效力确认纠纷案【（2016）辽 02 民终 6687 号】认为："本案中，2015 年 3 月 23 日东方韵公司并未实际召开股东会，岳某、李某均未出席的股东会自然也不能形成真实有效的股东会决议，一审法院认定争议的股东会决议无效并支持了岳某的诉请并无不妥，本院予以支持。"

❺楚雄彝族自治州中级人民法院审理的楚雄瀚某农林科技有限公司、楚雄茶某农林开发有限公司与李某明、刘某莲公司决议纠纷案【（2016）云 23 民终 632 号】认为："楚雄瀚某农林科技有限公司系刘某莲、李某明共同出资设立的有限责任公司，刘某莲、李某明均系公司股东。刘某莲在李某明不知情的情况下，私自制作《出资额转让协议》，并与当时并未向楚雄瀚某农林科技有限公司注资、尚不具备楚雄瀚某农林科技有限公司股东身份的楚雄茶花物产进出口贸易有限公司协商形成的《股东会决议》事前未征得李某明的同意，事后未得到李某明的追认，并非李某明的真实意思表示，也非公司股东之间的合意。原审以此为由认定股东会决议无效并无不当。"

❻杭州市中级人民法院审理的临安兴某保健食品有限公司与徐某钱公司决议纠纷案【（2015）浙杭商终字第 1338 号】认为："本案中，兴某公司、孟某明主张已于 2013 年 2 月 22 日、24 日，通过特快专递向徐某钱、崔某寄送了股东会会议通知和股权转让通知，但股东会会议通知上载明的会议时间为 2013 年 3 月 31 日，与案涉三份股东会决议中载明的会议时间均不一致，兴某公司与孟某明亦未提供相关股东会会议记录等证据材料，以证明当日确实召开过股东会并形成股东会决议；同时，兴某公司与孟某明确认，三份股东会决议中载明的召开公司股东会的时间，均未实际召开过公司股东会。由此，兴某公司未召集股东会即形成股东会决议，该些股东会决议在形式上不具有合法性，徐某钱作为兴某公司股东，起诉请求确认相关股东会决议无效，于法有据，本院予以支持。"

（2）另一种观点：不必然导致无效

❼上海市第一中级人民法院审理的上海翔某财务咨询有限公司与上海溯某企业（集团）有限公司公司决议效力确认纠纷案【（2016）沪 01 民终 9054 号】认为："翔某公司及华某公司若主张系争《股东会决议》及《公司章程修正案二》无效，应当举证证明该决议内容违反法律或行政法规。现两公司就决议内容本身的违法性，并未举证证明。翔某公司及华某公司提出的华某公司实际控制人张某对系争决议及修正案不知情，以及 2015 年 1 月 5 日翔某公司并未召开股东会等上诉所称事实，均不涉及决议内容的合法性，与主张无效所依据的法律规定情形无涉。从翔某公司及华某公司在二审中关于若股东及实际控制人张某到场，则股东会决议应为合法的表述来看，翔某公司及华某公司实质仍是认为股东会决议未能代表股东的真实意思，若翔某公司及华某公司认为公司高管存在利用决议及修正案严重侵害公司利益，符合《公司法》第 21 条①规定的情形，或认为系争决议存在法律规定可予撤销的情形，应当另行提出主张。"

（3）是否开会的司法判断

❽浙江省高级人民法院审理的 K.×.I. 液压有限公司与宁波克某液压有限公司一案【（2012）浙商外终字第 5 号】认为："2010 年 4 月 9 日，金某年就转让 51% 股份至朱某胜等事宜通过电子邮件通知各董事会成员召开董事会，会议时间定于 2010 年 4 月 12~13 日，地点为宁波喜某登商务中心会议室。随后，金某年、罗某特·W. 哈伯曼（Robert W. Habermannt）及陈某一均于 4 月 12~14 日入住宁波喜某登酒店，陈某一并于 2010 年 4 月 13 日租用了宁波喜某登酒店商务中心会议室。上述事实 K.×.I. 公司并无异议，因此应当认定向朱某胜转让股权系其真实意思表示，且董事会按照既定程序召开。虽然 K.×.I. 公司上诉认为因股权转让事宜发生变化，董事会未实际召开，但其不能提供证据证明股权转让事宜发生变化的事实或各董事租用会议室讨论其他内容的事实。因此，原判认定克某公司董事会就 K.×.I. 公司向朱某胜转让股权事宜召开了董事会，并无不妥。"

❾南京市中级人民法院审理的北京兰某风文化传播有限公司与南京文某艺术产权交易所有限公司、南京八某科技有限公司等公司决议效力确认纠纷案【（2016）苏 01 民终 7142 号】认为："兰某风公司主张 2013 年 8 月 10 日股东会决议系伪造，所载内容并非其真实意思表示。但首先，兰某风公司、国某公司等 4 股东对案涉股

---

① 《公司法》（2023 年修订）第 22 条。

东会决议中所盖印章的真实性均不持异议，而加盖印章的行为本身就是意思表示。其次，兰某风公司、国某公司称该公司印章系为填报某交所公司年检报告预留，但现有证据显示年检报告无须加盖股东印章。再次，根据某交所公司原公司章程规定，某交所公司注册资本为 10000 万元，全体股东首次出资额为 3000 万元，兰某风公司、国某公司等股东均应于 2013 年 8 月 9 日前缴足第 2 次出资，但各股东均未实际缴纳第 2 次出资。而案涉股东决议主要内容系减少公司注册资本为 3000 万元，并据此修改公司章程。国某公司与八某公司于同年 11 月 5 日签订的股权转让协议中，亦载明某交所公司注册资本为 3000 万元，故兰某风公司、国某公司称其对案涉股东会决议不知情，不合常理。最后，案涉股东会决议虽存在纸张不一致、日期改动及最后一页背面印章等瑕疵，但部分股东代表已对此作出较为合理解释，不能据此认定该股东会决议系伪造。综上，兰某风公司主张案涉股东会决议并非其真实意思表示，缺乏依据，本院不予支持。"

❿深圳市中级人民法院审理的胡某梅与深圳市晨某商贸有限公司公司决议效力确认纠纷案【（2015）深中法商终字第 2714 号】认为："胡某梅上诉主张晨某公司并未召开股东会，《2014 年 11 月 10 日股东会决议》系虚构。对此，本院认为，本案是确认公司决议无效之诉，仅需要审查公司决议的内容是否违反法律、行政法规的规定。如果是基于作出决议的股东会、董事会会议违反有关程序方面的规定或决议内容违反公司章程的规定等事由对董事会或股东会决议持有异议，当事人应提起公司决议撤销之诉。晨某公司未依法履行股东会会议的通知程序，不能提交会议通知及会议记录，违反了法律及章程有关股东会会议通知及记录的程序方面的规定，均属于决议可撤销范畴。除胡某梅之外的晨某公司的另四名股东均在《2014 年 11 月 10 日股东会决议》签名，胡某梅主张会议未召开，但并未提交证据证明签名股东存在未参加会议的事实，且经本院调查，张某平、干某宁、靳某铭、周某均表示有参加该次股东会并在决议上签名，故胡某梅关于诉争股东会决议系虚构的上诉理由依据不足，本院不予采信。"

2. 全体股东以书面形式同意的，可以不开股东会

根据《公司法》第 59 条第 3 款的规定，有限公司的全体股东对股东会决议事项以书面形式同意的，可以不召开股东会。此种情况不会影响公司决议的效力。

⓫南京市中级人民法院审理的北京兰某风文化传播有限公司与南京文某艺术产权交易所有限公司、南京八某科技有限公司等公司决议效力确认纠纷案

【（2016）苏 01 民终 7142 号】认为："《公司法》第 37 条①规定：股东会行使下列职权：（一）决定公司的经营方针和投资计划；……（十）修改公司章程；（十一）公司章程规定的其他职权。对前款所列事项股东以书面形式一致表示同意的，可以不召开股东会会议，直接作出决定，并由全体股东在决定文件上签名、盖章。本案中，某交所公司 2013 年 8 月 10 日的股东会决议，虽非通过召开股东会会议形成，但系各股东经协商后在书面决定文件中加盖印章而制，上述决议方式并不违反相关法律规定。"

❷厦门市中级人民法院审理的叶某桢与福建泰某电力股份有限公司纠纷案【（2015）厦民终字第 4546 号】认为："关于 2014 年 9 月 12 日《临时股东大会决议》的效力认定。经查证，该会议落款只有叶某桢签名，但无泰某公司的另一股东戚某公司签名。根据《公司法》第 37 条②规定，股东会行使职权时，如股东以书面形式一致表示同意的，可以不召开股东会会议，直接作出决定，并由全体股东在决定文件上签名、盖章。叶某桢已在 2014 年 9 月 12 日《临时股东大会决议》落款处作为出席董事人员签名，但同时亦可证明其作为泰某公司的股东之一，对该股东会议决议的内容予以认可。二审泰某公司提供的《情况说明》中，戚某公司作为泰某公司的另一股东，对 2014 年 9 月 12 日《临时股东大会决议》的内容予以认可。根据前述《公司法》第 37 条③规定，应认定泰某公司的股东戚某公司、叶某桢对 2014 年 9 月 12 日《临时股东大会决议》的内容一致同意，该股东会议决议内容合法有效。"

3. 公司会议未实际召开时，起诉不受时间限制

❸大连市中级人民法院审理的李某、大连东某韵温泉度假酒店有限公司与岳某公司决议效力确认纠纷案【（2016）辽 02 民终 6687 号】认为："关于 2 上诉人主张案涉股东会决议内容不违法，依法不应被确认无效，如被上诉人认为股东会召集程序存在瑕疵，应申请撤销股东会决议，但撤销权又超过了法定期限，故被上诉人诉请不应得到支持一节，本院认为，《公司法》第 22 条④'股东会或股东大会、董事会的会议召集程序、表决方式违反法律、行政法规或者公司章程，或者决议内容违反公司章程的，股东可以自决议作出之日起六十日内，请求人民法院撤销'的规

---

① 《公司法》（2023 年修订）第 59 条。
② 同上。
③ 同上。
④ 《公司法》（2023 年修订）第 26 条。

定，是针对实际召开的公司股东会议及其作出的会议决议作出的规定，即在此情况下股东必须在股东会决议作出之日起 60 日内请求人民法院撤销，逾期则不予支持。而本案中，2015 年 3 月 23 日的股东会并未实际召开，股东会决议上的签名不真实且无证据证明系岳某的真实意思表示，故岳某请求确认该非真实存在的股东会决议无效而非申请撤销该股东会决议是有法律依据的，应当得到支持；2 上诉人的此项主张不能得到支持。"

4. 召开股东会但未表决对公司决议效力的影响

❶天津市第二中级人民法院审理的三某物产（天津）国际贸易发展有限公司与三某兴业科技（天津）有限公司、李某奎公司决议效力确认纠纷案【（2016）津 02 民终 3229 号】认为："有限责任公司召开股东会议并作出决议，应当依照法律及公司章程的相关规定进行。公司决议是一种法律行为，其成立需要具备一些形式要件，如有股东会会议召开的事实要件、提交表决及表决符合公司法或公司章程要件等。当公司决议不具备形式要件时，则决议不成立或未形成有效决议。本案中，2015 年 6 月 26 日，由贺某一生召集召开了会议，股东李某奎和李某雄到会，非股东人员也与会，谈话中涉及更换公司法定代表人等内容。但上诉人三某物产公司没有证据证明，此次会议对决议事项进行了表决，继而根据表决结果作出股东会决议。因此，2015 年 6 月 26 日股东会未形成决议。"

（六）请求确认未形成有效决议

1. 出席会议的人数或者股东所持表决权不符合公司章程的规定对公司决议效力的影响

《公司法司法解释四》出台前，出席会议的人数或者股东所持表决权不符合公司章程的规定的，按决议可撤销处理。

❶北京市高级人民法院审理的北京金某汽车服务有限公司与东某科技有限公司董事会决议撤销纠纷案【（2009）高民终字第 1147 号】认为："根据金某公司章程规定，董事会决议的表决通过方式采用的并非通常意义上的资本多数决方式，而是董事人数的 2/3 多数且应包含各方至少 1 名董事。由于本案争议的董事会决议缺乏股东一方东某公司董事的参与及事后同意，根据《公司章程》第 25 条的规定，该董事会决议在法律上属于可撤销的范畴。毋庸置疑，金某公司章程的此种规定，导致只要有一方股东不同意公司的经营决策时，公司的决议决策机制易陷于僵局，但

是此为全某公司各方股东的自愿约定，本院无权干预。"据此，北京市高级人民法院判令撤销了案涉董事会决议。

❷石家庄市中级人民法院审理的于某港与河某航空集团天鹅国际旅行社有限公司公司决议撤销纠纷案【(2016) 冀 01 民终 3776 号】认为："根据《公司登记管理条例》第 37 条之规定：公司董事、监事、经理发生变动的应当向原公司登记机关备案。河某航空集团天鹅国际旅行社有限公司的工商登记董事备案信息中并未显示有田某华董事。因此，田某华董事的身份不确定，本次董事会决议的通过人数未过半数。"据此，法院撤销了案涉董事会决议。

2. 决议通过比例不符合公司法或者公司章程的规定对公司决议效力的影响

(1)《公司法司法解释四》前主流裁判观点：按无效处理

❸海南省高级人民法院审理的张某玉与海南某泰科技有限公司公司决议效力纠纷案【(2014) 琼民终三字第 1 号】认为："某泰公司在变更注册资本及股东出资比例的过程中，张某玉和张某恒并不知晓公司注册资本减少和持股比例变更，事后也不同意变更持股比例，张某主张张某玉和张某恒知晓并同意减资和变更股东出资比例证据不足。根据公司初始章程第 18 条规定的'其他事项（包括减资）由出席董事会会议三分之二以上的董事通过'，仅张某一人同意减少注册资本及变更股东出资比例，不符合公司章程的规定，且张某持股比例及表决权亦不符合《公司法》(2005 年修订) 第 44 条第 2 款①'股东会会议作出修改公司章程、增加或者减少注册资本的决议，以及公司合并、分立、解散或者变更公司形式的决议，必须经代表三分之二以上表决权的股东通过'的规定，张某无权擅自变更公司注册资本及持股比例，某泰公司于 2010 年 8 月 25 日作出的《股东会决议》因未经合法的表决程序而不符合法律和公司章程之规定，关于公司减少注册资本和变更股东出资比例的决议无效，2009 年公司章程亦无效。"

❹北京市第一中级人民法院审理的北京恒某冠辉投资有限公司上诉杜某春等公司决议效力确认纠纷案【(2016) 京 01 民终 6676 号】认为："恒某公司上诉称，股东会决议第 2 项内容仅是股东会授权董事会对 150 万元以下的投资计划有决定权，不构成对公司章程的修改，即便该决议内容与《公司章程》相冲突，亦不是决议无效的法定事由，而是决议被撤销的事由。对此本院认为，恒某公司《公司章程》第 8 条规定，股东会决定对外投资计划。涉案股东会决议将该职权部分授予董事会，

---

① 《公司法》(2023 年修订) 第 66 条第 3 款。

其实质是修改了《公司章程》第 8 条关于'股东会决定对外投资计'的内容，在未取得恒某公司 2/3 以上表决权的股东同意的情况下，该决议内容违反了《公司法》第 43 条①关于股东会会议作出修改公司章程的决议，必须经代表 2/3 以上表决权的股东通过的规定，一审法院认定该决议内容无效，具有事实及法律依据，本院对恒某公司的该项上诉意见，不予支持。"

（2）《公司法司法解释四》施行前的其他观点：按可撤销处理

❺徐州市中级人民法院审理的周某根、姜某军与徐州市长盛建筑工程有限公司决议纠纷案【（2016）苏 03 民终 5290 号】认为："本案中，周某根、姜某军主张无效的股东会决议内容系增加注册资本和变更公司经营范围，上述决议内容并不违反法律、行政法规的规定，且周某根、姜某军要求确认上述股东会决议无效的理由系'未经过有 2/3 表决权的股东同意'，其实质系认为股东会召集程序、表决方式违反了法律、法规或公司章程的规定，依法应通过撤销程序解决。因此，对周某根、姜某军要求确认涉案股东会决议无效的诉讼请求，本院依法不予支持。"

❻长沙市中级人民法院审理的彭某勇与长某电机厂有限责任公司决议撤销纠纷案【（2016）湘 01 民终 1518 号】认为："涉案《临时股东会决议》涉及修改章程的重大决议事项，未经代表 2/3 以上表决权的股东通过，该决议的表决程序不符合法律规定。长某电机厂 2015 年 5 月 19 日《临时股东会决议》的召集和表决程序均不符合法律的强制性规定，故上诉人彭某勇提出的该《临时股东会决议》应予撤销的上诉意见于法有据，本院予以支持。"

（3）法定代表人的姓名记载于公司章程时的表决权比例问题

❼新疆维吾尔自治区高级人民法院审理的新疆豪某贸易有限公司、张某升与乌鲁木齐市祥某实业有限公司、乌鲁木齐市祥某房地产开发有限公司公司决议撤销纠纷案【（2014）新民再终字第 1 号】认为："从立法本意来说，只有对公司经营造成特别重大影响的事项才需要经代表 2/3 以上表决权的股东通过。公司法定代表人一项虽属公司章程中载明的事项，但对法定代表人名称的变更在章程中体现出的仅是一种记载方面的修改，形式多于实质，且变更法定代表人时是否需修改章程是工商管理机关基于行政管理目的决定的，而公司内部治理中由谁担任法定代表人应由股东会决定，只要不违背法律法规的禁止性规定就应认定有效。此外，从公司治理的效率原则出发，倘若对于公司章程制定时记载的诸多事项的修改、变更均需代表

① 《公司法》（2023 年修订）第 66 条。

2/3 以上表决权的股东通过，则反而是大股东权利被小股东限制，若无特别约定，是有悖确立的资本多数决原则的。若更换法定代表人必须经代表 2/3 以上表决权的股东通过，那么张某升、豪某公司只要不同意就永远无法更换法定代表人，这既不公平合理，也容易造成公司僵局。因此，公司股东会按照股东出资比例行使表决权所形成的决议，理应得到尊重。公司更换法定代表人，只要股东会的召集程序、表决方式不违反公司章程的规定，即可采用多数决。张某升及豪某公司申请再审认为房地产公司法定代表人的变更须经代表 2/3 以上表决权的股东签署通过的理由不能成立。"

❽上海市第二中级人民法院审理的徐某与上海谷某实业有限公司公司决议撤销纠纷案【（2015）沪二中民四（商）终字第 536 号】，也涉及了本案所讨论的问题，并且该案的论述部分与新疆高院审理的案件的裁判观点有所出入。

该案的基本案情是：谷某公司共有徐某、刘某文两名股东，但两人对持股比例有异议，刘某文认为自己持股 96%，徐某则认为刘某文仅持股 60.5%。公司法定代表人原为徐某，但公司章程未记载法定代表人的姓名。后刘某文召集股东会：免除徐某的执行董事、法定代表人职务，刘某文担任执行董事、法定代表人。徐某向法院起诉称：涉案股东会决议的内容涉及修改公司章程，应当由 2/3 以上表决权的股东一致通过，而非刘某文 1 人签字即能通过，请求判令撤销谷某公司的股东会决议。上海市第二中级人民法院认为："即便如徐某所述，刘某文实际持有谷某公司 60.5% 的股权，此持股比例业已超过谷某公司 1/2 以上表决权。鉴于谷某公司章程中并未明确公司法定代表人的具体人选，故涉案股东会决议作出的变更公司法定代表人的内容并不涉及公司章程的修改，仅需 1/2 以上的表决权通过即可。故涉案股东会决议的内容也不存在违反公司章程之处。基于此，原审法院作出的驳回徐某要求撤销涉案股东会决议的判决无误，本院予以支持。"该案虽然是针对法定代表人未登记在公司章程的情况下，变更法定代表人表决权数的案件，但论述涉及了"鉴于谷某公司章程中并未明确公司法定代表人的具体人选，故涉案股东会决议作出的变更公司法定代表人的内容并不涉及公司章程的修改，仅需 1/2 以上的表决权通过即可"。言外之意是，如谷某公司章程中明确了公司法定代表人的具体人选，则股东会决议作出的变更公司法定代表人的内容涉及公司章程的修改，需经 2/3 以上的表决权方能通过。因此，该案的上述论述与本文引用的新疆高院审理的案件的裁判观点有所出入。

3. 决议上的部分签名系伪造，对公司决议效力的影响

（1）一律无效

第一种裁判观点认为，只要部分签名系伪造，且被伪造签名的股东或者董事不予认可，公司决议即为无效。

❾四川省高级人民法院审理的蔡某与四川省江某新村贸易有限公司、温佐新公司决议效力确认纠纷案【（2014）川民提字第 304 号】认为："经审理，2007 年 11 月 23 日的《股东会决议》以及《股权转让协议书》上'蔡某'的签字不是蔡某本人所写，即上述决议不是蔡某的真实意思表示。会后，蔡某对此表决亦未予以追认。依据《民法通则》第 55 条的相关规定，合法有效的民事法律行为必须具备的条件之一是意思表示真实。江某新村公司于 2007 年 11 月 23 日作出的《股东会决议》违反了上述法律规定，应确认为无效。"

❿北京市第三中级人民法院审理的北京神州圆某钢筋机械连接技术有限公司与李某公司决议效力确认纠纷案【（2016）京 03 民终 12580 号】认为："有限责任公司通过股东会对变更公司章程内容、决定股权转让等事项作出决议，其实质是公司股东通过参加股东会议行使股东权利、决定变更自身与公司的民事法律关系的过程，因此公司股东实际参与股东会议并作出真实意思表示，是股东会议及其决议有效的必要条件。本案中，2014 年 3 月 26 日的圆某公司第一届第一次股东会决议上李某的签名并非李某本人所签，不是李某的真实意思表示，该股东会决议违反了公司法的规定，侵害了李某的合法权益，一审法院确认该股东会决议无效正确，故本院予以维持。"

⓫上海市第一中级人民法院审理的上海众某电池工业有限公司与金某栋公司决议纠纷案【（2016）沪 01 民终 6853 号】认为："本院认为，根据众某公司章程约定，股东会的议事方式和表决程序以公司法的有关规定进行。而根据公司法规定，召开股东会会议，应当于会议召开 15 日前通知全体股东。因此，系争股东会会议违反了会议召开的法定程序，且系争股东会决议上金某栋的签名并非金某栋本人签署。故原审法院认定系争股东会决议因损害股东金某栋权益而应为无效，并无不当。上诉人以被上诉人与公司原法定代表人张某某以及原审第三人金某平具有亲属关系为由，主张上述两方的行为构成表见代理，缺乏事实和法律依据，故其上诉请求，本院不予支持。"

⓬台州市中级人民法院审理的蔡某军与温岭市骏某汽车销售有限公司公司决议效力确认纠纷案【（2016）浙 10 民终 2523 号】认为："原告江某洲、被告蔡某军均

系原告骏某公司的股东，两人各拥有公司 50% 的股份，原告江某洲原担任公司的法定代表人。2015 年 4 月 7 日，温岭市骏某汽车销售有限公司依据 2015 年 4 月 3 日的'股东会决议'及章程修正案向工商管理部门变更了相关工商登记，而该'股东会决议'中'江某洲'的签字并非原告江某洲本人所签，故该'股东会决议'无效。"

（2）不必然无效

第二观点裁判认为，在去除伪造签名后通过比例不符合公司法或者公司章程的规定时，决议才为无效，否则有效。

⑬上海市第一中级人民法院审理的朱某与上海远某照明科技有限公司公司决议效力确认纠纷案【（2016）沪 01 民终 12149 号】认为："朱某还主张远某公司提交工商部门备案的该次股东会决议上'朱某'的签名非其本人所签，故该次股东会决议无效。但该次股东会作出决议符合远某公司章程约定的表决权数，该次股东会决议在股东表决后即已产生相应法律效力。朱某是否在股东会决议上签名，不影响该股东会决议的法律效力。他人在提交备案的股东会决议上代签朱某姓名，不视为朱某的意思表示，同时也不影响其他股东的意思表示和表决结果，即不会导致该次股东会决议归于无效。"

⑭南京市中级人民法院审理的北京兰某风文化传播有限公司与南京文某艺术产权交易所有限公司、南京八某科技有限公司等公司决议效力确认纠纷案【（2016）苏 01 民终 7142 号】认为："某交所公司章程规定，董事会决议须半数以上董事通过即可。2013 年 8 月 10 日，某交所公司通过的股东会决议中，决定免去韩某岩董事长职务，选举高某娟为副董事长，故某交所董事据此变更为周某、梁某强、郭某庆、杨某亭、高某娟。同日的董事会决议中，虽然郭某庆、梁某强的签字并非其本人书写，但其他 3 名董事签字表决同意，同意股东数已超过半数，故该董事会决议已经通过。"

（3）可撤销

第三种裁判观点认为，签名被伪造系决议可撤销事由，并非无效事由。

⑮太原市中级人民法院审理的李某公司决议效力确认纠纷案【（2016）晋 01 民终 2206 号】认为："根据《公司法》第 22 条①之规定，对于未按照法律、行政法规或者公司章程召开的股东会或者股东大会、董事会形成的决议有瑕疵，属于可撤

---

① 《公司法》（2023 年修订）第 26 条。

销行为，股东有权在法定期间内向法院提出决议撤销之诉。2013 年 12 月 29 日作出的 2013 年第 2 次、第 3 次股东会决议在形式方面确实存在瑕疵。但上诉人发现非本人签名的股东会决议存在时，并未在法定期间内提起诉讼以维护其权益。综上，对于上诉人李某以伪造其签名情形提出确认华某公司于 2013 年 12 月 29 日作出的 2013 年第 2 次、第 3 次股东会决议无效的请求，不予支持。"

4. 决议内容超越股东会或者股东大会、董事会的职权对公司决议效力的影响

(1) 董事会行使股东会的法定职权

❶贵州省高级人民法院审理的徐某霞与安顺绿洲报某宾馆有限公司、第三人贵州黔某报业发展有限公司公司决议效力确认纠纷案【(2015) 黔高民商终字第 61 号】认为："《公司法》第 44 条第 2 款①规定：'股东会会议作出修改公司章程、增加或者减少注册资本的决议，以及公司合并、分立、解散或者变更公司形式的决议，必须经代表三分之二以上表决权的股东通过。'从此条规定中的法律表述用语'必须'可以看出，修改公司章程、增加或者减少注册资本的决议，以及公司合并、分立、解散的决议有且只有公司股东会才有决定权，这是股东会的法定权利。报某宾馆章程第 7 条第 8 项、第 10 项、第 11 项，第 32 条第 2 项将股东会的法定权利规定由董事会行使，违反了上述强制性法律规定，应属无效。"

❷中卫市中级人民法院审理的宁夏鸿某矿业有限公司、张某祥与广东鸿某集团有限公司公司决议效力确认纠纷案【(2016) 宁 05 民终 638 号】认为："因董事会决议内容中的公司决定停止宁夏鸿某公司的经营活动，对公司进行审计，清理债权债务，全权委托新任总经理徐某负责相关工作，按照法律规定和公司章程规定，该项决议属股东会决议的范围，不应由董事会决议。董事会超越其职权范围行使权利，违反法律规定和公司章程，该项决议应属无效。"

(2) 股东会行使董事会的法定职权

❸贵州省高级人民法院审理的沈某松、羊某新、江某兴与贵州熏某有限公司、胡某云、胡某杰公司决议效力确认纠纷案【(2015) 黔高民商终字第 1 号】认为："虽然股东会是公司的最高权力机构，但也必须遵守公司法的强制性规定和公司章程相关规定。因此，胡某云作为贵州熏某有限公司的法定代表人和总经理，应由公司董事会决定对其的聘任或者解聘。3 上诉人以股东会决议作出解聘胡某云的法定代表人兼总经理职务，不符合上述规定，超越了股东会职权。故 2014 年 4 月 20 日

---

① 《公司法》(2023 年修订) 第 66 条第 3 款。

的股东会决议不符合《公司法》和贵州熏某有限公司的章程规定，应认定为无效。"

(3) 股东会超越职权

❶宁波市中级人民法院审理的宁波太某洋包装带有限公司与浙江中某铝业有限公司公司决议撤销纠纷案【(2016) 浙 02 民终 1295 号】认为："中某公司于 2015 年 10 月 25 日作出的股东会决议中关于以各股东借款转增注册资本等内容并非股东的法定义务，也超越了股东会职权，太某洋公司在股东会决议中并未同意该部分内容，因此中某公司 2015 年 10 月 25 日作出的股东会决议中有关以各股东借款转增注册资本等内容违反法律规定，太某洋公司请求股东会决议中该部分内容无效，予以支持。"

(七) 公司决议纠纷的其他问题

1. 股东（董事）可否对于有瑕疵的公司决议进行追认

(1) 对不存在的公司决议不能追认

❶贵州省高级人民法院审理的余某鸿与贵州庆某达房地产开发有限公司、许某、林某、陈某兵、郭某、刘某强公司决议纠纷案【(2016) 黔民终 10 号】认为："虽然余某鸿在二审中表示追认股东会决议有效，但追认的前提也必须是存在真实的股东会决议，对虚假的股东会决议不存在追认的情况。因股东会并未真实召开，股东会决议系虚假决议，故该决议自始无效、当然无效。该虚假决议内容涉及公司股东变更，并作为公司修改章程和工商登记变更的基础，在余某鸿、庆某达公司、许某、林某、陈某兵、郭某、刘某强均认可余某鸿的签名并非本人签署且没有证据证明获得余某鸿授权的情况下，该决议侵犯了余某鸿的合法权益。一审判决确认股东会决议无效正确，应予维持。"

(2) 可以认定为以行动表示追认的情形

❷浙江省高级人民法院审理的陈某海与浙江天某通科技股份有限公司、天某通（北京）科技有限公司等公司决议纠纷案【(2015) 浙商终字第 8 号】认为："本案的争点为浙江天某通公司 2012 年 7 月 29 日《股东会议决议》的法律效力。经查，落款时间为 2012 年 7 月 29 日的《股东会议决议》中没有陈某海的签名，但该决议所载明的内容，即浙江天某通公司支付 3097900 元用于购买北京天某公司在中国大陆独家地底通信智慧专利知识使用权和商标使用权，以及浙江天某通公司与北京天

某公司间就此决议已经履行的事实已经生效的（2014）浙湖商初字第 14 号民事判决认定，该事实在陈某海发送的浙江天某通公司第 1 次董事会文件中有所体现，亦有北京天某公司、天某通北京公司、美国天某国际公司出具的书面证明予以确认。再结合陈某海与天某通北京公司的法定代表人方大铮往来的邮件内容，可知陈某海对浙江天某通公司支付 3097900 元用于购买北京天某公司知识产权一事是知情且不反对的。因此，虽然陈某海未在案涉《股东会议决议》中签名，但其行为表明其已对决议中的相关事实予以接受认可。现其以《股东会议决议》系伪造为由要求确认无效缺乏依据。"

❸天津市第二中级人民法院审理的张某邦与天津鹏某胶管股份有限公司公司决议效力确认纠纷案【（2016）津 02 民终 4457 号】认为："上诉人主张股东大会的签到表系伪造，并申请对签到表上的签字进行鉴定，对此本院认为，本案之前的其他生效判决已经认定上诉人领取转股款，对其股权进行了处置。上诉人对其股份的处置与股东大会决议的内容相一致，故原审法院未予采纳其鉴定申请并无不当。"

❹嘉兴市中级人民法院审理的徐某梅与周某英公司决议效力确认纠纷案【（2016）浙 04 民终 1622 号】认为："新某公司设立登记时的股东虽然为徐某梅与陈某两人，但两人并未实际出资，也未参与公司管理，故属于挂名股东。新某公司的实际出资人系周某英，公司亦由其控制、管理和经营。2011 年年底、2012 年年初，周某英代徐某梅、陈某在股东会决议上签名，并注销了新某公司。徐某梅当年就已知晓公司被注销，但在长达数年的时间里并未提出异议，结合其与周某英之间的亲戚关系以及其仅为挂名股东的实际情况，应当视为其同意周某英注销新某公司，即对相应的股东会决议亦为认可。"

❺惠州市中级人民法院审理的陈某生与惠州市双某湾新城房地产开发有限公司、惠州市双某湾房地产投资开发有限公司公司决议效力确认纠纷案【（2016）粤 13 民终 1554 号】认为："虽然上诉人未亲自在公司章程及股东会决议中签字或者授意他人签字，但公司章程与股东会决议是否有效，并非仅以章程与股东会决议上是否有股东签名、该签名是否本人签字或者授意签字来决定。上诉人陈某生于 2010 年 7 月 7 日已按照 2010 年 6 月 30 日章程约定的出资额、出资比例及股东会决议的规定足额先行缴足了 250 万元的货币出资，以上出资事实经由惠州市立某会计师事务所有限公司于 2010 年 7 月 8 日作出的《惠立会验字〔2010〕第 085 号〈验资报告〉》及银行转账单据所确认。上诉人陈某生辩称其仅有土地投资，没有货币投资，该款项非其个人真实投资，系他人打入其账户再由其转入双某湾新城公司账户，但没有提交证据予以证实。2010 年 11 月 8 日，上诉人陈某生与被上诉人双某湾公司

一致签署股东会决议同意通过修改公司章程内容。就在同日，上诉人陈某生与被上诉人双某湾公司又通过《惠州市双某湾新城房地产开发有限公司章程修正案》。无论是 2010 年 11 月 8 日的股东会决议还是公司章程修正案，所涉内容均为对原公司章程的变更，上诉人陈某生已亲自在上述 2010 年 11 月 8 日股东会决议文件中签字，并依据股东会决议及修正案的规定转让其位于惠东县平海镇榜山地段的 20608 平方米土地给双某湾新城公司。可见，上诉人陈某生事后对原公司 2010 年 6 月 30 日章程及股东会决议的内容已然知悉且予以认可，上诉人陈某生已以其实际行为表示同意并认可原有章程、股东会决议，并以股东身份履行 2010 年 11 月 8 日新股东会决议的增资义务。故此，双某湾新城公司的公司章程及股东会决议应视为经全体股东的认可，不存在无效的情形。一审法院的处理并无不当。"

❻合肥市中级人民法院审理的许某进与安徽众某新材料科技有限公司公司决议效力确认纠纷案【(2016) 皖 01 民终 2600 号】认为："许某进虽未参加 2014 年 2 月 13 日关于增资的股东会会议，也未在该决议上签名，但许某进知晓该决议后未提出异议，并将其持有的全部股权转让，许某进以自己的行为表明接受决议内容，至此，2014 年 2 月 13 日关于增资的股东会决议的瑕疵已治愈。"

(3) 不应被认定为追认的情形

❼北京市第一中级人民法院审理的北京金某河机械设备有限公司与李某华公司决议效力确认纠纷案【(2016) 京 01 民终 5906 号】认为："依据北京天某司法鉴定中心出具的北天司鉴〔2015〕文书鉴字第 168 号《文书鉴定意见书》，2012 年 4 月 1 日《金某河公司第四届第三次股东会决议》李某华签字处'李某华'签名与提供的样本上李某华签名不是同一人书写，故从诉争股东会决议上'李某华'的签名来看，无法认定诉争的决议系李某华的真实意思。诉争的股东会决议虽非李某华本人签署，但若系李某华授权他人代为签署，或者李某华事后对他人之代签行为予以追认，则该份股东会决议仍产生相应法律效力。但从金某河公司目前举证的情况来看，该公司并未提交任何有效证据证明李某华存在授权他人代为签署涉诉股东会决议或事后对他人之代签行为予以追认的行为。从上述角度分析，也无法认定诉争股东会决议系李某华的真实意思。金某河公司经营期限届满后，李某华继续进行经营行为是否构成对延长该公司经营期限股东会决议的追认。对此本院认为，仅凭李某华在金某河公司经营期限届满后继续进行经营的行为，不足以表明其知晓存在被他人冒名签署涉诉股东会决议之情形。同时，即便李某华知晓诉争股东会决议的存在，其仍有权决定是否提起以及何时提起诉讼确认该股东会决议无效，李某华继续从事经营的行为仍不足以说明其同意将金某河公司的经营期限延长至 20 年，即不

足以构成对延长公司经营期限股东会决议的追认。"

（4）补签不影响公司决议的效力

❽浙江省高级人民法院审理的 K.×.I. 与宁波克某液压有限公司纠纷案【（2012）浙商外终字第5号】认为："陈某一并未出席2010年4月29日的董事会议。克某公司的董事会决议记载的'会议时间为2010年4月28日，……本次会议应到董事5人，实到董事5人……'与事实不符。但由于董事会决议上各董事的签名均为真实，且实际出席董事会议的人数为4人，已超过公司章程规定的全体董事的2/3，陈某一业已补签表示同意，故该次董事会议形成的决议不存在无效情形。"

2. 决议无效、撤销、不存在和未形成有效决议的法律后果

❾山东省高级人民法院审理的周某生与裕某投资控股集团有限公司、吕某涛等公司决议效力确认纠纷案【（2015）黔高民商终字第61号】认为："公司股东会决议被确认无效后，对公司内部关系具有溯及力，公司内部法律关系应回归到决议作出之前的状态。本案被认定无效的六次股东会决议内容均系公司增资，故该六次股东会决议无效的后果应是恢复至2007年5月18日第一次增资的股东会决议作出之前公司的注册资本状态与当时股东的持股状态。根据《公司法》第22条第4款①之规定：'公司根据股东会或者股东大会、董事会决议已办理变更登记的，人民法院宣告该决议无效或者撤销该决议后，公司应当向公司登记机关申请撤销变更登记。'因此，被告裕某公司应当自本判决生效之日起30日内向公司登记机关申请变更登记至2007年5月18日股东会决议作出之前的状态，即周某生出资额为75万元，持股比例为5%；吕某涛出资额为825万元，持股比例为55%；吕某玉出资额300万元，持股比例20%；张某出资额300万元，持股比例20%。"

❿厦门市中级人民法院审理的王某义与瑞某路（厦门）光学科技有限公司纠纷案【（2016）闽02民终583号】认为："《公司法》第22条第4款②规定：'公司根据股东会或者股东大会、董事会决议已办理变更登记的，人民法院宣告该决议无效或者撤销该决议后，公司应当向公司登记机关申请撤销变更登记。'本案中，瑞某路公司已根据《董事会决议》办理变更登记，故《董事会决议》被确认无效后，瑞某路公司应当依照法律规定向公司登记机关申请撤销相应的变更登记。"

⓫上海市第一中级人民法院审理的美某宝贝母婴服务（上海）有限公司诉赵

---

① 《公司法》（2023年修订）第28条。
② 同上。

某等公司决议效力确认纠纷案【（2015）沪一中民四（商）终字第 904 号】认为："美某公司 2013 年 8 月 1 日股东会决议显然不具有法律效力，同时依据法律规定，该决议被确认无效后，美某公司应当向公司登记机关申请撤销相应的变更登记，公司内部事宜应由股东之间协商处置。"

3. 股东是否可以请求确认章程无效

对于是否可以请求确认章程无效，司法实践中有不同观点。

（1）支持可以请求确认章程效力的裁判

⓬贵州省高级人民法院审理的徐某霞与安顺绿洲报某宾馆有限公司、第三人贵州黔某报业发展有限公司公司决议效力确认纠纷案【（2015）黔高民商终字第 61 号】认为："公司章程是由公司发起人或全体股东共同制定的公司基本文件，也是公司成立的必备性法律文件，主要体现股东意志，但也必须遵守国家的法律规定。本案所涉公司章程规定了包括股东在内相应人员的权利和义务，对相应人员具有约束力，从有权利即有救济的角度看，如果股东认为公司章程的内容有违法或侵犯股东权利的情形，股东应有权通过诉讼维护自己的合法权利。因此，上诉人请求确认公司章程部分内容无效的权利是存在的。"

（2）不支持可以请求确认章程效力的裁判

⓭深圳市中级人民法院审理的胡某梅与深圳市晨某商贸有限公司公司决议效力确认纠纷案【（2015）深中法商终字第 2714 号】认为："晨某公司为有限责任公司，《公司法》第 37 条①规定，修改公司章程属于有限责任公司股东会的职权范围，胡某梅关于确认章程修正案无效的诉求非公司决议效力确认纠纷案件的审查范围，本院不予审查。"

4. 未形成决议的情况下，不可提起公司决议效力之诉

⓮北京市第一中级人民法院审理的姚某辉与北京北某邦杰科技发展有限公司公司决议撤销纠纷案【（2016）京 01 民终 6252 号】认为："本案为公司决议撤销纠纷，姚某辉作为北某邦杰公司的股东，起诉要求'撤销北某邦杰公司 2015 年 3 月 2 日作出的全部临时董事会决议'，并据此向法院提交了 1 份'2015 年第 1 次临时董事会决议'的复印件，由于姚某辉与北某邦杰公司均不能提供该份决议的原件，姚

---

① 《公司法》（2023 年修订）第 59 条。

某辉的现有证据，也不足以使本院确信其提交的复印件即为北某邦杰公司董事会已然作出的，且内容准确无误的 2015 年第 1 次临时董事会决议，故对姚某辉主张撤销董事会决议的诉讼请求，本院不予支持。"

❶绍兴市中级人民法院审理的黄某天与诸暨市艾某欧针织有限公司公司决议撤销纠纷案【（2016）浙06民终3133号】认为："本案中，黄某天直接以艾某欧公司为被告，应适用《公司法》第 22 条①之规定，但艾某欧公司作出转让'木某良品'注册商标声明并未召开股东会，也没有形成公司决议，因此，审查公司决议是否应当撤销的前提并不存在，一审判决驳回黄某天的诉讼请求并无不当。"

5. 公司决议的形式

（1）会议纪要

❶新疆生产建设兵团第六师中级人民法院审理的刘某峰与孙某公司决议效力确认纠纷案【（2016）兵06民终406号】认为："本案所称《股东会会议纪要》的内容即为股东会决议，决议的第一条即是决定解除孙某在华某公司的股东资格及相关职务。对孙某称人民法院应当对股东会决议的效力进行认定，而不应对股东会会议纪要进行认定的意见，本案不予采纳。"

❶海南省第一中级人民法院审理的周某与海南美某不动产有限公司、马某明、卢某新、聂某、冯某堂公司决议撤销纠纷案【（2015）海南一中民二终字第26号】认为："美某公司于 2014 年 10 月 22 日召开会议所作出的《公司会议纪要》属于公司决议，属于公司的意思表示，股东会决议和董事会决议都被拟制为公司行为。"

（2）决议公告是否属于公司决议

❶北京市第三中级人民法院审理的吴某与鹏博士电某传媒集团股份有限公司公司决议效力确认纠纷案【（2016）京03民终12236号】认为："吴某主张，涉案决议公告中以吴某'因个人原因辞职'为由进行信息披露，信息不真实，实际情况应为违法解除，故涉案决议无效。因现并无充分证据证明电某通公司违法解除劳动关系，且董事会决议内容与董事会决议的公告行为并不等同，吴某以此主张涉案决议无效亦无依据。"

---

① 《公司法》（2023 年修订）第 26 条。

6. 其他企业类型的决议效力可否参照《公司法》

（1）集体所有制企业

❶北京市第二中级人民法院审理的刘某茹与北京市宣武海某服装厂案【（2014）二中民终字第 03045 号】认为："本案属于公司决议效力确认纠纷，海某服装厂属于集体所有制企业，参照《公司法》的规定，公司股东会的决议内容违反法律、行政法规的无效。海某服装厂于 2011 年 4 月 4 日召开股东会决议调整企业执行董事、监事等，其内容并不违反法律、行政法规规定，故对刘某茹上诉认为股东会决议违反了法律规定的主张，本院不予支持。"

（2）股份合作制企业

对股份合作制企业能否适用《公司法》关于公司决议效力的规定，司法实践中有不同观点。

支持股份合作制企业参照适用《公司法》关于公司决议效力的规定的案例：

❷牡丹江市中级人民法院审理的牡丹江市印某总厂公司与项某元等人决议效力确认纠纷案【（2016）黑 10 民终 421 号】认为："牡丹江市印某总厂系属股份合作制企业，它虽不同于有限责任公司和股份有限公司，但它设置的模式和企业的章程亦参照《公司法》制定。本案系股份合作制企业与其股东之间产生的纠纷，在目前没有专门的法律规范此类型企业内部纠纷的情况下，原审法院依据牡丹江市印某总厂的章程、参照《公司法》的原则和精神处理本案并无不当。"

不支持股份合作制企业参照适用《公司法》关于公司决议效力的规定的案例：

❸武汉市中级人民法院审理的曾某珍、曾某萍等与武汉市青山区钢某新村中心粮店公司决议纠纷案【（2016）鄂 01 民终 2835 号】认为："钢某粮店系改制设立的股份合作制企业，我国对于股份合作制企业在法律、行政法规层面上尚无相应法律规制，仅有部门规章和湖北省、武汉市地方政府规章，均不能作为判定民事行为效力的法律依据。《公司法》第 2 条明确规定调整对象仅限于在中国境内设立的有限责任公司和股份有限公司，故本案不应直接适用我国《公司法》的规定，而应尊重股份合作制企业全体股东意思自治，依据钢某粮店章程及民商法的原则来处理本案争议。"

三、公司决议纠纷问题综述及建议

（一）关于公司决议不存在的风险

首先，形成公司决议，原则上必须召开股东会或董事会。如果没开会直接作出股东会决议或董事会决议，在《公司法司法解释四》实施前可被认定为决议不成立。

其次，根据《公司法》第59条第3款，有限公司的全体公司对于一致同意的事项可以不开会，直接作出书面决议。但应注意：可以不开会直接作出公司决议的例外只针对有限公司，不包括股份公司；且只针对有限公司的股东会，不包括董事会。董事会必须开会，董事会不开会直接作出董事会决议的后果就是公司决议不存在。并且，有限公司的股东会不开会的前提是其决议内容属于公司法及公司章程规定的股东会职权，如果股东会在未开会的情况下，擅自行使了不该行使的职权（比如，股东会行使了本该由董事会行使的职权），则不能依《公司法》第59条第3款处理，其法律后果还是股东会决议不存在。

最后，开会但未表决的情况可能被认定为决议未形成，因此，公司应当格外重视表决的重要性，留存好表决证据。尽可能每一表决事项都单独做书面表决票，要求投票人员在表决票上签字；或者对公司会议进行全程录像，记录好表决过程。

（二）关于避免公司决议被撤销的建议

1. 公司召开会议前，应当按照《公司法》或公司章程的规定提前发送会议通知。未发送会议通知，或未按规定提前发送会议通知的，将导致公司决议可撤销。

2. 公司章程可适当缩减公司会议提前通知的日期

公司召开股东会、董事会，应按公司法规定及章程规定的时间提前通知参会的股东、董事。《公司法》第64条、第73条、第115条、第123条分别对于有限公司及股份公司的股东会、董事会的通知时间作了规定，我们通过下表说明：

	股东会	董事会
有限公司	法定：提前 15 日；允许公司章程（公司全体股东）另有约定	完全由公司章程规定
股份公司	普通会议：提前 20 日；不允许公司章程另有约定	普通会议：提前 15 日；不允许公司章程另有约定
股份公司	临时股东大会：提前 15 日；不允许公司章程另有约定	临时会议：完全由公司章程规定

根据上述表格，有限公司的公司章程可对股东会、董事会的通知期限作出特别规定；股份公司的公司章程可对董事会临时会议的通知期限作出规定。我们建议公司用好《公司法》赋予的此项权利，适当缩减公司会议提前通知的日期，以增加公司日常经营决策的灵活性。

3. 公司章程中可以约定会议通知的送达地点

对于公司而言，应特别重视会议通知的送达问题，通过保留送达回执、短信回执、快递单号等证据，证明发出的会议通知已送达参会人员。对于可能提出异议的股东（董事），应尽可能通过快递形式发出会议通知，并同时以短信方式通知。建议尽量不采用微信、QQ 等方式送达会议通知，因为微信、QQ 的聊天记录较容易被伪造，法院尚需结合其他证据认定相关聊天记录的证据。

同时，公司可以在章程中约定会议通知的送达地点，向该送达地址发送会议通知，即使对方未接收，也可证明公司已履行了通知义务。

4. 会议通知的内容

对于超出会议通知内容所做出的公司决议的效力，有限公司与股份公司有所不同。有限公司的公司决议内容超出会议通知内容，不影响公司决议效力。股份公司的公司决议内容超出会议通知内容，会导致公司决议可撤销。

另外，即使未提前发送会议通知，但参会且未提异议，则不得再请求撤销。

5. 公司应按照《公司法》及公司章程的规定，完善提案程序、召集和主持程序、表决程序、会议记录等，避免公司决议被撤销。

6. 公司决议内容不得与公司章程相矛盾，建议聘请律师对于决议是否符合公司章程进行核查。此外，对于将法定代表人的姓名记载于公司章程的情况，更换法定代表人并不会被认定为对公司章程的修改，仍只需 1/2 以上表决权的同意即可。

（三）关于避免公司决议被认定为无效的建议

公司决议内容应合法，不得违反法律，建议聘请律师对于决议是否合法合规进行核查。

决议内容的合法性应主要从以下12个方面进行核查：（1）是否侵犯股东的优先认缴权；（2）是否侵犯股东的分红权；（3）是否违法解除股东资格；（4）是否非法变更股东出资额和持股比例；（5）是否侵犯公司利益；（6）是否侵犯公司债权人利益；（7）是否为具有股东（董事）资格的主体作出的决议；（8）决议内容的合同基础是否有不存在的情形；（9）选举的董事、监事、高管是否有不具有任职资格的情形；（10）是否违反禁售期的规定转让股权；（11）是否未经财务核算分配公司资产；（12）是否侵犯股东的经营管理权。

（四）关于避免公司决议不存在的建议

1. 在股东发生变更时，应尽快修改章程并完成工商变更登记

"股东所持表决权不符合公司章程"将导致被认定为未形成有效公司决议。对于公司股东而言，应当注意公司股东变更后必须修订公司章程，并尽快完成工商变更登记（如无法快速完成工商变更登记，也应在公司内部形成公司章程），否则新股东再做出的股东会决议将出现"股东所持表决权不符合公司章程"的情况，可能导致被认定为未形成有效公司决议。

2. 公司决议上的签名应保证由股东（董事）当场签署

公司决议上的签名应保证由股东（董事）当场签署，切忌股东（董事）将决议原件带走，签字后再送回公司。否则有可能出现股东（董事）借用他人之手签名（或加盖假章）的情况，最终被法院认定为未形成有效决议。

3. 完善公司章程，根据公司的实际情况对股东会、董事会的职权作出个性化调整

"决议内容超越股东会或者股东大会、董事会的职权"也将导致被认定为未形成有效公司决议。因此，切不可以认为股东会、董事会可以为所欲为。尤其是在目前

"傻瓜章程"（一味套用工商局提供的章程模板，未对公司章程具体条款进行个性化设计）的情况下，股东会、董事会可以行使的职权必须依照公司法的规定，不能有所逾越。比如，依据《公司法》，经理是董事会选举的，但现实中很多随意的公司由股东会去任命经理，这显然是超越职权的行为，会被认定为未形成有效公司决议。

企业家如想改变这种局面，最好的做法就是避免"傻瓜章程"，根据公司的实际情况对股东会、董事会的职权进行调整。如公司章程将任免经理的权力交由股东会，股东会再行任免时，就有法可依，不会因超越职权而被认定为未形成有效决议。

（五）关于公司决议效力诉讼程序的建议

1. 提起公司决议效力诉讼的原告

首先，对于确认公司决议无效（有效）、未形成有效决议、决议不存在，均是 3 类主体可以作为原告。这 3 类主体包括：公司股东、董事、监事。特别值得注意的是：股东不仅可以请求确认股东会决议的效力，也可以请求确认董事会决议的效力；董事不仅可以请求确认董事会决议的效力，还可以请求确认股东会决议的效力。

其次，对于公司决议撤销之诉，只有公司股东可以提起。根据《公司法司法解释四》的规定，提起公司决议撤销之诉的股东必须在起诉时具有股东身份。

最后，在以股东名义起诉的情况下，一般认为：（1）隐名股东可以提起诉讼；（2）显名股东不具有提起诉讼的主体资格；（3）股东是否履行了出资义务不影响其原告主体资格。

2. 起诉期限

公司决议撤销之诉应在公司决议作出之日起 60 日内向法院提出。该期间为除斥期间，超出该期间的，撤销权消灭。并且，该期间不适用诉讼时效关于中止、中断、延长的规定。

请求确认公司决议无效（有效）、决议不存在、未形成有效决议，其起诉没有时限限制，既不适用公司决议撤销之诉 60 日的除斥期间，也不适用 3 年诉讼时效期间的限制。

第十章 公司设立纠纷

一、公司设立纠纷的法律规定

公司设立纠纷是指因发起人为组建公司并使其取得法人资格而依法完成一系列法律行为引发的纠纷。《公司法》对于公司设立纠纷没有进行明确的规定，《公司法司法解释三》对此进行了规定。

（一）发起人以自己的名义对外签订合同

《公司法司法解释三》第 2 条规定："发起人为设立公司以自己名义对外签订合同，合同相对人请求该发起人承担合同责任的，人民法院应予支持。公司成立后对前款规定的合同予以确认，或者已经实际享有合同权利或者履行合同义务，合同相对人请求公司承担合同责任的，人民法院应予支持。"

（二）发起人以设立中的公司名义对外签订合同

《公司法司法解释三》第 3 条规定："发起人以设立中公司名义对外签订合同，公司成立后合同相对人请求公司承担合同责任的，人民法院应予支持。

公司成立后有证据证明发起人利用设立中公司的名义为自己的利益与相对人签订合同，公司以此为由主张不承担合同责任的，人民法院应予支持，但相对人为善意的除外。"

最高人民法院发布的《民事案件案由规定》（2021 年 1 月 1 日实施）将公司设立纠纷作为一种独立的案由，需要注意的是，公司设立纠纷应当区别于发起人责任纠纷，对于公司设立过程中发起人的责任承担，由发起人责任纠纷予以规范，本书将在独立章节对发起人责任纠纷进行论述。

二、公司设立纠纷的相关案例

（一）提起公司设立纠纷之诉的前提条件

既然公司设立纠纷是指因发起人为组建公司并使其取得法人资格而依法完成一系列法律行为引发的纠纷，那么，公司发起人达成设立公司的合意是认定公司设立纠纷的前提条件。如果当事人仅仅达成一种合作关系，但并没有达成设立公司的合意，讨论公司设立纠纷就失去了前提条件。认定设立公司协议不应局限于协议的名称，而应当从协议的法律实质出发，确定该协议是否是以设立公司为目的。

❶上海市高级人民法院审理的徐某生与苏州富某精密金属制品有限公司公司设立纠纷案【（2017）沪民申 210 号】认为："徐某生与富某公司签订的《设立有限责任公司出资协议书》约定了由徐某生办理公司设立的工商登记，但未约定何方提交办理公司设立合同的审批手续。按照法律规定，外商投资企业设立的合同应当经外商投资企业审批机关的批准后生效，故本案系争协议未发生效力。"

❷江苏省高级人民法院审理的北京新某安通科技发展有限公司与南通威某斯服装有限公司公司设立纠纷再审复查与审判监督民事裁定书【（2015）苏审二商申字第 00578 号】认为："涉案《合资公司合同》性质上属公司设立协议，系双方经协商就设立公司行为达成的一致意思表示，对双方均具有法律约束力。威某斯公司在一审前及原审庭审中均明确表示不再愿意出资，违反了协议的约定，构成违约。"

❸湖南省岳阳市中级人民法院审理的孙某喜与张某红、陈某华公司设立纠纷案二审民事判决书【（2017）湘 06 民终 52 号】认为："孙某喜与张某红、陈某华签订的《纪要》是 3 方当事人为设立公司所达成的书面文件，3 方达成了设立公司的一致意思表示，并对各方股权份额、在设立公司过程中各自负责的事务、设立费用的确认等进行了约定，内容较为明确，属于发起人之间就设立公司事项所达成的明确彼此之间权利义务关系的合同。"

❹广东省佛山市中级人民法院审理的黄某梅与陈某辉、佛山市盛某汇通汽车贸易有限公司公司设立纠纷案二审民事判决书【（2016）粤 06 民终 1699 号】认为："合伙协议纠纷，指合伙人之间因订立、履行、变更、终止合伙协议发生的权利义务纠纷；公司设立纠纷，指公司设立过程中，发起人、设立中的公司和债权人等利害关系人因相互之间的权利义务争议而产生的纠纷。《最高人民法院关于适用〈中

华人民共和国公司法〉若干问题的规定（三）》第 1 条规定：'为设立公司而签署公司章程、向公司认购出资或者股份并履行公司设立职责的人，应当认定为公司的发起人，包括有限责任公司设立时的股东。'本案中，根据双方签订的《协议书》可知，双方约定申请设立经营管理有限公司，成立公司筹备领导小组，并就股东权利、义务以及股东大会、董事会、总经理、利润分配等成立公司有关事项进行了约定。黄某梅作为为设立公司而向公司认购出资的人，因公司未能成立，向公司另一发起人陈某辉要求返还出资款，双方由此发生的纠纷应为公司设立纠纷。"

❺广东省广州市中级人民法院审理的汪某俊与广州荣某生物科技有限公司、肖某翠公司设立纠纷案二审民事判决书【（2016）粤 01 民终 1564 号】认为："本案为公司设立纠纷，汪某俊与荣某公司、肖某翠为设立公司签订了《合作协议书》，该《合作协议书》是当事人之间的真实意思表示，对汪某俊与荣某公司、肖某翠都具有约束力，各方均应依约履行义务，行使权利。肖某翠主张其签名是履行职务行为，不应承担返还债务的责任。本案中，肖某翠并非荣某公司的法定代表人，在合作协议中，肖某翠与荣某公司同时作为甲方签订协议。目前，没有证据证明肖某翠是代表荣某公司签订协议，故其个人签名不应视为履行职务的行为。而且，在履行合同过程中，肖某翠以其账户收取汪某俊的投资款，并以个人名义出具收条，由此可见肖某翠是作为涉案合同的一方参与设立公司。"

❻上海市第二中级人民法院审理的上海卡某文化发展有限公司、徐某生与苏州富某精密金属制品有限公司公司设立纠纷上诉案【（2015）沪二中民四（商）终字第 S1102 号】认为："二审审理中，上诉人卡某发展公司、上诉人徐某生坚持一审抗辩理由，认为富某公司同意将 52 万元出资款转投资用于与徐某生合作经营卡某发展公司。对此本院认为，鉴于富某公司对卡某发展公司、徐某生提出上述转投资一节上诉主张不予认可，且卡某发展公司和徐某生亦无证据证实双方就系争 52 万元出资款转为投资经营徐某生原有的卡某发展公司一事达成了合意。根据两上诉人提供的现有证据，亦不足以证实双方之间实际合作经营过卡某发展公司。"

少数法院直接将公司设立合同效力纠纷确定为合同纠纷，认定其不属于公司设立纠纷，但是笔者认为，这种事由归类方式很可能违背最高人民法院的精神。

❼湖北省高级人民法院审理的张某波与咸宁市汇某达工贸有限公司合同纠纷案二审民事判决书【（2017）鄂民终 315 号】认为："本案系因张某波与汇某达公司双方履行《发起合同》及其附件所涉义务而引发的纠纷。虽然《发起合同》中涉及张某波与汇某达公司对瑞某公司设立约定的权利义务，但根据张某波一、二审的诉讼请求及庭审中查明事实，双方纠纷本质系对《发起合同》的效力、合同订立目

的以及是否按合同约定支付补偿费等事项产生争议，并非对瑞某公司设立本身产生的争议。因此，一审法院将本案案由确定为公司设立纠纷不当，本案案由应为合同纠纷。"

（二）公司设立纠纷的管辖问题

1. 公司设立协议的管辖

裁判观点认为，对于仅涉及公司设立合同的生效、效力、解除及违约责任等问题的争议，应当按照合同纠纷确定管辖法院。当事人可在协议中约定选择被告住所地、合同履行地、合同签订地、原告住所地、标的物所在地等与争议有实际联系地点的人民法院管辖，但不得违反《民事诉讼法》对级别管辖和专属管辖的规定。

❶贵州省高级人民法院审理的贵州贵某能源有限公司与中某地质工程总公司公司设立纠纷案民事裁定书【（2015）黔高立民终字第 130 号】认为："根据贵某能源公司与中某地质公司签订的《开发合作合同》第 3 条第 1 款第 1 项'双方于本合同生效后，按照如下约定成立合资公司：……法定地址：贵州凤冈一区页岩气勘查区块所在省（市、县）'和第 12 条'因本合同发生的纠纷，双方应协商解决，协商不能达成一致的，双方同意提交合资公司所在地人民法院诉讼解决'的约定，虽然合资公司并未实际成立，但协议管辖内容明确，双方均有在贵州凤冈诉讼的意思，该协议管辖合法有效。再结合级别管辖的规定，本案诉讼标的为 1500 万元，已经达到中级人民法院级别管辖的标准，故遵义市中级人民法院依法对本案享有管辖权。"

如果当事人没有约定管辖地，争议由被告住所地或者合同履行地人民法院管辖。

❷北京市第二中级人民法院审理的罗某与龚某华股东出资纠纷二审民事裁定书【（2015）二中民（商）终字第 09397 号】认为："龚某华依据其提交的涉案《股东合作协议》等证据材料，主张由于罗某未能完成涉案《股东合作协议》约定的任务，导致项目运营失败、公司无法成立，而以股东出资纠纷为由提起本案诉讼，要求罗某向龚某华支付因设立'艾某研究院'而发生的有关费用等，属于合同之诉；现龚某华向一审法院提交的涉案《股东合作协议》第 1 条第 2 项记载拟成立的'艾某研究院'的住所为'北京市西城区五根檀胡同××号 5 号楼 319'，而罗某向一审法院提交的涉案《股东合作协议》第 1 条第 2 项并未记载上述内容，双方向一审法

院提交的企业名称预先核准信息网页截图所载'艾某研究院'的企业住所为北京市通州区，且该'艾某研究院'并未最终设立成功，一审法院已据此查明本案并无明确的公司住所地，故涉案《股东合作协议》第6条第3项关于'因本协议发生争议，双方应尽量协商解决，如协商不成，可将争议提交至公司住所地有管辖权的人民法院诉讼解决'的约定，属于约定不明确，本案应根据《民事诉讼法》第23条关于'因合同纠纷提起的诉讼，由被告住所地或者合同履行地人民法院管辖'的规定，确定案件管辖法院。"

2. 公司设立纠纷的管辖

如果公司设立纠纷中既涉及设立合同的相关争议，又涉及公司未能成立的后果及公司成立后对设立中行为的责任承担，则该纠纷的地域管辖应当按照《民事诉讼法》第26条之规定，由公司住所地人民法院管辖。

❸上海市第二中级人民法院审理的阿某拓建筑方案咨询（上海）有限公司与儿某英俊公司设立纠纷上诉案二审民事裁定书【（2017）沪02民辖终966号】认为："法人或者其他组织的住所地是指法人或者其他组织的主要办事机构所在地；法人或者其他组织的主要办事机构所在地不能确定的，法人或者其他组织的注册地或者登记地为住所地。本案中，上诉人阿某拓建筑方案咨询（上海）有限公司以及当事人设立的公司上海满某餐饮管理有限公司在工商行政管理机关登记注册的地址均属于原审法院辖区，原审法院对本案具有管辖权，据此受理本案并无不当。上诉人虽然提出其设立的公司的实际经营地以及主要办事机构不在上海市崇明区，但未提供其在工商、税务等部门官方登记的证据材料予以证明，本院不予采信。原审法院裁定驳回上诉人管辖权异议，本院应予维持。上诉人的上诉理由不能成立，本院不予支持。"

❹广东省广州市中级人民法院审理的容某程与张某华公司设立纠纷案二审民事裁定书【（2016）粤01民辖终2550号】认为："本案是因公司设立纠纷提起的诉讼，根据《民事诉讼法》第26条的规定：因公司设立、确认股东资格、分配利润、解散等纠纷提起的诉讼，由公司住所地人民法院管辖。被上诉人提交的《红颜汇文化传媒公司章程》第3条显示，案涉公司红某汇文化传媒有限公司的住所地在广州市天某区五山路金慧街××号自编11栋123房，在原审法院辖区，原审法院对本案有管辖权。原审裁定正确，本院予以维持。上诉人的上诉理由不成立，本院不予采纳。"

❺广东省广州市中级人民法院审理的张某海与黄某涛、黄某年公司设立纠纷案

二审民事裁定书【(2016) 粤 01 民辖终 2655 号】认为:"上诉人与被上诉人协议合资设立公司'广州奥某服饰有限公司',公司设立的地址为广州市白云区石槎路×××号柏某环球商贸中心 T11 栋 203 写字楼。2015 年 10 月 19 日,经广州市工商行政管理局白云分局核准,把'广州奥某服饰有限公司'预先核准为'广州保某狐服饰有限公司'。上诉人将合资本金 30 万元转账至被上诉人黄某涛账户后,因被上诉人未依约与上诉人签订《合资成立有限公司协议书》诉至法院。……上诉人与被上诉人协议合资设立公司,有广州市工商行政管理局白云分局预先核准为'广州保某狐服饰有限公司'的登记,及上诉人将合资本金 30 万元转账至被上诉人黄某涛账户的事实。故本案为公司设立纠纷,根据《民事诉讼法》第 26 条的规定:'因公司设立、确认股东资格、分配利润、解散等纠纷提起的诉讼,由公司住所地人民法院管辖。'本案讼争之公司预先核准登记地址位于白云区,属于原审法院辖区范围内,原审法院对本案依法享有管辖权。至于协议合资设立的公司最终成立与否,不影响适用上述法条确定管辖。"

部分法院认为,当事人设立公司失败,拟设立公司住所地不足以确定地域管辖,应当转而根据一般合同争议的相关规定确定地域管辖。

❻北京市第一中级人民法院审理的北京祥某天成企业管理有限公司与北京聚某和布菲餐饮管理有限公司等公司设立纠纷二审民事裁定书【(2016) 京 01 民辖终 547 号】认为:"本案应当按照发起人责任纠纷确定管辖权。因发起人责任纠纷提起的诉讼,原则上以《民事诉讼法》中管辖的相关规定为基础,但要综合考虑公司住所地等因素来确定管辖法院。依照《民事诉讼法》第 23 条的规定:'因合同纠纷提起的诉讼,由被告住所地或者合同履行地人民法院管辖。'本案中,虽然当事人拟设立的公司住所地位于北京市昌平区,但最终双方拟设立的公司并未设立成功,因此,本案并无明确的公司住所地,所以北京祥某天成企业管理有限公司依照拟设立公司的住所地确定昌平区法院管辖本案的法律依据不足,本院不予支持,故北京市昌平区法院对本案没有管辖权。但依据本案另一被告郑某军之管辖权异议请求,申请将本案移送至其住所地北京市丰台区管辖,符合法律规定,故北京市丰台区人民法院对本案享有管辖权。"

(三) 公司设立协议的撤销、无效、违约及解除问题

1. 公司设立协议的效力

发起人签订的设立公司协议的效力问题,实质上属于合同争议。此类争议,应

当依照合同法的相关规定处理。

❶北京市第一中级人民法院审理的李某等与李某林公司设立纠纷案二审民事判决书【（2016）京01民终6897号】认为："结合各方当事人的陈述，本案的争议焦点为：本案《协议》是否存在应予被撤销的法定事由。李某林主张，因李某、贾某云、崔某、贺某对其进行欺诈，以及李某林对《协议》条款存在重大误解，故《协议》应予被撤销。首先，根据各方陈述，各方对于成立新公司系《协议》的合同目的并无争议，李某林虽称其因重大误解而签订《协议》，但根据其陈述，其系对《协议》中条款的具体内容存在异议，其关于100万元未用于缴付新公司设立的注册资本的主张，系对上述款项是否用于合同约定事项存在异议，李某林上述主张系对《协议》的履行情况的异议，与法律规定的合同当事人在订立合同过程中存在误解而签订合同的内容不一致。其次，根据《协议》的约定，李某林与李某、贾某云、崔某、贺某在新公司设立前，其股东利益通过启某公司实现，而李某、崔某、贺某亦以启某公司的经营项目和团队对新公司进行出资，李某林亦在启某公司已经实际行使了部分经营管理职权。最后，李某林虽认为其交付的100万元应作为新公司的注册资本，但《协议》中并未约定新公司注册资本的数额，亦未明确约定李某林交付的上述款项用于缴付注册资本，且李某林交付上述100万元后由启某公司向其开具收据收到李某林交付的'投资款'，其在本案诉讼前并未就此提出异议。结合以上情况，李某林关于其因重大误解而签订《协议》并据此要求撤销的主张于法无据，本院不予采信。"

❷广东省广州市中级人民法院审理的梁某东与谢某花、赖某伟、邓某波、增城市南某汽车修配厂公司设立纠纷案二审民事判决书【（2016）粤01民终15662号】认为："本案二审争议焦点为涉案《入股协议书》能否撤销。本院认为，首先，签订入股协议书时已在协议书上标明汽车修配厂名称、地点、法定代表人并专门加盖'增城市南某汽车修配厂'公章，可见各方对入股、共同经营的对象是明知的。其次，对该协议书双方均认为制作不规范，是用其他合同修改而成，内容不全，在协议书已对入股对象有了明确约定的情况下，不能仅凭协议书条款中出现'设立公司'字样就理解为各方要成立新的公司。最后，《入股协议书》签订后，梁某东签署增城市南某汽车修配厂有关支出凭证，也表明其实际参与了该厂的经营管理。因《入股协议书》合法有效，梁某东单方主张协议已经终止，也理据不足。综上，涉案《入股协议书》不具备可撤销的情形，梁某东请求撤销《入股协议书》的诉讼请求，证据不足，本院不予支持。"

2. 公司设立协议的解除

发起人签订的设立公司协议的解除问题在性质上属于合同争议，应当参照合同法的相关规定进行处理。

❸广东省高级人民法院审理的王某斌与吕某志公司设立纠纷案再审审查与审判监督民事裁定书【（2017）粤民申 443 号】认为："鉴于吕某志已按《成立公司合作协议书》的约定向王某斌支付了 778000 元出资款，而王某斌没有履行出资义务，也没有依约设立新公司，二审判决解除双方签订的《成立公司合作协议书》，并判决王某斌向吕某志返还 778000 元出资款及相应利息，并无不当。"

❹广东省高级人民法院审理的王某与高某飞、广州市国某物流有限公司合同纠纷案再审民事裁定书【（2016）粤民再 347 号】认为："《合作协议》约定'在本协议签订后贰个月内办理好广州物流公司的工商登记''如果甲方出资购车后，甲、乙双方未能合作成立广州物流公司，则广州国某和高某飞应负责将购车款全额退还给甲方，并赔偿甲方损失 200 万元'。虽然广州物流公司未能在协议约定的时间内成立，但王某并未解除协议，而在协议签订两年后即〔2010〕东一法民二初字第 567 号案件审理过程中，王某与高某飞、国某公司仍一致表示共同办理广州物流公司的企业名称预先核准及后续的工商登记手续。因此，王某以公司未能在约定的期限内成立为由，主张《合作协议》满足了解除条件，与当事人的真实意思和协议履行的现实情况不符。"

❺四川省高级人民法院审理的刘某奇与中某基投资集团有限公司等投资合作纠纷案二审民事判决书【（2015）川民终字第 140 号】认为："刘某奇、刘某、刘某辉与中某基集团、王某军是在平等自愿的基础上签订的案涉《投资合作协议》《补充协议》和《〈投资合作协议〉补充协议》，且相关协议内容不违反我国法律及行政法规的禁止性规定，案涉相关合作协议合法有效，应受法律保护。根据协议约定，各方合作的总体模式是由各方出资共同设立项目公司，刘某奇、刘某、刘某辉以现金方式出资，中某基集团和王某军则是以王某军间接持有的木某河水电公司、新某电力公司、众某水电公司的股份投入。基于王某军系中某基集团的控股股东，又间接持有前述三水电公司的股份，中某基集团与王某军共同承诺王某军应将其持有该部分股份转入项目公司，各方约定按刘某奇、刘某、刘某辉各 20%，中某基集团 40% 的比例持有项目公司股份。刘某奇、刘某、刘某辉与王某军就王某军将三水电公司股份转入项目公司的行为，签订案涉《补充协议》，约定由刘某奇、刘某、刘某辉给予王某军 3500 万元的股权转让补偿，该款刘某奇、刘某、刘某辉已实际

支付给王某军。然而，王某军在获得补偿款后却将其间接持有的木某河水电公司的股份对外转让他人，中某基集团和王某军以其行为表明不履行投资合作义务。根据《合同法》第94条第2项关于在履行期限届满之前，当事人一方明确表示或者以自己的行为表示不履行主要债务的，当事人可以要求解除合同的规定，刘某奇、刘某、刘某辉有权请求解除双方的合作关系。中某基集团及王某军将双方合作的部分标的物转让他人，合作基础已丧失，刘某奇3人的合同目的已无法实现，其要求解除双方合作关系符合法律规定，本院应予支持。"

❻云南省高级人民法院审理的赵某伟与尹某润公司设立纠纷案二审民事判决书【（2014）云高民二终字第25号】认为："赵某伟与尹某润签订《设立有限公司协议》和《设立公司出资协议》合法有效，但协议已经没有继续履行的基础和必要，双方签订协议的目的已不可能实现，对赵某伟提出解除双方签订的《设立有限公司协议》和《设立公司出资协议》请求应予支持，原审判决对赵某伟该项诉讼请求不予支持不当，应予纠正。导致公司未能设立，双方均有过错，双方均不存在违约，各自的损失应由各自承担，赵某伟的其他诉讼请求均无事实和法律依据，不能成立，原审判决予以驳回正确，应予维持。"

❼上海市第二中级人民法院审理的上海澳某实业发展有限公司与上海三某仓储物流有限公司公司设立纠纷上诉案【（2017）沪02民终4435号】认为："根据三某公司与澳某公司签订的《项目合作协议书》约定，双方共同确定在向化镇南江村成立南江假日俱乐部。由于澳某公司与南江村村委会的土地承包协议已被判决解除，双方设立俱乐部的基础已不存在，且澳某公司在32号案中明确表示同意解除，故三某公司要求于澳某公司明示之日为解除协议之日的诉请，予以准许。根据相关法律规定，合同解除后，应按约或依法进行结算。在所作投入、产权归属等未明确约定的情况下，参照最高人民法院《关于审理联营合同纠纷案件若干问题的解答》的相关规定，联营合同解除后，联营的财产经清偿债务有剩余的，按照联营合同约定的盈余分配比例，清退投资、分配利润。联营各方原投入的固定资产，原物存在的，返还原物，原物不存在的或者返还原物确有困难的，作价还款。联营体在联营期间购置的固定资产不能分割的，可作价变卖后进行分配。"

❽辽宁省沈阳市中级人民法院审理的曹某与辽宁弘某汽车销售服务有限公司、隋某洋公司设立纠纷二审民事判决书【（2016）辽01民终第4833号】认为："关于《有限公司投资框架协议》是否应当继续履行的问题，依据《补充协议》第1条第1项约定：'原协议中所称乙方：沈阳鑫弘某汽车服务商行金宝台店为丙方个人部分股权转让的方式转让给丁方个人的实体经营店，经丙、丁双方认可，该店面70%

股权的转让价格为人民币 190 万元。' 领取营业执照后，曹某注销了该店的工商登记，致使《补充协议》中丙方，亦即《有限公司投资框架》中的乙方身份消灭，另，2015 年 8 月 10 日上诉人曹某向被上诉人隋某洋发出解除《有限公司框架协议》的通知，表明其欲退出公司成立的意思表示。现框架协议中的两方主体退出，造成客观上协议无法继续履行。本院认为，对于有限责任公司，其性质不纯粹是资合性，亦具有人合性质，因此股东之间的相互信任也是公司成立和正常经营的必要条件，如出资人反悔，从保护其他股东的角度，要求继续履行合同，势必导致公司股东之间的争议，对于公司成立后的经营亦不利。本案中，出资人出资未到位，且合同订立主体退出，因此本案涉案合同已无法履行。依据《合同法》第 94 条第 5 项的规定，涉案《有限公司框架协议》及《补充协议》已经构成了可以解除的情形。"

❾海南省三亚市中级人民法院审理的史某、刘某宇与孟某、杨某、谢某应公司设立纠纷案一审民事判决书【（2016）琼 02 民初 130 号】认为："原告与被告签订的《三亚海某湾免税店餐厅投资合作股东协议》系双方真实意思表示，未违反法律、法规的强制性规定，为有效合同，双方应按合同约定履行义务。现原告依合同约定支付了股款，被告在收到股款后，未按合同约定设立有限责任公司，而是擅自将餐厅注册为海某富某公司的分公司，后又私自将餐厅转让，致使成立有限责任公司的合同目的已实际不能履行。根据协议约定和《合同法》第 94 条第 4 项规定，原、被告签订的《三亚海某湾免税店餐厅投资合作股东协议》应予以解除。"

❿江苏省苏州市中级人民法院审理的谈某与苏州禾某农业科技有限公司公司设立纠纷案二审民事判决书【（2015）苏中商终字第 00216 号】认为："谈某与禾某公司签订《合作协议》，该协议订立于发起设立阶段，目的是成立灵某公司。公司的设立过程就是履行设立协议的过程，公司的成立就是履行设立协议的结果，并标志着公司设立过程的结束和设立协议的终止。因此，在灵某公司成立以后，双方订立《合作协议》的目的已经实现。谈某主张禾某公司未向灵某公司出租房屋和土地，该情形并未导致《合作协议》的目的无法实现，现谈某要求解除该协议，并不符合《合同法》第 94 条解除合同的情形，本院不予支持。"

3. 公司设立协议的履行和违约责任

发起人未按照公司设立协议出资，或者出资不足、瑕疵及虚假出资，造成拟设立公司未能设立，构成违约，其争议性质属于合同争议，应当按照合同法承担违约责任。

⓫江苏省高级人民法院审理的北京新某安通科技发展有限公司与南通威某斯服装有限公司公司设立纠纷案再审复查与审判监督民事裁定书【（2015）苏审二商申字第00578号】认为："涉案《合资公司合同》性质上属公司设立协议，系双方经协商就设立公司行为达成的一致意思表示，对双方均具有法律约束力。威某斯公司在一审前及原审庭审中均明确表示不再愿意出资，违反了协议的约定，构成违约。关于违约责任，鉴于双方在合同中约定，违约方应缴付应交出资额5%的违约金，而威某斯公司所需缴纳的出资额为700万元，故违约金应以此为标准确定为35万元。二审庭审中，威某斯公司主张违约金过高。依照《最高人民法院关于适用〈中华人民共和国合同法〉若干问题的解释（二）》第29条，当事人主张违约金过高而予以调整的，人民法院应当以实际损失为基础，兼顾合同的履行情况、当事人的过错程度以及预期利益等因素，根据公平原则和诚实信用原则予以衡量并作出裁决；违约金金额高于实际损失的30%的，可以认定为过高。同时该解释第28条规定，对于同一违约事实，当事人不得同时主张违约金和损害赔偿。故二审法院综合考虑项目种类、当事人的过错程度、合同履行的阶段、为订立及履行合同所需支出的成本等因素，结合新某安某公司实际损失的程度，酌情确定违约金金额为5万元，在自由裁量范围内；不予支持新某安某公司的损害赔偿请求，亦于法有据。再审申请人的申请理由不能成立，本院不予支持。"

⓬云南省高级人民法院审理的赵某伟与尹某润公司设立纠纷案二审民事判决书【（2014）云高民二终字第25号】认为："赵某伟与尹某润签订《设立有限公司协议》和《设立公司出资协议》合法有效，但协议已经没有继续履行的基础和必要，双方签订协议的目的已不可能实现，对赵某伟提出解除双方签订的《设立有限公司协议》和《设立公司出资协议》请求应予支持，原审判决对赵某伟该项诉讼请求不予支持不当，应予纠正。导致公司未能设立，双方均有过错，双方均不存在违约，各自的损失应由各自承担，赵某伟的其他诉讼请求均无事实和法律依据，不能成立，原审判决予以驳回正确，应予维持。"

⓭上海市第一中级人民法院审理的上海正某顶投资管理有限公司与曹某秋公司设立纠纷一案二审民事判决书【（2017）沪01民终2351号】认为："本案主要争议是A公司是否系《合作协议》约定设立的公司，正某顶公司应否返还曹某秋投资款及相应资金占用费。第一，A公司的注册资本与《合作协议》约定不符。A公司注册资本为50万元，而《合作协议》约定设立公司的注册资本是100万元。第二，A公司设立股东与《合作协议》约定的公司设立股东不同。A公司设立股东是叶某、史某，并非《合作协议》约定的正某顶公司、曹某秋，正某顶公司也未能举证

证明叶某、史某系代持其和曹某秋的股份。第三，虽然曹某秋现为 A 公司股东，但其系以受让股权的方式取得股权，并非《合作协议》约定的以设立公司而成为公司的创始股东。第四，虽然曹某秋在 A 公司持有的股权比例与《合作协议》约定的曹某秋认缴出资应占注册资本的比例相同，均是 7%，但两者对应的出资额不同。曹某秋在 A 公司中的出资额是 3.5 万元，而《合作协议》约定曹某秋 7% 比例对应的出资额是 7 万元。第五，《合作协议》约定曹某秋的投资总额是 49 万元，但在曹某秋成为 A 公司股东后，A 公司的注册资本没有变化，公司章程也没有反映曹某秋投资 49 万元的事实。第六，正某顶公司未能举证证明双方在实际履行《合作协议》时已对协议内容进行了变更，即以曹某秋受让取得 A 公司 7% 股权的方式视为其已经履行《合作协议》约定的相关义务。基于上述分析，本院认定 A 公司并非《合作协议》约定设立的公司，正某顶公司仅凭曹某秋现为 A 公司股东以及 A 公司经营地址与协议约定相符而主张其已履行了《合作协议》中约定的设立公司义务，缺乏事实和法律依据，本院不予支持。因正某顶公司未履行《合作协议》约定的设立公司义务，故一审判决其返还曹某秋投资款以及资金占用费，符合合同约定。"

❹内蒙古自治区兴安盟中级人民法院审理的何某与突某县财政局公司设立纠纷案二审民事判决书【（2017）内 22 民终 718 号】认为："突某县财政局与何某在 2010 年 9 月 3 日签订发起设立出资协议，同日制定公司章程，拟设立突某县宝某粮油贸易有限公司。突某县财政局用其管理的国有固定资产（宝某粮库）作为出资，而何某以货币作为出资，并约定由何某负责办理设立公司的有关手续及其他具体事务。有限责任公司区别于其他类型公司的显著特征为人资两合性、封闭性，除了资本的联合之外，就是股东之间的相互了解与信任。双方签订出资协议后理应积极履行各自的权利义务，但从双方签订协议之日起至今已达 7 年之久，拟设立公司并未注册成功，已经使得双方期待利益落空。现双方已丧失基本的信任关系，设立公司陷于僵局，继续合作已无可能。对于拟设立公司未注册成功的原因，从双方所提交的证据审查，既有原宝某粮库发票丢失没有销号，拟设立公司无法注册的原因，也有何某未按出资协议履行出资义务的原因。故依据《合同法》第 120 条规定，'当事人双方都违反合同的，应当各自承担相应的责任'。"

❺广东省广州市中级人民法院审理的吕某志与王某斌公司设立纠纷案二审民事判决书【（2016）粤 01 民终 5834 号】认为："吕某志已全部履行了出资义务，而王某斌没有履行出资义务，且王某斌没有按照涉案《成立公司合作协议书》中的约定设立新公司，应认定王某斌构成违约，吕某志请求解除涉案《成立公司合作协议书》及要求王某斌返还出资款 778000 元及相应利息，有合同根据与法律依据，本

院予以支持。王某斌提出的上诉请求缺乏充分依据，本院不予支持。"

（四）公司设立中发起人之间的关系

在公司设立阶段，公司发起人之间的关系应该视为合伙关系，发起人内部关系引发的纠纷应当遵循合伙关系的相关法律处理。

❶辽宁省高级人民法院审理的邵某与王某、昌图县金某粮食贸易有限公司公司设立纠纷案申请再审民事裁定书【（2015）辽审一民申字第811号】认为："邵某与王某共同经营期间的投资与部分盈利，已用于共同购买粮食烘干塔、输送机及相关配套设备等，以上事实双方原审均无异议，而该相应资产未列入金某公司成立时邵某与王某的出资，双方也未有成立公司邵某作为股东的相关协议，故邵某关于已对金某公司出资应为金某公司股东的主张无事实依据。双方财产争议实际为合伙纠纷，因邵某不同意对相关设备进行评估处理，在未对合伙财产评估清算的情况下，对其要求返还投资款盈利款的主张无法支持，原审判决合伙期间的财产（粮食烘干塔、输送机及相关配套设备）归邵某与王某共同所有共同管理使用，并无不当。"

❷四川省高级人民法院审理的卢某华与乌某斯、刘某琴公司设立纠纷案二审民事判决书【（2015）川民终字第204号】认为："各方当事人均认可乌某斯、卢某华及刘某琴于2010年7月25日签订了《入股协议书》，欲设立鑫某公司，并在《入股协议书》中约定了各方投资的金额、所占股份、负责的事项等内容，后鑫某公司因故未能设立。卢某华提交的《科目余额表》上记载了2010年7月26日至2011年1月31日经营期间的资产和负债情况，该《科目余额表》上有卢某华、乌某斯、刘某琴3人的签名。卢某华、乌某斯均认可其在该《科目余额表》上进行了签名。乌某斯提交的《鑫某鞋厂2011-2-23至2012-1-13资产负债表》上记载了2011年2月23日至2012年1月13日鑫某鞋厂经营的资产和负债情况，其上有卢某华和王某民的签名，王某民认可其在该表上进行了签名。以上证据可以证明，卢某华、乌某斯、刘某琴3人虽未能设立鑫某公司，但共同开展了经营活动。结合卢某华主张3人未能设立鑫某公司后便以鑫某鞋厂的名义开展经营活动的陈述，可以认定卢某华、乌某斯、刘某琴因故未能设立鑫某公司后，系以个人合伙的方式开展经营活动。"

❸上海市第二中级人民法院审理的上海澳某实业发展有限公司与上海三某仓储物流有限公司公司设立纠纷上诉案【（2017）沪02民终4435号】认为："根据三某公司与澳某公司签订的《项目合作协议书》约定，双方共同确定在向化镇南江村成

立南某假日俱乐部。由于澳某公司与南江村村委会的土地承包协议已被判决解除，双方设立俱乐部的基础已不存在，且澳某公司在 32 号案中明确表示同意解除，故三某公司要求于澳某公司明示之日为解除协议之日的诉请，予以准许。根据相关法律规定，合同解除后，应按约或依法进行结算。在所作投入、产权归属等未明确约定的情况下，参照最高人民法院《关于审理联营合同纠纷案件若干问题的解答》的相关规定，联营合同解除后，联营的财产经清偿债务有剩余的，按照联营合同约定的盈余分配比例，清退投资、分配利润。联营各方原投入的固定资产，原物存在的，返还原物，原物不存在的或者返还原物确有困难的，作价还款。联营体在联营期间购置的固定资产不能分割的，可作价变卖后进行分配。"

❹四川省乐山市中级人民法院审理的乐山市市中区乐峨石某加油站与中国石某销售有限公司四川乐山石油分公司公司设立纠纷二审民事判决书【(2016) 川 11 民终 78 号】认为："中石某公司与乐某加油站未设立公司，二者系合伙关系，根据《民法通则》第 32 条'合伙人投入的财产，由合伙人统一管理和使用。合伙经营积累的财产，归合伙人共有'的规定，中石某公司投入的 144 万元和乐某加油站投入的房产、土地均属于合伙财产。"

(五) 公司成立与否的判断

《公司法》第 29 条规定了公司设立登记为公司成立的标志，这在司法实践中争议很少。但是，如何判断争议公司是否是约定设立的公司，司法案例中出现了一定的困难，裁判观点认为，应当考察争议公司的登记信息与公司设立协议是否相符。

❶河南省信阳市中级人民法院审理的梅某启与信阳天某餐饮管理服务有限公司、黄某新、田某丽、王某义、李某军股东资格确认和股东知情权纠纷案再审民事裁定书【(2014) 信中法民再终字第 21 号】认为："信阳天某餐饮管理服务有限公司是否是 2010 年 6 月 30 日梅某启等 7 人签订的出资合同约定成立的公司，梅某启请求解除该合同理由是否成立；被上诉人及原审第三人是否应当承担返还梅某启出资款 70 万元及应不应该赔偿其损失。关于信阳天某餐饮管理服务有限公司是否是 2010 年 6 月 30 日梅某启等 7 人签订的出资合同约定成立的公司，梅某启请求解除该合同理由是否成立的问题。2010 年 6 月 30 日梅某启等 7 人签订的出资合同，约定成立信阳'金某珑、玉某珑'系列酒店，该合同是出资人为成立公司而约定出资额等公司成立事项，具有公司章程的性质，不违反法律规定，合法有效。但合同签订后，公司的出资人未到工商部门办理公司成立事宜，该出资合同未实际履行。

2012 年 12 月 20 日成立的信阳天某餐饮管理服务有限公司，是黄某新、田某丽、王某义 3 人购买信阳天龙厨师服务有限公司股份后变更登记成立的，公司注册资本和实收资本均为 50 万元，实际的股东只有黄某新、王某义、田某丽 3 人，占公司100% 的股权。签订出资合同的另外 4 人即：梅某启、李某军、朱某林、柳某君均不享有该公司股权。因此，信阳天某餐饮管理服务有限公司与 2010 年 6 月 30 日 7 人签订'出资合同'约定成立的公司无任何联系。"

（六）以设立中公司名义实施的必要行为的责任承担

裁判观点认为，对发起人以设立中公司的名义实施设立公司的必要行为，公司成立后应当承继合同的权利义务，为该必要行为承担责任；若发起人的行为是非必要行为，则发起人和公司承担连带责任。

❶山东省高级人民法院审理的王某兰与李某翠、赵某平等民间借贷纠纷案二审民事判决书【（2014）鲁民一终字第 406 号】认为："上诉人主张，涉案借款均系葛某军个人出资款，不是发起人共同借款，不应由发起人承担还款责任。对此，本院认为，其一，从借款协议的内容看，2012 年 5 月 18 日的《借款协议》上载明了借款目的：'乙方（天某油气公司）因业务需要向甲方（王某兰）借款 200 万元……'五莲县天某油气有限公司作为借款人在合同上盖章确认。其二，从资金流向及借款用途看，2011 年 7 月 13 日的 50 万元借款、2011 年 7 月 19 日的 100 万元借款汇入了公司发起人秦某程的账户，2012 年 5 月 18 日的 41 万元借款汇入了公司发起人李某翠的账户。葛某军及秦某程均认可上述借款用于公司基础建设，上诉人李某翠虽主张汇入公司款项的性质为个人出资款，但亦不否认上述款项已经投入公司。上述事实表明，王某兰出借的 191 万元款项均投入五莲县天某油气有限公司用于公司设立，且191 万元的借款数额亦未超出设立公司的必要限度，由此应当认定此 191 万元款项系设立天某油气公司过程中产生的债务。"

❷湖南省衡阳市中级人民法院审理的湖南金某环保建材有限公司与何某明公司设立纠纷上诉案【（2017）湘 04 民终 1137 号】认为："关于湖南金某环保建材有限公司应否对本案债务承担责任的问题。何某明的出资，虽基于其等 16 人签订的《关于金某水泥兴建二期熟料生产线的投资协议书》，但湖南金某环保建材有限公司成立登记的发起人仅有周某炎、蒋某鹏 2 人，且周某炎作为公司的发起人及公司成立后的法定代表人，证实了公司成立前向何某明出具了出资款转借款的借款单，湖南金某环保建材有限公司成立后亦支付了该借款单的部分款项。因此，湖南金某

环保建材有限公司应对本案债务承担责任。"

（七）以发起人名义实施的必要行为的责任承担

裁判观点认为，对发起人为设立公司以自己的名义对外签订合同，原则上由发起人承担责任；不过，如果发起人的该行为属于设立公司的必要行为，债权人可以选择要求发起人或公司对其承担民事责任。

1. 以发起人名义实施的设立公司的必要行为

❶陕西省高级人民法院审理的甘某卫与陕西培某信息技术有限公司公司设立纠纷案申请再审民事裁定书【（2015）陕民二申字第 01122 号】认为："2014 年 5 月，甘某卫与培某公司经洽谈后就新设成立稀土功能材料公司达成合作意向，约定由培某公司提供资金、甘某卫提供其拥有的专有技术及自主研发设备，后因具体的公司设立条款双方未能达成一致，双方当事人并未签订书面协议。在此期间，培某公司为与甘某卫合作设立新公司，与咸阳彩某包装材料有限公司（以下简称彩某公司）签订房屋租赁合同，与陕西东某装饰工程有限公司（以下简称东某公司）签订装饰工程合同书，并依据上述合同向彩某公司、东某公司支付租赁厂房押金及装修工程款，后因双方当事人合作不成，已付租赁厂房押金未予退还。甘某卫虽对培某公司支出的前述款项不予认可，但根据一、二审法院查明的事实，可以认定其知晓培某公司为设立新公司而租赁房屋并进行装修，且双方当事人在达成的合作意向中亦表明培某公司的出资用于厂房租赁、附属设施建设等事宜，培某公司租赁厂房并进行装修的行为是为设立公司而进行的前期工作，其目的系为双方当事人设立公司的共同利益。故培某公司租赁厂房并进行装修而支付的款项应认定为设立公司而支出的费用。"

2. 合同相对人享有选择权

❷辽宁省大连市中级人民法院审理的大连甜某陪你餐饮有限公司与大连开某装饰工程有限公司公司设立纠纷案二审民事判决书【（2017）辽 02 民终 5656 号】认为："开某公司已明确选择由发起人设立的公司承担合同责任，甜某公司的创始股东与本案没有直接的利害关系，甜某公司的股东变更并不影响公司的责任承担，其与现任股东关于本案工程款的承担应当依据双方的股权转让合同的约定另行处理。"

❸山东省青岛市中级人民法院审理的青岛海某集团有限公司与青岛中某巴黎春

天百货有限公司、青岛四某春天百货有限公司等发起人责任纠纷案二审民事判决书【（2014）青民二商终字第979号】认为："《公司法司法解释（三）》第2条规定有2款，其中第1款规定：'发起人为设立公司以自己名义对外签订合同，合同相对人请求该发起人承担合同责任的，人民法院应予支持。'第2款规定：'公司成立后对前款规定的合同予以确认，或者已经实际享有合同权利或者履行合同义务，合同相对人请求公司承担合同责任的，人民法院应予支持。'对此，合同相对人享有选择权，但发起人与成立后的公司在无明确约定的情况下，并不必然承担连带责任。上诉人中某百货公司与原审被告四某商业公司作为发起人成立了原审被告四某百货公司，四某百货公司成立前，上诉人与四某商业公司给被上诉人海某集团公司出具了《承诺函》，承诺在四某百货公司成立后6个月和12个月时分2次付清最多600万元的装修款；四某百货公司成立后，其与被上诉人签订了3份《协议书》，确认了装修款数额为600万元，确认四某百货公司分3次向被上诉人支付了装修款300万元，还有300万元未支付。被上诉人与四某百货公司的上述行为符合《公司法司法解释三》第2条第2款'公司成立后对前款规定的合同予以确认'的条件，且四某百货公司也实际'履行了合同义务'，现被上诉人向四某百货公司主张权利，符合'合同相对人请求公司承担合同责任'的条件，原审法院判决四某百货公司向被上诉人支付装修款是正确的。被上诉人通过与四某百货公司签订协议的形式确认了在四某百货公司成立前被上诉人与上诉人签订的承诺函内容，且四某百货公司已向被上诉人履行了部分义务，即被上诉人已通过其行为选择了向四某百货公司主张权利，就不能再根据《公司法司法解释三》第2条第1款的规定要求发起人承担责任。上诉人认为其不应与四某百货公司对被上诉人债务承担连带责任的上诉理由成立，本院予以支持。"

三、公司设立纠纷问题综述及建议

公司设立纠纷是针对公司设立行为而产生的纠纷，争议问题发生时间为公司设立期间，其产生于发起人、出资人、已成立公司、第三人之间，包括公司设立协议的相关纠纷、公司设立不能引起的纠纷及公司对设立中行为的责任承担引起的纠纷。

公司设立纠纷发生于公司设立期间，始于发起人订立公司设立协议或者章程，终于公司登记行为的完成。设立中的公司还未成立，不具有独立的法人人格，发起人是设立中公司的主要行为主体。分析公司设立纠纷，需要从公司设立纠纷的前提、公司设立协议、公司未能成立的后果、公司设立中行为的责任承担、管辖等方面进行。

第一，提起公司设立纠纷的前提是公司设立合意的存在，即存在有效的公司设立协议，裁判观点认为，考察当事人之间是否达成设立公司的合意是判定公司设立协议存在与否的关键。第二，发起人在履行公司设立协议的过程中，会产生诸多的纠纷，如公司设立协议的效力、解除、违约责任等纠纷，这些纠纷的本质是合同法问题，但考虑到公司设立协议是一种特殊的合同，实践中仍将这类纠纷归入公司设立纠纷。第三，在公司设立不能的情况下，全体发起人需要对设立行为所产生的债务和费用负连带责任，并对认股人负返还股款并加算银行同期存款利息的连带责任，由此引发的争议属于发起人责任纠纷的范畴，实践中不应将其与公司设立纠纷相混淆。第四，公司成立后，公司对发起人以设立中公司名义进行的设立公司的必要行为承担责任，对于发起人以自己的名义进行的设立公司的必要行为，相对人享有选择权，可以选择由公司或者发起人承担责任。以下为笔者对公司设立纠纷中的主要法律问题的总结。

（一）提起公司设立纠纷的前提

公司设立纠纷是指因发起人为组建公司并使其取得法人资格而依法完成一系列法律行为引发的纠纷，公司发起人达成设立公司的合意是认定公司设立纠纷的前提条件。围绕着公司设立协议，有以下法律问题需要引起读者的注意。

第一，公司设立协议的名称可能是多样的，关键是当事人在实质上达成了设立公司的合意。如果缺乏这种合意，那么公司设立也就无从谈起，公司设立纠纷也就失去了存在的前提。

第二，考察公司设立协议的效力应当遵循合同法对于合同成立、生效、效力等规定，换言之，此类争议虽然属于公司设立纠纷，但实质上是合同法关系。

第三，发起人按照公司设立协议履行出资义务、进行设立公司的必要行为是履行合同行为，与此相关的合同履行、违约责任、合同解除问题也应当遵循《民法典》的规定。事实上，发起人的出资等公司设立行为需要遵循《公司法》与《民法典》的双重规定，就前者而言，应当考察其行为结果是否达到了公司设立的标准，是否导致公司设立不能；就后者而言，应当考察其是否履行公司设立协议，是否构成违约，合同解除的事项是否具备等。

（二）公司未能成立的后果

导致公司不能成立的原因是多样的，如发起人失去合作基础、未在规定期限内募足资金、未按期召开创立大会等。无论何种原因，全体发起人都要承担两方面的责任：第一，对设立行为所产生的债务和费用负连带责任；第二，对认股人已缴纳的股款，负返还股款并加算银行同期存款利息的连带责任。这两种责任属于发起人责任。发起人责任是最高人民法院规定的独立案由，本书将通过独立章节进行介绍，本章不再赘述。

（三）公司设立中行为的责任承担

公司设立中行为的法律后果应从内部和外部两方面进行分析，内部方面主要是发起人之间的关系及责任分担，外部方面涉及公司发起人及公司对债权人的责任承担。

首先，设立中公司的性质存在社团说、合伙说、非法人团体说等多种学说，裁判观点普遍将发起人在公司设立中阶段的关系认定为合伙关系，对于设立中公司的发起人内部关系而言，纠纷的解决应当遵循合伙的法律关系来解决。

其次，发起人在筹备公司的过程中，需要对外签订合同用于筹集资金、征用场地、购买设备或办公用品等。公司设立过程中，经常因为设立中公司的相关交易合同产生争议而导致发起人、设立中公司和债权人等利害关系人之间的权利义务归属纠纷。若公司设立不能，这一问题转化为发起人责任纠纷；若公司成立，则应该分两种情况讨论：

其一，对发起人以设立中公司的名义实施设立公司的必要行为，公司成立后应当承继合同的权利义务，为该必要行为承担责任；若发起人的行为为非必要行为，则发起人和公司承担连带责任。

其二，发起人为设立公司以自己的名义对外签订合同，原则上由发起人承担责任。不过，如果发起人的该行为属于设立公司的必要行为，债权人可以选择要求发起人或公司对其承担民事责任。

(四) 管辖问题

第一，裁判观点认为，对于仅涉及公司设立合同的生效、效力、解除及违约责任等问题的争议，应当按照合同纠纷确定管辖法院。《民事诉讼法》第 35 条规定，"合同或者其他财产权益纠纷的当事人可以书面协议选择被告住所地、合同履行地、合同签订地、原告住所地、标的物所在地等与争议有实际联系的地点的人民法院管辖，但不得违反本法对级别管辖和专属管辖的规定"，因此当事人可以在法定范围内协议选择管辖地。如果当事人没有进行协议管辖的相关约定，则根据《民事诉讼法》第 24 条规定，由被告住所地或者合同履行地人民法院管辖。

第二，如果公司设立纠纷中既涉及设立合同的相关争议，又涉及公司未能成立的后果及公司成立后对设立中行为的责任承担，则该纠纷的地域管辖应当按照《民事诉讼法》第 27 条之规定，由公司住所地人民法院管辖。

第十一章　公司证照返还纠纷

一、关于公司证照返还诉讼的法律规定

目前，我国法律及司法解释并未对公司证照的保管问题作专门规定，而实践中有关公司证照的纠纷时有发生。

（一）关于证照保管的相关法律规定

《公司法》（2018 年修正，已被修订）第 13 条规定："公司法定代表人依照公司章程的规定，由董事长、执行董事或者经理担任，并依法登记。公司法定代表人变更，应当办理变更登记。"

第 37 条第 1 款规定："股东会行使下列职权：

（一）决定公司的经营方针和投资计划；

（二）选举和更换非由职工代表担任的董事、监事，决定有关董事、监事的报酬事项；

（三）审议批准董事会的报告；

（四）审议批准监事会或者监事的报告；

（五）审议批准公司的年度财务预算方案、决算方案；

（六）审议批准公司的利润分配方案和弥补亏损方案；

（七）对公司增加或者减少注册资本作出决议；

（八）对发行公司债券作出决议；

（九）对公司合并、分立、解散、清算或者变更公司形式作出决议；

（十）修改公司章程；

（十一）公司章程规定的其他职权。

……"

第 46 条规定："董事会对股东会负责，行使下列职权：

（一）召集股东会会议，并向股东会报告工作；

（二）执行股东会的决议；

（三）决定公司的经营计划和投资方案；

（四）制订公司的年度财务预算方案、决算方案；

（五）制订公司的利润分配方案和弥补亏损方案；

（六）制订公司增加或者减少注册资本以及发行公司债券的方案；

（七）制订公司合并、分立、解散或者变更公司形式的方案；

（八）决定公司内部管理机构的设置；

（九）决定聘任或者解聘公司经理及其报酬事项，并根据经理的提名决定聘任或者解聘公司副经理、财务负责人及其报酬事项；

（十）制定公司的基本管理制度；

（十一）公司章程规定的其他职权。"

《公司法》（2023 年修订）第 10 条规定："公司的法定代表人按照公司章程的规定，由代表公司执行公司事务的董事或者经理担任。

担任法定代表人的董事或者经理辞任的，视为同时辞去法定代表人。

法定代表人辞任的，公司应当在法定代表人辞任之日起三十日内确定新的法定代表人。"

第 59 条第 1 款规定："股东会行使下列职权：

（一）选举和更换董事、监事，决定有关董事、监事的报酬事项；

（二）审议批准董事会的报告；

（三）审议批准监事会的报告；

（四）审议批准公司的利润分配方案和弥补亏损方案；

（五）对公司增加或者减少注册资本作出决议；

（六）对发行公司债券作出决议；

（七）对公司合并、分立、解散、清算或者变更公司形式作出决议；

（八）修改公司章程；

（九）公司章程规定的其他职权。

......"

第 67 条规定："有限责任公司设董事会，本法第七十五条另有规定的除外。

董事会行使下列职权：（一）召集股东会会议，并向股东会报告工作；

（二）执行股东会的决议；

（三）决定公司的经营计划和投资方案；

（四）制订公司的利润分配方案和弥补亏损方案；

（五）制订公司增加或者减少注册资本以及发行公司债券的方案；

（六）制订公司合并、分立、解散或者变更公司形式的方案；

（七）决定公司内部管理机构的设置；

（八）决定聘任或者解聘公司经理及其报酬事项，并根据经理的提名决定聘任或者解聘公司副经理、财务负责人及其报酬事项；

（九）制定公司的基本管理制度；

（十）公司章程规定或者股东会授予的其他职权。

公司章程对董事会职权的限制不得对抗善意相对人。

……"

《民法典》第61条第2款规定："法定代表人以法人名义从事的民事活动，其法律后果由法人承受。"

根据我国法律的相关规定，在公司股东会或董事会以及公司章程对证照保管事项作出特殊规定时，依照该规定；在股东会、董事会或公司章程未作相关规定时，法定代表人是公司证照的合法保管者。

（二）关于证照返还的法律规定

《民法典》第235条规定："无权占有不动产或者动产的，权利人可以请求返还原物。"

《公司法》（2018年修正，已被修订）第147条第2款规定："董事、监事、高级管理人员不得利用职权收受贿赂或者其他非法收入，不得侵占公司财产。"

《公司法》（2023年修订）第181条规定："董事、监事、高级管理人员不得有下列行为：

（一）侵占公司财产、挪用公司资金；

（二）将公司资金以其个人名义或者以其他个人名义开立账户存储；

（三）利用职权贿赂或者收受其他非法收入；

（四）接受他人与公司交易的佣金归为己有；

（五）擅自披露公司秘密；

（六）违反对公司忠实义务的其他行为。"

《民事诉讼法》第51条第2款规定："法人由其法定代表人进行诉讼。其他组织由其主要负责人进行诉讼。"

根据法律规定，公司证照被侵占时，公司有权依据《民法典》或《公司法》的规定提起诉讼，请求返还证照。法定代表人有权以公司名义提起诉讼。

二、关于公司证照返还纠纷相关判例

（一）关于证照保管的主体问题

1. 法定代表人有权保管公司证照

在无特殊约定下，法定代表人有权保管公司证照。

❶最高人民法院审理的何某刚、陈某与马某基公司证照返还纠纷案再审民事裁定书【（2012）民申字第 1205 号】认为："公司公章归公司所有，由相关工作人员根据公司授权保管使用，法定代表人是代表法人行使职权的负责人。根据原审查明的事实，马某基是年某公司法定代表人，年某公司的合资合同、章程或相关管理制度均未对公章由谁保管作出明确规定，在此情况下，一、二审法院判令将公章交由法定代表人马某基收执保管并无不当。"

❷福建省高级人民法院审理的张某天与张某强公司证照返还纠纷案二审民事裁定书【（2017）闽民终 453 号】认为："生效的判决书所确认的事实以及已查明的事实已经达到高度盖然性的证明标准，确认以下事实，即张某天是禾某公司的股东，履行了公司的全部出资义务，负责公司的经营管理，且根据工商管理部门现今的登记情况，其仍然是公司的法定代表人，因此，张某天持有公司印章和相关资料具有合法依据。"

❸福建省高级人民法院审理的福州盛某工艺品制造有限公司与叶某屏公司证照返还纠纷案再审民事裁定书【（2015）闽民申字第 108 号】认为："根据盛某公司合同第 34 条'经营管理机构设总经理一人，由甲（中）方推荐'的约定和盛某公司章程第 30 条'首届总经理由甲（中）方推荐，副总经理由乙（外）方推荐'的规定，结合中方推荐的总经理人选叶某屏在首届任期结束后仍继续担任盛某公司总经理的事实，在盛某公司合同和章程均未就公司公章等证照的保管使用存在明确约（规）定的情况下，原审对盛某公司要求叶某屏返还公司公章等证照的诉讼请求不予支持亦无不当。"

❹山东省高级人民法院审理的忠某有限公司与杜某公司证照返还纠纷、请求变更公司登记纠纷案二审民事判决书【（2014）鲁民四终字第 196 号】认为："首先，

杜某没有提交证据证明公司有上述管理规定；其次，公司印章和证照体现公司经营管理权和相应合法资质，在没有公司章程特别规定的情况下，杜某作为海某公司的原法定代表人、总经理，任职期间，有权控制和支配印章，是印章、证照的实质掌管者和移交义务人，在不担任公司的法定代表人之后，继续控制公司的印章、证照已经没有依据，作为公司的高级管理人员，其对公司负有忠实勤勉义务，应该将上述证照、印章等予以交还。作为法定代表人、总经理的控制和支配有别于一般工作人员基于公司安排所具有的保管职责，一般工作人员基于工作安排的保管不具有控制和支配性质，判令一般工作人员承担返还义务没有依据。杜某的关于其不具体持有印章、证照，无法返还的理由不成立，本院不予支持。"

❺北京市第二中级人民法院审理的黎某与北京中某德商业连锁有限公司公司证照返还纠纷案二审民事判决书【（2017）京02民终10320号】认为："公司证照对外代表公司的意志，是公司的表象。公司拥有有关证照的所有权。现中某德公司起诉要求黎某将公司公章、财务章、合同章、法人章、发票专用章、营业执照、组织机构代码证、税务登记证交与法定代表人王某音保管，并无不当。"

❻上海市第一中级人民法院审理的上海卓某实业发展有限公司与彭某嘉公司证照返还纠纷案二审民事判决书【（2017）沪01民终5038号】认为："彭某嘉系卓某公司的法定代表人，其在公司章程或股东间未就法定代表人章、网银U盾等约定由谁保管的情况下，有权对法定代表人章、网银U盾进行保管。卓某公司认为在无约定情况下，应放在公司保险柜内，于法无据，故本院对其该上诉理由不予采信。"

❼北京市第二中级人民法院审理的北京市大某物资经营公司与胡某军公司证照返还纠纷案二审民事判决书【（2016）京02民终1219号】认为："大某公司上诉请求胡某军向其返还地某福中心的营业执照正副本、组织机构代码证、税务登记证、公章及财务章。本案现有证据表明，地某福中心是大某公司投资设立的集体所有制企业，地某福中心的法定代表人为胡某军，胡某军现持有保管地某福中心的上述证照及印章。根据相关法律规定，企业在经营过程中，应当拥有营业执照、公章、财务章等证照及印章，企业对上述证照及印章具有所有权。因此，地某福中心的营业执照、公章、财务章等证照及印章的所有权人应为地某福中心，而胡某军作为地某福中心的法定代表人，持有保管上述证照及印章，不违反法律规定。现大某公司仅是地某福中心的投资方，其主张地某福中心的上述证照及印章应当归其所有，缺乏法律依据。据此，本院对于大某公司提出胡某军应向其返还地某福中心的营业执照正副本、组织机构代码证、税务登记证、公章及财务章的上诉请求，不予支持。"

❽嘉兴市中级人民法院审理的浙江美某房地产开发有限公司与林某良公司证照

返还纠纷案二审民事判决书【（2016）浙 04 民终 279 号】认为："公司法定代表人的选任系公司自治行为，并未违反法律的强制性规定，在未被法院确认无效或被撤销的情形下，该决议对公司内部具有拘束力。根据决议内容，林某平不再担任公司董事长，重新选举林某良担任公司法定代表人。林某良作为公司法定代表人，依职权掌管公司公章、证照，并无不当。"

❾上海市第二中级人民法院审理的上海进某集装箱维修有限公司与金某学、计某敏公司证照返还纠纷案二审民事裁定书【（2016）沪 02 民终 948 号】认为："由于《股东会决议》无效，星某公司与振某公司依据该决议向进某集装箱公司委派董事的行为亦不具有法律效力，相应的《董事会决议》亦属无效。进某集装箱公司的《合作合同》和《章程》并不因该份《董事会决议》的作出而修改，金某学担任的进某集装箱公司的董事长和法定代表人职务亦未被免去。单某无权代表进某集装箱公司提起本案诉讼，原审法院以原告不具有诉讼主体资格为由裁定驳回进某集装箱公司的起诉，并无不当。"

法定代表人有权委托他人保管公司证章。

❿泰州市中级人民法院审理的靖江东某钢结构有限公司与琚某丽公司证照返还纠纷案二审民事判决书【（2016）苏 12 民终 379 号】认为："依照物权法的规定，权利人只能向无权占有人提出返还原物的要求，而不能要求有权占有人返还原物。2013 年 7 月初，琚某丽受金某的委托将东某公司的公章、合同章、营业执照（正副本）、组织机构代码证进行保管，金某时任东某公司的法定代表人，不管金某委托或者指示琚某丽保管相关证照及印章是否获得公司授权，但基于其法定代表人的身份，琚某丽占有公司相关证照及印章属于有权占有。"

公司法定代表人和总经理辞去职务后，负有返还公司证照的义务。

⓫北京市高级人民法院审理的北京贝某德生物科技有限公司与吕某公司证照返还纠纷案二审民事判决书【（2013）二中民终字第 17025 号】认为："根据 2013 年 4 月 21 日的股东会决议，王某博已成为贝某德公司新任法定代表人及执行董事，其所做出的执行董事决定书亦对公司全体人员具有约束力，根据该执行董事决定书的内容，吕某被解除经理职务，并被要求立即与新任贝某德公司经理的王某博进行交接。本院认为，由于吕某认可自 2013 年 2 月 27 日起至今上述证照及材料一直由贝某德公司的经营层、行政部门掌管，吕某亦未向王某博办理交接手续，在诉讼中吕某也提交了盖有贝某德公司公章的相关材料，因此，以上事实及依据说明吕某对证照仍有实际控制，其仍然负有向贝某德公司交还上述公章证照的义务，在此种情况下，贝某德公司诉请公司原法定代表人吕某返还公司经营所需公章、证照等文件，

有事实及法律依据。一审法院据此判决吕某向贝某德公司移交上述证照，并无不当，本院予以维持。"

⓬江苏省高级人民法院审理的成某德、胡某昌与中某投资咨询（无锡）有限公司公司证照返还纠纷案二审民事判决书【（2013）苏商外终字第0035号】认为："成某德作为中某无锡公司的执行董事、法定代表人，胡某昌作为总经理，对公司负有忠实义务和勤勉义务。本院认为成某德、胡某昌负有保管公司证照、印鉴章和财务账册的义务。成某德、胡某昌对其履行保管义务的情况应承担举证责任，即负有说明公司证照、印鉴章和财务账册去向的义务。在成某德、胡某昌未能举证证明的情况下，应视为其实际占有公司证照、印鉴章和财务账册。成某德、胡某昌主张其并未参与公司的实际经营管理，由其他人员直接保管证照、印鉴章和财务账册。对此，本院认为，即使由他人保管，也是受成某德、胡某昌的指示，辅助其管领公司证照、印章和财务账册，因此仍应视为成某德、胡某昌实际占有。成某德、胡某昌被免去中某无锡公司的职务后，无权继续占有公司证照、印鉴章和财务账册。依据《物权法》第34条规定，成某德、胡某昌应当返还公司证照、印鉴章和财务账册给所有权人中某无锡公司。"

⓭上海市第一中级人民法院审理的杨某与上海讯某无线传媒有限公司公司证照返还纠纷案二审民事判决书【（2017）沪01民终10893号】认为："公司证照具有对外代表公司的表象，系公司经营之必需，其所有权属于公司。当公司法定代表人等相关人员发生变化后，原实际占有、控制证照的人员有义务将其返还给公司。一审中，杨某陈述，其系B公司委派，李某男由北京A公司委派，在B公司成为上海讯某公司唯一股东期间，沿用了原先的管理模式。2013年4月30日，北京A公司与B公司签订《股权转让协议书》后，根据上海讯某公司工商备案登记材料显示，同年5月22日，上海讯某公司办理工商变更登记，杨某由总经理变更为董事兼总经理。可见，尽管上海讯某公司经历了股权变更，但杨某的身份并未因此而发生改变。李某男在二审中陈述，杨某是上海讯某公司的实际运营者，当时公章等系由杨某保管。在李某男一审及二审中均认为系由杨某保管公司相应证照、文件的情形下，杨某作为上海讯某公司的总经理及董事，虽否认由其保管但未能陈述相应证照、文件的保管制度及保管人员。一审法院根据杨某与B公司的关系、在上海讯某公司所任职务以及李某男、杨某所作陈述，结合在案证据，认定杨某负有返还上海讯某公司部分证照、文件的义务，并无不当，本院予以支持。"

⓮中山市中级人民法院审理的王某杰、中山诚某达税务师事务所有限公司公司证照返还纠纷案二审民事判决书【（2017）粤20民终2982号】认为："印章、证照

等是公司人格的象征，公司使用印章、证照，具有证明和确定其主体资格和能力的法律效果，故公司对印章、证照享有专用权、使用权和支配权。王某杰作为诚某达公司的法定代表人持有公司公章、财务专用章是基于公司的授权，为有权掌管和占有。因此，在股东会决议通过解除王某杰的授权后，王某杰已无权继续掌管和占用公司公章、财务专用章，其应向公司返还。"

❻北京市第二中级人民法院审理的曾某兵与深圳皇某珠宝艺术有限公司公司证照返还纠纷案二审民事判决书【(2017) 京02民终1503号】认为："曾某兵在被免去皇某公司董事长、法定代表人职务后，应当将其掌控的皇某公司的公章、营业执照等交还给皇某公司，一审法院判决曾某兵返还皇某公司的公章、合同专用章、财务专用章、企业营业执照正副本原件、税务登记证、财务账册，由丁某河负责接收，并无不当。"

❻苏州市中级人民法院审理的安徽易某泰电子有限公司与周某龙公司证照返还纠纷案二审民事判决书【(2016) 苏05民终10144号】认为："首先，顾某峰系经安徽易某泰公司股东会决议选任的执行董事，并担任法定代表人。故其有权代表安徽易某泰公司提起本案诉讼。其次，公司证照、印章属于公司财产，周某龙作为安徽易某泰公司的原法定代表人，其仅是代公司保管证照、印章，在安徽易某泰公司主张周某龙向公司返还时，周某龙理应将证照、印章返还给安徽易某泰公司。最后，本案为公司证照返还纠纷，安徽易某泰公司的证照、公章当前虽由周某龙占有，但公司提起本案诉讼即是请求改变此种状态，故周某龙主张占有公司证照、公章就能代表公司的意志，缺乏依据。"

❼深圳市中级人民法院审理的王某与深圳市国某房地产开发有限公司公司证照返还纠纷案二审民事判决书【(2015) 深中法商终字第2461号】认为："2014年1月9日，深圳市市场监督管理局核准了原'港某房地产开发 (深圳) 有限公司'的变更登记申请，将原'港某房地产开发 (深圳) 有限公司'的法定代表人由王某变更为李某，该行政行为已经生效的〔2014〕深中法行终字第623号行政判决确认合法。王某不服该判决，向广东省高级人民法院申请再审，被〔2015〕粤高法行申字第560号行政裁定书裁定驳回。原'港某房地产开发 (深圳) 有限公司'于2014年11月21日变更名称为'深圳市国某房地产开发有限公司'，即本案被上诉人国某公司。由于王某已非国某公司的法定代表人，无权继续占有国某公司所有的原有印章。国某公司作为公司原有印章的所有权人，有权根据《物权法》第34条之规定，请求王某予以返还。"

❽宿迁市中级人民法院审理的苏某 (沭阳) 畜牧苗猪市场有限公司与郑某华

公司证照返还纠纷案二审民事判决书【（2015）宿中商终字第 00185 号】认为："郑某华在苏某苗猪公司 2014 年 10 月 8 日股东会决议并通知其后，其已不再担任该公司的法定代表人，其也不再有权持有公司的证照，其继续占有公司证照属于无权占有，公司作为证照的所有权人，有权要求其立即返还。郑某华应当根据股东会决议要求向公司移交营业执照原件、公章、财务章、合同专用章、税务登记证、组织机构代码证和财务资料等公司证照。"

❶❾连云港市中级人民法院审理的连云港久某混凝土有限公司与张某公司证照返还纠纷案二审民事判决书【（2015）连商终字第 00065 号】认为："张某作为久某公司原法定代表人，是公司财产的法定管理人，必然是公司证照、印鉴章、财务账册的占有者、使用者和管理者；即使张某不直接保管久某公司的证照、印鉴章、财务账册，但无论由谁来保管，均源自张某的授权。《决定书》作出后，张某已失去管理者的职权，已无权再继续持有、掌管久某公司的证照、印鉴章和财务账册，应当积极配合久某公司办理财务移交手续，并配合办理工商变更登记。久某公司要求张某返还公司印章、证照等的诉讼请求于法有据，本院予以支持。"

❷⓿沈阳市中级人民法院审理的常某林与林某伟、林某平、陆某祥因公司证照返还纠纷案二审民事判决书【（2015）沈中民四终字第 205 号】认为："2012 年 4 月 3 日，沈阳神某飞轮有限公司的合营方香港神某飞轮有限公司与中国科某院沈阳分院约定：双方决定将沈阳神某飞轮有限公司的董事会成员由 5 人减少为 3 人，香港神某飞轮有限公司委派林某伟、林某平及中国科某院沈阳分院委派陆某祥出任沈阳神某飞轮有限公司的董事。同日，被上诉人林某伟、林某平、陆某祥召开董事会，决议解除常某林的沈阳神某飞轮有限公司总经理职务，并将对常某林提起诉讼。故上诉人常某林在被解除总经理职务后应返还公司证照及会计档案，因沈阳神某飞轮有限公司 1992 年至 2013 年的账簿及会计资料已经由常某林交给沈阳市公安局经济犯罪侦查支队封存，待公安机关解除封存后，予以履行。故上诉人常某林关于不应当返还公司证照及会计档案的上诉请求依据不足，本院不予支持。"

❷❶北京市第一中级人民法院审理的付某东与赛某无线网络科技（北京）有限公司公司证照返还纠纷案二审民事判决书【（2015）一中民（商）终字第 3752 号】认为："付某东作为公司总经理，具有掌握公司营业执照、公章、合同章的前提，其与张新宇的往来邮件等证据亦能够证明付某东实际持有上述公司物品。此外，付某东二审中称其给张新宇回邮件的意思是公司章证在赛某无线公司其他人手中，付某东可以安排寻找，但付某东又称不清楚公司章证保存在公司哪个人手中，其陈述明显与常理不符且自相矛盾。付某东该上诉理由不能成立，本院不予采信。付某东

上诉称，赛某无线公司章程规定，解聘总经理应有 2/3 以上董事出席会议方可举行，并且必须经出席会议董事全部表决通过。天某公司作出《关于撤销推荐付某东先生出任总经理的函》及《关于开除付某东的决定》，出席会议表决通过的董事人数只有 3 人，严重违反公司章程的规定，付某东不予认可。对此本院认为，付某东认为赛某无线公司董事会决议程序违反公司章程，应属可撤销情形，但经本院释明，其在本院规定的时间内，对是否行使过撤销权以及最终的结果未予答复，在无证据证明赛某无线公司董事会决议被确认无效或撤销的情况下，付某东应当承担相应的不利后果。付某东该上诉理由于法无据，本院不予采信。现赛某无线公司的《股东会决议》已经作出营业执照、公章及合同章由张新宇保管的决定，付某东无权保管上述物品，赛某无线公司有权要求付某东返还。"

㉒上海市第一中级人民法院审理的沈某与创某科技（上海）有限公司公司证照返还纠纷案二审民事判决书【（2014）沪一中民四（商）终字第 1151 号】认为："公司公章作为公司的财产，应当由公司法定代表人或者经营管理者保管，公司依法对其享有所有权。上诉人原系被上诉人执行董事、法定代表人，其之前保管被上诉人公章有合法依据。后被上诉人股东会决议对公司执行董事、法定代表人进行了变更，上诉人不再担任被上诉人的执行董事、法定代表人。根据被上诉人股东会决议，被上诉人执行董事、法定代表人已变更为他人，上诉人继续持有被上诉人公章缺乏依据，原审法院认为上诉人应当向被上诉人返还公章的意见，本院予以认同。"

股东会决议变更法定代表人的，虽未办理变更登记，原法定代表人应返还证照。

㉓上海市第一中级人民法院审理的潘某某与甲公司公司证照返还纠纷案二审民事判决书【（2013）沪一中民四（商）终字第 1109 号】认为："公司法定代表人、董事长的变更应按照公司章程的约定执行，现甲公司各股东按照章程约定召开了股东会，选举产生新的董事会成员；新任董事会成员亦召开了董事会，选举吕某敏为甲公司董事长、法定代表人，故潘某某已不是甲公司法定代表人，其已无合理理由持有甲公司的公章、证照等公司物品，现甲公司起诉要求潘某某移交甲公司公章、证照等物品的诉讼请求，有事实和法律依据，应予支持。潘某某认为公司法定代表人以工商登记为准的主张无法律依据，本院不予采信。综上，潘某某的上诉请求无事实和法律依据，本院不予支持。原审判决并无不当，本院依法予以维持。"

董事会决议变更总经理时，哪怕未办理法定代表人变更登记，原法定代表人应返还公司证照。

㉔上海市第一中级人民法院审理的曹某勇诉上海依某国际贸易有限公司公司证

照返还纠纷案二审民事判决书【（2015）沪一中民四（商）终字第2019号】认为：
"首先，对系争董事会决议的效力进行分析，审理查明的事实表明，系争董事会决议并不存在违反法律及行政法规的情形，且系争董事会决议并不存在违反依某公司章程的情形，因此系争董事会决议应予以实施。其次，对系争董事会决议内容进行分析，系争董事会决议对曹某勇的总经理职务予以了解聘，并重新聘用新的总经理，因此基于该系争董事会决议的内容，依某公司的总经理人选已经发生了变更；曹某勇已经不再承担依某公司的企业内部经营管理工作之责，虽然曹某勇目前仍为依某公司的工商登记法定代表人，基于曹某勇与依某公司其他董事及总经理之间的纠纷，如果其不及时移交相关证照、印章等文件材料势必会给依某公司的日常经营造成实质性的影响。鉴于此，本院认定曹某勇应依据系争董事会决议的内容向公司移交相关证照、印章等文件材料。与此同时，原审判决对于曹某勇应移交的财务账册数量所作认定于法无悖，合乎情理，本院依法予以支持。"

无证据证明公司法定代表人实际保管证照的，法定代表人不负返还义务。

❷⑤上海市第一中级人民法院审理的上海铭某数康生物芯片有限公司与姚某公司证照返还纠纷案二审民事判决书【（2017）沪01民终14862号】认为："尽管姚某为公司原法定代表人，但铭某数康公司并未提供证据证明姚某实际持有公章、营业执照等相关证照材料或者该些证照材料在姚某处，故姚某返还公章、营业执照的前提不存在，铭某数康公司的上诉请求不能成立，应予驳回。"

❷⑥北京市第三中级人民法院审理的中某宝信（北京）资产评估有限公司与陈某公司证照返还纠纷案二审民事判决书【（2015）三中民（商）终字第13290号】认为："中某资产公司主张陈某作为原法定代表人控制公司证照及财务账簿，拒不返还公司。陈某不予认可。中某资产公司未提交充分证据证明陈某现占有上述物品，且根据本案查明的事实，中某资产公司发文明确证照以及财务账册等由中某资产公司相关工作人员负责保管，故中某资产公司要求陈某返还公司证照及财务账簿，事实依据不足，本院不予支持。"

2. 公司的实际控制人有权保管公司证照

❶上海市第二中级人民法院审理的播某（上海）机械科技有限公司与杨某玉公司证照返还纠纷案二审民事判决书【（2017）沪02民终9583号】认为："杨某玉基于播某公司股东会决议独立经营，且播某公司两位股东尚未就独立经营的结束日期另行达成一致协议，故杨某玉占有系争播某公司证照等财物具有合法依据。席永良虽为播某公司对外公示的法定代表人，但目前并无证据显示在播某公司存续经营

期间，因为杨某玉拒不配合导致其对外代表公司履行法定职务行为不能。因此，播某公司诉请要求杨某玉返还系争公司证照等财物缺乏事实和法律依据，本院对其诉请亦不予支持。"

❷天津市第一中级人民法院审理的王某和、天津中某渤海投资有限公司公司证照返还纠纷案二审民事判决书【（2017）津 01 民终 5616 号】认为："（1）中某渤海公司主张 2008 年成立公司后，公司公章、证照由公司法定代表人孟某苏保管，后王某和以办事方便为由，开始控制把持公司公章和证照等拒不返还，但中某渤海公司未提供证据予以证明，据此，本院确认自中某渤海公司注册成立，王某和始终掌控中某渤海公司证照至今；（2）如前所述王某和自公司成立后，多年保管、使用公司证照，中某渤海公司未提供证据证明在 2016 年 12 月中某渤海公司的法定代表人孟某苏发函要求王某和返还公司证照之前，其对王某和保管、使用公司证照提出过异议，据此，本院认为，王某和保管、使用公司证照是全体股东意思表示一致的结果；（3）自 2008 年成立公司至今，王某和作为中某渤海公司占 50% 股份的股东负责对中某渤海公司经营、管理、招聘工作人员、筹集经营费用，中某渤海公司实际控制人为王某和，据此，中某渤海公司提供的证据不能证明王某和非法占有公司证照，结合王某和为中某渤海公司的实际控制人的事实，在中某渤海公司股东之间未形成解除王某和占有公司证照权利之前，仍由王某和占有公司证照并无不妥。"

公司的实际控制人和法定代表人对证照的返还承担连带责任。

❸南京市中级人民法院审理的南京正某源生物科技有限公司与崔某苢、章某公司证照返还纠纷案民事判决书【（2015）宁商外初字第 81 号】认为："在生物公司明确要求崔某苢、章某向公司返还上述公司物品的情况下，作为实际控制管理人的崔某苢应负责收回生物公司的财务专用章、公司账簿、公章、营业执照、组织机构代码证、税务登记证、法定代表人印鉴章等物品并向生物公司返还，章某作为公司法定代表人印鉴章保管人应对该印鉴章承担连带返还责任。生物公司提出的前述诉讼请求，部分合法有据，应予支持。"

3. 监事在无特殊规定时无权保管公司证照

❶广东省高级人民法院审理的钱某、珠海博某模具有限公司公司证照返还纠纷案再审民事裁定书【（2017）粤民申 2713 号】认为："根据钱某的申请再审所述理由，对于钱某应否向博某公司返还公章证照和其他经营资料的问题，钱某是博某公司的监事，博某公司的章程规定监事的职责为'检查公司财务；对执行董事、经理行使公司职务时违反法律、法规或者公司章程的行为进行监督；当执行董事、经理

的行为损害公司的利益时，要求执行董事、经理予以纠正；提议召开临时股东会；监事列席股东会会议'，并未规定监事有管理公章及经营资料的职权。钱某主张博某公司股东会决议确定公司的公章证照和其他经营资料曾交由其保管，但未能提供相应证据予以证明，本院对该主张不予采纳。二审判决认定钱某没有依据占有博某公司的公章证照和其他经营资料，判决钱某予以返还，并无不当。"

❷江苏省高级人民法院审理的高某坚与苏州艾某电器有限公司公司证照返还纠纷案再审民事裁定书【（2014）苏审二商申字第 0285 号】认为："公司营业执照、公章等物品系公司财产，依法属于公司所有，公司股东、董事、监事、经理等未经公司授权均不得侵占。高某坚认为其作为监事亦有权持有上述物品，一、二审判决适用法律错误的申请再审理由，不能成立。"

❸苏州市中级人民法院审理的张家港市香某医院有限公司与陶某祥公司证照返还纠纷案二审民事判决书【（2015）苏中民终字第 05454 号】认为："2015 年 2 月，因香某医院股东间纠纷，公司监事陶某祥取走香某医院的公章、财务印鉴章和法人代表印鉴章。2015 年 3 月香某医院三名股东在大股东陈某平未参加的情况下形成股东会决议，决定由陶某祥保管香某医院三枚印章。因此，陶某祥侵占公司财产在先，公司形成股东会决议在后，且该股东会仅有三名投资比例 33.77% 的股东参加，而没有通知公司占股 66.23% 的股东陈某平参加，因此该股东会决议不成立，陶某祥应当向香某医院返还三枚印章。陶某祥上诉认为香某医院应当先提起撤销之诉的上诉理由不能成立，不予支持。"

❹天津市第二中级人民法院审理的天津寰某辉煌进出口有限公司与张某龙公司证照返还纠纷案二审民事判决书【（2015）二中民二终字第 858 号】认为："被上诉人系依法成立的公司法人，公司的印章、证照属于公司所有。在公司章程或公司有权机关对公司印章、证照没有特别规定的情况下，有关印章、证照理应由对外代表公司的法定代表人或由其指定的保管人持有。被上诉人的公司章程并无由上诉人（公司监事）持有公司印章证照的任何规定，亦没有公司法定代表人或有权机关授权上诉人持有的任何决议。上诉人主张依据公司印章管理规定持有以上物品，但该规定没有公司股东签字，仅盖有公司印章，而公司印章又保存于上诉人处。故上诉人所主张的合法继续持有公司印章、证照的依据不足，在被上诉人提出返还要求时，其应将公司印章、证照予以返还。"

❺北京市第一中级人民法院审理的唐某与风某魁洲（北京）传媒影视文化有限公司公司证照返还纠纷案二审民事判决书【（2014）一中民（商）终字第 5884 号】认为："风某魁洲公司章程中未就公章的保管主体作出相关规定，风某魁洲公

司股东陈某斐、唐某 2 人亦未就保管证照事宜形成过股东会决议。且从逻辑上看，唐某作为公司监事持有公司证照的结果，不能排除风某魁洲公司主张返还证照之权利。风某魁洲公司要求唐某返还公司证照之主张在现有事实基础上具有法律依据，亦不同公司意思自治相违背。故一审认定事实并无不当，唐某以公司章程并未明确约定证照控制主体为由，主张一审判决向法定代表人返还证照，超越公司意思自治范畴进而适用法律错误的上诉理由不能成立，本院不予采信。"

4. 股东在无特殊规定时无权保管公司证照

❶辽宁省高级人民法院审理的辽宁八某房地产开发有限公司与沈阳市御某酒楼公司证照返还纠纷案再审民事裁定书【（2015）辽审一民申字第 457 号】认为："御某酒楼虽作为沈阳市和平区经贸发展局与八某公司的转让项目，但八某公司仅系御某酒楼的出资人，御某酒楼作为独立企业法人，对公司的公章、法人章、财务章、营业执照副本、银行开户证、组织机构代码证、税务证享有所有权。公司证件和印章是证明和记录法人身份、业务活动有关事实的凭证，公司的法定代表人对证件和公章享有专用权和管理权。李某作为御某酒楼的法定代表人，可以代表公司进行民事活动，对于公司的上述章证享有管理权。八某公司作为御某酒楼的出资人（股东）无权主持企业的生产经营管理工作，无权持有御某酒楼的上述章证。故原审判决对御某酒楼要求八某公司返还案涉的章、证、照的诉讼请求，予以支持，并无不当。"

❷淮安市中级人民法院审理的江苏同某建设工程有限公司与毛某林、毛某武公司证照返还纠纷案二审民事判决书【（2018）苏 08 民终 13 号】认为："公章、财务专用章、合同专用章、发票专用章是单位对外进行活动的有形代表和法律凭证，其应该由同某公司持有并保管。《股权转让协议书》中虽未约定返还原印章以及在上诉人移交的清单中无印章，但原印章属于同某公司对外签订的合同、竣工资料等公司经营活动中形成的档案资料，应归同某公司所有。"

❸青岛市中级人民法院审理的袁某祥、青岛中某环境艺术工程有限公司公司证照返还纠纷案二审民事判决书【（2017）鲁 02 民终 5556 号】认为："中某公司的经营场所由上诉人控制，中某公司的法定代表人无法代表公司占有、保管、使用，在公司提出返还的要求后，上诉人袁某祥作为公司股东，在没有章程规定及其他合法依据的情况下拒不返还，其行为侵害了中某公司的合法权益。上诉人主张公章管理属于公司自治范畴，法院不应确定由谁管理，因本案系中某公司作为所有权人诉请返还证照，对于公司财产权，应受法律保护，上诉人该主张，没有法律依据，本院

不予采信。"

❹北京市第二中级人民法院审理的范某与北京一某阁墨业有限责任公司公司证照返还纠纷案二审民事判决书【（2017）京02民终2878号】认为："首先，公司拥有对公司印章的所有权，掌管公司印章应依据法律规定或公司章程及公司内部有关制度的规定。其次，范某仅为一某阁公司的股东之一，并非一某阁公司和墨汁店的法定代表人或指定的印章保管人，其要求掌管一某阁公司的公章及墨汁店的公章缺乏法律依据，也没有公司章程及公司内部有关制度方面的依据。最后，范某述称其是一某阁公司临时管理小组负责人，有权掌管一某阁公司和墨汁店的公章。但根据2014年10月17日一某阁公司临时股东会会议决议内容，在该决议上签字的股东所代表的表决权不到全部表决权的30%，不符合一某阁公司章程的相关规定，且该决议中并未明确临时管理小组的具体组成人员名单，亦没有指定范某掌管一某阁公司和墨汁店公章的内容。据此，范某上诉主张其有权掌管一某阁公司和墨汁店公章，缺乏依据，一审法院判决范某向一某阁公司返还上述公章，并无不当，本院予以维持。"

❺南京市中级人民法院审理的南京建邺再某资源利用有限公司与徐某庆公司证照返还纠纷案二审民事判决书【（2017）苏01民终1378号】认为："公司是企业法人，有独立的法人财产，享有法人财产权，其合法权益受法律保护，不受侵犯。公司营业执照、公章等公司证照、印章系公司财产，依法属于公司所有，公司股东、经理等未经公司授权不得侵占。建邺再某公司公司章程第19条约定：执行董事为公司的法定代表人，并依法登记。法定代表人除行使本章程规定的职权以外，还应当行使以下职权：（一）保管公司的营业执照，保管和使用公司的公章；（二）代表公司签署有关法律文件。故建邺再某公司要求徐某庆返还营业执照、公章的请求于法有据，应予支持。徐某庆如认为建邺再某公司的法定代表人存在损害公司利益的情况，亦可另循法律途径解决。"

❻沈阳市中级人民法院审理的沈阳威某科技有限责任公司与沈阳同某置业有限公司、白某、高某艳、白某公司证照返还纠纷案二审民事判决书【（2016）辽01民终1460号】认为："公司的营业执照、特许的证件等执照对外代表公司的意志，所有权应当由公司拥有。本案被上诉人同某置业公司的涉案证照现在上诉人威新公司处，上诉人主张其持有涉案证照是基于2013年3月29日同某置业公司股东会决议而合法持有。经查，2013年3月29日，同某置业公司的股东沈阳纳某投资有限公司与沈阳威某科技有限责任公司召开了股东会议，并作出《沈阳同某置业有限公司股东会会议纪要》，从会议纪要记载的内容看，只是对同某置业公司公章、证照持

有状态的现状描述，并未对涉案证照持有人形成一致性的决议。故，上诉人威新公司持有被上诉人同某置业公司涉案证照缺乏事实及法律依据，对其上诉请求本院不予支持。"

❼珠海市中级人民法院审理的珠海润某装卸服务有限公司与陈某霞、周某公司证照返还纠纷案二审民事判决书【（2016）粤 04 民终 1063 号】认为："公司的印章是公司人格的象征，公司使用印章具有证明和确定其主体资格和能力的法律效果，故公司对其印章享有专有权、使用权和支配权。公司的印章为具体的自然人合法掌管和占有，均基于公司的授权，由公司来决定。本案中，周某将公司的印章等移交给虞某银，虞某银负责公司的日常经营管理工作，其有公司的合法授权，《关于公司印鉴使用管理规定》也明确规定了印章的保管权限。陈某霞、周某作为公司股东在 2015 年 9 月 23 日抢走润某公司的相关印章，属于无权占有，造成润某公司的日常经营管理受到严重影响，应当将相关印章返还给润某公司。"

❽宿州市中级人民法院审理的灵璧县升某化工有限责任公司与刘某公司证照返还纠纷案二审民事判决书【（2016）皖 13 民终 926 号】认为："刘某作为灵璧升某公司的股东占有上述证照系为方便公司经营管理所需，但并不享有所有权。现灵璧升某公司的法定代表人刘某胜代表公司提起诉讼，要求刘某返还上述公司证照符合法律规定，刘某应当予以返还。刘某上诉称其没有损害公司的行为及本案系家庭矛盾引发，均与本案不具关联性，亦不属于本案审查的范围。故对刘某的上诉意见，本院不予支持。"

❾辽阳市中级人民法院审理的兰某生与辽阳市东某饮品有限公司返还证照纠纷案二审民事判决书【（2016）辽 10 民终 233 号】认为："上诉人兰某生虽系公司的股东，但法律规定公司的法定代表人在国家法律、法规及公司章程规定的职权范围内代表法人行使职权，在公司内部负责组织和领导生产经营活动，对外代表公司全权处理一切民事活动，其应当代表公司保管有关证照、印鉴、账册，因此，上诉人应当将公司的相关证照返还给被上诉人，双方如有股权纠纷可另案解决。综上，故原审法院认定事实清楚，适用法律正确。"

❿杭州市中级人民法院审理的杭州共某科技有限公司与张某公司证照返还纠纷案二审民事判决书【（2015）浙杭商终字第 3042 号】认为："本案系公司证照返还纠纷而非劳动合同纠纷，原审法院依法对本案有管辖权。公司的公章、法人章及合同专用章系公司在经营管理活动中行使其职权的重要凭证和工具。印章的占有、支配和使用，应当有法定授权（如公司法定代表人）或公司章程、股东会决议的授权。现张某占有共某公司的公章、法人章及合同专用章，并无上述合法依据，已影

响公司正常占有、支配和使用印章的合法权益，其应当予以返还。"

❶❶北京市第三中级人民法院审理的北京兴某顺达市政工程有限公司与唐某华公司证照返还纠纷案二审民事判决书【（2015）三中民（商）终字第08974号】认为："唐某华主张其持有公司公章、证照的依据为其是公司股东、办公室主任，但唐某华未能提交证据证明其对公章、证照的管理和控制有公司章程规定或公司决议等有效授权，且唐某华已于2014年10月25日离开兴某顺达公司，故唐某华无权继续持有相关公章和证照。兴某顺达公司作为上述公章、证照的所有权人主张唐某华予以返还，于法有据，应予支持。"

❶❷苏州市中级人民法院审理的苏州德某陶氏工艺品有限公司与周某波、季某丹公司证照返还纠纷案二审民事判决书【（2015）苏中商终字第00455号】认为："苏州德某公司对本案诉争的公章、财务专用章、法定代表人私章、营业执照正副本、组织机构代码证正副本、银行账户密码校验器（副号）、商标注册证、税务登记证正副本、开户行许可证依法具有占有、使用及处分的权利，且有权决定上述证照的保管方式及保管人。周某波已实际不再参与苏州德某公司经营，季某丹与苏州德某公司并无关系，而周某波、季某丹均未提供其有权占有上述公司财产的法律规定或公司章程等依据，故原审法院判令周某波、季某丹向苏州德某公司返还相应证照并无不当。"

❶❸深圳市中级人民法院审理的邝某勇与深圳市宏某运货运代理有限公司公司证照返还纠纷案二审民事判决书【（2014）深中法民终字第864号】认为："公司的印章、证照、财物财册、人事档案、业务合同等经营管理文件均属公司财产。深圳市宏某运货运代理有限公司是依法成立的公司法人，法定代表人是魏某杰，是对外行使职权的负责人，在公司章程没有明确规定印章、证照、财物财册、人事档案、业务合同等经营管理文件由谁保管时，应推定由对外行使职权的负责人即法定代表人保管。因此，上诉人邝某勇应当向深圳市宏某运货运代理有限公司返还印章、证照等管理文件。上诉人主张应以公司利益最大化为原则确定保管人，缺乏法律依据。"

❶❹阳江市中级人民法院审理的林某年与阳江市海某能源投资有限公司公司证照返还纠纷案二审民事判决书【（2014）阳中法民二终字第29号】认为："首先，公司证照的返还和保管是两个不同的概念，本案是海某公司提起返还证照的诉讼，海某公司作为证照的所有权人，依照《物权法》的有关规定请求林某年返还证照应予支持。公司证照的保管问题则属于公司内部事务管理问题，不是政府机构能够插手的事务，也不是司法机构应当介入的事务，至于证照由谁来保管有利于公司，则属

于商业判断的范畴，不应由法院作出判断，而应由公司决定。其次，海某公司 2013 年 6 月 18 日作出的《股东会决议》要求林某年交回公司证照，属于公司的意志，林某年应该遵守执行。最后，苏某荣是海某公司的法定代表人，也是海某公司的执行董事，根据《公司章程》第 25 条的规定，公司证照的管理属于公司日常事务，执行董事有权作出处理。因此，林某年主张应由其保管公司证照，本院不予支持。"

股权转让协议未履行完毕时，股东无权持有公司证章。

❶❺北京市第三中级人民法院审理的赵某与康某、北京微某彩印有限公司公司证照返还纠纷案二审民事判决书【（2017）京 03 民终 4334 号】认为："公司公章、证照等物品是公司对外以自己的名义享有权利、承担义务，对外进行活动的凭证，公司对其公章、证照享有所有权。赵某虽与景某行公司、宽某公司签订股权转让协议，但该协议并未履行完毕，赵某亦未正式成为微某公司的股东，赵某以已签订股权转让协议为由主张其合理合法控制微某公司公章、证照，缺乏事实和法律依据。"

在公司章程、股东会议等对证章保管无规定时，大股东无权要求小股东返还证章。

❶❻广州市中级人民法院审理的周某与广州金某斯投资有限公司、陈某华、李某公司证照返还纠纷案二审民事判决书【（2016）粤 01 民终 14900 号】认为："根据《公司法》的相关规定，金某斯公司作为依法成立的有限责任公司，享有独立的法人财产权，公司证照属公司财产。由于公司证照的所有权并非公司某一股东所有，而是属于公司所有，故公司有权决定证照的保管制度。周某亦未提供证据证明金某斯公司的章程或股东会决议、董事会决议有明确约定公司证照应由谁保管或不应由谁保管，且其在二审庭审中表示在其是金某斯公司法人代表时，曾把公章委托陈某华保管。据此，周某以其是金某斯公司的大股东，金某斯公司的证照不应由小股东陈某华保管为由主张金某斯公司、陈某华、李某交付公司证照给周某保管，理据不足，本院不予采纳。"

5. 主张由非法定代表人持有证照需承担举证责任

❶北京市第三中级人民法院审理的北京京某伟业商业投资管理有限公司与朱某公司证照返还纠纷案二审民事判决书【（2017）京 03 民终 12453 号】认为："京某伟业公司称朱某因办理公司注册、年检、开户等手续且朱某实际经营管理该公司，故朱某持有京某伟业公司的公章、合同章、财务章、法定代表人名章、工商营业执照及副本、税务登记证（含纳税人识别号）、公司组织机构代码证、人民银行开户许可证和公司经营已经产生的财务账簿及原始凭证、对外签署的合同等文件。对此

本院认为，从京某伟业公司提交的证据来看，难以证明公司注册及银行开户系朱某1人决定并经办，亦不能证明该公司一直由朱某1人实际控制，且即使公司注册、开户、年检等事宜由朱某实际操作经办，亦难以证明公司证照等材料一直由其1人控制、持有。京某伟业公司在不能进一步举证证明公司证照等材料确实由朱某持有的情况下，应当承担举证不能的不利后果，故本院对于京某伟业公司的主张不予支持。"

❷广州市中级人民法院审理的广州联某生物科技有限公司与熊某之公司证照返还纠纷案二审民事判决书【（2017）粤01民终12538号】认为："熊某之作为联某公司的股东，联某公司要求熊某之返还公司公章及证照、账册资料。但熊某之并非联某公司法定代表人，联某公司也未能提交直接证据证实公司公章、证照、账册资料由熊某之占有、控制。至于熊某之经营Z×G品牌之事实，并不能充分证实熊某之使用了联某公司的公章及证照、账册；熊某之与联某公司另一股东商谈公司注销的问题，也未能明确是由熊某之办理注销登记手续。因此，联某公司关于熊某之占有、控制公司公章、证照、财务账册的主张缺乏事实依据，其要求熊某之返还公司公章、证照、财务账册的主张不能成立。"

❸北京市第二中级人民法院审理的于某江、北京富某创业房地产开发有限公司与施某亘、张某海等公司证照返还纠纷案二审民事判决书【（2017）京02民终6391号】认为："于某江是富某公司工商登记的股东、董事长、法定代表人，孙某胜、张某海是富某公司工商登记的股东、董事，因此，本案实质是富某公司内部相关人员就公司证照等相关物品的占有问题发生争议引发的纠纷。本案中，富某公司主张上述物品被孙某胜、张某海、施某亘非法占有，但孙某胜、张某海、施某亘不予认可，主张上述物品由富某公司相关部门进行保管，现富某公司并未提交证据证明其按照法律规定就上述物品的管理使用问题作出相应规定，也没有证据证明上述物品被孙某胜、张某海、施某亘非法占有，在此情况下，富某公司主张公司法定代表人于某江或者于某江指定的人有权占有公司上述物品，孙某胜、张某海、施某亘应将上述物品交由于某江或者于某江指定的人保管，缺乏依据，故根据在案证据查明的案件事实，一审判决并无不当，应予维持。"

❹北京市第二中级人民法院审理的北京众某成业科贸有限责任公司与李某光公司证照返还纠纷案二审民事判决书【（2017）京02民终5126号】认为："当事人对自己提出的诉讼请求所依据的事实或者反驳对方诉讼请求所依据的事实有责任提供证据加以证明。没有证据或者证据不足以证明当事人的事实主张的由负有举证责任的当事人承担不利后果。本案中众某成业公司起诉要求李某光返还公司营业执照、

公章等，首先需证明李某光持有上述物品。众某成业公司上诉主张李某光携带公章与王某阳至监狱同赵某成签订《备忘录》，但现有证据仅能证明《备忘录》上有赵某成、李某光的签字并加盖了众某成业公司的公章，众某成业公司未能证明加盖公章的是李某光，进而亦无法证明李某光持有公章。故一审法院驳回众某成业公司的诉讼请求，处理并无不当。众某成业公司上诉主张一审法院审理程序违法，但一审卷宗中并无记载显示一审法官对李某光进行过不必要提示，众某成业公司也并未就此问题提交相应证据予以证明，故本院对其该项上诉主张不予支持。"

❺成都市中级人民法院审理的四川东某廊桥投资有限公司与刘某才公司证照返还纠纷案二审民事判决书【（2017）川 01 民终 5238 号】认为："本案中，东某廊桥公司请求刘某才返还公司证照印章，其就应当举证证明刘某才持有公司的证照印章。根据本案查明的事实，东某廊桥公司的证照印章一直由公司职员庞静保管，东某廊桥公司并未举示合法有效的证据证明庞静辞职后将公司证照印章交由刘某才保管，东某廊桥公司应承担举证不能的不利法律后果，一审法院认定东某廊桥公司举证不能，驳回其诉讼请求并无不当。"

❻成都市中级人民法院审理的成都迈某创智科技有限公司、成都迈某信息技术有限公司公司证照返还纠纷案二审民事判决书【（2017）川 01 民终 6755 号】认为："迈某创智要求迈某信息返还公章、财务专用章、发票专用章、营业执照正本、银行开户许可证及财务账册等证照、物品，系基于上述印章、证照、物品由迈某信息控制的前提。依据查明事实，双方均认可迈某创智成立时上述印章、证照、物品系由迈某创智的法定代表人黄某控制。迈某创智辩称，黄某不在迈某创智上班，故上述印章、证照、物品不由黄某控制。本院认为，上述印章、证照、物品仍具有由除迈某信息或黄某之外的公司机关或人员掌控的可能性，另外，黄某系迈某创智的法定代表人，其身份并未发生变更，故依据现有证据并不足以证明上述印章、证照、物品必然由迈某信息实际控制。综上所述，成都迈某创智科技有限公司的上诉请求不能成立，应予驳回。"

❼中山市中级人民法院审理的中山市合某运输有限公司与周某泉公司证照返还纠纷案二审民事判决书【（2015）中中法民二终字第 632 号】认为："合某公司的公司章程并没有约定公司公章和法定代表人私章由谁保管，按常理，上述印章一般是由公司法定代表人或者财务负责人保管。现合某公司主张上述印章系由公司股东周某泉保管，对此其应负举证责任。合某公司虽主张周某泉持有合某公司的公章及法定代表人私章，但其提供的《二手车销售统一发票》、照片、银行取款凭条仅能反映周某泉曾使用过合某公司印章，并不能证明公司印章由周某泉持有。谭某虽出

庭作证称周某泉保管合某公司印章，但谭某系合某公司聘请的财务人员，与合某公司之间存在利害关系，在没有其他证据佐证的情况下，其证言不能单独作为认定案件事实的依据。综上，合某公司不能举证证明周某泉持有合某公司印章，其请求周某泉返还公司印章缺乏事实依据，其相应主张本院不予支持。"

❽青岛市中级人民法院审理的青岛宝某耕耘刀有限公司与刘某城公司证照返还纠纷案二审民事判决书【（2015）青民二商终字第50号】认为："上诉人该诉讼请求的成立前提是证实被上诉人控制宝某公司的证照、印章等，同时被上诉人这种控制导致上诉人失去正常使用和控制证照、印章。上诉人对此并未提交证据证实，被上诉人在本案中也提交了上诉人经营的业务资料，上诉人该项诉讼请求缺乏事实依据，本院不予支持。被上诉人提交《青岛宝某耕耘刀有限公司印章、证照管理制度》是上诉人公司的内部相关规定，其形成时间，并不足以证实被上诉人对于公司印章及证照的控制，上诉人关于《青岛宝某耕耘刀有限公司印章、证照管理制度》形成时间申请与本案并不具有关联性，本院不予准许。上诉人上诉理由缺乏事实和法律依据，本院不予支持，原审判决应予维持。"

❾北京市第二中级人民法院审理的北京易某雅达有限责任公司与北京东某亿思知识产权代理有限责任公司等公司证照返还纠纷案二审民事判决书【（2014）二中民终字第01483号】认为："当事人对自己提出的诉讼请求所依据的事实或者反驳对方诉讼请求所依据的事实有责任提供证据加以证明。没有证据或者证据不足以证明当事人的事实主张的，由负有举证责任的当事人承担不利后果。易某雅达公司起诉称其公章被东某亿思公司及其法定代表人高某麟实际占有，东某亿思公司、高某麟对此予以否认，易某雅达公司所提供证据亦不能证明其诉讼主张，故易某雅达公司要求东某亿思公司及高某麟返还公章的诉讼请求无事实依据，本院不予支持。"

❿成都市中级人民法院审理的成都市新某民饭店有限责任公司与周某婉公司证照返还纠纷案二审民事判决书【（2015）成民终字第1239号】认为："2014年4月24日的《新某民饭店监管委员会章程》确定了企业印章由委员会及饭店共同保管，而2014年5月5日之后的印鉴使用登记表的内容能够对此予以印证，证明新某民饭店的印章在使用时的确存在监委会与公司共管的事实。周某婉作为监委会的成员，代表监委会持有保管印鉴的保险箱的钥匙，并不能据此认定新某民饭店的印鉴由其个人持有。新某民饭店主张《新某民饭店监管委员会章程》系新某民饭店法定代表人张某宁在受胁迫的情况下违背真实意思签署，并已报案，但其并无证据证明公安机关对其报案予以立案。因此，新某民饭店在本案中并无证据证明公司印鉴由周某婉个人持有，其上诉主张不能成立，上诉请求本院不予支持。"

⓫北京市第三中级人民法院审理的中某鑫发（北京）国际投资顾问有限公司与齐某公司证照返还纠纷案二审民事判决书【（2014）三中民终字第 04162 号】认为："本案中，中某鑫发公司要求齐某返还公司公章证照，其应提供证据证明齐某现实际控制着涉案公章和证照，但是中某鑫发公司的现有证据不足以证明其该项主张，其应承担举证不能的不利后果。故中某鑫发公司的上诉主张，缺乏事实和法律依据，本院不予支持。"

6. 其他有权保管证照的主体

（1）董事长在无特殊规定时无权持有公司证照

❶遂宁市中级人民法院审理的奉某华与遂宁市川某印章有限公司公司证照返还纠纷案二审民事判决书【（2016）川 09 民终 191 号】认为："上诉人奉某华虽然是被上诉人川某公司董事长，但被上诉人川某公司并未对公司公章的保管作出明确规定，由公司董事长奉某华保管、使用。被上诉人川某公司作为有限责任公司，是独立的法人，公司的公章作为公司经营及对外开展业务活动的重要凭证，归公司所有，因此，原判支持被上诉人川某公司要求上诉人奉某华返还公章的诉请符合法律规定，本院予以维持。"

（2）清算组在清算期间有权管理公司证照

❷江苏省高级人民法院审理的江苏新某期股份有限公司与杜某燕公司证照返还纠纷案再审民事裁定书【（2014）苏审三商申字第 00358 号】认为："清算组在清算期间需要履行清理公司财产、分别编制资产负债表和财产清单、处理与清算有关的公司未了结业务、代表公司参与民事诉讼活动等职责，而公章作为公司对外行使权利、负担义务的重要凭据，对公司各项决策和经营活动有重大影响。在公司清算期间，清算组一方面需要利用公章进行对外活动，另一方面也需要利用公章对公司的以往业务账册、文书等资料进行甄别、清理，以顺利完成清算任务。因此，公章作为公司财产的一部分，清算组在清理公司资产的时候，有权利也有义务予以收回。"

（3）夫妻离婚后一方持有公司证章不影响公司经营的，无权要求其返还证章

❸无锡市中级人民法院审理的宜兴市世某机械设备有限公司与颜某梅公司证照返还纠纷案二审民事判决书【（2017）苏 02 民终 2776 号】认为："颜某梅为世某机械公司股东、监事，有权检查公司财务，对董事、高级管理人员执行公司职务的行为进行监督，纠正董事、高级管理人员损害公司利益的行为。本案中，世某机械公

司股东为颜某梅和蒋某军，在双方未离婚前，世某机械公司由双方共同经营，所获利益实为夫妻共同财产，基于蒋某军与闵某芳之间的民间借贷案件，颜某梅有充分理由怀疑蒋某军的行为有损双方共同财产，故其占有公司印章有合理性。离婚后，双方仍为公司股东，持股各半，颜某梅为保护公司财产和股东利益，拒绝归还公司印章，具有合理性。世某机械公司已停止经营，颜某梅继续保管公司印章证照，并不影响公司实际经营。世某机械公司在二审中提供的新证据不足以证明颜某梅在占有公司公章期间有损害公司利益和股东利益的行为。如公司已陷入经营管理的僵局，股东可另案申请对公司进行强制清算。"

（二）关于证照保管的规定问题

1. 股东会有权决定公司证照的保管事项

❶上海市第一中级人民法院审理的沈某与上海源某贸易有限公司公司证照返还纠纷案二审民事判决书【（2018）沪01民终274号】认为："公司证照、文件等物品是公司财物，其所有权属于公司，如无股东会决议确定由公司股东保管，则应当由公司相应负有职责的人员保管。股东会决议是公司治理的最高权力机构，有权决定公司的任何事项。源某公司已形成有效股东会决议，明确原相关人员应当向公司新的执行董事移交相关公司财物，源某公司及其股东均应按此决议执行。3名上诉人主张其无须返还系争物品，违反股东会决议，应不予支持。"

❷广州市中级人民法院审理的蔡某与广州望岗东某投资有限公司公司证照返还纠纷案二审民事判决书【（2017）粤01民终20930号】认为："根据蔡某在本案二审中提交的证据，可以证实东某公司已分别在2017年8月29日、2017年12月12日作出股东会决议，决议事项包括东某公司的所有证照原件、公章、财务章由股东陆某仪保管。蔡某亦依据股东会决议将东某公司营业执照正副本、税务登记证正副本，银行开户许可证，信用代码证、公章、财务专用章移交陆某仪持有。公司证照印章由何人负责具体保管，是公司自治范畴，东某公司虽对股东会决议不予认可，但根据2015年8月21日各方签订的《合作协议》，两次股东会到会股东林某元、陆某仪、蔡某共持有公司51%股权，亦无证据证实相关股东会决议之效力受到生效裁判的否定，故而决议效力应予肯定。在此情况下，东某公司请求移交公司证照、印章给法定代表人胡小芳，缺乏事实和法律依据，亦与股东会决议相悖。"

❸珠海市中级人民法院审理的陈某文与珠海晴某云天保健按摩有限责任公司公

司证照返还纠纷案二审民事判决书【（2017）粤 04 民终 2539 号】认为："公司的股东会有权决定公章及证照的保管主体及管理制度。被上诉人 2017 年 2 月 13 日召开的股东会，对公司公章及证照的保管部门和责任人已有明确的决议，该股东会决议没有违反法律、行政法规的强制性规定，且公司的股东均在股东会议决议上签字认可，因此，该决议内容合法有效。上诉人依照公司股东会议决议的规定，应当将案涉诉争的公司公章及证照移交给被上诉人的相关保管部门和保管责任人。虽然上诉人因为工商登记变更的原因，在 2017 年 2 月 28 日以后仍然担任公司的法定代表人，但根据公司股东会议决议，上诉人已不再负有任何代表公司的职能，对于公司的公章及证照，被上诉人有权要求上诉人予以返还。"

❹天津市第二中级人民法院审理的吴某国与天津市滨海新区信某渔业船舶修理有限公司公司证照返还纠纷案二审民事判决书【（2017）津 02 民终 6576 号】认为："公司的公章、经营执照、财务账册资料等属公司所有的财产，公司对其合法财产享有排他的支配权，除公司及其授权机关和人员外，其他民事主体均无权持有或控制上述财产，否则即侵犯公司对这些财产的所有者权益，因此，公司在其物权权利遭受侵犯的前提下，依法有权主张相对人返还财产。现信某公司已经作出股东会决议，决议相关证照、印鉴移交给法定代表人刘某旭。股东会对公司的重大事项作出的决议即为公司的意志，吴某国在没有明确章程或有效公司内部决议授权的情况下，无权继续控制或管理相关证照、印鉴，应该按照公司的意思表示返还公司的相关证照、印鉴。吴某国主张其作为实际控制人有权控制信某公司的有关证照，依据不足，不予支持。"

❺佛山市中级人民法院审理的佛山市绿某生态科技有限公司与张某勇公司证照返还纠纷案二审民事判决书【（2017）粤 06 民终 5313 号】认为："由于公司证照、印章由谁掌管和占有，属于公司的内部管理事务，应由公司股东自行决定，非但不是政府机构能够插手的事务，同样亦非司法机构应介入的事务。因此，对于股东在股东会议上讨论公章规范管理问题，从而决定由张某勇保管公章这一属于公司在自治范围内决定的内部事项，本院不宜进行司法干涉，即使张某勇在公司的职务被撤销，但亦不影响其基于股东会决议而持有公司印章。在该股东会决议的效力并未被撤销或确认为无效的情况下，绿某公司（实质是法定代表人罗某辉）要求张某勇交出公章的诉讼请求于法无据，本院不予支持。"

❻重庆市第五中级人民法院审理的邓某伟、谷某谦与重庆市科某粘土矿有限公司神某沟采场公司证照返还纠纷案二审民事判决书【（2017）渝 05 民终 3128 号】认为："神某沟采场提交的 2016 年 10 月 26 日的《会议记录》'决议'部分载明：

（1）同意取消邓某伟执行董事权利，由代某任执行董事并保管公章，处理公司一切事务；（2）同意在证件不齐的情况下以 500 万元出售，购买方并承担一切办证费用和报告等费用；（3）要求谷某谦交出公司一切证件。该《会议记录》由周某伦、代某、杨某、石某菊、周某川、周某强在'决议'内容后签字确认。石某菊、杨某在二审出庭作证时陈述由其本人在'决议'后签字，其同意该决议内容，只是签字时间为 2016 年 10 月 27 日。根据前述合伙协议书的约定，各合伙人对于重大合伙事务以及合伙人产生内部矛盾时，按一股一票的方式进行投票。虽然该合伙协议书并未明确约定投票内容获得通过所需票数的比例，但是签字同意'决议'的各合伙人所持的股数已接近 2/3 以上的多数，按各合伙人约定的一股一票的投票方式，'决议'应对所有合伙人有效，至于该'决议'的形成时间是 2016 年 10 月 26 日还是 10 月 27 日并不影响该'决议'的效力，故谷某谦应按该'决议'的要求交出神某沟采场的相关证照和资料。"

❼福州市中级人民法院审理的翁某雄与陈某云、莫某乐、万某强、福建某建建筑工程有限公司公司证照返还纠纷案二审民事判决书【（2015）榕民终字第 2161 号】认为："2014 年 6 月 28 日临时股东会决议应属合法有效，2012 年 8 月 29 日《调解协议书》的股东决定内容已被 2014 年 6 月 28 日股东会决议所变更。根据 2014 年 6 月 28 日临时股东会决议的授权，上诉人有权制定公司印章、证照的相关管理制度。现福建某建建筑工程有限公司已制定《证照、印章具体管理办法》并依该办法指定专人负责公司公章及证件管理工作。3 被上诉人主张上诉人抢夺公章、印章和证照，违反法律、行政法规和公司章程的规定，诉请上诉人返还并停止使用公章、印章和证照等，于法无据，本院不予支持。"

❽淮安市中级人民法院审理的洪泽银某房地产开发有限公司与夏某兴、陈某恩公司证照返还纠纷案二审民事判决书【（2014）淮中商终字第 0120 号】认为："因公司证照的保管及使用是公司内部管理事宜，应遵循公司经营自治原则。因何某峰代表东某公司转让银某公司股份时即将公司证照交付夏某兴等人，夏某兴、陈某恩作为银某公司股东已成为公司证照的实际保管人，而 2014 年 1 月 19 日的股东会决议亦决定将公司证照等交与现有 3 位公司股东保管，既代表公司股东和经营管理者意愿，也符合公司日常经营管理需要，故何某峰以银某公司名义要求两被上诉人返还公司证照无事实依据，亦无法律依据，本院不予支持。"

股东会决定收回公司证章的，原保管人应返还证章。

❾绵阳市中级人民法院审理的杨某全与绵阳固某发电气有限公司公司证照返还纠纷案二审民事判决书【（2016）川 07 民终 286 号】认为："2015 年 1 月 12 日公

司重新召开股东会议并形成决议要求杨某全将公司印章证照等交还公司，该股东会召开程序合法，决议经有 2/3 以上表决权的股东通过，系有效决议。杨某全所持未接到召开会议的通知，会议程序不当的上诉理由与一、二审查明的事实不符，本院不予采信。"

❿连云港市中级人民法院审理的连云港万某房地产开发有限公司与王某、王某丽等公司证照返还纠纷案二审民事判决书【（2016）苏 07 民终 1472 号】认为："万某公司已经通过股东会决议方式作出新的公司印鉴保管方案，王某在以该股东会决议无效而提起的诉讼被生效判决所驳回后，其即应当遵照公司决议向公司交还印鉴。万某公司虽然在本案二审审理期间启用了公司新的印鉴，但不影响公司原有印鉴权属的财产属性，万某公司对公司财产的权利并不丧失，故王某仍对万某公司负返还责任。因此，上诉人王某所主张的其不应向公司返还印鉴的上诉请求同样依据不足，本院不予采信。"

⓫福州市中级人民法院审理的福建江某投资发展有限公司与许某春、丁某公司证照返还纠纷案二审民事判决书【（2016）闽 01 民终 1669 号】认为："上诉人许某春在担任江某公司经理期间，公司印章、证照等均系由其控制使用，至于印章、证照等由其指定的何人具体负责保管，并不改变上诉人许某春系返还印章、证照的义务主体。并且，《福建江某投资发展有限公司 2014 年度第一次临时股东会会议决议》明确要求许某春将公司印章印鉴、公司证照、资料等返还给公司，该决议亦经生效判决确认效力，对时任江某公司经理的许某春具有拘束力，其应当依照决议履行返还义务。再者，上诉人许某春在另案相关诉讼中亦自认印章、证照等仍由其管理控制，上诉人即便离职，亦应将印章、证照等予以返还。故一审法院判决上诉人许某春返还公司印章及证照等是正确的，上诉人认为其不负有返还义务的相关上诉意见不能成立，本院不予采纳。"

⓬池州市中级人民法院审理的王某明、江某俊与池州众某置业有限公司公司证照返还纠纷案二审民事判决书【（2016）皖 17 民终 154 号】认为："公司公章、财务专用章等相关证照是公司经营过程中必不可少的工具，其所有权及使用权均属于公司。本案中众某公司因经营管理的需要通过股东会决议的方式将公司的部分证照交由王某明、江某俊管理是对其权利的正常行使。后因众某公司通过股东会决议的形式决定收回上述证照时，王某明、江某俊已无权再持有和使用上述证照，应无条件返还。"

2. 公司章程可规定证照的保管事项

❶上海市第一中级人民法院审理的王某蒙（WANG ××× MOND）诉香港雷某时

装有限公司公司证照返还纠纷案二审民事判决书【（2017）沪01民终4938号】认为："涉案公司章程第19条约定：'公司印章应由董事会保管，并且未经董事会授权不得使用。'2014年11月24日，经香港注册处登记王某蒙不再担任涉案公司候补董事职务。梁某德为该公司唯一董事。故雷某公司有权要求王某蒙返还涉案公章及登记证。"

❷葫芦岛市中级人民法院审理的毕某忱与绥中县种某有限公司公司证照返还纠纷案二审民事判决书【（2016）辽14民终2069号】认为："种某公司的营业执照、组织机构代码证、公章等均属公司财产，由公司依法享有占有、使用、收益和处分的权利，公司股东、董事等任何人均无权占有，应由公司依照公司章程及相关法律的规定交由公司相关人员掌管。现种某公司的营业执照、组织机构代码证、公章均由毕某忱持有，依照上述规定，上述公司财产应由公司相关人员掌管。故而，无论毕某忱现是否为种某公司的法定代表人，均不能个人持有上述公司财产。"

法定代表人可依据公司章程变更证章保管人。

❸沈阳市中级人民法院审理的沈阳越某商贸有限公司与李某华、何某春、王某公司证照返还纠纷案二审民事判决书【（2016）辽01民终10789号】认为："应是在此背景下越某公司的股东张某平和李某华决议确定的公司章程，确定公司的执行董事为张某平，为公司的法定代表人，对外进行公司的意思表达，决定和处理公司经营中需经股东会决定以外的日常经营业务，其职权包括聘任或解聘公司副经理、财务负责人。李某华原持有保管公司财务专用章系根据越某公司法定代表人授权，现越某公司的2股东因公司内部治理产生纠纷，张某平作为越某公司的执行董事依公司章程有权决定变更公司证照的保管人，以公司名义收回由李某华保管的公司财务专用章。公司证照对外代表着公司的意志，是公司的形象，公司享有公司证照的所有权，依据《物权法》第34条'无权占有不动产或者动产的，权利人可以请求返还原物'的规定，对越某公司请求李某华返还公司财务专用章的诉讼请求，应予支持。"

公司章程未对公章的保管人作出规定时，总经理无权保管公章。

❹深圳市中级人民法院审理的深圳市达某视讯科技开发有限公司与易某明公司证照返还纠纷案二审民事判决书【（2016）粤03民终3610号】认为："公司公章是公司对外意思表示的载体，具有证明和确定公司主体资格和能力的法律效果，公司当然拥有其公章的所有权。《民法通则》第38条规定：'依照法律或者法人组织章程规定，代表法人行使职权的负责人，是法人的法定代表人。'在公司章程未对公司公章的具体保管人作出规定的情况下，达某视讯公司要求易某明返还公司公章，

于法有据。易某明提出的应由其保管公司公章的上诉请求，本院不予采纳。"

3. 公司有关证照管理文件可规定证照的保管事项

❶北京市第三中级人民法院审理的许某曦与北京外贸新某经贸发展有限公司公司证照返还纠纷案二审民事判决书【（2017）京03民终2223号】认为："从新某公司的《印章使用管理制度》来看，公司印章的保管，是由确定的印章管理员保管，许某曦虽然属于行政负责人，但其不属于公司确定的印章管理员，且其也是擅自从他人处取得印章、证照，非经公司同意，故许某曦认为其是行政负责人就应当保管印章、证照的意见没有依据。对于许某曦在二审诉讼中提交的《临时股东会决议》，因该决议只涉及'公司公章'，而非本案诉争的印章、证照，故该证据不足以证明新某公司授权其保管涉诉印章、证照，本院不予采纳。"

❷北京市第三中级人民法院审理的郭某晓与兴某投资有限公司公司证照返还纠纷案二审民事判决书【（2016）京03民终6878号】认为："2015年7月22日，兴某公司董事会2015年第二次会议审议并通过了《兴某投资有限公司印章管理办法》。郭某晓基于2012年5月29日的'股东协议'获得管理涉案的兴某公司公章、证照，但是该约定的有限期限是公司成立早期，虽然对于早期双方存在争议。但是在2014年至2015年期间，兴某公司制定了公司章程，并成立了董事会依法行使管理公司之责。而公司章程明确赋予了董事会'制定公司的基本管理制度'，该公司章程对全体股东、董事会均具有约束力，兴某公司董事会随后审议并通过了《兴某投资有限公司印章管理办法》，因此，在《兴某投资有限公司印章管理办法》和公司成立前的'股东协议'内容相冲突的情形下，公司章程和《兴某投资有限公司印章管理办法》的效力明显优于'股东协议'的授权，故郭某晓的该项抗辩意见，本院难以采纳。"

4. 股东可协议变更公司证照保管人员

❶广州市中级人民法院审理的广州市凯某达经济发展有限公司与罗某公司证照返还纠纷案二审民事判决书【（2016）粤01民终14895号】认为："虽凯某达公司各股东于2010年签署的《合作经营凯某达公司合同》以及凯某达公司于2011年2月5日制定的《关于证照及印章的管理规定》、2011年2月15日发出的《声明》，均反映在此前公司经营期间各股东一致确定由罗某负责保管公司公章和财务专用章，但凯某达公司各股东及其委托人已于2015年5月13日另行以《人民调解协议书》的形式达成新的协议，即对于'公司的公章、法定代表人章、营业执照等重要

物品，交由公司在办公场所内统一保管'，虽该协议未写明具体的公章保管方式，但从其条款约定'交由公司在办公场所统一保管'的内容，显然已实质改变了此前由罗某个人负责保管公章的管理模式。凯某达公司各股东或其委托代理人均已在协议书中签字确认，故该协议客观地反映了公司股东的真实意思表示，现凯某达公司起诉要求罗某将其持有的公章和财务章予以返还，符合上述协议约定，本院予以确认。"

5. 公司及其法定代表人可授权他人保管公司证照

未经授权持有公司证章的，应当返还。

❶梅州市中级人民法院审理的平远县联某机动车驾驶员培训学校与谢某扬公司证照返还纠纷案二审民事判决书【（2016）粤14民终148号】认为："本案平远联某驾校是涉案'平远县联某机动车驾驶员培训学校'公章和注册号为441426600055×××个体工商户营业执照副本以及代码为L1457×××-4的中华人民共和国组织机构代码证副本的权利人。上诉人谢某扬并非平远联某驾校的个体经营者，其未获得平远联某驾校及经营者谢某春的授权持有涉案驾校的公章和营业执照副本以及组织机构代码证副本的行为，侵犯了平远联某驾校的合法权益，权利人平远联某驾校请求谢某扬返还其公章及相关证照，于法有据。故原审判决谢某扬将'平远县联某机动车驾驶员培训学校'公章和注册号为441426600055×××个体工商户营业执照副本以及代码为L1457×××-4的中华人民共和国组织机构代码证副本返还给平远联某驾校并无不当，应予维持。"

❷宜宾市中级人民法院审理的李某修与四川省兴文县众某矿业有限公司、李某宏公司证照返还纠纷案二审民事判决书【（2015）宜民终字第25号】认为："法定代表人是依照法律或者法人组织章程规定，代表法人行使职权的负责人。印章是企业法人经工商机关登记备案确认的对世性符号凭证，是企业的专用物品，印章的运用只能依附于法人的行为，负责保管印章的人员应当根据法人的授权依法使用。李某宏作为众某矿业公司执行董事，因公司整改和办理安全生产许可证续期，迫切需要使用公司印章和证照，其为避免公司利益受到难以弥补的损害提起诉讼，是本案公司证照返还纠纷案件的适格主体。由于众某矿业公司的章程或相关管理制度均未对印章由谁保管作出明确规定，众某矿业公司在诉讼中明确要求将公司公章及营业执照等证照交由李某宏保管，一审法院判决将公司印章及营业执照等证照交由李某宏保管并无不当。"

❸苏州市中级人民法院审理的苏州鑫某金富门家具有限公司与沈某芳、章某荣

公司证照返还纠纷案二审民事判决书【（2014）苏中商终字第 01350 号】认为："当前章某荣持有蠡某家具公司公章等公司证照并非应法定代表人郭某的授权，亦无股东会或董事会决议授权，即便上述公司证照所在的物理位置属于公司的经营场所，但由于被章某荣所控制，仍不能视为公司持有，蠡某家具公司有权要求章某荣返还。上诉人沈某芳主张其系根据公司监事柏某美的指示，将上述公司证照交给公司经理章某荣，不存在还需要交还给公司的事实，但蠡某家具公司章程中并未规定公司监事有权决定将公司公章及相关证照交给他人保管，故沈某芳该行为不符合公司章程规定，其与章某荣仍有义务向蠡某家具公司返还公司公章、法定代表人印章、合同章及营业执照正、副本。"

授权保管的期限届满后应返证章。

❹日照市中级人民法院审理的日某工业有限公司与姜某和公司证照返还纠纷案二审民事判决书【（2016）鲁 11 民终 1019 号】认为："上诉人基于被上诉人总经理陈某丰的授权保管被上诉人的公司公章和财务章，授权期限届满后，继续保管持有的权利依据即消失，上诉人应当返还，因此，被上诉人要求上诉人返还的诉讼请求符合法律规定，应予支持。"

（三）关于证照返还诉讼的主体问题

1. 法定代表人有权以公司的名义请求返还证照

在公章控制人与法定代表人不一致时，应当由法定代表人行使公司意志的代表权。

❶内江市中级人民法院审理的周某与威远县金某商贸有限公司公司证照返还纠纷案二审民事判决书【（2017）川 10 民终 819 号】认为："公司是企业法人，有独立的法人财产，享有法人财产权。案涉公章属于金某商贸公司财物，其由何人、何部门保管，应根据公司内部规章制度或公司章程等规定处理。周某现持有金某商贸公司公章并无合法根据，系无权占有。根据《物权法》第 34 条'无权占有不动产或者动产的，权利人可以请求返还原物'之规定，周某应当将持有的公章返还给金某商贸公司。金某商贸公司的起诉状虽然没有加盖公司公章，但有其法定代表人刘某明的签字确认。刘某明作为金某商贸公司法定代表人有权以法定代表人名义代表金某商贸公司对外行使职权、履行职务，亦可以代表金某商贸公司提起民事诉讼。金某商贸公司法定代表人变更为刘某明虽然未完成登记，但根据《最高人民法院关

于适用《中华人民共和国民事诉讼法》的解释》第 50 条第 2 款 '法定代表人已经变更，但未完成登记，变更后的法定代表人要求代表法人参加诉讼的，人民法院可以准许' 之规定，刘某明可以代表金某商贸公司参加本案诉讼。"

❷ 镇江市中级人民法院审理的丹阳市恒某船用遮阳帘有限公司与眭某蓓公司证照返还纠纷案二审民事判决书【（2017）苏 11 民终 2123 号】认为："谢某永作为公司的法定代表人有权解除眭某蓓对相关印章、证照的掌管和占有，眭某蓓被解除授权后，其就无权继续掌管和占有，应及时返还给公司。因此，谢某永作为公司的法定代表人有权代表公司诉请证照返还，眭某蓓在公司要求返还相关印章、证照时应当予以配合。眭某蓓提出谢某永在担任公司法定代表人期间私刻公司合同章进行自营活动，侵犯了其股东权益，可根据相关事实另行主张。一审法院判令眭某蓓向丹阳恒某公司返还丹阳恒某公司的财务专用章、三证合一领取条、开票机，且由丹阳恒某公司的法定代表人谢某永代表丹阳恒某公司接受交付，并无不当。"

❸ 青岛市中级人民法院审理的袁某祥与青岛中某环境艺术工程有限公司公司证照返还纠纷案二审民事判决书【（2017）鲁 02 民终 5556 号】认为："中某公司作为依法成立的有限责任公司，拥有独立的法人财产，享有法人财产权。袁某国根据中某公司董事会选举，担任中某公司的法定代表人。上诉人主张袁某国任期届满，不再任法定代表人一职，无权代表公司提起诉讼，因中某公司尚未依据章程规定另行选举或变更法定代表人人选，故上诉人该主张没有事实依据，本院不予采信。袁某国有权代表公司对侵害公司财产权的行为提起诉讼。"

❹ 苏州市中级人民法院审理的苏州江某美机电科技有限公司与靳某婷、陆某安公司证照返还纠纷案二审民事判决书【（2017）苏 05 民终 143 号】认为："公司证照和印鉴等财物是公司人格的象征，具有证明和确定公司主体资格和能力的法律效果，属于公司专有的重要财产。江某美公司的法定代表人为李某美，在公司章程或股东会决议未对公司证照和印鉴等财物的具体保管人作出特别规定的情况下，李某美有权代表公司提起诉讼，要求非法持有人归还公司证照和印鉴等财物。因靳某婷已将江某美公司证照和印鉴等财物交给陆某安，故靳某婷在本案中不应承担责任。陆某安认可其持有江某美公司证照和印鉴等财物，但拒不归还，其行为已经侵害公司利益、阻碍公司正常经营活动。现李某美以法定代表人的身份，以公司的名义起诉陆某安，要求其归还江某美公司证照和印鉴等财物的诉讼请求，依法应予支持。"

❺ 广州市中级人民法院审理的李某兰与伍某飞、广州市辉某达物业管理有限公司公司证照返还纠纷案二审民事判决书【（2016）粤 01 民终 14878 号】认为："辉某达公司作为企业法人，由其法定代表人李某兰作为公司代表行使权利，代表公司

提起诉讼符合公司法的精神，作为诉讼主体适格。公司营业执照正副本、公章、财务专用章、公司财务账册作为公司财产，李某兰提起本案诉讼追回公司财产与公司利益存在一致性，其诉讼代理人可以代理公司进行诉讼。"

❻青岛市中级人民法院审理的青岛国某建筑安装有限公司与青岛前某船厂工会委员会公司证照返还纠纷案二审民事判决书【（2016）鲁 02 民终 1198 号】认为："本案系公司证照返还纠纷，目前国某公司公章为上诉人持有，周某国系国某公司法定代表人，也是公司股东，本案中有权代表国某公司在诉状中签字，要求上诉人返还国某公司清算过程中交付上诉人的公司证照及财务资料，上诉人关于周某国无权代表国某公司进行本案诉讼的上诉主张，本院不予支持。"

❼北京市第三中级人民法院审理的王某兰等与北京华某盈丰物业管理有限公司公司证照返还纠纷案二审民事判决书【（2016）京 03 民终 346 号】认为："公司证照代表公司的意志，公司拥有证照的所有权。公司的法定代表人有权代表法人行使职权。本案中，崔某萍作为华某盈丰公司的法定代表人，有权以公司名义提起诉讼。故华某盈丰公司要求王某兰、李某返还其保管的公章、营业执照正本、营业执照副本、工商银行 U 盾，理由正当。王某兰、李某主张公司公章、营业执照正副本已交付某平保管，付某平丢失，缺乏事实依据，本院对其所述不予采信。"

❽苏州市中级人民法院审理的昆山艾某达斯电气科技有限公司与高某坚公司证照返还纠纷案二审民事判决书【（2015）苏中商终字第 01131 号】认为："公司公章是公司人格的象征，具有证明和确定公司主体资格和能力的法律效果，属于公司专有的重要财产。艾某达斯公司的法定代表人为陈某忠，在公司章程或股东会决议未对公司印章具体保管人作出特别规定的情况下，陈某忠有权代表公司提起诉讼，要求非法持有人归还公章及合同专用章等。高某坚长期以控制公司的方式控制公司公章，并在公司法定代表人向其提出要求后，仍拒不归还，其行为已侵害公司利益，阻碍公司正常经营活动。现陈某忠以法定代表人的身份，以公司名义起诉高某坚要求其归还公司公章的诉讼请求，本院依法予以支持。"

❾北京市第三中级人民法院审理的盛某与北京日某印刷有限公司公司证照返还纠纷案二审民事判决书【（2014）三中民终字第 08670 号】认为："根据现有证据，詹某晴在本判决作出之日仍是日某公司的法定代表人。本案中，法定代表人与公司公章控制人并非同一人，根据《民事诉讼法》第 48 条第 2 款的规定：'法人由其法定代表人进行诉讼'，法定代表人是公司意志的代表机关，在公章控制人与法定代表人不一致时，应当由法定代表人行使公司意志的代表权。在无相反证据证明下，法定代表人以公司名义做出的行为应当视为公司的行为，詹某晴作为日某公司法定

代表人有权代表公司提起诉讼。"

❿沈阳市中级人民法院审理的沈阳坤某房地产开发有限公司与杨某成公司证照返还纠纷案二审民事裁定书【（2014）沈中民三终字第746号】认为："沈阳坤某房地产开发有限公司股东会依法作出生效的决议：'免去杨某成执行董事法定代表人职务。同时，任命股东邹某红为执行董事法定代表人、李某源为总经理、赵某群为监事。上述职务任期为3年。'杨某成、邹某红系沈阳坤某房地产开发有限公司的两名股东，股东会决议对杨某成、邹某红具有约束力，2人均应当按照该股东会执行。因杨某成在该公司不具有股东身份以外的职务身份，即已经不具有合法掌管公司证照、印签、财务账簿的资格。邹某红有权代表公司要求杨某成返还公司证照、印签、财务账簿。"

⓫上海市第一中级人民法院审理的潘某娟与上海视某信息技术有限公司公司证照返还纠纷案二审民事判决书【（2014）沪一中民四（商）终字第819号】认为："根据我国《民法通则》第38条、《民事诉讼法》第48条、《公司法》第13条[①]的规定，法定代表人作为最基础的公司意志代表机关，是法人当然的诉讼意志代表主体。公章是公司对外作出意思表示的重要外在表现形式，但法律并未规定公章本身能够直接代表公司意志。本案中，视某公司起诉目的就在于要求其财务潘某娟返还公司公章，在法定代表人与公司公章分离的情况下，法定代表人胡娟以公司名义做出的诉讼行为，应视为公司的诉讼行为。原审法院认定视某公司具备合法的主体资格参加本案诉讼，并不违反相关法律规定，潘某娟此项上诉请求，本院不予采信。"

法定代表人变更后虽未办理变更手续，名义法定代表人无权以公司名义提起诉讼。

⓬上海市第二中级人民法院审理的上海育某服装厂与上海市宝山区顾某工业公司公司证照返还纠纷案二审民事裁定书【（2016）沪02民终441号】认为："股份合作制企业的法定代表人的职能为负责企业的日常经营管理，而育某厂在多年前即已停产，并交由刘行镇工业公司（后转为顾某工业公司）托管，并无经营管理上的需求。且须某明已经退休，按股份合作制的性质，其不再是育某厂的职工和股东，也不应再担任该厂的法定代表人。虽然因育某厂在改制后于2006年被工商部门吊销营业执照至今，法定代表人变更手续尚未办理，但并不因此表明须某明具备担任育某厂法定代表人的条件。故须某明代表育某厂提起本案诉讼也未获得育某厂股东会或董事会的授权，其起诉不能代表育某厂。原审认定事实清楚，裁定并无不当。"

---

① 《公司法》（2023年修订）第10条、第11条。

❸重庆市第五中级人民法院审理的雷某照明（中国）有限公司与王某雷公司证照返还纠纷案二审民事裁定书【（2015）渝五中法民终字 03216 号】认为："雷某中国公司法定代表人变更为王某雷。虽然吴某江以雷某中国公司名义提起本案诉讼时雷某中国公司的工商登记中法定代表人尚未变更为王某雷，但此时雷某中国公司的股东已经作出的决议免去吴某江的法定代表人职务。现该决议没有被生效法律文书确认为无效，因此，本案起诉状上仅有吴某江的个人签名未加盖雷某中国公司印章，吴某江不能代表雷某中国公司提起本案诉讼，其起诉应予驳回。"

❹济南市中级人民法院审理的济南新某界商贸有限公司与上海依某路光学有限公司公司证照返还纠纷案二审民事裁定书【（2014）济商终字第 688 号】认为："本案中代表新某界公司提起诉讼的系赵某，依某路公司主张新某界公司已于 2012 年 11 月 30 日召开特别股东会议，作出免除赵某为该公司董事长、法定代表人职务的决定，赵某无权代表新某界公司提起本案诉讼。故本案争议的焦点是赵某是否可代表新某界公司提起本案诉讼。本院认为，赵某对 2012 年 11 月 30 日新某界公司特别股东会决议无异议，其已在该决议上签字确认其已被免去该公司董事长、法定代表人职务，参会各方均未对该决议提出异议，故可以该决议确认自 2012 年 11 月 30 日起赵某已非新某界公司法定代表人。关于赵某主张的新某界公司 2013 年第 2 次临时股东会决议，因新某界公司的股东系赵某及依某路公司，依某路公司对该决议内容不予认可，即该决议内容的效力尚待确定，故在该决议效力确定前，赵某亦无权代表新某界公司提起本案诉讼。综上，原审裁定驳回新某界公司的起诉并无不当。"

关于公司法定代表人变更未做变更登记时，实质法定代表人是否有权以公司名义提起诉讼问题，法院的裁判观点不一。

多数裁判观点认为，在名义法定代表人与实质法定代表人发生冲突时，应以实质法定代表人作为公司的诉讼代表人，要求返还公司印章及证照。

❺重庆市第五中级人民法院审理的雷某照明（中国）有限公司与王某雷公司证照返还纠纷案二审民事裁定书【（2015）渝五中法民终字 03216 号】认为："公司登记的法定代表人对外具有公示效力，如果涉及公司以外的第三人因公司代表权而产生的外部争议，应以工商登记为准。而对于公司与股东之间因法定代表人任免产生的内部争议，则应以有效的股东会任免决议为准，并在公司内部产生法定代表人变更的法律效果。而本案即是公司内部因为法定代表人变更产生的纠纷。根据查明的事实，吴某江于 2014 年 8 月 7 日被雷某中国公司的独资股东香港雷某照明有限公司作出决议，免去其雷某中国公司董事职务，之后，其不再担任董事长及法定

代表人职务。2014 年 9 月 30 日，雷某中国公司法定代表人变更为王某雷。虽然吴某江以雷某中国公司名义提起本案诉讼时雷某中国公司的工商登记中法定代表人尚未变更为王某雷，但此时雷某中国公司的股东已经作出的决议免去吴某江的法定代表人职务。现该决议没有被生效法律文书确认为无效，因此，本案起诉状上仅有吴某江的个人签名未加盖雷某中国公司印章，吴某江不能代表雷某中国公司提起本案诉讼，其起诉应予驳回。"

❶6 宿迁市中级人民法院审理的苏某（沭阳）畜牧苗猪市场有限公司与郑某华公司证照返还纠纷案二审民事判决书【（2015）宿中商终字第 00185 号】认为："苏某苗猪公司监事顾某根提前 15 日通知了全体股东召开股东会，以 2/3 有表决权的多数表决通过本案股东会决议，并将股东会决议内容书面通知了全体股东，无论是程序还是决议内容，均符合公司章程规定，不违反法律、行政法规的规定，合法有效，股东会决议对公司全体股东具有法律约束力。公司的诉讼代表权专属于公司法定代表人，在名义法定代表人与实质法定代表人发生冲突时，应以实质的法定代表人作为公司的诉讼代表人。本案中，苏某苗猪公司原法定代表人郑某华被罢免法定代表人职务后，无权占有公司公章，拒不配合办理公司变更登记，影响公司正常经营管理，顾某根作为股东会决议新选任的法定代表人，方是代表公司真实且最高意思表示的实质的法定代表人，其当然有权签字以公司的名义提起诉讼，即本案原告主体资格适格。据此，本案中，郑某华在苏某苗猪公司 2014 年 10 月 8 日股东会决议并通知其后，其已不再担任该公司的法定代表人，其也不再有权持有公司的证照，其继续占有公司证照属于无权占有，公司作为证照的所有权人，有权要求其立即返还。郑某华应当根据股东会决议要求向公司移交营业执照原件、公章、财务章、合同专用章、税务登记证、组织机构代码证和财务资料等公司证照。"

❶7 北京市第一中级人民法院审理的袁某超与北京优某融联科技有限公司等公司证照返还纠纷案二审民事判决书【（2014）一中民（商）终字第 8896 号】认为："优某公司已经通过有效的临时股东会决议、临时董事会决议，免去了袁某超法定代表人职务，任命王某辉为优某公司新的法定代表人。袁某超上诉称，由于工商变更登记没有变更，因此王某辉不能作为优某公司的法定代表人提起本案诉讼。对此本院认为，工商登记的法定代表人对外具有公示效力，如果涉及公司以外的第三人因公司代表权产生争议，应以工商登记为准；而对于公司与股东之间因法定代表人任免发生的内部争议，应当以有效的股东会决议、董事会任免决议为准，并在公司内部产生法定代表人变更的法律效果。由此可以看出，本案涉及袁某超与优某公司之间就法定代表人任免问题发生的内部争议，应当以优某公司有效的股东会决议、

董事会决议为准，故王某辉有权以优某公司法定代表人的身份以优某公司的名义，提起本案诉讼。袁某超此点上诉请求及事实理由，没有法律依据，本院不予支持。"

❽张家口市中级人民法院审理的翟某国与宣化县祥某物流有限公司公司证照返还纠纷案二审民事判决书【（2014）张民终字第 464 号】认为："被上诉人祥某物流公司通过《章程修正案》对该公司的股东、出资方式和出资额进行了重新确认，并通过新的股东会选举袁某兵为该公司的执行董事，同时在工商行政管理部门将该公司的法定代表人变更登记为袁某兵。鉴于翟某国不再担任该公司的执行董事职务，故其对公司营业执照正本、公司印章、财务专章及公司财务账册就没有合法管理的依据，其应将该公司的证章账册移交给公司，由公司经过合法程序作出合理安排。祥某物流公司要求翟某国返还该公司的营业执照正本、公司印章、财务专章及公司财务账册应予支持。"

少数裁判观点认为，法定代表人未做变更登记前，实质法定代表人无权以公司名义提起诉讼。

❾佛山市中级人民法院审理的佛山市高明广某汽车客运有限公司与金某元、刘某强公司证照返还纠纷案二审民事裁定书【（2014）佛中法民二终字第 141 号】认为："佛山市高明区工商局于 2012 年 12 月 13 日作出的明工商撤字〔2012〕0001 号撤销变更登记决定书，将广某公司的法定代表人恢复登记为刘某强，该登记事项具备高度的公示性及公信力。而且，公司法定代表人的选定及变更分属公司自治及工商行政管理部门核准登记范畴。在广某公司法定代表人的工商登记未作相应变更前，林某光自无权以广某公司法定代表人身份代表公司提起诉讼并主张相关民事权利。鉴于此，本院对广某公司在二审期间提交的证据及刘某强就上述决定书所提相关异议均不作审查认定。原审处理结果并无不当，本院予以维持。"

法定代表人无权以自己的名义请求返还证章。

❿徐州市中级人民法院审理的余某涛与孙某、陈某伟公司证照返还纠纷案二审民事裁定书【（2018）苏 03 民终 1878 号】认为："公司营业执照、印章、款记账簿等物品是公司的合法财产，除公司认可的保管人员外，他人无权侵占。余某涛虽然既是江苏木某公司的法定代表人也是公司董事长，但是其认为他人侵占了公司财产，作为法定代表人而言应当以公司名义提起诉讼。《最高人民法院关于适用〈中华人民共和国公司法〉若干问题的规定（四）》第 23 条第 2 款规定，'董事会或者不设董事会的有限责任公司的执行董事依据公司法第一百五十一条第一款规定对监事提起诉讼的，或者依据公司法第一百五十一条第三款规定对他人提起诉讼的，应当列公司为原告，依法由董事长或者执行董事代表公司进行诉讼'，即便余某涛系

以董事长身份代表公司提起诉讼，原告仍应当为江苏木某公司，因此，余某涛以自己名义起诉要求孙某、陈某伟返还公司证照等物品，其诉讼主体不适格。一审法院裁定驳回倍某公司起诉，应予维持。"

㉑淮安市中级人民法院审理的李某衡与张某升、江苏知某律师事务所公司证照返还纠纷案二审民事裁定书【（2018）苏08民终85号】认为："公司的公章和财务专用章属于公司的财产，在公司章程或者公司内部管理制度无特别规定的情况下，应由公司享有公司公章和财务专用章的相关权利。公司的法定代表人在对外从事民事活动时可以代表公司作出意思表示，但是在公司的内部治理中并不能代表公司的意思表示。本案中，一某梅公司的章程或者内部管理制度未对公司公章和财务专用章的保管作出规定，应该由一某梅公司享有公司公章和财务专用章的相关权利，即使一某梅公司的法定代表人也无权以个人名义主张公司公章和财务专用章的相关权利。因此，无论上诉人是否为一某梅公司的法定代表人，其以个人名义提起诉讼，要求被上诉人返还公司公章和财务专用章主体不适格，一审裁定驳回其起诉并无不当。"

2. 股东无权以自己的名义请求返还证照

❶芜湖市中级人民法院审理的苏州颐某生物医药技术股份有限公司与周某生公司证照返还纠纷案二审民事裁定书【（2017）皖02民终1766号】认为："公司印章、证照等系公司重要资产，即便如上诉人颐某公司所述，那提起诉讼的原告主体应当是博某公司而非作为股东的颐某公司。同时根据法律规定，提起股东代表诉讼应当履行相应的前置程序，现博某公司在本案中并未提供相应证据证明其已经先请求博某公司的监事会或者董事会采取起诉等救济措施，并被监事会或者董事会拒绝或漠视，亦并无证据证明情况紧急、不立即提起诉讼将会使公司利益受到难以弥补的损害，因此颐某公司并不是本案适格的原告主体，一审对此认定正确，本院予以确认。"

❷中山市中级人民法院审理的王某杰与陈某镇公司证照返还纠纷案二审民事判决书【（2017）粤20民终2982号】认为："根据《公司法》第3条规定'公司是企业法人，有独立的法人财产，享有法人财产权'，公司对于证照等法人财产依法享有独立的财产权。公司证照属公司财产，由公司依法享有所有权，对于公司证照的不当持有，应当由证照所有权人即公司依法提起诉讼。陈某镇、徐某新、徐某精、秦某、冯某平、刘某勇作为诚某达公司的股东，提起本案诉讼，主体不适格，本院予以驳回。"

❸淮安市中级人民法院审理的顾某群、李某清等与江苏知某律师事务所公司证照返还纠纷案二审民事裁定书【（2015）淮中商终字第 00379 号】认为："一某梅公司未经工商行政管理部门登记注销，因此其法人主体资格仍然存在。江苏银行申请一某梅公司破产清算被法院裁定驳回后，一某梅公司的公章、财务资料及诉讼资料应当由一某梅公司主张返还。现上诉人顾某群等 18 人作为一某梅公司股东无权要求被上诉人交付一某梅公司公章、财务资料及诉讼资料，一审法院实体处理正确，应予以维持。"

❹深圳市中级人民法院审理的史某瑞与钟某梅公司证照返还纠纷案二审民事判决书【（2014）深中法商终字第 2725 号】认为："史某瑞、李某宜主张钟某梅拒不返还思某丰景公司证照，且拒绝协助办理思某丰景公司法定代表人的变更登记，该诉请的适格原告应为思某丰景公司。史某瑞、李某宜以个人名义诉请钟某梅向其返还思某丰景公司证照，并协助其完成公司法定代表人的变更登记，主体不适格。原审法院关于该案诉讼主体资格的认定正确，本院予以维持。"

❺温州市中级人民法院审理的陈某珍与洪某辉公司证照返还纠纷案二审民事裁定书【（2014）浙温商终字第 1491 号】认为："根据公司法的规定，有限责任公司作为独立的法人，具有独立的法人财产。法人财产不仅包括公司拥有的货币、固定资产、债权等，还包括公司经营中依法建立的营业执照、公司印章、财务资料等。如公司上述经营资料或财产遭他人非法占有，应当由公司作为权利人请求他人返还证照。基于公司法人财产独立的原则，公司股东无权直接向他人主张属于公司的财产权利。故上诉人陈某珍以其个人名义向被上诉人主张返还公司证照的主体不适格，本院不予支持。"

❻北京市第三中级人民法院审理的张某与北京俊某房地产开发有限公司等公司证照返还纠纷案二审民事裁定书【（2014）三中民终字第 09380 号】认为："张某在二审期间主张，其以盛某夏公司名义要求俊某公司、余某储返还公司印章、证照。但是张某在一审起诉状中将盛某夏公司列为第三人，其在一审中的诉讼请求亦写明'判令俊某公司、余某储向张某返还盛某夏公司印章、财务章、合同章、营业执照、公司财务账簿、合同文件等'。通过上述事实，本院认定张某在一审中，系以个人名义提起公司证照返还诉讼。张某关于其以盛某夏公司名义提起诉讼的上诉主张，没有事实依据，本院不予采信。根据前述分析，张某无权以自己名义要求返还盛某夏公司的印章、证照，张某提起的公司证照返还诉讼主体不适格。"

法定代表人拒绝返还公司证照导致公司利益受损时，股东有权以个人名义提起证照返还诉讼。

❼湖北省高级人民法院审理的黄某学公司证照返还纠纷案再审民事裁定书【（2014）鄂民申字第00481号】认为："黄某学不论是作为公司股东还是所主张的法定代表人，都应该全力维护公司的利益，避免出现经营僵局。现黄某学以非正常手段控制公司印章及证照，客观上已经损害了公司的整体利益和其他股东的合法权益。故在兴某公司因客观原因不能行使对其印章及证照的权利之时，该公司或其股东即能主张救济权利，而无论部分股权是否存在变更的可能。有鉴于此，一审追加权利主体兴某公司以第三人身份参加诉讼并无不当，判决黄某学返还公司印章、证照体现了公正与诚信。"

3. 其他有权提起诉讼的主体

公司证章管理办法中规定的证章保管者有权请求返还证照。

❶合肥市中级人民法院审理的宋某珊与孙某公司证照返还纠纷案二审民事判决书【（2017）皖01民终5878号】认为："公司印章属于公司所有，本案是因公司证照返还引发的纠纷，其实质是股东之间对公司内部治理权的控制与主张，与公司印章的所有权无关，而是公司内部基于印章交给谁保管引起的纠纷。根据《公司公章、财务章及营业执照等证件管理办法》规定：将'财务章交由王某晶保管'，故一审原告对此具有诉的利益，是本案的适格原告。"

董事长有权以公司名义请求返还证照。

❷重庆市第一中级人民法院审理的重庆市江北区玉某就业服务有限公司与秦某和公司证照返还纠纷案二审民事判决书【（2015）渝一中法民终字第02991号】认为："根据审理查明的事实，重庆玉某公司1/3以上董事以及监事均提议于2014年7月27日召开临时股东会会议，并提前15天通过发放、邮寄通知以及电话通知等方式通知了包括秦某和在内的全体股东。因此，重庆玉某公司的此次临时股东会的会议召集程序符合法律规定和重庆玉某公司章程规定。股东会上，参会股东一致选举冯某美为重庆玉某公司新一届董事长，该次董事会的议事方式和表决程序符合《公司法》和重庆玉某公司章程的规定，董事会决议内容亦符合法律规定，因此此次董事会选举冯某美为重庆玉某公司新一届董事长的决议合法有效。冯某美作为重庆玉某公司的董事长，在重庆玉某公司的行政公章由秦某和保管不愿交出的情况下，有权以重庆玉某公司的名义要求秦某和返还其持有的重庆玉某公司的印章及证照。"

清算组在清算期间有权以公司名义请求返还证照。

❸江苏省高级人民法院审理的江苏新某期股份有限公司与杜某燕公司证照返还

纠纷案再审民事裁定书【(2014) 苏审三商申字第 00358 号】认为："本案中，申请人杜某燕的新某期公司董事长身份于 2006 年 12 月 5 日被罢免，其已丧失了继续占有保管新某期公司公章的权利，公司新的董事会也要求其移交公章。杜某燕虽抗辩公章应当如何保管系公司意思自治的内容，但公章作为公司的重要财产和对外活动的重要凭证，在董事会新老成员的工作交接中，是重要的交接内容。同时也正是基于公司意思自治的要求，杜某燕应服从公司新的董事会决定，交还公章。故清算组负责人吴某康以新某期公司名义起诉要求原公司董事长杜某燕返还公章于法有据，应予支持。"

南京市中级人民法院审理的杜某燕与江苏新某期股份有限公司公司证照返还纠纷案二审民事判决书【(2014) 宁商终字第 559 号】认为："公司是企业法人，有独立的法人财产，享有法人财产权，其合法权益受法律保护，不受侵犯。公章是公司财产的重要组成部分，公章的使用也是公司对外行使权利、负担义务的重要凭据，对公司各项决策及经营活动影响重大。现新某期公司处于依法清算阶段，清算组的职责包括接管公司财产、印章、账簿、文书等资料，故由清算组负责人吴某康作为诉讼代表人以新某期公司名义要求杜某燕返还公章于法有据，应予支持。"

(四) 关于公司证照返还诉讼的管辖问题

关于公司证照返还纠纷的管辖问题，实践中适用两种有关管辖的法律规定，一种根据《民事诉讼法司法解释》第 22 条之规定，由公司住所地法院管辖；另一种根据《民事诉讼法司法解释》第 24 条之规定，由侵权行为地或者被告住所地人民法院管辖。

1. 由公司住所地法院管辖

❶南京市中级人民法院审理的南京海某化工有限公司与崔某公司证照返还纠纷案二审民事裁定书【(2018) 苏 01 民辖终 93 号】认为："公司证照对外代表公司，因公司证照返还引发的纠纷，其实质往往涉及公司内部对公司控制权的争夺，因此，此类纠纷属于与公司有关的纠纷，可以适用《民事诉讼法》第 26 条规定，由公司住所地人民法院管辖。本案中，因海某公司住所地在南京市某村，该地点属一审法院辖区，故一审法院对本案有管辖权。上诉人崔某的上诉理由不能成立，本院不予采纳。"

❷南京市中级人民法院审理的南京北某轨道交通新材料科技有限公司与曾某

夫、曾某文公司证照返还纠纷案二审民事裁定书【（2016）苏 01 民辖终 1318 号】认为："因公司设立、确认股东资格、分配利润、解散等纠纷提起的诉讼，由公司住所地人民法院管辖。本案中，北某公司要求曾某夫、曾某文返还的公司证照是公司经营的必要证件，直接涉及公司利益，依法应当由公司住所地法院管辖。因北某公司住所地位于南京市江宁区麒麟科技创新园（生态科技城）东麒路×××号，故原审法院对本案有管辖权。对上诉人的上诉请求，本院不予支持。"

❸福州市中级人民法院审理的刘某东与福州日某友食品有限公司公司证照返还纠纷案二审民事裁定书【（2016）闽 01 民辖终 567 号】认为："本案系因公司证照返还纠纷引起的管辖权争议，属于与公司有关的民事纠纷。从福州日某友食品有限公司起诉来看，本案纠纷系因公司原法定代表人赖某福与刘某东等人履行《股权转让书》所引起，该公司诉请刘某东返还公司证照等。福州日某友食品有限公司住所地位于福州市，依照《民事诉讼法》第 26 条'因公司设立、确认股东资格、分配利润、解散等纠纷提起的诉讼，由公司住所地人民法院管辖'的规定，一审法院对本案依法具有管辖权。"

❹江门市中级人民法院审理的佛山市福某能源投资有限公司、江门市润某新能源发展有限公司等与成都宝某能源投资有限公司公司证照返还纠纷案二审民事裁定书【（2016）粤 07 民辖终 172 号】认为："本案实际上是佛山福某公司、江门润某公司与成都宝某公司因江门海某公司内部管理权和控制权产生的纠纷。依照《民事诉讼法》第 26 条'因公司设立、确认股东资格、分配利润、解散等纠纷提起的诉讼，由公司住所地人民法院管辖'，《最高人民法院关于适用〈中华人民共和国民事诉讼法〉的解释》第 22 条'因股东名册记载、请求变更公司登记、股东知情权、公司决议、公司合并、公司分立、公司减资、公司增资等纠纷提起的诉讼，依照民事诉讼法第二十六条规定确定管辖'的规定，本案应由江门海某公司住所地江门市蓬江区人民法院管辖。原审法院对本案具有管辖权，其裁定驳回成都宝某公司提出的管辖异议，处理正确，本院予以维持。"

❺浙江省高级人民法院审理的浙江天某裘皮制品有限公司与刘某慈管辖裁定案二审民事裁定书【（2015）浙辖终字第 202 号】认为："根据《最高人民法院关于适用〈中华人民共和国民事诉讼法〉的解释》第 551 条以及《最高人民法院关于涉外民商事案件诉讼管辖若干问题的规定》第 5 条之规定，本案上诉人刘某慈为香港特别行政区居民，案由为公司证照返还纠纷，属于涉港民事诉讼，参照适用涉外民事诉讼程序。根据《民事诉讼法》第 26 条、第 259 条以及《最高人民法院关于适用〈中华人民共和国民事诉讼法〉的解释》第 22 条之规定，本案应由公司住所

地人民法院管辖。天某公司的住所地为湖州市××区××镇工业园区，根据《最高人民法院关于指定浙江省嘉兴、湖州、衢州、丽水、舟山市中级人民法院管辖一审涉外民商事案件的批复》，湖州市中级人民法院管辖一审涉外、涉港澳台民商事案件，因此，湖州市中级人民法院作为天某公司的住所地法院对本案依法具有管辖权。上诉人刘某慈的上诉理由不能成立，其上诉请求本院不予支持。"

❻广州市中级人民法院审理的广州日某化工贸易有限公司与刘某爱公司证照返还纠纷案二审民事裁定书【（2015）穗中法立民终字第 1361 号】认为："本案为公司证照返还纠纷，《最高人民法院关于适用〈中华人民共和国民事诉讼法〉的解释》第 22 条规定：'因股东名册记载、请求变更公司登记、股东知情权、公司决议、公司合并、公司分立、公司减资、公司增资等纠纷提起的诉讼，依照民事诉讼法第二十六条规定确定管辖。'《民事诉讼法》第 26 条规定：'因公司设立、确认股东资格、分配利润、解散等纠纷提起诉讼，由公司住所地人民法院管辖。'涉案广州日某化工贸易有限公司的住所地位于广州市天某区天寿路沾益直街电务综合楼××××房，在原审法院的辖区内，故原审法院对本案有管辖权。综上所述，原审裁定正确，本院予以维持。"

2. 由侵权行为地或者被告住所地法院管辖

（1）由侵权行为地法院管辖

❶上海市第一中级人民法院审理的安徽八某申江石油储某有限公司公司证照返还纠纷案二审民事裁定书【（2018）沪 01 民辖终 39 号】认为："因侵权行为提起的诉讼，由侵权行为地或者被告住所地人民法院管辖。本案上诉人顾俊良的住所地在上海市浦东新区××园××村××号××室原审法院辖区，故原审法院依法对本案有管辖权。上诉人的上诉请求及理由，缺乏必要的事实和法律依据，本院不予支持。"

❷上海市第一中级人民法院审理的孙某与上海励某投资发展有限公司公司证照返还纠纷案二审民事裁定书【（2018）沪 01 民辖终 24 号】认为："因侵权行为提起的诉讼，由侵权行为地或者被告住所地人民法院管辖。同一诉讼的几个被告住所地、经常居住地在两个以上人民法院辖区的，各该人民法院都有管辖权。本案上诉人孙某的户籍地在上海市长宁区××路××号××幢原审法院辖区，故原审法院依法对本案有管辖权。上诉人的上诉请求及理由，缺乏必要的事实和法律依据，本院不予支持。"

❸广州市中级人民法院审理的谭某英与广州市善某养老院有限公司公司证照返还纠纷案二审民事裁定书【（2017）粤 01 民辖终 3969 号】认为："根据《民事诉

讼法》第28条规定：'因侵权行为提起的诉讼，由侵权行为地或者被告住所地人民法院管辖。'本案的诉讼因被上诉人诉上诉人谭某英拒不返还其公司公章、营业执照副本及开户许可证而引起，即本案的侵权行为地在被上诉人住所地广州市花都区，在原审法院辖区内，故广州市花都区人民法院对本案具有管辖权。综上，原审裁定正确，本院予以维持，上诉人提出的上诉意见，理由不能成立，本院不予采纳。"

❹北京市第二中级人民法院审理的完某山（北京）食品有限公司与王某力公司证照返还纠纷案二审民事裁定书【（2017）京02民辖终1209号】认为："完某山公司请求王某力返还公司证照，该纠纷为侵权纠纷，完某山公司的住所地为本案侵权结果发生地。完某山公司的住所地位于北京市东城区，故北京市东城区人民法院对本案具有管辖权，一审法院认定王某力对管辖权提出的异议成立，将本案移送北京市东城区人民法院处理，符合法律规定。"

❺广元市中级人民法院审理的祁某平与广元市新某置业有限公司、张某国、陈某庆、张某春、广元市申某实业有限公司公司证照返还纠纷案二审民事裁定书【（2017）川08民辖终133号】认为："本案性质上属于侵权纠纷，根据《民事诉讼法》第28条'因侵权行为提起的诉讼，由侵权行为地或者被告住所地人民法院管辖'和《最高人民法院关于适用〈中华人民共和国民事诉讼法〉的解释》第24条'民事诉讼法第二十八条规定的侵权行为地，包括侵权行为实施地、侵权结果发生地'的规定，本案的侵权行为地与侵权结果发生地均为新某置业公司住所地，即广元市利州区。故原审人民法院对本案享有管辖权。"

❻北京市第三中级人民法院审理的北京风某一视文化传媒有限公司与吴某山公司证照返还纠纷案二审民事裁定书【（2017）京03民辖终1576号】认为："文化公司系以公司证照返还纠纷为由提起的诉讼，并请求判令吴某山将文化公司的营业执照正副本原件、公章等交给法定代表人吴某等，故本案属于因侵权行为提起的诉讼。《民事诉讼法》第28条规定：'因侵权行为提起的诉讼，由侵权行为地或者被告住所地人民法院管辖。'《最高人民法院关于适用〈中华人民共和国民事诉讼法〉的解释》第24条规定：'民事诉讼法第二十八条规定的侵权行为地，包括侵权行为实施地、侵权结果发生地。'本案中，原审原告文化公司诉称吴某山拒不向其返还公司证照等，严重侵害了文化公司的利益，文化公司住所地位于北京市朝阳区，故北京市朝阳区人民法院作为侵权结果发生地人民法院依法对本案有管辖权。吴某山的上诉请求应予驳回。综上，一审法院裁定结果正确，应予维持。"

❼北京市第三中级人民法院审理的刘某与北京力某乐思文化传媒有限公司公司

证照返还纠纷案二审民事裁定书【（2017）京 03 民辖终 1610 号】认为："原审原告力某乐思公司诉称刘某拒不向其返还公司印章、证照等，给公司的经营造成严重影响，故力某乐思公司住所地可以认定为本案的侵权行为地。力某乐思公司住所地位于北京市朝阳区××东路×号第×幢×层××，北京市朝阳区人民法院作为侵权行为地人民法院依法对本案有管辖权。"

❽北京市第三中级人民法院审理的李某英与申某（北京）产业发展经济研究院公司证照返还纠纷案二审民事裁定书【（2017）京 03 民辖终 1518 号】认为："《民事诉讼法》第 28 条规定：'因侵权行为提起的诉讼，由侵权行为地或者被告住所地人民法院管辖。'侵权行为地，包括侵权行为实施地、侵权结果发生地。本案中，原审原告申某研究院诉称李某英拒不向其返还公章、证照和财务账簿等，严重扰乱了原告的正常经营，给原告造成巨大损失，故申某研究院住所地可以认定为本案的侵权行为地。申某研究院住所地位于北京市顺义区仁和镇××家园×号楼×层××，北京市顺义区人民法院作为侵权行为地人民法院依法对本案有管辖权。两个以上人民法院都有管辖权的诉讼，原告可以向其中一个人民法院起诉。申某研究院向侵权行为地人民法院北京市顺义区人民法院提起诉讼，符合法律规定。"

❾宿迁市中级人民法院审理的宿迁亿某置业有限公司与房某军公司证照返还纠纷案二审民事裁定书【（2017）苏 13 民辖终 233 号】认为："本案系公司证照返还纠纷，亿某公司诉请要求房某军返还公司财务账册、会计凭证，争议实质是房某军的行为是否侵害了亿某公司对其财务账册和会计凭证的所有权，属于侵权类纠纷。根据《民事诉讼法》第 28 条规定，'因侵权行为提起的诉讼，由侵权行为地或者被告住所地人民法院管辖'，以及《最高人民法院关于适用〈中华人民共和国民事诉讼法〉的解释》第 24 条规定，'民事诉讼法第二十八条规定的侵权行为地，包括侵权行为实施地、侵权结果发生地'，本案被告住所地法院、侵权行为实施地法院、侵权结果发生地法院均有权管辖。因亿某公司的住所地在江苏省沭阳县，而公司财务账册和会计凭证一般应保管在公司内，故亿某公司的住所地应为侵权行为实施地和侵权结果发生地。综上，作为一审被告的房某军住所地法院，即江苏省南京市建邺区人民法院，和作为侵权行为地的亿某公司住所地法院，即江苏省沭阳县人民法院，对本案均有管辖权。"

（2）由被告住所地法院管辖

❿淮南市中级人民法院审理的淮南中某天然气开发利用有限公司与赵某、罗某公司证照返还纠纷案民事裁定书【（2017）皖 04 民辖 21 号】认为："本案原告以两被告拒不返还公司印章、证照等财物，侵害了原告合法权益为由向法院提起诉

讼，要求被告立即向原告法定代表人返还公司公章、财务专用章、营业执照、银行开户许可证、财务账簿，故本案系返还公司证照纠纷，属于因侵权行为提起的诉讼。《民事诉讼法》第28条规定，因侵权行为提起的诉讼，由侵权行为地或者被告住所地人民法院管辖。本案两被告的住所地在淮南市田家庵区，故田家庵区人民法院对本院有管辖权。《最高人民法院关于适用〈中华人民共和国民事诉讼法〉的解释》第36条规定，两个以上人民法院都有管辖权的诉讼，先立案的人民法院不得将案件移送给另一个有管辖权的人民法院。淮南市田家庵区人民法院对本案有管辖权且已立案受理，又将本案移送至淮南市大通区人民法院，属移送不当。"

⓫上海市第一中级人民法院审理的沈某荣与上海申某投资有限公司公司证照返还纠纷案二审民事裁定书【（2017）沪01民辖终1700号】认为："本案系侵权之诉，由侵权行为地或者被告住所地人民法院管辖。被上诉人起诉要求上诉人与原审被告共同返还上海某有限公司的营业执照副本、公章、财务章，因原审被告住所地在上海市徐汇区，属于原审法院辖区，故原审法院对本案有管辖权。上诉人的上诉请求及理由，缺乏必要的事实和法律依据，本院不予支持。"

⓬成都市中级人民法院审理的李某与四川金某地实业有限公司公司证照返还纠纷案二审民事裁定书【（2017）川01民辖终385号】认为："《民事诉讼法》第21条第1款规定：'对公民提起的民事诉讼，由被告住所地人民法院管辖，被告住所地与经常居住地不一致的，由经常居住地人民法院管辖。'《最高人民法院关于适用〈中华人民共和国民事诉讼法〉的解释》第3条第1款规定：'公民的住所地是指公民的户籍所在地，法人或者其他组织的住所地是指法人或者其他组织的主要办事机构所在地。'本案中，上诉人李某的身份证上载明住址为四川省夹江县×××。该身份证件注明的有效期为2009年5月22日至2029年5月22日。成都市公安局出具的签发日期为2016年10月24日的四川省人口信息（户籍证明）载明李某的住址为成都市武侯区×××。因成都市公安局出具的四川省人口信息（户籍）证明出具时间在后，且公安局为居民户籍管理机关，其出具的证明更能真实地反映公民的现户籍地址。故应以成都市公安局出具的四川省人口信息（户籍）证明上载明的住址为李某的户籍所在地。原审法院对本案具有管辖权。"

⓭济南市中级人民法院审理的张某娜与山东正某和信工程造价咨询有限公司公司证照返还纠纷案二审民事裁定书【（2015）济中立终字第813号】认为："山东正某和信工程造价咨询有限公司向原审法院提起诉讼称：根据公司决定，张某娜自2015年3月31日起不再担任公司办公室主任一职；公司于2015年4月1日向其发出《办理交接通知》，但张某娜至今拒绝办理公司公章、合同章、法定代表人名章

的交接工作。请求判令张某娜立即返还其公司的公章、合同章、法定代表人名章。《民事诉讼法》第 21 条规定，对公民提起的民事诉讼，由被告住所地人民法院管辖；被告住所地与经常居住地不一致的，由经常居住地人民法院管辖。本案张某娜的居民身份证载明其住所地为济南市天桥区，属原审法院辖区。原审法院作为被告张某娜住所地的人民法院管辖本案，符合上述法律规定。"

❹广州市中级人民法院审理的广州盈某投资管理有限公司、梁某与岑某兰、徐某文、北京八某世纪电子技术有限公司公司证照返还纠纷案二审民事裁定书【（2014）穗中法立民终字第 1450 号】认为："本案属于公司证照返还纠纷。本案中，徐某文、岑某兰、北京八某世纪电子技术有限公司均为本案原审被告，故他们的住所地人民法院对本案都有管辖权。另，《最高人民法院关于适用〈中华人民共和国民事诉讼法〉的解释》第 3 条规定：'公民的住所地是指公民的户籍所在地……'。虽然徐某文的身份证显示其住址在广州市越秀区三府新街×号×房，但根据广州市特种证件制作中心出具的《广东省广州市公安局常住人口资料》显示，徐某文的户籍地址在广东省广州市荔湾区宝华路×号×房，根据上述规定，该户籍地址应为徐某文的住所地。据此，徐某文作为原审被告之一，其住所地在广州市荔湾区，在原审法院辖区内，故原审法院对本案有管辖权。"

（五）关于证照返还的其他问题

1. 是否可以请求返还已作废的公章，裁判观点不一

一种观点认为，可请求返还已作废的证章。

❶上海市第一中级人民法院审理的倪某某与 A 公司公司证照返还纠纷案二审民事判决书【（2012）沪一中民四（商）终字第 1782 号】认为："关于 A 公司是否有权要求倪某某返还已作废公司公章的问题。公章在我国是公司对外作出意思表示的外在表现形式之一，无论公章是否声明作废，对于善意第三人而言，公章作为公司的表征仍是不能改变的，公司为避免出现不必要的纠纷，要求持有已作废的公司公章的相关人员返还的诉请，应予支持。根据现有的证据表明，A 公司已作废的公章由倪某某掌控，故原审法院判决倪某某向 A 公司返还已作废的公司公章并无不当，本院予以维持。"

❷上海市第一中级人民法院审理的 A 公司与 B 公司公司证照返还纠纷案二审民事判决书【（2012）沪一中民四（商）终字第 1381 号】认为："公章作为公司的

名义证明，具有代表公司名义从事法律行为的效力。以上材料对于善意第三人而言，其文件本身即具有明确 C 公司主体资格合法、行为有效的效力，而无须进一步查询其是否发生变更。因此，本院无须对于原证照是否因为新领取了证照而发生效力的改变进行判断。而从保护交易安全、维护市场管理的角度，即使 C 公司已经领取了新的证照，仍然不改变原文件作为证照的属性。故上诉人 A 公司认为原证照已经不具有证照效力而不予返还的上诉理由无法律依据，本院不予支持。"

另一种观点认为，不可请求返还已作废的公章。

❸广州市中级人民法院审理的广州市冠某物业管理有限公司与谭某吉公司证照返还纠纷案二审民事判决书【（2017）粤 01 民终 13606 号】认为："冠某公司于 2012 年 6 月变更为现名称，原广州市冠某置业有限公司公章已经作废，冠某公司现已重新领取公司公章、财务印章、银行印鉴，原相关印章亦已经作废，故冠某公司要求谭某吉归还广州市冠某置业有限公司公章、冠某公司公章、财务印鉴本院均不予支持。谭某吉应归还冠某公司会计凭证、2006~2014 年公司账簿、2006~2014 年财务会计报告、2006~2014 年税务报表、2006 年 6 月 29 日《合作建房书》、2008 年 7 月 31 日《租赁合同书》、2008 年 9 月 1 日《综合楼经营权转让协议》、2007 年 12 月 26 日《综合楼经营权转让协议》。"

2. 以证照做担保的债权未清偿时不可请求返还证照

❶广州市中级人民法院审理的广州市天某区石牌饮某思园酒家与广州顺某物业管理有限公司公司证照返还纠纷案二审民事判决书【（2017）粤 01 民终 1434 号】认为："顺某物业收取并持有涉案证照，是基于 2016 年 4 月 25 日宋某军出具的保证书并自动履行其承诺的结果。被上诉人饮某思园酒家在一审起诉时主张是被骗走的没有事实依据，本院不予采信。宋某军之所以将涉案证照交付顺某物业，是因为其'长期违约欠租'故以此向某物业作出'保证'，该行为在本质上具有债的担保性质。现被上诉人饮某思园酒家拖欠的租金尚未解决，而主张归还证照，明显有违其承诺，不符合民事行为所应遵循的诚实信用原则，故不应得到支持。"

三、关于公司证照返还诉讼的综述及建议

公司证照是公司控制权争夺战中的重要"信物"，但目前我国法律及司法解释并未对公司证照的保管问题作专门规定，实践中公司高管、法定代表人、股东等争夺公司证照的纠纷频繁发生。

（一）公司证照返还诉讼案例综述

1. 在无特殊规定时公司证照的保管主体为法定代表人

公司证照的保管事项属于公司自治内容，可由公司章程作出规定。但当公司章程未就证照保管事项作出特殊规定时，法院在裁判时认为，公司法定代表人是证照保管的合法主体。法定代表人作为公司法人的意思表示机关，对外有权以公司的名义从事法律行为，对内有权主持公司的经营管理工作。公司证照印章等作为公司财产和公司经营活动中进行意思表示的手段，在股东没有特别约定的情况下，公司法定代表人有权进行管理，并可代表公司要求他人返还证照印章。

此外，法院认为，公司法定代表人必然是公司财产的法定管理人，应推定是公司证照、印鉴的占有者、使用者和管理者。即使相关证照、印鉴不由法定代表人直接保管，而由公司其他人士保管时，其也系基于公司或法定代表人的授权。法定代表人在内的高级管理人员应当对公司负有忠实义务和勤勉义务。在有关任免法定代表人的股东会决议作出后，原法定代表人已失去管理者的职权，已无权再继续持有、掌管公司的证照、印鉴，应当积极配合公司办理移交手续。

值得注意的是，实践中时常出现公司法定代表人变更时未做变更登记，导致名义法定代表人与实质法定代表人不一致的情形，法院在裁判时认为，此种情况下，在名义法定代表人与实质法定代表人发生冲突时，应以实质法定代表人作为公司的诉讼代表人，要求返还公司印章及证照。

2. 公司章程、股东会议、证照管理制度可就证照保管作出规定

公司证照保管事项遵循自治优先，若公司决议、公司章程等已就公司证照的保管人作出特殊规定，证照的实际占有人应该及时将证照交由新的保管人保管，并签署证照交接单。法院在裁判时认为，即使原保管人仍担任公司的法定代表人等职务，新保管人也可起诉要求其返还公章和证照。

3. 公司证照返还诉讼主体为公司而非个人

公司为独立法人，有其独立的意志。公司证照、印鉴等经营性资料是公司人格的象征，具有证明和确定公司主体资格和能力的法律效果，是属于公司专有的重要财产而非任何个人的私有财产。公司对其证照、印鉴享有专有权、使用权和支配

权，任何个人或单位均不得自行占有。对于他人侵占公司证照的行为，法定代表人、股东等公司人员均只能以公司名义，而无权以个人名义提起证照返还诉讼。

（二）关于公司证照管理的建议

1. 变更法定代表人、争夺公司印章证照"三步走"

第 1 步：根据公司章程规定的法定代表人任免程序，分别召集股东会或董事会，选举新的公司法定代表人。根据《公司法》第 10 条的规定，法定代表人由公司在公司章程中自由约定，但限定在董事长、执行董事或经理中选择。而董事长及经理的选任，需要董事会决定，执行董事的选任需要股东会决定。所以，若原章程中规定由董事长或经理担任法定代表人，则需要召集董事会，选任新的董事长或经理；若原章程中规定由执行董事担任法定代表人，则需要召集股东会，选任新的执行董事。另外，如果原董事会没有新控股股东的代表董事或代表董事的人数不足，新控股股东需要先召集股东会，选任己方多数董事，改组董事会，然后再召开新的董事会，选任新的董事长或经理。值得注意的是，若原章程中规定"变更法定代表人需要代表 2/3 以上表决权的股东同意"，则必须召开股东会，以绝对多数决的表决方式，变更新的法定代表人。

第 2 步：要求原法定代表人配合办理工商登记。原法定代表人拒不配合的，大股东（或新法定代表人以公司名义）可根据第 1 步所形成的有效股东会或董事会决议，以拒不配合的股东（或拒不配合的原法定代表人）为被告，提起变更公司登记的诉讼，要求其协助办理法定代表人的变更登记手续。

第 3 步：要求返还公司证照印鉴。以新法定代表人在诉状中签字的形式（之所以是以签字的形式而不是盖章的形式，是因为公章在对方手上）代表公司作为原告，以原法定代表人为被告，提起证照返还诉讼，要求其返还公司的营业执照、公章。

2. 在公司章程中明确公司印章证照的掌管者

应由谁掌管公司印章证照，是大股东指派的人、法定代表人、董事、财务负责人？目前我国法律和司法解释对此并无明确规定。为了避免公司控制权争夺中出现"真空"，建议章程作出明确规定，例如，规定由公司法定代表人（大股东）或其指定的人持有，避免产生分歧和诉讼。

3. 利用公证降低证照保管决议的瑕疵

在公司控制权争夺战中，严格按照公司法规定的法定程序召开股东会，特别是在股东会的召集、通知、表决等各关键环节使用公证的手段，公证的方式可以使其股东会决议在程序上的瑕疵降到最低，保证股东会决议合法有效。

第十二章　发起人责任纠纷

一、发起人责任纠纷的法律规定

发起人责任，是指发起人在公司设立过程中，因公司不能成立对认股人所应承担的责任或者在公司成立时因发起人自身过失行为致使公司利益受损时应当承担的责任。根据《公司法》的规定，发起人责任主要分为两类：公司设立成功时的发起人责任和公司设立失败时的发起人责任，前者主要是资本充实责任，后者主要指对设立行为产生的债务和费用负连带责任，并返还认股人缴纳的股款和利息。

（一）发起人的定义

《公司法司法解释三》第1条规定："为设立公司而签署公司章程、向公司认购出资或者股份并履行公司设立职责的人，应当认定为公司的发起人，包括有限责任公司设立时的股东。"

（二）公司设立时的发起人责任

《公司法司法解释三》第13条第1款至第3款规定："股东未履行或者未全面履行出资义务，公司或者其他股东请求其向公司依法全面履行出资义务的，人民法院应予支持。

公司债权人请求未履行或者未全面履行出资义务的股东在未出资本息范围内对公司债务不能清偿的部分承担补充赔偿责任的，人民法院应予支持；未履行或者未全面履行出资义务的股东已经承担上述责任，其他债权人提出相同请求的，人民法院不予支持。

股东在公司设立时未履行或者未全面履行出资义务，依照本条第一款或者第二款提起诉讼的原告，请求公司的发起人与被告股东承担连带责任的，人民法院应予支持；公司的发起人承担责任后，可以向被告股东追偿。"

（三）公司设立成功的发起人责任

1. 有限责任公司设立成功时的发起人责任

《公司法》（2018 年修正，已被修订）第 30 条规定："有限责任公司成立后，发现作为设立公司出资的非货币财产的实际价额显著低于公司章程所定价额的，应当由交付该出资的股东补足其差额；公司设立时的其他股东承担连带责任。"

《公司法》（2023 年修订）第 50 条规定："有限责任公司设立时，股东未按照公司章程规定实际缴纳出资，或者实际出资的非货币财产的实际价额显著低于所认缴的出资额的，设立时的其他股东与该股东在出资不足的范围内承担连带责任。"

《公司法司法解释三》第 15 条规定："出资人以符合法定条件的非货币财产出资后，因市场变化或者其他客观因素导致出资财产贬值，公司、其他股东或者公司债权人请求该出资人承担补足出资责任的，人民法院不予支持。但是，当事人另有约定的除外。"

2. 股份有限公司设立成功时的发起人责任

《公司法》（2018 年修正，已被修订）第 93 条规定："股份有限公司成立后，发起人未按公司章程的规定缴足出资的，应当补缴；其他发起人承担连带责任。

股份有限公司成立后，发现作为设立公司出资的非货币财产的实际价额显著低于公司章程所定价额的，应当由交付该出资的发起人补足其差额；其他发起人承担连带责任。"

《公司法》（2023 年修订）第 99 条规定："发起人不按照其认购的股份缴纳股款，或者作为出资的非货币财产的实际价额显著低于所认购的股份的，其他发起人与该发起人在出资不足的范围内承担连带责任。"

（四）公司设立失败时的发起人责任

《公司法》（2018 年修正，已被修订）第 94 条规定："股份有限公司的发起人应当承担下列责任：

（一）公司不能成立时，对设立行为所产生的债务和费用负连带责任；

（二）公司不能成立时，对认股人已缴纳的股款，负返还股款并加算银行同期存款利息的连带责任；

（三）在公司设立过程中，由于发起人的过失致使公司利益受到损害的，应当对公司承担赔偿责任。"

《公司法》（2023 年修订）第 44 条规定："有限责任公司设立时的股东为设立公司从事的民事活动，其法律后果由公司承受。

公司未成立的，其法律后果由公司设立时的股东承受；设立时的股东为二人以上的，享有连带债权，承担连带债务。

设立时的股东为设立公司以自己的名义从事民事活动产生的民事责任，第三人有权选择请求公司或者公司设立时的股东承担。

设立时的股东因履行公司设立职责造成他人损害的，公司或者无过错的股东承担赔偿责任后，可以向有过错的股东追偿。"

第 107 条规定："本法第四十四条、第四十九条第三款、第五十一条、第五十二条、第五十三条的规定，适用于股份有限公司。"

《公司法司法解释三》第 4 条规定："公司因故未成立，债权人请求全体或者部分发起人对设立公司行为所产生的费用和债务承担连带清偿责任的，人民法院应予支持。

部分发起人依照前款规定承担责任后，请求其他发起人分担的，人民法院应当判令其他发起人按照约定的责任承担比例分担责任；没有约定责任承担比例的，按照约定的出资比例分担责任；没有约定出资比例的，按照均等份额分担责任。

因部分发起人的过错导致公司未成立，其他发起人主张其承担设立行为所产生的费用和债务的，人民法院应当根据过错情况，确定过错一方的责任范围。"

第 5 条规定："发起人因履行公司设立职责造成他人损害，公司成立后受害人请求公司承担侵权赔偿责任的，人民法院应予支持；公司未成立，受害人请求全体发起人承担连带赔偿责任的，人民法院应予支持。

公司或者无过错的发起人承担赔偿责任后，可以向有过错的发起人追偿。"

二、发起人责任纠纷的相关案例

（一）发起人责任纠纷的管辖问题

裁判观点认为，发起人责任纠纷的地域管辖不同于公司设立纠纷，其并非由公司住所地法院管辖,而是适用一般管辖,由被告住所地管辖。

❶江苏省南京市中级人民法院审理的王某国与徐州匠某建设有限公司(原江苏九某环球建设科技集团有限公司)、钱某伟等管辖裁定书【(2017)苏 01 民辖终 651 号】认为:"根据王某国诉讼请求及事实理由,本案系发起人责任纠纷。根据法律规定,对公民、法人提起的民事诉讼,由被告住所地法院管辖。同一诉讼的几个被告住所地在两个以上人民法院辖区的,各该人民法院都有管辖权。因本案被告张某华的住所地在原审法院辖区,故原审法院作为被告住所地法院对本案有管辖权。"

❷四川省成都市中级人民法院审理的杜某与刘某刚发起人责任纠纷案二审民事裁定书【(2017)川 01 民辖终 546 号】认为:"本案系与公司有关的纠纷项下的发起人责任纠纷案。本案并非因公司设立、确认股东资格、分配利润、解散以及因股东名册记载、请求变更公司登记等法律明确规定由公司住所地法院管辖的案件。根据《民事诉讼法》第 21 条的规定:'对公民提起的民事诉讼,由被告住所地人民法院管辖;被告住所地与经常居住地不一致的,由经常居住地人民法院管辖。对法人或者其他组织提起的民事诉讼,由被告住所地人民法院管辖。同一诉讼的几个被告住所地、经常居住地在两个以上人民法院辖区的,各该人民法院都有管辖权。'因本案原审被告贾某忠住所地位于成都市双流区辖区内,故原审法院对本案具有管辖权。"

❸上海市第一中级人民法院审理的江苏耀某置业有限公司与张某发起人责任纠纷案二审民事裁定书【(2015)沪一中民四(商)终字第 1186 号】认为:"依据法律规定,公民提起的民事诉讼,由被告住所地人民法院管辖。被告住所地与经常居住地不一致的,由经常居住地人民法院管辖。公民的经常居住地是指公民离开住所地至起诉时已连续居住一年以上的地方。现上诉人虽提供了被上诉人的居住证,但并无其他证据材料证明被上诉人在起诉前在该地实际连续居住了一年以上。而原审法院依据被上诉人提供的证据材料及调查的事实,认定被上诉人并未实际居住在上海市徐汇区宾阳路×××弄×××号 1001 室,故原审法院依法将案件移送至有管辖权的法院,并无不当。上诉人的上诉请求及理由,缺乏必要的事实和法律依据,应不予支持。"

(二)发起人的身份认定问题

发起人责任须由发起人承担,裁判观点认为,发起人必须具备的 3 个法律特征是：（1）签署公司章程；（2）向公司认购出资或股份；（3）履行公司设立责任。

❶湖北省宜昌市中级人民法院审理的××谋、刘某龙发起人责任纠纷二审民事判决书【（2017）鄂05民终1935号】认为："根据《最高人民法院关于适用〈中华人民共和国公司法〉若干问题的规定》第1条的规定，'公司的发起人应为为设立公司而签署公司章程、向公司认购出资或者股份并履行公司设立职责的人'，本案中××谋、刘某龙、房某楠仅就各自所占股份比例和出资数额进行了约定，既未签署公司章程，也未履行公司设立职责，故3人尚不具备发起人身份。"

❷江苏省南京市中级人民法院审理的叶某与夏某平发起人责任纠纷案民事裁定书【（2015）宁商终字第681号】认为："《最高人民法院关于适用〈中华人民共和国公司法〉若干问题的规定（二）》第1条规定，为设立公司而签署公司章程、向公司认购出资或者股份并履行公司设立职责的人，应当认定为公司的发起人，包括有限责任公司设立时的股东。叶某、夏某平等协议6方签订合作协议，共同出资拟设立'镇江往某娱乐公司'，根据前述司法解释的规定，签订合作协议的6方当事人均为发起人。"

❸安徽省宿州市中级人民法院审理的罗某军与宿州市埇桥区兴某养禽专业合作社发起人责任纠纷案二审民事判决书【（2014）宿中民二终字第00217号】认为："关于如何确定本案案由，一审将案由确定为发起人责任纠纷，审理认为，发起人是指为设立公司而签署公司章程，向公司认购出资或者股份并履行公司设立职责的人。本案罗某军、宿州兴某养禽合作社及案外人刘某舟虽签订合同拟设立公司，但未签署公司章程，也未实施公司登记注册的其他事项，不能认定为发起人，故一审将案由确定为发起人责任纠纷错误。本案引起纠纷的原因系3方签订'入股证明'后，罗某军不愿投资，要求返还投资款形成的纠纷，双方矛盾的产生基于履行协议产生，故本院二审将案由纠正为合同纠纷。"

（三）公司未成立时的费用承担责任

1. 产生的费用或债务采用实际发生原则来确定

公司因故未成立，发起人应当对设立公司行为产生的费用和债务负担连带责任，裁判观点在认定费用和债务时采用实际发生原则。

❶最高人民法院审理的弘某（大连）集团有限公司与大连工某企业有限责任公司发起人责任纠纷案二审民事判决书【（2015）民二终字第90号】认为："就发

起人为组建公司费用或损失承担责任而言，结合本案，首先应予判断的是损失是否实际发生的问题。按弘某公司主张以及原审判决认定，本案 426.03 万元系由 3 笔费用构成：一为装修办公房屋以及设计五某精项目等所发生的装修款及设计费 257.7804 万元及利息；二为办理工商登记对刘某忠拥有的调元五某精制品发明专利及工某公司所属的房地产进行资产评估所发生的评估费 132.25 万元及利息；三为成立新公司委托公正会计所所发生的验资报告费 36 万元及利息。经本院审理进一步查明，该 3 笔费用中，弘某公司始终自认仅付了 9 万元，其余至今均属弘某公司尚未支付的对外债务。很显然，除 9 万元外，其余费用均未实际支付，因此所谓实际损失也就无从发生。弘某公司将其尚未支付的对外债务作为实际损失请求工某公司向其赔偿，不仅缺乏事实基础，也缺乏法律依据。"

❷广东省广州市中级人民法院审理的张某海与黄某涛公司设立纠纷案二审民事判决书【（2017）粤 01 民终 10947 号】认为："张某海与黄某涛、黄某年拟共同设立公司，但公司并未实际登记设立成功，对公司设立过程中发生的费用应由发起人承担。黄某涛主张在设立公司过程中发生了费用 1183576 元，张某海应按投资比例分摊该费用，但其提供的现有证据不足以证明该费用的发生是为未成立的公司所支出的，张某海亦不予确认，本院对此不予确认。"

❸宁夏回族自治区银川市中级人民法院审理的西某电子商务股份有限公司与宁夏旅游某化有限公司发起人责任纠纷案民事二审裁定书【（2014）银民商终字第 11 号】认为："本案系发起人责任纠纷，对上诉人与被上诉人及北京寰某兴业投资有限公司出资设立银川启某天地茶艺服务有限公司的事实，双方均无异议。因租赁办公用房发生变化，导致新公司未能设立，被上诉人主张上诉人按出资比例承担设立银川启某天地茶艺服务有限公司所产生的费用 76.3 万元（包括置办家具、电器、吧台用具等物品及装修投入），上诉人对此费用不予认可；被上诉人承认，截至二审开庭时，为成立新公司所购置的物品，被上诉人仅处置了桌椅板凳得款 5810 元，其他物品尤其是价值较大的物品仍在被上诉人处存放，尚未处置完毕，且就新公司租赁用房的赔偿问题亦未实际了结，致本案上诉人作为出资人应当承担的损失赔偿数额的事实不清，需要进一步核实。"

2. 发起人对产生的费用承担连带清偿责任

❹北京市高级人民法院审理的刘某鑫发起人责任纠纷案申诉、申请民事裁定书【（2014）高民（商）申字第 03940 号】认为："刘某鑫、余某俊、余某 3 方签订的《股份合作协议书》及《赢某力量 4 月份目标》是 3 方真实意思表示，各方应按照

协议履行各自义务。根据《赢某力量 4 月份目标》，刘某鑫需完成 4 月份目标，如不能完成，则 3 方终止合作。后 3 方确认 4 月份目标并未完成，公司不再设立，3 方在原审中均表示同意解除《股份合作协议》，原审法院判决解除该协议无不当之处。针对筹备期间的费用负担，《最高人民法院关于适用〈中华人民共和国公司法〉若干问题的规定（三）》第 4 条第 1 款规定，'公司因故未成立，债权人请求全体或者部分发起人对设立公司所产生的费用和债务承担连带清偿责任的，人民法院应予支持'。《股份合作协议书》亦约定，各方签字认同的经营债务按各自比例负担，且任何一方对外清偿债务后，其他方应当按比例在 10 日内向对方清偿自己负担的部分。"

❺山东省高级人民法院审理的王某兰与李某翠、赵某平等民间借贷纠纷案二审民事判决书【（2014）鲁民一终字第 406 号】认为："王某兰出借的 191 万元款项均投入五莲县天某油气有限公司用于公司设立，且 191 万元的借款数额亦未超出设立公司的必要限度，由此应当认定此 191 万元款项系设立天某油气公司过程中产生的债务，根据《公司法司法解释三》第 4 条之规定，公司因故未成立，债权人请求全体或部分发起人对设立公司行为所产生的费用和债务承担连带清偿责任的，人民法院应予支持。"

❻安徽省高级人民法院审理的杨某四、杨某保等与池州市三某不锈钢制造有限公司合同纠纷案二审民事裁定书【（2014）皖民二终字第 00468 号】认为："福某公司未设立，致使杨某四、杨某保、张某岗提起诉讼，要求解除《投资合作协议》，三某公司返还其投资款 150 万元。根据《最高人民法院关于适用〈中华人民共和国公司法〉若干问题的规定（三）》第 1 条、第 4 条之规定，公司因故未成立，债权人或其他发起人有权向相关发起人主张承担设立行为所产生的费用和债务。"

3. 发起人之间的责任分担问题

裁判观点认为，在各方当事人均无过错的情况下，部分发起人依照前款规定承担责任后，可以请求其他发起人分担。发起人之间的责任分担应当依照约定的责任承担比例；没有约定责任承担比例的，按照约定的出资比例分担责任；没有约定出资比例的，按照均等份额分担责任。

部分发起人承担责任后可以要求其他发起人分担。

❼浙江省湖州市中级人民法院审理的陈某德与谢某磊公司设立纠纷案二审民事判决书【（2016）浙 05 民终 1063 号】认为："本案陈某德、谢某磊和金某公司 3 方签订《合作协议》是各方真实意思的表示，内容不违反国家法律法规的规定，对各

方均具有法律约束力。经查，陈某德在签订合作协议前，于 2014 年 1 月 9 日将 20 万元通过银行汇付给谢某磊，谢某磊向其出具收条，并注明该款项系用于 3 方合作生产电脑横机零件的采购款。此后，谢某磊以德清精某公司的名义对外购买机器设备，共计 182280 元。同时，新安镇政府应金某公司的请求，将其退税款 23 万元汇入由陈某德任法定代表人的锐某公司。本院分析认为，从本案的诉讼主体来看，如涉及公司设立纠纷，发起人为向公司认购出资或者股份并履行公司设立职责的人，公司因故未设立，部分发起人为公司设立时已支付的费用，可以请求其他发起人分担责任。"

❽江苏省南京市中级人民法院审理的叶某与夏某平发起人责任纠纷案民事裁定书【（2015）宁商终字第 681 号】认为："《最高人民法院关于适用〈中华人民共和国公司法〉若干问题的规定（二）》第 1 条规定，为设立公司而签署公司章程、向公司认购出资或者股份并履行公司设立职责的人，应当认定为公司的发起人，包括有限责任公司设立时的股东。叶某、夏某平等协议 6 方签订合作协议，共同出资拟设立'镇江往某娱乐公司'，根据前述司法解释的规定，签订合作协议的 6 方当事人均为发起人。《最高人民法院关于适用〈中华人民共和国公司法〉若干问题的规定（三）》第 4 条规定，公司因故未成立，债权人请求全体或者部分发起人对设立公司行为所产生的费用和债务承担连带清偿责任的，人民法院应予支持。部分发起人依照前款规定承担责任后，请求其他发起人分担的，人民法院应当判令其他发起人按照约定责任承担比例分担责任；没有约定责任承担比例的，按照约定的出资比例分担责任；没有约定出资比例的，按照均等份额分担责任。因部分发起人的过错导致公司未成立，其他发起人主张其承担设立行为所产生的费用和债务的，人民法院应当根据过错的情况，确定过错一方的责任范围。"

发起人之间可按约定比例分担责任。

❾湖南省郴州市中级人民法院审理的何某勇与陈某勇发起人责任纠纷案二审民事判决书【（2015）郴民二终字第 200 号】认为："2012 年 12 月 3 日，何某勇向陈某勇转账支付了 10 万元，2012 年 12 月 10 日，陈某勇与何某勇的妻子李某泽共同向郴州市工商行政管理局城前岭分局申请拟设立郴州市安某科技有限公司，并取得企业名称预先核准通知书，记载陈某勇出资 20 万元，李某泽出资 10 万元。本案二审时，双方对共同出资设立郴州市安某科技有限公司，但该公司随后因故未成立的事实无异议。2013 年 6 月 5 日，陈某勇向何某勇出具欠条，该欠条实质上为双方对在公司成立过程中费用的负担所作的约定，即陈某勇自愿返还 10 万元给何某勇。该约定为双方当事人的真实意思表示，合法有效。"

发起人之间可按出资比例分担责任。

❿福建省厦门市中级人民法院审理的袁某与陈某发起人责任纠纷案二审民事判决书【（2017）闽02民终350号】认为："双方在发起设立'目标公司'过程中因公司设立失败而产生纠纷，本案案由应为发起人责任纠纷。在发起人之间，对公司未成立时产生的费用，按照约定或出资比例承担。本案双方约定的出资比例为袁某30%、陈某70%，扣除袁某应承担的费用147910.2元（1000000元－506966元）×30%，陈某应返还袁某出资852089.8元。鉴于袁某请求返还出资70万元，故一审法院对范围内的诉求予以支持。"

⓫宁夏回族自治区银川市中级人民法院审理的西某电子商务股份有限公司与宁夏旅某文化有限公司股东出资纠纷案民事二审判决书【（2015）银民商终字第145号】认为："本案系发起人责任纠纷，上诉人、被上诉人及北京寰某兴业投资有限公司作为银川启某天地茶艺服务有限公司的出资人，因租赁营业用房发生变化，导致新公司并未成立，对设立银川启某天地茶艺服务有限公司所产生的费用76.3万元已由3方签署《宁夏旅某文化有限公司2012年临时股东会关于处置陈某斌应收账款损失的决议》予以认可，本院予以确认；且北京寰某兴业投资有限公司已按上述决议分担了其应承担的损失236097元并实际支付给了宁夏旅某文化有限公司。故原审法院按3方出资比例，以设立银川启某天地茶艺服务有限公司所产生费用76.3万元为基数，计算上诉人应分担的费用为114297.5元，并无不当。上诉人无证据证明被上诉人在处置资产时存在故意或重大过失，且被上诉人明确表示对双方经确认由其保管尚未处置的投资财产均交由上诉人处置，被上诉人不再主张权利。故原审法院认定事实清楚，审判程序合法，处理结果适当，上诉人的上诉请求和理由不能成立，本院不予支持。"

⓬广东省广州市中级人民法院审理的深圳市隆某实业有限公司与广州五某四海水产交易中心有限公司、广州市五某四海集团有限公司发起人责任纠纷二审民事判决书【（2015）穗中法民二终字第1071号】认为："根据前述《广州五某四海水产经营管理有限公司［筹］财务概况》，本院依法认定在设立期间，管理公司累计亏损额为4697477.6元。《广州五某四海水产经营管理有限公司发起人协议》第6条约定，隆某公司占管理公司注册资本的60%，水产交易中心占管理公司注册资本的40%，双方也应按照前述出资比例承担因设立管理公司所产生的债务，也即隆某公司应承担亏损2818486.56元。"

特殊情况下发起人之间可均等分担责任。

⓭陕西省高级人民法院审理的甘某卫与陕西培某信息技术有限公司公司设立纠

纷申请再审民事裁定书【（2015）陕民二申字第 01122 号】认为："双方当事人虽达成设立新公司的合作意向，但因具体合作条款未能达成一致，没有签订书面协议，进而造成设立公司不成。因双方未确定设立公司的责任划分，亦未明确各自出资比例，在公司未能设立并终止合作的情况下，对于因设立公司而支出的费用，二审法院参照《最高人民法院关于适用〈中华人民共和国公司法〉若干问题的规定（三）》第 4 条第 2 款的规定，判决双方当事人按照均等份额分担责任，不仅具有法律依据，亦符合本案的具体情况。另外，由双方当事人按照均等份额分担因公司设立不成而产生的费用，亦符合我国《民法通则》第 4 条规定的'民事活动应当遵循自愿、公平、等价有偿、诚实信用的原则'，较为公平地保护双方当事人的合法权益。"

4. 过错发起人的责任承担

（1）有过错的发起人应当承担责任

❹湖北省高级人民法院审理的 A 公司与 B 公司、C 公司发起人责任纠纷案【（2013）鄂民监三再终字第 00011 号】认为："B 公司与 A 公司签订的发起人协议系双方真实意思的表示，内容不违反法律法规的禁止性规定，应认定合法有效，双方均应严格按照发起人协议的约定履行各自的义务。但在发起人协议履行过程中，B 公司先后两次致函 A 公司要求其依约提供新设公司的相关手续、组成新公司筹备组、提供资料共同到银行开设新设公司临时账户，A 公司均未予回复。且武某印刷厂在未经 B 公司参与下于 2007 年 12 月 29 日更名为武汉华某新华文化发展有限公司，相应改制及职工安置分流工作完成，最终导致 B 公司与 A 公司订立发起人协议之合同目的不能实现，……本案所涉发起人协议的签订目的在于'妥善安置武某印刷厂'职工，为了履行该协议，B 公司配合职工安置，辞退员工 51 名，并支付补偿费用 41472 元，在新设公司因 A 公司的违约行为未能设立的情况下，B 公司的该笔补偿费用，理应由 A 公司赔偿。"

❺湖北省咸宁市中级人民法院审理的谢某辉与袁某山、刘某辉公司设立纠纷案二审民事判决书【（2014）鄂咸宁中民二终字第 145 号】认为："《关于适用〈中华人民共和国公司法〉若干问题的规定（三）》第 4 条规定：'公司因故未成立，债权人请求全体或者部分发起人对设立公司行为所产生的费用和债务承担连带清偿责任的，人民法院应予支持。部分发起人依照前款规定承担责任后，请求其他发起人分担的，人民法院应当判令其他发起人按照约定的责任承担比例分担责任；没有约定责任承担比例的，按照约定的出资比例分担责任；没有约定出资比例的，按照均

等份额分担责任。因部分发起人的过错导致公司未成立，其他发起人主张其承担设立行为所产生的费用和债务的，人民法院应当根据过错情况，确定过错一方的责任范围。'参照上述法律规定，公司未能成立，因设立公司行为所产生的费用、债务以及返还投资款等民事责任，适用的是有约定从约定，无约定按过错责任承担的原则。本案中，谢某辉、袁某山、刘某辉签订的《合作决议书》，对投资款的到位时间、投资人的职能分工、工商登记等事项均没有明确约定，但3人协议设立公司的初衷是基于谢某辉的化妆品研发成果，投入生产和销售。为此，在之后公司筹备过程中，袁某山的60000元入股金交给了谢某辉保管支配，刘某辉购买的设备交给了谢某辉操作使用，谢某辉实际是公司设立的核心。因此，在新公司是否能够设立这一点上，谢某辉理应承担更多的设立义务。但谢某辉既未履行完全出资义务，其研发的项目也没取得发明专利与生产许可，因此，对公司未能成立具有过错。"

（2）有过错的发起人根据过错情况承担责任

❶❻湖北省高级人民法院审理的A公司与B公司、C公司发起人责任纠纷案【（2013）鄂民监三再终字第00011号】认为："B公司主张其2007年度亏损2094085.17元，依据的是武汉正兴会计师事务所有限责任公司出具的武正兴审字〔2008〕1022号审计报告，具有客观性和真实性。原一、二审判决依据该审计报告并综合运用了违约责任理论相关原则，酌情判令A公司承担B公司2007年度亏损2094085.17元的30%，即628225.55元，系人民法院根据法律规则进行的自由裁量，并不违反法律的强制性规定。虽然B公司在2007年工商年检报告书中登记为盈利42813.27元，但该登记行为系行政相对人基于行政法律关系向行政管理部门所作的单方面陈述，其客观性和真实性均未经确认，不能以此为由对抗第三方审计结论。故原一、二审判决判令A公司在一定比例内赔偿B公司2007年度的亏损，并无不当。本案所涉发起人协议的签订目的在于'妥善安置武某印刷厂'职工，为了履行该协议，B公司配合职工安置，辞退员工51名，并支付补偿费用41472元，在新设公司因A公司的违约行为未能设立的情况下，B公司的该笔补偿费用，理应由A公司赔偿。"

❶❼湖南省岳阳市中级人民法院审理的孙某喜与张某红、陈某华公司设立纠纷案二审民事判决书【（2017）湘06民终52号】认为："公司发起人应当以自有财产出资，3方当事人将公司的能否成功设立希望寄托于借岳阳富某环保木业有限公司名义办理银行贷款，以贷款来出资，违反了诚实信用原则，也不符合公司法的规定，对公司不能设立，3方均有过错，均应承担相应的责任。孙某喜在设立公司条件尚不具备时，盲目垫资导致产生巨额工程建设费用，应负主要过错责任，张某

红、陈某华负次要责任，3方当事人应按《最高人民法院关于适用〈中华人民共和国公司法〉若干问题的规定（三）》第4条第3款'因部分发起人的过错导致公司未成立，其他发起人主张其承担设立行为所产生的费用和债务的，人民法院应当根据过错情况，确定过错一方的责任范围'的规定来承担各自责任。一审判决对公司设立费用承担的计算方式确有瑕疵，但确定的各方当事人负担公司设立费用的金额符合各自的过错程度，本院不予调整。"

(3) 全部发起人均有过错时，可以按照约定的出资比例承担责任或互不承担责任

❶❽江苏省无锡市中级人民法院审理的沈某春与沈某林发起人责任纠纷案二审民事判决书【（2016）苏02民终1028号】认为："根据双方签订的《合作协议》约定，沈某春与沈某林均应按照约定于2013年7月20日履行相应的出资义务，但双方都没有实际缴纳出资，导致三某润功公司未能成立，因此双方都存在违约行为，沈某春与沈某林也未能充分证明三某润功公司未能成立的过错全部在于对方，故原审法院依据《合作协议》中约定的出资比例判决双方分别承担相应责任并无不当，应予维持。"

❶❾山西省长治市中级人民法院审理的于某与李某发起人责任纠纷案二审民事判决书【（2017）晋04民终115号】认为："关于长治市御某酒店管理有限公司设立中的支出数额及如何分担。鉴于上诉人于某在本案诉讼中明确提出要求返还投资款，冯某华、于某、李某3人签署的《长治市御某酒店管理有限公司股东出资协议书》已无法继续履行，应予解除。于某、李某在诉讼中均主张因对方的过错导致公司未成立，但均未能提供充分的证据予以证明。冯某华、于某、李某三人对设立公司行为所产生的费用如何分担没有约定，应按照约定的出资比例分担。"

❷⓿云南省高级人民法院审理的赵某伟与尹某润公司设立纠纷案二审民事判决书【（2014）云高民二终字第25号】认为："赵某伟与尹某润签订《设立有限公司协议》和《设立公司出资协议》合法有效，但协议已经没有继续履行的基础和必要，双方签订协议的目的已不可能实现，对赵某伟提出解除双方签订的《设立有限公司协议》和《设立公司出资协议》请求应予支持，原审判决对赵某伟该项诉讼请求不予支持不当，应予纠正。导致公司未能设立，双方均有过错，双方均不存在违约，各自的损失应由各自承担，赵某伟的其他诉讼请求均无事实和法律依据，不能成立，原审判决予以驳回正确，应予维持。"

（四）公司设立失败时出资款的返还责任

1. 出资款性质的认定

裁判观点认为，判断出资款应当依据资金的实际用途，实践中出资人与发起人可能采用借款的形式进行出资，这并不影响对出资款的认定。

❶湖南省郴州市中级人民法院审理的陈某勇与何某勇发起人责任纠纷上诉案二审民事裁定书【（2014）郴民二终字第 169 号】认为："根据查明的事实，被上诉人何某勇所投入的 10 万元实际上是双方拟共同设立公司的出资款；因公司并没有设立成功，发起人应当在清理债务后再对剩余资产予以分配。虽然上诉人应被上诉人的要求，给被上诉人出具了 10 万元的欠条，但并不能改变该款项的性质。因此，双方当事人之间并不存在民间借贷关系，本案案由为发起人责任纠纷。"

2. 发起人对返还投资款负连带责任

裁判观点认为，公司不能成立时，发起人对认股人已缴纳的股款，负返还股款并加算银行同期存款利息的连带责任。

❷安徽省高级人民法院审理的许某峰与冯某、安徽禾某生物科技有限公司发起人责任纠纷申请再审案民事裁定书【（2015）皖民申字第 00902 号】认为："冯某、许某峰等人虽约定成立公司，但公司并未成立，故二审依据冯某及许某峰等人作为发起人因公司未能成立产生纠纷的事实，确定本案案由为发起人责任纠纷，并无不当。许某峰作为公司筹建具体负责人及经办人，在设立公司过程中存在过错，未通知他人履行出资义务，在公司成立不能时亦未对现有账目进行清算，就与其妹许某霞将设立公司产生的成果用于成立禾某生物公司，给冯某造成损失。故许某峰应当返还冯某的 25 万元投资款及其利息。"

❸湖北省高级人民法院审理的博某钢构有限公司与赤壁市某村信用合作联社公司设立纠纷案民事判决书【（2014）鄂民二终字第 00091 号】认为："博某钢构公司于 2011 年 9 月 14 日将 1000 万元作为认缴股本金存入赤壁信某联社，直至 2014 年 6 月 12 日返还至博某钢构公司，其间必然产生法定孳息。因赤壁某商行仍在筹建中，公司至今未设立，根据《公司法》第 94 条①的规定，股份有限公司发起人在公司不能成立时，对认股人已缴纳的股款，负返还股款并加算银行同期存款利息

---

① 已被修改。

的连带责任。本案中，赤壁信某联社既是赤壁某商行延期设立而召集的预约入股人会议明确退还入股资金的主体，也是入股资金的占有主体，同时也是返还 1000 万元的入股资金的义务主体。故赤壁信某联社对占有博某钢构公司 1000 万元入股资金所产生的利息负有返还的义务。博某钢构公司请求赤壁信某联社支付占有资金期间的利息的上诉理由部分成立，本院依法予以支持。博某钢构公司请求赤壁信某联社按照人民银行同期贷款利率计算，因该请求与《公司法》第 94 条①的规定相悖，本院依法予以驳回。"

❹河南省信阳市中级人民法院审理的梅某启与信阳天某餐饮管理服务有限公司、黄某新、田某丽、王某义、李某军股东资格确认和股东知情权纠纷案再审民事裁定书【(2014) 信中法民再终字第 21 号】认为："《公司法》第 95 条②规定，股份有限公司的发起人应当承担下列责任：(1) 公司不能成立时，对设立行为所产生的债务和费用负连带责任；(2) 公司不能成立时，对认股人已缴纳的股款，负返还股款并加算银行同期存款利息的连带责任。据此，梅某启因公司未成立而请求公司的发起人返还其出资款 70 万元和赔偿损失应予以支持。'出资合同'约定的发起人除梅某启共 6 人，梅某启仅起诉黄某新、田某丽、王某义、李某军而放弃对另外两人的请求，是处分其权利，本院予以准许。因梅某启出资的 70 万元是由黄某新、田某丽、王某义所有的信阳天某餐饮管理服务有限公司收取的，该公司也负有返还的义务。黄某新、田某丽、王某义、李某军作为'金某珑、玉某珑'公司设立的发起人应承担连带责任。"

裁判观点认为，如果发起人之间要求返还投资款，这实际上是一种发起人之间的费用和债务分担问题。

❺浙江省温州市中级人民法院审理的黄某勇、温州鹏某控股集团有限公司发起人责任纠纷案二审民事判决书【(2017) 浙 03 民终 218 号】认为："本案上诉人黄某勇在原审法院起诉请求解除'合作协议'，返还投资款，实质是发起人在设立公司过程中，由于公司不能成立在发起人之间产生的纠纷，属发起人责任纠纷。上诉人黄某勇提供的现有证据并不能证明四被上诉人鹏某公司、陈某慧、黄某平、刘某川对申请公司设立失败存在过错，因此，在各方对申请公司设立失败均无过错的情况下，黄某勇要求另外发起人对其承担连带返还投资款责任，没有法律依据。"

---

① 已被修改。

② 同上。

3. 返还金额包括投资款和利息

部分裁判观点明确发起人对认股人已缴纳的股款，负返还股款并加算银行同期存款利息的连带责任，少数裁判观点没有判决支付利息。

❻江苏省无锡市中级人民法院审理的李某与孙某峰、杨某发起人责任纠纷案二审民事判决书【（2016）苏 02 民终 325 号】认为："根据章程、合作协议书约定以及当事人陈述，李某向杨某支付 35 万元出资款后，3 人理应共同开展公司设立的筹备工作，而李某在公司筹备期间却因故离开，杨某与孙某峰亦未将百某达公司不能设立的情况及时告知李某，后来杨某与孙某峰 2 人又设立了百尔美公司，现设立百某达公司的根本目的已不能实现，故李某主张解除公司章程具有事实和法律依据，应予支持。3 人之间的合同关系解除后，杨某应当返还其收取李某的 35 万元出资款，并支付相应利息，因此原审法院据此所作判决并无不当。"

❼安徽省宿州市中级人民法院审理的冯某与安徽禾某生物科技有限公司、许某峰股东出资纠纷、发起人责任纠纷案二审民事判决书【（2015）宿中民二终字第00119 号】认为："许某峰作为公司筹建具体负责人及经办人，在设立公司过程中存在过错未能及时通知其他发起人履行出资义务，亦未能在公司成立不能时对现有账目进行清算，而是将设立公司行为产生的成果用于与许某霞成立禾某生物公司，给冯某造成损失。因此，冯某主张许某峰返还其 25 万元投资款的请求成立，因占用冯某该笔 25 万元资金给其造成损失亦应当予以赔偿。冯某主张自 2013 年 8 月 20 日禾某生物公司成立时至 2014 年 8 月 8 日止，按照中国人民银行发布的同期同类贷款利率标准计算利息，因许某峰擅自以原筹建公司成果成立新公司时即侵害了冯某利益，冯某要求自禾某生物公司成立时开始计算利息的请求本院予以支持。"

❽北京市第二中级人民法院审理的董某明与何某发起人责任纠纷案二审民事判决书【（2014）二中民终字第 06591 号】认为："何某、李某鸽、许某明与董某明签订的《代理东莞天某堂化妆品有限公司三方合作协议》约定各方当事人的出资金额，并约定'如需日后追加资金另议，注册完营业执照后根据所需资金可以分批注入公司'，此后，何某按照协议约定将出资款交给了董某明，北京天某伟业化妆品有限公司向何某出具收条确认了何某的出资行为，何某的出资款亦进入了北京天某伟业化妆品有限公司用于开展经营活动，故从协议约定及实际履行行为可以认定李某鸽、许某明、何某与董某明签订的协议是设立公司的意思表示。现董某明将北京天某伟业化妆品有限公司注册登记为一人有限责任公司，股东仅为董某明 1 人，董某明的行为违反了各方当事人的约定，致使何某不能实现合同目的，故何某起诉

要求解除《代理东莞天某堂化妆品有限公司三方合作协议》并要求董某明返还投资款的诉讼请求于法有据，本院予以支持。"（注：一审法院支持了利息，二审法院予以维持。）

❾广西壮族自治区南宁市（地区）中级人民法院审理的陈某生与张某锁发起人责任纠纷案二审民事判决书【（2016）桂01民终485号】认为："本案系陈某生因《出资协议书》中约定设立的公司未设立，而要求张某锁返还投资款15万元的发起人责任纠纷案件，根据该《出资协议书》第2条约定，公司的经营范围为：主营重晶石贸易，兼营其他矿产品贸易；第3条约定，陈某生出资额为15万元，以货币方式出资，占注册资本的42.857%；第4条约定，陈某生投入新公司的资金已经在2013年12月12日前将货币出资足额存入公司临时账户（现暂由张某锁代收，公司成立后将存入公司账户）。虽然该协议书的丙方吴某未签名，协议尚未成立，但陈某生、张某锁签名确认协议书的事实，证明陈某生支付给张某锁的15万元，张某锁与陈某生均认可是陈某生投入新公司的资金，这15万元陈某生还享有支配权。由于《出资协议书》的丙方吴某未签字，协议书尚未成立，张某锁对公司未能设立的事实也予以确认，用于设立公司的投资款应予返还。一审判决张某锁返还陈某生15万元投资款，有事实和法律依据，本院予以维持。"（注：一审法院支持了利息，二审法院予以维持。）

（五）公司设立成功时的发起人责任

裁判观点认为：股东在公司设立时未履行或者未全面履行出资义务，债权人请求未履行或者未全面履行出资义务的股东在未出资本息范围内对公司债务不能清偿的部分承担补充赔偿责任，并请求公司的发起人与未履行或者未全面履行出资义务的股东承担连带责任的，人民法院应予支持；公司的发起人承担责任后，可以向未履行或者未全面履行出资义务的股东追偿。

❶重庆市第五中级人民法院审理的重庆市合川区洵某砂石有限责任公司与南洋发某（远东）有限公司、重庆建某集团股份有限公司、重庆建某第某建设有限公司案【（2015）渝五中法民初字第00678号】认为："根据《最高人民法院关于适用〈中华人民共和国公司法〉若干问题的规定（三）》第1条规定，为设立公司而签署公司章程、向公司认购出资或者股份并履行公司设立职责的人，应当认定为公司的发起人，包括有限责任公司设立时的股东。第13条第3款规定，股东在公司设立时未履行或者全面履行出资义务，依照本条第1款或者第2款提起诉讼的原告，

请求公司的发起人与被告股东承担连带责任的，人民法院应予以支持；公司的发起人承担责任后，可以向被告股东追偿。被告建某某建、建某集团系庆某公司设立时的股东，系庆某公司的发起人，被告南某公司在公司设立时未全面履行出资义务。被告建某某建虽举示了相关的证据证明其在另案中被执行了相关款项，但其证据未能充分证明相关款项系因南某公司出资不实，其作为庆某公司发起人对公司债务所承担的相关责任，其已补足出资不实部分的相关抗辩不能成立。原告洵某砂石要求作为发起人的被告建某某建和建某集团对出资不实股东南某公司的上述债务承担连带责任的主张于法有据，本院予以支持。"

三、发起人责任纠纷的问题综述及建议

（一）发起人责任纠纷的前提

设立任何公司都有公司发起人，发起人是指为设立公司而签署公司章程、向公司认购出资或者股份并履行公司设立职责的人，包括有限责任公司设立时的出资人和股份有限公司的发起人。发起人责任只能由发起人承担，因此处理发起人责任纠纷的前提是发起人的认定。裁判观点认为，发起人必须同时具备的 3 个法律特征是：（1）签署公司章程；（2）向公司认购出资或股份；（3）履行公司设立责任。实践中，应当将公司发起人与股东进行区分，不具有发起人身份的公司股东不应当承担发起人责任。

（二）公司设立失败时的发起人责任

导致公司设立失败的原因是多种的，无论何种原因，全体发起人承担两种责任：第一，对设立行为所产生的债务和费用负连带责任；第二，对认股人已经缴纳的股款，负返还股款并加算银行同期存款利息的连带责任。

首先，根据裁判观点，发起人负有以上两种责任的前提是公司设立失败，因此原告首先应当举证公司未能设立，或者公司虽然设立，但是并非依据公司设立协议设立公司，使得设立公司的原合意落空。

其次，在发起人之间，对公司未设立产生的费用和债务，应当按照约定分担责任；如果没有约定，就按照约定的出资比例分担责任；如果没有约定出资比例，则按照均等份额承担责任。此外，如果因为发起人的过错导致公司未能成立，则应当将发起人的过错程度纳入责任分配的考量中，根据发起人的过错程度分配责任，如果发起人均有过错，又难以判断过错的主次，则依照发起人无过错时的责任分配方式进行责任分配。

（三）公司设立成功时的发起人责任

根据《公司法司法解释三》第 13 条第 3 款，股东在公司设立时未履行或者未全面履行出资义务，债权人请求未履行或者未全面履行出资义务的股东在未出资本息范围内对公司债务不能清偿的部分承担补充赔偿责任的，可以要求公司的发起人与被告股东承担连带责任，人民法院应予支持；公司的发起人承担责任后，可以向被告股东追偿。

需要注意的是，我国《公司法司法解释三》第 13 条第 3 款将发起人承担连带补充赔偿责任的适用前提限定为股东在"公司设立时"未履行或者未全面履行出资义务，公司设立后的出资违约行为未包括在内。换言之，发起人并非对股东的所有出资违约行为均承担连带责任，而仅对其在公司设立时未履行的出资义务承担连带责任。

（四）发起人责任纠纷的管辖问题

由于发起人责任纠纷发生于公司设立后或公司设立失败后，因此很多人将其与公司设立纠纷混为一谈，认为发起人责任纠纷的地域管辖应当按照《民事诉讼法》第 27 条之规定，由公司住所地人民法院管辖。裁判观点否认了这种看法，其认为发起人责任纠纷的地域管辖不同于公司设立纠纷，因此不能适用公司设立纠纷的管辖原则由公司住所地法院管辖，而是应当适用一般管辖，由被告住所地管辖。

第十三章　公司盈余分配纠纷

一、公司盈余分配纠纷的法律规定

公司是以营利为目的社团法人，具有营利性。根据《民法典》第 76 条的规定，所谓营利，不仅是指公司对外经营以获取利润为目的，更重要的是公司获取的利润，应向股东分配。准此言之，公司的营利性实为公司股东的营利性。公司股东按照公司法的规定及公司章程的约定，在一定条件下分配公司经营利润，是股东设立公司的初衷。因此，公司的利润分配请求权是股东的一项重要权利。但与此同时，公司设立后，即具有独立的法律人格，有其单独的权力机关（股东会）、执行机关（董事会）和监督机关（监事会），有其自身的运作机理，参与设立的股东不仅在财产与责任上彼此独立，甚至意志也相互分离。故虽然股东享有利润分配请求权，但其能否最终实现，并不取决于公司某一股东的意志，而必须由公司有权机关作出相关决议。另外，公司作为参与社会经济运行的独立经济实体，其面向的对象不仅是各股东，还包括监管部门、债权人、债务人及公司职工等。因此，股东在实现自身利益的同时也要兼顾其他群体的利益，不得滥用股东权利损害他人尤其是债权人及小股东利益。股东在实现利润分配请求权时，亦是如此。

股东利润分配请求权的相关法律制度即围绕以上问题展开，在实现股东投资权益、维护公司独立法人人格及保护小股东和债权人利益之间寻找可能的平衡点。

（一）关于公司盈余分配的一般规定

"投资有收益"是公司法的基本原则之一，1993 年《公司法》第 4 条第 1 款规定："公司股东作为出资者按投入公司的资本额享有所有者的资产受益、重大决策和选择管理者等权利。"1999 年、2004 年修正的《公司法》予以沿袭。但 2005 年修订《公司法》时，对该条文做出了调整，该法第 4 条规定："公司股东依法享有资产收益、参与重大决策和选择管理者等权利。"2013 年修正《公司法》时，未对该条作出修改。2023 年修订的《公司法》将该条文修改为"公司股东对公司依法享有资产收益、参与重大决策和选择管理者等权利。"2005 年修订《公司法》时对这一基本原则的立法表述作了变化，其实并非没有任何意义，而是体现了立法者对于公司股东自治的关注。因为 2005 年前，公司股东不能就公司利润分配比例进行自治，而 2005 年以后，则可根据公司章程（股份公司）或者全体股东约定（有限公司），对公司利润分配比例进行自治。

《公司法司法解释四》第 13 条对利润分配案件的当事人诉讼地位进行了规定。第 13 条第 1 款规定："股东请求公司分配利润案件，应当列公司为被告。"第 2 款规定："一审法庭辩论终结前，其他股东基于同一分配方案请求分配利润并申请参加诉讼的，应当列为共同原告。"

（二）《公司法》关于盈余分配比例的规定

1. 《公司法》关于有限责任公司分配比例的规定

根据 2013 年《公司法》第 34 条规定，有限责任公司"股东按照实缴的出资比例分取红利；公司新增资本时，股东有权优先按照实缴的出资比例认缴出资。但是，全体股东约定不按照出资比例分取红利或者不按照出资比例优先认缴出资的除外"。

这一规定较为灵活，赋予了有限责任公司股东对利润分配的意思自治权利，即全体股东可通过特别约定不按出资比例分取红利，体现了《公司法》的私法属性及有限责任公司的人合性。而在此之前，2004 年《公司法》第 33 条规定："股东按照出资比例分取红利……"即股东必须按照出资比例分配红利，没有例外性规定，1993 年、1999 年《公司法》也有相同的规定，这一规定限制了有限责任公司组织经营的灵活性及人合性。本次 2023 年修订的《公司法》对此予以保持，在第 210 条第 4 款规定："公司弥补亏损和提取公积金后所余税后利润，有限责任公司按照股东实缴的出资比例分配利润，全体股东约定不按照出资比例分配利润的除外……"

2. 《公司法》关于股份有限公司利润分配比例的规定

《公司法》（2018 年修正，已被修订）第 166 条第 4 款后段规定："股份有限公司按照股东持有的股份比例分配，但股份有限公司章程规定不按持股比例分配的除外。"对应 2023 年修订的《公司法》第 210 条第 4 款后段规定："股份有限公司按照股东所持有的股份比例分配利润，公司章程另有规定的除外"。相对于有限责任公司，股东间对股份有限公司利润分配自治的空间较小，除章程有特别规定外，均按照同股同权的原则分配公司利润，体现了较强的资合性。

（三）《公司法》关于公司盈余分配程序要件的规定

根据《公司法》规定，公司利润分配由董事会制定分配方案，由股东会负责审批。从《公司法》的规定来看，并没有赋予股东、董监高作为个人申请分配公司利润的权利。因此，除一人公司外，单个股东并不能决定公司是否分红。公司分红与否，属于公司行使自主经营权的范围。

《公司法司法解释四》第14条规定："股东提交载明具体分配方案的股东会或者股东大会的有效决议，请求公司分配利润，公司拒绝分配利润且其关于无法执行决议的抗辩理由不成立的，人民法院应当判决公司按照决议载明的具体分配方案向股东分配利润。"根据该规定，股东可根据公司利润分配决议请求公司支付利润。法院可根据公司作出的关于利润分配的决议，判决公司按照决议确定的分配方案向股东分配利润。

第15条规定："股东未提交载明具体分配方案的股东会或者股东大会决议，请求公司分配利润的，人民法院应当驳回其诉讼请求，但违反法律规定滥用股东权利导致公司不分配利润，给其他股东造成损失的除外。"根据该规定，股东请求公司分配利润但未提交利润分配的决议的，法院应当驳回诉讼请求，同时还规定了例外情形。

（四）《公司法》关于公司盈余分配实质要件的规定

《公司法》（2018年修正，已被修订）第166条规定："公司分配当年税后利润时，应当提取利润的百分之十列入公司法定公积金。公司法定公积金累计额为公司注册资本的百分之五十以上的，可以不再提取。

公司的法定公积金不足以弥补以前年度亏损的，在依照前款规定提取法定公积金之前，应当先用当年利润弥补亏损。

公司从税后利润中提取法定公积金后，经股东会或者股东大会决议，还可以从税后利润中提取任意公积金。

公司弥补亏损和提取公积金后所余税后利润，有限责任公司依照本法第三十四条的规定分配；股份有限公司按照股东持有的股份比例分配，但股份有限公司章程规定不按持股比例分配的除外。

股东会、股东大会或者董事会违反前款规定，在公司弥补亏损和提取法定公积金之前向股东分配利润的，股东必须将违反规定分配的利润退还公司。

公司持有的本公司股份不得分配利润。"

《公司法》（2023 年修订）第 210 条规定："公司分配当年税后利润时，应当提取利润的百分之十列入公司法定公积金。公司法定公积金累计额为公司注册资本的百分之五十以上的，可以不再提取。

公司的法定公积金不足以弥补以前年度亏损的，在依照前款规定提取法定公积金之前，应当先用当年利润弥补亏损。

公司从税后利润中提取法定公积金后，经股东会决议，还可以从税后利润中提取任意公积金。

公司弥补亏损和提取公积金后所余税后利润，有限责任公司按照股东实缴的出资比例分配利润，全体股东约定不按出资比例分配利润的除外；股份有限公司按照股东所持有的股份比例分配利润，公司章程另有规定的除外。

公司持有的本公司股份不得分配利润。"

第 211 条规定："公司违反本法规定向股东分配利润的，股东应当将违反规定分配的利润退还公司；给公司造成损失的，股东及负有责任的董事、监事、高级管理人员应当承担赔偿责任。"

从上述规定来看，公司向股东分配利润必须在实质上符合以下条件：（1）当年存在税后利润；（2）弥补公司之前的亏损（如有）；（3）计提利润额 10% 的公积金（公积金达到注册资本 50% 以上的，无须计提）和任意公积金（股东会自由决定）。以上 3 个条件，并非平行关系，而是层层递进的关系，前一项构成后一项的前提。如果公司在分配利润时未严格遵循以上规定，股东要"将违反规定分配的利润退还公司"。公司法这样规定，是基于公司资本维持原则的需要，以保护公司债权人利益。

（五）公司不分配利润股东的救济手段

《公司法》（2018 年修正，已被修订）第 74 条规定："有下列情形之一的，对股东会该项决议投反对票的股东可以请求公司按照合理的价格收购其股权：

（一）公司连续五年不向股东分配利润，而公司该五年连续盈利，并且符合本法规定的分配利润条件的；

（二）公司合并、分立、转让主要财产的；

（三）公司章程规定的营业期限届满或者章程规定的其他解散事由出现，股东会会议通过决议修改章程使公司存续的。

自股东会会议决议通过之日起六十日内，股东与公司不能达成股权收购协议的，股东可以自股东会会议决议通过之日起九十日内向人民法院提起诉讼。"

《公司法》（2023年修订）第89条规定："有下列情形之一的，对股东会该项决议投反对票的股东可以请求公司按照合理的价格收购其股权：

（一）公司连续五年不向股东分配利润，而公司该五年连续盈利，并且符合本法规定的分配利润条件；

（二）公司合并、分立、转让主要财产；

（三）公司章程规定的营业期限届满或者章程规定的其他解散事由出现，股东会通过决议修改章程使公司存续。

自股东会决议作出之日起六十日内，股东与公司不能达成股权收购协议的，股东可以自股东会决议作出之日起九十日内向人民法院提起诉讼。

公司的控股股东滥用股东权利，严重损害公司或者其他股东利益的，其他股东有权请求公司按照合理的价格收购其股权。

公司因本条第一款、第三款规定的情形收购的本公司股权，应当在六个月内依法转让或者注销。"根据该规定，公司在符合盈利条件时长期不分红的，请求分红的股东可以行使股东回购请求权，"用脚投票"。

笔者认为，这些规定并未从根本上解决问题，似有隔靴搔痒之嫌：（1）连续5年不向股东分配利润，而公司该5年连续盈利的条件很难满足。5年连续盈利本身很难，而且会计报表可以操作利润实现年度，大股东如果不想分红，完全可以前4年盈利、第5年不盈利，如此类推，永远不分红。（2）连续5年不向股东分配利润也很容易规避，如果5年连续盈利且不想操作财务报表真实体现利润，那也可以每到第5年分红1次，每次决议每股分红1分钱。大股东如果这么做，小股东就无法根据本条款起诉要求公司按照合理的价格收购其股权。

虽然《公司法司法解释四》对股东利润分配请求权的有关重大问题作出了规定，但笔者认为，仍有以下问题需要进一步明确：（1）《公司法司法解释四》未规定违规分配利润的法律后果。虽然《公司法》第210条规定，公司违规分配利润的，应将违规分配的利润退还给公司，但并未规定相应的退还程序。司法实践中已出现违规分配利润的情况，但《公司法司法解释四》亦未明确相关程序。（2）未对前股东、隐名股东是否享有利润分配请求权或如何行使利润分配请求权作出规定。虽然《公司法司法解释三》规定隐名股东可通过名义股东向公司主张权利，但如何通过名义股东主张分配利润，却并未规定。(3)《公司法司法解释四》虽然规定"违反法律规定滥用股东权利导致公司不分配利润，给其他股东造成损失"时，股东可不提交公司分配利润的决议而直接请求公司分配利润，但该规定用语较为模糊，未对滥用股东权利的情形进行例示性规定，可能影响今后裁判观点的统一。

二、公司盈余分配纠纷的相关判例

从《公司法》第 4 条、第 210 条的规定来看，利益分配请求权的权利主体为股东，这一点毫无疑义。但仍有以下问题需要解决：

（一）公司盈余分配纠纷的管辖问题

❶上海市第二中级人民法院审理的上海美某建材市场经营管理有限公司与胡某崇公司盈余分配纠纷案二审民事裁定书【（2018）沪 02 民辖终 82 号】认为："根据相关法律规定，公司住所地是指公司的主要办事机构所在地。注册登记证明是认定公司住所地的有效证据，当事人主张公司主要办事机构所在地与注册登记的住所地不一致的，应提供其在工商、税务等部门官方登记的证据材料予以证明。仅依据当事人提供的照片、网页、租赁合同等材料不足以认定公司主要办事机构所在地。现上诉人虽主张其实际经营地位于上海市嘉定，但未提供相关证据予以证明。上诉人工商登记住所地为上海市宝山区，属原审法院辖区，原审法院对本案具有管辖权。原审裁定驳回上诉人管辖权异议并无不当，本院应予维持。上诉人的上诉理由不能成立，本院不予支持。"

❷上海市第二中级人民法院审理的上海七某网络科技有限公司与熊某安公司盈余分配纠纷案二审民事裁定书【（2017）沪 02 民辖终 438 号】认为："本案系公司盈余分配纠纷，根据相关规定，应当由被告住所地或者公司住所地法院管辖。公司住所地是指公司的主要办事机构所在地。注册登记证明是认定公司住所地的有效证据，当事人主张公司主要办事机构所在地与注册登记的住所地不一致的，应提供其在工商、税务等部门官方登记的证据材料予以证明。原审原告向被告注册地上海市普陀区人民法院起诉，符合规定，原审法院对本案具有管辖权。"

（二）前股东是否享有利润分配请求权

对于此问题，虽然多数判决不支持前股东的利润分配请求权，但也存在不同的裁判观点。笔者认为，股东分红权的行使仍以股东身份为前提。因此不论在转让股权时双方对于公司未分配利润有无约定，前股东均不得直接向公司请求分配利润。如果转让股权双方对于公司未分配利润作出约定的，前股东只能向股权受让方主张；如果未作出约定或者约定不明的，应认定前股东没有向受让方主张分配利润的权利。

1. 特定情况下支持前股东利润分配请求权的判决

原股东与新股东就目标公司未分配利润达成的协议合法有效。

❶江苏省高级人民法院审理的杨某统与南京理工金某粉末冶金有限公司公司盈余分配纠纷案申诉、申请民事裁定书【（2017）苏民申 259 号】认为："根据《公司法》的规定，股东会系有限公司权力机构，董事会对股东会负责并执行股东会决议，故金某公司股东会有权决定对公司利润进行分配。2012 年 3 月 23 日，金某公司股东会作出决议，决定对杨某统经营班子至 2011 年 9 月 14 日前盈亏等事宜在股权转让中另行约定；2012 年 7 月 15 日，杨某统和王某签订的股权转让协议约定杨某统按原持股权比例分享分担公司成立至 2011 年 9 月 14 日期间盈亏及资产增值，同日，杨某统和包括理工资产公司、王某在内的金某公司其他股东签订协议，再次重申杨某统按原持股权比例分享分担公司成立至 2011 年 9 月 14 日期间盈亏。上述股东会决议及协议，实际系对杨某统担任股东期间公司盈余分配的追认，且经股东各方签字确认，不违反公司章程的规定及法律、行政法规强制性规定。依据股东会决议及股东间的协议，杨某统有权要求对涉案期间的可分配利润进行分配，因公司章程并无强制提留任意公积金的规定，且二审法院已依法留存法定公积金，故金某公司的该再审申请理由不能成立。"

❷四川省高级人民法院审理的上海盛某网络发展有限公司与成都吉某科技有限责任公司、杭州顺某科技股份有限公司股权转让纠纷案【（2015）川民终字第 869 号】认为："关于吉某公司是否应向盛某公司支付 1000 万元未分配利润的问题。盛某公司作为吉某公司原股东与新股东顺某公司就吉某公司未分配利润支付达成的协议，并未违反法律法规的强制性规定，应为合法有效，对吉某公司应当具有约束力。以上约定内容表明，基于《审计报告》，截至 2012 年 3 月底，吉某公司未分配

利润为 15516947.50 元，盛某公司与顺某公司股权转让对价为 8000 万元，同时，顺某公司还保证吉某公司在合同生效后 3 个月内直接由吉某公司向盛某公司分配 1000 万元未分配利润。"

❸北京市第二中级人民法院审理的北京京某信托投资公司与北京顺某服装股份有限公司公司盈余分配纠纷案【（2016）京 02 民初 198 号】认为："京某信托公司直至 2015 年才将其持有的顺某服装公司 9% 的股权转让，在顺某服装公司召开 2009 年度公司股东大会时，京某信托公司仍然是顺某服装公司的股东。在公司股东大会就 2008 年度利润分配问题已经作出决议的情况下，京某信托公司有权要求顺某服装公司按照股东大会决议的内容支付 2008 年度的利润分配款。"同时，该院还认为："顺某服装公司 2014 年度资产负债表中，该部分利润分配款计入'其他流动负债'科目，表明顺某服装公司已将该部分款项作为负债。京某信托公司对顺某服装公司享有的该笔债权，并不因为京某信托公司转让其持有的顺某服装公司股权而消灭。"

2. 不支持前股东利润分配请求权的判决

不支持前股东的利润分配请求，都有一个共同的理由，即利润分配请求权的享有以股东身份为前提，在股东转让股权丧失股东身份后，对于公司可能存在的未分配利润，不享有利润分配请求权。

❹黑龙江省高级人民法院审理的崔某民与铁力市嘉某投资有限公司、陈某军公司盈余分配纠纷案二审民事判决书【（2017）黑民终 491 号】认为："虽然嘉某公司于 2013 年 6 月 21 日将其持有嘉某公司的股权转让给案外人康某公司时，崔某民具有嘉某公司的股东资格，嘉某公司股权转让款亦属于崔某民转让嘉某公司股权前嘉某公司的收益，但崔某民与陈某军所签《股权转让协议》中并未明确约定原股东崔某民有权主张股权转让前嘉某公司的利润，因崔某民的股东资格随着股权转让并办理变更登记而丧失，基于股东身份所享有的公司利润分配请求权亦随之丧失，故崔某民已无权基于股东身份分配嘉某公司的利润。"

❺四川省高级人民法院审理的周某江与高某武、第三人田某林股东利益责任纠纷案【（2016）川民终 460 号】认为："对于高某武控制下的新某远公司可能存在的未分配利润，周某江对外转让股权后亦无权再请求分配。《公司法》第 4 条规定，公司股东依法享有资产收益、参与重大决策和选择管理者等权利。股东从公司分取红利是公司作为营利法人的本质要求，也是股东投资的主要目的以及基于股东资格和地位享有的一项基本权能，股东一旦失去股东身份，其利润分配请求权也随之丧失。本案中，周某江并未证明新某远公司向股东高某武分配了利润，其应分得的利

润被高某武实际占有。对于新某远公司可能存在的未分配利润，因周某江转让股权后不再具有新某远公司股东身份，其对公司盈利享有的相关权益已通过股权转让价款得以实现，故不再享有红利分配请求权。"

❻山东省高级人民法院审理的青岛浩某商贸有限公司与青岛奥某瑞工贸有限公司公司盈余分配纠纷案裁定书【（2016）鲁民申 981 号】认为："浩某公司的诉讼请求是要求奥某瑞公司支付股权转让前未分配的利润。本案中，浩某公司和奥某瑞公司已于 2012 年 8 月，按照商定的转让价格，将各自在第三人公司的股份全部转让给案外人李某全，浩某公司的股权已转让，要求分配公司盈余的主体资格已经丧失，浩某公司作为本案原告主体不适格。"

❼上海市第一中级人民法院审理的袁某平与三某包装机械（上海）有限公司公司盈余分配纠纷案二审民事判决书【（2017）沪 01 民终 12900 号】认为："基于常理可以推断，袁某平在向案外人公司转让系争股权时，除了双方当事人之间存在另行约定，袁某平向案外人所转让的系争股权权能显然应包括盈余分配权；而在案事实表明，袁某平在向案外人上海某有限公司转让系争股权时，并未另行约定转让的系争股权并不包括盈余分配权，袁某平也未能提供证据证明双方当事人对此事宜曾作出过约定的事实，故袁某平应对其主张承担举证不能的后果，故本院有理由相信袁某平在转让系争股权后不再享有对公司盈余分配的权利。"

❽浙江省金华市中级人民法院审理的赵某春与金华新某细亚进出口外包有限公司、张某萍公司盈余分配纠纷案二审民事判决书【（2014）浙金商终字第 1395 号】认为："首先，根据公司法的规定，公司的股东依法有权行使股东权利。股权是股东基于股东资格享有的从公司获取经济利益并参与公司经营管理的权利。股东一旦转让股权，即丧失股东资格，无权行使股东权利。股权转让包括股东资格以及股东享有的股利分配请求权、剩余财产分配请求权、股份转让权、参与公司经营管理权等权利的转让。其次，股权转让时，股东对股权价值可以通过对公司资产、负债情况的审查，以及股东对公司经营预期等综合判断而确定。股东有权对股权的实际价值自行确定，并决定是否同意转让。本案中，张某萍与赵某春 2012 年 5 月 12 日签订的《转让股权协议书》，其中第 1 条、第 2 条、第 3 条，对退股与转让、股权变更登记及后续文书及印章交换，均已作出明确的约定，该协议系赵某春与张某萍就股权转让达成的整体协议。协议中，双方并未对公司之前的利润进行确定，也未赋予赵某春仍享有股权转让之前的利润分配权。"

（三）发起人可以请求分配设立中的公司利润

对于发起人是否享有对设立中的公司的利润分配请求权，《民法典》第 75 条规定，法人设立未成功的，设立人"享有连带债权，承担连带债务"。《公司法》第 44 条第 1 款、第 2 款规定："有限责任公司设立时的股东为设立公司从事的民事活动，其法律后果由公司承受。公司未成立的，其法律后果由公司设立时的股东承受；设立时的股东为二人以上的，享有连带债权，承担连带债务……"据此可推知，设立人对于设立中的公司盈余享有分配请求权。在司法实践中，已经出现设立人请求对设立中的公司的利润进行分配的案例，法院支持了该诉请。

❶陕西省高级人民法院审理的王某与李某军、尤某等 12 人公司设立纠纷案【（2012）陕民再字第 00010 号】认为："《最高人民法院关于适用〈中华人民共和国公司法〉若干问题的规定（三）》第 4 条规定了公司设立不能时，发起人按出资比例承担该设立阶段产生的债务的情形，但并未规定设立中公司在公司设立阶段从事经营活动产生的盈利如何分配。根据权利义务相一致的法理以及民法的公平原则，对公司设立阶段的债权分配，应比照适用债务承担的规定，发起人有权按照出资比例分配公司设立阶段从事经营行为所产生的盈利。故王某有按照出资比例参与分配其参与经营的 73 天中产生的利润及资产。"该判决采用了类推适用的方法弥补了设立中的公司利润分配问题的法律漏洞。

（四）隐名股东是否享有利润分配请求权

最高法院的部分判决在一定条件下支持了隐名投资人的利润分配请求权，也有法院判例认为，隐名股东应根据与名义股东之间的协议，通过名义股东向公司主张权利。关于此问题，笔者认为应根据《公司法司法解释三》第 24 条第 2 款的规定，通过名义股东向公司主张权利。笔者认为后一种裁判因存在明确的司法解释依据，所以观点较为可取。

1. 支持隐名股东利润分配请求权

❶最高人民法院审理的郑某贤与郑某宏、郑某泉、肖某华损害股东利益责任纠纷案【（2015）民申字第 2488 号】认为："郑某宏为金某公司隐名投资人，享有与投资份额相对应的投资权益及利润分配，且郑某泉、肖某华以及金某公司财务人员

以结算、收支明细表的方式对此予以确认，郑某贤再审申请认为金某公司亏损无利润可分配，依据不足，广东高院不予支持并无不当。关于郑某宏对金某公司原租赁的案涉土地及地上附着物的转租是否仍享有25%份额的投资权益问题。根据原审法院查明的事实，金某公司解散后，租赁涉案场地的租金应作为金某公司的收益，由各股东进行分配。而本案金某公司转租场地的租金，在解散清算时没有结算分配，因此郑某宏仍享有25%份额的投资权益。"

笔者认为该案之所以得到支持，很大原因是郑某泉、肖某华以及金某公司的财务人员以结算、收支明细表的方式对郑某宏为金某公司隐名投资人予以确认，如果不是这个事实，隐名股东直接起诉获得利润分配的法律依据不足。根据司法解释规定，实际出资人只能向名义股东要求投资回报。

2. 不支持隐名股东利润分配请求权

❷福建省龙岩市中级人民法院审理的廖某华与福建上某能群建材有限公司公司盈余分配纠纷案【（2014）岩民终字第1213号】认为："公司股东作为出资者按投入公司的资本额享有所有者的资产受益、重大决策和选择管理者等权利，因此，上诉人廖某华向被上诉人福建上某能群建材有限公司主张投资回报和盈余分配的前提是其必须是被上诉人的股东或与被上诉人存在其他投资关系。但上诉人自被上诉人福建上某能群建材有限公司成立至今，均未记载于被上诉人的股东名册并依法办理登记，上诉人显然不是被上诉人的显名股东。即使上诉人通过银行转账汇款至吕某国个人账户的100万元能认定为上诉人向被上诉人的投资款，上诉人也仅是被上诉人的隐名股东，吕某国为上诉人的名义股东。依据《最高人民法院关于适用〈中华人民共和国公司法〉若干问题的规定（三）》第24条第2款'前款规定的实际出资人与名义股东因投资权益的归属发生争议，实际出资人以其实际履行了出资义务为由向名义股东主张权利的，人民法院应予支持'的规定，上诉人只能向其名义股东吕某国要求投资回报款。"

（五）股东出资不实不影响利润分配请求权

关于此问题，多数法院认为出资不实，除章程另有约定外，不影响股东的利润分配请求权，应根据《公司法》第210条的规定，按照实缴出资比例分取红利。但是如果股东之间签署了相关合同，按照合同约定处理。

❶最高人民法院审理的徐州咪某房地产开发有限公司、徐某超与曾某明合资、

合作开发房地产合同纠纷案【(2016) 最高法民申 363 号】认为："二审判决认定,咪某公司注册成立后仅数日该 300 万元借款即由咪某公司用房屋预售款返还给了任某红, 构成抽逃出资, 曾某明并未实际完成投资义务, 徐某超对此知晓并予以认可, 在《补充协议》中仍约定了对咪某公司账上存款及售房款五五分配, 与之前《联合开发协议》的利润分配约定相符, 此约定为当事人的真实意思表示, 不违反法律、行政法规的强制性规定。双方合作期间, 徐某超并未提出曾某明未出资不应享受利润分配。现咪某公司、徐某超主张曾某明没有投资不应享有利润分成, 与双方的约定不符, 二审判决对其主张不予支持, 并无不当。咪某公司、徐某超关于应适用《最高人民法院关于审理涉及国有土地使用权合同纠纷案件适用法律问题的解释》第 22 条、第 23 条之规定, 判决曾某明无权请求分配利润的再审申请理由, 本院不予支持。"

❷山西省高级人民法院审理的张某货、王某文诉巩某荣公司盈余分配纠纷案的二审判决书【(2016) 晋民终 1 号】认为："股东是否全额出资与股东资格的取得没有必然联系, 不能仅以股东出资瑕疵否认其股东身份, 法律并没有禁止未全额出资的出资人取得股东权, 故巩某荣认为王某文出资不足而不享有股权, 不能参与分配补偿款的主张缺乏事实与法律依据, 本院不予支持。"

❸重庆市第五中级人民法院审理的重庆建某第某建设有限公司与南某发展公司、重庆庆某混凝土工程有限公司公司盈余分配纠纷案【(2014) 渝五中法民初字第 00104 号】认为："根据查明的事实, 发起人某建公司、南某公司以及建某集团在设立庆某公司的过程中均存在出资不实的行为, 亦即各方实缴出资与约定出资不符, 原告某建公司请求按章程约定出资比例分配利润的证据不足。"该判决认为, 出资不实时应按实缴出资比例分红。

(六) 未取得股东资格的股权激励人不享有利润分配请求权

股东资格是享有利润分配请求权的前提, 故我们认为, 所谓的股权激励计划如未赋予受激励人股东资格的, 则不享有利润分配请求权。相关判例也支持了此种观点。

❶上海市第一中级人民法院审理的肖某宇与上海市相某广告有限公司公司盈余分配纠纷案【(2014) 沪一中民四 (商) 终字第 1506 号】认为："公司盈余分配请求权是具有公司股东资格和地位的股东依法享有请求公司按照自己的持股比例向其分配红利的权利。肖某宇在原审中是以其作为相某广告公司的股东身份提起本案诉

讼的，但本院注意到，股权激励方案对于肖某宇如何才具备股东身份是有明确约定的，即股权激励方案关于股权认购计划中第 7 条及第 11 条，也就是说，肖某宇对于 2011 年及 2012 年度内获得的股权红利有两种选择，第 1 种即以该股权红利认购股权后成为公司股东，第 2 种是不认购股权而直接领取红利。在二审庭审中，肖某宇已明确其选择的是第 2 种方式，由此说明肖某宇自始就不具备相某广告公司的股东身份，而本案显然也并非公司法意义上的公司盈余分配纠纷，因此，肖某宇以其作为相某广告公司的股东主张公司盈余分配，本院不予支持。"

（七）公司应直接向股东本人分红

股东的利润分配请求权是股东向公司主张的权利，具有相对性。因此，公司负有直接向股东本人分红的义务，如无股东委托或授权，公司无权也不应将应分配给股东的利润给付给其他股东或第三人。有判决支持了此种观点。

❶北京市第一中级人民法院审理的北京自某空间酒店管理有限公司与华某青公司盈余分配纠纷案【（2015）一中民（商）终字第 437 号】认为："管理公司上诉称其已将华某青起诉所主张的分红支付给了饶某，华某青应向饶某主张。对此本院认为，根据公司法的相关规定，从公司领取分红的权利人为股东，公司应按照各股东的出资比例或股东之间的约定比例向股东本人发放分红款，华某青从未向管理公司明确表示将其 2012 年后的分红支付给饶某，此时管理公司仍应承担向华某青本人分红的义务。管理公司是否已经实际将华某青的分红支付给饶某，不影响华某青通过诉讼主张其分红权。"

（八）公司盈余分配纠纷的被告

关于股东利润分配请求权的被告，各地裁判观点并不统一：有以公司为被告的；有以公司和不同意分配利润的股东为共同被告的；也有以公司为被告，不同意分配利润的股东为第三人的。但多数法院认为，如果单独以股东为被告，不予支持。

笔者认为，股东依据利润分配请求权请求分配的利润为公司的营业税后所得，且根据《公司法》的规定，公司利润分配方案由董事会制定，股东会审批。由此可见，分配利润的行为是公司行为，股东请求分配利润的对象应为公司。因此笔者认为，股东向人民法院主张分配公司利润时，应以公司为被告。

《公司法司法解释四》第 13 条规定："股东请求公司分配利润案件，应当列公司为被告。一审法庭辩论终结前，其他股东基于同一分配方案请求分配利润并申请参加诉讼的，应当列为共同原告。"该规定对股东利润分配诉讼中各方当事人的诉讼地位进行了明确的规定，为未来司法实践提供了明确指引。在司法解释起草的过程中，有意见认为不同意分配利润的股东参加诉讼的，应列为第三人。但最终公布的《公司法司法解释四》并未规定不同意分配利润的股东的诉讼地位。

1. 以股东为被告不予支持

❶浙江省高级人民法院审理的高某与温某斌、郑某赞、林某花公司盈余分配纠纷案【（2015）浙民申字第 598 号】认为："再审申请人提出的利润分配请求，因利润分配属于公司经营事项，作出利润分配的主体属于公司，而非股东。故再审申请人请求其他股东分配利润及支付审计费，无事实和法律依据。原审法院对再审申请人的诉讼请求不予支持，并无不当。"

浙江省温州市中级人民法院审理的高某与温某斌、郑某赞等公司盈余分配纠纷案【（2014）浙温商终字第 691 号】中，上诉人以股东利益受损为由提起诉讼，并以其他股东为被告，要求返还出资和利润分成。该院认为："诉讼请求中的利润分配请求系上诉人基于股东地位请求按照持股比例分配股利，在公司存续的情况下，应当向公司主张。"故以股东为被告请求分配利润，人民法院不予支持。

2. 直接以公司为单一被告

从部分关于公司利润分配的案例所列当事人来看，不少法院将公司列为单一被告。如❷最高人民法院审理的李某忠、李某文等与襄垣县桃某天利煤业有限公司公司盈余分配纠纷案申请再审民事裁定书【（2015）民申字第 704 号】、❸福建省龙岩市中级人民法院审理的廖某华与福建上某能群建材有限公司公司盈余分配纠纷案【（2014）岩民终字第 1213 号】、❹浙江省绍兴市中级人民法院审理的戚某忠与绍兴西某进出口有限公司公司盈余分配纠纷案【（2011）浙绍商终字第 860 号】、❺北京市第三中级人民法院审理的詹某斯·志贤·赵与北京德某高尔夫体育发展有限公司公司盈余分配纠纷案【（2016）京 03 民终 4101 号】等判例，均以公司为被告。

3. 以公司为被告、以不同意分配利润的股东为第三人

❻最高人民法院审理的林某普与江苏紫某龙红木家具有限公司、陈某坚、陈某华、陈某涵、周某前公司盈余分配权纠纷案【（2014）民申字第 296 号】，该案将其

他股东列为第三人。

4. 以公司和不同意分配利润的股东为共同被告

如❼广东省珠海市中级人民法院审理的陈某荣与梁某梅、珠海市万某达网络维护有限公司公司盈余分配纠纷案【（2012）珠中法民二终字第 63 号】、❽广东省深圳市中级人民法院审理的黄某志、罗某良与深圳市大某山水酒店管理有限公司、❾彭某林、谭某清、徐某公司盈余分配纠纷案【（2014）深中法商终字第 1847 号】、❿重庆市第五中级人民法院审理的重庆建某第某建设有限公司与南某发展公司，重庆庆某混凝土工程有限公司公司盈余分配纠纷案【（2014）渝五中法民初字第 00104 号】等。

5. 集体经济组织不是公司盈余分配纠纷的适格被告

⓫北京市第三中级人民法院审理的张某春与北京市平谷区平谷镇赵某庄村民委员会、北京市平谷区赵某庄股份经济合作社等公司盈余分配纠纷案二审民事裁定书【（2017）京 03 民终 12784 号】认为："公司盈余分配纠纷，是与公司有关的纠纷的下级案由，适格被告应为公司，请求权基础是《中华人民共和国公司法》。张某春要求北京市赵某庄投资管理中心、北京平谷赵某庄股份经济合作社、北京市平谷区平谷镇赵某庄村民委员会按其持股比例分配股利，系集体经济组织内部事项并非平等主体之间的民事争议，不属于人民法院受理民事诉讼的范围。一审法院裁定驳回张某春的起诉，处理正确。"

（九）公司盈余分配的程序要件

多数法院认为，公司分配利润的决定权在公司，在公司未就利润分配事项按照《公司法》的规定作出相关决议之前，股东并不能直接请求公司分配利润。公司是否分配利润，以何种形式在何时分配利润，属于公司自主经营的范围。

关于公司未就利润分配作出决议时，股东间协议能否作为公司分配利润的依据，实践中存在不同的观点，有观点认为在公司已无法形成分配利润的股东会决议时，股东间协议可以作为公司分配利润的依据。在公司未就分配利润事项作出决议之前，股东是否享有请求分配利润的诉权，在司法实践中存在两种截然相反的观点。但在公司就利润分配事项作出决议以后，多数法院认为股东可根据决议请求公司分配利润。公司作出分配利润的决议应面向全体股东，如果公司单独向个别股东分红的，有判决认为其构成抽逃出资。

《公司法司法解释四》第 14 条明确规定，股东可根据公司利润分配决议请求公司支付利润："股东提交载明具体分配方案的股东会或者股东大会的有效决议，请求公司分配利润，公司拒绝分配利润且其关于无法执行决议的抗辩理由不成立的，人民法院应当判决公司按照决议载明的具体分配方案向股东分配利润。"同时，《公司法司法解释四》第 15 条还规定，股东请求公司分配利润但未提交利润分配的决议的，应当驳回诉讼请求，但也规定了股东滥用权利时的例外情形："股东未提交载明具体分配方案的股东会或者股东大会决议，请求公司分配利润的，人民法院应当驳回其诉讼请求，但违反法律规定滥用股东权利导致公司不分配利润，给其他股东造成损失的除外。"

从以上规定可以看出，股东请求公司分配利润时，原则上必须提供公司关于利润分配的有关决议，公司未就利润分配事项作出决议的，股东不得请求分配利润。但如果"违反法律规定滥用股东权利导致公司不分配利润，给其他股东造成损失的"，股东可直接请求公司分配利润。此时请求分配利润的股东负有证明以上事实存在的责任。

1. 股东请求分配利润必须由公司作出相关决议

❶最高人民法院审理的陈某与山东省轻某集体企业联社企业出资人权益确认纠纷案【（2014）民二终字第 157 号】认为："轻某联社是否应按相应比例向陈某支付投资收益。陈某主张轻某联社应向其支付其享有股权比例下的投资收益，证据为东某公司年检报告及会计师事务所审计报告等显示东某公司有可供分配的股利和利润，但其未能提供证据证明东某公司实际对股东进行了分红，且东某公司在 1999 年 11 月 4 日已经明确告知山东省某行，因公司一直处于基建阶段，资金投入较大，未进行过利润分配，故陈某关于分配投资收益的主张因证据不充分，本院不予支持。"

❷最高人民法院审理的刘某林、雷某敏、刘某东与河南电某实业集团有限公司、洛阳矿某集团有限公司、洛阳龙某宜电有限公司、洛阳龙某山川钼业有限公司合同、无因管理、不当得利纠纷案【（2014）民申字第 1166 号】认为："公司是否进行利润分配，属于公司自治事项。对于符合法律规定的分配利润条件但连续五年不向股东分配利润的情形，《公司法》仅赋予股东请求公司以合理的价格回购股份的救济权利。而本案中，龙某山川公司章程虽然约定股东会有审议批准公司利润分配方案的职权，但并未约定股东会在公司盈利时必须每年审议批准公司利润分配方

案并分配利润，该公司股东之间亦无相应约定。该公司虽然连续4年盈利，但在第5年即2010年年底为亏损，在此情形下，龙某山川公司股东会作出以前年度的利润弥补亏损，并不分配利润的决议并未违反《公司法》的规定及公司章程的约定，电某实业公司参加股东会并在表决时予以同意也未违反法律规定或者相关合同的约定。因此，二审判决认定东梁公司暂时不具备实现利润分配请求权的条件以及电某实业公司行使股东表决权并未损害刘某林、雷某敏、刘某东的权利并无不当。"

❸新疆维吾尔自治区高级人民法院审理的杨某京与喀什疆某保安服务有限责任公司公司盈余分配纠纷案二审民事判决书【（2017）新民终299号】认为："《中华人民共和国公司法》第37条第1款第6项①规定审议批准公司的利润分配方案和弥补亏损方案属于股东会的职权。故，分享公司的利润是股东享有的一项法定权利，但公司盈余分配同时也是公司自主决策事项。实践中，股东主张盈余分配，必须具备两个条件：一是实体要件，即公司必须具有可分配的税后盈余；二是程序要件，即公司权力机关作出分配盈余的股东会决议。"

❹浙江省高级人民法院审理的凌某良与浙江杭某湾电工合金材料科技有限公司公司盈余分配纠纷案【（2016）浙民申1952号】认为："有限责任公司是否分配利润以及分配多少利润属于公司股东会决策范畴。股东虽基于投资关系取得利润分配的期待权，但能否转化为具体的利润分配请求权，取决于公司是否盈利以及股东会是否依法作出分配利润的决议等多项条件。故在股东会作出决议之前，股东直接向人民法院起诉请求判令公司向股东分配利润缺乏法律依据。本案中，杭某湾公司虽未设立股东会，但章程明确规定董事会是公司的最高权力机构，有权对公司利润分配方案作出决定。凌某良在一、二审中均未能举证证明杭某湾公司已经就公司盈余分配形成利润分配方案，并经过公司董事会的批准，故其诉讼请求不能得到支持。"

❺安徽省高级人民法院审理的黄某松与安徽玄某房地产开发有限公司公司盈余分配纠纷案【（2016）皖民终760号】认为："依据《公司法》第37条、第46条、第166条②规定，有限责任公司是否分配利润以及分配多少利润属于公司股东会决议事项。股东基于投资关系取得公司利润分配的期待权，但能否转化为具体的利润分配请求权，取决于公司是否盈利以及股东会是否依法作出分配利润的决议等多项条件。在股东会就利润分配的具体方案作出决议之前，股东并不享有利润分配请求权，继而不具有相应的诉权。现黄某松主张其为玄某公司股东，但其并未举证证明

---

① 《公司法》（2023年修订）第59条第4项。
② 《公司法》（2023年修订）第59条。

玄某公司股东会已就公司利润分配方案形成决议或玄某公司章程包含利润分配具体方案，故其直接向人民法院起诉请求判令玄某公司分配利润缺乏事实和法律依据。"

❻浙江省高级人民法院审理的刘某与衢州市衢江区银某水电有限公司公司盈余分配纠纷案【（2016）浙民申 1190 号】认为："根据《公司法》以及银某公司的章程规定，公司是否分配盈余，应当由股东会通过决议。本案刘某作为公司股东，并未提供相关股东会决议作为利润分配的依据，而是通过 2012 年度及之前分配利润以及银某公司提交了审计报告等行为，推断公司有分配利润的决定，缺乏法律和事实依据。"

❼甘肃省高级人民法院审理的刘某与武威新某汽车市场有限公司公司盈余分配纠纷案【（2015）甘民申字第 580 号】认为："股东盈余分配请求权是股东依法享有请求公司按照出资或股份比例分配股利的权利，但根据公司法的相关规定，有限责任公司的股东只能对公司弥补亏损和提取公积金后所余税后利润，按照规定行使盈余分配请求权。换言之，有限责任公司的股东以请求公司分配利润为由提起诉讼时，应向人民法院提交相关起诉证据并阐明起诉的事实和理由，即起诉时的证据材料能反映公司经营期间存在实施过利润分配，但其未获得相应收益的事实，或者存在公司虽未进行分配，但确有相应的利润收入且符合规定的分配条件，应当进行分配的情形。但从刘某提起诉讼的情况看，只有请求分配的主张，并不能提交上述支持起诉的相关证据，其起诉不符合《中华人民共和国民事诉讼法》第 119 条的规定，一、二审法院裁定驳回起诉的结果并无不当，刘某应依法另行主张相关权利。"

❽广东省高级人民法院审理的百某有限公司、肇庆广某马房北江公路大桥有限公司公司盈余分配纠纷案二审民事判决书【（2015）粤高法民四终字第 177 号】认为："在马某大桥公司股东会或董事会未能就向百某公司分配利润重新作出决议的情形下，百某公司主张马某大桥公司向其分配利润的条件尚未成就，故不应支持百某公司关于分配利润的诉讼请求。一审判决对此问题的认定及处理正确，本院予以维持。"

❾北京市第三中级人民法院审理的詹某斯·志贤·赵与北京德某高尔夫体育发展有限公司公司盈余分配纠纷案【（2016）京 03 民终 4101 号】认为："据《公司法》的相关规定，公司股东依法享有资产收益、参与重大决策和选择管理者、按照实缴出资比例分取红利等权利，其有权向公司提起公司盈余分配纠纷之诉。公司在从事商事活动中具有充分的自由和自治，公司是否分配利润以及分配多少利润属公司董事会、股东会决策权范畴。本案中，德某公司的公司章程中规定：'董事会是合营公司的最高权力机构，决定合营公司的一切重大事宜。合营公司依法缴纳所得

税和提取各项基金后的可分配利润，董事会确定分配的，按照合营各方在注册资本中的出资比例进行分配。'《中华人民共和国中外合资经营企业法》第 6 条第 2 款中亦规定，董事会的职权是按合营企业章程规定，讨论决定合营企业包括利润分配等一切重大问题。故对于德某公司的利润分配，分或不分，应分多少，均应由该公司董事会作出相应决议。本案詹某斯·志贤·赵主张的应分配利润数额 10347308.76 元系出自德某公司于 2011 年 5 月 4 日作出的董事会决议，对于该董事会决议，德某公司的股东并未在该决议作出之日起 60 日内请求人民法院予以撤销，该决议的内容亦不违反法律、行政法规的规定，故该决议应属合法有效。"

❿北京市第三中级人民法院审理的黄某平与北京五某天雅商业运营管理有限责任公司公司盈余分配纠纷案【（2016）京 03 民终 3405 号】认为："五某天雅公司未就利润分配问题作出过股东会决议，公司章程中亦无具体的分配方案。综上，本案中，黄某平未能举证证明五某天雅公司存在公司法所规定的可供分配的盈余，因此，本院对于黄某平要求五某天雅公司向其支付盈余分配款的请求难以支持。"

⓫北京市第三中级人民法院审理的杨某与北京中某博南门窗有限公司公司盈余分配纠纷案【（2015）三中民（商）终字第 00947 号】认为："股东会有权审议批准公司的利润分配方案和弥补亏损方案。公司进行利润分配应当作出有关决议，依据利润分配的有关决议进行利润分配。现有证据不足以证明中某博南公司曾召开过股东会就是否进行利润分配作出有关决议，亦不足以证明股东间就利润分配达成过合意。现杨某上诉要求利润分配不符合条件，应先由公司内部就公司是否存在盈利及利润如何分配进行决议，并按照公司法规定提取相应法定公积金，杨某作为公司股东应尊重公司内部运行程序。一审法院裁定驳回杨某请求分配利润的起诉并无不当。"

⓬广东省江门市中级人民法院审理的江门市酱某食品厂有限公司与李某洲、江门市时某达经贸有限公司、赵某泰、吴某荣公司盈余分配纠纷案【（2015）江中法民二终字第 154 号】认为："关于李某洲请求酱某厂将 1998 年至 2005 年未分配利润进行分配的问题。根据《公司法》第 37 条、第 46 条①的规定，有限责任公司利润分配须经公司董事会制定盈余分配方案并经公司股东会决议通过，公司是否分配利润以及分配多少是公司董事会、股东会决策事项，属于公司自治的范畴。法院无权直接代替公司作出经营判断或决策，在未经公司股东会决议情况下，法院不宜直接做出是否分配及分配多少的判决。本案中，酱某厂在 1998 年至 2005 年期间一直

---

① 《公司法》（2023 年修订）第 59 条。

有对公司盈余进行分配，虽然从审计报告的情况来看，酱某厂在 2001 年至 2005 年期间存在未分配利润，但是公司有利润可供分配不代表公司一定要将该利润全部分配给股东，且在 2001 年至 2005 年期间虽存在尚未分配利润但在经过多年的经营后该利润是否还存在无法确定，而审计报告显示酱某厂从 2006 年至今一直亏损。本案是公司盈余分配纠纷，公司决定分配利润及公司盈余分配占公司可供分配利润的多少比例的权利在于股东会，而不在于个别股东，现并无证据显示酱某厂股东会对该期间尚未分配利润决定再进行分配。因此李某洲诉请对酱某厂 1998 年至 2005 年尚未分配的公司利润进行分配依据不足，本院不予支持。原审法院径行判决酱某厂向股东分配 1998 年至 2005 年度未分配利润不符合法律规定，本院予以纠正。"

❸广东省深圳市中级人民法院审理的黄某志、罗某良与深圳市大某山水酒店管理有限公司、彭某林、谭某清、徐某公司盈余分配纠纷案【(2014) 深中法商终字第 1847 号】认为："《公司法》第 37 条①规定：'股东会行使下列职权：……（六）审议批准公司的利润分配方案和弥补亏损方案……'第 166 条第 1 款②规定：'公司分配当年税后利润时，应当提取利润的百分之十列入公司法定公积金。公司法定公积金累计额为公司注册资本的百分之五十以上的，可以不再提取。'大某山水公司章程未明确规定具体的利润分配方案，黄某志、罗某良未提交载明具体利润分配方案的大某山水公司股东会决议，且黄某志、罗某良请求在大某山水公司未依法缴纳税款及提取法定公积金的情况下将 2012 年 7 月 31 日《酒店承包经营合同》、2012 年 8 月 1 日《承包合同》约定的承包金作为大某山水公司利润进行分配，不符合法律规定。黄某志、罗某良提出的关于分配大某山水公司利润的诉讼请求，没有事实和法律依据，原审法院予以驳回并无不当。"

2. 大股东滥用股东权利不分配利润给其他股东造成损失的，虽不存在分配决议亦可请求分配利润

❹最高人民法院审理的庆阳市太某热力有限公司、李某军公司盈余分配纠纷案民事判决书【(2016) 最高法民终 528 号】认为："公司在经营中存在可分配的税后利润时，有的股东希望将盈余留作公司经营以期待获取更多收益，有的股东则希望及时分配利润实现投资利益，一般而言，即使股东会或股东大会未形成盈余分配的决议，对希望分配利润股东的利益不会发生根本损害，因此，原则上这种冲突的

---

① 《公司法》（2023 年修订）第 59 条。
② 《公司法》（2023 年修订）第 210 条第 1 款。

解决属于公司自治范畴，是否进行公司盈余分配及分配多少，应当由股东会作出公司盈余分配的具体方案。但是，当部分股东变相分配利润、隐瞒或转移公司利润时，则会损害其他股东的实体利益，已非公司自治所能解决，此时若司法不加以适度干预则不能制止权利滥用，亦有违司法正义。虽目前有股权回购、公司解散、代位诉讼等法定救济路径，但不同的救济路径对股东的权利保护有实质区别，故需司法解释对股东的盈余分配请求权进一步予以明确。为此，《最高人民法院关于适用〈中华人民共和国公司法〉若干问题的规定（四）》第15条规定：'股东未提交载明具体分配方案的股东会或者股东大会决议，请求公司分配利润的，人民法院应当驳回其诉讼请求，但违反法律规定滥用股东权利导致公司不分配利润，给其他股东造成损失的除外。'在本案中，首先，太某热力公司的全部资产被整体收购后没有其他经营活动，一审法院委托司法审计的结论显示，太某热力公司清算净收益为75973413.08元，即使扣除双方有争议的款项，太某热力公司也有巨额的可分配利润，具备公司进行盈余分配的前提条件；其次，李某军同为太某热力公司及其控股股东太某工贸公司法定代表人，未经公司另一股东居某门业公司同意，没有合理事由将5600万余元公司资产转让款转入兴某建安公司账户，转移公司利润，给居某门业公司造成损失，属于太某工贸公司滥用股东权利，符合《最高人民法院关于适用〈中华人民共和国公司法〉若干问题的规定（四）》第15条但书条款规定应进行强制盈余分配的实质要件。"

3. 股东是否享有直接起诉公司分配利润的诉权

司法实践中，关于此问题最高人民法院存在不同的裁判观点，笔者认为最高人民法院肯定股东享有诉权的裁判观点较为可取。理由是："对于当事人提起的某项诉讼请求应否受理的判断，并非要求该项诉讼请求需获得实体法上的支持，而是应以民事诉讼法关于案件受理标准的一般法律规定并结合与该具体诉请相关的具体法律规定进行综合认定。"

（1）支持股东诉权

❶❺最高人民法院审理的山东汉某集团有限公司因与山西寿阳段某煤业集团公司、山西寿阳段某集团平安煤业有限公司股权转让合同纠纷管辖权异议案【（2014）民二终字第74号】认为："对于当事人提起的某项诉讼请求应否受理的判断，并非要求该项诉讼请求需获得实体法上的支持，而是应以民事诉讼法关于案件受理标准的一般法律规定并结合与该具体诉请相关的具体法律规定进行综合认定。本案中，汉某集团依据股权转让协议的有关约定起诉请求分配公司利润，根据

民事诉讼法、公司法以及相关司法解释的规定，该诉请的受理标准和条件法律均无要求公司内部先行决议的特别前置性规定。因此，一审裁定驳回汉某集团的该项诉请，属于适用法律错误，人民法院应当受理该项诉讼请求。至于案件受理以后，当事人的该项诉讼请求能否获得实体法上的支持，需待案件实体审理以后由人民法院以实体判决的方式予以处理。"

❶❻最高人民法院审理的山东鲁某置业集团有限公司、鲁某仲盛置业（青岛）有限公司与仲某控股有限公司、青岛海某房地产股份有限公司股东权纠纷案【（2011）民四终字第 13 号】认为："仲某控股提出的有关利润分配的诉讼请求能否得到支持，属于实体审查的范畴，并非程序问题。该诉讼请求本身符合法定的受理条件，上诉人鲁某集团有关'对于被上诉人提出的利润分配之诉，法院理当不予受理，更不应将此作为确定管辖的依据'的理由没有法律依据。"

(2) 不支持股东诉权

❶❼最高人民法院审理的武汉华某路桥管理有限公司、武汉公某桥梁建设集团有限公司与长某资源路桥有限公司公司盈余分配纠纷管辖权异议案【（2015）民四终字第 4 号】认为："股东虽基于投资关系取得利润分配的期待权，但能否转化为具体的利润分配请求权，取决于公司是否盈利以及股东会是否依法作出分配利润的决议等多项条件。故在股东会作出决议之前，股东并不享有利润分配请求权，继而不具有相应的诉权，股东直接向人民法院起诉请求判令公司向股东分配利润缺乏法律依据。本案上诉人华某公司系上诉人武汉某桥公司与被上诉人长益公司依据《中华人民共和国中外合作经营企业法》成立的有限责任公司，应适用前述公司法的相关规定。华某公司虽然未设立股东会，但章程明确规定董事会是合作公司的最高权力机构，有权对公司利润分配方案作出决定。长益公司诉请华某公司支付 2008 年、2009 年至 2013 年利润，并未提交华某公司董事会相关年度决议支持其主张，其直接向人民法院起诉请求判令华某公司向股东分配利润缺乏法律依据，其诉请不属于民事诉讼受案范围。华某公司的上诉主张成立，本院予以支持。"

❶❽广东省高级人民法院审理的陈某荣与梁某梅、珠海市万某达网络维护有限公司公司盈余分配纠纷再审复查与审判监督案【（2013）粤高法民二申字第 403 号】认为："《公司法》第 35 条①仅规定股东有权按照实缴的出资比例分取红利，在股东会作出利润分配方案之前，并未赋予股东越过股东会直接提起分配利润诉讼的请求权，《公司法》并未将分配利润作为对公司的强制性规范，公司股东会享有决定

———————————
① 已被修改。

是否分配利润的自主权。本案万某达公司并没有召开股东会决定分配利润，作为股东之一的陈某荣无权越过股东会直接向法院起诉请求分配利润，如其认为权利受到了侵害或公司陷入僵局，可以依据《公司法》的规定通过转让股权或请求公司按照合理价格收购其股权等途径获取收益，因此，在万某达公司股东会依法作出分配公司利润的决议之前，陈某荣主张万某达公司支付利润没有依据，本院不予支持。"

4. 存在分配决议的举证责任在股东

❶最高人民法院审理的广州市黄某区口岸发展公司与建某能源有限公司、广州建某码头有限公司、广州市黄某区庙某经济发展公司合作合同纠纷案【（2011）民申字第607号】认为："关于黄某公司于1998年1月7日转走的300万元应否认定为分配给黄某公司的利润。对此，再审申请人黄某公司认为，深圳国某会计师事务所的《审计报告》明确认定该300万元系建某公司支付给黄某公司1995年的利润，依据为《董事会决议》。黄某公司在向本院提交的《民事申诉状》中也声称发现了上述《审计报告》提及的形成于1998年1月6日的《董事会决议》，但并未向本院提交该《董事会决议》。再审被申请人建某公司则认为，黄某公司提交的上述《审计报告》系仲裁案件的专项审计，深圳国泰会计师事务所在该《审计报告》中明确注明'对此项会计处理我们不发表意见'，《审计报告》提及的《董事会决议》并无原件，1995年的公司利润也不可能在1998年进行分配。鉴于再审申请人黄某公司在一、二审程序中没有提供或者申请法院调取其声称的建某公司1998年1月6日的《董事会决议》，其在向本院申请再审时也未提供该份《董事会决议》，本院对其有关'300万元系利润分配'的主张依法不能支持。"

5. 利润分配决议作出后，股东可否请求分配利润

关于此点，多数法院认为股东可根据利润分配决议请求公司分配利润，但也有不同裁判意见。笔者认为既然公司已经就利润分配问题作出决议，则股东对公司请求分配利润的权利已经由此前的期待权变为现实的债权。故在分红决议作出后，股东可请求公司实际分配利润。公司在作出分配决议后，又作出相反决议的，虽体现了公司自治，但有违诚信，不值得提倡。《公司法司法解释四》第14条也明确规定股东可根据公司分配利润的决议请求公司分配利润。

（1）支持股东请求分配利润

❷山东省高级人民法院审理的崔某告与山东广某管道穿越工程有限责任公司公司盈余分配纠纷案【（2015）鲁民提字第452号】认为："《2010年度利润分配预

案》及已分配利润情况记载，崔某告 2010 年利润（债权）为 50 万元，2012 年 2 月已分配利润 2.5 万元，2012 年 5 月已分配利润 3.427 万元，2013 年 2 月已分配利润 7.5 万元，剩余 365730 元未付。一审法院调取了广某公司 2010 年 1 月 1 日至 2013 年 12 月 31 日在相关银行的账目往来情况，证明广某公司 2010 年度应收工程款、债权，已实际收回 1000 万元以上，符合利润分配的条件。对此事实，本院予以确认。综上，利润分配条件已经成就，广某公司应当按照《2010 年度利润分配预案》及 2012 年 4 月 8 日《股东会决议》第 4 条的内容对 2010 年的利润进行分配。一、二审认定事实清楚，适用法律正确，应予维持。"

❹ 天津市高级人民法院审理的天津博某精细化工有限公司、纪某忠公司盈余分配纠纷案【（2011）津高民四终字第 141 号】认为："本案的争议焦点为天津博某公司是否应当对纪某忠分红。纪某忠为天津博某公司的股东，该公司章程第四十八条规定合资公司的税后利润应按注册资本中的出资比例进行分配，2007 年 3 月 5 日公司董事会决议将 2005 年底前未分配利润减除转增注册资本后的余额分配给各股东，纪某忠应得的利润经计算为 483570.54 元，且各方当事人对数额无争议，故天津博某公司应执行董事会决议将该笔款项支付纪某忠。虽然纪某忠作为当时天津博某公司的总经理未能依董事会决议将分红款支付给各股东，但其仍有请求该公司支付红利的权利，现天津博某公司以公司流动资金紧张为由拒绝支付分红款，没有法律依据，本院不予支持。"

❷❷ 浙江省绍兴市中级人民法院审理的戚某忠与绍兴西某进出口有限公司公司盈余分配纠纷案【（2011）浙绍商终字第 860 号】认为："公司盈余分配属于公司自治范畴，在股东会形成利润分配决议后，股东的盈余分配请求权转化为实体权利。根据《公司法》第 38 条第 6 款、第 47 条第 5 款①以及被上诉人西某公司章程第 6 条第 7 款、第 13 条第 5 款之规定，被上诉人西某公司的利润分配方案应由执行董事制定并由股东会审议批准。本案中，上诉人戚某忠已提交 2010 年 10 月 19 日、2011 年 8 月 31 日两份有关被上诉人西某公司利润分配方案的股东会决议，据此享有要求公司按照决议分配盈余的权利，而至于该两份利润分配方案的股东会决议是否以公司财务会计报告为基础以及股东会决议的合法性、效力问题属于对案件的实体审查。故原审法院驳回上诉人起诉，显属不当，应予纠正。"

（2）不支持股东请求分配利润

❷❸ 北京市第三中级人民法院审理的詹某斯·志贤·赵与北京德某高尔夫体育发

---

① 《公司法》（2023 年修订）第 59 条第 1 款第 4 项、第 67 条第 2 款第 4 项。

展有限公司公司盈余分配纠纷案【（2016）京03民终4101号】认为："根据德某公司2011年5月4日的董事会决议，詹某斯·志贤·赵应分得的10347308.76元利润，因董事会决定为加大公司的投入应暂挂账不做具体资金支出，故在德某公司就具体利润资金支出未作出新的决定前，人民法院不宜作出强制性判决要求德某公司支付上述利润。对于德某公司于2011年5月4日的董事会决议确定的公司各股东应分配利润，詹某斯·志贤·赵未举证证明存在德某公司已向其他股东实际分配利润而未向其分配导致对其明显不公，故在德某公司就具体利润资金支出未作出新的决定前，本院对其诉讼请求亦不予支持。"

6. 单独向个别股东分红视为抽逃出资

公司分配利润应面向全体股东，公司向个别股东分配利润，有违资本维持原则，所以最高人民法院将此类行为认定为变相抽逃出资。

❷最高人民法院审理的赵某勋与辽宁中某房屋开发有限公司股权确认纠纷案【（2013）民申字第286号】认为："股东分红依法应由股东会作出决议。本案中，中某公司未经法定程序，在其他股东未分红的情况下，单独给付赵某勋预期分红，作为买断其股权的对价，存在损害其他股东和公司债权人合法利益的可能性。鉴于中某公司退还赵某勋1500万元股权投资款和1000万元红利后，双方没有办理相应的减资或股权变更手续，赵某勋亦否认上述行为为退股，从而导致赵某勋在已没有实际出资的情况下仍具有股东身份并继续享有股东权利。根据《最高人民法院关于适用〈中华人民共和国公司法〉若干问题的规定（三）》第12条之规定，赵某勋的上述行为属于'其他未经法定程序将出资抽回的行为'，应认定为抽逃出资。"

7. 公司不得以现金不足为由拒付股东应得利润

公司分配利润的前提是公司存在可分配利润，且分配利润的形式不以现金为限，因此，有判决认为，公司现金不足仅影响利润分配的形式和支付利润的时间。

❷四川省高级人民法院审理的上海盛某网络发展有限公司、成都吉某科技有限责任公司、杭州顺某科技股份有限公司股权转让纠纷案【（2015）川民终字第869号】认为："股东作为公司的投资人，其投资的目的就是获得利润，公司的利润，在缴纳各种税款后，弥补亏损和提取公积金是公司分配税后利润的法定前提条件，只要符合该条件，无论公司是否有现金，都可以决定进行分配，是否有现金只是影响分配的形式或支付利润的时间，因此，吉某公司现金不足，不能构成其不向盛某公司支付利润的正当理由。"

8. 分红虽未经股东会议研究并形成决议，但是各股东均默认同意的，分配行为有效

❷黑龙江省高级人民法院审理的王某光与哈尔滨健某医药连锁有限公司公司盈余分配纠纷案民事裁定书【（2017）黑民申 2831 号】认为："本案诉争之前，健某医药公司每月向昌某忠、李某斌、王某光支付分红款事宜未经股东会议研究并形成决议。健某医药公司股东实际分取红利的程序与方式，与公司法及该公司章程的相应规定内容存在冲突，前期在 3 位股东都认可的情况下，虽无股东会决议，但已形成事实上的股东默认。后期 3 位股东就分红问题发生争议，股东昌某忠、李某斌已将案涉分红款项全部退回公司，表明多数股东不再同意以此种形式进行分红，当股东未就分红问题达成一致意见时，公司应按照公司法的有关规定另行召开股东会议，以决议的方式决定案涉款项及其他利润的分配。虽然王某光举示了王某光、昌某忠、李某斌 3 人于 2013 年 10 月 20 日签名的股东会决议拟证实 3 人关于公司利润分配达成一致，但因昌某忠、李某斌 2 人对此证据不认可，且该股东会决议上没有健某医药公司的公章，故王某光的此项申请再审理由不能支持。"

（十）董事会无权限制股东的利润分配请求权

股东的利润分配请求权是股东的固有权，非经公司章程规定或者股东全体同意，不得对股东的利润分配请求权进行限制和剥夺。董事会作为公司的执行机关，不能对股东的利润分配请求权作出限制，甚至剥夺股东的利润分配请求权。但是公司的董事会可以根据公司章程的规定制定公司的利润分配方案和弥补亏损方案。

❶黑龙江省高级人民法院审理的王某光与哈尔滨健某医药连锁有限公司公司盈余分配纠纷案民事裁定书【（2017）黑民申 2831 号】认为："健某医药公司的章程规定，公司的董事会负责制定公司的利润分配方案和弥补亏损方案，公司分配当年税后利润时，将提取利润的 10% 列入公司法定公积金，并提取利润的 5%~10% 列入公司的法定公益金，经股东会决议，可以提取任意公积金。公司弥补亏损和提取公积金、法定公益金后所余利润，按股东的出资比例分配。我国公司法及公司章程明确规定，公司在弥补亏损和提取法定公积金后，经股东会决议后，方可向股东分配税后利润。是否分配利润以及分配多少利润属公司股东会决策范畴。"

❷河北省石家庄市中级人民法院审理的赵某壮与石家庄忠某管道有限公司、吴某中意玻璃钢有限公司公司盈余分配纠纷案【（2015）石民四终字第 01598 号】认

为："股东的分红权系股东的基本权利，无约定和法律规定的事由，股东会无权剥夺。本案在股东未签字形成合意亦无法定事由的情况下，忠某公司董事会于2007年3月10日作出赵某壮不计以前分红的决议对赵某壮无效。"

（十一）公司分盈余分配的实体要件

多数判决认为，公司分配利润的前提是公司存在现实的可分配利润，是否存在可分配利润，应根据《公司法》第210条来确定。因此，有判决认为，公司不能向股东承诺不论盈亏均向股东分配利润，也不得将公司未实际收回的债权作为利润进行分配。公司未按《公司法》的规定提取公积金即分配利润的，有判决认为法院不宜直接认定分配利润的决议无效，而应要求公司另行作出决议对未分配公积金问题进行处理。

1. 股东请求公司分配利润以公司存在可分配利润为前提

❶广东省高级人民法院审理的曹某锋、广东成某电子科技股份有限公司公司盈余分配纠纷案再审审查与审判监督民事裁定书【（2017）粤民申7007号】认为："虽成某公司在向税务机关纳税时提交的资料显示公司在2014年有盈余，但在2016年已对该数据进行调整，调整后显示公司2014年为亏损状态。致某会计师事务所的审计报告虽形成时间是2016年，但审计的事项发生于2014年，曹某锋认为不能用2016年的审计报告否定2014年的财务报表的主张所依据的理由不能成立。目前的证据尚不足以证实成某公司达到了可以进行股利分配的条件，一、二审法院未支持曹某锋关于分配股利的请求，并无不当。"

❷新疆维吾尔自治区高级人民法院审理的杨某京与喀什疆某保安服务有限责任公司公司盈余分配纠纷案二审民事判决书【（2017）新民终299号】认为："实践中，股东主张盈余分配，必须具备两个条件：一是实体要件，即公司必须具有可分配的税后盈余；二是程序要件，即公司权力机关作出分配盈余的股东会决议。"

❸河北省高级人民法院审理的梁某江与北京昊某时代置业有限公司、王某良合资、合作开发房地产合同纠纷案【（2015）冀民一终字第479号】认为："因涉案工程未经双方清算，也未经有关部门进行审计，利润数额不能最终确定，目前尚不具备利润分配的条件。上诉人梁某江主张的利润应通过双方清算或申请审计部门最终确定，其向昊某公司及王某良提起诉讼并按照协议约定的不低于1.5亿元的利润标准计算依据不足。"

❹四川省高级人民法院审理的强某延与曹某波等股权转让纠纷案二审民事判决书【（2015）川民终字第 445 号】认为："瀚某公司为曹某波回购强某延股权的股权转让款支付提供担保，其实质是不管瀚某公司经营业绩如何，股东强某延均可以从瀚某公司获取收益，该约定使得股东获益脱离了公司的经营业绩，背离了公司法法理精神，最终使得股东强某延规避了交易风险，将瀚某公司可能存在的经营不善及业绩不佳的风险转嫁给瀚某公司及其债权人，严重损害了瀚某公司其他股东和债权人的合法利益，应当认定《增资协议书》《补充协议书》约定的瀚某公司为曹某波回购强某延股权产生的责任承担担保责任无效。本案上诉人强某延签订《增资协议书》时是否具备瀚某公司股东身份以及瀚某公司提供担保是否经股东会决议，均不影响瀚某公司提供担保行为的效力认定。上诉人强某延关于要求瀚某公司应就曹某波应承担的责任承担连带责任的上诉理由缺乏事实依据和法律依据，本院不予支持。"

❺广东省中山市中级人民法院审理的中山市兴某化工原料有限公司、陈某带、何某棠与梁某辉、黎某林与公司有关的纠纷案【（2015）中中法民二终字第 249 号】认为："何某堂、陈某带所主张的该债权比对余额 4657132.45 元，并不当然等同依照公司法等相关法律法规所规定的可由股东分配的公司利润。故此，本案中何某堂、陈某带要求直接变现分配本案争议的 4657132.45 元债权，该主张不但损害公司利益，也可能损害公司债权人的利益。且本案中，何某堂、陈某带亦无举证'公司债务表'中的对外债权已成功清收。本院另案处理的兴安公司诉何某堂、陈某带借款案中的借款也是'公司债务表'中兴安公司对外债权的组成部分，该诉讼亦可表明兴安公司尚未成功清收'公司债务表'中的对外债权。另何某堂、陈某带也未举证证明兴安公司已经成功清收'公司债务表'中的对外债权金额超过该表中公司对外债务额。综上，何某堂、陈某带主张利润分配款的条件尚未成就，其诉讼请求应予驳回。"

❻浙江省嘉兴市中级人民法院审理的陈某龙与嘉兴市华某无纺有限公司、陈某娟等公司盈余分配案【（2014）浙嘉商终字第 175 号】认为："首先，根据《公司法》第 166 条①的规定，股东分配盈余的前提是公司当年取得的利润，依法纳税、弥补以前年度亏损并提取法定公积金、任意公积金后尚有盈余，现陈某龙要求依 2011 年 12 月 3 日形成的董事会纪要分配 140 万元，其中向其分配 70 万元，却并未举证证明该 140 万元是否系符合公司法规定的可分配利润。其次，陈某龙在原审中

---

① 《公司法》（2023 年修订）第 210 条。

称该纪要中约定的可分配款项包括公司现金、应收账款在内的资产，应收账款如收不回可于之后再行决算。但是应收账款并非现实利润，不能参与利润分配。最后，从华某公司上报税务机关的资产负债表、损益表、利润表等会计报表来看，2007 年度华某公司的净利润为 23566.66 元，2008 年度的净利润为 45441.1 元，2009 年度的净利润为 197918.51 元，2010 年度的净利润为 112356.13 元，4 年净利润之和为 379282.4 元，远低于该纪要中列出的需分配的前 4 年利润总和 210 万元，也低于已经按照该纪要进行分配的 70 万元。因此，原审对陈某龙要求依 2011 年 12 月 3 日形成的董事会纪要分配盈余不予支持，并无不当。"

❼湖北省恩施土家族苗族自治州中级人民法院审理的李某全、屈某明等与巴东县楚某轮船有限责任公司公司盈余分配纠纷案【（2014）鄂恩施中民终字第 00071 号】认为："根据我国公司法的规定，公司利润分配应符合一定的实质和形式要件。实质要件方面，公司利润应先用于弥补亏损并提取法定公积金后再进行分配；除有可供分配利润外，在形式要件方面还取决于公司的意思表示，即需公司意思机关股东会通过利润分配方案，使股东可享有的利润处于确定状态，将抽象层面的利润分配请求权转化为具体意思上的利润分配请求权。现李某全、屈某明、唐某涛起诉要求楚某轮船公司分配利润，但没有证据证明楚某轮船公司有利润且符合进行分配的实质和形式要件。"

❽浙江省衢州市中级人民法院审理的朱某建与常山县大某物流有限公司公司盈余分配纠纷案【（2013）浙衢商终字第 387 号】认为："为了贯彻资本维持原则，不仅公司资本的减少要遵循严格的法定程序，而且不能用公司资本向股东分配股利，否则就意味着向股东返还出资，从而也就损害了资本维持原则。因此，股利分配的资金来源不能是公司的资本，而只能是公司的利润。关于公司可否进行股利分配，除了审查是否有利润外，还应审查是否有可供分配的利润。《公司法》第 167 条①规定，公司分配的利润须是在扣除税款、弥补了上年度亏损、提取法定公积金、提取任意公积金后的余额。本案上诉人二审询问中明确表示，公司是否有利润可供分配未经过财务审计，关于是否分配利润也未经过公司法及公司章程规定的公司内部治理程序。上诉人的上诉没有事实和法律依据，本院不予支持。上诉人认为《公司法》第 167 条②规定的公司进行利润分配所必须具备的条件，仅是公司内部管理的问题，显失偏颇。"

---

① 《公司法》（2023 年修订）第 210 条。
② 同上。

❾浙江省绍兴市中级人民法院审理的戚某忠与绍兴西某进出口有限公司公司盈余分配纠纷二审民事判决书【(2012) 浙绍商终字第 690 号】认为："上诉人虽提供了股东大会决议，以证明被上诉人公司至 2010 年 9 月 26 日盈利 100 万元以及全体股东决议分配红利。但该股东会决议计提资本公积金 5% 不符合公司法规定，而重新计提法定公积金将直接影响公司的可分配利润，必将影响'每股分红 1.36 元'的股东大会决定。同时结合被上诉人提交的留存于绍兴市工商行政管理部门 2009 年度资产负债表的情况，被上诉人未计提法定公积金，也将影响公司 2010 年 9 月 26 日的可分配利润。根据《公司法》第 38 条①的规定，公司的利润分配方案应由股东会审议批准。公司盈余分配是公司股东会或股东大会的职权，鉴于上诉人提交的股东大会决议存在不符合公司法规定的瑕疵以及存在影响公司可分配利润的其他情形，应当由被上诉人股东会就分配利润事项重新作出决议，行使公司自治权利，而不应由法院主动进行干涉。故上诉人提出的当事人未按照公司法的规定足额提取法定公积金的人民法院可依法予以纠正、原审法院适用法律错误的主张，本院不予采纳。上诉人认为根据股东大会决议可以证明存在决算报告，被上诉人拒不提供应当推定其持有该份决算报告。本院认为，确认公司是否存在可供分配利润的最终依据是经会计师事务所审计的财务会计报告，仅根据公司内部的决算报告尚不足以证明公司确有可分配利润 100 万元。现根据被上诉人提交的留存于绍兴市工商行政管理部门的资产负债表显示西某公司的未分配利润 2009 年 12 月 31 日仅为 126031.71 元，2010 年 12 月 31 日仅为 164423.87 元，且未计提法定公积金，远远不足 100 万元。即使被上诉人公司存在该份决算报告，也与上述资产负债表显示的可分配利润相差去远，不能作为分配利润的最终依据。故上诉人应当举证证明被上诉人公司于 2010 年 9 月 26 日可分配利润达到 100 万元，原审判决将进一步证明公司的利润情况及分配依据的举证责任分配给上诉人并无不当，现上诉人仅以公司股东会决议为依据要求分配公司利润证据尚不充分。"该案中有 3 个问题值得关注：(1) 公司未提取公积金即分配利润的，应当由股东会就分配利润事项重新作出决议，司法机关不宜通过判决直接干涉；(2) 公司是否存在可分配利润，应根据公司的资产负债情况确定，而非根据公司内部的决算报告确定；(3) 股东负有证明公司的利润情况及分配依据的证明责任。

2. 未提取公积金即分配利润的，应另案处理公积金问题

❿北京市第一中级人民法院审理的北京自某空间酒店管理有限公司与华某青公

---

① 《公司法》(2023 年修订) 第 59 条。

司盈余分配纠纷案【（2015）一中民（商）终字第437号】认为："管理公司上诉称一审所判决华某青取得的分红，并未扣除管理公司应当提取的公积金，也未进行依法审计，判决结果有误。就此本院认为，根据公司法的规定，公司应就弥补亏损和提取公积金后的所余税后利润进行分配，但根据管理公司的陈述，管理公司并未提取法定公积金即进行了分红，且除华某青之外的其他3名股东已然按此金额实际取得了分红，上述实际分红情况结合管理公司股东间存在矛盾及内部治理缺失的事实，如在本案中对华某青应当取得的分红单独予以扣减，将可能出现管理公司的股东间义务分担失衡及个别股东单独给付的结果，故本院同意一审所提出的就管理公司未按法律规定提取的法定公积金和弥补亏损部分'通过其他途径予以整体性纠正或补足'的意见。在管理公司的其他3名股东按照华某青提交的5份收支利润表实际取得分红的情况下，一审判决按照5份收支利润表记载的金额计算华某青应当获得的分红款，并无不当。"本案的处理，我们认为似与《公司法》第166条第5款①的规定有违。因为该款明确规定，提取公积金前分配利润的，应将违反规定所分配的利润退还公司。但具体的退还程序，《公司法》并未作出规定，在实践中可能面临操作上的难题。

3. 股东间协议能否作为分配利润的依据

公司分配利润应由股东会作出决议，是公司行为，但股东间协议不是公司行为，不符合股东会决议的形式特征。所以笔者认为：一般情形下，股东间协议不能作为股东请求公司分配利润的依据；但如果公司自律机制已经失灵，也不妨承认股东间协议作为股东分配利润的依据，防止公司因利润分配问题彻底陷入僵局。

（1）支持股东间协议作为分配依据

⓫浙江省高级人民法院审理的上海锦某实业有限公司与上海平某房地产有限公司、湖州南某平某房地产有限公司公司盈余分配纠纷案【（2012）浙商终字第43号】认为："本案锦某公司在受让南某公司股权前，已与南某公司的另一股东平某公司签订合作协议，约定在项目产生利润后，根据锦某公司和平某公司的股权比例分阶段、按季度分配红利。虽然在南某公司的公司章程中没有就利润分配作出约定，而南某公司的股东仅为平某公司和锦某公司，合作协议中的该约定应为双方的合意。且就查明的事实看，双方合作开发的一期工程已经完工，只是部分房屋和商铺未予出售。第二期工程已竣工，但该项工程与锦某公司无关。故在锦某公司与平

---

① 《公司法》（2023年修订）第211条。

某公司召开过多次南某公司股东会，双方不能就公司利润分配达成一致，依靠公司的自律机制已不可逆转的情况下，应以合作协议的约定对南某公司的利润进行分配，原审法院裁定驳回锦某公司的起诉不当。"

（2）不支持股东间协议作为分配依据的判决

❶广东省东莞市中级人民法院审理的谭某林与东莞市思某高分子材料有限公司公司盈余分配纠纷案【（2014）东中法民二终字第 32 号】认为："谭某林主张其诉请的依据是案涉《投资协议书》第 5 条的约定。对此本院认为，从案涉《投资协议书》第 5 条的约定内容来看，该条款是思某公司股东之间就思某公司经营中的利润应按何种方式、比例进行分配的约定。同时，从《投资协议书》第 3 条 B 款第 4 项约定的内容可以看出，对于公司财产、资产等处分应当经股东会议通过，谭某林所主张分配的利润属于公司财产，理应按照该约定经股东会议讨论、作出决议后方可进行分配。而从案涉《投资协议书》第 7 条第 2 项第 5 款的约定可以看出，有关思某公司的利润分配方案属于公司董事会议事的重大事项，即公司的分配需另行制定分配方案，结合思某公司的公司章程第 15 条第 6 项的规定来看，则思某公司的利润分配须由执行董事制定利润分配方案后，由股东会审议批准。故综合以上分析，案涉《投资协议书》并不能等同于思某公司的股东会决议，在谭某林未能充分举证证明思某公司股东会有作出过决定进行利润分配的决议的情况下，谭某林要求分配思某公司 2012 年的盈余利润缺乏事实依据，原审法院不予支持并无不妥，本院予以维持。"

4. 一定条件下股东可要求提前分配利润

❸最高人民法院审理的徐州咪某房地产开发有限公司、徐某超与曾某明合资、合作开发房地产合同纠纷案【（2016）最高法民申 363 号】认为："二审判决依据鉴定报告确定了双方的利润分配具体数额，鉴定报告已载明鉴定基准日美某花园项目尚未销售房产评估值为 11534552 元，该评估值已考虑到上述房产尚未销售，销售时还会发生部分销售费用，今后销售会存在一定的风险等因素对房价的影响，提前分配利润并不损害徐某超的利益。咪某公司、徐某超关于分配利润的条件未成熟，不应分配利润的再审申请理由，本院不予支持。即法院可依具体情况，在满足一定条件时，突破股东间关于分配红利的约定，支持部分股东提前分配利润的诉请。"

（十二）全体股东可决定不按出资比例分红

❶四川省高级人民法院审理的周某江与高某武、第三人田某林股东利益责任纠纷案【（2016）川民终460号】认为："根据《公司法》第34条①关于'股东按照实缴的出资比例分取红利；公司新增资本时，股东有权优先按照实缴的出资比例认缴出资。但是，全体股东约定不按照出资比例分取红利或者不按照出资比例优先认缴出资的除外'的规定，如何分配利润的决定权在股东会，股东会可以决定不按出资比例分取红利。本案证据显示，田某林2010~2013年期间领取的红利，是经当时的安某公司全体股东同意后，根据其与安某公司签订的《补充合同书》约定，在放弃参与公司经营管理的基础上，按固定分红方式取得的投资回报，所分得的红利并非按持股比例取得。"

（十三）向股东支付利润变通为股东向公司借款

❶江西省高级人民法院审理的刘某与江西绿某旅游发展有限公司借款纠纷案【（2012）赣民一终字第47号】认为："根据我国公司法的有关规定，公司股东有获取公司利润（盈余）的权利。刘某是绿某公司的股东，其依法有权从绿某公司获取利润。本案中，从4张借条的形式和内容看，刘某并无向绿某公司借款、与其形成借款关系的真实意思。绿某公司曾在2010年10月25日的起诉状及此后的庭审中自认刘某自2009年3月至7月期间以借条形式从公司分配了利润600余万元。现有证据证明，绿某公司也以同样的形式向其他股东分配了利润。虽然以借条形式分配公司利润不符合公司法规定的利润分配程序，但以这样的形式分配利润是公司与刘某及其他股东之间形成的一种合意，且程序违规可以通过财务审计、召开股东会等方式纠正和完善。结合绿某公司自成立以来一直未依法分配利润、其在原审中多次自认刘某以借条形式分配利润等事实以及《最高人民法院关于民事诉讼证据若干问题的规定》第74条的规定，可以认定刘某以借条形式支取本案诉争款项是公司向刘某分配利润，而非借款。原审法院对本案定性错误，应予纠正。绿某公司诉请刘某返还借款本息，无事实和法律依据，应予驳回。"笔者认为，本判决将股东向公司借款认定为分配利润的一种变通形式，是否符合《公司法》的规定，似有商榷余地。

---

① 《公司法》（2023年修订）第227条。

（十四）涉外利润分配请求权案件的准据法为国内法

根据《民法典》第 467 条第 2 款规定，在中华人民共和国境内履行的中外合资经营企业合同、中外合作经营企业合同、中外合作勘探开发自然资源合同，适用中华人民共和国法律。因此，涉外公司的利润分配案件适用我国法律。

❶山东省高级人民法院审理的东某有限公司与诸城六某东方食品有限公司公司盈余分配纠纷案二审民事判决书【（2016）鲁民终 740 号】认为："东某公司为香港特别行政区注册成立的法人企业，本案为涉港商事纠纷。东某公司为六某东某公司的股东之一，六某东某公司为中外合资经营企业，一审法院根据《合同法》的强制性规定，确定内地法律为处理本案实体争议的准据法，并无不当。"

三、公司盈余分配纠纷的裁判观点综述及建议

股东身份是股东享有利润分配请求权的前提，根据《公司法》第 210 条的规定，对此应无疑问。但对于该问题，仍有以下问题需进一步明确：关于前股东是否享有利润分配请求权，有判决支持前股东在特定条件下可主张利润分配请求权，但亦有判决持相反观点。关于隐名股东是否享有利润分配请求权，有裁判观点认为隐名股东应根据《公司法司法解释三》第 24 条的规定，通过名义股东向公司主张权利，但亦有裁判观点认为满足一定条件的隐名股东可直接向公司主张权利。关于出资不实股东的利润分配请求权，多数法院认为出资不实，除章程另有约定外，不影响股东的利润分配请求权，但应根据《公司法》第 210 条的规定，按照实缴出资比例分取红利。但是如果股东之间签署了相关合同，按照合同约定办理。有判决认为，股东的利润分配请求权是股东的固有权，公司董事会无权作出决议对股东的利润分配请求权进行限制。

关于股东利润分配诉讼的当事人诉讼地位，相关裁判意见并不统一。有列公司为被告；有列不同意分配利润的股东为被告；有列公司为被告，不同意分配利润的股东为第三人等。

多数判决认为，公司分配利润的决定权在公司，单个股东无权直接请求公司分配利润。公司是否分配利润以及以何种形式在何时分配利润，为公司自治的范畴，在公司对利润分配事项作出决议之前，单个股东无权直接请求公司分配利润。关于公司未就利润分配作出决议时，股东间协议能否作为公司分配利润的依据，实践中

存在不同的观点，有观点认为在公司已无法形成分配利润的股东会决议时，股东间协议可以作为公司分配利润的依据。在公司未就分配利润事项作出决议之前，股东是否享有请求分配利润的诉权，在司法实践中存在两种截然相反观点。但在公司就利润分配事项作出决议以后，多数法院认为股东可根据决议请求公司分配利润。公司作出分配利润的决议应面向全体股东，如果公司单独向个别股东分红的，有判决认为构成抽逃出资。

多数判决认为，公司分配利润的前提是公司存在现实的可分配利润。因此，有判决认为，公司不能向股东承诺不论盈亏均向股东分配利润，也不得将公司未实际收回的债权作为利润进行分配。公司未按《公司法》的规定提取公积金即分配利润的，有判决认为法院不宜直接认定分配利润的决议无效，而应要求公司另行作出决议对未提取公积金问题进行处理。

从本书总结筛选的相关案例来看，股东利润分配请求权是股东基于向公司投资形成的股东身份而得向公司主张的请求权。股东利润分配请求权的行使需具备一定的条件。

（一）股东利润分配请求权的性质为债权

关于股东利润分配请求权的性质，虽存在不同观点，但有判决认为，股东会作出利润分配决议后，股东即确定取得对公司请求分配利润的债权，因此股东利润分配请求权具有债权的性质。只要股东会就利润分配问题作出决议，相关股东即可请求公司支付应得利润。但对于是否实际支付、支付形式以及公司能否再次变更决议，存在不同的裁判观点。笔者认为，股东会作出关于利润分配的决议后，公司必须向股东支付利润。除非股东会就利润分配事项再次作出决议，否则公司不得假借其他理由拒绝支付。但在股东会就公司分配利润作出决议之前，多数法院并不支持个别股东请求公司分配利润的诉讼请求。理由是公司是否分配利润属于商业判断，为公司行使自主经营权的范围，股东对于公司利润的请求权仅为期待权，在诉讼上并不能够当然获得支持，而必须满足一定条件。

（二）利润分配请求权以股东身份为前提条件

具有股东身份是享有股东利润分配请求权的前提条件。因此，股东身份的证明是股东利润分配案件所要解决的首要问题。

关于是否支持前股东的利润分配请求权，虽然存在不同的判决，但从风险防控角度，前股东可从以下三个方面维护自身权利：（1）在股东会已就利润分配作出决议时，可在股权转让协议中对转让存在的未分配利润作出约定，确定未分配利润的归属；（2）在公司未就利润分配作出决议时，应审慎评估股权价值，根据公司资产负债情况及盈利能力等综合因素确定股权转让价格；（3）如股权协议已签署且公司在股权转让前存在利润分配决议，但协议未就利润分配问题作出约定，可通过论证利润分配请求权性质为债权请求权的方式说明股东已通过相关决议确定取得了对公司请求分配利润的债权，该债权并不当然随股权转让协议转移至股权受让人。

关于员工持股计划中的股东利润分配请求权问题。笔者建议，员工在选择股权激励方案时，应着眼长远，尽量取得股东身份，以确保能够依据公司法更加全面地主张相关权利。

另外，股东身份的取得固然应基于股东对公司的投资行为，但需注意的是，股东存在出资不实，并不当然影响股东向公司主张利润请求权，除非公司全体股东或公司章程对此另有约定。因此，为防止部分股东"以小博大"，在设计公司章程时，应明确出资不实股东的相关权利义务，对出资不实股东的利润分配请求权给予必要的限制。如果公司章程没有规定或者全体股东对此并无约定，可依据《公司法》第210条的规定，按实缴出资比例分配红利。

关于隐名股东的利润分配请求权，笔者认为，从公司治理的角度而言，隐名持股对隐名股东甚为不利。因为《公司法司法解释三》并未明确隐名股东是否可以直接向公司主张利润分配请求权，而是要求隐名股东根据持股协议向名义股东主张权利。但在名义股东怠于向公司主张权利时，隐名股东可根据《民法典》的规定代位行使名义股东对公司的利润分配请求权。

同时，应注意的是，股东对公司的利润分配请求权为股东的固有权，除全体股东特别约定、股东会决议作出限制或者公司章程另有规定外，该项权利不应受任何限制。

（三）股东请求分配利润需满足一定要件

关于利润分配请求权的形式要件，各地裁判意见较为统一，均认为公司是否分配利润为公司自主经营权的范围，其具体程序为：由公司董事会制定分配方案，报公司股东会审批。在公司未就公司利润分配作出决议前，公司股东不得向公司请求分配利润。在公司存在盈利且长期不分配利润时，请求分配利润的股东只能够依据

《公司法》第 89 条的规定，请求公司收购其股权。为防范以上风险，笔者建议在设计公司章程时，可就公司分配利润的问题作出特别规定，如规定公司利润按年度分配或者规定公司每年必须就分配利润事项作出决议等，防止大股东利用控制权长期不分配公司利润，损害小股东的利益。

需要注意的是，在公司股东会未就利润分配事项作出决议前，公司股东是否享有请求公司分配利润的诉权，即使是最高人民法院，也存在不同的观点。笔者认为，最高人民法院的以下观点明确区分了程序性权利和实体性权利，较为可取：对于当事人提起的某项诉讼请求应否受理的判断，并非要求该项诉讼请求需获得实体法上的支持，而是应以民事诉讼法关于案件受理标准的一般法律规定并结合与该具体诉请相关的具体法律规定进行综合认定。根据民事诉讼法、公司法以及相关司法解释的规定，对诉请分配公司利润的受理标准和条件，法律均无要求公司内部先行决议的前置性规定。

关于利润分配的实质要件，根据《公司法》第 210 条的规定，必须在税后提取公积金存在可分配利润。因此，股东会决议分配公司利润应以当年或当期会计审计结论为依据，不得超额分配利润，超额分配利润的，应根据《公司法》第 211 条的规定，将可分配的利润退还给公司，如果给公司造成损失的，股东及负有责任的董事、监事、高管还应当承担赔偿责任。可分配的利润应以公司实际取得的利润为前提，尚未收回的账款不能认定为公司已确定取得的利润。

但特别值得一提的是，有判决认为，在公司支付利润前未提取公积金的，公司不能当然拒绝股东请求支付利润的诉讼请求，而是应当就提取公积金的问题另行作出决议，整体性地解决该问题。

关于相关决议的证明责任问题，《公司法》及相关司法解释并未对此予以明确，应根据《最高人民法院关于适用〈中华人民共和国民事诉讼法〉的解释》第 91 条第 1 项之规定："主张法律关系存在的当事人，应当对产生该法律关系的基本事实承担举证证明责任"。因此，证明公司存在相关决议的证明责任由诉请分配公司利润的股东承担。有判决认为，董事会、股东会决议的复印件无法与原件核对一致的，不能作为股东请求分配公司利润的依据。

（四）其他问题

1. 分配决议作出后必须向股东个人支付利润

股东利润的支付并不以现金支付为限，可以实物、债权等形式代替支付。如有判决认为，全体股东长期向公司借款的，可认定为公司分配利润的一种形式。另外，公司分配利润时，在无特别委托的前提下，应直接向股东支付，以防止不必要的纠纷。公司不得以公司现金不足为由，拒绝支付股东应得利润。

2. 请求分配利润的案件准据法为国内法

根据《涉外民事关系法律适用法》第 14 条的规定，关于股东权利义务的事项，适用法人登记地法。因此在中国境内设立的公司，不论是内资公司、外资公司还是中外合资公司，均应适用中华人民共和国法律。

3. 向个别股东分配利润构成抽逃出资

股东的利润分配请求权属于股东固有权、自益权，但公司分配利润应通过董事会、股东会作出决议。因此，公司分配利润应面向所有股东。公司不得绕过股东会、董事会的议事规则单独向个别股东分配利润。公司向个别股东分配利润的，有判决认为其与公司的资本维持原则相违背，应认定为抽逃出资。

第十四章　损害股东利益责任纠纷

一、损害股东利益责任纠纷的法律规定

损害股东利益责任纠纷的法律规定散见于其他纠纷的法律规定中，如股东知情权诉讼、盈余分配请求权诉讼等，对此可参考其他章节。损害股东利益纠纷主要包括其他股东对股东利益的侵害和董事、高管对股东利益的侵害，对此，《公司法》和《民法典》中的相关规定如下：

《公司法》（2018年修正，已被修订）第20条规定："公司股东应当遵守法律、行政法规和公司章程，依法行使股东权利，不得滥用股东权利损害公司或者其他股东的利益；不得滥用公司法人独立地位和股东有限责任损害公司债权人的利益。

公司股东滥用股东权利给公司或者其他股东造成损失的，应当依法承担赔偿责任。

公司股东滥用公司法人独立地位和股东有限责任，逃避债务，严重损害公司债权人利益的，应当对公司债务承担连带责任。"

第22条第2款规定："股东会或者股东大会、董事会的会议召集程序、表决方式违反法律、行政法规或者公司章程，或者决议内容违反公司章程的，股东可以自决议作出之日起六十日内，请求人民法院撤销。"

第152条规定："董事、高级管理人员违反法律、行政法规或者公司章程的规定，损害股东利益的，股东可以向人民法院提起诉讼。"

《公司法》（2023年修订）第21条规定："公司股东应当遵守法律、行政法规和公司章程，依法行使股东权利，不得滥用股东权利损害公司或者其他股东的利益。

公司股东滥用股东权利给公司或者其他股东造成损失的，应当承担赔偿责任。"

第23条规定："公司股东滥用公司法人独立地位和股东有限责任，逃避债务，严重损害公司债权人利益的，应当对公司债务承担连带责任。

股东利用其控制的两个以上公司实施前款规定行为的，各公司应当对任一公司

的债务承担连带责任。

只有一个股东的公司，股东不能证明公司财产独立于股东自己的财产的，应当对公司债务承担连带责任。"

第 190 条规定："董事、高级管理人员违反法律、行政法规或者公司章程的规定，损害股东利益的，股东可以向人民法院提起诉讼。"

《民法典》第 1166 条规定："行为人造成他人民事权益损害，不论行为人有无过错，法律规定应当承担侵权责任的，依照其规定。"

二、损害股东利益责任纠纷的相关案例

（一）损害股东利益责任纠纷的程序问题

1. 损害股东利益责任纠纷的主体

被侵害股东是提起诉讼的适格原告。

❶最高人民法院审理的林某忠与西安赛某商贸有限公司、西安赛某商业运营管理有限公司损害股东利益责任纠纷案【（2014）民二终字第 116 号】认为："本案属于股东代表诉讼，股东主张他人侵犯公司合法利益的，在完成前置程序后，可依据《公司法》第 152 条①之规定提起股东代表诉讼。在股东代表诉讼案件中，应列损害公司利益的他人为被告，公司则以第三人身份参加诉讼，故赛某商贸公司、浙某公司和赛某管理公司是本案适格的当事人。"

❷最高人民法院审理的海南海某集团有限公司与中国某金矿业总公司、三亚度某村有限公司损害股东利益责任纠纷案【（2013）民二终字第 43 号】认为："海某集团以中某公司滥用其在度某村公司的控股股东地位、侵害海某集团的股东利益为由，提起损害赔偿之诉，属于股东直接诉讼，诉讼利益归于海某集团。其提出的法律依据是我国《公司法》第 20 条第 1 款和第 2 款②关于'公司股东应当遵守法律、行政法规和公司章程，依法行使股东权利，不得滥用股东权利损害公司或者其他股东的利益'；'公司股东滥用股东权利给公司或者其他股东造成损失的，应当依法承担赔偿责任'的规定。本案的原、被告双方均为度某村公司的股东，且均为独立的公司法人，依法享有相应的民事权利并承担民事义务，具有参加民事诉讼的主体资

---

① 《公司法》（2023 年修订）第 190 条。
② 《公司法》（2023 年修订）第 21 条。

格。原告海某集团提起本案民事诉讼，主张被告中某公司侵害了其利益，其诉讼请求和事实理由明确、具体，其涉案争议亦属于人民法院受理范围，符合我国《民事诉讼法》第 119 条规定，原审法院予以受理并无不当。中某公司关于本案原、被告均不适格的上诉理由不成立，本院不予采纳。"

❸张家界市中级人民法院审理的北京筑某鼎业建筑装饰工程有限公司、王某固损害股东利益责任纠纷案【(2017) 湘 08 民终 384 号】认为："王某固以北京筑某公司滥用其在鑫某矿业公司的控股股东地位，侵害王某固的股东利益为由，提起损害赔偿之诉，属于股东直接诉讼，诉讼利益归于王某固。王某固提起诉讼的法律依据是《公司法》第 20 条第 1 款和第 2 款①，即'公司股东应当遵守法律、行政法规和公司章程，依法行使股东权利，不得滥用股东权利损害公司或者其他股东的利益''公司股东滥用股东权利给公司或者其他股东造成损失的，应当依法承担赔偿责任'。本案中，上诉人北京筑某公司与被上诉人王某固均为公司的股东，依法享有相应的民事权利并承担相应的民事义务，具有参加民事诉讼的主体资格。王某固提起本案民事诉讼，主张北京筑某公司侵害了其利益，其诉讼请求和事实理由明确、具体，其涉案争议亦属于人民法院受理范围，符合《民事诉讼法》第 119 条规定，一审法院予以受理并无不当。"

❹通化市中级人民法院审理的张某云与郭某、赵某明、通化广某牧业有限责任公司损害股东利益责任纠纷案【(2016) 吉 05 民终 1065 号】认为："依据查明的案件事实，赵某明作为广某牧业的股东、公司的法定代表人，其违背《公司法》的相关规定以及公司章程规定，未经公司其他股东张某云的同意，擅自将广某牧业租赁的土地及厂房转让给他人，赵某明的行为损害了张某云的股东利益，张某云有权依照法律规定向股东赵某明请求赔偿。"

提起诉讼的主体须具备股东身份。

❺内蒙古自治区高级人民法院审理的刘某霞等 10 人与乌海市丰某农业物资有限责任公司损害股东利益责任纠纷案【(2016) 内民申 1342 号】认为："本案系刘某霞等 10 人与杜某、王某亮提起的损害股东利益诉讼，而提起本诉的前提是刘某霞等 10 人与杜某、王某亮具有股东身份。根据双方提供的证据及庭审调查，丰某公司对刘某霞等 10 人与杜某、王某亮中部分股东身份不予认可。再审中，刘某霞等 10 人虽主张股东的股金包括现金出资股与量化资产股两部分，但认可杜某、王某亮等部分股东的入股金已转让，也认可杜某、王某亮未注入实物股，该 2 人放弃

---

① 《公司法》(2023 年修订) 第 21 条第 1 款和第 2 款。

权利主张。因杜某、王某亮不具有股东身份，本案 12 名原告的部分诉讼主体资格存在不适格情形。"

❻广东省高级人民法院审理的吕某范与保某武、陈某然、珠海市浩某贸易有限公司损害股东利益责任纠纷案【（2013）粤高法民四终字第 68 号】认为："鉴于本案未有证据显示香港法律禁止股东对其他股东或董事提起损害其股东利益的请求，故吕某范作为 SCL 公司的股东，在享有该实体权利的情况下，可以提起本案诉讼。关于陈某玲是否具备本案原审原告资格的问题。陈某玲诉称保某武、陈某然出售万某俱乐部的行为损害了其作为 SCL 公司的股东权利，经查，从 SCL 公司、浩某公司和万某俱乐部签署《万某俱乐部收购合同》之时（即 2011 年 8 月 20 日）至陈某玲提起本案诉讼之日（即 2012 年 2 月 16 日），陈某玲并非 SCL 公司的注册股东，故陈某玲不符合《民事诉讼法》第 119 条所规定的'原告是与本案有直接利害关系的公民、法人和其他组织'的起诉条件，依据《民事诉讼法》第 154 条第 1 款第 3 项的规定，本院另行作出裁定驳回陈某玲的起诉。"

❼湘潭市中级人民法院审理的熊某旦、邹某薇、邹某兰与陈某新、平某电气股份有限公司损害股东利益责任纠纷案【（2016）湘 03 民终 774 号】认为："本案中，邹某斌依据《公司法》第 153 条①的规定提起股东利益受损责任纠纷，根据该条的规定，邹某斌起诉平某电气公司赔偿其经济损失的前提条件是其为平某电气公司的股东。而本案中，熊某旦、邹某薇、邹某兰并未提供任何证据证明邹某斌为平某电气公司的股东，故熊某旦、邹某薇、邹某兰起诉平某电气公司无法律依据。"

❽岳阳市中级人民法院审理的张某与陈某、陈某文损害股东利益责任纠纷案【（2014）岳中民三初字第 62 号】认为："现张某认为陈某、陈某文以公司名义对外担保的行为损害了其利益，其有权以公司股东名义提起本案诉讼。陈某、陈某文辩称张某不是湘某公司真正法律意义上的股东，而是一种以股权转让形式作担保的湘某公司的债权人，并提交了相应的证据以证明其主张。鉴于张某在支付 640 万元股份转让款后，公司章程进行了变更，并在工商部门办理了股东变更登记，张某已经成为湘某公司法律上的股东；且陈某、陈某文如认为张某的股东资格无效，应另案提起诉讼，但 2 人在长沙市岳麓区人民法院提起的股权转让合同纠纷案中因未按时缴纳诉讼费自行撤诉，却在本案中辩称张某不具有股东资格，该抗辩理由不能成立，对 2 人提交的相关证据亦不予采信。"

❾广州市中级人民法院审理的冯某霞与杨某坚、李某昂、潘某牛、曾某贤损害

---

① 《公司法》（2023 年修订）第 190 条。

股东利益责任纠纷案【（2014）穗中法民二终字第1957号】认为："冯某霞主张杨某坚、李某昂、潘某牛、曾某贤侵害了其股东利益，诉请判令杨某坚、李某昂、潘某牛、曾某贤赔偿损失，故冯某霞应先证明其是科某公司的股东。虽然根据《广州市白云区农某修造厂转制方案》中'员工出资参股以自愿为原则，对其认购的股份均享有所有权'的内容，原农某修造厂的员工有认购科某公司股份的权利，但员工有无实际出资，是否已成为科某公司的股东，需要根据实际情况予以认定。首先，根据工商行政管理部门的登记，科某公司于1999年2月3日成立之时，共有6名股东，分别为杨某坚、潘某牛、冯某祥、李某昂、谢某波和农某修造厂工会，之后科某公司的股东经过多次变更，但冯某霞均未出现在登记的股东名册之中。其次，冯某霞虽然提供了广州市白云区自行车零件社出具的1份收据，拟证实其是科某公司的股东，但该收据不是科某公司向冯某霞出具的出资证明书，无法证明冯某霞向科某公司的实际出资情况。再次，农某修造厂工会是具有独立法人资格的社会团体法人，农某修造厂工会是以自身名义出资成为科某公司的股东，而冯某霞未能证明其与农某修造厂之间存在代持股的协议，故不能认定农某修造厂工会实际代冯某霞持有科某公司的股份，更无法认定冯某霞为科某公司的股东。因此，冯某霞主张其是科某公司股东，无充分的事实依据，本院不予支持。"

❿宁波市海曙区人民法院审理的陈某与邵某华损害股东利益责任纠纷案【（2015）甬海商初字第568号】认为："原告明确本案诉请依据为损害股东利益责任纠纷，其主张的股东利益受损的事实基础是认为因被告一直以佳某公司亏损为由拒绝原告的分配盈余要求，导致原告的利益发生损失；其依据原告的出资，计算得出原告利益受损45万元，进而提起诉讼。现原告未提交有效证据证明其为佳某公司的股东及被告为佳某公司的董事或高级管理人员，即使按照原告诉称，其为佳某公司的隐名股东，但亦未经该公司确认，故原告以损害股东利益责任纠纷为由向被告主张赔偿股东利益损失的诉请缺乏依据。"

董事、高管是损害股东利益责任诉讼的适格被告。

⓫北京市顺义区人民法院审理的田某凯与侯某湘、孟某等损害股东利益责任纠纷案【（2017）京0113民初584号】认为："损害股东利益责任纠纷之诉起诉的被告应为公司董事和高级管理人员，其诉请为请求董事、高级管理人员承担损害赔偿责任。在公司董事、高级管理人员违反法律、行政法规或者公司章程的规定，损害股东利益，股东可以提起诉讼请求公司董事、高级管理人员对股东承担损害赔偿责任。本案中，涉诉会议纪要的性质为股东会决议，并非公司董事和高级管理人员做出的损害股东利益行为，故田某凯的诉讼请求不能成立，本院不予支持。"

监事不是损害股东利益责任诉讼的适格被告。

⓬安徽省高级人民法院审理的苏某谦、周某友、王某荣、金某二与陈某、郑某成、邵某娜损害股东利益责任纠纷案【（2015）皖民二终字第 00054 号】认为："郑某成是淮南市房屋建设开发集团有限公司的监事。根据《公司法》第 216 条①规定，公司高级管理人员是指公司的经理、副经理、财务负责人，上市公司董事会秘书和公司章程规定的其他成员。董事、监事、高级管理人员是公司法上并列的称谓，监事不是公司法意义上的高级管理人员。苏某谦等四人在原审中请求权的基础是《公司法》第 152 条②的规定：'董事、高级管理人员违反法律、行政法规或者公司章程的规定，损害股东利益的，股东可以向人民法院提起诉讼。'因此，郑某成不是公司董事，也非公司高级管理人员，不是本案损害股东利益责任之诉的适格被告。"

⓭南京市中级人民法院审理的休宁中某华东有色投资有限公司与张某宁、卢某轩、周某斌、刘某妍损害股东利益责任纠纷案【（2014）宁商终初字第 920 号】认为："《公司法》第 152 条③规定，董事、高级管理人员违反法律、行政法规或者公司章程的规定损害股东利益的，股东可以向人民法院提起诉讼。该条规定为股东直接诉讼的条件，但并未规定公司监事作为被告主体的情形，中某公司据此要求张某宁等 4 名监事进行赔偿法律依据不足。"

公司不是损害股东利益责任诉讼的适格被告。

⓮北京市西城区人民法院审理的贾某利与武某、安某世纪（北京）科技有限公司损害股东利益责任纠纷案【（2016）京 0102 民初 20365 号】认为："贾某利认为武某系安某世纪公司的实际控制人，因武某的侵权行为给贾某利的利益造成了损害，故安某世纪公司应对上述侵权行为产生的损害赔偿承担连带责任。本院认为，本案系损害股东利益责任纠纷，该纠纷所指向的侵权行为的侵权主体应为目标公司的董事、监事、高级管理人员，而非目标公司本身。现贾某利要求目标公司安某世纪公司承担损害赔偿责任的连带责任，并无法律依据，本院对其上述主张不予支持。"

2. 股东对其利益受损承担证明责任

❶北京市高级人民法院审理的北京市通县京某线袋厂崇文经销部侵权责任纠纷

---

① 《公司法》（2023 年修订）第 265 条。
② 《公司法》（2023 年修订）第 190 条。
③ 同上。

案【（2017）京民申 4471 号】认为："当事人对自己提出的诉讼请求所依据的事实或者反驳对方诉讼请求所依据的事实有责任提供证据加以证明。《公司法》第 152 条①规定：'董事、高级管理人员违反法律、行政法规或者公司章程的规定，损害股东利益的，股东可以向人民法院提起诉讼。'本案中，元某大厦的变卖系在法院的执行程序中依法进行，且元隆公司就变卖事宜按照公司章程的规定召开了董事会并形成决议，在处置元隆宾馆的过程中，元隆公司亦召开了董事会并形成决议，王某华与王某作为元隆公司的董事，参加董事会并在决议上签字，符合公司章程的规定。京某线袋厂要求王某华、王某承担赔偿责任，但未提供充分证据证明王某华、王某的行为违反了法律、行政法规或者公司章程的规定，本院对此不予采信。法院根据查明事实所作判决并无不当，判决认定事实清楚，适用法律正确。京某线袋厂申请再审的理由不能成立。京某线袋厂的再审申请不符合《民事诉讼法》第 200 条规定的情形。"

❷江苏省高级人民法院审理的刘某弟与陈某健损害股东利益责任纠纷案【（2017）苏民终 1592 号】认为："公司分红属于公司自治和商业判断的范畴，人民法院仅审查分红是否存在违法性。本案中，刘某弟提交宁某公司 2001 年 8 月 31 日资产负债表及损益表复印件，主张宁某公司在公司亏损的情况下分红。陈某健和宁某公司对上述资产负债表和损益表的真实性均不予认可，即使该证据属实，也不能证明分红时点 2000 年 10 月 30 日、2001 年 1 月 8 日和 6 月 2 日公司盈亏情况。故刘某弟主张陈某健通过非法分红抽逃其对宁某公司的出资，缺乏证据证明，本院不予支持。"

❸四川省高级人民法院审理的黄某启与谭某林、峨某山市燃某有限责任公司损害股东利益责任纠纷案【（2015）川民申字第 518 号】认为："黄某启再审主张其股东利益受到损害，依法应当举证证明谭某林存在违反法律、法规或公司章程的行为并给其造成了直接损失。经查，四川省乐山市地方税务机关对燃某公司地方税务收缴纳情况进行了检查并作出了相应补缴税及滞纳金征收等处理决定，同时，上述地方税务机关对燃某公司所作相关处理决定中，均未认定燃某公司存在偷税行为。因此，黄某启再审主张燃某公司存在偷税行为并无相应事实和法律依据。另，黄某启再审中也未提供充分证据或事实证明谭某林在燃某公司漏税事件上存在故意或违反董事勤勉义务之重大过失或失职行为。鉴于作为燃某公司高级管理人员的谭某林在实施公司管理行为中，并无违反法律、行政法规或者公司章程规定的情形，尽到

---

① 《公司法》（2023 年修订）第 190 条。

了合理的注意和管理义务，与燃某公司补交税费事件没有直接因果关系。因此，谭某林公司管理行为并没有直接损害到黄某启的股东利益。"

❹河北省高级人民法院审理的河北某设投资集团有限责任公司与河北宝某股份有限公司损害股东利益责任纠纷案【（2015）冀民二终字第 43 号】认为："首先，本案有证据显示河北某投委派到宝某管材的经理勾某是自动辞职的，河北某投没有证据证明宝某股份或宝某管材免除了勾某的总经理职务；其次，关于禁止其查阅公司账册和文件及拒不召开公司股东会的问题，河北某投不仅未提供相应证据证明上述行为的发生系宝某股份的过错，且与河北某投主张的损失没有因果关系；再次，河北某投提供的证据证明，为宝某股份相关联的企业所提供的担保是发生在勾某任宝某管材总经理期间，其所提供的担保应当是公司行为，不能视为宝某股份单方损害另一方股东利益的行为。综上，河北某投主张宝某股份滥用股东权利没有证据证实，而且其主张 3000 万元的投资损失也因该公司仍在正常运营中，亦没有证据显示该公司的资金减少。因此，河北某投的上述请求不符合《公司法》第 20 条①规定的情形，原判驳回河北某投的诉讼请求并无不当。"

❺镇江市中级人民法院审理的王某亭与吴某军、王某亭损害股东利益责任纠纷案【（2017）苏 11 民终 540 号】认为："上诉人依据我国侵权责任法的规定要求被上诉人赔偿股东利润分配损失，其应当依照我国侵权责任法的规定就侵权责任一般构成要件承担举证责任。上诉人认为其存在股东利润分配损失，其应当提供证据证明该损失确实存在。虽然上诉人提供了其 2015 年 2 月前每月获得分红的证据，但该分红事实不能必然推定 2015 年 3 月后上诉人仍然能够获得分红，上诉人应当就 2015 年 3 月后美某公司仍然有利润可供分红且该分红因侵权行为遭受损害的事实提供证据，但上诉人未能提供相关证据证实其损失实际发生。故上诉人主张侵权损害赔偿的损害事实并不存在，对其主张的损害赔偿请求不予支持。"

❻深圳市中级人民法院审理的庄少某与韩丽某、黄海某、深圳市卓某商贸有限公司损害股东利益责任纠纷案【（2016）粤 03 民终 14741 号】认为："《民事诉讼法》第 64 条第 1 款规定：'当事人对自己提出的主张，有责任提供证据。'庄少某称韩丽某、黄海某擅自变卖卓某公司财产，但庄少某未提供证据予以证明。原审期间庄少某提交的增值税发票、收据、收条、银行转账截图等证据，不能证明韩丽某、黄海某擅自处分卓某公司财产，韩丽某、黄海某对此亦不予认可，庄少某应当承担举证不能的法律后果。"

---

① 《公司法》（2023 年修订）第 21 条。

❼上海市第一中级人民法院审理的季某平与吴某华损害股东利益责任纠纷案【（2016）沪01民终11611号】认为："在荣某公司于2008年8月8日、9月26日向C公司出具涉案两张支票之前，A公司于同年6月24日、9月26日分别向C公司转账付款20万元和7万元，合计27万元。对此，C公司记账凭证上记录是应收荣某公司账款。本院依职权调查时，时任A公司法定代表人吴某陈述其应荣某公司法定代表人要求，由A公司暂代荣某公司支付C公司货款27万元。吴某华对C公司收到上述款项无异议，但认为C公司财务上并没有反映，故不认可A公司原法定代表人吴某的说法。季某平、吴某玫、荣某公司对吴某的陈述均无异议。对此本院认为，上述款项的性质，季某平与A公司原法定代表人吴某的陈述相一致，故在吴某华未能举证证明季某平与吴某存在利害关系以及C公司与A公司存在其他债权债务关系情况下，本院对季某平关于该27万元系A公司代荣某公司向C公司支付货款的上诉理由予以采信。"

❽威海市中级人民法院审理的杨某龙与王某成损害股东利益责任纠纷案【（2016）鲁10民终711号】认为："上诉人主张被上诉人违法违约不当处分公司相应资产、不当制定公司产品价格、阻碍项目顺利开展、挪用项目专款、干扰实验室设备正常使用，根据民事诉讼法的相关规定，当事人对自己提出的诉讼请求所依据的事实或者反驳对方诉讼请求所依据的事实有责任提供证据加以证明，上诉人应就其上述主张提供证据予以证明。在法庭审理过程中，上诉人虽提交证据证实东某能源多次涉诉、资产被查封、被依法强制执行，但东某能源是公司作为诉讼当事人承担债务，上诉人无证据证明是因王某成个人造成了东某能源涉诉的局面，并不能得出王某成个人违反了法律规定或公司章程约定，损害了上诉人的股东利益；上诉人还称因被上诉人被列为失信被执行人而主张其诚信度低，损害了上诉人的股东利益，但其并未提交证据证明王某成列为失信被执行人与损害上诉人股东利益之间存在因果关系，故上诉人的该主张，证据不足，本院不予以采信；庭审中，上诉人还主张被上诉人不合理处理积压电池，损害了其股东利益，但其并无证据证明是被上诉人个人违反法律规定、违反章程的约定低价处理电池，主张损失1000万元也无证据证明，上诉人并未提供充分证据证明被上诉人在管理公司过程中存在违反忠实及勤勉义务，从而导致上诉人的损失，故上诉人的该主张，证据不足，不予支持。"

❾深圳市中级人民法院审理的刘某权、凌某魁与文某基损害股东利益责任纠纷案【（2015）深中法商终字第1785号】认为："刘某权、凌某魁主张文某基用个人账户处理公司财务，存在个人财产与公司财产混同的情况，但是刘某权、凌某魁在上诉状中提及文某基在招商银行的私人账户时多次提及'公司专用'，刘某权、凌

某魁既没有证据证明公司专用的文某基在招商银行的私人账户处理过其个人款项，也没有证据证明公司账户或者公司专用的文某基在招商银行的私人账户的转账行为系文某基用于个人支出。而且，刘某权、凌某魁没有书面向公司申请查阅有关财务报告和会计凭证，既无法证明文某基存在损害股东利益的行为，也无法证明刘某权、凌某魁存在股东利益受损的结果以及实际损失的大小。刘某权、凌某魁对自己的主张没有提供证据予以证实，应承担举证不能的不利后果，本院因此认定刘某权、凌某魁有关文某基赔偿其股东利益损失的主张缺乏事实和法律依据。"

❿北京市第三中级人民法院审理的刘某文等与柴某发损害股东利益责任纠纷案【（2015）三中民（商）终字第00420号】认为："当事人对自己提出的诉讼请求所依据的事实或者反驳对方诉讼请求所依据的事实有责任提供证据加以证明。没有证据或者证据不足以证明当事人的事实主张的，由负有举证责任的当事人承担不利后果。刘某文、彭某宪若认为柴某发作为怀柔热某公司控股股东转让公司财产侵害刘某文、彭某宪利益，应当举证证明该转让行为系无偿转让或者以明显低价转让。"

⓫苏州市中级人民法院审理的陈某明与程某庆损害股东利益责任纠纷案【（2014）苏中商终字第00906号】认为："陈某明要求程某庆承担侵权赔偿责任，应就其侵权所受损失承担相应的举证责任。陈某明支付的25万元是其受让菲某克公司股权的对价，不能直接作为其股权受侵害时的损失计算依据。陈某明作为菲某克公司的股东，在公司解散清算后，有权按其出资比例取得公司的剩余财产，而剩余财产是由公司财产在分别支付清算费用、职工的工资、社会保险费用和法定补偿金，缴纳所欠税款，清偿公司债务后形成。因此，陈某明主张其股权因菲某克公司的注销而造成的损失赔偿，应当就菲某克公司的剩余财产或者公司在注销前客观存在的财产进行举证。陈某明以菲某克公司已无法清算为由，要求免除其举证责任，理由不能成立。"

3. 其他程序问题

诉讼时效应自股东知道或应当知道利益被侵害之日起计算。

❶最高人民法院审理的高某祥与鲁某泰山曲阜电缆有限公司、田某明等损害股东利益责任纠纷案【（2015）民申字第3527号】认为："本案2003年10月25日高某祥所持有的股权被鲁某泰山曲阜特种电缆有限公司（以下简称鲁某公司）通过安排工作人员伪造签名和指纹而擅自转让的客观事实已经发生，对此股权受让人田某明、孔某不予否认。电缆公司在一、二审及再审申请中，未提供此时高某祥已经知道、应当知道其权利被侵害的确切证据，仅根据2003年9月24日鲁某公司将

4.665 万元款项向高某祥交付的签收凭据，和此后鲁某公司未再向高某祥分红的事实，推定高某祥在 2004 年，至迟 2005 年应当知道其股权被擅自转让的事实。通常情况下公司股东是否分红取决于公司的营利、投资等状况，并不是每年必然分红，电缆公司仅根据高某祥收到 4.665 万元款项和公司多年未分红，就推断高某祥必然明知其股东权利被侵害的事实，缺乏事实依据。因无证据证明高某祥 2013 年 5 月之前已经知道其股东权利被侵害，更无证据证明高某祥已经知道侵害其股东权利具体的人，一、二审判决认定高某祥于 2013 年 5 月 23 日查询工商登记档案后才知道其股东权利被侵害，起诉时法律规定的诉讼时效并未届满，并无不当。对电缆公司主张高某祥诉讼时效已过法定期限的申诉理由，不予支持。"

❷张家界市中级人民法院审理的北京筑某鼎业建筑装饰工程有限公司、王某固损害股东利益责任纠纷案【(2017) 湘 08 民终 384 号】认为："本案中被上诉人王某固依据《公司法》第 20 条第 2 款①的规定提起的公司股东滥用股东权利给公司或者其他股东造成损失的赔偿责任之诉，因实质为侵权之诉，故应当依照《民法通则》第 135 条的规定认定诉讼时效为 2 年，且诉讼时效从知道或者应当知道权利被侵害时计算。本案中，鑫某矿业公司一直未进行清算，其他股东的权利是否被侵害及侵害之程度处于不确定状态，故被上诉人王某固在鑫某矿业公司清算之前提起损害股东利益责任纠纷之诉，应认定为未超过诉讼时效。"

❸南京市中级人民法院审理的蒋某年与杨某生、南京美某尔生生饰品有限公司损害股东利益责任纠纷案【(2014) 宁商终字第 323 号】认为："当事人向人民法院请求保护民事权利的诉讼时效期间为 2 年，诉讼时效期间从知道或者应当知道权利被侵害时起计算。本案中，蒋某年以杨某生私自成立美某尔公司从事与新工某公司相同业务，违反竞业禁止，严重损害其利益为由，诉请杨某生赔偿损失，属于侵权之诉，诉讼时效期间为 2 年。新工某公司于 2007 年 4 月 16 日注销，即使杨某生存在竞业禁止行为，该侵权行为已于 2007 年 4 月 16 日终止，蒋某年作为新工某公司股东最迟应于 2009 年 4 月 16 日提起本案之诉。蒋某年辩称其一直误认为美某尔公司系由新工某公司更名而来，直至 2012 年 4 月才知晓杨某生存在竞业禁止的行为。但蒋某年在 2004 年至 2007 年期间，同时担任新工某公司与美某尔公司副总经理，并负责两公司对外签订业务合同和编制工资表，实际参与了两公司的经营管理。此外，新工某公司与美某尔公司营业执照中所载明的成立时间、住所地均明显不同，故蒋某年辩称其直至 2012 年 4 月才知晓杨某生的侵权行为，缺乏事实根据，

---

① 《公司法》(2023 年修订) 第 21 条第 2 款。

本院不予采信。蒋某年于 2013 年 5 月 12 日提起本案诉讼，已超过诉讼时效期间，应丧失胜诉权，故原审判决驳回蒋某年的诉讼请求并无不当，应予维持。"

损害股东利益责任诉讼由被告住所地法院管辖。

❹最高人民法院审理的林某忠与西安赛某商贸有限公司、西安赛某商业运营管理有限公司损害股东利益责任纠纷案【（2014）民二终字第 116 号】认为："本案林某忠的户籍所在地在浙江省，虽然上诉人赛某商贸公司主张林某忠的经常居住地在陕西省西安市，并向原审法院提交了浙某公司的工商注册登记资料、林某忠担任法定代表人的西安忠某职业有限公司工商注册登记资料、西安市公证处对浙某公司给林某忠在西安市的地址邮寄送达《股东会议通知》的《公证书》以及林某忠在西安市通信工具的相关发票，但上述凭证的证明力不足以证明林某忠的经常居住地在西安。根据《全国各省、自治区、直辖市高级人民法院和中级人民法院管辖第一审民商事案件标准》的规定，陕西省高级人民法院管辖诉讼标的额在 1 亿元以上的第一审民商事案件，以及诉讼标的额在 5000 万元以上且当事人一方住所地不在本辖区或者涉外、涉港澳台的第一审民商事案件。本案一审原告林某忠的住所地在浙江省，属于当事人一方住所地不在陕西省境内的第一审民商事案件，且本案诉讼标的额为 6000 万元，因此，本案第一审应由陕西省高级人民法院管辖。"

（二）侵害股东利益的主体

1. 公司董事、高管侵害股东利益

公司董事、高管违反忠实勤勉义务侵害股东利益。

❶佛山市中级人民法院审理的杨某源、陈某损害股东利益责任纠纷案【（2017）粤 06 民终 8811 号】认为："杨某源、陈某提出上述诉请的主要理由为胡某作为广某公司的执行董事，未尽忠实义务和勤勉义务，利用其作为商贸公司的实际控制人身份，侵吞原属广某公司的利益，导致广某公司的相关证照被撤销，损害了其作为广某公司股东的利益。对此，本院认为，首先，从一审查明的事实可知，中某化公司租用广某公司加油站的租赁期满后，胡某有代表广某公司与中某化公司协商临时租赁事宜，该行为是其作为执行董事履行职务的行为，且续租的租金高于原租赁合同约定的租金，并无证据证实其有损害广某公司利益的行为。与此同时，广某公司亦未能举证证明商贸公司在加油站租赁期限届满后提出的新合作方案侵吞广某公司的利益。其次，在中某化公司退出广某公司加油站的经营后，商贸公司与

广某公司之间就后续是否合作及如何合作未能达成一致，导致商贸公司通过诉讼方式收回了加油站占用的土地。换言之，加油站土地的收回是商贸公司与广某公司未能形成合作意向，基于公司利益考量，依法行使合同权利所致，与胡某的个人行为无关。再次，在广某公司加油站暂停经营后，胡某作为该公司执行董事，委派员工办理防雷装置定期检测合格证书，并向相关部门递交成品油零售经营企业暂时歇业申请表即提交办理成品油零售经营批准证书、危险化学品经营许可证书的申请及所需材料，表明其已履行董事职责，已尽善良管理义务。至于相关证照被撤销或不被受理，并非胡某职责范围内所能控制之事。最后，从本案已查明的案情可知，广某公司的股东之间因股权转让问题、加油站与中某化公司租赁合同到期后继续经营问题及广某公司与商贸公司就加油站的土地使用权问题多次发生纠纷。双方通过口头、书面函件的方式进行过沟通、协调，胡某亦多次召集召开股东会，但因为杨某源、陈某与胡某各持 50% 的股份，各股东之间对广某公司的经营决策问题无法达成决议，故无法形成公司意志，并非杨某源、陈某所主张的胡某未召开股东会商讨加油站的后续经营。综上几点，杨某源、陈某所提上述诉请无事实与法律依据。一审法院对此处理并无不当，本院依法予以维持。"

高管违反同业竞争义务损害股东利益。

❷张家界市中级人民法院审理的张某江、林某云损害股东利益责任纠纷案【（2018）湘 08 民终 59 号】认为："对张某江提出的被上诉人林某云违反了公司高管不得同业竞争义务，损害了股东利益，要求林某云继续承担证照到期后的承包费，因张某江并未提供足够证据，而张家界美某石材有限公司洞子坊大理石矿的采矿许可证中明确了该矿山的开采矿种为饰面用石料（大理石），张家界立某石业有限公司大坡山饰面用灰岩矿的采矿许可证中则规定开采矿种为饰面用灰岩，依据两公司的采矿许可证可知两公司开采的矿种、经营范围存有区别，林某云并未违反公司高管不得同业竞争的义务。综上，对上诉人张某江提出的第 1 项上诉请求，不予支持。"

股东承担证明责任。

❸长沙市中级人民法院审理的瞿某 1、瞿某 2 等与瞿某 3 损害股东利益责任纠纷案【（2017）湘 01 民终 4242 号】认为："根据《公司法》第 152 条①之规定，董事、高级管理人员违反法律、行政法规或者公司章程的规定，损害股东利益，应当对股东承担损害赔偿责任。本案中，瞿某 1、瞿某 2、许某平主张瞿某 3 作为众某

---

① 《公司法》（2023 年修订）第 190 条。

公司执行董事利用职务便利私自侵占了瞿某斌的入股款 100 万元，但未提供充分有效的证据证明，本院不予采信。一审法院对于瞿某 1、瞿某 2、许某平提出的要求瞿某 3 返还出资款 100 万元及赔偿利息损失的诉讼请求不予支持并无不当，本院予以维持。"

❹北京市第二中级人民法院审理的北京市通县京某线袋厂崇文经销部与王某华等损害股东利益责任纠纷案【（2017）京 02 民终 7064 号】认为："《公司法》第 152 条①规定：'董事、高级管理人员违反法律、行政法规或者公司章程的规定，损害股东利益的，股东可以向人民法院提起诉讼。'本案中，元某大厦的变卖系在法院的执行程序中依法进行，且元隆公司就变卖事宜按照公司章程的规定召开了董事会并形成决议，在处置元隆宾馆的过程中，元隆公司亦召开了董事会并形成决议，王某华与王某作为元隆公司的董事，参加董事会并在决议上签字，符合公司章程的规定。京某线袋厂崇文经销部要求王某华、王某承担赔偿责任，但未提供充分证据证明王某华、王某的行为违反了法律、行政法规或者公司章程的规定，一审法院对其请求未予支持并无不当。"

❺安阳市中级人民法院审理的赵某民、姜某华等与谢某平、安阳医某采购供应站有限公司损害股东利益责任纠纷案【（2016）豫 05 民终 2202 号】认为："《公司法》第 153 条②'董事、高级管理人员违反法律、行政法规或者公司章程的规定，损害股东利益的，股东可以向人民法院提起诉讼'规定的是人民法院对股东提起损害股东利益责任之诉的受理规定，姜某华、赵某民并无充分证据证明被上诉人谢某平存在滥用股东权利的行为以及该行为给其他股东造成实际损失，姜某华、赵某民主张谢某平承担赔偿责任缺乏事实和法律依据。"

2. 其他股东侵害股东利益

❶湘西土家族苗族自治州中级人民法院审理的郑某忠、郑某清、俞某海与田某棠、肖某祥损害股东利益责任纠纷案【（2017）湘 31 民终 240 号】认为："3 上诉人作为原吉某矿业公司的股东，违背诚实信用原则将个人向他人所借的出资款虚构成公司向他人的借款，导致产生长达 7 年之久的诉讼，3 上诉人存在滥用股东权利的行为，因滥用股东权利导致 2 被上诉人的损失应由 3 上诉人承担，3 被告应赔偿 2 原告因该诉讼产生的损失。故一审支持被上诉人强制执行部分利息损失并酌情支

---

① 《公司法》（2023 年修订）第 190 条。
② 同上。

持 5000 元是其自由裁量权的行使，并无不当，本院予以确认。"

❷台州市中级人民法院审理的陈某荣与朱某生损害股东利益责任纠纷案【(2015) 浙台商终字第 543 号】认为："上诉人未经公司其他股东同意从温岭市永某微电机有限公司银行账户领取 927999.67 元，上诉人主张上述款项包括温岭市永某微电机有限公司向其借款的款项、垫付的费用以及工资，但在温岭市永某微电机有限公司未经清算的情形下，上诉人关于其对温岭市永某微电机有限公司享有债权的主张无有效证据予以证明，本院不予支持。上诉人擅自领取公司存款的行为明显侵害了其他股东的合法利益，被上诉人据此要求上诉人按股权比例予以返还并无不当，应予支持。"

3. 法定代表人侵害股东利益

❶无锡市中级人民法院审理的徐某娟与吴某妹（周某良继承人）、周某明（周某良继承人）等损害股东利益责任纠纷案【(2015) 锡商终字第 350 号】认为："磁某粉厂提交给工商部门的 2002 年 10 月 18 日成立清算组的股东大会决议及 2003 年 1 月 18 日确认清算报告的股东大会决议，其中的股东签名附页均非原件，且多名股东在多个案件审理中亦对签名真实性提出异议，而上诉人却不能提供原件，清算组成员金某度亦到庭陈述磁某粉厂并未经过股东大会、清算，据此，可以认定磁某粉厂申请歇业、成立清算组、确认清算报告等重大事项均未经股东大会通过，违反企业章程规定。周某良作为法定代表人，滥用对企业经营的决策权和控制权，操纵磁某粉厂办理注销登记，侵犯徐某娟等异议股东的利益，应当承担侵权赔偿责任。"

❷广州市中级人民法院审理的唐某玲与马某刚、田某华损害股东利益责任纠纷案【(2015) 穗中法民二终字第 1006 号】认为："唐某玲认为马某刚作为浩某公司法定代表人、执行董事，利用其优势地位截留茅台酒，未按约定进行酒量分配，对其股东利益造成损害，原审法院定性案由正确，本院予以维持。唐某玲要求马某刚、田某华个人承担责任，浩某公司并非本案必须参加诉讼当事人，原审不予追加浩某公司参加诉讼并无不当。"

❸温州市中级人民法院审理的陈某 1 与陈某 2、陈某 3 等损害股东利益责任纠纷案【(2015) 浙温商终字第 331 号】认为："陈某 1 作为环某公司的股东依法享有资产收益、参与重大决策和选择管理者等权利。陈某 3 作为环某公司的法定代表人及实际控制人，在公司解散、清算、注销的过程中未征求陈某 1 的意见，其间形成的股东会决议、清算报告上'陈某 1'的签名亦非其本人所签，故可以认定陈某

3 在环某公司解散、清算、注销的过程中存在滥用股东权利的情形，其应当对陈某 1 所受的损失承担赔偿责任。"

❹衡水市中级人民法院审理的李某石与胡某起、盱眙众某玻璃钢有限公司损害股东利益责任纠纷案【（2014）衡民二终字第 57 号】认为："上诉人胡某起利用其担任公司法定代表人、执行董事和总经理职务和实际控制众某公司的便利，擅自改变股东会决议和资产收购协议关于付款方式的约定，致使被上诉人不能得到应收款项，损害了被上诉人的股东利益，其行为已经构成滥用股东权利，依法应当与上诉人众某公司承担连带赔偿责任。"

（三）侵害股东利益的情形

1. 侵害股东身份权

擅自改变股份份额构成对股东利益的侵害。

❶安徽省高级人民法院审理的苏某谦、周某友、王某荣、金某二与陈某、郑某成、邵某娜损害股东利益责任纠纷案【（2015）皖民二终字第 00054 号】认为："苏某谦等四人明确陈某、郑某成侵权行为表现为：没有经过股东会，擅自改变 238 名股东的股份数额，并按照改变后的数额给在职股东分配红利，且按工龄每年增加 21600 股，给在职股东和陈某、郑某成发放除工资之外的其他款项，损害了苏某谦等 4 人的'所有者利益'。"

恶意转移其他股东股权。

❷北京市高级人民法院审理的李某乔损害股东利益责任纠纷案【（2015）高民（商）申字第 04298 号】认为："被申请人自股权被违法转让后，已提起多起诉讼，致力于恢复股东身份，在此期间，申请人不仅未协助其进行股权变更，反而恶意转移尚在其名下的涉案股权，致使被申请人始终未能恢复股东身份。一审法院做出对申请人不利的判决后，申请人未经被申请人同意，自行将涉案股权恢复至被申请人名下，其目的明显为逃避赔偿责任。自被申请人股权被违法转移至今，已近 7 年，金某宸公司的经营状态、股权结构均发生了重大变化，即便申请人将涉案股权恢复至被申请人名下，公司的人合基础亦不复存在，申请人擅自将涉案股权变更至被申请人名下的做法无法达到恢复原状的目的，且二审期间，被申请人明确表示不愿接受涉案股权、坚持要求申请人赔偿损失，在此情况下，二审法院判令申请人承担赔偿责任，所作处理并无不当，本院予以维持。"

❸北京市第一中级人民法院审理的李某乔与焦某忠等损害股东利益责任纠纷案【（2015）一中民（商）终字第5292号】认为："《侵权责任法》第2条规定，侵害民事利益，应当承担侵权责任。上述民事利益，包括股权。同时该法律第3条规定，被侵权人有权请求侵权人承担侵权责任。本案中，焦某忠早于2009年即起诉要求确认其与李某乔股权转让决议无效，并经生效裁判文书确认上述股东会决议无效。李某乔应当知晓其受让股权存在权利瑕疵的事实，但其仍然在未征得焦某忠同意的情况下将上述股权转让他人，导致焦某忠无法恢复股东身份，其行为具有明显的主观恶意，损害了焦某忠的合法利益，焦某忠有权要求李某乔承担侵权责任并赔偿损失。"

❹上海市第一中级人民法院审理的郁某强与黄某等损害股东利益责任纠纷案【（2014）沪一中民四（商）终字第156号】认为："新某地公司设立时，公司股东（发起人）名录上记载的股东有黄某（货币出资264万元，占注册资本33%），且由盐城正源会计师事务所有限公司出具《验资报告》，确认黄某缴纳264万元，款项已打到新某地公司在中国银行建湖县支行开设的账户中。故黄某的出资已通过会计师事务所的审验，应认定其已履行出资义务，且新某地公司股东名录上亦明确记载黄某为新某地公司股东，故黄某应为新某地公司实际股东。郁某强将黄某持有的新某地公司股权转给案外人需向黄某承担赔偿责任。郁某强称新某地公司系其一人出资，黄某仅为挂名股东的主张无相关证据予以佐证，本院不予采信。综上，郁某强的上诉请求缺乏事实和法律依据，本院不予支持。"

❺常宁市人民法院审理的康某与李某甲、李某乙、姚某某、唐某某损害股东利益责任纠纷案【（2016）湘0482民初89号】认为："公司股东应当遵守法律、行政法规和公司章程，依法行使股东权利，不得滥用股东权利损害公司或者其他股东的利益。被告李某甲、李某乙、姚某某假冒原告的签名，以原告的名义与被告唐某某签订股权转让协议，将原告的股份转让给被告唐某某，其行为损害了原告的权利，被告李某甲、李某乙、姚某某与被告唐某某签订的股权转让协议无效，故被告李某甲、李某乙、姚某某、唐某某凭该协议于2015年9月2日在常宁市工商局办理的常宁市祥某磁性材料有限公司的变更登记无效。"

❻嘉兴市秀洲区人民法院审理的沈某祥与嘉兴泽某服饰有限公司损害股东利益责任纠纷案【（2016）浙0411民初4843号】认为："原告沈某祥被假冒签名致使其持有的泽某公司40%股权被转让给於某芳，事实清楚，本院予以确认。泽某公司向嘉兴市秀洲区市场监督管理局提交的落款时间为2016年6月25日的《股权转让协议》、《股东会决议》、股东决定均不是原告沈某祥签名，非其真实意思表示，应属

无效。原告的第一项诉讼请求合法有据，本院予以支持。"

2. 侵害股东参与重大事项决策权

❶福建省高级人民法院审理的福建省东某实业公司与福建邦某集团有限公司、邦某（集团）有限公司损害股东利益责任纠纷案【(2013) 闽民终字第 1025 号】认为："以邦某大酒店的土地使用权为抵押向银行申请 12760 万元贷款属于重大事项，按照《中外合资邦某大酒店章程》的规定，应由董事会决定。福建邦某公司、香港邦某公司作为实际控制邦某大酒店的股东，以邦某大酒店的名义向银行借款 12760 万元，并以东某公司作为股东出资的土地使用权为抵押，该抵押贷款直接关系到东某公司的股东利益，因此福建邦某公司、香港邦某公司有义务通知东某公司委派的董事参加董事会或就上述贷款和抵押事宜征得东某公司同意。但有关《授权书》和《董事会决议》上只有福建邦某公司、香港邦某公司委派的董事签名，表明东某公司委派的董事并未参加董事会会议，福建邦某公司也未能举证证明东某公司曾同意案涉抵押贷款事宜。因此，原审认定福建邦某公司及香港邦某公司擅自以邦某大酒店的土地使用权作抵押向银行借款的行为构成滥用股东权利，损害了东某公司的股东权利，应对东某公司的损失依法承担赔偿责任，并无不当。"

❷安吉县人民法院审理的周某泉与徐某琴损害股东利益责任纠纷案【(2014) 湖安商初字第 814 号】认为："原告周某泉认为被告徐某琴在某公司 2007 年 6 月 22 日决定增资的过程中，未征得其同意，代替其在股东会决议上签字确认，使得其在公司的持股比例下降，但原告提供的证据未能证实其主张，无法证明 2007 年 6 月 22 日某公司（新）股东会决议上原告的签名系被告冒签或者指示其他人代签，且也未能提供证据证实原告因此股东利益遭受了损害。而在该注册资本和股权工商登记的变更过程中，原告也未就此提出异议。现某公司的组织结构和工商登记已经过多次变更，原告要求其恢复到公司成立时的初始状态已无法达到。综上，本院对原告的诉讼请求不予支持。"

控股股东侵害股东利益。

❸南通市中级人民法院审理的姜某辉与朱某新、朱某兵等损害股东利益责任纠纷案【(2015) 通中商终字第 00396 号】认为："本案中小股东姜某辉申请对永某公司进行强制清算，但因朱某兵等实际控制公司的主体不提供主要、完整、有效的财务资料导致无法清算，可参照采用举证责任倒置的规则，支持姜某辉的全部诉讼请求。且姜某辉主张赔偿 60 万元，相对于永某公司处置的主要资产规模，并无不合理情形。原审法院根据永某公司注册资本确定姜某辉有权获得的赔偿数额，既没

有充分、完整地考虑双方纠纷本质，亦未能正确适用民事诉讼证据规则，在永某公司实际控制主体不诚信履行清算义务的情况下保护中小股东的合法利益，应予纠正。"

3. 侵害财产分配请求权

在公司注销后，公司法人财产权消失，代之以股东的剩余财产索取权，此时提起损害股东利益责任纠纷更为普遍，但胜诉与否的关键就转化为证据问题，亦即滥用股东权利是否造成了公司财产不正常损失、公司利润不正常减少等。

❶张家口市中级人民法院审理的刘某忠、李某生损害股东利益责任纠纷案【（2017）冀07民再38号】认为："侵害剩余财产分配权的形态表现为，在公司清算解散的前提下，董事、监事、高级管理人员未按照法律、行政法规或者公司章程的规定向股东分配公司剩余财产。而本案中，福某公司虽未经清算解散，但由双方当事人陈述，及本院〔2006〕张法执字第36-2号民事裁定书可知，因福某公司未按时履行裁判文书确定的义务，本院依据倪某广的申请对福某公司的相关财产进行了拍卖，其拍卖价款为280万元，除向倪某广支付140万元外，剩余款项亦被其他法院强制执行，现福某公司已无相关财产。由刘某忠提交福某公司会议纪要载明的'倪某广的钱是我个人借的，与你们各股东无关'，'我认为虽然盖公章了，但我本人打了条，不入公司会计账，就是我个人借款'，及刘某忠提交党某贵等7人的证人证言、李某生出具证明等证据可知，现已生效的〔2014〕张民再初字第1号民事判决，虽已认定对倪某广的借款为福某公司借款，并已由福某公司进行了偿还，但由于该款项实际为李某生个人所借、所用，其行为已侵害了公司其他股东的利益。再结合福某公司的现状，本院认为刘某忠因李某生的行为主张损害赔偿的观点应予以支持。"

❷江苏省苏州市中级人民法院审理的蔡某1与蔡某2损害股东利益责任纠纷案【（2015）苏中商终字第01759号】认为："达某尔公司在2003年1月至2006年1月期间，对常熟市杨某养路队、陈某文工地、潘阳工业园炜某路工程发生货款共计1522489元，且在财务账中均未发现有对以上3项目的销售和收款。蔡某2举证的收款收据，与审计报告的审计结果相冲突，不能证明其货款已经入账。上述货款并未记入达某尔公司财务账册，双方也未就收取的货款在账外进行过财物分配，更未在公司注销后作为剩余资产进行分配。本案中，达某尔公司由蔡某1、蔡某2共同出资设立，且已经注销登记。该公司的剩余资产，经过原审法院及苏州市中级人民法院裁判，已经分配完毕。因此，蔡某2就上述货款1522489元，在账外收款而未

上交公司也未分配给蔡某 1，侵害了作为股东的蔡某 1 的合法利益，理应由蔡某 2 根据蔡某 1 在达某尔公司的股份比例，赔偿其相应的经济损失。"

❸江苏省苏州市中级人民法院审理的陈某明与程某庆损害股东利益责任纠纷案【（2014）苏中商终字第 00906 号】认为："菲某克公司在被注销前，在法院处理的多起执行案件中，在被依法变卖其自有资产并从第三人处收取到期债权后仍未能清偿全部债权，现并无证据显示上述 7 家债权人放弃了对菲某克公司的剩余债权，陈某明也未举证证明在执行程序终结后菲某克公司仍有其他资产，因此，菲某克公司被注销时并没有多余财产。在公司债务尚不足以清偿的情况下，更不可能对股东进行分配。因此，陈某明所主张的实际损失无法据以认定。综上，程某庆非法注销菲某克公司的行为虽然侵害了陈某明应当享有的股东权利，但是陈某明所主张的损害结果缺乏充分的证据予以证实。"

控股股东导致公司不能清算，使其他股东对公司剩余财产的分配权无法实现的，应当赔偿损失。

❹南京市中级人民法院审理的叶某翔与过某益损害股东利益责任纠纷案【（2015）宁商终字第 885 号】认为："公司股东滥用股东权利给公司或者其他股东造成损失的，应当依法承担赔偿责任。在公司清算程序中，控股股东与其他股东均是公司的清算义务人，负有对公司进行清算的义务。控股股东转移公司财产、隐匿财务账册，以致公司不能进行清算或不能进行全面清算，公司的资产状况就无法厘清，其他股东对公司剩余财产的分配权就无法实现。其他股东就其损失有权向控股股东主张损害赔偿。本案中，叶某翔系佳某公司控股股东，在佳某公司清算程序中，经清算组向其释明，其仍拒不提供持有的佳某公司的财务账册及会计凭证，以致佳某公司无法全面清算而被终结强制清算程序。叶某翔滥用股东权利造成过某益无法获得佳某公司应有的剩余财产，其对过某益的损失应予赔偿。"

因未及时向公司股东移交财务账册、公司主要财产等重要清算材料，导致公司无法清算，则侵害了股东的剩余财产分配请求权。

❺上海市闵行区人民法院审理的沈某与郑某明损害股东利益责任纠纷案【（2014）闵民二（商）初字第 1411 号】认为："股东在公司清算时，就公司的剩余财产享有请求分配的权利。因被告未及时向中某公司股东移交财务账册、公司主要财产等重要清算材料，导致中某公司无法清算，侵害了原告的剩余财产分配请求权。根据中某公司最后一次企业年检报告，截至 2009 年年底，中某公司的净资产总额为 447465.72 元。被告虽表示中某公司早已资不抵债，但未举证证明，被告应承担不利后果。故本院认定，中某公司可供分配的资产为 447465.72 元。根据原告的

持股比例，原告可就 223732.86 元请求分配，故原告的损失数额为 223732.86 元。"

4. 不应认定为损害股东利益的情形

❶湖北省高级人民法院审理的刘某林与胡某庆、胡某华损害股东利益责任纠纷案【（2014）鄂民一终字第 00033 号】认为："胡某庆作为万某公司法定代表人，其在万某公司的经营范围内以万某公司的名义从事购销业务应属职务行为，其保管万某公司库存现金也得到了刘某林的同意，故刘某林主张胡某庆、胡某华损害了其作为公司股东的合法权利，给其造成了巨额经济损失与事实不符，一审法院驳回刘某林要求胡某庆、胡某华赔偿经济损失的诉讼请求亦无不当。"

❷深圳市中级人民法院审理的汪某与曾某林、陈某福损害股东利益责任纠纷案【（2014）深中法商终字第 2702 号】认为："某成公司共有 3 个股东，在未召开临时股东会之前，其中两名股东即转让相关设备、转租经营场所，决策程序存在瑕疵，但因事后召开的临时股东会已作出决定予以确认；此外，该两股东占有某成公司 70% 的股权，该两人达成一致意见，按照某成公司章程履行一定的程序即可形成股东会决议。根据现有证据，曾某林、陈某福转让某成公司设备及经营场所的行为不应认定为损害股东利益的侵权行为。"

❸上海市青浦区人民法院审理的胡某明与陆某损害股东利益责任纠纷案【（2016）沪 0118 民初 3700 号】认为："现有证据表明，被告代表茭某堂公司签订终止协议系基于正常经营管理的需要，并不具有与案外人恶意串通或怠于履行股东、高级管理人员职责的情形。在被告代表公司签订终止协议时，约定由练某旅游公司支付茭某堂公司装修费 25 万元，补偿管理费 5 万元，艺术贡献费 1 万元，进一步说明被告作为茭某堂公司的股东及法定代表人，已经采取一定方式减少茭某堂公司投资损失，维护公司及股东合法利益。综上，原告未能提供证据证明被告具有违反股东、高级管理人员忠实义务、勤勉义务并造成原告实际损失的行为，故原告的诉讼请求，缺乏基础的事实要件，本院难以支持。"

❹长兴县人民法院审理的钱某明与浙江长兴博阳制衣有限公司、郭彦新等损害股东利益责任纠纷案【（2016）浙 0522 民初 8146 号】认为："原告作为被告博阳公司股东，分别与其他股东、吴某英自愿签订了 2006 年 7 月 30 日《长兴县博阳制衣有限责任公司股东大会决议》和 2006 年 7 月 31 日《关于收购博阳制衣公司资金给付的协议》，其真实意思在于将博阳公司的全部资产折抵给债权人吴某英所有，在将公司资产抵债后，原告不再享有原投入公司的股东权利。上述协议签订后，原告未按约支付价款，被告博阳公司的股权应转让给吴某英。2006 年 9 月 6 日《长兴县

博阳制衣有限责任公司股东会决议》和《股权转让协议》主要是为了办理博阳公司股权转让登记手续所需，并非要求吴某英出具相应的股权对价，合同的内容和目的未违反 2006 年 7 月 30 日《长兴县博阳制衣有限责任公司股东大会决议》和 2006 年 7 月 31 日《关于收购博阳制衣公司资金给付的协议》的约定。且上述 2 份协议记载了博阳公司转移手续不再需要股东亲笔签字即具有法律效力。该约定从广义上理解，包括原股东授权有关人员委托办理公司资产处置或者办理股权转让手续的含义。被告郭彦新未以委托代理人名义身份签名，而以代签钱某明名字的方式在股东会议决议和股权转让协议中签名，虽未得到明确授权，但应包括在上述概括授权范围之内。故被告郭彦新代原告签字并未违反原告的真实意思表示，也未损害原告的股权利益。"

❺无锡市滨湖区人民法院审理的胡某伟、徐某等损害股东利益责任纠纷案【（2015）锡滨商初字第 00181 号】认为："因北京世某滇风公司诉请要求赔偿的损失并非公司法意义上的股东利益损失，且现有证据尚不能证明本案 3 被告存在违反公司高管义务的过错行为进而导致北京世某滇风公司的股东利益损失，故北京世某滇风公司要求本案 3 被告赔偿 1324713.18 元损失的诉请，并无事实及法律依据，本院不予支持。"

股东依法行使表决权不构成对其他股东利益的侵害。

❻最高人民法院审理的海南海某集团有限公司与中国某金矿业总公司、三亚度某村有限公司损害股东利益责任纠纷案【（2013）民二终字第 43 号】认为："在度某村公司股东会进行上述表决过程中，中某公司作为该公司的股东投了赞成票，系正当行使其依法享有表决权的行为，该表决行为并不构成对其他股东权利及利益的侵害。基于全体股东的表决结果，度某村公司董事会制定了《三亚度某村有限公司股东会决议》，其载明：'根据公司法规定：度某村公司股东会通过度某村公司与海某公司合作开发方案。'此后，双方签订了合作开发协议，并将之付诸实施。这些行为及经营活动均是以'度某村公司董事会、董事长'名义而实施，其对内为董事会行使职权，对外则代表了'度某村公司'的法人行为，没有证据证明是中某公司作为股东而实施的越权行为。尽管大股东中某公司的法定代表人邹某同时担任度某村公司董事会的董事长，但此'双重职务身份'并不为我国公司法及相关法律法规所禁止，且该董事长系由度某村公司股东会依公司章程规定选举产生，符合我国《公司法》第 45 条第 3 款①的规定。在此情形下，度某村公司及其股东中某公司均

---

① 《公司法》（2023 年修订）第 68 条第 2 款。

为人格独立的公司法人，不应仅以两公司的董事长为同一自然人，便认定两公司的人格合一，进而将度某村公司董事会的行为认定为中某公司的行为，这势必造成公司法人内部决策机制及与其法人单位股东在人格关系上的混乱。"

海南省高级人民法院审理的中国某金矿业总公司损害股东利益责任纠纷案【（2012）琼民二初字第1号】认为："关于在2006年11月17日《三亚度某村有限公司股东会决议》形成过程中，被告是否滥用了股东权利的问题。2006年11月17日，中某公司要求股东对第三人和海某公司土地开发合作事宜进行表决，其中持有61.24%股份的股东赞成，持34.83%股份的股东投了反对票，其他股东弃权，未达到我国《公司法》第44条①所规定的经代表2/3以上表决权的股东通过。中某公司利用其董事长邹某同时为度某村公司董事长的条件和掌管度某村公司公章的权力自行制作《三亚度某村有限公司股东会决议》，系滥用股东权利，并由此侵犯了海某集团的合法利益。"

❼徐州市中级人民法院审理的李某与付某、崔某侠损害股东利益责任纠纷案【（2014）徐商终字第0747号】认为："李某缴付出资后，作为徐州市世某花辊有限公司的股东，获得股东资格，并依其出资比例依法享有相应的股东权利，而徐州市世某花辊有限公司作为正常存续状态的有限责任公司，收受股东出资后亦依法享有独立的法人财产权。因此，虽然在崔某侠出售公司资产的行为已经为生效的民事判决书认定为无效后，根据合同法以及公司法的相关规定，所涉及的公司被售卖资产应恢复原状，返还给徐州市世某花辊有限公司所有，但是，根据上述法律规定，在未对徐州市世某花辊有限公司进行清算的情形下，并不能简单得出因崔某侠出售公司资产行为导致公司的财产损失金额，从而间接造成李某股东利益遭受影响的程度，故，李某作为公司股东依据其出资额直接向崔某侠、付某主张损失，缺乏事实及法律依据，本院依法不予支持。"

公司高管的决策失误不能认定为损害股东利益。

❽长春市中级人民法院审理的吉林万某机械制造有限公司与王某生损害公司利益责任纠纷案【（2017）吉01民终3193号】认为："王某生担任董事长期间，新万某机械公司因未接受年检被工商行政机关吊销营业执照，但吊销营业执照只是一种行政处罚措施，并不以此作为认定王某生有违反法律、行政法规或者公司章程的依据。即使王某生在履职期间存在决策判断失误或其他履职过失，也不能简单认定为负有损害股东利益的责任，否则将导致所有公司损失均由失职企业董事、监事、高

---

① 《公司法》（2023年修订）第66条。

管承担，既不利于企业正常健康发展，亦有悖于公司法的立法精神。关于王某生是否尽到勤勉义务，导致案涉专利技术流失的问题。万某机械公司主张王某生疏于管理，未正常缴纳专利年费，导致专利技术提前终止。根据公司章程的规定，总经理负责日常生产、技术和经营管理工作，而王某生担任公司董事长，其并不负责公司的日常经营管理，而缴纳专利年费亦不属于董事会决定的重大事宜，而是属于公司经营管理范畴。因此，万某机械公司以此作为王某生存在违反忠实、勤勉义务的恶意行为缺乏依据。"

（四）损害股东利益责任纠纷的其他问题

1. 公司利益受损不直接等同于股东利益受损

❶江西省高级人民法院审理的陈某雄与陈某文损害股东利益责任纠纷案【（2014）赣民二终字第 13 号】认为："股权虽系股东基于向公司出资而享有的权利，股东通过股权的行使可以获得公司财产的经营收益，但公司的法人财产与股东财产分属不同法律范畴。因公司具备独立法人人格并享有相应财产权利，股东无权将公司财产的减损直接主张为股东自有利益的损失。因而，陈某雄所主张的侵权行为并未直接侵害其利益，不符合股东直接诉讼的规定。陈某雄主张陈某文滥用股东权利并应赔偿由此给其造成的损失，没有事实和法律依据，本院不予支持。"

❷苏州市虎丘区人民法院审理的苏州久某光电科技有限公司与徐某权、范某国损害股东利益责任纠纷案【（2015）虎商外初字第 00009 号】认为："公司的发起人或股东对其认缴的出资额有法定的出资义务，本案中久某公司偿还相应款项系对其作为天某公司股东应缴而未缴出资额的责任承担。在天某公司的对外担保行为中，即便作为公司高管的两被告存在违反法律规定或公司章程的行为，其侵害的为天某公司的合法利益，损害的是天某公司的利益。因此，原告作为天某公司的股东，其要求两被告赔偿原告本身涉案已付款项的诉讼请求无法律依据，本院不予支持。"

❸乐山市中级人民法院审理的黄某启与谭某林、峨某山市燃某有限责任公司损害股东利益责任纠纷案【（2014）乐民终字第 836 号】认为："基于公司独立人格，股东出资后不再享有对公司出资金额的直接支配和收益，对公司的利益体现为股权，只能依法定程序通过行使股权来实现自身利益。公司的收益或损失并不能直接对应股东的股权价值，公司遭受的损失也不能等同股东的直接损失，股东利益的减

损除与公司决策有关外还与公司分红政策、股权行使方式等因素相关。因此，上诉人黄某启主张峨某山市燃某有限责任公司因缴纳滞纳金和罚款导致的损失，是公司利益的损失而不是黄某启本人的直接损失，也并不是谭某林直接侵害其股东利益所受损失。峨某山市燃某有限责任公司因被四川省乐山市地方税务局稽查局处罚和处理，缴纳罚款和滞纳金系公司利益受损，不是作为股东的黄某启利益直接受损，因此谭某林没有直接损害上诉人黄某启的股东利益。"

❹上海市静安区人民法院审理的俞某与陈某之、乔某宝损害股东利益责任纠纷案【（2017）沪 0106 民初 16814 号】认为："原告所主张损失，其直接的受侵害者是上海长 afs 商贸有限公司，上海长某商贸有限公司有权主张侵权赔偿。原告作为上海长某商贸有限公司的股东，其利益因上海长某商贸有限公司遭受损失而导致股权价值贬损或可能的分红减少等情形而间接受损，但公司遭受损失并不必然导致公司股东的利益受损。如由公司获得赔偿，则公司股东的合法利益将自然得到保护，而如由股东获得赔偿，则有可能损害公司债权人的合法利益。基于上述理由，不能仅根据公司遭受损失的事实推断股东的利益一定受损，亦无法仅根据公司遭受损失的数额推断股东遭受损失的数额，故原告的诉讼主张缺乏事实根据。"

❺常山县人民法院审理的林某胜与刘某水、常山县新某运输有限公司损害股东利益责任纠纷案【（2017）浙 0822 民初 1519 号】认为："当事人对自己提出的诉讼请求所依据的事实有责任提供证据加以证明，没有证据或者证据不足以证明当事人的事实主张的，由负有举证责任的当事人承担不利后果。公司制度的核心在于股东的财产权与公司的财产权相互分离，股东以投入公司财产为代价获得公司的股权。股东对公司财产并不享有直接权利。如果侵权行为虽对股东间接利益有损，但其直接侵害对象为公司法人财产利益而非股东利益，则股东不能越过公司直接主张股东利益损失。原告主张的实质是认为被告刘某水的行为侵害了新某公司的财产利益，并进而侵害其股权所代表的财产利益。被告新某公司作为公司财产的所有权人，才是直接受侵害的对象，原告作为新某公司的股东，对公司财产利益遭受的侵害，不享有直接请求权。原告虽在庭审中认为案由为承包合同纠纷，但原告并非承包合同的主体，故其也不享有直接的诉权。"

❻上海市闵行区人民法院审理的于某与王某损害股东利益责任纠纷案【（2016）沪 0112 民初 8831 号】认为："股东以其出资换取股权，通过持有公司股权经营、管理公司，享受公司经营发展带来的红利，同时也要承受公司经营过程中的风险。只有当公司经过清算注销，股东才有权就公司剩余资产进行分配。现释某公司依法存续，而本案中原告所述的被告侵害行为均是针对释某公司的财产。故即

使存在该些损害事实，释某公司才是直接遭受损失的一方，相应财产应当赔偿给释某公司，而不是直接赔偿给原告。虽然释某公司的财产若受到侵害会间接影响到原告的股东利益，但原告可按照公司法的规定要求释某公司直接向侵害人主张权利，或者依法向侵害人提起股东代表诉讼以要求侵害人直接向释某公司进行赔偿，从而维护自身的股东权利。综上，原告诉讼请求没有法律依据，本院不予支持。"

2. 股东主张利益受损须实际发生损失

❶成都市中级人民法院审理的陈某勇、刘某根损害股东利益责任纠纷案【（2015）成民终字第 06951 号】认为："廖某和虽系工商登记载明的联谊公司股东，但陈某勇未举证证明该 150 万元损失实际产生，故其要求刘某根、刘某、廖某和向其赔偿损失 150 万元缺乏事实依据，本院不予支持。"

❷成都市中级人民法院审理的胡某、付某杰等与莫偓蹇损害股东利益责任纠纷案【（2014）成民初字第 01522 号】认为："本案赔偿应以股东利益受到的实际损害为前提，通过查证的事实，成都市青羊区人民法院〔2014〕青羊民初字第 1310 号案现尚处于二审审理阶段，银某公司并未以其财产向小企业担保公司履行担保责任，且将来银某公司即便按照该案生效判决向小企业担保公司承担了担保责任，银某公司还有权向主债务人圣某金沙公司进行追偿。胡某、付某杰的股东利益并无已实际受到损害的客观事实发生，更无实际受损的确定金额，故其请求缺乏事实及法律依据，本院不予支持。"

❸上海市金山区人民法院审理的顾某中与陈某君损害股东利益责任纠纷案【（2016）沪 0116 民初 4267 号】认为："董事、高级管理人员违反法律、行政法规或者公司章程的规定，损害股东利益的，股东可以向人民法院提起诉讼。原告作为保冠公司的股东，程序上可以此为由起诉被告，要求赔偿损失，但该请求得到支持，应当符合法定的构成要件，其中原告因被告的行为而受到实际损失就是条件之一，现原告未能提供证据证明其已受到相应的实际损失，故原告的上述诉讼请求，缺乏基础的事实要件，本院难以支持。"

3. 与股东代表诉讼区分

❶杭州市滨江区人民法院审理的李某锦与段某成损害股东利益责任纠纷案【（2015）杭滨商初字第 331 号】认为："段某成提出的诉讼理由，主要基于库某公司的应收债权转让给商某公司。其转让的后果，有可能产生利益受损。该利益归属于库某公司，而非直接归属于股东享有。因此，段某成应该提起派生诉讼，而非直

接的股东诉讼。就本案而言，段某成将库某公司列为被告，在诉讼主体上，存在不妥。段某成要求将所得利益直接归属于股东，也违背了公司法人格独立这一基本原则。"

❷温州市鹿城区人民法院审理的温州正某影视制作有限公司与罗某凤损害股东利益责任纠纷案【（2014）温鹿商初字第5108号】认为："即使2被告存在滥用股东权利、违反法律及公司章程规定擅自处置作品相关权利的行为，该行为直接的侵害对象是杭州正某公司的财产利益，而非原告的股东利益，请求该项'损失'救济的权利人应当是杭州正某公司；若原告代杭州正某公司主张权利，则诉讼权利受益人仍是杭州正某公司，这与本案不属于同一法律关系，亦不属于本案审理范围。"

三、损害股东利益责任纠纷问题综述及建议

（一）损害股东利益责任纠纷问题综述

股东直接诉讼，是指股东为自己的利益，以自己的名义向公司或者其他权利侵害人提起诉讼，该诉讼结果直接归属于股东，其与股东代表诉讼存在差别，应注意区分。

1. 提起诉讼的主体应具备股东身份

损害股东利益责任诉讼系股东直接诉讼，其诉讼利益直接归属于股东个人，而非公司。实践中，存在非股东提起诉讼请求损害赔偿的情形，法院在裁判时认为，提起损害股东利益诉讼的前提是具备股东身份，对于非股东提起的诉讼，法院一般驳回其诉讼请求。

需注意的是，损害股东利益的行为亦可被认定为侵权行为，股东应对其股权利益遭受损失承担证明责任，对不能提供证据证明侵害行为和损失发生的，应承担举证不能的不利后果。此外，法院在裁判时认为，只有损失实际发生时，才可认定为侵权行为。

2. 侵害股东利益的主体为股东、董事、高管

实践中，损害股东利益责任纠纷主要包括两种情形，一种是公司股东滥用股东权利损害其他股东利益，常见的情形为控股股东利用自己的股权优势地位损害小股

东利益，或伪造股东签名达到转让股权之目的；另一种是公司董事、高管违反忠实、勤勉义务，损害股东利益。对股东利益的侵害主要表现为侵害股东的股东身份权、参与重大决策权、知情权、收益分配请求权等。但并非上述主体实施的所有行为均可认定为侵害了股东利益。法院在裁判时认为，股东依法行使表决权作出的股东会决议侵害了股东利益，不能认定为属于其他股东侵害股东利益的情形。公司董事、高管依法履行职务给股东造成的损害以及因决策失误给股东造成的损失不能认定为侵害股东利益的行为。

3. 与股东代表诉讼相区别

损害股东利益诉讼系股东直接诉讼，与股东代表诉讼存在差别。其差别主要体现在诉讼目的与诉讼利益的归属上。就诉讼目的而言，股东代表诉讼的目的系维护公司利益，而股东直接诉讼的目的系维护股东个人利益；就诉讼利益的归属而言，股东代表诉讼系股东代表公司提起的诉讼，其诉讼利益归属于公司，而股东直接诉讼的利益则归属于股东个人。此外，在诉讼程序上二者也存在差别。依照法律规定，股东代表诉讼需满足一定的前置程序，而股东直接诉讼则无此要求。

值得注意的是，公司利益受损并不等同于股东利益受损。实践中，公司利益受损时，股东以公司利益减少导致其股东利益间接受损为由提起股东直接诉讼，对此，法院在裁判时认为，基于公司独立人格，股东出资后不再享有对公司出资金额的直接支配和收益，对公司的利益体现为股权，只能依法定程序通过行使股权来实现自身利益。公司的收益或损失并不能直接对应股东的股权价值，公司遭受的损失也不能等同股东的直接损失，股东利益的减损除与公司决策有关外还与公司分红政策、股权行使方式等因素相关。故在此种情况下，不认定为股东利益也受损。

（二）关于避免股东利益受损的建议

股东利益受损系公司内部发生的纠纷，主要原因是公司内部相关制度不够完善。例如，一些公司章程中只规定了股东大会、董事会的权利义务，而未规定执行董事、总经理权限范围，这将导致公司实际运行中权力容易被滥用，并在相关纠纷发生后无章可循。又如，一些公司财务制度不规范，公章保管不严，当股东与董事、总经理身份发生交叉时，财务制度无法有效约束相关人的行为。对此笔者提出如下建议：

1. 通过公司章程制定表决机制，如实行累积投票制，以提高小股东表决权的含金量，促成小股东将其代言人选入董事会和监事会，从而扩大小股东的话语权，平衡小股东与大股东之间的利益关系。

2. 公司章程中对董事、高管的职权范围的规定应具体明确，一方面可严格限制其滥用职权的行为，另一方面也可避免在纠纷发生后无章可循。

第十五章　损害公司利益责任纠纷

一、损害公司利益责任纠纷的法律规定

（一）公司直接诉讼

公司直接诉讼，是指他人侵害公司利益给公司造成损失的，由符合条件的公司股东向监事会、监事或者董事会、董事提议，由公司监事会、监事或者董事会、董事以公司名义直接提起的诉讼。公司直接诉讼以公司为原告，以监事会负责人、监事或者董事会负责人、董事为诉讼代表人。

《公司法》（2018 年修正，已被修订）第 149 条规定："董事、监事、高级管理人员执行公司职务时违反法律、行政法规或者公司章程的规定，给公司造成损失的，应当承担赔偿责任。"

第 151 条第 1 款规定："董事、高级管理人员有本法第一百四十九条规定的情形的，有限责任公司的股东、股份有限公司连续一百八十日以上单独或者合计持有公司百分之一以上股份的股东，可以书面请求监事会或者不设监事会的有限责任公司的监事向人民法院提起诉讼；监事有本法第一百四十九条规定的情形的，前述股东可以书面请求董事会或者不设董事会的有限责任公司的执行董事向人民法院提起诉讼。"

《公司法》（2023 年修订）第 188 条规定："董事、监事、高级管理人员执行职务违反法律、行政法规或者公司章程的规定，给公司造成损失的，应当承担赔偿责任。"

第 189 条第 1 款规定："董事、高级管理人员有前条规定的情形的，有限责任公司的股东、股份有限公司连续一百八十日以上单独或者合计持有公司百分之一以上股份的股东，可以书面请求监事会向人民法院提起诉讼；监事有前条规定的情形的，前述股东可以书面请求董事会向人民法院提起诉讼。"

从以上规定可以看出，公司直接诉讼需符合以下要件：（1）必须存在侵害公司利益的事实；（2）必须有符合条件的股东向监事会、监事或董事会、董事作出提议；（3）必须由公司监事会、监事或者董事会董事提出诉讼；（4）必须以公司的名义提出诉讼。

（二）股东代表诉讼

股东代表诉讼，又称为股东派生诉讼、股东代位诉讼，是指公司监事会、监事或者董事会、董事怠于履行职责向侵害公司利益的行为提出诉讼或情况紧急的，符合一定条件的股东可直接以股东的名义向侵害公司利益的主体提出诉讼以维护公司利益。

《公司法》（2018年修正，已被修订）第151条第2款、第3款规定："监事会、不设监事会的有限责任公司的监事，或者董事会、执行董事收到前款规定的股东书面请求后拒绝提起诉讼，或者自收到请求之日起三十日内未提起诉讼，或者情况紧急、不立即提起诉讼将会使公司利益受到难以弥补的损害的，前款规定的股东有权为了公司的利益以自己的名义直接向人民法院提起诉讼。

他人侵犯公司合法权益，给公司造成损失的，本条第一款规定的股东可以依照前两款的规定向人民法院提起诉讼。"

《公司法》（2023年修订）第189条第2款、第3款规定："监事会或者董事会收到前款规定的股东书面请求后拒绝提起诉讼，或者自收到请求之日起三十日内未提起诉讼，或者情况紧急、不立即提起诉讼将会使公司利益受到难以弥补的损害的，前款规定的股东有权为公司利益以自己的名义直接向人民法院提起诉讼。

他人侵犯公司合法权益，给公司造成损失的，本条第一款规定的股东可以依照前两款的规定向人民法院提起诉讼。"

2005年《公司法》首次就股东代表诉讼作出规定，在此之前并无相关规定。股东代表诉讼，相对应于以股东益权为目的的股东直接诉讼而言，是基于股东共益权而产生的间接诉讼。其最终目的是维护公司、社团或全体股东、全体社团成员的利益，但也间接维护了该股东或该公司其他股东的自身权益，具有代位诉讼和代表诉讼的两面性特征。

从以上规定可以得出，股东代表诉讼需满足以下条件：（1）必须存在侵害公司利益的事实；（2）必须存在监事会、监事或者董事会、董事怠于履行职责维护公司利益的情况，但情况紧急的除外；（3）必须以股东自己的名义提出；（4）必须为公司利益进行诉讼，且诉讼利益归属公司。

此外，需要重点关注的是，2023 年修订的《公司法》第 189 条第 4 款规定："公司全资子公司的董事、监事、高级管理人员有前条规定情形，或者他人侵犯公司全资子公司合法权益造成损失的，有限责任公司的股东、股份有限公司连续一百八十日以上单独或者合计持有公司百分之一以上股份的股东，可以依照前三款规定书面请求全资子公司的监事会、董事会向人民法院提起诉讼或者以自己的名义直接向人民法院提起诉讼。"新增了双重股东代表诉讼规则，对于全资子公司的董事、监事、高管存在侵犯全资子公司利益的行为，全资子公司的股东有权提起股东代表诉讼，对此前司法实践中遇到的难题在立法中予以解决。

二、损害公司利益责任纠纷的相关案例

（一）损害公司利益责任纠纷的诉讼主体

1. 损害公司利益责任纠纷的原告

作为法定代表人的股东也可以提起股东代表诉讼。

❶最高人民法院审理的李某与周某峰、刘某芝损害公司利益责任纠纷案二审民事裁定书【（2015）民四终字第 54 号】认为："尽管一般而言，如果股东本身是公司的法定代表人，不应舍近求远提起股东代位诉讼，但本案中李某并不掌握公司公章，难以证明自身的法定代表人身份，故其以公司名义提起诉讼在实践中确有困难。且其提供了初步证据证明，其曾以中某公司名义起诉而未能为法院受理。如不允许其选择股东代位诉讼，将使其丧失救济自身权利的合理途径。综合以上情况，并且原审已经就本案进行了长达两年半的审理，再要求李某履行前置程序后另行起诉，显然不利于及时维护公司权利，也给当事人造成不必要的讼累，故李某关于其有权提起股东代位诉讼的上诉主张，本院予以支持。"

股东身份是提起股东代表诉讼的前提。

❷最高人民法院审理的内蒙古新某煤业有限公司与陈某干损害公司利益责任纠纷案二审民事裁定书【（2015）民二终字第 343 号】认为："新某煤业法定代表人陈某干未能代表公司进行诉讼；同时，亦没有证据证明该诉讼的提起符合《公司

法》第 151 条①的规定，经过了董事会、监事会或股东会的决议。仅凭起诉状上加盖的公司公章，不足以认定对陈某干提起的诉讼，是新某煤业的真实意思表示。至于上诉意见中提出的有证据证明韩某华、路某国系新某煤业实际股东这一点，韩某华、路某国可以依照《最高人民法院关于适用〈中华人民共和国公司法〉若干问题的规定（三）》第 21 条和第 22 条的规定，另行提起股东资格确认之诉。"

❸最高人民法院审理的徐某辉、徐某与李某悦、范某铭等损害公司利益责任纠纷案申诉、申请民事裁定书【（2015）民申字第 514 号】认为："徐某辉、徐某持有牧羊集团 39.79% 的股权，其作为投资成立牧某有限责任公司的牧某集团股东，主张以李某悦、范某铭、刘某斌、刘某道、奚某龙等牧某集团董事、高级管理人员恶意串通华某公司、国某公司、禄某公司，由华某公司、国某公司、禄某公司对牧某公司增资入股，损害了牧某集团的利益，因而提起本案诉讼。在牧某集团怠于行使诉权的前提下，向人民法院起诉认为申请人等恶意串通，损害其利益，符合公司股东代表诉讼的法定条件，应当赋予其相应诉权。申请人认为徐某辉、徐某不能请求否定董事、监事、高级管理人员执行职务的法律效力，更不能请求牧某公司的增资股东华某公司、国某公司和禄某公司退回增资，在本案中不具备原告主体资格，于法无据，本院不予支持。"

❹最高人民法院审理的北京金某多资源技术有限公司与上海迈某尔得工贸有限公司、孙某等损害公司利益责任纠纷案二审民事裁定书【（2015）民二终字第 38 号】认为："《公司法》第 152 条②规定，股东代表诉讼的适格原告为公司股东。金某多公司在起诉后将其享有的永某汇公司的股份转让给沈嗣骧并办理了股权变更登记，已经不再是永某汇公司的股东。经本院释明，金某多公司在二审时未在规定期限内提交沈嗣骧或者永某汇公司其他股东同意作为原告继续诉讼的证据，故金某多公司作为股东代表永某汇公司主张权利的事实基础已不存在，无权再以股东身份继续进行本案诉讼。"

❺山东省高级人民法院审理的孙某才与候某滨、孙某兵等损害公司利益责任纠纷案二审民事判决书【（2016）鲁民终 1371 号】认为："孙某才是山东圣某制药有限公司股东。虽然其后通过两次股东会决议对山东圣某制药有限公司股东进行了变更，但是上述两次股东会决议已经被原审法院作出的〔2011〕济商初字第 57 号民事判决书确认为无效，且该判决书已经发生法律效力，故股权变更行为自始无效。

---

① 《公司法》（2023 年修订）第 189 条。
② 《公司法》（2023 年修订）第 188 条。

山东圣某制药有限公司股东情况应当恢复至两次股权变更之前，即孙某才仍具有股东身份，故其有资格提起股东代表诉讼。"

❻湖北省高级人民法院审理的十堰华某房地产开发有限公司、江某等与钱某、田某财产损害赔偿纠纷案再审民事裁定书【（2016）鄂民再 58 号】认为："本案钱某、田某、张某华对涉案土地并不拥有物权，与涉案土地并无直接利害关系；其三人在提起本案诉讼时已非武汉华某公司登记股东，也无权以自己名义提起股东代表之诉。因此，钱某、田某、张某华不具有提起本案损害赔偿纠纷的原告主体资格。"

❼吉林省高级人民法院审理的李某与郝某东、通化矿某（集团）有限责任公司损害股东利益责任纠纷案二审民事裁定书【（2015）吉民二终字第 22 号】认为："《公司法》第 151 条、第 152 条①均规定提起诉讼的主体为'股东'，李某提起本案诉讼时已不具有道某选煤公司的股东资格，不再享有《公司法》规定的股东权利，包括股东代表诉讼和股东直接诉讼的权利。因此，李某与本案无直接利害关系，李某的起诉不具备《民事诉讼法》第 119 条第 1 项的规定，不符合起诉条件，原审法院受理并作出判决，适用法律错误。"

公司代理人不是股东代表诉讼的适格原告。

❽最高人民法院审理的青海某业有限公司与上海某行股份有限公司宁波分行与冯光成一般损害公司权益纠纷案审判监督民事裁定书【（2014）民提字第 121－1 号】认为："根据我国法律规定，青海某业作为法人提起诉讼，与自然人不同，必须由公司法定代表人进行。本案中，青海某业的起诉状虽加盖有青海某业的公章，但该起诉行为没有经过法定代表人同意，没有经过股东会讨论通过，公司股东也没有请求监事会起诉冯某成，故青海某业起诉状上的公章和授权委托书上的公章皆非青海某业的法定代表人或股东会同意加盖，不能认定为是青海某业的意思表示。青海某业的'代理人'的授权委托取得不合法，青海某业的'代理人'无权代理本案诉讼，其以青海某业名义提起的诉讼不能认定为是青海某业的意思表示，因此，本案的起诉既不符合《民事诉讼法》第 48 条第 2 款的规定，也不符合《公司法》第 151 条②的规定，应予驳回。综上，冯某成的再审请求成立。青海某业的'代理人'以青海某业名义提起的诉讼非青海某业的真实意思表示，应驳回起诉，原审予以受理错误。"

隐名股东的股东代表诉权。

---

① 《公司法》（2023 年修订）第 188 条、第 189 条。
② 《公司法》（2023 年修订）第 189 条。

❾辽宁省高级人民法院审理的大连天某大厦有限公司与合肥百某逍遥广场有限公司、狮某控股有限公司、大连天某百某购物中心有限公司、原审第三人深圳市鑫某实业有限公司股权转让纠纷案二审民事裁定书【（2014）辽民三终字第125号】认为："本案中上诉人大连天某公司主张案涉股权的实际出资人为大连百某公司，深圳鑫某公司为大连百某公司在鞍山百某公司的名义股东。根据《最高人民法院关于适用〈中华人民共和国公司法〉若干问题的规定（三）》第25条的规定，名义股东将登记于其名下的股权转让、质押或以其他方式处分，实际出资人以其享有实际权利为由，请求认定处分股权行为无效的，人民法院可以参照《物权法》第106条的规定处理。本案中大连天某公司主张大连百某公司为实际出资人，根据上述司法解释的规定大连百某公司有权请求确认案涉股权的转让行为无效。大连百某公司基于该规定所享有的请求权是确定大连天某公司有权提起本案股东代表诉讼的权利来源和基础，因此大连百某公司有权作为原告不能成为大连天某公司提起股东代表诉讼的障碍。前述司法解释的规定明确了名义股东与实际出资人之间的法律关系问题，但该规定并未排除此类纠纷中股东代表诉讼制度的适用。在大连天某公司认为大连百某公司系案涉股权实际出资人的前提下，其提起本案诉讼所产生的利益系归属于大连百某公司，因此大连天某公司为了大连百某公司的利益，有权依据《公司法》及相关司法解释的规定提起股东代表诉讼。"

控股股东提起股东代表诉讼的特殊要求。

❿江苏省高级人民法院审理的昌某贸易公司与江苏天某集团有限公司财产损害赔偿纠纷案二审民事裁定书【（2014）苏民终字第0218号】认为："昌某贸易公司作为控股股东，且控股股东的法定代表人同时也是公司的法定代表人，公司怠于起诉，昌某贸易公司作为控股股东提起本案诉讼，其不仅需要举证证明其客观上履行了股东代表诉讼的前置程序，还需要举证证明公司怠于行使权利，且其作为控股股东也无法控制公司的意志。而本案昌某贸易公司作为控股股东没有提供任何证据证明其履行了召开董事会对起诉进行决议的义务。本案中如果公司不起诉本身是提起股东代表诉讼的控股股东昌某贸易公司怠于行使其权利，怠于行使权利的不是别人是控股股东昌某贸易公司自己，不能在作为公司股东时怠于作出起诉的决定，而选择在股东代表诉讼中为公司利益积极主张权利，公司可以直接诉讼的情况下，没有股东代表诉讼的必要。因此昌某贸易公司未能举证证明其作为亚某集装箱公司的控股股东已经无法以公司的名义提起诉讼、亚洲集装箱公司怠于行使其权利，昌某贸易公司提起本案诉讼不符合股东代表诉讼的规定，不具有原告的主体资格。"

未出资不影响股东诉讼资格。

❶上海市高级人民法院审理的圃某园控股与上海福某豆制食品有限公司股东出资纠纷案二审民事判决书【(2013) 沪高民二 (商) 终字第 S36 号】认为:"股东对公司的出资系法定义务,两被上诉人提起的系股东代表诉讼,而非基于出资协议提起的违约之诉,故两被上诉人是否已全面履行出资义务,不影响其代表圃园福某公司提起本案诉讼。"

2. 损害公司利益责任纠纷的被告

❷最高人民法院审理的香港帕某沃工业有限公司与北京昆某房地产开发集团有限公司与公司有关的纠纷案二审民事裁定书【(2013) 民四终字第 46 号】认为:"帕某沃公司认为富某达公司的另一股东昆某集团对合作公司富某达公司实施了未足额投资及挪用公司资金等侵权行为,从而侵害了合作公司的权益,源于此,帕某沃公司提起本案股东代表诉讼。这个法律规定的'他人'应该包括公司股东和公司之外的任意第三人,即凡是对公司实施了不当行为而致公司利益受损的人都可能成为股东代表诉讼的被告。因此,昆某集团为本案的适格被告。"

❸湖北省高级人民法院审理的姚某堤、张某伟等与武汉市蔡某记热干面馆、武汉蔡某记商贸有限公司与公司有关的纠纷案再审民事裁定书【(2016) 鄂民再 244 号】认为:"本案姚某堤、张某伟、方某萍、彭某基以蔡某记面馆股东的身份起诉该面馆和蔡某记公司,称蔡某记面馆向蔡某记公司无偿转让'蔡某记'商标权侵犯全体股东权益,从其诉讼请求、事实与理由来看,符合《公司法》第 151 条①规定的股东代表诉讼的相关特征和要素。经本院当庭释明,姚某堤、张某伟、方某萍、彭某基确认其提起的为股东代表诉讼。对于股东代表诉讼,应以股东主张的侵犯公司合法权益的公司董事、监事、其他高级管理人员以及公司外共同侵权人为被告,公司可作为第三人参与诉讼。"

❹云南省高级人民法院审理的深圳市泛某创业投资有限公司与厦门天某投资咨询有限责任公司、富某 (北京) 投资咨询有限责任公司等股权转让纠纷案二审民事判决书【(2016) 云民终 395 号】认为:"根据该两条款(《公司法》第 150 条、第 152 条②) 的规定,即公司董事、监事、高管人员执行公司职务时违反法律、行政法规、公司章程给公司造成损失、损害股东利益,公司股东可以直接提起诉讼。从上诉人起诉依据的法律规定及法律关系看,依据该两条款提起的诉讼系公司内部管

---

① 《公司法》(2023 年修订) 第 189 条。
② 《公司法》(2023 年修订) 第 188 条、第 189 条。

理人员违法、违规、违约造成公司利益受损股东主张权利的规定，属于公司内部法律关系产生的纠纷，而并非公司对外的经营管理活动产生纠纷的法律规定，而本案泛某公司诉讼请求的系公司对外签订合同由股东起诉无效的纠纷，公司对外签订合同属公司对外的经营管理行为，不属于该两条款规定起诉的范围。"

3. 公司的诉讼地位

公司已提起诉讼的股东不得再行提起股东代表诉讼。

❶❺最高人民法院审理的谭某兴与黎某炜、黎某芬、香河彩某经纬家居城有限公司，刘澜董事、高级管理人员损害股东利益赔偿纠纷案二审民事判决书【（2013）民一终字第126号】认为："本案中的经某公司已经根据谭某兴的通知向彩某公司提起诉讼并形成河北省高级人民法院〔2008〕民二初字第21号案件，经某公司在该诉讼中败诉。谭某兴依据《公司法》第152条①所享有的权利已经行使，在此情形下，谭某兴再提起本案诉讼，其事实依据及法律理由仍然是案涉交易造成经某公司损失并进而侵害其股东利益，显然不能成立。"

能够通过公司提起诉讼的，不得提起股东代表诉讼。

❶❻最高人民法院审理的利某有限公司与辛洁、陕西华某塑胶制品有限公司股东代表诉讼纠纷案申请再审民事裁定书【（2013）民申字第2361号】认为："鉴于申请人的法定代表人与华某公司的法定代表人系同一人，华某公司向本院出具的授权委托书加盖了公司印章且李某胜作为华某公司的法定代表人在该授权委托书上签字确认，本案并无证据证明华某公司以自身名义提起诉讼在法律和事实上存在任何障碍，二审裁定驳回利某有限公司的起诉并无不当。"

公司介入诉讼的效果。

❶❼辽宁省高级人民法院审理的大连天某大厦有限公司与合肥百某逍遥广场有限公司、狮某控股有限公司、大连天某百某购物中心有限公司、深圳市鑫某实业有限公司股权转让纠纷案二审民事裁定书【（2014）辽民三终字第125号】认为："本案中大连天某公司认为案涉股权的转让侵犯了大连百某公司的权益，且其在提起诉讼前向大连百某公司的董事会递交了书面提起诉讼的请求，而大连百某公司在收到书面请求后30日内未提起诉讼，此即符合了《公司法》第151条②所规定的股东代表诉讼的条件。本案的股东代表诉讼正是由于大连百某公司怠于行使诉权所提起。

---

① 《公司法》（2023年修订）第188条。
② 《公司法》（2023年修订）第189条。

大连百某公司在本案诉讼中为无独立请求权的第三人，大连百某公司的请求权已被其股东大连天某公司代为行使，大连百某公司在该诉讼中已经丧失了独立的请求权，不能放弃、变更诉讼请求。大连百某公司因其与案件的处理结果具有法律上的利害关系而参加诉讼并发表意见的行为，并不能改变其怠于行使诉权的法律状态或法律后果。其以无独立请求权第三人的身份参加诉讼发表意见，不影响本案股东代表诉讼的成立。"

诉讼利益归属于公司。

❸陕西省高级人民法院审理的海某酒店控股集团有限公司与赵某海、陕西海某海盛投资有限公司、陕西皇某海某酒店有限公司损害公司利益责任纠纷案二审民事判决书【（2016）陕民终 228 号】认为："前述 718.2 万元损失系皇某酒店公司 9~11 层客房闲置所致，该损失赔偿的利益应归属于皇某酒店公司，赵某海在本案二审中对本案的胜诉利益归属皇某酒店公司亦表示认可。原审法院判决海某控股公司赔偿海某投资公司客房闲置损失 718.2 万元于法无据，本院依法予以纠正。"

陕西省高级人民法院审理的王某凡、党某、海某控股集团有限公司与赵某海、陕西海某海盛投资有限公司、陕西皇某海某酒店有限公司损害公司利益责任纠纷案二审民事判决书【（2016）陕民终 255 号】认为："在本案中，原审法院认为胜诉利益应当归属于母公司，判决由皇某酒店公司的董事、总经理王某凡、党某 2 人向皇某酒店公司的母公司海某控股公司赔偿。本院认为，本案的胜诉利益应当归属于子公司，即皇某酒店公司的高管王某凡、党某 2 人应当向皇某酒店公司（子公司）赔偿损失，而不是向海某控股公司（母公司）赔偿。理由是：（1）子公司的损失不能等同于母公司的损失。（2）造成母、子公司之间的财产混同。因此，本案的胜诉利益应当归属于子公司，原审判决由皇某酒店公司的董事、总经理王某凡、党某 2 人向皇某酒店公司的母公司海某控股公司承担赔偿责任，属适用法律错误，应予纠正。在本案二审中，赵某海对于本案胜诉利益归属于子公司亦无异议，故皇某酒店公司的董事、总经理王某凡、党某 2 人应当向皇某酒店公司承担赔偿责任。"

❹山东省高级人民法院审理的孙某才与候某滨、孙某兵等损害公司利益责任纠纷案二审民事判决书【（2016）鲁民终 1371 号】认为："候某滨存在利用关联交易，滥用股东权利损害山东圣某制药有限公司权利的事实。依据《公司法》第 20条、第 21 条、第 151 条①之规定，孙某才起诉候某滨要求其将扣留的公司利润返还给山东圣某制药有限公司有事实和法律依据。上诉人候某滨的上诉理由本院不予支

---

① 《公司法》（2023 年修订）第 21 条、第 22 条、第 23 条、第 189 条。

持。原审法院判决并无不当。"

❷湖北省高级人民法院审理的十堰华某房地产开发有限公司、江某等与钱某、田某财产损害赔偿纠纷案再审民事裁定书【(2016) 鄂民再 58 号】认为："股东代表诉讼中，股东仅仅是以自己的名义代表公司行使一定的诉讼请求权，其获取的诉讼利益应当归属公司，而非由股东直接获取。"

❷广东省高级人民法院审理的佛山市顺德区南某投资有限公司与佛山市天某气高压管网有限公司买卖合同纠纷案二审民事裁定书【(2016) 粤民终 468 号】认为："南某公司根据《公司法》第 151 条①的规定，代表港华公司依据《天然气分销售合同》提起本案诉讼主张合同权益，只是在形式上代位行使港华公司所享有的请求权，其代位起诉所获得的诉讼利益直接归于港华公司。因此，南华公司代位提起本案诉讼，应受被代位人港华公司与佛山市天然气高压管网有限公司签订的《天然气分销售合同》中约定的仲裁条款约束，即本案所主张的事项应提交仲裁解决。"

❷江苏省高级人民法院审理的侯莉莉与蔡仁清、周明等损害公司利益责任纠纷案再审复查与审判监督民事裁定书【(2015) 苏审二民申字第 00955 号】认为："侯莉莉以股东身份起诉要求周明、龚雪桃、蔡仁清三个共同侵权人承担损害塬禾公司利益的侵权责任，系依据《公司法》第 151 条规定而提起的诉讼，因该诉讼而获得的利益直接归属于公司。本案一、二审判决周明、龚雪桃、蔡仁清赔偿塬禾公司 532647.52 元，对塬禾公司而言是获益行为，不损害塬禾公司利益。而且，《公司法》等法律并未明确规定公司在此类诉讼中的诉讼地位，故一、二审判决未追加塬禾公司为第三人参加诉讼，并无不当。"

❷辽宁省高级人民法院审理的大连天某大厦有限公司与合肥百某逍遥广场有限公司、狮某控股有限公司、大连天某百某购物中心有限公司、深圳市鑫某实业有限公司股权转让纠纷案二审民事裁定书【(2014) 辽民三终字第 125 号】认为："大连天某公司主张深圳鑫某公司系大连百某在鞍山百某的名义股东，其诉讼请求首先是要求确认股权转让协议无效，而将股权返还至深圳鑫某公司是其确认合同无效后所产生的法律后果，该公司主张将案涉股权返还给深圳鑫某公司的请求，即是为了大连百某公司的利益，符合我国《公司法》第 151 条②规定的股东有权为了公司的利益以自己的名义直接向人民法院提起诉讼的规定。"

❷江苏省高级人民法院审理的昌某贸易公司与江苏天某集团有限公司财产损害

---

① 《公司法》(2023 年修订) 第 189 条。
② 同上。

赔偿纠纷案二审民事裁定书【（2014）苏民终字第0218号】认为："股东代表诉讼的诉讼请求应当是赔偿公司而不是股东自己，本案中昌某贸易公司的第2项诉讼请求为赔偿昌某贸易公司经济损失人民币201万元，该条诉讼请求也不符合股东代表诉讼为了公司利益的规定。"

（二）损害公司利益责任纠纷的管辖与准据法

1. 损害公司利益责任纠纷诉讼管辖

（1）管辖法院的确定。

❶最高人民法院审理的张某、林某与北京新中某投资有限公司、林某群等损害公司利益责任纠纷案二审民事裁定书【（2015）民一终字第221号】认为："《民事诉讼法》第21条规定的是一般地域管辖原则，而本案系张某、林某作为中某联公司股东代表中某联公司对林某群、吴某朝、新中某公司提起的侵权之诉，应根据《民事诉讼法》第28条规定的特殊地域管辖原则，确定管辖。至于被上诉人代表的第三人中某联公司是否为真正权利人，上诉人是否实际实施侵权行为及是否对中某联公司造成损害结果，属于案件实体问题，已超过本案确定管辖阶段的审查范围，不应予以审查。"

❷最高人民法院审理的华某地产投资有限公司、涂某雅与林某恩、李某山、江西万某房地产开发有限公司、力某集团（香港）有限公司、新某高科技集团股份有限公司、新某高科技皮业（江西）有限公司股东损害公司利益赔偿纠纷案民事裁定书【（2011）民四终字第12号】认为："原审原告林某恩起诉时主张，李某山利用职务之便，擅自将香港新纶公司的商业机会（以优惠价格受让位于江西南昌的700亩商住用地使用权）占为己有，与涂某雅、华某公司共同侵权，给香港新某公司和林某恩造成重大损失，林某恩作为香港新某公司股东，有权依据中国法律请求判令华某公司、涂某雅、李某山承担连带赔偿责任。本案属于侵权损害赔偿纠纷，涉案商住用地位于江西省南昌县，侵权行为地在原审法院管辖区域内。原审法院作为侵权行为地人民法院，具有管辖权。"

❸山东省高级人民法院审理的刘某磊与高某忠、杨某等管辖裁定书【（2014）鲁民辖终字第393号】认为："该案系损害公司利益责任纠纷，被控侵权行为地及原审被告住所地均不在原审法院辖区，原审法院将该案移送被侵权公司杭州诚某公司及原审被告高某忠、杨某住所地的浙江省杭州市中级人民法院管辖并无不当。"

（2）仲裁条款是否约束股东代表诉讼。

支持的判决：

❹广东省高级人民法院审理的佛山市顺德区南华投资有限公司与佛山市天然气高压管网有限公司买卖合同纠纷案二审民事裁定书【（2016）粤民终468号】认为："南华公司在本案诉请判令佛山市天然气高压管网有限公司继续履行《天然气分销售合同》，该诉请事项应属于涉案仲裁条款所约定的'本合同项下引起的争议'，即属于仲裁事项。虽然南华公司不是《天然气分销售合同》的合同当事人，但港华公司就《天然气分销售合同》主张相关权益的权利是源于基础合同，现南华公司根据《公司法》第151条的规定，代表港华公司依据《天然气分销售合同》提起本案诉讼主张合同权益，只是在形式上代位行使港华公司所享有的请求权，其代位起诉所获得的诉讼利益直接归于港华公司。因此，南华公司代位提起本案诉讼，应受被代位人港华公司与佛山市天然气高压管网有限公司签订的《天然气分销售合同》中约定的仲裁条款约束，即本案所主张的事项应提交仲裁解决。"

不支持的判决：

❺北京市高级人民法院审理的北京合某北方房地产开发有限公司与中国融某达资源投资有限公司企业借贷纠纷案二审民事裁定书【（2016）京民终34号】认为："融某达公司以其与刘某、合某公司签订的《合作协议书》中约定仲裁条款为由对法院受理本案提出异议，认为本案不属于法院受理范围。合某公司认可该仲裁条款合法有效，但主张该仲裁条款只能约束合某公司与融某达公司，不能约束海某公司，而本案系合某公司为了海某公司利益而提起的企业借贷纠纷案件，不应适用该仲裁条款。对此问题本院认为，仲裁条款是当事人协商一致将纠纷提交仲裁解决的合意。仲裁条款的效力及于当事人、所选择的仲裁机构或仲裁庭以及法院，并分别产生仲裁条款对当事人的效力，对仲裁庭的效力和对法院的效力。因此，确定仲裁当事人的范围也就成为确定仲裁条款效力范围的关键。仲裁当事人是基于有效仲裁条款有权启动、参与仲裁程序并受仲裁裁决约束的当事方，确定仲裁当事人的实质标准是达成仲裁合意的人。立法对仲裁条款形式要件作严格规定，是出于对当事人意思自治的保护。自治性是仲裁不可动摇的根基，意思自治表明只有对仲裁达成合意的当事人才具有启动、参与仲裁程序的资格，只有参与了合意才能参与程序。进而本案涉及的仲裁条款中亦明确约定仲裁条款对合同甲方、乙方均有约束力。故海某公司既非仲裁条款的签约方，亦非仲裁条款中明确约定受约束的当事人，故涉案的仲裁条款对海某公司没有约束力。"

2. 损害公司利益责任纠纷的准据法

❻江苏省高级人民法院审理的佐某爱华与许某、陆某强高级管理人员损害公司利益赔偿纠纷上诉案民事裁定书【(2010)苏商外终字第 0057 号】认为:"本案纠纷系侵害公司利益损害赔偿之诉,所争议的侵害公司利益行为发生在中华人民共和国境内,依《民法通则》关于侵权行为适用法律的冲突规范,应适用中华人民共和国法律审理本案纠纷。"

❼江苏省高级人民法院审理的姜某因与洪某玲、如皋强某服饰有限公司返还公司证照纠纷案民事裁定书【(2012)苏商外终字第 0030 号】认为:"姜某系美国公民,本案系涉外股东代表诉讼。《涉外民事关系法律适用法》第 14 条第 1 款规定:法人及其分支机构的民事权利能力、民事行为能力、组织机构、股东权利义务等事项,适用登记地法律。强某公司系中华人民共和国法人,其登记地在中华人民共和国境内,故应适用中华人民共和国法律审理本案纠纷。"

❽天津市高级人民法院审理的孙某生与爱某源(天津)包装印刷有限公司侵害股东权纠纷上诉案民事判决书【(2010)津高民四终字第 8 号】认为:"本案为董事、高级管理人员损害股东利益赔偿纠纷。当事人一方为外国法人,属于涉外民事关系,根据《民法通则》第 146 条'侵权行为的损害赔偿,适用侵权行为地法律'的规定,本案适用中华人民共和国大陆地区的法律作为准据法。"

(三)股东代表诉讼的要件

1. 股东代表诉讼的实质要件

(1)不能提起股东直接诉讼

❶最高人民法院审理的(株)圆某园控股与上海福某豆制食品有限公司、上海市张某宝绿色食品发展有限公司股东出资纠纷案审判监督民事裁定书【(2014)民提字第 170 号】认为:"股东代表诉讼制度的设置基础在于股东本没有诉权而公司又怠于行使诉权或者因情况紧急可能损害公司利益时,赋予股东代表公司提起诉讼的权利。当股东能够通过自身起诉的途径获得救济时,则不应提起代表诉讼,否则将有悖股东代表诉讼制度的设置意图。根据《最高人民法院关于适用〈中华人民共和国公司法〉若干问题的规定(三)》第 13 条第 1 款的规定,福某公司、张某宝公司作为股东本身即享有诉权,而通过股东代表诉讼起诉的后果,则剥夺了另一方股

东（株）圃某园控股反诉福某公司、张某宝公司履行出资义务的诉讼权利，因为其无法针对合资公司提起反诉，由此造成股东之间诉讼权利的不平等。因此，福某公司、张某宝公司无权提起本案股东代表诉讼，其起诉应予驳回。"

（2）存在损害事实

❷最高人民法院审理的西安赛某商贸有限公司与陕西浙某商贸有限公司、西安赛某商业运营管理有限公司、林某忠的损害股东利益责任纠纷案二审民事裁定书【（2014）民二终字第116号】认为："本案属于股东代表诉讼，股东主张他人侵犯公司合法权益的，在完成前置程序后，可依据《公司法》第152条①之规定提起的股东代表诉讼。在股东代表诉讼案件中，应列损害公司权益的他人为被告，公司则以第三人身份参加诉讼，故赛某商贸公司、浙某公司和赛某管理公司是本案适格的当事人。此外，林某忠以浙某公司与赛某商业运管公司所签订的《委托经营协议书》严重损害了浙某公司和股东林某忠的合法利益为由提起撤销之诉，是浙某公司及股东林某忠维护自身利益的正当途径，也符合《公司法》对关联交易行为进行严格规制的目的，故林某忠有权对他人签订的委托经营合同提出撤销之诉。综上，一审裁定并无不当，本院予以维持。"

❸甘肃省高级人民法院审理的周某斌、郑某廉损害公司利益责任纠纷案二审民事判决书【（2014）甘民二终字第149号】认为："周某斌以郑某廉将公司财产转入其他公司名下，对宝礼公司的利益构成损害为由，为宝礼公司利益向郑某廉提出股东代表诉讼。"但"周某斌不能证明郑某廉存在故意或重大过失致使公司出现损失的事实，应承担举证不能的责任，其上诉请求本院不予支持。"

（3）公司未提起诉讼

❹河北省高级人民法院审理的谭某兴与黎某等损害公司利益责任纠纷案二审民事裁定书【（2014）冀立民终字第121号】认为："《公司法》第151条②规定，当公司合法权益遭受侵害时，符合条件的股东，可以书面请求监事会、不设监事会的有限责任公司监事或者董事会、执行董事向人民法院提起诉讼。只有在监事会、不设监事会的有限责任公司监事或者董事会、执行董事收到股东书面请求后拒绝提起诉讼的情况下，股东才有权以自己的名义直接向人民法院提起诉讼。结合本案，香河经某家具材料装饰城有限公司已根据谭某兴的要求，提起民事诉讼，并为人民法院审理后作出生效判决。由于法律赋予谭某兴所享有的诉权已经行使，现其再行提

---

① 《公司法》（2023年修订）第189条。
② 《公司法》（2023年修订）第188条。

起本案诉讼于法无据。原裁定不予受理并无不当。"

2. 形式要件——履行前置程序

（1）前置程序的性质及意义

❺最高人民法院审理的正某中国地产有限公司与富某斌公司证照返还纠纷案申诉、申请民事裁定书【（2015）民申字第 2767 号】认为："该前置程序是一项法定的强制性义务，除非存在情况紧急不立即诉讼公司将会受到不可弥补的损害的情形，才可免除前置程序。本案中，正某公司代表正某市政请求原执行董事返还证照，但未履行股东代表诉讼的法定前置程序，其无充分证据证明本案存在免除前置程序的例外情形，原裁定据此驳回其起诉并无不当。正某公司关于本案不适用前置程序的主张缺乏事实和法律依据，本院不予支持。"

❻最高人民法院审理的陈某与何某强、罗某兴等损害公司利益责任纠纷案申请再审民事裁定书【（2015）民提字第 230 号】认为："《公司法》第 151 条[①]在赋予股东为了公司的利益以自己的名义直接向人民法院提起诉讼即股东代表诉讼之权利的同时，规定提起股东代表诉讼须以股东经书面请求监事会或监事、董事会或执行董事提起诉讼而监事、执行董事等拒绝或者怠于提起诉讼为条件，亦即'竭尽公司内部救济'的前置程序。设定该前置程序的主要目的和意义，在于促使公司内部治理结构充分发挥作用，以维护公司的独立人格、尊重公司的自主意志以及防止股东滥用诉权、节约诉讼成本。"

❼福建省高级人民法院审理的全某育乐发展股份有限公司与林某程管辖裁定书【（2014）闽民终字第 580 号】认为："我国《公司法》第 152 条[②]就股东派生诉讼设置了相应的前置程序。该条立法的目的在于纯正原告的起诉动机，引导股东在起诉时慎重考虑，防止滥用派生诉权，需穷尽公司内部救济途径后方可提起。"

❽江苏省高级人民法院审理的王某棉与上海绿某建设工程有限公司与公司有关的纠纷案再审复查与审判监督民事裁定书【（2014）苏审二商申字第 0224 号】认为："根据《公司法》第 150 条、第 152 条[③]的规定，由股东提起派生诉讼的前提有二，一是公司董事、高级管理人员执行公司职务时违反法律、行政法规或公司章程的规定，或者他人侵犯公司合法权益，给公司造成损失；二是拟被诉的公司董事、高级管理人员控制公司，或者拟被诉的民事主体与公司之间存在某种利害关

---

① 《公司法》（2023 年修订）第 189 条。
② 《公司法》（2023 年修订）第 188 条。
③ 《公司法》（2023 年修订）第 187 条、第 189 条。

系，公司甘愿承受此不利益。股东派生诉讼旨在对公司的上述错误进行纠正，从而保护股东尤其是中小股东的利益，该制度不应滥用，以免危害公司治理结构。"

（2）履行了前置程序的认定

❾最高人民法院审理的青岛金某祺科技开发有限公司与航某信息股份有限公司、青岛航某信息有限公司与公司有关的纠纷案申诉、申请民事判决书【（2015）民提字第123号】认为："《公司法》第151条①规定：有限责任公司合法权益受到他人侵犯，给公司造成损失的，股东在公司、董事会、监事会收到其提交的书面请求后拒绝提起诉讼的，有权为了公司的利益以自己的名义直接向人民法院提起诉讼。本案中，青岛金某祺科技公司于2008年2月14日分别向青岛金某公司董事会和两名监事发出《关于依法维护公司权益的函》，提出因航某信息公司将公司主营业务交其控股公司青岛航某信息公司，致使青岛金某公司无法按照公司章程正常经营，系航某信息公司利用关联公司侵害了青岛金某公司的权益，请求依法提起诉讼。在公司董事会和监事拒绝提起诉讼的情况下，青岛金某祺公司向一审法院提起本案诉讼，符合法律规定。原审判决将本案案由认定为股东代表诉讼纠纷正确，本院予以确认。"

❿最高人民法院审理的徐某辉、徐某与李某悦、范某铭等损害公司利益责任纠纷案申诉、申请民事裁定书【（2015）民申字第514号】认为："关于徐某辉、徐某起诉本案被告中的奚某龙及牧某有限公司是否履行了《公司法》第151条②有关履行股东代表诉讼的前置程序问题。被申请人徐某、徐某辉起诉时提供了2013年7月9日向牧某集团监事会发出的《要求监事会起诉的函》，该函内容主要为徐某、徐某辉要求牧某集团监事会就包括本案增资行为在内的一系列损害牧某集团利益的行为对相关董事及第三人提起诉讼，应当认定徐某、徐某辉履行了股东代表诉讼前置程序。"

⓫最高人民法院审理的河北中某特钢物流有限公司与石家庄市正定金某化工有限公司、河北正某实业集团有限公司、河北广某投资股份有限公司损害公司利益赔偿纠纷案申请再审民事裁定书【（2013）民申字第620号】认为："金某公司曾于2010年12月9日向广某公司监事会提出书面申请，指出中某公司不按股东会决议执行，给公司造成重大损失，请求依照法律的规定起诉中某公司，但广远公司始终

---

① 《公司法》（2023年修订）第189条。
② 同上。

未作答复。在这种情况下，金某公司提起本案诉讼，符合《公司法》第 152 条第 3 款①规定的'他人侵犯公司合法权益，给公司造成损失的，本条第一款规定的股东可以依照前两款的规定向人民法院提起诉讼'的情形。本案系金某公司作为股东代表广远公司向广远公司的其他股东中某公司提起的股东代表诉讼，并非单纯的买卖合同纠纷，金某公司作为本案原告正当合法。"

⓬吉林省高级人民法院审理的四平市宏某置业有限公司与王某斌、四平市宏某房地产开发有限公司、秦皇岛市京信房地产开发有限公司损害公司利益责任纠纷案二审民事裁定书【（2016）吉民终 521 号】认为："虽然宏某公司在本案一审中因不符合《公司法》第 151 条第 2 款②规定的'监事收到股东书面请求后拒绝提起诉讼'和'监事自收到股东书面请求之日起 30 日内未提起诉讼'之条件，而以该款规定的'情况紧急、不立即提起诉讼将会使公司利益受到难以弥补的损害'为由直接提起本案告诉，一审法院裁定其不具备该'情况紧急条件'而驳回起诉值得商榷，但因在本案二审中情况发生变化，宏某公司提供新证据足以证明其作为宏某公司股东，经书面请求宏某公司监事张某忠就 4 份《借款协议》争议事实提起诉讼而遭拒绝，已经符合《公司法》第 151 条第 2 款③规定的'监事收到股东书面请求后拒绝提起诉讼'之情形，故宏某公司直接提起本案诉讼的条件已经成就，本案应进行实体审理。"

⓭山东省高级人民法院审理的孙某才与候某滨、孙某兵等损害公司利益责任纠纷案二审民事判决书【（2016）鲁民终 1371 号】认为："候某滨上诉主张孙某才向瞿某、吕某富、孙某兵提起股东代表诉讼的前置程序不合法且无法证明瞿某、吕某富、孙某兵签字回函的真实性。本院认为，孙某才向瞿某、吕某富、孙某兵组成的监事会提出书面请求并无不当。孙某才提出书面请求的时间为原审法院审理〔2011〕济商初字第 57 号案件期间，该案中候某滨对包括变更监事会成员等内容在内的股东会决议提出撤销，足以证明候某滨不认可当时监事会成员的组成，基于该事实，孙某才向山东圣某制药有限公司设立时双方推选的无争议的监事会成员提出书面请求。综上，本院认为，孙某才是本案适格原告，其提起本案股东代表诉讼的前置程序亦符合法律规定。"

⓮江苏省高级人民法院审理的臧某梅与朱某云、陈某华等确认合同无效纠纷案

---

① 《公司法》（2023 年修订）第 189 条第 3 款。
② 《公司法》（2023 年修订）第 189 条第 2 款。
③ 同上。

二审民事判决书【（2016）苏民终 466 号】认为："臧某梅作为川某公司的股东及监事，认为陈某华转让公司资产行为损害公司利益，有权提起诉讼。原审中，臧某梅及陈某华均明确，臧某梅曾要求川某公司提起诉讼，陈某华明确拒绝，而陈某华时任川某公司法定代表人，可以认定臧某梅已经要求川某公司对本案转让川某公司资产损害公司利益的行为提起诉讼但遭到拒绝，履行了上述规定的前置程序。因此，朱某云认为臧某梅提起本案诉讼未依法履行前置程序故应驳回起诉，本院不予支持。臧某梅在原审判决作出后变更为川某公司法定代表人并不影响其在本案一审时的原告主体资格。"

❶❺海南省高级人民法院审理的上海中山晟某投资管理有限公司与海南隆某投资管理有限公司损害公司利益责任纠纷、股权转让纠纷、委托合同纠纷、建设用地使用权纠纷、建设工程合同纠纷案一审民事判决书【（2016）琼民初 2 号】认为："本案中，中某公司提起本案诉讼前已经书面请求晟某公司董事会起诉被告向晟某公司偿还 1.7097 亿元占用款。根据中某公司的举证，晟某公司董事长黄某源已经收到该书面请求，应当视为晟某公司董事会已经收到该书面请求。在晟某公司的董事会自收到请求之日起 30 日内未提起诉讼的情况下，本案已经满足提起股东代表诉讼的前置条件，中某公司有权对隆某公司提起股东代表诉讼。"

❶❻黑龙江省高级人民法院审理的绥芬河鑫某科技发展有限责任公司与维某冶金工业公司侵权责任纠纷案民事判决书【（2015）黑涉外商终字第 2 号】认为："本案中，德国维某公司作为绥芬河维某公司的股东，认为合资公司的权益受到了另一股东鑫某公司的侵害，于 2013 年 4 月 7 日向公司监事洪某勋致函，要求合资公司提起诉讼，洪某勋收函后未于 30 日内要求合资公司提起诉讼，故德国维某公司以自身名义代表合资公司利益提起本案诉讼，已履行了《公司法》第 152 条①规定的前置程序，为本案适格主体，有权提起本案诉讼。鑫某公司关于德国维某公司无权提起本案诉讼的上诉主张缺乏事实及法律依据，本院不予支持。"

（3）未履行前置程序的认定

❶❼江苏省高级人民法院审理的顾某华、香港盛某企业有限公司、镇江八某伴商贸有限公司损害公司利益责任纠纷案二审民事裁定书【（2016）苏民终 217 号】认为："《公司法》第 151 条第 3 款②规定，他人侵犯公司合法权益，给公司造成损失的，本条第 1 款规定的股东可以依照前两款的规定向人民法院提起诉讼。即顾某华

---

① 《公司法》（2023 年修订）第 189 条。
② 《公司法》（2023 年修订）第 189 条第 2 款。

如果认为香港盛某企业有限公司、镇江八某伴商贸有限公司侵犯了镇江百某股份有限公司的利益，造成了损失而提起诉讼，顾某华须提供证据证明其同时符合法律规定的两个条件：一是顾某华是镇江百某股份有限公司的股东，且连续 180 日以上单独或者合计持有该公司 1% 以上股份；二是顾某华向镇江百某股份有限公司提出起诉要求被拒绝，或者自收到请求之日起 30 日内未提起诉讼，或者情况紧急、不立即提起诉讼将会使公司利益受到难以弥补的损害。本案中，从顾某华提供的现有证据看，不能证明其符合上述两个条件，故顾某华所提起的本案诉讼不符合《民事诉讼法》《公司法》规定的起诉条件，原审法院裁定对其起诉不予受理并无不当，应本院予以维持。"

❸山西省高级人民法院审理的张某红与山西汾西瑞某能源集团有限责任公司、左权县丈某煤业有限责任公司损害公司利益责任纠纷案一审民事裁定书【（2015）晋商初字第 12 号】认为："依据《公司法》第 151 条①之规定，有限责任公司股东认为他人侵犯公司合法权益给公司造成损失，可以先行书面请求监事会、监事向人民法院提起诉讼，监事会或者监事拒绝提起诉讼或者怠于提起诉讼的，股东方有权为了公司的利益以自己的名义直接向人民法院起诉。现山西省工商局备案的公司名称是左权县丈某煤业有限责任公司，其股东是张某红及左权县国某公司，公司名称未变更、股东未变更，说明山西汾西瑞某能源集团有限责任公司整合重组左权县丈某煤业有限责任公司并未完成。张某红作为股东如果认为瑞泰公司侵犯丈某煤业公司合法权益并给丈某煤业公司造成损失，则其应同其他股东一起打破公司僵局，制定公司章程，然后依据公司章程先行书面请求公司监事会或监事提起诉讼，张某红在未履行该前置程序的情形下无权以自己名义直接提起诉讼。故股东张某红主体不适格，应驳回起诉。"

❸河北省高级人民法院审理的张某瑞、张某军与新乐市国有资产经营有限公司、新乐市人民政府等损害公司利益责任纠纷案二审民事裁定书【（2015）冀立民终字第 21 号】认为："本案为损害公司利益责任纠纷案件。本案张某瑞、张某军作为新乐国某啤酒有限公司的股东，认为公司利益受到侵害，但未履行上述规定的前置程序，且亦未能证明属于'情况紧急'的情形，其直接向人民法院提起民事诉讼，于法无据。原审法院裁定驳回张某瑞、张某军的起诉并无不妥。"

❷福建省高级人民法院审理的李某强、张某琳与林某其损害公司利益责任纠纷案二审民事裁定书【（2014）闽民终字第 263 号】认为："如果叶彦君与林某其有

① 《公司法》（2023 年修订）第 189 条第 2 款。

共同利益，在李某强、张某琳向其提起对林某其诉讼的书面请求后，其拒绝提起诉讼或在 30 日内怠于履行起诉义务，则李某强、张某琳可依法提起诉讼。对于本案是否属于情况紧急，不立即提起诉讼将会给公司造成难以弥补的损失的问题。本院认为，目前证据不足以证明本案符合《公司法》第 151 条第 2 款①规定的'情况紧急、不立即提起诉讼将会使公司利益受到难以弥补的损害的'情形。因此，李某强、张某琳在未向公司监事提出要求起诉的书面请求之前，以自己名义提起本案诉讼没有法律依据。"

❷❶江苏省高级人民法院审理的中国第某重型机械股份公司与泰某制钢股份有限公司、江苏凤某船舶装备制造有限公司等确认合同无效纠纷案一审民事裁定书【（2014）苏商初字第 0015 号】认为："一某公司作为一某苏州公司股东，为了公司利益，仅能提起股东代表诉讼，但其提起该诉讼应符合《公司法》第 151 条②的规定，即作为公司股东的一某公司在提起股东代表诉讼之前必须履行法定的前置程序，只有当公司明确或公司的行为表示其拒绝或怠于行使诉讼权利及超过法律规定的期限后公司未提起诉讼，或者情况紧急，不立即提起诉讼将会使公司利益受到难以弥补的损害的，股东才能为了公司的利益以自己的名义直接向人民法院提起诉讼。因一某公司未提供其已履行了提起股东代表诉讼所应履行的前置程序或有紧急情形的相关证据，故一某公司直接提起本案诉讼，不符合《公司法》规定的股东代表诉讼的条件。"

❷❷广西壮族自治区高级人民法院审理的林某与覃某松、田东县桂某酒精有限责任公司损害公司利益责任纠纷案二审民事判决书【（2014）桂民二终字第 20 号】认为："股东损害公司利益纠纷，可以公司的名义诉讼，也可以由公司股东提起股东代表诉讼，但股东提起股东代表诉讼有前置条件，即当公司董事会或执行董事、监事会或监事收到股东请求后拒绝或怠于提起诉讼时，或者情况紧急时，才能以股东名义提起诉讼。本案中，林某未按公司法关于股东代表诉讼的规定向公司提出请求，也未提交证据证实存在情况紧急的事实，而是直接以自己的名义诉讼，不符合法律规定。"

（4）前置程序的免除

❷❸最高人民法院审理的陈某与何某强、罗某兴等损害公司利益责任纠纷案申请再审民事裁定书【（2015）民提字第 230 号】认为："根据该条款的文字内容和生

---

① 《公司法》（2023 年修订）第 189 条第 2 款。
② 《公司法》（2023 年修订）第 189 条。

活常理，应当认为《公司法》规定的该项'前置程序'所针对的是公司治理形态的一般情况，即在股东向公司的有关机构或人员提出书面申请之时，后者是否会依股东的请求而提起诉讼尚处于不定状态，抑或存在监事会、监事或者董事会、执行董事依股东申请而提起诉讼的可能性；换言之，法律不应要求当事人徒为毫无意义之行为，对于股东申请无益即客观事实足以表明不存在前述可能性的情况，不应理解为《公司法》第 151 条①所规制的情况。本案中，原审已经查明嘉某诗公司仅有陈某和何某强、罗某兴 3 名股东，公司不设董事会和监事会，何某强、罗某兴分别担任该公司的执行董事和监事，而陈某代表公司提起诉讼所指向的被告恰是何某强、罗某兴等人，且在陈某提出起诉前，双方已就诉争的事实产生争议。由此表明，即使陈某就相关事实请求分别作为公司执行董事和监事的何某强、罗某兴提起诉讼，何某强、罗某兴必然拒绝。故本案中不存在公司的执行董事或监事接受股东申请对股东所主张的被告提起诉讼的可能性，亦可谓公司内部的救济途径已经穷尽，据此应当认为陈某提起本案诉讼并不违反《公司法》第 151 条②的规定。因而，无论广州奥某匹克大厦将被拍卖的情况是否属于《公司法》第 151 条③规定的'情况紧急、不立即提起诉讼将会使公司利益受到难以弥补的损害'的情形，如果陈某的起诉符合《民事诉讼法》规定的起诉条件，则人民法院应当予以受理并进行审理。"

❷❹最高人民法院审理的李某与周某峰、刘某芝损害公司利益责任纠纷案二审民事裁定书【(2015) 民四终字第 54 号】认为："通常情况下，只有经过了前置程序，公司有关机关决定不起诉或者怠于提起诉讼，股东才有权提起代位诉讼。但中某公司的 3 名董事，分别是原审原告李某与原审两被告周某峰、刘某芝，周某峰还兼任中某公司监事，客观上，中某公司监事以及除李某之外的其他董事会成员皆为被告，与案涉纠纷皆有利害关系。从《公司法》第 151 条④之规定来看，起诉董事需向监事会或监事而非董事会提出书面请求，起诉监事则需向董事会或执行董事而非监事会或监事本人提出书面请求，此规定意在通过公司内部机关的相互制衡，实现利害关系人的回避，避免利益冲突。在本案的特殊情况下，已无途径达成该目的。中某公司被告董事会成员和监事在同一案件中，无法既代表公司又代表被告。为及时维护公司利益，在本案的特殊情况下，应予免除李某履行前置程序的义务。"

---

① 《公司法》(2023 年修订) 第 189 条。
② 同上。
③ 同上。
④ 同上。

㉕新疆维吾尔自治区高级人民法院审理的北京华某金鑫投资顾问有限公司与且末县塔什萨依云某农业开发有限公司、郜某宇二审民事判决书【（2016）新民终425号】认为："虽然远某矿业公司章程规定及云某公司二审所提交《巴州远某矿业有限责任公司董事、监事、经理情况表》显示该公司设有监事一职，但依据远某矿业公司庭审中陈述其对公司监事的基本情况并不知晓的内容，可以看出，该监事并未实际履行相关职责，故华某投资公司作为远某矿业公司的股东之一实际上无法通过公司监事提起本案诉讼。与此同时，由于远某矿业公司仅包含华某投资公司及郜某宇两名股东，在作为股东之一及法定代表人的郜某宇不配合的情况下，华某投资公司通过召开股东会变更法定代表人或者再次确定监事人选以便主张权利客观上存在障碍，也不利于及时、有效地维护公司合法权益。因此，综合上述情况，本院认为，在现有情况下，华某投资公司作为远某矿业公司持股49%的股东，在公司利益受损而公司又怠于行使诉权时，其作为原告提出本案诉讼，符合我国法律规定的股东代表诉讼中的原告主体资格。"

3. 例外情形——"情况紧急"

（1）认定为"情况紧急"

㉖江苏省高级人民法院审理的张某娟与董某康、戴某平损害公司利益责任纠纷案二审民事判决书【（2015）苏商终字第00511号】认为："本案中，张某娟提起诉讼符合上述条件。一则，2014年11月张某娟提起本案诉讼时，王永已经无法履行监事之职。二则，董某康是公司法定代表人并持有公司印章，其不可能启动以蔷某公司名义向其本人提起的诉讼，在此情况下，张某娟既无法提出要求公司监事提起诉讼的书面请求，公司本身也不可能提起损害赔偿诉讼。三则，戴某平已持生效的101号仲裁裁决申请法院强制执行，法院已受理并对蔷某公司的资产进行委托评估，也即蔷某公司的资产即将被处置，如果张某娟坐视不管无疑将导致公司资产被拍卖而无法回转致使公司利益受损的情况出现，此符合'情况紧急、不立即提起诉讼将会使公司利益受到难以弥补的损害'的条件。"

（2）不认定为"情况紧急"

㉗最高人民法院审理的利某有限公司与辛某、陕西华某塑胶制品有限公司股东代表诉讼纠纷案申请再审民事裁定书【（2013）民申字第2361号】认为："本案应当依据《公司法》第152条①之规定确定申请人提起的股东代表诉讼是否符合法定

---

① 《公司法》（2023年修订）第188条。

的条件。根据申请人提交的再审申请材料，申请人于 2005 年 1 月 15 日出具了'紧急提议'函，且在函中明确要求华某公司董事会对侵占华某公司巨额资金的相关人员采取包括法律手段在内的一切措施，但并无证据证明该紧急提议函送达到了华某公司。申请人提起的系追讨承包费用的诉讼，追偿数额并非特别巨大，并无证据证明属于'情况紧急、不立即提起诉讼将会使公司利益受到难以弥补的损害'的情形。故二审裁定认定申请人并未提交能够证明符合股东代表公司提起诉讼的法定情形的相关证据，符合法律规定。"

㉘广东省高级人民法院审理的陈某与何某强、罗某兴、罗某秋、何某珍、广州天某企业文化咨询有限公司损害公司利益责任纠纷案二审民事裁定书【（2015）粤高法立民终字第 285 号】认为："从陈某起诉及上诉时提交的证据材料看，没有证据显示其曾就本案所主张的请求事项书面请求过嘉某诗公司的监事或执行董事向人民法院提起诉讼。根据上述查明的事实，广州某大厦的权属人为天某公司，根据《物权法》第 16 条、第 17 条、第 19 条第 1 款的规定，在陈某未能提交有效证据证明该大厦的不动产登记簿记载的权属人确有错误并经登记机构予以更正为嘉某诗公司或有效的法律文书确认该大厦实为嘉某诗公司所有的情况下，天某公司、嘉某诗公司、陈某作为相互独立的法人和自然人，广州××大厦作为天某公司的财产被拍卖，与陈某、嘉某诗公司在法律上不具有利害关系，故广州××大厦被拍卖不构成陈某提起本案诉讼的'情况紧急'的情形。"

（四）公司清算与股东代表诉讼

1. 前置程序

（1）履行前置程序的对象——清算组

❶最高人民法院审理的江苏星某房地产综合开发有限公司与扬州同某房地产开发有限公司、南通东某房地产开发有限公司、南通开发区东某建筑安装工程有限公司、扬州天某投资发展有限公司合资、合作开发房地产合同纠纷案申请再审民事裁定书【（2016）最高法民申字 663 号】认为："《公司法》第 151 条①规定并未对公司状态作出限定。故星某公司申请再审称，该条规定是指公司在正常运营情况下的股东代表诉讼制度，于法无据。公司清算期间，甚至公司已经清算完毕注销，符合

---

① 《公司法》（2023 年修订）第 189 条。

条件的股东仍可依法提起股东代表诉讼。且根据《公司法》第 151 条第 3 款①之规定，他人侵犯公司合法权益，给公司造成损失的，符合条件的股东均得提起股东代表诉讼，其中，'他人'并不以清算组成员为限。唯应注意的是，股东代表诉讼的提起应以竭尽内部救济为前提。公司清算期间，董事会和监事会的职能基本丧失，由清算组代表公司行使内外职权，应由清算组作为内部救济机关。"

❷最高人民法院审理的香港帕某沃工业有限公司与北京昆某房地产开发集团有限公司与公司有关的纠纷案二审民事裁定书【（2013）民四终字第 46 号】认为："股东代表诉讼的诉权源于公司的权利，股东提起代表诉讼是代表公司主张公司的实体权益，帕某沃公司于 2007 年 9 月 26 日致函特别清算委员会请求清算委员会以合作公司的名义向人民法院提起民事诉讼，要求昆某集团向合作公司赔偿损失。特别清算委员会于 2007 年 10 月 15 日回复帕某沃公司称：因该清算委员会就帕某沃公司的请求无法形成一致意见，因此不能按其要求提起民事诉讼，并建议帕某沃公司按照《公司法》的规定自行处理相关事宜。因此，本案已经满足提起股东代表诉讼的前置条件。本案中，在清算委员会明示不对昆某集团提起诉讼后，帕某沃公司有权对昆某集团提起股东代表诉讼。"

❸湖北省高级人民法院审理的唐某云、傅某军等与贺某雪、张某国再审复查与审判监督民事裁定书【（2015）鄂民申字第 00539 号】认为："本次再审审查期间，经询问唐某云等人的委托代理人，武汉市东湖高新技术开发区人民法院已经依法委托清算人，英某公司已经进入强制清算程序。根据《公司法》第 151 条②的相关规定，在公司已进入清算程序的情况下，请求清算组对违法执行职务的董事或高管人员提起诉讼；在清算组无故拒绝股东请求时，以自己的名义直接向人民法院提起股东代表诉讼。所以，唐某云等人如果认为诉争借款合同纠纷一案存在以虚假诉讼损害公司利益的情形，其可以依据上述规定主张其权利，唐某云等人的该项申请再审的理由不能成立。"

❹江苏省高级人民法院审理的扬州同某房地产开发有限公司与江苏星某房地产综合开发有限公司合资、合作开发房地产合同纠纷案二审民事裁定书【（2014）苏商终字第 0352 号】认为："依照《公司法》第 184 条③的规定，在公司进入清算程序后，由清算组管理公司事务、清理公司财产、代表公司对外参加诉讼。清算组取

---

① 《公司法》（2023 年修订）第 189 条第 3 款。
② 《公司法》（2023 年修订）第 189 条。
③ 《公司法》（2023 年修订）第 234 条。

代董事会和经理人员的职能，居于清算活动的核心地位。依据《中华人民共和国公司法》第 151 条①的规定，同基公司就天某公司与星某公司合作开发东某庄园项目的事宜提交天某公司清算组讨论，并要求天某公司提起诉讼，应认定系同基公司作为天某公司的股东竭尽内部救济途径，履行前置程序的行为。而天某公司清算组自成立至今已逾 5 年，清算组成员经多次商议，仍无法就是否对星某公司提起诉讼达成一致意见或形成多数意见，不利于清算工作的有效开展和顺利运行。同基公司作为天某公司的股东，在公司清算阶段主张星某公司未依约履行合作开发协议而导致天某公司权益遭受损害，又因天某公司怠于主张权利，同基公司向星某公司提起股东代表诉讼，符合法律规定。"

(2) 未成立清算组的处理

❺最高人民法院审理的大连金某房屋开发公司金石滩分公司、青岛愚某房地产开发有限公司、大连国某娱乐有限公司与中国金某滩发展有限公司的其他损害公司权益纠纷案申请再审民事裁定书【(2014) 民申字第 678 号】认为："本案的特殊之处在于大连宝某公司于 2002 年 5 月 16 日被吊销了企业法人营业执照，根据《中华人民共和国公司法》第 181 条第 4 项②的规定，公司因被吊销营业执照而处于解散状态，此时公司董事会和监事会无法再正常行使职权。《中华人民共和国公司法》对于公司解散后，股东是否可以提起代表诉讼以及是否应当履行前置程序，没有作出具体规定，故应当理解为公司解散后股东仍有权提起代表诉讼并应履行前置程序。最高人民法院《关于适用〈中华人民共和国公司法〉若干问题的规定 (二)》第 10 条规定：'公司依法清算结束并办理注销登记前，有关公司的民事诉讼，应当以公司的名义进行。公司成立清算组的，由清算组负责人代表公司参加诉讼；尚未成立清算组的，由原法定代表人代表公司参加诉讼。'据此，在公司解散但未成立清算组的情形下，股东如认为他人侵犯公司合法权益造成公司损失的，应当直接向原法定代表人提出请求，在原法定代表人怠于起诉时，方有权提起股东代表诉讼。"

(3) 履行了前置程序的认定

❻最高人民法院审理的江苏星某房地产综合开发有限公司与扬州同某房地产开发有限公司、南通东某房地产开发有限公司、南通开发区东某建筑安装工程有限公司、扬州天某投资发展有限公司合资、合作开发房地产合同纠纷案申请再审民事裁定书【(2016) 最高法民申字 663 号】认为："本案中，同某公司就天某公司与星

---

① 《公司法》(2023 年修订) 第 189 条。
② 《公司法》(2023 年修订) 第 229 条第 1 款第 4 项。

某公司合作开发东某庄园项目的事宜提交天某公司清算组讨论并要求天某公司提起诉讼未果，天某公司清算组自成立至今已逾5年，清算组成员经多次商议，仍无法就是否对星某公司提起诉讼达成一致意见或形成多数意见，已竭尽公司内部救济。二审法院确认同某公司有权向星某公司提起股东代表诉讼，适用法律并无不当。"

（4）未履行前置程序的认定

❼最高人民法院审理的鲍某波、重庆市沙坪坝区人民政府、重庆晨某实业发展（集团）有限责任公司占有保护纠纷案民事裁定书【（2012）民四终字第21号】认为："台某公司出现了被吊销营业执照或经营期限届满等法定事实，依法确应成立清算组进行清算。且根据《公司法》第152条①的规定，股东提起代表诉讼应满足一定的程序要件，股东应书面请求监事会（或监事）、董事会（或执行董事）向人民法院提起诉讼，上述机关（或人员）在收到股东书面请求后拒绝提起诉讼，或者自收到请求之日起30日内未提起诉讼的，股东方可提起代表诉讼。就本案而言，鲍某波如欲提起股东代表诉讼，亦需以书面请求董事会向人民法院提起诉讼为前提。目前没有证据证明其已履行了该项法定程序，一审裁定以鲍某波提起的诉讼不符合股东代表诉讼条件为由驳回其起诉并无不当。台某公司于1999年4月就已作为晨某公司的资产被沙区政府托管，至今已历时13年有余，鲍某波均未提供证据证明本案存在'情况紧急、不立即提起诉讼将会使公司利益受到难以弥补的损害'的情形。鲍某波以《公司法》第152条第2款②规定的股东提起代表诉讼的例外情形为由，认为无须履行前述法定程序即可直接向人民法院提起股东代表诉讼的上诉理由，缺乏事实依据，本院不予支持。"

❽重庆市高级人民法院审理的宁某国际有限公司与中某银行股份有限公司重庆九龙坡支行中外合资经营企业合同纠纷案二审民事裁定书【（2015）渝高法民终字第00345号】认为："重庆中某房地产公司出现了经营期限届满和被吊销营业执照的法定事实，依法确应成立清算组进行清算。根据《中华人民共和国公司法》第151条③之规定，股东提起股东代表诉讼应当满足一定的条件，即书面请求监事会（或监事）、董事会（或执行董事）向人民法院提起诉讼，或者自收到请求之日起30日内未提起诉讼的，股东方可提起股东代表诉讼，维护公司的合法权益。本案中，宁某国际公司未提供证据证明其已履行了该法定程序。同时，因重庆中某房地

---

① 《公司法》（2023年修订）第188条。
② 《公司法》（2023年修订）第188条第2款。
③ 《公司法》（2023年修订）第189条。

产公司于 2007 年 10 月 8 日经营期限届满，且已被吊销营业执照，公司已停止经营多年，宁某国际公司亦未提供证据证明本案存在'情况紧急、不立即提起诉讼将会使公司利益受到难以弥补的损害'的情形，故宁某国际公司不符合提起股东代表诉讼的条件。"

2. 不必履行前置程序

❾甘肃省高级人民法院审理的周某斌、郑某廉损害公司利益责任纠纷案二审民事判决书【（2014）甘民二终字第 149 号】认为："周某斌以郑某廉将公司财产转入其他公司名下，对宝某公司的利益构成损害为由，为宝某公司利益向郑某廉提出股东代表诉讼。《公司法》第 151 条①规定的目的是促使股东在维护公司利益方面尽量与公司决策机构形成一致的利益认同，避免经营分歧，并非为股东代表诉讼设置必经的前置程序。由于宝某公司目前处于清算阶段，公司的一切事务由清算小组及清算组长郑某廉负责。因此，周某斌受客观因素限制无法通过前置程序提出请求，可以直接提起股东代表诉讼。"

（五）其他情形与股东代表诉讼

1. 母子公司与股东代表诉讼

（1）母公司股东可代表子公司提起股东代表诉讼

2023 年修订后的《公司法》第 189 条第 4 款规定："公司全资子公司的董事、监事、高级管理人员有前条规定情形，或者他人侵犯公司全资子公司合法权益造成损失的，有限责任公司的股东、股份有限公司连续一百八十日以上单独或者合计持有公司百分之一以上股份的股东，可以依照前三款规定书面请求全资子公司的监事会、董事会向人民法院提起诉讼或者以自己的名义直接向人民法院提起诉讼。"增加了双重股东代表诉讼制度，母公司股东有权对其全资子公司提起股东代表诉讼。此前司法实践中对此意见并不一致。

①支持意见

❶陕西省高级人民法院审理的海某酒店控股集团有限公司与赵某海、陕西海某海盛投资有限公司、陕西皇某海某酒店有限公司损害公司利益责任纠纷案二审民事

---

① 《公司法》（2023 年修订）第 189 条。

判决书【（2016）陕民终 228 号】认为："在本案中，海某投资公司系皇某酒店公司的唯一股东，海某投资公司是母公司，皇某酒店公司是子公司，海某投资公司与皇某酒店公司之间形成了绝对的资本控制关系。在海某投资公司内部，海某控股公司持有其 60% 股权，赵某海系持有其 40% 股权的股东。赵某海于 2014 年 1 月 24 日致函海某投资公司监事会并主席（召集人）王某华，请求海某投资公司监事会诉请侵害公司利益的股东即海某控股公司承担损失赔偿责任，但海某投资公司监事会在收到该请求后 30 日内并未作为皇某酒店公司股东向海某控股公司提起该诉讼，此时否定赵某海作为海某投资公司股东提起本案诉讼的原告主体资格，则无法保护皇某酒店公司的利益，进而导致海某投资公司利益受损，亦与《中华人民共和国公司法》第 151 条①的立法本意相悖。故赵某海作为原告提起本案损害公司利益责任纠纷诉讼主体适格。"

❷陕西省高级人民法院审理的王某凡、党某、海某控股集团有限公司与赵某海、陕西海某海盛投资有限公司、陕西皇某海某酒店有限公司损害公司利益责任纠纷案二审民事判决书【（2016）陕民终 255 号】认为："股东因公司的全资子公司利益受到损害，依据《公司法》第 151 条②提起诉讼，请求被告向全资子公司承担民事责任的，符合法律规定。"

②不支持意见

❸江苏省高级人民法院审理的乔某与王某斌、南京广某（集团）万杰置业有限公司管辖裁定书【（2016）苏民终 568 号】认为："《中华人民共和国公司法》第 151 条③仅规定股东可为维护自己直接出资的公司利益提起股东代表诉讼，而本案中，乔某仅系兆某公司的股东，并非广厦万杰公司的股东。如兆某公司的合法权益可能受到他人侵害，在兆某公司拒绝提起诉讼的情况下，从维护兆某公司利益角度出发，乔某有权依法以兆某公司股东身份提起股东代表诉讼。但不能当然据此认定在广厦万杰公司权益可能受损，而其股东兆某公司拒绝行使诉讼权利的情形下，乔某亦有权以兆某公司股东身份为维护广厦万杰公司利益而提起股东代表诉讼。因乔某不具备广厦万杰公司股东身份，其提起本案诉讼，应认定其诉讼主体不适格。如广厦万杰公司的合法利益可能受到损害，应当由具备诉讼资格的合法权利人依照法律规定另行处理。"

---

① 《公司法》（2023 年修订）第 189 条。
② 同上。
③ 同上。

（2）母公司的母公司可作为股东代表诉讼的被告

❹陕西省高级人民法院审理的海某酒店控股集团有限公司与赵某海、陕西海某海盛投资有限公司、陕西皇某海某酒店有限公司损害公司利益责任纠纷案二审民事判决书【（2016）陕民终 228 号】认为："关于赔偿义务主体，根据本案一、二审查明的事实，海某控股公司作为皇某酒店公司母公司海某投资公司的控股股东，其对海某投资公司的运营、管理及人事具有实质的支配和控制能力，继而对于皇某酒店公司具有实际支配与控制权。作为对母、子公司经营活动均具有重要影响和控制能力的控股股东，海某控股公司应当忠实于公司并最大限度地以公司的利益作为行使权利的标准，若其怠于行使权利造成公司利益受损，其应承担相应的民事责任。在赵某海多次提出应将皇某酒店 9~11 层客房装修投入经营情况下，海某控股公司未作出有效回应，亦未采取有效措施防止损失产生，其应对皇某酒店公司因此造成的损失承担赔偿责任。"

2. 公司僵局与股东代表诉讼

❺新疆维吾尔自治区高级人民法院审理的新疆五家渠鑫某农业科技开发有限公司与和静县希某投资（集团）有限公司、和静巴音布鲁克大草原牧某有限公司损害公司利益纠纷案二审民事判决书【（2015）新民二终字第 29 号】认为："希某公司作为牧某公司的股东，在鑫某公司对借款一直不予返还的情形下，委托律师两次向牧某公司、牧某公司法定代表人同时也是鑫某公司法定代表人、董事长的赵某寄发了催告函，直至诉讼前，牧某公司、赵某均未予答复，也未要求鑫某公司返还借款，因此希某公司以自己名义提起诉讼符合《中华人民共和国公司法》第 151 条①的规定。鑫某公司与牧某公司之间签订的借款合同于 2010 年 2 月 12 日借款期限届满，但鑫某公司至今未返还该笔借款并支付利息。鑫某公司作为牧某公司的控股股东，以借款合同名义占用牧某公司资金 800 万元长期不还，给牧某公司造成了相应的损失。根据《中华人民共和国公司法》第 151 条②的规定，希某公司要求鑫某公司返还借款以及赔偿相应损失有事实及法律依据，原审法院判决支持希某公司的诉讼请求并无不当。"

❻湖北省高级人民法院审理的黄某学证照返还纠纷案民事裁定书【（2014）鄂民申字第 00481 号】认为："在兴某公司股东矛盾突出，经营陷入僵局的情况之下，

---

① 《公司法》（2023 年修订）第 189 条。
② 同上。

杨某生、刘某保等人以自己的名义提起诉讼,符合《中华人民共和国公司法》第151条及第152条①的规定。现黄某学以非正常手段控制公司印章及证照,客观上已经损害了公司的整体利益和其他股东的合法权益。故在兴某公司因客观原因不能行使对其印章及证照的权利之时,该公司或其股东即能主张救济权利,而无论部分股权是否存在变更的可能。有鉴于此,一审追加权利主体兴某公司以第三人身份参加诉讼并无不当,判决黄某学返还公司印章、证照体现了公正与诚信。黄某学关于本案应待吏某月、孙某彪、洪某国提起的股权纠纷诉讼审结再行审理的申请缺乏法理、法律依据,不能成立。"

3. 集体所有制企业与股东代表诉讼

❼内蒙古自治区高级人民法院审理的郝某平、李某厚生等20人与托克托县双河镇人民政府、托克托县中某化工厂、托克托县中滩乡经委某瓦厂股东资格确认纠纷一案再审民事裁定书【(2016)内民申1145号】认为:"根据《中华人民共和国公司法》第151条②关于股东代位权诉讼之规定,适格主体只能是'有限责任公司的股东或股份有限公司连续一百八十日以上单独或者合计持有公司百分之一以上股份的股东',中滩乡某瓦厂工商注册登记企业性质为集体所有制企业,并非有限责任公司,且1994年7月1日《中华人民共和国公司法》已正式颁布实施,中滩乡某瓦厂并未对其企业性质依法予以变更,故其不适用《中华人民共和国公司法》之相关规定。综上,郝某平等人作为原告提起确认中滩乡某瓦厂为某通化工厂的股东之诉,未能提供充分的事实依据及法律依据证实其具有本案诉讼主体资格。原审裁定书认定无误。"

4. 外国公司与股东代表诉讼

❽天津市高级人民法院审理的张某与S××-Holding S. A. 等与公司有关的纠纷上诉案民事判决书【(2012)津高民四终字第1号】认为:"SiS××公司为在瑞士注册的企业法人,在国内无其他办事机构或代表处,张某作为SiS××公司的股东,在其认为涉案当事人侵害了Sino公司合法权益的情况下,有权依据《公司法》第152条③规定提起本案诉讼。"

---

① 《公司法》(2023年修订)第189条及188条。
② 《公司法》(2023年修订)第189条。
③ 《公司法》(2023年修订)第188条。

（六）损害公司利益责任纠纷的其他法律问题

1. 调解协议需经股东会同意

❶最高人民法院审理的浙江和某电力开发有限公司、金华市大某物资有限公司与通某置业投资有限公司、广某控股创业投资有限公司、上海富某企业发展有限公司、第三人通和投资控股有限公司损害公司权益纠纷上诉案民事调解书【（2008）民二终字第 123 号】认为："以上调解协议是各方当事人在自愿基础上的真实意思表示，不违反法律、行政法规的禁止性规定。调解协议的内容不仅经过了提起代表诉讼的股东即和某公司、大某公司以及作为诉讼第三人的公司即通某控股的同意，而且也经过了通某控股中的其他所有股东的书面同意，所以调解协议没有损害通某控股及其股东的利益。本院对以上调解协议予以确认。"

2. 股东代表诉讼与侵权之诉的竞合

❷吉林省高级人民法院审理的李某、通化矿某（集团）有限责任公司、通化矿某（集团）道某选煤有限公司与公司有关的纠纷案二审判决书【（2016）吉民终 86 号】认为："李某发现关联交易侵权事实时，已不具有道某选煤公司股东的身份，故不能依据《公司法》第 151 条①之规定提起股东代表诉讼。但其主张权利的请求权基础为《侵权责任法》第 2 条、第 3 条、第 6 条、第 15 条、第 19 条以及《民法通则》第 106 条之规定，股权作为新型的民事权利属于上述两部法律保护的范围。依据上述两部法律主张权利的主体，为民事权益受到侵害的当事人，而与其主张权利时是否仍具有股东身份无关。《公司法》第 20 条②从特别法的角度确定了滥用股东权利侵害其他股东利益行为的违法性，并要求该种违法行为发生时的侵权人与被侵权人均需具有股东身份，但并未要求在追究侵权行为责任时侵权人或被侵权人均仍需具有股东身份。故侵权人或被侵权人即使转让了股权，不再具有股东身份，只要主张权利所依据的具体法律规范对主体身份没有特别要求，均可成为适格的被告或原告。"

---

① 《公司法》（2023 年修订）第 189 条。
② 《公司法》（2023 年修订）第 21 条。

3. 股东可代表公司提出执行异议

❸广东省高级人民法院审理的珠海市保利三某有限公司、珠海市进某商行等与珠海市中某置业有限公司、珠海市三某房地产开发有限公司房屋买卖合同纠纷案执行裁定书【（2014）粤高法执复字第 167 号】认为："《中华人民共和国公司法》第 151 条①规定了股东代位诉讼制度，即当公司利益受损而公司监事会、不设监事会的有限责任公司的监事，或者董事会、执行董事拒绝提起诉讼时，有限责任公司的股东可以自己的名义直接向法院提起诉讼。在执行过程中，当有限责任公司股东觉得执行行为有损公司利益，而有限责任公司拒绝提出执行异议时，股东应可以参照股东代位诉讼制度，向执行法院提出执行异议。因此，保利三某公司是本案的利害关系人，其对执行行为不服，有权依据《中华人民共和国民事诉讼法》第 255 条向执行法院提出执行异议。保利三某公司提出其对本案执行标的享有利害关系，有权提出执行异议的复议理由成立，本院予以支持。珠海市中级人民法院认定保利三某公司无权以其名义直接向珠海市中级人民法院提出执行异议不当，本院予以纠正。"

4. 不设监事会的中外合资公司与股东代表诉讼

❹福建省高级人民法院审理的全某育乐发展股份有限公司与林某程管辖裁定书【（2014）闽民终字第 580 号】认为："上诉人上诉主张本案得添公司并未设置监事会或监事职位，对董事林某程的违法侵权行为客观上无法向监事会或监事请求提起诉讼，故可以直接起诉。本院认为，首先，基于本案的中外合资企业不设监事会或监事的情形下，股东主张针对董事的侵权行为有权直接提起股东派生诉讼，缺乏法律依据；其次，本案上诉人仅是向林某程主张返还得某公司的公章、财务章等法律文件，并未向得某公司及其董事会、其他董事寻求救济、请求提起诉讼，换言之，上诉人并未穷尽公司内部救济途径。因此，对于上诉人主张其无须请求得某公司董事会即可直接提起股东派生诉讼，本院不予支持。"

5. 监事会（监事）与公司直接诉讼

❺江苏省高级人民法院审理的江苏众某纺织发展有限公司、刘某东与黄某钦、何某博损害公司利益责任纠纷案再审民事裁定书【（2014）苏商再提字第 0035 号】认为："关于刘某东的诉讼主体资格问题，一、二审认定正确，在众某公司针对股

---

① 《公司法》（2023 年修订）第 189 条。

东损害公司权益已作为原告提起诉讼的情况下，监事刘某东作为原告起诉的前提条件已不存在，亦无必要，因此刘某东作为本案一审原告主体不适格。"

❻江苏省高级人民法院审理的海安万某实业有限公司、郭某山、谢茂华、江苏双楼万某投资有限公司、江苏双某建设集团有限公司损害公司利益责任纠纷案二审民事判决书【（2013）苏商终字第0235号】认为："监事（会）为了公司的利益，依照《中华人民共和国公司法》第152条①对董事、高级管理人员提起诉讼，应当以公司的名义进行。理由：（1）《中华人民共和国公司法》第152条②明确股东在符合法律规定的情形下，有权以自己的名义为公司的利益向董事、监事、高级管理人员提起诉讼。而对于监事（会）提起上述诉讼，并未规定是以其自己的名义进行。（2）根据《中华人民共和国公司法》第54条③的规定，公司监事（会）通过行使职权，实现对董事、高级管理人员执行公司职务行为的监督，维护公司利益。监事（会）作为公司的监督机关，与作为公司权力机关的股东（大）会，作为公司执行机关和代表机关的董事会（执行董事）共同构成公司治理的基本机构，监事（会）行使监督职权实际是维护公司利益的公司行为，故应当以公司作为原告。（3）董事、高级管理人员执行公司职务时得以违反法律、行政法规或者公司章程的规定的条件，往往是利用其对公司的控制权，换言之，该情形往往是在公司内部权力分配和制衡的机制失效的情形下发生。这时，如果监事（会）以自己的名义提起诉讼，则可能会出现董事、高级管理人员所控制的公司作出有违事实的陈述，即公司主张其利益并未受到损失，而使得诉讼难以继续，《公司法》这一关于监事监督职权的特殊方式的规定实际落空。本案中，由于郭某山实际控制万某实业公司的公章，故在前案中，万某实业公司作为第三人即在2012年11月14日庭审中陈述双某集团公司已经偿还3000万元，而对于万某实业公司2012年11月5日在收到上述款项的当日又将款项汇出的行为，则未向法庭如实陈述。故监事（会）对董事、高级管理人员提起诉讼，是在公司内部自我监督及管理机制陷入停滞、出现失效时，将对公司内部合约的违反和控制权滥用现象提交法院裁判，以公司名义提起诉讼才能使得司法介入有效进行、避免控制权滥用现象在诉讼中延续，也符合《公司法》关于监事（会）职权及其为维护公司利益提起诉讼的相关规定的立法目的。（4）本案中，在万某实业公司公章实际为法定代表人、执行董事郭某山控制的情形下，作为本案被告，郭某山显然不可能为张某君以万某实业公司的名义提起诉讼提供便利。一审

---

① 《公司法》（2023年修订）第188条。
② 同上。
③ 《公司法》（2023年修订）第78条。

期间，张某君提供了证据证明其是万某实业公司的监事，故原审法院认可其公司代表地位，具有事实和法律依据。"

❼广西壮族自治区高级人民法院审理的融水苗族自治县宏某建材有限责任公司与方某明损害公司利益责任纠纷案民事再审判决书【（2014）桂民提字第 34 号】认为："本案中，方某明作为宏某公司的法定代表人，收取宏某公司的货款 130 万元未交回宏某公司，杨代先作为宏某公司的监事，有权据此以宏某公司名义提起本案诉讼。原再审判决认为应当由宏某公司成立的清算小组作为本案款项承受主体较为恰当并据此驳回宏某公司的诉讼请求不当，依法应予纠正。"

6. 法定代表人侵害公司利益时只能通过《公司法》第 189 条救济

❽贵州省高级人民法院审理的王某平与江苏鱼某医疗设备股份有限公司等公司侵害商业技术秘密纠纷案二审民事裁定书【（2011）黔民三终字第 5 号】认为："本案在起诉之前有一前置程序，即首先应由符合条件的股东书面请求公司监事会起诉，公司监事会明确拒绝起诉或在收到请求后 30 日未起诉的，或在情况紧急、不立即起诉将会使公司利益受到难以弥补的损害的情形下，股东有权以自己的名义直接向法院起诉。所以，本案只有以公司监事会的名义起诉，或者以股东的名义起诉才符合原告主体资格。否则，在王某平仍是维某公司法定代表人的情况下以维某公司的名义起诉王某平，就形成了王某平既是原告法定代表人，又是被告的自己诉自己的局面，显属不当，因此，本案原告主体资格不适格，其起诉不符合法律规定的起诉条件，依法应予驳回。原审法院就此受理并作出判决不当，应予纠正。"

三、损害公司利益责任纠纷问题综述及建议

公司直接诉讼和股东代表诉讼是 2005 年《公司法》修订新增的重要制度。其目的是解决在公司怠于行使权利导致公司利益受损时，如何维护公司利益的问题。其中，公司直接诉讼是在维护公司自治的前提下寻求该问题的解决方案，由符合一定条件的股东，向公司监事会、监事或者董事会、董事提议，要求以公司的名义对外提起的诉讼，其本质仍旧为公司自身的行为，故称之为公司直接诉讼。

而股东代表诉讼是在公司的监事会、监事或者董事会、董事经股东请求后，仍旧怠于代表公司行使权利，导致公司利益受损时，符合一定条件的股东为间接维护自身利益，以自己的名义为公司利益对外提起的诉讼。该项制度的运作，已经超出了公司自治的范围，属于股东在公司机制之外寻求救济路径的制度设计。因此，股

东代表诉讼是公司自身运作失灵时的一个制度补充，属于维护公司利益的例外方案，因此《公司法》第 189 条设置了一系列的前提条件和程序。

（一）损害公司利益责任纠纷诉讼主体与管辖

公司直接诉讼，一般由监事会、监事或者董事会、董事代表公司提出。故有判决认为，应以公司为原告。

股东代表诉讼，多数法院均以股东为原告。股东在诉讼中丧失股东权利的，不得继续诉讼，法院可判决驳回起诉。股东丧失股东资格虽不能依股东代表诉讼继续主张权利，但有判决认为，前股东此时可基于原有的股东身份，提起侵权之诉。需注意的是，股东未出资，并不影响其股东资格，故有判决认为，其仍可提起股东代表诉讼。关于隐名股东，有判决认为其亦可提起股东代表诉讼。对于控股股东，有判决对其提起股东代表诉讼提出了特殊要求，即要求控股股东无须控制董事会、监事会而直接以公司的名义提起诉讼。

多数判决认为，公司直接诉讼和股东代表诉讼的被告并不以董监高为限，一切侵害公司利益的主体都可以成为被告，如法定代表人、控股股东、母公司的母公司、母公司的股东等。

股东代表诉讼必须以维护公司利益为直接目的，因此多数法院认为，诉讼的利益归属于公司。股东代表诉讼是为公司主张权利的替代性方案，因此只有当公司没有起诉时，股东才有可能取得诉讼主体资格。

多数法院包括最高院，均认为股东代表诉讼属于侵权之诉，应依侵权行为地确定管辖法院。有判决认为，既然股东代表诉讼之诉代表公司主张权利，那么股东代表诉讼应受公司与被告间仲裁协议的约束，但亦有法院持相反意见。

（二）损害公司利益责任纠纷前置程序

在股东代表诉讼中，有大量的案例争议点集中在股东是否履行了《公司法》第 189 条的前置程序，即穷尽了公司内部的救济路径。按照最高院观点："该前置程序是一项法定的强制性义务，只有存在情况紧急不立即诉讼公司将会受到不可弥补的损害的情形，才可免除前置程序。设定该前置程序的主要目的和意义，在于促使公司内部治理结构充分发挥作用，以维护公司的独立人格、尊重公司的自主意志以及防止股东滥用诉权、节约诉讼成本。"

因此，多数判决认为，如果股东未履行前置程序，不具有原告资格。履行前置程序可通过向公司监事会、监事或者董事会、董事发函的方式提出，同时应保存相关证据。但在有些情况下，亦可免除股东履行前置程序的义务。如最高院认为，当公司的监事、董事同时侵害公司利益时，即可免除履行前置程序义务。还有判决认为，发生在2005年《公司法》之前的股东代表诉讼，可免除履行前置程序的义务。

当然，根据《公司法》第189条第2款的规定，在"情况紧急"时，法院亦可免除履行股东前置程序的义务。但多数判决对于"情况紧急"的认定都极为谨慎，以最大限度地维护公司自治。如有判决认为，公司法定代表人私刻公章的，可认定为"情况紧急"。但对于公司财产面临强制执行时，是否应当认定为"情况紧急"，则存在不同的判例。

对于清算中的公司，多数法院包括最高院均认为，应以公司清算组为履行前置程序的对象，未成立清算组的，应以法定代表人为履行前置程序的对象，但如果清算组负责人为被告，可免除履行前置程序的义务。但亦有法院认为，仍应以董事会、董事或者监事会、监事为对象。

对于公司陷入僵局，导致董事会及监事会均无法履行职责的，有法院认为可免除其履行前置程序的义务，因为此时履行前置程序已无意义。

（三）损害公司利益责任纠纷其他法律问题

最高院认为，股东在股东代表诉讼中达成的调解协议需经公司股东会决议或者全体股东同意。

有判决认为，股东不仅可基于股东代表诉讼对外提出诉讼，也可基于该制度，为公司利益对外提出执行异议。有判决认为，中外合资公司虽然不设监事会，但并不能因此免除股东提起股东代表诉讼应履行前置程序的义务，只是此时股东应向董事会履行前置程序。还有判决认为，外国公司的股东亦可在中国境内提起股东代表诉讼。

对于集体所有制企业是否能够适用股东代表诉讼，有判决持否定意见，认为集体所有制企业并无"股东"。

对于监事提起的公司直接诉讼，有判决认为应以公司的名义提出，当公司介入诉讼时，监事当然丧失诉讼中的权利。对于法定代表人侵害公司利益的情形，有判决认为只能够通过《公司法》第189条的路径解决。

第十六章 损害公司债权人利益责任纠纷

一、损害公司债权人利益责任纠纷的法律法规

我国法律规定股东损害公司债权人利益的情形包括：公司股东滥用公司法人独立地位和股东有限责任损害公司债权人的利益、公司股东虚增注册资本、虚假出资或者抽逃出资等行为损害公司债权人的利益、公司股东在公司解散或清算过程中损害公司债权人的利益。

1. 《公司法》

《公司法》（2018年修正，已被修订）第20条规定："公司股东应当遵守法律、行政法规和公司章程，依法行使股东权利，不得滥用股东权利损害公司或者其他股东的利益；不得滥用公司法人独立地位和股东有限责任损害公司债权人的利益。

公司股东滥用股东权利给公司或者其他股东造成损失的，应当依法承担赔偿责任。

公司股东滥用公司法人独立地位和股东有限责任，逃避债务，严重损害公司债权人利益的，应当对公司债务承担连带责任。"

《公司法》（2023年修订）第21条规定："公司股东应当遵守法律、行政法规和公司章程，依法行使股东权利，不得滥用股东权利损害公司或者其他股东的利益。

公司股东滥用股东权利给公司或者其他股东造成损失的，应当承担赔偿责任。"

第23条规定："公司股东滥用公司法人独立地位和股东有限责任，逃避债务，严重损害公司债权人利益的，应当对公司债务承担连带责任。

股东利用其控制的两个以上公司实施前款规定行为的，各公司应当对任一公司的债务承担连带责任。

只有一个股东的公司，股东不能证明公司财产独立于股东自己的财产的，应当对公司债务承担连带责任。"

2. 《公司法司法解释三》

第 12 条规定："公司成立后，公司、股东或者公司债权人以相关股东的行为符合下列情形之一且损害公司权益为由，请求认定该股东抽逃出资的，人民法院应予支持：

（一）制作虚假财务会计报表虚增利润进行分配；

（二）通过虚构债权债务关系将其出资转出；

（三）利用关联交易将出资转出；

（四）其他未经法定程序将出资抽回的行为。"

第 13 条第 2 款规定："公司债权人请求未履行或者未全面履行出资义务的股东在未出资本息范围内对公司债务不能清偿的部分承担补充赔偿责任的，人民法院应予支持；未履行或者未全面履行出资义务的股东已经承担上述责任，其他债权人提出相同请求的，人民法院不予支持。"

第 14 条第 2 款规定："公司债权人请求抽逃出资的股东在抽逃出资本息范围内对公司债务不能清偿的部分承担补充赔偿责任、协助抽逃出资的其他股东、董事、高级管理人员或者实际控制人对此承担连带责任的，人民法院应予支持；抽逃出资的股东已经承担上述责任，其他债权人提出相同请求的，人民法院不予支持。"

第 18 条规定："有限责任公司的股东未履行或者未全面履行出资义务即转让股权，受让人对此知道或者应当知道，公司请求该股东履行出资义务、受让人对此承担连带责任的，人民法院应予支持；公司债权人依照本规定第十三条第二款向该股东提起诉讼，同时请求前述受让人对此承担连带责任的，人民法院应予支持。

受让人根据前款规定承担责任后，向该未履行或者未全面履行出资义务的股东追偿的，人民法院应予支持。但是，当事人另有约定的除外。"

第 20 条规定："当事人之间对是否已履行出资义务发生争议，原告提供对股东履行出资义务产生合理怀疑证据的，被告股东应当就其已履行出资义务承担举证责任。"

第 28 条规定："冒用他人名义出资并将该他人作为股东在公司登记机关登记的，冒名登记行为人应当承担相应责任；公司、其他股东或者公司债权人以未履行出资义务为由，请求被冒名登记为股东的承担补足出资责任或者对公司债务不能清偿部分的赔偿责任的，人民法院不予支持。"

二、损害公司债权人利益责任纠纷相关案例

（一）损害公司债权人利益的情形

1. 滥用法人人格损害债权人利益

《公司法》（2018 年修正，已被修订）第 20 条规定："公司股东应当遵守法律、行政法规和公司章程，依法行使股东权利，不得滥用股东权利损害公司或者其他股东的利益；不得滥用公司法人独立地位和股东有限责任损害公司债权人的利益。

公司股东滥用股东权利给公司或者其他股东造成损失的，应当依法承担赔偿责任。

公司股东滥用公司法人独立地位和股东有限责任，逃避债务，严重损害公司债权人利益的，应当对公司债务承担连带责任。"

《公司法》（2023 年修订）第 21 条规定："公司股东应当遵守法律、行政法规和公司章程，依法行使股东权利，不得滥用股东权利损害公司或者其他股东的利益。

公司股东滥用股东权利给公司或者其他股东造成损失的，应当承担赔偿责任。"

第 23 条规定："公司股东滥用公司法人独立地位和股东有限责任，逃避债务，严重损害公司债权人利益的，应当对公司债务承担连带责任。

股东利用其控制的两个以上公司实施前款规定行为的，各公司应当对任一公司的债务承担连带责任。

只有一个股东的公司，股东不能证明公司财产独立于股东自己的财产的，应当对公司债务承担连带责任。"

这是关于公司人格否认制度的规定，人格独立与股东有限责任作为公司制度得以确立的基石，表现为公司具有独立财产、独立承担民事责任以及股东仅以出资额为限对公司债务承担责任两个方面，但股东与公司债务的分离常导致股东利用其优势地位从事滥用法人人格损害债权人利益的行为，为实现公平正义的法律价值，公司债权人可直接请求股东偿还公司债务，股东不再受有限责任的保护。

❶新疆维吾尔自治区高级人民法院审理的张某强与辽宁和某装饰工程有限公司、乌鲁木齐辰某旅行社有限公司股东损害公司债权人利益责任纠纷案二审民事判决书【（2017）新民终 538 号】认为："张某强对辰某旅行社公司所负债务在本案

中是否应当承担连带给付责任的认定问题。和某装饰公司是以辰某旅行社公司的股东张某强滥用公司股东权利，导致其公司装修工程款的债权无法实现为由提起的本案诉讼。已查明事实证实张某强滥用了公司股东的地位，对公司财产进行了不正当支配，将公司购买的房产登记在自己名下的行为，该行为发生在和某装饰公司的债权形成之后，该行为客观上已导致辰某旅行社公司对外债务的无法履行，严重损害了作为公司债权人的和某装饰公司的合法利益，属于逃避公司债务的行为。根据《公司法》第 20 条①规定：'公司股东应当遵守法律、行政法规和公司章程，依法行使股东权利，不得滥用股东权利损害公司或者其他股东的利益；不得滥用公司法人独立地位和股东有限责任损害公司债权人的利益。公司股东滥用股东权利给公司或者其他股东造成损失的，应当依法承担赔偿责任。公司股东滥用公司法人独立地位和股东有限责任，逃避债务，严重损害公司债权人利益的，应当对公司债务承担连带责任。'据此规定，要求张某强对辰某旅行社公司所负债务承担连带清偿责任的诉讼请求合法正当。"

❷陕西省高级人民法院审理的咸阳金某理财资讯有限公司、赵晓华、杨某华与解某鹏股东损害公司债权人利益责任纠纷案申请再审民事裁定书【（2016）陕民申 733 号】认为："赵某华、杨某华通过制作虚假工作表的方式证明金某公司的注册资金系用于发放员工工资的合法用途，且对公司的基本账户进行了销户，造成金某公司无法清偿债务，赵某华、杨某华的行为符合《公司法》第 20 条②规定的公司股东滥用公司法人独立地位和股东有限责任，逃避债务，严重损害公司债权人利益的情形，一、二审法院判决赵某华、杨某华向解某鹏连带偿还金某公司的债务 223000 元结果适当。"

2. 虚增注册资金、虚假出资或者抽逃出资

《公司法司法解释三》第 13 条第 2 款规定："公司债权人请求未履行或者未全面履行出资义务的股东在未出资本息范围内对公司债务不能清偿的部分承担补充赔偿责任的，人民法院应予支持；未履行或者未全面履行出资义务的股东已经承担上述责任，其他债权人提出相同请求的，人民法院不予支持。"第 14 条第 2 款规定："公司债权人请求抽逃出资的股东在抽逃出资本息范围内对公司债务不能清偿的部分承担补充赔偿责任、协助抽逃出资的其他股东、董事、高级管理人员或者实际控

---

① 《公司法》（2023 年修订）第 21 条、第 23 条。
② 同上。

制人对此承担连带责任的，人民法院应予支持；抽逃出资的股东已经承担上述责任，其他债权人提出相同请求的，人民法院不予支持。"

关于公司股东对公司债务承担补偿赔偿责任的规定，其要旨也是切实保护公司债权人的利益，令股东在未出资或抽逃出资本息范围内对公司债务承担补充赔偿责任。股东对公司债务承担的此种民事责任为补充连带责任，这有别于《公司法》第21条第2款公司人格否认制度所规定的连带责任，第23条第1款规定的连带责任的实质是否认了特定情形下股东的有限责任。

❸北京市高级人民法院审理的武某斌股东损害公司债权人利益责任纠纷案申诉、申请民事裁定书【（2017）京民申950号】认为："公司股东应当遵守法律、行政法规和公司章程，依法行使股东权利，不得滥用股东权利损害公司或者其他股东的利益；不得滥用公司法人独立地位和股东有限责任损害公司债权人的利益。公司股东不得抽逃出资，抽逃出资的股东应在抽逃出资本息范围内对公司债务不能清偿的部分对公司债权人承担补充赔偿责任，协助抽逃出资的其他股东、董事、高级管理人员或者实际控制人应当对此承担连带责任。本案中，原审法院根据查明的事实认定瑞某科贸公司在担任环某塑胶公司股东期间抽逃注册资本950万元，武某斌应当对瑞某科贸公司抽逃注册资本的行为承担连带责任，并无不当。"

❹江苏省高级人民法院审理的阿某士公司与杨某耕之妻、杨某耕长女等股东损害公司债权人利益责任纠纷二审民事判决书【（2016）苏民终617号】认为："工商登记是公司外部人获取公司信息的法定形式，具有公示作用。而据工商登记，杨某耕并未完成其股东出资义务，第三人有权信赖该内容作为其主张权利的依据。即便郑某勋认可杨某耕已足额出资，杨某耕也不能据此对抗阿某士公司的上述主张。因此，根据《最高人民法院关于适用〈中华人民共和国公司法〉若干问题的规定（三）》第13条第2款的规定，其理应在其未出资本息范围内对迪某克斯公司的债务承担补充赔偿责任。依据《最高人民法院关于适用〈中华人民共和国公司法〉若干问题的规定（三）》第13条第2款、第3款的规定，股东在公司设立时未履行或者未全面履行出资义务，公司、其他股东或者公司债权人请求公司的发起人与被告股东承担连带责任的，人民法院应予支持。同时，《侵权责任法》第13条规定，法律规定承担连带责任的，被侵权人有权请求部分或者全部连带责任人承担责任。本案中，迪某克斯公司的其他两个股东弘赟公司、迪某克斯株式会社均未足额出资，杨某耕作为迪某克斯公司的发起人依法也应在其他股东未出资本息范围内对公司债务承担连带责任。"

❺湖北省高级人民法院审理的王某芳与周某成、陈某高股东损害公司债权人利

益责任纠纷案再审复查与审判监督民事裁定书【(2016) 鄂民申 149 号】认为："二审法院根据《最高人民法院关于适用〈中华人民共和国公司法〉若干问题的规定 (三)》第 13 条第 2 款'公司债权人请求未履行或者未全面履行出资义务的股东在未出资本息范围内对公司债务不能清偿的部分承担补充赔偿责任的，人民法院应予支持；未履行或者未全面履行出资义务的股东已经承担上述责任，其他债权人提出相同请求的，人民法院不予支持'的规定，判令王某芳应在巨某公司的资产不足以清偿周某成的债务的情况下承担补充赔偿责任并无不当。"

❻山东省高级人民法院审理的德州市重点建设投某公司、德州陵某农村某业银行股份有限公司股东损害公司债权人利益责任纠纷案二审民事判决书【(2016) 鲁民终 1392 号】认为："该焦点问题涉及孟某泉、孟某军是否构成虚假出资或者抽逃出资以及承担责任的范围两个方面的问题。第一，关于孟某泉、孟某军是否构成虚假出资或者抽逃出资。涉案证据显示，孟某泉、孟某军为设立德某源公司，于 2004 年 5 月 10 日在陵某农商行为德某源公司开立了银行账户，并于当日分别向陵某农商行借款 1500 万元、500 万元作为注册资金，存入为德某源公司开设的银行账户，履行了出资义务。出资当日，德某源公司即完成验资询证工作。验资次日，孟某泉、孟某军向陵某农商行归还了借款本金 2000 万元及利息。由此可见，投资公司有理由怀疑孟某泉、孟某军将出资款项转入德某源公司账户验资后又转出，孟某泉、孟某军经本院合法传唤，无正当理由未到庭参加诉讼，视为对自己诉讼权利的放弃，依法应当承担举证不能的不利后果。因此，本案中应当认定孟某泉、孟某军构成抽逃出资。第二，关于孟某泉、孟某军承担责任的范围。投资公司向一审法院起诉时主张，孟某泉、孟某军应当在出资范围内对富某公司 (原德某源公司) 的涉案债务承担连带清偿责任。"

❼湖南省高级人民法院审理的中国某业银行股份有限公司湘西分行股东损害公司债权人利益责任纠纷案二审民事裁定书【(2015) 湘高法立民终字第 96 号】认为："本案案由为股东损害公司债权人利益责任纠纷，湘西某行对湖南屹某房地产有限责任公司享有债权。湘西某行以该公司股东虚增注册资金为由起诉股东承担连带偿还责任，符合《公司法》的相关规定，原审法院不予受理不当，本院予以纠正。"

❽山东省高级人民法院审理的中国长某资产管理公司济南办事处与张某宁、王某华等股东损害公司债权人利益责任纠纷案二审民事判决书【(2014) 鲁商终字第 193 号】认为："股东足额缴纳公司章程中规定的出资额系法定义务，股东未按公司章程的规定缴纳其所认缴的出资额，将直接影响公司的偿债能力，进而损害公司

的利益以及公司债权人的利益。（2002）青民四初字第 153 号民事判决已经确认：中某科技集团、张某宁、吴某莲、王某华作为借款人青岛华某公司的股东在增资的过程中系虚假出资，作为承担连带保证责任的中某科技集团，其股东中新某济发展总公司和北京南某宾馆在出资过程中亦为虚假出资的事实。该判决生效后，吴某莲已经履行了（2002）青民四初字第 153 号民事判决所确定的出资义务，张某宁也履行了部分出资义务。在本案中，长某资产济南办事处主张借款人青岛华某公司的股东张某宁、王某华及作为连带保证人中某科技集团的股东在未足额出资本息范围内对公司债务不能清偿的部分承担补充赔偿责任，符合《最高人民法院关于适用〈中华人民共和国公司法〉若干问题的规定（三)》第 13 条第 2 款的规定，应予以支持。"

3. 低价转让股权

股权低价转让行为是否属于滥用公司人格、损害债权人利益的行为，应从公司人格与股东人格是否混同、股权转让行为是否造成公司责任财产的不当减少从而降低公司对外偿债能力等方面进行分析判断。

❾最高人民法院审理的亿某信煤焦化能源有限公司、四平现某钢铁有限公司买卖合同纠纷二审民事判决书【（2017）最高法民终 87 号】认为："首先，公司法人人格独立是建立在财产独立的基础之上，是否贯彻财产、利益、业务、组织机构等方面的分离，是判断是否构成人格混同的标准。本案中，亿某信公司在一审中提交各方当事人对真实性均无异议的现某钢铁公司的工商登记资料载明，现某钢铁公司增资后实收资本为 80743 万元，其中红某集团以货币和实物出资方式实缴出资 80594 万元。工商登记资料具有推定效力，在无相反证据推翻的情况下，依据该证据能够认定红某集团履行了出资义务。股东出资后其出资即与股东相分离成为公司财产，故现某钢铁公司具有独立于控股股东红某集团的独立财产。再结合两公司的企业法人营业执照、现某钢铁公司章程等证据来看，两公司的住所地、法定代表人及组织机构等并不相同，亦无证据证明二者存在业务和利益分配上的混同，故不能认定现某钢铁公司与其控股股东红某集团之间存在人格混同的情形。其次，股权与公司财产相分离，股东转让股权是股东对自有权利的处分，影响的是股东自身权益，对公司财产并不产生直接影响。股权转让价格的高低在一定程度上反映公司的经营状况，对此红某集团在本案二审庭审中也陈述低价转让股权的原因是现某钢铁公司存在巨额负债，经营状况严重恶化。从之后不久现某钢铁公司即被债权人申请破产的事实来看，红某集团所陈述的低价转让股权的原因具有一定的可信度。本案

并无证据证明红某集团、李某飞通过低价转让股权的方式处分了现某钢铁公司的财产，导致该公司偿债能力降低，损害了亿某信公司的利益。因此，红某集团、李某飞低价转让股权的行为不属于《公司法》第 20 条第 3 款①规定的情形，亿某信公司依据该规定上诉主张红某集团、李某飞应对现某钢铁公司的欠债承担连带责任，理据不足，本院不予支持。"

（二）损害公司债权人利益责任纠纷的责任承担问题

1. 应承担连带或补充责任的主体范围

（1）公司瑕疵股权历次转让过程中的登记股东的责任承担

根据《公司法司法解释三》第 19 条第 1 款规定，"有限责任公司的股东未履行或者未全面履行出资义务即转让股权，受让人对此知道或者应当知道，公司请求该股东履行出资义务、受让人对此承担连带责任的，人民法院应予支持"。因此，公司瑕疵股权历次转让过程中的登记股东均应在其受让股权的范围内对公司债权人承担连带责任。

❶四川省高级人民法院审理的魏某一与成都小某业融资担保有限责任公司等股东损害公司债权人利益责任纠纷案二审民事判决书【（2015）川民终字第 402 号】认为："《公司法司法解释三》第 13 条第 2 款关于'公司债权人请求未履行或者未全面履行出资义务的股东在未出资本息范围内对公司债务不能清偿的部分承担补充赔偿责任的，人民法院应予支持'的规定，在股东存在出资不实行为的情形下，债权人即可要求其在出资不实的范围内对债务人公司不能履行的部分承担补充赔偿责任，出资不实股东的该项责任并不因股权已经转让而予以免除。"

❷广西壮族自治区高级人民法院审理的黄某高与贵港市旭某投资发展有限公司、粟某军、黄某、滕某平、李某萍、刘某福、陈某星、彭某勇股东损害公司债权人利益责任纠纷案民事判决书【（2014）桂民提字第 19 号】认为："震某公司股权历经多次转让，李某萍、黄某高、彭某勇在不同时期先后成为震某公司股权的受让人，并经工商登记为震某公司股东。《公司法司法解释三》第 19 条第 1 款规定'有限责任公司的股东未履行或者未全面履行出资义务即转让股权，受让人对此知道或者应当知道，公司请求该股东履行出资义务、受让人对此承担连带责任的，人民法院应予支持'。至于黄某高在受让股权时，是否知道或应当知道受让的股权存在出

---

① 《公司法》（2023 年修订）第 23 条。

资瑕疵的问题。黄某高受让震某公司股权并经工商登记为该股东后，根据商事外观主义原则，该登记内容具有公示公信力，对震某公司外部的债权人形成了权利上的外观，使得旭源公司有理由相信工商登记中的股东即为真实的股东，这种信赖应受法律保护。而震某公司的股权如何转让，转让股权时受让人是否知道或应当知道受让的股权存在出资瑕疵，属于受让股东对股权来源应承担的注意义务的范围，属转让人和受让人之间的关系，仅涉及转让人和受让人之间的股权转让协议是否可变更、可撤销的问题，但不能对抗公司的外部债权人。因此，震某公司瑕疵股权历次转让的登记股东均应在其受让股权的范围内对公司债权人承担连带责任。原二审判决令黄某高在李某萍的责任范围内对震某公司尚欠旭源公司的本案债务承担 550 万元的连带赔偿责任正确，本院予以维持。"

(2) 未变更登记的公司原股东的责任承担

《公司法》（2018 年修正，已被修订）第 32 条第 3 款规定："公司应当将股东的姓名或者名称向公司登记机关登记；登记事项发生变更的，应当办理变更登记。未经登记或者变更登记的，不得对抗第三人。"《公司法》（2023 年修订）第 34 条规定："公司登记事项发生变更的，应当依法办理变更登记。公司登记事项未经登记或者未经变更登记，不得对抗善意相对人。"在债权人有理由相信该原股东依然享有股东的权利外观时，未变更登记的公司原股东，依然要承担赔偿责任。

❸广东省高级人民法院审理的深圳市投某控股有限公司、中国华某资产管理股份有限公司深圳市分公司股东损害公司债权人利益责任纠纷再审审查与审判监督民事裁定书【（2017）粤民申 7962 号】认为："本案为股东损害公司债权人利益责任纠纷。华某深圳分公司依据生效的法律文书享有（1997）深中法经一初字第 194 号民事判决中对外某公司的债权，为合法债权人。投某公司系外某公司工商登记的股东，2004 年经深圳市政府批准在投某公司与另两家公司基础上合并组建投某公司，投控公司继受投某公司的权利义务。投某公司获得主管部门的批准将外某公司 72.72% 的股权转让给深圳市欣某投资发展有限公司（以下简称欣某公司），双方于 1998 年 2 月 26 日签订《国有股权转让合同书》，但没有证据显示已经完成股权过户手续。根据《中华人民共和国公司法》第 32 条第 3 款①规定：'公司应当将股东的姓名或者名称向公司登记机关登记；登记事项发生变更的，应当办理变更登记。未经登记或者变更登记的，不得对抗第三人。'在 2004 年外某公司被吊销营业执照前，外某公司工商登记资料中的控股股东仍为投某公司，并未进行变更登记，华某

---

① 《公司法》（2023 年修订）第 34 条。

深圳分公司有理由相信投某公司仍在行使外某公司的股东权利。一、二审法院据此认定投某公司仍是外某公司的控股股东以及清算义务人，并无不当。投某公司作为外某公司的控股股东，在外某公司吊销营业执照后未对外某公司进行清算，导致公司主要财产、账册、重要文件等灭失，无法进行清算，应对公司债务承担连带责任。因投控公司继受投某公司的权利义务，一、二审法院认定投控公司对外某公司的债务承担连带清偿责任，亦无不当。"

❹内蒙古自治区高级人民法院审理的乔某与远某电缆有限公司股东损害公司债权人利益责任纠纷案再审民事裁定书【（2014）内民申字第233号】认为："根据《中华人民共和国公司法》第32条第3款①'公司应当将股东的姓名或者名称向公司登记机关登记；登记事项发生变更的，应当办理变更登记。未经登记或者变更登记的，不得对抗第三人'的规定，乔某与阿某腾巴根的内部股权转让行为，不得对抗远某公司要求其对捷某公司到期债权承担连带清偿责任的请求权。故，原审判决乔某、阿某腾巴根对捷某公司到期债权承担连带清偿责任并无不当。"

（3）增资过程中未履行出资义务的股东对公司债务的责任承担

关于增资过程中未履行出资义务的股东是否也要对公司债务承担补充赔偿责任，存在不同的观点。

一种观点认为：公司设立后增资与公司设立时出资的不同之处在于，股东履行交付资产的时间不同。正是因为这种时间上的差异，导致交易人（公司债权人）对于公司责任能力的预期是不同的。根据最高人民法院执行工作办公室《关于股东因公司设立后的增资瑕疵应否对公司债权人承担责任问题的复函》规定，"公司增加注册资金……与公司设立时的初始出资是没有区别的。公司股东若有增资瑕疵，应承担与公司设立时的出资瑕疵相同的责任。"因此，股东的增资责任应与公司债权人基于公司的注册资金对其责任能力产生的判断相对应。即当股东的增资行为影响到公司债权人的交易判断，增资过程中未履行出资义务的股东也要对公司债务承担补充赔偿责任。

❺湖南省高级人民法院审理的中国某业银行股份有限公司湘西分行与刘某林股东损害公司债权人利益责任纠纷案二审民事判决书【（2016）湘民终833号】认为："在本案中，增加注册资本1000万元是湘西某行向屹某公司发放贷款的前提条件，刘某林作为公司股东，采取一笔款项循环出资方式进行增资，并提供了会计师事务所的验资报告，导致湘西某行认为其已经完成增资，达到放贷条件，其行为已

---

① 《公司法》（2023年修订）第34条。

侵害了债权人权益。现湘西某行对于屹某公司的债权，因为屹某公司无履行能力而未能履行完毕，湘西某行在发现屹某公司股东刘某林存在出资不实的情形下，按照《公司法》要求其承担责任，符合法律规定，本院应予支持。刘某林主张其在增资过程中存在瑕疵，应向公司补缴，而非向债权人承担责任，是混淆了《公司法司法解释三》第 13 条第 1 款公司或其他股东要求股东履行出资义务和第 2 款债权人要求未履行出资义务股东对公司不能清偿债务承担补充赔偿责任两种救济途径。"

另一种观点认为：根据《公司法司法解释三》第 13 条，对于股东未履行或未全面履行出资义务，各权利主体可以请求履行义务的主体、条件等作了明确规定，并且各款之间具有相对独立性。该条第 3 款对于股东在公司设立时未履行或未全面履行出资义务的情形予以规定，在这种情形下，公司的发起人与被告股东应当承担连带责任。该条第 4 款对于股东在公司增资时未履行或者未全面履行出资义务的情形予以规定，在这种情形下，可以请求出资未缴足的董事、高级管理人员或者实际控制人承担连带责任。从该条第 3 款、第 4 款的文义看，第 3 款限于公司设立时的情形，对这一款的解释不能扩张适用于公司增资时；第 4 款是关于增资瑕疵的规定，限于对董事、高级管理人员或实际控制人提出诉讼请求。因此，对这一款的解释不能扩张适用于股东。即增资过程中未履行出资义务的股东（同时兼任董事、高级管理人员或实际控制人的除外），也要对公司债务承担补充赔偿责任。

最高人民法院执行工作办公室《关于股东因公司设立后的增资瑕疵应否对公司债权人承担责任问题的复函》认为："本案中，南通开发区富某物资公司（以下简称富某公司）与深圳龙某电影城实业有限公司（以下简称龙某电影城）的交易发生在龙某电影城变更注册资金之前，富某公司对于龙某电影城责任能力的判断应以其当时的注册资金 500 万元为依据，而龙某电影城能否偿还富某公司的债务与此后龙某电影城股东深圳长城（惠某）实业企业集团（以下简称惠某集团）增加注册资金是否到位并无直接的因果关系。惠某集团的增资瑕疵行为仅对龙某电影城增资注册之后的交易人（公司债权人）承担相应的责任，富某公司在龙某电影城增资前与之交易所产生的债权，不能要求此后增资行为瑕疵的惠某集团承担责任。"

❻山东省高级人民法院审理的厦门卓某成投资有限责任公司与浪某集团有限公司、福海工某（私人）股份有限公司股东损害公司债权人利益责任纠纷案二审民事判决书【（2014）鲁民四终字第 155 号】认为："《公司法》第 178 条第 1 款①是关于增资过程中，出资瑕疵股东的责任，并没有涉及股东之间的责任；最高人民法院

---

① 《公司法》（2023 年修订）第 228 条第 1 款。

执行工作办公室的复函，是关于个案批复，不能扩大适用，更不能扩张解释为在增资时与设立时其他股东的连带责任相同。因此，上述法律及复函均不能支持卓某成公司的诉讼请求。"

（4）抽逃出资的股东对公司债务的责任承担

根据《公司法司法解释三》第14条第2款规定，"抽逃出资的股东已经承担上述责任，其他债权人提出相同请求的，人民法院不予支持"，如果抽逃出资的股东已经在未出资或抽逃出资本息范围内对公司债务承担补充赔偿责任，无须再次对公司债务承担补充赔偿责任。

❼浙江省高级人民法院审理的陈某与浙江铁某进出口有限公司合同纠纷案民事判决书【（2012）浙商提字第77号】认为："根据《最高人民法院关于适用〈中华人民共和国公司法〉若干问题的规定（三）》第14条的规定，汪某蕾、朱某霞、陈某、吴某应对铁某公司积欠村某公司的债务在其抽逃出资本息范围内承担补充赔偿责任。关于陈某是否应在本案中承担责任的问题。《最高人民法院关于适用〈中华人民共和国公司法〉若干问题的规定（三）》第14条第2款规定：'抽逃出资的股东已经承担上述责任，其他债权人提出相同请求的，人民法院不予支持。'根据本院再审查明的事实，陈某已经承担了其作为抽逃出资的股东所应承担的法律责任，故对村某公司主张的要求陈某在400万元抽逃出资本息范围内承担补充赔偿责任的诉讼请求，不予支持。"

（5）未出资的股东对公司债务的责任承担

需要实际履行出资义务的股东才需要对公司债务承担补充赔偿责任。

❽浙江省高级人民法院审理的苗某高、徐某勇股东损害公司债权人利益责任纠纷案再审审查与审判监督民事裁定书【（2017）浙民申第1111号】认为："根据2013年修订的《中华人民共和国公司法》第26条第1款①的规定，有限责任公司的注册资本为在公司登记机关登记的全体股东认缴的出资额。而康某洗涤公司股东认缴的出资期限为2054年12月31日前，在此之前，股东无须实际出资。作为公司的债权人无权要求公司股东履行出资责任。只有在公司解散、破产等法定情形出现时，股东的认缴出资责任才加速到期，公司债权人才能依照《最高人民法院关于适用〈中华人民共和国公司法〉若干问题的规定（三）》第13条第2款的规定，要求未履行或者未全面履行出资义务的股东在未出资本息范围内对公司债务不能清

---

① 《公司法》（2023年修订）第47条第1款。

偿的部分承担补充赔偿责任。"

(6) 协助该股东抽逃出资的其他股东、董事、高级管理人员或者实际控制人的责任承担

《公司法司法解释三》第 14 条第 2 款规定："公司债权人请求抽逃出资的股东在抽逃出资本息范围内对公司债务不能清偿的部分承担补充赔偿责任、协助抽逃出资的其他股东、董事、高级管理人员或者实际控制人对此承担连带责任的，人民法院应予支持……"

❾浙江省高级人民法院审理的黎某清与徐某敏、官某林等股东损害公司债权人利益责任纠纷案申诉、申请民事裁定书【(2017) 浙民申 764 号】认为："本案各方当事人对原判认定徐某敏、官某林抽逃出资事实均无异议，争点在于陈某协助抽逃资金事实是否成立以及徐某敏对贵某公司的债务承担补充赔偿责任范围。经查，陈某与官某林虽系夫妻关系，但贵某公司转账至陈某账户的款项无法确认与本案股东抽逃出资的关联性，故在不能认定陈某协助抽逃资金的情形下，对黎某清要求陈某承担连带赔偿的主张不予支持。"

(7) 被冒名登记为股东的人是否需要承担责任

根据《公司法司法解释三》第 28 条的规定，冒用他人名义出资并将该他人作为股东在公司登记机关登记的，冒名登记行为人应当承担相应责任；公司、其他股东或者公司债权人以未履行出资义务为由，请求被冒名登记为股东的承担补足出资责任或者对公司债务不能清偿部分的赔偿责任的，人民法院不予支持。

❿最高人民法院审理的张某旭、王某安股东损害公司债权人利益责任纠纷再审审查与审判监督民事裁定书【(2017) 最高法民申 2602 号】认为："《最高人民法院关于适用〈中华人民共和国公司法〉若干问题的规定 (三)》第 28 条规定：'冒用他人名义出资并将该他人作为股东在公司登记机关登记的，冒名登记行为人应当承担相应责任；公司、其他股东或者公司债权人以未履行出资义务为由，请求被冒名登记为股东的承担补足出资责任或者对公司债务不能清偿部分的赔偿责任的，人民法院不予支持。'根据一、二审查明的事实，在最终形成的《出资协议》《公司章程》《公司名称预先核准申请书》《股东会选举执行董事、监事的决定》等公司设立的重要文件中出现的'王某安'签名均非王某安本人所签，王某杰冒用王某安的名义出资并将王某安作为股东在公司登记机关进行登记，张某旭并无充分证据证明王某安授权王某杰签名或事后予以追认。故张某旭请求王某安承担补充赔偿责任的主张不应予以支持。张某旭的该项再审申请理由不能成立。"

2. 股东应当对公司债务承担连带责任的条件

根据《公司法》第21条、第23条，认定公司股东滥用权利，对公司债务承担连带责任，应当具备以下两个要件：一是股东实施了滥用公司法人独立地位和股东有限责任的行为；二是股东滥用权利的行为损害了公司债权人的利益，即股东的行为与公司债权人的损失之间存在因果关系。

⓫最高人民法院审理的广西南宁鸿某建筑劳务有限公司与张某股东损害公司债权人利益责任纠纷案申请再审民事裁定书【（2015）民申字第1379号】认为："本案争议的焦点问题是张某作为恒某公司股东是否应对恒某公司的债务承担连带责任。《中华人民共和国公司法》第20条①对股东滥用权利的责任规定为：'不得滥用公司法人独立地位和股东有限责任损害公司债权人的利益'，'公司股东滥用公司法人独立地位和股东有限责任，逃避债务，严重损害公司债权人利益的，应当对公司债务承担连带责任'。根据上述规定，认定公司股东滥用权利，对公司债务承担连带责任，应当具备以下两个要件：一是股东实施了滥用公司法人独立地位和股东有限责任的行为；二是股东滥用权利的行为损害了公司债权人的利益，即股东的行为与公司债权人的损失之间存在因果关系。在本案中，张某作为恒某公司的法定代表人，有权代表公司从事经营活动，包括代表恒某公司收取款项及出具收条等相关民事行为，张某对外代表公司从事的相关民事行为系履行法定代表人职务的行为，应当视为恒某公司的行为，不能仅凭张某上述行为即认定张某滥用公司法人独立地位和股东有限责任，导致股东财产与公司财产发生混同，从而否认本案原审第三人恒某公司的独立法人地位。原判决已经查明，恒某公司是由张某与何某银两个股东申请设立的，再审申请人鸿某公司主张股东张某个人财产与恒某公司的资产存在混同，应当对此举证加以证明，在举证不能的情况下应当承担不利的法律后果，原判决依据《中华人民共和国民事诉讼法》第64条第1款和《最高人民法院关于民事诉讼证据的若干规定》第2条的规定，判决驳回鸿某公司的诉讼请求，适用法律并无不当。"

⓬贵州省高级人民法院审理的瓮某国际贸易股份有限公司与北海新某进出口贸易有限公司、北海泛某商贸有限公司股东损害公司债权人利益责任纠纷案一审民事判决书【（2016）黔民初160号】认为："一是新某公司须有滥用法人独立地位的行为，即使得泛某公司的核心人格特征如人员、机构、经营业务、财务、财产与新

---

① 《公司法》（2023年修订）第21条、第23条。

某公司混同。二是新某公司滥用权利的行为与瓮某国际的损失之间存在因果关系，且唯有否认法人人格方能保护债权人的利益。瓮某国际举证证明两公司的办公场所、董事长、总经理、财务人员及其他高管人员存在混同，符合第一个构成要件。但是，瓮某国际并未举证证明由于新某公司滥用法人人格和股东有限责任对其造成了损失。从双方提供的证据来看，泛某公司并未因新某公司与其在其他方面存在混同而丧失其财产独立性，瓮某国际也未证明泛某公司的财产已经不足以清偿本案债务或者其债权不能获得救济，从而使得否认泛某公司的法人人格成为必要。因此，瓮某国际的请求不能成立，本院不予支持。"

3. 股东承担赔偿责任的范围

（1）股东承担连带赔偿责任的范围确定问题

当股东损害公司债权人利益时，公司债权人要求股东承担连带赔偿责任的范围为公司债务。而关于债务的范围是否仅为案件所涉及的公司债务，不包含迟延履行期间的债务利息，各法院存在不同的观点。

观点一：债务的范围仅为案件所涉及的公司债务，不包含迟延履行期间的债务利息。

❸广东省高级人民法院审理的黄某樑与傅某英、郭某峰股东损害公司债权人利益责任纠纷案再审复查与审判监督民事裁定书【（2015）粤高法民二申字第194号】认为："本案为股东损害公司债权人利益责任纠纷。本案的争议焦点为郭某峰、傅某英承担连带清偿责任的范围。东莞市人民法院作出的（2007）东法民二初字第5813号《民事判决书》确认黄某樑享有的债权为550683元，原审法院确定郭某峰、傅某英承担连带清偿责任的范围应当以（2007）东法民二初字第5813号民事判决确定的太某源公司债务为限，并无不当。黄某樑主张原审判决仅将判决中的主判项列作公司债务，而将迟延履行期间的债务利息排除在公司债务之外，违反法律规定，该主张依据不足，本院不予采信。综上所述，黄某樑申请再审理由不能成立，本院不予支持。"

观点二：债务的范围不仅为案件所涉及的公司债务，还包含迟延履行期间的债务利息。

❹山东省高级人民法院审理的中国长某资产管理公司济南办事处与张某宁、王某华等股东损害公司债权人利益责任纠纷案二审民事判决书【（2014）鲁商终字第193号】认为："根据《最高人民法院关于适用〈中华人民共和国公司法〉若干问题的规定（三）》第13条第2款规定：公司债权人请求未履行或者未全面履行出资

义务的股东在未出资本息范围内对公司债务不能清偿的部分承担补充赔偿责任的，人民法院应予支持。长某资产济南办事处在2013年11月19日第2次开庭时增加了未履行出资义务的股东赔偿利息的诉讼请求，一审法院予以支持并无不当。张某宁、王某华主张不承担赔偿利息责任，其理由不成立，本院不予支持。"

（2）赔偿的范围是与股东损害行为有因果关系的损失

❺江苏省高级人民法院审理的王某中、夏某标等与太仓市金某铜管有限公司、王某股东损害公司债权人利益责任纠纷案二审民事判决书【（2016）苏民终189号】认为："关于应收账款的问题。原审判决从清算义务开始之时，以旭某公司2006年的资产负债表作为计算依据，其中有3笔应收账款在破产清算审计报告中显示存在账面调整的情形，应认定旭某公司的股东已收回该3笔款项，而对该3笔款项的去向，旭某公司的股东未能作出合理解释，该3笔款项应认定为系《公司法司法解释二》第18条第1项所规定的公司财产流失。审计报告中记载的其他应收账款与2006年资产负债表的数据相比，并无变化，因此，应认定其他应收账款未能追回与旭某公司股东怠于清算行为之间并不存在因果关系，旭某公司股东对3笔应收账款以外的其他款项无须承担赔偿损失的责任。"

（3）迟延出资的股东仅需补足出资本金，未向公司支付迟延增资利息的，应在迟延增资的利息范围内向公司债权人承担补充赔偿责任

❻江苏省高级人民法院审理的无锡市锡山苏某电力公司、陆某等与中国东某资产管理公司南京办事处、王某军股东损害公司债权人利益责任纠纷案再审复查与审判监督民事裁定书【（2014）苏审三商申字第00276号】认为："我国《公司法》明确规定公司股东应当按期足额缴纳出资，迟延出资股东仅需补足出资本金，而不需承担逾期出资期间的利息显然不是《公司法》的立法本意。再审申请人苏某公司等未按时缴纳增资，后虽经诉讼程序补缴了增资本金部分，但直至东某公司南京办起诉时，并未向公司支付迟延增资的利息，二审判决再审申请人在迟延增资的利息范围内向公司债权人承担补充赔偿责任并无不当。"

（三）损害公司债权人利益的诉讼时效

1. 股东损害公司债权人利益适用侵权案件诉讼时效

股东损害公司债权人利益属于侵权之诉，适用侵权案件诉讼时效。根据《民法典》规定，侵权案件的诉讼时效为3年，起算点以原告知道或应当知道被告存在侵

权行为的时间为准。

❶北京市高级人民法院审理的北京市天某房地产开发有限公司申请股东损害公司债权人利益责任纠纷申诉申请一案【（2016）京民申 2810 号】认为："诉讼时效期间从知道或者应当知道权利被侵害时起算。本案为债权人城某 5 公司依据《公司法司法解释二》，要求已被吊销执照的债务人中某公司的股东天某公司承担连带清偿责任。天某公司是否怠于履行清算义务，是否最终导致中盛公司无法清算，外部债权人无从知悉。由于天某公司的不作为，侵权的状态一直存续。直至 2013 年法院受理城某 5 公司的强制清算申请并作出终结中某公司强制清算程序的裁定，该情形方明确。故天某公司的现有证据不足以证明本案已超过诉讼时效。"

❷广东省高级人民法院审理的王某梅、王某等与山东博某工业泵制造厂股东损害公司债权人利益责任纠纷案再审复查与审判监督民事裁定书【（2016）粤民申 7049 号】认为："博某厂依据《最高人民法院关于适用〈中华人民共和国公司法〉若干问题的规定（二）》第 18 条第 2 款提起本案诉讼，主张王某梅、王某对其怠于履行清算义务，最终导致无法清算的结果对祥某某公司债务承担连带清偿责任。无法清算与怠于清算为两个不同的法律概念，无法清算是怠于清算可能引发的一种后果。诉讼时效从知道或应当知道权利被侵害之日起算，应当包括知道权利被侵害的事实和具体的侵权人两方面。《最高人民法院关于适用〈中华人民共和国公司法〉若干问题的规定（二）》第 18 条第 2 款规定：'有限责任公司的股东、股份有限公司的董事和控股股东因怠于履行义务，导致公司主要财产、账册、重要文件等灭失，无法进行清算，债权人主张其对公司债务承担连带清偿责任的，人民法院应依法予以支持。'该规定意在强化清算义务人的清算义务，防止公司股东滥用公司法人独立地位和股东有限责任损害公司债权人的利益，因清算义务人怠于履行清算义务，导致公司主要财产、账册、重要文件等灭失无法清算的，应当对公司的债务承担连带责任。该责任性质上属侵权责任，应适用诉讼时效规定，且诉讼时效应从公司债权人知道或者应当知道股东怠于履行清算义务且由此导致公司无法进行清算之日开始计算。"

❸广东省高级人民法院审理的曾某明与合某国际贸易（深圳）有限公司股东损害公司债权人利益责任纠纷案二审民事判决书【（2014）粤高法民二破终字第 105 号】认为："本案为侵权之诉，诉讼时效应以 2 年为限，起算点以合某公司知道或应当知道成某、曾某明、戴某阳存在侵权行为为准。曾某明、古某辉主张以东莞雷某公司 2008 年召开第 1 次债权人会议为起算点，然而，第 1 次债权人会议上的会议资料仅仅是粗略地陈述了股东存在公款私存等情况，具体的股东违法行为并

不明确，会后破产管理人对东莞雷某公司的财产清点与委托审计仍在继续进行，单凭会议资料的陈述，并不足以推定合某公司明确知悉曾某明等的侵权行为。于 2009 年 3 月作出的东莞雷某公司《清产核资报告》虽然相对清晰地查明了东莞雷某公司的资产与资金去向的情况，但破产管理人并未将《清产核资报告》交给合某公司，在合某公司于 2014 年 8 月 6 日收到《清产核资报告》之前，其无从知道该报告的内容。此外，2008 年 12 月 19 日东莞雷某公司破产案件第 1 次债权人会议上的《破产管理人工作报告》第 7 条第 4 点载明请求公安机关等有关政府职能部门介入公款私存、公款他存等违法行为的调查活动，东莞雷某公司破产管理人主张其已在 2009 年 1 月 5 日报案，且 2011 年的报警函载有合某公司的印章，考虑到东莞雷某公司破产案件仍在进展之中，原审法院认为合某公司在 2012 年 6 月 25 日提起本案诉讼，并未超过诉讼时效。"

❹海南省高级人民法院审理的三亚嘉某房地产开发有限公司与海某汽车集团股份有限公司股东损害公司债权人利益责任纠纷案一审民事判决书【（2014）琼民二初字第 10 号】认为："本院认为，本案为股东损害公司债权人利益责任纠纷，诉讼时效应自债权人知道或者应当知道股东的滥用行为对其债权构成侵害时起算，该时效的起算有两个条件：一是股东存在滥用行为，二是该行为导致公司的负债无力清偿。本案庭审中嘉某公司述称其在 2011 年 10 月查询通某公司工商档案时才发现海某公司存在滥用相关权利的问题。另外，最高人民法院（2011）民二终字第 83 号民事判决于 2011 年 12 月 2 日作出后，嘉某公司合法取得了对通某公司的债权，该判决生效后，通某公司无力偿还该笔债务，故本案诉讼时效应从最高人民法院生效判决确定的通某公司无力清偿债务时起计算。嘉某公司曾于 2012 年 9 月 3 日向本院提起诉讼，根据《中华人民共和国民法通则》第 140 条'诉讼时效因提起诉讼、当事人一方提出要求或者同意履行义务而中断。从中断时起，诉讼时效期间重新计算'之规定，本案诉讼时效期间从 2012 年 9 月 3 日起重新计算，嘉某公司于 2014 年 8 月 25 日向本院提起本案诉讼并未超过 2 年诉讼时效期间。"

2. 侵权行为开始时并无法律依据的诉讼时效认定

侵权行为开始时并无法律依据，当侵权行为持续到相关法律颁布以后的，该侵权赔偿请求权的诉讼时效应从该法律颁布之日起计算。

❺广东省高级人民法院审理的佛山市顺德区广某金属材料有限公司与中山市厚某资产经营有限公司、郑某立、中山市山某化工机械制造有限公司股东损害公司债权人利益责任纠纷案申诉、申请民事裁定书【（2015）粤高法民二申字第 398 号】

认为："关于清算义务人怠于履行义务导致的侵权民事责任，上述法律并无相应规定，直至 2008 年 5 月 19 日起实施的《最高人民法院关于适用〈中华人民共和国公司法〉若干问题的规定（二）》才予以明确，即公司债权人即可向股东主张怠于清算义务致无法清算的民事责任，此时，申请人作为公司债权人，请求公司股东承担相应民事责任的请求权即已存在，因此，其请求权从 2008 年 5 月 19 日开始起算诉讼时效是恰当的。"

3. 公司债权人的债权未过诉讼时效期间，其请求抽逃出资的股东承担赔偿责任，股东提出时效抗辩的，人民法院不予支持

《最高人民法院关于审理民事案件适用诉讼时效制度若干问题的规定》第 1 条第 3 项规定，基于投资关系产生的缴付出资请求权不适用诉讼时效。《公司法司法解释三》第 19 条第 2 款规定，公司债权人的债权未过诉讼时效期间，其依照本规定第 13 条第 2 款、第 14 条第 2 款的规定请求未履行或者未全面履行出资义务或者抽逃出资的股东承担赔偿责任，被告股东以出资义务或者返还出资义务超过诉讼时效期间为由进行抗辩的，人民法院不予支持。

❻广东省高级人民法院审理的苏某勤、邝某华股东损害公司债权人利益责任纠纷案再审民事判决书【（2016）粤民再 430 号】认为："关于苏某勤、邝某华主张建某发展总公司、金某公司抽逃出资的诉讼时效问题。依照《最高人民法院关于适用〈中华人民共和国公司法〉若干问题的规定（三）》第 19 条第 2 款的规定，公司债权人的债权未过诉讼时效期间，其请求抽逃出资的股东承担赔偿责任，股东提出时效抗辩的，人民法院不予支持。二审判决认定苏某勤、邝某华主张建某发展总公司、金某公司抽逃出资已超过诉讼时效，系属适用法律错误。"

❼上海市高级人民法院审理的上海浦东江某发展公司与上海贞某投资管理有限公司股东损害公司债权人利益责任纠纷案二审民事判决书【（2016）沪民终 444 号】认为："基于公司的资本维持原则，《最高人民法院关于审理民事案件适用诉讼时效制度若干问题的规定》第 1 条第 3 项规定，基于投资关系产生的缴付出资请求权不适用诉讼时效。《公司法司法解释三》第 19 条第 2 款规定，公司债权人的债权未过诉讼时效期间，其依照本规定第 13 条第 2 款、第 14 条第 2 款的规定请求未履行或者未全面履行出资义务或者抽逃出资的股东承担赔偿责任，被告股东以出资义务或者返还出资义务超过诉讼时效期间为由进行抗辩的，人民法院不予支持。由于发起人的赔偿责任以其他股东存在出资不实的补充赔偿责任为前提，且两者之间系连带责任关系性质，因此对出资不实的补充赔偿责任不适用诉讼时效抗辩，对发

起人的连带赔偿责任亦不适用诉讼时效抗辩。江某发展公司有关贞元投资公司本案诉讼请求超过诉讼时效的抗辩，不符合《公司法司法解释三》的相关规定，一审法院不予采纳。"

❽山东省高级人民法院审理的中国长某资产管理公司济南办事处与张某宁、王某华等股东损害公司债权人利益责任纠纷案二审民事判决书【（2014）鲁商终字第193号】认为："《公司法司法解释三》第20条第2款规定：'公司债权人的债权未过诉讼时效期间，其依照本规定第十三条第二款、第十四条第二款的规定请求未履行或者未全面履行出资义务或者抽逃出资的股东承担赔偿责任，被告股东以出资义务或者返还出资义务超过诉讼时效期间为由进行抗辩的，人民法院不予支持。'本案中，长某资产济南办事处对被执行人青岛华某公司、中某科技集团的债权未过诉讼时效期间，因此，张某宁、王某华以涉案债权超过诉讼时效的抗辩理由于法无据，本院不予支持。"

4. 损害行为发生在《公司法司法解释三》之前如何救济

根据《公司法司法解释一》第2条关于"因公司法实施前有关民事行为或者事件发生纠纷起诉到人民法院的，如当时的法律法规和司法解释没有明确规定时，可参照适用公司法的有关规定"的规定，在新《公司法》施行后，因新法施行前的行为发生纠纷的，如当时的法律法规和司法解释无明确规定的，可以参照适用新的规定。

❾重庆市高级人民法院审理的汪某全与柯某明、陈某明股东损害公司债权人利益责任纠纷案申诉、申请再审民事裁定书【（2016）渝民申1487号】认为："正某公司成立于1995年，被吊销营业执照的时间是2002年6月17日，根据前述《最高人民法院关于适用〈中华人民共和国公司法〉若干问题的规定（一）》第1条的规定，本案应当适用《公司法》（1999年修正）。而《公司法》（1999年修正）并未规定公司在被吊销营业执照情况下股东负有清算义务。另外，《最高人民法院关于适用〈中华人民共和国公司法〉若干问题的规定（二）》第18条虽规定'有限责任公司的股东、股份有限公司的董事和控股股东未在法定期限内成立清算组开始清算，导致公司财产贬值、流失、毁损或者灭失，债权人主张其在造成损失范围内对公司债务承担赔偿责任的，人民法院应依法予以支持。有限责任公司的股东、股份有限公司的董事和控股股东因怠于履行义务，导致公司主要财产、账册、重要文件等灭失，无法进行清算，债权人主张其对公司债务承担连带清偿责任的，人民法院应依法予以支持'，但该司法解释从2008年5月19日才开始施行，本案亦不应适

用该司法解释的规定。"

❿四川省高级人民法院审理的魏某一与成都小某业融资担保有限责任公司等股东损害公司债权人利益责任纠纷案二审民事判决书【(2015)川民终字第 402 号】认为:"《公司法司法解释三》第 13 条明确规定债权人可以要求出资不实股东在其出资不实的范围内对公司债务承担补充赔偿责任。本案魏某一出资不实的行为发生在 2003 年,当时的法律法规虽未明确规定公司债权人可以要求出资不实股东在其出资不实的范围内对公司不能清偿的债务承担补充赔偿责任,但本案纠纷系在《公司法》(2005 年修订)及配套的《公司法司法解释三》施行后诉至人民法院,可以参照适用新的《公司法》及相关司法解释的规定。魏某一关于本案不应适用《公司法司法解释三》的上诉理由不能成立,应不予支持。"

(四) 损害公司债权人利益责任纠纷的其他问题

1. 损害公司债权人利益责任纠纷的管辖问题

股东损害公司债权人利益责任纠纷,属于侵权纠纷。《民事诉讼法》第 29 条规定,因侵权行为提起的诉讼,由侵权行为地或者被告住所地人民法院管辖。根据该规定,股东损害公司债权人利益的行为地和损害债权人利益的股东住所地人民法院均有管辖权。

❶最高人民法院审理的中国某业银行股份有限公司福州鼓楼支行与江西安某达酒业有限公司、福建绿某生物股份有限公司等管辖裁定书【(2016)最高法民辖终 117 号】认为:"本案为股东损害公司债权人利益责任纠纷,根据《中华人民共和国民事诉讼法》第 28 条的规定'因侵权行为提起的诉讼,由侵权行为地或者被告住所地人民法院管辖'。本案一审被告绿某公司的住所地在福建省,故一审法院对本案有管辖权。"

❷最高人民法院审理的西宁某殊钢集团有限责任公司、青海省某有资产投资管理有限公司、赣某银行股份有限公司股东损害公司债权人利益责任纠纷案再审民事裁定书【(2013)民提字第 161 号】认为:"本案系西宁某钢公司、青海某投公司被诉违反法定义务,抽逃公司出资过错行为引起的诉讼,在法律性质上属于侵权行为损害赔偿请求权。依据《中华人民共和国民事诉讼法》第 28 条的规定,因侵权行为提起的诉讼,由侵权行为地或被告住所地人民法院管辖。依据《最高人民法院关于适用〈中华人民共和国民事诉讼法〉若干问题的意见》第 28 条规定,侵权行

为地包括侵权行为实施地和侵权结果发生地。本案被诉抽逃昆某证券公司的出资侵权行为，直接产生的损害结果系赣某银行公司作为昆某证券公司债权人利益受到损害，该利益在权利形态上表现为赣某银行公司对于昆某证券公司的债权请求权的实现和满足构成现实的不利后果，具有绝对属性，该利益与作为利益主体的赣某银行公司不可分离，本案被诉侵权行为直接产生的结果发生地为赣某银行公司住所地江西省赣州市，一审法院对本案具有管辖权。"

❸四川省高级人民法院审理的四川金某（集团）股份有限公司、四川省欣某投资有限公司股东损害公司债权人利益责任纠纷案二审民事裁定书【（2016）川民辖终2号】认为："四川省欣某投资有限公司以四川金某（集团）股份有限公司系仁寿县人某特种水泥有限公司的唯一股东，将仁寿县人某特种水泥有限公司股权对外转让，损害债权人利益为由，提起本案股东损害公司债权人利益责任纠纷，要求上诉人四川金某（集团）股份有限公司赔偿损失，本案属于与公司有关的侵权诉讼，应根据《中华人民共和国民事诉讼法》第28条关于侵权诉讼的一般地域管辖原则规定为基础，同时结合第26条关于公司诉讼的特殊地域管辖原则规定综合考虑确定本案的管辖法院。根据《中华人民共和国民事诉讼法》第28条关于'因侵权行为提起的诉讼，由侵权行为地或者被告住所地人民法院管辖'以及《最高人民法院关于适用〈中华人民共和国民事诉讼法〉的解释》第24条关于'民事诉讼法第二十八条规定的侵权行为地，包括侵权行为实施地、侵权结果发生地'的规定，同时结合被上诉人四川省欣某投资有限公司主张的事实，可以认定仁寿县人某特种水泥有限公司住所地为本案的侵权行为地，该侵权行为地属于原审法院辖区范围，故原审法院对本案具有管辖权。同时考虑到本案亦属于与公司有关的纠纷，案涉公司为仁寿县人某特种水泥有限公司，本案由公司住所地人民法院即原审法院管辖更为适当。综上，原审法院作为本案的侵权行为地人民法院以及公司住所地人民法院，对本案具有管辖权，被上诉人四川省欣某投资有限公司选择向原审法院起诉符合法律规定。"

协助股东损害债权人利益的一方所在地法院有管辖权。

❹河南省高级人民法院审理的鹤壁煤某（集团）有限责任公司、郑某股东损害公司债权人利益责任纠纷案民事裁定书【（2013）豫法民管字第00112号】认为："本案郑某起诉年某公司未履行出资义务，鹤壁煤某公司协助年某公司掩盖其未出资的行为，要求年某公司与鹤壁煤某公司承担连带清偿责任，鹤壁市中级人民法院作为被告鹤壁煤某公司住所地法院对本案具有管辖权。"

2. 损害公司债权人利益的诉讼标的和案由

股东损害公司债权人利益的诉讼标的应为公司股东与公司债权人间损害赔偿法律关系。

根据《最高人民法院关于印发修改后的〈民事案件案由规定〉的通知》规定的精神，当事人在同一诉讼中涉及不同法律关系的，可以同时确定两个案由，而非必须一个案件一个案由。同时，民事案件案由确定的主要目的在于便于法院对案件的管理，而非作为当事人起诉的条件，不能以当事人起诉主张的权利涉及不同案由为由而不在一个案件中审理。

❺最高人民法院审理的辽宁和某装饰工程有限公司与张某强、乌鲁木齐辰某旅行社有限公司股东损害公司债权人利益责任纠纷申诉、申请民事裁定书【（2016）最高法民再 249 号】认为："本案中，和欣公司根据《中华人民共和国公司法》第20 条第 1 款'公司股东应当遵守法律、行政法规和公司章程，依法行使股东权利，不得滥用股东权利损害公司或者其他股东的利益；不得滥用公司法人独立地位和股东有限责任损害公司债权人的利益'；第 3 款'公司股东滥用公司法人独立地位和股东有限责任，逃避债务，严重损害公司债权人利益的，应当对公司债务承担连带责任'的规定以及相关事实，请求判令辰某旅行社的股东张某强对 126 号案判决所确认的辰某旅行社的债务承担连带责任。由此，本案的诉讼标的应为公司股东与公司债权人间损害赔偿法律关系，相应的案由应为股东损害公司债权人利益责任纠纷，二审裁定将本案案由确定为装饰装修合同纠纷有误，本院予以纠正。"

❻湖南省高级人民法院审理的湘潭东某棉业有限公司与林某龙、佛山市南海瑞某祥纺织有限公司等股东损害公司债权人利益责任纠纷二审民事判决书【（2014）湘高法民二终字第 100 号】认为："关于本案是否能同时确定两个案由，即买卖合同与股东损害公司债权人利益责任纠纷的问题。本案中，东某公司最初以买卖合同纠纷起诉翔某公司，后追加瑞某祥公司和林某龙为共同被告，东某公司主张瑞某祥公司承担责任的依据系基于瑞某祥公司在其与东某公司共同签字确认的《销售对账单》中认可对东某公司尚欠货款，东某公司此项请求权的事实基础仍是基于其与翔祥公司、瑞某祥公司之间发生的买卖合同关系，因此东某公司与瑞某祥公司之间的纠纷仍可视为属于买卖合同纠纷范围，而东某公司主张林某龙应对涉案债务承担连带责任的依据是林某龙滥用股东权利损害公司债权人利益，此一诉争事实与买卖合同纠纷确系不同的法律关系，应定为另一案由。但这并不表示本案必须作为两个案件处理，本案争议的核心问题是东某公司作为债权人应由何人向其承担偿还责任，

其可基于不同的法律依据对不同被告主张权利，而在一个案件中起诉主张是其行使诉讼权利的表现，法院只能根据其主张是否有实体法依据而判决支持与否，而不能以所谓的涉及不同案由为由要求当事人必须通过另一诉讼解决。"

3. 损害公司债权人利益责任纠纷中的举证责任

根据《公司法司法解释三》第 20 条，当事人之间对是否已履行出资义务发生争议，原告提供对股东履行出资义务产生合理怀疑证据的，被告股东应当就其已履行出资义务承担举证责任。

❼广东省高级人民法院审理的郑某红、谢某城等与中国华某资产管理股份有限公司深圳市分公司、深圳市永某盛投资发展有限公司股东损害公司债权人利益责任纠纷案再审复查与审判监督民事裁定书【（2016）粤民申 2853 号】认为："本案为股东损害公司债权人利益责任纠纷，根据郑某红、谢某欣、谢某平、谢某城、谢某暖申请再审的理由请求以及华某公司提交的意见，本案争议焦点为郑某红、谢某欣、谢某平、谢某城、谢某暖是否已经履行出资义务。华某公司提供的工商登记资料显示郑某红、谢某城、谢某暖、谢某欣、谢某平系永某盛公司的设立股东，验资报告载明上述设立股东分别出资 300 万元、250 万元、150 万元、150 万元、150 万元，但并无相应的进账凭证，亦无相应的银行交易记录可供查询。根据《最高人民法院关于适用〈中华人民共和国公司法〉若干问题的规定（三）》第 20 条的规定，当事人之间对是否履行出资义务发生争议，华某公司提供对股东履行出资义务产生合理怀疑证据的，永某盛公司股东应当就其已履行出资义务承担举证责任。而郑某红、谢某城、谢某暖、谢某欣、谢某平未能提交转账凭证等证据证明已经履行出资义务，因此，二审判决郑某红、谢某城、谢某暖、谢某欣、谢某平应分别在未出资的范围内对（2002）深福法经初字第 763 号民事判决所确定的债务不能清偿的部分承担补充赔偿责任并无不当。"

根据《最高人民法院关于民事诉讼证据的若干规定》（2008 年调整，已被修改）第 7 条关于"在法律没有具体规定，依本规定及其他司法解释无法确定举证责任承担时，人民法院可以根据公平原则和诚实信用原则，综合当事人举证能力等因素确定举证责任的承担"的规定，在审理法人人格否认案件时，考虑到债权人处于信息劣势而举证困难等因素，人民法院通常会根据上述规定合理分配举证责任，在债权人用以证明股东滥用公司法人独立地位和股东有限责任的证据令人产生合理怀疑的情形下，将没有滥用的举证责任分配给被诉股东。

但上述举证责任调整的前提，是作为原告方的债权人已举出盖然性的证据证明股东存在滥用公司法人独立地位和股东有限责任的行为以及由此产生了损害的结果，而不是当然的举证责任倒置。

❽最高人民法院审理的三亚嘉某房地产开发有限公司与海某汽车集团股份有限公司股东损害公司债权人利益责任纠纷案二审民事判决书【（2015）民二终字第 85号】认为："嘉某公司提出的 4 项证明内容均不能证明海某公司滥用通某公司法人独立人格和股东有限责任，未达到对法人人格混同可能性的合理怀疑程度，本案不具备对嘉某公司法人人格否认主张适用举证责任倒置原则的前提。嘉某公司关于海某公司滥用通某公司法人独立地位和股东有限责任，海某公司应当对通某公司债务承担连带责任的主张，本院不予支持。"

三、损害公司债权人利益纠纷的综述及建议

（一）损害公司债权人利益纠纷的综述

立足《公司法》的规定，并结合本书整理的案例，股东损害公司债权人利益责任纠纷的类型包括：公司股东滥用公司法人独立地位和股东有限责任损害公司债权人的利益，公司股东虚增注册资金、虚假出资或者抽逃出资等行为损害公司债权人的利益，公司股东在公司解散或清算过程中损害公司债权人的利益。

股东损害公司债权人利益纠纷的争议点在于损害股东债权人利益行为的认定，以及股东承担赔偿责任的范围。

1. 低价转让行为并非一定属于滥用公司人格、损害债权人利益的行为

股权低价转让行为是否属于滥用公司人格、损害债权人利益的行为，应从公司人格与股东人格是否混同、股权转让行为是否造成公司责任财产的不当减少从而降低公司对外偿债能力等方面进行分析判断。

2. 认定公司股东滥用权利对公司债务承担连带责任的要件

根据《公司法》第 21 条、第 23 条，认定公司股东滥用权利，应当对公司债务承担连带责任，应当具备以下两个要件：一是股东实施了滥用公司法人独立地位和股东有限责任的行为，二是股东滥用权利的行为损害了公司债权人的利益，即股东的行为与公司债权人的损失之间存在因果关系。

3. 股东损害公司债权人的诉讼时效为 3 年

因股东损害公司债权人利益属于侵权之诉，所以适用侵权案件诉讼时效。

根据《民法典》规定，侵权案件的诉讼时效为 3 年。起算点以原告知道或应当知道被告存在侵权行为的时间为准。

侵权行为开始时并无法律依据，当侵权行为持续到相关法律颁布以后的，该侵权赔偿请求权的诉讼时效应该从该法律颁布之日起计算。

公司债权人的债权未过诉讼时效期间，其请求抽逃出资的股东承担赔偿责任，股东提出时效抗辩的，人民法院不予支持。

4. 股东赔偿的范围是与股东损害行为有因果关系的损失

当股东损害公司债权人利益时，公司债权人要求股东承担连带赔偿责任的范围为公司债务。股东损害公司债权人利益属于侵权之诉，因此，股东赔偿的范围是与股东损害行为有因果关系的损失。

5. 股东损害公司债权人利益责任纠纷，适用侵权纠纷的管辖规定

股东损害公司债权人利益责任纠纷，属于侵权纠纷。《民事诉讼法》第 29 条规定，因侵权行为提起的诉讼，由侵权行为地或者被告住所地人民法院管辖。根据该规定，股东损害公司债权人利益的行为地、损害债权人利益的股东住所地人民法院均有管辖权。

（二）关于损害公司债权人利益纠纷的建议

1. 需注意应对公司债务承担连带或补充责任的股东及其他人的范围

从本书整理的案例来看，对公司债务承担连带或补充责任的股东范围并不是简单笼统的，而是复杂具体的。

第一，公司瑕疵股权历次转让过程中的登记股东均应在其受让股权的范围内对公司债权人承担连带责任。

第二，在债权人有理由相信原股东依然享有股东的权利时，未变更登记的公司原股东，依然要承担赔偿责任。

第三，未出资的股东不一定要对公司债务承担补充赔偿责任。

第四，抽逃出资的股东在抽逃出资本息范围内对公司债务不能清偿的部分承担补充赔偿责任，协助抽逃出资的其他股东、董事、高级管理人员或者实际控制人对此承担连带责任。

2. 即使股东侵权损害的行为发生在《公司法司法解释三》施行之前，也可追究其侵权责任

当股东对债权人的侵权损害行为发生在《公司法司法解释三》施行之前，只要在诉讼时效期间，依然可以根据《公司法司法解释三》追究侵权股东的侵权责任。

根据《公司法司法解释一》第 2 条关于"因公司法实施前有关民事行为或者事件发生纠纷起诉到人民法院的，如当时的法律法规和司法解释没有明确规定时，可参照适用公司法的有关规定"的规定，在新《公司法》施行后，因新法施行前的行为发生纠纷的，如当时的法律法规和司法解释无明确规定的，可以参照适用新的规定。

第十七章　公司关联交易损害责任纠纷

一、公司关联交易损害责任纠纷法律规定

(一) 公司关联交易损害责任纠纷的一般规定

《公司法》(2018 年修正，已被修订) 第 21 条规定："公司的控股股东、实际控制人、董事、监事、高级管理人员不得利用其关联关系损害公司利益。

违反前款规定，给公司造成损失的，应当承担赔偿责任。"

第 124 条规定："上市公司董事与董事会会议决议事项所涉及的企业有关联关系的，不得对该项决议行使表决权，也不得代理其他董事行使表决权。该董事会会议由过半数的无关联关系董事出席即可举行，董事会会议所作决议须经无关联关系董事过半数通过。出席董事会的无关联关系董事人数不足三人的，应将该事项提交上市公司股东大会审议。"

第 148 条第 1 款规定："董事、高级管理人员不得有下列行为：

......

(四) 违反公司章程的规定或者未经股东会、股东大会同意，与本公司订立合同或者进行交易；"

......

第 149 条规定："董事、监事、高级管理人员执行公司职务时违反法律、行政法规或者公司章程的规定，给公司造成损失的，应当承担赔偿责任。"

《公司法》(2023 年修订) 第 22 条规定："公司的控股股东、实际控制人、董事、监事、高级管理人员不得利用关联关系损害公司利益。

违反前款规定，给公司造成损失的，应当承担赔偿责任。"

第 139 条规定："上市公司董事与董事会会议决议事项所涉及的企业或者个人有关联关系的，该董事应当及时向董事会书面报告。有关联关系的董事不得对该项决议行使表决权，也不得代理其他董事行使表决权。该董事会会议由过半数的无关

联关系董事出席即可举行，董事会会议所作决议须经无关联关系董事过半数通过。出席董事会会议的无关联关系董事人数不足三人的，应当将该事项提交上市公司股东会审议。"

第 182 条规定："董事、监事、高级管理人员，直接或者间接与本公司订立合同或者进行交易，应当就与订立合同或者进行交易有关的事项向董事会或者股东会报告，并按照公司章程的规定经董事会或者股东会决议通过。

董事、监事、高级管理人员的近亲属，董事、监事、高级管理人员或者其近亲属直接或者间接控制的企业，以及与董事、监事、高级管理人员有其他关联关系的关联人，与公司订立合同或者进行交易，适用前款规定。"

第 188 条规定："董事、监事、高级管理人员执行职务违反法律、行政法规或者公司章程的规定，给公司造成损失的，应当承担赔偿责任。"

（二）公司关联交易损害责任纠纷管辖的规定

《民事诉讼法》第 29 条规定："因侵权行为提起的诉讼，由侵权行为地或者被告住所地人民法院管辖。"

《民事诉讼法司法解释》第 24 条规定："民事诉讼法第二十九条规定的侵权行为地，包括侵权行为实施地、侵权结果发生地。"

（三）关联交易中关联方的法律规定

《公司法》（2018 年修正，已被修订）第 216 条规定："本法下列用语的含义：

（一）高级管理人员，是指公司的经理、副经理、财务负责人，上市公司董事会秘书和公司章程规定的其他人员。

（二）控股股东，是指其出资额占有限责任公司资本总额百分之五十以上或者其持有的股份占股份有限公司股本总额百分之五十以上的股东；出资额或者持有股份的比例虽然不足百分之五十，但依其出资额或者持有的股份所享有的表决权已足以对股东会、股东大会的决议产生重大影响的股东。

（三）实际控制人，是指虽不是公司的股东，但通过投资关系、协议或者其他安排，能够实际支配公司行为的人。

（四）关联关系，是指公司控股股东、实际控制人、董事、监事、高级管理人员与其直接或者间接控制的企业之间的关系，以及可能导致公司利益转移的其他关系。但是，国家控股的企业之间不仅因为同受国家控股而具有关联关系。"

《公司法》（2023 年修订）第 265 条规定："本法下列用语的含义：

（一）高级管理人员，是指公司的经理、副经理、财务负责人，上市公司董事会秘书和公司章程规定的其他人员。

（二）控股股东，是指其出资额占有限责任公司资本总额超过百分之五十或者其持有的股份占股份有限公司股本总额超过百分之五十的股东；出资额或者持有股份的比例虽然低于百分之五十，但依其出资额或者持有的股份所享有的表决权已足以对股东会的决议产生重大影响的股东。

（三）实际控制人，是指通过投资关系、协议或者其他安排，能够实际支配公司行为的人。

（四）关联关系，是指公司控股股东、实际控制人、董事、监事、高级管理人员与其直接或者间接控制的企业之间的关系，以及可能导致公司利益转移的其他关系。但是，国家控股的企业之间不仅因为同受国家控股而具有关联关系。"

《企业会计准则第 36 号》第 3 条规定："一方控制、共同控制另一方或对另一方施加重大影响，以及两方或两方以上同受一方控制、共同控制或重大影响的，构成关联方。

控制，是指有权决定一个企业的财务和经营政策，并能据以从该企业的经营活动中获取利益。

共同控制，是指按照合同约定对某项经济活动所共有的控制，仅在与该项经济活动相关的重要财务和经营决策需要分享控制权的投资方一致同意时存在。

重大影响，是指对一个企业的财务和经营政策有参与决策的权力，但并不能够控制或者与其他方一起共同控制这些政策的制定。"

第 4 条规定："下列各方构成企业的关联方：

（一）该企业的母公司。

（二）该企业的子公司。

（三）与该企业受同一母公司控制的其他企业。

（四）对该企业实施共同控制的投资方。

（五）对该企业施加重大影响的投资方。

（六）该企业的合营企业。

（七）该企业的联营企业。

（八）该企业的主要投资者个人及与其关系密切的家庭成员。主要投资者个人，是指能够控制、共同控制一个企业或者对一个企业施加重大影响的个人投资者。

（九）该企业或其母公司的关键管理人员及与其关系密切的家庭成员。关键管理人员，是指有权力并负责计划、指挥和控制企业活动的人员。与主要投资者个人或关键管理人员关系密切的家庭成员，是指在处理与企业的交易时可能影响该个人或受该个人影响的家庭成员。

（十）该企业主要投资者个人、关键管理人员或与其关系密切的家庭成员控制、共同控制或施加重大影响的其他企业。"

二、公司关联交易损害责任纠纷相关判例

（一）公司关联交易损害责任纠纷的诉讼主体问题

1. 利益受损的公司一般是适格原告

损害公司利益本质上是一种侵权行为，根据《民法典》的相关规定，公司关联交易损害责任纠纷的原告应是利益受损的公司。

❶安徽省高级人民法院审理的黄山西某置业有限公司与朱某洪、王某峰、方某书、杭州久某置业有限公司公司关联交易损害责任纠纷案【（2015）皖民二终字第00560号】二审民事判决书认为："本案中，西某公司提起的是公司关联交易损害赔偿责任之诉，主张公司时任董事长、董事、监事因实施关联交易行为给公司造成损失而应承担的损害赔偿责任，本案诉讼的被告主体、依据的事实理由及诉讼请求与前一案件均有不同，故一审判决认定西某公司的起诉不违背'一事不再理'原则，不构成重复起诉，并无不当。"

2. 股东亦可以此案由起诉被告赔偿公司因此受到的损失

股东以此案由起诉被告赔偿公司所受损失，实质上属于股东代表诉讼，其必须符合一定的前置程序。

❷泰州市中级人民法院审理的泰州浩某投资有限公司与 WICORHOLDINGAG、袁某发等公司关联交易损害责任纠纷案【（2011）泰中商外初字第0003号】一审民事判决书认为："根据《中华人民共和国公司法》第152条①的规定，针对侵害公司利益的行为，公司股东只能先请求公司机关采取起诉等救济措施，只有公司拒

---

① 《公司法》（2023年修订）第189条。

绝或漠视股东请求时，或者情况紧急、不立即提起诉讼将会使公司利益受到难以弥补的损害的，股东才能代表公司向人民法院起诉。就本案而言，（1）浩某公司于2005 年 4 月 28 日、2007 年 7 月 17 日、2008 年 6 月 30 日和 2010 年 6 月 28 日 4 次致函泰州魏某曼公司及董事会，要求在 3 个月内停止所有违约侵权行为、赔偿全部损失，同时郑重声明浩某公司将保留依法提起代表诉讼的权利。虽然这些函件没有明确写明要求公司提起诉讼，但按照对上述函件的一般理解，这是浩某公司向泰州魏某曼公司及董事会提出书面请求，要求泰州魏某曼公司采取措施来维护公司合法权益。对于维权而言，起诉是一种常用方式，如果泰州魏某曼公司能够通过其他方式来维护公司权益，则无须通过诉讼途径解决，否则应当提起诉讼。（2）浩某公司已明确声明保留依法提起代表诉讼的权利。（3）瑞士魏某公司是泰州魏某曼公司的控股股东，公司董事会亦由瑞士魏某公司控制，在这种情形下，要求公司董事会起诉控股股东往往是不现实的。（4）公司董事会在数次接到原告要求维护公司合法权益的相关函件后，只是认为瑞士魏某公司不存在违约或侵权行为，而拒绝采取相应措施。综上，可以认定原告提起股东代表诉讼符合《中华人民共和国公司法》第152 条①规定的前置程序。"

3. 公司关联交易损害责任纠纷的适格被告

公司关联交易损害责任纠纷的适格被告一般是公司的控股股东、实际控制人及董事、监事等高级管理人员。与上述人员进行共同侵权的关联交易相对方，也可成为本纠纷的适格被告。

❸福建省高级人民法院审理的昆明云某红酒业发展有限公司、吴某良公司关联交易损害责任纠纷案二审民事判决书【（2016）闽民终 1521 号】认为："《公司法》第 21 条②所禁止的关联行为系公司的控股股东、实际控制人、董事、监事、高级管理人员利用其关联关系进行利益转移输送，从而损害公司利益的行为。第 148 条第1 款③规定，董事、监事、高级管理人员应当遵守法律、行政法规和公司章程，对公司负有忠实义务和勤勉义务。第 150 条④规定，董事、监事、高级管理人员执行公司职务时违反法律、行政法规或者公司章程的规定，给公司造成损失的，应当承担赔偿责任。吴某良兼具德某公司法定代表人、执行董事、总经理以及飞某公司监

---

① 《公司法》（2023 年修订）第 22 条。
② 同上。
③ 《公司法》（2023 年修订）第 182 条。
④ 《公司法》（2023 年修订）第 188 条。

事的双重身份，其代表德某公司与飞某公司签订《经销商合同书》的行为符合关联交易的法律特征。鉴于本案云某红公司所诉称的公司高级职员违背忠实义务损害公司利益的行为主要是通过关联交易形式来体现，故一审法院将本案定性为公司关联交易损害责任纠纷，并无不当。"

❹安徽省高级人民法院黄山西某置业有限公司与朱某洪、王某峰、方某书、杭州久某置业有限公司公司关联交易损害责任纠纷案二审民事判决书【（2015）皖民二终字第00560号】认为："根据查明的事实，黄山市中级人民法院作出的（2013）黄中法民二再初字第00001号民事判决，系西某公司在关联交易协议被确认无效后基于无效协议本身起诉新街公司返还非法财产所得及赔偿损失一案的判决。但本案中，西某公司提起的是公司关联交易损害赔偿责任之诉，主张公司时任董事长、董事、监事因实施关联交易行为给公司造成损失而应承担的损害赔偿责任，本案诉讼的被告主体、依据的事实理由及诉讼请求与前一案件均有不同，故一审判决认定西某公司的起诉不违背'一事不再理'原则，不构成重复起诉，并无不当。"

（二）公司关联交易损害责任纠纷的管辖

1. 一般情况下适用侵权纠纷中关于管辖的规定

❶最高人民法院审理的海南省丝某集团有限公司、深圳市庆某石油化工经销有限公司公司关联交易损害责任纠纷案二审民事裁定书【（2017）最高法民辖终233号】认为："丝某集团公司上诉称本案属于损害公司利益责任纠纷……《民事诉讼法》第28条规定：'因侵权行为提起的诉讼，由侵权行为地或者被告住所地人民法院管辖。'《最高人民法院关于适用〈中华人民共和国民事诉讼法〉的解释》第24条规定：'民事诉讼法第二十八条规定的侵权行为地，包括侵权行为实施地、侵权结果发生地。'即便如丝某集团公司所诉本案属于侵权纠纷，侵权结果发生地亦在广东省深圳市，海南省高级人民法院并不具有管辖权。在侵权结果发生地的认定上，应具体分析侵权行为的表现形态，以侵权行为产生的直接结果发生地作为侵权结果发生地，而不能简单地认为侵权结果的承受地即为侵权结果发生地。本案丝某集团公司主张的侵权行为的主要表现形态为，庆某化工公司借款后未按约定将款项转给丝绸投资公司，而是由庆某实业公司占用，之后又未履行承诺，及时返还借款本息。上述借款行为、占用行为均发生在深圳市，该行为一旦实施即发生侵权结果，侵权行为实施与侵权结果发生密不可分，侵权结果发生地在广东省深圳市。故

依据《民事诉讼法》第 28 条的规定，广东省深圳市中级人民法院亦对本案具有管辖权。丝某集团公司该项上诉请求不成立，本院不予支持。"

❷上海市第一中级人民法院审理的浙江九某山开发有限公司与李某夫公司关联交易损害责任纠纷案一审民事裁定书【（2016）沪 01 民初 59 号】认为："经审查，本院认为，原告的诉因依据是《中华人民共和国公司法》第 21 条①规定的侵权损害赔偿纠纷。因侵权行为提起的诉讼，依法由侵权行为地或者被告住所地人民法院管辖。"

❸芜湖市中级人民法院审理的芜湖博某药业科技股份有限公司、周某生等与苏州颐某生物医药技术股份有限公司管辖裁定书【（2016）皖 02 民辖终 191 号】认为："本案系原审原告认为颐某生物医药公司利用股东权利给其造成了损失，要求法院判令该公司承担赔偿责任，系侵权纠纷。因侵权行为提起的诉讼，由侵权行为地或者被告住所地人民法院管辖，侵权行为地既包括侵权行为实施地，也包括侵权结果发生地。本案侵权结果发生地在博某药业科技公司，因该公司的住所地在安徽省芜湖市九华北路生物药业工业园，属于原审法院辖区，故原审法院作为侵权行为地法院对本案具有管辖权，颐某生物医药公司的上诉理由不能成立，对其上诉请求依法不予支持。"

❹上海市第二中级人民法院审理的上海垭某软件开发有限公司与上海浩某物业管理有限公司、上海中某网络通信科技有限公司公司关联交易损害责任纠纷案二审民事裁定书【（2015）沪二中民四（商）终字第 1051 号】认为："本案系公司关联交易损害责任纠纷，不适用公司诉讼案件特殊地域管辖的规定，同时特殊地域管辖的适用也不排斥一般地域管辖的适用。本案属侵权纠纷，应当由被告住所地或者侵权行为地法院管辖。原审被告之一上海浩某物业管理有限公司在工商行政管理部门登记注册的住所地为上海市青浦区练某镇练某路×××弄×××号×××幢×××层×××区×××室。被上诉人依上诉人住所地向上海市青浦区人民法院提起诉讼，符合法律规定，原审法院对本案具有管辖权。"

2. 特殊情况下由公司住所地人民法院管辖

如果在公司关联交易损害责任案件的审理中也涉及股东资格纠纷确认等关于公司内部组织机构运行的事宜，则可以适用《民事诉讼法》第 26 条的规定来确定管辖法院。

---

① 《公司法》（2023 年修订）第 22 条。

❺安徽省高级人民法院审理的上海高某股权投资合伙企业与休宁中静华某有色投资有限公司、上海浩某投资发展有限公司等公司关联交易损害责任纠纷案管辖权异议民事裁定书【(2014) 皖民二初字第 00029 号】认为："《中华人民共和国民事诉讼法》第 26 条规定，'因公司设立、确认股东资格、分配利润、解散等纠纷提起的诉讼，由公司住所地人民法院管辖'，该条确定了公司因设立、解散以及确认股东资格、分配利润等公司组织行为的诉讼，实行公司住所地法院特殊管辖。本案系上海高某企业以华某有色公司与其股东恶意串通损害华某有色公司利益为由提起的股东代表诉讼，且案件的审理也将涉及上海高某企业、休宁中某公司股东资格的确认，故该类纠纷属于华某有色公司内部组织机构运行而产生的纠纷，依法应由华某有色公司住所地法院江苏省高级人民法院管辖。"

(三) 公司关联交易损害纠纷的时效问题

1. 公司关联交易损害责任纠纷适用一般诉讼时效的规定

根据《民法典》规定，一般诉讼时效为 3 年。

❶安徽省高级人民法院审理的黄山西某置业有限公司与朱某洪、王某峰、方某书、杭州久某置业有限公司公司关联交易损害责任纠纷案二审民事判决书【(2015) 皖民二终字第 00560 号】认为："关于西某公司的起诉是否超过诉讼时效问题。根据《中华人民共和国民法通则》第 135 条及第 137 条的规定，除法律另有规定外，权利人向人民法院请求保护民事权利的诉讼时效期间为 2 年，诉讼时效期间的起算从权利人知道或者应当知道其权利被侵害时起计算。本案中，西某公司提起的是侵权之诉，主张因公司时任董事长、董事、监事通过签订《协议书》及《合作协议》的形式实施关联交易，给公司造成损失而应承担损害赔偿责任。"

2. 诉讼时效从公司知道或者应当知道其权利因关联交易被侵害时起计算

❷最高人民法院审理的黄山西某置业有限公司与朱某洪、王某峰、方某书、杭州久某置业有限公司公司关联交易损害责任纠纷案再审审查与审判监督民事裁定书【(2017) 最高法民申 2810 号】认为："本案再审审查的争议焦点为：西某公司就本案提出起诉时是否已经超过诉讼时效期间。首先，根据《中华人民共和国民法通则》第 137 条 '诉讼时效期间从知道或者应当知道权利被侵害时起计算' 的规定，侵权之诉中，启动诉讼时效应以知道或者应当知道权利被侵害为标准，而非以侵权

行为造成具体损害结果的确定为标准。本案诉讼时效期间应当从西某公司知道或者应当知道公司权利因关联交易被侵害时起计算。"

3. 关联交易协议无效诉讼不导致关联交易损害责任诉讼的时效中断

❸最高人民法院审理的黄山西某置业有限公司与朱某洪、王某峰、方某书、杭州久某置业有限公司公司关联交易损害责任纠纷案再审查与审判监督民事裁定书【(2017) 最高法民申 2810 号】认为:"本案与前诉为两个独立的法律关系,两诉被告不同,具体诉讼请求也不同,故提起前诉并不排斥同时提出本诉。本诉为给付之诉,具体请求的赔偿数额能否得到法院支持,应由法院就事实进行审理后认定,而非西某公司主张的,因其不能通过直接起诉朱某洪等人就可以得出西某公司与新某公司之间的交易给西某公司造成的损失是多少,故要等待前诉确定其与新某公司之间的交易到底有没有损失、有多少损失,确定新某公司是否基于与西某公司的《合作协议》从西某公司取得财产、取得了西某公司多少财产后才能起诉。即西某公司对因关联交易造成损害的计算并不必然要求以依据合同无效起诉返还财产赔偿之诉确定具体损害数额为前提,西某公司可以其自行计算因关联交易的损失数额提出诉讼请求。而西某公司并未在法律规定的期限内主张权利,故原审认定本案已过诉讼时效,对久某公司是否承担赔偿责任不予审查符合法律规定。"

(四) 关联关系的认定问题

1. 关联关系主要依靠高管与关联交易相对方的关系来认定

❶江苏省高级人民法院审理的迪某斯 (太仓) 窗型材有限公司、皮某·容根费尔德公司关联交易损害责任纠纷案二审民事判决书【(2013) 苏商外终字第 0008 号】认为:"所谓关联关系是指公司的控股股东、实际控制人、董事、监事、高级管理人员与其直接或者间接控制的企业之间的关系,以及可能导致公司利益转移的其他关系……涉案交易发生时,太仓迪某斯公司及其交易相对方奥地利迪某斯公司的股东均为德国迪某斯公司。虽然,M×B 公司作为德国迪某斯公司的股东,与奥地利迪某斯公司及太仓迪某斯公司之间存在关联关系,但彼得担任 M×B 公司董事长并不意味着其个人系太仓迪某斯公司的实际控制人。"

2. 高管对关联交易相对方有重大影响力的,可以认定为存在关联关系

❷湖北省高级人民法院审理的弘某公司、余某之与富某江公司公司关联交易损

害责任纠纷案二审民事判决书【（2013）鄂民二终字第 00084 号】认为："工商登记中虽未显示余某之曾于 2009 年至 2010 年间担任弘某公司职务，但从本院查明的事实反映出余某之对弘某公司的财务及经营政策具有重大影响力，且弘某公司未能提供涉案四笔交易完整的内部审批单，以证明余某之完全未参与过弘某公司经营决策的事实。因此，原审法院认定余某之与弘某公司之间构成关联关系正确。"

本案一审，湖北省宜昌市中级人民法院民事判决书【（2012）鄂宜昌中民二初字第 00052 号】认为："关联关系是指公司控股股东、实际控制人、董事、监事、高级管理人员与其直接或间接控制的企业之间的关系，以及可能导致公司利益转移的其他关系。通说认为'重大影响力'亦属于该条所规定'其他关系'的内容，即余某之作为富某江公司的董事，基于其对弘某公司的重大影响力，而可能导致富某江公司利益转移至弘某公司。因此，余某之与弘某公司构成关联关系。"

3. 控股关系可以作为认定关联关系的依据

❸江苏省高级人民法院审理的泰州浩某投资有限公司与瑞士魏某控股有限公司公司关联交易损害责任纠纷案二审民事判决书【（2012）苏商外终字第 0049 号】认为："瑞士魏某公司通过泰州魏某曼公司与香港魏某曼公司的关联交易行为损害了泰州魏某曼公司的利益。瑞士魏某公司持有香港魏某曼公司 99.99% 的股权，因此两者之间关联关系是显而易见的。"

本案一审，江苏省泰州市中级人民法院民事判决书【（2011）泰中商外初字第 0003 号】认为："瑞士魏某公司在香港魏某曼公司的持股比例为 99.99%，这种绝对控股比例足以使人确信两公司之间存在支配与被支配的关系。因而，瑞士魏某公司所称泰州魏某曼公司与香港魏某曼公司之间的关联交易是为了开发和维护国际市场这一说法让人难以信服。"

❹佛山市中级人民法院审理的佛山市三某宏通土石方工程有限公司、广州东某饮食娱乐有限公司公司关联交易损害责任纠纷案二审民事判决书【（2017）粤 06 民终 643 号】认为："华某公司持有千某酒店 54% 股权，是千某酒店的控股股东。华某公司是东某公司的独资股东。叶某松既是千某酒店的董事长兼总经理、华某公司的法定代表人，又是东某公司的法定代表人。千某酒店与东某公司、叶某松存在上述法律所规定的关联关系。千某酒店与东某公司之间的《委托管理书》以及千某酒店与叶某松之间的《聘用总经理合同》是基于关联关系而生的交易。"

❺上海市第二中级人民法院审理的上海垭某软件开发有限公司、上海环某数码科技有限公司等与上海浩某物业管理有限公司、倪某琪等公司关联交易损害责任纠

纷案二审民事判决书【（2016）沪02民终7836号】认为："2010年6月，倪某琪系浩某公司的控股股东，也是临某科技公司、环基公司、中某公司、顺润公司等4公司的董事、董事长或高管，浩某公司与临某科技公司、环基公司、中某公司、顺润公司等4公司签订《物业委托管理合同》及相应《补充协议》，约定临某科技公司等4公司委托浩某公司对虹某国际科技广场进行物业管理，应当构成关联交易。"

4. 亲属关系可以认定为具有关联关系

❻东莞市中级人民法院审理的真某夫餐饮管理有限公司与蔡某标、李某义公司关联交易损害责任纠纷案二审民事判决书【（2015）东中法民二终字第1912号】认为："本案为公司关联交易损害责任纠纷。蔡某标为真某夫公司的股东，其与蔡某媚是兄妹关系，李某义和蔡某媚为夫妻关系，李某义为逸某公司的实际控制人，基于蔡某标、蔡某媚、李某义之间的亲属关系发生的案涉交易可能导致公司利益转移，依据《中华人民共和国公司法》第216条第4项①之规定，原审法院认定蔡某标、蔡某媚、李某义之间的关系构成关联关系，真某夫公司与逸晋公司之间基于合同关系存在的交易行为为关联交易正确。"

5. 即便存在中间商亦可认定为关联交易

❼湖北省黄冈市中级人民法院审理的武穴市迅某医化有限公司与湖北迅某药业股份有限公司、李某公司关联交易损害责任纠纷案一审民事判决书【（2014）鄂黄冈中民二初字第00033号】认为："李某系湖北迅某药业公司董事长李某健之子，在担任湖北迅某药业公司董事长助理、总经理期间（李某健系公司大股东，李某自2011年2月28日成为公司股东）同时负责武穴迅某医化公司销售工作，且李某系武穴迅某医化公司章程载明的股东，李某同时代表武穴迅某医化公司、湖北迅某药业公司与南京威某康公司协商交易情况，且在公安机关的讯问笔录中已承认两家公司是关联公司，为了避免直接进行交易才决定找一家中间人。故湖北迅某药业公司与武穴迅某医化公司涉案期间构成关联关系，其交易构成关联交易。"

---

① 《公司法》（2023年修订）第265条第4项。

（五）公司关联交易损害责任纠纷中的赔偿问题

1. 关联交易并不必然引发损害赔偿责任

❶上海市第二中级人民法院审理的上海埕某软件开发有限公司、上海环某数码科技有限公司等与上海浩某物业管理有限公司、倪某琪等公司关联交易损害责任纠纷案二审民事判决书【（2016）沪02民终7836号】认为："根据相关法律规定，关联交易并不必然引发相关董事、高管的赔偿责任，而是必须以前述关联交易行为给公司造成损失为前提。然而临某科技公司等4公司作为虹某国际科技广场的所有权方，委托物业管理企业对其所有的物业进行管理和维护，实属正常，所花费的物业费用，亦属合理的经营管理支出，从此角度而言，临某科技公司等4公司与浩某公司签订物业服务合同，委托浩某公司对虹某国际科技广场进行物业管理，属于正常的商事行为，且埕某公司、环某公司、中某公司未能举证证明涉案物业服务合同的订立造成了埕某公司、环某公司、中某公司实际损失，故一审法院认定埕某公司、环某公司、中某公司不存在因为关联交易而造成损失，浩某公司、倪某琪、谭某均不应承担赔偿责任，从而判决驳回埕某公司、环某公司、中某公司的诉讼请求，并无不当。"

❷东莞市中级人民法院审理的广州真某夫快餐连锁管理有限公司与蔡某标、李某义公司关联交易损害责任纠纷案二审民事判决书【（2015）东中法民二终字第1922号】认为："我国《公司法》并未禁止关联交易，我国《公司法》仅对'利用关联关系损害公司利益'的行为进行规范。合法有效的关联交易应当同时满足以下三个条件：交易信息披露充分、交易程序合法、交易对价公允……首先，从2008年4月19日的真某夫公司《2008年第三次董事会记录》、2009年1月5日《临时董事会纪要》载明的参加会议人员以及议案情况来看，真某夫公司的各股东对于蔡某标存在关联交易的行为是知晓的，没有证据显示蔡某标、蔡某媚隐瞒或未充分披露案涉交易信息。其次，从2009年11月《真某夫工程承包框架合同》、2010年7月1日《真某夫工程承包框架合同》、2010年12月《真某夫空调工程承包框架合同》、2011年11月1日《真某夫餐厅维修工程承包框架合同》第1条第2款、第2条第6款约定来看，逸某公司仅为真某夫公司以及下属子公司的工程承包商之一，逸晋公司应与其他承包商进行公平竞争，通过提供优质的服务和合理的价格争取更多的业务合作机会。事实上，同期真某夫公司的承包商有很多，时任广州真某夫公

司筹建中心项目经理的程某接受公安机关的询问时称，真某夫公司在全国地区有很多施工厂商，在广东地区的厂商主要有 4 家（包括逸晋公司）。现无证据显示蔡某标、蔡某媚影响案涉交易中的工程承包商的选定，未能反映出案涉交易程序不合法。最后，从案涉合同的相关约定来看，真某夫公司以及其下属子公司已经制定了措施确保交易对价公允，现无证据显示案涉交易的价格存在不公允的情况。综合以上三个交易条件分析，原审法院认定现有证据显示案涉交易均为合法有效的关联交易并无不当。"

2. 不能以经营期间有固定利润来认定关联交易未对公司造成损失

❸最高人民法院审理的武穴市迅某医化有限公司、湖北迅某药业股份有限公司公司关联交易损害责任纠纷案再审审查与审判监督民事裁定书【（2017）最高法民申 2409 号】认为："企业在经营期间是否有固定利润收入与关联交易是否对公司造成损失之间并不存在对应的因果关系。武穴迅某医化公司除 INT 产品外，还生产销售 NOTB 产品，故即使其财务资料显示有利润，也并不能得出 INT 产品利润未受损失的结果，二审判决以武穴迅某医化公司在案涉关联交易期间公司每月有固定的利润产生为由认定湖北迅某药业公司关联交易行为未对武穴迅某医化公司造成损失，依据不足。"

3. 原告股东委派的人员对关联交易订单签字确认不能免除被告的责任

❹江苏省高级人民法院审理的泰州浩某投资有限公司与瑞士魏某控股有限公司公司关联交易损害责任纠纷案二审民事判决书【（2012）苏商外终字第 0049 号】认为："瑞士魏某公司还主张，浩某公司委派到泰州魏某曼公司担任副总经理的宣某云对香港魏某曼公司的订单予以签字确认，表明浩某公司亦同意以低于国内市场的价格向香港魏某曼公司销售产品。因此，瑞士魏某公司不应承担利用关联交易损害公司利益的民事责任。本院认为，宣某云是泰州魏某曼公司的副总经理，其在订单上签字系履行职务，其职务行为体现的是公司董事会的意志，而董事会由瑞士魏某公司控制，因此宣某云签字实际执行的是瑞士魏某公司的意志，而不是浩某公司的意志。故不能据此认定浩某公司亦同意以低于国内市场的价格向香港魏某曼公司销售产品……因此，瑞士魏某公司和某州魏某曼公司简单地以宣某云系浩某公司委派的副总经理为由，主张宣某云在订单上签字就意味着浩某公司同意泰州魏某曼公司向香港魏某曼公司低价销售产品，依据不足，本院不予支持。"

三、公司关联交易损害责任纠纷问题综述

关联交易是一个中性概念，是实践中常见的交易形式之一。关联交易有时可以提高整体的利益，并且可以节约成本，因此在交易市场中大量存在，《公司法》并未禁止公司的关联交易行为。但是，关联交易同时又很容易形成不公平的交易，进而损害到关联交易债权人的利益。

（一）公司关联交易损害责任纠纷的主体问题

一般而言，公司关联交易损害责任纠纷应当以公司为原告，以实施侵权行为的公司控股股东、实际控制人及董事、监事等高级管理人员以及与上述人员进行共同侵权的关联交易相对方等为被告。

多数情况下，虽然公司作为利益受害方，具有原告主体资格，但是损害公司利益的一方往往是公司的实际控制人，掌握公司的印鉴、证照，这使得公司并不能及时有效地行使诉权，此时，其他股东可以通过股东代表诉讼来维护公司的权益。不过，需要注意的是，股东代表之诉并不是一种常态救济方式，《公司法》规定了股东代表诉讼需要履行一定的前置程序。股东代表诉讼实质上是一种补救性的制度，应当在"用尽内部救济"程序的情况下才能提起。

（二）公司关联交易损害责任纠纷的管辖问题

关于公司纠纷的管辖一般适用《民事诉讼法》中有关公司管辖的特殊规定。不过，公司关联交易损害责任纠纷本质上属于侵权责任纠纷，应当由侵权行为地及被告住所地的人民法院进行管辖。

但是，如果在公司关联交易损害责任案件的审理中也涉及股东资格纠纷确认等关于公司内部组织机构运行的事宜，则可以适用《民事诉讼法》第 27 条的规定来确定管辖法院。

（三）关联交易的类型

关联交易的类型很多，包括购买或销售商品、购买其他资产、提供或接受劳

务、提供资金等，《公司法》并未禁止关联交易，仅对"利用关联关系损害公司利益"的行为进行规范。合法有效的关联交易应当同时满足以下 3 个条件：交易信息披露充分、交易程序合法、交易对价公允。因此，在遇到关联交易时，应当从关联交易合法有效的 3 个方面进行考虑，做好 3 个方面的工作，以免被诉损害公司的利益。

（四）关联交易损害公司利益的认定问题

《公司法》并未禁止关联交易，仅对"利用关联关系损害公司利益"的行为进行规范，即公司的控股股东、实际控制人、董事、监事、高级管理人员利用其关联关系损害公司利益，给公司造成损失的，应当承担赔偿责任。

对于关联交易是否损害了公司的利益，可以从以下 4 个方面的标准来认定：（1）损害公司利益的主体是否为控股股东、实际控制人、董事、监事、高级管理人员 5 类人；（2）关联方是否进行了关联交易；（3）关联方对公司的利益造成了损害，该损害可以是直接经济损失，也可以是本应经营获得的利润，但都要求受损害的法益为合法法益；（4）公司所受利益损害与关联交易有因果关系。

随着经济的高速发展，公司之间的交易越发紧密繁杂，公司关联交易一定程度上无可避免。这就需要公司对关联交易进行风险防范，比如，公司可以在章程中对重大决议、议事规则等事项进行事先约定，在公司进行重大资产或交易时，应当进行尽职调查，股东应充分行使股东知情权以有效了解公司的运营状况等。在发现关联交易损害公司利益时，公司应当及时委托律师、会计师介入，通过查询涉案公司的工商登记信息来明确公司的股东信息、股权架构和人员关系；通过授权律师向公安机关调取户籍档案信息；通过会计师等专业财务人员对公司账目进行核查，确定关联交易是否损害了公司的利益。

第十八章　公司合并纠纷

一、关于公司合并诉讼的法律规定

我国现行法律中有关公司合并的法律规定主要集中在《公司法》中，且大多是关于合并程序的规定。

（一）关于公司合并方式的规定

《公司法》（2018 年修正，已被修订）第 172 条规定："公司合并可以采取吸收合并或者新设合并。

一个公司吸收其他公司为吸收合并，被吸收的公司解散。两个以上公司合并设立一个新的公司为新设合并，合并各方解散。"

《公司法》（2023 年修订）第 218 条规定："公司合并可以采取吸收合并或者新设合并。

一个公司吸收其他公司为吸收合并，被吸收的公司解散。两个以上公司合并设立一个新的公司为新设合并，合并各方解散。"

《国家工商行政管理总局关于做好公司合并分立登记支持企业兼并重组的意见》规定："公司合并可以采取两种形式：一种是吸收合并，指一个公司吸收其他公司后存续，被吸收公司解散；另一种是新设合并，指两个或者两个以上公司归并为一个新公司，原有各公司解散。"

根据上述规定，公司合并存在两种方式，无论采用哪种方式，公司合并后原公司解散。

（二）关于公司合并程序的规定

1. 通过股东会或股东大会决议

《公司法》（2018 年修正，已被修订）第 37 条第 1 款第 9 项规定："对公司合并、分立、解散、清算或者变更公司形式作出决议"。

第 43 条第 2 款规定："股东会会议作出修改公司章程、增加或者减少注册资本的决议，以及公司合并、分立、解散或者变更公司形式的决议，必须经代表三分之二以上表决权的股东通过。"

第 46 条第 7 项规定："制订公司合并、分立、解散或者变更公司形式的方案"。

第 103 条第 2 款规定："股东大会作出决议，必须经出席会议的股东所持表决权过半数通过。但是，股东大会作出修改公司章程、增加或者减少注册资本的决议，以及公司合并、分立、解散或者变更公司形式的决议，必须经出席会议的股东所持表决权的三分之二以上通过。"

《公司法》（2023 年修订）第 59 条第 1 款第 7 项规定："对公司合并、分立、解散、清算或者变更公司形式作出决议"。

第 66 条第 3 款规定："股东会作出修改公司章程、增加或者减少注册资本的决议，以及公司合并、分立、解散或者变更公司形式的决议，应当经代表三分之二以上表决权的股东通过。"

第 67 条第 2 款第 6 项规定："制订公司合并、分立、解散或者变更公司形式的方案"。

第 116 条第 2 款、第 3 款规定："股东会作出决议，应当经出席会议的股东所持表决权过半数通过。

股东会作出修改公司章程、增加或者减少注册资本的决议，以及公司合并、分立、解散或者变更公司形式的决议，应当经出席会议的股东所持表决权的三分之二以上通过。"

2. 编制资产负债表及财产清单

《公司法》（2018 年修正，已被修订）第 173 条规定："公司合并，应当由合并各方签订合并协议，并编制资产负债表及财产清单。"

《公司法》（2023 年修订）第 220 条规定："公司合并，应当由合并各方签订合并协议，并编制资产负债表及财产清单。"

3. 通知债权人并发布公告

《公司法》（2018 年修正，已被修订）第 173 条规定："……公司应当自作出合并决议之日起十日内通知债权人，并于三十日内在报纸上公告。债权人自接到通知书之日起三十日内，未接到通知书的自公告之日起四十五日内，可以要求公司清偿债务或者提供相应的担保。"

《公司法》（2023 年修订）第 220 条规定："……公司应当自作出合并决议之日起十日内通知债权人，并于三十日内在报纸上或者国家企业信用信息公示系统公告。债权人自接到通知之日起三十日内，未接到通知的自公告之日起四十五日内，可以要求公司清偿债务或者提供相应的担保。"

4. 申请变更登记

《市场主体登记管理条例》第 3 条规定："市场主体应当依照本条例办理登记。未经登记，不得以市场主体名义从事经营活动。法律、行政法规规定无需办理登记的除外。

市场主体登记包括设立登记、变更登记和注销登记。"

《国家工商行政管理总局关于做好公司合并分立登记支持企业兼并重组的意见》第 2 条第 4 项、第 7 项、第 8 项、第 9 项规定："（四）支持公司同时办理重组登记。因公司合并、分立申请办理公司登记，自公告刊登之日起 45 日后，申请人可以同时申请办理公司注销、设立或者变更登记。其中，不属于同一登记机关管辖的，相关登记机关应当加强登记衔接。需要层级衔接的，上级登记机关要主动协调；需要区域衔接的，先收到有关咨询、申请的登记机关要主动协调。

（七）支持分公司办理隶属关系变更。因合并而解散或者分立的公司有分公司的，应当在合并协议、分立决议或者决定中载明其分公司的处置方案。处置方案中载明分公司注销的，应当在公司合并、分立前办理分公司注销登记；处置方案中载明分公司归属于存续或者新设的公司的，可以按照分公司名称变更程序办理分公司隶属关系的变更登记。

（八）支持有限责任公司股权承继。因合并而解散或者分立的公司持有其他有限责任公司股权的，应当在合并协议、分立决议或者决定中载明其持有股权的处置方案。处置方案中载明通过股权转让或者减资方式退出的，应当在公司合并、分立前办理股权所在有限责任公司的股东转让股权或者注册资本、实收资本变更登记；处置方案中载明股权归属于存续或者新设的公司的，可以在公司合并、分立后办理股权所在有限责任公司的股东变更登记。

（九）支持公司一次性申请多项变更登记。公司合并分立时增加股东、增加注册资本等其他登记事项变更的，只要符合《公司法》、《公司登记管理条例》等法律法规和公司章程的规定，可以一并提交相关登记申请，并按照总局内资企业登记材料规范的要求提交申请材料。"

此外，对于法律规定需要取得批准的，还需取得批准。如《企业国有资产监督管理暂行条例》第 21 条第 1 款规定："国有资产监督管理机构依照法定程序决定其所出资企业中的国有独资企业、国有独资公司的分立、合并、破产、解散、增减资本、发行公司债券等重大事项。其中，重要的国有独资企业、国有独资公司分立、合并、破产、解散的，应当由国有资产监督管理机构审核后，报本级人民政府批准。"

（三）关于合并协议效力的规定

《最高人民法院关于审理与企业改制相关的民事纠纷案件若干问题的规定》第 30 条规定："企业兼并协议自当事人签字盖章之日起生效。需经政府主管部门批准的，兼并协议自批准之日起生效；未经批准的，企业兼并协议不生效。但当事人在一审法庭辩论终结前补办报批手续的，人民法院应当确认该兼并协议有效。"

（四）关于合并后债权债务的规定

《公司法》（2018 年修正，已被修订）第 174 条："公司合并时，合并各方的债权、债务，应当由合并后存续的公司或者新设的公司承继。"

《公司法》（2023 年修订）第 221 条规定："公司合并时，合并各方的债权、债务，应当由合并后存续的公司或者新设的公司承继。"

《最高人民法院关于审理与企业改制相关的民事纠纷案件若干问题的规定》（2003 年施行，已被修改）第 31 条规定："企业吸收合并后，被兼并企业的债务应当由兼并方承担。"

第 32 条规定："企业新设合并后，被兼并企业的债务由新设合并后的企业法人承担。"

第 33 条规定："企业吸收合并或新设合并后，被兼并企业应当办理而未办理工商注销登记，债权人起诉被兼并企业的，人民法院应当根据企业兼并后的具体情况，告知债权人追加责任主体，并判令责任主体承担民事责任。"

第 34 条规定："以收购方式实现对企业控股的，被控股企业的债务，仍由其自行承担。但因控股企业抽逃资金、逃避债务，致被控股企业无力偿还债务的，被控股企业的债务则由控股企业承担。"

（五）关于合并后公司类型的规定

《国家工商行政管理总局关于做好公司合并分立登记支持企业兼并重组的意见》第 2 条第 3 项规定："支持公司自行选择重组公司类型。合并、分立后存续或者新设的公司，只要符合《公司法》规定的条件，可以选择有限责任公司或者股份有限公司类型。"

（六）关于合并后公司资本的规定

《国家工商行政管理总局关于做好公司合并分立登记支持企业兼并重组的意见》第 2 条第 5 项规定："支持公司自主约定注册资本数额。因合并而存续或者新设的公司，其注册资本、实收资本数额由合并协议约定，但不得高于合并前各公司的注册资本之和、实收资本之和。合并各方之间存在投资关系的，计算合并前各公司的注册资本之和、实收资本之和时，应当扣除投资所对应的注册资本、实收资本数额。
……"

《对外贸易经济合作部、国家工商行政管理总局关于外商投资企业合并与分立的规定》第 11 条规定："股份有限公司之间合并或者公司合并后为有限责任公司的，合并后公司的注册资本为原公司注册资本额之和。

有限责任公司与股份有限公司合并后为股份有限公司的，合并后公司的注册资本为原有限责任公司净资产额根据拟合并的股份有限公司每股所含净资产额折成的股份额与原股份有限公司股份总额之和。"

（七）关于合并后股东出资的规定

《国家工商行政管理总局关于做好公司合并分立登记支持企业兼并重组的意见》第 2 条第 6 项规定："支持公司自主约定股东出资份额。支持公司自主约定股东出资份额。因合并、分立而存续或者新设的公司，其股东（发起人）的出资比例、认缴或者实缴的出资额，由合并协议、分立决议或者决定约定。法律、行政法规或者国务院决定规定公司合并、分立涉及出资比例、认缴或者实缴的出资额必须报经批准的，应当经过批准。

合并、分立前注册资本未足额缴纳的公司，合并、分立后存续或者新设公司的注册资本应当根据合并协议、分立决议或者决定的约定，按照合并、分立前规定的出资期限缴足。"

二、公司合并诉讼相关案例

（一）主体适格的认定

1. 主体适格

公司合并结果对股东有直接利害关系，因此股东是提起公司合并之诉的适格原告。

❶山东省高级人民法院审理的济南高某技术产业开发区管理委员会国有资产监督管理委员会办公室、科信丰某投资担保有限公司与济南山某集团有限公司、山东森某医院控股管理集团有限公司等公司合并纠纷案二审民事判决书【（2014）鲁商终字第 180 号】认为："高某国资委与上诉人山某集团公司及原审被告都是科信丰某公司的发起人和股东，在我院作出（2013）鲁商终字第 67 号判决，科信丰某公司承担了丰某公司的债务后，科信丰某公司净资产总额相应减少，在原来持股比例不变的情况下，高某国资委在科信丰某公司的权益随之相应减少，显然损害了高某国资委的利益。因此，高某国资委是本案适格的原告。上诉人及原审被告的持股比例系由丰某公司的净资本总额决定的。在科信丰某公司的净资产额减少、各个股东持股比例不变的情况下，应认定丰某公司的原股东包括上诉人山某集团公司需要履行对新设公司科信丰某公司的补足出资义务，科信丰某公司有权要求上诉人山某集团公司及原审被告赔偿损失，因此也是本案适格的原告。"

2. 主体不适格

（1）公司合并后的新股东无权提起公司合并之诉

❷成都市中级人民法院审理的杨某容、简阳市西某养猪专业合作社公司合并纠纷案二审民事裁定书【（2017）川 01 民终 11689 号】认为："本案中，案涉合并关系的主体为简阳市亿某养猪专业合作社与原简阳市西某养猪专业合作社，而杨某容认可其在简阳市亿某养猪专业合作社与原简阳市西某养猪专业合作社合并前并非上述两个合作社的股东，则上述合并关系与杨某容之间并不具有直接利害关系。故一审法院依据《中华人民共和国民事诉讼法》第 119 条之规定裁定驳回杨某容的起诉正确，本院予以确认。"

(2) 公司股东无权请求解除公司合并协议

❸西安市中级人民法院审理的李某等 23 人与西安凯某商贸有限公司公司合并纠纷案二审民事裁定书【(2013) 西民四终字第 00247 号】认为："因签订本案兼并协议的主体是西安凯某公司和西安东某公司。对于兼并协议在履行中出现的违约行为及要求解除兼并协议的诉讼主体，是签订该兼并协议的主体即西安东某公司和西安凯某公司。李某等 23 人以其系西安东某公司的股东身份，以西安凯某公司违约要求解除兼并协议，不符合《中华人民共和国民事诉讼法》第 119 条第 1 款的规定。故李某等 23 人的上诉请求，于法无据，本院不予支持。"

(3) 股东无权请求确认公司合并协议无效

❹淳安县人民法院审理的董某萍、李某芳等与朱某洪、李某华等公司合并纠纷案民事判决书【(2012) 杭淳商初字第 1 号】认为："合并协议当事人之外的利害关系人对合并协议提起无效诉讼的被告应该是签订协议的当事人，即久某公司和先某公司。在签订公司合并协议前，久某公司已经受让了先某公司股东的全部股权，先某公司实际已是久某公司的一人有限责任公司。先某公司被注销登记后，该公司的资产及其对外的权利义务由股东久某公司承受，因此合并协议无效诉讼的被告也应该是久某公司。刘某扬、孙某丹在办理公司合并的法律手续时在相关的文书资料上签字，只是起到协助作用，不能成为协议无效纠纷案件的适格被告。本案公司合并行为无效的原因，是合并协议无效，以致确认合并协议的股东会决议存在瑕疵。因此，原告提起公司吸收合并无效诉讼的适格被告是久某公司。"

(二) 合并协议效力的认定

1. 合并协议有效

合并协议生效后，协议中约定的条件无法实现的，不影响合并协议的效力。

❶最高人民法院审理的中国远某集团有限责任公司与天津市一某集团 (控股) 有限公司、天津远某感某材料公司、中国东方资产管理公司天津办事处、中国工商银行天津市分行广厦支行公司合并纠纷案二审民事判决书【(2005) 民二终字第 38 号】认为："协议中约定的落实地方优惠政策，即天津市经济委员会协调各单位落实各项优惠政策，特别是感某材料公司的各大债权银行关于贷款利息的减免停挂政策的落实，是天津市有关部门作出批复的前提条件。根据本案查明的事实，《兼并协议》签订后，远某集团公司与某行天津分行就兼并后债权如何保证及顺利偿付达

成了备忘录，该备忘录虽然不是双方最终的协议，但应当认定某行天津分行对落实银行贷款的优惠政策是同意的，双方也达成了一致意见。在此基础上，天津市调整工业办公室根据一某控股公司、远某集团公司的呈报文件，作出了同意兼并的批复。上述事实表明，作为政府行政主管部门的天津市经济委员会，其协调各单位落实优惠政策的职责已经履行完毕。而中国某资银行在批复下达以后致函天津市人民政府，表示不同意兼并，致使涉及某行天津分行贷款的优惠政策未能实现，属于兼并协议生效后的履行问题，不能因此得出兼并协议不生效的结论。"

2. 合并协议无效

（1）合并协议不是双方真实的意思表示的，合并协议无效

❷北京市第二中级人民法院审理的乌鲁木齐淄某投资管理咨询有限公司与雅某酒店投资管理有限公司、北京百某通投资有限公司、北京世某通科技发展有限公司、京某资产管理有限公司公司合并纠纷案再审民事判决书【（2016）京02民再2号】认为："根据本院查明的事实，淄某公司与4原审被告签订《公司合并协议》时，4原审被告的股权已被生效的刑事判决变更或没收为国有财产。百某通公司、世某通公司、京某资产公司的证照、公章失控，雅某酒店的股权也是百某通公司委托他人持有，在此情况之下，淄某公司与4原审被告签订的《公司合并协议》，并不是4原审被告真实意思的表示，故本院对《公司合并协议》的有效性不予认定。"

（2）公司合并未能形成股东会决议的，合并协议无效

❸南京市雨花台区人民法院审理的南京春某日用品有限公司与南京中某和日用品有限公司、史某等公司合并纠纷案民事判决书【（2014）雨商初字第236号】认为："本案中，由于春某公司系资产整体转让，春某公司股东之间未能形成股东会决议，且诉讼中春某公司另两名股东表示不同意收购协议之约定，故双方之间所签订的《收购协议》违反了《中华人民共和国公司法》的相关规定，属于无效合同。"

（三）合并是否成立的认定

1. 合并成立及法律效果

（1）《企业年检报告书》中的不一致记载不导致合并行为无效

❶最高人民法院审理的兴义市某族商品厂与贵州某酒厂公司合并纠纷案二审民事判决书【（2001）民二终字第171号】认为："某酒厂与某商厂系以注入资金承

担债务的方式进行吸收合并，该合并符合《民法通则》的自愿平等原则，得到了当地人民政府的批准，没有违反法律禁止性规定，应为合法有效。合并后，兴义市工商局不仅在某商厂《企业法人年检报告书》年度检验审核意见中对两厂合并事项进行了明确记载，而且对某商厂的经济性质、经营范围、法定代表人等项均作了相应的变更，同时收回了某商厂的法人证书及法人营业执照，将其变更为一般企业。在某商厂 1994 年度至 1999 年度的《企业年检报告书》中，虽有某商厂企业性质为集体企业、负责人为郭某谷的不同记载，但不足以否定企业变更登记的全部事项，更不足以否定企业合并的事实及法律效力。原审判决以两厂合并变更登记事项不完备为由，认定两厂合并的民事行为无效不当，应予纠正。"

（2）公司合并后，债权债务由合并后的公司继承，资产转移到合并后的公司名下，原公司股东应将股票交付给合并后的公司

❷永嘉县人民法院审理的报喜某集团有限公司与吴某、陈某某公司合并纠纷案民事判决书【（2011）温永商初字第 28 号】认为："浙江报喜某制衣有限公司、浙江纳某制衣有限公司、浙江奥某特制衣有限公司经相关部门审批已合并为浙江报喜某服饰集团有限公司（现已变更为报喜某集团有限公司），各公司的债权债务应当由原告承继，并应将相关的资产转移到原告名下。浙江奥斯特制衣有限公司已经注销登记，被告吴某、陈某某作为该公司的股东，有义务将这些股票交付给原告，故原告提起的诉讼请求符合法律规定，本院予以支持。"

2. 合并不成立及法律后果

（1）公司合并未编制资产负债表和财产清单并办理变更登记手续的，合并不成立

❸周口市川汇区人民法院审理的周口市豫某旧机动车交易市场有限公司与周口市新某纪二手车交易有限公司公司合并纠纷案民事判决书【（2014）川民初字第01547 号】认为："本案中的企业重组，在法律上应界定为公司合并。而从本案查明的事实看，原、被告未办理合并后新企业的变更登记手续，也没有编制资产负债表和财产清单，原告周口豫某公司和被告周口新某纪公司实际上也未解散，双方并没有真正实现公司合并，新企业并未依法实际成立，被告提出的企业重组后即开始经营的主张依法不能成立。"

（2）公司合并无效后，原公司复活，但合并期间的经营活动仍然有效

❹淳安县人民法院审理的董某萍、李某芳等与朱某洪、李某华等公司合并纠纷案民事判决书【（2012）杭淳商初字第 1 号】认为："依据无效的合并协议和股东

会决议，增加注册资本、修改公司章程、办理公司变更登记，缺乏合法的事实依据，依法应当纠正。但是，合并无效判决，对合并期间公司的经营活动没有溯及力，合并后至无效判决生效时的存续公司为事实上的公司，其经营活动，只要不违反与该经营相关的法律或行政法规的禁止性规定，仍然有效。对于公司登记，因合并无效的后果，是合并的公司恢复到合并前的状态，故公司登记机关只要依据生效判决办理公司恢复到合并前的状态的变更和恢复登记即可。合并无效判决生效后，被吸收的先某公司复活，从久某公司分立。"

（四）合并协议的解除

1. 合并协议的解除依照合同法的规定

❶深圳市宝安区人民法院审理的深圳市方某设备技术有限公司、深圳市瑞某科技有限公司公司合并纠纷案民事判决书【（2021）粤0306民初20405号】认为："本案的争议焦点为双方签订的《合并协议》是否具备解除条件问题。根据《中华人民共和国合同法》第九十四条的规定，'有下列情形之一的，当事人可以解除合同：（一）因不可抗力致使不能实现合同目的；（二）在履行期限届满之前，当事人一方明确表示或者以自己的行为表明不履行主要债务；（三）当事人一方迟延履行主要债务，经催告后在合理期限内仍未履行；（四）当事人一方迟延履行债务或者有其他违约行为致使不能实现合同目的；（五）法律规定的其他情形'，《中华人民共和国民法典》第五百八十条的规定，"当事人一方不履行非金钱债务或者履行非金钱债务不符合约定的，对方可以请求履行，但是有下列情形之一的除外：（一）法律上或者事实上不能履行；（二）债务的标的不适于强制履行或者履行费用过高；（三）债权人在合理期限内未请求履行。有前款规定的除外情形之一，致使不能实现合同目的的，人民法院或者仲裁机构可以根据当事人的请求终止合同权利义务关系，但是不影响违约责任的承担'。在本案中，（2020）粤0306民初38812号生效民事判决书对双方签订的《合并协议》的效力作出了认定，认定双方签订的《合并协议》系双方真实意思表示；双方签订《合并协议》后，原告已履行了部分出资义务，且双方已经根据协议的约定于2019年3月14日办理了股权置换的工商变更登记手续；被告提供的《声明函》、《通知》、《联络函》、《粤公正截图》、微信聊天记录等证据不足以认定双方之间存在法律上或事实上不能履行以致不能实现合同目的的情形，故被告主张解除双方《合并协议》及补充协议的主张，不符合法律

规定，本院不予支持。根据双方签订的《合并协议》第四条（一）项约定，被告应当在协议签订后 60 日内将全部资产、公司证照、印章、劳动合同、经济合同、财务账册及相关的全部文件完整地移交保存到原告公司，由双方人员共同进行管理，上述文件包括但不限于产权证书、各种账目、账簿等，因此，原告的请求于法有据，本院予以支持。"

2. 合并协议解除后的财产返还

合并协议解除后，应返还移交的财产。

❷最高人民法院审理的中国远某集团有限责任公司与天津市一某集团（控股）有限公司、天津远某感某材料公司、中国东某资产管理公司天津办事处、中国工某银行天津市分行广厦支行公司合并纠纷案二审民事判决书【（2005）民二终字第 38 号】认为："根据一审中远某集团公司提供的证据，双方签订《兼并协议》后，远某集团公司依其申请向感某材料公司拨款 1000 万元。鉴于远某集团公司兼并感某材料公司后，双方亦有其他款项上的往来，远某集团公司、感某材料公司在履行《兼并协议》的过程中均存在过错，共同导致了《兼并协议》无法继续履行，且因兼并协议无法继续履行的行为给感某材料公司造成了损失，故远某集团公司请求感某材料公司返还 1000 万元款项的上诉请求，本院不予支持。"

❸阿拉善左旗人民法院审理的内蒙古博某生态治理科技发展有限责任公司与阿拉善左旗麻某文冠果科技有限公司公司合并纠纷案民事判决书【（2015）阿左商初字第 34 号】认为："被告公司合并到原告的公司后仅运行两个多月就产生纠纷要求解除合同，基于合同的性质、履行情况，在该合同解除后将合同恢复至合同订立前的状态，更有利于保护各方利益。原告要求被告返还前期费用 30 万元的请求予以支持，同时原告应向被告返还双方确认的 2014 年 1 月 19 日移交资产清单中被告向原告移交的财物。"

3. 协议解除后的损失赔偿

一方对协议解除存在过错的，需赔偿对方的损失，损失不包括预期利益。

❹阿拉善左旗人民法院审理的内蒙古博某生态治理科技发展有限责任公司与阿拉善左旗麻某文冠果科技有限公司公司合并纠纷案民事判决书【（2015）阿左商初字第 34 号】认为："原告已构成违约，故要求赔偿损失的诉求不予支持。对于反诉原告要求反诉被告赔偿经济损失 1332896 元，因反诉被告已构成违约，反诉原告享有要求赔偿损失的权利。反诉原告主张的其他损失为巴镇希尼套海嘎查 50 亩土地

与额济纳旗巴彦陶来苏木昂格茨音陶来嘎查土地承包合同的预期收益，双方合同履行时间较短，该项预期收益不是直接损失，反诉原告的主张本院不予支持。但双方发生纠纷后导致反诉原告移交的部分苗木死亡以及其他损失，反诉被告应当予以赔偿，赔偿金额考虑各种因素以反诉被告向反诉原告支付的前期费用的50%确定较为适宜。"

4. 协议解除后担保责任的免除

为实现公司合并而承担的担保责任，合并无效后，担保责任免除。

❺最高人民法院审理的中国远某集团有限责任公司与天津市一某集团（控股）有限公司、天津远某感某材料公司、中国东方资产管理公司天津办事处、中国工商银行天津市分行广厦支行公司合并纠纷案二审民事判决书【（2005）民二终字第38号】认为："远某集团公司向某行天津分行、某行河西支行承诺对上述债务承担连带保证责任，是基于其与感某材料公司之间的兼并行为。虽然在合同中并未约定兼并是担保的前提条件，但是不能否认，远某集团公司提供担保是兼并行为总体安排的一部分，其不能脱离当时国家鼓励国有优势企业帮助亏损企业摆脱困境，并给予被兼并企业的银行债务一系列优惠政策这一历史背景。对上述事实，某行天津分行、某行河西支行在签订担保合同时亦是明知的。远某集团公司兼并感某材料公司后，对感某材料公司投入了一定的人力、财力，而现有证据不能证明其从兼并中获得了相应的收益，享受了优惠政策。为此，远某集团公司在已付出了兼并成本，且《兼并协议》应依法予以解除的情况下，还要承担感某材料公司原有巨额旧债的担保责任，对其而言确实显失公平。故对于远某集团公司关于其基于《兼并协议》为感某材料公司的旧债提供的担保予以免除的请求应予支持。"

（五）公司合并的其他问题

1. 合并协议对股东的约束力

原公司股东签订合并协议后，受合并协议的约束，需对合并后的公司承担资本充实责任。

❶山东省高级人民法院审理的济南高某技术产业开发区管理委员会国有资产监督管理委员会办公室、科信丰某投资担保有限公司与济南山某集团有限公司、山东森某医院控股管理集团有限公司等公司合并纠纷案二审民事判决书【（2014）鲁商终字第180号】认为："《吸收合并暨增资扩股协议》对上诉人山某集团公司是否

有拘束力。丰某公司的股东会决议及授权委托书，证实包括上诉人山某集团公司及原审被告在内的 4 股东均授权范某军签署《吸收合并暨增资扩股协议》，范某军也在《吸收合并暨增资扩股协议》签了字，该协议已经签署生效并实际履行，上诉人山某集团公司及原审被告已经成为科信丰某公司的股东。因此，上诉人山某集团公司关于范某军并未代表各被告签署合同、《吸收合并暨增资扩股协议》第 10 条第 2 款第 3 项对其没有拘束力的主张不能成立。按照该协议，上诉人山某集团公司应该承担赔偿责任。无论公司以何种方式设立，公司的股东都要履行出资义务。本案的上诉人山某集团公司通过股权置换的方式持有科信丰某公司的股权，也是在确定原丰某公司净资本额的基础上，分别确定各自的持股比例，本质上还是以出资确定股权。因此，上诉人山某集团公司和原审被告承担的是出资瑕疵股东对公司的资本充实责任，不是担保责任，原审对此认定并无不当。因此，上诉人山某集团公司承担赔偿责任后，无权向科信丰某公司进行追偿。"

2. 合并协议的终止

合并协议一方注销的，合并协议终止。

❷上海市徐汇区人民法院审理的上海旋某速递有限公司、张某与陈某铭公司合并纠纷案民事判决书【（2014）徐民二（商）初字第 1813 号】认为："《公司合并协议》所约定的内容，系原告旋某公司与三某快递服务社的真实意思表示，各方均应恪守。但三某快递服务社目前已经到期注销，且被告陈某铭也主张系争合同因三某快递服务社注销而终止，故该协议不具备继续履行的基础。现原告旋某公司若要依据该协议主张 2 位第三人支付款项，应举证证明两位第三人与三某快递服务社之间存在权利义务的承继关系，但综合本案证据来看，原告并未完成该证明义务，故原告旋某公司对 2 位第三人的诉请无法得到支持。"

三、公司合并诉讼问题综述

就笔者整理的案例来看，公司合并纠纷集中的争议焦点有三：一是关于公司合并纠纷的主体是否适格问题；二是关于合并行为效力问题；三是关于合并协议解除问题。

（一）股东是提起公司合并之诉的适格原告

实践中，关于股东是否有权提起公司合并之诉的争议频繁发生，法院在裁判时一致认为，根据《民事诉讼法》的规定，原告需与案件有利害关系。公司合并后，原公司的资产合并，虽然股东实际控制的资产并未减少，但持股比例发生改变，其权益随时可能遭受侵害。因此，公司合并结果与股东有直接的利害关系，原公司股东是提起公司合并之诉的适格原告。

值得注意的是，公司合并后新加入公司的股东在公司合并之前并未持有公司股份，不存在侵害其股东权益之说，公司合并对其股东权益无任何影响，故公司合并后新加入的股东无权提起公司合并之诉。

此外，鉴于公司合并协议的双方当事人为公司，故股东仅有权提起确认公司合并协议无效之诉，而无权请求解除合并协议。

（二）股东不是公司合并之诉的适格被告

利害关系人针对公司合并决议提起诉讼时，股东能否作为被告？法院在裁判时认为，公司为企业法人，股东会是公司的内部决策机构，股东会决议的法律效果不仅涉及公司内部的股东，还涉及公司外部的债权人和其他利益相关者。可见，股东会决议属于公司行为。股东会决议无效诉讼的被告应该是公司，股东不是股东会决议的责任承担者。故在利害关系人提起公司合并决议之诉时，不宜将股东列为诉讼被告。

（三）公司合并需经股东会或股东大会做出决议

合并协议作为合同之一种，需满足法律行为生效要件，即合并协议需系公司的真实意思表示，且符合法定程序。《公司法》第66条第3款规定："股东会作出修改公司章程、增加或者减少注册资本的决议，以及公司合并、分立、解散或者变更公司形式的决议，应当经代表三分之二以上表决权的股东通过。"实践中，对于公司合并未通过股东会或股东大会作出决议，法院在裁判时均认为合并协议违反法律规定，协议无效。

值得注意的是，对于公司合并通过股东会决议的，对公司合并持反对意见的股东，可根据《公司法》第89条的规定请求公司收购其股权。

（四） 合并协议的解除依据 《民法典》 的相关规定

公司合并协议作为合同之一种， 其履行和解除需遵循 《民法典》 合同编的相关规定。《民法典》 第 562 条规定： "当事人协商一致， 可以解除合同。 当事人可以约定一方解除合同的事由。 解除合同的事由发生时， 解除权人可以解除合同。" 第563 条第 1 款规定： "有下列情形之一的， 当事人可以解除合同： （一） 因不可抗力致使不能实现合同目的； （二） 在履行期限届满前， 当事人一方明确表示或者以自己的行为表明不履行主要债务； （三） 当事人一方迟延履行主要债务， 经催告后在合理期限内仍未履行； （四） 当事人一方迟延履行债务或者有其他违约行为致使不能实现合同目的； （五） 法律规定的其他情形。 以持续履行的债务为内容的不定期合同， 当事人可以随时解除合同， 但是应当在合理期限之前通知对方。" 实践中，法院在裁判时依据 《民法典》 中有关合同解除的规定判定合并协议是否应该解除。对于双方一致同意解除合并协议的， 合并协议解除； 协议一方存在根本违约行为或其他导致协议目的不能实现的行为的， 另一方有权请求解除合并协议。

（五） 协议解除后合并期间的经营活动仍然有效

关于合并协议解除后的法律后果问题， 法院在裁判时认为， 合并协议解除后，原公司复活， 协议双方应返还财物， 恢复至合并前的状态， 但合并期间的经营活动只要不违反法律的强制性规定， 仍然有效。

此外，《民法典》 第 577 条规定： "当事人一方不履行合同义务或者履行合同义务不符合约定的， 应当承担继续履行、 采取补救措施或者赔偿损失等违约责任。"法院在裁判时认为， 根据 《民法典》 的规定， 合并协议一方当事人违约导致合并协议解除的， 另一方当事人可以请求其赔偿损失。

第十九章　公司分立纠纷

一、关于公司分立诉讼的法律规定

我国现行法律中有关公司分立的法律规定主要集中在《公司法》，且大多是关于分立程序的规定。

（一）关于公司分立形式的规定

《国家工商行政管理总局关于做好公司合并分立登记支持企业兼并重组的意见》第 2 条第 1 项规定："支持公司采取多种方式合并分立重组。公司分立可以采取两种形式：一种是存续分立，指一个公司分出一个或者一个以上新公司，原公司存续；另一种是解散分立，指一个公司分为两个或者两个以上新公司，原公司解散。

......"

（二）关于公司分立程序的规定

1. 通过股东会或股东大会决议

《公司法》（2018 年修正，已被修订）第 37 条第 1 款第 9 项规定："对公司合并、分立、解散、清算或者变更公司形式作出决议。"

第 43 条第 2 款规定："股东会会议作出修改公司章程、增加或者减少注册资本的决议，以及公司合并、分立、解散或者变更公司形式的决议，必须经代表三分之二以上表决权的股东通过。"

第 46 条第 7 项规定："制订公司合并、分立、解散或者变更公司形式的方案"。

第 103 条第 2 款规定："股东大会作出决议，必须经出席会议的股东所持表决权过半数通过。但是，股东大会作出修改公司章程、增加或者减少注册资本的决议，以及公司合并、分立、解散或者变更公司形式的决议，必须经出席会议的股东所持表决权的三分之二以上通过。"

第 175 条第 1 款规定："公司分立，其财产作相应的分割。"

《公司法》（2023 年修订）第 59 条第 1 款第 7 项规定："对公司合并、分立、解散、清算或者变更公司形式作出决议"。

第 66 条第 3 款规定："股东会作出修改公司章程、增加或者减少注册资本的决议，以及公司合并、分立、解散或者变更公司形式的决议，应当经代表三分之二以上表决权的股东通过。"

第 222 条第 1 款规定："公司分立，其财产作相应的分割。"

2. 编制资产负债表及财产清单、通知债权人并发布公告

《公司法》（2018 年修正，已被修订）第 175 条第 2 款规定："公司分立，应当编制资产负债表及财产清单。公司应当自作出分立决议之日起十日内通知债权人，并于三十日内在报纸上公告。"

《公司法》（2023 年修订）第 222 条第 2 款规定："公司分立，应当编制资产负债表及财产清单。公司应当自作出分立决议之日起十日内通知债权人，并于三十日内在报纸上或者国家企业信用信息公示系统公告。"

3. 申请变更登记

《市场主体登记管理条例》第 3 条规定："市场主体应当依照本条例办理登记。未经登记，不得以市场主体名义从事经营活动。法律、行政法规规定无需办理登记的除外。

市场主体登记包括设立登记、变更登记和注销登记。"

第 24 条规定："市场主体变更登记事项，应当自作出变更决议、决定或者法定变更事项发生之日起 30 日内向登记机关申请变更登记。

市场主体变更登记事项属于依法须经批准的，申请人应当在批准文件有效期内向登记机关申请变更登记。"

《国家工商行政管理总局关于做好公司合并分立登记支持企业兼并重组的意见》第 2 条第 4 项规定："支持公司同时办理重组登记。因公司合并、分立申请办理公司登记，自公告刊登之日起 45 日后，申请人可以同时申请办理公司注销、设立或者变更登记。其中，不属于同一登记机关管辖的，相关登记机关应当加强登记衔接。需要层级衔接的，上级登记机关要主动协调；需要区域衔接的，先收到有关咨询、申请的登记机关要主动协调。"

第 2 条第 7 项规定："支持分公司办理隶属关系变更。因合并而解散或者分立的公司有分公司的，应当在合并协议、分立决议或者决定中载明其分公司的处置方案。处置方案中载明分公司注销的，应当在公司合并、分立前办理分公司注销登记；处置方案中载明分公司归属于存续或者新设的公司的，可以按照分公司名称变更程序办理分公司隶属关系的变更登记。"

第 2 条第 8 项规定："支持有限责任公司股权承继。因合并而解散或者分立的公司持有其他有限责任公司股权的，应当在合并协议、分立决议或者决定中载明其持有股权的处置方案。处置方案中载明通过股权转让或者减资方式退出的，应当在公司合并、分立前办理股权所在有限责任公司的股东转让股权或者注册资本、实收资本变更登记；处置方案中载明股权归属于存续或者新设的公司的，可以在公司合并、分立后办理股权所在有限责任公司的股东变更登记。"

第 2 条第 9 项规定："支持公司一次性申请多项变更登记。公司合并分立时增加股东、增加注册资本等其他登记事项变更的，只要符合《公司法》《公司登记管理条例》等法律法规和公司章程的规定，可以一并提交相关登记申请，并按照总局内资企业登记材料规范的要求提交申请材料。"

此外，对于法律规定需要取得批准的，还需取得批准。如《企业国有资产监督管理暂行条例》第 21 条第 1 款规定："国有资产监督管理机构依照法定程序决定其所出资企业中的国有独资企业、国有独资公司的分立、合并、破产、解散、增减资本、发行公司债券等重大事项。其中，重要的国有独资企业、国有独资公司分立、合并、破产、解散的，应当由国有资产监督管理机构审核后，报本级人民政府批准。"

（三）关于分立后债务承担的规定

《公司法》（2018 年修正，已被修订）第 176 条规定："公司分立前的债务由分立后的公司承担连带责任。但是，公司在分立前与债权人就债务清偿达成的书面协议另有约定的除外。"

《公司法》（2023 年修订）第 223 条规定："公司分立前的债务由分立后的公司承担连带责任。但是，公司在分立前与债权人就债务清偿达成的书面协议另有约定的除外。"

《最高人民法院关于审理与企业改制相关的民事纠纷案件若干问题的规定》第

12 条规定："债权人向分立后的企业主张债权，企业分立时对原企业的债务承担有约定，并经债权人认可的，按照当事人的约定处理；企业分立时对原企业债务承担没有约定或者约定不明，或者虽然有约定但债权人不予认可的，分立后的企业应当承担连带责任。"

第 13 条规定："分立的企业在承担连带责任后，各分立的企业间对原企业债务承担有约定的，按照约定处理；没有约定或者约定不明的，根据企业分立时的资产比例分担。"

《财政部、税务总局关于继续支持企业事业单位改制重组有关契税政策的通知》第 4 条规定："公司依照法律规定、合同约定分立为两个或两个以上与原公司投资主体相同的公司，对分立后公司承受原公司土地、房屋权属，免征契税。"

（四）关于分立后公司类型的规定

《国家工商行政管理总局关于做好公司合并分立登记支持企业兼并重组的意见》第 2 条第 3 项规定："支持公司自行选择重组公司类型。合并、分立后存续或者新设的公司，只要符合《公司法》规定的条件，可以选择有限责任公司或者股份有限公司类型。"

（五）关于分立后公司资本的规定

《国家工商行政管理总局关于做好公司合并分立登记支持企业兼并重组的意见》第 2 条第 5 项规定："……

立而存续或者新设的公司，其注册资本、实收资本数额由分立决议或者决定约定，但分立后公司注册资本之和、实收资本之和不得高于分立前公司的注册资本、实收资本。"

《对外贸易经济合作部、国家工商行政管理总局关于外商投资企业合并与分立的规定》第 13 条规定："分立后公司的注册资本额，由分立前公司的最高权力机构，依照有关外商投资企业法律、法规和登记机关的有关规定确定，但分立后各公司的注册资本额之和应为分立前公司的注册资本额。"

无论是内资企业还是外商投资企业，我国法律均不允许分立后各公司注册资本高于分立前公司的注册资本之和，但内资企业可以小于分立前公司的注册资本之和。

（六）关于分立后股东出资的规定

《国家工商行政管理总局关于做好公司合并分立登记支持企业兼并重组的意见》第2条第6项规定："支持公司自主约定股东出资份额。因合并、分立而存续或者新设的公司，其股东（发起人）的出资比例、认缴或者实缴的出资额，由合并协议、分立决议或者决定约定。法律、行政法规或者国务院决定规定公司合并、分立涉及出资比例、认缴或者实缴的出资额必须报经批准的，应当经过批准。

合并、分立前注册资本未足额缴纳的公司，合并、分立后存续或者新设公司的注册资本应当根据合并协议、分立决议或者决定的约定，按照合并、分立前规定的出资期限缴足。"

二、公司分立诉讼相关案例

（一）公司分立时的财产分配

公司分立时，关于财产分配有约定的严格按约定分配。

❶广州市中级人民法院审理的广州市皓某清洁设备科技有限公司与谭某萍、黄某然等公司分立纠纷案二审民事判决书【（2016）粤01民终5479号】认为："清算组成员由3方共同推选，清算组对原超某公司土地、厂房面积进行测量后，测量结果得到3方的确认。虽然该测量结果后经广州市白云区房地产测绘所测绘证实有误，但上述3方均无须对该错误承责。现上述争议土地由黄某丁实际占有使用，其已经在上述土地上增设了大量的机器、设备，且部分机器设备的管线埋藏于地表之下，上述土地及机器设备已经用于超某公司的正常生产经营，如果重新分割上述土地，必将会导致分立后的公司停产，产生更大的损失及纠纷，不利于生产生活，从维护分立后公司的正常经营、避免导致更大的损失的角度出发，对黄某甲、黄某乙、黄某丙、谭某要求黄某丁、超某公司退还上述12.0318亩土地的上诉意见，本院不予采纳，但黄某丁、超某公司应对其多占黄某甲、黄某乙、黄某丙、谭某的12.0318亩土地予以补偿。"

"关于邝某湘名下的3方共管账户内资金29549784元是否可以分配的问题，《〈分产协议书〉之货币资金确认及分配方案》已经对该款项的用途及分配的时间条件作出了清晰明确的约定，现分配条件已经成就，应依照约定对该款项进行分配。黄某丁、超某公司提出分配条件不成就的上诉意见理据不足，本院不予采纳。"

❷呼和浩特市中级人民法院审理的史某等公司分立纠纷案二审民事判决书【（2016）内 01 民终 802 号】认为："史某与翔某房地产公司对于宇翔出租汽车公司分立所确定的资产分割的基本原则就是除双方在两份协议书中特别约定的事项以外，其余均按照各自在宇翔出租汽车公司出资比例进行分配。现两份协议书中均没有明确约定出租车的价值不计入宇翔出租汽车公司的资产总额，而审计报告中宇翔出租汽车公司的资产总额中也包括了 300 辆出租汽车的价值，因此分配给史某的 100 辆出租汽车的价值应当包含在翔某房地产公司向史某支付的 14587027 元中。"

协议中约定了财产分配条件的，条件成就时按协议进行财产分配。

❸佛山市中级人民法院审理的佛山市顺德区燕某制冷配件有限公司、朱某荣与中山市燕某制冷配件有限公司公司分立纠纷案再审民事判决书【（2014）佛中法审监民再字第 60 号】认为："刘某先及罗某伟积极履行对外追收债权的义务。顺德燕某公司与朱某荣存在不按约定履行合同义务的违约行为，导致刘某先、罗某伟无法正常追收债权，从而导致顺德燕某公司的对外应收款由刘某先、罗某伟两人追收后再按比例分配的条件无法成就，在这种情形下，不宜再以尚有对外应收款没有收回作为阻却分配的理由。此外，顺德燕某公司与朱某荣消极经营、转移公司财产的意图明显。综上，中山燕某公司主张分配公司款项的条件成就，本院予以支持。"

财产分配协议系真实意思表示的，分配协议有效。

❹山东省高级人民法院审理的山东高青华某商贸有限公司、闫某良与高青华某商场有限公司、闫某东公司分立纠纷案二审民事判决书【（2015）鲁商终字第 360 号】认为："华某商贸公司系闫氏家庭共同出资设立、共同经营管理。闫某良与闫某东于 2009 年至 2010 年前后签订多份协议，有的协议有其母亲签字确认，有的协议还经分家小组见证，上述协议既是对华某商贸公司资产的分配，又是闫氏家庭的分家析产行为，系各方当事人的真实意思表示，内容不违反法律、行政法规的禁止性规定，具有法律约束力。闫某良虽然主张，涉案资产分配协议属于被胁迫所签，但没有提供充分证据证明，也没有在法定期限内请求予以撤销。闫某良以此为由主张上述协议无效，不能成立。"

（二）公司分立后的债务承担

对于分立时就债务承担有约定的，依照约定进行清偿，没有约定的，由分立后的公司承担连带责任。

❶呼和浩特市中级人民法院审理的史某等公司分立纠纷案二审民事判决书【（2016）内01民终802号】认为："宇某出租汽车公司所主张的上述负债在《审计报告》中均已包含，而《和解协议书》系在《审计报告》作出之后达成的，《和解协议书》中并未约定史某按照出资比例承担宇某出租汽车公司该部分负债，且《存续分立协议书》中也约定分配给史某的100辆出租汽车在转由史某新成立的公司独立经营前产生的债权债务由宇某出租汽车公司承担，因此宇某出租汽车公司的这一主张不能成立，本院不予支持。"

"关于2012年11月、12月所发生的营业税、附加税、10月利润应缴纳的所得税以及司机的社保费，双方在2012年12月21日签订《和解协议书》时上述费用已经发生或者是应当预见的，但是双方在《和解协议书》中并未就上述各项费用的承担进行约定，而是约定宇某出租汽车公司及翔某房地产公司将两个月的份子钱据实交付史某，史某给付宇某出租汽车公司及翔某房地产公司管理费5万元，因此宇某出租汽车公司及翔某房地产公司主张从应付史某款项中扣减上述各项费用缺乏合同依据，本院不予支持。"

❷温州市中级人民法院审理的吴某伦与吴某特公司分立纠纷案民事判决书【（2013）浙温商终字第397号】认为："双方对上海伦某公司协议分立后，对上海伦某公司的债权债务的承继问题已有约定，公司分立办理工商登记手续之前的债务均由被上诉人的公司负责，与上诉人无关。被上诉人在一审中再一次承诺公司分立登记之前的债务与上诉人无关，由其承担。双方对分立公司的外债内部约定已非常明确，上诉人现以上海伦某公司存在外债为由不配合办理公司分立登记手续不符合情理。根据行政调解书的分工约定，吴某伦已负责编制了资产负债表和财产清单。吴某伦在签署该份调解书后又委托有资质的机构分别对上海伦某公司资产、股东权益价值进行审计和评估。上诉人对诉争公司账目有异议，不认可该审计和评估报告，并以双方有约定'资产负债表审计或评估后经分立前公司的全体股东确认'而自己未确认作为不能办理公司分立登记手续的主要理由。本院认为双方对财产已实际分割，上诉人应得利益基本已经得到，再不配合吴某伦办理上海伦某公司分立登记手续对吴某伦明显不公。故上诉人列举公司分立不能如约完成的理由不能成立，本院不予支持。"

❸重庆市合川区人民法院审理的重庆某辉玻璃晶品有限公司与重庆某峰玻璃晶品有限公司公司分立纠纷案再审民事判决书【（2016）渝0117民初8092号】认为："从公司分立时各股东签订的《重庆某辉玻璃晶品有限公司分立资产先行分割及经

营先行独立协议》及附表 9《应付账款科目明细》约定内容看，原告某辉玻璃公司与被告某峰玻璃公司对应付账款各承担一半，因此，被告某峰玻璃公司应按约定承担上述被执行款项的一半，即 17640 元。故原告某辉玻璃公司要求被告某峰玻璃公司支付垫付款项 17640 元的诉讼请求有事实和法律依据，本院予以支持。"

（三）公司分立纠纷的其他问题

1. 分立后的诉讼主体资格

股东代表公司进行分立的，分立后的权利义务及法律后果应由分立后的公司承担。

❶滨州市中级人民法院审理的刘某1、贠某乐与刘某2、魏某康等公司分立纠纷案民事判决书【（2012）滨中商初字第60号】认为："刘某1、贠某乐代表分立后的博兴县正某新材料有限公司，刘某2、魏某康、魏某宇代表设立中的公司，对因原博兴县正某新材料有限公司分立的资产分割问题等相关权利义务进行约定，是其以自己的名义为公司设立所进行的必要行为，但在博兴县正某新材料有限公司分立完毕，新公司设立后，公司分立协议产生的权利义务关系及法律后果应由分立后的博兴县正某新材料有限公司与设立的新公司各自享有和承担。关于本案本诉部分涉及的支付公司分立资产分割款纠纷，即使支付该款项的事实成立，亦是分立后的博兴县正某新材料有限公司的权利受到侵害，应由博兴县正某新材料有限公司而非刘某1、贠某乐作为诉讼主体主张权利。反诉部分，即使违约事实能够认定，亦是分立后新设立公司的权利受到侵害，应由新设立的公司而非刘某2、魏某康、魏某宇作为诉讼主体主张权利。"

2. 公司分立纠纷认定

在公司分立基础上产生的其他纠纷可认定为公司分立纠纷。

❷广州市中级人民法院审理的广州某金技术产业集团有限公司与广州高某技术产业集团有限公司、广州高某技术产业开发区天某科技园管理委员会、广州天某软件园高唐新建区管理委员会公司分立纠纷案二审民事判决书【（2014）穗中法民二初字第63号】认为："本案缘起科技园管委会和某唐管委会增资入股原高某集团，并与凤某、李某银、戴某花、冼某等股东达成《关于公司分立的股东会决议》《关于公司分立股东会决议的补充决议》。在此基础上，双方又签署了《关于置换土地

使用权的协议》和《土地使用权有偿转让协议》。现因对上述协议理解和履行产生争议，故本案应为公司分立纠纷。"

3. 公司分立的程序

公司分立应当编制资产负债表及财产清单并履行作出分立决议、通知债权人、分立公告等程序。

❸河南省高级人民法院审理的洛阳明某资产评估事务所有限公司与洛阳明某会计师事务所有限公司公司分立纠纷案再审民事裁定书【(2013) 豫法立二民申字第02282 号】认为："根据《中华人民共和国公司法》第 176 条①的规定，公司分立应当编制资产负债表及财产清单并履行作出分立决议、通知债权人、分立公告等程序。依据本案查明的事实，明某会计师事务所没有按照法律规定的事项履行相应的程序，不具备公司分立的实质要件和形式要件，二审法院认定双方是资产评估资格的分离，判决驳回明某评估事务所的诉讼请求并无不当。"

4. 事务所分立后的职业风险承担

关于事务所分立后的职业风险承担有约定的，依约定。

❹洛阳市中级人民法院审理的洛阳明某资产评估事务所有限公司与洛阳明某会计师事务所有限公司公司分立纠纷案二审民事判决书【(2010) 洛民终字第 1834号】认为："明某会计事务所提交了从河南省资产评估协会调取的《关于设立洛阳明某资产评估事务所有限公司的申请报告》，明某评估事务所对该申请报告予以认可。该申请报告显示申请设立明某评估事务所呈报的相关资料是由明某评估事务所的股东王某武、沈某君提交，其所呈报的资料中包含 2008 年 6 月 9 日的《决议补充说明》，因此，应视为其认可该补充说明。而明某会计事务所其余股东对该补充说明不持异议，因此，该补充说明应视为公司分立时双方达成的风险金处理方案。该补充说明中明确显示，风险金全部留给明某会计事务所，分离前的职业风险由明某会计事务所承担，新设立的明某评估事务所不承担分离前的职业风险。故一审法院对明某评估事务所的诉讼请求不予支持并无不当。"

三、公司分立诉讼问题综述

实践中，公司分立纠纷的争议焦点主要集中于分立后的财产分配及债务承担问

---

① 《公司法》(2023 年修订) 第 223 条。

题。同时，对于纠纷是否属于公司分立问题也时常产生争议。

（一）存续分立后新设立的公司是独立法人

公司分立可以采取两种形式：一种是存续分立，指一个公司分出一个或者一个以上新公司，原公司存续；另一种是解散分立，指一个公司分为两个或者两个以上新公司，原公司解散。采用存续分立后的公司是两个独立法人。但在实践中，分立后的公司与原公司之间存在共同的股东，原公司常以此为由主张分立后的公司与原公司属于"一套班子、两块牌子"经营办公。法院在裁判时认为，双方股东仅是部分一致，且双方的财务分离，故应认定为两个独立法人。对于双方之间的资金往来应视为借款，严格按照有关国家对于企业间借贷的规定予以判断处理。

（二）公司分立需符合法定程序

《公司法》就公司分立规定了法定程序，公司分立需先经股东会或股东大会作出决议，编制资产负债表和财物清单，通知债权人并发布公告，对于法律规定需要报经批准的，需取得批准。法院裁判时认为，公司分立未遵循法定程序的，分立协议无效。

公司分立须系公司的真实意思表示，《公司法》第 66 条第 3 款规定："股东会作出修改公司章程、增加或者减少注册资本的决议，以及公司合并、分立、解散或者变更公司形式的决议，必须经代表三分之二以上表决权的股东通过。"对于公司分立决议持反对意见的股东，可以根据《公司法》第 89 条的规定，请求公司收购其股权。

公司分立时，尽管债权人对公司分立不能施加实质影响，但是，公司分立一般会影响全体债权人的利益。这是因为：一方面，公司分立将导致被分立公司资产减少；另一方面，无论是解散分立还是存续分立，分立的公司原则上都可以自由决定如何分配公司财产，包括债权债务的分割。故公司分立时须通知债权人并发布公告，否则分立行为对债权人不产生效力。

（三）分立后的财产可按协议约定分配

关于公司分立时的财产如何分配问题，法律并未作出明确规定。实践中，公司分立时通常签订财产分配协议，制定财产分配方案。法院在裁判时认为，只要财产分配协议系双方的真实意思表示，不违反法律的强制性规定，即合法有效。公司分立时应该按协议约定进行财产分配。对于约定了分配条件的，条件成就时进行财产分配。而对于公司分立时未进行财产分配的，财产为分立后的公司共有。

（四）分立后的公司就原公司债务承担连带责任

《公司法》第 223 条规定："公司分立前的债务由分立后的公司承担连带责任。但是，公司在分立前与债权人就债务清偿达成的书面协议另有约定的除外。"该条是关于公司分立前的债务承担问题的规定。根据该条规定，分立后的公司对分立前的公司债务承担无限连带责任，债权人可以在诉讼时效内向任意一个公司主张权利，请求偿还债务。实践中，对于公司分立时就债务承担作出约定的，法院在裁判时严格依照协议的约定判决，对于未约定部分的债务承担，则由分立后的公司承担连带责任。

值得注意的是，公司分立时有关债务承担的约定须取得债权人认可。《最高人民法院关于审理与企业改制相关的民事纠纷案件若干问题的规定》第 12 条规定："债权人向分立后的企业主张债权，企业分立时对原企业的债务承担有约定，并经债权人认可的，按照当事人的约定处理；企业分立时对原企业债务承担没有约定或者约定不明，或者虽然有约定但债权人不予认可的，分立后的企业应当承担连带责任。"依据该规定，约定的债务承担未经过债权人认可的，仍由分立后的公司承担连带责任。

此外，对于分立后的公司承担连带责任后的内部追偿问题，《最高人民法院关于审理与企业改制相关的民事纠纷案件若干问题的规定》第 13 条规定："分立的企业在承担连带责任后，各分立的企业间对原企业债务承担有约定的，按照约定处理；没有约定或者约定不明的，根据企业分立时的资产比例分担。"

第二十章　公司减资纠纷

一、公司减资诉讼法律规定

有关公司减资的法律规定，《公司法》第 116 条、第 224 条等规定了公司减资的程序问题，关于公司不当减资的法律后果并未作出相应规定。随着实缴制向认缴制的改革，公司减资制度的适用也更加复杂。

（一）关于减资程序的法律规定

公司减资需符合一定的程序：通过股东大会决议、编制资产负债表和财产清单、通知债权人并发布公告、办理变更登记。对此，我国法律作了如下规定：

1. 股东会或股东大会做出决议

《公司法》（2018 年修正，已被修订）第 37 条第 1 款第 7 项规定："对公司增加或者减少注册资本作出决议"。

第 43 条第 2 款规定："股东会会议作出修改公司章程、增加或者减少注册资本的决议，以及公司合并、分立、解散或者变更公司形式的决议，必须经代表三分之二以上表决权的股东通过。"

第 46 条第 6 项规定："制定公司增加或者减少注册资本以及发行公司债券的方案"。

第 103 条第 2 款规定："股东大会作出决议，必须经出席会议的股东所持表决权过半数通过。但是，股东大会作出修改公司章程、增加或者减少注册资本的决议，以及公司合并、分立、解散或者变更公司形式的决议，必须经出席会议的股东所持表决权的三分之二以上通过。"

《公司法》（2023 年修订）第 59 条第 1 款第 5 项规定："对公司增加或者减少注册资本作出决议"。

第 66 条第 3 款规定："股东会作出修改公司章程、增加或者减少注册资本的决议，以及公司合并、分立、解散或者变更公司形式的决议，应当经代表三分之二以上表决权的股东通过。"

第 67 条第 2 款第 5 项规定："制订公司增加或者减少注册资本以及发行公司债券的方案"。

第 116 条第 2 款、第 3 款规定："股东会作出决议，应当经出席会议的股东所持表决权过半数通过。

股东会作出修改公司章程、增加或者减少注册资本的决议，以及公司合并、分立、解散或者变更公司形式的决议，应当经出席会议的股东所持表决权的三分之二以上通过。"

2. 编制资产负债表及财产清单

《公司法》（2018 年修正，已被修订）第 177 条第 1 款规定："公司需要减少注册资本时，必须编制资产负债表及财产清单。"

《公司法》（2023 年修订）第 224 条第 1 款规定："公司减少注册资本，应当编制资产负债表及财产清单。"

从 1999 年的《公司法》修改至今，对于公司减资时应编制资产负债表及财产清单的规定一以贯之，实践中，就该程序而产生的纠纷相对较少。

3. 通知债权人和对外公告

《公司法》（2018 年修正，已被修订）第 177 条第 2 款规定："公司应当自作出减少注册资本决议之日起十日内通知债权人，并于三十日内在报纸上公告。债权人自接到通知书之日起三十日内，未接到通知书的自公告之日起四十五日内，有权要求公司清偿债务或者提供相应的担保。"

第 204 条第 1 款规定："公司在合并、分立、减少注册资本或者进行清算时，不依照本法规定通知或者公告债权人的，由公司登记机关责令改正，对公司处以一万元以上十万元以下的罚款。"

《公司法》（2023 年修订）第 224 条第 2 款规定："公司应当自股东会作出减少注册资本决议之日起十日内通知债权人，并于三十日内在报纸上或者国家企业信用信息公示系统公告。债权人自接到通知之日起三十日内，未接到通知的自公告之日起四十五日内，有权要求公司清偿债务或者提供相应的担保。"

第 255 条规定："公司在合并、分立、减少注册资本或者进行清算时，不依照本法规定通知或者公告债权人的，由公司登记机关责令改正，对公司处以一万元以上十万元以下的罚款。"

《市场主体登记管理条例》第 24 条规定："市场主体变更登记事项，应当自作出变更决议、决定或者法定变更事项发生之日起 30 日内向登记机关申请变更登记。

市场主体变更登记事项属于依法须经批准的，申请人应当在批准文件有效期内向登记机关申请变更登记。"

《市场主体登记管理条例实施细则》第 36 条第 3 款规定："公司减少注册资本，可以通过国家企业信用信息公示系统公告，公告期 45 日，应当于公告期届满后申请变更登记。法律、行政法规或者国务院决定对公司注册资本有最低限额规定的，减少后的注册资本应当不少于最低限额。"

（二）关于减资限度的法律规定

2013 年以前实施的《公司法》中规定，公司减资后的注册资本不得低于法定的最低限额。2013 年实行资本认缴制后，取消了该规定，但对于法律、行政法规有特殊规定的，仍要遵守该规定。

《市场主体登记管理条例实施细则》第 36 条第 3 款规定："公司减少注册资本，可以通过国家企业信用信息公示系统公告，公告期 45 日，应当于公告期届满后申请变更登记。法律、行政法规或者国务院决定对公司注册资本有最低限额规定的，减少后的注册资本应当不少于最低限额。"

二、公司减资诉讼相关案例

（一）减资程序问题

1. 减资未通知债权人的，不对债权人产生对抗效力

公司减资时未通知债权人，对债权人不产生对抗效力，但并不直接导致减资行为无效。

❶湘潭市中级人民法院审理的湘潭大某钢铁贸易有限公司与胡某、梁某公司减资纠纷案民事判决书【（2014）潭中民二初字第 20 号】认为："金某公司在减资时未通知已知债权人大某公司，导致大某公司无从得知其减资情况，也无法提前要求

其清偿债务或提供担保，减资程序存在瑕疵，对大某公司不发生法律效力。"

❷天津市和平区人民法院审理的天津市管某工程集团有限公司与天津市道某工程公司、天津市天兴市某建设联某公司减资纠纷案民事判决书【（2017）津 0101 民初 278 号】认为："本案中，联某公司于 2014 年 6 月 30 日作出减资、减股东的股东会决议，并于次日在报纸上刊登了减资公告，但并未依法直接通知作为其债权人的原告。而在该期间，联某公司与原告正因建设工程合同纠纷进行诉讼，在 2014 年 6 月 30 日作出减资、减股东的股东会决议时，联某公司已明知原告向其主张债权，且在此日前后均进行过开庭，原告与联某公司均派员参加了庭审，不存在直接通知原告的客观障碍，虽然联某公司在《渤某早报》发布了减资公告，但对于原告这一已知债权人，联某公司未就减资、减股东事项及时采取合理、有效的方式告知，致使原告丧失了在联某公司减资、减股东前要求其偿还债务或提供担保的权利，故联某公司的减资、减股东对原告不具有对抗的效力。"

❸慈溪市人民法院审理的浙江尚某新材料股份有限公司与余某英、朱某忠公司减资纠纷案民事判决书【（2016）浙 0282 民初 3556 号】认为："本案中，宏某公司于 2014 年 5 月 16 日作出减资股东会决议并于次日刊登了减资公告，于 2014 年 7 月 8 日进行了工商登记变更，而其在 2014 年 5 月 22 日与原告对账后确认货款金额及付款时间，可见宏某公司进行减资期间，其对原告这一债权人是明知、确定的。宏某公司对已知债权人未进行直接、合理、有效的通知，而仅在《青某时报》进行减资公告，其通知程序上存在瑕疵，使原告未能及时行使相应权利，故宏某公司减资不产生对抗原告的效力。"

2. 潜在债权人是否属于通知的对象，裁判观点不一

一种裁判观点认为，公司减资时债权债务处于诉讼中，且争议焦点为债权是否成立的，纠纷当事人不是确定债权人。

❹上海市第一中级人民法院审理的北京国某电气有限责任公司与张某公司减资纠纷案二审民事判决书【（2015）沪一中民四（商）终字第 1901 号】认为："上诉人对原审第三人进行减资时，被上诉人与原审第三人间的债权债务纠纷尚在审理过程中，且该案诉讼争议焦点即为被上诉人对原审第三人的债权是否成立，则当时被上诉人是否是原审第三人的债权人尚处争议之中，须通过生效判决予以认定。此种情形下，被上诉人显然并非原审第三人已知的债权人，原审第三人无须对其承担相应通知义务；且如公司减资时对尚处前述诉讼过程中的对方当事人应负通知义务的，则该当事人可依照《公司法》规定要求公司清偿债务或提供担保，其法律后果

应为公司对相应债权债务予以确认，则相应诉讼亦已失去实际意义，显然违反了当事人进行民事诉讼的本意，据此，亦可认定被上诉人并非原审第三人减资时公司法意义上的已知债权人，原审第三人对其并无通知义务。"

另一种裁判观点认为，公司减资时，尚处于诉讼阶段的当事人是已知债权人，应采用书面形式通知。

❺上海市第一中级人民法院审理的叶某航等与朗某贸易（上海）有限公司公司减资纠纷案二审民事判决书【(2015) 沪一中民四（商）终字第 675 号】认为："首先，审理查明的事实表明，叶某航、叶某波在通过股东会形式进行减资时，正值朗某公司向壹某公司主张支付货款的案件审理中；在办理减资的工商变更过程中，上海市徐汇区人民法院业已作出了民事判决确认壹某公司与朗某公司之间的债权债务关系。基于上述事实，本院有理由相信，叶某航、叶某波在办理减资过程中，理应知晓朗某公司可能成为壹某公司的债权人，且在办理工商变更手续时，上海市徐汇区人民法院所作出的判决确认朗某公司系壹某公司的债权人。虽然上海市徐汇区人民法院作出的判决在办理减资工商变更手续时尚未生效，但对前述办理减资手续时间段与两家公司诉讼进行的时间段进行比较分析，本院认定叶某航、叶某波在办理减资时理应知晓朗某公司系壹某公司的债权人，壹某公司在办理减资的过程中理应以书面形式通知朗某公司。"

❻杭州经济技术开发区人民法院审理的杭州天某龙建材装饰会展管理有限公司与北京物某商业集团股份有限公司公司减资纠纷案民事判决书【(2016) 浙 0191 民初 3399 号】认为："本案中，聚某公司在 2015 年 7 月 1 日决定减资时，虽在报纸上发布了公告，但其并未通知作为债权人的原告。本案中，虽然原告的债权数额有待确定，但此前原告与聚某公司的纠纷已成讼，起诉的标的金额近 4000 万元，业已开庭审理，事实上此后经法院判决认定该债权确实存在，且数额巨大。显然，天某龙公司系聚某公司减资时已知的债权人。因此，根据《公司法》规定，聚某公司未严格履行法定程序，在没有通知作为债权人的原告的情况下进行减资，致使天某龙公司未能及时要求其清偿债务或者提供相应的担保，侵害了天某龙公司的利益。"

3. 根据生效的裁判文书确定的债权人须采用书面方式通知

❼湘潭市中级人民法院审理的湘潭大某钢铁贸易有限公司与胡某、梁某公司减资纠纷案民事判决书【(2014) 潭中民二初字第 20 号】认为："虽然目前无证据表明，金某公司于 2011 年 9 月 22 日在《湘某日报》上发布将注册资本从 3000 万元减少至 900 万元减资公告时，原告大某公司是金某公司的已知债权人，但在股东由

胡某和胡某 1 变更登记为胡某和梁某后，金某公司于 2012 年 12 月 24 日形成公司注册资本（实收资本）从 3000 万元减少至 900 万元的新股东会决议时，大某公司根据本院 2012 年 12 月 6 日作出的（2012）潭中民二初字第 43 号民事调解书，是金某公司的已知债权人。"

❽上海市杨浦区人民法院审理的上海善某装饰材料有限公司与秦某红公司减资纠纷案民事判决书【（2012）杨民二（商）初字第 156 号】认为："2009 年 3 月 25 日，被告秦某红作为秦某大酒店公司股东在闵行看守所里阅看过 2009 年 3 月 24 日《协议》，知道秦某大酒店公司对秦某浴场公司欠原告的债务提供担保；闵行法院提前解除对秦某红采取的拘留措施后，秦某大酒店公司分 4 次从其银行账户分别打款 1.5 万元到原告银行账户，履行了《协议》约定内容；2010 年 1 月 5 日闵行法院出具（2009）闵执恢复字第 351 号执行裁定书，裁定追加第三人秦某大酒店公司为该案的被执行人，并向秦某大酒店公司的注册地址进行送达；上述事实可以证明原告是秦某大酒店公司的已知债权人。两被告认为原告是秦某大酒店公司的未知债权人，无事实依据，本院难以采信。"

4. 股东是否承担通知债权人的义务，裁判观点不一

《公司法》第 224 条第 2 款规定："公司应当自作出减少注册资本决议之日起十日内通知债权人，并于三十日内在报纸上或者国家企业信用信息公示系统公告。……"根据该规定，公司减资时，公司承担通知债权人的义务，对于股东是否承担该义务未作规定。实践中对股东是否承担通知义务存在两种不同的观点。

一种观点认为，仅公司承担通知债权人的义务。

❾上海市第一中级人民法院审理的北京国某电气有限责任公司诉张某公司减资纠纷案二审民事判决书【（2015）沪一中民四（商）终字第 1901 号】认为："公司减资过程中，对于公司债权人的通知义务依法应由公司履行，公司股东并无此种法定义务，故上诉人作为原审第三人股东，并不存在未履行通知义务的过错。"

另一种观点认为，股东和公司均承担通知债权人的义务。

❿广州市海珠区人民法院审理的东莞市中某江南加油站有限公司与张某、卜某山、广州锦某石油化工有限公司与公司有关的纠纷案民事判决书【（2015）穗海法民二初字第 3193 号】认为："被告张某或者第三人锦某公司对原告所享有的债权应当是明确知道的，故两被告或第三人锦某公司在 2014 年 7 月 1 日作出减少注册资本的股东会决议后依法应当通知债权人即本案原告，两被告或第三人锦某公司对减资决议进行登报公告并不足以免除其对原告所负有的法定的通知义务。"

5. 仅公告不免除通知义务

公司减资时未通知债权人，仅刊登报纸公告，属于未履行告知义务。

❶上海市第一中级人民法院审理的中国地质物资供销总公司与上海天某重型机器有限公司等其他与公司有关的纠纷案二审民事判决书【（2013）沪一中民四（商）终字第 1831 号】认为："本案中，上海天某公司对东某物产公司享有债权系由生效调解书所确认，东某物产公司对上海天某公司的债权是明知的，现东某物产公司没有证据证明其在减资过程中曾以直接方式通知过上海天某公司，也没有证据证明上海天某公司存在无法直接送达的情形，因此，东某物产公司存在过错，其减资程序不完全符合上述法律规定。"

❷上海市普陀区人民法院审理的上海锦某企业投资管理有限公司、潘某友与上海佰某瀚宫大酒店有限公司、郭某涛公司减资纠纷案民事判决书【（2015）普民二（商）初字第 1252 号】认为："关于通知的具体形式，虽然法律并未明确规定对于已知债权人应当采用直接通知的方式，但公告作为一种拟制通知的方式应当是直接通知的补充，适用于无法直接通知的债权人或者不明知的债权人。如果对于能够直接通知的债权人未采用直接通知方式，而事后以已作公告通知进行抗辩，不仅有违债权人利益保护原则，也不符合《公司法》相关规定的立法精神。本案中，两原告对被告佰某瀚宫公司享有债权系由生效判决书所确认，被告郭某涛对两原告享有债权系明知，现既无证据证明被告佰某瀚宫公司或其股东在减资过程中曾以直接方式通知过两原告，亦无证据证明两原告存在无法直接送达的情形。故被告佰某瀚宫公司对已知债权人未依法履行通知义务，主观上存在过错，减资程序存在瑕疵。"

（二）股东的责任承担问题

1. 减资股东在减资范围内承担补充责任

公司减资未通知债权人的，股东比照抽逃出资的法律规定进行责任认定，即在减资范围内承担补充责任。

关于股东对不当减资的法律责任承担问题，本书整理的 7 个案例均认为，公司减资后股东的出资义务减少，从而获得了减资带来的财产利益，与股东抽逃出资具有本质上的相似性，故法院在判决中类推适用股东抽逃出资的规定进行责任认定。《公司法司法解释三》第 14 条第 2 款规定："公司债权人请求抽逃出资的股东在抽逃出资本息范围内对公司债务不能清偿的部分承担补充赔偿责任、协助抽逃出资的其他股东、董事、高级管理人员或者实际控制人对此承担连带责任的，人民法院应予支持；抽逃出资的股东已经承担上述责任，其他债权人提出相同请求的，人民法院不予支持。"故公司减资程序存在瑕疵的，股东在各自的减资范围内对公司债务不能清偿的部分承担补充赔偿责任。

❶江苏省高级人民法院审理的上海杰某能信息科技有限公司与钟某东公司减资纠纷案二审民事判决书【（2015）苏商终字第00034号】认为："因保某达公司未就减资事项通知债权人，使得债权人丧失了要求公司清偿债务或者提供相应担保的权利，而公司减资系公司股东会决议的结果，减资的受益人是公司股东，该情形与股东抽逃出资对于债权人的侵害有着本质上的一致性，因此，对于公司减资未通知已知债权人的责任，比照股东抽逃出资的法律责任进行认定。钟某东、钟某晔在明知公司大额债务未付清的情况下，仍然通过股东会决议减少公司注册资本；钟某东系保某达公司减资行为的直接受益人，已取得公司减资财产，该行为亦导致保某达公司对于杰某能公司偿债能力的下降，故钟某东应在减资范围内承担责任。"

❷杭州市中级人民法院审理的焦某亮与陆某权、张某光等公司减资纠纷案二审民事判决书【（2017）浙01民终6510号】认为："经审理查明，案涉公司减资决议作出时，陆某权对佰某曼公司的债权已经一审法院确认且处于法院强制执行过程中，佰某曼公司应当能够以书面通知等方式直接通知陆某权，但其仅在报纸上予以公示，可以据此认定佰某曼公司未依法就公司减资相关事项向陆某权履行及时告知义务。且佰某曼公司经法院强制执行程序未发现有可供执行的财产，可见案涉公司减资行为直接导致佰某曼公司财产减少进而侵害陆某权合法债权的实现。现佰某曼公司仍拖欠陆某权15万元款项未付。一审法院据此判令张某光、胡某峰、许某秋、王某升、焦某亮在各自减资范围内对上述款项及其逾期付款利息损失承担补充赔偿责任，并无不当。"

❸南京市中级人民法院审理的甘某与孙某云、孙某梅等公司减资纠纷案再审民事裁定书【（2017）苏01民申356号】认为："本案中，海某公司在作出减资决定时，甘某已陆续向海某公司投入资金，海某公司明知与甘某之间存在债权债务关系，对甘某这一明确的债权人，海某公司未进行通知，而仅在《金某晚报》上进行公告，致使甘某未能及时了解减资情形，因此丧失了在海某公司减资前要求其偿还债务或提供担保的权利。甘某对海某公司的债权已经生效判决确认，且已申请强制执行未能得到清偿，本案一审判决孙某云、孙某梅、孙建平应对海某公司尚欠甘某的债务分别在减资额160万元、40万元、40万元范围内承担补充清偿责任，并无

不当。"

❹上海市第二中级人民法院审理的朱某卿、朱某芳与上海聪铭商贸有限公司公司减资纠纷案二审民事判决书【(2017)沪02民终7061号】认为:"对于聪某公司而言,其基于国某公司原注册资本的可信赖利益遭到削减,而股东朱某卿、朱某芳对国某公司的减资行为在性质上与出资不实或抽逃出资基本无异。因此,一审法院判令朱某卿、朱某芳在各自减资范围内对国某公司的债务不能清偿部分承担补充赔偿责任,具备事实及法律依据。"

❺上海市第二中级人民法院审理的郭某涛与潘某友、上海锦某企业投资管理有限公司公司减资纠纷案二审民事判决书【(2016)沪02民终6253号】认为:"作为佰某瀚宫公司股东之一的郭某涛在明知公司对外负有债务未清偿的情形下,仍同意减少公司的注册资本,依法应认定存在过错。客观上,公司减资后其对公司所应履行的出资责任亦相应减少,从而获得了减资所带来的财产利益,并对应导致公司对外的偿债能力受到影响。故佰某瀚宫公司两自然人股东的减资行为,对涉案潘某友、锦某公司所享有的债权的清偿构成侵害。因此,作为佰某瀚宫公司股东之一的郭某涛应依法在其80万元减资范围内,对佰某瀚宫公司对外债务的不能清偿部分承担补充赔偿责任。"

❻湘潭市中级人民法院审理的湘潭大某钢铁贸易有限公司与胡某、梁某公司减资纠纷案民事判决书【(2014)潭中民二初字第20号】认为:"尽管《公司法》规定公司减资时的通知义务人是公司,但公司减资系股东会决议的结果,是否减资以及如何进行减资完全取决于股东的意志。作为金某公司股东的胡某、梁某明知公司对外负债而未清偿的情形下仍旧通过股东会决议减少公司的注册资本,主观上存在过错,客观上损害了金某公司的偿债能力,危及大某公司债权的实现,其本质上造成同抽逃出资一样的后果,故被告胡某、梁某应在减资范围内,对本院(2012)潭中民二初字第43号民事调解书确定的金某公司的付款义务承担补充赔偿责任。"

2. 未完全履行出资义务的股东在未出资本息范围内承担补充责任

多数裁判观点认为,公司减资中,未完全履行出资义务的股东在未出资本息范围内对公司债务清偿承担补充责任。

❼成都市中级人民法院审理的耀某制衣有限公司与蓝某萍、黄某孟公司减资纠纷案民事判决书【(2015)成民初字第2124号】认为:"鉴于万某服装公司已无力清偿债务,蓝某萍、黄某孟作为万某服装公司股东,在未履行全面出资义务的情形下,不当减资,导致公司不能清偿债务,则作为公司股东应当依法在未出资本息范

围内对公司债务不能清偿部分承担补充赔偿责任。因此，对于耀某制衣公司起诉主张蓝某萍、黄某盂分别在20万元、80万元减资范围内对万某服装公司所欠债务承担补充赔偿责任，符合法律规定，本院予以支持。"

❽北京市石景山区人民法院审理的北京今某达电气有限公司与许某辉等公司减资纠纷案民事判决书【(2014) 石民初字第2366号】认为："即便据以减资的股东会决议并非潘某鹏真实意思表示，潘某鹏仍负有按照减资前的公司章程全面履行出资义务的责任。今某达公司有权依据《公司法司法解释三》第13条要求未全面履行出资义务的潘某鹏在未出资本息范围内对吉某公司债务不能清偿的部分承担补充赔偿责任。故无论吉某公司据以减资的股东会决议是否系潘某鹏真实意思表示，潘某鹏均应在75万元本息范围内对吉某公司的债务承担补充赔偿责任。"

少数裁判观点认为，公司在股东未完全履行出资义务时减资，导致股东出资金额减少，出资义务完成，股东对债权人不承担责任。

❾上海市第一中级人民法院审理的北京国某电气有限责任公司与张某公司减资纠纷案二审民事判决书【(2015) 沪一中民四 (商) 终字第1901号】认为："上诉人虽未履行其对原审第三人增资部分的出资义务，但之后原审第三人董事会已达成减资决议，变更了上诉人在原审第三人处的出资金额，而该部分金额上诉人已出资到位，故上诉人出资义务应已履行完毕，不存在出资未到位的情形。公司减资系其经营权利之一种，公司对外是否负有债务并不阻碍该种权利的行使，法律仅要求该种权利的行使不得损害公司债权人的权益，并非禁止公司对外存在债权人时进行减资，故上诉人对原审第三人的减资行为亦无过错。"

3. 减少认缴出资的股东在减少出资的范围内承担补充责任

认缴期限届满前，以减少认缴出资的方式减资的，债权人有权要求股东在减少出资的范围内承担补充责任。

❿上海市浦东新区人民法院审理的长某绿城房地产开发有限公司与朱某清、胡某明公司减资纠纷案民事判决书【(2017) 沪0115民初43528号】认为："作为绿某公司两股东的被告并未完整地履行通知程序，致使原告丧失在绿某公司财产减少之前作出相应的权衡，并使原告丧失了减资前要求公司清偿债务或提供担保的权利。虽绿某公司在两被告认缴的出资期限届满前，作出减资决议免除了两被告作为股东认缴但尚未届期的出资义务，但绿某公司未依法通知作为债权人的原告，亦将损害原告的利益。故原告要求两被告承担相应的民事责任的请求，应予支持，即两被告应当在其减少出资的范围内就绿某公司的债务不能清偿的部分对原告承担补充

赔偿责任，而对于原告要求两被告在绿某公司减少注册资本 980 万元范围内对绿某公司 839742.94 元债务承担连带清偿责任的请求，本院不予支持。"

4. 其他承担责任的主体

退股股东在所登记减少的注册资本范围内承担责任。

❶上海市第一中级人民法院审理的海某公司与上海天某公司公司减资纠纷案二审民事判决书【（2013）沪一中民四（商）终字第 14 号】认为："本案中，汽某华东公司、海某公司在第一次减资程序中退出了公司，虽然该两名股东不具有抽逃出资的主观故意，但作为减资退出的股东有义务依法遵循减资程序的法律规定，以保护债权人的合法利益。现汽某华东公司、海某公司对东某物产公司瑕疵减资存在过错，客观上造成了上海天某公司的债权实现因东某物产公司注册资本的减少而受损，因此，原审法院比照抽逃出资的责任来认定汽某华东公司、海某公司对东某物产公司债务承担补充赔偿责任并无不当。由于公司注册资本具有公示作用，故汽某华东公司、海某公司各自应当在所登记减少的注册资本 200 万元范围内承担责任。"

未减资股东对减资股东的责任承担连带责任。

❷上海市第一中级人民法院审理的中国地某物资供销总公司与上海天某重型机器有限公司等其他与公司有关的纠纷案二审民事判决书【（2013）沪一中民四（商）终字第 1831 号】认为："其他未减资股东虽未减少出资额，但在明知公司负债的情形下仍同意减资股东的减资请求，导致公司现无法以自身的财产偿还所欠天某公司全部债务的结果，也应当对减资股东的责任承担连带责任。"

股东在作出减资决议时存在恶意，且相互协助的，彼此之间承担连带责任。

❸上海市第一中级人民法院审理的海某公司与上海天某公司公司减资纠纷案二审民事判决书【（2013）沪一中民四（商）终字第 14 号】认为："地某物资公司、船某工业公司、华某公司、一某物产公司、一某庆利公司在东某物产公司第一次减资过程中就依法通知事宜未尽到应有的注意义务，并向工商部门出具了内容虚假的情况证明，因此该 5 名股东亦应当承担相应的责任。其应承担何种责任，在《公司法》现无明确规定的情况下，亦可参照《公司法》的原则及相关规定来加以认定。《最高人民法院关于适用〈中华人民共和国公司法〉若干问题的规定（三）》第 13 条规定，股东在公司设立时未履行或者未全面履行出资义务，公司发起人与股东承担连带责任。根据上述法律规定，公司股东负有全面履行出资义务以及确保公司资本维持的义务，同时，公司股东之间对公司资本的出资与维持承担连带责任。故本案中，地某物资公司、船某工业公司、华某公司、一某物产公司、一某庆利公司对

汽某华东公司、海某公司的瑕疵减资的责任应当承担连带赔偿责任。"

❹舟山市定海区人民法院审理的立某船舶涂料（上海）有限公司与陈某剑、陈某芳公司减资纠纷案民事判决书【（2015）舟定商初字第425号】认为："因公司注册资本是公司对外清偿债务的责任财产，被告陈某剑、陈某芳作为旭某公司股东作出的股东会决议，主观上存在过错，客观上降低了旭某公司偿债能力，故陈某剑、陈某芳作出的减资决议产生和股东抽逃出资一致的法律后果，应对旭某公司不能清偿部分的债务承担补充赔偿责任。至于责任范围，应以陈某剑、陈某芳各自减资的金额范围为限，即陈某剑在减资12万元、陈某芳在减资8万元范围内对旭某公司债务承担责任。由于陈某剑、陈某芳在作出减资决议时存在主观恶意，且相互协助，故彼此之间应承担连带责任。"

名义股东而非隐名股东对债权人的债权承担补充责任。

❺广州市海珠区人民法院审理的东莞市中某江南加油站有限公司与张某、卜某山、广州锦某石油化工有限公司与公司有关的纠纷案民事判决书【（2015）穗海法民二初字第3193号】认为："本案中，两被告是第三人锦某公司在工商管理部门登记的公司股东，因此，原告有权以两被告是第三人锦某公司的股东身份要求其承担相关的法律责任。两被告以案外人李某为实际股东为由认为自己不应承担股东责任的意见，于法无据，本院不予采纳。"

（三）减资纠纷的其他问题

1. 减资行为的认定

在认缴出资制下，并未免除股东的出资义务，减少认缴出资会导致公司本应增加的资产无法增加，属于实质减资。

❶上海市第一中级人民法院审理的叶某航等与朗某贸易（上海）有限公司公司减资纠纷案二审民事判决书【（2015）沪一中民四（商）终字第675号】认为："首先，在壹某公司与朗某公司发生争讼并至一审判决作出时，叶某航、叶某波并未按章程的规定按期足额缴纳认缴资本；在壹某公司与朗某公司的诉讼过程中，壹某公司工商登记所记载的注册资本也登记为800万元。其次，叶某航、叶某波减资的认缴出资的金额较大，系争减资行为在客观上对壹某公司的实际注册资本的金额影响较大，系争减资行为在客观上势必导致壹某公司的实际偿债能力受到实质性的影响，显然也会对壹某公司对于朗某公司债务的清偿能力造成较大影响。鉴于此，

本院认定系争减资行为对朗某公司的债权会造成实际的侵害。"

上海市浦东新区人民法院审理的朗某贸易（上海）有限公司与叶某航、叶某波公司减资纠纷案民事判决书【（2014）浦民二（商）初字第 4245 号】认为："公司的注册资本由实缴资本和认缴资本构成，第三人在减资时，股东的认缴资本虽未实际到位，但该部分资本原本应由两被告按期缴纳并在今后作为公司财产对外承担责任，现第三人将需认缴的 300 万元减资，事实上减少了第三人今后能获取的财产数额，系公司实质减资。此外，据 2010 年 6 月 3 日的第三人公司章程修正案，未缴的 300 万元注册资本应由两被告于 2010 年 7 月 16 日前足额缴纳，但两被告至 2012 年 5 月第三人决定减资时仍未实际缴纳，该行为已经影响了第三人对外偿债能力。"

股东退股可认定为公司减资行为，应履行法定程序。

❷沈阳市大东区人民法院审理的李某学与沈阳天某建筑材料有限公司、穆某臣、戴忠光公司减资纠纷案民事判决书【（2016）辽 0104 民初 8292 号】认为："本案中，原告与被告穆某臣、戴某光签订的《退股协议书》，实质结果是减少了公司资本，也可认为系减资行为。对于减资行为应当按照《公司法》规定的程序办理，但原告与被告并未按照法定程序编制资产负债表、财产清单，也没有按照法定程序通知债权人，亦未到工商管理部门办理减资的相关登记，其行为与法律相违背。"

2. 减资决议的表决

（1）股东大会决议同比例减资，对股东的持股比例不产生影响，股东无权主张减资决议无效

❸北京市第二中级人民法院审理的鄢某恺与北京豪某生物工程有限公司公司减资纠纷案二审民事判决书【（2016）京 02 民终 10153 号】认为："本案中，豪某生物公司 2015 年第 4 次临时股东会会议系依照法定程序召开，作出的减资决议经豪某生物公司代表 95% 表决权的股东通过，符合《中华人民共和国公司法》第 43 条第 2 款①的规定。在豪某生物公司全体股东按持有的股权同比例减资的情况下，鄢某恺享有的股权权益未受损害，鄢某恺上诉提出的豪某生物公司无权根据股东会决议强行要求鄢某恺必须减资的主张，缺乏法律依据，本院不予采信。鄢某恺上诉提出豪某生物公司减资不能'减掉'王某和鄢某恺作为出资的非专利技术，亦缺乏法律依据，本院不予采信。"

---

① 《公司法》（2023 年修订）第 66 条第 3 款。

（2）股东会决议按不同比例减资，须经全体股东一致同意，否则股东可主张公司减资决议无效

❹无锡市中级人民法院审理的陈某和与江阴联某实业有限公司公司决议效力确认纠纷案二审民事判决书【（2017）苏 02 民终 1313 号】认为："《公司法》规定，股东会会议作出减少注册资本的决议，必须经代表 2/3 以上表决权的股东通过。该规定中'减少注册资本'仅指公司减少注册资本，而并非涵括减资在股东之间的分配。由于减资存在同比减资和不同比减资两种情况，不同比减资会直接突破公司设立时的股权分配情况，如果只要经 2/3 以上表决权的股东通过就可以作出不同比减资的决议，实际上是以多数决的形式改变公司设立时经发起人一致决定所形成的股权架构，故对于不同比减资，应由全体股东一致同意，除非全体股东另有约定。联某公司对部分股东进行减资，而未对陈某和进行减资的情况下，不同比减资导致陈某和持有的联某公司股权从 3% 增加至 9.375%，而从联某公司提供的资产负债表、损益表看，联某公司的经营显示为亏损状态，故陈某和持股比例的增加在实质上增加了陈某和作为股东所承担的风险，损害了陈某和的股东利益，陈某和可以请求确认该股东会决议无效。"

3. 减资后又增资对债权人主张权利不产生影响

公司减资后又增资，原股东仍需承担补充赔偿责任，不因公司增资而免责。

❺江苏省高级人民法院审理的上海杰某能信息科技有限公司与钟某东公司减资纠纷案二审民事判决书【（2015）苏商终字第 00034 号】认为："钟某东不能因保某达公司 2014 年 5 月 4 日的增资而免责。二审中，钟某东主张即使 2013 年 4 月 8 日的减资导致公司实收资本减少，使得公司对外偿债能力降低，但其在 2014 年 5 月 4 日以价值 195 万元的'数据防火墙专有技术'对公司增资，也使得公司注册资本恢复至 500 万元，公司偿债能力因此恢复，其不应承担偿还责任。本院认为，本案系债权人因债务人减资行为导致其债权实现受损而主张的侵权赔偿之诉，损害结果在减资行为做出时即已实际发生。鼓楼法院 2014 年 8 月 11 日（2013）鼓执字第 2355 号执行裁定认定，因未发现被执行人保某达公司其他可供执行的财产而终结该执行程序。故保某达公司的专有技术增资仅证明其在本案诉讼过程中完善了公司注册资本登记，但对于债权人债权的实现并无影响，杰某能公司的债权亦未因 2014 年 5 月 4 日增资得到相应清偿。对于钟某东的上述理由，本院依法不予支持。"

❻天津市和平区人民法院审理的天津市管某工程集团有限公司与天津市道某工程公司、天津市天某市政建设联某公司减资纠纷案民事判决书【（2017）津 0101 民

初 278 号】认为："虽联某公司在 2014 年 9 月进行了增资，但原告对联某公司的债权已经生效判决确认，且经强制执行，原告的债权仍未能得到清偿，故该增资行为并不能导致其减资、减股东过程中原股东对债务补充赔偿责任的免除，原股东仍应对联某公司尚欠原告的债务在减资额范围内承担补充赔偿责任。"

4. 公司减资不必然导致股权回购

减资过程中公司并非必须对股权进行回购，不导致资产返还。

❼北京市第二中级人民法院审理的鄢某恺与北京豪某生物工程有限公司公司减资纠纷案二审民事判决书【（2016）京 02 民终 10153 号】认为："因豪某生物公司 2015 年第 4 次临时股东会决议并没有回购鄢某恺股权的决议内容，《中华人民共和国公司法》对于公司减资过程中公司是否必须对股东持有的股权进行回购亦无强制性规定，在豪某生物公司此次股东同比例减资后，鄢某恺持有的豪某生物公司股权仍为 5%，与减资前未发生变化，豪某生物公司并未回购鄢某恺持有的股权，故鄢某恺上诉提出的豪某生物公司实施减资应向鄢某恺支付回购股权对价款的主张，缺乏事实依据和法律依据，本院不予采信。"

北京市东城区人民法院审理的鄢某恺与北京豪某生物工程有限公司公司减资纠纷案民事判决书【（2015）东民（商）初字第 18842 号】认为："《公司法》对于公司减资过程中是否必须对股东的股权进行回购并无强制性规定，因此，公司减少注册资本的行为并不必然导致将被减资本所对应资产返还给股东的结果，即本案中被告的减资项目'肝功能检测（酶法）'非专利技术不必然返还给原告。"

三、公司减资诉讼问题综述及建议

从本书梳理的案例来看，公司减资纠纷产生的原因主要源自减资程序不合法，而在减资时最常见的违反法定程序的情形是未采用合理的方式通知债权人，并由此引发关于减资股东的责任承担问题。

（一）减资股东在减资范围内承担补充责任

公司减资时通知债权人，既是公司减资前对债权人应当履行的义务，同时也是股东对公司减资部分免责的前提。对于公司减资时未通知债权人，股东如何承担责任的问题，各地法院均认为，公司未就减资事项通知债权人，使得债权人丧失了要求公司清偿债务或者提供相应担保的权利，而公司减资系公司股东会决议的结果，减资的受益人是公司股东，该情形与股东抽逃出资对于债权人的侵害有着本质上的相似性，因此，对于公司减资未通知已知债权人的责任，类推适用股东抽逃出资的法律责任进行认定，即股东应在各自的减资范围内对债权人承担补充赔偿责任。

另外，法院在裁判时认为，对于未完全履行出资义务的股东在公司不当减资中是否应承担责任及承担何种责任问题存在两种不同的裁判观点，大多数裁判观点认为，根据《公司法司法解释三》第 13 条第 2 款规定："公司债权人请求未履行或者未全面履行出资义务的股东在未出资本息范围内对公司债务不能清偿的部分承担补充赔偿责任的，人民法院应予支持……"根据该规定，未全面履行出资义务的股东在未出资的本息范围内承担补充赔偿责任。少数裁判观点认为，减资免去了未完全履行出资义务股东的剩余出资义务，股东出资义务履行完毕，无须承担责任。笔者更倾向于认为，股东未实际履行的出资系公司应增加资产，其对公司的债务清偿能力产生实质性影响，减资导致公司应增加的资产无法增加，股东应对债权人承担补充赔偿责任。

（二）不当减资行为不可对抗债权人

公司减资过程中未履行法定程序通知债权人的，对于其减资行为效力如何，法律未作明确规定。法院在裁判时认为，公司减资系其经营权利之一种，公司对外是否负有债务并不阻碍该种权利的行使，法律仅要求该种权利的行使不得损害公司债权人的权益，并非禁止公司在对外存在债权人时进行减资。故公司减资时未通知债权人不影响减资行为效力，但减资行为不能对抗债权人，即债权人仍可要求公司在原注册资本范围内承担责任。

（三）仅登报公告不免除通知义务

公司减资纠纷大多由程序不合法引起，而违反的主要法定程序是通知债权人。实践中，常见的情形是公司在减资时发布了公告，但并未采用书面形式通知债权人，导致债权人无法及时获取公司减资信息，要求其提前清偿债务或提供担保，导致债权人的债权受到损害。法院在裁判时认为，虽然法律并未明确规定对于已知债权人应当采用直接通知的方式，但公告作为一种拟制通知的方式应当是直接通知的补充，适用于无法直接通知的债权人或者不明知的债权人的情形。如果对于能够直接通知的债权人未采用直接通知方式，而事后以已作公告通知进行抗辩，不仅有违债权人利益保护原则，也不符合《公司法》相关规定的立法精神。因此，公司减资时未直接通知债权人，仅采用公告形式不符合法定程序，减资行为对债权人不产生效力。

（四）对尚处诉讼中的未确定债权人应履行通知义务

公司减资时需通知债权人，但关于通知的债权人的范围存在不同观点。实践中，公司减资时，对于生效的判决文书中确认的债权人需采用书面形式进行通知自无异议，但对于尚处诉讼中的当事人，其与公司的债权债务关系尚处不确定中，是否也需采用书面形式进行通知？对此，各法院在裁判中存在不同观点。一种裁判观点认为，对于尚处诉讼阶段的当事人，其债权人身份处于不确定中，公司减资时无须采用书面形式进行通知。另一种裁判观点认为，尚处诉讼中的当事人在未来有可能成为公司的债权人，若不采用书面形式进行通知，一旦债权债务关系确定，债权人的利益将会遭受损害，故公司减资时，对于尚处诉讼中的当事人也应履行通知义务。笔者认为，由于公司减资减少了以公司资产承担责任的能力，直接影响到公司债权人的利益，所以《公司法》对于公司减少资本规定了比增加资本更为严格的法律程序，其目的就在于有效保护债权人的利益。故从最大限度保护债权人的利益出发，公司减资时对尚处诉讼中的当事人也应履行通知义务。

（五）其他问题

1. 减少认缴资本属于实质减资

随着认缴资本制的确立，引发了有关公司减资行为的新问题。在认缴资本制下，公司通过减少认缴出资股东出资义务的方式减少注册资本，此种减资仅是资本额减少，并不发生公司净资产的流动，是否属于减资行为呢？法院在裁判时认为，该种减资方式尽管没有实际资产的流出，但实际上使得本应增加的公司资产无法增加，是消极意义上的资产减少，属于实质减资。故采用该种方式减资的，也应严格遵循法定减资程序。

2. 股东退股可认定为减资行为

股东退股是否可认定为减资行为？此涉及公司减资是否须同比例减资的问题。

对此，我国现行《公司法》未明文规定公司减资必须同比例进行，也未明文禁止不得减去个别股东的全部持股份额。法院在裁判时认为，股东退股的结果是减少了公司资本，可认定为减资行为。对于减资行为应当按照《公司法》规定的程序办理。笔者认为，如果公司股东依据公司章程的规定对股东通过单方减资退出已形成了有效决议，则基于股东之间的这种契约行为使得股东单方减资退出具备了合法性。公司及股东可以依据法定程序办理股东的单方减资退出，即该行为可认定为公司减资行为，但须履行减资的法定程序，编制资产负债表及财产清单，通知债权人并发布公告。

3. 减资后又增资的，不免除股东的责任承担

实践中，公司减资时未通知债权人，导致债权人利益受损，债权经强制执行未能清偿，其后又通过增资使公司的注册资本恢复，股东能否以公司资本恢复为由主张免除责任？法院在裁判时认为，债权人因债务人减资行为导致其债权实现受损而主张的侵权赔偿之诉，损害结果在减资行为作出时即已实际发生，故公司的增资行为不能免除因减资导致的股东对债权人债权的补充赔偿责任。

4. 同比例减资对股东表决权的要求是否不同

虽然《公司法》规定股东会会议作出减少注册资本的决议，必须经代表 2/3 以上表决权的股东通过。但该规定中"减少注册资本"仅指公司减少注册资本，并不包括减资在股东之间的分配。实践中，对于公司减资在股东之间的分配存在同比例减资和不同比例减资两种情形，对此，法院在裁判时认为，对同比例减资，可根据法律规定，经 2/3 以上表决权的股东通过即可作出减资决议。但对于不同比减资而言，会直接突破公司设立时的股权分配情况，如果只要经 2/3 以上表决权的股东通过就可以作出不同比减资的决议，实际上是以多数决的形式改变公司设立时经发起人一致决所形成的股权架构，故对于不同比减资，应由全体股东一致同意，除非全体股东另有约定。

第二十一章　公司增资纠纷

一、公司增资纠纷的法律规定

有关公司增资的法律规定，《公司法》主要规定了公司增资过程的程序问题。对于公司增资合同的效力则需要依据《民法典》中的相关规定。对于对赌协议，《公司法》及其司法解释未明确规定。实践中，司法机关对于对赌协议的认定，主要参考最高人民法院审理的［（2012）民提字第11号］苏州工业园区海某投资有限公司与甘肃世某有色资源再利用有限公司、香港迪某有限公司、陆某增资纠纷再审案。

（一）公司增资纠纷中管辖问题的法律规定

《民事诉讼法》第27条规定："因公司设立、确认股东资格、分配利润、解散等纠纷提起的诉讼，由公司住所地人民法院管辖。"

《民事诉讼法司法解释》第22条规定："因股东名册记载、请求变更公司登记、股东知情权、公司决议、公司合并、公司分立、公司减资、公司增资等纠纷提起的诉讼，依照民事诉讼法第二十七条规定确定管辖。"

（二）有限责任公司增资程序问题的法律规定

1. 有限责任公司增资的决议的法律规定

《公司法》（2018年修正，已被修订）第37条第1款第7项、第2款规定："股东会行使下列职权：

......

（七）对公司增加或者减少注册资本作出决议；

......

对前款所列事项股东以书面形式一致表示同意的，可以不召开股东会会议，直接作出决定，并由全体股东在决定文件上签名、盖章。"

第43条第2款规定："股东会会议作出修改公司章程、增加或者减少注册资本的决议，以及公司合并、分立、解散或者变更公司形式的决议，必须经代表三分之二以上表决权的股东通过。"

《公司法》（2023年修订）第59条第1款第5项、第3款规定："股东会行使下列职权：

……（五）对公司增加或者减少注册资本作出决议；

……

对本条第一款所列事项股东以书面形式一致表示同意的，可以不召开股东会会议，直接作出决定，并由全体股东在决定文件上签名或者盖章。"

第66条第3款规定："股东会作出修改公司章程、增加或者减少注册资本的决议，以及公司合并、分立、解散或者变更公司形式的决议，应当经代表三分之二以上表决权的股东通过。"

2. 有限责任公司的增资方案的法律规定

《公司法》（2018年修正，已被修订）第46条第6项规定："董事会对股东会负责，行使下列职权：

……（六）制订公司增加或者减少注册资本以及发行公司债券的方案；

……"

《公司法》（2023年修订）第67条第1款、第2款第5项规定："有限责任公司设董事会，本法第七十五条另有规定的除外。

董事会行使下列职权：

……（五）制订公司增加或者减少注册资本以及发行公司债券的方案；

……"

3. 国有独资公司的增资事项的法律规定

《公司法》（2018年修正，已被修订）第66条第1款规定："国有独资公司不设股东会，由国有资产监督管理机构行使股东会职权。国有资产监督管理机构可以授权公司董事会行使股东会的部分职权，决定公司的重大事项，但公司的合并、分立、解散、增加或者减少注册资本和发行公司债券，必须由国有资产监督管理机构决定；其中，重要的国有独资公司合并、分立、解散、申请破产的，应当由国有资产监督管理机构审核后，报本级人民政府批准。"

《公司法》（2023 年修订）第 172 条规定："国有独资公司不设股东会，由履行出资人职责的机构行使股东会职权。履行出资人职责的机构可以授权公司董事会行使股东会的部分职权，但公司章程的制定和修改，公司的合并、分立、解散、申请破产，增加或者减少注册资本，分配利润，应当由履行出资人职责的机构决定。"

需要注意的是，本次 2023 年《公司法》修订对于可授权董事会职权事项的除外事项，新增了公司章程的制定和修改、分配利润两项。

（三）股份有限公司增资程序问题的法律规定

《公司法》（2018 年修正，已被修订）第 103 条第 2 款规定："股东大会作出决议，必须经出席会议的股东所持表决权过半数通过。但是，股东大会作出修改公司章程、增加或者减少注册资本的决议，以及公司合并、分立、解散或者变更公司形式的决议，必须经出席会议的股东所持表决权的三分之二以上通过。"

《公司法》（2023 年修订）第 116 条第 2 款、第 3 款规定："股东会作出决议，应当经出席会议的股东所持表决权过半数通过。

股东会作出修改公司章程、增加或者减少注册资本的决议，以及公司合并、分立、解散或者变更公司形式的决议，应当经出席会议的股东所持表决权的三分之二以上通过。"

（四）公司增资决议效力问题的法律规定

《公司法》（2018 年修正，已被修订）第 22 条第 1 款规定："公司股东会或者股东大会、董事会的决议内容违反法律、行政法规的无效。"

《公司法》（2023 年修订）第 25 条规定："公司股东会、董事会的决议内容违反法律、行政法规的无效。"

《公司法司法解释四》第 5 条第 1 项规定："股东会或者股东大会、董事会决议存在下列情形之一，当事人主张决议不成立的，人民法院应当予以支持：

（一）公司未召开会议的，但依据公司法第三十七条第二款或者公司章程规定可以不召开股东会或者股东大会而直接作出决定，并由全体股东在决定文件上签名、盖章的除外；

......"

（五）公司增资中资本客体的法律规定

《公司法》（2018 年修正，已被修订）第 27 条规定："股东可以用货币出资，也可以用实物、知识产权、土地使用权等可以用货币估价并可以依法转让的非货币财产作价出资；但是，法律、行政法规规定不得作为出资的财产除外。

对作为出资的非货币财产应当评估作价，核实财产，不得高估或者低估作价。法律、行政法规对评估作价有规定的，从其规定。"

第 168 条第 1 款规定："公司的公积金用于弥补公司的亏损、扩大公司生产经营或者转为增加公司资本。但是，资本公积金不得用于弥补公司的亏损。"

《公司法》（2023 年修订）第 48 条规定："股东可以用货币出资，也可以用实物、知识产权、土地使用权、股权、债权等可以用货币估价并可以依法转让的非货币财产作价出资；但是，法律、行政法规规定不得作为出资的财产除外。

对作为出资的非货币财产应当评估作价，核实财产，不得高估或者低估作价。法律、行政法规对评估作价有规定的，从其规定。"

第 214 条规定："公司的公积金用于弥补公司的亏损、扩大公司生产经营或者转为增加公司注册资本。

公积金弥补公司亏损，应当先使用任意公积金和法定公积金；仍不能弥补的，可以按照规定使用资本公积金。

法定公积金转为增加注册资本时，所留存的该项公积金不得少于转增前公司注册资本的百分之二十五。"

（六）公司增资中关于办理登记的法律规定

《公司法》（2018 年修正，已被修订）第 179 条第 2 款规定："公司增加或者减少注册资本，应当依法向公司登记机关办理变更登记。"

本次 2023 年修订《公司法》将该条规定删除，对于公司增资办理登记的主要规范依据为《市场主体登记管理条例实施细则》第 36 条第 1 款规定："市场主体变更注册资本或者出资额的，应当办理变更登记。"

（七）股东增资过程中的责任承担的法律规定

《公司法司法解释三》第 13 条第 3 款、第 4 款规定："股东在公司增资时未履行或者未全面履行出资义务，依照本条第一款或者第二款提起诉讼的原告，请求未尽公司法第一百四十七条第一款规定的义务而使出资未缴足的董事、高级管理人员承担相应责任的，人民法院应予支持；董事、高级管理人员承担责任后，可以向被告股东追偿。

股东在公司增资时未履行或者未全面履行出资义务，依照本条第一款或者第二款提起诉讼的原告，请求未尽公司法第一百四十七条第一款规定的义务而使出资未缴足的董事、高级管理人员承担相应责任的，人民法院应予支持；董事、高级管理人员承担责任后，可以向被告股东追偿。"

二、公司增资纠纷相关案例

（一）公司增资纠纷中主体问题

1. 公司增资纠纷中的诉讼主体一般为增资股东与公司

❶陕西省高级人民法院审理的李某栋与西安矩某动力科技公司、王某、白某龙、冯某珍公司增资纠纷案再审民事裁定书【（2017）陕民申 617 号】认为："在本案中，《增资扩股协议》没有约定由矩某公司的其他股东对应由公司返还的增资款承担连带责任，现行《公司法》亦没有此方面的规定，故李某栋请求矩某公司的其他股东承担返还增资款连带责任没有合同和法律依据，二审法院未予支持，适用法律正确。"

2. 对赌协议中承担股权回购责任的其他股东是适格主体

❷吉林省高级人民法院审理的仇某芳与广州市香某制药股份有限公司及杨某、抚松长某山人参市场投资发展有限公司公司增资纠纷案二审民事判决书【（2017）吉民终 383 号】认为："仇某芳、杨某作为一方主体与广州香某公司签订涉案《增资扩股协议书》是各方当事人真实意思表示，并不违反法律强制性规定，合法有效。"

3. 特殊情况下其他股东可以成为适格被告

❸浙江省高级人民法院审理的浙江新某集团股份有限公司与浙江玻某股份有限公司等公司增资纠纷案民事判决书【(2009) 浙商初字第 1 号】认为："本案合同义务既是青海某业的义务也是作为合同各缔约方的青海某业全体股东的义务。青海某业未履行相关条款，应视为缔约各股东之违约行为。违约责任系无过错责任，既然 3 被告在协议中就青海某业的公司治理及青海某业之遵守协议的行为作出了约定和承诺，就应该对相关承诺和义务之违反承担违约责任。再次，增资后浙江玻某等 3 被告持有青海某业 65% 的股权，占控股地位。而且，浙江玻某的法定代表人同时也是青海某业的法定代表人，青海某业的总经理和财务负责人均由浙江玻某委派的董事担任。可见，浙江玻某等 3 被告对青海某业具有很强的控制力，青海某业之行为取决于 3 被告尤其是浙江玻某是否遵守协议约定。既然浙江玻某等 3 被告在协议中承诺青海某业应依协议约定行事，其作为青海某业的控股股东有能力也有义务确保青海某业按约行事。现浙江玻某以公司法人人格为由逃避合同义务，有违诚信。综上，本案违约行为的主体应为浙江玻某等 3 被告。"

4. 母公司股东一般无权确认子公司增资行为无效

关于该问题，《民事诉讼法》第 122 条规定，起诉必须符合下列条件：(1) 原告是与本案有直接利害关系的公民、法人和其他组织；(2) 有明确的被告；(3) 有具体的诉讼请求和事实、理由；(4) 属于人民法院受理民事诉讼的范围和受诉人民法院管辖。《民事诉讼法司法解释》第 208 条第 3 款规定，立案后发现不符合起诉条件或者属于《民事诉讼法》第 127 条规定情形的，裁定驳回起诉。

❹最高人民法院审理的广东城某建筑规划设计院有限公司与周某建、王某郦、广东中某美地房地产开发有限责任公司、成都市中某城投投资有限公司其他合同纠纷案民事裁定书【(2014) 民二终字第 15 号】认为："本案争议焦点为广东城某公司与本案是否有直接利害关系，一审裁定驳回广东城某公司起诉有无不当。作为民事案件的起诉条件，当事人与案件所具直接利害关系，应理解为案件事实径行对当事人主张的权益产生影响，当事人可作为争议法律关系的一方主体。本案广东城某公司的起诉针对三方主体：一是广东中某公司其他股东；二是广东中某公司；三是成都中某公司。根据广东城某公司的诉请内容，其系基于广东中某公司股东身份，主张股东权益或以股东权益为基础的相关权益。但就广东中某公司的股东权益而言，广东城某公司与上述三方均不能形成直接权利义务关系：第一，广东城某公司

不是成都中某公司股东，不享有该公司股权，双方不具有公司法上的权利义务关系。本案兰某增资成都中某公司行为对广东城某公司权益的影响，需通过广东中某公司的股权结构、内部意思发生作用，不具直接性。广东城某公司关于成都中某公司案涉股东会决议以广东中某公司被撤销的相关决议为基础、与广东城某公司具直接利害关系的上诉理由不能成立。第二，广东中某公司 2011 年 1 月 26 日所作股东决定，系该公司作为成都中某公司股东，针对成都中某公司事务行使股东权利的行为。该决定本身属广东中某公司的外部行为，与针对该公司自身事务、由其各股东参与形成的广东中某公司股东会决议、董事会决议性质不同。不属于《中华人民共和国公司法》第 22 条①规定的可由股东诉请撤销的公司决议范围。广东城某公司关于案涉广东中某公司股东会决议、董事会决议被撤销的效力，及于公司外部行为的主张，混淆了公司法律关系与其他法律关系，缺乏法律依据。第三，广东城某公司基于广东中某公司的股东权益，与案涉兰某增资成都中某公司行为无直接利害关系。本案广东城某公司对其他股东的诉求，均针对成都中某公司事务提出，亦不符合法律规定的条件。而上述广东中某公司股东决定的内部意思形成过程，与本案不是同一法律关系，广东城某公司就此对其他股东的诉求，应另案解决。"

（二）公司纠纷中受案范围问题

工龄股和贡献股纠纷不属于增资纠纷的受案范围。

关于该问题，《民事诉讼法》第 127 条规定，人民法院对下列起诉，分别情形，予以处理：……（三）依照法律规定，应当由其他机关处理的争议，告知原告向有关机关申请解决……《民事诉讼法司法解释》第 208 条第 3 款规定，立案后发现不符合起诉条件或者属于《民事诉讼法》第 127 条规定情形的，裁定驳回起诉。

❶青岛市中级人民法院审理的王某志公司增资纠纷案二审民事裁定书【（2015）青民告终字第 44 号】认为："青岛城某建设集团股份有限公司是青岛市城某建设综合开发总公司依据青岛市体改委文件改制而成立。青岛城某建设集团股份有限公司工委会是青岛城某建设集团股份有限公司社团法人股东，上诉人王某志并非青岛城某建设集团股份有限公司的自然人股东。上诉人主张的股权是工龄股和贡献股，非《中华人民共和国公司法》所规定的股权，带有明显的人身性，受特殊政策的限制，具有较强的政策性色彩，不属于人民法院受理民事案件的范围。原审

---

① 《公司法》（2023 年修订）第 26 条。

法院对起诉人的起诉不予受理并无不当。上诉人上诉理由不成立，对其上诉请求，本院不予支持。"

（三）增资纠纷诉讼管辖问题

1. 公司增资纠纷由公司住所地人民法院管辖

❶上海市第一中级人民法院审理的李某与乌鲁木齐佳某有限责任公司公司增资纠纷案二审民事裁定书【（2016）沪01民辖终1799号】认为："本院经审查认为，本案被上诉人乌鲁木齐佳某有限责任公司起诉所基于的事实依据及其诉讼请求为请求判令上诉人李某实缴新增注册资本1604.565万元，故本案案由应为公司增资纠纷。根据相关规定，本案应依照《民事诉讼法》第26条之规定，由公司住所地人民法院管辖。被上诉人乌鲁木齐佳某有限责任公司的住所地在新疆维吾尔自治区乌鲁木齐市天山区××路××号××栋××层××室，又根据级别管辖的相关规定，本案应由新疆维吾尔自治区乌鲁木齐市中级人民法院管辖。上诉人的上诉请求及理由成立，本院予以支持。"

❷上海市第一中级人民法院审理的北京东某国信投资咨询有限公司与朱某松等公司增资纠纷案二审民事裁定书【（2016）沪01民辖终1473号】认为："因公司增资纠纷提起的诉讼，由公司住所地人民法院管辖。本案系因上海某有限公司股权转让引起的纠纷，而上海某有限公司的住所地在上海市浦东新区××路××号××幢××室，故原审法院依法对本案有管辖权。原审法院将本案移送上诉人住所地法院管辖失当，本院予以更正。上诉人的上诉请求及理由成立，本院予以支持。"

2. 增资纠纷可以适用合同管辖的规定

❸上海市第二中级人民法院审理的陆某奇与上海用某股权投资中心（有限合伙）公司增资纠纷案二审民事裁定书【（2017）沪02民辖终827号】认为："合同或者其他财产权益纠纷的当事人可以书面协议选择被告住所地、合同履行地、合同签订地、原告住所地、标的物所在地等与争议有实际联系的地点的人民法院管辖，但不得违反本法对级别管辖和专属管辖的规定。"

❹深圳市中级人民法院邹某与深圳前海某有限公司公司增资纠纷案二审民事裁定书【（2016）粤03民辖终2404号】认为："本案属于合同纠纷，合同纠纷当事人可以约定管辖的法院，本案中原审原告与原审三被告签订的合同约定管辖法院为深

圳市南山区人民法院，故深圳市南山区法院对本案有管辖权。"

3. 当事人可以协议由公司住所地之外的法院管辖

❺最高人民法院审理的兰州万某置业有限公司等与王某辉等股权转让纠纷案管辖权异议二审民事裁定书【(2014) 民二终字第 14 号】认为："关于《民事诉讼法》规定的有关公司诉讼的管辖条款是否属于专属管辖的问题。2012 年 8 月 31 日第十一届全国人民代表大会常务委员会第二十八次会议通过了《关于修改〈中华人民共和国民事诉讼法〉的决定》，新修改的《民事诉讼法》第 26 条规定：'因公司设立、确认股东资格、分配利润、解散等纠纷提起的诉讼，由公司住所地人民法院管辖。'该条从立法体例上看，位于《民事诉讼法》第 2 章'管辖'的第 2 节'地域管辖'部分。该节第 33 条明确规定了专属管辖的情形，但不包括与公司有关的诉讼的情形。因此《民事诉讼法》第 26 条关于公司诉讼的规定应当理解为特殊地域管辖的规定而不是专属管辖。《民事诉讼法》所规定的特殊地域管辖条款并不排除当事人的协议管辖约定，当事人对于争议解决方式有约定的从其约定，无约定或者约定不具有可操作性的则依照该法律规定确定案件的管辖法院。一审裁定认定《民事诉讼法》第 26 条属于专属地域管辖条款并以此排除当事人有关争议解决方式的约定，属于适用法律错误。从王某辉、刘某的诉讼请求看，其请求判令被告及第三人继续履行股权转让行为，并不属于《民事诉讼法》第 26 条所规定的有关公司的诉讼，一审法院以此确定案件的管辖法院，属于适用法律错误，本院予以纠正。因当事人之间的协议管辖条款约定了发生纠纷应向甲方（刘某牧）、乙方（刘某琳）住所地有管辖权的人民法院起诉，王某辉、刘安放弃在刘某牧或者刘某琳的住所地选择具体的管辖法院，本院根据当事人住所地的实际情况，确定由上海市高级人民法院作为第一审法院审理本案。"

❻北京市第一中级人民法院审理的大连海某晶体材料有限公司、于某青等公司增资纠纷案二审管辖裁定书【(2017) 京 01 民辖终 701 号】认为："首先，《中华人民共和国民事诉讼法》第 26 条所规定的公司诉讼管辖并非专属管辖或者专门管辖，因此，当事人的约定管辖对其具有排除适用的法律效力。其次，《技术入股协议》第 9 条约定：'因履行本协议所发生的与本协议有关的一切争议，双方均应当通过友好协商解决；如协商不成，在异议方属地人民法院诉讼解决。'通过对该条款的全文解读，此处的'异议方'应当是指提起诉讼的一方。换言之，该条的真实意思是：对于合同双方基于该合同发生的纠纷，由起诉方所在地法院管辖。……据此，一审法院基于双方当事人的协议约定，取得了对本案的管辖权。于某青的上诉

理由，本院不予采信。"

❼北京市第三中级人民法院审理的梁某立等与苏州六某之谦股权投资中心（有限合伙）公司增资纠纷案二审民事裁定书【（2017）京 03 民辖终 253 号】认为："六某中心系依据其与陈某、梁某立签订的《增资协议书》以公司增资纠纷为由提起的本案诉讼，并请求判令陈某、梁某立向六某中心支付 19625000 元，用于受让六某中心所持有的北京恩某协同科技有限公司 5.48% 股权等。《最高人民法院关于适用〈中华人民共和国民事诉讼法〉的解释》第 22 条规定……《中华人民共和国民事诉讼法》第 26 条规定……本案中，目标公司北京恩某协同科技有限公司住所地位于北京市朝阳区向军南里二巷甲×号雨某大厦×层，故北京市朝阳区人民法院依法对本案有管辖权。陈某、梁某立的上诉理由不成立，其上诉请求应予驳回。"

❽上海市第二中级人民法院审理的陆某奇与上海用某股权投资中心（有限合伙）公司增资纠纷案二审民事裁定书【（2017）沪 02 民辖终 827 号】认为："合同或者其他财产权益纠纷的当事人可以书面协议选择被告住所地、合同履行地、合同签订地、原告住所地、标的物所在地等与争议有实际联系的地点的人民法院管辖，但不得违反本法对级别管辖和专属管辖的规定。本案中，系争《增资协议》中约定：'各方在协议期间发生争议，应协商解决，协商不成，应提交甲方所在地的人民法院审理。'该协议管辖约定有效。协议甲方即上海用某股权投资中心（有限合伙），其住所地位于上海市青浦区练某镇蒸淀蒸文路×××号×××幢，属于原审法院辖区。故原审法院对本案具有管辖权，受理本案并无不当。原审法院裁定驳回上诉人管辖权异议，本院应予维持。上诉人的上诉理由不能成立，本院不予支持。"

❾深圳市中级人民法院邹某与深圳前海某有限公司公司增资纠纷案二审民事裁定书【（2016）粤 03 民辖终 2404 号】认为："本案属于合同纠纷，合同纠纷当事人可以约定管辖的法院，本案中原审原告与原审三被告签订的合同约定管辖法院为深圳市南山区人民法院，故深圳市南山区人民法院对本案有管辖权。"

（四）以增资为内容的股东会决议的效力问题

1. 增资决议必须经代表 2/3 以上表决权的股东通过

❶黑龙江省高级人民法院审理的孙某林、李某清、蒙某、孟某英与巴彦客某有限责任公司新增资本认购纠纷案再审民事裁定书【（2016）黑民申 2204 号】认为："2013 修改后为'第 43 条第 2 款'规定：'股东会会议作出修改公司章程、增加或

者减少注册资本的决议，以及公司合并、分立、解散或者变更公司形式的决议，必须经代表三分之二以上表决权的股东通过。' 依据此规定，公司增资须经股东会决议，且必须经代表 2/3 以上表决权的股东通过，巴彦客某公司的《章程》也在第 4 章组织机构第 13 条第 8 款中作出同样规定。如前所述，孙某林等人举示的出庭证人均证实上述会议未就增资扩股事宜形成决议，巴彦客某公司举示的股东大会会议记录、股东大会录像也佐证该次会议未就增资扩股事宜形成决议，故一、二审判决根据上述规定认定 2013 年 12 月 10 日扩股增资决议无效并无不当。"

2. 侵害其他股东的优先认缴权进行增资的决议部分无效

❷最高人民法院审理的绵阳市红某实业有限公司、蒋某与绵阳高新区科某实业有限公司股东会决议效力及公司增资纠纷案二审民事判决书【(2010) 民提字第 48 号】认为："2003 年 12 月 16 日科某公司作出股东会决议时，现行《公司法》尚未实施，根据《最高人民法院关于适用〈中华人民共和国公司法〉若干问题的规定(一)》第 2 条、1999 年《公司法》第 33 条及现行《公司法》第 35 条①的规定，2003 年 12 月 16 日科某公司作出的股东会决议，在其股东红某公司、蒋某明确表示反对的情况下，未给予红某公司和蒋某优先认缴出资的选择权，径行以股权多数决的方式通过了由股东以外的第三人陈某高出资 800 万元认购科某公司全部新增股份 615.38 万股的决议内容，侵犯了红某公司和蒋某按照各自的出资比例优先认缴新增资本的权利，违反了上述法律规定。现行《公司法》第 22 条第 1 款②规定：'公司股东会或者股东大会、董事会的决议内容违反法律、行政法规的无效。' 根据上述规定，科某公司 2003 年 12 月 16 日股东会议通过的由陈某高出资 800 万元认购科某公司新增 615.38 万股股份的决议内容中，涉及新增股份中 14.22% 和 5.81% 的部分因分别侵犯了蒋某和红某公司的优先认缴权而归于无效，涉及新增股份中 79.97% 的部分因其他股东以同意或弃权的方式放弃行使优先认缴权而发生法律效力。"

❸徐州市中级人民法院审理的秦某勇、张某等与徐州众某科技有限公司公司增资纠纷案二审民事判决书【(2017) 苏 03 民终 1615 号】认为："本案中，上诉人在众某公司实缴的出资比例均为 2.56%，因此，上诉人即便行使优先认缴权，也只能依据各自的出资比例进行认缴，而不能对其他股东放弃行使优先认缴权的部分，要求行使优先认缴权。故，上诉人以侵害其各自的法定优先认缴权为由，要求确认增

---

① 《公司法司法解释一》(2014 年修正) 第 2 条、《公司法》(2023 年修订) 第 227 条。

② 《公司法》(2023 年修订) 第 25 条。

加的注册资本由徐州宏某金属材料有限公司出资的股东会决议内容全部无效的诉讼主张不能成立。"

3. 股份公司的发起人认购的股份缴足前不得向他人募集股份

❹成都市中级人民法院审理的张某萍、四川聚某富邦实业股份有限公司公司增资纠纷案二审民事判决书【（2017）川 01 民终 7938 号】认为："本案系聚某公司在经营过程中因增资募股而引发的纠纷。聚某公司为股份有限公司，其章程记载的 9 位股东均认缴了相应的股份数额，其认缴期限为 2019 年 3 月 25 日，聚某公司并无证据证明其股东已经全额缴纳了所认缴的出资，聚某公司向张某萍募集股份的行为违反《公司法》第 80 条第 1 款①的规定，张某萍向聚某公司所支付的股本金应当由聚某公司予以返还并支付资金利息。扣除聚某公司已向张某萍返还的 10 万元，聚某公司还应向张某萍返还 90 万元。"

4. 股东对于公司新增资本的优先认缴权要在合理期限内行使

❺最高人民法院审理的绵阳市红某实业有限公司、蒋某与绵阳高新区科某实业有限公司股东会决议效力及公司增资纠纷案二审民事判决书【（2010）民提字第 48 号】认为："本案中红某公司和蒋某在科某公司 2003 年 12 月 16 日召开股东会时就已经知道其优先认缴权受到侵害，且作出了要求行使优先认缴权的意思表示，但并未及时采取诉讼等方式积极主张权利。在此后科某公司召开股东会、决议通过陈某高将股权赠与固生公司提案时，红某公司和蒋某参加了会议，且未表示反对。红某公司和蒋某在股权变动近两年后又提起诉讼，争议股价已经发生较大变化，此时允许其行使优先认缴出资的权利将导致已经趋于稳定的法律关系遭到破坏，并极易产生显失公平的后果，故四川省绵阳市中级人民法院（2006）绵民初字第 2 号民事判决认定红某公司和蒋某主张行使优先认缴权的合理期间已过并无不妥。"

（五）增资协议的未生效与撤销问题

1. 外商投资企业设立、变更等过程中订立的合同须经批准

关于该问题，《市场主体登记管理条例实施细则》第 36 条第 1 款、第 4 款规定："市场主体变更注册资本或者出资额的，应当办理变更登记。""外商投资企业

---

① 《公司法》（2023 年修订）第 96 条第 1 款。

注册资本（出资额）币种发生变更，应当向登记机关申请变更登记。"《最高人民法院关于审理外商投资企业纠纷案件若干问题的规定（一）》第 1 条规定：当事人在外商投资企业设立、变更等过程中订立的合同，依法律、行政法规的规定应当经外商投资企业审批机关批准后才生效的，自批准之日起生效；未经批准的，人民法院应当认定该合同未生效。

❶北京市第一中级人民法院审理的北京龙某特信息技术有限公司与北京时某瀚堂科技有限公司等公司增资纠纷案民事判决书【（2012）一中民初字第 5065 号】认为："时某瀚堂公司系中外合资经营企业，《增资合约》涉及公司注册资本、股东出资额、股东出资方式的变更，应当经外商投资企业审批机关批准方能生效，截至本案庭审辩论终结前，《增资合约》未能通过外商投资企业审批机关的批准，故本院认定《增资合约》未生效。"

2. 一般由目标公司履行报批义务

❷北京市第一中级人民法院审理的北京龙某特信息技术有限公司与北京时某瀚堂科技有限公司等公司增资纠纷案民事判决书【（2012）一中民初字第 5065 号】认为："关于《增资合约》未生效的责任方问题。本案中，原告龙某特公司加入时某瀚堂公司成为新的股东，时某瀚堂公司的股东人数增加，持股比例和股东出资额亦进行了调整，《增资合约》签订后，应首先报送审批，《增资合约》中并未明确约定报送审批的义务方，此时，作为目标公司的时某瀚堂公司应为报批义务方，而时某瀚堂公司的经营管理由其原四股东决定，现时某瀚堂公司及原四股东未能举证证明龙某特公司阻碍报批进程，故就《增资合约》未生效，应由时某瀚堂公司及原四股东承担相应责任。"

3. 受让方有权解除目标公司不履行报批义务的增资合同

关于该问题，《最高人民法院关于审理外商投资企业纠纷案件若干问题的规定（一）》第 5 条规定：外商投资企业股权转让合同成立后，转让方和外商投资企业不履行报批，经受让方催告后在合理期限内仍未履行，受让方请求解除合同并由转让方返还已支付的转让款、赔偿因未履行报批义务而造成的实际损失的，人民法院应予支持。

❸上海市第一中级人民法院审理的智某通私人有限公司（INTELL×××NT AC-CESS PTELTD）与上海乐某科技有限公司公司增资纠纷案二审民事判决书【（2010）沪一中民五（商）终字第 7 号】认为："根据《中华人民共和国外资企业

法实施细则》第 22 条的规定，外资企业注册资本的增加、转让，须经审批机关批准，并向工商行政管理机关办理变更登记手续。本案中，智某通公司与乐某公司在备忘录和补充协议约定，在乐某公司第 1 笔投资款注入翔某公司后，智某通公司应当办理所有必需的变更手续以使乐某公司持有翔某公司相应的股份……智某通公司在乐某公司向其发出催促办理批准、变更登记手续的律师函后，仍未在该函催告期限内进行办理。智某通公司的违约行为属于《中华人民共和国合同法》第 94 条第 3 项规定的情形，乐某公司决定不再继续履行备忘录，并要求翔某公司返还其已注入的资金符合上述《中华人民共和国合同法》第 94 条和第 97 条的规定，应予支持。故两上诉人智某通公司和翔某公司主张乐某公司不愿继续履行是违约的上诉理由不能成立，本院不予采纳。"

❹北京市第一中级人民法院审理的北京龙某特信息技术有限公司与北京时某瀚堂科技有限公司等公司增资纠纷案民事判决书【（2012）一中民初字第 5065 号】认为："法律赋予合同当事人对未生效合同的解除权……在投资后多年，龙某特公司并未实际获得时某瀚堂公司的股东资格，亦未能享受股东权利，且龙某特公司签订《增资合约》的目的不应局限为取得时某瀚堂公司的股东资格，综上，本院认为，目前情形下，不应以龙某特公司仍然有可能成为时某瀚堂公司的股东认定其合同目的仍可实现。综上，因时某瀚堂公司及其原四股东未在合理期限内履行合同报批义务及其他约定义务，龙某特公司解除《增资合约》的诉讼请求本院予以支持。《增资合约》解除后，时某瀚堂公司应返还收取龙某特公司的投资款 36 万元。"

4. 居间费的承担应当考虑双方的行为是否具有可归责性

关于该问题，《民法典》第 577 条规定："当事人一方不履行合同义务或者履行合同义务不符合约定的，应当承担继续履行、采取补救措施或者赔偿损失等违约责任。"第 584 条规定："当事人一方不履行合同义务或者履行合同义务不符合约定，造成对方损失的，损失赔偿额应当相当于因违约所造成的损失，包括合同履行后可以获得的利益；但是，不得超过违约一方订立合同时预见到或者应当预见到的因违约可能造成的损失。"第 592 条第 1 款规定："当事人都违反合同的，应当各自承担相应的责任。"

❺上海市高级人民法院审理的沃某嘉汇投资（深圳）有限公司与上海银某置业有限公司、颐某银某实业有限公司等公司增资纠纷案审判监督民事裁定书【（2017）沪民申 1586 号】认为："该居间费用损失源于《增资协议》没有生效，银某置业应否承担，要以其行为对该损失是否具有可归责的关联性为前提。首先，

二审法院亦已查明沃某嘉汇对《增资协议》没有生效也有责任。其次，沃某嘉汇与主要经营范围是智能化安装工程服务、电子产品批发等的子某公司约定，按 14 亿元投资总额 2% 支付居间费用，并非'计划分步获得融资'的银某置业所能知晓和预见。最后，沃某嘉汇同意《增资协议》签署当日即一次性支付子某公司全部居间费用，而《增资协议》明确是 5000 万元向指定账户支付完成才能生效。虽系沃某嘉汇对自己权利处置，但一定程度上增加了商业风险。由此，二审法院根据上述情况，考虑归责因素，酌情按第一阶段原已存入上海银行账户的 5000 万元意向金的 1%，来确定银某置业应承担 50 万元居间费用损失，也属合理。"

5. 增资股东未在法定期间内行使的消灭撤销权

关于该问题，不仅要考虑《公司法》的规定，还要考虑合同法对该类问题的相关规定。《合同法》第 54 条规定，下列合同，当事人一方有权请求人民法院或者仲裁机构变更或者撤销……一方以欺诈、胁迫的手段或者乘人之危，使对方在违背真实意思的情况下订立的合同，受损害方有权请求人民法院或者仲裁机构变更或者撤销……第 55 条规定，具有撤销权的当事人自知道或者应当知道撤销事由之日起 1 年内没有行使撤销权，撤销权消灭。①

❻四川省高级人民法院审理的于某浩、成都泰某企业管理咨询有限公司公司增资纠纷案民事裁定书【（2017）川民申 2559 号】认为："于某浩于 2014 年 1 月 1 日与成都泰某公司签订《成都泰某企业管理咨询有限公司入股协议》。之后，2014 年 2 月 19 日至 7 月 23 日期间，于某浩在成都泰某公司的 40 余份《费用报销单》上的'负责人'一栏签字。如于某浩认为成都泰某公司以欺诈的方式使其在违背真实意思的情形下签署了入股协议，则其至迟应于 2014 年 7 月 23 日知道该情形，于某浩应于 2015 年 7 月 22 日前行使撤销权，但于某浩直至 2016 年 1 月 11 日才向一审法院提起诉讼，要求撤销与被申请人签订的《成都泰某企业管理咨询有限公司入股协议》。依照《中华人民共和国合同法》第 55 条规定，于某浩一审起诉时已超过法定期限，撤销权已消灭。原审法院依法驳回于某浩的诉讼请求是正确的。"

---

① 《民法典》第 148 条、第 149 条、第 150 条、第 151 条和第 152 条。

（六）增资合同的效力问题

1. 公司内部意思形成过程瑕疵不影响对外签订的合同效力

关于该问题，主要考虑《民法典》中对该类问题的规定。

❶最高人民法院审理的绵阳市红某实业有限公司、蒋某与绵阳高新区科某实业有限公司股东会决议效力及公司增资纠纷案二审民事判决书【（2010）民提字第48号】认为："2003年12月18日科某公司与陈某高签订的《入股协议书》系科某公司与该公司以外的第三人签订的合同，应适用《合同法》的一般原则及相关法律规定认定其效力。虽然科某公司2003年12月16日作出的股东会决议部分无效，导致科某公司达成上述协议的意思存在瑕疵，但作为合同相对方的陈某高并无审查科某公司意思形成过程的义务，科某公司对外达成协议应受其表示行为的制约。上述《入股协议书》是科某公司与陈某高作出的一致意思表示，不违反国家禁止性法律规范，且陈某高按照协议约定支付了相应对价，没有证据证明双方恶意串通损害他人利益，因此该协议不存在《中华人民共和国合同法》第52条所规定的合同无效的情形，应属有效。《入股协议书》对科某公司新一届董事会的组成及董事长、总经理人选等公司内部事务作出了约定，但上述约定并未排除科某公司内部按照法律和章程规定的表决程序作出决定，不导致合同无效。二审法院根据《中华人民共和国民法通则》第58条第1款第5项的规定认定该《入股协议书》无效属适用法律错误，本院予以纠正。"

❷无锡市中级人民法院审理的江阴市银某工业气体有限公司与潘某林增资纠纷案二审民事判决书【（2014）锡商终字第0018号】认为："双方签订的《协议书》应属有效，持有银某公司70%股权且作为法定代表人的吴某代表银某公司与潘某林签订的《协议书》系银某公司与该公司以外的第三人签订的合同，应适用《合同法》的一般原则及相关法律规定认定其效力。在签订《协议书》时，作为合同相对方的潘某林并无审查银某公司意思形成过程的义务，银某公司对外达成协议应受其表示行为的制约。本案所涉《协议书》系潘某林与银某公司作出的一致意思表示，不违反国家禁止性法律规范，不存在法律规定的无效情形，应为有效。"

❸徐州市铜山区人民法院审理的秦某勇、张某等与徐州众某科技有限公司公司增资纠纷案民事判决书【（2016）苏0312民初4613号】认为："众某公司与徐州宏某金属材料有限公司签订的增资扩股协议系众某公司与该公司外的第三人签订的合

同，作为合同相对方的徐州宏某金属材料有限公司并无审查众某公司意思形成过程的义务，众某公司对外达成协议应受其表示行为的制约。该协议书是众某公司与徐州宏某金属材料有限公司作出的一致意思表示，不违反国家禁止性法律规范，且徐州宏某金属材料有限公司按照协议约定支付了相应对价，没有证据证明双方恶意串通损害他人利益，故该协议合法有效。"

2. 各地法院在认定同目标公司签订对赌协议的效力时观点不一

（1）大部分裁判观点认为，增资协议中，增资股东与目标公司对赌的部分无效

❹最高人民法院审理的苏州工业园区海某投资有限公司与甘肃世某有色资源再利用有限公司、香港迪某有限公司、陆某增资纠纷案再审判决书【（2012）民提字第 11 号】认为："海某公司作为企业法人，向世某公司投资后与迪某公司合资经营，故世某公司为合资企业。世某公司、海某公司、迪某公司、陆某在《增资协议书》中约定，如果世某公司实际净利润低于 3000 万元，则海某公司有权从世某公司处获得补偿，并约定了计算公式。这一约定使得海某公司的投资可以取得相对固定的收益，该收益脱离了世某公司的经营业绩，损害了公司利益和公司债权人利益，一审法院、二审法院认定《增资协议书》中的这部分条款无效是正确的。"

❺上海市第二中级人民法院审理的上海一某石油股份有限公司、孙某才公司增资纠纷案二审民事判决书【（2017）沪 02 民终 6866 号】认为："《补充协议》还约定了一某公司的回购义务，但公司回购自己的股份须符合我国《公司法》规定的情形，否则属于不当减少公司资产。本案并没有出现一某公司可以回购自身股份的法定情形，故成某公司请求一某公司对回购股份承担连带责任没有法律依据，本院不予支持。"

❻厦门市中级人民法院审理的陆某与洪某雄、福建篁某科技竹业有限公司公司增资纠纷案民事判决书【（2015）厦民初字第 632 号】认为："尽管上述条款体现了各方当事人的真实意思表示，但由于遵照该条款执行，当企业利润未达到预定目标时，往往会涉及公司资产减少（公司对投资者进行补偿）或股权转让的发生（公司或股东回购投资人持有的公司股权），因此，对上述条款效力的认定不仅应受《民法通则》《合同法》等一般民事法律规范的调整，还应当遵循《公司法》等商事法律规范的规制。本案中，陆某、黄某、东方汇某基于对篁某公司的投资行为，成为篁某公司的新股东。《补充协议》和《补充协议二》中有关篁某公司回购陆某持有的公司股份的约定，不仅有违商事活动共担风险、共负盈亏的基本原则，更会造成公司资产的不当减少（相当于公司减资），损害公司及其他股东的利益和公司

债权人的利益。因此，该部分回购条款违反《中华人民共和国公司法》第 20 条①的规定，应认定无效。"

❼厦门市中级人民法院审理的厦门金某九鼎股权投资合伙企业与骆某、江西旭某雷迪高科技股份有限公司公司增资纠纷案民事判决书【（2014）厦民初字第 137 号】认为："金某九鼎与旭某雷迪公司的对赌条款无效……所谓对赌条款，即估值调整机制，它以企业未来的经营业绩为准调整投资者进入时对企业的估值。作为创业投资领域的一项金融创新，它旨在破解创业企业的估值困境……按照估值调整机制安排，当约定的业绩目标条件出现时，一般会以现金或股权方式进行估值调整，往往会涉及公司资产变动以及股权转让、减资、清算等权益调整途径。因此，对赌条款的效力认定不仅应受《民法通则》《合同法》等一般民事法律规范的调整，还应遵循《公司法》等商事法律规范的规制。评价融资公司承诺补偿行为的效力应当遵守《公司法》有关公司资本维持原则的规定。该原则强调公司至少须维持相当于资本额的财产，以具体财产充实抽象资本。公司债权人可以在与公司交易中得到最低限度的担保，从而实现对其利益的保护。向股东返还资本则意味着从债权人有权获得支付的资本中攫取财富。如果融资公司可以直接作为补偿主体，必将不当减少公司资产，损害公司及债权人的利益。最高人民法院在（2012）民提字第 11 号……讼争对赌条款的约定使金某九鼎等投资方对旭某雷迪公司的投资可以取得相对固定收益，参照该判例，该约定的对赌条款损害公司利益和公司债权人利益，违反《中华人民共和国公司法》第 20 条②之规定，该部分条款无效。"

（2）少数裁判观点认为，投资方与公司对赌的股权回购条款有效

❽遂宁市中级人民法院审理的常州和某创业投资有限公司与四川柏某光电技术有限公司、叶某、陈某、吴某祥、王某公司增资纠纷案民事判决书【（2015）遂中民初字第 153 号】认为："柏某光电公司系 5 个自然人发起而成立的有限责任公司。作为市场的平等主体，投融资双方即本案原、被告均属于平等主体，谙熟各种投资领域规则，完全能够精密计算利润和有效控制风险，对风险投资后果有相当的预见能力。投资者（原告）只有确保风险得到有效控制才会将资金注入，而融资方（被告）只有提供或者接受这种激励与约束并存的交易框架才能融得资金，交易双方均有自主安排风险调控和经营激励的契约自由。原、被告双方于 2011 年 8 月 4 日，原告与被告所签订的《四川柏某光电技术有限公司增资扩股协议》及《柏某

---

① 《公司法》（2023 年修订）第 21 条。
② 同上。

光电补充协议书》中关于以上市为条件及上市失败后的股权回购条款并支付股权回购款利息的约定系双方当事人真实意思表示，属于意思自治的范畴，以上市为约定条件可以满足投融资双方利益最大化的盈利目标。能否上市并非无法预见，支付回购款利息并无不公，且该约定也不具有《中华人民共和国合同法》第52条规定的合同无效情形。因此，原、被告双方所签订的《四川柏某光电技术有限公司增资扩股协议》及《柏某光电补充协议书》中关于回购的条款并支付利息的约定应为有效。"

3. 增资股东与目标公司其他股东对赌的协议有效

❾最高人民法院审理的苏州工业园区海某投资有限公司与甘肃世某有色资源再利用有限公司、香港迪某有限公司、陆某增资纠纷案再审民事判决书【（2012）民提字第11号】认为："在《增资协议书》中，迪某公司对于海某公司的补偿承诺并不损害公司及公司债权人的利益，不违反法律法规的禁止性规定，是当事人的真实意思表示，是有效的。迪某公司对海某公司承诺了众星公司2008年的净利润目标并约定了补偿金额的计算方法。在众星公司2008年的利润未达到约定目标的情况下，迪某公司应当依约应海某公司的请求对其进行补偿。"

❿湖南省高级人民法院审理的浙江国某投资管理有限公司、浙江佳某创业投资有限公司与黎某和、黎某见等公司增资纠纷案二审民事判决书【（2017）湘民终502号】认为："案涉协议实质上是一种'对赌协议'，对此，一审法院认定该协议系当事人真实意思表示，合法有效，对此，各上诉人未持异议，二审法院亦未持异议。"

⓫吉林省高级人民法院审理的仇某芳与广州市香某制药股份有限公司及杨某、抚松长某山人参市场投资发展有限公司公司增资纠纷案二审民事判决书【（2017）吉民终383号】认为："仇某芳、杨某作为一方主体与广州香某公司签订涉案《增资扩股协议书》是各方当事人真实意思表示，并不违反法律强制性规定，合法有效。"

⓬福建省高级人民法院审理的许某进、福建中证某方投资发展有限公司公司增资纠纷案再审审查与审判监督民事裁定书【（2016）闽民申2916号】认为："案涉《补充协议》系许某进个人与中某公司签订，而非目标公司伊某代公司与中某公司签订。该《补充协议》关于目标公司伊某代公司未能上市，则中某公司有权要求许某进按照每年15%溢价计算回购股份的约定，未违反相关法律法规的禁止性规定，且系许某进与中某公司的真实意思表示，应认定为有效。对于股权溢价回购，中某

公司亦以支出相应的融资股本作为代价，而非无偿取得。故申请人许某进关于该约定违背商业风险承担原则、公平原则而无效的主张，本院不予采纳。原一审判决认定该《补充协议》有效是正确的。"

❸山东省高级人民法院审理的金某阳与山东光某日月集团有限公司、丁某忠等公司增资纠纷案二审民事判决书【（2016）鲁民终 1957 号】认为："关于合同效力问题，涉案补充协议约定，新疆光某公司及丁某忠、李某庆应当保证公司每年向金某阳分红金额不低于本次增资金额的 6%，如低于 6%，则差额部分由丁某忠、李某庆以现金方式向金某阳补足；还约定如新疆光某公司 2011 年和 2012 年净利润分别低于 2000 万元和 4000 万元，并且低于承诺值的 90%，由丁某忠、李某庆对金某阳的投资进行现金补偿以及补偿金的计算方法；还约定在公司未能上市时金某阳有权要求丁某忠、李某庆收购金某阳持有的股份。上述约定内容不存在强迫目标公司违反规定进行分红的意思，不存在危害公司利益和公司债权人利益的情形，也不存在违反《公司法》第 74 条①规定的情形。涉案《投资扩股协议》和补充协议均是当事人的真实意思表示，内容均不违反法律和行政法规的强制性规定，合法有效。"

❹北京市高级人民法院审理的滕某淦等与北京夏某九鼎投资中心（有限合伙）公司增资纠纷案二审民事判决书【（2015）高民（商）终字第 1135 号】认为："本案所涉《投资协议书》是各方当事人就百某公司经营状况进行评估后确定的暂时价值、投资后百某公司未来的价值指标、根据约定承诺目标的完成情况进行相应的权益调整等内容达成一致后签订，是各方当事人真实意思体现，不违反法律、法规强制性规定，合法、有效。夏某九鼎中心依约要求百某公司股东滕某淦、滕某希受让其持有的百某公司股权，系百某公司内部股东之间相互转让股权，未实际减少百某公司注册资本；百某公司对于夏某九鼎中心向公司投资等事项形成了股东会决议，修改了公司章程并进行了相应的工商变更登记。因此，滕某淦、滕某希在《投资协议书》中对于受让夏某九鼎中心持有的百某公司股权的承诺不存在抽逃出资、公司减资等损害公司及公司债权人利益、损害公司其他股东权益等违反《中华人民共和国公司法》规定的情形。"

❺北京市第一中级人民法院审理的上海秉某旭股权投资发展中心与江某泉等公司增资纠纷案民事判决书【（2017）京 01 民初 92 号】认为："依据本案现有证据，佩某优公司、江某泉、秉某旭中心、华某秉鸿中心等 7 方当事人签订的《增资协议》《补充协议》均为当事人的真实意思表示，且未违反我国法律和行政法规的强

---

① 《公司法》（2023 年修订）第 89 条。

制性规定，应属合法有效。各方当事人均应当按照协议的约定履行各自的义务。秉某旭中心和华某秉鸿中心依约履行了向佩某优公司 3870 万元的出资义务，佩某优公司未能依约完成上市，秉某旭中心和华某秉鸿中心有权按照《增资协议》《补充协议》《变更协议书》的约定要求佩某优公司大股东江某泉履行回购义务。"

⓰兰州市中级人民法院审理的甘肃现某农业产业创业投资基金有限公司等与徐某明公司增资纠纷案民事判决书【（2016）甘 01 民初字第 343 号】认为："现上述协议及其附件中有关股权回购的约定，是原告现某农业与被告徐某明作为第三人大某环保公司股东之间的相互承诺，体现了有限责任公司股东之间人合性与资合性的特征，不违反法律法规，对各方当事人具有法律约束力，故被告主张股权回购的相关约定是无效的辩称理由，于法无据，不予支持。当双方约定的条件成就，即大某环保公司作为目标公司的业绩未达到约定标准时，原告现某农业有权要求被告徐某明回购其所持有的目标公司股权。"

⓱宣城市中级人民法院审理的安徽省创某资本基金有限公司与朱某元、彭某荣公司增资纠纷案民事判决书【（2016）皖 18 民初 9 号】认为："《补充协议》中特别约定，若出现相关情况，安徽创某公司有权要求转让所持公司股份给朱某元、彭某荣，该条款清楚明确，是当事人在《增资扩股协议》外特别设立的保护投资人利益的条款，属于当事人对投资合作商业风险的安排。该内容并不违反国家法律法规的禁止性规定，应属合法有效。朱某元、彭某荣在《补充协议》中对安徽创某公司的补偿承诺并不损害公司及公司债权人利益，不违反法律法规的禁止性规定，亦属合法有效。"

⓲新疆阿克苏地区中级人民法院审理的天津硅某天堂合丰股权投资基金合伙企业（有限合伙）与李某民、新疆天某绿某农业科技股份有限公司增资协议纠纷案民事判决书【（2015）阿中民二初字第 112 号】认为："关于《增资协议》中股权回购条款的效力。《增资协议》是天津硅某天堂合丰投资基金与李某民等股东及天某绿某股份公司经协商自愿达成，是各方的真实意思表示。在诉讼中，李某民、天某绿某股份公司认为协议中的股权回购条款属于联营合同中的'保底条款'且违反《合伙企业法》《证券法》等法律规定、违反公司资本维持的原则而主张无效。经审查，该条款模式较普遍发生于投资方与目标公司股东、实际控制人之间，目的是促成交易，良性引导目标公司的经营管理、降低投资风险，且能起到担保作用，能够促成增资行为的顺利完成，最大限度维护原始股东、增资方及目标公司的基本利益。股权回购条款并未损害天某绿某股份公司及其他股东和债权人的利益，也不降低公司注册资本金；被告及第三人所称的联营合同司法解释中的'保底条款'与本

案涉及的《增资协议》中股权回购是不同法律关系，在本案中并不适用。因此《增资协议》不违反法律及行政法规的强制性规定，应属合法有效。对被告及第三人所称《增资协议》中股权回购条款无效的主张，本院不予支持。"

⓳苏州市中级人民法院审理的苏州国某创新资本投资有限公司与顾某华、包某兴等公司增资纠纷案民事判决书【（2015）苏中商初字第00183号】认为："《增资合同书》《增资合同书的补充协议》系各方当事人真实意思表示，且不违反法律、行政法规的禁止性规定，应属合法有效，各方均应遵守。国某公司依据《增资合同书》向雅某公司投资6441.6万元并获得雅某公司366万股股权，国某公司系雅某公司合法股东。国某公司成为雅某公司股东之后，享有股东权利，并承担股东义务。《增资合同书的补充协议》约定的股权回购在性质上属于股东之间关于股权转让的约定。关于回购的价格，本案双方当事人在《增资合同书》《增资合同书的补充协议》中的约定实际均指向雅某公司上市，而双方约定的增资入股及股份回购条款实际系资本市场融资模式中的'对赌条款'，'对赌条款'一方面满足了融资方在资本市场上市前对融资的需求，另一方面满足了资金融出方对投资盈利的需求，其本质上是融资方式的创新，有利于社会资本的有效利用和资本市场的流通繁荣，并不损害投融资双方的利益。"

⓴厦门市中级人民法院审理的深圳市创某投资集团有限公司、厦门红某创业投资有限公司等与陈某帅公司增资纠纷案民事判决书【（2015）厦民初字第1425号】认为："《股份回购协议》《股东协议》系各方当事人真实意思表示，内容未违反法律、行政法规的禁止性规定，合法有效，各方均应依照约定履行相应义务。陈某帅主张其被迫签订前述协议，但未能提交证据予以佐证，本院不予采信。四原告依约向百某行公司进行投资，履行其支付投资款之义务。现百某行公司未能按计划实现上市目标，陈某帅也未能依据《股份回购协议》向四原告分期支付股权回购款，四原告有权依据《股份回购协议》解除该协议，并要求陈某帅依据《股东协议》支付约定的股权回购对价及利息，履行相应的回购股权义务。"

㉑厦门市中级人民法院审理的陆某与洪某雄、福建篁某科技农业有限公司公司增资纠纷案一审民事判决书【（2015）厦民初字第632号】认为："对于《补充协议》和《补充协议二》中有关篁某公司利润未达目标时，陆某有权要求洪某雄回购其持有的篁某公司股份以及洪某雄承诺以其自有资金向厚中心等投资人支付补偿金的约定，由于上述条款是洪某雄对自身权益的处分，体现了其真实意思表示，条款内容并未违反法律、行政法规的强制性规定，亦未损害公司或他人的合法权益，因此，该部分回购条款和补偿条款合法有效。各方当事人均应依约履行。"

㉒湖南省长沙市开福区人民法院审理的唐某一与长沙捷某投资管理合伙企业、湖南省青某果数据中心有限公司、湖南金某投资担保有限公司、郑某祥公司增资纠纷案民事判决书【（2016）湘 0105 民初 3308 号】认为："长沙捷某与唐某一、青某果公司签订的《湖南省青某果数据中心有限公司增资协议》《湖南省青某果数据中心有限公司增资补充协议》均系各方当事人的真实意思表示，各方在自愿签订上述合同之时，均具备相应的判断能力，对其中的经营成本、风险、履约能力等进行估算，唐某一作为企业的实际经营管理人，更能了解可能产生的履约风险，故各方对签订的上述协议中不违反法律法规的强制性规定的内容应当恪守。《增资补充协议》中关于投资方有权要求唐某一回购投资人所持有的青某果公司全部股份的约定系新、旧股东自由处分其股东权益的行为，并不损害公司其他股东的权益，也不违背股东风险共担的原则，该约定有助于促进青某果公司增资行为的依法顺利完成，对于双方的交易起到一定的担保功能。"

（七）增资纠纷中股东资格认定问题

1. 确定取得股东资格需要综合考虑多方面因素

公司股东应当具备下列特征：一是在公司章程上被记载为股东，并在章程上签名盖章；二是向公司投入了在章程上承诺投入的资本，拥有公司签发的出资证明书；三是在工商行政管理部门备案的公司文件中列为股东；四是享有法律规定的股东权利。

❶黑龙江省高级人民法院审理的黑龙江寒某黑土农业物产集团有限公司与丰某世通（北京）投资有限公司公司增资纠纷案二审民事判决书【（2015）黑高商终字第 66 号】认为："根据《公司法》等相关规定，公司股东应当具备下列特征：一是在公司章程上被记载为股东，并在章程上签名盖章；二是向公司投入了在章程上承诺投入的资本；三是在工商行政管理部门备案的公司文件中列为股东；四是拥有公司签发的出资证明书、被载入公司股东名册、享有法律规定的股东权利等。本案中，丰某公司依据《增资扩股协议》约定向目标公司寒某公司支付了增资款后，该协议四方又签订《出资人决议》，决定终止合作。其间寒某公司并未制定新的章程，亦未办理工商变更登记手续。因丰某公司并不具备上述几个特征，其自始至终不具有寒某公司的股东资格。"

❷东莞市中级人民法院审理的苏某红与东莞市鹏某电子科技有限公司公司增资

纠纷案二审民事判决书【（2015）东中法民二终字第 1348 号】认为："在双方存在增资合意的情况下，黎某已依约履行出资义务，而鹏某公司未依法办理工商登记变更手续，未将黎某记载于公司股东名册，亦未能充分举证证明黎某已实际享有鹏某公司股东的权利，故黎某主张其通过案涉协议入股鹏某公司成为该公司股东的合同目的无法实现。"

❸益阳市中级人民法院审理的桃江县湘某木业有限责任公司与李某军公司增资纠纷案二审民事判决书【（2014）益法民二终字第 183 号】认为："就有限责任公司而言，出资人在公司增资扩股时成为新股东的条件有三：一是公司股东会按程序作出增资决议；二是出资人按协议缴纳出资并载入在工商部门备案的公司章程和股东名册；三是依法办理公司注册资本和股东变更登记手续，使出资人的出资依法转为公司的注册资本，出资人的股东资格得到社会承认。"

❹长沙市中级人民法院审理的刘某彦与湖南航某卫星通信科技有限公司公司增资纠纷案二审民事判决书【（2014）长中民四终字第 02914 号】认为："经审查，被上诉人刘某彦在缴纳入股款以后，上诉人航某卫通公司未将刘某彦以股东名义进行工商注册登记，刘某彦也未参与航某卫通公司股东会议、取得盈利分红等股东权利。上述事实证明，航某卫通公司在收到刘某彦入股资金后长达 4 年多的时间里仍不履行增资募股的相关义务，致使刘某彦未能实现入股的合同目的，严重侵害了刘某彦的合法权益。因此，原审法院根据上述事实判决航某卫通公司退还刘某彦入股款并支付资金占用期间的利息并无不当。"

❺广西壮族自治区崇左市江州区人民法院审理的崇左市诚某运输有限责任公司、玉某梅公司增资纠纷案民事判决书【（2016）桂 1402 民初 1546 号】认为："根据《中华人民共和国公司法》的规定，公司股东应当具备下列特征：一是在公司章程上被记载为股东，并在章程上签名盖章；二是向公司投入了在章程上承诺投入的资本；三是在工商行政管理部门备案的公司文件中列为股东；四是拥有公司签发的出资证明书、被载入公司股东名册、享有法律规定的股东权利等。对内，诚某运输公司在收取玉某梅的 40 万元入股意向款前没有召开股东会议形成增资扩股决议；对外，在收取玉某梅的出资后没有将玉某梅变更登记为股东，并未制定新的章程，亦未办理工商变更登记手续。由于上述原因，玉某梅的股东资格尚处于待定状态，亦没有证据证明其出资已转为诚某运输公司的注册资本。因此，原告有权选择申请依法确认其股东资格，以便变更诚某运输公司的工商登记内容，也有权放弃其股东资格，要求诚某运输公司返还其出资。现原告要求被告退还入股意向款 40 万元，予以支持。"

2. 未办理工商变更登记不影响股东资格的取得

❻成都市中级人民法院审理的卢某富、四川幸某富电子有限责任公司公司增资纠纷案二审民事判决书【（2017）川 01 民终 4767 号】认为："虽四川幸某富公司在收到卢某富支付的 90000 元后未进行工商变更登记，但并不影响卢某富增资行为的效力，其支付的增资款亦不因未进行工商变更登记改变为借款，且根据审理查明的事实，卢某富支付增资款后，继续参与了公司经营管理，其股东权利并未受到影响。"

❼上海市第二中级人民法院审理的北京安某基石投资管理有限公司与上海智某金泉金融信息服务有限公司、竺某莉公司增资纠纷案二审民事判决书【（2017）沪 02 民终 1073 号】认为："根据已经查明的事实，安某基石公司已经完成了对智某金泉公司的增资款缴付，即已经完成了出资义务。而根据智某金泉公司的股东名册，安某基石公司已经取得了智某金泉公司的股东资格。且，在此后案外人崔某某、杨某某、方某的 3 次投资过程中，从相关投资协议所载内容可知，智某金泉公司、竺某莉，包括案外人崔某某、杨某某、方某均认为安某基石公司系智某金泉公司的合法有效股东，而安某基石公司对此也并无异议，并在协议上盖章确认，可见智某金泉公司以及其他股东，包括安某基石公司自身，均认可安某基石公司已取得智某金泉公司的股东资格，综上，安某基石公司已经实际取得智某金泉公司的相应股权，只是没有办理相应的工商登记手续，但是诚如一审法院所言，工商登记仅系保障股东对外对抗效力的登记手段，未办理登记并不意味着不能取得股东资格和股东权利。"

❽深圳市中级人民法院审理的宋某君与深圳森某精密工业有限公司公司增资纠纷案二审民事判决书【（2014）深中法商终字第 2646 号】认为："宋某君请求森某公司退还增资款的主张能否成立的问题。（2014）深宝法民二初字第 2013 号民事判决确认宋某君为森某公司的实际出资人，宋某君本人亦确认其实际参与了森某公司的经营管理，故即使森某公司未为宋某君办理股权及增资变更登记，但对于宋某君的股东地位及实际权利没有影响。宋某君以森某公司未办理变更登记为由请求森某公司返还增资款不能成立。"

3. 股东出资瑕疵不影响股东地位

❾拉萨市中级人民法院审理的张某彪、赵某等公司增资纠纷案二审民事判决书

【（2017）藏 01 民终 366 号】认为："依据《中华人民共和国公司法》第 28 条①规定，抽逃出资并不当然产生退股的效力。在全体股东未就张某彪、赵某退股形成决议，且金某洁公司、陈某根亦未提交其回购张某彪和赵某股份的证据的情况下，一审法院对该诉请不予支持正确，本院予以维持。"

❿牡丹江市中级人民法院审理的绥芬河市源某小额贷款有限责任公司与绥芬河市源某经贸（集团）有限责任公司、绥芬河市丰某商务服务有限公司民事裁定书【（2017）黑 10 民申 52 号】认为："不能根据抽逃出资行为，否定出资人已取得的股东资格。对于被申请人是否抽逃出资，属于另一法律关系，再审申请人可另行主张权利。"

（八）增资协议中法律后果归属问题

1. 控股股东与增资方签署的增资协议适用无权代表的规定

❶最高人民法院审理的杨某香、孙某荣、廊坊愉某房地产开发有限公司公司增资纠纷案二审民事判决书【（2015）民二终字第 191 号】认为："从内容上看，《投资入股协议书》涉及愉某公司增资以及愉某公司同意孙某荣出资入股等事宜，应由愉某公司和孙某荣协商订立。杨某香当时虽为愉某公司持股 70% 的控股股东，但并非愉某公司的法定代表人，也没有证据证明愉某公司授权杨某香对外签订《投资入股协议书》。因此，杨某香订立《投资入股协议书》的行为应属无权代表。愉某公司知悉杨某香擅自同孙某荣签订《投资入股协议书》后，未予否定，相反却多次收受孙某荣支付的投资款并出具收据。愉某公司的此种积极行为，应视为对杨某香无权代表行为的追认。因此，杨某香行为的法律后果应由愉某公司承担。"

2. 意向书中的定金条款不适用于后续签订的正式增资协议

对于该问题，《民法典》第 586 条第 1 款规定："当事人可以约定一方向对方给付定金作为债权的担保。定金合同自实际交付定金时成立。"

❷最高人民法院审理的杨某香、孙某荣、廊坊愉某房地产开发有限公司公司增资纠纷案二审民事判决书【（2015）民二终字第 191 号】认为："定金罚则的适用以定金担保存在为前提。如果定金担保并未设立，也就不存在因违约而适用定金罚则的问题。本案中，杨某香与孙某荣于 2011 年 5 月 30 日签订《股权（土地使用

---

① 《公司法》（2023 年修订）第 49 条。

权）转让意向书》，约定杨某香将其持有的愉某公司 35% 的股权转让给孙某荣，孙某荣向杨某香支付 3000 万元定金。该定金条款为《股权（土地使用权）转让意向书》的从合同，目的在于保障意向书的履行，类型上属于违约定金，具有担保性、从属性。2011 年 11 月 3 日，杨某香与孙某荣签订了《投资入股协议书》，约定孙某荣通过增资入股方式取得愉某公司 35% 的股权。作为股权取得的两种方式，股权转让与增资入股具有根本差异。股权转让属于股权的继受取得；增资入股则是通过向公司出资，认购公司增加的注册资本而成为股东，属于股权的原始取得。杨某香与孙某荣签订《投资入股协议书》后，孙某荣取得愉某公司 35% 股权的方式就由先前的股权转让变更为增资入股，《股权（土地使用权）转让意向书》亦被《投资入股协议书》代替而归于消灭。根据定金的从属性特征，《股权（土地使用权）转让意向书》消灭后，前述定金合同亦相应消灭，孙某荣有权要求杨某香返还已经支付的定金。但本案中，孙某荣并未要求杨某香返还定金，而是将其作为《投资入股协议书》中的投资款计算在付款总额中，杨某香也同样如此处理。因此，双方已就以先前的定金抵作《投资入股协议书》项下的投资款形成了一致的意思表示。《中华人民共和国担保法》第 90 条规定：'定金应当以书面形式约定。'《投资入股协议书》中未约定定金担保，杨某香与孙某荣也没有另外签订书面的定金合同，孙某荣更未在投资款之外向杨某香支付过担保《投资入股协议书》履行的定金。因此，本院认为，孙某荣与杨某香并未为《投资入股协议书》附设定金担保合同，本案不存在因当事人违反《投资入股协议书》而适用定金罚则的前提。"

3. 全体股东与增资方签订的协议视为目标公司的意志

需要说明的是，对于该类裁判观点，学界中有不同的声音。下述案件的裁判虽然保护了当事人之间的合同自由，但又忽视了公司独立和公司利益。该案中，法院将公司全体股东参与订立增资扩股协议的行为视为代表了青海某业的法人意志，将公司意志等同于股东意志，青海某业被参与合同并成为合同主体，将青海某业的公司行为与控股股东行为完全等同，过分强调了股东之间的意思自治，而忽视了公司的独立意思表示与独立利益诉求，与公司法基本理论相悖。

❸浙江省高级人民法院审理的浙江新某集团股份有限公司与浙江玻某股份有限公司等公司增资纠纷案民事判决书【(2009) 浙商初字第 1 号】认为："经审查，首先，新某集团主张的违约事实……行为主体确为青海某业。但公司法人的意志是通过全体股东以资本多数决的形式表现出来的。虽然青海某业并没有在《增资扩股协议书》上加盖公章，但青海某业的全体股东均在《增资扩股协议书》上签字，

可以代表青海某业的法人意志，浙江玻某等三被告的意志与青海某业的法人意志是同一的。因此，本案合同义务既是青海某业的义务也是作为合同各缔约方的青海某业全体股东的义务。青海某业未履行相关条款，应视为缔约各股东之违约行为。"

（九） 增资协议的履行问题

1. 公司一般不能请求隐名股东履行出资义务

❶湖北省高级人民法院审理的武汉新某途实业有限公司、武汉富某包装技术有限责任公司公司增资纠纷案二审民事判决书【（2016）鄂民终 875 号】认为："从显隐名关系内部关系看，隐名投资中，名义股东与实际出资人之间一般应具有书面或口头代持股约定，并对股东权利行使作出安排，该约定安排仅应约束名义股东和实际出资人。公司无权援用两者内部安排向名义股东之外的实际出资人直接主张权利，只能要求名义股东履行股东义务，除非实际出资人在公司内部以自己名义实际行使了包括自益权或共益权在内的股东权利。《最高人民法院关于适用〈中华人民共和国公司法〉若干问题的规定（三）》第 26 条规定：……上述规定表明，就补缴出资义务向他方权利主体承担责任的仅系登记股东，并非实际出资人。参照该条款精神，即便行使该项请求权主体为公司，其亦应受发起人协议、公司章程及工商登记信息所设定的义务主体相对性原则约束，无权直接向实际出资人请求瑕疵出资责任。"

2. 股东可以净资产对公司进行增资

❷新疆乌鲁木齐市中级人民法院审理的乌鲁木齐佳某有限责任公司与李某公司增资纠纷案民事判决书【（2017）新 01 民初 135 号】认为："净资产不是法律概念，而是一个会计学上的概念，是指所有者在企业资产中享有的经济利益，其金额为资产减去负债后的余额。所有者权益包括实收资本（或者股本）、资本公积、盈余公积和未分配利润等，即净资产＝资产总额－负债总额。对于股东而言，净资产只是代表作为所有者的股东在公司资产中享有的经济利益价值的大小。而所谓的'净资产出资'实际上要表达的真实意思，以公司净资产数额所代表的、《公司法》限定的出资方式范围内的各形态财产出资。本案中，由于佳某公司名下拥有的建设用地、已规划审批用地的地块升值，在土地部门出具证明后，土地评估单位及验资部门作出对应的估价及验资报告，对佳某公司土地增值的部分等折合为净资

产，以净资产作为股东的财产权益，再折为公司的注册资本，最终完成了公司增资的过程。即公司的土地升值部分作为股东应享有的权益，股东再作为向公司的出资，实现了其向公司的出资。"

（十）增资协议中止、解除及其责任承担问题

1. 合同终止不影响足额出资的法定义务

协议终止后，增资人虽然可以单方面终止继续履行余额出资的合同义务，但不能据此免除其对目标企业足额出资的法定义务，增资人不能以合同中约定的单方面终止履行条款已经触发为由，不履行未实际缴足的部分。

❶浙江省高级人民法院审理的浙江新某集团股份有限公司与浙江玻某股份有限公司等公司增资纠纷案民事判决书【（2009）浙商初字第 1 号】认为："当事人可以约定权利义务终止的情形。而本案《增资扩股协议书》已对此作了相关约定。协议第 7.2 款明确约定，如本协议任何一方不履行或违反本协议任何条款和条件，守约方有权单方面终止协议的继续履行。因此，新某集团在其他各方违约的情况下，要求终止继续履行余额出资义务，有相应的合同依据。但合同自由应以不违反法律强制性规定为前提。新某集团终止继续出资义务的诉请涉及公司资本制度，公司资本制度多为强行性规范，尤其是股东的足额出资义务是《公司法》明确规定的法定义务。《公司法》第 28 条第 1 款①确立了股东足额缴纳认缴的出资额的法定义务。其立法意旨在于确立公司资本信用、保护债权人利益，既保护公司经营发展能力，又保护交易安全，是一项强制性的义务。《公司法》第 179 条②……故本案增资纠纷中的新某集团也和青海某业设立时的原始股东一样，负有足额出资的法定义务。因此，新某集团虽然可以依照《增资扩股协议书》单方面终止继续履行余额出资的合同义务，但不能据此免除其对青海某业足额出资的法定义务。"

2. 增资人不能在增资协议解除后请求返还资本公积金

增资人行使权利，不仅要符合《民法典》的相关规定，也要遵守《公司法》中关于增资股东的法定义务。公司的资本公积金属于公司所有，是公司的财产，股东不能主张该资本公积金与自己持股比例相对应的部分归属于自己，股东亦不得请求返还。

---

① 《公司法》（2023 年修订）第 48 条第 1 款。
② 《公司法》（2023 年修订）第 224 条。

❷最高人民法院审理的浙江新某集团股份有限公司与浙江玻某股份有限公司、董某华、冯某珍、青海某业有限公司公司增资纠纷案再审民事裁定书【（2013）民申字第326号】认为："本案争议焦点为，新某集团已注入青海某业的资本公积金能否返还。《增资扩股协议》的合同相对人虽然是浙江玻某、董某华、冯某珍，但合同约定增资扩股的标的是青海某业。合同履行过程中，新某集团也已将资本金直接注入了青海某业。青海某业系合法存在的企业法人。浙江玻某、董某华、冯某珍均不再具有返还涉案资本公积金的资格。至于青海某业能否返还新某集团已注入的这部分资本公积金，关乎资本公积金的性质。股东向公司已交纳的出资无论是计入注册资本还是计入资本公积金，都形成公司资产，股东不得请求返还。二审判决未支持新某集团返还资本公积金的请求，并无不当。"

该案一审时，浙江省高级人民法院认为："《增资扩股协议书》的解除既应遵循《合同法》的规定，亦应不违背《公司法》的相关要求，《增资扩股协议书》虽已解除，但根据《公司法》的相关规定，新某集团不能要求返还出资中的资本公积金 336884976.80 元。理由如下：第一，根据《公司法》第 168 条①的规定，股份有限公司以超过股票票面金额的发行价格发行股份所得的溢价款以及国务院财政部门规定列入资本公积金的其他收入，应当列为公司资本公积金。《企业财务通则》第 17 条第 1 款规定，对投资者实际缴付的出资超过注册资本的差额，企业应当作为资本公积金管理。《中华人民共和国最高人民法院公报》2010 年第 2 期刊载的兰州神某物流有限公司与兰州民某（集团）股份有限公司侵权纠纷案裁判摘要第 2 项载明，公司因接受赠与而增加的资本公积金属于公司所有，是公司的财产，股东不能主张该资本公积金与自己持股比例相对应的部分归属于自己。可见，资本公积金属于公司所有，是公司资产的构成部分，股东不得任意要求公司予以返还。第二，资本公积金虽然不同于公司的注册资本需在工商行政管理部门登记，但其与注册资本均属于公司资本范畴，是公司的资本储备，目的在于巩固公司的财产基础，加强公司信用。从《增资扩股协议书》第 G 条的约定看，在新某集团全部出资到位后，青海某业将立即进行新增资本公积金转增注册资本操作，表明新某集团投入青海某业的资本公积金就是青海某业注册资本的准备金，具有准资本的性质。如果将该资本公积金予以返还，将导致青海某业资本规模的减少，损害青海某业公司的财产和信用基础，损害公司债权人的利益。第三，根据公司资本维持原则的要求，公司在其存续过程中，应维持与其资本额相当的实有资产。为使公司的资本与公司资产基

---

① 《公司法》（2023 年修订）第 213 条。

本相当，切实维护交易安全和保护债权人的利益，《公司法》第 35 条①明确规定，公司成立后，股东不得抽逃出资。同理，对于公司增资的新股东来说，同样不得抽回其向公司的投资。因此，新某集团投入青海某业的 336884976.80 元资本公积金是青海某业的公司资产，未经青海某业及其债权人同意，对新某集团请求返还其已经实际交纳的资本公积金应不予支持。"

3. 各股东之间一般按持股比例认定所应支付的回购款

对于该类问题，应当参照《公司法》中对于优先认购权的规定。《公司法》（2018 年修正，已被修订）第 71 条第 1 款规定："有限责任公司的股东之间可以相互转让其全部或者部分股权。"第 71 条第 3 款规定："经股东同意转让的股权，在同等条件下，其他股东有优先购买权。两个以上股东主张行使优先购买权的，协商确定各自的购买比例；协商不成的，按照转让时各自的出资比例行使优先购买权。"《公司法》（2023 年修订）第 84 条第 1 款规定："有限责任公司的股东之间可以相互转让其全部或者部分股权。"第 2 款规定："股东向股东以外的人转让股权的，应当将股权转让的数量、价格、支付方式和期限等事项书面通知其他股东，其他股东在同等条件下有优先购买权。股东自接到书面通知之日起三十日内未答复的，视为放弃优先购买权。两个以上股东行使优先购买权的，协商确定各自的购买比例；协商不成的，按照转让时各自的出资比例行使优先购买权。"

❸湖南省高级人民法院审理的浙江国某投资管理有限公司、浙江佳某创业投资有限公司与黎某和、黎某见等公司增资纠纷案二审民事判决书【（2017）湘民终502 号】认为："因双方在《增资扩股协议》及《补充协议》中未约定股东之间按何种比例回购股权，在没有约定的情形下，一审判决按照鑫某公司各股东持股比例认定各股东应支付的回购款，符合公司同股同权同义务的治理方式，亦符合公平原则。"

4. 增资人投入的资本公积金应当计入投资款本金内计算回购价款

❹兰州市中级人民法院审理的甘肃现某农业产业创业投资基金有与徐某明公司增资纠纷案民事判决书【（2016）甘 01 民初字第 343 号】认为："根据我国《公司法》的相关规定，资本公积金是投资者或者他人投入到企业、所有权归属于投资者，并且金额上超过法定资本部分的资本或资产。资本公积金从形成来源看，它不

---

① 《公司法》（2023 年修订）第 53 条。

是由企业实现的利润转化而来的，从本质上讲应属于投入资本范畴。故上述诉争的160万元虽系双方约定的资本公积金，但在上述股权回购的条件成就时，仍应计入原告的投资款本全内计算回购价款。被告关于该部分的辩称理由，于法无据，不予支持。"

5. 增资人在增资协议解除后只能先请求公司承担责任

❺陕西省高级人民法院审理的李某栋与西安矩某动力科技公司、王某、白某龙、冯某珍公司增资纠纷案再审民事裁定书【（2017）陕民申617号】认为："在本案中，《增资扩股协议》没有约定由矩某公司的其他股东对应由公司返还的增资款承担连带责任，现行《公司法》亦没有此方面的规定，故李某栋请求矩某公司的其他股东承担返还增资款连带责任没有合同和法律依据，二审法院未予支持，适用法律正确。"

6. 增资人在增资协议解除后应当退还其之前分配的股息和红利

❻益阳市中级人民法院审理的桃江县湘某木业有限责任公司与李某军公司增资纠纷案二审民事判决书【（2014）益法民二终字第183号】认为："由于上述原因，李某军的股东资格尚处于待定状态，且没有可采信的证据证明其出资已转为湘某木业公司的注册资本。在这种情况下，李某军有权选择申请依法确认其股东资格，以便变更和增补湘某木业公司的工商登记内容；也有权放弃其股东资格，要求湘某木业公司返还其出资（其出资不属于我国公司法中'股东在公司登记后，不得抽回出资'的范围）。……既然李某军选择了后者，法院对其要求返还出资的诉讼请求就应予以支持；但其要求给付利息缺乏法律依据，对其该项诉讼请求应不予支持。同时，李某军已获得的60000元股息，因李某军并非该公司的股东，其出资款并未列为股份，其以股东名义获得股息于法无据，应当认定这60000元系湘某木业公司向李某军退还的出资款，并从1000000元中予以扣除。"

7. 未办理工商登记不能作为解除增资协议的理由

❼成都市中级人民法院审理的卢某富、四川幸某富电子有限责任公司公司增资纠纷案二审民事判决书【（2017）川01民终4767号】认为："虽四川幸某富公司在收到卢某富支付的90000元后未进行工商变更登记，但并不影响卢某富增资行为的效力，其支付的增资款亦不因未进行工商变更登记改变为借款，且根据审理查明的事实，卢某富支付增资款后，继续参与了公司经营管理，其股东权利并未受到影响。故卢某富关于要求四川幸某富公司退还其支付的90000元增资款及利息的上诉

请求于法无据，本院不予支持。"

❽上海市第二中级人民法院审理的北京安某基石投资管理有限公司与上海智某金泉金融信息服务有限公司、竺某莉公司增资纠纷案二审民事判决书【（2017）沪02民终1073号】认为："根据已经查明的事实，安某基石公司已经完成了对智某金泉公司的增资款缴付，即已经完成了出资义务。而根据智某金泉公司的股东名册，安某基石公司已经取得了智某金泉公司的股东资格。且，在此后案外人崔某某、杨某某、方某的三次投资过程中，从相关投资协议所载内容可知，智某金泉公司、竺某莉，包括案外人崔某某、杨某某、方某均认为安某基石公司系智某金泉公司的合法有效股东，而安某基石公司对此也并无异议，并在协议上盖章确认，可见智某金泉公司以及其他股东，包括安某基石公司自身，均认可安某基石公司已取得智某金泉公司的股东资格，综上，安某基石公司已经实际取得智某金泉公司的相应股权，只是没有办理相应的工商登记手续，但是诚如一审法院所言，工商登记仅系保障股东对外对抗效力的登记手段，未办理登记并不意味着不能取得股东资格和股东权利。"

8. 退股应当按照法定程序进行

❾重庆市第五中级人民法院审理的重庆市丰某资产管理有限公司与王某华、李某墨等公司增资纠纷案民事判决书【（2014）渝五中法民初字第00498号】认为："丰某公司与精某公司之间的增资合作口头约定及《重庆市上实实业发展有限公司股份转让协议》解除后，丰某公司可以就已履行的增资义务请求恢复原状，即精某公司本应向丰某公司返还重庆市上实实业发展有限公司100%的股权及其他出资。但出资的返还应当符合《中华人民共和国公司法》的相关要求。以及根据公司资本维持原则、公司资本不变原则，即使丰某公司与精某公司之间的增资合作口头约定被依法解除，丰某公司也不能请求人民法院直接判决返还其出资，而应按照《中华人民共和国公司法》的有关规定，通过依法向他人转让股份或者通过法定减资程序实现其出资的返还。因此，对丰某公司返还出资的诉讼请求，本院不予支持。"

（十一）增资纠纷中的其他裁判观点

1. 股份有限公司股东不享有新增资本的优先认缴权

❿云南省昆明市中级人民法院审理的何某辉与云南纺某（集团）股份有限公

司新增资本认购纠纷案二审民事判决书【（2015）昆民五终字第32号】认为："被上诉人是原云南纺某厂通过国企改制，以发起方式设立的股份有限公司……公司进行增资扩股系公司内部治理的经营决策行为，由公司的决策机构作出决议并遵照执行。《中华人民共和国公司法》第34条①规定的股东增资优先认购权，是《公司法》基于保护有限责任公司人和性的经营特征，对有限责任公司增资扩股行为发生时所做的强制性规范，目的在于保护有限责任公司基于人和基础搭建起来的经营运行稳定性，该规定仅适用于有限责任公司。对于股份有限公司，基于其资合性的组织形式与管理运行模式，《公司法》并未对其增资扩股行为设定优先认购权的强制性规范，股份有限公司的增资扩股行为系其内部经营决策合意的结果，在不违反相关强制性法律法规的前提下，公司具体的增资方式、增资对象、增资数额、增资价款等均由其股东会决议并遵照执行。"

2. 公司股东不能对其他股东放弃的增资份额享有优先认缴权

❶最高人民法院审理的贵州捷某投资有限公司与贵阳黔某生物制品有限责任公司、重庆大某生物技术有限公司、贵州益某制药有限公司、深圳市亿某盛达科技有限公司股权确权及公司增资扩股出资份额优先认购权纠纷案二审民事判决书【（2009）民二终字第3号】认为："我国《公司法》第35条②规定'公司新增资本时，股东有权优先按照实缴的出资比例认缴出资'，直接规定股东认缴权范围和方式，并没有直接规定股东对其他股东放弃的认缴出资比例增资份额有无优先认购权，也并非完全等同于该条但书或者除外条款即全体股东可以约定不按照出资比例优先认缴出资的除外所列情形，此款所列情形是完全针对股东对新增资本的认缴权而言的，这与股东在行使认缴权之外对其他股东放弃认缴的增资份额有无优先认购权并非完全一致。对此，有限责任公司的股东会完全可以有权决定将此类事情及可能引起争议的决断方式交由公司章程规定，从而依据公司章程规定方式作出决议，当然也可以包括股东对其他股东放弃的认缴出资有无优先认购权问题，该决议不存在违反法律强行规范问题，决议是有效力的，股东必须遵循。只有股东会对此问题没有形成决议或者有歧义理解时，才有依据《公司法》规范适用的问题。即使在此情况下，由于公司增资扩股行为与股东对外转让股份行为确属不同性质的行为，意志决定主体不同，因此二者对有限责任公司人合性要求不同。在已经充分保护股东

① 《公司法》（2023年修订）第227条。
② 同上。

认缴权的基础上，捷某公司在黔某公司此次增资中利益并没有受到损害。当股东个体更大利益与公司整体利益或者有限责任公司人合性与公司发展相冲突时，应当由全体股东按照公司章程规定方式进行决议，从而有个最终结论以便各股东遵循。至于黔某公司准备引进战略投资者具体细节是否已经真实披露于捷某公司，并不能改变事物性质和处理争议方法。"

三、公司增资纠纷法律问题综述

（一）《民事诉讼法》中关于公司管辖的条款不属于专属管辖

根据《民事诉讼法》第 27 条和《民事诉讼法司法解释》第 22 条的规定，因公司增资纠纷提起的诉讼，应当由公司住所地人民法院管辖。实践中，有人认为，有关公司的纠纷管辖的规定，排除了当事人之间协议约定公司纠纷管辖的空间。那么，《民事诉讼法》及其司法解释中关于公司管辖条款的规定，是否属于专属管辖呢？

在甘肃省高级人民法院审理的兰州万某置业有限公司与王某辉等人管辖权异议案中，甘肃省高级人民法院认为，当事人在该案中有关管辖的约定，违反了《民事诉讼法》第 27 条关于公司住所地专属管辖的规定，应为无效。

但是，最高人民法院在该案二审时认为，《民事诉讼法》第 27 条关于公司诉讼的规定，应当理解为特殊地域管辖的规定，而不是专属管辖。《民事诉讼法》所规定的特殊地域管辖条款并不排除当事人的协议管辖约定，当事人对于争议解决方式有约定的从其约定，无约定或者约定不具有可操作性的则依照该法律规定予以确定案件的管辖法院。根据此案，最高人民法院明确了在公司纠纷诉讼中，当事人可以约定公司住所地之外的法院管辖，进而排除《民事诉讼法》第 27 条的适用。

（二）公司内部意思形成过程瑕疵不影响对外表示的效力

在认定公司对外意思表示的效力时，不仅需要考虑《公司法》的相关规定，也需考虑《民法典》的规定，以合同法的一般规定来认定相关意思表示的效力问题。

在民商事法律关系中，公司作为行为主体实施法律行为的过程可以划分为两个层次，一是公司内部的意思形成阶段，通常表现为股东会或董事会决议；二是公司对外作出意思表示的阶段，通常表现为公司对外签订的合同。[1] 出于保护善意第三人和交易安全的考虑，公司内部意思形成过程瑕疵，不当然影响公司对外意思表示的效力。

（三）目标公司仅未办理工商登记并不影响增资人的股东资格

股东资格的认定需要考虑多方面因素，从理论上讲，取得股东资格的有限责任公司股东大多具备以下特征：（1）公司章程对股东的记载或变更记载；（2）向公司实际出资或依法继受；（3）公司登记机关对公司股东的登记或变更登记；（4）取得出资证明书；（5）股东名册对股东的记载或变更记载；（6）实际享有股东权利。完全具备上述特征的股东取得股东资格当然毫无疑义，而实践中不完全具备这些特征的股东则较为多见。[2] 因此，工商登记作为保障股东对外对抗效力的登记手段，是股东取得股东资格的形式要件之一。未办理登记并不意味着不能取得股东资格和股东权利，不影响股东的实际地位。

实践中，法院在处理公司外部的关系时，为保护善意第三人的信赖利益及商业的有序发展，具有公权力性质的工商登记是认定股东资格的重要形式要件。但在公司内部关系的认定上，实践中法院不仅要考虑股东是否具有工商登记的形式要件，更要考虑股东在公司内部是否享有股东权利，参与公司的经营管理。因此，即便目标公司未将股东的姓名及出资额进行登记，也仅是不具备对抗外部的效力，该股东的股东权利和股东资格并不因未登记而未取得，其也不能仅因公司未为其办理工商登记而请求解除增资合同，返还增资款。

（四）股东出资瑕疵并不当然否定其股东资格

股东存在出资瑕疵，但未达到公司设立无效的程度，即使股东出资完全是虚假的，或者股东出资之后又抽逃了全部的出资，只要其仍然具备取得股东资格的形式要件，应当认定瑕疵行为人取得了股东资格。[3] 而且，从《公司法》的规定上看，股东应当足额缴纳公司章程中规定的各自认缴的出资额，股东未缴纳认缴的出资，应当向足额出资的股东承担违约责任，对于虚假出资的股东，工商部门可以给予罚

---

[1]　参见王雷：《公司决议行为瑕疵制度的解释与完善》，载《清华法学》2016年第5期。
[2]　参见范健：《论股东资格认定的判断标准》，载《南京大学法律评论》2006年秋季号。
[3]　参见周友苏：《试析股东资格认定中的若干法律问题》，载《法学》2006年第12期。

款等处罚。① 但瑕疵出资人的上述民事、行政责任是以具有股东资格为前提，故出资人并不因瑕疵出资而丧失股东资格。②

（五）全体股东参与订立的增资协议的行为视为目标公司的意志

在笔者检索到的案例中，浙江省高级人民法院审理【（2009）浙商初字第 1号】增资纠纷案时认为，虽然青海某业并没有在《增资扩股协议书》上加盖公章，但青海某业的全体股东均在《增资扩股协议书》上签字，可以代表青海某业的法人意志，浙江玻某等三被告的意志与青海某业的法人意志是同一的。

该案的裁判虽然保护了当事人之间的合同自由，但是该案忽视了公司独立和公司利益。在该案中，法院将公司全体股东参与订立增资扩股协议的行为视为代表了青海某业的法人意志，将公司意志等同于股东意志，"青海某业"参与合同并成为合同主体，将青海某业的公司行为与控股股东行为完全等同，过分强调了股东之间的意思自治而忽视了公司的独立意思表示与独立利益诉求。③

（六）与目标公司股东对赌有效，与目标公司对赌无效

根据最高人民法院于 2019 年 11 月 9 日发布的《全国法院民商事审判工作会议纪要》（以下简称《九民纪要》）规定：

实践中俗称的"对赌协议"，又称估值调整协议，是指投资方与融资方在达成股权性融资协议时，为解决交易双方对目标公司未来发展的不确定性、信息不对称以及代理成本而设计的包含了股权回购、金钱补偿等对未来目标公司的估值进行调整的协议。从订立"对赌协议"的主体来看，有投资方与目标公司的股东或者实际控制人"对赌"、投资方与目标公司"对赌"、投资方与目标公司的股东、目标公司"对赌"等形式。人民法院在审理"对赌协议"纠纷案件时，不仅应当适用合同法的相关规定，还应当适用公司法的相关规定；既要坚持鼓励投资方对实体企业特别是科技创新企业投资原则，从而在一定程度上缓解企业融资难问题，又要贯彻资本维持原则和保护债权人合法权益原则，依法平衡投资方、公司债权人、公司之

① 参见马强：《有限责任公司股东资格认定及相关纠纷处理》，载《法律适用》2010 年第 12 期。
② 参见税兵：《在表象与事实之间：股东资格确定的模式选择》，载《法学杂志》2010 年第 1 期。
③ 参见陈群峰：《认真对待公司法：基于股东间协议的司法实践的考察》，载《中外法学》2013 年第 4 期。

间的利益。对于投资方与目标公司的股东或者实际控制人订立的"对赌协议",如无其他无效事由,认定有效并支持实际履行,实践中并无争议。但投资方与目标公司订立的"对赌协议"是否有效以及能否实际履行,存在争议。对此,应当把握如下处理规则:

5. 投资方与目标公司订立的"对赌协议"在不存在法定无效事由的情况下,目标公司仅以存在股权回购或者金钱补偿约定为由,主张"对赌协议"无效的,人民法院不予支持,但投资方主张实际履行的,人民法院应当审查是否符合公司法关于"股东不得抽逃出资"及股份回购的强制性规定,判决是否支持其诉讼请求。

投资方请求目标公司回购股权的,人民法院应当依据《公司法》第 35 条①关于"股东不得抽逃出资"或者第 142 条②关于股份回购的强制性规定进行审查。经审查,目标公司未完成减资程序的,人民法院应当驳回其诉讼请求。

投资方请求目标公司承担金钱补偿义务的,人民法院应当依据《公司法》第 35 条③关于"股东不得抽逃出资"和第 166 条④关于利润分配的强制性规定进行审查。经审查,目标公司没有利润或者虽有利润但不足以补偿投资方的,人民法院应当驳回或者部分支持其诉讼请求。今后目标公司有利润时,投资方还可以依据该事实另行提起诉讼。

最高人民法院在新余某投云联成长投资管理中心、广东运某柜信息技术有限公司新增资本认购纠纷、买卖合同纠纷再审审查与审判监督民事裁定书【(2020)最高法民申 1191 号】中认为,虽然公司法第一百四十二条⑤规定是在股份有限公司的标题项下,但并未禁止适用于有限责任公司。关于股权回购协议是否有效的司法态度也很明显。《九民纪要》第 5 条已明确,"投资方请求目标公司回购股权的,人民法院应当依据公司法第 35 条⑥关于'股东不得抽逃出资'或者第 142 条⑦关于股份回购的强制性规定进行审查。经审查,目标公司未完成减资程序的,人民法院应当驳回其诉讼请求"。可以看出《九民纪要》在总结以往审判经验的基础上也认为公司法第一百四十二条⑧可以适用于有限责任公司。故原判决适用该条认定《补充协

① 《公司法》(2023 年修订)第 53 条。
② 《公司法》(2023 年修订)第 162 条。
③ 《公司法》(2023 年修订)第 53 条。
④ 《公司法》(2023 年修订)第 210 条。
⑤ 《公司法》(2023 年修订)第 162 条。
⑥ 《公司法》(2023 年修订)第 53 条。
⑦ 《公司法》(2023 年修订)第 162 条。
⑧ 同上。

议》的效力并无不当。

　　具体到该案而言，针对甄某中心要求运某柜公司回购股权这一事项，原判决还需围绕运某柜公司是否完成减资程序进行审查。事实上，公司股权是否可以回购应当分两方面进行审理：一是《补充协议》的效力问题；二是基于合同有效前提下的履行问题。原判决并未说明《补充协议》存在符合合同无效的法定情形，合同本身应当认定为有效。至于《补充协议》约定的股权回购实际上是不是可以履行存在多种可能性，而非一种必然性。股权回购是否经过 2/3 以上有表决权的股东通过、目标公司是否已完成减资程序、债权人是否同意等事项均具有不确定性。原判决在上述事实未经审理的情形下直接认定合同本身必然无效确有不当。

第二十二章　公司解散纠纷

一、公司解散纠纷的法律规定

（一）关于公司解散纠纷主体的法律规定

我国法律规定公司解散之诉的原告为持有公司全部股东表决权 10% 以上的股东，被告为公司。

《公司法》（2018 年修正，已被修订）第 182 条规定："公司经营管理发生严重困难，继续存续会使股东利益受到重大损失，通过其他途径不能解决的，持有公司全部股东表决权百分之十以上的股东，可以请求人民法院解散公司。"

《公司法》（2023 年修订）第 231 条规定："公司经营管理发生严重困难，继续存续会使股东利益受到重大损失，通过其他途径不能解决的，持有公司百分之十以上表决权的股东，可以请求人民法院解散公司。"

《公司法司法解释二》第 4 条规定："股东提起解散公司诉讼应当以公司为被告。

原告以其他股东为被告一并提起诉讼的，人民法院应当告知原告将其他股东变更为第三人；原告坚持不予变更的，人民法院应当驳回原告对其他股东的起诉。

原告提起解散公司诉讼应当告知其他股东，或者由人民法院通知其参加诉讼。其他股东或者有关利害关系人申请以共同原告或者第三人身份参加诉讼的，人民法院应予准许。"

被要求解散的公司可以是外资企业或中外合资企业。

《公司法》（2018 年修正，已被修订）第 217 条规定："外商投资的有限责任公司和股份有限公司适用本法；有关外商投资的法律另有规定的，适用其规定。"2023 年修订的《公司法》对该条予以删除。

《外商投资法》及其实施条例于 2020 年 1 月 1 日开始实施，但其中并未对外商投资企业解散和清算作出明确规定，因此以公司形式设立的外商投资企业的解散和清算主要是用《公司法》关于解散与清算的相关规定。

（二）关于公司解散事由的法律规定

1. 一般解散事由

《公司法》（2018 年修正，已被修订）第 180 条规定："公司因下列原因解散：

（一）公司章程规定的营业期限届满或者公司章程规定的其他解散事由出现；

（二）股东会或者股东大会决议解散；

（三）因公司合并或者分立需要解散；

（四）依法被吊销营业执照、责令关闭或者被撤销；

（五）人民法院依照本法第一百八十二条的规定予以解散。"

第 181 条规定："公司有本法第一百八十条第（一）项情形的，可以通过修改公司章程而存续。

依照前款规定修改公司章程，有限责任公司须经持有三分之二以上表决权的股东通过，股份有限公司须经出席股东大会会议的股东所持表决权的三分之二以上通过。"

《公司法》（2023 年修订）第 229 条规定："公司因下列原因解散：

（一）公司章程规定的营业期限届满或者公司章程规定的其他解散事由出现；

（二）股东会决议解散；

（三）因公司合并或者分立需要解散；

（四）依法被吊销营业执照、责令关闭或者被撤销；

（五）人民法院依照本法第二百三十一条的规定予以解散。

公司出现前款规定的解散事由，应当在十日内将解散事由通过国家企业信用信息公示系统予以公示。"

第 230 条规定："公司有前条第一款第一项、第二项情形，且尚未向股东分配财产的，可以通过修改公司章程或者经股东会决议而存续。

依照前款规定修改公司章程或者经股东会决议，有限责任公司须经持有三分之二以上表决权的股东通过，股份有限公司须经出席股东会会议的股东所持表决权的三分之二以上通过。"

2. 公司僵局的法律规定

《公司法》（2018 年修正，已被修订）第 182 条规定了持有公司全部股东表决权百分之十以上的股东通过诉讼方式，请求法院强制解散公司的必要条件。针对该条关于"经营管理发生严重困难"，即形成公司僵局的具体界定，2014年修正的《公司法司法解释二》第1条第1款进行了补充说明。

第182条规定："公司经营管理发生严重困难，继续存续会使股东利益受到重大损失，通过其他途径不能解决的，持有公司全部股东表决权百分之十以上的股东，可以请求人民法院解散公司。"

《公司法》（2023年修订）第231条规定："公司经营管理发生严重困难，继续存续会使股东利益受到重大损失，通过其他途径不能解决的，持有公司百分之十以上表决权的股东，可以请求人民法院解散公司。"

《公司法司法解释二》第1条规定："单独或者合计持有公司全部股东表决权百分之十以上的股东，以下列事由之一提起解散公司诉讼，并符合公司法第一百八十二条①规定的，人民法院应予受理：

（一）公司持续两年以上无法召开股东会或者股东大会，公司经营管理发生严重困难的；

（二）股东表决时无法达到法定或者公司章程规定的比例，持续两年以上不能做出有效的股东会或者股东大会决议，公司经营管理发生严重困难的；

（三）公司董事长期冲突，且无法通过股东会或者股东大会解决，公司经营管理发生严重困难的；

（四）经营管理发生其他严重困难，公司继续存续会使股东利益受到重大损失的情形。

股东以知情权、利润分配请求权等权益受到损害，或者公司亏损、财产不足以偿还全部债务，以及公司被吊销企业法人营业执照未进行清算等为由，提起解散公司诉讼的，人民法院不予受理。"

3. 关于股东利益受到重大损失的法律规定

虽然《公司法》对"股东权利受到重大损失"没有明确规定，但是关于如何认定公司"继续存续会使股东利益受到重大损失"，公司的经营管理出现严重困难，会使公司及其股东的利益受到损害。如果公司及其股东的利益受到的损害不严重，解散公司就是一种不利益的行为，只有在公司及其股东的利益受到严重损害，并且通过其他途径不能解决时，才应当解散公司，保护公司及其股东的利益。对于公司

---

① 《公司法》（2023年修订）第231条。

经营管理困难与否、是否严重，需依具体个案判断，由司法实践进行总结。[①]

（三）关于公司解散纠纷管辖权的法律规定

1. 仲裁是否可适用公司解散

我国法律规定的解散事由包括：公司内部合意解散、行政违法解散和法院诉讼解散，并未规定仲裁解散。

《公司法》（2018 年修正，已被修订）第 180 条规定："公司因下列原因解散：

（一）公司章程规定的营业期限届满或者公司章程规定的其他解散事由出现；

（二）股东会或者股东大会决议解散；

（三）因公司合并或者分立需要解散；

（四）依法被吊销营业执照、责令关闭或者被撤销；

（五）人民法院依照本法第一百八十二条的规定予以解散。"

《公司法》（2023 年修订）第 229 条规定："公司因下列原因解散：

（一）公司章程规定的营业期限届满或者公司章程规定的其他解散事由出现；

（二）股东会决议解散；

（三）因公司合并或者分立需要解散；

（四）依法被吊销营业执照、责令关闭或者被撤销；

（五）人民法院依照本法第二百三十一条的规定予以解散。

公司出现前款规定的解散事由，应当在十日内将解散事由通过国家企业信用信息公示系统予以公示。"

《最高人民法院关于撤销中国国际经济贸易仲裁委员会（2009）CIETACBJ 裁决（0355）号裁决案的请示的复函》〔（2011）民四他字第 13 号〕："根据《中华人民共和国公司法》第一百八十一条[②]的规定，仲裁机构裁决解散公司没有法律依据，属于无权仲裁的情形。"

综上，通过仲裁解散公司没有法律依据。

2. 公司解散诉讼的管辖

根据法律规定，公司解散诉讼由公司住所地人民法院管辖。

---

① 王翔：《公司法释义》，中国法制出版社 2024 年版，第 328 页。

② 《公司法》（2023 年修订）第 229 条。

《民事诉讼法》第 27 条规定："因公司设立、确认股东资格、分配利润、解散等纠纷提起的诉讼，由公司住所地人民法院管辖。"

《公司法司法解释二》第 24 条规定："解散公司诉讼案件和公司清算案件由公司住所地人民法院管辖。公司住所地是指公司主要办事机构所在地。公司办事机构所在地不明确的，由其注册地人民法院管辖。

基层人民法院管辖县、县级市或者区的公司登记机关核准登记公司的解散诉讼案件和公司清算案件；中级人民法院管辖地区、地级市以上的公司登记机关核准登记公司的解散诉讼案件和公司清算案件。"

《最高人民法院关于涉外民商事案件诉讼管辖若干问题的规定》第 1 条规定："第一审涉外民商事案件由下列人民法院管辖：

（一）国务院批准设立的经济技术开发区人民法院；

（二）省会、自治区首府、直辖市所在地的中级人民法院；

（三）经济特区、计划单列市中级人民法院；

（四）最高人民法院指定的其他中级人民法院；

（五）高级人民法院。

上述中级人民法院的区域管辖范围由所在地的高级人民法院确定。"

（四）关于解散纠纷的其他法律规定

根据我国法律规定，公司形成僵局并不必然导致公司解散。

《公司法司法解释二》第 5 条第 1 款规定："人民法院审理解散公司诉讼案件，应当注重调解。当事人协商同意由公司或者股东收购股份，或者以减资等方式使公司存续，且不违反法律、行政法规强制性规定的，人民法院应予支持。当事人不能协商一致使公司存续的，人民法院应当及时判决。"根据该条款，其他能解决的途径包括，由公司或者股东收购股份，或者以减资等方式使公司存续等。

第 6 条规定："人民法院关于解散公司诉讼作出的判决，对公司全体股东具有法律约束力。

人民法院判决驳回解散公司诉讼请求后，提起该诉讼的股东或者其他股东又以同一事实和理由提起解散公司诉讼的，人民法院不予受理。"

二、公司解散纠纷的相关案例

（一）公司解散事由

1. 被吊销营业执照导致公司解散

营业执照被吊销的公司直接进入解散程序，无须审查公司经营管理是否陷入僵局。

❶黑龙江省高级人民法院审理的大庆中某嘉友生物科技有限公司与大庆市大某医药有限责任公司、香港浩某发展有限公司公司解散纠纷案民事判决书【（2014）黑涉港商终字第 5 号】认为："在大某医药公司提起本案诉讼前，中某嘉友公司已被吊销营业执照。依照《公司法》第 180 条、第 183 条①的规定，中某嘉友公司被吊销营业执照属于公司解散的法定事由。因中某嘉友公司已被吊销营业执照，属于被行政机关强制解散的情形，其依照法律规定已不得再开展经营活动，自亦丧失了依据《公司法》第 182 条②之规定，由人民法院审查该公司经营管理是否陷入僵局及是否应予解散之基础。"

在上诉过程中，若公司依法被吊销执照，该公司则直接进入解散程序，无须审查公司经营管理是否陷入僵局。

❷山东省高级人民法院审理的山东晨某纸业集团股份有限公司与阿尔诺维根斯晨某特种纸有限公司等公司解散纠纷案二审民事判决书【（2014）鲁民四终字第 52 号】认为："原审判决作出后，晨某特种纸公司因未参加年检，于 2013 年 12 月 3 日被山东省工商行政管理局吊销营业执照。《中华人民共和国公司法》第 180 条③规定'公司因下列原因解散：……（四）依法被吊销营业执照、责令关闭或者被撤销；……'根据该条的规定，因被吊销营业执照，晨某特种纸公司符合解散条件。本案在二审审理中，案件事实发生重大变化，继续审理晨某纸业公司和晨某特种纸公司的诉辩主张已无意义，对本案处理结果也无影响，因此，对晨某特种纸公司的上诉理由本院不再赘述。综上，晨某特种纸公司营业执照被吊销，符合公司解散的条件。"

---

① 《公司法》（2023 年修订）第 229 条、第 232 条。
② 《公司法》（2023 年修订）第 231 条。
③ 《公司法》（2023 年修订）第 229 条。

　　根据相关案例，"其他能够解决的途径"一般指以下四种途径：第一，依照《公司法》第57条和第109条规定的股东知情权，化解公司僵局。第二，根据《公司法》第123条规定，提议召开临时会议来化解股东会僵局状态。第三，提议召开股东会讨论人事任免、转让股权和请求公司回购以退出公司，彻底解决股东之间长期存在的分歧和冲突。第四，股权份额已超过2/3以上表决权的大股东，可以通过公司权力机构股东会行使职权，解决公司经营管理问题。

　　❸最高人民法院审理的张某军与陕西通某（集团）锅炉制造有限公司公司解散纠纷案申诉、申请民事裁定书【（2015）民申字第289号】认为："申请人张某军在本案中所主张的解散事由，核心诉求是其被排除在公司经营管理之外，至于其所列举的股东之间群殴打架、张某峰将其和张某利赶出公司、张某峰伪造决议处分公司资产等导致其权利受到侵害的事由，均可以通过提议召开股东会讨论人事任免、转让股权和请求公司回购以退出公司等其他合法途径获得救济，并无通过司法诉讼强制解散公司的必要。而在本案中，张某军对其所主张的股东权利受到侵害的情节，直至采取了对其长兄张某峰不断进行控告和诉讼的方式，并未依照《中华人民共和国公司法》和通某公司章程的规定行使其股东权利以寻求救济，故其关于解散公司的诉讼请求依法不应得到支持。"

　　❹新疆维吾尔自治区高级人民法院审理的司某世与巴楚县乾某建友建材有限公司公司解散纠纷案再审审查与审判监督民事裁定书【（2017）新民申1278号】认为："本院经审查认为，关于巴楚县乾某建友建材有限公司是否符合公司解散法定条件的问题，须从《中华人民共和国公司法》关于公司解散纠纷的立法目的分析。公司解散纠纷系股东在公司经营出现僵局时提起解散公司申请而引发，其设定目的在于弱势股东穷尽公司内部的救济手段后，运用司法手段调整失衡的利益关系。由此可见，公司法的立法本意是希望公司通过公司自治等方式解决股东之间的僵局状态，'通过其他途径不能解决'是股东请求解散公司的必要前置性条件，只有在穷尽一切可能的救济手段仍不能化解公司僵局时，才赋予股东通过司法程序强制解散公司的权利。本案中，司某世虽称黄某强和杜某侵占公司财产、公司董事长期冲突，但其提供的证据并不能证明其与其他股东之间存在重大矛盾。巴楚县乾某建友建材有限公司解散并不是解决问题的唯一途径，司某世作为巴楚县乾某建友建材有限公司的大股东，可以通过要求公司或者其他股东收购股份，也可以向股东以外的其他人转让股权的方式退出公司，彻底解决股东之间长期存在的分歧和冲突。司某世在参与公司经营决策及享有资产受益等股东权利无法实现时，应当且可以通过其他合法途径予以救济，而不能以此为由请求法院判决解散公司。"

❺新疆维吾尔自治区高级人民法院审理的乌鲁木齐市祥某实业有限公司与乌鲁木齐市祥某房地产开发有限公司、张某升、新疆豪某贸易有限公司公司解散纠纷案二审民事判决书【（2014）新民二终字第38号】认为："本案中，从表面上看各股东之间矛盾较为突出似乎符合股东僵局的特征，但公司解散并不是解决这一僵局的唯一途径。祥某实业公司提交的股东（张某升）曾因涉嫌刑事犯罪而被公安机关立案以及股东与股东之间、股东与被解散公司之间发生多起民事纠纷的系列诉讼案件，虽然反映出近3年期间祥某房产公司的3位股东为了各自的利益相互诉讼，相互之间失去了彼此信任、交流和协商的基础，但并不能因此确定祥某房产公司的经营管理已发生严重困难。祥某实业公司作为祥某房产公司的股东，可依据公司章程和《公司法》第110条①规定提议召开临时会议，化解股东会僵局状态，依照法律和章程行使相应的股东知情权，还可通过要求公司或者控股股东收购股份，甚至向股东以外的其他人转让股权的方式退出公司，彻底解决股东之间长期存在的分歧和冲突。"

2. 公司僵局导致公司解散

公司僵局的认定。

根据《公司法司法解释二的理解与适用》，公司作为一个法律拟制的法人机构，其实际管理和经营主要系依靠股东（大）会、董事会等决议机构和执行机构的有效运行，如果上述机构的运行状况出现严重困难，公司处于事实上的瘫痪状态，体现公司自治的公司治理结构已完全失灵，不能正常进行经营活动，即可据此认定"公司经营管理发生严重困难"，即出现公司僵局。为此，《公司法司法解释二》第1条对公司的解散事由进行了列举，这些事由既是解散公司诉讼案件受理时形式审查的依据，也是判决是否解散公司时实体审查的标准。

根据《公司法司法解释二》第1条，除了兜底条款，公司符合下列事由之一，适格股东即可提起解散公司诉讼：第一，公司持续二年以上无法召开股东会或者股东大会，公司经营管理发生严重困难的；第二，股东表决时无法达到法定或者公司章程规定的比例，持续二年以上不能做出有效的股东会或者股东大会决议，公司经营管理发生严重困难的；第三，公司董事长期冲突，且无法通过股东会或者股东大会解决，公司经营管理发生严重困难的；第四，经营管理发生其他严重困难，公司继续存续会使股东利益受到重大损失的情形。

---

① 《公司法》（2023年修订）第123条。

但是，通过考察有关公司解散诉讼的 500 个案例，笔者发现，仅凭借其中一项事由，法院即判定公司处于僵局状态的案例和公司解散同时满足前三项事由的案例均比较少，法院判决公司已陷入公司僵局，多为公司目前的状态同时满足《公司法司法解释二》中的两项事由。

（1）满足《公司法司法解释二》第 1 条的任意一项，法院即判定构成公司僵局的案例

第一，仅满足"公司持续两年以上无法召开股东会或者股东大会"。

❶黑龙江省高级人民法院审理的牡丹江市恒某肉制品有限公司与董某华、董某伟公司解散纠纷案二审民事判决书【（2017）黑民终 142 号】认为："本案恒某公司 2015 年 5 月 18 日停产后，董某华与董某伟一直未召开股东会，至今已持续 2 年以上，双方亦未共同经营该公司，据此可以认定，恒某公司股东会机制已经失灵，公司经营管理出现严重困难，公司出现僵局。由于董某华享有的股东权长期处于无法行使的状态，其投资恒某公司的目的无法实现，该公司继续存续会使其利益受到重大损失。"

❷广东省高级人民法院审理的列某权与清远市利某环保科技有限公司公司解散纠纷案二审民事判决书【（2015）粤高法民二终字第 1040 号】认为："关于公司经营管理是否发生严重困难的问题。公司权力机制运行失灵，公司陷于僵局是公司经营管理发生严重困难的重要体现。利某公司章程规定，股东会议分为定期会议和临时会议，定期会议每年召开一次。2009 年 12 月列某权受让韩某元的股份后，利某公司至今既未召开定期股东会，亦未召开临时股东会，表明利某公司的股东会机制运行失灵。原审认定利某公司的经营管理并未发生严重困难，实属不当。"

第二，仅满足"持续两年以上不能做出有效的股东会或者股东大会决议"。

❸湖南省高级人民法院审理的湘潭高某精密科技有限公司、宏某机械（上海）有限公司、荣某投资管理（上海）有限公司、上海邦某投资咨询有限公司与绍兴乙某科技有限公司公司解散纠纷案二审民事判决书【（2015）湘高民二终字第 69 号】认为："高某公司治理结构实现的是严格一致的表决机制，使得人合性成为高某公司最为重要的特征。自高某公司成立之初至今，股东之间的矛盾持续升级。股东会决议的事项，也因为股东之间存在重大分歧，而无法按照公司章程的规定，达到全体股东一致通过。高某公司权利决策机制失灵，股东之间失去了合作基础，属于《公司法司法解释二》第 1 条规定的经营管理严重困难的公司僵局情形。"

❹江苏省高级人民法院审理的欧阳某锦、和某嘉东（海门）家具装饰工程有限公司、海门佑某贸易有限公司公司解散纠纷案二审民事判决书【（2014）苏商外终

字第 0006 号】认为："和某嘉东公司的董事会已无法正常运行。和某嘉东公司的最高权力机构系董事会，董事会的成员为 3 人，其中股东欧阳某锦委派了两名，即其本人和欧阳某祥，佑某公司委派 1 人即公司总经理陈某东。在和某嘉东公司成立后召开的两次董事会上，董事会无法就公司生产、经营事宜达成一致意见，无法形成董事会决议，即使在地方政府参与的情况下，仍然无法就合营公司的经营管理达成共识。目前为止，合营公司停产歇业状态将近两年，且面临较多诉讼，合营公司已无工人、生产管理人员等，公司的经营、生产已陷入僵局。"

第三，仅满足"公司董事长期冲突，且无法通过股东会或者股东大会解决"。

仅满足"公司董事长期冲突，且无法通过股东会或者股东大会解决"即被法院判决构成公司僵局的案例中，被解散的公司多为有限责任公司和中外合资公司，因为这两类公司与普通股份有限公司相比，公司的人合性需求更为突出。因此，当出现董事长期冲突，且无法通过股东大会解决时，相对会更容易被判决为构成公司僵局。

❺最高人民法院审理的石家庄市正定金某化工有限公司、河北正某实业集团有限公司等与河北中某特钢物流有限公司、河北广某投资股份有限公司公司解散纠纷案申请再审民事裁定书【（2015）民申字第 505 号】认为："根据本案一、二审法院查明的事实，2010 年 7 月，中某公司、金某公司、正某公司发起成立了广某公司，3 个月后股东间即因资金、担保等问题产生矛盾；正某公司亦提出退出公司申请；2011 年金某公司代表广某公司起诉中某公司损害公司利益赔偿之诉，之后 3 股东之间又引发多起诉讼，广某公司股东之间的纠纷经过三级法院长达 3 年的审理仍未能缓和，中某公司仍提起了解散广某公司的诉讼。二审法院据此认定广某公司股东间存在长期冲突，对公司是否应存续等重大经营事项未能通过股东会解决，广某公司经营管理发生严重困难，并无不妥。"

❻最高人民法院审理的董某东、卢某新等与湘潭市嘉某商务有限公司公司解散纠纷案申请再审民事裁定书【（2013）民申字第 2471 号】认为："因嘉某公司股东或董事之间冲突不断，已经失去了互相信任及有效合作的基础，嘉某公司股东大会和董事会的运转已产生了严重的内部障碍，公司的经营管理发生了严重困难。刘某利至今无法以嘉某公司法定代表人的身份对嘉某公司进行经营管理且嘉某公司股东大会和董事会的运转又产生了严重的内部障碍，嘉某公司已经陷入僵局。"

❼广东省高级人民法院审理的深圳万某房地产开发有限公司、骏某塑胶（深圳）有限公司公司解散纠纷案再审审查与审判监督民事裁定书【（2016）粤民申 5676 号】认为："本案关于万某房产公司解散纠纷实质体现为翁某贵与翁某桂之间

的矛盾和僵局，翁某贵与翁某桂之间矛盾深刻，不可调和。万某房产公司至今都未同意接纳骏某公司委派翁某贵、邓某荣为董事，而且即使翁某贵、邓某荣成为万某房产公司的董事，由于其与翁某桂之间的矛盾，也会形成董事僵局。"

❽广东省高级人民法院审理的深圳市图某科技有限公司等与魏某立公司解散纠纷案再审复查与审判监督民事裁定书【（2016）粤民申 4258 号】认为："本案案情表明，图某科技公司的经营由魏某、魏某立、陈某红 3 人决定，现有情形是魏某立、陈某红均要求解散公司，3 名实际股东中有两人要求解散公司；已生效民事判决认定魏某和图创实业公司侵占图某科技公司的款项高达 1425054.95 元；双方互有多起诉讼，双方之间的矛盾已经到了不可调和需要运用诉讼这一终极手段来处理的地步；双方各自成立公司，争夺客户和市场。上述情形证明图某科技公司股东间的信赖消失殆尽，丧失了正常经营所需的人合性基础，出现股东僵局。"

❾四川省高级人民法院审理的广安达某木业发展有限公司等与刘某公司解散纠纷案二审民事判决书【（2015）川民终字第 588 号】认为："首先，达某木业成立于 2010 年 1 月 29 日，在 2012 年 2 月 2 日刘某就提出了退股要求；在 2013 年 12 月 6 日吴某良在未通知刘某的情况下召开了股东会，收购了另一名股东的股权并修改了公司章程，变更了公司监事；在 2013 年 12 月和 2014 年 7 月刘某又分别向人民法院提起本案诉讼。上述事实证明公司股东刘某与吴某良之间已经发生严重内部矛盾。达某木业作为有限责任公司，具有较强的'人合性'特点，公司能否正常运营依赖股东之间的相互信赖关系，若股东之间的关系恶化，必然影响公司的正常运营。客观上讲，在目前公司只有刘某与吴某良两名股东且两名股东之间已经发生严重内部矛盾的情况下，公司的经营管理已无法通过股东会予以解决。因此，应当认定达某木业的股东会机制已经失灵，公司赖以存在的'人合性'基础已经丧失。"

❿北京市高级人民法院审理的陈某联与北京法某洋国际科技发展有限公司公司解散纠纷案二审民事判决书【（2014）高民终字第 1129 号】认为："对于中外合资经营企业，中外股东之间具有良好合作意愿和稳定的协助关系是公司存续的必要条件。一旦在公司存续过程中，中外双方利益发生冲突，彼此不愿妥协，董事会将无法按照法定程序作出任何有效决议。作为公司的议事机关，董事会的有效决策是公司得以正常经营管理的前提和基础，在董事会因董事对立无法形成有效决议时，公司势必陷入经营管理无法正常进行的状态……从法某洋公司章程规定的议事规程可以看出，对于公司重大经营事项的决定，必须由公司三位董事一致通过或是经中外两方董事通过，中外任何一方单方召开的董事会会议都不可能满足公司章程规定的要求……唯一可以例外的，未达到董事会会议法定人数，亦能作出有效决议的就是

公司章程第 24 条、第 25 条规定的董事会特别会议。就法某洋公司目前的状况看，从 2009 年至今，在长达 5 年的时间里，公司中外股东多次尝试召开董事会来打破公司面临的管理僵局，但均因对方不出席相关会议而未能形成符合章程规定的有效决议……因此，法某洋公司在董事会无法召开、法定代表人无法选任、主营业务停滞，所谓的董事会会议决议均是各自召开、各自决议、决议内容完全冲突，而中外董事又无法就解决这些问题达成一致意见的情况下，可以认定法某洋公司目前已处于《公司法司法解释二》第 1 条第 1 款第 3 项规定的经营管理严重困难的公司僵局情形。"

(2) 满足《公司法司法解释二》第 1 条前 3 项后，法院判定构成公司僵局的案例

❶最高人民法院审理的湖南百某园农业科技服务有限公司与百某园（湖南）乡村俱乐部有限公司公司解散纠纷案申诉、申请民事裁定书【（2016）最高法民申 829 号】认为："从表象而言，公司自 2003 年成立以来未召开过董事会或股东会，公司的治理结构形同虚设，更为严重的是，公司的重大决策已经不能按照章程的规定作出，尤其是 2007 年公司减资过程中，百某园公司和嘉某公司并不知情，百某园俱乐部甚至利用伪造两个中方股东所派董事的签名作出减资决议并报经批准，损害了公司股东的合法权益，亦损害了中外合作企业的'人合'基础。从公司的经营过程以及本案诉讼过程看，公司的各方股东之间缺乏基本信任，已经完全不能按照合同的约定和章程的规定进行合作，公司治理结构已经处于瘫痪的典型情形。"

❷最高人民法院审理的常熟市凯某实业有限公司、戴某明与林某清公司解散纠纷案申请再审民事裁定书【（2012）民申字第 336 号】认为："本案中，凯某公司仅有戴某明与林某清两名股东，两人各占 50% 的股份。凯某公司章程规定'股东会的决议须经代表 1/2 以上表决权的股东通过'，且各方当事人一致认可该'1/2 以上'不包括本数。因此，只要两名股东的意见存有分歧、互不配合，就无法形成有效表决，显然影响公司的运营。凯某公司已持续 4 年未召开股东会，无法形成有效股东会决议，也就无法通过股东会决议的方式管理公司，股东会机制已经失灵。执行董事戴某明作为互有矛盾的两名股东之一，其管理公司的行为，已无法贯彻股东会的决议。林某清作为公司监事不能正常行使监事职权，无法发挥监督作用。由于凯某公司的内部机制已无法正常运行、无法对公司的经营作出决策，即使尚未处于亏损状况，也不能改变该公司的经营管理已发生严重困难的事实。"

(3)《公司法司法解释二》第 1 条的任意两项，法院判定构成公司僵局的案例

第一，满足"公司持续两年以上无法召开股东会或者股东大会"和"持续两

年以上不能做出有效的股东会或者股东大会决议"。

❸最高人民法院审理的十堰中某房地产开发有限公司、包头市永某房地产开发有限公司等与李某忠公司解散纠纷案申请再审民事裁定书【（2015）民申字第 2530 号】认为："关于中某公司是否符合公司解散的法定条件。根据一、二审判决认定的事实，永某公司承接中某公司 80% 股权后，中某公司仅有李某忠和永某公司两个股东，由于股东之间长期存在矛盾，争议无法调和，甚至发生暴力冲突，导致公司持续 3 年无法召开股东会，也无法形成股东会决议，虽经双方多次协商亦无法达成一致。中某公司监事设置缺失，诉讼中未能提交近年来的财务报表，公司盈利、亏损状况难以判断，内部管理混乱，经营活动已陷入困境。"

❹最高人民法院审理的重庆正某实业（集团）有限公司与重庆正某机电工业有限公司股东知情权及公司解散纠纷案二审民事判决书【（2007）民二终字第 31 号】认为："正某机电成立 5 年之内仅召开 2 次股东会，且股东会、董事会长期不能达成决议，导致公司经营管理困难并陷入僵局，继续经营将损害公司和股东利益，通过其他途径也无法解决。本案经原审法院和二审法院多次努力，国某公司与正某实业之间至今仍不能达成调解，因此，根据《中华人民共和国公司法》第 183 条①之规定，正某机电符合公司解散的条件。一审法院认定正某机电符合公司解散条件并判决公司解散，事实清楚，证据充分，适用法律正确。"

❺山东省高级人民法院审理的无棣县东某农业综合开发中心与滨州惠某三维农业发展有限公司公司解散纠纷案二审民事判决书【（2016）鲁民终 821 号】认为："惠某农业公司的董事会已持续 4 年没有召开，董事长钟某兴亦长期不在公司工作，该公司的董事会已形同虚设，无法通过董事会形成有效的决议。作为惠某农业公司股东的环某动力公司与东某开发中心，已无意继续经营管理惠某农业公司，双方近年来沟通的内容主要是股权转让事宜，因此，惠某农业公司的经营管理已发生严重困难。"

❻四川省高级人民法院审理的四川全某电视发展有限公司与香港艺某国际有限公司、四川省有线电视实某开发公司公司解散纠纷案二审民事判决书【（2015）川民终字第 1141 号】认为："关于全某公司的经营管理是否发生严重困难的问题。根据全某公司章程的规定，全某公司董事会是公司的最高权力机构，艺某公司和实业公司均以委派董事的形式对全某公司进行经营管理，即由董事会直接行使董事会和股东会的双重职能。2000 年以后，因艺某公司的股东发生变动，艺某公司原派驻全

① 《公司法》（2023 年修订）第 231 条。

某公司的董事全部退出了全某公司董事会。之后，尽管艺某公司通知了全某公司新董事的人员名单并要求召开董事会，但全某公司的董事会未能再召开。可见，全某公司已经在长达 10 余年的时间里未能召开董事会，亦无法通过董事会决议的方式经营和管理公司，该公司的权力决策机制早已失灵，属于《公司法司法解释二》第 1 条第 1 款第 1 项、第 2 项规定的公司经营管理发生严重困难的公司僵局情形。"

❶❼湖南省高级人民法院审理的瞿某明、周某加等与王某斌、王某碧等公司解散纠纷案再审复查与审判监督民事判决书【（2014）湘高法民再终字第 71 号】认为："宏某公司成立初期，双方股东合作基础尚可。2005 年 7 月，瞿某明等 4 人经审计得知王某斌等 3 人将公司高息借来的资金 40 余万元无偿借给湘某公司后，即将股权自行转让给杨某志，双方出现重大矛盾，继而互不信任，相互损害对方利益，并长期因股权转让、土地过户、侵权等多次到省、州、县 3 级法院进行诉讼，导致双方合作基础丧失，已不能自行合作经营，并长期不能召开股东会和董事会。宏某公司权力决策机制长期失灵，无法正常运行，属于最高人民法院《关于适用〈中华人民共和国公司法〉若干问题的规定（二）》第 1 款第 1 项、第 2 项规定的经营管理严重困难的公司僵局情形。"

第二，满足"公司持续两年以上无法召开股东会或者股东大会"和"公司董事长期冲突，且无法通过股东会或者股东大会解决"。

❶❽四川省高级人民法院审理的四川奶某乐乳业有限公司与罗某特·皮兰特、四川菊某食品有限公司公司解散纠纷案二审民事判决书【（2016）川民终 318 号】认为："奶某乐公司 2010 年以来未召开董事会，公司的决策机构长期失灵，无法有效运行；2011 年以后，奶某乐公司一直处于停产状态；因无法通过乳制品生产 QS 证的审验，原公司章程确定的生产、加工乳及乳制品、奶牛饲料，提供种牛的繁殖及其技术推广服务，销售公司产品等生产经营活动不能继续；奶某乐公司从 2011 年起即不能从事乳制品生产，已遣散员工，停止营业，奶某乐公司、菊某公司无证据证明公司处于恢复正常经营、有望扭亏为盈的状态；2011 年以来，奶某乐公司股东及董事之间发生多起诉讼，双方的利益冲突和权利争执已发展到相当严重的程度，相互丧失信任，并已失去合作的基础。综上，表明奶某乐公司长期经营管理困难，属于公司僵局情形，公司继续存续会使股东利益受到更加重大的损失。"

❶❾广东省高级人民法院审理的珠海宝某软件技术有限公司、周某忠与马某鸣公司解散纠纷案二审民事判决书【（2014）粤高法民二终字第 73 号】认为："宝某公司章程约定，股东会会议分为定期会议和临时会议，定期会议每半年召开 1 次。2013 年 7 月以后，宝某公司从未按照公司章程召开定期会议，亦未召开临时会议，

表明宝某公司的股东会机制运行失灵。宝某公司 3 位股东马某鸣、于某兴、李某峰要求免去另一股东周某忠的总经理职务，而周某忠本人不同意免职，也表明公司股东之间在经营管理上发生严重分歧。人合性是有限公司设立和存续的基础，宝某公司权力机制运行失灵，显示该公司的人合性已发生重大危机。此外，马某鸣、于某兴、李某峰与周某忠在公司财务管理和清算等方面亦不能达成一致意见；马某鸣、于某兴同他人注册成立了珠海宝某信息科技有限公司，周某忠与其妻子吕某亦注册成立了珠海宝某易用软件技术有限公司，不仅均使用了'宝某'字样，且均从事软件业务经营，与宝某公司的经营范围相近，更显示宝某公司股东之间的人合性基础已经丧失。"

第三，满足"持续两年以上不能做出有效的股东会或者股东大会决议"和"公司董事长期冲突，且无法通过股东会或者股东大会解决"的案例。

❷⓪广东省高级人民法院审理的博罗县安某表面处理顾问有限公司与惠州威某塑胶制品有限公司公司解散纠纷案二审民事判决书【（2016）粤民终 378 号】认为："本案中，虽然威某公司在诉讼中提交了安某公司出具的《股东同意书》及威某公司部分董事签名的《董事会决议》，但该公司章程约定解散公司须经董事会一致通过，而该公司董事会现无法就解散公司形成全体董事签名确认的董事会决议，故该公司的管理已发生严重困难、陷入非常状态。威某公司在诉讼中确认其现已停产，因威某公司未按照章程约定履行相关义务导致其无法继续经营，如其继续存续将会使股东的利益受到重大损失。现开办威某公司的合作双方股东未能达成调解协议，亦无法通过其他途径解决，在此情形下，安某公司提出解散威某公司的诉讼请求符合前述法律规定，本院予以支持。"

❷①安徽省高级人民法院审理的刘某、安某与安徽锦某机械装备有限公司公司解散纠纷案二审民事判决书【（2014）皖民二终字第 00200 号】认为："虽然刘某、安某持有公司 50% 的股份，但只要两方股东意见发生分歧，又不能妥协的，锦某公司必然无法形成有效的股东会决议。相互合作的基础完全破裂，有限责任公司应有的人合性基础已丧失。自股权结构变更后，股东未按照公司章程规定的程序就公司经营过程中出现的问题召开过股东会。自 2013 年 2 月起，锦某公司一直无法正常经营，公司的决策机构已经失灵。"

❷②辽宁省高级人民法院审理的沈阳信某百汇商贸有限公司与侯某君、叶某公司解散纠纷申请再审民事裁定书【（2014）辽审一民申字第 1084 号】认为："我国

《公司法》第183条①和《公司法司法解释二》第1款第1项规定'公司经营管理发生严重困难'的情况，不应简单理解为公司出现经营性困难，更应当考虑公司管理方面是否存在严重障碍。本案中的两名股东，一方主张解散公司，清算财产；另一方主张对方并未实际投资，要求其归还公司货款等，双方矛盾十分激烈，经多方调和无法解决。现沈阳信某百汇商贸有限公司已另案起诉侯某君履行股东出资义务。该公司如继续存续，持股各50%的2位股东根本无法形成有效表决，会严重影响公司运营，损害各方利益，因此，原审根据公司的实际情况判决解散，并无不当。"

❷❸内蒙古自治区高级人民法院审理的乌海华某公司、樊某与刘某锁、王某蓝公司解散纠纷案二审民事判决书【（2014）内商终字第00028号】认为："自2012年12月以后，因王某蓝、刘某锁依法行使股东知情权问题以及樊某主张2人拖欠公司巨额债务而引发多起股东之间的诉讼，各方存在分歧并产生矛盾。即使王某蓝、刘某锁共同持有的表决权数额符合召集股东会的要求，但因2人并不实际掌控公司，无法使股东会决议得以执行，公司也就无法通过股东会决议的方式管理公司，显然影响公司的正常经营，股东会机制已经失灵。"

不能认定为公司僵局的情形。

根据《公司法司法解释二》第1条，公司满足其中一项即可认定为公司僵局。如果法院根据具体情况，需驳回适格股东请求司法解散公司的诉讼要求，除证明该公司存在可以解决的其他途径外，证明该公司不存在公司僵局是最直接的办法。

关于《公司法司法解释二》第1条规定的第3项事由，"公司董事长期冲突，且无法通过股东会或者股东大会解决"，除了涉案公司只有执行董事1人，不存在董事间的冲突外，因为较难从客观方面证明公司董事不存在长期冲突，因此只要证明该公司2年内已通过股东大会作出有效决议，即可证明公司董事的冲突未使公司发生经营管理困难。

根据相关案例，法院根据客观事实，证明涉案公司在2年内召开了股东会，并且作出了有效的股东会决议，如对外签订了有效合同，即可认定公司没有陷入僵局，未发生公司经营管理困难。

❷❹最高人民法院审理的云南瑞某达通信技术有限公司与昆明云某信息通信设计有限公司公司解散纠纷案申请再审民事裁定书【（2016）最高法民申1303号】认为："根据本案已经查明的事实，云某公司于2013年6月14日、2013年7月23

---

① 《公司法》（2023年修订）第231条。

日、2014 年 7 月 25 日 3 次召开股东会、董事会及监事会会议，在 2014 年 7 月 25 日的会议通知、会议议程、签到表均明确会议为三会合一，即股东会、董事会、监事会三会一并召开，会后还形成了会议纪要，其中股东会决议对股东的名称变更、公司章程修改、人事任免等有关事宜作出决议。原判决根据上述事实认定云某公司并不存在持续 2 年未召开股东会，不能作出有效的股东会决议，运行机构持续性发生严重困难的情形，公司并非对任何事项均不能作出决议。"

（二）提起公司解散诉讼的主体

1. 未足额出资股东有权提起解散公司诉讼

根据相关案例，股东出资是否到位，是股东与股东之间或者股东与公司之间的出资法律关系，股东出资未到位并不能据此否认其股东资格。

❶最高人民法院审理的湖南百某园农业科技服务有限公司与百某园（湖南）乡村俱乐部有限公司公司解散纠纷申诉、申请民事裁定书【（2016）最高法民申 829 号】认为："股东出资是否到位，是股东与股东之间或者股东与公司之间的出资法律关系，股东出资未到位并不能据此否认其股东资格。因此，百某园公司具备《中华人民共和国公司法》第 182 条①规定的提起解散公司诉讼的主体资格。"

❷内蒙古自治区高级人民法院审理的通辽市嘉某房地产开发有限公司与童某公司解散纠纷案二审民事判决书【（2013）内商终字第 86 号】认为："对于童某是否符合提起公司解散诉讼的主体资格问题。无论从嘉某公司股东会决议的内容、股东名册和公司章程修正案的确认，还是从工商登记备案的相关档案资料的载明情况，均能客观地证明童某在嘉某公司的股东身份及持股比例为 45%，符合提起解散公司诉讼的主体要件。至于童某出资的资金来源并不影响其在嘉某公司所享有的股东资格和持股比例。朱某峰称童某在嘉某公司的出资不到位、主体不适格的上诉理由显然缺乏事实和法律依据，不能成立。"

2. 外资及我国港澳台地区股东有权提起解算公司之诉

根据相关案例，即使持有公司全部股东表决权 10% 以上的股东为外资股东或我国港澳台籍股东，也有权根据《公司法》第 231 条提起解散公司之诉。

❶最高人民法院审理的湖南百某园农业科技服务有限公司与百某园（湖南）

① 《公司法》（2023 年修订）第 231 条。

乡村俱乐部有限公司公司解散纠纷案申诉、申请民事裁定书【（2016）最高法民申 829 号】认为："关于百某园公司是否具备公司解散诉讼的原告主体资格问题。百某园公司与莫某荷公司、嘉某公司共同设立中外合作企业百某园俱乐部经过了外商投资企业审批机构的批准，百某园公司提供合作条件占公司 10% 股份。按照《中华人民共和国中外合作经营企业法》第 8 条规定，中外合作者的投资或者提供的合作条件可以是现金、实物、土地使用权、工业产权、非专利技术和其他财产权利。百某园公司以百某园的资源环境、水电、道路和顾客停车便利作为合作条件，符合上述规定的其他财产权利情形，亦获得了外商投资企业审批机构的批准。况且，股东出资是否到位，是股东与股东之间或者股东与公司之间的出资法律关系，股东出资未到位并不能据此否认其股东资格。因此，百某园公司具备《中华人民共和国公司法》第 182 条①规定的提起解散公司诉讼的主体资格。"

❷福建省高级人民法院审理的福州化某漆厂与福建东某漆业有限公司等公司解散纠纷案二审民事判决书【（2014）闽民终字第 69 号】认为："本院认为，本案系公司解散纠纷，被请求解散的东某公司是中外合资企业，因外方股东浩某公司是在香港注册成立的法人，本案应参照涉外案件适用集中管辖的规定，由东某公司住所地所属的福州市中级人民法院管辖审理本案。根据《涉外民事关系法律适用法》第 2 条第 1 款及《公司法》第 2 条、第 217 条②的规定，在中国境内设立的公司之解散纠纷应当适用中国法律。故本案应以中国内地法律为准据法。"

3. 其他有权提起解散之诉的主体

抽逃出资的股东有权提起解散公司诉讼。如果该股东身份在工商档案中仍未变更，或者未依照章程规定被剥夺股东身份，该股东即使抽逃出资，也仍有资格提起解散公司之诉。

❶最高人民法院审理的徐某国与鸡西市申某房地产开发有限公司公司解散纠纷申诉、申请民事裁定书【（2016）最高法民申 2868 号】认为："虽然申某房地产公司上诉主张徐某国虚假出资、抽逃出资的行为导致其已丧失了该公司的股东资格，该公司亦通过股东会决议解除了徐某国的股东资格，其无权提起公司解散诉讼。但根据该公司章程可以确定，解除股东资格的股东会决议，须经代表 1/2 以上表决权的股东通过，而申某房地产公司作出解除徐某国股东资格的股东会决议仅经代表 1/

---

① 《公司法》（2023 年修订）第 231 条。
② 《公司法》（2023 年修订）第 2 条。

2 表决权的股东王某通过，未超过 1/2，且申某房地产公司工商档案中徐某国现仍登记为该公司股东，申某房地产公司的上诉主张不能成立。"

公司能否解散取决于公司是否存在僵局且是否符合《公司法》第 183 条①规定的实质条件，而不取决于公司僵局产生的原因和责任。因此，对公司僵局具有过错的股东仍有资格提起解散公司之诉。

❷最高人民法院审理的仕某科技有限公司与富某新型复合材料（太仓）有限公司、永某集团有限公司解散纠纷二审案【（2011）民四终字第 29 号】认为："《公司法》第 183 条②既是公司解散诉讼的立案受理条件，同时也是判决公司解散的实质审查条件。公司能否解散取决于公司是否存在僵局且符合《公司法》第 183 条③规定的实质条件。而不取决于公司僵局产生的原因和责任。即使一方股东对公司僵局的产生具有过错，其仍然有权提起公司解散之诉，过错方起诉不应等同于恶意诉讼。"

（三）公司解散之诉的管辖问题

1. 仲裁机构没有解散公司的裁决权

《公司法》第 229 条规定了公司解散的 5 种情形，《公司法》规定的解散事由包括公司内部合意解散、行政违法解散和法院诉讼解散，并未规定仲裁解散。

❶最高人民法院审理的中某石油化学股份有限公司与山西华某阳坡泉煤矿有限公司、山西华某热电有限公司公司解散纠纷案申请再审民事裁定书【（2016）最高法民再 202 号】认为："本院认为，《中华人民共和国公司法》第 182 条④规定：'公司经营管理发生严重困难，继续存续会使股东利益受到重大损失，通过其他途径不能解决的，持有公司全部股东表决权百分之十以上的股东，可以请求人民法院解散公司。'第 180 条⑤规定：'公司因下列原因解散：……（五）人民法院依照本法第一百八十二条⑥的规定予以解散。'据此，在公司陷入僵局、公司自治已无法实现的情况下，符合条件的股东可以请求人民法院解散公司。现行法律并未赋予仲

---

① 《公司法》（2023 年修订）第 231 条。
② 同上。
③ 同上。
④ 同上。
⑤ 《公司法》（2023 年修订）第 229 条。
⑥ 《公司法》（2023 年修订）第 231 条。

裁机构解散公司的裁决权。因仲裁机构裁决解散公司没有法律依据，即便阳坡泉煤矿的公司章程规定了公司解散事宜，且约定因执行本章程所发生的或与本章程有关的任何争议均可提请中国国际经济贸易仲裁委员会进行仲裁，其有关公司解散的仲裁协议亦不能发生相应的法律效力。华某热电公司有关本案应提交仲裁解决，人民法院不应受理的主张不能成立。"

❷湖南省高级人民法院审理的湖南百某园农业科技服务有限公司与百某园（湖南）乡村俱乐部有限公司公司解散纠纷案二审民事判决书【（2015）湘高法民三终字第 112 号】认为："关于由仲裁机构管辖还是由人民法院管辖。根据查明的事实，当事人 3 方在合作合同中确实约定了'若发生纠纷协商不成的，应提交中国对外经济贸易仲裁委员会进行仲裁'的条款，但由于本合同签订于 2003 年 5 月 20 日，当时，中国并没有名为'中国对外经济贸易仲裁委员会'的仲裁机构。早在 3 方签订合作合同的 15 年前，即 1988 年，'对外经济贸易仲裁委员会'就已经更名为'中国国际经济贸易仲裁委员会'。因此，本院认为，3 方在合同中对于仲裁机构的约定不明确。另，参照《最高人民法院关于撤销中国国际经济贸易仲裁委员会（2009）CIETACBJ 裁决（0355）号裁决案的请示的复函》〔（2011）民四他字第 13 号〕根据《中华人民共和国公司法》第 181 条①的规定，机构裁决公司没有法律依据，属于无权的情形的规定，仲裁机构对公司解散没有管辖权。"

2. 司法解散的管辖的确定

❶四川省高级人民法院审理的四川人某房地产有限公司、沈某斌等公司解散纠纷案二审民事裁定书【（2017）川民辖终 70 号】认为，"本案系公司解散纠纷，上诉人四川人某房地产有限公司位于四川省德阳市。根据《中华人民共和国民事诉讼法》第 26 条'因公司设立、确认股东资格、分配利润、解散等纠纷提起的诉讼，由公司住所地人民法院管辖'的规定，本案应由四川人某房地产有限公司住所地的四川省德阳市中级人民法院管辖"。

❷贵州省高级人民法院审理的贵州建某建材有限公司、王某平公司解散纠纷案民事裁定书【（2017）黔民辖终 22 号】认为："本案案由为公司解散纠纷，属于与公司有关的纠纷。根据《中华人民共和国民事诉讼法》第 26 条、《最高人民法院关于适用〈中华人民共和国民事诉讼法〉的解释》第 22 条的规定，应由公司所在地人民法院管辖。被上诉人王某平、王某仓、聂某龙申请解散的公司即建某公司所在

---

① 《公司法》（2023 年修订）第 229 条。

地为贵阳市白云区，同时根据《中华人民共和国民事诉讼法》第38条第1款：'上级人民法院有权审理下级人民法院管辖的第一审民事案件；……'以及《最高人民法院关于调整高级人民法院和中级人民法院管辖第一审民商事案件标准的通知》第5条：'对重大疑难、新类型和在适用法律上有普遍意义的案件，可以依照民事诉讼法第三十八条的规定，由上级人民法院自行决定由其审理，或者根据下级人民法院报请决定由其审理'的规定，贵阳中院有权决定本案是否由其审理。"

❸海南省高级人民法院审理的李某明与保某天康房地产开发有限公司公司解散纠纷案二审民事裁定书【（2016）琼民辖终17号】认为："民事案件的管辖由地域管辖和级别管辖两部分组成。《中华人民共和国民事诉讼法》第26条规定了公司解散纠纷案件的地域管辖，即由公司住所地管辖。《最高人民法院关于适用〈中华人民共和国公司法〉若干问题的规定（二）》第24条有两款规定，其中第1款规定了这类案件的地域管辖，即由公司住所地管辖，第2款规定的是这类案件的级别管辖，即根据公司登记机关的级别确定案件的级别管辖：基层法院管辖县、县级市或者区的公司登记机关核准登记公司的解散诉讼案件，中级人民法院管辖地区、地级市以上公司登记机关核准登记公司的解散诉讼案件。原审裁定认为根据上述法律规定，公司解散纠纷原则上由公司住所地与公司登记机关核准注册登记公司所在地基层人民法院管辖，属于理解法律错误。"

❹贵州省高级人民法院审理的夏某与瓮安县玉某水泥（厂）有限公司、瓮安县世某编织袋有限公司公司解散纠纷案民事裁定书【（2015）黔高立民终字第103号】认为："关于本案的管辖问题。夏某诉请解散玉某水泥公司，系公司解散纠纷，属于与公司有关的纠纷，根据《中华人民共和国民事诉讼法》第38条关于'上级人民法院有权审理下级人民法院管辖的第一审民事案件；……'及《最高人民法院关于调整高级人民法院和中级人民法院管辖第一审民商事案件标准的通知》第5条有关'对重大疑难、新类型和在适用法律上有普遍意义的案件，可以依照民事诉讼法第三十八条的规定，由上级人民法院自行决定由其审理，或者根据下级人民法院报请决定由其审理'的规定，黔南布依族苗族自治州中级人民法院可以自行决定由其审理本案。"

❺山西省高级人民法院审理的藏某与大同市北某铸石工业有限责任公司、马某公司解散纠纷案二审民事裁定书【（2015）晋立商终字第35号】认为："法发〔2015〕7号通知并非确定级别管辖的唯一依据，现行颁布有效的法律法规及司法解释中有关确定级别管辖的条款也并不因该通知的施行而失效。该规范性文件主要用于根据案件诉讼标的额大小确定各地高级人民法院和中级人民法院第一审民商事

案件的级别管辖标准。本案为公司解散纠纷，并无明确的诉讼标的额，因此不属于法发〔2015〕7号通知调整的范围。本案为与公司有关的纠纷，根据特别法优于一般法的原则，此类案件优先适用公司法及其司法解释。《最高人民法院关于适用〈中华人民共和国公司法〉若干问题的规定（二）》（法释〔2014〕2号）第24条明确规定，地区、地级市以上的公司登记机关核准登记公司的解散诉讼案件由公司住所地中级人民法院管辖。"

（四）公司解散纠纷的其他问题

1. 被要求解散的公司可以是外资企业或中外合资企业

根据《公司法》（2018年修正，已被修订）第217条规定："外商投资的有限责任公司和股份有限公司适用本法；有关外商投资的法律另有规定的，适用其规定。"但在本次2023年修订的新《公司法》中已将该条款删除。

商务部在《关于依法做好外商投资企业解散和清算工作的指导意见》（商法字〔2008〕31号）中规定，外商投资企业部分股东按照《中华人民共和国公司法》第232条规定请求解散公司的，应直接向有管辖权的人民法院提出。因此，被要求解散的公司可以是外资企业或中外合资企业。

❶最高人民法院审理的巨某集团公司、浙江巨某集团进出口有限公司与浙江巨某锦某化工有限责任公司公司解散纠纷案申请再审民事裁定书【（2015）民提字第89号】认为："2000年9月28日，巨某集团、巨某进出口公司与锦某株式会社共同设立巨某锦某公司，其中巨某集团占25%股份，巨某进出口公司占5%股份，该两公司作为巨某锦某公司的股东，依法可以提起本案诉讼。《中华人民共和国公司法》第217条①规定，外商投资的有限责任公司和股份有限公司适用本法；有关外商投资的法律另有规定的，适用其规定。中华人民共和国商务部在《关于依法做好外商投资企业解散和清算工作的指导意见》（商法字〔2008〕31号）中规定，外商投资企业部分股东按照《中华人民共和国公司法》第183条②规定请求解散公司的，应直接向有管辖权的人民法院提出。本案中，巨某锦某公司在经营困难、陷入僵局的情况下，巨某集团、巨某进出口公司以股东身份行使司法解散公司的请求权，符合上述法律规定。"

---

① 已被修改。
② 《公司法》（2023年修订）第232条。

❷北京市高级人民法院审理的陈某联与北京法某洋国际科技发展有限公司公司解散纠纷案二审民事判决书【（2014）高民终字第 1129 号】认为："关于本案的法律适用。本案系公司解散纠纷，被请求解散的法某洋公司是由中外投资者在中华人民共和国境内以有限责任公司形式设立的中外合资经营企业，根据《中华人民共和国涉外民事关系法律适用法》第 4 条、《公司法》第 2 条及第 217 条①之规定，在中华人民共和国境内设立的公司之解散纠纷应当适用中华人民共和国法律。各方当事人对本案应适用中华人民共和国法律解决争议亦无异议，本院予以确认。虽然《中华人民共和国中外合资经营企业法实施条例》第 90 条也规定了合营企业解散的情形，但鉴于《中华人民共和国中外合资经营企业法实施条例》列举的解散合营企业的情形，须报审批机构批准，并非法院判决的司法解散之情形，且实施条例没有对股东请求人民法院解散公司的情形作出具体规定，故一审法院判决关于'本案应适用《公司法》的规定处理本案'的认定正确，本院亦予以确认。"

❸天津市高级人民法院审理的天津滨某投资集团股份有限公司、天津南某房地产开发有限公司、环某投资有限公司公司解散纠纷案二审民事判决书【（2011）津高民四终字第 149 号】认为："本案的争议焦点为南某公司是否应当解散。滨某公司与环某公司作为南华公司的股东未在合资合同中约定南某公司解散的条件，南某公司的章程亦未对该问题作出规定，故南某公司应否解散应依相关法律规定来确定。南某公司为中外合资企业，而《中华人民共和国中外合资经营企业法》对该类公司在何种情况下可以解散的问题没有明确规定，依据《中华人民共和国公司法》第 218 条②规定'外商投资的有限责任公司和股份有限公司适用本法；有关外商投资的法律另有规定的，适用其规定'的规定，本案应适用公司法中有关公司解散的规定。"

股东主张中外合资企业解散的，无须进行行政审查。

❹广东省高级人民法院审理的博罗县安某表面处理顾问有限公司与惠州威某塑胶制品有限公司公司解散纠纷案二审民事判决书【（2016）粤民终 378 号】认为："安某公司以其与佳某公司投资成立的威某公司继续存续会使安某公司股东利益受损为由提起诉讼，请求判令解散威某公司，因佳某公司系在香港特别行政区设立的法人，故本案为涉港公司解散纠纷。各方当事人对一审法院适用我国内地法律作为解决本案争议的准据法均无异议，本院对此予以确认。《中华人民共和国公司法》

---

① 《公司法》（2023 年修订）第 2 条。
② 已被修改。

第 182 条①规定：'公司经营管理发生严重困难，继续存续会使股东利益受到重大损失，通过其他途径不能解决的，持有公司全部股东表决权百分之十以上的股东，可以请求人民法院解散公司。'上述法律规定并未将股东依照《中华人民共和国中外合资经营企业法实施条例》第 90 条第 1 款第 3 项的规定单方向审批机关申请解散作为请求人民法院解散公司的前提条件或前置程序。一审判决以安某公司可单独向审批机关提出解散申请为由驳回其诉讼请求系适用法律错误，本院予以纠正。"

2. 继续存在使股东利益受到重大损失的判断

笔者通过检索公司解散纠纷的 500 个案例，发现在司法实践中股东利益受损的种类有两种，分别为"股东权利已经受损，继续存续会导致更大损害"和"股东权利将来有受损可能"。此外，即使公司已经出现僵局，在特殊情况下，公司继续存续未必会使股东利益受到重大损失，相反，有些公司进行强制解散反而会导致股东利益受损。

（1）股东利益已经受损

❶湖南省高级人民法院审理的瞿某明、周某加等与王某斌、王某碧等公司解散纠纷案再审复查与审判监督民事判决书【（2014）湘高法民再终字第 71 号】认为："在本案诉讼过程中，公司董事长瞿某明擅自以公司名义高息借巨款不入公司账，并擅自以公司作担保人对外高息借巨款，致使公司背负巨额债务，进一步损害了公司其他股东的利益。唯有解散公司，才能避免公司股东利益受到更为严重的损害。"

❷山西省高级人民法院审理的北京紫某投资管理有限公司与大同市达某沟煤矿矿井水回用工项目部、大同市浦某水业有限公司解散纠纷案二审民事判决书【（2014）晋商终字第 15 号】认为："根据浦某水业工商年检报告、经营状况表和资产负债表显示：浦某水业经营收入、利润收入均为零，可知浦某公司并未进行实际经营，且自 2012 年 9 月 19 日后至今未召开股东会及与经营有关的会议。基于浦某公司连续 2 年以上无实际经营、未召开股东会、法定代表人失去联系的事实，浦某水业的继续存在只能无端占用股东资金，并因此给股东造成更多损害，故应予解散。"

（2）未来股东利益可能受损

根据相关案例，即使无法证明股东权利已经受到损害，只要涉案公司出现公司

---

① 《公司法》（2023 年修订）第 231 条。

僵局，即可判定该公司继续存续会使股东权益受到重大损失。

❸湖南省高级人民法院审理的湘潭高某精密科技有限公司、宏某机械（上海）有限公司、荣某投资管理（上海）有限公司、上海邦某投资咨询有限公司与绍兴乙某科技有限公司公司解散纠纷案二审民事判决书【（2015）湘高民二终字第69号】认为："关于高某公司继续存续是否会使股东利益受到重大损失。从高某公司经营情况看，高某公司业务虽然没有停顿，即使按其自身提交的《审计报告》结果看，至今仍处于亏损状态，始终没有扭亏为盈。根据高某公司章程的规定，公司发展的所有决策，须经全体股东一致同意，而公司股东之间长期冲突对立，无法形成有效的股东会决议，势必有碍公司的发展，影响公司经营和收益，股东的投资无法得到回报。"

（3）解散公司反而使股东利益受损

根据相关案例，在存在其他救济途径的前提或者特殊情况下，即使公司经营管理发生严重困难，也并不意味着公司继续存续会使股东利益受到重大损失，相反，有些公司进行强制解散反而会导致股东利益受损。

❹山东省高级人民法院审理的李某针与青岛杰某置业有限公司、薛某明公司解散纠纷案再审民事判决书【（2015）鲁民再字第5号】认为："本案李某针持有杰某公司50%股权，其有权提出解散公司之诉。本案杰某公司仅有李某针和薛某明两名股东，两人各占50%的股份，杰某公司章程规定'股东会决议应由代表1/2以上表决权的股东表决通过'，因此只要两名股东的意见存在分歧、互不配合，就无法形成有效表决。杰某公司已持续两年以上未召开股东会，无法形成有效股东会决议，杰某公司经营管理已发生严重困难。《中华人民共和国公司法》（2005年修订）第183条①规定：'公司经营管理发生严重困难，继续存续会使股东利益受到重大损失，通过其他途径不能解决的，持有公司全部股东表决权百分之十以上的股东，可以请求人民法院解散公司。'从该规定可以看出解散公司除要求公司经营管理发生严重困难外，还必须同时具备其他两个条件：继续存续会使股东利益受到重大损失；通过其他途径不能解决。本案杰某公司不符合公司解散的该两项条件。（1）杰某公司自成立以来仅仅经营了本案所涉房地产项目，且该项目具有特殊性，原系违法建筑，杰某公司通过拍卖受让该项目后，完善了该项目的建设开发手续，取得了99套房屋的预售许可证，现本案所涉房地产项目已具备对外销售条件，杰某公司现处于投资收益回收阶段。如果杰某公司解散，杰某公司所经营的房地产项目将无

---

① 《公司法》（2023年修订）第231条。

法对外销售，房屋产权手续更无法办理，杰某公司的投资及收益将无法收回，进而会造成股东利益的重大损失，所以杰某公司解散反而会使股东利益受到重大损失。（2）公司强制解散作为股东矛盾无法解决的最后手段，应为股东穷尽一切救济途径之后方得采取。本案李某针在上诉状中提出其与第三方协商，第三方承诺以 2 亿元收购杰某公司的股权。李某针所提方案是以杰某公司继续存续不予解散为前提。从李某针所提方案可以看出即使杰某公司经营管理发生严重困难，也可通过其他途径予以解决。对李某针所提出的杰某公司应予解散的其他事由，其均可通过解散公司之外的其他救济途径予以解决，而不能成为李某针主张杰某公司应予解散的正当理由。关于李某针主张的工商登记中的股东会决议是虚假的，其可以提出股东会决议撤销之诉。关于李某针主张杰某公司与青岛瑞某德不锈钢有限公司虚构债务，并认为原北京雍某佳苑房地产开发有限公司对地上建筑工程费用享有权益，该地上建筑工程费用由谁享有，可由原北京雍某佳苑房地产开发有限公司的权利承继主体与青岛瑞某德不锈钢有限公司协商解决。关于李某针主张其查阅公司账目权利无法得到保障，其可以行使股东知情权。关于李某针主张涉案房地产项目已向社会出售 568 户是虚假的，如李某针认为已向社会出售 568 户的事实系虚假的，且损害了其股东权益，其可以申请对公司账目进行审计。"

三、公司解散纠纷的综述及建议

（一）公司解散纠纷的综述

绝大多数公司解散纠纷均为《公司法》第 231 条涉及的情形，即：公司经营管理发生严重困难，继续存续会使股东利益受到重大损失，通过其他途径不能解决的，持有公司全部股东表决权 10% 以上的股东，可以请求人民法院解散公司。

实践中，公司解散纠纷最常见的争议点在于股东是否有申请公司解散的资格，以及该公司是否符合解散的客观要求。

1. 只要符合法定条件，持有公司全部股东表决权 10% 以上的股东均有权向法院申请解散公司

《公司法》第 231 条规定，只要符合法定情形，持有公司全部股东表决权 10% 以上的股东，包括出资不到位的股东、抽逃出资的股东、对公司僵局具有过错的股东，包括外资股东，均有权向法院申请解散公司。

2. 公司解散纠纷的适用对象可以为外商投资企业

《外商投资法》及其实施条例均未对外商投资企业的股东请求人民法院解散公司的情形作出规定，所以此类案件应当依照《公司法》的有关规定审查公司解散诉讼请求能否成立。即股东主张中外合资企业解散无须进行行政审查。

3. 被吊销营业执照的公司直接解散

通过查阅有关公司解散诉讼的 500 个案例，笔者发现，营业执照被吊销的公司直接进入解散程序，无须审查公司经营管理是否发生严重困难，或者继续存续是否会使股东利益受到重大损失。

此外，在上诉过程中，若公司依法被吊销执照，该公司则直接进入解散程序，也无须审查公司经营管理是否陷入僵局。

4. 公司解散的客观要求为：公司陷入僵局，且无其他能够解决的途径

《公司法司法解释二》第 1 条对公司的解散事由进行了列举，这些事由既是解散公司诉讼案件受理时形式审查的依据，也是判决是否构成公司僵局时实体审查的标准。

根据《公司法司法解释二》第 1 条，除了兜底条款，公司符合下列事由之一，适格股东即可提起解散公司诉讼：第一，公司持续 2 年以上无法召开股东会或者股东大会，公司经营管理发生严重困难的；第二，股东表决时无法达到法定或者公司章程规定的比例，持续 2 年以上不能作出有效的股东会或者股东大会决议，公司经营管理发生严重困难的；第三，公司董事长期冲突，且无法通过股东会或者股东大会解决，公司经营管理发生严重困难的。

符合《公司法司法解释二》第 1 条事由之一，而且无其他能够解决途径的，即满足公司解散的客观要求。

5. 股东提起公司强制解散必须通过人民法院

根据《最高人民法院关于撤销中国国际经济贸易仲裁委员会（2009）CIETACBJ裁决（0355）号裁决案的请示的复函》，仲裁机构对公司解散没有管辖权。因此，股东提起公司强制解散必须通过人民法院。

（二）关于公司解散纠纷的建议

1. 如公司大股东不愿公司被解散，则要防止公司因被吊销营业执照直接进入解散程序

被吊销营业执照的公司将会直接进入解散程序，无须审查公司经营管理是否发生严重困难，或者继续存续是否会使股东利益受到重大损失。而且，在上诉过程中，若公司依法被吊销执照，该公司将直接进入解散程序，也无须审查公司经营管理是否陷入僵局。

因此，不愿公司被强制解散的大股东必须保证公司营业执照符合法律的规定和要求，避免由于营业执照被吊销，跳过对公司僵局的审查，而直接进入解散程序的遗憾。

2. 申请公司强制解散的股东，应准确掌握何谓"其他能够解决的途径"，并证明不存在此类途径

"其他能够解决的途径"一般指以下四种途径：

第一，依照《公司法》第五十七条和第一百零九条规定的股东知情权，化解公司僵局。第二，根据《公司法》第一百二十三条规定，提议召开临时会议来化解股东会僵局状态。第三，提议召开股东会讨论人事任免、转让股权和请求公司回购以退出公司，彻底解决股东之间长期存在的分歧和冲突。第四，股权份额已超过 2/3 以上表决权的大股东，可以通过公司权力机构股东会行使职权，解决公司经营管理问题。

当持股 10% 以上的股东申请公司强制解散时，需要证明不存在能够解决的其他途径。

3. 公司不可约定公司解散纠纷由仲裁机构管辖

《公司法》第 229 条规定了公司解散的 5 种情形，《公司法》规定的解散事由包括：公司内部合意解散、行政违法解散和法院诉讼解散，并未规定仲裁解散。

因仲裁机构裁决解散公司没有法律依据，即便公司的章程规定了公司解散事宜，且约定因执行章程所发生的或与章程有关的任何争议均可提请仲裁委员会进行仲裁，其有关公司解散的仲裁协议亦不能发生相应的法律效力。

因此，在实践中，事议对于公司解散的事宜，不要约定仲裁协议，导致不必要的诉累。

第二十三章　申请公司清算纠纷[①]

一、关于申请公司解散的法律规定

申请公司清算是指在公司特别清算过程中，公司董事、控股股东和实际控制人在公司解散后，怠于履行职责，未在公司法规定的期限内组成清算组进行清算，或者虽然成立清算组但故意拖延清算，或者存在其他违法清算可能严重损害公司股东或者债权人利益的行为，公司股东或者债权人依法向人民法院申请对公司进行清算。

提起强制清算案件的受理条件包括两个方面，一是须具备适格的申请人与被申请人，二是须符合法律规定的启动事由。

（一）申请清算的程序

《公司法》（2018 年修正，已被修订）第 183 条规定："公司因本法第一百八十条第（一）项、第（二）项、第（四）项、第（五）项规定而解散的，应当在解散事由出现之日起十五日内成立清算组，开始清算。有限责任公司的清算组由股东组成，股份有限公司的清算组由董事或者股东大会确定的人员组成。逾期不成立清算组进行清算的，债权人可以申请人民法院指定有关人员组成清算组进行清算。人民法院应当受理该申请，并及时组织清算组进行清算。"

《公司法》（2023 年修订）第 232 条规定："公司因本法第二百二十九条第一款第一项、第二项、第四项、第五项规定而解散的，应当清算。董事为公司清算义务人，应当在解散事由出现之日起十五日内组成清算组进行清算。

清算组由董事组成，但是公司章程另有规定或者股东会决议另选他人的除外。

清算义务人未及时履行清算义务，给公司或者债权人造成损失的，应当承担赔

---

① 编者注：本章"申请公司清算纠纷"原属于"与公司有关的纠纷"下的三级案由，但《民事案件案由规定》于 2021 年 1 月 1 日修改施行后，该案由已经调整为"非讼程序案件案由"下的四级案由。但该案由与公司经营管理密切相关，故本书在此仍保留该章节。

偿责任。"

第 233 条规定："公司依照前条第一款的规定应当清算，逾期不成立清算组进行清算或者成立清算组后不清算的，利害关系人可以申请人民法院指定有关人员组成清算组进行清算。人民法院应当受理该申请，并及时组织清算组进行清算。

公司因本法第二百二十九条第一款第四项的规定而解散的，作出吊销营业执照、责令关闭或者撤销决定的部门或者公司登记机关，可以申请人民法院指定有关人员组成清算组进行清算。"

值得注意的是，本次 2023 年《公司法》修改，将董事明确为清算义务人，并新增清算义务人未履行清算义务的赔偿责任，并将强制清算申请人范围由"债权人"扩大为"利害关系人"。

最高人民法院《关于审理公司强制清算案件工作座谈会纪要》第 7 条规定："公司债权人或者股东向人民法院申请强制清算应当提交清算申请书。申请书应当载明申请人、被申请人的基本情况和申请的事实和理由。同时，申请人应当向人民法院提交被申请人已经发生解散事由以及申请人对被申请人享有债权或者股权的有关证据。公司解散后已经自行成立清算组进行清算，但债权人或者股东以其故意拖延清算，或者存在其他违法清算可能严重损害债权人或者股东利益为由，申请人民法院强制清算的，申请人还应当向人民法院提交公司故意拖延清算，或者存在其他违法清算行为可能严重损害其利益的相应证据材料。"

第 9 条规定："审理强制清算案件的审判庭审查决定是否受理强制清算申请时，一般应当召开听证会。对于事实清楚、法律关系明确、证据确实充分的案件，经书面通知被申请人，其对书面审查方式无异议的，也可决定不召开听证会，而采用书面方式进行审查。"

（二）申请清算的主体

《公司法》（2018 年修正，已被修订）第 183 条规定："公司因本法第一百八十条第（一）项、第（二）项、第（四）项、第（五）项规定而解散的，应当在解散事由出现之日起十五日内成立清算组，开始清算。有限责任公司的清算组由股东组成，股份有限公司的清算组由董事或者股东大会确定的人员组成。逾期不成立清算组进行清算的，债权人可以申请人民法院指定有关人员组成清算组进行清算。人民法院应当受理该申请，并及时组织清算组进行清算。"

《公司法》（2023 年修订）第 232 条规定："公司因本法第二百二十九条第一款

第一项、第二项、第四项、第五项规定而解散的，应当清算。董事为公司清算义务人，应当在解散事由出现之日起十五日内组成清算组进行清算。

清算组由董事组成，但是公司章程另有规定或者股东会决议另选他人的除外。

清算义务人未及时履行清算义务，给公司或者债权人造成损失的，应当承担赔偿责任。"

第233条规定："公司依照前条第一款的规定应当清算，逾期不成立清算组进行清算或者成立清算组后不清算的，利害关系人可以申请人民法院指定有关人员组成清算组进行清算。人民法院应当受理该申请，并及时组织清算组进行清算。

公司因本法第二百二十九条第一款第四项的规定而解散的，作出吊销营业执照、责令关闭或者撤销决定的部门或者公司登记机关，可以申请人民法院指定有关人员组成清算组进行清算。"

《公司法司法解释二》第7条规定："公司应当依照民法典第七十条、公司法第一百八十三条①的规定，在解散事由出现之日起十五日内成立清算组，开始自行清算。

有下列情形之一，债权人申请人民法院指定清算组进行清算的，人民法院应予受理：

（一）公司解散逾期不成立清算组进行清算的；

（二）虽然成立清算组但故意拖延清算的；

（三）违法清算可能严重损害债权人或者股东利益的。

（三）清算组的权利和义务

《公司法》（2018年修正，已被修订）第184条规定："清算组在清算期间行使下列职权：

（一）清理公司财产，分别编制资产负债表和财产清单；

（二）通知、公告债权人；

（三）处理与清算有关的公司未了结的业务；

（四）清缴所欠税款以及清算过程中产生的税款；

（五）清理债权、债务；

（六）处理公司清偿债务后的剩余财产；

---

① 《公司法》（2023年修订）第232条。

（七）代表公司参与民事诉讼活动。"

第 185 条规定："清算组应当自成立之日起十日内通知债权人，并于六十日内在报纸上公告。债权人应当自接到通知书之日起三十日内，未接到通知书的自公告之日起四十五日内，向清算组申报其债权。

债权人申报债权，应当说明债权的有关事项，并提供证明材料。清算组应当对债权进行登记。

在申报债权期间，清算组不得对债权人进行清偿。"

第 186 条规定："清算组在清理公司财产、编制资产负债表和财产清单后，应当制定清算方案，并报股东会、股东大会或者人民法院确认。

公司财产在分别支付清算费用、职工的工资、社会保险费用和法定补偿金，缴纳所欠税款，清偿公司债务后的剩余财产，有限责任公司按照股东的出资比例分配，股份有限公司按照股东持有的股份比例分配。

清算期间，公司存续，但不得开展与清算无关的经营活动。公司财产在未依照前款规定清偿前，不得分配给股东。"

《公司法》（2023 年修订）第 234 条规定："清算组在清算期间行使下列职权：

（一）清理公司财产，分别编制资产负债表和财产清单；

（二）通知、公告债权人；

（三）处理与清算有关的公司未了结的业务；

（四）清缴所欠税款以及清算过程中产生的税款；

（五）清理债权、债务；

（六）分配公司清偿债务后的剩余财产；

（七）代表公司参与民事诉讼活动。"

第 235 条规定："清算组应当自成立之日起十日内通知债权人，并于六十日内在报纸上或者国家企业信用信息公示系统公告。债权人应当自接到通知之日起三十日内，未接到通知的自公告之日起四十五日内，向清算组申报其债权。

债权人申报债权，应当说明债权的有关事项，并提供证明材料。清算组应当对债权进行登记。

在申报债权期间，清算组不得对债权人进行清偿。"

第 236 条规定："清算组在清理公司财产、编制资产负债表和财产清单后，应当制订清算方案，并报股东会或者人民法院确认。

公司财产在分别支付清算费用、职工的工资、社会保险费用和法定补偿金，缴纳所欠税款，清偿公司债务后的剩余财产，有限责任公司按照股东的出资比例分配，股份有限公司按照股东持有的股份比例分配。

清算期间，公司存续，但不得开展与清算无关的经营活动。公司财产在未依照前款规定清偿前，不得分配给股东。"

（四）申请公司清算的其他法律规定

1. 公司清算与破产的衔接

《公司法》（2018 年修正，已被修订）第 187 条规定："清算组在清理公司财产、编制资产负债表和财产清单后，发现公司财产不足清偿债务的，应当依法向人民法院申请宣告破产。

公司经人民法院裁定宣告破产后，清算组应当将清算事务移交给人民法院。"

第 188 条规定："公司清算结束后，清算组应当制作清算报告，报股东会、股东大会或者人民法院确认，并报送公司登记机关，申请注销公司登记，公告公司终止。"

第 190 条规定："公司被依法宣告破产的，依照有关企业破产的法律实施破产清算。"

《公司法》（2023 年修订）第 237 条规定："清算组在清理公司财产、编制资产负债表和财产清单后，发现公司财产不足清偿债务的，应当依法向人民法院申请破产清算。

人民法院受理破产申请后，清算组应当将清算事务移交给人民法院指定的破产管理人。"

第 239 条规定："公司清算结束后，清算组应当制作清算报告，报股东会或者人民法院确认，并报送公司登记机关，申请注销公司登记。"

第 242 条规定："公司被依法宣告破产的，依照有关企业破产的法律实施破产清算。"

最高人民法院《关于审理公司强制清算案件工作座谈会纪要》第 32 条规定："公司强制清算中，清算组在清理公司财产、编制资产负债表和财产清单时，发现公司财产不足清偿债务的，除依据公司法司法解释二第十七条的规定，通过与债权人协商制作有关债务清偿方案并清偿债务的外，应依据公司法第一百八十八条和企业破产法第七条第三款的规定向人民法院申请宣告破产。"

2. 强制清算

最高人民法院《关于审理公司强制清算案件工作座谈会纪要》第 14 条规定：

"申请人提供被申请人自行清算中故意拖延清算，或者存在其他违法清算可能严重损害债权人或者股东利益的相应证据材料后，被申请人未能举出相反证据的，人民法院对申请人提出的强制清算申请应予受理。债权人申请强制清算，被申请人的主要财产、账册、重要文件等灭失，或者被申请人人员下落不明，导致无法清算的，人民法院不得以此为由不予受理。"

二、申请公司清算诉讼相关案例及实践现状

（一）申请公司清算的主体

1. 债人有权申请公司清算

根据《公司法司法解释二》第 7 条，当公司出现《公司法》第 229 条规定的解散事由，且存在解散后逾期不成立清算组进行清算或者虽然成立清算组但故意拖延清算等情形，在公司债权人未提起清算申请时，公司股东有权申请人民法院指定清算组对公司进行清算。可见，除了公司的债权人，公司股东也可成为申请公司清算的主体。

❶安徽省高级人民法院审理的汪某、任某良等与铜陵永某商贸有限责任公司申请公司清算纠纷案二审民事裁定书【（2015）皖破终字第00003号】认为："永某商贸公司于 2013 年 11 月 15 日被铜陵市工商行政管理局吊销营业执照，出现了《中华人民共和国公司法》第 180 条①规定的解散事由。依据《中华人民共和国公司法》第 183 条②的规定，永某商贸公司应当在解散事由出现之日起 15 日内成立清算组，开始清算。但永某商贸公司未在法律规定的时间内成立清算组进行清算，且从 2014 年 6 月 19 日由公司监事汪某召集股东会商讨公司清算事宜无其他股东到场参加的情形亦可以看出，永某商贸公司无法自行成立清算组进行清算。《最高人民法院关于适用〈中华人民共和国公司法〉若干问题的规定（二）》第 7 条规定：'公司应当依照公司法第一百八十三条③的规定，在解散事由出现之日起十五日内成立清算组，开始自行清算。有下列情形之一，债权人申请人民法院指定清算组进行清算的，人民法院应予受理：（一）公司解散逾期不成立清算组进行清算的；（二）虽然成立清算组但故意拖延清算的；（三）违法清算可能严重损害债权人或

---

① 《公司法》（2023 年修订）第 229 条。
② 《公司法》（2023 年修订）第 232 条。
③ 同上。

者股东利益的。具有本条第二款所列情形，而债权人未提起清算申请，公司股东申请人民法院指定清算组对公司进行清算的，人民法院应予受理。'依据上述司法解释的规定，永某商贸公司的股东在公司解散事由出现后，公司逾期不成立清算组进行清算的情形下，有权申请人民法院指定清算组对公司进行清算，故汪某等 4 上诉人的上诉请求于法有据，本院予以支持。原审法院以汪某等四上诉人既未采取补救措施防止解散事由出现，又未召集股东会组织清算，径行向法院申请强制清算不符合法律规定为由不予受理汪某等 4 上诉人的强制清算申请显属不当，应予纠正。"

❷湖南省高级人民法院审理的湖南农某大学与湖南湘某棉种业有限责任公司申请公司清算二审民事裁定书【（2017）湘民终 505 号】认为："本案二审争议焦点：法院应否受理湖南农某大学提出的对湘某棉公司进行强制清算的申请。《中华人民共和国公司法》第 180 条①规定：'公司因下列原因解散：（一）公司章程规定的营业期限届满或者公司章程规定的其他解散事由出现；（二）股东会或者股东大会决议解散；（三）因公司合并或者分立需要解散；（四）依法被吊销营业执照、责令关闭或者被撤销；（五）人民法院依照本法第一百八十二条的规定予以解散。'本案中，湘某棉公司于 2009 年 10 月 12 日被湖南省工商局吊销营业执照，该公司的经营期限也于 2015 年 8 月 2 日届满，故湘某棉公司符合上述法定的公司解散的情形。《中华人民共和国公司法》第 183 条②规定：'公司因本法第一百八十条第（一）项、第（二）项、第（四）项、第（五）项规定而解散的，应当在解散事由出现之日起十五日内成立清算组，开始清算。'《最高人民法院关于适用〈中华人民共和国公司法〉若干问题的规定（二）》第 7 条规定：'公司应当依照公司法第一百八十三条③的规定，在解散事由出现之日起十五日内成立清算组，开始自行清算。有下列情形之一，债权人申请人民法院指定清算组进行清算的，人民法院应予受理：（一）公司解散逾期不成立清算组进行清算的；（二）虽然成立清算组但故意拖延清算的；（三）违法清算可能严重损害债权人或者股东利益的。具有本条第二款所列情形，而债权人未提起清算申请，公司股东申请人民法院指定清算组对公司进行清算的，人民法院应予受理。'本案中，湘某棉公司在解散事由出现后多年未进行清算，违背了上述法律的规定。在一审诉讼过程中，湖南农某大学于 2017 年 5 月 24 日召开股东会，湘某棉公司股东不能形成组成清算组进行自行清算的股东会决议。本案中，没有湘某棉公司的债权人提起清算申请，湖南农某大学作为湘

---

① 《公司法》（2023 年修订）第 229 条。
② 《公司法》（2023 年修订）第 232 条。
③ 同上。

某棉公司的股东提起对湘某棉公司进行强制清算符合《最高人民法院关于适用
〈中华人民共和国公司法〉若干问题的规定（二）》第 7 条规定的情形，法院依法
应予受理。"

❸贵州省高级人民法院审理的贵州高某石油机械股份有限公司、贵阳剑某机电
设备有限公司申请公司清算二审民事裁定书【（2017）黔民终 532 号】认为："本
案的争议焦点为：高某公司作为剑某公司股东，其在公司营业期限届满后，申请对
剑某公司进行清算，法院应否受理。根据《中华人民共和国公司法》第 180 条①第
1 项的规定，公司因公司章程规定的营业期限届满或者公司章程规定的其他解散事
由出现而解散。同时根据《中华人民共和国公司法》第 181 条第 1 款②'公司有本
法第一百八十条第（一）项情形的，可以通过修改公司章程而存续'之规定，公
司在营业期限届满前可以通过修改公司章程而存续。本案中，剑某公司的营业期限
在 2016 年 8 月 17 日已经届满，在公司营业期限届满前，公司也未通过修改公司章
程延长经营期限，故剑某公司已处于解散状态。根据《中华人民共和国公司法》第
183 条③'公司因本法第一百八十条第（一）项、第（二）项、第（四）项、第
（五）项规定而解散的，应当在解散事由出现之日起十五日内成立清算组，开始清
算。有限责任公司的清算组由股东组成，股份有限公司的清算组由董事或者股东大
会确定的人员组成。逾期不成立清算组进行清算的，债权人可以申请人民法院指定
有关人员组成清算组进行清算。人民法院应当受理该申请，并及时组织清算组进行
清算'之规定，公司应当在解散事由出现之日起 15 日内成立清算组，开始清算。
但是剑某公司并未成立清算组进行清算。对于逾期不成立清算组进行清算的，根据
《最高人民法院关于适用〈中华人民共和国公司法〉若干问题的规定（二）》第 7
条'公司应当依照公司法第一百八十三条④的规定，在解散事由出现之日起十五日
内成立清算组，开始自行清算。有下列情形之一，债权人申请人民法院指定清算组
进行清算的，人民法院应予受理：（一）公司解散逾期不成立清算组进行清算的；
（二）虽然成立清算组但故意拖延清算的；（三）违法清算可能严重损害债权人或
者股东利益的。具有本条第二款所列情形，而债权人未提起清算申请，公司股东申
请人民法院指定清算组对公司进行清算的，人民法院应予受理'之规定，债权人有
权申请人民法院指定清算组进行清算，在债权人未提起清算申请时，公司股东有权

---

① 《公司法》（2023 年修订）第 229 条。
② 《公司法》（2023 年修订）第 230 条。
③ 《公司法》（2023 年修订）第 232 条。
④ 同上。

申请人民法院指定清算组进行清算。本案中，剑某公司逾期不成立清算组进行清算、债权人也未提起清算申请，故高某公司作为剑某公司股东有权依法申请人民法院指定清算组进行清算。"

❹江苏省高级人民法院审理的南京宁某物产有限公司与江苏期某期货经纪有限公司期货经纪合同纠纷、申请公司清算二审民事裁定书【（2016）苏民终959号】认为："根据《最高人民法院关于适用〈中华人民共和国公司法〉若干问题的规定（二）》第7条第3款的规定，虽然成立清算组但故意拖延清算，公司股东申请人民法院指定清算组对公司进行清算的，人民法院应予受理。本案中，期某公司清算组自2015年6月11日成立至今已逾1年，虽然曾与天某会计师事务所签订《审计业务约定书》，但既未依法发布公告、实际开展财务审计，也未对期某公司的应收债权进行清收，清算工作未实际开展，故可以认定符合'拖延清算'的情形。宁某公司作为期某公司的股东，依法有权申请法院对期某公司进行强制清算。"

❺广东省高级人民法院审理的惠州市德赛西某汽车电子股份有限公司、惠州市德赛威某显示系统有限公司申请公司清算民事裁定书【（2016）粤清终2号】认为："本案系申请公司清算。本案的争议焦点是威某公司因股东会决议解散后，是否需要人民法院介入进行清算。《最高人民法院关于适用〈中华人民共和国公司法〉若干问题的规定（二）》第7条：'公司应当依照公司法第一百八十三条①的规定，在解散事由出现之日起十五日内成立清算组，开始自行清算。有下列情形之一，债权人申请人民法院指定清算组进行清算的，人民法院应予受理：（一）公司解散逾期不成立清算组进行清算的；（二）虽然成立清算组但故意拖延清算的；（三）违法清算可能严重损害债权人或者股东利益的。具有本条第二款所列情形，而债权人未提起清算申请，公司股东申请人民法院指定清算组对公司进行清算的，人民法院应予受理。'威某公司作为清算义务人，在公司出现解散事由后逾期未组成清算组进行清算，威某公司的两个股东在清算事务上存在较大分歧且一直未能达成一致，西某公司作为股东申请人民法院对威某公司进行清算，符合上述司法解释规定，也更有利于股东纠纷的解决。"

❻安徽省高级人民法院审理的朱某华与铜陵市大某教育咨询有限公司申请公司清算二审民事裁定书【（2017）皖清终1号】认为："本案系公司股东申请强制清算公司的案件。根据《中华人民共和国公司法》第180条和第183条②的规定，公

---

① 《公司法》（2023年修订）第232条。
② 《公司法》（2023年修订）第229条和第232条。

司因股东会或者股东大会决议解散的，应当在解散事由出现之日起 15 日内成立清算组，开始清算。根据《最高人民法院关于适用〈中华人民共和国公司法〉若干问题的规定（二）》第 7 条的规定，公司解散逾期不成立清算组进行清算，债权人未提起清算申请，公司股东申请人民法院指定清算组对公司进行清算的，人民法院应予受理。本案中，大某公司各股东于 2017 年 3 月 1 日一致同意解散该公司，但至今未成立清算组进行清算，且无债权人对大某公司提起清算申请。朱某华作为大某公司股东，在公司出现解散事由且逾期不成立清算组进行清算的情况下，有权申请人民法院指定清算组对其进行清算。至于纳入大某公司清算范围的资产是否明确，并非人民法院受理清算申请的前置条件。故原审法院以大某画室是否属于强制清算范围的事实尚未得以确认为由，裁定对朱某华的申请不予受理，显有不当，本院予以纠正。"

❼江苏省高级人民法院审理的蒋某国与盐城维某升降设备服务有限公司申请公司清算二审民事裁定书【（2015）苏法商清预终字第 00001 号】认为："根据《中华人民共和国公司法》第 180 条①第 1 项的规定，公司因公司章程规定的营业期限届满或者公司章程规定的其他解散事由出现而解散。本案中，维某公司的营业期限已于 2013 年 5 月 8 日届满，符合上述规定的公司解散的情形。根据《中华人民共和国公司法》第 183 条②的规定，公司因公司章程规定的营业期限届满而解散的，应当在解散事由出现之日起 15 日内成立清算组，开始清算。尽管维某公司曾于 2013 年 8 月 3 日召开股东会讨论维某公司清算事宜，但维某公司未能实际开展清算工作。《最高人民法院关于适用〈中华人民共和国公司法〉若干问题的规定（二）》第 7 条规定：'公司应当依照公司法第一百八十三条③的规定，在解散事由出现之日起十五日内成立清算组，开始自行清算。有下列情形之一，债权人申请人民法院指定清算组进行清算的，人民法院应予受理：（一）公司解散逾期不成立清算组进行清算的；（二）虽然成立清算组但故意拖延清算的；（三）违法清算可能严重损害债权人或者股东利益的。具有本条第二款所列情形，而债权人未提起清算申请，公司股东申请人民法院指定清算组对公司进行清算的，人民法院应予受理。'原审审查过程中，维某公司于 2014 年 12 月 10 日提供 1 份组成清算组的通知，但维某公司此后仍没有实际开展清算工作。本案中，因没有维某公司的债权人提起清算申请，故根据上述规定，蒋某国作为维某公司的股东，申请法院指定清算组对维某公

---

① 《公司法》（2023 年修订）第 229 条。
② 《公司法》（2023 年修订）第 232 条。
③ 同上。

司进行清算，原审法院应予受理。"

2. 股东有权申请公司清算

对已在进行的公司清算，只有存在违法清算可能严重损害债权人或者股东利益，且在债权人未提起清算申请的情况下，股东才能提出清算申请。

❽安徽省高级人民法院审理的储某胜、朱某等与铜陵市广某环境绿化工程有限责任公司清算二审民事裁定书【（2015）皖破终字第00005号】认为："本案的案由为'申请公司清算纠纷'，审理的焦点是储某胜等人清算申请是否有事实和法律依据。根据《最高人民法院关于适用〈中华人民共和国公司法〉若干问题的规定（二）》第7条规定，对已经进行的清算，只有存在违法清算可能严重损害债权人或者股东利益的，在债权人未提起清算申请的情况下，股东才能提出清算申请。本案中，铜陵市工商行政管理局以广某公司隐瞒未就公司解散事宜召开股东会为由撤销了准予广某公司注销登记的行政许可，但该行政撤销行为并未否定广某公司已经进行清算的事实。广某公司在清算过程中，虽然清算组的组成存在瑕疵，但全体股东已对《清算报告》进行了签收，并依据《清算报告》对广某公司的剩余资产进行了分配，故可视为广某公司的股东已认可《清算报告》。由于广某公司的资产主要来源于其子公司中大公司，储某胜等人要求重新清算的主要理由也在于中大公司的账目及清算过程是否真实合法。对此，铜陵市公安局委托铜陵华诚会计师事务所作出的铜华诚审（2012）156号《审计报告》能够证明中大公司在存续期间以及广某公司在收到中大公司的股利及分配过程中不存在个人利用职务之便侵占公司资产、挪用资金和其他违法现象，故广某公司不存在损害债权人和股东利益的行为，储某胜等人的清算申请不符合法律规定的受理条件。另外，广某公司清算完毕后未再开展经营活动，目前也无办公场所和工作人员，客观上也无清算的必要，据此，原审法院裁定对储某胜等人的申请不予受理，并无不当。"

当申请公司清算的主体为公司的股东，被申请公司对股东身份提出质疑时，应先提起股东身份确认之诉，之后再提起申请公司清算之诉。

❾甘肃省高级人民法院审理的兰州万某房地产开发有限公司、贾某民等人与兰州鑫某房地产开发有限公司申请公司清算民事裁定书【（2016）甘民终38号】认为："申请公司清算是指在公司特别清算过程中，公司董事、控股股东和实际控制人在公司解散后，怠于履行职责，未在公司法规定的期限内组成清算组进行清算，或者虽然成立清算组但故意拖延清算，或者存在其他违法清算可能严重损害公司股东或者债权人利益的行为，公司股东或者债权人依法向人民法院申请对公司进行清

算。最高人民法院《关于审理公司强制清算案件工作座谈会纪要》（法发〔2009〕52 号）第 13 条关于对强制清算申请规定：'被申请人就申请人对其是否享有债权或者股权，或者对被申请人是否发生解散事由提出异议的，人民法院对申请人提出的强制清算申请应不予受理。申请人可就有关争议单独提起诉讼或者仲裁予以确认后，另行向人民法院提起强制清算申请。但对上述异议事项已有生效法律文书予以确认，以及发生被吊销企业法人营业执照、责令关闭或者被撤销等解散事由有明确、充分证据的除外。'本案中，被申请人兰州鑫某房地产开发有限公司答辩时对各申请人的股东资格均提出异议，故申请人应就争议事项单独提起诉讼或者仲裁予以确认后，另行向人民法院提起强制清算申请。在此之前，兰州市中级人民法院对各申请人提出的强制清算申请不予受理，并无不当。"

❿西藏自治区高级人民法院审理的北京中某利缘房地产开发有限公司与西藏中某龙桑房地产开发有限公司申请公司清算二审民事裁定书【（2016）藏民终 20 号】认为："根据《最高人民法院关于适用〈中华人民共和国公司法〉若干问题的规定（二）》第 7 条的规定，强制清算的申请人只能是公司股东或债权人。本案中，北京中某利缘公司于 2012 年 12 月作为甲方与乙方布某加措签订了《股权转让及还款协议》，主要内容是甲方同意将其持有的西藏中某龙桑公司 40% 的股权全部转让给乙方，本股权转让协议签订后，甲方退出西藏中某龙桑公司经营，并由公司聘用的管理人员将公司全部资产、债权债务凭证、合同、财务凭证、账目以及公司印鉴等移交乙方或乙方书面指定的接收人。协议还就股权转让款及西藏中某龙桑公司应还甲方欠款、支付方式及违约责任等进行了约定。而对于该协议，双方当事人均未提交已解除或终止的证据。因此，尽管北京中某利缘公司是西藏中某龙桑公司工商登记的股东，但西藏中某龙桑公司对其股东身份提出了异议，并提交了相关证据。同时，依照《最高人民法院印发〈关于审理公司强制清算案件工作座谈会纪要〉的通知》第 13 条规定，截至目前并无对上述异议事项已有生效法律文书予以确认，以及发生被吊销企业法人营业执照、责令关闭或者被撤销等解散事由的充分证据。在此情形下，北京中某利缘公司应先就其是否仍具有西藏中某龙桑公司股东资格另行诉讼，在其股东资格得到确认后才能向法院提起强制清算申请。原审法院根据本案现有证据和事实不予受理北京中某利缘公司对西藏中某龙桑公司进行清算的申请并无不当。"

⓫湖南省高级人民法院审理的肖某国、朱某华与湖南湘某房地产开发有限公司、何某嫦、唐某俊、李某明申请公司清算民事裁定书【（2014）湘高法民二终字第 69 号】认为："根据《最高人民法院关于适用〈中华人民共和国公司法〉若干问题的规定（二）》第 7 条的规定，强制清算的申请人只能是公司股东或债权人。

本案中，肖某国、朱某华虽然是湘某公司工商登记的股东，但湘某公司的另一股东唐放心的继承人何某嫦、唐某俊对肖某国、朱某华的股东身份提出了异议，并且提交了相关证据。该系列证据证明肖某国、朱某华已将其所持湘某公司的股权转让给了唐放心。在此情况下，肖某国、朱某华应先就其是否仍具有湘某公司股东资格另行诉讼，在其股东资格得到确认后才能向法院提起强制清算申请。原审法院根据本案现有证据和事实不予受理肖某国、朱某华对湘某公司进行清算的申请并无不当。"

❷新疆维吾尔自治区高级人民法院审理的傅某业、蒲某超、易某申请公司清算申请再审民事裁定书【（2012）新民申字第 501 号】认为："最高人民法院《关于审理公司强制清算案件工作座谈会议纪要》第 13 条规定，被申请人就申请人对其是否享有债权或者股权，或者对被申请人是否发生解散事由提出异议，人民法院对申请人提出的强制清算申请应不予审理。申请人可就有关争议单独提起诉讼或者仲裁予以确认后，另行向人民法院提起强制清算申请。但对上述异议事项已有生效法律文书予以确认，以及发生被吊销企业法人营业执照、责令关闭或者被撤销等解散事由有明确、充分证据的除外。据此，因华某公司对傅某业、蒲某超、易某的股东身份提出异议，在股东身份或者股权尚不明晰的情况下，对傅某业、蒲某超、易某提出的要求华某公司强制清算的诉讼原一、二审人民法院不予受理符合法律规定。傅某业、蒲某超、易某可就有关争议单独提起诉讼或者待仲裁予以确认以后，另行向人民法院提起强制清算申请。综上，原一、二审人民法院认定事实清楚，适用法律准确，处理适当。"

（二）申请公司清算的前提

1. 申请公司清算的一般条件

根据《公司法》第 232 条规定，申请公司清算的前提是：公司必须先出现《公司法》第 229 条规定的解散事由，且存在解散后逾期不成立清算组进行清算或者虽然成立清算组但故意拖延清算等情形。

❶江苏省高级人民法院审理的南京绿某设备安装工程有限公司与江苏银某投资担保有限公司申请公司清算二审民事裁定书【（2016）苏民终 887 号】认为："《公司法》第 180 条①规定'公司因下列原因解散：（一）公司章程规定的营业期限届满或者公司章程规定的其他解散事由出现；（二）股东会或者股东大会决议解散；

---

① 《公司法》（2023 年修订）第 229 条。

（三）因公司合并或者分立需要解散；（四）依法被吊销营业执照、责令关闭或者被撤销；（五）人民法院依照本法第一百八十二条的规定予以解散'。第 183 条①规定'公司因本法第一百八十条第（一）项、第（二）项、第（四）项、第（五）项规定而解散的，应当在解散事由出现之日起十五日内成立清算组，开始清算。有限责任公司的清算组由股东组成，股份有限公司的清算组由董事或者股东大会确定的人员组成。逾期不成立清算组进行清算的，债权人可以申请人民法院指定有关人员组成清算组进行清算。人民法院应当受理该申请，并及时组织清算组进行清算'。《公司法解释（二）》第 2 条规定：'股东提起解散公司诉讼，同时又申请人民法院对公司进行清算的，人民法院对其提出的清算申请不予受理。人民法院可以告知原告，在人民法院判决解散公司后，依据公司法第一百八十三条和本规定第七条的规定，自行组织清算或者另行申请人民法院对公司进行清算。'第 7 条规定'公司应当依照公司法第一百八十三条的规定，在解散事由出现之日起十五日内成立清算组，开始自行清算。有下列情形之一，债权人申请人民法院指定清算组进行清算的，人民法院应予受理：（一）公司解散逾期不成立清算组进行清算的；（二）虽然成立清算组但故意拖延清算的；（三）违法清算可能严重损害债权人或者股东利益的。具有本条第二款所列情形，而债权人未提起清算申请，公司股东申请人民法院指定清算组对公司进行清算的，人民法院应予受理'。从上述规定可见，绿某公司作为银某公司的股东申请强制清算银某公司的前提条件应是银某公司已经符合《公司法》第 180 条②规定的解散事由，且存在解散后逾期不成立清算组进行清算或者虽然成立清算组但故意拖延清算等情形，但本案中绿某公司系以银某公司持续2 年未能召开股东会，并已被工商行政部门列入经营异常名录为由而直接向一审法院要求对银某公司进行强制清算，此明显不符合上述法律及司法解释中股东申请人民法院对公司进行清算的规定，故一审法院驳回其强制清算申请并无不当。对于听证过程中绿某公司提出的银某公司的经营期限已经届满的问题，因为绿某公司并未以该理由向一审法院申请强制清算银某公司，上诉时也未提出该理由，且未提供银某公司自行清算不能的证据，故本院对其二审时提出的该主张不予理涉。"

2. 公司故意拖延清算的认定

《公司法》第 232 条规定了公司在具备解散事由后，逾期不成立清算组进行清

---

① 《公司法》（2023 年修订）第 232 条。
② 《公司法》（2023 年修订）第 229 条。

算的，债权人有权申请对其进行强制司法清算。最高人民法院《关于审理公司强制清算案件工作座谈会纪要》中针对公司故意拖延清算，规定如下：申请人提供被申请人自行清算中故意拖延清算，或者存在其他违法清算可能严重损害债权人或者股东利益的相应证据材料后，被申请人未能举出相反证据的，人民法院对申请人提出的强制清算申请应予受理。

❷广东省高级人民法院审理的李某成、冯某辉申请公司清算民事裁定书【（2017）粤清终2号】认为："本案的焦点问题是韶关市化某厂清算组在清算工作中是否有故意拖延清算或者其他违法清算并可能严重损害股东利益的行为。强制清算制度构建的目的之一是通过建立正义、高效的程序公平清偿企业债务、分配企业财产，维护债权人和股东利益，实现各利益相关方的平衡保护。本案中，上诉人认为韶关市化某厂清算组成立后未按股东大会决议依照《中华人民共和国公司法》相关规定编制资产负债表和财产清单，没有制定清算方案，在处置磷肥及原磷肥车间、仓库零配件、旧设备、硫酸储罐、车队小车、洒水车、大客车等设备中没有进行评估或参考政府收购时的评估价，而且在清算过程中从未向广大股东公告过任何信息，已经构成故意拖延清算或者存在其他违法清算可能严重损害债权人或者股东利益的行为，并提供了相关证据。根据《中华人民共和国公司法》第185条①规定，清算组在清理工作中编制资产负债表和财产清单，并制定清算方案报股东大会确认，是其法定职责。现被上诉人承认没有编制资产负债表和财产清单、制定清算方案并报股东大会确认，而且对此未能作出合理解释，显然违反了上述法律规定。另外，在处置磷肥及原磷肥车间、仓库零配件、旧设备、硫酸储罐、车队小车、洒水车、大客车等财产过程中对上诉人主张的为何没有进行评估或参考政府收购时的评估价、为何出现《购销合同》与招标公示内容不一致的情况等，被上诉人同样未能作出合理解释。根据最高人民法院《关于审理公司强制清算案件工作座谈会纪要》第14条规定，综合本案查明的事实，可认定被上诉人在清算期间有故意拖延清算或者其他违法清算并可能严重损害股东利益的行为。"

❸甘肃省高级人民法院审理的黄某华与甘肃金某房地产开发有限公司申请公司清算民事裁定书【（2016）甘民终498号】认为："故意拖延清算表现为清算组在进行公司清算过程中，其行为并不违反《中华人民共和国公司法》及其司法解释中明确规定的时间要求，但清算组在履行清算职责过程中违背效率原则，怠于履行义务。虽然相关法律法规并未明确规定自行清算的期限，但公司清算作为终结已解散

---

① 《公司法》（2023年修订）第236条。

公司现存法律关系，处理其剩余财产，使公司法人资格归于消灭的法律行为，理应坚持效率原则，没有效率的清算实际上构成了对公司各利害关系人利益的变相侵害。本案中，金某房地产公司清算组自 2015 年 6 月 30 日成立后，进行了制定清算组各项工作制度、刊登清算公告、发送债权申报通知书、登记债权人申报情况、聘请会计师事务所及律师事务所参与清算等清算前的基础工作，但至本案一审法院 2016 年 9 月 2 日召开听证会前，历时 1 年多，仍未完成清理公司财产、编制资产负债表和财产清单等实质清算工作，据此，并不能排除金某房地产公司清算组存在怠于清算的情形。金某房地产公司清算组不能及时有效地推进清算工作，可能导致自行清算无法顺利、按时完成，从而损害债权人、股东的利益。故上诉人黄某华认为金某房地产公司清算组故意拖延清算的上诉理由成立。"

3. 关于申请清算的其他前提

（1）自行清算不是股东提起清算之诉的前置条件

根据《公司法司法解释二》公司解散逾期不成立清算组进行清算，债权人未提起清算申请，公司股东申请人民法院指定清算组对公司进行清算的，人民法院应予受理的规定。可见，公司自行清算并不是提起公司清算之诉的前置条件，只要未在公司法规定的期限内组成清算组进行清算，或者虽然成立清算组但故意拖延清算，或者存在其他违法清算可能严重损害公司股东或者债权人利益的行为，公司股东或者债权人均有权依法向人民法院申请对公司进行清算。

❹贵州省高级人民法院审理的杨某菊与贵州中某房地产开发有限公司公司清算民事裁定书【（2015）黔高民商终字第 35 号】认为："本案双方当事人已于 2013 年经原审法院调解，自愿解散公司，但公司解散后至今未能组成清算组对该公司进行清算，亦没有证据表明有债权人申请公司清算。根据法律规定，公司解散后应当进行清算，且自行清算应当优先，但当自行清算遇到障碍或者清算义务人逾期未能组成清算组进行清算时，应当依照《最高人民法院关于适用〈中华人民共和国公司法〉若干问题的规定（二）》第 7 条关于公司在解散事由出现之日起 15 日内成立清算组，开始自行清算。公司解散逾期不成立清算组进行清算，债权人未提起清算申请的，公司股东申请人民法院指定清算组对公司进行清算的，人民法院应予受理的规定，受理公司股东提起的公司清算之诉。原审裁定将自行清算作为股东提起清算之诉的前置条件，并据此裁定不予受理公司清算之诉，属适用法律错误，裁定不当。"

（2）听证会不是法院受理公司解散申请的必要条件

关于对强制清算申请的审查，最高人民法院《关于审理公司强制清算案件工作座谈会纪要》第 9 条规定："审理强制清算案件的审判庭审查决定是否受理强制清算申请时，一般应当召开听证会。对于事实清楚、法律关系明确、证据确实充分的案件，经书面通知被申请人，其对书面审查方式无异议的，也可决定不召开听证会，而采用书面方式进行审查。"可见，听证会并不是人民法院审查是否受理公司解散申请的必要条件。

❺甘肃省高级人民法院审理的林某仙与甘肃浙某科工贸有限公司申请公司清算民事裁定书【（2015）甘民二终字第 224 号】认为："根据最高人民法院《关于审理公司强制清算案件工作座谈会纪要》第 6 条，人民法院在审查决定是否受理强制清算申请时，召开听证会并非必经程序，且由于被申请人浙某科工贸公司的其他股东对原审法院召开听证会的通知未予答复，故原审法院决定不召开听证会，采用书面方式审查本案并无不当；另，本案于 2015 年 3 月 10 日预立案、2015 年 8 月 30 日结案，符合《中华人民共和国民事诉讼法》第 149 条有关第一审普通程序案件审理期限的规定。因此，上诉人提出原审程序违法的上诉理由均不能成立。"

（3）法院不得以公司账本丢失或被清算主体下落不明为由不受理公司清算申请

最高人民法院《关于审理公司强制清算案件工作座谈会纪要》第 14 条规定："申请人提供被申请人自行清算中故意拖延清算，或者存在其他违法清算可能严重损害债权人或者股东利益的相应证据材料后，被申请人未能举出相反证据的，人民法院对申请人提出的强制清算申请应予受理。债权人申请强制清算，被申请人的主要财产、账册、重要文件等灭失，或者被申请人人员下落不明，导致无法清算的，人民法院不得以此为由不予受理。"

笔者通过检索申请公司清算的 100 个案例，发现关于公司账本丢失或被清算主体下落不明时，主流的裁判观点都认为应当受理，但部分法院仍存在不同的处理方式。

主流裁判观点认为，即使公司账本丢失，被清算主体下落不明，法院也应予受理。

❻黑龙江省高级人民法院审理的香港满某能源投资有限公司与龙某大厦有限公司申请公司清算民事裁定书【（2015）黑涉港商终字第 9 号】认为："根据《中华人民共和国公司法》第 180 条和第 183 条①的规定，公司依法被吊销营业执照而解

---

① 《公司法》（2023 年修订）第 229 条和第 232 条。

散的，应当在解散事由出现之日起 15 日内成立清算组，开始清算。根据《最高人民法院关于适用〈中华人民共和国公司法〉若干问题的规定（二）》第 7 条的规定，公司解散逾期不成立清算组进行清算，债权人未提起清算申请，公司股东申请人民法院指定清算组对公司进行清算的，人民法院应予受理。从上述规定可以看出，提起强制清算案件的受理条件包括两个方面，一须具备适格的申请人与被申请人，二须符合法律规定的启动事由。本案中，龙某公司于 2002 年被黑龙江省工商行政管理局吊销营业执照，但到目前为止，未能成立清算组进行清算，且无债权人对龙某公司提起清算申请，香港满某公司作为龙某公司的股东是本案适格的申请人，有权申请法院指定清算组对龙某公司进行清算。一审法院以'龙某公司已经不在原经营场所办公，下落不明，不能到法院进行清算，申请人香港满某公司的申请不符合立案条件'为由不予受理并无法律依据。香港满某公司申请法院强制清算，符合法律规定。至于龙某公司是否下落不明，并非不予立案受理的法定事由，一审法院依法应受理香港满某公司提出的清算申请。"

❼黑龙江省高级人民法院审理的邵某与大兴安岭铎某木业有限责任公司申请公司清算民事裁定书【（2015）黑高立民终字第 43 号】认为："根据最高人民法院《关于审理公司强制清算案件工作座谈会纪要》第 14 条'申请人提供被申请人自行清算中故意拖延清算，或者存在其他违法清算可能严重损害债权人或者股东利益的相应证据材料后，被申请人未能举出相反证据的，人民法院对申请人提出的强制清算申请应予受理。债权人申请强制清算，被申请人的主要财产、账册、重要文件等灭失，或者被申请人人员下落不明，导致无法清算的，人民法院不得以此为由不予受理'；第 15 条'人民法院受理强制清算申请后，经审查发现强制清算申请不符合法律规定的，可以裁定驳回强制清算申请'的规定，对于邵某申请法院指定清算组进行清算的申请应否受理的问题，本院已作出（2013）黑立民终字第 4 号民事裁定书，裁定大兴安岭中院受理邵某请求清算的申请。大兴安岭中院应当依照上述规定，对邵某的申请是否符合法律规定进行审查后，依法作出裁判。因此，大兴安岭中院对邵某提出的强制清算申请再次作出不予受理裁定，属适用法律不当。邵某提出的此上诉理由成立，应予支持。"

也有部分裁判观点认为，公司账本丢失，被清算主体下落不明，人民法院应不予受理。

❽广东省高级人民法院审理的深圳市海某辉煌投资发展有限公司与汕尾市中某实业公司、陈某斌申请公司清算二审民事裁定书【（2015）粤高法民二清终字第 3 号】认为："汕尾市中某实业公司已于 1997 年 12 月 12 日依法被吊销营业执照，可

以认定为出现解散事由。海某辉煌公司以债权人身份申请对汕尾市中某实业公司强制清算，但因汕尾市中某实业公司及其法定代表人下落不明，无法通知汕尾市中某实业公司和其法定代表人送达有关申请材料，亦无法确认海某辉煌公司其合法债权人身份。据此，海某辉煌公司的申请，不符合《最高人民法院关于适用〈中华人民共和国公司法〉若干问题的规定（二）》第7条第2款规定的申请强制清算的条件，原审法院不予受理，并无不当。"

当债权人申请强制清算，即使被申请人的主要财产、账册、重要文件等灭失，或者被申请人下落不明，导致无法清算的，人民法院也应该受理该案件。先向被申请人的股东、董事等直接责任人员释明或采取罚款等民事制裁措施。如果经民事制裁后，仍然无法清算或者无法全面清算的，对于尚存的部分财产，且依据现有账册、重要文件等，可以进行部分清偿的，应当参照企业破产法的规定，对现有财产进行公平清偿后，以无法全面清算为由终结强制清算程序。

❾黑龙江省高级人民法院审理的刘某彬与伊春市新某源山特产品有限责任公司申请公司清算二审民事裁定【（2016）黑民终589号】认为："依照最高人民法院《关于审理公司强制清算案件工作座谈会纪要》第28条规定：'对于被申请人主要财产、账册、重要文件等灭失，或者被申请人人员下落不明的强制清算案件，经向被申请人的股东、董事等直接责任人员释明或采取罚款等民事制裁措施后，仍然无法清算或者无法全面清算，对于尚有部分财产，且依据现有账册、重要文件等，可以进行部分清偿的，应当参照企业破产法的规定，对现有财产进行公平清偿后，以无法全面清算为由终结强制清算程序；对于没有任何财产、账册、重要文件，被申请人人员下落不明的，应当以无法清算为由终结强制清算程序。'"

（三）申请公司清算的其他问题

1. 公司经营期限届满时的清算问题

最高人民法院《关于审理公司强制清算案件工作座谈会纪要》第13条规定："被申请人就申请人对其是否享有债权或者股权，或者对被申请人是否发生解散事由提出异议的，人民法院对申请人提出的强制清算申请应不予受理。申请人可就有关争议单独提起诉讼或者仲裁予以确认后，另行向人民法院提起强制清算申请。但对上述异议事项已有生效法律文书予以确认，以及发生被吊销企业法人营业执照、责令关闭或者被撤销等解散事由有明确、充分证据的除外。"因此，当公司的解散事由已有生效的法律文书确定，或者发生公司已被吊销企业法人营业执照、责令关闭或者被撤销等事项时，人民法院应该受理强制清算申请。

❶最高人民法院审理的同某药业有限公司与广州王某吉药业股份有限公司申请公司清算申请再审民事裁定书【（2015）民申字第 2518 号】认为："《公司法司法解释二》第 2 条规定的 '股东提起解散公司诉讼，同时又申请人民法院对公司进行清算的，人民法院对其提出的清算申请不予受理'，针对的是公司股东在以《公司法》第 182 条①规定的公司僵局为由提起解散公司诉讼的同时，又申请对公司进行强制清算的情形。该规定并未排除对按照该法第 180 条第 1 项②（公司章程规定的营业期限届满等）而独立提出的强制清算申请在符合第 183 条③规定条件下的受理。本案同某公司是在王某吉公司经营期限于 2015 年 1 月 25 日届满后，依据《公司法》第 180 条④第 1 项提出的强制清算申请，二审法院未对此种清算申请与提起解散公司诉讼的同时提出的强制清算申请加以区分，而援引《公司法司法解释二》第 2 条的规定裁定不予受理，属于适用法律不当。"

根据《公司法》第 229 条的规定，营业期限为"公司章程规定的营业期限届满"，笔者通过检索申请公司清算的 100 个案例，发现对公司经营期限的判定依据只有公司章程，即使是《公司设立登记审核表》或者工商行政管理部门颁发的营业执照也不能成为判定依据。

❷海南省高级人民法院审理的三亚香某金玉观音文化艺术有限公司与海南金某华实业有限公司申请公司清算二审民事裁定书【（2016）琼民终 190 号】认为："《最高人民法院关于审理公司强制清算案件工作座谈会纪要》第 13 条规定，被申请人就申请人对其是否享有债权或者股权，或者对被申请人是否发生解散事由提出异议的，人民法院对申请人提出的强制清算申请应不予受理。申请人可就有关争议单独提起诉讼或者仲裁予以确认后，另行向人民法院提起强制清算申请。但对上述异议事项已有生效法律文书予以确认，以及发生被吊销企业法人营业执照、责令关闭或者被撤销等解散事由有明确、充分证据的除外。依据该条规定，只要被申请人对申请人是否享有债权或者股权、是否发生解散事由提出异议的，法院对申请人提出的强制清算申请就不予受理，无须对异议的事项作进一步审查，除非异议事项已有生效法律文书予以确认，以及发生被吊销企业法人营业执照、责令关闭或者被撤

---

① 《公司法》（2023 年修订）第 231 条。
② 《公司法》（2023 年修订）第 229 条第 1 款第 1 项。
③ 《公司法》（2023 年修订）第 233 条。
④ 《公司法》（2023 年修订）第 229 条。

销等解散事由有明确、充分证据。本案中，金某华公司并未被吊销企业法人营业执照，也不存在责令关闭、被撤销的情况。香某公司申请对金某华公司进行清算的理由是金某华公司的营业期限届满，依据是《公司法》第180条第1项①规定即公司因公司章程规定的营业期限届满而解散。该解散事由出现后，金某华公司逾期未成立清算组进行清算，香某公司对此提出申请，金某华公司对此提出异议。从本案证据来看，香某公司仅提交了金某华公司填写的《公司设立登记审核表》和工商行政管理部门颁发的营业执照证明金某华公司的营业期限届满，但金某华公司的公司章程并无营业期限的规定，本案情况与上述《公司法》规定的'公司章程规定的营业期限届满'不相符。因此，原审法院依据最高人民法院会议纪要对此类案件的处理原则和要求裁定不予受理香某公司的申请并无不当。"

2. 强制清算和破产清算的衔接问题

最高人民法院《关于审理公司强制清算案件工作座谈会纪要》中关于强制清算与破产清算的衔接问题规定："公司强制清算中，有关权利人依据企业破产法第二条和第七条的规定向人民法院另行提起破产申请的，人民法院应当依法进行审查。权利人的破产申请符合企业破产法规定的，人民法院应当依法裁定予以受理。人民法院裁定受理破产申请后，应当裁定终结强制清算程序。"因此，在公司解散后不及时进行清算的情形下，公司债权人向人民法院申请对该公司进行强制清算，是《公司法》第232条赋予公司债权人的权利，该权利的行使不受企业是否具有破产情形的限制。

❸最高人民法院审理的杨某龙、黄某江申请公司清算再审审查与审判监督民事裁定书【（2017）最高法民申2542号】认为："在公司解散后不及时进行清算的情形下，公司债权人向人民法院申请对该公司进行强制清算，是《中华人民共和国公司法》第183条②赋予公司债权人的权利，该权利的行使不受企业是否具有破产情形的限制。最高人民法院《关于审理公司强制清算案件工作座谈会纪要》对强制清算和破产清算的衔接问题也作了具体的规定。二审裁定认为本案强制清算会'加大国某公司的清算成本，损害全体债权人利益'，没有法律依据，应予纠正。"

3. 中外合营企业的清算无须行政批准

2001年《中外合资经营企业法》要求，中外合营企业的清算必须得到国家审

---

① 《公司法》（2023年修订）第229条第1款第1项。
② 《公司法》（2023年修订）第232条。

查批准机关的批准。2016 年《中外合资经营企业法》作出了重大修改，第 15 条规定："举办合营企业不涉及国家规定实施准入特别管理措施的，对本法第三条、第十三条、第十四条规定的审批事项，适用备案管理。国家规定的准入特别管理措施由国务院发布或者批准发布。"2020 年《外商投资法》第 28 条规定："外商投资准入负面清单规定禁止投资的领域，外国投资者不得投资。外商投资准入负面清单规定限制投资的领域，外国投资者进行投资应当符合负面清单规定的条件。外商投资准入负面清单以外的领域，按照内外资一致的原则实施管理。"因此，对于一般的外资企业的清算，无须经过国家审查机关的批准程序。

❹广东省高级人民法院审理的珠海九某股权投资合伙企业、广东博某科技有限公司申请公司清算民事裁定书【（2016）粤清终 1 号】认为："博某公司作为中外合资经营性质的企业，在企业出现严重亏损等情形需清算解散时，根据 2001 年《中华人民共和国中外合资经营企业法》的要求，其清算必须得到国家审查批准机关的批准。因九某企业在申请对博某公司的强制清算时，并未提供该清算所需的国家审查批准机关批准解散博某公司的文件，不符合法律要求，一审法院对九某企业的申请裁定不予受理符合当时的法律规定。本案的二审期间，《中华人民共和国中外合资经营企业法》作出了重大修改。由于博某公司属不涉及国家规定实施准入特别管理措施的中外合资经营企业，根据该法第 15 条'举办合营企业不涉及国家规定实施准入特别管理措施的，对本法第三条、第十三条、第十四条规定的审批事项，适用备案管理'的规定，对博某公司的强制清算应适用备案管理，无须再经过国家审查机关的批准程序，故本院对九某企业要求对博某公司进行强制清算的申请予以支持。"

❺广东省高级人民法院审理的惠州市华某精密部件有限公司与惠州市赛某五金制品有限公司申请公司清算二审民事裁定书【（2015）粤高法民二清终字第 5 号】认为："华某公司申请对赛某五金公司进行强制清算，因赛某五金公司是中外合资经营性质的有限责任公司，根据《中华人民共和国公司法》的规定，外商投资的有限责任公司适用《公司法》，有关外商投资的法律另有规定的则适用其规定，故本案亦应适用《中华人民共和国公司法》，除非《中华人民共和国合资经营企业法》另有规定。根据《中华人民共和国公司法》第 180 条第 1 项、第 183 条①及《最高人民法院关于适用〈中华人民共和国公司法〉若干问题的规定（二）》第 7 条的规定，公司因章程规定的营业期限届满解散的，应当在解散事由出现之日起 15 日内

---

① 《公司法》（2023 年修订）第 229 条第 1 款第 1 项、第 232 条。

成立清算组开始清算，逾期不进行清算的，股东可以申请人民法院指定有关人员组成清算组进行清算；人民法院应当受理该申请，并及时组织清算组进行清算。本案中，赛某五金公司的经营期限于2014年7月已届满且未再延长，应依法予以解散并进行清算，但该公司至今未成立清算组进行清算，存在怠于清算的情形，华某公司作为其股东有权申请人民法院指定清算组进行清算，人民法院应予受理。由于赛某五金公司及其他股东在原审中均已就华某公司的强制清算申请进行答辩，这表明其已知晓华某公司的强制清算申请，但赛某五金公司至今未依法自行清算，且赛某五金公司及信某公司仅是对华某公司享有的股权比例提出异议，而未对华某公司的股东资格提出异议，因此，赛某五金公司有关华某公司的强制清算申请不应受理的主张，缺乏事实和法律依据，本院不予支持。"

❻辽宁省高级人民法院审理的韩某浦铁炉材株式会社与营口浦铁炉材耐某材料有限公司、营口东某矿产有限公司申请公司清算二审民事裁定书【（2016）辽民终108号】认为："《中外合资经营企业法》中没有关于公司解散、清算的规定。根据《公司法》第217条①'外商投资的有限责任公司和股份有限公司适用本法；有关外商投资的法律另有规定的，适用其规定'之规定，本案耐某材料公司虽系外商投资企业，但就公司解散、清算的问题，应当适用公司法及其司法解释的有关规定。《公司法》第180条②'公司因下列原因解散：（一）公司章程规定的营业期限届满或者公司章程规定的其他解散事由出现；……'第183条③'公司因本法第一百八十条第（一）项、第（二）项、第（四）项、第（五）项规定而解散的，应当在解散事由出现之日起十五日内成立清算组，开始清算。有限责任公司的清算组由股东组成，股份有限公司的清算组由董事或者股东大会确定的人员组成。逾期不成立清算组进行清算的，债权人可以申请人民法院指定有关人员组成清算组进行清算。人民法院应当受理该申请，并及时组织清算组进行清算'，《最高人民法院关于适用〈中华人民共和国公司法〉若干问题的规定（二）》第7条：'公司应当依照公司法第一百八十四条的规定，在解散事由出现之日起十五日内成立清算组，开始自行清算。有下列情形之一，债权人申请人民法院指定清算组进行清算的，人民法院应予受理：（一）公司解散逾期不成立清算组进行清算的；……具有本条第二款所列情形，而债权人未提起清算申请，公司股东申请人民法院指定清算组对公司进行清算的，人民法院应予受理。'本案中，耐某材料公司的经营期限至2014年10月16日

---

① 已被修改。
② 《公司法》（2023年修订）第229条。
③ 《公司法》（2023年修订）第232条。

届满，且耐某材料公司章程没有对经营期限作出修改，公司的股东会、董事会没有作出延期经营的决定，没有向原审查批准机关提出延长合资期限申请并批准，未在经营期限届满后 15 日内即 2014 年 11 月 2 日之前成立清算组自行清算。韩某株式会社作为耐某材料公司的股东，申请人民法院指定清算组进行清算，符合有关法律规定，无须证明其要求过东方矿产公司对耐某材料公司进行清算或东方矿产公司拒绝清算等事项。原审法院以韩某株式会社未提供耐某材料公司经营期限届满后要求东方矿产公司对耐某材料公司进行清算的证明材料、未提供东方矿产公司拒绝自行清算的证明材料为由，不予受理韩某株式会社的强制清算申请，适用法律错误，应予纠正。"

三、申请公司清算纠纷问题综述及建议

（一）申请公司清算纠纷问题综述

申请公司清算是指在公司特别清算过程中，公司董事、控股股东和实际控制人在公司解散后，怠于履行职责，未在《公司法》规定的期限内组成清算组进行清算，或者虽然成立清算组但故意拖延清算，或者存在其他违法清算可能严重损害公司股东或者债权人利益的行为，公司股东或者债权人依法向人民法院申请对公司进行清算。

实践中，申请公司清算最常见的纠纷争议焦点在于股东何时提出申请，以及法院是否应受理清算申请。

1. 申请公司清算的主体

根据《公司法司法解释二》第 7 条，当公司满足向法院申请强制解散公司的两个前提后，在公司债权人未提起清算申请时，公司股东有权申请人民法院指定清算组对公司进行清算。可见，除了公司的债权人，公司股东也可成为申请公司清算的主体。

此外，对已进行的公司清算，股东和债权人并非并列关系，只有存在违法清算可能严重损害债权人或者股东利益，且在债权人未提起清算申请的情况下，股东才能提出清算申请。

2. 申请公司解散的前提

根据《公司法》第 232 条规定，申请公司清算的前提是：公司必须先出现《公司法》第 229 条规定的解散事由，且存在解散后逾期不成立清算组进行清算或者虽然成立清算组但故意拖延清算等情形。

因此，公司出现法定的解散事由，以及出现解散事由后逾期不成立清算组或者虽成立清算组但故意拖延清算的情形，是向法院申请公司强制解散必不可少的两个前提。

向法院申请对公司进行强制清算不受该企业是否具有破产情形的限制。

《公司法》第 232 条赋予了公司债权人申请公司清算的权利，并未规定该权利受到公司破产情形的限制。

最高人民法院《关于审理公司强制清算案件工作座谈会纪要》中关于强制清算与破产清算的衔接问题规定，公司强制清算中，有关权利人依据企业破产法第 2 条和第 7 条的规定向人民法院另行提起破产申请的，人民法院应当依法进行审查。权利人的破产申请符合企业破产法规定的，人民法院应当依法裁定予以受理。人民法院裁定受理破产申请后，应当裁定终结强制清算程序。

因此，在公司解散后不及时进行清算的情形下，公司债权人向人民法院申请对该公司进行强制清算，是《公司法》第 232 条赋予公司债权人的权利，该权利的行使不受企业是否具有破产情形的限制。本次 2023 年《公司法》修订后，强制清算申请人的范围由"债权人"扩大为"利害关系人"。

听证会在一定条件下并非必须。

关于对强制清算申请的审查，《最高人民法院关于审理公司强制清算案件工作座谈会纪要》第 9 条规定，审理强制清算案件的审判庭审查决定是否受理强制清算申请时，一般应当召开听证会。对于事实清楚、法律关系明确、证据确实充分的案件，经书面通知被申请人，其对书面审查方式无异议的，也可决定不召开听证会，而采用书面方式进行审查。可见，听证会并不是人民法院审查是否受理公司解散申请的必要条件。

3. 可以申请清算的情形

最高人民法院《关于审理公司强制清算案件工作座谈会纪要》第 13 条规定："被申请人就申请人对其是否享有债权或者股权，或者对被申请人是否发生解散事由提出异议的，人民法院对申请人提出的强制清算申请应不予受理。申请人可就有关争议单独提起诉讼或者仲裁予以确认后，另行向人民法院提起强制清算申请。但对上述异议事项已有生效法律文书予以确认，以及发生被吊销企业法人营业执照、责令关闭或者被撤销等解散事由有明确、充分证据的除外。"

因此，当公司的解散事由已有生效的法律文书确定，或者发生公司已被吊销企业法人营业执照、责令关闭或者被撤销等事项时，人民法院应该受理强制清算申请。

此外，根据《公司法》第 229 条的规定，营业期限为"公司章程规定的营业期限届满"。因此，对公司经营期限的判定依据只有公司章程，《公司设立登记审核表》或者市场监督管理部门颁发的营业执照不是判定依据。

最高人民法院《关于审理公司强制清算案件工作座谈会纪要》第 14 条规定，"债权人申请强制清算，被申请人的主要财产、账册、重要文件等灭失，或者被申请人人员下落不明，导致无法清算的，人民法院不得以此为由不予受理"。

虽然也有部分法院，针对公司账本丢失、被清算主体下落不明的情形，作出不予受理的裁定，但主流裁判认为：即使公司账本丢失，被清算主体下落不明，法院应予受理。

但是法院在受理后，该如何审判呢？主流的解决方法为：先向被申请人的股东、董事等直接责任人员释明或采取罚款等民事制裁措施。如果经民事制裁后，仍然无法清算或者无法全面清算的，对于尚存的部分财产，且依据现有账册、重要文件等，可以进行部分清偿的，应当参照企业破产法的规定，对现有财产进行公平清偿后，以无法全面清算为由终结强制清算程序。

4. 中外合营企业的清算无须行政批准

根据 2001 年《中外合资经营企业法》的规定，清算必须得到国家审查批准机关的批准。2016 年《中外合资经营企业法》作出了重大修改，第 15 条规定："举办合营企业不涉及国家规定实施准入特别管理措施的，对本法第三条、第十三条、第十四条规定的审批事项，适用备案管理。国家规定的准入特别管理措施由国务院发布或者批准发布。"

2020 年《外商投资法》第 28 条规定："外商投资准入负面清单规定禁止投资的领域，外国投资者不得投资。外商投资准入负面清单规定限制投资的领域，外国投资者进行投资应当符合负面清单规定的条件。外商投资准入负面清单以外的领域，按照内外资一致的原则实施管理。"因此，对于一般的外资企业的清算，无须经过国家审查机关的批准程序。

（二）关于申请公司清算的建议

1. 股东申请公司强制清算时的注意事项

根据《公司法司法解释二》第 7 条，公司的债权人和公司股东均是向法院申请对公司进行强制清算的主体，但两者并不是并列关系。

第一，根据《公司法司法解释二》第 7 条，在公司债权人未提起清算申请时，公司股东有权申请人民法院指定清算组对公司进行清算，只有存在违法清算可能严重损害债权人或者股东利益的，在债权人未提起清算申请的情况下，股东才能提出清算申请。

第二，当申请公司清算的主体为公司的股东，被申请公司对股东身份提出异议时，应先提起股东身份确认之诉，再提起申请公司清算之诉。

2. 债权人申请公司清算不受过多的限制

《公司法》第 232 条第 1 款规定："公司因本法第二百二十九条第一款第一项、第二项、第四项、第五项规定而解散的，应当清算。董事为公司清算义务人，应当在解散事由出现之日起十五日内组成清算组进行清算。"因此，一旦公司发生法定解散事由，且该公司逾期不成立清算组进行清算的，适格主体便享有申请人民法院指定有关人员组成清算组进行清算的权利。

第一，在公司解散后不及时进行清算的情形下，公司利害关系人向人民法院申请对该公司进行强制清算，是《公司法》第 232 条赋予适格当事人的权利，该权利的行使不受企业是否具有破产情形的限制。

第二，最高人民法院《关于审理公司强制清算案件工作座谈会纪要》第 14 条规定，"债权人申请强制清算，被申请人的主要财产、账册、重要文件等灭失，或者被申请人人员下落不明，导致无法清算的，人民法院不得以此为由不予受理。"可见，适格当事人向人民法院申请对该公司进行强制清算，是《公司法》第 232 条赋予的权利，即使公司账本丢失或被清算主体下落不明，法院也应受理。

综上，当公司发生法定解散事由，且该公司逾期不成立清算组进行清算的，适格当事人向法院申请公司强制清算，法院均应受理。

第二十四章　清算责任纠纷

一、关于清算责任纠纷的法律规定

（一）清算责任纠纷的类型

清算责任纠纷，是指有限责任公司的股东、股份有限公司的董事和控股股东，以及公司的实际控制人未在法定期限内成立清算组开始清算，导致公司财产贬值、流失、毁损或者灭失；或者因怠于履行义务，导致公司主要财产、账册、重要文件等灭失，无法进行清算；或者恶意处置公司财产，给债权人造成损失；或者未经清算即办理注销登记，甚至以虚假的清算报告骗取公司登记机关办理法人注销登记，以及存在其他违反公司法和司法解释规定的行为，公司债权人有权向有限责任公司股东、股份有限公司董事和控股股东、公司实际控制人以及其他负有清算义务的人员提起清算责任纠纷诉讼，主张上述人员承担相应的赔偿责任或者连带清偿责任。

《公司法》（2018 年修正，已被修订）第 190 条规定："公司被依法宣告破产的，依照有关企业破产的法律实施破产清算。"

《公司法》（2023 年修订）第 242 条规定："公司被依法宣告破产的，依照有关企业破产的法律实施破产清算。"

《公司法司法解释二》第 18 条规定："有限责任公司的股东、股份有限公司的董事和控股股东未在法定期限内成立清算组开始清算，导致公司财产贬值、流失、毁损或者灭失，债权人主张其在造成损失范围内对公司债务承担赔偿责任的，人民法院应依法予以支持。

有限责任公司的股东、股份有限公司的董事和控股股东因怠于履行义务，导致公司主要财产、账册、重要文件等灭失，无法进行清算，债权人主张其对公司债务承担连带清偿责任的，人民法院应依法予以支持。

上述情形系实际控制人原因造成，债权人主张实际控制人对公司债务承担相应民事责任的，人民法院应依法予以支持。"

第 19 条规定："有限责任公司的股东、股份有限公司的董事和控股股东，以及公司的实际控制人在公司解散后，恶意处置公司财产给债权人造成损失，或者未经依法清算，以虚假的清算报告骗取公司登记机关办理法人注销登记，债权人主张其对公司债务承担相应赔偿责任的，人民法院应依法予以支持。"

第 20 条规定："公司解散应当在依法清算完毕后，申请办理注销登记。公司未经清算即办理注销登记，导致公司无法进行清算，债权人主张有限责任公司的股东、股份有限公司的董事和控股股东，以及公司的实际控制人对公司债务承担清偿责任的，人民法院应依法予以支持。

公司未经依法清算即办理注销登记，股东或者第三人在公司登记机关办理注销登记时承诺对公司债务承担责任，债权人主张其对公司债务承担相应民事责任的，人民法院应依法予以支持。"

（二）公司清算纠纷的提起主体

根据法律规定，公司股东或债权人是提起清算纠纷的适格主体。

《公司法司法解释二》第 7 条第 2 款规定："有下列情形之一，债权人申请人民法院指定清算组进行清算的，人民法院应予受理：

（一）公司解散逾期不成立清算组进行清算的；

（二）虽然成立清算组但故意拖延清算的；

（三）违法清算可能严重损害债权人或者股东利益的。"

第 23 条第 3 款规定："公司已经清算完毕注销，上述股东参照公司法第一百五十一条第三款的规定，直接以清算组成员为被告、其他股东为第三人向人民法院提起诉讼的，人民法院应予受理。"

（三）清算责任纠纷中清算组的法律规定

1. 公司清算组的职权

《公司法》（2018 年修正，已被修订）第 184 条规定："清算组在清算期间行使下列职权：

（一）清理公司财产，分别编制资产负债表和财产清单；

（二）通知、公告债权人；

（三）处理与清算有关的公司未了结的业务；

（四）清缴所欠税款以及清算过程中产生的税款；

（五）清理债权、债务；

（六）处理公司清偿债务后的剩余财产；

（七）代表公司参与民事诉讼活动。"

《公司法》（2023 年修订）第 234 条规定："清算组在清算期间行使下列职权：

（一）清理公司财产，分别编制资产负债表和财产清单；

（二）通知、公告债权人；

（三）处理与清算有关的公司未了结的业务；

（四）清缴所欠税款以及清算过程中产生的税款；

（五）清理债权、债务；

（六）分配公司清偿债务后的剩余财产；

（七）代表公司参与民事诉讼活动。"

2. 公司清算组的义务

《公司法》（2018 年修正，已被修订）第 185 条第 1 款规定："清算组应当自成立之日起十日内通知债权人，并于六十日内在报纸上公告。债权人应当自接到通知书之日起三十日内，未接到通知书的自公告之日起四十五日内，向清算组申报其债权。"

第 189 条规定："清算组成员应当忠于职守，依法履行清算义务。

清算组成员不得利用职权收受贿赂或者其他非法收入，不得侵占公司财产。

清算组成员因故意或者重大过失给公司或者债权人造成损失的，应当承担赔偿责任。"

《公司法》（2023 年修订）第 235 条第 1 款规定："清算组应当自成立之日起十日内通知债权人，并于六十日内在报纸上或者国家企业信用信息公示系统公告。债权人应当自接到通知之日起三十日内，未接到通知的自公告之日起四十五日内，向清算组申报其债权。"

第 238 条规定："清算组成员履行清算职责，负有忠实义务和勤勉义务。

清算组成员怠于履行清算职责，给公司造成损失的，应当承担赔偿责任；因故意或者重大过失给债权人造成损失的，应当承担赔偿责任。"

《公司法司法解释二》第 11 条规定："公司清算时，清算组应当按照公司法第一百八十五条的规定，将公司解散清算事宜书面通知全体已知债权人，并根据公司规模和营业地域范围在全国或者公司注册登记地省级有影响的报纸上进行公告。

清算组未按照前款规定履行通知和公告义务，导致债权人未及时申报债权而未获清偿，债权人主张某算组成员对因此造成的损失承担赔偿责任的，人民法院应依法予以支持。"

3. 清算组的责任

《公司法司法解释二》第 23 条第 1 款、第 2 款规定："清算组成员从事清算事务时，违反法律、行政法规或者公司章程给公司或者债权人造成损失，公司或者债权人主张其承担赔偿责任的，人民法院应依法予以支持。

有限责任公司的股东、股份有限公司连续一百八十日以上单独或者合计持有公司百分之一以上股份的股东，依据公司法第一百五十一条第三款的规定，以清算组成员有前款所述行为为由向人民法院提起诉讼的，人民法院应予受理。"

（四）清算责任纠纷案件的管辖权

《公司法司法解释二》第 24 条规定："解散公司诉讼案件和公司清算案件由公司住所地人民法院管辖。公司住所地是指公司主要办事机构所在地。公司办事机构所在地不明确的，由其注册地人民法院管辖。

基层人民法院管辖县、县级市或者区的公司登记机关核准登记公司的解散诉讼案件和公司清算案件；中级人民法院管辖地区、地级市以上的公司登记机关核准登记公司的解散诉讼案件和公司清算案件。"

（五）关于债权人申报债权的相关规定

《公司法》（2018 年修正，已被修订）第 185 条第 2 款、第 3 款规定："债权人申报债权，应当说明债权的有关事项，并提供证明材料。清算组应当对债权进行登记。

在申报债权期间，清算组不得对债权人进行清偿。"

《公司法》（2023 年修订）第 235 条第 2 款、第 3 款规定："债权人申报债权，应当说明债权的有关事项，并提供证明材料。清算组应当对债权进行登记。

在申报债权期间，清算组不得对债权人进行清偿。"

二、清算责任纠纷相关案例

（一）申请清算的主体问题

根据《公司法司法解释二》第 7 条第 2 款，债权人有权在面临"（一）公司解散逾期不成立清算组进行清算的；（二）虽然成立清算组但故意拖延清算的；（三）违法清算可能严重损害债权人或者股东利益的"情况下，申请人民法院指定清算组进行清算。

1. 股东有权利申请人民法院对公司进行清算

当债权人未提起清算申请，公司股东也可申请人民法院指定清算组对公司进行清算。但是，当提起主体为股东时，必须是为了维护公司的利益，维护自身的利益则不可提起清算申请。

❶最高人民法院审理的姜某军与程某华、李某玲等与公司有关的纠纷案申请再审民事裁定书【（2016）最高法民申 1195 号】认为："关于原裁定适用法律是否确有错误的问题。根据《中华人民共和国公司法》第 190 条①、《最高人民法院关于适用〈中华人民共和国公司法〉若干问题的规定（二）》的规定，提起清算责任纠纷诉讼的前提条件是公司债权人或公司的合法权益受到损害，公司债权人和公司可以提起清算责任纠纷诉讼，同时司法解释也规定，公司股东为了维护公司利益，也可以自己的名义提起清算责任纠纷诉讼。在本案中，姜某军起诉原雅某公司清算组成员和其他股东，是认为上述人员侵犯了其个人的合法权益，并非为了保护公司债权人利益或公司利益，因此，姜某军以清算责任纠纷提起本案诉讼，不符合该纠纷的起诉条件。"

❷江苏省高级人民法院审理的王某秋、李某光等与徐州市鲲某塑料总厂清算责任纠纷案二审民事裁定书【（2015）苏商终字第 00628 号】认为："鲲某塑料厂于 2010 年 4 月 25 日召开全体股东大会并形成决议，通过了'关于鲲某塑料总厂解散成立清算组及清算组组成人员名单及权限议案'，并成立由朱某、王某、赵某、时某梅、刘某芬 5 人组成的清算组对鲲某塑料厂进行清算的行为符合《徐州市鲲某塑

---

① 《公司法》（2023 年修订）第 238 条。

料总厂章程》和《中华人民共和国公司法》第 183 条①的规定。在鲲某塑料厂自行清算过程中，鲲某塑料厂清算组如存在故意拖延清算或违法清算可能严重损害债权人或者股东利益的情形，根据《最高人民法院关于适用〈中华人民共和国公司法〉若干问题的规定（二)》第 7 条第 3 款的规定，在债权人未提起清算申请的情况下，公司股东申请人民法院指定清算组对公司进行清算的，人民法院应予受理。该条对公司强制清算的启动事由进行了明确的规定，而本案中王某秋、李某光、王某芳的诉讼请求是依法指定王某秋、李某光、王某芳在内的股东成立清算组，并由新清算组对鲲某塑料厂自行进行清算。据此，在鲲某塑料厂已经自行清算的情形下，王某秋、李某光、王某芳要求更换清算组成员后，继续自行进行清算的主张，并非申请法院强制清算，属于鲲某塑料厂自行清算过程中意思自治事项，不属于《最高人民法院关于适用〈中华人民共和国公司法〉若干问题的规定（二)》第 7 条第 3 款规定的人民法院应予受理的范围，原审裁定驳回王某秋、李某光、王某芳的起诉并无不当。"

未实际参与清算的公司股东委托他人进行清算的，需承担赔偿责任。

❸天津市高级人民法院审理的山东诚某房地产开发有限公司与天津市天某物业管理有限公司清算责任纠纷案二审民事判决书【（2015）津高民二终字第 0092 号】认为："关于诚某公司的主体资格问题。诚某公司系原星某公司的唯一股东，根据《中华人民共和国公司法》第 183 条②规定，有限责任公司的清算组成员应由公司股东组成，故诚某公司系法定的清算人员。在原星某公司清算过程中，诚某公司虽未直接参与清算工作，但邢某、刘某、冯某、范某、孔某立五人系接受股东诚某公司的委托实际从事清算工作，诚某公司作为委托人应承担清算所产生的法律后果。诚某公司主张其作为被告不适格的理由不能成立，本院不予支持。"

2. 具有清算义务的股东有义务对公司进行清算

具有清算义务的股东，无论股权份额大小，是否实际参与公司的经营管理，在公司被吊销营业执照后，其都有义务在法定期限内依法对公司进行清算。

❹北京市高级人民法院审理的中某实业集团（控股）有限公司清算责任纠纷案申诉、申请民事裁定书【（2015）高民（商）申字第 03351 号】认为："根据相关法律规定，诉讼时效期间从知道或应当知道权利被侵害时起计算。本案中，中某

红叶公司一直未进行清算，该公司是否能够进行清算，文盛公司作为债权人无从知晓。2011 年 9 月 20 日，二中院作出（2010）二中民特字第 08935 号民事裁定书，认定中某红叶公司无法进行清算，应终结清算程序，至此，方能确认中某红叶公司无法清算。因此，原审法院认定文盛公司于 2011 年 12 月 23 日提起本案诉讼并未超过法定的诉讼时效期间并无不当。中某实业公司作为中某红叶公司的股东，系中某红叶公司的清算义务人，无论中某实业公司所占的股权份额为多少，是否实际参与了公司的经营管理，在中某红叶公司被吊销营业执照后，其都有义务在法定期限内依法对公司进行清算。"

❺江苏省高级人民法院审理的中国电某科技集团公司第五十五研究所与李某敏、南京骏某电子有限公司清算责任纠纷案二审民事判决书【（2015）苏商外终字第 00058 号】认为："骏某公司作为维某公司的股东，应在此后 15 日内成立清算组开始清算。但李某敏、骏某公司未在法定期限内对维某公司进行清算，系怠于履行依法及时启动清算程序进行清算的义务……骏某公司主张，其没有实际参与维某公司生产经营，不存在怠于清算的故意，故不应该承担清算义务。其主张没有法律依据，本院亦不予支持。"

3. 清算人员的义务

《公司法司法解释二》第 18 条规定："有限责任公司的股东、股份有限公司的董事和控股股东未在法定期限内成立清算组开始清算，导致公司财产贬值、流失、毁损或者灭失，债权人主张其在造成损失范围内对公司债务承担赔偿责任的，人民法院应依法予以支持。有限责任公司的股东、股份有限公司的董事和控股股东因怠于履行义务，导致公司主要财产、账册、重要文件等灭失，无法进行清算，债权人主张其对公司债务承担连带清偿责任的，人民法院应依法予以支持。上述情形系实际控制人原因造成，债权人主张实际控制人对公司债务承担相应民事责任的，人民法院应依法予以支持。"

清算人员的义务如下：（1）在法定期限内成立清算组；（2）因怠于履行义务，导致公司主要财产、账册、重要文件等灭失，无法进行清算；（3）恶意处置公司财产，给债权人造成损失；（4）未经清算即办理注销登记，甚至以虚假的清算报告骗取公司登记机关办理法人注销登记；（5）资不抵债，申请破产。

❻最高人民法院审理的李某敏、中国电某科技集团公司第五十五研究所清算责任纠纷案再审审查与审判监督民事裁定书【（2017）最高法民申 2428 号】认为：

"根据《中华人民共和国公司法》第 180 条第 4 项及第 183 条①规定，维某公司在 2012 年 12 月被吊销营业执照解散后，该公司股东李某敏、骏某公司应在 15 日内成立清算组开始清算。李某敏、骏某公司未在法定期限内对维某公司进行清算，系公司股东怠于履行清算义务的情形，根据《最高人民法院关于适用〈中华人民共和国公司法〉若干问题的规定（二）》第 18 条第 2 款的规定，应当承担由此产生的民事责任。"

❼最高人民法院审理的林某洋、林某等申请再审民事裁定书【（2015）民申字第 916 号】认为："本案中，申请人林某洋和林某夫妻作为康某公司、永某公司仅有的两名股东，分别担任两公司的法定代表人，在自行清算的过程中，在明知该两公司的资产不足以清偿案涉烟某银行债权的情况下，既未通知烟某银行申报债权，亦未依法向人民法院申请破产清算，反而以虚假的清算报告骗取公司登记机关办理了注销登记，其行为损害了债权人烟某银行的利益，依法应当认定为故意侵权行为。关于申请人林某洋、林某应当承担的责任范围问题，一方面，《公司法》第 189 条第 3 款②规定：'清算组成员因故意或者重大过失给公司或者债权人造成损失的，应当承担赔偿责任。'申请人的违法清算行为的直接后果，就是导致债权人烟某银行因债务清偿主体消灭而无法主张债权。故原审判决将申请人的违法清算行为给烟某银行所造成的损失认定为债权本息的全部，并无不当，本院予以维持。另一方面，在债务人企业资不抵债的情况下，通过依法进行破产清算的制度设计，在保证债权人就公司全部财产公平受偿的同时，也为债务人企业提供了破产免责的救济。该破产免责的法律后果在合法免除债务人企业不能清偿的部分债务的同时，也隔断了股东对公司债务的责任，使得股东受到有限责任原则的保护。本案中，申请人林某洋、林某自行实施的违法清算行为，系对法人独立地位和股东有限责任的滥用，既不能产生债务人康某公司和永某公司免予清偿部分债务的法律后果，作为股东的林某洋、林某也不再受到股东有限责任原则的保护。《公司法》第 20 条第 3 款③规定：'公司股东滥用公司法人独立地位和股东有限责任，逃避债务，严重损害公司债权人利益的，应当对公司债务承担连带责任。'据此，申请人林某洋、林某亦应当对康某公司和永某公司的全部债务承担责任。"

❽上海市高级人民法院审理的陈某林与上海隆某建设工程有限公司清算责任纠纷审判监督民事裁定书【（2017）沪民申 2192 号】认为："按照《中华人民共和国

公司法》第 183 条①规定，股东应在公司被吊销营业执照之日起 15 日内成立清算组，开始清算。《最高人民法院关于适用〈中华人民共和国公司法〉若干问题的规定（二）》第 18 条第 2 款规定，有限责任公司的股东怠于履行清算义务，导致公司主要财产、账册、重要文件等灭失，无法进行清算，应对公司债务承担连带清偿责任。因此，本案再审申请人作为碧某公司股东，在该公司被吊销营业执照后，怠于履行清算义务致使无法清算，隆某公司作为债权人可以向再审申请人主张连带清偿责任。鉴于再审申请人为碧某公司股东，掌握该公司资产状况，且客观上存在怠于履行清算义务的行为，故再审申请人主张隆某公司损失与其怠于履行清算义务之间不存在因果关系，应负相应举证责任。再审申请人对此未提供证据，其提出的司法审计缺乏必要性，本院对其主张不予支持。"

❾北京市高级人民法院审理的中国飞某实业（集团）有限公司申请股东损害公司债权人利益责任纠纷案再审民事裁定书【（2016）京民申 2816 号】认为："本院经审查认为，泛某公司的股东为飞某公司、交某协会、交某中心和崇某公司。2009 年 12 月 26 日，泛某公司因未办理年检被吊销营业执照。各股东因怠于履行法定的清算义务，应对泛某公司的债务承担连带清偿责任。新某支行作为债权人，依据《最高人民法院关于适用〈中华人民共和国公司法〉若干问题的规定（二)》第 18 条第 2 款规定，有权选择一个或几个股东提起诉讼，要求其承担连带责任。"

❿山西省高级人民法院审理的郭某 1 与郭某 2 清算责任纠纷再审审查民事裁定书【（2016）晋民申 547 号】认为："《公司法司法解释二》第 11 条规定：'公司清算时，清算组应当按照公司法第一百八十五条的规定，将公司解散清算事宜书面通知全体已知债权人，并根据公司规模和营业地域范围在全国或者公司注册登记地省级有影响的报纸上进行公告。清算组未按照前款规定履行通知和公告义务，导致债权人未及时申报债权而未获清偿，债权人主张某算组成员对因此造成的损失承担赔偿责任的，人民法院应依法予以支持。'依据上述规定，二审法院经审理认为，本案中，郭某 2 与郭某 1 签订买卖合同约定：郭某 1 转让给郭某 2 价值 40 万元的固定资产，分期每年付款。按约定，郭某 2 应分年分次向郭某 1 支付资产设备款项。但郭某 1 在转让给郭某 2 资产前，因该厂房征收与土地储备中心达成补偿协议，协议约定土地储备中心向其补偿 72.6 万元。其再将该资产转让给郭某 2 公司属一物两处理，其资产价值在领取补偿款后已经得到实现。同时，郭某 1 身为郭某 2 公司分管销售和研发产品的副经理，对该公司的停产、清算应当是知道的，其也明知双方

---

① 《公司法》（2023 年修订）第 232 条。

签订合同公司有其未到期债权，在公司停产、公告清算后，其并未积极申报，亦未因此受到损失。因此，郭某1所主张的由郭某2向其赔偿40万元理据不足，本院不予支持。"

❶广东省高级人民法院审理的梁某洪、罗某洪等与潘某源、田某单清算责任纠纷案再审复查与审判监督民事裁定书【（2015）粤高法民二申字第1284号】认为："股东依法负有清算义务。根据《中华人民共和国公司法》第184条①的规定，在公司解散事由出现之日起15日内，股东应当成立清算组，对公司进行清算。佛山市石某新科迪陶瓷有限公司于2010年1月被吊销营业执照。本案事实表明，四申请人作为股东，未能依法成立清算组，亦未能向法院提交用以清算的公司主要账册和重要文件。虽然申请人提交的证据初步显示公司部分账册和重要文件被公安部门扣留，但是这些账册及重要文件尚不能满足清算要求，直至本院再审查时四申请人仍未能向法院提交自公司成立至吊销营业执照时止公司的其他主要账册和重要文件。关于股东清算责任，《最高人民法院关于适用〈中华人民共和国公司法〉若干问题的规定（二）》第18条第2款规定，有限责任公司的股东、股份有限公司的董事和控股股东因怠于履行义务，导致公司主要财产、账册、重要文件等灭失，无法进行清算，债权人主张其对公司债务承担连带清偿责任的，人民法院应依法予以支持。由于申请人怠于履行清算义务导致公司大部分账册和重要文件等灭失，无法进行清算，故二审法院判决四申请人对公司债务承担连带清偿责任符合法律规定。"

❷广东省高级人民法院审理的孙某霞、梁某彪、王某祺、广东平某广告有限公司与上海卡某广告有限公司清算责任纠纷申诉、申请民事裁定书【（2015）粤高法民二申字第145号】认为："《最高人民法院关于适用〈中华人民共和国公司法〉若干问题的规定（二）》第19条规定，股东在公司解散后，未经依法清算，以虚假清算报告骗取公司登记机关办理法人注销登记，债权人主张其对公司债务承担相应赔偿责任的，人民法院应予支持。孙某霞、梁某彪、王某祺、平某公司亦在《上海平某网络广告有限公司清算报告》中签字承诺：'公司债务已清偿完毕，若有未了事宜，股东愿意承担责任。'故二审法院判决孙某霞、梁某彪、王某祺、平某公司就平某网络未清偿的97200元承担赔偿责任，并无不当。"

❸广东省高级人民法院审理的广东建某兴业集团有限公司与中国某银行股份有限公司广州东山支行与公司有关的纠纷案二审民事判决书【（2013）粤高法民四终字第148号】认为："银某公司自2007年2月26日被吊销营业执照后，至今未组

---

① 《公司法》（2023年修订）第232条。

织清算，建某公司作为银某公司的实际控制人，在银某公司被吊销营业执照后未履行清算义务。在银某公司财产经法院强制执行后仍不能清偿建行东山支行的部分债务，因此，应推定建某公司未及时履行清算义务造成了债权人某行东山支行的损失，建某公司未能举证证明该损失非其未及时履行清算义务导致，原审法院根据《最高人民法院关于适用〈中华人民共和国公司法〉若干问题的规定（二）》第 18 条的规定，判令建某公司对银某公司所欠某行东山支行的债务承担补充清偿责任正确，本院予以维持。"

（二）申请清算的程序问题

1. 清算公告的通知和送达

清算事宜必须以书面形式送达债权人，而不是公示。根据《公司法司法解释二》第 11 条："公司清算时，清算组应当按照公司法第一百八十五条的规定，将公司解散清算事宜书面通知全体已知债权人，并根据公司规模和营业地域范围在全国或者公司注册登记地省级有影响的报纸上进行公告。清算组未按照前款规定履行通知和公告义务，导致债权人未及时申报债权而未获清偿，债权人主张某算组成员对因此造成的损失承担赔偿责任的，人民法院应依法予以支持。"因此，清算组将公司解散清算事宜通知全体已知债权人时，应该采取书面形式。

❶最高人民法院审理的浙江龙某房地产开发集团有限公司与陈某香申诉、申请民事裁定书【（2015）民申字第 2249 号】认为："关于公司清算的通知义务问题。本案中，原中某公司清算组于 2012 年 6 月 24 日出具了《公司清算报告》，并于 2012 年 6 月 27 日经杭州市工商行政管理局核准办理了注销登记。陈某香作为清算组成员以及原中某公司董事会成员在《公司清算报告》中签字确认原中某公司已清算完毕。《中华人民共和国公司法》规定清算组应当通知债权人，并在报纸上进行公告，仅履行刊登公告义务尚不构成对债权人的有效通知。因此原中某公司清算组虽然在报纸上刊登了公告，但没有提供证据证明已书面通知债权人龙某公司有关公司清算及申报债权的事宜，从而导致龙某公司未能及时申报债权而遭受损失。因此，在原中某公司已经注销的情况下，原审判决认定由原中某公司清算组成员陈某香在接受原中某公司资产范围内对涉案债务承担民事责任并无不当。陈某香关于已履行清算通知义务的再审申请理由亦不能成立。"

❷最高人民法院审理的邢台轧某异型辊有限公司与李某芬、李某丰清算责任纠

纷案申诉、申请民事裁定书【（2015）民申字第 1416 号】认为："《最高人民法院关于适用〈中华人民共和国公司法〉若干问题的规定（二）》第 11 条规定：'公司清算时，清算组应当按照公司法第一百八十五条的规定，将公司解散清算事宜书面通知全体已知债权人，并根据公司规模和营业地域范围在全国或者公司注册登记地省级有影响的报纸上进行公告。清算组未按照前款规定履行通知和公告义务，导致债权人未及时申报债权而未获清偿，债权人主张清算组成员对因此造成的损失承担赔偿责任的，人民法院应依法予以支持。'本案中华某公司清算组疏于履行公司清算时的通知和公告义务，导致债权人轧某公司未及时申报债权，现华某公司已注销，轧某公司向清算组成员要求损害赔偿，原审法院支持轧某公司的诉讼请求并无不当。"

❸江苏省高级人民法院审理的联某快递（中国）有限公司无锡分公司与张某、洪某桂清算责任纠纷案二审民事判决书【（2016）苏民终 119 号】认为："《最高人民法院关于适用〈中华人民共和国公司法〉若干问题的规定（二）》第 11 条规定：'公司清算时，清算组应当按照公司法第一百八十五条的规定，将公司解散清算事宜书面通知全体已知债权人，并根据公司规模和营业地域范围在全国或者公司注册登记地省级有影响的报纸上进行公告。清算组未按照前款规定履行通知和公告义务，导致债权人未及时申报债权而未获清偿，债权人主张清算组成员对因此造成的损失承担赔偿责任的，人民法院应依法予以支持。'根据上述司法解释的规定，张某、洪某桂应对联某快递无锡分公司的损失承担赔偿责任。一是维某那公司收到了联某快递无锡分公司的发票及账单，其明知对联某快递无锡分公司负有债务，维某那公司清算组没有将公司解散清算事宜书面通知联某快递无锡分公司。二是维某那公司的工商登记资料中《清算报告》虽然载明，公司债务已经清偿完毕，但该《清算报告》没有关于维某那公司已经清偿了涉案债务的记录。三是根据工商登记资料的记载，张某、洪某桂系维某那公司清算组成员。综上所述，联某快递无锡分公司的上诉理由成立，上诉请求应予支持。"

❹云南省高级人民法院审理的陈某康与朱某芬、龚某富买卖合同纠纷案再审申请民事裁定书【（2014）云高民申字第 208 号】认为："本院认为，本案涉及货款系从昆明西山新某雅韵书屋支付给康某公司，而陈某康再审申请中提交的康某公司与宏某公司的结算书中没有昆明西山新某雅韵书屋业主或工作人员签字认可。因此，该结算书不能作为新证据采信；由于康某公司清算组仅在生活新报上刊登公司注销清算公告，而没有书面通知已知债权人，清算组未依法尽到通知义务。按照《最高人民法院关于适用〈中华人民共和国公司法〉若干问题的规定（二）》第 11

条‘公司清算时，清算组应当按照公司法第一百八十五条的规定，将公司解散清算事宜书面通知全体已知债权人，并根据公司规模和营业地域范围在全国或者公司注册登记地省级有影响的报纸上进行公告。清算组未按照前款规定履行通知和告知义务，导致债权人未及时申报债权而未获清偿，债权人主张清算组成员对因此造成的损失承担赔偿责任的，人民法院应依法予以支持'的规定，康某公司清算以及办理注销登记时，未依法履行书面告知债权人昆明西山新某雅韵书屋业主朱某芬的义务，因此，应承担对朱某芬的赔款责任。陈某康、龚某富二人作为康某公司股东和清算组成员应当向宏某公司返还货款 2000000 元。"

❺吉林省高级人民法院审理的逢某军、刘某清与桦甸市金沙镇平某村村民委员会清算责任纠纷案再审审查民事裁定书【（2014）吉民申字第 967 号】认为："2012 年 4 月 13 日，逢某军、刘某清作为清算组成员出具北某公司清算报告，并于 2012 年 5 月 30 日注销了北某公司，在此过程中，逢某军、刘某清作为北某公司股东及清算组成员未完全按公司法规定进行清算，未履行书面通知义务，原判认定逢某军、刘某清没有按照法律规定履行书面通知义务导致平某村因没有申报债权而未获清偿并无不当。"

2. 公告解散事项的要求

《公司法司法解释（二）》第 11 条第 1 款规定"公司清算时，清算组应当按照公司法第一百八十五条的规定，将公司解散清算事宜书面通知全体已知债权人，并根据公司规模和营业地域范围在全国或者公司注册登记地省级有影响的报纸上进行公告"。

因此，清算组将公司解散清算事宜书面通知全体已知债权人后，还应该根据公司规模和营业地域范围在全国或者公司注册登记地省级有影响的报纸上进行公告。

❻浙江省高级人民法院审理的台州市路桥守某摩托配件厂与陈某根、陈某华清算责任纠纷案申诉、申请民事裁定书【（2016）浙民申 1148 号】认为："根据《中华人民共和国公司法》第 184 条① ‘有限责任公司的清算组由股东组成'、《最高人民法院关于适用〈中华人民共和国公司法〉若干问题的规定（二）》第 11 条第 1 款‘公司清算时，清算组应当按照公司法第一百八十五条②的规定，将公司解散清算事宜书面通知全体已知债权人，并根据公司规模和营业地域范围在全国或者公司

---

① 已被《公司法》（2023 年修订）第 232 条修改。
② 《公司法》（2023 年修订）第 235 条。

注册登记地省级有影响的报纸上进行公告'的规定，正某公司清算组组成人员不合法、清算组未将公司解散清算事宜告知守城配件厂及在公司注册登记地省级有影响的报纸上进行公告亦不合法，即正某公司的清算程序不合法。鉴于此，二审法院责令二被申请人组成新的清算组对正某公司重新进行清算，并无不当。"

3. 公司资不抵债不免除告知债权人的义务

公司解散清算时的债权债务催告义务，是法定义务。不能因公司资不抵债而剥夺债权人的债务受偿机会。

❼四川省高级人民法院审理的周某龙、严某玲、周某与中国某业银行股份有限公司宜宾分行清算责任纠纷案申请再审民事裁定书【（2014）川民申字第 2301 号】认为："公司解散清算时的债权债务催告义务，是法定义务。不能因公司资不抵债而剥夺债权人的债务受偿机会。作为清算组成员，周某龙、严某玲、周某未依法将公司解散清算事宜通知已知债权人某行宜宾分行，导致某行宜宾分行丧失了在清算程序中债权受偿的机会，应当承担赔偿责任。"

（三）清算责任纠纷的责任承担问题

1. 股东承担连带赔偿责任

根据《公司法司法解释二》第 18 条第 2 款："有限责任公司的股东、股份有限公司的董事和控股股东因怠于履行义务，导致公司主要财产、账册、重要文件等灭失，无法进行清算，债权人主张其对公司债务承担连带清偿责任的，人民法院应依法予以支持。"由于"账册下落不明""账册缺失"并不完全等同于"账册灭失"，当调查结果为"账册下落不明""账册缺失"时，不可依据该条直接判决股东承担连带责任。

❶浙江省高级人民法院审理的王某、蒋某达清算责任纠纷案再审民事判决书【（2017）浙民再 136 号】认为："在本案中，王某对天某公司申请强制清算时，杭州市拱墅区人民法院（2015）杭拱商清（算）字第 1 号民事裁定只是认定天某公司相关账册等重要文件'下落不明'，并未认定账册灭失，而《最高人民法院关于适用〈中华人民共和国公司法〉若干问题的规定（二）》第 18 条规定股东承担连带清偿责任的前提是'账册灭失'。由于'账册下落不明''账册缺失'并不完全等同于'账册灭失'，在只有原告一方到庭而对方当事人均下落不明未到庭的情况

下，作为适用第一审普通程序的一审法院以'账册缺失'为由判决李某宝承担连带清偿责任，似乎对连带责任适用中的法定性把握不够审慎。"

显名股东承担连带赔偿责任。作为公司登记机关记载的股东在公司出现解散事由后需及时履行清算义务，无论其是否为显名股东。

❷北京市高级人民法院审理的杨某清算责任纠纷案申诉、申请民事裁定书【（2014）高民申字第 2812 号】认为："韩某集团公司与中某公司之间的债权债务关系明确。2006 年 12 月，中某公司因逾期未年检被工商行政管理机关吊销了营业执照，符合法律规定的解散事由。杨某作为中某公司的股东之一，负有在解散事由出现之日起 15 日内成立清算组进行清算的法定义务。杨某作为公司登记机关记载的股东，不能依据其与中某公司原股东孙某红、中某公司的约定否定登记机关登记行为的效力，杨某依据本人及裕峻公司与中某公司原股东孙某红、中某公司之间的争议对抗债权人韩建公司的主张于法无据。"

当公司因股东未在法定期限内成立清算组开始清算，导致公司财产贬值、流失、毁损或者灭失；或者因怠于履行义务，导致公司主要财产、账册、重要文件等灭失，无法进行清算；或者恶意处置公司财产，给债权人造成损失；或者未经清算即办理注销登记，甚至以虚假的清算报告骗取公司登记机关办理法人注销登记，以及存在其他违反公司法和司法解释规定的行为，给债权人造成损失的，冒名登记为股东的人无须承担赔偿责任。

《公司法司法解释三》第 28 条规定："冒用他人名义出资并将该他人作为股东在公司登记机关登记的，冒名登记行为人应当承担相应责任；公司、其他股东或者公司债权人以未履行出资义务为由，请求被冒名登记为股东的承担补足出资责任或者对公司债务不能清偿部分的赔偿责任的，人民法院不予支持。"

❸浙江省高级人民法院审理的王某、蒋某达清算责任纠纷案再审民事判决书【（2017）浙民再 136 号】认为："《最高人民法院关于适用〈中华人民共和国公司法〉若干问题的规定（三）》第 28 条规定：'冒用他人名义出资并将该他人作为股东在公司登记机关登记的，冒名登记行为人应当承担相应责任；公司、其他股东或者公司债权人以未履行出资义务为由，请求被冒名登记为股东的承担补足出资责任或者对公司债务不能清偿部分的赔偿责任的，人民法院不予支持。'对公司债权人而言，股东清算责任中的连带清偿责任和股东瑕疵出资中的补充清偿责任，两者在对债权人救济的性质上并无二致，均属清偿责任。既然公司法司法解释明确规定被冒名的股东无须对公司债权人承担瑕疵出资的补充清偿责任，则李某宝作为天某公司被冒名登记的股东，亦无须承担公司清算责任中的连带清偿责任。"

2. 清算人员承担赔偿责任

《公司法》（2018 年修正，已被修订）第 189 条第 3 款规定："清算组成员因故意或者重大过失给公司或者债权人造成损失的，应当承担赔偿责任。"《公司法》（2023 年修订）第 238 条规定："清算组成员履行清算职责，负有忠实义务和勤勉义务。清算组成员怠于履行清算职责，给公司造成损失的，应当承担赔偿责任；因故意或者重大过失给债权人造成损失的，应当承担赔偿责任。"当清算人员的行为不属于《公司法司法解释二》第 18 条规定的情形，可适用《公司法》（2018 年修正，已被修订）第 189 条第 3 款或在新公司法实行后依据《公司法》（2023 年修订）第 238 条第 2 款追究清算组成员责任。

❹广东省高级人民法院审理的深圳市金某实业股份有限公司与珠海市正某投资策划有限公司债权转让合同纠纷、清算责任纠纷案再审复查与审判监督民事裁定书【（2016）粤民申 5523 号】认为："本案中汇港城某公司清算组在没有通知正某公司的情况下，以未经核实的受让债权直接抵销公司债务，导致正某公司未能在汇港城某公司的清算中申报债权，存在重大过失。根据《中华人民共和国公司法》第 189 条第 3 款①规定：'清算组成员因故意或者重大过失给公司或者债权人造成损失的，应当承担赔偿责任。'金某公司与林某娟作为持有汇港城某公司 100% 股权的股东、清算义务人、法定的清算组成员及清算报告的确认人，且经清算取得了 47371027.5 元收益，正某公司所主张的 130 万元债权及利息损失未超过 47371027.5 元的收益范围，二审依据上述规定判决金某公司对外赔偿后，其与林某娟之间的责任分担另行主张并无不当。"

❺江苏省高级人民法院审理的成都华某信息产业有限公司与江苏济某制药有限公司技术转让合同纠纷案二审民事判决书【（2010）苏知民终字第 0111 号】认为："华某公司应当对济某公司的损失承担赔偿责任。主要理由是：根据《公司法》第 185 条、第 190 条第 3 款②的规定，清算组在清算期间应当通知、公告债权人；处理与清算有关的公司未了结的业务；管理债权、债务；清算组成员因故意或者重大过失给公司或者债权人造成损失的，应当承担赔偿责任。本案中，华某公司作为清算组成员，应当忠于职守，依法履行清算义务。华某公司等清算组成员作为和某公司的股东，对涉案技术转让合同签订和履行情况应是明知的。由于涉案技术转让合

---

① 《公司法》（2023 年修订）第 238 条。
② 《公司法》（2023 年修订）第 235 条、第 238 条第 2 款。

同尚未履行完毕,作为和某公司未了结的业务,清算组应当对该合同是继续履行还是解除做出处理,却怠于履行职责,未依法通知济某公司,也未举证证明就该债权债务关系依法进行了处理。清算组成员存在故意或者重大过失,由此给济某公司造成的经济损失,理应依法承担赔偿责任。"

清算义务人的赔偿责任限于因怠于履行清算义务而给债权人造成的损失,而非债务人应清偿债权人的全部债权。

❻广东省高级人民法院审理的罗某、严某珍清算责任纠纷案再审审查与审判监督民事裁定书【(2017)粤民申 4852 号】认为:"清算义务人怠于履行清算义务,对因此给债权人造成的损失承担赔偿责任。清算义务人的赔偿责任限于因怠于清算行为给债权人造成的损失而非债务人应清偿债权人的全部债权。在已生效的广东省惠州市中级人民法院(2015)惠中法民二执复字第 5 号裁定确定的期限内,惠东县教育局怠于履行清算义务,一审认定惠东县教育局应向罗某、严某珍支付本金 29万元及从(2015)惠中法民二执复字第 5 号裁定生效届满 15 日起至付清日止按月利率 3% 计算的利息,二审予以维持,并无不当。"

公司股东在清算过程中无过错,为公司垫付清算费用时,债权人无权要求公司股东使用垫付清算的费用承担清偿责任。

❼北京市高级人民法院审理的中国化某总公司清算责任纠纷案申诉、申请民事裁定书【(2014)高民申字第 2776 号】认为:"原判决在认定事实和适用法律上是正确的。化某公司作为荣某公司的债权人,在荣某公司财产不足以支付清算费用的情况下,自愿垫付该笔费用,继续进行清算程序,化某公司垫付的款项应从荣某公司财产中向化某公司清偿。现荣某公司的财产不足以支付清算费用,化某公司要求荣某公司的股东仲某荣、王某明对化某公司所垫付的清算费用承担清偿责任,缺乏法律依据。二审法院驳回化某公司的诉讼请求于法有据。申请人化某公司的再审申请无事实和法律依据,本院不予支持。"

当债权人有过错时,可减轻股东的赔偿责任。

❽江苏省高级人民法院审理的中国电某科技集团公司第五十五研究所与李某敏、南京骏某电子有限公司清算责任纠纷案二审民事判决书【(2015)苏商外终字第 00058 号】认为:"李某敏、骏某公司怠于履行清算义务,本应对涉案债务的连带清偿承担全部责任。但本案中,五十五所对维某公司的办公室查封后,没有清点维某公司财物并出具清单,而李某敏、骏某公司主张办公室存放有维某公司的部分财务账册,在五十五所不能提供查封办公室物品清单的情况下,本院认定,五十五所对于维某公司账册的灭失负有一定的责任。根据《中华人民共和国侵权责任法》

第 26 条的规定，被侵权人对损害的发生也有过错的，可以减轻侵权人的责任。故李某敏、骏某公司的责任可以依法减轻。"

（四）清算责任纠纷的其他问题

1. 债权人承担举证责任

（1）债权人应当先举证的证据

根据"谁主张谁举证"的原则，依据《公司法司法解释二》第 18 条，向公司股东主张承担连带清偿责任的债权人，应当向人民法院举证证明：正因为公司股东违反清算义务，从而导致无法进行清算。

且因为应被清算公司的股东怠于履行清算义务，与公司的财产、账册灭失之间本身具有因果关系，所以债权人只要举证证明应被清算公司的股东在法定期限内未启动清算程序，和已造成公司财产等灭失的后果即可。债权人无须举证证明公司在应清算时的资产状况及与股东怠于履行清算义务之间的关联性。

❶福建省高级人民法院审理的厦门鹭某物流有限公司与何某宝、高某娟清算责任纠纷案二审民事判决书【（2016）闽民终 365 号】认为："依据《中华人民共和国公司法》第 183 条① '公司因本法第一百八十条第（一）项、第（二）项、第（四）项、第（五）项规定而解散的，应当在解散事由出现之日起十五日内成立清算组，开始清算。有限责任公司的清算组由股东组成，股份有限公司的清算组由董事或者股东大会确定的人员组成。逾期不成立清算组进行清算的，债权人可以申请人民法院指定有关人员组成清算组进行清算。人民法院应当受理该申请，并及时组织清算组进行清算'的规定，珍某公司的股东何某宝、高某娟应于 2000 年 10 月 6 日前成立清算组对珍某公司进行清算，但何某宝、高某娟未依法组织清算，系怠于履行清算义务。且何某宝、高某娟未提供证据证明其仍保存珍某公司的账册和重要文件，亦无法证明珍某公司仍具备清算条件。厦门海事法院于 2000 年 7 月 13 日作出的（1999）厦海法执字第 110 号民事裁定书，认定珍某公司下落不明，无财产可供执行，但珍某公司在其他案件中因无财产可供执行被中止执行的情况，只能证明人民法院在执行中未查找到珍某公司的财产，不能证明珍某公司的财产在被吊销营业执照时已全部灭失。何某宝、高某娟作为珍某公司的股东，怠于履行清算义务与珍某公司的财产、账册灭失之间具有因果关系。据此，依据《最高人民法院关于适

---

① 《公司法》（2023 年修订）第 232 条。

用《中华人民共和国公司法》若干问题的规定（二）》第 18 条第 2 款'有限责任公司的股东、股份有限公司的董事和控股股东因怠于履行义务，导致公司主要财产、账册、重要文件等灭失，无法进行清算，债权人主张其对公司债务承担连带清偿责任的，人民法院应依法予以支持'的规定，何某宝、高某娟应对珍某公司债务承担连带清偿责任。上述司法解释并未规定公司债权人诉请公司股东对公司债务承担连带责任的，应以启动清算程序为前提。鹭某公司举证珍某公司股东在法定期限内未启动清算程序，珍某公司存在'人去楼空'等情形，已完成举证责任。一审法院要求鹭某公司举证珍某公司在被吊销营业执照时的资产状况及与何某宝、高某娟怠于履行清算义务之间的关联性，系对举证责任分配不当，应予纠正。"

（2）债权人举证的证明程度

无法清算是一种消极事实，债权人只要利用经验法则对债务人无法清算的事实的证明达到盖然性的程度，即视为完成举证责任。

❷山东省高级人民法院审理的中某集团济南印务有限公司与山东黄某集团有限公司、山东省企某集团海外发展促进会等清算责任纠纷案再审民事判决书【（2013）鲁民提字第 239 号】认为："关于黄某集团、促进会及黄某海公司怠于履行清算义务是否导致金某传媒公司无法清算。根据《最高人民法院关于适用〈中华人民共和国公司法〉若干问题的规定（二）》第 18 条第 2 款之规定，有限责任公司的股东因怠于履行义务，导致公司主要财产、账册、重要文件等灭失，无法进行清算，债权人主张其对公司债务承担连带责任的，人民法院应依法予以支持。按照上述规定，无法清算作为一种消极事实，债权人只要利用经验法则对债务人无法清算的事实的证明达到盖然性的程度，即视为完成举证责任，如清算义务人认为债务人可以清算，则举证责任转移至清算义务人。除非清算义务人能够提供充分证据证明债务人可以清算，否则，应认定债权人关于债务人无法清算的事实成立。"

2.《公司法司法解释二》第 23 条的适用问题

根据《公司法司法解释二》第 23 条第 1 款规定："清算组成员从事清算事务时，违反法律、行政法规或者公司章程给公司或者债权人造成损失，公司或者债权人主张其承担赔偿责任的，人民法院应依法予以支持。"第 3 款规定："公司已经清算完毕注销，上述股东参照公司法第一百五十一条第三款的规定，直接以清算组成员为被告、其他股东为第三人向人民法院提起诉讼的，人民法院应予受理。"

可见，法律赋予股东在公司已经清算完毕注销后，有因清算组成员从事清算事务时违反法律、行政法规或者公司章程给公司或者债权人造成损失而提起诉讼，要求其承担赔偿责任的权利，该诉系侵权赔偿之诉。

但是，因为"违反法律、行政法规或者公司章程"，必须要求清算组成员从事清算事务时给公司或者债权人造成损失。

❸辽宁省高级人民法院审理的蔡某斌与公司、证券、保险、票据等有关的民事纠纷案再审审查民事裁定书【（2016）辽民申294号】认为："根据《最高人民法院关于适用〈中华人民共和国公司法〉若干问题的规定（二）》第23条第1款规定：'清算组成员从事清算事务时，违反法律、行政法规或者公司章程给公司或者债权人造成损失，公司或者债权人主张其承担赔偿责任的，人民法院应依法予以支持。'第3款规定：'公司已经清算完毕注销，上述股东参照公司法第一百五十一条第三款的规定，直接以清算组成员为被告、其他股东为第三人向人民法院提起诉讼的，人民法院应予受理。'可见，法律赋予股东在公司已经清算完毕注销后，有因清算组成员从事清算事务时违反法律、行政法规或者公司章程给公司或者债权人造成损失而提起诉讼，要求其承担赔偿责任的权利，该诉系侵权赔偿之诉。蔡某斌原审诉讼请求仅要求确认审计报告、清算报告为不实报告，不符合上述法律规定的内容。故原审裁定驳回其起诉并无不当。"

三、清算责任纠纷的综述及建议

（一）清算责任纠纷的综述

清算责任纠纷，是指有限责任公司的股东、股份有限公司的董事和控股股东，以及公司的实际控制人未在法定期限内成立清算组开始清算，导致公司财产贬值、流失、毁损或者灭失；或者因怠于履行义务，导致公司主要财产、账册、重要文件等灭失，无法进行清算；或者恶意处置公司财产，给债权人造成损失；或者未经清算即办理注销登记，甚至以虚假的清算报告骗取公司登记机关办理法人注销登记，以及存在其他违反公司法和司法解释规定的行为，公司债权人有权向有限责任公司股东、股份有限公司董事和控股股东、公司实际控制人以及其他负有清算义务的人员提起清算责任纠纷诉讼，主张上述人员承担相应的赔偿责任或者连带清偿责任。

实践中，公司解散最常见的纠纷争议点在于各种情形下公司股东对于公司清算责任的承担。

1. 公司债权人和股东均为公司清算责任诉讼的提起主体

根据《公司法司法解释二》第 7 条第 2 款的规定，债权人有权在面临"（一）公司解散逾期不成立清算组进行清算的；（二）虽然成立清算组但故意拖延清算的；（三）违法清算可能严重损害债权人或者股东利益的"情况下，申请人民法院指定清算组进行清算。

当债权人未提起清算申请时，公司股东也可申请人民法院指定清算组对公司进行清算。但是，当提起主体为股东时，申请清算的目的必须是维护公司的利益，而不是维护股东自身的利益。

2. 未实际参与清算的公司股东依然要承担责任

未实际参与清算的公司股东在委托他人进行清算后，因他人的清算行为侵害了债权人的利益，其仍然要承担赔偿责任。

具有清算义务的股东，无论股权份额大小以及是否实际参与公司的经营管理，在公司被吊销营业执照后，均有义务在法定期限内依法对公司进行清算。

3. 显名股东应该承担连带赔偿责任，但被人冒名登记的股东无须承担连带赔偿责任

作为公司登记机关记载的股东，该股东在公司出现解散事由后即需及时履行清算义务，无论其是否为显名股东。

但是，根据《公司法司法解释三》的规定，当公司"股东"只是被他人冒名登记时，该被冒名登记的"股东"无须承担连带赔偿责任。

4. 清算事宜必须通过书面送达债权人，而非公示

根据《公司法司法解释二》第 11 条："公司清算时，清算组应当按照公司法第一百八十五条①的规定，将公司解散清算事宜书面通知全体已知债权人，并根据公司规模和营业地域范围在全国或者公司注册登记地省级有影响的报纸上进行公告。清算组未按照前款规定履行通知和公告义务，导致债权人未及时申报债权而未获清偿，债权人主张某算组成员对因此造成的损失承担赔偿责任的，人民法院应依法予以支持。"

---

① 《公司法》（2023 年修订）第 235 条。

因此，清算组将公司解散清算事宜通知全体已知债权人时，应该采取书面形式。

此外，清算组将公司解散清算事宜书面通知全体已知债权人后，还应该根据公司规模和营业地域范围在全国或者公司注册登记地省级有影响的报纸上进行公告。

5. 即使公司已经资不抵债，也要履行债权债务催告义务

公司解散清算时的债权债务催告义务，是法定义务。不能因公司资不抵债而剥夺债权人的债务受偿机会。

6. 清算义务人的赔偿责任是有限责任

清算义务人的赔偿责任限于因怠于履行清算义务而给债权人造成的损失，而非债务人应清偿债权人的全部债权。

此外，公司股东在清算过程中无过错，为公司垫付清算费用时，债权人无权要求公司股东使用垫付清算的费用承担清偿责任。

（二）关于清算责任纠纷的建议

1. 向公司清算义务人主张承担赔偿责任的债权人应该积极举证

本次 2023 年《公司法》修订，将董事明确为清算义务人，但是也赋予公司章程或股东会决议另选他人的权利。根据"谁主张谁举证"的原则，向公司清算义务人主张承担连带清偿责任的债权人，应当向人民法院举证证明：正因为公司清算义务人违反清算义务，从而导致无法进行清算。

因为公司清算义务人怠于履行清算义务，与公司的财产、账册灭失之间本身就具有因果关系，所以债权人只要举证证明应被清算公司的清算义务人在法定期限内未启动清算程序，和已造成公司的财产等灭失的后果即可。

债权人无须举证证明公司在应清算时的资产状况及与清算义务人怠于履行清算义务之间的关联性。

此外，由于无法清算是一种消极事实，债权人只要利用经验法则对债务人无法清算的事实的证明达到盖然性的程度，即视为完成举证责任。

2. 公司清算义务人不可因"账本下落不明或者缺失"承担连带责任

根据《公司法司法解释二》第 18 条的规定，有限责任公司的股东、股份有限公司的董事和控股股东因怠于履行义务，导致公司主要财产、账册、重要文件等灭失，无法进行清算，债权人主张其对公司债务承担连带清偿责任的，人民法院应依法予以支持。

由于"账册下落不明""账册缺失"并不完全等同于"账册灭失"，当调查结果为"账册下落不明""账册缺失"时，不可依据该条，直接判决清算义务人承担连带责任。

因此，当公司债权人仅因为账本下落不明或者缺失要求公司清算义务人承担连带责任时，股东可以此进行抗辩。

第二十五章　上市公司收购纠纷

一、关于上市公司收购纠纷的法律规定

（一）关于上市公司收购义务主体的法律规定

1. 被收购公司的控股股东或者实际控制人的义务

《上市公司收购管理办法》第 7 条规定："被收购公司的控股股东或者实际控制人不得滥用股东权利损害被收购公司或者其他股东的合法权益。

被收购公司的控股股东、实际控制人及其关联方有损害被收购公司及其他股东合法权益的，上述控股股东、实际控制人在转让被收购公司控制权之前，应当主动消除损害；未能消除损害的，应当就其出让相关股份所得收入用于消除全部损害做出安排，对不足以消除损害的部分应当提供充分有效的履约担保或安排，并依照公司章程取得被收购公司股东大会的批准。"

2. 关于披露人未尽披露义务的法律规定

《上市公司收购管理办法》第 3 条规定："上市公司的收购及相关股份权益变动活动，必须遵循公开、公平、公正的原则。

上市公司的收购及相关股份权益变动活动中的信息披露义务人，应当充分披露其在上市公司中的权益及变动情况，依法严格履行报告、公告和其他法定义务。在相关信息披露前，负有保密义务。

信息披露义务人报告、公告的信息必须真实、准确、完整，不得有虚假记载、误导性陈述或者重大遗漏。"

第 75 条规定："上市公司的收购及相关股份权益变动活动中的信息披露义务人，未按照本办法的规定履行报告、公告以及其他相关义务的，中国证监会责令改正，采取监管谈话、出具警示函、责令暂停或者停止收购等监管措施。在改正前，相关信息披露义务人不得对其持有或者实际支配的股份行使表决权。"

第 76 条规定："上市公司的收购及相关股份权益变动活动中的信息披露义务人在报告、公告等文件中有虚假记载、误导性陈述或者重大遗漏的，中国证监会责令改正，采取监管谈话、出具警示函、责令暂停或者停止收购等监管措施。在改正前，收购人对其持有或者实际支配的股份不得行使表决权。"

（二）上市公司收购中一致行为人的法律规定

《上市公司收购管理办法》第 13 条规定："通过证券交易所的证券交易，投资者及其一致行动人拥有权益的股份达到一个上市公司已发行股份的 5% 时，应当在该事实发生之日起 3 日内编制权益变动报告书，向中国证监会、证券交易所提交书面报告，通知该上市公司，并予公告；在上述期限内，不得再行买卖该上市公司的股票，但中国证监会规定的情形除外。

前述投资者及其一致行动人拥有权益的股份达到一个上市公司已发行股份的 5% 后，通过证券交易所的证券交易，其拥有权益的股份占该上市公司已发行股份的比例每增加或者减少 5%，应当依照前款规定进行报告和公告。在该事实发生之日起至公告后 3 日内，不得再行买卖该上市公司的股票，但中国证监会规定的情形除外。

前述投资者及其一致行动人拥有权益的股份达到一个上市公司已发行股份的 5% 后，其拥有权益的股份占该上市公司已发行股份的比例每增加或者减少 1%，应当在该事实发生的次日通知该上市公司，并予公告。

违反本条第一款、第二款的规定买入在上市公司中拥有权益的股份的，在买入后的 36 个月内，对该超过规定比例部分的股份不得行使表决权。"

第 14 条规定："通过协议转让方式，投资者及其一致行动人在一个上市公司中拥有权益的股份拟达到或者超过一个上市公司已发行股份的 5% 时，应当在该事实发生之日起 3 日内编制权益变动报告书，向中国证监会、证券交易所提交书面报告，通知该上市公司，并予公告。

前述投资者及其一致行动人拥有权益的股份达到一个上市公司已发行股份的 5% 后，其拥有权益的股份占该上市公司已发行股份的比例每增加或者减少达到或者超过 5% 的，应当依照前款规定履行报告、公告义务。

前两款规定的投资者及其一致行动人在作出报告、公告前，不得再行买卖该上市公司的股票。相关股份转让及过户登记手续按照本办法第四章及证券交易所、证券登记结算机构的规定办理。"

第 83 条规定："本办法所称一致行动，是指投资者通过协议、其他安排，与其他投资者共同扩大其所能够支配的一个上市公司股份表决权数量的行为或者事实。

在上市公司的收购及相关股份权益变动活动中有一致行动情形的投资者，互为一致行动人。如无相反证据，投资者有下列情形之一的，为一致行动人：

（一）投资者之间有股权控制关系；

（二）投资者受同一主体控制；

（三）投资者的董事、监事或者高级管理人员中的主要成员，同时在另一个投资者担任董事、监事或者高级管理人员；

（四）投资者参股另一投资者，可以对参股公司的重大决策产生重大影响；

（五）银行以外的其他法人、其他组织和自然人为投资者取得相关股份提供融资安排；

（六）投资者之间存在合伙、合作、联营等其他经济利益关系；

（七）持有投资者 30% 以上股份的自然人，与投资者持有同一上市公司股份；

（八）在投资者任职的董事、监事及高级管理人员，与投资者持有同一上市公司股份；

（九）持有投资者 30% 以上股份的自然人和在投资者任职的董事、监事及高级管理人员，其父母、配偶、子女及其配偶、配偶的父母、兄弟姐妹及其配偶、配偶的兄弟姐妹及其配偶等亲属，与投资者持有同一上市公司股份；

（十）在上市公司任职的董事、监事、高级管理人员及其前项所述亲属同时持有本公司股份的，或者与其自己或者其前项所述亲属直接或者间接控制的企业同时持有本公司股份；

（十一）上市公司董事、监事、高级管理人员和员工与其所控制或者委托的法人或者其他组织持有本公司股份；

（十二）投资者之间具有其他关联关系。

一致行动人应当合并计算其所持有的股份。投资者计算其所持有的股份，应当包括登记在其名下的股份，也包括登记在其一致行动人名下的股份。

投资者认为其与他人不应被视为一致行动人的，可以向中国证监会提供相反证据。"

（三）上市公司收购中的其他规定

1. 关于上市公司间接收购的法律规定

《上市公司收购管理办法》第 56 条规定："收购人虽不是上市公司的股东，但通过投资关系、协议、其他安排导致其拥有权益的股份达到或者超过一个上市公司已发行股份的 5% 未超过 30% 的，应当按照本办法第二章的规定办理。

收购人拥有权益的股份超过该公司已发行股份的 30% 的，应当向该公司所有股东发出全面要约；收购人预计无法在事实发生之日起 30 日内发出全面要约的，应当在前述 30 日内促使其控制的股东将所持有的上市公司股份减持至 30% 或者 30% 以下，并自减持之日起 2 个工作日内予以公告；其后收购人或者其控制的股东拟继续增持的，应当采取要约方式；拟依据本办法第六章的规定申请豁免的，应当按照本办法第四十八条的规定办理。"

2. 关于收购公告的法律规定

《上市公司收购管理办法》第 31 条第 1 款规定："收购人自作出要约收购提示性公告起 60 日内，未公告要约收购报告书的，收购人应当在期满后次一个工作日通知被收购公司，并予公告；此后每 30 日应当公告一次，直至公告要约收购报告书。"

3. 关于收购人取消收购计划的法律规定

《上市公司收购管理办法》第 31 条第 2 款规定："收购人作出要约收购提示性公告后，在公告要约收购报告书之前，拟自行取消收购计划的，应当公告原因；自公告之日起 12 个月内，该收购人不得再次对同一上市公司进行收购。"

二、上市公司收购纠纷的相关案例

（一）上市公司收购纠纷中的一致行为人

1. 一致行为人的认定问题

根据《上市公司收购管理办法》第 83 条第 2 款，在上市公司的收购及相关股份权益变动活动中有一致行动情形的投资者，互为一致行动人。如无相反证据，投资者有下列情形之一的，为一致行动人：（1）投资者之间有股权控制关系；（2）投资者受同一主体控制；（3）投资者的董事、监事或者高级管理人员中的主要成员，同时在另一个投资者担任董事、监事或者高级管理人员；（4）投资者参股另一投资者，可以对参股公司的重大决策产生重大影响；（5）银行以外的其他法人、其他组织和自然人为投资者取得相关股份提供融资安排；（6）投资者之间存在合伙、合作、联营等其他经济利益关系；（7）持有投资者30%以上股份的自然人，与投资者持有同一上市公司股份；（8）在投资者任职的董事、监事及高级管理人员，与投资者持有同一上市公司股份；（9）持有投资者30%以上股份的自然人和在投资者任职的董事、监事及高级管理人员，其父母、配偶、子女及其配偶、配偶的父母、兄弟姐妹及其配偶、配偶的兄弟姐妹及其配偶等亲属，与投资者持有同一上市公司股份；（10）在上市公司任职的董事、监事、高级管理人员及其前项所述亲属同时持有本公司股份的，或者与其自己或者其前项所述亲属直接或者间接控制的企业同时持有本公司股份；（11）上市公司董事、监事、高级管理人员和员工与其所控制或者委托的法人或者其他组织持有本公司股份；（12）投资者之间具有其他关联关系。

❶辽宁省高级人民法院审理的浙江宋某控股有限公司、郭某娟、深圳市平某置业投资有限公司、杭州宋某房地产集团有限公司与百某投资管理有限公司、宋某基业投资股份有限公司股权纠纷案二审民事判决书【（2012）辽民二终字第144号】认为："根据证监会《上市公司收购管理办法》第83条的规定，在上市公司的收购及相关股份权益变动活动中有一致行动情形的投资者，互为一致行动人，如无相反证据，投资者存在下列情形之一（投资者之间有股权控制关系）的，即为一致行动人。"

2. 一致行动人的义务

《上市公司收购管理办法》第13条第1款规定，"通过证券交易所的证券交易，投资者及其一致行动人拥有权益的股份达到一个上市公司已发行股份的5%时，应当在该事实发生之日起3日内编制权益变动报告书，向中国证监会、证券交易所提交书面报告，通知该上市公司，并予公告；在上述期限内，不得再行买卖该上市公司的股票，但中国证监会规定的情形除外。"第14条第1款规定，"通过协议转让方式，投资者及其一致行动人在一个上市公司中拥有权益的股份拟达到或者超过一个上市公司已发行股份的5%时，应当在该事实发生之日起3日内编制权益变动报告书，向中国证监会、证券交易所提交书面报告，通知该上市公司，并予公告通过协议转让方式，投资者及其一致行动人在一个上市公司中拥有权益的股份拟达到或者超过一个上市公司已发行股份的 5% 时，应当在该事实发生之日起 3 日内编制权益变动报告书，向中国证监会、证券交易所提交书面报告，通知该上市公司，并予公告。"

因此，投资者及其一致行动人通过证券交易或者协议转让，拥有的股份拟达到或者超过上市公司已发行股份的 5% 时，应当在该事实发生之日起 3 日内编制权益变动报告书，履行公告、报告等信息披露义务，并通知上市公司。

❷上海市高级人民法院审理的陈某与鲜某、陈某保、彭某杰、李某、刘某河、孙某文、周某华、范某花证券虚假陈述责任纠纷案二审民事判决书【（2015）沪高民五（商）终字第 13 号】认为："根据《上市公司收购管理办法》的相关规定，鲜某应当在 2012 年 5 月 21 日股权转让协议签订后的 3 日内编制权益变动报告书，履行公告、报告等信息披露义务，并通知上市公司。鉴于鲜某的不正当披露行为性质上属于消极虚假陈述，故该虚假陈述实施日的确定取决于信息披露的法定期限，即法定期限的最后一日应当为消极虚假陈述的实施日，故 2012 年 5 月 23 日应当为鲜某虚假陈述行为实施日。"

❸济南市中级人民法院审理的张某冰与山东京某控股股份有限公司证券虚假陈述责任纠纷案民事判决书【（2014）济商重初字第 5 号】认为："《最高人民法院关于审理证券市场因虚假陈述引发的民事赔偿案件的若干规定》第 20 条第 1 款规定：'本规定所指的虚假陈述实施日，是指作出虚假陈述或者发生虚假陈述之日。'虽然证监会（2012）6 号行政处罚决定书认定，京某公司于 2008 年 7 月 11 日和 2008 年 9 月 25 日两次虚假披露关于持有国某管业股票的情况，但该处罚决定书亦同时认定，2007 年 7 月 24 日，京某公司持有国某管业公司股票 4203914 股，持股量占国某管业公司已发行股份的 6%，京某公司未通知国某管业公司并未予公告。故京某公司违反《中华人民共和国证券法》第 86 条和《上市公司收购管理办法》第 13 条规定，不正当披露的行为在 2007 年 7 月 24 日即已发生，据此，虚假陈述的实施日应为 2007 年 7 月 24 日。"

3. 一致行为人的责任承担

一致行为人违反收购协议，给公司带来损失的，承担连带赔偿责任。

❹辽宁省高级人民法院审理的浙江宋某控股有限公司、郭某娟、深圳市平某置业投资有限公司、杭州宋某房地产集团有限公司与百某投资管理有限公司、宋某基

业投资股份有限公司股权纠纷案二审民事判决书【（2012）辽民二终字第144号】认为："关于4方上诉人是否对百某板材拍卖所得500万元共同承担赔偿责任问题。宋某控股、平某置业、郭某娟系重组上市公司的交易一方，与宋某集团系关联公司，4方上诉人与交易对方百某投资在完成重组上市中的权利义务是一致的，符合《上市公司收购管理办法》第83条的规定，原判依据各方签订的重组系列协议，认定4上诉人为收购上市公司的一致行动人，对拍卖所得共同承担赔偿责任正确，本院应予支持。"

（二）上市公司的收购必须遵循的原则

上市公司的收购及相关股份权益变动活动，必须遵循公开、公平、公正的原则。

❶最高人民法院审理的兴某全球基金管理有限公司与江苏熔某重工有限公司缔约过失责任纠纷案申请再审民事裁定书【（2013）民申字第1881号】认为："熔某重工履行上述先合同义务是否违背诚实信用原则，应根据相关法律规定进行判断。从二审查明的案件事实来看，熔某重工自己或通过全某动力先后于2011年4月28日、6月29日、8月9日、8月30日、8月31日、10月29日、12月27日及2012年3月29日、4月28日、7月17日、7月30日、8月7日、8月10日、8月13日、8月18日、8月22日以公告、报告的形式，真实、准确、完整地披露了与收购全某动力股份有关的重要信息，符合《上市公司收购管理办法》第3条关于'上市公司的收购及相关股份权益变动活动，必须遵循公开、公平、公正的原则。上市公司的收购及相关股份权益变动活动中的信息披露义务人，应当充分披露其在上市公司中的权益及变动情况，依法严格履行报告、公告和其他法定义务。在相关信息披露前，负有保密义务。信息披露义务人报告、公告的信息必须真实、准确、完整，不得有虚假记载、误导性陈述或者重大遗漏'之规定。本案中，并无直接有效的证据证明熔某重工披露的信息有虚假记载、误导性陈述、重大遗漏，或违反公开、公平、公正原则，二审判决认定熔某重工适当履行了告知与收购全某动力股份有关重要信息的先合同义务，不违背诚实信用原则，并无不当。兴某基金申请再审提出熔某重工履行先合同义务违背诚实信用原则的理由，缺乏事实根据，不能成立。"

（三）上市公司收购纠纷的其他问题

1. 限制股东表决权的前提

《上市公司收购管理办法》第 75 条规定："上市公司的收购及相关股份权益变动活动中的信息披露义务人，未按照本办法的规定履行报告、公告以及其他相关义务的，中国证监会责令改正，采取监管谈话、出具警示函、责令暂停或者停止收购等监管措施。在改正前，相关信息披露义务人不得对其持有或者实际支配的股份行使表决权。"第 76 条规定："上市公司的收购及相关股份权益变动活动中的信息披露义务人在报告、公告等文件中有虚假记载、误导性陈述或者重大遗漏的，中国证监会责令改正，采取监管谈话、出具警示函、责令暂停或者停止收购等监管措施。在改正前，收购人对其持有或者实际支配的股份不得行使表决权。"

因此，只有中国证监会已对相关股东的违法事实作出认定，才能以违反信息披露义务为由限制股东表决权。

❶广东省高级人民法院审理的深圳市康某尔（集团）股份有限公司、林某公司决议效力确认纠纷案再审审查与审判监督民事裁定书【（2016）粤民申 8073 号】认为："关于康某尔公司董事会是否有权作出案涉决议的问题。中国证券监督管理委员会发布的《上市公司收购管理办法》第 75 条规定：'上市公司的收购及相关股份权益变动活动中的信息披露义务人，未按照本办法的规定履行报告、公告以及其他相关义务的，中国证监会责令改正，采取监管谈话、出具警示函、责令暂停或者停止收购等监管措施。在改正前，相关信息披露义务人不得对其持有或者实际支配的股份行使表决权。'第 76 条规定：'上市公司的收购及相关股份权益变动活动中的信息披露义务人在报告、公告等文件中有虚假记载、误导性陈述或者重大遗漏的，中国证监会责令改正，采取监管谈话、出具警示函、责令暂停或者停止收购等监管措施。在改正前，收购人对其持有或者实际支配的股份不得行使表决权。'上述规定明确，以违反信息披露义务为由限制股东表决权的前提条件是中国证监会已对相关股东的违法事实作出认定。根据本案查明的事实，未有证据表明中国证监会已认定京某公司存在违反信息披露义务的违法行为，因此，二审判决认定康某尔公司董事会无权作出案涉决议限制及剥夺京某公司行使股东权利，案涉决议无效，并无不当。"

2. 不适用强制要约收购的情形

根据《上市公司收购管理办法》第 56 条第 1 款的规定，"收购人虽不是上市公司的股东，但通过投资关系、协议、其他安排导致其拥有权益的股份达到或者超过一个上市公司已发行股份的 5% 未超过 30% 的，应当按照本办法第二章的规定办理。"因此，如果无法证明收购人的股份是根据"投资关系、协议、其他安排"而获得，则不适用强制要约收购。

❷最高人民法院审理的兴某全球基金管理有限公司与江苏熔某重工有限公司缔约过失责任纠纷案申请再审民事裁定书【(2013) 民申字第 1881 号】认为："从二审查明的案件事实来看，安徽省全椒县人民政府持有全某集团 100% 股权，全某集团持有全某动力 44.39% 股权。2011 年 4 月 26 日，熔某重工与安徽省全椒县人民政府签订一份《产权交易合同》，约定安徽省全椒县人民政府所持全某集团 100% 股权转让给熔某重工。如果该份《产权交易合同》最终得以履行，则熔某重工间接持有全某动力 44.39% 股权，超过该公司已发行股份的 30%，依照《上市公司收购管理办法》第 56 条有关收购人虽不是上市公司的股东，但通过投资关系、协议、其他安排导致其拥有权益的股份超过该公司已发行股份的 30% 的，应当向该公司所有股东发出全面要约之规定，熔某重工在中国证监会行政许可后，应当向全某动力所有股东发出全面收购股份要约。即系所谓的强制要约收购。但是，从全某动力公开发布的公告来看，上述《产权交易合同》在国资委、商务部相关批准文件有效期内并未实施，至今亦无直接有效的证据显示熔某重工通过投资关系、协议、其他安排，间接拥有全某动力权益的股份超过该公司已发行股份的 30%。这种情况下，强制熔某重工发出全面收购要约的条件尚不具备，依法其仍享有自愿订立合同的权利。因此，二审判决认定熔某重工向中国证监会撤回行政许可申请材料，取消全面要约收购全某动力股份计划，不违背诚实信用原则正确。兴某基金申请再审提出熔某重工违背诚实信用原则的理由，缺乏法律依据，不能成立。"

3. 取消收购计划的方式

《上市公司收购管理办法》第 31 条规定："收购人自作出要约收购提示性公告起 60 日内，未公告要约收购报告书的，收购人应当在期满后次一个工作日通知被收购公司，并予公告；此后每 30 日应当公告一次，直至公告要约收购报告书。收购人作出要约收购提示性公告后，在公告要约收购报告书之前，拟自行取消收购计划的，应当公告原因；自公告之日起 12 个月内，该收购人不得再次对同一上市公司进行收购。"因此，在公告要约收购报告书前，可自行采用申请和公告的方式取消收购计划。

❸最高人民法院审理的兴某全球基金管理有限公司与江苏熔某重工有限公司缔约过失责任纠纷案申请再审民事裁定书【（2013）民申字第 1881 号】认为："根据《上市公司收购管理办法》第 31 条关于'收购人向中国证监会报送要约收购报告书后，在公告要约收购报告书之前，拟自行取消收购计划的，应当向中国证监会提出取消收购计划的申请及原因说明，并予公告；自公告之日起 12 个月内，该收购人不得再次对同一上市公司进行收购'之规定，熔某重工于 2012 年 8 月 17 日向中国证监会撤回行政许可申请材料，自行取消全面要约收购全某动力股份计划，也就没有必要再依 2011 年 6 月 29 日发布的《关于延期上报有关补正材料的公告》所称，立即向中国证监会补正上报国资委、商务部相关批复文件等材料。兴某基金申请再审提出熔某重工至今未向中国证监会补正上报国资委、商务部相关批复文件等材料，违背诚实信用原则的理由，缺乏法律依据，不能成立。"

4. 被收购公司的控股股东等应提供担保的情形

《上市公司收购管理办法》第 7 条规定："被收购公司的控股股东或者实际控制人不得滥用股东权利损害被收购公司或者其他股东的合法权益。被收购公司的控股股东、实际控制人及其关联方有损害被收购公司及其他股东合法权益的，上述控股股东、实际控制人在转让被收购公司控制权之前，应当主动消除损害；未能消除损害的，应当就其出让相关股份所得收入用于消除全部损害做出安排，对不足以消除损害的部分应当提供充分有效的履约担保或安排，并依照公司章程取得被收购公司股东大会的批准。"

因此，被收购公司的控股股东、实际控制人及其关联方提供担保，不仅要保证被收购公司的合法利益，还要保证控股股东发生变化后的所有股东的合法权益。

❹最高人民法院审理的浙江宋某控股有限公司与百某投资管理有限公司、宋某基业投资股份有限公司股权转让纠纷案二审民事判决书【（2013）民二终字第 26 号】认为："宋某基业的控股股东百某投资、实际控制人潘某超向宋某基业提供担保，符合《上市公司收购管理办法》第 7 条的要求，除了保证宋某基业的合法权益，还有保证宋某基业控股股东发生变化后的所有股东合法权益的作用。因此，在百某投资不履行其在先的土地抵押义务时，宋某控股行使先履行抗辩权，其意义不限于保护自身的合同权利，还有保护宋某基业及宋某基业其他股东合法权益的作用。"

三、上市公司收购纠纷的综述及建议

(一) 上市公司收购纠纷的综述

从本书整理的案例来看,上市公司收购纠纷的争议点在于何谓适格的收购人以及被收购公司股东和实际控制人具有的义务。

1. 上市公司的收购及相关股份权益变动所需遵循的原则

根据《上市公司收购管理办法》第 3 条的规定,上市公司的收购及相关股份权益变动活动中的信息披露义务人,应当充分披露其在上市公司中的权益及变动情况,依法严格履行报告、公告和其他法定义务。在相关信息披露前,负有保密义务。

信息披露义务人报告、公告的信息必须真实、准确、完整,不得有虚假记载、误导性陈述或者重大遗漏。

2. 被收购公司的控股股东或者实际控制人的义务

根据《上市公司收购管理办法》第 7 条,被收购公司的控股股东、实际控制人及其关联方有损害被收购公司及其他股东合法权益的,上述控股股东、实际控制人在转让被收购公司控制权之前,应当主动消除损害;未能消除损害的,应当就其出让相关股份所得收入用于消除全部损害做出安排,对不足以消除损害的部分应当提供充分有效的履约担保或安排,并依照公司章程取得被收购公司股东大会的批准。

因此,被收购公司的控股股东、实际控制人及其关联方提供担保,不仅要保证被收购公司的合法利益,还要保证控股股东发生变化后的所有股东的合法权益。

3. 上市公司的间接收购人也必须遵守上市公司收购的规定

虽不是上市公司的股东,但通过投资关系、协议、其他安排导致其取得公司股份的收购人为间接收购人。

当间接收购人的股份达到或者超过一个上市公司已发行股份的 5% 未超过 30% 时,也应当按照《上市公司收购管理办法》处理。

4. 上市公司收购中的一致行动人应当合并计算其所持有的股份

《上市公司收购管理办法》中的一致行为是指通过协议、其他安排,与其他投资者共同扩大其所能够支配的一个上市公司股份表决权数量的行为或者事实。

一致行动人应当合并计算其所持有的股份。投资者计算其所持有的股份，既包括登记在其名下的股份，也包括登记在其一致行动人名下的股份。一致行动人违反收购协议，给公司带来损失的，要承担连带赔偿责任。

投资者及其一致行动人通过证券交易或者协议转让，拥有的股份拟达到或者超过上市公司已发行股份的 5% 时，应当在该事实发生之日起 3 日内编制权益变动报告书，履行公告、报告等信息披露义务，并通知上市公司。

5. 以违反信息披露义务为由限制股东表决权的，应以中国证监会已对其违法事实作出认定为前提

根据《上市公司收购管理办法》第 75 条和第 76 条规定，只有中国证监会已对相关股东的违法事实作出认定，才能以违反信息披露义务为由限制股东表决权。

（二）关于上市公司收购纠纷的建议

1. 需注意不适用强制要约收购的情形

从本书整理的案例，并结合《上市公司收购管理办法》第 56 条第 1 款"收购人虽不是上市公司的股东，但通过投资关系、协议、其他安排导致其拥有权益的股份达到或者超过一个上市公司已发行股份的 5% 未超过 30% 的，应当按照本办法第二章的规定办理"，笔者认为，未通过投资关系、协议、其他安排进行的收购已不属于间接投资。因此，自然不适用《上市公司收购管理办法》的收购措施。

2. 注意收购过程中的报告、公告等流程

因为上市公司的收购关系到经济的稳定，所以我国政府部门予以高度重视，并且规定了严格的报告和公告要求。

第一，关于收购公告。收购人自作出要约收购提示性公告起 60 日内，未公告要约收购报告书的，收购人应当在期满后次 1 个工作日通知被收购公司，并予公告；此后每 30 日应当公告 1 次，直至公告要约收购报告书时为止。

第二，关于收购人取消收购计划。收购人作出要约收购提示性公告后，在公告要约收购报告书之前，拟自行取消收购计划的，应当公告原因；自公告之日起 12 个月内，该收购人不得再次对同一上市公司进行收购。

　　第三，未履行报告义务或未履行诚实信用报告义务的后果。上市公司的收购及相关股份权益变动活动中的信息披露义务人，未按照规定履行报告、公告以及其他相关义务的，或者在报告、公告等文件中有虚假记载、误导性陈述或者重大遗漏的，中国证监会责令改正，采取监管谈话、出具警示函、责令暂停或者停止收购等监管措施。在改正前，相关信息披露义务人不得对其持有或者实际支配的股份行使表决权。

　　第四，投资者及其一致行动人的报告义务。通过证券交易所的证券交易，投资者及其一致行动人拥有权益的股份达到一个上市公司已发行股份的5%时，应当在该事实发生之日起3日内编制权益变动报告书，向中国证监会、证券交易所提交书面报告，通知该上市公司，并予公告；在上述期限内，不得再行买卖该上市公司的股票。

图书在版编目（CIP）数据

公司法 25 个案由裁判综述及办案指南／唐青林，李
舒编著 . -- 2 版 . -- 北京：中国法制出版社，2024.6
　ISBN 978-7-5216-4409-8

　Ⅰ．①公… Ⅱ．①唐… ②李… Ⅲ．①公司法-案例
-中国 Ⅳ．①D922.291.915

中国国家版本馆 CIP 数据核字（2024）第 061459 号

责任编辑：王　悦 　　　　　　　　　　　　　封面设计：周黎明

公司法 25 个案由裁判综述及办案指南
GONGSIFA 25 GE ANYOU CAIPAN ZONGSHU JI BAN'AN ZHINAN

编著/唐青林，李舒
经销/新华书店
印刷/三河市国英印务有限公司
开本/710 毫米×1000 毫米　16 开　　　　　　印张/ 53　字数/ 836 千
版次/2024 年 6 月第 2 版　　　　　　　　　　2024 年 6 月第 1 次印刷

中 国 法 制 出 版 社 出 版
书号 ISBN 978-7-5216-4409-8 　　　　　　　　　　定价：218.00 元

北京市西城区西便门西里甲 16 号西便门办公区
邮政编码：100053 　　　　　　　　　　　　　传真：010-63141600
网址：http：//www.zgfzs.com
市场营销部电话：010-63141612 　　　　　　**编辑部电话：010-63141792**
　　　　　　　　　　　　　　　　　　　　　　印务部电话：010-63141606

（如有印装质量问题，请与本社印务部联系。）